中国国家综合配套改革试验区

ZHONGGUO GUOJIA ZONGHE PEITAO
GAIGE SHIYANQU

（2005—2021年）

连维良◎主编

人民出版社

责任编辑：韦玉莲
封面设计：林芝玉

图书在版编目（CIP）数据

中国国家综合配套改革试验区：2005—2021年/连维良 主编．—北京：人民出版社，2022.11
ISBN 978－7－01－025115－8

I.①中⋯　II.①连⋯　III.①经济开发区–配套改革–研究报告–中国–2005—2021　IV.①F127

中国版本图书馆 CIP 数据核字（2022）第 181727 号

中国国家综合配套改革试验区

ZHONGGUO GUOJIA ZONGHE PEITAO GAIGE SHIYANQU

（2005—2021 年）

连维良　主编

人民出版社 出版发行

（100706　北京市东城区隆福寺街 99 号）

北京盛通印刷股份有限公司印刷　新华书店经销

2022 年 11 月第 1 版　2022 年 11 月北京第 1 次印刷
开本：880 毫米 × 1230 毫米 1/16　印张：38.25　插页：22
字数：920 千字

ISBN 978－7－01－025115－8　定价：320.00 元

邮购地址 100706　北京市东城区隆福寺街 99 号
人民东方图书销售中心　电话（010）65250042　65289539

中国国家综合配套改革试验区

（2005—2021 年）

编纂委员会

主　任

连维良　国家发展改革委党组成员、副主任

副主任

吴　清　上海市委常委、常务副市长

刘桂平　天津市委常委、常务副市长

董卫民　湖北省委常委、副省长

李殿勋　湖南省委常委、常务副省长

陆克华　重庆市委常委、常务副市长

李云泽　四川省委常委、副省长

徐文光　浙江省委常委、常务副省长

王　健　辽宁省委常委、常务副省长

李凤岐　山西省委常委、秘书长、改革办主任

李海涛　黑龙江省副省长

黄　敏　深圳市委常委、常务副市长

李辉跃　厦门市委常委、常务副市长

编委会成员

马　伟	马忠源	王任飞	王卫安	王　健	王　鹏
王兆宪	王建伟	王晓芹	王良睦	王建平	史立新
白祥和	华　源	朱　江	向　进	孙建辉	祁玉清
曲德福	刘东水	刘　毅	汪　海	杜中华	陈　雷
陈劲超	陈建忠	张俊国	张荣章	李晋平	李稳根
李承群	吴志雄	吴芳瑞	吴洪峰	吴秀卫	吴世群
杨金明	肖　楠	邱伯华	杭迎伟	单泽峰	林晓辉
赵文阁	姜明涛	徐善长	郭子平	陶剑锋	高　伟
崔永红	银温泉	黄志林	蒋　毅	曾全义	彭华松
谢志峰					

执笔人

马燕坤	王　喆	王皓田	王　颖	车　文	公丕明
邓双耳	叶　科	叶　慧	付兴军	朱　毅	刘光卫
刘晓萍	孙凤仪	杜　谦	李云轩	李云峰	李叶妍
李晓静	李碧莲	杨亚新	杨　华	杨昱苤	杨　浩
吴东升	吴　涛	何　汇	何艳维	宋爱娴	张小军
张文明	张林山	张国春	张荣章	张　萌	张德元
张璐琴	陈伟伟	陈　润	罗　川	罗　恒	侯勇毅
洪　昶	祖明迪	贾彦鹏	郭冠男	唐　远	喻　荫
程剑飞	程　彦	谢海燕	潘明莹		

义乌自贸试验区

战略定位

　　根据国务院批复的浙江自贸试验区扩区方案，确定义乌自贸试验区定位：按照"1+5"总体布局，全力打造一流自由贸易试验区。"1"即"一都"：建设世界"小商品之都"。"5"即"五大功能定位"：一是建设国际小商品自由贸易中心，以小商品为特色引领全球自由贸易；二是建设数字贸易创新中心，创新数字贸易发展，探索数字贸易规则；三是建设内陆国际物流枢纽港，实现义乌国际陆港由"内联外通"跃向"链接全球"；四是建设制造创新示范地，形成现代服务与先进制造深度融合的现代化产业链；五是建设"一带一路"开放合作重要平台，成为融入开放型世界的新窗口。

区块布局

　　义乌自贸试验区获批范围26.2平方公里，包括商城区块（3.1平方公里）和陆港区块（23.1平方公里）。其中商城区块为出口功能区，主要依托国际商贸城、金融商务区、义乌港、国际文化中心、丝路新区等，重点围绕小商品出口贸易创新，大力发展数字贸易、国际商务、贸易金融、国际投资合作、跨境电商等产业。陆港区块为进口转口、科创功能区，主要依托综合保税区、铁路口岸、航空口岸、国际邮件互换局、商贸服务型国家物流枢纽、双江湖科教园区等开放平台，重点围绕小商品进口转口贸易、义新欧班列等，大力发展进口日用消费品展贸平台、现代物流、创意设计、都市智造、高等教育、数字贸易等产业事业。

　　26.2平方公里是获批范围，也是自贸试验区核心功能区。此外，我们还谋划了自贸试验区联动发展区和辐射带动区。联动发展区面积120平方公里，是核心功能区的外延区，主要布局部分次核心产业及办公、生活等配套；义乌全域1105平方公里及周边同城化区域为辐射带动区，主要为核心功能区做全面的配套支持。

产业布局

　　根据战略定位和区位条件，义乌自贸试验区及联动创新区重点培育"4+5+4"产业集群，具体包括：数字贸易、特色进口、跨境电商、文化贸易等"四大"新型国际贸易产业集群，聚焦增强全球小商品贸易领域的话语权，打造国际小商品自由贸易中心、数字贸易创新中心。现代物流、贸易金融、商务会展、研发设计、信息服务等"五大"现代服务业产业集群，聚焦增强贸易枢纽功能和创新策源能力，打造内陆国际物流枢纽港、"一带一路"开放合作重要平台。大健康、芯片及传感器、光电、新能源汽车等"四大"制造创新产业集群，聚焦产业链和价值链的高端地位，以支点撬动全局，打造制造创新示范地。

近期目标	中期目标	远期目标
2021年，计划实现外贸进出口总额3500亿元、实际利用外资1.8亿美元、新设立企业5.1万家、跨境人民币结算量350亿元、快递业务量85亿件。在制度创新方面，加快建成自由化便利化的贸易监管体系、数字化制度化的贸易促进体系、现代化系统化的贸易动力体系、国际化法治化的营商环境迭代体系，形成10个以上可复制推广的改革项目，努力走在全省自贸区前列。	"十四五"时期的2025年，争取实现外贸进出口总额5000亿元，增速高于全省平均3个百分点以上；新型国际贸易总额近5000亿元，占全省自贸区40%以上；在制度创新方面，创新贸易规则和制度安排，打造形成以小商品自由贸易为主题的改革示范区，基本建成新型国际贸易中心、"一带一路"枢纽港、双循环战略节点城市。	到2035年，全面确立全球小商品自由贸易中心地位，基本建成世界"小商品之都"，成为"重要窗口"模范。

商城房产28载 与义乌共生长

在义乌 买商城房
SHANGCHENGFANGCHAN

义乌中国小商品城房地产开发有限公司系义乌中国小商品城控股有限责任公司旗下的子公司，成立于1994年3月，注册资金50亿元人民币。

公司充分依托小商品城集团的上市公司资源与规模优势，锐意创新，实现商业地产、精品住宅和配套服务多元化快速发展，现拥有杭州商博南星置业、江西商博置业、浦江绿谷置业、苏溪商博置业、鸿鼎商博置业、卓瑞商博置业、瀚鼎商博置业、融商置业、创城置业、拱辰商博置业、通惠商博置业、锦华商博置业、锦悦商博置业、鸿图商博置业等项目公司。

二十多年来，公司始终坚持"引领生活，承接未来"的核心理念和"以人为本，让客户满意，为城市增辉"的产品理念，不断提升企业的综

商城房产
引领生活·承接未来

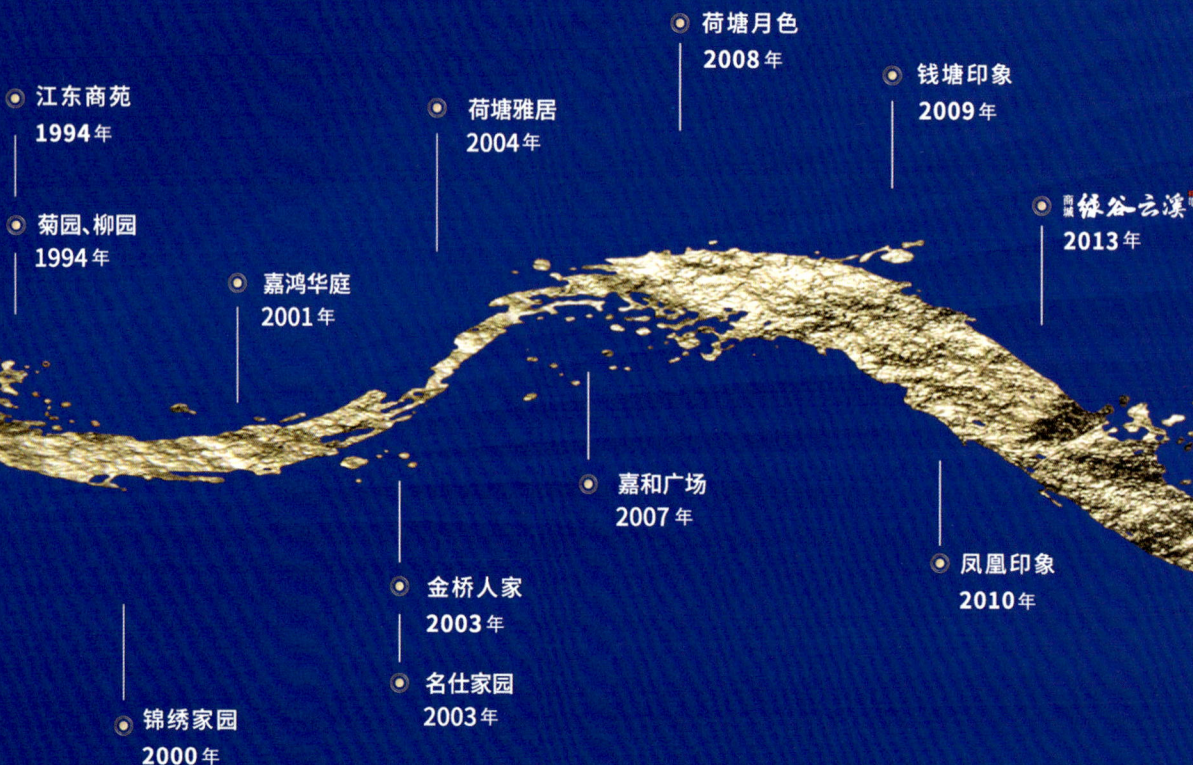

荷塘月色
2008年

钱塘印象
2009年

江东商苑
1994年

荷塘雅居
2004年

菊园、柳园
1994年

商城绿谷云溪
2013年

嘉鸿华庭
2001年

嘉和广场
2007年

金桥人家
2003年

凤凰印象
2010年

名仕家园
2003年

锦绣家园
2000年

合实力，以匠心精神打造精品，以良心诚信树立品牌形象。公司开发的金桥人家系义乌首个通过国家住宅性能认定双A级认证的小区；荷塘月色是义乌首个国家康居示范工程，于2018年12月25日荣获第八届（2017—2018年度）"广厦奖"；浦江绿谷云溪项目别墅景观被评为2017年度浙江省优秀景观金奖。

　　近年来，公司加大投拓力度，立足义乌本地市场，与融创、国深地产等知名房企合作，打造壹号院、望辰府、都会文澜等本地红盘合作项目，并进一步强大自身开发项目能力，精筑**嘉美广场、苏溪印象、朝阳万象、嘉澜小庐、锦绣朝阳、嘉悦澜庭**等特色精品楼盘，在社会上树立了良好的品牌形象。围绕建设世界"小商品之都"总目标，充分利用"两区、两市场、两平台"即综保区和综试区、进口和出口两个市场、Chinagoods 平台和义乌国际贸易公共服务平台重要功能，公司远见行业趋势，开发跨境电商全产业链引擎——**义乌跨境电商产业园**。项目位于义乌自贸区、陆港新区、西大门户区三区核心，总用地面积约 686 亩，并配套跨境电商物流园用地约 1800 亩。作为全球小商品顶级跨境电商生态圈，产城融合全球生态范本，建成后将带动形成线上线下融合、出口进口并举、国内国外一体的独具特色跨境电商产业生态。

　　展望未来，商城房产将继续秉承理念，坚持产品打造与品牌服务的有机结合，双轮驱动，与时俱进，开拓创新，努力打造更多更好的产品来提升人居品质。

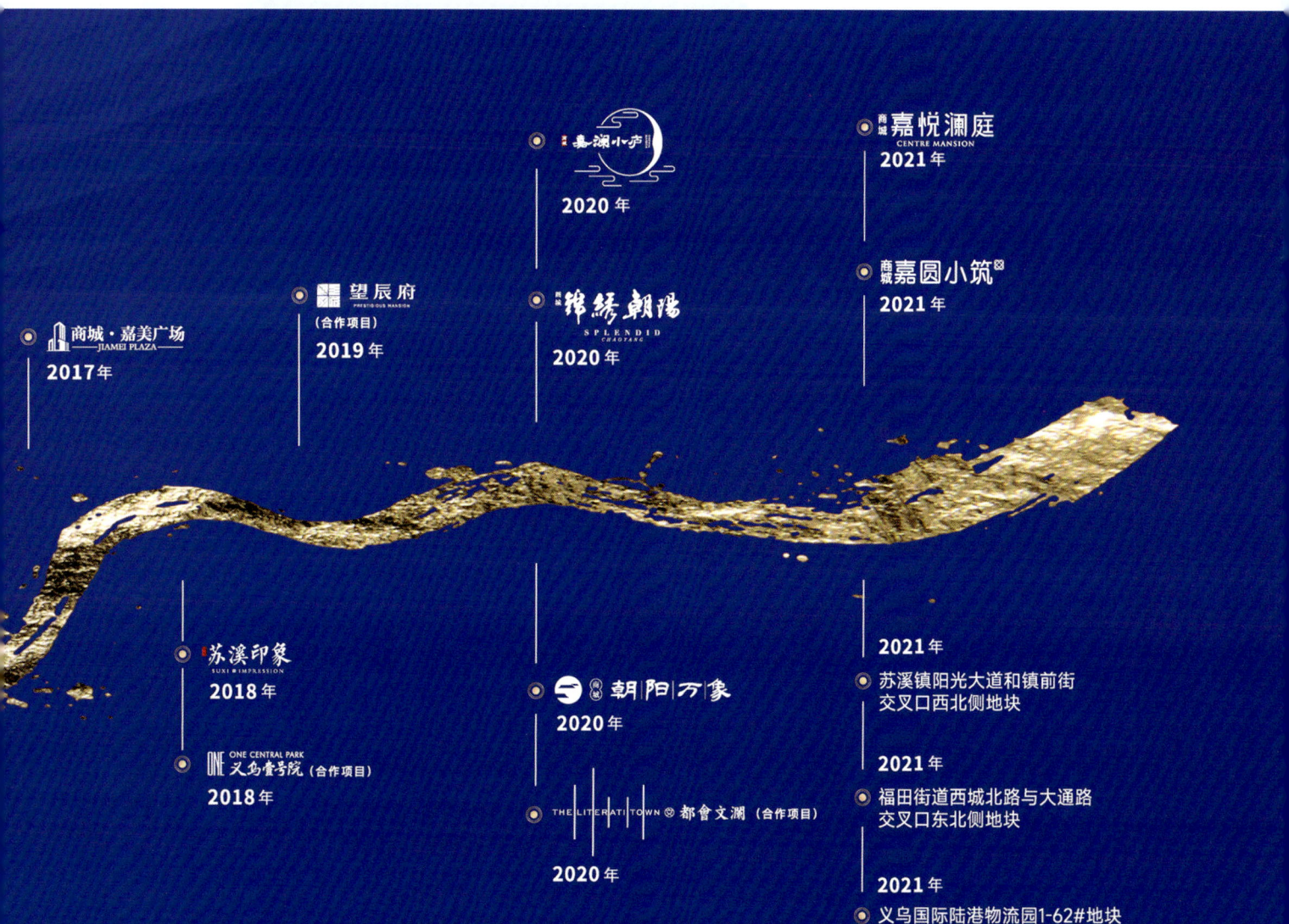

嘉澜小庐
2020 年

商城 嘉悦澜庭
CENTRE MANSION
2021 年

望辰府
（合作项目）
2019 年

锦绣朝阳
SPLENDID
CHAOYANG
2020 年

商城 嘉圆小筑
2021 年

商城·嘉美广场
JIAMEI PLAZA
2017 年

苏溪印象
SUXI IMPRESSION
2018 年

朝阳万象
2020 年

2021 年
苏溪镇阳光大道和镇前街
交叉口西北侧地块

ONE CENTRAL PARK
义乌壹号院 （合作项目）
2018 年

THE LITERATI TOWN 都會文澜 （合作项目）
2020 年

2021 年
福田街道西城北路与大通路
交叉口东北侧地块

2021 年
义乌国际陆港物流园1-62#地块

深耕苏溪 拥抱义北

商城·苏溪印象效果图

　　近年来，苏溪镇以建设**"孝义故里 光明之都 港区新城"**为总目标，加快推进产业升级，全力推动产城融合，统筹城乡融合发展，经济社会全面发展，城乡面貌日新月异，居民幸福感和获得感不断提升。

　　当前，"十四五"规划时期，苏溪紧跟义乌发展脚步，不断实现城镇美丽蝶变、民生不断改善、经济越级晋位等战略目标。 随着**义乌国际枢纽港区落址苏溪**，带来了新的发展机遇。 作为宁波舟山港 "第六港区" 的核心载体，国际枢纽港功能全面、设施先进，集绿色、智慧、高效于一体，带动苏溪加速融入"义新欧"业务发展。今后，苏溪镇将不断优化枢纽港周边的交通网络，加快配套设施建设，为 "第六港区" 提供一流的交通、一 流的配套、一流的营商环境， 奋力建设 "浙中新陆港、义北**新码头**"，全力打造全球领先的光电光伏产业集群，建设更加宜居宜业的义北新城、光明之都，争创省小城市培育试点。

　　"港区新城"苏溪远瞻鸿篇，着力打造一流发展环境，城市升华蜕变，同频时代征程。

苏溪更迭，进阶发展。自商城 · 苏溪印象落子苏溪，苏溪便与商城房产结下了不解之缘。

商城 · 苏溪印象源自商城 TOP 级印象系列，建筑面积约 100—135平方米瞰景学府美宅，由 11 幢高层住宅和商铺组成；项目位于苏溪正芯，约 500 米苏溪核心商圈内，繁华尽揽；紧邻春风大道、阳光大道、国贸大道；苏溪一小、苏溪镇中等资优学府环绕左右；拥享成熟的交通、商业、教育、休闲、医疗等配套。

园区整体规划"一轴一环一中心＋多节点"的景观结构，精心雕琢九重景观体系，打造典雅灵动的生活秘境；匠心排布主题性林荫大道、中央花园、穹顶廊架、主题景观雕塑，营造尊贵大气的景观空间；精研改善人居户型，焕新义北生活理想。

商城 · 苏溪印象效果图

而今，商城房产同频苏溪时代发展新阶段，匠筑第二子商城 · 嘉悦澜庭，项目择址苏溪镇高新区核心板块，配套优势明显。

商城 · 嘉悦澜庭项目总建筑面积约 21 万平方米，以"义北新住区、都会新商圈、生活新标杆"的高品质产品定位，匠心打造建筑面积约76—138平方米的人文华宅；项目自带超 10000平方米活力商业街区，将结合高塘路商业街（在建）整体规划统一打造，内设超尺度（约13000平方米）中央大花园，构造多重主题空间，满足各种户外功能需求，给予全龄段人群专属天地，营造友好、开放共享的零距离活力生态乐园。

商城 · 嘉悦澜庭效果图

商城 · 嘉悦澜庭效果图

商城 · 嘉悦澜庭效果图

义乌中国小商品城

　　义乌中国小商品城坐落于浙江省义乌市，创建于1982年，现拥有营业面积640余万平方米，商位7.5万个，经营26个大类、210万个单品，与全球233个国家和地区有贸易往来，是国际性的小商品流通、信息、展示中心。被联合国、世界银行与摩根士丹利等权威机构称为"全球最大的小商品批发市场"。习近平总书记多次在国际外交场合推介义乌，为义乌定位世界小商品之都。李克强总理称赞义乌商贸城堪称当代"义乌上河图"。

　　义乌中国小商品城是中国最大的小商品出口基地之一，目前，义乌市场与全球210多个国家和地区有贸易往来，外向度高达65%，每年到义乌采购的境外客商超过50万人次，常驻外商有1.5万多人，吸引了沃尔玛、麦德龙等20多家跨国零售集团和30多家国内知名连锁超市常驻采购，全市现有各类外资主体6800多家，其中外商投资合伙企业2500多家，约占全国的75%。

　　在促进主体市场持续繁荣的同时，线上线下融合、进口出口互动全面推进。义乌电子商务展现蓬勃发展之势，有电商卖家账户超过31万家，是全国唯一县级市获国务院批准建设国家级跨境电商综试区。义乌中国进口商品城及义乌中国进口商品孵化区引进100多个国家和地区的15万种境外商品，"买全球，卖全球，买卖全球"的国际化格局初步形成。

　　2020年9月，国务院批复同意扩展浙江自由贸易试验区区域，金义片区作为三个扩展区域之一，将聚焦打造世界"小商品之都"，建设国际小商品自由贸易中心、数字贸易创新中心、内陆国际物流枢纽港、制造创新示范地和"一带一路"开放合作重要平台。

　　作为义乌中国小商品城独家管理运营商的浙江中国小商品城集团股份有限公司（简称"商城集团"），创建于1993年12月，系国有控股上市企业，股票代码"600415"，是我国商贸领域头部企业之一。

　　公司致力于为200多万家全球中小微企业搭建共享式贸易服务平台，推动义乌市场形成线上线下融合、进口出口联动、境内境外打通、内贸外贸并举的贸易体系。2020年10月正式上线义乌中国小商品城官方网站www.chinagoods.com，集线上在"义"服务、线上展示交易、便利化通关、信息化物流、数字化仓储、全球化供应链服务、信用数据采集及应用、供应链金融赋能等功能，提供精准、高效、便捷的市场贸易综合服务，让贸易更简单。

义乌市场集团

— 城市公共产品集成与服务商

　　义乌市市场发展集团有限公司为市属国有企业，组建于2014年义乌市第二轮国资改革之际，定位城市公共产品集成与服务商，主要负责义乌市域内的市场投资、开发、运营以及政策性专营、金融投资、文化商旅，业务涵盖农副产品、家居建材、文体商旅、保安服务、民爆器材、酒店与房地产开发等众多领域。截至2021年底，集团注册资本7833万元，旗下拥有3家分公司、17家全资公司、6家控股公司和8家参股公司，员工4400余人，总资产178亿元。

　　近年来，集团聚焦"民生、公益、社会"核心理念，大力推动企业高质量发展、竞争力提升、现代化先行、共同富裕示范，改革发展成效日益凸显。**企业能级不断跃升**。积极整合内外部资源，以新业务拓展带动自身由"当房东"向"自营者"转变，新增成立农业开发、农产品贸易、应急科技、融聚贸易供应链等7家自营公司，涉足种养殖、农产品进出口贸易、新零售、智慧安防等多领域，有效拓展综合服务产业链，增强可持续盈利能力，近5年企业总资产实现翻番。**国企改革纵深推进**。"瘦身健体"做精做专主业，清算注销、退出企业5家，派生分立优势产业企业1家。建立完善以效益为导向的考核管理体系和以绩效为导向的收入分配体系，创新实施超利润奖励、减员增效、创利单元改革、新增业务提成奖励改革，打破"大锅饭""平均主义"。大力推行职业经理人和财务负责人委派、技术工种发展双通道以及员工外派交流各项机制，"干部能上能下，员工能进能出"市场化选人用人机制日趋完善。**产业布局合理优化**。几年来先后谋划并实施浙中农副产品物流中心、汽车交易中心、建材物流园、国际家居城四区、模具城三区、国际冷鲜城等系列重大产业项目，加快传统集贸市场向"农加超、农改超"转变，精心打造绣湖里商业中心、佛堂"印悦里"以及多个镇街中心农贸市场和社区综合体。泛家居、农副产品、模具产业、汽车产业四大市场集群初具规模，民生商品供应体系趋于完整，2021年底，各市场总成交额达334亿元，年均增长率超10%。**营商环境持续改善**。以数字化改革助力市场提质提效，系统打造义乌农贸城数字化支付系统、佛堂蔬菜产业园生物智能大数据应用中心、国际家居城智慧市场系统等初代应用场景。全面开展市场领域"最多跑一次"改革，实现业务"一站式受理""一次性办结"，建成民生市场办事网上服务平台，扎实开展"五化"提升改造工程。有序推进商位资源要素市场化改革，探索商位个性化供给方式，真正实现"商者有其位"目标。**同富裕示范先行**。以助农商品为支点撬动对口协作市场化运营，创新打造"百县万品"协作共富平台，百县万品供应链公司成为首批挂牌进驻中国（浙江）自由贸易试验区金义片区10家企业之一，2021年累计完成消费助农1.07亿元。念好新时代"山海经"，引入浙江山区26县优质产品落户义乌，借助义乌商贸优势走向全国乃至全世界。深入贯彻落实乡村振兴战略，聚焦"双强农业"和"五统一"模式打造现代化农业基地"义乌样板"。"十四五"期间，集团将始终坚持以习近平新时代中国特色社会主义思想为指导，立足新发展阶段、贯彻新发展理念、融入新发展格局，坚持稳中求进工作总基调，以数字化改革为牵引，以构建国内国际"双循环"新发展格局为己任，扛旗争先，立足浙中，服务全国，加速推动"放心食品+专业市场+社会服务"三大产业板块组成的"一体两翼"发展战略落实落细落地，致力于将旗下各大市场和产业打造成为城市文明的窗口、商贸创业的热土、美好生活的乐园、不断满足人民群众对美好生活的向往。

义乌国际家居城

—家居建材航母

义乌国际家居城位于浙江省义乌市西城路1779号（龙回立交旁），系浙江义乌林业开发有限公司投资开发和经营管理的家具、家居、装饰材料、花卉一站购平台，由一区（原义乌家具市场）、二区、三区、四区（在建）及花卉市场五大专业市场组成，形成"泛家居"大市场群，总投资约10亿元。市场占地260亩，总建筑面积约45万平方米，营业面积约30万平方米，共有各类商位2500多间，经营户1200余户。市场主要经营各式家具、瓷砖、卫浴、橱柜、衣柜、门类、板材、灯具、各类装饰材料及盆栽花卉、绿化苗木、花盆、假山、水族等行业，是浙江省内单体规模最大、配套设施最齐全的家居建材类专业市场之一。先后获全国诚信示范市场、浙江省四星级文明规范市场、省级优秀家具市场等多项荣誉称号，2021年被中国建筑材料流通协会评为中国建材家居卖场单店50强榜首，是浙中地区家居建材行业颇具影响力的名片。

义乌国际家居城创办至今，从最初的义乌家具市场到现在五大专业市场"泛家居"市场群，顺应大家居融合发展的行业趋势，打通家居产业链上下游，形成全闭环产业链条，为消费者提供集时尚、艺术、生活于一体的整体家居一站式定制服务。近年来，义乌国际家居城不断创新升级，通过开展浙中设计高峰论坛、设计分享会等形式，引导消费者欣赏设计艺术、家居文化，提升生活品位，引领家居消费从单纯的"买家居"，过渡到"逛家居""赏家居"时代，满足消费者家居购物极致体验。截至目前，公司商场品牌库拥有的国内外产品品牌数量超800个，其中进口品牌近80个。并不断迭代升级，持续招引全球范围内优秀品牌进场入驻。多年来，义乌国际家居城始终紧跟母公司义乌市场集团"民生大市场，城市新生活"的发展愿景，深入践行"打造放心消费市场、提升市场服务水平"理念，持续为客户家装工程保驾护航。

市场集团 Market Group

义乌模具城
一改革试验东风吹响高质量发展集结号

模具产业素有"工业之母"的美誉，是制造业的"效益放大器"，可带动相应产业的比例大约在1:50至1:100，产业赋能功能显著。2011年，国家改革试验东风吹入义乌，为了顺应高质量高水平建成"世界小商品之都"的配套要求，义乌模具产业由"低小散乱"集聚向高质量、可持续发展跨越，已经具备良好发展基础。

义乌模具城分三期建设。已投产的一、二期项目占地面积约285亩，建筑面积约21万平方米，总投资约6亿元；商位1500余间，配套用房约1100套。模具产品外向度达40%以上，远销俄罗斯、印度、埃及、阿尔及利亚、巴西等20余个国家和地区。园区行业布局包含模具加工、原材料加工、模具配件交易、机械设备及弹簧交易、塑料粒子等。预计到2025年，将结合三期市场规划，建成集高端模具制造、设计研发、网络电商、塑料粒子、机械设备及配件等相关相近行业于一体的"义乌模具智创园"。

产业集聚效应，助推企业涅槃重生

义乌模具城积极创新市场运营和管理模式，加强产学园合作，成功与3家国家著名设计机构签订了战略合作协议，使部分市场主体实现"个体—小微企业—科技型企业"的跨越式成长。推出了指尖陀螺、游戏面罩、"灭鼠先锋"等一系列模具产品网红爆款，发挥了改革助推器和科技型企业孵化器作用。

模具产业升级，推动贸工联动发展

义乌模具城对标发达国家和地区，小商品模具加工3D打印、高端饰品底坯模定制等技术日趋成熟，推动企业向"模具加工+注塑产品生产"转型，为本市饰品、玩具、文体、日用品等优势小商品制造业水平的提高提供了重要基础。

公共服务创新，打造研发设计"飞地"

义乌模具城成功申报设立产业创新服务综合体。服务综合体从提升设计研发、产学研协同创新、科技金融服务、丰富公共服务、拓展外贸业务5个方面着手，着力打造联合设计中心和设计"飞地"中心。同时，为入驻经营主体提供法律、党建、管理等咨询1700余人次，检验检测、机械维保受理及咨询2200余人次，纠纷调解累计500余人次，线上缴费12000余人次，成为产学研协同创新平台和企业间协同平台。

义乌模具城将抢抓"十四五"开局先机，将模具产业作为义乌市"贸工联动"的着力点，提升中小微模具企业综合实力，发挥小商品制造的"金工车间"作用，为高质量高水平的小商品制造夯实产业基础，持续助力国内国际双循环。

义乌汽车交易中心

义乌汽车交易中心由义乌市场集团旗下义乌市汇商汽车发展有限公司投资开发和运营管理，是浙江省重大产业项目，占地约178亩，总建筑面积约23万平方米，总投资约9亿元，于2019年12月正式开业。截至2022年2月，二手车累计成交量达14万辆，累计交易额超120亿元，位居浙江省前列。

功能齐全、设施完善。义乌汽车交。车展示交易、汽车性能检测、涉车涉证业务办理等功能，现有二手车展示交易区、综合服务区、性能检测区等三大功能区块，其中二手车展示交易区共有5个交易场馆，经营面积达16万平方米，容纳来自浙中及周边省市经营主体近400家，实现行业集聚发展；综合服务区由义乌二手车转移登记服务站、义乌市公安局车辆管理所组成，为往来客商及办事群众提供二手车相关业务、新车及驾驶员相关业务的办理，日均处理业务超2000笔次；性能检测区设有机动车检测站，配备环保检测线5条、安全检测线3条、外观检测5条，日检测能力500余辆。此外市场还设有餐饮、体检、汽车衍生服务等配套，充分满足场内经营主体及往来客商需求。

业务多元、服务全面。义乌汽车交易中心立足市场主业，为强化行业集聚、提升行业发展、促进行业竞争，结合二手车行业特点及需求，为市场经营主体及往来客商提供多元化的专业服务，实现二手车交易全链条安心、全过程放心。与知名检测机构合作，提供车辆评估、车辆检测；与知名车企、拍卖平台合作，推出市场拍卖平台；与司法部门合作，开展法拍车业务；利用行业资源，开展同城寄售、二手车展、汽车金融等业务。

义乌汽车交易中心充分利用数字化改革契机，打造"数字市场"，搭建"汇商二手车掌上商城"，为客商提供线上看车、选车、买车等功能。同时，市场内还设有"智能查询终端"，系统内整合市场商位、商人、商品等数据，供往来客商实时查询。此外，市场内设警务室、三服务站、法治阵地、共享法庭等便民服务机构，可提供业务咨询、纠纷调解、法制宣传等服务。

管理高效、维度健全。义乌汽车交易中心以打造"全国知名二手车市场"及"诚信文明市场"为抓手，对内强化服务提升，推行"最多跑一次"改革，简化、再造办理流程，实现经营主体办事"零次跑""不用跑"，切实增强群众获得感；对外推行商位资源要素市场化配置改革，以诚信经营为引领，实行诚信文明积分管理制，倡优惩劣，确保诚信文明经营深入人心。

自贸时代、与时俱进。2020年，《中国（浙江）自由贸易试验区扩展区域方案》获批，义乌纳入金义片区，正式进入"自贸区时代"。作为义乌二手车行业集聚高地的义乌汽车交易中心，紧跟步伐，推动市场经营主体转型升级发展，支持二手车贸易走出去。场内经营主体积极入驻自贸区开展业务，入驻率超60%。

2021年，义乌市汇商汽车发展有限公司成功领取二手车出口密钥，正式开展二手车出口业务。同年6月，顺利实现二手车出口业务零突破。义乌汽车交易中心作为汽车后市场服务平台，将致力于以集聚效应带动产业升级，立足浙江，辐射华东，旨在以更广阔的空间、更舒适的环境、更智能的配套提供更优质的服务，携手行业同仁，竞逐更高舞台，一起走向未来！

举办百县万品协作共富项目发布会

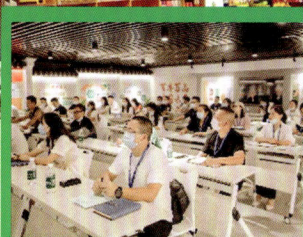

开展电商培训

义乌百县万品

掀开高水平创新帮扶崭新一页

为深入贯彻习近平总书记关于共同富裕的重要论述精神，义乌市委、市政府创新提出充分发挥义乌在创新意识、市场集聚、电商发展和物流发达等方面的独特优势，以促进全国中西部欠发达地区农产品营销和农业产业提档升级为重点，围绕发展理念、市场营销、人才培育、技术应用、产业提升等多个维度面向全国开展产业帮扶服务，构建"百县万品"协作共富新平台，打造"义起富裕"新名片，为全国树立"共同富裕示范区"义乌样板。

"百县万品"是一个旨在帮助全国22个省400余个欠发达县市的10000余款农产品、手工艺品最终走向市场的协作共富平台。平台以"让广大农民过上更加美好的生活"为己任，全面优化升级"1+1+X+Y"2.0改革设想，打破"1个展销中心，1个电商营销中心，X个分店、专区、专柜，Y个全国连锁店"的传统思路，立足新发展阶段，逐步构建起1个助农产品展销体系+1个电商培训网络+X个东西合作交流平台+Y个精准帮扶服务联盟，协同探索建设更优质的助农产品、更成熟的直采分销体系、更具价值的帮扶服务"三位一体"的专业化帮扶服务互动平台。2020年12月30日，选址义乌副食品市场三楼的6100平方米消费助农展销中心正式运营，重点选定国家帮扶县重点帮扶产品供应商入驻，融合线上线下展销、电商直播交易、自主品牌研发、大数据分析应用等功能于一体，并在市内外选购合适地址开设消费助农连锁店、专区、专柜，投放自动售货机。利用义乌果品市场、蔬菜批发市场、粮油市场开设直销中心，选定茶叶、蔬菜、水果、面粉、大米、大豆、玉米7个源头直供基地，探索建立"基地直采+市场直销+商户分销"直供销售模式，促进欠发达地区农产品规模化、集约化、标准化发展。同时开发"百县万品"微商城，打造集"小程序+社区团购+公众号+视频号+信用兑换+政采云"等功能于一体的数字化营销平台，构起全方位立体式的展销体系，打造全国首个面向欠发达地区的永不落幕的"农产品博览会"。

"搭台育匠人，圆梦筑匠心"。"百县万品"联合义乌人社局、市场发展委等单位系统化开展农产品电商人才培育项目。成立百县万品职业技能培训学校，组织百县学员来义现场实训，提升百县百味家门口创业技能，为百县培育农村新型商业带头人，同时也为解决义乌电商人才严重短缺问题提供人才支撑。依托全国巾帼励志创业浙江基地，举办首届农产品直播大赛，以"创业创新、实战演练"为特色，挖掘直播带货人才，孵化培育农产品类专职网红，引导和鼓励广大女性把智慧和力量凝聚到乡村振兴战略目标上来。

"凝心聚合力，抱团赢未来"。百县万品内化于心、外化于行，积极融入长三角一体化发展。联合上海长三角商业创新研究院、浙江省商业总会举办长三角内循环论坛，发布百县万品五年(2021—2025)规划目标行动计划。会上，中国扶贫基金会副秘书长、长三角商业创新研究院院长对百县万品的创新思维表示高度赞赏，一致认为：百县万品项目的诞生，呼应了国家关于"巩固脱贫攻坚成果、接续奋斗乡村振兴"的主旨理念和精神，又顺应了当前双循环新发展格局建设的战略趋势。

站在"两个一百年"历史交汇的节点上，义乌的使命无比光荣，"百县万品"项目将持续完善协作共富新平台，不断扩大消费助农朋友圈，高效构建精准帮扶生态圈，努力为带动性更广的助农平台、影响力更大的公益平台、服务性更强的功能平台，在全省创富共富的新征程中，探索义乌有效路径，锻造义乌成功案例。

义乌市农业开发有限公司

现代化蔬菜产业园助力义乌乡村振兴

为改变义乌蔬菜产业"低、小、散"现状，引领蔬菜种植产业朝现代化、集约化、标准化发展，2020年8月，义乌市农业开发有限公司推出以"土地统一流转、设施统一建设、农机统一服务、品牌统一打造、食品安全统一监测"为核心的现代化蔬菜产业园打造模式，计划未来5年在义乌各镇街打造4—6家现代化蔬菜产业园，以点带面推动义乌蔬菜产业转型升级，帮助农户增产增收，乡村振兴共富。

2021年12月建成并投用的佛堂蔬菜产业园是义乌市农业开发有限公司打造的第一个蔬菜产业园，园区位于义乌佛堂隔湖、毛陈村地块，占地450亩，投资约5000万元，产业园集种植推广、惠民生产、农资农机服务、仓储物流配套、综合服务接待、亲子研学和采购等多功能于一体，是义乌现有规模最大、配套设施最全、农业技术含量最高的现代化蔬菜生产基地。第二个蔬菜产业园于2021年12月在义亭镇西塘地块开工建设，目前，项目正在有序推进当中。

政企合作，一举多得。以佛堂蔬菜产业园为例，现代化蔬菜产业园的建设不仅带动整合和有效利用当地闲置的土地资源，还帮助政府解决了环境卫生治理问题和缓解当地农村就业压力，一举多得。

一站式服务，解民忧。传统的蔬菜种植，农户需要租地搭棚、翻耕土地、采买农资（种苗、化肥、农药）和上市销售，但在蔬菜产业园这些可以得到一站式解决，如大棚、沟灌等均可通过手机进行监管和操作，农资、农机可交由产业园农资农机中心统一服务，甚至连生产的蔬菜也可交给产业园销售，让农户真正享受到了"拎包入驻"和一站式服务。

"双强"示范，引领产业升级。蔬菜产业园坚持"双强农业"引擎驱动，引进了如远程遥控大棚、水肥一体化、移动式种苗培育床、智慧型深耕机等现代农业设施设备，打造了数字农业中心、现代农业展示中心、育苗中心、农资农机服务中心等生产服务平台，是目前义乌推动蔬菜产业转型升级最强有力的发动。

未来，义乌市农业开发有限公司将继续做好蔬菜发展这篇大文章，以现代化蔬菜产业园建设为切入点，以点带面、破难攻坚，为义乌的乡村振兴农村共富作出更大的贡献。

义乌陆港集团：当好构建国内国际双循环新格局的排头兵

义乌市国际陆港集团有限公司为义乌市属国有企业，于2014年1月改制设立，注册资金2亿元，总资产148亿元，是中国物流与采购联合会评定的中国物流5A企业，被国家人力资源和社会保障部和中国物流与采购联合会评为全国物流先进集体。陆港集团按照"1+3+5"的设想，加快融入义乌自贸试验区建设。"1"即一个平台，打造物流供应链综合服务平台，有效服务于高质量高水平建设"世界小商品之都"；"3"即三大产业，培育现代物流产业、临港产业、跨境电商产业，努力实现集群式发展；"5"即五个窗口，打造口岸、电商、物流、文旅、基建五大业务板块，形成特色鲜明、行业领先的示范先行重要展示窗口。

构筑物流大通道。以重塑"大物流"框架为重点，加快建设现代物流综合枢纽中心，先后建成投用铁路口岸、保税物流中心、国际陆港电商城、快件监管中心、国内公路港、青口物流园、福田物流园等一批重大产业项目。国内公路港、青口、福田、江北下朱物流中心在义西南、义东北"两翼布局"、集聚发展，集结了748家优质物流企业，辐射全国260余个城市，800公里内实现"朝发夕至"，极大提升了城市品质，推动传统物流业转型升级。2020年，四大物流园货物吞吐量达1560万吨，同比增长5.1%。

打造口岸大平台。以完善"大通关"功能为重点，建设具备国际口岸功能的港口服务体系，为建设"世界小商品之都"提供便捷高效的通关平台支撑。义乌铁路口岸保障"义新欧"中欧班列和"义甬舟"海铁班列双轮高效驱动，成为"东向依港出海、西向依陆出境"的主要战略支点，截至2020年底，"义新欧"中欧班列累计发运2126列17.3万标箱，位列全国第四。2014年以来，习近平总书记先后六次点赞"义新欧"中欧班列。海铁联运班列累计发运1635列13.45万标箱。"全牌照"口岸建设持续推进，肉类、冰鲜水产品指定口岸落地运营。保税物流中心发展成为国际贸易"桥头堡"，累计进出口货值超39亿美元，位列全国第八。跨境电商1210、9610业务量超5000万单。

国际陆港电商城

培育电商大产业。以培育"大电商"产业为重点,用足用好跨境电商综合试验区政策红利,高标准引领义乌市电商产业发展,探索形成集聚集群集约发展格局。国际陆港电商城是义乌最大、最具示范性的电商产业集聚平台,围绕电商全产业链集聚"互联+"骨干企业,一期集聚了国内骨干电商企业200多家,其中年销售过亿元企业20余家,常驻办公人员超5000人,年交易额突破62亿元,有力带动了电商经济的快速发展。二期将尽力打造电子商务产业基地、数字经济产业基地、科创孵化器、产教融合创新综合园、"一带一路"电商产业学院、供应链直播电商基地、文教中心等多个板块集聚发展的电商新样板。

建设望道大景区。以做大"信仰+"乡村振兴为重点,将美丽环境源源不断地转化为"美丽经济",打造国家级党性教育基地。望道信仰线长达13.5公里,是义乌10条和美乡村精品线之一,南起横塘村,沿七一村、义乌西站、溪干村、流里塘村、石明堂村、何斯路村,北至分水塘村。近年来,通过建设望道展示馆、修缮分水塘古街、道路白改黑等,将横塘公园、七一村、何斯路村等沿线景观串珠成线、连线成片,在全省美丽乡村现场会中展示了信仰的风采。培育专业讲解团队,挖掘红色资源、传播信仰声音,得到了社会各界的高度肯定。

打造新区大路网。陆港集团还聚力建设陆港新区约32.14平方公里的基础设施配套工程,建成"五纵五横"便捷、畅达的交通路网,进一步提升陆港新区交通组织和配套设施能级,打开发展区间,为陆港新区筑巢引凤、招商引资奠定了硬件基础。

■道路系统规划图

义乌国际陆港物流园区控制性详细规划

陆港集团
1556 LUGANG JITUAN

一图读懂

"十四五"陆港怎么干!

"十四五"时期是义乌深入推进高质量高水平发展的关键期和机遇期,陆港集团将紧紧围绕义乌自贸试验区建设这一核心,把开放门户开得更大,把产业培育做得更实,把现代化治理结构抓得更优,为义乌打造"重要窗口"和两个样板城市贡献应有之力。

打造"重要窗口" · 产业培育 · 义乌自贸试验区建设 · 两个样板城市 · 开放门户 · 现代化治理结构

1 总体目标

"1+3+5"的总体布局 · 国内国际双循环 · 义乌自贸试验区建设

按照"1+3+5"的总体布局,深度融入国内国际双循环和义乌自贸试验区建设。健全市场化经营机制,聚焦数字化改革,对标杜伊斯堡,努力成为全球贸易服务商。

2 发展原则

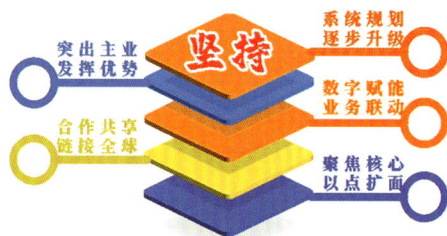

坚持 · 突出主业 发挥优势 · 系统规划 逐步升级 · 合作共享 链接全球 · 数字赋能 业务联动 · 聚焦核心 以点扩面

3 具体路径

做实五大窗口

口岸 · 电商 · 物流 · 文旅 · 基建

做实口岸"联的窗口"

紧贴世界市场的脉搏做大口岸、做热通道、做强产业,实现铁路口岸、保税物流中心、快件监管中心高效协同。聚焦"四港联动",推进"义新欧""义甬舟"海陆双向开放对接,打造"海陆空、铁网邮、义甬舟、义新欧"多业态联动发展的示范典型,高质量助力双循环。

做实电商"云的窗口"

瞄准"云经济",做好电商小镇"百万空间"文章,加快"云推介"、做优"云服务",紧盯重大项目、特色产业,精准招商、强势招商,打造具有陆港特色的电子商务产业生态圈,力争成为国内领先的智慧"云上小镇"。

做实物流"畅的窗口"

以商贸服务型国家物流枢纽为内核,整合铁路口岸、公路港、快件监管中心、航空口岸、"义乌好运"资源。探索区域合作建设物流集疏散中心,提供国内国际物流"零换乘""一站式"服务。

做实文旅"美的窗口"

依托风景秀丽的自然生态资源、底蕴丰富的望道红色文化资源,围绕望道信仰线打造现代版"富春山居图";厚植文旅产业,将"美丽环境"转化为"美丽经济",让信仰线成为人人向而往之的旅游休闲好去处。

做实基建"质的窗口"

高标准、严要求打造标准化可观摩工地,积极创建绿色项目、文明项目。完善工程领域制度建设,形成一套完整成熟的责任机制,推动建筑文明施工管理工作规范化、标准化、科学化。

擦亮九张名片

擦亮以"义新欧"中欧班列为代表的对外开放名片

- 完善班列布局,织密贸易运输网络;
- 织密班列境外服务网络。

擦亮以现代物流综合服务平台为代表的多式联运名片

- 开发现代物流综合服务信息系统,为贸易企业提供"铁公机""海网邮"一体化的物流运输解决方案;
- 5年建成200万平方米以上仓储;
- 打造"义发货"国内物流数字化平台。

擦亮以跨境电商产业园为代表的总部经济名片

- 集聚50个跨境物流总部企业和头部企业,叠加仓配一体化服务功能,为中欧班列、航空货运包机提供充足货源。

擦亮以智慧陆港综合数字服务平台为代表的数字改革名片

- 构建数字服务生态,提供物流、信息、金融、贸易、数据五大服务。

擦亮以电子商务服务产业为代表的孵化摇篮名片

- 每年为电商输送高端人才**5000人**以上,孵化拥有核心技术的科技企业**100家**以上;
- 打造新型"网红基地",提供场景化设施与全链条增值服务。

擦亮以智慧云仓为代表的金融服务名片

- 合作建设集线下仓储和线上信息平台(含易货贸易平台)为一体的义乌智慧云仓。以中交跨境贸易服务平台(暂命名)为牵引,部分解决义乌市国际贸易资金回流难等问题。

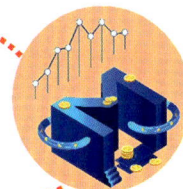

擦亮以构建跨境物流末端运输网络为代表的合作共赢名片

- 与国际物流枢纽战略合作,布局海外物流配送网络;
- 与国际快递公司及其配套商合作,为客户提供全链路一体化跨境物流服务。

擦亮以望道信仰线为代表的党性高地名片

- 打造"三个地"精品旅游线路,进一步带动乡村振兴;
- 充分利用鲜活生动的红色资源,争创全国标杆式党性教育高地。

擦亮以廉洁丝路品牌为代表的清廉陆港名片

- 锻造"四心"干部队伍,夯实"五新"廉政管理机制,构建数字化智慧监督体系,扎牢织密上下联动"监督网",全面推动"清廉陆港"建设。

重庆石油天然气交易中心

重庆石油天然气交易中心（以下简称"重庆交易中心"）是国家发展改革委、国家能源局和重庆市人民政府，为充分发挥市场在资源配置中的决定性作用，按照"高起点、高标准、国际化"要求，推动建设的国家级能源交易中心，主要为石油、天然气等能源产品以及石油天然气化工产品提供交易平台。其建设发展目标，一是充分发挥市场配置资源的决定性作用，提高交易效率、降低交易成本、提供应对市场价格波动的避险机制；二是通过交易市场化建设，为进一步推进油气体制改革提供支撑；三是逐步形成价格基准，更好服务实体经济。

重庆石油天然气交易中心坐落于重庆市南滨路69号皇冠国际A塔

重庆交易中心于 2017 年 7 月 25 日完成工商注册，2018 年 4 月 26 日实现上线交易，现有交易会员 2000 多家，涵盖石油天然气产业链的生产、贸易、发电、化工、城镇燃气等企业。重庆交易中心借鉴国外成熟市场经验，结合我国油气行业市场化改革进程，创新设计交易产品和交易方式，运用竞价、挂牌、协议等多种交易方式，在我国现货交易平台首次开展境外天然气交易，首创中远期仓单及二次转让交易、储气服务交易、LNG工厂原料气和发电用气专场交易。目前，已形成管道天然气、液化天然气、储气服务、成品油、液化石油气等多品种共同发展的油气产品交易体系。

2018 年 9 月，重庆石油天然气交易中心首次开展境外交易。图为马来西亚国家石油公司通过重庆交易中心交易的整船 LNG 到达国内港口

重庆交易中心着力构建"一体两翼"发展格局。以交易为引领，以信息资讯、供应链金融服务为支撑，构建物流、信息流、资金流有机互动增值、共生发展的价值系统。独家建设运营"国家信息中心能源大数据中心"，开发建设能源大数据监测平台、能源政务信息平台和能源资讯服务平台，促进数字经济和实体经济深度融合，为政府监管和企业决策提供支撑。上线"气易贷"线上结算及融资产品，对降低企业融资成本、促进实体经济发展发挥了积极作用。创办重庆油气论坛，每年在夏季和冬季分别举办峰会，聚焦油气产业战略性、长期性、方向性、政策性方面议题和油气行业保供等当前及近期的重点、焦点和难点问题，搭建多方交流平台，凝聚更多智慧共识，共同推动石油天然气行业高质量发展重庆交易中心积极探索价格发现功能。基于平台交易数据和行业价格信息，编制发布了川渝、鄂尔多斯、华中天然气现货价格和川渝、西北、环渤海区域 LNG 厂站价格。发布的价格信息较好反映了市场供需情况，受到行业广泛关注，成为部分终端客户与上游资源方、贸易商进行结算的依据，有的交易价格成为资源方线下配置资源和开展其他营销活动的重要参考。

在中共中央、国务院印发的《成渝地区双城经济圈建设规划纲要》中明确提出，要"发挥重庆石油天然气交易中心作用，形成具有影响力的价格基准"，进一步明确了重庆交易中心的建设目标和发展方向。重庆交易中心将积极适应新形势新变化，把握改革发展机遇，坚持市场导向和创新引领，进一步提升服务质量、创新交易方式、丰富交易产品，努力建设成为立足中国、面向世界的石油天然气交易中心、定价中心、结算中心和资讯中心。

HNCT 惠农文旅

重庆南川惠农文旅集团

坚持农文旅融合发展
全面推进乡村振兴

万亩现代化蓝莓产业示范基地

重庆市南川区惠农文旅集团成立于2007年6月，截至2021年底，资产总额约300亿元。集团充分发挥国企支撑引领作用，聚焦旅游、农业等主责主业，累计完成投资近200亿元，探索"三个坚持"路径，推动农文旅融合发展，奋力塑造全面推进乡村振兴的示范样板。

——坚持以农为本。通过项目合作、产业共建等市场化方式，投资建设蓝莓、茶叶"两个万亩"现代化农业基地，打造农业产业化国家重点龙头企业1家，建成重庆首个蓝莓科技产业园，大力发展蓝莓、方竹笋、茶叶等深加工，取得各类专利近20项，培育形成七大特色产品体系，拓展研学旅游、农耕体验等业态，推动农业产业接"二"连"三"，实现全产业链发展，年产值达5亿元以上。

——坚持以文塑旅。以原乡文化、农耕文化为内核，打造集"游购娱吃住行"功能于一体的乡村旅游综合体大观原点，获评"重庆乡村振兴示范案例"。融合现代科技与传统文化，开发打造沉浸式游戏自然剧场。整合近200个特色农产品变身"文旅潮品"，构建"产供销"链条。规划建设军旅文化、红色文化等一批主题特色小镇。打造博鳌国际文旅康养论坛金佛山峰会、冰雪节、乡颂文化节等节会品牌，助力提升重庆文旅影响力。

——坚持以旅促兴。瞄准金佛山旅游主板上市目标，着力实施国家5A级景区金佛山文化旅游资源纵深开发利用，全面提升金佛山旅游市场份额和品牌影响力。旗下运营金佛山、神龙峡、大观原点、"十二金钗"大观园等多个AAA级以上景区。坚持景城乡一体化发展，以金佛山旅游为引领，积极发展"旅游+""+旅游"模式，全面推动农文旅融合、一二三产业互动，以融合发展促进乡村振兴。

重庆乡村振兴示范案例大观原点

世界自然遗产、国家5A级景区金佛山

厦门恒坤新材料科技股份有限公司

企业简介

恒坤股份成立于1996年，公司已发展成为一家致力于半导体先进材料研发、生产和销售的集成电路企业，产品主要应用于集成电路芯片制造的先进制程，为客户提供半导体材料整体解决方案。

恒坤股份是国家集成电路材料联盟、存储器联盟会员以及三维半导体集成制造创新中心的股东和理事单位，目前公司已拥有高端光刻胶、超高纯前驱体两个生产基地，并设有多个技术服务中心。

恒坤是国内率先在12英寸晶圆制造先进制程应用上实现正式批量出货的光刻胶企业之一，已承接两大国家专项。凭借先进的产品技术和品质水平，公司已陆续取得国内外多家12英寸芯片制造企业的材料供应商资格，并实现批量供货，填补了多项国内空白。

秉承"成为半导体材料整体解决方案提供商"的愿景，恒坤始终以技术进步作为企业发展的根本，全力打造产品技术的核心竞争力，并积极参与集成电路上下游产业链的合作，推动集成电路国产先进材料的技术研发、应用开发和产业化布局，致力于为攻克半导体关键材料的产业难题而努力。

生产基地

产品展示

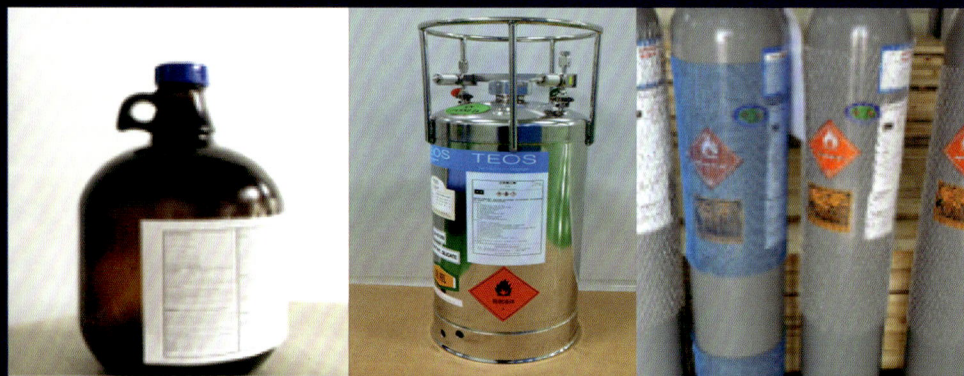

HENGKUN
恒坤

光刻胶　　　　前驱体　　　　配方湿化
　　　　　　　　　　　　　　学品&特气

厦门银行股份有限公司
——融合两岸智慧与资源的对台特色银行

1996年,厦门银行成立于中国对外开放前沿城市——福建厦门,是大陆首家具有台资背景的城市商业银行,现已发展成为一家覆盖重庆和福建省所有九个设区市的上市城商行。依托独特的台资背景和地处对台前沿的区位优势,厦门银行融合两岸智慧与资源,构建全面的两岸金融业务体系,满足台胞台企和往来两岸人士的金融需求,走上了一条独具两岸特色的差异化发展之路,成为"两岸金融合作样板银行"。

◎ 大陆银行业首个"台商金融部"

厦门银行成立了大陆银行业首个"台商金融部",针对性地开发适应台胞台企需求的产品和服务,推出一系列特色产品,提供全方位的融资及清算结算业务。2021年更是在台胞台企相对聚集的厦门、福州、重庆、泉州、漳州等地设立了20家"对台特色支行",匹配更加专业的服务队伍,让台胞台企享受专业化、差异化的金融服务。

◎ 大陆首张台胞专属信用卡

2019年,厦门银行推出的大陆首张台胞专属信用卡在两岸金融发展高峰论坛上亮相,该卡以在大陆的台胞作为唯一发卡对象,有效解决了此前台湾同胞在大陆办信用卡门槛高、手续复杂的难题。2021年,厦门银行通过升级优化台胞专属信用卡服务,将持有中国人民银行、台港澳办共同颁发的"台商台胞金融信用证书"的台企职员、台胞个人纳入信用卡白名单范围。此外,面向福建省内获市级以上台办授牌的台青创业就业实习基地,推出"台青基地信用卡专案",进一步解决台胞在大陆办卡难问题。

◎ 大陆首个台胞专属线上汇薪产品"薪速汇"

"薪速汇"是厦门银行秉承"融汇两岸,温暖相伴"的惠台服务理念,为台籍个人客户设计的跨境人民币形式向外汇款业务专属产品。它突破传统线下薪资汇出业务操作模式,使台籍客户无需临柜,直接通过手机银行汇款,足不出户即可在第一时间将在大陆的完税薪水汇给对岸的家人,轻松便捷、省时省力,有效满足往来两岸台胞的汇薪需求。

◎ 创新产品　助力台企破解融资难题

针对中小微台商担保品不足、融资相对困难的痛点,厦门银行推出了"台商税易贷""台商流水贷"及"台商e企贷"等多款中小微台商专属信用贷款产品;针对台青创业企业及个人需求,整合推出"台青在陆创业就业金融服务专案";面向台湾农民创业园推出"台农企业授信专案",结合接力贷产品创新专属业务模式,解决台农企业倒贷成本高、贷款时效慢、无抵押物融资困难等难题。

◎ 特色服务　支持台胞台企在大陆安居展业

为了更好地服务台胞台企,厦门银行个性化推出多元化远程/线上业务服务,支持远程更新台胞个人账户证件有效期、远程开通手机银行、远程核实台企法定代表人信息、上门办理金融业务等服务;推出台胞专属微信公众号及视频号——"厦门银行台胞之家",提供业务咨询与办理、两岸生活和政策资讯共享等服务,助力更多台胞台企融入大陆生活。

◎ 搭建平台　助推两岸人才文化交流

在深耕两岸金融合作的同时,厦门银行还在两岸文化产业、人才培育、体育活动等多领域贡献力量,打造了一批两岸民众喜闻乐见的品牌活动:台湾高校首个大陆金融行业实习基地"高校台籍青年实习计划"目前已接待了十批次台湾学生前来实习;连续多年赞助国台办重点对台交流项目"海峡两岸少儿美术大展"、两岸茶界盛事"两岸斗茶节"等文化活动;以体育为媒,举办金门半程马拉松赛、海峡两岸(厦门)青年企业家篮球邀请赛、两岸金融同业乒乓球邀请赛、两岸亲子拼图等活动,架起一座"两岸一家亲"的桥梁,以文化互动助力两岸融合发展。

厦门银行台胞之家
微信公众号

厦门翔业集团勇立潮头 与特区共成长

1980年10月，国务院批准设立厦门经济特区，这片土地翻开了开放发展新篇章。厦门机场1982年1月开工建设，1983年10月正式通航，创造了多项国内民航先例，被业内誉为"厦门机场现象"。从厦门机场起步，翔业集团弘扬特区精神，敢闯敢试，披荆斩棘，稳步发展成为一家跨地域、多元化的大型国有企业集团。

2011年，在庆祝厦门经济特区建设30周年之际，国务院批准实施《厦门市综合配套改革试验总体方案》，厦门进一步发挥在海峡西岸经济区中的龙头作用。翔业集团乘势而上，加快发展步伐，立足于发展以客货流服务为主导的关联产业，深度开发并合理配置资源，形成元翔、佰翔、万翔和兆翔四大品牌，着力打造机场、酒店、供应链与物流、临港经济片区开发运营管理、食品、快线、建筑智能以及传媒等八个产业，产业布局深耕福建、上海、南京、青岛、拉萨等地。创新体制，稳健经营，集团各项业务正逐步在相应行业及区域形成主导地位，连续多年入围"中国服务业500强企业""中国500最具价值品牌"。

赓续特区基因勇向前
改组国有资本投资公司再出发

2021年，厦门经济特区成立40周年，习近平总书记致贺信勉励，厦门经济特区要在新征程上，勇立潮头、勇毅前行，全面深化改革开放，推动高质量发展，促进两岸融合发展，努力率先实现社会主义现代化。同期，翔业集团进行改组，定位为现代化、国际化、综合性的国有资本投资集团，重点布局机场业、物流与供应链、旅游酒店、临港经济片区开发运营管理四个板块，以依托机场的派生资源为起点，沿着客货流为主导的链条延伸，以港聚产，以产兴城，以城聚人。集团再一次站在创业的新起点，将抓住机遇，拥抱变革，不断砥砺前行，为国家实现第二个百年奋斗目标作出新的更大的贡献。

厦金航线打造两岸往来"黄金通道"
厦门五通客运码头年旅客保障能力
达到350万人次

集团旗下的厦门五通客运码头是目前厦门唯一的厦金客运码头，年旅客保障能力达到350万人次。同时，集团发挥产业协同，五通码头和厦门机场联合推出"海陆空联运"服务，方便旅客经五通客运码头中转至全国其他城市，更好地服务两岸民众，促进两岸往来。

厦门机场贯通至欧美澳三大通道
厦门新机场打造海峡西岸经济区发展的强劲引擎

集团旗下拥有厦门、福州、武夷山、龙岩四地机场，形成机场业务在福建区域四足鼎立的局面。其中，厦门机场已成为国内最繁忙的单跑道机场之一。2019年，厦门机场年旅客吞吐量达到2741.34万人次，构建起通达欧洲、北美洲、大洋洲，面向东南亚、东北亚及港澳台地区的全球客货航线网络。2020年新冠肺炎疫情发生后，厦门机场担负起守护属地"空中门户"的防疫重任，面对巨大的疫情防控和生产经营压力，厦门机场仍然连续两年盈利，成为疫情期间国内少数盈利的机场之一。

2022年，厦门新机场建设和福州机场二期扩建两个重点工程均已获批开工，两个项目总投资超过600亿元，标志集团再次站在战略制高点，开启第三次创业新征程。

厦门新机场位于翔安大嶝岛机场片区核心区，建成投运后可保障飞机起降38万架次/年，旅客吞吐量4500万人次/年，货邮年吞吐量75万吨/年。作为我国重要的国际机场、区域性枢纽机场及两岸交流门户机场，厦门新机场将在优化综合交通体系结构、促进区域经济发展等方面产生巨大的社会和经济效益。

圆满完成金砖保障 筑牢疫情防控屏障
实力彰显国企担当

2017年，第九次金砖国家领导人会晤在厦门举行，翔业集团携旗下机场、酒店、食品等公司携手并肩，以"零差错""零失误"圆满完成此次保障，得到了有关单位的高度评价，在集团发展历程中增添浓墨重彩的一笔。

2020年新冠肺炎疫情发生以来，翔业集团迅速建立起全集团联防联控工作机制，旗下机场、快线、酒店、洗涤、置业、物业、冷链等单位，从旅客入境、转运、分拨、隔离住宿接待、布草洗涤到进口冷链食品集中监管全链条，保障各项防控措施落实到"神经末梢"，严格按照"守住防线、力保底线、防产不误"总体工作目标，做到疫情防控和经营发展两不误，为厦门乃至福建的疫情防控工作贡献积极力量。

如今的翔业集团，以投资建设经营厦门、福州两地机场为抓手，围绕着"双轮驱动、连环提升、数字转型、平台发展"的战略主导原则，深度推动产业生态圈构建，提升专业化投资经营能力，为厦门建设高素质高颜值现代化国际化城市，为谱写全面建设社会主义现代化国家福建篇章贡献翔业力量。

做科技创新的先行者，完成改革试点的光荣使命

为满足国家战略规划和政策实施的需要，位于全国综合配套改革试点的企业，除了对区位优势的充分利用，还应该用其高层次"超前"试验权，形成经济发展的先行优势，为其他地区经济的腾飞树立标杆。作为科技创新的重要源泉，位于试验区的顺丰旗下丰翼科技（深圳）有限公司，有义务用科技创新手段、产品核心力量为区域综合改革添砖助力，并符合以下基本特点。

▶ 综合考虑民生、社会问题等综合因素，与时俱进

国家发展改革委、商务部《关于深圳建设中国特色社会主义先行示范区放宽市场准入若干特别措施的意见》中提出，要推动交通运输领域准入放宽和环境优化，统一构建海陆空全空间无人系统准入标准和开放应用平台。在此背景下，作为国内首家获得无人机运营（试点）许可证的企业，丰翼科技致力于优化物流运输方式，用无人化运输改变人们的生活。持续建设以深圳为中心，覆盖粤港澳大湾区主要城市的低空无人机物流网络，打造大湾区2小时超高效物流圈，用科技手段提升客户乃至全民的物流体验。经过不懈的努力，目前，丰翼科技已经基本构建覆盖深圳市的低空无人机物流网络，并开展城市场景无人机物流配送应用。自试点获批以来，

丰翼科技在大湾区打造2小时超高效物流圈

丰翼科技在大湾区主要开展快递运输业务，不仅开通了市区内多条常态化飞行航线，还突破了跨城、跨海运输的限制，在深圳—珠海进行飞行测试后，充分验证了海岛间航线的可靠性和运营模式的可复制性，在有关部门的指导下，复用在上海、舟山两地，分别开展海岛场景无人机物流配送项目。

位于深圳的科技企业，丰翼科技不仅肩负着促进该区域科技创新驱动经济发展的使命，更要对其他地区发展起到模范带头作用。因此，丰翼科技积极秉持着"1+N"的复合场景模式，在低空物流网络的基础上，在快递、医疗、巡检、应急任务等行业延展应用上也不断发力；以深圳为试点，为深圳市罗湖医院提供常态化医疗样本运输服务，输出了一套标准化的作业模式，复用在上海、青岛、台州、赣州多个地区重点区域，带动了多地区域创新能力的提升；同时开拓了全国首个乡镇至城区无人机医疗配送项目。在2020年新冠疫情爆发初期，丰翼科技紧急奔赴武汉抗疫前线，完成核酸检测样本运输、应急物资投送等特殊情况的应战，并相继在十堰市、赣州市、温

丰翼科技在罗湖医院开启常态化医疗运输

丰翼科技带动其他地区创新能力提升

州市、哈尔滨市进行支援；随后，在广州、深圳、上海本土疫情爆发时，全力保障疫情期间群众民生问题，在突发事件和应急处理领域发挥好"生力军"的辅助角色，培育起"企业—社会—政府"良性互动的制度架构。

▶ 以科学发展观作为指导思想

新一轮科技革命与产业变革加速演进，而科技创新就是企业的核心竞争力，丰翼科技作为具备独立研发、测试、生产和运营等能力的综合型企业，拥有完全自主知识产权，申报专利400余项，涵盖实用新型、发明、外观设计等多种类型，其中发明专利占半数。丰翼科技采用自研新技术与新工艺，持续保持着强势的产品创造力，提升产品科技含量、附加值和市场竞争力。如丰翼科技自研的方舟无人机，配备紧急迫降系统，可靠性和安全性高。此外，气动优化的螺旋桨使其具有更高的飞行效率，通过机载视觉定位系统，还可完成精准降落，适用于中短距离的末端配送业务，能够满足更多的运输任务需求。目前，方舟无人机已经完成多次特殊情况的应战，未来也将时刻候场，用科技创新手段跨越山海，使命必达。

小结

作为国家综合配套改革试验区的科技企业，在这片改革和发展的热土上，在政府部门创新性、引领性的改革方案和举措指引下，丰翼科技有责任也有义务聚焦政府改革重大战略和区域发展重大需求，集聚高端科研人才，提升科技研究、创新能力，不断深耕与发力，持续打造战略科技力量，为改革攻坚提供新鲜、有效的实践经验。在民航、政府多方政策支持基础上，丰翼科技将继续探索无人机运输在城市场景的大规模应用，探索城市场景下无人机物流的商业运行模式，落实"十四五"民用航空发展规划。

丰翼科技（深圳）有限公司

了解更多企业信息请扫描公众号二维码

序

按照党中央、国务院决策部署，2005 年以来，国家先后批准在上海浦东新区等十二个地区开展综合配套改革试验。试验区自设立特别是党的十八届三中全会以来，深入贯彻习近平新时代中国特色社会主义思想，全面落实党中央、国务院改革部署，按照新时代改革试点工作要求，大胆推进体制机制创新，形成了丰富的改革成果。

国家综合配套改革试验区探索形成一批在全国有较大影响的改革成果，发挥了改革试验田作用。据不完全统计，累计形成 300 余项重要制度成果。2020 年以来，国家发展改革委多次印发通知，在全国范围推广浦东新区、深圳等在改革系统集成、制度型开放、高效能治理等方面的多项改革举措。浦东新区 2013 年以来在市场监管改革方面推出近百项改革举措，近 40% 在全国或上海范围内推广。深圳市率先探索的科研项目"悬赏制"、新型研发机构组织模式，成都市率先推行的农村产权"确权"制度，长株潭城市群率先建立的"两型"标准体系制度、"绿色生活创建"机制，义乌市首创的"市场采购贸易方式"等改革举措被纳入党中央、国务院重要文件，有力地推动了全面深化改革向纵深发展。

国家综合配套改革试验与国家区域发展战略紧密结合，为国家区域发展战略的顺利实施提供了重要保障。深圳市持续深化市场和创新双轮驱动，自设立以来年均经济增速 9%，在粤港澳大湾区的核心引擎作用不断增强。上海浦东新区统筹推进经济、城市、社会三大治理体系综合改革，不断实现自我革新、追赶跨越，自设立以来年均经济增速 10.1%，在长三角一体化发展战略中持续发挥龙头作用。成都、重庆深入探索城乡融合发展机制，自设立以来年均经济增速分别为 9.8%、11.6%，有力助推双城经济圈一体化发展。长株潭城市群全面推动绿色发展和自主创新，自设立以来年均经济增速 11% 以上，为长江经济带"共抓大保护、不搞大开发"作出重要探索。各试验区有效发挥了区域经济增长极的作用，实现了改革与发展相互促进、相得益彰。

国家综合配套改革试验为新时代继续发挥试验区综合优势，实施重大改革开放战略任务创造了较好基础和条件。一是为率先开展自由贸易试验创造了基础条件。自2005年设立以来，上海浦东综合配套改革试验区在金融、税收、外汇、海关等涉外经济体制改革上率先试、出经验，触及许多基础性深层次的制度瓶颈。为进一步深化改革，浦东新区以外高桥保税区、洋山保税港区等海关特殊监管区域为基础，探索开展自由贸易试验，孕育出中国（上海）自由贸易试验区，为推进改革开放事业取得新成就提供了新形式新载体。二是为新一轮农村改革积极探路。成渝两地深入开展统筹城乡综合配套改革试验，以农村产权的全面确权和畅通流转为核心，着力破除城乡要素流动壁垒，配套推进户籍人口城市化、公租房制度改革、基层治理创新，推动城乡基本公共服务均等化，探索出一条打破城乡二元结构、促进城乡融合高质量发展的新路径。三是为生态文明体制改革积极探索。新时代我国促进经济社会发展全面绿色转型，建设人与自然和谐共生的现代化，需要探索一条经济发展和生态文明建设相辅相成、相得益彰的新路子。长株潭试验区以制度建设支撑绿色发展，形成生产生活领域绿色发展体制机制的全过程、全方位覆盖；完善绿色标准、绿色认证体系和统计监测制度，促进重点行业和领域绿色改造；创建政府"两型"绿色采购，村民环保自治，机关、企业、社区"示范创建"等机制，推动社会各方力量参与绿色生活创建，为全国提供了重要经验借鉴。四是为构建高水平开放型经济新体制提供实践。中小微企业如何融入全球产业链，利用好国内国际两个市场、两种资源，是我国实现高水平对外开放亟须解决的突出问题。义乌试验区创新对外贸易方式，为境内中小微企业拓展全球贸易提供高效便利的新路径；创新了"义新欧"班列常态化运营机制和"一单制"多式联运机制，有效地推动了国内国际双循环高效衔接，为全国其他中欧班列建立和完善运行机制、为地方融入共建"一带一路"提供了重要示范。

总结历史是为了更好地开创未来。实践表明，随着全面深化改革进入深水区，通过改革试点超前探索、突破引领，是中国40多年来改革开放攻坚克难不断从成功走向成功的重要经验。"十四五"及其以后一个时期，立足新发展阶段，贯彻新发展理念，构建新发展格局，推动高质量发展，对我国改革试点工作提出了新的更高要求，我们要从综合配套改革试验的改革历史中总结汲取经验，深化对改革规律的认识，在新的历史阶段上更好地将成功经验运用于改革实践，为新时代全面深化改革开放作出更大贡献。

目　　录

综述篇

ZONGSHUPIAN

引　言

　　2005 年 6 月以来，国家先后批准在上海浦东新区等十二个地区开展综合配套改革试验。试验区自设立特别是党的十八届三中全会以来，深入贯彻习近平新时代中国特色社会主义思想，全面落实党中央、国务院重大改革部署，着力发挥综合配套和系统集成改革优势，大胆推进体制机制创新，取得了丰富的实践成果，成为新时代全面深化改革的重要试验田，在支持国家重大改革和重大区域发展战略方面发挥了重要影响和积极作用。

　　10 多年来，综合配套改革试验形成一批在全国具有较大影响的改革成果，为国家和地方完善各方面体制机制提供了重要借鉴和有益经验，一些重点举措上升为国家层面的制度和政策，一系列典型经验在全国范围推广。比较典型的，浦东新区 2013 年以来在市场监管改革方面推出的近百项改革举措，近 40% 在上海或全国范围内推广。深圳科研项目"悬赏制"、新型研发机构组织模式被全国多地复制借鉴，相关做法被纳入《中共中央　国务院关于构建更加完善的要素市场化配置体制机制的意见》等中央文件。成都农村产权"确权"制度、市场交易规则等改革经验多次被纳入中央 1 号文件，村民议事会制度被《关于深入推进农村社区建设试点工作的指导意见》等吸收借鉴。长株潭城市群试验区创建"两型"（资源节约型和环境友好型，简称"两型"）标准体系制度，为完善生态文明建设的标准体系和促进绿色发展提供了有益经验，《生态文明建设目标评价考核办法》借鉴了长株潭"两型"评价指标体系中 20 多项指标。义乌市场采购贸易方式已在全国 10 多个城市复制推广，两次被写入国务院政府工作报告，2019 年被纳入《中共中央　国务院关于推进贸易高质量发展的指导意见》。这些试验区在推动重点领域关键环节改革上各具特色、各有优势，各自形成适应自身特点的典型经验做法，有效发挥了突破引领、以点带面的重要试验平台功能。

　　经过多年的综合配套改革试验，多数试验区改革基础好、思想解放、改革氛围浓厚，已成为区域发展和制度创新的重要策源地，也为新时代继续发挥试验区综合优势、优先部署开展相关试点试验、实施重大改革举措创造了重要条件。我们回顾总结这段改革试验历程，既是汲取改革经验，深化对改革规律的认识，更是为了在新的历史阶段更好地将改革成功经验创造性地应用于新的改革发展任务，在更高起点、更高层次、更高目标上不断将改革向纵深推进。

第一章　国家综合配套改革试验的时代背景

改革试点是中国渐进式改革的重要内容和特征。实践表明，先行先试、由点及面的改革推进方式是改革开放攻坚克难、成功推进的重要经验。世纪之初，我国围绕综合性制度改革、统筹城乡发展、资源节约型和环境友好型社会建设、产业转型和优化升级、对外开放等重点领域开展综合配套改革试验，是在改革发展进入新的历史条件下，围绕破解新的时代发展主题而推进的重大改革战略部署。

一、新世纪初我国经济社会发展对深化改革提出新要求

党的十四大确立了社会主义市场经济体制的改革目标，改革开放和现代化建设进入新的历史阶段。在社会主义条件下发展市场经济，是前无古人的伟大创举，明确由计划经济体制向社会主义市场经济体制的转变，实现了改革开放新的历史性突破，打开了我国经济、政治和文化发展的崭新局面。经过多年坚定不移的改革开放，进入新世纪，我国综合国力显著增强，人民生活总体上实现由温饱到小康的历史性跨越，经济体制成功地实现了由高度集中的计划经济体制向充满活力的社会主义市场经济体制转变，实现了由封闭半封闭到全方位开放的历史性转变，社会主义市场经济体制初步建立。我国进入全面建设小康社会、加快推进社会主义现代化建设的新的发展阶段。

2002 年，党的十六大对新世纪初我国改革发展特征作出高度概括，指出经过全党和全国各族人民的共同努力，我国胜利实现现代化建设"三步走"战略的第一步、第二步目标，人民生活总体上达到小康水平。与此同时，我国正处于并将长期处于社会主义初级阶段，达到的小康还是低水平的、不全面的、发展很不平衡的小康，人民日益增长的物质文化需要同落后的社会生产之间的矛盾仍然是我国社会的主要矛盾。

2004 年初，一场质疑改革开放的大争论在国有经济改革领域爆发，一时间改革面临严峻挑战，国有经济改革和布局调整的步伐慢了下来。2006 年 3 月，胡锦涛总书记在参加全国人民代表大会上海代表团审议时发表重要讲话，强调要在新的历史起点上继续推进社会主义现代化建设，说到底要靠深化改革、扩大开放。要毫不动摇地坚持改革方向，进一步坚定改革的决

心和信心，不断完善社会主义市场经济体制，充分发挥市场在资源配置中的基础性作用，同时努力加强和改善宏观调控，保证经济社会又快又好发展。要不失时机地推进改革，切实加大改革力度，在一些重要领域和关键环节实现改革的新突破，同时注重提高改革决策的科学性，增强改革措施的协调性，使改革兼顾到各方面利益、照顾到各方面关切，真正得到广大人民群众拥护和支持。

2007 年，党的十七大进一步将我国发展的阶段性特征概括为八个方面：（1）经济实力显著增强，同时生产力水平总体上还不高，自主创新能力还不强，长期形成的结构性矛盾和粗放型增长方式尚未根本改变；（2）社会主义市场经济体制初步建立，同时影响发展的体制机制障碍依然存在，改革攻坚面临深层次矛盾和问题；（3）人民生活总体上达到小康水平，同时收入分配差距拉大趋势还未根本扭转，城乡贫困人口和低收入人口还有相当数量，统筹兼顾各方面利益难度加大；（4）协调发展取得显著成绩，同时农业基础薄弱、农村发展滞后的局面尚未改变，缩小城乡、区域发展差距和促进经济社会协调发展任务艰巨；（5）社会主义民主政治不断发展、依法治国基本方略扎实贯彻，同时民主法制建设与扩大人民民主和经济社会发展的要求还不完全适应，政治体制改革需要继续深化；（6）社会主义文化更加繁荣，同时人民精神文化需求日趋旺盛，人们思想活动的独立性、选择性、多变性、差异性明显增强，对发展社会主义先进文化提出了更高要求；（7）社会活力显著增强，同时社会结构、社会组织形式、社会利益格局发生深刻变化，社会建设和管理面临诸多新课题；（8）对外开放日益扩大，同时面临的国际竞争日趋激烈，发达国家在经济科技上占优势的压力长期存在，可以预见和难以预见的风险增多，统筹国内发展和对外开放要求更高。

我国新世纪初改革发展呈现的阶段性特征，是在改革开放取得伟大成就基础上新的矛盾和挑战的反映，也是进入全面建设小康社会发展阶段后，生产力和综合国力跃上新的历史台阶后更深层次矛盾的反映。我国处于经济社会发展的关键时期，既是实现经济腾飞，加快推进现代化的黄金时期，也是利益格局加快调整，社会矛盾增多的凸显时期。改革开放极大地解放和发展了社会生产力，我国从一个贫穷落后的低收入国家迈向了中等收入国家，创造了经济发展的"中国奇迹"。从 1978 年到 2007 年，我国 GDP 年均增速 9.8%，远高于同期世界经济平均3%左右的增长速度，也明显高于改革开放前 29 年的平均增长速度。人均 GDP 由 397 元增长到 18934 元。财政收入由 1132 亿元增长到 5.13 万亿元，按可比价格计算，年均增长 7.94%。GDP 总量居世界第四位，外贸进出口总额居世界第三位，外商直接投资居世界第二位，国家外汇储备居世界第一位，谷类、肉类、棉花、花生、茶叶、水果等主要农产品，钢铁、煤炭、水泥、棉布以及电视机、电脑等主要工业品产量均跃居世界第一位。随着经济社会的不断发展，广大人民群众的思想更加解放，观念不断更新，事业日益拓展，不仅追求生产的发展和生活的改善，也对社会治理、公平发展、环境保护等提出了更高的新的要求和期望。不同职业、不同收入的群体有不同的发展要求、利益诉求和精神追求，社会利益格局更加多元化、复杂化。

以统筹城乡发展为例，由于城乡二元结构的影响制约，统筹城乡发展的诸多体制性机制性政策性障碍还没有完全消除，农村基础设施和公共服务仍然滞后，公共资源在城市和农村之间的不平等分配，现代化的工业经济与落后的农业经济并存，发达的城市经济和落后的农村经济并存。虽然农民收入增长较快，但农民收入的起点较低，增收的基础还不牢靠，城乡收入差距进一步扩大，1978年城乡居民收入差距之比是2.37∶1，2007年扩大到3.33∶1。收入绝对差距达到9646元。同时，不同地区之间、同一地区不同农户间的农民收入差距也呈扩大趋势，1979年农村居民基尼系数为0.21，2005年增加到0.38左右。总体来看，农民增收渠道不多，农民持续增收的长效机制尚未建立，保持农民收入稳定增长难度很大，农业内部增收潜力有限，促进农民持续稳定增收、缩小城乡居民收入差距的任务十分艰巨。特别是农村的就业结构、社会结构正在发生深刻变化，大量农村劳动力在城乡之间流动，村庄空心化、农业兼业化、农民老龄化的现象比较突出，一些地方出现了大量留守老人、留守儿童、留守妇女，和谐社会建设面临新的问题和挑战。全国还有4.5%的村不通公路，2.4%的村不通电话，农民人均卫生总费用仅为城市居民的1/4，农村人口只消耗了不到1/3的卫生总费用，全国只有13.4%的村有图书室和文化站，74.3%的村有卫生室，在城乡发展规划、产业布局、基础设施、公共服务、劳动就业、户籍制度、医疗教育、社会管理以及相应的体制机制、规划计划和政策措施等各个方面，还存在诸多体制性政策性障碍。随着经济社会的不断发展，广大农民群众对改善农村生产生活条件、平等拥有发展机会、公平享受发展成果的愿望日趋强烈，坚持统筹城乡发展，加快形成城乡经济社会发展一体化格局，还需要付出艰苦的努力。

与此同时，人口和资源要素集群集聚的趋势更加突出，区域经济呈现加速发展态势。珠三角地区积极承接全球产业转移，经济活力不断增强，成为全球重要的制造业基地之一，其自身也从一个传统的农业社会进入到工业化中后期，呈现工业化、城市化、信息化和国际化互动共进的良好格局。从1979年至2006年，年均经济增速高达22.06%。生产总值约占全国的10.26%，对外贸易额约占全国的29.84%，外商直接投资额约占全国的6.5%。珠三角地区固定资产投资总额、社会商品零售总额、城乡居民可支配收入、地方财政收入等主要经济指标均位于全国前列。深圳作为我国最早成立的经济特区之一，已发展成为国内经济外向型和开放度最高的城市之一，城市综合实力迅猛增强。1979年至2006年，深圳市GDP从1.96亿元增长到5813.56亿元，年均增长35.87%。长三角地区经济发展迅速，以浦东开发开放为契机，带动上海乃至长三角地区外向型经济的发展。20世纪90年代后期，跨国公司和国际电子代工工业大规模进入，长三角地区的出口结构不断向高新技术特别是电子信息产品方向转化，外向型经济迅速发展。2007年该地区GDP为1978年的87倍，人均GDP为1978年的66倍。以上海为例，截至2007年底，全市累计批准设立外商投资企业48753家，实到外资746.83亿美元，共有130个国家和地区在上海进行了投资。2007年规模以上外商投资企业工业总产值达到14483.73亿元，占全市的66.19%；税金总额1423.9亿元，分别占上海地方财政收入和财政系统收入的67.7%和19.5%；解决就业人口286.6万，占全市的31.6%，为上海经济社会发展作出了积极贡献。环渤海地区开放促进发展取得新进展。进入新世纪，环渤海地区成为我国新的开放带，对外开放经济水平不断提升，开放型经济成为地区发展的重要支撑力量。以天津市为例，累计引进外资投资企业755个，实际利用外资额409亿美元，约有128家世界500强企业，在津累计投资项目接近400个。2007年天津外贸进出口总额达到715.5亿美元，比1979年增长了83倍。

在这一历史阶段，我国全面融入经济全球化迈出实质性步伐。2001年，中国正式加入世界贸易组织（WTO）成为我国进入对外开放新阶段的重要标志，与多边规则接轨，开启了我国全面融入世界经济的历史进程。这一时期，以开放促改革是一条重要主线。从1986年复关谈判开始到加入WTO，我国不断深化在外贸、价格、税收、汇率等领域的改革，有效推动了国内改革进程。2001年以后，通过把世贸组织规则创造性转化为国内法律法规，我国深入学习并按照市场规则和国际惯例管理经济生活，1999年至2005年，仅在中央层面就制定、修订、废止了3000余件法律、行政法规和部门规章，逐步建立了适应社会主义市场经济体制需要、统一透明的涉外经济法律法规体系，促进了社会主义市场经济体制的完善。通过全方位开放，我国加快了体制创新的步伐，书写了中国改革开放的历史新篇章。

新形势对改革开放继往开来提出了新要求。为此，党的十六大提出了21世纪头20年经济建设和经济体制改革的主要目标任务：完善社会主义市场经济体制，推动经济结构战略性调整，基本实现工业化，大力推进信息化，加快建设现代化，保持国民经济持续快速健康发展，不断提高人民生活水平。为完成党在新世纪新阶段的这个奋斗目标，党的十六大要求，发展要有新思路，改革要有新突破，开放要有新局面，各项工作要有新举措。同时指出，有条件的地方可以发展得更快一些，在全面建设小康社会的基础上，率先基本实现现代化。这些新任务新要求，就是从2005年起先后在上海浦东、天津滨海、武汉城市圈、长株潭城市群、重庆、成都、深圳、义乌、沈阳经济区、厦门、山西、黑龙江等十二个地区，围绕综合性改革、"两型"社会建设、统筹城乡、产业转型和优化升级、对外开放五大主题开展综合配套改革试验的恢宏而深刻的时代背景。

二、经济体制改革向全面完善社会主义市场经济体制转变

社会主义市场经济体制初步建立，改革所依据的客观形势已发生重大的变化。适应社会主义市场经济要求的基本经济制度已经初步形成，股份制成为企业治理的主要形式；统一开放的市场体系大体形成，各类商品总额的市场化程度超过95%，生产要素的市场化程度稳步提高；计划、财税、投资、价格等宏观管理手段正转向适应市场经济要求的管理方式，政府职能正在发生深刻变化，国家经济调节和宏观调控体系加速转型。

从计划经济到社会主义市场经济历史性转变取得巨大成就的同时，很多配套性、协调性问题在改革进程中未能完全同步解决。为此，加快解决改革的配套性、协调性问题，就成为继续深化改革中更加重要的内容，成为新时期深化改革的主要取向。党的十六届三中全会及时准确地反映了这一要求，作出《中共中央关于完善社会主义市场经济体制若干问题的决定》，使"完善"成为继续深化经济体制改革的主题词。"完善"任务的确立，标志着改革开放的历史性转折，

经济体制改革进入新的阶段。

党的十六届三中全会在总结20多年改革开放实践经验的基础上，深刻分析了经济体制改革的重要性和紧迫性，明确指出，为适应经济全球化和科技进步加快的国际环境，适应全面建设小康社会的新形势，必须加快推进改革，进一步解放和发展生产力，为经济发展和社会全面进步注入强大动力。

新世纪初的改革，以完善社会主义市场经济体制为标志。继续深化社会主义市场经济体制改革，体现改革开放继往开来的连续性；同时，新时期的改革体现为面对新情况、解决新问题、适应新要求，向深度广度推进的改革。就新时期经济体制改革基本领域看，主要有三个方面：一是在国家宏观调控下，更好地发挥市场配置资源的基础性作用。这是社会主义市场经济体制建立的基础，体现改革开放的连续性。二是建立有利于转变经济发展方式，实现经济协调统筹发展的体制机制，体现改革向促进可持续发展的深度推进。三是建立有利于实现协调统筹发展，促进和谐社会建设和以改善民生为重点的多方面制度保障，并进一步实现经济体制改革与行政、社会、文化等领域改革的统筹协调，体现改革开放向经济社会各方面的广度推进。在这三个方面中，第一个方面是坚持改革开放方向，完善社会主义市场经济体制的基础性改革任务，也是推进可持续发展、统筹发展的体制基础；第二、第三个方面是改革在新时期深度和广度上的进一步展开，是建立科学发展体制保障的基本内容，也是新时期必须重点着力的改革内容。这三个方面在更好发挥市场配置资源基础性作用方面是统一的、一致的，是相互关联、相互补充、相互促进的。新时期继续深化改革，同既往的改革历程既是承继的、连续的，是坚持社会主义市场经济方向的改革，同时，又是适应发展改革新形势的系统性改革。

在国家宏观调控下，更好地发挥市场配置资源的基础作用。这关键是要解决转变经济发展方式和完善社会主义市场经济体制过程中存在的问题。一些重点领域的改革需要以更大的决心来推进，已经实现市场机制的方面，进一步完善的任务也十分艰巨，包括健全和改善宏观调控、建立现代产权制度、加强生产要素市场的培育、推进垄断行业的改革以及进一步加强统一开放和竞争有序的市场体系建设，打破市场封锁。继续完善基本经济制度，深化国有企业的改革，建立完善国有经营性资产管理运营的有效机制；探索各类集体企业建立现代产权制度，探索城乡集体经济适应市场经济的实现形式；有序建立鼓励非公有制经济、中小企业平等进入市场的规则体系。加快各类要素市场建设，深化土地制度、投融资制度、人力与户籍管理制度等方面改革，加快提高生产要素市场化程度。进一步在体制机制创新上解决好"三农"问题，深化农村综合改革，完善农村土地流转制度，支持专业合作经济组织的发展，深化农产品流通体制改革。要加快政府行政管理体制改革、转变政府职能、改善宏观调控；深化财税体制、金融体制、投资体制、价格体制、涉外经济体制等一系列的改革。

推动统筹协调发展和可持续发展的制度创新。把改革创新向深度广度拓展，有着多层次、多方面的丰富内容，重点关注以下几个方面：一是解决资源、环境约束的制度创新问题。资源、环境问题既不能由市场机制自发解决，也不能离开市场机制来解决，这方面的改革必须在坚持市场配置资源基础上，在体制机制上有所创新。二是针对经济结构不合理、低水平重复建设等问题，要致力于依靠深化改革推进经济发展方式的转变，解决财税体制、行政体制等深层次体制问题，必须转变某些关键环节的利益机制。三是解决好经济社会协调发展的制度建设问题。解决教育、医疗、科学文化、公共服务等领域与经济发展不协调、不和谐的矛盾，必须协调经济体制与社会体制改革，深化社会领域的一系列改革。四是统筹城乡发展、统筹区域发展的制度创新。工业化、城市化、新农村建设都需要在进一步统筹城乡、深化改革方面取得突破性进展。

新时期深化改革涉及面广，深层次矛盾多，系统性要求高，任务十分艰巨。在全面推进各项改革的过程中，需要把重点放在那些具有全局性和战略性的重要领域，才能在错综复杂的体制矛盾中，把改革开放进一步推向前进。从继续深化经济体制改革及其协调配套改革的要求看，新时期具有全局性、战略性的改革任务重点包括六个方面：

（1）深化市场微观主体改革，进一步完善基本经济制度。完善基本经济制度是在30年改革成果基础上继续推进改革的一项重要任务，具有长期性和战略性。新时期完善基本经济制度的改革必须要有新的要求。我国已经基本形成以公有制为主体、多种所有制经济共同发展的新格局。完善基本经济制度的主要任务不仅仅是从全局上调整所有制结构，而同时应该重视基本经济制度内在活力和竞争力、微观主体效率。这一基础领域的改革任务仍然十分艰巨。

（2）以改革开放推动发展方式的转变。推进经济又好又快发展要着力解决两个关键性问题，即推进经济发展方式的转变和完善社会主义市场经济体制。一定程度上，经济发展方式转变依赖于社会主义市场经济体制不断完善，经济发展方式转变面临一系列深层次体制矛盾和问题，只有不断深化体制改革，才能解决发展方式转变的体制瓶颈制约。二者相辅相成、相互促进。如果单就经济发展方式转变采取措施，容易造成形式化或走上行政手段主导的老路，从长远看反而不利于经济发展方式根本性转变。

（3）把改变城乡二元结构放到重要战略位置。进入新的历史时期以后，改变城乡二元结构体制在深化改革中显得尤为紧迫。这不仅是完善社会主义市场经济体制的需要，更重要的原因还在于，我国工业化、城镇化加速发展，城乡关系已经不同于改革开放初期，特别是农民进城已形成巨大的规模，农村的生产、生活方式也在发生着巨大的变化，很多实践中已经出现的问题亟待解决，如农民工待遇和落户问题、空壳村的问题、承包权的流转问题、小产权房的问题、留守儿童问题等等。进入新时期后，必须把破解城乡二元结构放在深化改革的重要战略位置。

（4）健全就业、收入分配和社会保障制度。经济的基础和保障作用，决定了民生领域的体制都是与市场经济体制紧密关联的。解决民生问题要靠发展，但在特定条件下，发展并不能自动解决民生问题。从根本上说，民生领域中存在的问题要靠深化改革、完善市场经济体制来解决。在这方面的改革，不仅仅是以提高效率、加快发展作为改革的直接目的，而且要把公平正义放在更加突出的位置，在深化改革中正确处理好公平与效率的关系。

（5）形成以自治自律为基础的社会运行机制及管理体制。随着我国社会主义市场经济体制的初步建立，要把社会自律、基层自治机制的形成放到深化改革的重要战略位置。这是新时期具有全局性、战略性的重要改革任务。这一任务在改革开放 30 年中已经触及，但并未提高到战略性、全局性改革任务的位置。在社会主义市场经济体制已经初步建立的新形势下，完善社会主义市场经济体制，就必须把自律协调的社会运行机制的改革创新放到重要战略位置。

（6）加强行政管理体制改革与民主法制建设。从建立完善的社会主义市场经济体制的要求看，我国行政管理体制和政府职能的转变任务仍然艰巨。深化改革要重点解决的问题是，政府对微观经济运行干预过多，对市场主体行为采用的行政手段过多，而对社会管理、公共服务、市场监管又比较薄弱，存在较大的越位、错位、缺位问题。就政府运行机制看，部门职责交叉、权责脱节、效率不高等问题比较突出。这些问题对社会主义市场经济体制的完善、对经济社会发展都具有明显制约作用，必须进一步深化改革。

发展出题目，改革做文章。党的十六届三中全会对完善社会主义市场经济体制作出全面部署。按照统筹城乡发展、统筹区域发展、统筹经济社会发展、统筹人与自然和谐发展、统筹国内发展和对外开放的要求，明确八方面重大措施：走新型工业化道路，大力实施科教兴国战略和可持续发展战略；全面繁荣农村经济，加快城镇化进程；推进西部大开发，促进区域经济协调发展；坚持和完善基本经济制度，深化国有资产管理体制改革；健全现代市场体系，加强和完善宏观调控；深化分配制度改革，健全社会保障体系；坚持"引进来"和"走出去"相结合，全面提高对外开放水平；千方百计扩大就业，不断改善人民生活。新的发展命题和重大部署，为国家综合配套改革试验的酝酿、提出和开展提供了根本遵循。

三、改革方式从以经济改革为主转向更加注重协调配套

加强改革措施的协调配套，是新的历史条件下完善社会主义市场经济体制的内在要求。新世纪初，改革进入一个全新阶段，利益主体多元化，改革面临的环境错综复杂。由于经济体制改革的深入，不仅各类经济主体活力被空前激活，而且经济发展的动力与政治、社会、文化、生态的相互促进关系日益紧密。一方面，经济体制改革在社会主义市场经济体制已经初步确立的情况下，对其必然关联的政治、社会、文化、生态的变革起到巨大推动作用。在社会主义市场经济日趋完善，综合国力大幅度提高的同时，社会主义物质文明、政治文明、精神文明、生态文明和党的建设也在不断加强。另一方面，经济体制改革与行政管理体制、社会文化体制、生态文明体制不够协调配套的问题也愈益突出。改革发展进入关键期，经济体制的深刻变革，必然带动社会结构深刻变动、利益格局深刻调整、思想观念深刻变化。这种空前的社会变革，给我国发展进步带来巨大活力，也带来矛盾挑战。进一步深化改革，必然要求经济、政治、社会、文化、生态等领域协调配套推进。这是由社会主义市场经济体制和深化改革的内在逻辑决定的。

行政管理体制改革领域，行政管理体制改革是政治体制改革的范畴，同时也是经济体制改革的重要内容。社会主义市场经济体制的初步确立，要求与市场配置资源起基础性作用相适应的政府职能转变、宏观调控配套协调，要求社会管理和公共服务进一步加强；要求与市场经济

相适应的法治政府、责任政府、服务政府的到位。这都有赖于进一步深化行政体制改革。没有行政体制改革的进一步深入，"完善"社会主义市场经济体制的历史任务不可能完成。从这个意义上说，行政体制改革是进一步深化改革全局任务中的关键环节。

社会管理建设领域，要求围绕"重民生"为重点深化改革。其中特别是社会保障制度建设、促进公平分配的改革等重要内容，本身也是建立社会主义市场经济体制的题中之义。进入新的历史阶段后，加快推进以改善民生为重点的社会建设，在"完善"社会主义市场经济体制中占有越来越重要的战略位置。在经济体制改革与其他领域改革关系中，经济体制改革与社会建设的制度创新相配套，实现经济社会协调发展，具有基础性作用。就业制度、分配制度、社会保障制度、教育文化卫生体制、公共服务体制等方面改革任务艰巨、责任重大，是进一步深化改革的重要着力点。

基层治理领域，要求形成社会自律协调、基层群众自治机制，这既是社会体制，也是经济体制、行政管理体制乃至文化发展的重要内容。从经济体制看，如果不能有效形成社会自律协调、基层群众自治的机制，以市场配置资源为基础的经济运行会过多地依靠行政手段。作为市场主体的企业和公民，在市场经济充满活力的运行中，存在大量需要依靠市场化机制及时解决的矛盾，各种利益群体产生后，也要求有序及时的利益协调机制，在法治基础上由社会自身调节利益矛盾，是社会主义市场经济发展到一定阶段后的必然选择。

经济社会发展全面绿色转型方面，经济发展与环境保护是辩证统一的，二者的目的都是为了满足人民的美好生活需要，然而过去粗放的经济发展方式，导致生态破坏、环境污染、资源短缺等问题日益凸显，"先污染后治理"的发展模式难以为继。如何加快经济发展绿色转型，破解经济发展面临的资源环境约束，建立资源节约、环境友好的体制机制，为经济的可持续发展创造空间、保驾护航，是必须面对和亟待解决的现实问题。

总体来看，制度建设是新时期完善社会主义市场经济任务更为重要的改革推进方式。我国已经初步建立社会主义市场经济体制，进一步深化改革、完善体制，既有"破"，也有"立"，"立"是主要的。这要求改革成果要进一步实现规则化、制度化。这个过程更侧重于细节的制度创新，需要更多的方面积极参与改革，要求协调好改革与法制建设的关系。市场经济是法治经济，过去改革的启动和推进往往是从打破原有"条条框框"开始的，改革措施往往以文件形式走在前边，法律法规的立、改、废走在后边。随着社会主义市场经济体制的初步建立，实现改革与法制建设更好结合的任务摆在重要位置。这要求把改革与立法工作更加紧密地结合协调起来，立法工作也要把立、改、废统筹考虑，改革条件变化要求更加注重改革的系统性、协调性。同时，新时期要求更好协调发展和改革的关系，既要关注经济发展在即期需要解决的问题，更要着重于解决经济社会发展中长期的深层次矛盾，解决中长期发展中的体制障碍。在改革的安排上，综合考虑发展的需要与改革对当前发展可能产生的阵痛关系，考虑经济在即期的承载能力与改革成本的关系，不失时机地推进改革。

因此，随着改革开放向深度、广度拓展，单项制度之间的相互制约日益明显，每一项改革都是其他改革的前提和条件，单项突进与齐头并进的难度都大大增加。改革开放前 20 年的单个任务、单个事项的点上改革方式，已无法适应改革所面临的新形势，改革方式需要由点及面，进行有序的、配套的统筹安排，国家综合配套改革试验呼之欲出。

四、综合配套改革试验是对既往改革试点的继承和发展

改革试点、改革试验共同组成了整个改革开放时期的改革推进方式。改革试点的成功推进，正是新时期改革试验得以顺利开展的前提和基础。在一定程度上，新时期的改革试验是前期改革试点的继承和延续。它们选择的改革内容、侧重点等方面虽不尽相同，但其方法、路径等则一以贯之。我们从中既可看出不同阶段、不同时期改革的着力点和特点，也可看到改革试点、改革试验的历史传承。历史地看，我国改革试点也呈现出阶段性特征。

第一阶段，主要特征是试点先行、"摸着石头过河"。试点既是经济体制改革的重要路径，也是改革开放攻坚克难、成功推进的重要经验。以 1978 年 12 月党的十一届三中全会召开为标志，我国拉开了改革开放的序幕。邓小平同志在 1978 年中央工作会议闭幕会上发表历史性讲话《解放思想，实事求是，团结一致向前看》，指出："在全国的统一方案拿出来以前，可以先从局部做起，从一个地区、一个行业做起，逐步推开。中央各部门要允许和鼓励它们进行这种试验。"始发于 1978 年 12 月安徽凤阳小岗村农民的包产到户，由自发行为转变成国家农村改革的大政方针，拉开了农村经济体制改革的序幕。历史证明，当年试点的路子是正确的。1978 年 10 月，四川选择不同行业有代表性的重庆钢铁公司、成都无缝钢管厂等 6 户企业进行扩大企业自主权改革，试点成为国企改革的开端。邓小平同志强调通过试验的方式推进改革、"摸着石头过河"的论断，凸显了改革试点的重要意义。我国地域广阔，东中西部地区差异大，一刀切、切一刀的改革方案设计行不通，寻找一个或一些有代表性典型性的区域或城市先行一步，为全面推广积累经验教训，可以有效地把改革风险局限在一定范围。习近平总书记对此作出深刻科学的概括，"摸着石头过河"是富有中国智慧的改革方法，也是符合马克思主义认识论和实践论的方法，实践中对必须取得突破但一时还不那么有把握的改革，就采取试点探索投石问路的方法，先行试点，尊重实践、尊重创造，鼓励大胆探索、勇于开拓，取得经验，看得很准了再推开。这一阶段经济体制改革就一直遵循着先试点、后推广的路径，试点的领域和内容逐步增多，逐渐成为一种普遍的工作方法，成为我国经济社会体制改革的常态模式。

这一阶段主要是在单项领域、单一层面开展改革试点，较有代表性的是 1983 年在重庆嘉陵摩托集团率先开展的股份制改革试点。尽管在 20 世纪 80 年代中后期，股份制并不是国有企业改革主要形式，但股份制的提出和实践对深化两权分离的认识、探索公有制的实现形式和国有企业产权制度改革创新有着深远影响，为后来国有企业建立现代企业制度奠定了基础。

第二阶段，主要特征是力求从整个国家和区域的角度开展试点。最典型的是财税体制改革。1992 年，9 个省区市开展分税制改革试点。1994 年 1 月 1 日起，在全国实施分税制改

革，将税种划分为中央税、地方税和中央地方共享税，建立中央税收和地方税收体系。针对我国国有企业特别是大中型国有企业长期以来政企不分、企业制度僵化、难以适应市场经济的要求，1994 年，在百户国有大中型企业中建立现代企业制度试点，主要内容包括理顺产权关系，明确投资主体。改制主要是实行有限责任公司的财产组织形式，建立规范的法人治理结构，逐步解决企业历史形成的不合理债务等。针对我国城乡矛盾巨大，为逐步实现城乡统筹，1997 年，全国 382 个小城镇开展小城镇户籍制度改革试点。2000 年，安徽等地开展农村税费改革试点。可以说，经济体制改革一系列关键改革方案的出台过程中，先行试点基本成为必经阶段。

第三阶段，主要特征是为适应全方位改革的历史要求，推进深层次综合性改革试点。综合性试点，不是在某个局部、某方面、某层面进行单项试点，而是在全局多个方面、多个层面进行综合改革试点。早期，在 20 世纪 80 年代，国务院先后批准 10 个城市进行经济体制综合改革试点。在相关试点方案中指出，经济体制综合改革试点是各种经济关系适应生产力进一步发展需要的多方面的调整，必须从实际出发，从经济发展的客观规律出发，充分走群众路线，注重经济效益，找出最佳的改革方案，有领导、有计划、有步骤、有秩序地进行，务必把改革工作搞好。1987 年，中央提出有计划地建立农村改革试验区，指出试验区不宜过多，在试验区可以进行综合改革试验，也可进行某一方面的专项试验，不同的试验区可以有不同的改革方案，应在一般条件下选点保持其典型性。1987 年 7 月，第一批 12 个农村改革试验区成立。20 世纪 90 年代开展了综合配套改革试点。从 1992 年开始，原国家体改委陆续批准 18 个区域中心城市开展综合配套改革试点，以加快建立社会主义市场经济新体制为目标，坚持统筹协调、综合配套、整体推进，从单项改革推进转变为全面建立新体制，重点从完善市场体系、产权制度、住房制度、社会保障制度、农村改革等方面配套推进相关改革。随着经济体制改革，试点项目越来越多，试点方式也逐渐多样化，最主要的是设立改革试验区。试验区这种新型试点方式的出现，源自改革实践的需要，是改革试点发展进程的重要节点。试验区的改革试点方案、改革试点任务包含着先于其他地区实行的新的政策和新的经济社会管理体制。

为适应 21 世纪初面临的新形势新任务，2005 年以来，国务院陆续批准成立十二个综合配套改革试验区。这十二个试验区覆盖了东中西部和东北地区，试验区范围有全省域的如重庆市、山西省等，全市域的如成都市、深圳市、厦门市等，市辖部分区域的如上海浦东新区、天津滨海新区等，也有跨市域的如武汉城市圈、长株潭城市群、沈阳经济区等，更有单一地区推行的具有全国影响的如义乌"国际贸易"、黑龙江"两大平原"现代农业改革试验等。与以往的单一试验领域不同，综合配套改革试验区的试验广度、深度都有了较大变化，开展的不是分散单向领域的改革试点，而是跨领域、多体制的综合配套改革试点，是全局性、系统性、综合性的改革试点。综合配套改革试验区是改革试点演化进程中的又一重大实践创新。

国家综合配套改革试验区基本情况

试点地区	改革类型	批准设立时间和方式	总体方案批准时间和方式	改革试验主要任务
上海浦东新区	开发开放、率先完善社会主义市场经济体制	2005年6月21日，国务院常务会议批准	2006年1月17日，经国务院同意，以发改经体〔2006〕81号批复	以完善社会主义市场经济体制为主要任务。着力转变政府职能，构建公共服务型政府；着力转变经济发展方式，加快"四个中心"建设；着力改变城乡二元经济社会结构，深化社会领域改革
天津滨海新区	开发开放、率先完善社会主义市场经济体制	2006年5月26日，《国务院关于推进天津滨海新区开发开放有关问题的意见》批准其为国家综合配套改革试验区	2008年3月13日，《国务院关于天津滨海新区综合配套改革试验总体方案的批复》	以完善社会主义市场经济体制为主要任务。探索新的区域发展模式，加快构建落实科学发展观和建设社会主义和谐社会的体制保障。在金融、涉外、土地、科技、企业、行政、社会、"两型"社会等重点领域关键环节进行全面探索
武汉城市圈（包括武汉市、黄石市、孝感市、黄冈市、鄂州市、咸宁市、仙桃市、天门市、潜江市九市）	资源节约型和环境友好型社会建设	2007年12月14日，经国务院同意，印发《国家发展改革委关于批准武汉城市圈和长株潭城市群为全国资源节约型和环境友好型社会建设综合配套改革试验区的通知》	2008年9月10日，《国务院关于武汉城市圈资源节约型和环境友好型社会建设综合配套改革试验总体方案的批复》	以创新资源节约、环境保护、科技创新、产业结构优化升级、统筹城乡发展、节约集约用地的体制机制改革为重点，配套推进财税金融、对内对外开放、行政管理等方面的体制改革创新。切实走出一条有别于传统模式的新型工业化、城市化发展道路
长株潭城市群（包括长沙市、株洲市、湘潭市三市）	资源节约型和环境友好型社会建设	2007年12月14日，经国务院同意，印发《国家发展改革委关于批准武汉城市圈和长株潭城市群为全国资源节约型和环境友好型社会建设综合配套改革试验区的通知》	2008年12月22日，《国务院关于长株潭城市群资源节约型和环境友好型社会建设综合配套改革试验总体方案的批复》	推进长株潭城市群一体化建设。以创新资源节约、环境保护、产业优化升级、科技和人才管理、土地管理的体制机制为重点，配套推进投融资、对外经济、财税、统筹城乡及行政管理等体制机制改革创新。切实走出一条有别于传统模式的新型工业化、城市化发展道路
重庆市	统筹城乡	2007年6月7日，经国务院同意，印发《国家发展改革委关于批准重庆市和成都市设立全国统筹城乡综合配套改革试验区的通知》	2009年4月28日，《国务院办公厅关于重庆市统筹城乡综合配套改革试验总体方案的复函》	加快建立统筹城乡发展的体制机制，尽快在城乡规划、产业布局、基础设施建设、公共服务一体化等方面取得突破，促进公共资源在城乡之间均衡配置，生产要素在城乡之间自由流动，推动城乡经济社会发展融合。努力为全国统筹城乡发展探索新路子

续表

试点地区	改革类型	批准设立时间和方式	总体方案批准时间和方式	改革试验主要任务
成都市	统筹城乡	2007年6月7日，经国务院同意，印发《国家发展改革委关于批准重庆市和成都市设立全国统筹城乡综合配套改革试验区的通知》	2009年4月28日，《国务院关于成都市统筹城乡综合配套改革试验总体方案的批复》	加快建立统筹城乡发展的体制机制，尽快在城乡规划、产业布局、基础设施建设、公共服务一体化等方面取得突破，促进公共资源在城乡之间均衡配置，生产要素在城乡之间自由流动，推动城乡经济社会发展融合。努力为全国统筹城乡发展探索新路子
深圳市	开发开放、率先完善社会主义市场经济体制	2009年1月5日，经国务院同意，印发《珠江三角洲地区改革发展规划纲要（2008—2020年）》（发改地区〔2009〕29号），明确设立深圳市综合配套改革试验区	2009年5月6日，《国务院关于深圳市综合配套改革总体方案的批复》	建立起比较完善的社会主义市场经济体制和运行机制。以全面深化行政管理体制、经济体制和社会领域改革为重点，着力完善自主创新、对外开放、区域合作、节能环保的体制机制
浙江省义乌市	国际贸易综合改革	2011年3月4日，《国务院关于浙江省义乌市国际贸易综合改革试点总体方案的批复》批准	2011年3月4日，《国务院关于浙江省义乌市国际贸易综合改革试点总体方案的批复》	在国际贸易重点领域和关键环节深化改革、先行先试，探索建立新型贸易体制机制，争取在贸易管理和服务、现代商贸流通体系建设、开放型经济体系建设、政府职能转变等方面取得突破，促进出口产品结构优化和产业转型升级，推动区域经济社会协调发展
沈阳经济区（包括沈阳市、鞍山市、抚顺市、本溪市、营口市、阜新市、辽阳市、铁岭市八市）	新型工业化	2010年4月6日，经国务院同意，印发《国家发展改革委关于批准设立沈阳经济区新型工业化综合配套改革试验区的通知》	2011年9月16日，《国务院关于沈阳经济区新型工业化综合配套改革试验总体方案的批复》	以探索有中国特色的新型工业化道路为主要任务。加强体制机制创新，扎实做好发展现代产业体系、建立现代企业制度、增强科技创新能力、加大资源节约和环境保护力度、统筹城乡发展、促进公共服务均等化、创新财税金融体制、完善行政管理体制、提高对外开放水平
厦门市	深化两岸交流合作	2011年12月14日，《国务院关于厦门市深化两岸交流合作综合配套改革试验总体方案的批复》批准	2011年12月14日，《国务院关于厦门市深化两岸交流合作综合配套改革试验总体方案的批复》	全面深化两岸交流合作，努力深化两岸产业、贸易、金融、文化等合作，建设两岸区域性金融服务中心，创新两岸直接往来的便利化机制，配套推进社会管理、城乡统筹、区域合作、行政管理、全面开放等方面的改革工作

试点地区	改革类型	批准设立时间和方式	总体方案批准时间和方式	改革试验主要任务
山西省	资源型经济转型	2010年12月1日，经国务院同意，印发《国家发展改革委关于设立山西省国家资源型经济转型综合配套改革试验区的通知》	2012年8月7日，《国务院关于山西省国家资源型经济转型综合配套改革试验总体方案的批复》	围绕资源型经济转型发展这一中心任务，着力探索三次产业协调发展机制，全面推进产业优化升级；加快健全环境保护和生态修复治理体制机制，严格保护耕地特别是基本农田，努力提高可持续发展能力；坚持市场化改革方向，发挥市场配置资源的基础性作用；配置推进城乡统筹、社会管理、对外开放等工作；着力深化改革，努力构建与转型发展相适应的制度体系
黑龙江省"两大平原"（松嫩平原和三江平原）	现代农业	2013年6月13日，《国务院关于黑龙江省"两大平原"现代农业综合配套改革试验总体方案的批复》批准	2013年6月13日，《国务院关于黑龙江省"两大平原"现代农业综合配套改革试验总体方案的批复》	以转变农业发展方式为主线，以提高农业综合生产能力和农民收入为目标，发挥垦区引领作用，着力在创新农业生产经营体制、建立现代农业产业体系、创新农村金融服务、完善农业社会化服务体系、统筹城乡发展等方面开展改革试验，着力破解制约现代农业发展的体制机制问题和深层次矛盾

可以说，综合配套改革试点几乎贯穿了三个阶段的改革过程，但从轨迹上仍然可以看出其不同特点。1992年以前是在单个城市作用发挥上着力，党的十六大以前是在针对不同地区和城市的主要困难和问题上着力，党的十六大以后则是从全方位改革上着力，国家综合配套改革试验区是首次从国家层面对改革试点提出具体要求，不仅在区域上覆盖了东中西部和东北地区，而且在内容上从多个方面全面展开，在推进方式上明确协调、督促和推广，与新时代全面深化改革要求高度契合。

第二章　国家综合配套改革试验的工作实践

一、国家综合配套改革试验区布局

党的十六大指出，21世纪头20年经济建设和经济体制改革的主要目标任务是，完善社会主义市场经济体制，推进经济结构战略性调整，基本实现工业化，大力推进信息化，加快建设现代化，保持国民经济持续快速健康发展，不断提高人民生活水平。党的十六届三中全会通过《中共中央关于完善社会主义市场经济体制若干问题的决定》，进一步明确完善社会主义市场经济体制的目标和任务，要求按照统筹城乡发展、统筹区域发展、统筹经济社会发展、统筹人与自然和谐发展、统筹国内发展和对外开放，更大限度地发挥市场在资源配置中的基础性作用，增强企业活力和竞争力，健全国家宏观调控，完善政府社会管理和公共服务职能，为全面建设小康社会提供强有力的体制保障。并明确深化经济体制改革的指导思想和原则，坚持社会主义市场经济的改革方向，注重制度建设和体制创新。坚持尊重群众的首创精神，充分发挥中央和地方两个积极性。坚持正确处理改革、发展、稳定的关系，有重点、有步骤地推进改革。坚持统筹兼顾，协调好改革进程中的各种利益关系。坚持以人为本，树立全面、协调、可持续的发展观，促进经济社会和人的全面发展。

完善社会主义市场经济体制的目标任务进一步明确。正是在这样的大背景下，按照中央既定的战略部署，国家发展改革委会同相关部门认真研究党的十六大和十六届三中全会提出的发展改革任务，切实落实发展出题目、改革做文章的要求，发挥改革对发展的动力和保障，力求在推进改革方面有所突破，为完善社会主义市场经济体制进行先行探索。2005年6月21日，国务院常务会议正式批准上海浦东新区进行综合配套改革试点，会议要求上海浦东综合配套改革试点着力转变政府职能，着力转变经济运行方式，着力改变二元经济与社会结构，率先建立完善的社会主义市场经济体制，为推动全国改革起示范作用。

上海浦东新区是首个国家级综合配套改革试验区。改革试验开展半年多以后，2006年3月，胡锦涛总书记在参加全国人民代表大会上海代表团审议时指出，要毫不动摇地坚持改革方向，不断完善社会主义市场经济体制，充分发挥市场在资源配置中的基础性作用；改革开放符合党心民心，顺应时代潮流，方向和道路是完全正确的，成效和功绩不容否定，停顿和倒退没有出路。自此，综合配套改革试验呈现崭新局面。

2005 年，浦东新区综合配套改革试验区获批以后，国务院又先后批准设立十一个综合配套改革试验区。试验区和试验主题的选择兼顾了多方面的考虑：一是地域有代表性。试点地区在全国范围或东中西部区域内有一定影响力和带动力，能够代表处于不同生产力发展阶段的阶段性特点。二是内容有典型性。试点地区所面临的体制机制问题能代表本地区的普遍性，所确定的改革任务能反映本地区改革发展的特点和现实需要，对推动全国或一定区域面上的改革具有示范意义。三是有较强的组织领导。领导班子高度重视改革工作，把改革放在突出位置，有较为健全的领导体制、组织机构和推进机制，能够为试点工作的推进提供强有力的组织保障。四是有较好的工作基础。在一些领域已经进行了有益的改革探索，积累了一定的实践经验，具备了先行先试、率先突破的工作基础。通过改革试验，能够在体制创新上取得新突破、创造新经验，为其他地区的新体制建设提供示范。五是有相应的发展潜力和承受能力。具备一定的经济实力，能够支付必要的改革成本。群众对改革的认识程度深，支持改革、参与改革的积极性高，能正确对待改革成果，社会承受能力比较强。

随着浦东综合配套改革试验区设立及运行实践、国家发展改革委等部门对如何推动改革试验方向和路径更加明确，东部地区由于自身基础和条件，应在攻坚克难的重大改革上有突破有示范，改革试验的主题必须是综合性的。继批复浦东新区综合配套改革试点之后，2006 年5 月 26 日，国务院印发《关于推进天津滨海新区开发开放有关问题的意见》，正式批准天津滨海新区为全国综合配套改革试验区。2008 年 3 月 13 日，国务院批复同意《天津滨海新区综合配套改革试验总体方案》。《方案》明确综合配套改革试验的根本任务是，深化企业、科技等体制改革，提高自主创新能力，加快转变经济发展方式，建设高水平制造业和研发转化基地；深化涉外经济体制改革，形成与国际通行做法相衔接的管理体制和运行机制，加快北方国际航运中心、国际物流中心建设，成为我国北方对外开放的门户；深化金融体制改革，建设现代金融服务体系和全国金融改革创新基地；改革土地管理制度，形成节约集约用地新格局；深化城乡规划和农村体制改革，促进城乡一体化发展；推进社会领域改革，创新公共服务管理体制，构建覆盖城乡的基本公共服务体系；推进资源节约型和环境友好型社会建设，建设人与自然、经济社会与生态环境相和谐的新城区；推动行政管理体制改革，加快建立统一、协调、精简、高效、廉洁的管理体制。

2009 年 5 月上旬，国务院批复同意《深圳市综合配套改革总体方案》，5 月中旬，国家发展改革委印发《深圳市综合配套改革总体方案》。深圳将在"深化行政管理体制改革，率先建成公共服务型政府""全面深化经济体制改革，率先建立完善的社会主义市场经济体制""积极推进社会领域改革，加快构建社会主义和谐社会""完善自主创新体制机制，加快建设国家创新型城市""以深港紧密合作为重点，全面创新对外开放和区域合作的体制机制""建立资源节约环境友好的体制机制，加快建设国家生态文明示范城市"六大方面重点突破，标志着深圳改革开放进入了一个新阶段。

　　"统筹城乡"是党的十六届三中全会明确完善社会主义市场经济体制的重要任务和要求，研究确定在西部地区的重庆、成都开展统筹城乡综合配套改革试验。西部地区能实现改革突破，其经验做法将在全国极具影响和示范意义。2007 年 6 月 7 日，国家发展改革委印发《关于批准重庆市和成都市设立全国统筹城乡综合配套改革试验区的通知》，要求两市根据统筹城乡综合配套改革试验的要求，全面推进各个领域的体制改革，并在重点领域和关键环节率先突破，大胆创新，尽快形成统筹城乡发展的体制机制，促进两市城乡经济社会协调发展，也为推动全国深化改革，实现科学发展与和谐发展，发挥示范和带动作用。2009 年 4 月 28 日，国务院批复同意《重庆市统筹城乡综合配套改革试验总体方案》《成都市统筹城乡综合配套改革试验总体方案》。

　　改革开放以来，我国相继在东部沿海、西部地区及东北地区实行了特殊的区域发展政策，而中部地区则一直有所谓"中部塌陷"的危机感。1980 年，中部地区人均 GDP 相当于全国平均数的 88%，1990 年下降到 83%，而到了 2003 年，中部地区只相当于全国平均水平的 75%。中部地区的工业化、城市化和市场化进程，已经落后于全国平均水平。在这样的情况下，在中部地区开展资源节约型和环境友好的"两型"社会建设综合配套改革试验，其挑战性、代表性、典型性显而易见，而其改革试验的经验会更加难能可贵、更有说服力。2007 年 12 月 14 日，国家发展改革委印发《关于批准武汉城市圈和长株潭城市群为全国资源节约型和环境友好型社会建设综合配套改革试验区的通知》，要求武汉城市圈和长株潭城市群根据资源节约型和环境友好型社会建设综合配套改革试验的要求，全面推进各个领域的改革，在重点领域和关键环节率先突破，大胆创新，尽快形成有利于能源资源节约和生态环境保护的体制机制，加快转变经济发展方式，推进经济又好又快发展，促进经济社会发展与人口、资源、环境相协调，切实走出一条有别于传统模式的工业化、城市化发展新路，为推动绿色生态发展，转变生产生活方式发挥示范和带动作用。2008 年 9 月 10 日和 12 月 22 日，国务院分别批复同意《武汉城市圈资源节约型和环境友好型社会建设综合配套改革试验总体方案》《长株潭城市群资源节约型和环境友好型社会建设综合配套改革试验总体方案》。

　　东北振兴要有切实的抓手，立足东北地区实际，选择沈阳经济区开展"新型工业化"综合配套改革试验。2011 年 9 月 16 日，国务院批复同意《沈阳经济区新型工业化综合配套改革试验总体方案》，要求沈阳经济区要大力推进重点领域和关键环节的改革试验，加强体制机制创新，扎实做好发展现代产业体系、建立现代企业制度、增强科技创新能力、加大资源节约和环境保护力度、统筹城乡发展、推进基本公共服务均等化、创新财税金融体制、完善行政管理体制、提高对外开放水平等方面工作。《方案》确立了"五个着力"作为改革的主要任务：一是着力构建现代产业体系，推动产业结构优化升级和布局调整，提升产业竞争力和经济效益；二是着力完善科技创新体系，充分运用现代信息技术改造传统产业，促进工业化和信息化深度融合；三是着力构建资源节约、环境友好的生产方式和消费模式，大力推进节能减排，增强可持续发展能力；四是着力处理好资本技术密集型与劳动密集型产业的关系，发挥人力资源优势，实现提高劳动生产率与扩大就业的有机统一；五是着力推进统筹城乡改革，加快区域一体化进程，实现工业化与城镇化、农业现代化相互促进、协调发展。重点推进现代产业体系、企业制度、科技创新、资源节约与环境保护、人力资源、统筹城乡发展、公共服务、财税金融、行政管理和对外开放等 10 个方面的体制机制创新。

国家综合配套改革试验既要充分考虑区域布局，也要充分考虑任务布局。围绕国家长远发展的战略要求，在资源型经济转型、现代农业、国际贸易及台海合作等方面开展综合配套改革试验。2010 年 12 月 1 日，发布的《国家发展改革委关于设立山西省国家资源型经济转型综合配套改革试验区的通知》要求，山西省要抓住与资源型经济转型密切相关的重点领域和关键环节，着力调整优化产业结构，推动工业化与信息化深度融合，提升发展的质量和产业竞争能力；着力推动技术创新，形成并完善有利于自主创新和运用最新科学技术的体制机制，促进经济增长向主要依靠科学技术进步、劳动者素质提高、管理创新转变；着力深化改革，完善宏观调控，充分发挥市场配置资源的基础性作用，建立健全资源要素价格形成机制和要素市场体系，推进产权多元化、竞争公平化和现代企业制度建设；着力推进资源节约型、环境友好型社会建设，树立绿色、低碳发展理念，加快构建资源节约、环境友好的体制机制；着力构建城乡统筹发展机制，促进工业化、城镇化和农业现代化协调发展，加快社会主义新农村建设。2012 年 8 月 7 日，国务院批复同意《山西省国家资源型经济转型综合配套改革试验总体方案》，要求山西省要围绕转型发展这一中心任务，着力探索三次产业协调发展机制，全面推进产业优化升级；加快健全环境保护和生态修复治理体制机制，严格保护耕地特别是基本农田，努力提高可持续发展能力；坚持市场化改革方向，发挥市场配置资源的基础性作用；配套推进城乡统筹、社会管理、对外开放等工作，着力深化改革，努力构建与转型发展相适应的制度体系，力争在重点领域和关键环节取得突破。

2011 年 3 月 4 日，国务院批复同意《浙江省义乌市国际贸易综合改革试点总体方案》，要求义乌在国际贸易重点领域和关键环节深化改革、先行先试，探索建立新型贸易体制机制，尽快在贸易管理和服务、现代商贸流通体系建设、开放型经济体系建设、政府职能转变等方面取得突破，促进出口产品结构优化和产业转型升级，推动区域经济社会协调发展。

2011 年 12 月 14 日，国务院批复同意《厦门市深化两岸交流合作综合配套改革试验总体方案》，要求要以加快转变经济发展方式为主线，以深化改革开放为动力，全面深化两岸交流合作，努力构建两岸经贸合作最紧密区域、两岸文化交流最活跃平台、两岸直接往来最便捷通道、两岸同胞融合最温馨家园，充分利用厦门市对台交流合作的有利条件，进一步发挥厦门市在海峡西岸经济区改革发展中的龙头作用，通过综合配套改革试验再创经济特区新优势，为全国贯彻落实科学发展观、深化改革开放和完善社会主义市场经济体制发挥示范带动作用。同时，要求福建省和厦门市要大力推进重点领域和关键环节改革试验，加强体制机制创新，努力深化两岸产业、贸易、金融、文化等合作，创新两岸直接往来的便利化机制，配套推进社会管理、城乡统筹、区域合作、行政管理、全面开放等方面的改革工作。

2013 年 6 月 13 日，国务院批复了《黑龙江省"两大平原"现代农业综合配套改革试验总体方案》，要求黑龙江省要以转变农业发展方式为主线，以提高农业综合生产能力和农民收入为目标，发挥垦区引领作用，着力在创新农业生产经营体制、建立现代农业产业体系、创新农村金融服务、完善农业社会化服务体系、统筹城乡发展等方面开展改革试验，着力破解制约现代农业发展的体制机制问题和深层次矛盾，促进黑土资源永续利用、水资源科学开发和高效利用，努力把"两大平原"建成国家商品粮基地核心区、绿色食品生产样板区、高效生态农业先行区和统筹城乡发展先导区，为全国粮食主产区实现"四化同步"发挥示范引领作用。

二、综合类改革试验区

（一）浦东新区综合配套改革试验

浦东新区开展综合配套改革试验，从一开始，就不仅仅是着眼于浦东新区本身，而是落实国家战略的体现和要求。在新的历史时期，中央对浦东新区改革发展提出了更高的要求。党的十四大报告指出，以上海浦东开发开放为龙头，进一步开放长江沿岸城市，尽快把上海建成国际经济、金融、贸易中心之一，带动长江三角洲和整个长江流域地区经济的新飞跃。党的十五大报告指出，进一步办好经济特区、上海浦东新区。鼓励这些地区在体制创新、产业升级、扩大开放等方面继续走在前面，发挥对全国的示范、辐射、带动作用。党的十六大报告指出，鼓励经济特区和上海浦东新区在制度创新和扩大开放等方面走在前列。

2005年6月21日，温家宝总理主持召开国务院第96次常务会议，听取了国家发展改革委关于上海浦东新区进行综合配套改革试点的报告。会议认为，我国改革正处于攻坚阶段，在继续做好有关专项改革试点的同时，选择具备条件的地区，进行完善社会主义市场经济体制综合配套改革试点，提供相关经验，对于实现党的十六届三中全会提出的改革目标，具有重要意义。会议批准上海浦东新区进行综合配套改革试点，并提出了着力转变政府职能、着力转变经济运行方式、着力改变城乡二元经济与社会结构等"三个着力"的总体要求。推进政府管理体制改革，以提升一级地方政府行政效率和公共服务能力为重点，创新政府管理体制和服务模式，促进简政放权、放管结合和优化服务；推进经济和创新体制改革，以新发展理念为引领推动高质量发展；推动社会管理精细化和城乡统筹融合发展，抓住群众最关心最直接最现实的利益问题，在发展中保障和改善民生，在发展中补齐民生短板。进入新时期，党中央明确提出要围绕推动高质量发展，建设现代化经济体系，全面深化改革开放，坚决破除体制机制弊端。

作为国务院批准的全国首个综合配套改革试验区，自推进实施改革试点以来，上海浦东新区紧紧围绕国家赋予的战略使命，根据不同时期的时代要求和改革重点，逐步深化突破、逐次延伸覆盖，在确保改革目标一脉相承的同时，实现了改革任务和效果的迭代升级。

第一阶段是2005—2013年。聚焦"四个中心"建设，以改革促开放，围绕浦东新区建设"四个中心"核心功能区的战略定位，以增强国际竞争力和创新驱动力为总目标，注重以"四个中心"的功能优势和先行先试的创新优势推动经济发展方式率先转型，重点在建设公共服务型政府、突破服务经济发展体制障碍、创新新兴产业培育和人才集聚发展机制、创新社会管理和服务机制、均衡配置城乡公共服务资源等领域进行了率先突破，通过体制改革扩大了对外开放，激发了浦东科学发展活力。

第二阶段是 2014—2020 年。抓住中央批准设立上海自贸试验区的历史契机，充分发挥自贸试验区和张江国家自主创新示范区的"双自联动"效应，以建立市场化法治化国际化的营商环境为核心，着重在政府"放管服"、"互联网＋政务服务"、商事制度、投资贸易便利化、扩大产业对外开放、健全科技创新转化机制、推进国际人才试验区建设、推进城乡建设管理一体化和区域管理权限下沉等领域进行先行试点，通过深化开放推动结构改革，大幅提升了浦东新区开放制度优势和链接全球资源的能力，有力推动了经济社会的更高质量发展，有效提升了新区的发展能级和核心竞争力。

（二）滨海新区综合配套改革试验

滨海新区综合配套改革试验同样经历了较长时间的酝酿。2000 年 6 月，时任国家副主席胡锦涛同志视察滨海新区时指出，滨海新区发展很快，势头很好，要总结经验，把握国际国内形势变化的特点，进一步完善其发展思路。2005 年 10 月，胡锦涛总书记来滨海新区考察，希望滨海新区牢牢把握难得的发展机遇，坚持把科学发展观落实到开发建设的整个过程和各个方面，不断增强创新能力、服务能力和国际竞争力，在落实科学发展观过程中实现又快又好发展，发挥带头示范作用，不断创造新的业绩。

2006 年 4 月 26 日，国务院召开常务会议，研究推进天津滨海新区开发开放的意见。会议指出，推进天津滨海新区开发开放，是在新的历史条件下，党中央、国务院从我国经济社会发展全局作出的重要战略部署，对于提升京津冀乃至环渤海地区的国际竞争力，促进东部地区率先发展，形成东中西互动、优势互补、相互促进、共同发展的区域协调发展格局具有重要意义。会议研究了推进滨海新区开发开放的政策措施，批准滨海新区进行综合配套改革试点。

滨海新区作为国务院批准设立的第二个国家级综合配套改革试验区，在深化改革方面积累了一系列有益经验，涌现出"一颗印章管审批"等一批在全国叫得响的改革创新举措和成功案例，为国家综合配套改革试验和全面深化改革作出了重要贡献。滨海新区改革探索试验与国家改革的总体进程基本一致，基于发展基础、发展阶段、资源要素禀赋，以及功能定位、发展方向、发展中遇到问题的不同，改革探索呈现出独有的阶段性特点，大体可分为三个阶段：

第一阶段是全面展开、摸索前进阶段（2008—2010 年）。这一阶段以总体方案的获批以及第一个综合配套改革"三年行动计划"的实施为标志，主要围绕国家赋予的功能定位和"要我改"的主要任务，分解目标、明晰任务、确立方案、摸索路径、探寻着力点，解决"改什么"的问题。通过第一个综合配套改革"三年行动计划"的实施，天津滨海新区深化行政管理体制改革、行政审批制度改革、土地管理制度改革、保障性住房制度改革、医疗卫生体制改革、金融改革创新、涉外经济体制改革、城乡一体化改革、国企改革和非公有制经济发展、社会管理创新和公共服务改革等十大领域改革在摸索中全面起步。此阶段的特点是领域全、涉及面广、聚焦"顶层设计"，在人、财、物、力、政策等各种资源要素的配置和投入上进行初步尝试。在这一阶段，滨海新区初步探索形成了"以抓项目的方式抓改革"的综合配套改革试验推进模式。2008 年 3 月，下发的《国务院关于天津滨海新区综合配套改革试验总体方案的批复》原则同意《天津滨海新区综合配套改革试验总体方案》。按照国务院批复的总体方案，天津滨海新区正式启动了综合配套改革"三年行动计划"。2009 年，天津滨海新区综合配套改革取得实质性进展，主要有：经国务院批准，撤销塘沽、汉沽、大港三个行政区，组建了滨海新区行政区，管理体制改革取得重大突破，金融改革创新 20 项重点工作全面完成。2010 年，以改革促开放、促发展，先行先试了一批重大改革措施，基本完成了第一个综合配套改革"三年行动计划"。

第二阶段是精准发力、重点突破阶段（2011—2013 年）。这一阶段在三年实践探索的基础上，天津滨海新区形成了一系列改革经验，中央的"顶层设计"与滨海的"基层实践"得到更好的结合，改革工作逐步进入正轨，改革红利逐步得到释放，为滨海新区经济社会发展注入了强劲动力。天津滨海新区的改革路径、改革重点以及推进改革的方式方法都得到了进一步明确，基本解决了"改什么"的问题，并逐步实现了"要我改"向"我要改"的转变，改革的积极性和活力得到有效增强，综合配套改革由"全面推进"进入以"重点突破"为特征的改革探索阶段。2011 年，天津滨海新区启动第二个综合配套改革"三年行动计划"。启动外资股权投资基金试点，实行外汇资本金意愿结汇企业达 16 家。北方国际航运中心核心功能区建设方案获国务院批复，国际船舶登记、国际航运税收、航运金融和租赁业务等试点启动实施。2012 年，顺利完成市政府机构改革，设立了滨海新区行政区，实施了渤海钢铁集团等 49 项资产重组。2013 年，实施滨海新区管理体制改革，建立了"行政区统领，功能区、街镇整合提升"的管理架构。创立了国内首只互联网货币基金，设立和改制 11 家村镇银行。

第三阶段是攻坚提档、全面深化阶段（2014—2021 年）。天津滨海新区紧跟党的十八届三中全会部署，于 2014 年初印发《中共天津市滨海新区委员会关于全面深化改革的实施意见》，并按照"工程化、项目化"的要求，编制了《滨海新区全面深化改革 2014 年工作计划》，拉开了滨海新区全面深化改革的序幕。2014 年 5 月 20 日，区行政审批局成立，滨海新区行政审批局正式启动运行。2015 年，中国（天津）自由贸易试验区设立运行，成功举办夏季达沃斯论坛等一系列大型活动。2016 年，在全国率先实施"五证合一、一照一码"登记制度，新增市场主体 16.9 万户，增长 23%。宅基地制度改革试点取得阶段性成效。2017 年，天津滨海新区落实承接非首都功能指导意见，构建"1+16"承接平台格局。2018 年，天津滨海新区市属国有企业混合所有制改革取得实质性进展，渤钢集团进入司法重整程序。营商环境得到改善，实现"24 证合一"，"天津八条"成为优化营商环境的亮丽名片。2019 年，与中关村管委会共同制定印发《关于支持天津滨海—中关村科技园创新发展的若干措施》。天津市一次性向新区下放 622 项市级权力事项。2020 年，与北京中关村召开联席会议，并公开发布《滨海新区落实〈天津市支持重点平台服务京津冀协同发展的政策措施（试行）〉实施细则》，进一步促进形成产业转移合作利益分享机制。

（三）深圳市综合配套改革试验

2008 年 12 月，国务院批准实施《珠江三角洲地区改革发展规划纲要（2008—2020 年）》，明确要求深圳作为国家综合配套改革试验区，要制定综合配套改革总体方案，率先在一些重点领域和关键环节取得新突破，勇当深化改革开放、再创体制机制新优势的先锋。为认真贯彻落实《珠三角改革发展规划纲要》，深圳市委、市政府全面总结经济特区建立 29 年改革开放的经验，深入研究深圳市未来发展面临的主要矛盾和突出问题，在广泛调研和反复征求意见的基础上，研究起草了《深圳市综合配套改革总体方案》。2008 年底，经广东省委、省政府同意，深圳市政府向国家发展改革委报送了《总体方案》。随后，国家发展改革委立即开展相关研究工作，专门征求了教育部、科技部、财政部等 28 个部门的意见，对方案进行了认真修改完善，并上报国务院审批。

2009 年 5 月，《总体方案》获国务院正式批复，提出深圳要"争当科学发展的示范区、改革开放的先行区、自主创新的领先区、现代产业的集聚区、粤港澳合作的先导区、法治建设的模范区，强化全国经济中心城市和国家创新型城市地位，加快建设国际化城市和中国特色社会主义示范市"的目标定位。这标志着深圳自 1990 年提出建设综合性经济特区和外向型、多功能的国际性城市，1995 年提出建设社会主义现代化国际性城市，2000 年提出建设区域性经济中心城市、高科技城市、世界园林式花园城市、社会主义法制城市和现代文明城市，2005 年提出建设和谐深圳、效益深圳和国际化城市等定位后，进入了全面深化改革的新阶段。

第一阶段是系统布局、全面铺开阶段（2008—2012 年）。这一阶段是抢抓机遇期。深圳围绕综合配套改革系统布局、全面铺开，开启了改革开放的新篇章。2009 年 8 月，印发实施《深圳市综合配套改革三年（2009—2011 年）实施方案》，进一步对改革任务进行工作细化与责任明晰，截至 2012 年，90 项改革工作有序推进并取得显著成效。行政管理体制改革迈出实质性步伐，先后推出政府机构大部制改革、公务员分类改革和聘任制改革、行政审批制度改革等；经济领域改革有序推进，前海体制机制创新、商事登记制度改革、土地管理制度改革等在全国范围内备受关注；社会领域改革扎实推进，积极创新社会建设体制机制，深化社会组织管理体制和完善住房、医疗、教育等方面的改革；创新能力显著增强，出台《深圳国家创新型城市总体规划实施方案（2011—2013 年）》，重大创新基础设施建设加快，国家超级计算深圳中心投入使用，国家基因库挂牌成立；文化体制、生态领域、民主政治建设进一步深化。

第二阶段是高位推动、创新提升阶段（2013—2017 年）。这一阶段，深圳继续大力深化综合配套改革工作，综合配套改革逐步走向成熟。2013 年，为更好推动综合配套改革，出台《深圳市全面深化改革总体方案（2013—2015 年）》，明确了新一轮改革的路线图和时间表。土地管理制度改革继续推进，差别化产业用地供应政策正式实行，开展符合规定的原农村集体经济组织工业用地入市交易试点。2014 年，出台《中共深圳市委贯彻落实〈中共中央关于全面深化改革若干重大问题的决定〉的实施意见》，全面深化改革涉及十一大重点领域和 53 项主要任务。颁发全国首张个体户"电子营业执照"，每千人拥有商事主体居全国首位。投资管理体制改革取得突破，政府投资项目管理条例修订完成。中国（广东）自由贸易试验区深圳前海蛇口片区正式挂牌，前海产业优惠目录获得国家批复。2015 年，政府职能加快转变，编制公布 32 家市直部门、10 个区（新区）权责清单，取消转移下放市级行政职权 192 项。2016 年，出台供给侧结构性改革三年总体方案及 5 个专项行动计划，全年为企业减负超过 1200 亿元。设立重大产业、中小微企业发展等基金，以制度创新改善供给环境。大力实施"强区放权"改革，下放城市更新、产业用地招拍挂等事权 153 项。2017 年，清理规范 24 项市直部门行政职权中介服务事项。扩大商事登记"多证合一"范围至 12 证，商事主体增至 306.1 万户，均居全国城市首位。组建 12 家基层医疗集团，罗湖医联体建设经验获全国推广。大力实施创新驱动发展战略，出台加快国际科技产业创新中心建设总体方案，全社会研发投入超过 900 亿元，新组建 3 家诺贝尔奖科学家实验室、3 家基础研究机构、5 家制造业创新中心。

第三阶段是双区驱动、双区叠加阶段（2018—2021 年）。这一阶段是战略发展期。粤港澳大湾区、深圳先行示范区两大国家战略互为支撑、互促互进；深圳经济特区、深圳先行示范区两块"金字招牌"交相辉映，深圳进入了粤港澳大湾区、深圳先行示范区"双区"驱动，深圳经济特区、深圳先行示范区"双区"叠加的战略发展期。2018 年，习近平总书记到深圳视察并发表重要讲话，赋予深圳"朝着建设中国特色社会主义先行示范区的方向前行，努力创建社会主义现代化强国的城市范例"的崇高使命。实施建设投资项目审批"深圳 90"改革，压缩审批时限 2/3 以上。出台重大科技计划项目评审办法和财政科研项目资金管理意见，在全国率先实施国内外同行专家主审制，"深港创新圈"项目资金实现"一地申请、跨境使用"。获批开展区域性（深圳）国资国企综合改革试验，5 家市属国企纳入国家国企改革"双百企业"。2019 年，中共中央、国务院发布《关于支持深圳建设中国特色社会主义先行示范区的意见》。这一年，制定深圳先行示范区建设的六年行动方案和三年重点工作计划，扎实推进 127 项具体工作。在全国营商环境评价中成绩名列前茅，设立全国首个法定"企业家日"。实体经济发展基础进一步夯实。出台工业用地供应管理、工业区转型升级、产业用地节约集约利用等政策，全年为企业新增减免税费超过 1100 亿元，在全国率先推行区块链电子发票。国资国企改革全面深化，区域性国资国企综合改革试验实施方案获国务院批复。大力实施创新驱动发展战略，积极创建综合性国家科学中心，制定支持深港科技创新合作区和光明科学城规划建设的若干意见。2020 年 10 月 14 日，习近平总书记在深圳经济特区建立 40 周年庆祝大会上发表重要讲话，对新时代特区建设和改革发展作出重大部署。这一年，综合改革试点全面铺开，中共中央办公厅、国务院办公厅发布《深圳建设中国特色社会主义先行示范区综合改革试点实施方案（2020—2025 年）》，六大领域 27 项改革举措和 40 项首批授权事项取得重要阶段性成果。营商环境改革取得新成效，入选全国首批营商环境创新试点城市。出台优化营商环境条例、个人破产条例、知识产权保护条例（修正案）、科技创新条例，获评首批"全国法治政府建设示范市"。创新驱动发展能力持续增强，大湾区综合性国家科学中心先行启动区建设方案正式获国家批复。

三、统筹城乡试验区

（一）成都市统筹城乡综合配套改革试验

2007 年印发《国家发展改革委关于批准重庆市和成都市设立全国统筹城乡综合配套改革试验区的通知》，批准成都市开展统筹城乡综合配套改革试验，聚焦农村发展不充分、城乡发展不平衡主要矛盾，以重塑新型城乡关系为主线，以城乡形态塑造、城乡产业协同和城乡要素自由流动为主攻方向，统筹推进重点领域和关键环节改革，加快推进乡村振兴和农业农村现代化，初步实现城乡要素配置市场化、居民基本权益平等化、公共服务均等化和产业发展融合化。

第一阶段是初始探索阶段（2007—2012 年）。这一阶段改革实践最根本的切入点是农村市场经济的微观基础，探索形成农村的市场价格体系，探索实践促进新型工业化、新型城镇化、农业现代化"三化联动"的统筹城乡发展新模式。以"还权赋能"为核心，推行以建立"归属清晰、权责明确、保护严格、流转顺畅"的现代农村产权制度为目标的农村产权制度改革，落实农民对土地、房屋的财产权，推动农村资产资本化，塑造了农村市场经济的微观基础。在此基础上，深入实施"农村新型基层治理机制建设、村级公共服务和社会管理改革、农村土地综合整治、新村建设"农村工作"四大基础工程"，夯实农业农村发展基础。全面推进"城乡规划、产业发展、市场体制、基础设施、公共服务、管理体制""六个一体化"，形成城乡经济社会发展一体化新格局。探索形成农村产权"多权同确、全域确权"、农村产权"确实权、颁铁证"、农村产权交易所、耕地保护基金、乡村规划师、村民议事会制度、村级公共服务和社会管理改革、公共设施标准化建设等改革成果。

第二阶段是创新提升阶段（2013—2016 年）。这一阶段重点围绕解决"地该怎么用、人往哪里去、钱从哪里来"的问题，针对成都市"大城市带大农村"的基本市情和"户籍分隔、产业分离、市场分割、服务分化、管理分治"的城乡二元结构特征，积极稳妥推进重点领域和关键环节改革，推动统筹城乡改革发展由点到面、由浅入深。全域推进成都城乡统一户籍改革，取消"农业户口"和"非农业户口"性质划分，统一登记为"居民户口"，彻底打破农民向城镇转移的壁垒。深入构建城乡公共服务标准化体系建设，构建城乡一体的就业促进体系、基本养老保险制度、基本医疗保险制度、社会救助体系。探索实施农村集体资产股份化、集体土地股权化、农村集体经济组织股份合作制改造，创新农村经营机制，发展壮大农村集体经济。大力实施统筹城乡综合改革示范建设，按照"以工促农、以贸带农、以旅助农"的"全产业链"思维，加快构建"农工贸旅一体化、产加销服一条龙"的都市现代农业体系。探索形成了"农村土地集体所有权、农户承包权、土地经营权'三权分置'""农村土地承包经营权退出""土地流转履约保证保险""重要农产品目标价格保险""新型乡村治理机制"等改革成果。

第三阶段是持续深化阶段（2017—2020 年）。这一阶段按照党的十九大确定的实施乡村振兴战略重大决策部署，重新审视和调整城乡关系，将改革重点转变到建立健全城乡融合的体制机制上来，把推动城乡融合发展作为实施乡村振兴战略的着力方向。率先提出了实施乡村振兴战略标准体系，明确了"十二条"标准推进全市乡村振兴。在全国率先设立市县两级党委城乡社区发展治理委员会，让城乡基层治理单元成为一个整体共享共治，从改革主体的源头进行了重新谋划和设计。明确提出了实施乡村振兴战略推进城乡融合发展"十大重点工程"和"五项重点改革"，围绕实施全域乡村规划提升、特色镇（街区）建设、川西林盘保护修复、大地景观再造、农村人居环境整治、农业品牌建设、乡村人才培育集聚、农民增收促进、农村文化现代化建设、城乡社区发展治理"十大重点工程"，坚持以"百镇千村"景观化景区化为突破口，促进农业全面升级、农村全面进步、农民全面发展。围绕深化农业供给侧结构性改革、农村集体产权制度改革、农村金融服务综合改革、公共产品服务生产供给机制改革、农村行政管理体制改革等"五项重点改革"，着力在用地制度、集体经济、农村行政管理"三大关键环节"取得新突破。2019 年 12 月，国家发展改革委等十八部门联合印发《国家城乡融合发展试验区改革方案》，批准设立四川成都西部片区国家城乡融合发展试验区。成都市主动把统筹城乡综合配套改革试验区和国家城乡融合发展试验区结合起来系统推进，聚焦城乡形态塑造、城乡产业协同发展和城乡要素自由流动，为构建新型工农城乡关系开展新的探索。

（二）重庆市统筹城乡综合配套改革试验

2007 年 3 月 8 日，胡锦涛总书记参加十届全国人大五次会议重庆代表团审议时作了重要讲话，站在全局和战略高度，充分肯定了重庆直辖以来取得的重大成就，对重庆未来发展作出了"314"总体部署。要求重庆"加快建设成为西部地区的重要增长极、长江上游地区的经济中心、城乡统筹发展的直辖市，在西部地区率先实现全面建设小康社会的目标"。"314"总体部署高度契合重庆市情，对重庆发展影响深远，赋予了重庆新的战略使命。

2006 年底，重庆市委、市政府致函国务院主要领导，表达了"重庆作为中央在中西部地区设立的唯一直辖市，有必要、有条件、有责任率先进行统筹城乡综合改革试验"的强烈意愿，请求国家批准重庆为国家级统筹城乡综合改革试验区。2007 年 2 月底，重庆市人民政府正式向国家发展改革委报送设立试验区的申请。2007 年 6 月 7 日，经国务院同意，国家发展改革委印发《关于批准重庆市和成都市设立全国统筹城乡综合配套改革试验区的通知》，重庆市全国统筹城乡综合配套改革试验区正式获批。

2008 年 4 月，重庆市委、市政府专门就重庆试验区政策问题向温家宝总理作了工作汇报，围绕统筹城乡改革发展的重点难点，提出了 12 项重大政策请求。温家宝总理听取汇报后，对重庆改革发展作出了"两个更加"的判断，明确"在推进西部大开发中，应把重庆放在更加突出的地位，国家要更加重视和支持重庆发展"，并当即批示国家发展改革委和国务院研究室牵头组织专题调研。按照温家宝总理批示要求，2008 年 6 月 21—30 日，国家发展改革委、国务院研究室牵头，45 个部委、大型企业及相关单位参加，组成 219 人的调研组，分 17 个专题，采取座谈与实地调研相结合的方式，深入到重庆 40 个区县，开展了大规模集中调研，对解决重庆统筹城乡改革发展问题的意义达成了共识，针对重庆的特殊性提出了一些新的政策。调研之后，经过半年的反复协调，2009 年 1 月 26 日，《国务院关于推进重庆市统筹城乡改革和发展的若干意见》出炉，描绘了重庆发展的新蓝图。

2007 年以来，重庆市紧紧围绕改革试验任务不断加强体制机制创新，其历程大致可分为四个阶段。

第一阶段是思路设计和制度构建阶段（2007 年 6 月—2009 年 6 月）。这一阶段的改革，以市级政府为主导，按照中央总体部署和要求，在广泛深入开展的调查研究基础上，"立足实际、统筹规划"进行改革制度设计。改革工作重点聚焦三个方面：一是构建组织体系，成立由市政府主要领导任组长、有关部门负责人为成员的重庆市统筹城乡综合配套改革领导小组，研究协调重大改革事项；在市发展改革委设立统筹城乡综合配套改革办公室，负责领导小组日常工作，牵头制定并组织实施年度改革工作要点和重大专项改革方案。二是设计出台改革总体思路。2007 年 11 月 26 日，重庆市委印发《重庆市统筹城乡综合配套改革试验的意见》。在深入调研、广泛征求意见的基础上，2009 年，重庆市进一步出台《重庆市统筹城乡综合配套改革试验总体方案》，明确统筹城乡发展的总体思路，即围绕城乡经济社会协调发展、城乡劳务经济健康发展、土地流转和集约利用三条主线，设计了以城带乡、以工促农、城乡规划、行政管理、社会保障、基本公共服务、生态建设和环境保护、就业培训、土地利用、金融市场、内陆开放等"十二项机制"，解决"钱从哪里来""人往哪里去""土地资源合理利用"的问题。三是先行启动部分体制改革。以扩权强县为主的行政体制改革和以对口帮扶为主的互动发展机制改革正式实施。围绕加强土地开发整理、促进农村土地流转和规模经营的农村土地制度改革率先启动。2008 年 12 月，重庆市报经中央同意，正式成立农村土地交易所，启动了地票交易试点，探索城乡土地联动、高效利用的新路径。

第二阶段是试点探索和重点突破阶段（2009 年 7 月—2012 年 10 月）。这一阶段，重点围绕"三条主线"，以城乡二元结构最核心的要素——"人""地""钱""房"为突破口开展先行先试，坚持"基层参与、大胆探索"，充分调动基层政府积极性，在诸多专业领域和地方区域加快统筹城乡体制机制改革探索，形成了"三线三同六促进"的制度框架：以城乡经济社会协调发展为主线，通过建立互动机制促进区域平衡发展，通过培育市场主体促进各种所有制经济平等发展，推动城乡发展同步；以劳务经济健康发展为主线，通过农民工户籍制度改革促进城乡人口有序流动，通过建立统筹城乡社会保障体系促进城乡基本公共服务均等化，推动城乡生活同质；以土地流转和集约利用为主线，通过农村"三权"抵押融资促进农村资源资本化，推动城乡要素同权，基本实现了"到 2012 年基本形成统筹城乡发展的制度框架"的阶段目标。

第三阶段是成果巩固和调整阶段（2012 年 11 月—2016 年）。2016 年初，习近平总书记视察重庆时指出，扶贫开发成败系于精准，要找准"穷根"、明确靶向，量身定做、对症下药，真正扶到点上、扶到根上。习近平总书记的指示要求，为新阶段深化统筹城乡综合配套改革试验指明了方向。这一阶段，重庆市对统筹城乡综合配套改革重点进行了调整，主要是以农村为重点，大力开展精准脱贫攻坚，加快推进全面小康社会建设。按照"加快形成工农互促、城乡互补、全面融合、共同繁荣的新型工农城乡关系"，围绕全面建成小康社会目标，重庆市对前期改革实施情况和效果进行了评估，总结前期探索中的宝贵经验，直面改革的问题和不足，注重查漏补缺和调整完善，突出"上下联动、稳中求进"，常态化、平稳化、法治化推进改革，实现了实质性飞跃。

第四阶段是深化创新拓展阶段（2017—2020年）。2016年底，重庆市印发《进一步深化统筹城乡综合配套改革工作方案》，部署推进农村集体资产管理、促进城乡要素合理流动、推进一二三产业融合发展、促进人口合理分布、促进城乡基本公共服务均等化、建立城乡区域生态补偿机制等重点改革任务，标志着重庆统筹城乡综合配套改革进入深化拓展阶段。党的十九大作出了坚定实施乡村振兴战略的决策部署，提出要建立健全城乡融合发展体制机制和政策体系。2019年4月，习近平总书记再次视察重庆，明确要求重庆加快推动城乡融合发展，强调：重庆推动高质量发展，最艰巨最繁重的任务在农村，最大潜力和后劲也在农村。要统筹推进乡村振兴和城市提升，努力实现城市让生活更美好、乡村让人们更向往。2020年1月，习近平总书记主持召开中央财经委员会第六次会议，作出了推动成渝地区双城经济圈建设重大决策部署；11月，中共中央、国务院印发《成渝地区双城经济圈建设规划纲要》，专章对推动城乡融合发展提出任务要求。推动城乡融合发展，既是中央交办的重大政治任务，也是新阶段重庆深化统筹城乡综合配套改革试验的重要遵循。面对新任务新要求，重庆市全面贯彻落实党的十九大和十九届历次全会精神，深入贯彻落实党中央对重庆提出的营造良好政治生态，坚持"两点"定位和"两地""两高"目标，发挥"三个作用"和推动成渝地区双城经济圈建设等要求，坚持问题导向和目标导向，立足重庆城乡区域发展差距仍然较大、协调发展任务依旧繁重的基本市情，以城乡融合发展为主攻方向，以推动城乡"人、地、钱、技"等要素双向自由流动作为重要任务，为统筹城乡综合配套改革注入新的强大动力。

四、"两型"社会建设试验区

（一）长株潭城市群"两型"社会建设综合配套改革试验

2007年4月6日，湖南省以"两型"社会建设为主题，正式向国家发展改革委提出，申报长株潭城市群国家综合配套改革试点。2007年12月14日，经报请国务院同意，国家发展改革委批复长株潭城市群为"全国资源节约型和环境友好型社会建设综合配套改革试验区"。2008年12月22日，国务院正式批准《长株潭城市群资源节约型和环境友好型社会建设综合配套改革试验总体方案》及附件《长株潭城市群区域规划（2008—2020年）》。

为贯彻落实中央改革部署，高起点、高标准推进综合配套改革试验区建设，湖南确立了"省统筹、市为主、市场化"的原则，构建高规格、跨区域、跨部门的协调管理机制。先后成立以省委书记任顾问、省长任组长的协调委员会和省委常委任书记、主任的试验区工委、管委会。建立覆盖省、市、县三级的试验区工作系统，明确各市党委、政府为改革建设的决策、实施、责任主体。坚持把改革方案体系、规划体系、标准体系和综合评价体系建设作为试验区顶层设计的核心内容，构建了以总体改革方案、长株潭城市群区域规划为龙头，128 个专项规划、专项改革方案等组成的多层次、全覆盖的改革建设规划体系，形成了试验区改革的时间表、路线图、任务书。省委、省政府在 2009 年、2011 年、2016 年出台推进长株潭试验区三个阶段改革的专门文件，先后部署 36 个省内改革试点，评选发布 81 个生态文明改革创新案例。

党的十八大特别是十八届三中全会以来，湖南省政府认真领会并自觉践行习近平生态文明思想，进一步提高政治站位，把握全面深化改革的形势和要求，调整完善改革思路，对试点主题进一步深化。编制出台了全国首个省级生态文明改革方案，把"两型"社会建设改革和生态文明改革融为一体，与全面深化改革一同谋篇布局。建立"两型"社会建设重点工作责任分工、年度绩效考核等制度，合理设置考核指标，突出绿色考核导向，把节能、节地、环保等指标及工作完成情况纳入全省绩效考核。先后在湘江流域治理、生态绿心保护、老工业区改造等重大改革中，推进了一批体制机制创新，着力在重化工业比重较高、能源资源利用效率低的条件下探索产业绿色转型的路子，在累积污染较重、环境问题集中爆发的条件下，探索城乡生产生活绿色转型的途径。

（二）武汉城市圈"两型"社会建设综合配套改革试验

武汉城市圈又称武汉"1+8"城市圈，是指以中国中部最大城市武汉为圆心，覆盖黄石、鄂州、黄冈、孝感、咸宁、仙桃、潜江、天门等周边 8 个大中型城市所组成的城市群。此外，洪湖市、京山县、广水市、监利县先后成为武汉城市圈"观察员"。

2002 年 6 月，湖北省提出："武汉市要着眼于提高综合竞争力，构筑在国际竞争中有比较优势的产业体系和现代化基础设施框架，拓展和完善城市空间布局和功能分区，形成武汉经济圈，更好地发挥对全省的辐射带动作用。"2003 年，湖北省先后组织召开加快推进武汉城市圈建设研讨会和专家座谈会。2004 年 4 月，湖北省印发《关于加快推进武汉城市圈建设的若干意见》，标志着武汉城市圈从研究论证阶段进入全面推进阶段。2005 年，湖北省政府明确提出武汉城市圈建设"四个一体化"基本思路，后完善为"五个一体化"。11 月 25 日，武汉城市圈农业经济协作第一次会议召开。2006 年 4 月，中共中央、国务院发布《关于促进中部地区崛起的若干意见》，"武汉城市圈"被列为中部四大城市圈之首。

2007 年 12 月 14 日，国家发展改革委正式批准武汉城市圈为全国资源节约型和环境友好型社会建设综合配套改革试验区。2008 年 3 月，湖北省人民政府成立武汉城市圈"两型"社会建设综合配套改革试验区专项规划编制工作领导小组。9 月 10 日，《武汉城市圈资源节约型和环境友好型社会建设综合配套改革试验总体方案》获国务院批复。

自"两型"社会建设综合配套改革试验区批复以来，湖北省历届省委、省政府以党的十七大、十八大、十九大精神为指导，坚持以人民为中心，以转变经济发展方式为主线，出台了《武汉城市圈资源节约型和环境友好型社会建设综合配套改革试验促进条例》和改革试验总体方案，以九大体制机制改革创新为强大动力和关键措施，以强有力的组织推动为保障，推进"两型"社会建设综合改革不断向纵深发展。武汉市委、市政府紧紧围绕省委、省政府决策部署，以建设"现代化、国际化、生态化"大武汉为目标，按照"改革促发展、两型促转型"的总体要求，充分发挥政府、企业、市民在"两型"社会建设中的主体作用，大力推进资源节约、环境保护、产业结构优化和升级、生态文明建设等改革任务，积极开展全民"两型"实践活动，大胆先行先试，推进重点领域和关键环节的体制机制创新，制定了改革试验实施方案、三年行动计划，并按年度制定了工作意见，形成了推进"两型"社会建设的政策框架，有效实现了经济、社会与环境的协调发展，"两型"社会建设改革试验取得显著成效。

五、资源转型和产业优化升级试验区

（一）山西省"资源型经济转型"综合配套改革试验

2009年5月，习近平同志在山西省调研时就提出，要推进资源型经济转型发展这一时代课题。在习近平同志的关心下，2010年12月国务院批准设立"山西省国家资源型经济转型综合配套改革试验区"，赋予山西"先行先试"的改革试验权，山西成为全国第一个全省域、全方位、系统性的国家级综合改革试验区。2012年8月，国家发展改革委发出《关于印发山西省国家资源型经济转型综合配套改革试验总体方案的通知》，总体方案批复后，山西省围绕四大转型任务和十个领域综合配套改革进行积极探索。

2017年6月，习近平总书记视察山西时，要求山西横下一条心，加快推动经济转型发展，实现产业结构全面升级、发展动力深度转换，真正走出一条产业优、质量高、效益好、可持续的发展新路。同年9月，国务院印发《关于支持山西省进一步深化改革促进资源型经济转型发展的意见》，赋予山西综合配套改革试验区新的改革任务。2019年5月，习近平总书记主持召开中央深改委会议，审议通过了《关于在山西开展能源革命综合改革试点的意见》，支持山西通过综合改革试点，努力在提高能源供给体系质量效益、构建清洁低碳用能模式、推进能源科技创新、深化能源体制改革、扩大能源对外合作等方面取得突破，争当全国能源革命排头兵。2020年5月，习近平总书记再次视察山西，要求山西"在转型发展上率先蹚出一条新路来"。

2021年3月，国家发布了"十四五"规划和2035年远景目标纲要，将"深入推进山西国家资源型经济转型综合配套改革试验区建设和能源革命综合改革试点"列入其中，进一步明确了山西在国家发展大格局中的重要地位。2021年10月，山西召开省第十二次党代会，提出到2030年基本完成资源型经济转型任务，明确指出"山西蹚出转型发展新路，就是要蹚出一条高质量发展之路"，全面阐述了全方位推动高质量发展的目标要求：以"全方位推动"为横向维度，以"高质量发展"为纵向标尺，形成"六个领域""三个体系"全面贯通、深度协同的工作矩阵；建设"三区三地"，即国家资源型经济转型发展示范区、全国能源革命综合改革试点先行区、黄河流域生态保护和高质量发展重要试验区、中部地区先进制造业基地、内陆地区对外开放新高地、国际知名文化旅游目的地。这既是对山西今后五年工作的全局性谋划，也是对转型综改工作的新的战略布局，必将指导转型综改工作不断开拓新局面。

（二）沈阳经济区"新型工业化"综合配套改革试验

2010年4月，国务院确定沈阳经济区为国家新型工业化综合配套改革试验区。2011年9月，国务院批复《沈阳经济区新型工业化综合配套改革试验总体方案》。十多年来，沈阳经济区按照《总体方案》要求，紧紧围绕主题，持续推动重点领域和关键环节改革攻坚，用足用好改革这个关键一招，推动更深层次改革，依靠改革应对变局、开拓新局，一批重大改革取得关键性突破。

第一阶段是启动实施阶段（2010—2013年）。沈阳经济区获批国家新型工业化综合配套改革试验区初期阶段，省、市各级政府作出了大量探索实践。成立了辽宁省沈阳经济区工作领导小组及其办公室，研究制定沈阳经济区重大发展战略、发展规划、政策措施和实施方案，协调省直相关部门与各市之间联系。建立了常态化"书记市长联席会议制度"，搭建起了一体化合作平台，着力推进交通、通信、工商、旅游、教育、环保等方面一体化。重点推进现代产业体系等10个方面体制机制创新，推动构建"一核五带十群"的空间架构，在5条城际连接带上规划建设了42个新城新镇和63个主导产业园区，形成了以沈阳为核心、以大城市为主体、以中小城镇为节点的多层次空间发展格局，沈抚城际连接带基础设施建设加速推进，推动沈抚同城化和产城融合发展。

第二阶段是调整改革阶段（2014—2020年）。2013年8月31日，习近平总书记在辽宁视察时对沈阳经济区发展作出重要指示："沈阳经济区要着力培育连接、聚合、扩散能力，加快推进同周边城镇及产业园区的同城化、一体化发展，打造新型工业化示范区和具有较强竞争力、影响力的城市群。"2014年，习近平总书记在中办回访调研报告上作了重要批示，用两个"归根结底"一针见血指出了东北振兴问题的症结所在。2015年7月17日，习近平总书记在长春召开东北振兴座谈会，提出了"四个着力"重要指示。2016年，中共中央、国务院出台全面振兴东北老工业基地的若干意见，对东北振兴作出系统安排和谋划。2018年9月28日，习近平总书记在深入推进东北振兴座谈会上的重要讲话中指出，要加快推进沈阳经济区、长吉、哈大一体化发展，培育发展现代化都市圈，为沈阳经济区今后改革发展提供了根本遵循。

为深入贯彻落实习近平总书记关于东北及辽宁振兴的一系列重要讲话和指示批示精神，辽宁省委、省政府对沈阳经济区发展思路和发展方向进行了再认识、再调整、再深化。2017年，辽宁省委、省政府对沈阳经济区改革发展进一步作出了调整，撤销了省沈阳经济区工作领导小组及其办公室，出台了《关于省级领导同志联系"三大区域"各市和沈抚新区工作方案》和《沈阳经济区建设发展三年攻坚计划（2018—2020年）》，进一步强化沈阳经济区建设的组织领导和推进力度。与此同时，省委、省政府举全省之力建设沈抚改革创新示范区，作为沈阳经济区同城化、一体化发展的先导示范区，打造新型工业化综合配套改革先行区和辽宁振兴发展的新引擎。2019年，辽宁省印发《关于建立沈阳经济区一体化发展推进机制的通知》，建立了一体化发展工作会议制度和联席会议制度，成立了一体化发展联合办公室和专项工作组，明确了具体工作规则。

（三）黑龙江省"两大平原"现代农业综合配套改革试验

黑龙江省松嫩平原、三江平原农业资源富集，耕地面积占全省的 80% 以上，粮食产量占全省的 90% 以上，是全国重要的粮食主产区。但随着现代农业的快速推进，生产关系与生产力不相适应的问题越来越突出，一些深层次的矛盾和问题亟待解决。为此，2010 年，黑龙江省委、省政府审时度势，站在全局高度提出了在"两大平原"建立国家级现代农业综合改革试验区的战略构想，并积极争取上升为国家战略。2011 年初，国务院主要领导同志就建立"两大平原"试验区问题作出重要批示。2012 年 5 月 7 日，国务院同意《关于在黑龙江省"两大平原"开展现代农业综合配套改革试验问题的请示》，标志着"两大平原"改革试验区上升为国家战略。

黑龙江省"两大平原"现代农业综合配套改革试验共分两个阶段推进：第一阶段是 2013—2015 年，"两大平原"现代农业综合配套改革试验取得重大进展，形成物质装备先进、组织方式优化、产业体系完善、服务保障有力、城乡协调发展的新格局。第二阶段是 2016—2020 年，"两大平原"现代农业综合配套改革全面深化，形成以种养大户、家庭农场、农民合作社为主体的先进组织形式，以规模化、标准化生产和产业化经营为主导的现代产业体系，以资源节约、环境优化为主要特征的科学发展方式。

六、对外开放试验区

（一）义乌市"国际贸易"综合配套改革试验

改革开放以来，义乌从一个经济落后、地瘠民贫的农业小县逐步成长为位居全国百强县（市）前列的经济强县，培育出了全球最大的小商品批发市场。为进一步推进传统的外贸监管服务体制、金融体制、物流体制、要素供给体制、涉外管理体制等的全方位变革，自 2009 年开始，浙江省委、省政府推动义乌国际贸易综合改革试点。习近平同志充分肯定："选择义乌这个点是选对了"。2010 年，习近平同志在国务院研究室《关于在义乌进行国际贸易综合改革试点的调查与建议》上作出重要批示，要求对试点工作"应做深度思考，适时推进"。

2011 年 3 月 4 日，国务院正式批复《浙江省义乌市国际贸易综合改革试点总体方案》。义乌试点的实施过程大体经历了重点突破、全面深化、跨越攀升三个阶段。

第一阶段是重点突破阶段（2011—2014 年）。这一阶段，义乌试点主要围绕探索建立市场采购新型贸易方式这一核心与关键任务展开，以此为突破口引领和带动试点的其他各项工作取得预期成效。国务院批复的义乌试点总体方案中的"主要任务"第一条是研究设立市场采购等新型贸易方式，形成在全球组织进口、出口和转口贸易的新渠道、新方式。因而尽快建立市场采购新型贸易方式，为广大中小微企业乃至普通大众便利化地参与国际贸易、单小货杂的商品快速走向国际市场提供制度保障，巩固和强化义乌市场在全球的渠道优势、控制力及话语权，是义乌试点的核心与突破口所在。

第二阶段是全面深化阶段（2015—2018 年）。这一阶段，义乌试点在前期正式建立了市场采购新型贸易方式，核心与关键任务取得重大突破的基础上，着重围绕参与"一带一路"建设、培育发展进口转口贸易、促进商贸流通体系现代化、推动产业转型升级等展开，在义乌试点总体方案确定的九大重点任务各领域全面深化改革创新，制度建设、平台搭建、业态创新、产业升级等诸多方面均取得了可喜成果。

第三阶段是跨越攀升阶段（2019—2020 年）。这一阶段，义乌试点在基本完成国务院批复的总体方案各项重点任务的基础上，主要围绕推进更高水平对外开放、构建开放型经济新体制的要求和方向，与国家大力实施的自由贸易试验区战略紧密结合，按照自由贸易试验区的高标准创新贸易发展理念、转变贸易发展方式、破解贸易发展难题，着力在推进贸易、投资、资金、运输、人员进出自由化便利化等方面进行积极的改革探索。

（二）厦门市"深化两岸交流合作"综合配套改革试验

2009 年 5 月，国务院出台《关于支持福建省加快建设海峡西岸经济区的若干意见》，明确要求，"进一步发挥厦门经济特区在体制机制创新方面的试验区作用，从海峡西岸经济区的实际出发，围绕建立有利于科学发展的体制机制和扩大两岸交流合作的需要，先行试验一些重大改革措施"。2011 年 3 月，国务院批复的《海峡西岸经济区发展规划》也明确提出"支持厦门经济特区开展综合配套改革试验"。胡锦涛总书记、温家宝总理等党和国家领导人视察福建时，也要求厦门更好地发挥经济特区先行先试作用，探索更多新的经验。

2011 年 12 月 14 日，国务院印发《关于厦门市深化两岸交流合作综合配套改革试验总体方案的批复》。深化两岸交流合作综合配套改革试验实施以来，厦门市积极推进各项改革试验，在构建两岸经贸交流合作最紧密区域、两岸文化交流最活跃平台、两岸直接往来最便捷通道、两岸同胞融合最温馨家园等重点领域和关键环节先行先试，取得了显著成效，为推动两岸交流合作向更广范围、更大规模、更高层次迈进，发挥了"窗口""试验田""排头兵"作用。

第一阶段是起步阶段（2011 年底—2012 年底）。这一阶段，随着《厦门市深化两岸交流合作综合配套改革试验总体方案》获批实施，赋予厦门深化改革开放的先行先试政策措施 80 多项，支撑长远发展的平台建设 10 多个，为厦门科学发展新跨越注入了新的活力和强大的动力。"一区三中心"（两岸新兴产业和现代服务业合作示范区，东南国际航运中心、两岸金融中心、大陆对台贸易中心）等重大平台全面启动，发展后劲迅速增强。两岸新兴产业和现代服务业合作示范区是全国首个以两岸产业合作为主题的国家级示范区，一批新兴产业和冷链物流、商贸物流、电子商务、金融创新、科教研发、高端旅游、文化创意等现代服务业项目意向入驻；东南国际航运中心建设加快推进，厦门航运交易所、东南国际航运仲裁院、福建电子口岸等要素集聚公共平台建成运作，马士基、和记黄埔等一批世界知名航运商、码头营运商相继入驻，厦门港在全国沿海大港布局中的战略定位得到有力提升；规划建设国家批复的唯一"两岸区域性"金融中心，促进两岸金融行业先行先试步伐不断加快；大陆对台贸易中心规划建设工作全面启动，对台大宗商品贸易快速发展，大嶝对台小额商品交易市场全面提升。土地、财税、金融、文化等一批事关全局和重点领域的先行先试政策事项获批实施，取得重大突破，两岸交流合作更加密切。

第二阶段是较快发展阶段（2012 年底—2016 年底）。这一阶段，两岸大交流、大合作，呈现和平发展、安定祥和的繁荣景象，有力推动厦门两岸综合配套改革试验区建设进入较快发展轨道。依托"一区三中心"平台载体，力推各类特色园区建设，以台湾战略支柱产业和创新型中小企业为目标，创新引进政策，打造台湾创新型中小企业集聚区，密切厦金区域协作，进一步加强与金门的休闲旅游、基础设施、配套项目等的对接合作，不断增强吸引台湾资本、技术和经验的成效。创新口岸监管方式，全面实施通关单无纸化，加强关检合作，推进台湾输入大陆食品"源头管理、口岸验放"，开展"集中检验＋分拨核销放行＋逐批出证"等对台检验检疫监管模式创新，两岸往来便利化成效更为凸显。始终把争取台湾民心作为对台工作和开展对台交流合作的出发点和落脚点，支持台胞创业就业，加强台胞权益保护，促进台胞融入厦门，在全市优质小学、初中和高中三个阶段开设台生班，为台胞子女在厦上学提供优质服务；开展台资企业转型升级辅导，落实扶持台资企业生产经营的优惠政策，帮助解决台企用工、用地、融资等方面的困难；修订《厦门经济特区台湾同胞投资保障条例》，把对台胞投资保障的范围，从单纯的投资行为扩展到创业、就学、就业、居民待遇和参政议政等方面；积极稳妥地调处各类涉台纠纷案件，强化台商权益保障工作联席会议制度。

第三阶段是平缓发展阶段（2016 年底—2020 年底）。这一阶段，随着民进党上台，两岸形势局面逐步趋于严峻复杂，厦门两岸交流合作综合配套改革工作呈现平缓发展态势。厦门积极探索海峡两岸融合发展新路，在两岸和平发展中的战略支点作用更加凸显。集成电路产业合作试验区、两岸数字经济融合发展示范区加快建设。建成集货币清算、跨境贷款、现钞调运于一体的两岸银行货币合作平台。两岸首家合资证券公司、合资消费金融公司、大陆与台湾地区律师事务所联营办公室、海峡两岸投资基金获批落地，首家台资独资演艺经纪公司厦门市量能文化演艺经纪有限公司落户自贸试验区厦门片区。落实国务院办公厅《港澳台居民居住证申领发放办法》，厦门市开放 53 个受理点接受台湾居民申请居住证。出台大陆首个地方版同等待遇政策"厦门 60 条"，通过厦门口岸往返两岸人数稳居大陆城市第一。出台《关于厦门与金门地区基本公共服务均等化、普惠化、便捷化的实施方案》，厦金通电、通气、通桥前期工作取得积极进展。成功举办海峡论坛、文博会、旅博会、工博会、海图会等两岸交流活动，海峡论坛等重大涉台活动影响日益扩大，对台科技、文化、教育、卫生、体育等各领域交流更加密切。

第三章　国家综合配套改革试验的经验

自设立以来，十二个国家综合配套改革试验区紧紧围绕党和国家发展改革的战略大局、经济社会发展的重点任务和突出矛盾，按照国家综合配套改革试验任务要求，解放思想、与时俱进，敢闯敢试、大胆创新，在推动创新驱动发展、市场化法治化国际化营商环境、统筹城乡发展、经济社会发展全面绿色转型、产业转型和升级、开放型经济新体制等方面创造出了一大批经验成果，其中不少属于全国首创。

一、创新驱动发展

围绕落实创新驱动发展，以深圳市、上海浦东新区综合配套改革试验区等为代表，在推动科技创新体制改革，促进创新链、产业链和资金链融合发展等方面形成了重要经验，代表性成果有深圳市探索实施的科研项目"悬赏制""赛马制""新型研发组织"制度，浦东新区探索实施的"知识产权质押融资"制度、知识产权保险和证券化机制等。这些经验成果，为在新的国际形势下突破关键核心技术"卡脖子"问题提供了实践样板，为营造良好的创新生态作出了先行探索。

深圳市坚持把自主创新作为城市发展主导战略，加快科技管理体制改革和公共技术平台建设，构建以企业为主体的技术创新体系，深入推进产学研资协同创新，在科技体制改革方面形成一些经验做法。以全面加强基础研究和应用基础研究为例，深圳市围绕建设综合性国家科学中心等创新平台和创新载体，积极探索对基础研究和应用基础研究的长效稳定支持机制，制定《关于加强基础研究的实施办法》，要求每年不低于30%的财政科技专项资金投向基础研究和应用基础研究。针对重点产业链关键核心环节"卡脖子"问题，通过制定高精尖缺人才目录清单、全球悬赏揭榜寻聘、设立人才伯乐奖等方式遴选全球顶尖攻关团队。同时，平行资助多个技术路线项目，通过竞争实现"赛马淘汰"。围绕创新创业企业融资难问题，发展天使投资等创业投资，建立无偿与有偿并行、事前与事后相结合的财政科技多元化投入机制，深入推动科技和金融融合发展，努力让创新"插上资本翅膀"。

再如，针对科技成果转化难、成果产业化不畅通问题，深圳市创新产学研融合发展模式，探索和培育集科学发展、技术发明、产业发展于一体的新型研发机构，打通"应用研究—技术开发—产业化应用—企业孵化"全链条，把科学发现、技术发明和产业发展三者有机结合起来。创新教育与人才培育、技术转化模式，采用市场化运作方式，坚持自主经营、自负盈亏，允许不受编制限制自主组建科研团队，自主选择科研方向和开展研发活动。同时，坚持在创新链产业链交叉点上选题，不断推进战略性技术攻关重大项目完善科研成果转化激励机制，对科技人员的激励由"先转化后奖励"调整为"先赋权后转化"，实施最严格的知识产权保护，制定全国首部知识产权保护地方性法规。

上海浦东新区的一系列探索经验在全国产生重要影响。典型的例子是推动金融资源支持科技创新。针对创业创新企业贷款渠道不畅通、融资难问题，由政府设立专项资金，作为科技企业向银行贷款的风险保证金；依托上海浦东新区知识产权融资促进会，搭建知识产权金融服务平台，加强对知识产权证券化、质押融资和保险的补贴力度，推动银行开展知识产权质押融资。建立全国首个知识产权投贷联动基金，以贷后投、投贷额度匹配、可转债、认股权等形式，降低具有核心知识产权企业的贷款和投资门槛。建立融保互通互认的知识产权评价体系，推出知识产权标准化债券融资产品。同时，为引导专业机构、市场力量参与，加速知识产权与金融资源的有机融合，上海浦东新区推出全国首张知识产权金融卡，引导保险机构推出全国首单知识产权综合运营险、自贸区首单知识产权全球复合险。联合国泰产险等多家保险公司对科创板拟上市企业专利进行投保，推出了全国首个"IP保险共同体"保单。推出上海浦东新区科技发展基金"知识产权维权援助"专项，对购买知识产权综合保险产品的企事业单位，按照企事业单位投保知识产权保险费给予 50% 补贴。引入律师事务所等第三方机构，涉诉期间，由律师事务所直接向保险公司在投保额度内提出索赔。

二、市场化法治化国际化营商环境

围绕建设市场化法治化国际化营商环境，以上海浦东新区、天津滨海新区综合配套改革试验区等为代表，在探索原创性"放管服"改革、激发市场主体活力、提升城市治理现代化水平等方面形成系列重要经验，代表性成果有浦东新区探索实施"证照分离"改革、"一业一证"改革、"一照多址"备案改革、"综合监管清单"制度、"外商投资负面清单管理"制度，深圳市实施"秒批""秒报"政务服务审批机制，天津滨海新区开展"一企一证"综合改革，等等。这些经验成果，为完善公平竞争制度、充分激发市场主体活力和社会创造力作出实践范例。

营商环境是上海浦东新区的一张亮丽的名片。浦东新区首创外商投资准入国民待遇加负面清单管理模式，以清单方式列出禁止和限制的外国投资范围，负面清单由 2013 年版的 190 条缩减为 2019 年版的 37 条，90% 左右的国民经济行业对外资实现了准入前国民待遇，进一步提高了准入政策的透明度和可预期性。随着经验的逐步积累完善，外商投资负面清单管理模式已由浦东向全国复制推广。在商事制度改革方面，为便利企业开办和经营，浦东新区先后开展注册资本认缴制、先照后证、一址多照、一照多址、企业简易注销登记等改革。通过企业名称登记改革，80%的企业名称通过网络申报，企业名称核准时间压缩40%；2018年推出企业登记"1+1+2"办理模式，变更类企业登记事项1日内当场办结，对使用可选用名称的企业设立登记1日内当场办结，对使用非可选用名称的企业设立登记2日内办结。为打破"证""照"互为前置，减少工商登记准入许可，浦东新区在实现企业注册和税务、组织机构代码、社保和统计登记统一等基础上，2015年，在全国率先对116项审批事项开展"证照分离"改革；2018年，浦东新区又在10个领域开展了47项改革试点，同时分层分类推进"116+47"项以外事项改革，有效降低了市场准入门槛。2019年，浦东新区率先启动"一业一证"改革，把过去一个行业的多个审批事项进行整合，试点行业的企业只要一张许可证即可。改革前，办一个便利店，需要办食品经营许可证、酒类商品零售许可证、药品经营许可证、第二类医疗器械经营备案凭证和烟草专卖零售许可证等5张许可证，准备5套申请材料，往返各个部门及窗口进行申请。改革后，企业只要准备一套申请材料，登录上海市"一网通办"平台"一业一证"模块进行网上申请，审批完成后领取一张综合许可证就能开门营业。

天津滨海新区行政审批等政务服务领域的改革，在全国引发重要反响。2014年5月，滨海新区在全国率先破解"公章围城"，挂牌成立行政审批局，将新区政府18个部门的216项行政审批职能全部划入行政审批局，实行"一颗印章管审批"，取得政务服务制度改革领域的重要突破。通过多年改革探索，实现单一窗口全项受理，建立统一的受理中心，集中受理行政审批局办理的全部事项，变多类别分设的单项窗口为全项受理的综合窗口。推行企业设立"一窗登记、一号受理、一网通办"，再造建设项目联合审批流程，实现全链条、闭合式、整体性"车间式流水线"审批，大幅提高审批服务效率，平均办结时间仅为改革前的1/4。2018年，滨海新区行政审批局持续深化改革，减少区级行政许可事项申请材料650件，减少证照58个，取消环节70项，缩短办理时间60%以上，取消66项公共服务证明；许可事项"网上可办"达到96.7%；"马上办"63项，达到29%；"就近办"115项，达到53%；"一次办"212项，达到97.6%。这场改革从成功破冰，到风生水起、逐浪推进，引来各方学习借鉴，成为滨海新区打造良好营商环境的重要突破口。

三、统筹城乡发展

2017年10月，习近平总书记在党的十九大上宣布，第二轮土地承包到期后再延长30年。一年后，农村土地承包法迎来新一轮修订，"承包期届满后再延长30年"入法。推动土地承包期限长久化，成渝的探索功不可没。长期以来，围绕推动农村生产关系适应生产力发展，以重庆市、成都市等试验区为代表，在完善现代农村产权制度体系、促进城乡要素自由流动、建立农村现代化治理体系等方面形成一些重要经验，代表性成果有成都市试验区全面深化农村产权"确权"制度，建立"农村产权交易平台"，实行村民"议事会"制度；重庆市健全"地票"交易制度，建立"公租房"向非户籍人口开放机制，等等。这些经验成果，为深化农业农村改革、加快农业现代化步伐、健全城乡融合发展体制机制探索了新招新路。

农村产权"确权"制度最早发端于成都市试验区的实践探索，为全国深化土地制度改革积累了重要经验。成都试验区以市场化为导向，以"还权赋能""农民自主"为核心，探索建立健全归属清晰、权责明确、保护严格、流转顺畅的现代农村产权制度。一是"据实测量、多权同确"。从 2008 年开始，成都市开展了承包地到农户、到地块的实测工作，并据此制作地块分布示意图和台账，在土地调查数据库进行统一登记管理并进行动态调整。开展承包地确权的过程中，针对宅基地、房屋等产权关系模糊不清等问题，同步将农村产权确权的范围拓展到包括集体土地所有权、集体建设用地使用权（含宅基地）、农村土地承包经营权、农村房屋所有权、林权、股权、土地经营权、农村养殖水面经营权、农业生产设施所有权、小型水利工程所有权和林木（果）权等在内的多种产权。二是"确实权、颁铁证"。形成"五个一致、应确尽确、程序规范、群众满意"的确权工作标准和要求，确保改革不走过场、不留死角。"五个一致"即确权颁证要做到"土地、台账、证书、合同、耕保基金"一一对应、账（证）实相符；"应确尽确"即只要是农村集体土地及集体土地上的构建筑物，除违法违规占用的土地和建设的构建筑物外，都应进行确权、登记、颁证，保证改革不留"死角"；"程序规范"即严格执行农村产权制度改革工作程序，关键步骤不能省，基本环节不能少；"群众满意"即切实做到改革让群众满意。三是"确长权、确户权"。成都市在农村产权确权登记颁证的过程中，同步启动了农村产权长久不变改革，不断丰富"长久不变"实现形式，实现农村各类产权的"长久不变"。通过"确权到户、户内共享"获得集体资产权益和成员身份，解决农村集体经济组织成员家庭的新增人口问题。通过分离身份权和财产权，解决集体资产股权继承问题。

四、绿色转型

围绕经济社会发展全面绿色转型，以长株潭城市群、武汉城市圈"两型"社会建设综合配套改革试验区等为代表，在完善绿色低碳制度体系、探索建立绿色生产生活发展新模式等方面形成一些重要经验。代表性成果有长株潭建立"两型标准"体系制度、全民参与"绿色生活创建"机制、激励惩戒联动的"环保信用评价"制度，深圳市创新"全流域全要素全联动"水污染治理机制，武汉城市圈建立市场化碳排放权交易规则体系，等等。这些经验成果，为推动实现碳达峰碳中和，在绿色发展轨道上畅通经济循环作出先行探索。

长株潭城市群内长沙、株洲、湘潭三地围绕统筹流域生态环境保护、推行绿色生产生活方式、推动经济转型发展，实行整体规划、整体推动、一体联动，不断深化改革。三地将绿色发展的理念、要求、方法贯穿于经济生活、城乡建设、公共服务等领域，转换为 80 多项标准、规范、指南，把资源消耗、环境损害、生态效益等指标纳入评价范围，形成涵盖资源节约、环境友好和经济社会三大领域 29 项具体指标的"两型"评价体系，同时开展第三方认证，形成"绿色标准＋认证"体系，解决了生态文明建设缺乏可量化指标、可约束手段、可追溯管理、可评价依据、可持续机制等难题。在居民方面，探索建立全民参与"绿色生活创建"机制，实施机关、企业、社区"示范创建"，范围涵盖生产、生活、消费各个领域，对象覆盖工人、农民、社区居民、学生等广大群体。同时从教育入手，深入传播绿色文化理念，在全国率先编制《小学生两型知识系列读本》（简称《两型读本》），从娃娃抓起、从小事做起，推动《两型读本》进课堂、进家庭、进社区等，深入传播绿色文化理念。长株潭改革试验的成功带来了湖南经济社会发展的深刻转变，探索出一条生态文明与城市群建设有机融合的绿色转型发展新路。

武汉城市圈在市场建设、规则完善、金融创新和碳市场功能挖掘等领域进行了积极探索，出台碳排放权管理和交易、碳排放权配额分配、碳排放配额投放和回购管理等规章制度；开展碳金融创新，率先探索实施碳金融授信、碳基金、碳质押贷款等碳金融创新业务；首创碳市场"精准扶贫"，成功探索出了一套"政府引导、机构参与、农民受益"的生态补偿机制，率先开展全国首个"竹子造林"碳汇项目，推动使用省内贫困地区 CCER 进行履约抵消，助贫困地区增收；搭建自愿碳交易体系推广绿色低碳生活，在绿色出行领域推进战略合作，推广低碳生活理念。

五、资源转型和产业优化升级

围绕发展现代化产业体系和推动经济体系优化升级，以山西省资源型经济转型、沈阳经济区新型工业化、黑龙江省"两大平原"现代农业综合配套改革试验区等为代表，在探索新旧动能转换新路径、推动国资监管和国有资本投资运营体制改革、完善现代农业产业体系等方面形成系列重要经验，代表性成果有山西省探索实施煤层气资源市场化竞争出让和退出制度、国有资产"直接授权经营体制"改革、企业投资项目承诺制改革、"取消施工图审查"改革，沈阳市探索新型工业化创新信息服务机制，黑龙江省"两大平原"探索"钱随事走""多钱一用"的涉农资金整合制度等。这些经验成果，为促进资源型经济转型，推进产业优化升级和结构调整，建立现代农业产业体系探索了新路径。

山西省抓住能源相关重点领域和关键环节推动攻坚破冰。作为我国煤层气资源富集程度最高、开发潜力最大的省份之一，针对煤层气开发市场活力不足、资源配置不合理等问题，2016 年山西启动煤层气矿业权审批制度改革，原国土资源部明确将山西省境内部分煤层气探矿权、占用储量中型以下采矿权、煤层气试采审批权以及日常监管权委托山西省行使。针对煤层气公益性地质工作较少、后续勘查风险较大的区块，采取招标方式出让；对煤层气公益性地质工作较多，且有试采井证明可采性的区块和面积较小的抽采试验区块，采取挂牌方式出让。对新出让煤层气勘查区块实行合同制管理，勘查期满未完成勘查承诺投入的，按照未完成比例依法核减其相应勘查面积，未达到承诺投入 30% 的注销其探矿权。为推动国有经济快速转型，探索实行国有资产"直接授权经营体制"，组建省国有资本投资运营公司，将省国资委监管的省属企业股权一次性划转注入。制定出资人监管权力和责任清单，精简监管事项，提升企业经营自主权。推进国有资产监管机构职能转变，按照"分级授权、厘清职责、品字架构"的改革思路，探索形成国资委专司监督、国有资本运营公司履行出资人管资本职责、各自对省委和省政府负责的改革路径。

沈阳经济区探索以新兴市场主体打造新型工业化综合服务机制，依托高新技术企业，创建以产学研一体化为基础的新型工业化创新信息服务平台，走出了一条保姆式服务→信息化

4S店→信息化4S超市→比特能服务发展路径。截至2020年底，拥有20万余户企业会员，为400余户大型企业建立企业知识中心，为2400余户创新中小企业建立企业宝，为3300余户中小企业建设了商情中心，为1万余户中小微企业建立网络商城。

黑龙江省"两大平原"为有效解决涉农资金管理"散、小、杂"问题，按照"钱随事走、集中力量、形成能力、解决问题"的原则，探索实行"大专项＋工作清单＋集中下达"的整合模式，将中央财政安排的数十项涉农资金纳入整合目录，打破专项资金和部门界限，每年确定资金使用方向和支持重点，集中解决制约农业核心生产能力与农村社会事业发展瓶颈问题和薄弱环节，提高涉农资金投入的针对性和精准性，实现钱随事走、集中财力办大事，为农业农村基础设施重大工程和关键项目提供财力保障。

六、高水平对外开放

围绕建设高水平开放型经济新体制，以浙江省义乌市国际贸易、厦门市深化两岸交流合作综合配套改革试验区等为代表，在扩大市场开放、创新外贸发展模式等方面形成系列重要经验，代表性成果有义乌市创新"市场采购贸易方式"，探索实施"义新欧"班列市场化常态化运行机制、"一单制"多式联运机制，"无证明城市"改革；厦门市探索实施职业技能证书"一市两标"制度等。这些经验成果，为推进商品、服务、资金、人才等要素流动型开放进行了先行先试。

义乌市虽是内陆城市，但始终走在改革开放前沿。在改革试验实践中，义乌市针对小商品贸易参与主体多、商品种类繁杂、多批次小批量、拼箱组货运输等特点，首创市场采购新型贸易方式，即由符合条件的经营者在特定市场集聚区内采购的、单票报关单商品货值在一定金额范围内、在采购地办理出口商品通关手续的贸易方式。市场贸易采购方式通过主体准入、出口通关、免税模式、外汇管理等一系列独有的改革政策，极大地提高了对外贸易的便利化程度。这一新型贸易方式，显著提升了我国对全球小商品产业链供应链的掌控力和广大中小微企业的国际竞争优势，为全国和其他地区转变外贸发展方式、推动专业批发市场国际贸易便利化和规范化发展等作出可贵探索。在这个过程中，围绕拓展市场功能，又进一步探索形成跨境供应链服务、"一单式"多式联运发展模式、跨境小微电商服务体系等模式，形成了一系列丰富的实践经验资源。

厦门市充分发挥特区对外开放的窗口作用，围绕建立有利于科学发展和深化两岸交流合作的体制机制，先行试验一些重大改革措施，如实施《进一步深化厦台经济社会文化交流合作的若干举措》等综合性惠台制度举措，实施台湾技术士等级证书与大陆职业资格证书包容共存的"一区两标"制度，推动在厦台湾医师等技术人才获得任职资格、在厦台胞参加医保。健全"三通"机制，创新集装箱过境运输业务，实施两岸口岸进出口货物门对门直接运输。这些综合性制度举措为深化海峡两岸融合发展营造良好氛围，提升了两岸人员、商品物资往来便利化水平，为其他地区推动两岸融合发展提供重要示范和经验借鉴。

篇 后 语

改革开放 40 多年来，我国改革推进方式的发展和演化体现着不同发展阶段改革的思路和重点，呈现从"摸着石头过河"到顶层设计与基层探索有机结合、从单项改革到配套改革、从经济改革到综合改革、从原则性改革到精细化改革等内在逻辑。先行先试、由点及面的渐进式改革方式是改革开放攻坚克难、成功推进的重要经验。实践表明，随着改革进入深水区，通过试点超前探索、突破引领，是我国 40 多年改革开放攻坚克难不断从成功走向成功的重要经验，有利于稳中有进地开展好试验区探索，有利于选择恰当的改革路径，有利于防范风险，减少全社会制度转型成本。

国家综合配套改革试验的意义是多方面的。在实践层面上，十二个综合配套改革试验区的改革试验任务，既关乎经济领域，又涉及社会民生以及对外开放，与创新、协调、绿色、开放、共享新发展理念的新要求深度契合。一定程度上，试验的示范意义在于改革内容本身又超出任务限制，其揭示了改革逻辑的内在一致性，体现出经济社会发展从高速增长阶段转向高质量发展阶段对改革的要求，既一脉相承，又有新的探索和积累。更值得称道的是，十二个试验区经过这么多年的改革试验实践，成为名副其实的改革热土，为新时代重大改革试点试验的布局实施提供了试点先行的适宜土壤。浦东新区改革试验为全国首个自由贸易试验区建设提供了支撑条件和重要经验。深圳改革试验为深圳综合改革试点积累了宝贵经验和规律性认识。长株潭城市群以"资源节约和环境友好型社会建设"为主题开启改革试验，乘势深化推动绿色发展，广泛形成绿色生产生活方式。山西省持续深化改革促进资源型经济转型发展，逐步聚焦能源革命综合改革试点，发挥在全国能源革命中的示范引领作用。成渝试验区以"统筹城乡发展"开局，深入推进"城乡融合发展"，促进城乡要素自由流动、平等交换和公共资源合理配置。

综合配套改革试验区最大特点是综合配套，方案在设计时针对制约发展的突出问题，形成统筹各领域、各子项、各事项之间层次结构，从研究谋划到举措落地形成全流程相互协同、综合配套的一揽子解决方案。这与新时代全面深化改革系统集成、协同高效的要求内在统一、一脉相承，体现了系统观念的要求。浦东、深圳、长株潭、成渝、山西等试验区较好把握住了单点突破与配套举措之间内在的整体性联系规律，才在营商环境、科技创新、生态文明建设、城乡统筹、资源型经济转型等方面取得实实在在的成效。如，长株潭以"两型"指标引领形成"两型"制度体系，创建政府"两型"采购、村民环保自治、示范创建带动全民参与的机制，推动形成绿色发展方式和生活方式，配套推进绿色技术体系创新、土地集约节约利用、"两型"社会建设融资机制改革、政府行政管理职能转变、农村环保机制创新，充分体现了绿色生产生活转型的内在关联和总体设计。成渝两地统筹城乡综合配套改革试验区紧紧抓住农村土地确权和流转"两个核心"，在对农村产权进行全面确权颁证的基础上，首创"地票"和农村建设用地指标公开交易的新体制，配套推进城乡一体规划管理、村（居）民议事会制度、户籍制度、公共服务制度、公租房制度改革，抓准了推动城乡融合发展、消除城乡二元结构的关联因素。

改革是为发展服务的，也在解决发展问题中不断深化。在试点过程中，坚持改革与发展深度融合高效联动，实现试点与重大区域战略紧密衔接，是改革试点充分发挥乘数效应的重要路径。实践表明，改革试验取得明显成效的地区，往往是与国家重大区域战略结合得比较好的地区。一方面，重大区域战略为深化改革蓄势谋势积势，创造了重要支持条件；另一方面，改革试点为重大区域战略推进实施找到了关键突破口和着力点，也为解决区域协同发展深层次体制问题找到了"金钥匙"。天津滨海、上海浦东、深圳、长株潭等试验区通过与京津冀、长三角、粤港澳大湾区、长江经济带等有机结合，扎实推进一批针对性强的改革举措，有力促进了重大区域战略的实施。

实践篇

SHIJIANPIAN

第一章　上海浦东新区综合配套改革试验

2005 年 6 月，国务院正式批准浦东新区在全国率先开展综合配套改革试点，并提出了着力转变政府职能、着力转变经济运行方式、着力改变城乡二元经济与社会结构等"三个着力"的总体要求，推进政府管理体制改革，以提升一级地方政府行政效率和公共服务能力为重点，创新政府管理体制和服务模式，促进简政放权、放管结合和优化服务；推进经济和创新体制改革，以新发展理念为引领推动高质量发展；推动社会管理精细化和城乡统筹融合发展，抓住群众最关心最直接最现实的利益问题，在发展中保障和改善民生，在发展中补齐民生短板。进入新时期，党中央明确提出要围绕推动高质量发展，建设现代化经济体系，全面深化改革开放，坚决破除体制机制弊端。上海市委、市政府发布《关于支持浦东新区改革开放再出发　实现新时代高质量发展的若干意见》，要求浦东以排头兵的姿态和先行者的担当，全力推进新时代高水平改革开放，努力打造社会主义现代化建设引领区。在党中央、国务院和上海市委、市政府的正确领导下，16 年来，浦东新区以克难攻坚的胆识和先行一步的锐气，找准改革方向、把握改革重点、布局改革规划，在深化改革、全面开放方面取得了重大进展和成效，为全国改革开放探索了新路、积累了经验。

一、改革实践探索

作为国务院批准的全国首个综合配套改革试验区，自推进实施改革试点以来，上海浦东新区紧紧围绕国家赋予的战略使命，根据不同时期的时代要求和改革重点，逐步深化突破、逐次延伸覆盖，在确保改革目标一脉相承的同时，实现了改革任务和效果的迭代升级。

（一）聚焦"四个中心"建设，以改革促开放

2005—2013 年，浦东新区综合配套改革试点围绕浦东新区建设"四个中心"核心功能区的战略定位，以增强国际竞争力和创新驱动力为总目标，注重以"四个中心"的功能优势和先行先试的创新优势推动经济发展方式率先转型，重点在建设公共服务型政府、突破服务经济发展体制障碍、创新新兴产业培育和人才集聚发展机制、创新社会管理和服务机制、均衡配置城

乡公共服务资源等领域进行了率先突破，通过体制改革扩大了内外开放，激发了浦东新区科学发展活力。

（二）聚焦上海自贸试验区建设，以开放促改革

2013 年以来，浦东新区综合配套改革试点抓住中央批准设立上海自贸试验区的历史契机，充分发挥自贸试验区和张江国家自主创新示范区的"双自联动"效应，以建立市场化法治化国际化的营商环境为核心，着重在政府"放管服"改革、"互联网＋政务服务"、商事制度改革、投资贸易便利化、扩大产业对外开放、健全科技创新转化机制、推进国际人才试验区建设、推进城乡建设管理一体化和区域管理权限下沉等领域进行了先行试点，通过深化开放推动了结构改革，大幅提升了浦东新区开放制度优势和链接全球资源的能力，有力推动了经济社会的更高质量发展，有效提升了浦东新区的发展能级和核心竞争力。

图 1-1　2013 年 9 月，上海自贸试验区正式挂牌成立

二、改革进展成效

纵观浦东新区综合配套改革试点 16 年历史进程，浦东新区始终坚持试点总体方案"三个着力"和"四个结合"基本要求，围绕"浦东能突破、全市能推广、全国能借鉴"具体指向，以供给侧结构性改革为主线，重点领域和关键环节先行先试取得了积极进展与重要突破，新区营商环境取得重大改善，行政效能获得巨大提升，要素配置明显增强，新兴产业出现加速增长，城乡发展更趋均等均衡，自身发展动力和活力得到了有效激发。

（一）围绕提高行政性效能，优化营商环境取得突破

优化营商环境是上海和浦东提升核心竞争力的首要前提。浦东新区综合配套改革试点以提升政府治理能力为核心，立足形成更加清晰的政府与市场关系，大力推动"放管服"改革、事中事后监管体制建设、政府机构改革、"互联网＋政务服务"改革，创新政府管理体制和服务模式，加快转变新区作为地方一级政府职能，基本形成了稳定公平透明、可预期的营商环境。

1.持续推进简政放权

一是深化"证照分离"改革。2015年，浦东新区在全国率先对116项审批事项开展"证照分离"改革试点；2018年，浦东新区又在10个领域开展了47项改革试点，同时分层分类推进"116+47"项以外事项改革，有效降低了市场准入门槛，激发了市场主体活力。比如，非特化妆品审批改备案办理时间从改革前3—6个月减少到3—5个工作日，实现了化妆品国内外同步上市。2019年启动"一业一证"改革试点，从根本上破除企业"准入不准营"的问题。二是开展商事制度改革。先后开展注册资本认缴制、先照后证、一址多照、一照多址、企业简易注销登记等改革试点，便利企业开办和经营。特别是通过企业名称登记改革，80%的企业名称通过网络申报，企业名称核准时间提速40%；2018年推出企业登记"1+1+2"办理模式，变更类企业登记事项1日内当场办结，对使用可选用名称的企业设立登记1日内当场办结，对使用非可选用名称的企业设立登记2日内办结，商事登记跑出了自贸区速度。三是加快不动产和投资登记审批改革。实施不动产登记"全网通"服务改革，不动产登记从原串联办理模式，优化为"一口受理、内部流转、并联审批、统一时限"。率先开展工程建设项目审批改革，企业投资项目审批实现带设计方案出让24个自然日办结，不带设计方案出让80个自然日办结。

专栏1　浦东新区推出"一业一证"改革

2019年浦东新区率先启动"一业一证"改革，把过去一个行业的多个审批事项进行整合，试点行业的企业只要一张许可证就可"闯天下"。

改革前，办一个便利店，需要办食品经营许可证、酒类商品零售许可证、药品经营许可证、第二类医疗器械经营备案凭证和烟草专卖零售许可证等5张许可证。在办证的过程中，企业需要准备5套申请材料，往返各个部门及窗口递交材料。改革后，企业只要准备一套申请材料，登录上海市"一网通办"平台"一业一证"模块进行网上申请，没过几天就能收到短信通知，审批完成后领取一张综合许可证就能开门营业。

作为一项首创性改革，浦东新区选取了便利店、体育健身场馆、宾馆、饭店、小餐饮、现制现售小商铺、烘焙店/面包房、咖啡店/茶馆、酒吧、药店等10个行业进行"一业一证"试点。得益于"办证"环节的大幅提速，鲁能旗下一家酒店的开业时间，从原计划的9月20日提前到了8月8日。

从试点成效看，平均每个行业实现审批事项压减 76%，审批时限压减 88%，申请材料压减 67%，填表要素压减 60%。试点旨在破解企业"准入不准营"的问题，让市场主体真切感受改革带来的便利。未来，"一业一证"改革还将向其他行业推广，尽早覆盖更多市场主体。

2. 探索事中事后监管

建立健全事中事后监管体系，构筑覆盖市场主体全生命周期的政府监管闭环。一是落实推进"六个双"监管机制创新，强化优化行政监管系统。在浦东新区全面推进"双告知、双反馈、双跟踪"和"双随机、双评估、双公示"政府综合监管机制创新，推动登记注册、行政审批、行业主管和综合执法等部门间的信息共享和协同联动，构筑覆盖市场主体全生命周期的政府监管闭环。"六个双"监管已实现全区所有 21 个监管部门和所有 108 个行业领域的全覆盖。2017 年，商务部明确在全国推广浦东新区"六个双"政府综合监管机制创新经验。二是综合运用各类监管方式，强化优化监管手段措施。协同推进信用监管、风险监管、分类监管、动态监管。强化市场主体自律，广泛采集信息进行市场化评估，推动市场主体遵纪守法、诚信履约，实施信用监管。发挥行业协会、商会的业界自治功能，通过专业识险、科学评险、及时排险，严守安全风险底线，实现风险监管。精准分类监管对象、合理分配执法力量、高效适配监管措施，实现科学高效的分类监管。打造信息互联、预警互通、处置互动的监管网络，推进实时在线的动态监管。三是建立完善联合惩戒制度，强化优化监管结果运用系统。针对安全生产、食品药品等13 个重点领域的严重失信问题，制定准入性限制、优惠性限制、荣誉性限制等七大类惩戒措施，形成覆盖 24 个部门的联动惩戒制度机制。

3. 优化行政管理体制

一是积极推进政府机构改革。按照《上海市浦东新区机构改革方案》，浦东新区积极推进大部门制改革，调整优化区委机构和职能，将区委全面深化改革委员会办公室设在区委办公室，组建区委军民融合发展领导小组、文化体育和旅游局，调整设立大生态环境、大交通运输综合管理部门，组建应急管理局，并与城市运行综合管理中心深度融合。深化推进综合执法体制改革，率先将原来工商、质监、食药监部门"三合一"成立市场监管局，又并入价格检查、酒类管理等市场监管职能，构建形成了生产、流通、消费全过程的监管体系。组建集中环保市容、建设交通、规划土地等执法事项的城管执法局，承担的执法事项达到 1430 项，98% 以上执法力量下沉到基层及一线执法，基本实现了城市管理领域综合执法的全覆盖。二是进一步理顺政府机关与事业单位关系。对承担行政职能的，逐步将其行政职能划归行政机构；对从事生产经营活动的，逐步将其转为企业；对从事公益服务的，强化其公益属性。目前，浦东新区行政类、生产经营类等事业单位已全部完成改革。三是完善法治和标准保障体系。制定实施《关于为"着力优化营商环境，加快构建开放型经济新体制"提供司法保障的若干意见》《浦东新区关于建立公平竞争审查制度的实施意见》，建立浦东新区公平竞争审查联席会议制度。建设区级标准体制和管理制度，率先发布《社会治理指数评价体系》《"家门口"服务规范》等区级标准。

4.构建"互联网＋政务服务"体系

一是开展"三全工程"建设。实现企业市场准入事项"全网通办"、个人社区事务事项"全区通办"、政府政务信息"全域共享"，改革经验已在全市推广。组建浦东新区大数据中心，加强全区信息化建设的统筹谋划，推进数据归集和共享应用，全面加快了"智慧政府"建设进程。二是率先推进"一网通办""四个集中"。即所有部门审批处室向企业服务中心集中，所有涉企审批事项向"单窗通办"集中，所有投资建设审批事项向"单一窗口"集中，全区推广建设项目集中验收，加快建设"统一受理、整体服务"的企业办事"一张网"。三是推进智能化审批开发使用。探索分段"一次办成"，实行"多评合一、多图联审、区域评估、联合验收"，大幅缩减企业投资建设项目的审批环节和周期，审批效率达到国际领先水平。依托企业服务中心人工智能辅助审批系统，在重点领域、高频领域的市场准入审批事项上试运行人工智能辅助审批，2019年底，完成人工智能辅助审批100%全覆盖。

（二）抓住对外开放新机遇，开放型经济体系取得突破

开放是上海和浦东新区最大的优势。实施综合配套改革试点以来，浦东新区积极服从服务于国家对外开放决策部署，抓住上海建设"四个中心"和自贸试验区机遇，全面降低市场准入门槛、加速投资贸易便利化、深化金融航运配置服务功能，有力促进了国内外资源要素自由流动和高效配置，浦东新区与国际规则相衔接的开放型经济体系基本形成。

1.初步建立市场准入管理新机制

一是率先建立外商投资负面清单管理制度。实施外商投资准入国民待遇加负面清单管理模式，以清单方式列出禁止和限制的外国投资范围，负面清单由2013年版的190条缩减为2021年版的31条，90%左右的国民经济行业对外资实现了准入前国民待遇，进一步提高了准入政策的透明度和可预期性。负面清单管理模式已向全国复制推广。二是推进制造业服务业扩大开放。贯彻落实上海两轮54项产业扩大开放措施，融资租赁、工程设计、旅行社等行业的扩大开放措施取得了明显成效，落地企业中涌现出一批首创性项目，包括我国第一家专业再保险经纪公司、第一家外资职业技能培训机构、第一家外商独资游艇设计公司等，各类首创项目达到49个。2018年又积极落实上海市出台的"扩大开放100条"，一批扩大开放举措在浦东新区率先落地，如英国韦莱保险经纪成为全国首家获准扩展经营范围的外资保险经纪机构，世界知名信用评级机构穆迪在浦东设立了独资子公司。新区实际利用外资额从改革前2004年的23.8亿美元增长到2021年的100亿多美元。

专栏 2　负面清单模式从浦东新区走向全国

1.负面清单逐步瘦身，激发外商投资热情。2013年版负面清单采取"保留行业＋特别管理措施"的框架结构，按照国民经济行业列出了190条特别管理措施。2014年7月，上海市政府发布了2014年版负面清单，特别管理措施调整为139条，较2013

年版减少 51 条，调整率达 26.8%。负面清单持续缩短的同时，实施的范围也随着自贸试验区试点的增多而不断扩大。2013 年、2014 年版负面清单只在上海自贸试验区实施，2015 年版负面清单覆盖上海、广东、天津、福建四个自贸试验区，2017 年版负面清单则覆盖所有自贸试验区。

2. 备案制替代审批制，提升投资便利化水平。通过实施外商投资企业备案管理、建立外商投资项目备案制度，对负面清单以外的外商投资实施备案管理，大大提高了行政效率，便利了投资者和企业办事，自贸试验区外商投资大幅增长。设立外商投资企业需提交的纸质材料由十几份减少至零份，办理时间由 8 个工作日缩减至 1 个工作日，实现新设外商投资企业 95% 以上均以备案方式完成设立。

3. 扩大服务业对外开放，进一步放宽外资准入。分两批提出 54 条扩大开放措施，进一步放宽了投资者资质要求、股比限制、经营范围限制等准入限制，激发了市场活力和投资热情，在再保险经纪、专业健康保险、独资医院、增值电信呼叫中心、认证机构、游艇设计、职业技能培训等多个空白领域涌现出一批进行率先探索的项目。

2. 加快推进贸易自由化便利化

一是创新"一线放开、二线安全高效管住"的监管制度。海关等口岸监管部门在自贸试验区推出"先进区、后报关报检""批次进出、集中申报""采信第三方检验结果""十检十放"等近 100 项创新举措，海关通关效率显著提高。到 2021 年，上海口岸货物申报、船舶申报 100% 通过"单一窗口"办理，服务企业数超过 27 万家，企业申报数据项在船舶申报环节缩减 65%，在货物申报环节缩减 24%。二是建成国际贸易"单一窗口"。整体覆盖 23 个口岸和贸易监管部门，构建了一个平台、一次提交、结果反馈、数据共享的管理新模式。信保融资业务上线试运行，实现国际贸易"单一窗口"信用保险保单融资首单，持续拓展空运业务"通关 + 物流"服务，推动银行、保险、担保等各类金融机构与"单一窗口"合作对接。三是实施货物状态分类监管。该模式适应了一般贸易、加工贸易、转口贸易相混合及内外贸一体化要求，如推进集装箱设备交接单全面电子化，每年可为企业减少单证成本 4 亿元。通过实施货物状态分类监管，浦东新区保税区域进、出境时间较上海关区平均水平分别缩短 78.5% 和 31.7%，物流成本平均降低 10%，进出口通关无纸化率已达 95.55%。四是率先推出跨境服务贸易领域负面清单。顺应制造业服务化，以及服务业外包化、数字化、高端化、融合化的大趋势，探索跨境服务贸易负面清单管理模式，进一步提升了服务贸易国际竞争力。五是探索推动离岸贸易发展。探索构建适应贸易主体"三流分离"（货物流、订单流和资金流）业务模式的跨境资金结算管理模式，稳步试点离岸贸易模式。

3. 着力提升金融创新服务功能

一是金融市场体系逐步完善。中国金融期货交易所、上海国际能源交易中心、上海保险交易所、中国信托登记公司等重量级金融服务功能性平台在浦东新区落地运行，截至 2021 年底，浦东持牌类金融机构总量超过 1100 家，约占全市近 2/3。银行间外汇市场推行做市

图 1-2　陆家嘴金融贸易区

商制度，中国人民银行正式推出上海银行间同业拆放利率 SHIBOR，全国银行间市场贷款转让交易系统在张江上线运行，推出"上海金"、原油期货等国际化交易品种，原油期货市场日均成交量跃居全球第三。浦东新区已经成为全球金融要素市场最完备、密度最高和交易最活跃的地区之一。二是自由贸易账户功能进一步拓展。中国人民银行发布自由贸易账户境外融资细则，扩大境外融资的规模和渠道，并启动运行自由贸易账户外币服务功能。自由贸易账户已经实现本外币一体化管理，为境外融资、结售汇便利化等重要金融改革奠定了基础。截至 2021 年 10 月，累计开设自由贸易账户超过 13.58 万个，业务涉及 110 多个国家和地区。三是金融国际化水平不断提升。跨境贸易人民币结算、跨国公司总部外汇资金集中运营、本外币双向资金池、个人本外币兑换、证券沪港通、债券通、熊猫债、上海关键收益率（SKY）、原油期货等改革内容相继落地，人民币跨境使用和外汇管理创新进一步深化。四是金融监管环境不断加强。强化金融法制环境建设，在陆家嘴成立了上海金融仲裁院，成立全国第一个金融审判庭。上海自贸试验区反洗钱、反恐怖融资和反逃税"三反"工作机制不断健全，以国家金融管理部门驻沪机构为主体的金融监管协调机制和跨境资金流动监测机制启动运行。

4. 有效提高航运资源配置能力

一是积极拓展国际航运功能。开展了启运港退税、保税船舶登记、水水中转集拼、航空快件国际中转集拼、直客模式国际中转集拼业务等改革试点，提高中转枢纽功能和资源配置能力。二是优化高端航运服务业制度环境。创新融资租赁业务模式，实施单机单船融资租赁（SPV）试点，率先探索跨境人民币交易船舶租赁业务等业务模式。开展期货保税交割、保税仓单质押融资等改革试点，推动国内与国际期货价格机制接轨。推动国际船舶管理企业服务境外船东的跨境应税服务享受免征增值税的政策落地。三是完善航运公共服务体系。大力集聚航运公共服务机构，吸引波罗的海国际航运工会上海代表处、中国海事局仲裁委员会上海分会等功能性机构落户浦东。浦东新区拥有国际海空双枢纽港，上海港集装箱吞吐量 2021 年已经连续 12 年全球第一，其中浦东新区贡献了 90% 以上的箱量；外高桥港、洋山深水港与全球 200 多个国家和地区的 500 多个港口建立了贸易往来，是中国集装箱航线最多、航班最密、覆盖面最广的港口。

（三）聚焦经济高质量发展，培育发展新动能取得突破

创新是上海和浦东新区核心所在。浦东新区综合配套改革试点紧紧围绕建设全球科创中心核心功能区的战略目标，依托张江国家自主创新示范区建设以及"双自联动"制度优势，坚持以开放促创新，全力加大在人才创新发展机制、科技投融资机制、科技成果转化机制、高新区高质量发展机制等领域的改革力度，全面提升科技创新能力和高技术产业化水平，加速经济发展新旧动能转换。

1. 优化人才创新发展环境

一是深化国际人才创新试验区建设。制定实施"人才发展 35 条"，推出顶尖科研团队外籍核心成员直接申请永久居留、持永居证外籍高层次人才享有科技创业开放政策、建设浦东新区国际人才港等改革举措，具有全球竞争力的人才制度体系加快形成。制定"海外人才通行和工作便利度九条措施"，设立全国首个海外人才局，推出开设自贸区永久居留推荐"直通车"、外籍华人申办永久居留专项政策、放宽人才口岸签证申请范围、放宽外国留学生直接就业等措施。外国人来华工作许可、居留许可审批时间已经从 12 个工作日压减至 5 个自然日。二是为人才提供全方位优越服务。率先落实上海人才高峰工程行动方案，设立"一事一议、按需支持"机制，开设高峰人才浦东新区服务专窗。坚持以财政和国资投入为引导，整合社会资源，通过提供租赁住宅用地、人才公寓、租金补贴、双定双限房，以及扶持孵化器、众创空间等多种渠道，降低创新创业人才的居住成本和创业门槛。探索实施股权奖励递延纳税试点，对高新技术企业和科技型中小企业转化科技成果给予个人的股权奖励递延缴纳。

2. 建立科技投融资新体制

一是基本形成涵盖科技企业各成长阶段的股权投资体系。针对种子期企业，在全国率先成立了创业风险投资引导基金；针对初创期企业，成立了国有资本投资平台，开展国资创投改革试点，以市场化机制筛选项目，以"成本＋利息"退出机制加强对高技术创业团队的引导支持；针对成长期企业，设立了生物医药和新能源等高技术产业基金，支持科技成果产业化。二是建立符合科技企业资产特征的债权融资体系。通过银证合作、知识产权质押融资、科技企业信用互助担保等创新，探索信用贷款和投贷联动融资方式，解决了一大批轻资产科技企业的首贷难问题。三是充分利用资本市场拓展科技企业直接融资渠道。通过建立中小企业上市联席会议制度，推进企业上市融资；探索发行科技企业集合信托、集合票据等融资产品；成立上海股权托管交易中心，为非上市股份公司提供股权托管、登记、转让、结算交收、代理分红派息和企业

融资等综合金融服务，鼓励科技企业挂牌交易。四是实施科技创新券政策降低科技企业成本。科技创新券的资助对象为工商注册、税收户管均在浦东新区的科技型中小微企业，资助内容包括每家企业每年度可申请 10 万元创新券额度，用于企业在创新创业服务平台上采购经浦东新区科经委登记备案的相关服务，服务合同经审核并完成服务后，可按不高于合同金额的 40% 享受创新券资助。

3. 促进科创成果有效转化

一是全面落实"张江创新十条"。探索开展股权激励试点，设立"代持股专项资金"，促进科技成果转化与企业分配收益的结合，调动了技术和管理人员创造性和积极性，促进了创新成果的活化转化。实施药品上市许可持有人、医疗器械注册许可人制度改革，改变药品、医疗器械等领域上市许可与生产许可的"捆绑式"管理体制，推动生产许可和上市许可两证分离，实现研发、生产的专业化分工。建设张江跨境科创监管服务中心，提高研发用进口试剂、样品、设备等通关效率。二是组建成立浦东新区产业创新中心。率先在全市以项目法人化模式运作，通过创新财政科技投入方式促进科技成果转化，设立了产业创新中心发展专项资金和项目储备库，支持中心建设和科技成果转化。三是深化知识产权综合管理改革。正式成立中国（浦东）知识产权保护中心、知识产权法院，自贸区版权服务中心、知识产权运营公共服务平台加快建设，实现了知识产权的快速审查、快速确权、快速维权。重组浦东新区知识产权局，探索形成了行政保护、司法保护、仲裁调解、社会监督"四轮驱动"的知识产权保护模式，推动构建了投资、贷款、保险、交易、服务"五位一体"的知识产权价值实现体系。

4. 打通高新园区制度瓶颈

一是强化自主创新法律保障。发布《关于推进浦东新区高新技术产业化的决定》，对管理体制、环境营造、高新技术产业投融资、财政支持、政府采购、知识产权、人大监督和法律责任等方面作出明确规定，突破浦东新区电子信息、生物医药等优势产业发展过程中面临的制度瓶颈。二是强化园区开放创新平台。建设跨国企业联合孵化平台，鼓励跨国企业联合本土孵化器共建创新中心，帮助本土初创企业对接全球创新创业资源。探索离岸孵化模式，推动各类创业载体和投资机构在硅谷等全球创新创业高地设立海外孵化基地，主动接轨全球创新创业孵化网络。三是强化园区存量土地盘活。针对张江、金桥等高新园区转型升级的制度瓶颈，开展土地"二次开发"改革试点，利用存量工业用地建设研发类建筑，按规划增加容积率，合理确定园区内基本产业、服务业和配套生活用地的布局和比例，促进了土地资源的高效利用和产业功能的转型升级。四是开展部分产业保税监管改革。针对部分高新技术产业发展中的瓶颈问题，开展入境生物材料检验检疫、集成电路保税监管模式改革试点，为产业发展提供制度支撑。得益于产业链监管模式的创新，近年来浦东新区集成电路产业迅速崛起，销售规模以年均不低于 10% 的增速持续提升，2021 年产业规模突破 1500 亿元，占到全市七成以上；生物医药研发蓬勃发展，国家食药监总局每批准三个一类新药，就有一个来自张江。

专栏 3 张江跨国企业联合孵化器

张江联合孵化器主要通过"N+1+N"孵化模式，搭建科技创新核心要素、资源集聚和释放的平台，推动本土企业、跨国企业的技术、人才、信息、资金、管理、市场等资源的高效统筹，助力创业项目快速发展，助力本土科技企业实现科技创新。具体举措包括：

1.实现"N"个核心优势资源为科技创新赋能。截至 2021 年，加入平台的跨国企业包括 GE、博世、陶氏、联合利华、诺华、空气化工、以色列 SIT、ebay、卡尔蔡司、新加坡 SG-GLASS、意大利 EFESO Consulting、印度 Infosys、美国 Eon Reality 等，加入的国际海外资源包括美国生态基金会、北美大学技术转移经理人协会（AUTM）、挪威国家创新署（NHACK）、以色列"首席科学家办公室"、新加坡国际企业促进局等，加入的本土科技企业集群包括 636 集团（352 家企业）、新沪商集团（369 家企业）等，合作的技术云平台包括 IBM Bluemix PaaS、百度创新中心等，可以直接联结 40 余万创客。

2.在"1"个孵化平台提供全面服务。联合孵化器根据创新实际需要，建立全面的专业支持体系为创新创业服务。其中包括两个重要体系：一是知识产权"快保护"体系，依托上海市浦东新区知识产权局、中国（浦东）知识产权保护中心在孵化器内建立了"知识产权工作站"，实现入孵项目知识产权的快速审查、快速确权，并与知识产权法院、检察院、公安系统合作，为孵化项目提供低成本的快速维权；二是企业全生命周期的综合服务体系，联合孵化器对企业运营中的如企业注册、财务代理、人事招聘、法律合同、政策咨询、美编设计、互联网开发等事项，以及企业成长中的如跨国企业技术对接、产品代理销售、全球市场渠道对接、资本对接等问题，提供优质服务。

3.为"N"个技术精英创业项目提供支撑。孵化器计划用 2—3 年时间成功孵化科技项目 80—100 个，推动 100 名海内外精英人才到张江"成功"创新创业。截至 2021 年，已经培养出多个优质项目。如由寰钛教育科技与世界 500 强博世集团和硅谷 PNP 联合打造的青少年科创教育项目——钛创星，针对 STEAM 科技创新教育千亿级市场、目标成为青少年人工智能教育的新一代独角兽企业；由毕业于美国哈佛大学的孙莉博士领衔技术研发团队创办的蓝眸科技是全球首家实现全透明成像屏幕技术的解决方案提供者；由原陶氏化学亚太投资总监、全球战略发展商务总监创办的耀灵科技项目拥有全球领先的柔性太阳能薄膜封装核心技术。

（四）聚焦城市精细化管理，城区治理能力取得突破

精细化管理是城市和社会治理的关键环节。浦东新区综合配套改革试点立足构建国际大都

市特大城区治理体系，强化城市运行综合管理、优化应急救援管理机制、完善家门口服务体系、探索社会组织培育机制，不断推进城市管理精细化、社会治理创新化，逐步走出了一条符合超大城市特点和规律的社会治理新路子。

1. 强化城市运行综合管理机制

一是提升城市精细化智能化管理水平。按照市委、市政府城市精细化管理"三全四化"工作要求，围绕浦东新区"城市大脑"建设和深化应用，着力提升浦东新区城市运行综合管理的科学化、精细化、智能化水平，构建"区城运中心＋分中心和专业部门＋工作站"的管理体系，公安、市场、城管、安监等条线力量集中入驻，实现指挥集中统一、信息互联共享、处置联勤联动。全面构建城市公共安全管理体系，不断增强突发事件应急联动处置能力。加强城市管理综合执法，完善执法管理体制，推动执法重心下沉，实现快速响应处置。二是优化城市应急救援管理机制。按照"统一规划、分类指导、分级负责、条块结合、单元补充、动态管理"的原则，建立突发事件应急预案体系，制定应急预案管理实施细则。

专栏 4　浦东新区率先打造智能化"城市大脑"

---

1. 坚持体系运作，着力增强指挥调度各类城市管理资源的能力。横向上，在浦东新区城运中心，以入驻或派驻方式，整合城管、公安、应急、环保、市场监管等 15 个区级单位和部门，集成 110、119、120、12345 市民服务热线等各类信息资源。纵向上，形成"区城运中心、36 个街镇城运分中心、1323 个村（居）工作站"三级管理体系，所有街镇城运分中心和村（居）工作站实行统一的技术标准，实现不同管理层之间无缝衔接。

2. 坚持实战导向，全面构建以应用场景为核心的城市智能管理网络。浦东新区城运中心立足实战需求，以应用牵引智能化推进，聚焦城市设施、城市运维、城市环境、城市交通、城市安全、城市执法等六大领域，开发了一系列智能应用场景，实现对城市管理的重难点问题和顽瘴痼疾的精准覆盖、全面覆盖。一方面强化问题的智能发现。通过智能应用场景，运用监控探头采集数据、云计算等信息技术分析数据，实现主动发现问题。另一方面加强工作的系统集成。直观看到相关管理数据的实时变化，对风险点相关信息一目了然，能够与现场处置人员等及时对话，调配相关执法力量，推动快速处置。

3. 坚持数据共享，加强城市管理各类数据高效整合。一是加快"数据归集化"。依托政务云平台，部署物联感知设备近 4 万个、与公安共享视频 8000 多路，实现了对城市运行体征的全方位监测。与市大数据中心等平台探索数据共享共用模式，共建开放式合作平台。二是推动"数据资源化"。加强对数据的挖掘筛选、加工整合和分析应用，把数据用起来，使数据活起来。

4. 坚持闭环管理，不断完善主动发现、自动指令、快速处置、实时反馈的智能管理链条。借鉴上海自贸区"六个双"政府综合监管机制（双告知、双反馈、双跟踪，双随机、双评估、双公示），实行问题线索、管理提示等双告知、双反馈，推动数据在部门间有效智能流转，实现管理闭环、形成工作合力。

5.坚持开放合作，集中各方力量推动智能管理迭代升级。浦东新区在建设运营城运中心全过程中始终践行共建共治共享理念，开放"城市大脑"平台，打破体制"围墙"，推动各方力量共同参与建设和优化。

2.创新基层社会治理制度

一是推进"家门口"服务体系建设。全面构建"家门口"服务体系，推进"办公空间趋零化、服务空间最大化"，把全区所有村居委改造成"家门口"服务站，村居"家门口"服务中心实现党建服务站、市民事项受理服务站、文化服务站、联勤联动站和卫生室"四站一室"全覆盖，推动214项个人社区事务全部下沉"家门口"办理，让群众不出村居就能办好事。二是探索社会组织培育机制。浦东新区率先创建了公益组织集聚的公益服务园、基金会服务园和浦东公益街，探索形成的社会组织孵化培育模式获得第六届"中国地方政府创新奖"和"上海市社会建设十大创新项目"等奖项。开展行业协会登记改革试点，突破行业协会设立"一业一地一会"的制约，探索建立长三角区域行业协会。配套开展管理模式改革，将行业协会的业务主管单位转变为业务指导单位，实行行业协会组织自主办会，登记管理机关依法登记，政府相关部门业务指导，推进全市行业的统一协调。设立社区社会组织联合会和社区基金会，分别协助政府开展社会组织规范管理，为社会组织承接政府购买服务、开展公益活动等提供指导和服务。

（五）深化城乡一体化改革，均衡发展格局取得突破

深化城乡一体化改革是浦东新区促进均衡发展的主要任务。浦东新区综合配套改革试点实施特别是浦东和南汇两区合并以来，针对自身区域发展不均衡、城乡二元现象依然存在、城市与社会功能相对滞后等突出问题，积极完善区镇管理体制、公共资源统筹共享机制、新型城镇推进机制，深化农村综合体制改革，着力消除城乡二元结构，城乡统筹一体发展的格局基本形成。

1.提升区镇统筹发展能力

一是深化改革区镇事权。深入推进统筹事关全局和长远的核心发展权与下沉区域管理权改革，制定发布"1个意见+17个实施办法"；重点统筹发展规划权、镇级招商引资权、镇园区转型发展权、区域开发权和公共设施基本建设权5个方面的发展权，下沉人事考核权、征得同意权、规划参与权、重大决策和重大项目建议权、综合管理权、绿化市容管理权、房屋管理权和法治建设统筹推进权等8个方面的管理权。二是探索区域扁平化管理结构。从特大型城区客观实际出发，坚持扁平化导向，探索建立"大管委会""大市镇"行政管理架构。出台临港、森兰地区财权事权调整，世博地区管理事权政府规范性文件，形成了"4+3"开发区管理格局，通过市、区两级充分授权，基本做到"开发区事、开发区办"。出台明确大镇管理事权的规范

性文件，在迪士尼和中国商飞项目所在区域建立大镇体制，在临港地区探索创新"管镇合一"管理体制，提高区域统筹开发力度。三是推出镇管社区新模式。探索实施"镇管社区""1+1+X"村居民自治等试点，通过村级事务民主管理、民主决策、民主监督等制度建设，形成"村情民知、村策民决、村财民理、村绩民评、村利民享"的村级治理机制。

2. 优化公共服务配置机制

一是布局社会事业"15分钟服务圈"。以社区为单位，以村居委为起点，按照"城市化地区""城镇化拓展区""远郊地区"人口密度分类，在15分钟慢行可达范围内，配置教育、卫生、养老、文化及体育等社会事业5个领域21项基本公共服务设施，为城乡居民提供更均衡、更便捷、更高效、更优质的公共服务。截至2021年，社会事业"15分钟服务圈"实现城乡全覆盖。二是促进基础教育均衡优质发展。探索建立区域教育综合改革创新示范区，支持开展教育现代化区域创新试验。率先开展公共教育"管、办、评"联动模式改革，即义务教育委托管理、社会评估和政府监管相结合的改革试点，改进公共服务提供方式，深化公共服务部门改革，满足社会对教育资源的需求。探索浦东新区集团化办学的有效路径，推进紧密型集团建设，集团化办学绩效考核全面开展。截至2021年底，浦东新区学区化集团化办学已覆盖85%以上公办义务教育阶段学校，实现了城乡基础教育在拨款、硬件配备、平台等的多个统一。三是深化医疗联合体试点。着眼提升浦东新区整体医疗卫生服务水平、实现区域内医疗资源进一步整合共享，建立了不同级别、不同类别医疗机构目标明确、权责清晰的分工协作机制，形成了利益共同体、责任共同体和风险共同体，建立了基层首诊、双向转诊、急慢分治、上下联动的分级诊疗模式，努力为患者提供连续服务。浦东新区已经构建了"首诊在社区、大病去医院、康复回社区"的分级诊疗格局，率先实施全科医师家庭责任制，基本实现村村有卫生室。四是健全社会养老服务体系。推进公办养老机构管办分离改革，引导国有资本投向国计民生领域，形成了"政府主导、企业主营、社会参与、多元服务"的养老服务格局。成立上海浦发养老服务发展有限公司、上海新金桥养老服务发展有限公司和上海浦惠养老服务发展有限公司，并已经在市场监管部门登记注册且投入运营。

3. 健全新型城镇建设推进机制

一是在全市率先剥离街道招商引资职能。建立公共财政保障机制，强化街道综合管理、监督专业管理、组织公共服务和指导自治组织等职责，促进街道将工作重心放到社区服务、社会稳定、社会养老、社会救助等公共服务职能上来。二是保障城乡公共资源均衡发展。实施教育、卫生等公共服务城乡二元并轨，深入推进城乡公共资源均衡化配置改革。实施村庄改造，研究建立农村社区管理的长效机制，推进形成财政投入保障、群众自觉参与的持续保护农村生态和人居环境的体制。城乡居民基本养老和医疗保险制度实现并轨。三是加快推进户籍制度改革。探索以农民工转户和社会保障体系建设为重点的户籍制度改革，推进社保分档选择、全面衔接的城乡一体化户籍制度改革。

4. 深化推进农村综合体制改革

一是有序推进集体经济组织产权制度改革。全面完成村级集体经济组织产权制度改革，镇级集体经济组织产权制度改革完成过半，农村集体经营性资产已确权到户、量化到人，农民按份拥有集体资产、参与经济管理并分享收益，促进了集体资产保值增值和集体经济可持续发展。2015 年浦东新区农村居民收入达到 25142 元，比 2009 年浦东与南汇两区合并时翻了一番，"十三五"时期农村居民收入年均增长 8.9%，高于城镇居民收入增速 1.1 个百分点。二是培育新型农业经营主体联合发展模式。着眼提高农业规模化程度，全面完成农村土地承包经营权确权登记颁证，形成"镇农投公司＋家庭农场""农民合作社＋家庭农场（农户）"等发展模式，并全面完成农村土地承包经营权确权登记颁证，承包土地流转率超过 80%，家庭农场超过 500 家。三是大力加强浦东新区综合帮扶工作。坚持对内帮扶与对外帮扶同步部署、同步安排、同步推进、同步见效，建立了市、区两级经济薄弱村联合发展平台，帮助经济薄弱村形成长期稳定收益，经济薄弱村集体经济的自主发展能力和综合实力得到切实增强。

16 年来，浦东新区综合配套改革取得了显著成效。改革促发展的效果明显。经济总量从浦东新区综合配套改革开始的 2005 年的 2109 亿元增加到 2021 年的 1.53 万亿元，增长 7 倍多，人均 GDP 达到 27.4 万元；财政总收入超过 4000 亿元，规模以上工业总产值超过 1 万亿元，居民人均可支配收入达到 8 万元。截至 2021 年，浦东新区以全市 1/5 的土地面积、1/4 的常住人口，创造了上海 1/3 的经济总量、40% 的战略性新兴产业产值、50% 的金融业增加值和 60% 的外贸进出口总额，在全国经济发展的分量重要、地位独特。改革促进机制率先探索建立。上海市委、市政府建立起总体设计、部市合作、分步推进的浦东综合配套改革试点工作机制，创设"总体方案＋行动计划＋年度工作安排"的滚动推进机制，较好地实现了国家通过个别先行地方开展综合配套改革试点的方式，加大重点领域和关键环节改革攻坚力度，最终以点上改革重大进展，突破带动全国面上改革整体推进的改革战略意图。为全国改革提供了宝贵示范经验。浦东新区综合配套改革试点始终把复制推广作为基本要求，注重把改革试点经验总结提炼成新的规定和办法，努力形成可复制可推广的制度举措，为全国其他地区积累经验、提供示范。2014 年，国家发展改革委组织对全国十二个综合配套改革试验区进行第三方评估，总结了近 40 条经验，其中 11 条是浦东新区创造的。作为浦东新区综合配套改革在开放方面的重要成果和载体，上海自贸试验区共有 315 项改革试点经验得到复制推广，其中 119 项是在全国范围内复制推广，其他经验在其他自贸试验区、海关特殊监管区复制推广。

三、改革经验做法

浦东新区综合配套改革试点实施 16 年来，取得了重大改革进展和突破，得到了中央领导充分肯定。2014 年 10 月，习近平总书记强调，上海自贸试验区成立以来，在党中央、国务院领导下，以制度创新为核心，以形成可复制可推广经验为要求，在简政放权、放管结合、加快政府职能转变、体制机制创新、促进贸易投资便利化以及营造市场化法治化国际化营商环境等方面，进行了积极探索和大胆尝试，取得了一系列新成果，为在全国范围内深化改革和扩大开放探索了新途径、积累了新经验。2016 年，习近平总书记又对上海自贸试验区建设作出重要指示，强调上海不负重托和厚望，密切配合、攻坚克难，紧抓制度创新这个核心，主动服务国家战略，工作取得多方面重大进展，一批重要成果复制推广到全国，总体上实现了预期目标。2020年11月12日，习近平总书记亲自出席浦东新区开发开放30周年庆祝大会并发表重要讲话，肯定了浦东新区开发开放30年创造的巨大奇迹，支持浦东新区挑最重的担子、啃最硬的骨头，打造社会主义现代化建设引领区。

（一）坚持国家战略和自主改革相结合

坚持将国家战略、上海大局、浦东新区实际紧密结合，努力发挥浦东新区综合配套改革试点的"试验田"作用。按照中央提出的上海要当好长三角一体化龙头、建设"五个中心"、推进"三大任务一个平台"、强化"四大功能"等战略部署，立足上海创新转型、打造"四大品牌"等工作要求，浦东新区始终把做强"五个中心"核心功能、突破转型发展的制度瓶颈、营造充满活力的发展环境作为推进改革试点的主攻方向，聚焦服务经济、开放经济、创新经济的税制、法制、管制、体制创新，聚焦发挥科技人才的关键性作用，聚焦影响城乡统筹和社会治理的深层次体制问题，通过改革攻坚突破，不断拓展浦东新区高质量发展的优势和空间。同时，主动对标国际最高标准、最好水平，以深化推进上海自贸试验区开放试点为契机，积极寻找自身存在的问题、差距和短板，大胆试、大胆闯、自主改，在一网通办、证照分离、医疗器械注册人制度、集成电路和生物医药全产业链保税监管、引进国外人才等方面推出了诸多专项性改革举措，努力探索形成与国际惯例相衔接的制度体系。

（二）坚持上下联动和自身推动相结合

坚持上下协同，建立浦东新区综合配套改革试点部市合作机制，按照基层改革实际需求，国家积极支持相关重大改革在浦东先行先试，保证了浦东新区改革探索方向和目标的上下统一。如，中央先后赋予浦东新区国家自主创新示范区、国际航运综合发展试验区、知识产权质押融资试点区、全国质量监督检疫检验改革创新区等名称，推进实施60多项试点，有力促进了浦东新区各项改革的推进。坚持市区协同，组建上海市推进浦东新区综合配套改革试点工作领导小组，先后两次向浦东新区下放30多项事权，为浦东新区顺利推进改革试点提供了重大支持。坚持"三个导向"强化自身推动：坚持需求导向，从转变经济发展方式的实际需求出发，推动浦东新区加快转变政府职能，通过建立新的管理体制，进一步激发发展活力和拓展发展空间；坚持问题导向，从制约转变经济发展方式的问题出发，破除不符合发展转型要求的制度瓶颈和体制障碍；坚持项目导向，从具体改革事项入手，着力解决一个个具体问题，争取从量变到质变，实现整体性、全局性的改革突破。

（三）坚持顶层设计和滚动推进相结合

浦东新区综合配套改革试点涉及政府、社会、市场和企业改革等各个方面，是综合性的制度创新，既要统筹兼顾、整体设计，又要重点突破、滚动推进。在总体方案设计上，始终聚焦"牵一发而动全身"的重大改革举措，加强顶层设计，强化综合配套、凸显系统集成，研究制定了试点总体方案，系统提出改革试点的各项任务和要求，明确改革的基本思路和取向，强化改革总体规划的宏观指导。在协调推进上，建立了"总体方案、行动计划、年度计划"的滚动推进机制，先后实施了五轮综合配套改革试点计划，采取项目化推进方式，分阶段明确改革事项及责任单位、时间节点、任务台账，形成了"突破一批、深化一批、储备一批"的工作机制，确保浦东新区先行先试的各项改革试点和支持浦东新区改革的各项政策措施落实到位。同时，还成立了专项改革推进小组，建立了专家咨询、评估论证反馈、目标考核等一整套推进机制，最大限度地确保浦东新区综合配套改革试点决策的科学性和措施的协调性。

（四）坚持率先突破和风险可控相结合

坚持"先试点、后推广"原则，立足改革开放压力测试区的定位，在综合改革试点特别是自贸试验区建设领域，既积极争取国家有关部门把相关重大改革放在浦东新区先行先试，如市场准入负面清单制度试点、金融改革创新试点等；又从基层改革的实际需求出发，主动争取开展相关改革试点，如国务院批准开展的"证照分离"改革试点等。通过勇闯"无人区"，率先试点、率先突破，为上海和浦东新区争创竞争新优势。同时，坚持底线思维、依法改革，及时巩固试点成果、把控试点风险。如，为保障上海自贸试验区改革创新，全国人大常委会在自贸试验区内暂停实施外资三法等部分法律的有关规定，国务院调整实施了40多部行政法规，上海市人大先后出台《中国（上海）自由贸易试验区条例》《关于促进和保障浦东新区综合配套改革试点工作的决定》《关于促进和保障浦东新区改革开放再出发实现新时代高质量发展的决定》。全面加强对改革方案的研究论证，对各项改革举措实施中可能产生的风险进行事前研判，因此，在推进重大改革过程中尚未发生系统性风险。

第二章　天津滨海新区综合配套改革试验

天津滨海新区作为国务院批准设立的第二个国家级综合配套改革试验区，在深化改革方面积累了一系列有益经验，涌现出了"一颗印章管审批"等一批在全国叫得响的改革创新举措和成功案例，为国家综合配套改革试验和全面深化改革作出了重要贡献。

一、改革实践探索

天津滨海新区改革探索试验与国家改革的总体进程基本一致，基于发展基础、发展阶段、资源要素禀赋，以及功能定位、发展方向、发展中遇到问题的不同，改革探索呈现出独有的阶段性特点，大体可分为三个阶段。

（一）全面展开、摸索前进阶段（2008—2010 年）

这一阶段以《天津滨海新区综合配套改革试验总体方案》的获批以及第一个综合配套改革"三年行动计划"的实施为标志，主要围绕国家赋予的功能定位和"要我改"的主要任务，分解目标、明晰任务、确立方案、摸索路径、探寻着力点，解决"改什么"的问题。通过第一个综合配套改革"三年行动计划"的实施，天津滨海新区深化行政管理体制改革、行政审批制度改革、土地管理制度改革、保障性住房制度改革、医疗卫生体制改革、金融改革创新、涉外经济体制改革、城乡一体化改革、国企改革和非公有制经济发展、社会管理创新和公共服务改革等十大领域改革在摸索中全面起步，此阶段的特点是领域全、涉及面广、聚焦"顶层设计"，在人、财、物、力、政策等各种资源要素的配置和投入上进行初步尝试。在这一阶段，天津滨海新区初步探索形成了"以抓项目的方式抓改革"的综合配套改革试验推进模式。

2008 年 3 月，国务院下发《关于天津滨海新区综合配套改革试验总体方案的批复》原则同意《总体方案》。按照国务院批复的总体方案，天津滨海新区正式启动了综合配套改革"三年行动计划"。2009 年，天津滨海新区综合配套改革取得实质性进展，主要有：经国务院批准，撤销塘沽、汉沽、大港三个行政区，组建了天津滨海新区行政区，管理体制改革的重大突破，金融改革创新 20 项重点工作全面完成。2010 年，以改革促开放、促发展，先行先试了一批重大改革措施，基本完成了第一个综合配套改革"三年行动计划"。

（二）精准发力、重点突破阶段（2011—2013 年）

这一阶段在三年实践探索的基础上，天津滨海新区形成了一系列改革经验，中央的"顶层设计"与滨海的"基层实践"得到更好的结合，改革工作逐步进入正轨，改革红利逐步得到释放，为天津滨海新区经济社会发展注入了强劲动力。天津滨海新区的改革路径、改革重点以及推进改革的方式方法都得到了进一步明确，基本解决了"改什么"的问题，并逐步实现了"要我改"向"我要改"的转变，改革的积极性和活力得到有效增强，综合配套改革由"全面推进"进入以"重点突破"为特征的改革探索阶段。

2011 年，天津滨海新区启动第二个综合配套改革"三年行动计划"，综合配套改革取得重要进展。金融改革创新实现新突破，股权投资基金企业及管理机构达到 2400 家，启动外资股权投资基金试点，融资租赁企业 51 家，业务总量占全国 1/4，实行外汇资本金意愿结汇企业 16 家，创新型交易市场 11 家。加强政府性融资平台管理，风险防控能力明显增强。涉外经济体制改革迈出新步伐，北方国际航运中心核心功能区建设方案获国务院批复，国际船舶登记、国际航运税收、航运金融和租赁业务等试点启动实施。国有企业改革取得新进展，集团调整重组迈出新步伐，国资监管体系进一步完善。民营经济实力不断增强，占全市经济的比重达到40%。土地管理体制改革专项方案有序推进，计划指标动态管理、征转分离、城乡建设用地增减挂钩试点取得新成效。其他各项改革扎实推进。

2012 年，天津滨海新区综合配套改革成效显著。天津滨海新区先后实施两个综合配套改革"三年行动计划"，重点领域和关键环节改革实现新突破。顺利完成市政府机构改革，设立了滨海新区行政区。完成金融改革创新两批 40 项重点工作，股权基金、融资租赁、创新型交易市场快速发展，"融洽会"影响不断扩大，全面整合政府投融资平台，有效防范金融风险。实施土地管理改革试点，土地节约集约利用水平进一步提高。经营性国有资产实现统一监管，实施了渤海钢铁集团等 49 项资产重组。民营经济实力增强，占全市经济比重 40% 以上。向区县下放公路养管事权。涉外经济体制、科技体制、社会管理等领域改革迈出新步伐。

2013 年，实施滨海新区管理体制改革，建立了"行政区统领，功能区、街镇整合提升"的管理架构。金融改革创新不断深化，融资租赁、商业保理等新型业态集聚发展，股权投资基金、创新型交易市场规范发展，意愿结汇试点取得成效，创立了国内首支互联网货币基金，设立和改制 11 家村镇银行，实现了涉农区县全覆盖，继续强化政府性投融资平台管理，风险防范水平不断提升。完成分税制改革，建立了全市统一的财政体制，"营改增"试点取得明显成效。涉外经济体制改革扎实推进，东疆保税港区加快向自由贸易港区转型，国际船舶登记制度落地实施，口岸通关效率明显提高。国企改革取得新成效，通过调整重组渤海钢铁、能源投资、津融投资等 5 家企业集团，放开搞活退出一批企业。积极鼓励非公经济发展，制定出台支持民营经济发展的政策意见。土地、科技、环保、社会管理等领域改革不断深化。

（三）攻坚提档、全面深化阶段（2014—2021 年）

2013 年 11 月，党的十八届三中全会通过了《中共中央关于全面深化改革若干重大问题的决定》，标志着我国进入全面深化改革阶段，2014 年成为全面深化改革的元年。天津滨海新区紧跟全国改革步伐，2014 年初，印发《中共天津市滨海新区委员会关于全面深化改革的实施意见》，并按照"工程化、项目化"的要求，编制了《滨海新区全面深化改革 2014 年工作计划》，拉开了滨海新区全面深化改革的序幕。2014 年 5 月 20 日，区行政审批局成立，滨海新区行政审批局正式启动运行。

2015 年，毫不动摇地推进综合配套改革，重要领域和关键环节实现新的突破，市场活力进一步释放。对外开放水平全面提高，主动参与"一带一路"建设，积极开展与沿线国家投资贸易合作，实际利用外资 850 亿美元、吸引内资 1.55 万亿元，在津投资世界 500 强企业达到 162 家，国内 500 强企业 216 家；中国（天津）自由贸易试验区设立运行，175 项制度创新全面展开，努力探索对外开放新路径新模式，为国家试制度，为地方谋发展。简政放权步伐明显加快，实施了一份清单管边界、一颗印章管审批、一个部门管市场等"十个一"改革，市级行政许可事项由 495 项减少到 282 项。金融改革创新不断深化，融资租赁、商业保理、股权基金等形成特色优势，建立了中小微企业贷款风险补偿机制，村镇银行实现涉农区县全覆盖。国企改革取得重大进展，调整重组十大企业集团，放开搞活一批优势企业，清理退出一批低效企业，国有经济活力、竞争力进一步增强。民营经济快速发展，占全市经济比重达到 46.7%。全面实施不动产统一登记制度。财税、土地、科技、环保、社会等领域改革扎实推进。深入落实京津冀协同发展重大国家战略，交通、环保、产业等重点领域合作取得重要进展。成功举办夏季达沃斯论坛等一系列大型活动。

2016 年，"放管服"改革持续深化，市级行政许可事项进一步减少，在全国率先实施"五证合一、一照一码"登记制度，新增市场主体 16.9 万户，增长 23%，全社会创新创业热情日益高涨。自主创新示范区等创新平台建设加快推进，科技创新能力进一步提高。蓟县撤县设区。宅基地制度改革试点取得阶段性成效。

2017 年，天津滨海新区落实《天津市关于积极承接非首都功能指导意见》，构建"1+16"承接平台格局，加快建设滨海新区京津冀协同发展战略合作功能区，打造京津冀协同发展示范区。以医疗、教育为重点推动区域公共服务及要素一体化，积极协调推进京津冀医保住院联网结算。推进创新联动和金融支撑，拓展创新创业渠道，持续加强与北京多所院所、高校、双创机构的合作，启动泰达双创示范区。深化供给侧结构性改革，扎实有效去产能，分类有序处置"僵尸企业"和"空壳企业"，做大做强优势产业。持续深化行政审批制度改革，积极承接市政府再次向新区下放的市级行政许可事项 16 项、市级其他管理事项 6 项、市有关部门在新区行政服务中心设立窗口办理的行政许可事项 10 项。深化企业登记制度改革，全面实行企业名称自主申报，营商环境进一步优化。开展"双随机"检查，创新事中事后监管体系，率先探索实施"双随机"联合检查，进一步理顺各部门监管科目，合计检查项目 3951 项。

2018 年，天津滨海新区市属国有企业混合所有制改革取得实质性进展，6 家企业成功实现集团层面混改，125 家二级及以下企业完成混改，3 家企业股权重组整合项目顺利实施，渤钢集团进入司法重整程序，钢管集团协议重组取得实质进展。制定出台支持民营经济发展的有力措施，民营企业数量增长 13.3%。营商环境得到改善，"天津八条"成为优化营商环境的亮丽名片，"一制三化"审批制度改革扎实推进，"五减"改革加快实施，"多证合一"改革提效扩容，实现"24 证合一"。

2019 年 4 月，国家发展改革委下发《2019 年国家综合配套改革试验区重点任务》。天津滨海新区政府和中关村管委会共同制定印发《关于支持天津滨海—中关村科技园创新发展的若干措施》。"放管服"改革不断深入，开设 14 个政务服务"无人审批超市"，56 项无人审批服务上线运行，市委、市政府一次性向新区下放 622 项市级权力事项。

2020 年，滨海—中关村科技园与北京中关村召开联席会议，并公开发布《滨海新区落实〈天津市支持重点平台服务京津冀协同发展的政策措施（试行）〉实施细则》，进一步促进形成产业转移合作利益分享机制。

2021 年，天津滨海新区制定《"美丽滨城"建设 2021 年攻坚行动方案》，成立领导小组和 10 个攻坚工作组，制定"1+10"行动计划，明确"创新立区、制造强区、改革活区、开放兴区、环境优区"五大战略，实施"民生福祉、文化繁荣、乡村振兴、社会治理"四大工程。

二、改革进展成效

2008 年 3 月，国务院印发《关于天津滨海新区综合配套改革试验总体方案的批复》。《总体方案》确定了企业改革、科技体制改革、涉外经济体制改革、金融改革、土地管理制度、城乡规划管理体制改革、农村体制改革、社会领域改革、资源节约和环境保护等管理制度、行政管理体制改革十大改革领域。经过十几年的改革探索和潜心发展，天津滨海新区凭借巨大的政治勇气与强烈的责任担当，先行先试、敢闯敢试，以改革引领、以改革破局，有力地支持了滨海新区开发开放和经济社会持续健康发展，创造了"滨海速度""滨海效益"，形成了一系列可复制、具有推广意义的改革经验。

（一）激发市场主体活力，完善社会主义市场经济微观基础

一是推进国企混改。统筹推动天津滨海新区区属国企改革工作，制定《深化改革工作方案》，同步推进混改、出让、出清。印发改革工作任务台账，推动各单位各司其职支持国企改革工作。梳理混改项目信息，完成项目储备，建立统计分析月报制度，及时跟踪掌握混改进度，动态调整改革任务清单，做好企业同步递补，推动重点、难点问题解决。理顺混改程序，实施一企一策，压实改革责任，及时跟踪掌握混改进度，解决改革过程中涉及的各类问题。编制印发了混改推介项目手册，多渠道推广混改项目，吸引高协同性、高匹配度的战略投资者。2021 年制定《滨海新区国企改革两年行动实施方案（2021—2022 年）》，国企混改出让出清完

成 143 户。同时，把全民所有制企业公司制改革与企业混改出清出让工作有机结合起来，逐户确定改革路径，整体谋划、按月调度，84 户全民所有制企业改革全部完成。

二是推进企业整合。组建天津滨海新区国有资产投资运营公司，搭建投资公司和运营公司的双支柱框架，打造具有"国资特色、平台特征、滨海特点"的国资运作平台。制定实施《区直属集团整合归并方案》，以滨海国投公司为主体，以国资运营公司为载体，将 6 家区直属国有企业进行统筹整合，相关业务分类纳入城建、粮食、供热、商业四大板块，形成涵盖资产管理、民生服务、城镇化建设、供热、商业贸易等五大产业领域的存量资产运营平台，最大限度缩减企业数量，提高国有资本配置和运行效率，初步实现高效集约管理。

三是推进"三项制度"改革。推进用工市场化制度改革，指导各开发区国资监管部门、区属企业开展市场化用工制度改革，实施全员竞聘上岗和全员绩效考核制度。制定印发《滨海新区深化国企改革职工安置实施意见》，加快推进多渠道、多方式分流安置冗员职工，成立托管中心，预计安置区直属国企富余职工约 700 人。健全选人用人制度改革，出台《市场化选任制度改革实施意见》《企业领导人员管理规定》等规范性文件，积极推行经理层成员任期制和契约化管理。2021 年区属国企全部实施市场化用工管理机制，193 户企业完成经理层成员改革，其中 12 户企业推行职业经理人制度。建立完善了国资系统企业青年人才和高级专业技术人才库，并实行动态报备机制，完成向区融资担保公司委派总会计师工作。完善薪酬分配制度改革，增强区直属国企负责人经营业绩考核的科学性，突出经济效益导向和问题导向，从高从难从严科学确定设定考核目标，根据经营业绩考核系数、党建考核系数和绩效年薪调节系数，核定主要负责人绩效年薪。

四是加快市场化转型。全面落实并完成中央和市委部署推动的国企退休人员社会化管理、"三供一业"和市政设施移交等工作，为企业减负。科学整合存量资产，突出企业主责主业，形成高效协同的资产经营机制。完成《滨海国投公司所属企业整合方案》制定工作，以国有资本投资公司为平台，围绕服务区域经济社会发展，增强国有经济整体功能，分别在市场化基金、环保、大健康、新能源等产业方向实现布局，具体包括：与中国环科院滨海环创院合作设立国投环创公司，设立健康产业集团，创造性地进行滨海中医院医疗设备采购和医疗试剂耗材供应工作，与中国投资协会共同参股发起设立强国基金管理公司，与经开区合作探索推进天津滨海医药及精细化工产业园项目建设，设立新能源公司，有效盘活存量闲置土地资源的同时，助力新区低碳绿色发展。

五是加强监管体系制度建设。切实履行好出资人各项监管职责，构建了新区国有资产分级监管架构。落实《关于进一步加强和规范区属国有企业监督管理工作的意见》，完善修订《滨海新区国资委出资人监管权责清单目录》，进一步明确新区、各开发区以及各集团公司的责权关系。制定印发《滨海新区区属国有企业违规经营投资责任追究试行办法》《滨海新区企业债券发行管理办法（试行）》《滨海新区区直属企业担保事项管理办法（试行）》《滨海新区区直属企业资产减值准备财务核销管理（试行）办法》《滨海新区区直属企业对外捐赠管理办法（试行）》等规范性文件，确保监管工作有章可循、规范有序。

六是加强监管方式手段创新。积极推进滨海"智慧国资"监管平台建设，项目于 2020 年 12 月上线运行。全面整合国资监管相关信息资源，2021 年，"滨海智慧国资"监管系统 19 个功能模块上线运行。实现区直属国企监管全覆盖和模块之间数据共享。与天津市智慧国资监管数据交换平台完成数据对接测试，通过信息化监管手段，强化了事中、事后监管，切实减少事前审批和核准事项，实时监控防范运营风险。

七是促进民营经济发展。出台《促进民营经济发展的三年实施方案（2018—2020 年）》，加强促进民营经济发展专项资金管理，支持中小企业发展。稳步推进服务业综合改革试点。推进服务业载体平台发展，推动华科创业中心等一批特色楼宇发展，支持三五互联等平台建设，为创业孵化发展提供支撑。2021 年，新增民营企业 25187 万户，同比增加 12.99%；民营经济增加值占 GDP 比重达 28.2%。

八是构建良好跨境电商发展生态。推动经开区、高新区分别获批天津市跨境电商示范园区，各开发区相继建立跨境电商直播基地、出口联盟等产业园或集聚区，新区跨境电商知名企业不断集聚，整体规模不断增长，已逐渐成为北方跨境电商进口物流分拨中心，并在全国范围内率先实现了跨境电商进出口（含全国首批 B2B 出口区域）多种通关模式的全覆盖，进出口业务规模和商品品类不断扩大与增强。积极探索开展跨境电商"线下展示＋线上交易"新零售模式，推动天津综保区内首家跨境电商线下展示体验店，以及东疆跨境电商保税展示体验店相继开张试营业，推进保税区 SM 商城跨境电商线下展示体验中心加快筹备试营业。2021 年前三季度进出口单量达 1974 万单，货值超过 47.4 亿元，仅跨境电商 B2B 出口达 14 亿元以上，同比增长超过 400%。率先在海外建设二手车出口基地，在迪拜举办全国首个二手车出口海外展销会，正逐步打造"国内供车—海外展销—售后服务—稳定盈利—扩大出口"的良性循环模式。通过政府搭台，帮助二手车出口试点企业抱团出海，借助展销会平台进行车辆展示销售、积累海外资源、拓展合作渠道，推动将周期性的展销会活动逐步演变为二手车出口海外基地雏形，打造天津二手车出口品牌效应。该模式一旦试验成功，可迅速向非洲、东南亚等二手车出口目的地复制推广。

（二）深化科技体制改革，建设高水平研发转化基地

一是自主创新示范区制度建设持续完善。2018 年，天津高新区创通票系统 V2.0 正式上线，提供高企服务、知识产权服务、新三板挂牌、四板服务、初创服务等五大服务包，吸引来自天津、北京、河北、山东、上海、湖南、浙江和江苏等地的优秀服务机构累计超过 370 家。企业创新创业资源更加丰富，创新创业生态更加系统完备，天津高新区创通票模式已向安徽省、贵州贵安新区、江西南昌等地输出。

二是推进双创示范基地建设。出台《天津经济技术开发区双创服务体系建设的实施办法》，设立双创示范基地建设专项资金，加强众创空间备案与绩效管理，借助各"双创"载体的专业培训能力，扶持"双创"企业发展。

三是为科技体制机制创新不断提供政策支持。制定出台《实行以增加知识价值为导向分配、

科技计划项目和资金管理办法》《加强科技计划项目监督以及实施科技计划项目相关责任主体失信行为管理》等一批政策，赋予科研人员更大的人财物自主支配权。此外还制定《推进科技型企业创新发展的实施办法》。

四是规范科技创新平台管理。发布《关于重大科技创新平台的评估办法》和《重大科技创新平台资金管理办法》等文件。滨海新区信息技术创新中心管理实施"事业单位 + 企业"双主体运行机制，加快推动项目成果产业化。建设提升研发中心，推动产业技术创新战略联盟建设。飞腾麒麟"PK 体系"成为国家信息化建设的重要支撑。全球首款可见光通信芯片组正式发布。聚集国家合成生物技术创新中心、国家先进计算创新中心等市级以上研发机构 528 家，国家级众创空间 24 家。

五是加强知识产权保护。实施知识产权和技术标准战略，印发了《天津市滨海新区知识产权运营服务体系建设实施方案（2020—2023)》，组织开展了 2021 年滨海新区知识产权运营服务体系建设项目评审工作，经区政府批准确定给予二十大类共 135 项立项。完善知识产权保护工作机制，率先在天津市区级层面印发《滨海新区关于强化知识产权保护的实施意见》等一批政策措施。组织"铁拳""蓝天"等知识产权专项执法行动，积极开展以信用为基础的知识产权分级分类监管。实施行政管理体制改革，知识产权工作并入区市场监管局，实行了专利、商标、版权三合一的知识产权管理体系。

六是创新人才流动机制。天津滨海新区贯彻落实市科技局加强引进外国高端人才的工作措施，放宽外籍人才来新区工作、停居留的年龄和工作经验限制，为外籍人才来华提供就业证、居留许可证、永久居留证"三证联办"服务。开展组团出国境招聘、赴英法德等国家招才引智，开展海外人才天津行活动，组织海外人才创新创业大赛吸引海外人才和项目。推动国家超算中心、国际生物联合研究院等区属事业单位，落实高层次人才工资分配激励机制相关政策，对引进和培养的高层次人才实行协议工资、年薪工资制。通过"鲲鹏计划"，制定柔性引进人才政策，规定，以项目合作、短期挂职和人才租赁等柔性方式引进的高层次人才，打破国籍、户籍、地域、身份、人事关系等人才流动中的刚性制约。推进"海河英才"人才引进落户政策。2021 年，新增 5 家产业（人才）联盟，18 个联盟，链接企业和高校院所 1807 家，累计引进高层次人才 4537 名，促成 2200 余个产业链合作项目，涉及资金额超 1400 亿元。领军企业实行"企业家说了算"，政府"照单引才"，累计 217 家企业入选天津市战略性新兴产业领军企业，引进急需型人才 4172 人。全力推进产业图谱、人才图谱编制工作，筛选梳理国内新动能产业领域 307 家领军企业、409 个人才团队情况，形成涵盖新区新动能八大产业（含人工智能），涉及新区 184 家代表企业、136 个细分领域、257 个人才团队的产业人才图谱，初步反映了新区产业人才及国内同行的分布状况，归纳了部分代表企业的未来人才项目战略规划需求。

专栏 1　打造特色"细胞谷"试验区

滨海新区先后出台《滨海新区细胞产业技术创新行动方案》及 2020 年和 2021 年

工作要点，并将"细胞谷"建设工作列入天津市和滨海新区"十四五"规划。成立市区两级"细胞谷"建设领导小组，组建"细胞谷"专家库，实行进展季报制度。揭牌成立经开区和高新区两个"细胞谷"试验区，打造国家生物医药国际创新园、渤龙湖科技园等"细胞谷"专业化承接载体。对标国家实验室，积极配合天津市筹建细胞生态、合成生物学海河实验室，打造天津版"国之重器"。推动细胞产品国家工程研究中心建设，推动天津市细胞技术创新中心、天津市细胞药品监管科学研究中心揭牌成立，打造全国领先的第三方细胞产品质控平台。积极配合推动《天津市基因和细胞产业促进条例》的立法工作。

"细胞谷"建设取得显著成效，由新区打造的天津市细胞产业创新型产业集群成功入选 2021 年国家级创新型产业集群试点（培育），一批科技创新成果取得亮眼成绩，康希诺腺病毒载体新冠疫苗"克威莎"已附条件批准上市使用，吸入型新冠疫苗取得突破性进展。

（三）深化涉外经济体制改革，打造北方国际贸易中心

一是创新自贸试验区体制机制。积极推动联动创新，在滨海高新区、中新生态城建设自贸试验区联动创新区，在国家超算天津中心、国家干细胞工程产品产业化基地建设自贸试验区联动创新示范基地。持续优化管理运行机制，在 2018 年实现自贸试验区管委会在滨海新区政府加挂牌子基础上，深入贯彻落实市委、市政府《推动中国（天津）自由贸易试验区管理委员会体制机制创新的意见》，设立全国首个专司政策与产业创新的自贸区法定机构——自贸试验区政策与产业创新发展局，实行企业化管理、市场化运作，履行企业需求调研、开展创新研究、向上争取政策、产业业态培育四个方面核心职责。

二是自贸试验区建设取得新成果。天津自贸试验区从 2015 年挂牌以来，先后向商务部上报了 6 批改革试点经验和 4 批"最佳实践案例"，已有 32 项改革试点经验和 6 个"最佳实践案例"被批准在全国范围内复制推广，自行复制推广改革试点经验四批次共 77 项，创新实践案例 7 个，金融专项创新案例 86 个，涉及跨境金融服务、金融服务贸易和投融资便利化、融资租赁、金融支持京津冀协同发展、政府与监管部门完善服务、人民币跨境使用等重点领域，形成了一批可复制可推广的重要成果。其中，天津自贸试验区《总体方案》90 项任务落地实施，15 项经验和 3 个案例在全国复制推广。

三是深入推进贸易投资自由便利。建成高水平的国际贸易"单一窗口"，率先实现与国家层面"单一窗口"标准规范融合对接，出口退（免）税申报纳入"单一窗口"管理，推出 80 余项贸易便利化措施，95％以上海运货物实现 2 天入关。探索口岸通关和物流流程综合优化改革，率先试运行"全国电子仓单系统"，上线运行海关区块链验证系统，实施船边直提、货物状态分类监管、生物制品"整批申报分批核销"等 100 多项通关监管创新措施，通关效率在全国口岸中名列前茅。东疆口岸获批冻肉、水果、冰鲜水产品等六大类产品的国家指定进境口

岸。获批全国首个邮轮母港进境免税店。天津出口加工区整合优化为天津泰达综合保税区，东疆保税港区、天津保税物流园区升级为综合保税区，临港综保区申建工作正按海关总署要求开展。

四是深入推进运输自由化和人员自由流动。推进临时船籍和异地监管政策组合创新，打通"外轮国用"通关转籍路径。完成国际航行船舶船用物资供应通关模式创新。建立集信息检测、税票合规、风险控制于一体的共享经济综合服务系统，17 家企业获批资质，占全市 50%。取消外国高端人才来华工作许可年龄限制，放宽外国专业人才聘任年龄限制，允许高层次外籍人才及科研团队核心成员本人及家属申办永久居留。推动成立租赁、生物制造、海水淡化等产业（人才）联盟，联合南开大学建立金融租赁人才培养基地，筹建京津冀自贸智库联盟。

五是加快培育贸易新业态新模式。天津滨海新区跨境电子商务信息化综合服务平台上线运行，聚集了一批大型知名电商企业，跨境电商公共仓投入运营，建设国家跨境电子商务综合试验区，支持跨境电商进口企业创新"线下展示＋线上交易"零售模式，经开区、高新区分别获批天津市跨境电商示范园区，保税区、东疆率先开设跨境电商线下展示体验中心。推动平行进口汽车健康发展，全国首批国六标准平行进口车顺利通关销售，口岸进口平行车超过 2.5 万辆，进口货值达 225 亿元以上。推动融资租赁行业准入及监管事项下放至东疆，商业保理行业准入及监管事项下放至东疆和经开区，跨境人民币保理、农业保理等一批全国首创业务模式相继落地。

六是推动五大承接平台建设。中关村智造大街、人工智能实验室等优质项目相继落户，成为京津两地优势互补、良性互动的重要平台。未来科技城京津合作示范区开工建设，中欧先进

图 2-1　2015 年 4 月 8 日，中国（天津）自由贸易试验区设立

制造产业园、航空物流区、南港工业区承载能力全面提升。搭建五大载体平台推进高水平开放的典型经验受到国务院通报表扬。

七是加快建设京津冀协同发展战略合作功能区。滨海新区与河北省唐山市、沧州市合作共建协同发展示范产业园相继揭牌，探索滨海—中关村科技园开展跨区域利益共享机制创新试点，推动设立京津冀协同发展基金。

八是打造"一带一路"黄金支点。滨海新区建设面向"一带一路"沿线国家和地区的"走出去"综合服务中心，举办自贸区日本商界 RCEP 专题对接会，与仁川自由经济区签署战略合作协议，与中韩（长春）国际合作示范区签署《对口合作框架协议》，与"一带一路"沿线国家共建中国·埃及苏伊士经贸合作区、津蒙经贸合作东疆物流园。

（四）推进金融改革创新，创建现代金融服务体系

一是推动金融机构体系改革。加大金融业招商引资力度，不断完善政策支撑体系，持续推动持牌金融机构入驻，基本形成以银行、证券、保险、基金为主体的持牌金融机构组织体系。同时以地方金融组织监管工作为抓手，因地制宜引入龙头租赁、保理等企业，推动优势产业集聚，不断提升地方金融组织实力。

二是推动金融服务体系改革。建立线上政银企对接平台，发挥"津 e 融""津心融"等平台作用，构建大数据金融领域应用场景，缓解金融机构与企业信息不对称难题。不断优化新区营商环境，搭建滨海新区小微企业首贷续贷服务中心，实现"政务服务＋金融服务"。发挥政府引导作用，完善多渠道融资对接渠道，开展多类型线下银证企融资对接活动，搭建融资租赁企业与高新技术企业对接平台，提升融资租赁企业服务实力经济能力。

三是推动资本市场体系改革。不断优化资本市场政策体系，推动出台《关于支持企业上市融资加快新动能引育有关政策》及《支持企业上市专项资金管理办法》，支持企业利用财政奖补发展壮大。推动新区政府与深交所签署战略性合作框架协议，多次举办资本市场专题培训，进一步提升金融服务实体经济水平。强化部门间信息沟通，建立企业上市后备资源库，对入库企业进行针对性跟踪指导，形成报审企业、辅导企业、启动培育企业的梯队化工作局面多层次培育企业，孵化培育了多家医药研发、通信设备、新材料等行业领军企业。截至 2021 年底，新区共有上市民营企业 19 家，占全市比重 52.8%；共有新三板挂牌民营企业 46 家，占全市比重 43.8%；共有申报上市民营企业 6 家，占全市比重 60%。

四是推动京津冀金融合作。深入落实京津冀协同发展国家战略，紧紧牵住承接北京非首都功能"牛鼻子"，建立承接北京非首都功能金融机构疏解工作机制，深化两地金融领域合作，推动产业项目落地。

五是推动外汇管理体系改革。《中国人民银行关于金融支持中国（天津）自由贸易试验区建设的指导意见》政策在天津自贸区落地，自由贸易试验区多项政策在全国复制推广。推动外汇资本金结汇管理方式改革，实施资本金意愿结汇政策，试点范围由先期获批的中新天津生态城和东疆保税港区扩大到整个滨海新区。推动自由贸易试验区外汇管理改革再升级，资

本项目外汇收入支付便利化、简化外汇登记管理等六项外汇管理创新政策顺利出台。招商银行天津分行、中国银行天津市分行接入自由贸易账户（FT账户）分账核算业务系统，成为全国第三个上线FT账户体系的地区，为打造天津自由贸易试验区金融业对外开放示范窗口奠定坚实基础。

六是推动金融生态体系改革。大力推动新区信用体系建设，实施信用风险分级管理和联合奖惩制度，企业和个人征信系统覆盖范围进一步拓宽。推动滨海新区民营和小微企业金融服务综合改革试点工作，充分发挥中央专项资金作用，探索建立金融机构信贷补偿机制，鼓励金融机构开展普惠金融业务，支持新区民营和小微企业发展，缓解小微企业融资难、融资贵的问题。坚持打好防范化解金融风险攻坚战，守好不发生系统性区域性金融风险底线，建立部门协同工作机制，形成工作合力提升金融监管能力，及时查处金融违规行为，推动新区全域类交易场所整顿工作顺利开展，优化新区金融生态环境。

（五）改革土地管理制度，增强政府对土地供应调控能力

一是加强对土地的系统规划管理。出台《天津滨海新区综合配套改革试验区土地管理改革专项方案》，编制《滨海新区土地利用总体规划（2009—2020年）》，实行土地利用总体规划的动态管理。制定出台了《滨海新区土地"征转分离"实施方案》，对9个批次约315公顷用地实施"征转分离"。成立新区土地管理委员会，实行土地统一整备和集中交易制度，提升了土地供应调控能力和土地资源配置效率。改革农用地转用和土地征收审批制度，采取"宅基地换房"形式推进城乡建设用地增减挂钩试点。探索海洋滩涂开发利用与保护管理制度创新，采取"填建分离"的方式围海造地，建立了相对完善的海域使用权抵押贷款制度体系。

二是推动产业用地复合高效利用。制定M0用地政策，下发《关于支持新型产业用地高效复合利用暂行办法》，主要针对工业研发、信息服务等新型产业用地类型，在国家及天津市尚无明确规划土地管理政策的现状下，创新性地构建了从规划指标、土地出让、分割销售、土地登记等全周期管理新模式。该政策的出台使滨海新区成为华北地区第一个出台新型产业用地鼓励政策的地区，西安、廊坊等地区多次来新区对接学习，并参照新区经验，出台对应新型产业用地政策，充分体现了滨海新区综合配套改革试验区先行先试的制度优势，成为滨海新区一个新的制度创新品牌。

三是建立城市更新新模式。出台《关于推进滨海新区城市更新试点工作的指导意见（试行）》，按照城市运营理念，构建了滨海新区特色的"产业导入＋公共设施建设＋高品质社区建设"的城市开发新模式，是对城市土地收储再出让的传统开发模式的一次重大变革，实现城市开发一二三四级联动。该政策重点在房屋征收、规划管理、土地出让、招商模式、项目管理等八方面进行了大胆突破创新，属于我国北方地区改革力度最大、突破点最多的城市更新政策。组织围绕老城区、老产业区、轨道沿线、海河两侧四类地区积极谋划滨海新区城市更新重点项目，建立了滨海新区城市更新项目库，项目库共包括15个重点项目，总用地面积约18平方公里，固定资产投资初步估算约2000亿元。

（六）推进城乡规划管理体制改革，建设生态型新城区

一是建设国际化创新型宜居生态新城区。开展"政社互动"，完善社区服务新机制，形成线上线下相结合的社会服务模式。借鉴新加坡电子公民中心的理念，建设中新生态城电子居民中心，形成线上线下相结合的市民服务体系。

二是国家绿色发展示范区体制机制创新。完成了国家绿色发展示范区建设情况中期评估，《中国—新加坡天津生态城建设国家绿色发展示范区实施方案》中确定的经济发展、资源节约、环境保护等 28 项绿色发展指标，22 项已达到目标值要求。建立了全生命周期的绿色建筑管理体系、标准体系和评价体系，推动绿色建筑评价标准与国家标准对标。

三是推动 APEC 绿色供应链示范中心体制机制创新。顺利推进 APEC 绿色供应链优秀案例体验中心建设，与 ICLEI（地方可持续发展协会东亚秘书处）开展国际合作，开发中国首个绿色招投标采购电子信息平台，实现可视化的绿色供应链管理。

四是落实民用建筑规划设计管理创新发展格局。印发《滨海新区民用建筑规划设计管理创新指导意见（试行）》，天津滨海新区以惠民为原则，结合滨海新区城市发展阶段和特点，从轨道站点周边集聚开发、明确露台管理措施、提升建筑第五立面、架空平台结合公共空间建设、提升地下空间利用、优化阳台建筑面积管理、增加套内共享空间比例等七大方面进行创新突破。

（七）深化农村体制改革，推进城乡一体化发展

一是出台一系列改革配套文件。先后制定了《滨海新区农村集体产权制度改革工程流程示意图》《滨海新区农村集体产权制度改革工作文书》，为改革试点工作提供了遵循。在清产核资方面，下发了《滨海新区关于全面开展农村集体资产清产核资工作的实施方案》《滨海新区农村集体产权制度改革资产评估办法（试行）》。在成员界定方面，下发了《关于滨海新区村集体经济组织成员资格认定的指导意见》。在股权设置与管理方面，下发了《滨海新区农村集体产权制度改革股权设置与管理办法（试行）》。在成立组织方面，下发了《滨海新区农村集体经济组织登记管理办法（试行）》。在发展壮大村级集体经济组织方面，下发了《滨海新区发展壮大村级集体经济工作方案》。在股权管理方面，下发了《滨海新区股份经济合作社股份有偿退出办法（试行）》《滨海新区股份经济合作社股份继承办法（试行）》《滨海新区股份经济合作社股份抵押、担保贷款办法（试行）》《滨海新区农村集体经济组织收益分配办法（试行）》等"1+15"的政策配套文件。

二是完成农村集体产权制度改革试点工作。在农村重点领域改革方面，新区完善农村承包地"三权分置"制度，全面深化农村集体产权制度改革，推动资源变资本、资金变股金、农民变股东。作为全国 100 个农村集体产权制度改革试点单位之一，新区 12 个涉农街镇 139 个村已全部启动农村集体产权制度改革工作。新区推动农村产权交易，在中塘镇、茶淀街等 10 个街镇建成农村产权流转交易市场街镇工作站。基本完成确认村集体经济组织成员身份和清产核

资工作，加快推进农村集体经济组织登记，引导集体资产市场化运营，建立健全财务管理制度，逐步健全集体收益分配制度。

三是形成特色鲜明、产业聚集的"三区""七园"格局。即北部生态种植和现代水产业聚集区、中部都市休闲农业和农产品加工业聚集区、南部现代畜牧业聚集区，茶淀葡萄种植产业园、汉沽大田蔬菜草莓产业园、大港冬枣产业园、杨家泊镇水产园、南翼畜牧产业园、保税区粮油加工产业园、东疆农产品冷链物流产业园。

四是深入推进农村其他改革。开展土地仲裁，建成滨海新区农村土地承包经营权仲裁体系。实施产业升级、美丽乡村创建、富民强村、乡风文明塑造、社会治理创新、人才科技支撑和农村党建引领等专项行动。实施乡村就业促进行动，深入开展就业创业技能培训，扶持培养了一批农业职业经理人、经纪人、文化能人。此外，天津滨海新区还打造了一批家庭农场等创业载体。

（八）创新公共服务管理体制，构建覆盖城乡的基本公共服务体系

一是加快文化体制机制改革。建立健全国有文化资产监督管理制度，开展企事业单位文化资产产权登记。推进传统媒体和新兴媒体融合发展，整合优质资源。探索政府购买社会运营模式。探索公共文化服务第三方评价机制。获得第四批国家公共文化服务体系示范区创建资格。

二是推进教育体制机制改革。天津滨海新区促进学前教育公平普惠发展，推进园所合作助教项目，加大对民办幼儿园奖补力度。推进实施义务教育发展共同体，促进义务教育优质均衡发展。推动中小学教师职称制度改革。探索政府购买教育服务机制。

三是加快医药卫生体制改革。完善公立医院管理制度，探索医院人事制度改革。建立科学合理的绩效考核体系，推行RBRVS绩效考核办法。推进分级诊疗制度建设，建立区域分级诊疗信息化平台。管控医疗费用不合理增长，促进合理用药降低药占比。建立药品供应保障体系，加强国家谈判议价抗癌药品的供应保障。

四是推进司法体制改革。开展认罪认罚从宽试点工作。刑事法律援助工作实现全覆盖。社区矫正"五四三"工作模式被中央政法委作为全国社会治理创新案例。筹建滨海新区人民调解服务中心，建成一批街镇人民调解中心和村居调解服务站。人民调解信息化试点工作有序开展。

五是保障性住房制度改革步伐加快。天津滨海新区研究制定了《滨海新区定制商品住房建设与管理办法》和《滨海新区保障性住房建设与管理暂行规定》，探索经济适用房、公共租赁房、定制商品房、蓝白领公寓等各类住房保障模式。成立新区保障性住房管理中心，以"订单生产""阳光交易"方式与企业和群众直接对接。

六是医疗卫生体制改革顺利启动。实施医疗重组计划，以新港街、于家堡街社区卫生服务中心为试点，分离社区医疗服务中心和社区公共卫生服务中心，由第五中心医院实行一体化管理，实现医疗资源共享。建立第五中心医院与社区医疗服务中心绿色通道，促进双向转诊，引导居民就医合理流动。制定了《滨海新区社区基本药物目录》，在社区医疗服务中心对目录内

的药品实行零差率销售，减免门诊挂号费，补助患者住院费用，减轻了患者就医负担。

七是积极创建全国社会管理创新综合试点区。建立新区、城区（功能区）、街镇、社区四级综治信访服务中心（站），实现综治信访服务中心联合调解信息三级联网，在功能区、街镇、社区（村）及重大项目建设工地创建流动人口服务管理"三级平台"，推行企业务工人员公寓式管理，探索建立建设者之家和农民工社区。制定实施《构建和谐劳动关系指导意见》，形成工会、企业、仲裁、司法"四方共助"的劳动争议调解工作模式。构建陆海空立体化治安防控体系，成立滨海新区应急联动中心。

（九）深化生态文明体制改革，建设资源节约型和环境友好型社会

一是探索建立统一的确权登记系统。建立能源消费总量管理和节约制度，推行合同能源管理、合同节水管理等市场化新机制。探索陆海统筹的生态系统保护修复和污染防治区域联动机制，建立体现资源生态价值的有偿使用机制和跨区域、跨流域生态补偿机制。完善碳排放权管理和市场交易机制，积极推进排污权交易试点。进一步建立和完善滨海新区污染源监测及信息公开制度，推动污染源监测信息公开，建立环境损害责任追究和赔偿制度。加强滨海新区环境科技体系建设，探索成立环境科学研究机构。

二是强化水污染源治理"全过程"监管。做好水污染防治源头把控工作，严格控制新建项目水污染物增量。加强现有水污染排放企业治理，完成53家工业源治理项目。加强区域污水处理厂监管，督促稳定达标排放，全区污水处理厂达标率为93.1%，同比上升16.5%。积极开展"水十条"落实工作，推动新区水污染防治行动实施方案和水体达标方案编制工作，制定分流域、分区域、分行业的重点任务和年度目标。

三是通过严格环境准入控制污染物。把主要污染物排放总量指标作为建设项目环境影响评价审批的前置条件，制定了《滨海新区环境局关于建设项目主要污染物排放总量审核实施办法》，对排放污染物的新、改、扩项目主要污染物总量替代方案进行审核。落实减排责任，制定《2015年度主要污染物总量减排计划》和《2015年度主要污染物总量减排推动工作实施方案》，并组织相关责任单位签订目标责任书。从源头抓起，控制煤炭和人口的新增量，控制主要污染物新增量。

四是建立"定责、履责、问责"的环境监察体系。制定《网格员工作职责》《网格员大气污染防治检查工作标准》《网格化管理流程》《网格员监督考核办法》等。调整新区部分大气污染防治网格长，根据分级负责制度要求，分别由区委、区政府、各功能区、街镇主要负责人担任各级网格长，并采用分级培训方式，对各级网格长及网格员实施培训。采取向社会购买服务的方式为27个三级网格配置81名专职网格监督员，开展巡查督查工作。按照"发现及时、处置快速、解决有效、监督有力"的工作要求，对网格员进行监督管理。

五是健全环境监测预警机制。加快推进重点污染源在线监控联网，稳步推进改造提升环保监测站工程及实现重点污染源在线监控联网工作，方案已经政府常务会议通过，并已完成招标文件的申请工作。

六是开展"无废城市"建设。2019年4月，生态城作为国际合作代表，成功入选国家"无废城市"建设试点。生态城积极推进国际合作、体制机制、顶层设计、项目建设、绿色文化等方面工作，取得了显著成效。天津滨海新区加强与新加坡的合作交流，编制《中新天津生态城无废城市总蓝图》，为生态城"无废城市"建设注入国际元素，长期指导"无废城市"建设工作开展。在全国率先搭建"无废城市"信息化平台，强化对各类固废的全过程监管，建设全国最大的气力输送系统，实现城市固废闭环管理，为城市管理决策提供支撑。培育绿色无废文化，开展各场景"无废细胞"创建，指导居民践行绿色生活方式，营造全民建设"无废城市"的良好氛围。

（十）推进行政管理体制改革，加快转变政府职能

一是深化"放管服"改革。创立"一颗印章管审批"并在全国推广，创新首席审批官模式，要件相对简单、流程单一的事项实现"立等可取、一次性办结"。全面推进承诺制标准化智能化便利化审批制度改革，取消、合并一批办理事项及办理环节，增加承诺制审批事项。推行"马上办、网上办、就近办、一次办"。推行全程无人审批、电子登记，现场办理基本实现"最多跑一次"。推进"证照分离、先照后证"改革。强化事中事后监管，建立失信企业联合惩戒机制，"双随机、一公开"检查制度进一步完善。2021年升级推出"滨海通办"2.0版，推动办事全程电子化，第一批35类电子证照纳入全市电子证照库，各级政务服务大厅"好差评"评价实现全覆盖。

专栏2 "滨海通办"打造政务服务新名片

滨海新区依托政务帮办平台，便民服务事项接件受理工作下沉到社区（村）便民服务站，做到统一服务标准、畅通服务渠道、整合服务资源、强化数据共享、创新服务模式。推进便民服务事项"滨海通办"，覆盖社会救助、为老服务、社会保障、残疾人补贴、医疗保障等多个民生领域，让百姓的民生审批服务事项真正实现"在家门口办""马上就办""网上全办"。

统一办事标准。利用滨海新区行政许可权相对集中的改革优势，梳理便民服务事项，将要件、时限、申请条件、法律依据、办理流程等要素规范统一，通过滨海新区政务帮办平台向社会发布，确保同一事项在不同窗口无差别受理、同标准办理。

优化业务流程。依托滨海新区政务帮办平台、街镇综合便民服务中心、社区便民服务站，为群众提供就近办服务。群众办理相关事项不受户籍地限制，通过帮办平台系统进行社区—街镇—部门间的信息传递，实现了信息多跑路，群众少跑腿。制作完成全区统一的事项办理标准化文件，办理过程公开透明，最大限度减少人为干预。

下放实体印章。注重保障少数群体线下办事需求，将部分事项实体审批专用章委托下放至街镇，同时为印章"赋码"，印章加盖可追溯来源，责任清晰。

织密服务网络。从群众视角出发，实现社区（村）全覆盖无差别帮办接件受理。目前，滨海5个开发区、21个街镇的相关社区（村）实现服务网点全覆盖，群众办事不再往返，不出社区就近享受到优质、便捷的服务。

深化"全程网办"。依托滨海新区政务帮办平台，开发"滨海通办"智能审批一网通办系统，实现事项办事全程电子化，让数据跑路代替人工跑腿，提升效率的同时降低办事成本。

二是深化开发区法定机构体制改革。天津滨海新区坚持区域整合重组和优化产业定位相结合、经济职能和社会职能相分离，整合组建新的开发区和保税区。精简内设机构，推行干部竞聘上岗，形成"能上能下""能进能出"的用人机制。建立评价激励工作办法，实行薪酬与业绩挂钩，激发干事创业活力。

三是进一步优化机构设置和编制配备。制定《天津市滨海新区机构改革方案》，稳妥有序推进区党政机构改革工作。研究制定公安管理体制改革方案，进一步理顺公安机关机构设置和职能配置。

四是简化外资企业设立程序。整合优化企业和投资者办事流程，将外商投资企业商务备案受理纳入"多证合一"备案事项整合范围，实现商务备案与工商登记"单一窗口、单一表格"受理。

五是推进天津港"一港八区"体制改革。正式签署天津港口运营一体化协议，体制改革进入实质推进阶段。研究组建天津港调度指挥中心临港分中心、南港分中心。天津港集团与临港、南港开展生产业务系统对接。

图 2-2　2014 年 9 月，天津滨海新区行政审批局封存的 109 枚公章

三、改革经验做法

（一）争取中央政府、各部委充分授权

天津滨海新区综合配套改革试验区改革任务顺利推进和取得积极成效的一个主要原因是，党中央、国务院和相关部门对天津滨海新区综合配套改革试验区给予了充分的授权。如，2006年，国务院下发《关于推进天津滨海新区开发开放有关问题的意见》，明确鼓励天津滨海新区进行金融改革和创新，赋予其在金融企业、金融业务、金融市场和金融开放等方面先行先试的权限。《国家发展改革委办公厅关于在天津滨海新区先行先试股权投资基金有关政策问题的复函》进一步明确，发行规模在 50 亿元人民币以下的产业投资基金和私募股权基金可由天津市政府进行审批，在国家发展改革委备案。此次授权改革被认为是新区"含金量最大的政策"，推动天津滨海新区在发行产业投资基金和私募股权基金、建立基金发行市场方面取得了突破性进展。一批产业投资基金和私募股权投资基金及相关管理企业成功落户天津滨海新区，滨海新区已成为全国主要的基金聚集地之一。

（二）坚持整体设计与基层实践相结合

天津滨海新区改革的整体设计以"实用性""基于开发开放实践需要"为导向，目的是加快经济发展方式的转变，关键是全方位体现"以人为本"的发展理念，建立和完善精简高效、公开透明、依法规范的政府行政模式，为发展创造高效率、高质量的公共服务与行政治理环境。天津滨海新区借助中央政府整体思考、系统筹划，对国家综合配套改革试验区的改革目标、改革维度和改革路径进行统一规划，并通过试验区发挥自身能动性，积极进行制度创新来获取和承载改革红利。如，天津滨海新区综合配套改革试验区在金融体制改革和涉外经济体制改革方面取得明显成效，其重要原因，一方面是国务院批准的《天津滨海新区综合配套改革试验总体方案》中对金融体制和涉外经济体制改革的目标、方式和路径进行了明确的规定。另一方面则是天津市在国家授权管理范围内，紧密结合天津的实际，在一些突破性创新改革项目上，积极落实，扎实推进，从而形成了良好的改革红利承接机制。

（三）正确处理政府和市场的关系

从经济规律和经济发展实际出发，统筹政府与市场的关系，充分彰显出社会主义制度的优越性，是天津滨海新区国家综合配套改革试验区推进改革任务的重要经验之一。简政放权改革以来，天津滨海新区将分散在 18 个单位的 216 项审批职责归至一个部门，实现"一颗印章管审批"，原有 109 枚公章就此封存并被收藏进国家博物馆。天津滨海新区行政审批局取消一批束缚创业创新的行政审批事项，从 216 项减少到 151 项，减幅达 30%。投资项目、企业设立、单办事项等审批用时分别为原来的 1/2、1/3、1/4，审批速度继续领跑全国。天津市 15 个区县全部复制推广滨海审批模式。中央编办、国务院法制办出台《相对集中行政许可权试点工作方

案》，并于 2015 年 5 月 29 日在滨海新区召开现场会，决定在河北、山西等 8 个省市开展相对集中行政许可权改革试点工作。

（四）坚持大胆实践、先行先试

天津滨海新区试验区内各级政府部门在执行改革方案过程中合理地、合法地大胆尝试，是发现和获取改革红利的重要手段。天津滨海新区把深化改革作为增强发展活力的必由之路，探索新常态下新旧动能转换的"新路径"，勇当先行先试排头兵，抢抓京津冀协同发展机遇，打造高质量发展升级版。如，在国家级部委尚未下达正式文件批复之前，滨海新区就已经开始通过合理、有效的方式、方法，尝试大力发展融资租赁业务，带动解决了滨海新区企业融资难等一系列问题，释放巨大改革红利；滨海新区大胆先行先试，推行"证照分离"改革全覆盖，在全国自贸试验区开展"证照分离"改革全覆盖试点的同时，滨海新区已在全域执行自贸试验区改革试点。

（五）坚持改革目标、任务与红利有效承接

天津滨海新区国家综合配套改革试验区的改革项目，无一例外都是从改革方案制定之初就下大力气坚持执行的。滨海新区压茬推进改革任务，优化政府机构设置和职能配置，形成职责明确、运行高效的政府治理体系。滨海新区深入且坚定不移地坚持推进改革，保障改革方案实施的长期性、稳定性，系统地逐步深化改革，进而释放并获取改革红利。滨海新区综合配套改革试验区的实践表明，只有保障改革的持续性和长效性，才能不断完善改革方案，在已实施的改革过程中汲取宝贵经验，并灵活地运用到下一阶段的制度创新中，才能不断深化和完善改革红利的承接机制。

第三章　武汉城市圈"两型"社会建设综合配套改革试验

武汉城市圈是以武汉市为中心，由武汉及周边 100 公里范围内的黄石、鄂州、孝感、黄冈、咸宁、仙桃、天门、潜江 9 市构成的区域经济联合体，是湖北省产业和生产要素最密集、最具活力的地区，是湖北省经济发展的核心区域。2007 年，经国务院同意，国家发展改革委印发了《关于批准武汉城市圈和长株潭城市群为全国资源节约型和环境友好型社会建设综合配套改革试验区的通知》，拉开了武汉城市圈实践国家战略的序幕。10 余年来，武汉城市圈坚持以转变经济发展方式为主线，以体制机制创新为动力，以强有力的组织推动为保障，推进机制不断完善，改革创新不断深入，改革成果不断显现，取得一批先行先试典型经验并形成制度性成果，为全省乃至全国转型升级和加强生态文明建设探索了新路。

一、改革实践探索

2007 年 12 月，经国务院同意，国家发展改革委正式批准武汉城市圈为全国资源节约型和环境友好型社会建设综合配套改革试验区（简称"'两型'建设综改区"），围绕创新资源节约、环境保护、科技创新、产业结构优化升级、统筹城乡发展等重点改革任务，推进基础设施、产业布局、区域市场、城乡建设、环境保护与生态建设"五个一体化"，着力转变经济发展方式，增强区域综合实力和可持续发展能力；着力推进综合性制度创新，构建促进资源节约和环境友好的体制机制；着力推进城乡协调发展，走新型工业化城市化发展道路。

自"两型"社会建设综改区批复以来，湖北省历届省委、省政府以党的十七大、十八大、十九大及其历次全会精神为指导，围绕资源节约型和环境友好型"两型"社会建设，坚持以人民为中心，以转变经济发展方式为主线，出台了《武汉城市圈资源节约型和环境友好型社会建设综合配套改革试验促进条例》和改革试验总体方案，以九大体制机制改革创新为强大动力和关键措施，以强有力的组织推动为保障，推进"两型"社会建设综合改革不断向纵深发展。

武汉城市圈各市委、市政府紧紧围绕省委、省政府决策部署，按照"改革促发展、两型促转型"的总体要求，充分发挥政府、企业、市民在"两型"社会建设中的主体作用，大力推进资源节约、环境保护、产业结构优化和升级、生态文明建设等改革任务，积极开展全民"两型"社会实践活动，大胆先行先试，推进重点领域和关键环节的体制机制创新，制定了改革试验实施方案、三年行动计划，并按年度制定了工作意见，形成了推进"两型"社会建设的政策框架，有效实现了经济、社会与环境的协调发展。武汉城市圈共开展了 42 项改革，向国家争取了 120 多项重大改革试点，创新了一系列改革经验，在全国和全省进行了交流、推广。

二、改革进展成效

武汉城市圈用改革的理念和办法加快"两型"社会建设，坚持规划引领、法治护航、资金引导、典型示范、指数评价等五大举措，推进重点领域和关键环节先行先试，在经济总量跃上一个新台阶的同时，实现了经济结构的优化、生态环境质量的好转、发展动力的增强、发展空间的拓展和居民幸福感的提升，生态优先绿色发展的道路越走越宽。

（一）顶层设计更加系统完善

实施规划引领。为了落实总体方案，2009 年编制了武汉城市圈"56531"实施框架（5 个专项规划、6 个配套支持政策和 5 个一体化目标、改革试验 3 年行动计划、1 个重大项目清单）。2013 年继续修订了 6 个配套支持政策、5 个一体化目标。2013 年 12 月，国家发展改革委批复《武汉城市圈区域发展规划（2013—2020 年）》。自然资源、科技、农业农村、经信、环保、交通、住建等省直有关部门相继编制了一批关于武汉城市圈建设的系列规划和建设方案，为武汉城市圈改革试验工作提供了具体支撑。

依法护航改革试验。为了保障和促进综合配套改革试验区建设，湖北省人大出台了系列地方性法规。2009 年 10 月，实施《武汉城市圈资源节约型和环境友好型社会建设综合配套改革试验促进条例》，在国内率先探索了通过区域立法促进和保障武汉城市圈改革试验工作。面向全省出台了系列法规，2012 年 10 月，实施《湖北省湖泊管理条例》，以法规的形式明确湖泊管理的职责和义务；2016 年 1 月，实施《湖北省全面深化改革促进条例》，建立了改革的试错容错机制，最大程度宽容改革失误，保护改革积极性；2016 年 10 月，实施《湖北省土壤污染防治条例》，成为我国首部针对土壤污染防治的地方性法规。

统筹项目资金支持。探索实施改革事项项目化、项目资金社会化。2009 年以来，武汉城市圈在产业、生态环境、交通、城乡统筹等方面策划实施了一大批项目，有力地推动了武汉城市圈"两型"改革工作。从资金投入看，每年省政府投入预算内资金作为项目引导资金，累计30 多亿元，按照平均 1∶10 的拉动作用，带动地方政府投资和社会投资超过 300 亿元。从项目类型看，有资源节约类、生态环保类、统筹城乡类、交通基础设施类、公共服务类等涉及城市圈九大体制机制创新的各个方面，项目总数已经达到 350 多个。

实施"两型"标准引领。制定"两型"标准，倡导"两型"生产、生活和行为方式，引导全社会自觉参与社会"两型"，建设"两型"。以节能、节地、节水、节材、资源综合利用和保护生态环境为重点，开展"两型"村镇创建，建设美丽宜居乡村，涌现了天门华丰模式、潜江华山模式、广水桃源村模式、京山马岭村模式等。以废弃资源回收利用、生活方式低碳环保为重点，开展"两型"社区创建，构建低碳城市社区，如鄂州桐山社区、武汉百步亭社区等。以构建循环经济产业链为重点，开展"两型"企业创建，如武汉格林美资源循环有限公司、武汉环境投资公司、华新水泥股份有限公司、潜江华山水产、亚东水泥有限公司、黄梅县康宏公司、中兴能源（湖北）有限公司等一大批工业、农业和能源领域的循环经济领军企业。

创建"两型"考评指标体系。构建全国首创的区域"两型"社会建设指数体系，全面考核武汉城市圈及九市"两型"社会建设总指数、资源利用指数、环境友好指数、科技创新指数、经济发展指数、社会进步指数等。建立武汉城市圈九市"两型"社会建设评估机制，将评估结果报送省委、省政府，通报相关县市政府，并与政策、项目资金支持挂钩。从指标统计看，武汉城市圈"两型"社会建设总指数呈逐年上升趋势，武汉、鄂州、潜江位列总指数前三。

（二）创新资源节约体制机制

重点探索了合同能源管理、资源产权交易、循环经济促进机制、资源综合利用管理等方面的改革。

节能减排的激励约束机制基本建立。强化约束性指标管理，对能源消耗、水资源消耗、建设用地等资源实行强度和总量双控。实施能源消费强度和总量目标管理。建立三级用水总量控制体系，健全水资源管理责任和考核制度，落实水资源管理奖惩机制。实施全民节能行动计划，提高节能、节水、节地、节材、节矿利用水平，开展能效、水效领跑者引领行动。推行节能减排目标责任制，实行节能减排不达标"一票否决制"。严格督办用煤大户节能减排，严格控制新建燃煤发电机组、新建项目配套燃煤锅炉等新增燃煤项目，改建、扩建耗煤项目严格落实煤炭"减量替代"要求，煤炭消费增量得到有效控制。推广合同能源管理，鼓励节能服务公司为用能单位提供合同能源管理服务，节能效益明显。推进各领域的节材工作，重点加强原材料消耗管理，加大可再生材料、新型墙体材料和散装水泥的推广应用力度。截至2021年，武汉市1000吨以上用煤企业已下降至18家，2021年全年煤炭消费总量不超过2330万吨，相较2018年压减约420万吨。宝武钢铁集团鄂城钢铁有限公司制定了公司内部合同能源管理项目管理办法，以合同能源管理方式实施了能源动力厂压缩改空气干燥机改造、循环风机电机智频节能改造等多个项目。

初步建立资源节约的市场机制。重点发展了武汉农村综合产权交易所、武汉城市矿产交易中心等资源要素交易平台，培育资源要素交易市场，提升要素资源的利用效率，助推经济增长方式转变，促进"两型"生产、生活方式不断普及。

加快推进循环经济发展。一是加快建立循环型工业、农业、服务业体系和循环型社会、循环型新区（园区）、循环型企业循环体系，提高全社会资源产出率。围绕电力、钢铁、建材、医药等能源消耗大的重点行业，推进"源头减量、过程控制、末端再生"的循环型生产方式。重点打造跨区域、跨行业的青山—阳逻—鄂州大循环经济示范区，形成了一批循环经济企业和循环经济园区。武汉市、黄石市、潜江市、孝感市纳入国家餐厨废弃物资源化利用和无害化处理、城市矿产示范基地、园区循环化改造等试点城市，武汉市已建成 4 座餐厨废弃物处置厂，每年处理餐厨废弃物近 800 吨，餐厨废弃物综合利用率均保持 100%，基本实现生活垃圾全收集、全处理。黄石市、大冶市、潜江市纳入国家资源枯竭转型发展试点城市。二是培育和发展生态农业。发展以农牧结合、种养结合、渔牧结合的生态立体农业循环模式，积极推进粮食、蔬菜、畜禽产品、水产品、果产品等优势农产品生态化和有机化。推进秸秆等农业废弃物和畜禽排泄物利用的减量化、无害化、资源化和生态化，进一步提升产业废物综合利用水平。仙桃市制定了畜禽养殖场生态化建设标准，探索了畜禽粪污治理利用"三全"模式。三是大力发展循环经济产业。武汉市在全国率先设立循环经济研究院，挂牌成立全国首家工程再制造业基地，设立循环经济发展专项基金，大力发展循环经济，涌现出格林美、都市环保、武新建材、光谷蓝焰等一批节能环保龙头企业，青山、东西湖两个国家级循环经济试验区循环经济发展规模和实力不断增强。黄石市华新水泥独创了国际领先水平"污泥"变"水泥"技术，在生活垃圾、工业固废、危险废物、污染土壤无害化处理利用领域处于全国先进水平。

探索资源综合利用新途径。再生资源回收利用率逐步提高。武汉市建立了报废汽车、废旧家电回收等再生资源回收体系。积极推广节能型家电，淘汰耗能高产品，鼓励购买低能耗产品。大型商场、超市销售的节能型家电占比达到 80%。积极建立完善报废汽车拆解回收体系、家电回收拆解体系。推动再生资源回收行业转型升级，以格林美"回收哥"APP 平台为代表的"互联网＋绿色文明回收"模式创新初见成效，武汉市共建成规范化回收站点 1563 个，年回收再生资源 450 万吨，占全市再生资源回收总量的 75%以上。武汉市成为全国再生资源回

图 3-1　黄石市国家城市矿产示范基地

收体系建设试点城市。鄂州市出台了《鄂州市再生资源回收管理办法》，统筹规划全市再生资源回收网点建设。孝感市孝南区形成中部地区废旧机电产品、废旧家电、废旧金属材料、废旧纤维、废旧塑料交易和加工集散中心，年回收、交易各类再生资源 60 多万吨。汉川市建成了废金属、废家电、废塑料、废轮胎等回收处理中心及再生资源集散交易市场，并建立起再生资源信息化管理系统和再生资源回收连锁经营网络。深圳市格林美高新技术股份有限公司仙桃分公司致力于电子废弃物、废旧电池等"城市矿产"报废资源的循环利用与再制造产品的研究和产业化，积极探索中国"城市矿产"的开发利用模式。

（三）创新环境治理体系

重点探索了排污权、碳排放权市场交易、环境第三方治理、生态补偿、环境保护金融工具等方面的改革。

建立环境保护市场机制。一是推进排污权市场交易。成立了华中地区第一家环境资源交易机构，构建了较为规范的交易价格市场机制。截至 2022 年 6 月底，全省累计 5205 家企业通过交易购得排污权，总交易额为 8.04 亿元。二是推进碳排放权交易。开展碳排放权交易工作，创造了流动性全国第一的碳交易市场，持续推进碳排放交易试点建设，纳入控排企业 332 家，截至 2022 年 6 月底，湖北碳市场配额累计成交 3.67 亿吨，成交额 87.44 亿元，处于全国"第一方阵"。三是推进污染治理市场化运营。推进环境第三方治理，鼓励社会资本采取合资合作、资产收购等方式，参与城镇生活污水处理、垃圾收运利用等准经营性行业项目建设运营，实行污染治理设施专业环保公司运营。深入推进绿色信贷与绿色保险，督促重点排污企业购买污染责任保险，污染责任保险保额突破 1 亿元。四是改革城市污水和生活垃圾处理费征管办法。中心城区居民按照每吨用水 1.1 元，非居民生活用水、特种用水污水处理费按照每吨 1.37 元的标准征收污水处理费，费用用于污水的处理、污水厂的改扩建以及日常的维护管理等。生活垃圾处理费通过供水企业对缴费对象在收取水费时一并收取生活垃圾处理费。五是建立垃圾分类处置利用体系。武汉市构建"全程闭环"的分类体系，开展"全民参与"的宣传活动，全市已有 3.4 万余家单位、831 个社区、1080 个行政村开展分类工作，分类覆盖率分别为 65%、61% 和59%，覆盖户数近 261 万户。

建立生态环境补偿长效机制。印发了《关于建立省内流域横向生态补偿机制的实施意见》，推进武汉城市圈有关市县积极建立和实施流域横向生态补偿机制。截至 2021 年，全省已有 83 个县（市、区）初步建立了流域上下游横向生态保护补偿机制，武汉城市圈 42 个县（市、区）围绕长江武汉段、梁子湖、澴河、府河、陆水河、斧头湖、白莲河、巴水、大冶湖、天门河、通顺河和道观河等重点河流建立了流域横向生态补偿机制。

完善水环境保护体制机制。修订《湖北省县域节水型社会达标建设实施方案》，完成 31 个县域节水型社会达标建设。印发《湖北省节水行动实施方案》，将三条红线各项控制指标分解到年度，纳入政府绩效考核体系。推行河湖长制并纳入对各级党委、政府年度目标考核项目和党政"一把手"工程，在河湖长制全面实施的基础上，纵向完善五级河湖长责任体系，横向配强联系部门、河湖警长等协同力量，强化监督考核、奖惩问责、公众参与等保障措施。2021年，长江、汉江、清江等主要河流水质总体为优。全省 326 个省控断面水质优良比例为 88.7%（289 个），较 2020 年上升 0.8 个百分点；劣 V 类比例 0.3%（1 个）。全省县级以上集中式饮用水源地质达标率持续为 100%。

专栏1 湖北省鄂州市生态价值核算和生态补偿实践

2019 年 6 月，全国人大预算工委就"绿水青山转化为金山银山的实践探索——湖北省鄂州市创新生态价值实现路径"起草了报告。同年 6 月 20 日，国务院办公厅要求有关部委就鄂州生态价值实践进行研究，并向国务院提交报告。2020 年，多位中央领导在报告上批示。鄂州案例有关情况如下。

一、案例背景

鄂州市位于湖北省东部、长江中游南岸，拥有湖泊 133 个、水域面积 65 万亩，是著名的"百湖之市"，境内的梁子湖被誉为全国十大名湖之一。但由于钢铁、水泥等产业比重过高，传统的珍珠养殖业大量投肥投料影响水质，鄂州市的生态环境一度亮起了"红灯"，部分水系的水质恶化为 IV 类以下，梁子湖出现水面面积和库容减少、野生鱼类资源逐年下降等问题。为深入推进生态文明建设，践行"绿水青山就是金山银山"理念，鄂州市近年来坚持生态优先、绿色发展，以湖北省首批自然资源资产负债表和领导干部自然资源资产离任审计试点为契机，实施鄂州市生态价值工程，在生态价值计量、生态补偿、生态资产融资、生态价值目标考核等方面开展制度设计和实践探索，取得了良好成效。

二、具体做法

按照价值实现的内在逻辑，鄂州市将生态价值工程分为四个环节：首先是自然资源调查与确权，摸清家底、夯实生态价值实现的基础；其次是生态价值计量，将自然生态系统提供的各类服务和贡献，统一计量为无差别的货币单位；再次是生态价值应用及实现，将价值计量的结果运用于各区之间的生态补偿；最后是开展考核，推动生态责任制度化。通过环环相扣的制度设计和试点探索，鄂州市在解决生态环境"痛点"的同时，探索构建了促进生态产品供给和价值实现的长效机制。

（一）开展自然资源调查与确权登记。鄂州市以自然资源调查评价为基础，制定了自然资源确权登记试点办法，建立了统一的确权登记数据库和登记簿。对生态环境良好的梁子湖区各类自然资源进行确权登记，摸清了自然资源的权属、边界、面积、数量、质量等信息，建立了自然资源存量及变化统计台账，形成归属清晰、权责明确的自然资源资产体系，为编制自然资源资产负债表、推动生态价值核算奠定基础。

（二）采用当量因子法开展生态价值核算。鄂州市与华中科技大学合作，依据自然资源基础数据和相关补充调查数据，采用当量因子法开展生态价值核算。根据植被丰茂度、降水量、各区水质、环境与生态质量等因素，对国内学者提出的"单位面积生态服务价值当量表"进行修正，建立反映当地特征的当量因子表，共涵盖水域湿地、水田等 8 类自然生态系统，每一类又包括原料生产、净化环境、水文调节、生物多样性等 11 种生态系统服务。根据各类自然资源实物量及对应生态系统的当量因子，分别计算各区的生态系统价值总量，并选择 4 种具有流动性的生态系统服务（气体调节、气候调节、净化环境、水文调节）进行生态补偿测算。按照生态服务高强度地区向低强度地区溢出生态服务的原则（价值多少代表强度高低），按照各个区 4 类服务的价值量，分别核算各区应支付的生态补偿金额。

（三）推动生态补偿和生态价值显化。鄂州市制定了《关于建立健全生态保护补偿机制的实施意见》等制度，按照政府主导、各方参与、循序渐进的原则，在实际测算的生态服务价值基础上，先期按照 20% 权重进行三区之间的横向生态补偿，逐年增大权重比例，直至体现全部生态服务价值。对需要补偿的生态价值部分，试行阶段先由鄂州市财政给予 70% 的补贴，剩余 30% 由接受生态服务的区向供给区支付，再逐年降低市级补贴比例，直至完全退出。2016 年至 2020 年，鄂州市梁子湖区累计获得生态补偿资金 34393 万元（2016 年 1500 万元、2017 年 5031 万元、2018 年 8286 万元、2019 年 9215 万元、2020 年 10361 万元），由鄂州市财政、鄂城区和华容区共同支付。

（四）推动生态责任制度化。鄂州市出台了《生态文明建设目标评价考核办法》《绿色发展指标体系》等制度，将生态服务价值指标纳入各区年度考核，每年组织检查考核。实行领导干部自然资源资产离任审计，加强审计结果应用和整改督导，将审计整改情况作为各部门、各区领导班子年度考核、任职考核的重要依据，建立保障绿色发展的体制机制。

三、主要成效

（一）生态产品供给不断增加。鄂州市在梁子湖区全面推进重大生态工程，实现农村生活污水全收集全处理；城镇绿化率持续增加，梁子湖区累计造林近 8 万亩，通道绿化近 700 公里，森林覆盖率显著提高；通过退垸还湖、退渔还湖、退田还湖，还湖面积达到 4.1 万亩；空气质量明显好转，二氧化硫、PM10、PM2.5 等三项污染物指标明显下降。

（二）生态产品价值实现渠道逐步畅通。为了保护梁子湖的水质，梁子湖区全面退出一般性工业，每年减少近 4000 万元的税收；退出珍珠养殖面积 7000 余亩，被誉为"华中珍珠第一镇"的东沟镇全面放弃珍珠产业。但是实施了生态价值核算和生态补偿后，梁子湖区的"好山好水"有了价值实现的途径。从 2016 年至今，因溢出生态服务价值，梁子湖区共获得鄂州市及其他区的生态补偿资金 3.4 亿元，主要用于农村污水处理、环湖水源涵养林带建设、水生植被修复、沿湖岸线整治等生态保护修复，不断夯实生态基础。梁子湖区利用优美生态环境和毗邻武汉等优势，重点发展有机农业、乡村旅游等生态产业，在保护生态的同时带动村民增收致富。

（三）让"生态优先、绿色发展"的理念深入人心。近年来，鄂州市自然资源资产负债表编制、领导干部自然资源离任审计、生态服务价值年度目标考核等工作已实现了常态化，引导各区经济转型和转变发展方式。在"生态优先、绿色发展"理念的指导下，鄂州市各区、各乡镇大力推进污水处理、垃圾转运、村湾美化、荒坡复绿、水源地保护等生态保护修复和环境治理工作，积极探索水库灌溉权质押融资、林权收益权转让及融资、排污权交易等市场化运作的生态价值实现路径，让保护生态者和提供生态服务者受益、占用资源者和享受生态服务者付费，真正激发了"共抓大保护、不搞大开发"的内在动力，推动建立生态产品价值实现的长效机制。

探索生态环保金融工具建设。一是推进绿色信贷与绿色保险。督促重点排污企业购买污染责任保险，污染责任保险保额突破 1 亿元。积极探索多渠道支持生态环境保护的投入机制。2022 年，共下达地方政府专项债券 968.63 亿元，用于支持城市圈内生态环保、城乡基础设施补短板等领域项目建设；鼓励和指导市县通过政府和社会资本合作（PPP）补齐公共服务短板，在污水处理、环境改造等方面发挥重要作用。武汉城市圈生态建设和环境保护、污水处理、垃圾处理类 PPP 项目共计 105 个，总投资超 1000 亿元。二是成立环境产业企业担保基金。支持环境服务业发行企业债券、短期融资券、中期票据等，破解中小型环境服务企业融资难题，促成 20 多家企业实行污染治理设施专业环保公司运营。鄂州市出台《推行环境污染第三方治理试点方案》。三是推进企业环境污染责任保险。印发《关于开展环境污染责任保险试点工作的通知》，确定重点在生产、经营、储存、运输、使用危险化学品企业和易发生污染事故的石油化工企业、危险废物处置企业进行试点。宝武钢等 8 家大型企业已与保险公司签订环境污染责任险，总保额 2500 万元，参保范围和试点规模位居全国前列，污染责任保险保额突破 1 亿元。

（四）创新科技支撑体制机制

重点探索了科技成果"三权"管理改革、区域创新体系构建、成果转化、园区互动、人才开发与建设等方面的改革。

深化科技成果"三权"管理改革。探索建立提升自主创新能力的体制机制，深化科技成果"三权"管理改革。规定科研人员科技成果转化收益分配比例可达 99%，修订《湖北省实施〈中华人民共和国促进科技成果转化法〉办法》，完善促进科技成果在鄂转移转化体制机制，提出支持探索赋予科研人员成果所有权或者长期使用权。围绕关键技术深入实施重大科技专项。在高新技术产业领域，面向先进制造、光电子信息材料等 5 个重点技术领域，推进高新技术产业集群化发展。大力推进创业孵化基地建设，截至 2021 年，湖北全省共建有国家级科技企业孵化器 75 家、省级科技企业孵化器 154 家，省级以上众创空间 372 家，在孵企业 2 万余家，拥有有效知识产权超 5.3 万项，带动就业超 15 万人。2021 年，湖北省级以上孵化载体新培育高新技术企业超 800 家，约占当年全省新认定高企总数的 20%，吸纳应届大学生就业超 1.2 万人。

完善区域创新体系。一是完善基础创新平台布局。加强基础研究平台的统筹规划和顶层设计。截至2021年，已建有湖北实验室10家，国家重点实验室（含国家研究中心）30个，省级重点实验室182家，已建和在建重大科技基础设施6个。截至2021年，已有7个湖北实验室实体化运营，3个重大科技基础设施和2个国家重点实验室成功获批，脉冲强磁场设施优化提升、作物表型组学研究设施和深部岩土工程扰动模拟设施等3个重大科技基础设施列入国家发改委"十四五"专项规划，建成国家级人类遗传资源库，成立武汉产业创新发展研究院和武汉量子技术研究院。二是强化技术创新平台建设。引导企业加大研发投入，不断加强技术创新能力，支持企业建设重点实验室、工程技术研究中心等重大平台，截至2021年，建有10个国家级企业重点实验室，583个省级以上工程技术研究中心，10个省级技术创新中心。三是探索新型研发机构建设。积极推进产业技术研究院、产业创新联合体、企校联合创新中心和专业型研究所（公司）建设。截至2021年，建有37家产业技术研究院，建立公共卫生领域新型研发机构研发项目储备库，已提交58个项目。

完善科技成果转化助推机制。一是构建科技成果转移转化服务体系。建设湖北技术交易大市场，构建科技服务资源和科技服务机构聚集区。加快国家技术转移中部中心建设，打造国家级技术转移机制完善和模式创新示范区，在全省形成了以国家技术转移中部中心为核心、联动各地区服务机构的科技成果转移转化服务网络。二是大力发展科技成果转化服务机构。培育技术转移中介服务机构，技术转移机构快速发展，技术转移人才队伍不断壮大，截至2021年，建设国家技术转移示范机构20家（位居中部第一），省级技术转移示范机构97家，科技成果转化中试熟化基地116家。累计培训技术转移专业人才3000余人次，开展"联百校转千果"等各类科技成果推荐会60余场。三是科技金融助推科技成果转化。进一步扩大省创业投资引导基金规模，截至2021年底，省创业投资引导基金财政到位资金9.38亿元（含同作高投资本金1亿元），累计参股设立创投子基金30支，总规模达214.4亿元，引导全省注册设立股权投资机构857家。实施科技金融服务"滴灌行动"，加强与银行、保险、担保、再担保、创投、区域股权交易市场等金融机构部门的战略合作，不断优化科技金融产品与服务模式，联合金融机构推出"科技验收贷""高新贷""科技云贷""再担科创贷"等金融创新产品，推动科技成果转化。

创新产业园区互动发展机制。一是发展各类创新产业园区。截至2019年，武汉城市圈共有国家级高新区7家，总体上形成了以东湖高新区为龙头，孝感、仙桃、咸宁、黄冈、黄石大冶湖、潜江高新区等多点布局的整体架构，打造湖北沿长江、汉江串珠布局的高新技术产业发展带。建有省级以上农业科技园区54家，其中国家级10家；省级以上可持续发展试验区24家，其中国家级12家。二是充分发挥东湖高新区引领带动作用。积极推进光谷科技创新大走廊建设，编制完成《光谷科技创新大走廊核心承载区总体发展规划》。以东湖高新区为核心承载区，联动武汉市武昌区、洪山区、江夏区，辐射带动鄂州市、黄石市、黄冈市、咸宁市，形成"一核一轴五城多点"的战略布局。

创新人才开发与配置体制机制。围绕人才评价机制、人才使用流动机制、扩大用人单位自主权、绩效分配等方面，省委、省政府出台《关于深化人才引进人才评价机制改革推动创新驱动发展的若干意见》《关于实行以增加知识价值为导向分配政策的实施意见》等系列政策，不断完善人才发展体制机制，创新活力竞相迸发。2019 年 8 月，中国武汉人力资源服务产业园获批建立国家级人力资源服务产业园。

加强人才队伍建设。引导科技创新人才服务一线，启动"百县千镇万人工程"，累计选派 5153 名科技特派员到农村一线开展创新创业。推进"省双创战略团队计划""省百人计划""省人才创新创业计划""省引进外国人才和智力专项"等。截至 2019 年，在鄂两院院士达 75 名，入选科技部"创新人才推进计划"人才 171 名，创新团队 23 个，省级引智创新示范基地 11 个，获批国家创新研究群体 30 个。

（五）创新产业结构优化升级的体制机制

重点探索了产业一体化、国企改革、产业发展的激励约束机制和非公经济发展等方面的改革。

建立优化区域产业布局引导机制。推动圈内各市之间的产业协同发展，加强产业关联地区之间的分工和协作，促进生产要素在区域间合理流动，实现互利共赢，构建层次分明、梯度有序、分工明确、布局合理的产业空间格局。依托东湖高新区、武汉经济开发区等产业集聚区，加大对产业配套关键环节的招商引资，形成良性产业配套。武汉已经分别在圈内 8 个城市建立了 22 个"园外园"。咸宁市先后建成"中国·光谷咸宁工业园"、武汉经济开发区"咸宁工业园"等产业转移示范园区，仙桃市与武汉东湖新技术开发区合作，共建中国光谷仙桃产业园。圈域各城市利用武汉在交通区位、销售市场、科技信息、人才等方面的优势，积极将企业研发中心、销售中心迁往武汉，助推武汉总部经济发展。咸宁市依托武汉的科技优势、人才优势，加强与武汉市的产学研合作，全市有 100 多家企业与武汉高等院校、科研院所合作共建产品研发中心或工程技术中心；黄石围绕电子信息、生物医药、机械装备制造等积极与武汉对接，武汉重冶、光谷北斗、光谷激光、光谷生物城等一批项目分别在黄石建设基地；天门市湖北华世通生物医药科技有限公司将其总部、研发基地和贸易公司设在武汉生物产业基地；天门纺机与华中科技大学建立了协作关系，在武汉建立了研发中心。

专栏 2　湖北黄石着力推动四个转变　谱写转型发展新篇章

从 20 世纪八九十年代开始，黄石就开始走上转型发展之路。2008 年、2009 年，大冶、黄石先后列入全国资源枯竭型城市转型试点，特别是列入首批国家产业转型升级示范区后，为转型发展注入了强劲动力，与 2007 年比，全市经济总量实现了翻两番。主要做法是：

一是推动产业发展从"一业独大"向"多业并举"转变。统筹推进三产协调发展，到 2021 年，全市服务业占 GDP 比重达到 47.8%，形成制造业和服务业双轮驱动格局。

统筹推进传统产业提质和战略性新兴产业扩能，五年累计完成工业技改超900亿元，新兴产业经济贡献率达35%，特别是电子信息产业迅猛发展，PCB产业规模全国前三，全球每100台新下线汽车中15台用到黄石PCB板，全球每3部智能手机中1部用到黄石PCB板。

二是推动发展动能从"要素驱动"向"创新驱动"转变。2021年，全市高新技术企业470家、实现三年倍增，高新技术产业增加值占GDP比重达23%，居全省第2位。黄石入选国家创新型城市，建成电子元器件国家创新型产业集群和有色金属、特钢两个国家火炬特色产业基地。

三是推动城市功能从"单一体系"向"综合枢纽"转变。充分发挥黄石临江、临港、临空、临光谷优势，大力推进铁水公空"四港"联动，建成长江中游第一条公铁水多式联运示范线路，入选全国性综合交通枢纽，获批国家跨境电商综试区和综合保税区。

四是推动生态环境从"工业锈带"向"生活秀带"转变。坚持长江大保护，坚决抓好中央环保督察反馈问题整改销号，深入推进"双碳"战略在黄石落实落地。全市复垦工矿废弃地7万亩，造林绿化60多万亩，土壤污染综合防治先行区建设经验在全国推广，2020年全市空气优良天数比达85.5%。

五是推动城市建设从"老旧拥挤"向"宜居宜业"转变。以抓全国第一批城市更新试点为契机，推动老工业城市颜值、品质和价值全面提升。目前黄石建成区绿化覆盖率达40.42%，成功创建国家卫生城市、国家森林城市，是全省5个常住人口正增长城市之一。

深化国有企业改革。一是推进股权多元化改革。截至2021年底，全省4441户国有企业中，1996户企业实施了混改，占比44.94%。省属各级出资企业1344户中混改企业866户，混改面达到64.63%。完成一批重大股权多元化改革项目，省交投集团、湖北机场集团和顺丰集团合作，总投资600多亿元，推进湖北国际物流核心枢纽项目建设。开展员工持股试点，推广中南工程咨询设计股份有限公司员工持股试点经验，对中南设计集团7家子公司全面实施股份制改造，引入员工持股。二是推动调整重组。将省建科院和湖北省城规院整体划入中南设计集团公司。完成了湖北铁投集团、省高投公司的重组提升。将南方集团重组进鄂旅投。组建湖北省联合交易集团，打造全省统一的综合性交易平台。推动省高新投重组兴华教育投资有限公司，成为其第一大股东。按照"产业相近、行业相关、优势互补、一企一策"的原则，积极推动湖北省域合资铁路公司整合重组工作。三是推进经营性国有资产统一监管，积极推进省长投集团与清能集团战略重组。协调推进党政机关及事业单位与所办企业脱钩，将鄂康物业公司与省直机关房屋服务中心脱钩，划转至省长投集团所属省房投集团。推动组建新的产业集团，推动组建湖北长江检测产业集团、湖北农垦集团，做大国资增量，提高国资运营效率。

探索建立产业发展激励约束机制。建立了产业负面清单和准入制度，严格执行产业项目节地、节能、节水、环保、安全等准入标准。通过技术改造专项、产业集群发展资金、中小企业发展专项、信息产业专项资金等项目推动武汉城市圈的产业升级。以推进节能减排和淘汰产能为重点，在钢铁、有色、建材行业开展了"两型"企业试点和重点产品能效对标活动，采取了设立淘汰落后产能省级奖补资金、差别电价等一系列综合措施促进落后产能淘汰。从 2016 年开始，在省级设立淘汰落后产能省级奖补资金 0.5 亿元，支持钢铁煤炭行业化解过剩产能。截至 2021 年，省级财政通过争取中央资金、省级预算安排以及整合相关资金等方式，多渠道筹集资金 4.8 亿元支持城市圈区域钢铁煤炭化解过剩产能工作。

优化非公有制经济发展环境。推动大众创业、万众创新，鼓励创业带动就业。深化商事制度改革，深入推进"放管服"改革，全面推行企业开办"210"新标准，实现企业开办 2 个环节、1 天内办结、零费用。优化营商环境，出台"黄金 30 条""新 30 条""十必须十不准"等多项举措，充分弘扬"店小二"精神，为企业发展保驾护航。改革红利全面释放，市场主体规模显著增长。出台政策鼓励专业技术人员离岗创业，对大学生、农民工、就业困难人员等自主创业给予创业补贴。创业税收优惠在国家规定额度内按最高标准执行。大力开展创业培训，每年培训创业者超过 10 万人。强化创业担保贷款政策，提高贷款额度，建立总额 25.4 亿元的创业担保贷款基金，累计发放创业担保贷款 44.3 万笔 390.6 亿元。大力推进返乡创业，以"我兴楚乡、创在湖北"为主题，出台返乡创业三年行动计划，加强返乡创业示范县、返乡创业园等载体和平台建设。鼓励建设创业孵化基地、创业园区、众创空间等"双创"服务平台，共同营造了关心支持创业的强大气场。

（六）创新统筹城乡发展的体制机制

重点探索了城乡规划、现代农业发展、新农村建设、城乡公共服务均等化等方面的改革。

建立健全城乡统筹规划和管理体制机制。推进"多规合一"实用性村庄规划编制，通盘考虑土地利用、产业发展、居民点布局、人居环境整治、生态保护和历史文化传承，统筹国土空间保护与开发利用，优化生产、生活、生态空间布局，严守生态保护和耕地红线，合理安排农民建房、产业发展、公共服务设施、基础设施等各项建设。

建立健全发展现代农业体制机制。强化政策支撑，全面推进农业"三项补贴"改革，支持耕地地力保护和粮食适度规模经营。抓好粮食生产，大力实施"藏粮于地、藏粮于技"战略，开展"两区"划定、高标准农田建设，推进农业绿色高质高效创建，粮食安全省长责任制被国务院评为优秀。调整优化农业结构，以发展循环农业、生态农业为重点，大力推广绿色种养业，"虾稻共作、稻渔种养"面积达到 680 万亩，"潜江龙虾"品牌价值达到 238 亿元。壮大农业产业集群，大力实施农产品加工业"四个一批"工程，创建特色农产品优势区，加快培育农业企业等新型农业经营主体，延长提升农业产业链、价值链。截至 2021 年，武汉城市圈成功申报 8 个中国特色农产品优势区。

建立推进新农村建设体制机制。推进农村能源建设，开展以沼气为纽带的生态循环农业示范区建设，推进农作物秸秆综合利用，打造优质沼气工程，农村能源发展水平得到较大提高。开展农村人居环境整治，大力管控农村生活污水，所有乡镇污水厂已全部建成并投入运行，处理能力达 170 万吨／日。在全国率先颁布农村改厕地方标准，农村无害化厕所普及率已达 75.19%，卫生厕所普及率 87.6%。推进农村信息化建设，实施信息进村入户工程。培育农民专业合作经济组织，大力发展托管经营、代耕代种、联耕联种等多种形式的专业化服务，增强农业社会化服务能力。

加快城市公用事业改革。按照"公交优先""规模化、集约化"发展思路的总体思想，指导道路运输企业转型发展，助力城乡公共交通服务均等化。潜江市在 2020 年完成全域公交改造；黄石、仙桃两地"城市周边 20 公里范围内城乡客运公交化运营比例达 50% 以上"；仙桃—天门、鄂州葛店—武昌、鄂州—黄冈、浠水散花—黄石等城际公交线路稳定运行；武汉、荆门、仙桃、潜江等部分地市城际约租客运服务稳步开展，已基本形成了城际、城市、城乡、镇村四级公共客运服务网络。

创新基础设施共建共享体制机制。一是推进城市圈对外高速公路通道畅通工程和普通国省道升级改造工程。重点建设城市圈内承东启西、接南纳北的高速公路通道。进一步提升武汉、黄鄂黄的交通枢纽的功能，完善跨区域出口公路的布局，初步形成城市圈高效辐射周边中心城市的对外公路运输通道。二是着力完善枢纽集疏运体系。以国家"重点打造"国际性综合交通枢纽为契机，加快推进武汉城市圈客运枢纽、物流园区等项目建设，着力提升综合枢纽服务功能。建成和谋划一批多式联运铁水联运枢纽、多式联运物流港、现代物流产业集聚示范区·现代物流园、客运枢纽、换乘中心等重点项目，武汉天河机场三期扩建工程通过验收，T3 航站楼启用，汉口北客运中心投入运营。

建立和完善覆盖城乡公共财政体系。支持教育优先发展。加强政策、制度和标准设计，严格落实财政教育支出责任，确保实现"两个只增不减"。完善非义务教育培养成本分担机制，综合考虑经济发展状况、培养成本和公民承受能力等因素，建立与拨款、资助水平等相适应的收费标准动态调整机制。加快推进公共文化服务体系建设。继续落实公益性文化场馆、公共体育场馆免费或低收费开放政策，大力推进基层"四馆三场"、县级融媒体中心、新时代文明实践中心和新全民健身工程建设，夯实公共文化体育服务空间。规范和完善转移支付制度，增强基层政府提供公共服务的能力。设立县级基本财力保障转移支付，并建立稳定增长机制，支持武汉城市圈基层政府实施公共管理、提供基本公共服务以及落实国家各项民生政策。加大涉农资金整合力度。按照"管总量不管结构、管任务不管项目、管监督不管实施"的原则，将资金切块下达到县级，扩大县级项目资金安排自主权。重点支持贫困县开展涉农资金统筹整合，集中资金支持武汉城市圈 12 个贫困县脱贫摘帽、2204 个贫困村脱贫出列、215 万贫困人口脱贫销号，为全省全面打赢脱贫攻坚战奠定了坚实基础。推行购买公共服务，完善"以钱养事"机制。公共服务财政保障和提供方式从"养人养事"转变为"以钱养事"，推动了事业单位分类改革进程，提高了财政资金使用效益和政府公共服务提供水平。武汉城市圈所属县（市、区），推进农村公益性服务"以钱养事"机制处于全省前列。完善"乡财县管乡用"体制。武汉城市圈所属县（市、区）的财政所均实行了"乡财县管"，按照乡财县管乡用体制，积极落实了"预算共编、账户统设、集中收付、采购统办和票据统管"的要求，有力地推进了乡镇财政建设。

统筹城乡公共服务体系建设。建立健全公共就业服务体系。推进就业网办建设，落实"互联网＋人社"2020 行动计划，推进"一网覆盖、一次办好"改革。组织开展就业公共服务事项及要素梳理工作，共梳理服务事项清单 37 个，做到了"同一事项、同一标准"。建立统筹城乡的社会保障体系。完善职工养老保险制度。打破参保条件限制，实现法定人员全覆盖。完善居民养老保险制度，城乡居保待遇稳步提升。落实被征地农民养老保险补偿制度。加强工伤保险制度建设。建立完善工伤预防、补偿、康复相结合的工伤保险制度体系，做实工伤保险市级统筹，推进工伤保险省级统筹。

（七）创新节约集约用地的体制机制

重点探索了节约集约用地机制、城乡土地管理、被征地农民补偿等方面的改革。

大力推进土地节约集约利用。推进闲置低效用地处置、单位 GDP 地耗下降、土地利用综合监管"三个攻坚战"，以地税部门代征土地闲置费促进闲置用地的及时有效利用。积极开展低丘缓坡土地综合开发利用和工矿废弃地复垦调整利用试点、开展农村承包地经营权转让交易试点。进一步推进城乡建设用地增减挂钩试点工作，促进新农村建设和城乡统筹发展。规范农村集体建设用地使用权流转，建立健全城乡统一的用地交易市场。天门市建立了市、镇、村三级土地流转服务平台，全市农村土地流转率达到 49.5%。扩大城乡建设用地指标占补平衡范围，黄冈市制定《耕地占补平衡项目管理暂行办法》，建立市级耕地指标储备库，深入开展单位 GDP 地耗评估考核和土地利用绩效考核，对前五年供地率低于 60% 的地区暂停用地审批。

健全城市土地市场运行机制。城市土地储备制度不断完善。积极开展编制土地储备计划工作，建立了统一的土地市场，开展了国有建设用地使用权二级市场试点工作。土地市场运作机制基本形成。开展利用集体建设用地建设租赁住房试点工作，出台试点项目规划用地审批流程，推进土地二级市场试点，拟定土地二级市场转让、出租、抵押、交易诚信管理等制度，土地二级市场网上交易平台建设取得初步成效。

创新农村集体土地管理方式。开展以土地流转股份化、政府服务全程化为主要内容的农村土地经营体制机制创新试点工作。孝感市组织村集体、农民和公司三方，共同组建了全省首家土地股份合作社——湖北龙岗土地股份合作社。实现了让土地变股权，让农民变股民。在经营机制上采取"龙头企业＋合作社＋农户"合作共赢模式，在利益分配上采取"保底租金＋盈余分红＋打工收入"农民增收模式，在生产销售上采取"工厂育秧＋机械插收＋公司销售"现代农业模式。

完善被征地农民补偿制度。新一轮征地补偿标准采用仅制定区片综合地价标准的方式，不再制定统一年产值标准。征地补偿平均标准与社会经济发展水平、人均收入、土地供应关系、人均耕地面积等相匹配，调整后，全省征地补偿平均标准增长 34.37%，在中部六省排名第三。

（八）创新财税金融体制机制

重点探索了财税改革、促进金融主体发展和农村金融等方面的改革。

深化财税体制改革。一是深化省以下财政收入划分改革。印发《关于进一步调整和完善分税制财政管理体制的决定》，进一步完善省以下财政收入管理体制，将原财政管理体制规定的省级共享税收收入全部下划到市县。制发《关于落实增值税留抵退税分担机制及预算管理有关工作的通知》，明确省增值税留抵退税分担办法，优化地方收入分配，支持武汉城市圈经济发展。二是推进省以下财政事权与支出责任划分。出台《湖北省省以下财政事权与支出责任划分改革实施方案》，明确省以下政府间的权责划分，省与武汉城市圈域内市县之间的财政关系得到进一步规范。三是优化财政体制激励约束机制。完善县级财政管理绩效综合评价体系，制定《湖北省市县财政管理绩效综合评价方案》，建立奖惩机制。出台《支持市州高质量发展激励资金暂行管理办法》《支持县域经济高质量发展激励资金暂行管理办法》，对市县经济发展好、招商引资成绩优、税收收入增长快的地区予以奖励。四是推进资源税改革。出台《湖北省资源税法实施准备工作方案》《关于资源税具体适用税率标准、计征方式及免征减征办法的决定》，在实行从价计征改革后，税收与资源调价挂钩，可实现资源税与矿石价格、企业盈利水平同步增长。同时，通过挤压高品位资源经营者的利润空间，使磷矿石开采和加工企业更加重视中低品位矿石的开采和利用，减少"采富弃贫"、浪费资源现象的发生。

推进金融主体建设。积极推进以产权市场、票据市场等为特征的华中地区金融中心建设。武汉市建立了江汉区服务业发展引导资金。建立"银行＋政府"金融模式，开发科创贷、小创贷等金融产品。建立了江汉区战略性新兴产业发展引导基金，着力培植孵化新兴产业。汉口银行、武汉农村商业银行先后获批，民生银行金融租赁公司、12家小额贷款公司正式运营，建设银行、交通银行等16家金融机构后台服务中心落户武汉。企业直接融资取得较大进展，新增上市公司9家，募集资金总额达到60亿元以上。引进南洋商业银行武汉分行等4家优质金融机构。黄石市引进长江证券、国泰君安、汉口银行，增加了金融服务主体，优化了金融服务环境。天门市引进湖北银行设立分支机构，引进汇丰银行在村镇设立银行。培育多元化金融主体，各市均成立了小额贷款公司。截至2021年底，全省共有上市公司407家，其中境内129家、境外25家、新三板253家。2021年募集资金总额达到124亿元以上。

推进农村金融改革。天门市改革创新农民抵押担保方式，积极推进农村土地流转经营权抵押贷款试点工作，出台《天门市农村土地流转经营权抵押贷款试点办法》。大冶深化"两权"抵押贷款试点工作，累计发放农村土地承包的经营权抵押贷款648笔，累计投放金额9.3亿元，贷款余额1.62亿元。

（九）创新对内对外开放的体制机制

重点探索了涉外经济、大通关、海关特殊监管区域、市场一体化等方面的改革。

深化涉外经济体制改革。一是加快境外经贸合作区建设，促进企业集群发展。密切跟进商务部对境外经贸合作区有关支持政策，培育和打造一批省级境外经贸合作区，加大对园区的政策扶持和服务指导力度，积极推动企业充分利用园区优惠政策、集成信息、配套服务等抱团发展，提升整体竞争力和影响力。二是加强对外投资合作项目的风险防控。进一步加强对外投资合作项目服务和督查，引导企业科学选择投资和合作方式，规范境外经营行为，加大境外风险防范和处置力度，提高企业国际化经营管理能力。强化企业风险意识，及时发布风险预警信息，妥善处置各类境外突发事件，确保省"一带一路"项目平稳发展。三是积极搭建交流对接平台，推动企业抱团合作。充分发挥"走出去"企业战略合作服务联盟工作机制，梳理一批重点项目，开展精准精细的"绣花式"对接，推动成员企业通过联合体、工程分包、产业链合作等方式形成利益共同体，抱团出海。四是优化利用外资结构和出口结构。重点扶持汽车及零部件、IT 产品、传播、服装和特色农副产品出口基地建设，完善服务贸易和服务外包产业发展的政策法规，加强对外投资促进和服务体系建设，培养跨国公司，改进外汇管理与服务，推动对外贸易便利化。

建立资本技术和产业转移承接机制。一是建立重大外资项目服务机制。建立重大外资项目数据库，对重大项目和重大活动签约的外资项目，建立协调推进机制。开展"访外企、解难题、优服务、促发展"春风行动，精准对接外资企业，与企业"面对面""心连心"，一企一策，分类施策，帮助企业纾难解困。二是充分利用各类平台抓好外资招商。坚持"请进来"与"走出去"相结合，根据产业布局合理谋划外资重点招商项目，组织参加东北亚投资贸易博览会、中国西部投资贸易博览会以及日韩、英国、德国、荷兰展会专场等境外招商平台；组织实施"2019 世界 500 强对话湖北"等系列活动。三是努力做好国家级经开区创新提升。充分利用中央外经贸专项资金，有针对性地支持国家级经开区开展招商推介、推进信息服务平台建设、进行规划编制等。做好武汉中法生态城示范推广，推动孝感日商产业园提档升级。

完善"大通关"制度。仙桃 B 保封关运营，武汉经开综保区、黄石港扩大开放、黄石进境粮食指定监管场地通过验收。扩宽国际通道。武汉江海直达航线稳定运行，阳逻港外贸集装箱吞吐量创历史新高。中国湖北—日本关西江海直航国际联运项目实现首航。与北欧经贸通道建设加快推进。中欧班列（武汉）新开通至匈牙利、比利时、西班牙线路。拓展口岸功能。2019 年，武汉新港空港综保区实现一线进出口货值 67.3 亿元，同比增长 1.6 倍。各特殊商品进境指定口岸作用进一步发挥，冰鲜水产品、肉类指定监管场地进出口分别同比增长 1.5 倍、2.8 倍。优化通关环境。出口整体通关时间较 2017 年压缩 93.5%，进口整体通关时间压缩 54.8%，初步达到国家"五年内进出口整体通关时间压减一半"的要求。开展免除查验没有问题外贸企业吊装移位仓储费用试点工作，惠及外贸企业 836 家。天河机场实现 7×24 小时通关。加快推进中国（湖北）国际贸易"单一窗口"建设，各项指标居中西部前列。

加快海关特殊监管区域建设。加速推进海关特殊监管区域和保税物流中心的申报建设、整合优化、转型升级和发展运营，开放高地效应逐步显现。武汉新港空港综保区于 2017 年正式封关运行；原武汉出口加工区于 2018 年 11 月获批升级为武汉经开综合保税区，2019 年通过验收后正式封关运行；2018 年先后提请省政府向国务院报送了设立宜昌、襄阳、黄石综保区的申请。目前全省经国务院批准设立综保区共 4 个，数量居中部第二位，对外开放优势进一步增强。2019 年，武汉东湖、新港空港、经开等 3 个综保区合计进出口 175.1 亿元，以全省 0.006% 的国土面积实现全省 4.4% 的进出口总量，已成为跨境电商、出口加工、保税物流的重要集聚区。先后获批建设 B 型保税物流中心 5 个，其中位于武汉城市圈的有黄石 B 型保税物流中心和仙桃 B 型保税物流中心，均已封关运营。

推进区域市场一体化。推行市场准入一体化，营造城市圈宽松平等的准入环境。围绕市场准入一体化，以政策创新试验和商事制度改革为抓手，持续降低门槛、简化流程、优化服务，降低制度性交易成本。推进监管执法一体化，提高城市圈市场监管效能。坚持把事中事后监管作为职能转变重点，按照"宽进严管、放管结合"要求，进一步更新监管理念，创新监管方式，推进建立以信用监管为核心的新型监管机制。推进信用信息一体化，实现城市圈信息互联互通。以城市圈信息网络与电子政务一体化为基础，以信用信息管理系统为支撑，积极构建"一点采集、全省共享"城市圈信用信息公示共享体系。推进质量提升一体化，不断助推城市圈高质量发展。2007 年以来，大力实施质量强省、品牌强省战略，深入开展质量提升行动、质量技术基础建设和产品质量安全整治提升行动，持续推进城市圈高质量发展。推进知识产权保护一体化，大力实施城市圈品牌发展战略。不断优化知识产权保护体制机制，在城市圈实现机构整合，建立健全严保护、大保护、快保护、同保护的知识产权保护工作体系，有力推进城市圈品牌发展。推进消费维权一体化，打造城市圈放心消费环境。先后开展"放心消费保护行动"和"放心消费创建"系列活动，建立完善互联互通 12315 网络和体系机制，建立跨区域维权工作互动机制，加强维权执法联动，不断提升城市圈消费维权工作效能。推进业务平台一体化，提高"两圈一带"市场监管信息化水平。以圈内市场主体准入、监管执法、质量监管和消费者权益保护四个一体化的信息化保障为重点，统一建设武汉城市圈业务信息化应用平台，统一省市的业务流程、工作模式和业务系统，实现武汉城市圈业务应用平台的统一运行。

（十）创新行政管理体制和运行机制

重点探索了政府职能转变、行政审批制度改革、城市圈区域合作机制等方面的改革。

加快转变政府职能。推进政企分开、政资分开、政事分开、政府与市场中介组织分开，把公共服务和社会管理放在更加重要的位置，努力建设服务型政府。取消微观管理、行政审批、评比表彰等事项，将技术性和具体事务交给事业单位或中介组织，市县有关部门积极做好省级下放调整的行政审批事项的衔接工作；梳理和解决部门之间职能交叉和关系不顺问题，明确和强化部门责任，建立关系协调、配合顺畅的运行机制。

深化行政审批制度改革。武汉市深化工程项目审批改革，落实多审合一、多证合一，合并选址与用地预审、用地规划许可与建设用地批准书，形成审批流程图，实现审批和相关服务事项市民之家全入驻，开展建筑业资质承诺制审批试点。孝感市出台《孝感市行政权力和政务服务事项目录》，清理审核市级行政许可事项 90 项，是全省唯一取消非行政许可审批事项的地市。鄂州市深入推进"放管服"改革，实行"一窗受理、集成通办"和"88 政务"模式，38 家单位、企业 1559 项政务服务事项全部进驻市民中心办理，企业登记注册实现 2 个工作日办结；工程建设项目审批事项精简至 73 项，商事登记制度改革加速推进，工商注册登记实行"三十六证合一"。

建立健全武汉城市圈政府间高效协调机制。建立健全九市之间、省直部门和各市相关部门多层次联席会议等协调机制，围绕"五个一体化"建设，打破行政壁垒，统筹区域规划、产业布局和财政投入，优化资源配置，项目联动，共建共享，创新行政运行机制，实现政府间的高效协同推进。

推进电子政务建设。整合现有政务网络资源，建设统一的电子政务网络，建立协同办公、资源共享、科学管理的运行机制，提高电子政务应用水平。推进政务信息公开，完善公开办事制度，扩大政务信息公开的范围和内容。大力推进"一网通办"改革，建成全省一体化在线政务服务平台，建立网上办事"高速公路"，实现群众办事"一网受理"。自 2019 年以来，已实现政务服务网省市县乡村五级全覆盖。截至 2021 年底，"鄂汇办"APP 累计上线便民服务 3690 项，其中省级便民服务共 434 项，市州便民服务共 3256 项。以电子政务建设为突破口，推动圈域和全省信息化进程。

（十一）创新同城化发展体制机制

重点探索建立武汉市与周边八市的合作机制，共同推进五个一体化建设。

在基础设施一体化方面。全长 560 公里的武汉城市圈环线高速于 2020 年正式"画圆"贯通，进一步织密了湖北高速路网，"承东启西、接南纳北"的高速公路骨架网络基本形成。四条放射线型城际铁路（武汉—咸宁、武汉—孝感、武汉—黄石和武汉—黄冈）全长 270 公里，均已经正式通车。内河水运以武汉长江中游航运中心为建设目标，长江"645"航道整治工程武汉至安庆段已开工建设，汉江汉口至蔡甸段 2000 吨级航道整治工程已基本建成，武汉、孝感、仙桃、潜江、荆门区域内汉江航道将达到 2000 吨级标准。武汉新港"以港兴城、港城互动"成效显现，综合交通枢纽建设加速推进。筹划与鄂州市联手开通光谷至葛店开发区的城市公交线路。

在产业布局一体化方面。建立产业跨区合作机制，通过援建、托管、股份合作、招商合作等模式推动共建产业园区。探索建立总部在武汉、基地在周边，研发在武汉、产业在周边，营销在武汉、产品在周边，注册在武汉、生产在周边等"产业互动模式"，与孝感、黄冈、潜江等市在汽车、化工、纺织、临空经济等多个产业上进行有序流动与双向转移。依托天河机场，武汉、孝感联合打造武汉临空产业经济区；依托鄂州机场，鄂州、黄石、黄冈联合发展航空物流、电子商务及配套产业，打造临空产业集群。黄石、鄂州、黄冈鄂东城市主动融入武汉，推进产业分工有机协作，促进产业发展一体化，打造"光谷科技创新大走廊"，强化关键共性技术跨区域联合攻关和转化。据不完全统计，武汉在鄂州、孝感、咸宁、黄冈、潜江、仙桃、天门等地投资的工业项目达 550 多个，投资总额共 180 多亿元，设立"中国光谷·孝感产业园""中国光谷·仙桃产业园"等 20 余个"园外园"基地。

在基本公共服务一体化方面。建立了较为完善的公共服务和社会保障共建共享机制。武汉市优质医疗资源通过托管、医联体的形式，向其他八市输出品牌、人才、技术、管理理念和管理模式，武汉三级医疗机构与周边八市开展"双向转诊和院际会诊"，推出武汉城市圈农村居民健康"一卡通"，武汉以外的城乡居民也充分享受到了武汉的医疗资源。鄂州华容区全域启用027号码，武汉城市圈通信一体化取得突破。武汉市中心城区与对口县市区开展校际之间合作交流，基础教育领域互派教师对口合作，义务教育县域均衡基本实现，圈内高校组建教育联盟。全面放开以个人身份参加企业职工养老保险，完善转移接续办法，适应流动性，建立圈内劳务交流与合作平台。

在区域市场一体化方面。积极推进以产权市场、票据市场等为特征的华中地区金融中心建设，汉口银行在鄂州、黄石市设立分行，武汉大型商贸企业加快向圈内城市发展，城市圈农产品直通武汉超市，完善圈域农村市场网络，组建了武汉城市圈名优农产品营销协会，构建连锁经营市场体系，截至2021年，武汉市商业企业在城市圈设点210家左右。

在环境保护一体化方面。探索跨区域水生态修复与保护机制，建立城市圈水质月报制度，推进梁子湖、溻水等跨流域和跨地市的环境协调机制，建立综合性危险废物处理中心，设立废弃电器和电子产品集中处理场，建设区域性汽车拆解中心，加强城市圈污水、垃圾处理设施共建共享。

三、改革经验做法

（一）坚持法规先行，以制度引领改革

一是率先建立和实施促进"两型"社会建设的法律法规。2009年7月31日，湖北省人大常委会通过《武汉城市圈资源节约型和环境友好型社会建设综合配套改革试验促进条例》，为"两型"社会建设提供了法律保障。在工作中创新改革、先行先试，2019年3月18日，在武汉正式启动了排污权交易试点工作。27日，成立了"湖北环境资源交易所"。2010年6月21日，国家财政部和环保部联合下发了《关于同意湖北省开展主要污染物排污权有偿使用和交易试点的复函》，湖北省排污权交易正式被纳入国家试点。2011年6月30日，全国首家再生资源交易所——武汉城市矿产资源交易所落户青山区。二是探索多样化的生态补偿方法。2009年9月，依据出台的《溻水河流域生态补偿方案》，溻水河成为湖北省首个实施水环境生态补偿的试点河流。后续《关于进一步规范基本生态控制线区域生态补偿的意见》《长江武汉段跨区断面水质考核奖惩和生态补偿办法》等一系列方案的出台，进一步深化和完善了生态补偿方案。根据《武汉市生态环境损害赔偿制度改革实施方案》，在全国同类城市中率先建立市直部门和各区生态环境保护同责机制。

（二）坚持自主创新，加快转变经济增长方式

一是大力推动自主创新。加强了产学研协同创新，引导高校、科研院所与企业建立合作机制，形成一批长期、稳定、制度化的产学研利益共同体。推动技术、人才、资金等创新要素向企业集聚，进一步巩固提升了企业技术创新的主体地位。二是着力培育战略性新兴产业。推进

电子信息、生物医药、节能环保、新能源、新材料等产业快速发展。青山区、东西湖区申报国家循环经济试点。以青山区国家级循环示范区为龙头，建立了青山—阳逻—鄂州大循环经济示范区，创办了武汉循环经济发展研究院和实验室，总规模200亿元的武汉循环经济产业投资基金获得国家发展改革委批准，通过试点示范，率先在长江中游地区转变发展方式，形成"两型"增长新模式。

（三）树立绿色理念，建立绿色生活方式和消费模式

把节约资源和保护环境观念渗透到机关、企业、社区、家庭、学校，大力弘扬"节约光荣、浪费可耻"的社会风尚，提高全社会的节约环保意识，为"两型"社会建设营造良好环境氛围。开展创建"两型机关""两型企业""两型社区"建设等活动，逐渐形成低碳、绿色的"两型"生活理念。特别是通过创建"两型学校"，开展"节约一滴水、节约一度电、节约一张纸、节约一元钱"活动，教育引导未成年人从身边小事做起，在自觉、自主参与中培养节约意识，逐步由节能、节约意识向节制升华，成为推动"两型"社会建设的小主人。倡导绿色消费，强化绿色管理，突出环境保护，促进商业、餐饮、娱乐业健康发展。全面禁止商场、医院等机构提供免费塑料包装，禁止旅馆、酒店、餐馆主动提供一次性用品。以"节地、节能、节水、节材"为重点，以最少的能源投入、最低的资源消耗和最小的环境干扰，营造安全、健康、舒适的绿色空间，改善人居环境，推动绿色建筑发展。位于武汉光谷的新能源研究大楼"马蹄莲"，因

图3-2　武汉光谷新能源研究大楼"马蹄莲"获得中国绿色建筑评价最高级

广泛应用光伏发电、中水回用、智能电网等节能环保技术，在中国绿色建筑评价标准中获得最高级。公共自行车的"武汉模式"向全省和长江中游地区延伸辐射。以碳积分为核心概念，编制实施《第七届世界军人运动会碳中和行动启动方案》，发布了"低碳军运"微信小程序，将市民个人绿色低碳行为的减排贡献进行量化，以抵消军运会办赛过程中产生的碳排放，在全社会较好地营造了绿色低碳氛围。

第四章　长株潭城市群"两型"社会建设综合配套改革试验

在长株潭城市群设立全国资源节约型和环境友好型社会建设综合配套改革试验区，是国家落实科学发展观、建设资源节约型和环境友好型社会、转变经济发展方式的重大战略部署，是促进区域协调发展、构建中部崛起重要支点的重大战略布局。自 2007 年 12 月长株潭城市群全国"两型"社会建设综合配套改革试验区获批以来，特别是党的十八大以来，湖南省委、省政府坚持以习近平生态文明思想为指引，按照国务院批准的《长株潭城市群资源节约型和环境友好型社会建设综合配套改革试验总体方案》，分三个阶段高起点、高标准统筹推进长株潭"两型"社会建设。历经十多年探索，长株潭改革试验的"四个定位"总体实现，"三个率先"全面落实，形成了特色鲜明的"长株潭城市群绿色发展模式"，走出了一条中部重化工业城市群打好污染防治攻坚战、实现绿色转型发展的路子，形成了一批可复制、可推广的生态文明体制改革经验。试验区已成为推动湖南绿色崛起的国家动力、引领全省高质量发展的核心增长极、展现湖南发展成就和光辉前景的闪亮名片。

一、改革实践探索

站在新的历史方位回顾总结，长株潭"两型"综改试验是国家动力引领地方发展的生动体现，锻造了地方切实践行习近平生态文明思想的鲜活案例。

（一）服务国家大局，积极谋划申报

21 世纪初期，我国处于工业化的初期阶段，粗放型经济增长模式尚未转变，资源短缺和环境污染等矛盾日益突出。在此背景下，中央明确提出建设资源节约型和环境友好型社会，并确定为国民经济与社会发展中长期规划的一项战略任务。湖南省准确领会中央精神，把握改革机遇，于 2007 年 4 月 6 日，正式向国家发展改革委提出，以"两型"社会建设为主题，申报长株潭城市群国家综合配套改革试点。2007 年 12 月 14 日，经报请国务院同意，国家发展改革委批复长株潭城市群为"全国资源节约型和环境友好型社会建设综合配套改革试验区"。2008 年 12 月 22 日，国务院批准《长株潭城市群资源节约型和环境友好型社会建设综合配套

图 4-1　2009 年 1 月，湖南省人民政府举行省长株潭"两型办"成立授牌暨国务院批准长株潭城市群"两型社会"建设改革试验总体方案新闻发布会

改革试验总体方案》及附件《长株潭城市群区域规划（2008—2020 年)》。

（二）结合湖南实际，高位扎实推进

为贯彻落实中央改革部署，高起点、高标准推进综合配套改革试验区建设，湖南确立了"省统筹、市为主、市场化"的原则，构建高规格、跨区域、跨部门的协调管理机制。先后成立以省委书记任顾问、省长任组长的协调委员会和省委常委任书记、主任的试验区工委、管委会。建立覆盖省、市、县三级的试验区工作系统，明确各市党委、政府为改革建设的决策、实施、责任主体。坚持把改革方案体系、规划体系、标准体系和综合评价体系建设作为试验区顶层设计的核心内容，构建了以总体改革方案、长株潭城市群区域规划为龙头，128 个专项规划、专项改革方案等组成的多层次、全覆盖的改革建设规划体系，形成了试验区改革的时间表、路线图、任务书。省委、省政府在 2009 年、2011 年、2016 年出台推进长株潭试验区三个阶段改革建设的专门文件，先后部署 36 个省内改革试点，评选发布 81 个生态文明改革创新案例。

（三）紧扣生态文明，深化试验主题

党的十八大特别是十八届三中全会以来，湖南认真领会并自觉践行习近平生态文明思想，进一步提高政治站位，把握全面深化改革的形势和要求，调整完善改革思路，对试点主题进一步深化。编制出台了省级生态文明改革方案，把"两型"改革和生态文明改革融为一体，与全

面深化改革一同谋篇布局。建立"两型"重点工作责任分工、年度绩效考核等制度，合理设置考核指标，突出绿色考核导向，把节能、节地、环保等指标及工作完成情况纳入全省绩效考核。先后在湘江流域治理、生态绿心保护、老工业区改造等重大改革中，推进了一批体制机制创新，着力在重化工业比重较高、能源资源利用效率低的条件下探索产业绿色转型的路子，在累积污染较重、环境问题集中爆发的条件下，探索城乡生产生活绿色转型的途径。

二、改革进展成效

按照党中央、国务院关于"两型"社会建设的总体战略部署，长株潭"两型"试验区紧盯"三个率先"改革目标任务，以资源节约和高效利用为核心创新资源节约体制机制，以污染防治攻坚为重点创新环境保护体制机制，稳步建立促进环境保护、资源节约的政策支撑体系、考核评价体系、技术创新体系、标准规范体系、明责问责体系，构建起了较为完整的生态文明制度体系，形成了以"两型"改革引领绿色发展的生动局面。

（一）突出生态文明制度建设主题，构建了有利于资源节约、环境保护的新机制

建立了资源有偿使用制度和生态补偿制度。一是建立完善绿色价格机制。推进自然资源及其产品价格改革，建立完善且充分反映市场供求关系、资源稀缺程度、环境损害成本的资源要素价格形成机制。从 2007 年 2 月开始，对电解铝、铁合金、水泥等 8 个高耗能行业实施差别化电价。从 2010 年 7 月开始，对超过单位能耗限额标准的企业和产品实施惩罚性电价。从 2012 年起，长株潭城市群启动居民用水、电、气阶梯价格改革，推行非居民用水超定额累进加价政策。二是建立城镇污水处理费动态调整机制。长株潭三市城区污水处理费提高到居民用水每吨 0.95 元、非居民用水每吨 1.4 元的征收标准，有效弥补了城区污水处理设施的运营维护成本。三是完善生态补偿制度。出台《湖南省湘江流域生态补偿（水质水量奖罚）暂行办法》，遵循"按绩效奖罚"的原则，对湘江流域跨市、县断面进行水质、水量目标考核奖罚，倒逼市县做好湘江水环境保护。在此基础上，探索和建立涵盖全省"一湖四水"的全流域生态补偿机制，省境全流域的生态保护补偿机制建设工作已经全面启动。

构建了资源总量管理和全面节约制度。一是建立土地集约节约利用制度。完善开发园区周转用地管理。根据开发园区前三年平均实际供地量，将开发园区周转用地指标分为三档，优先保障开发园区重点产业项目用地需要，确保重大招商项目快速落地，防止开发园区粗放用地行为。建立工业用地弹性供应制度。以坚持市场化改革和推进新型工业化为导向，在全省范围内推行"弹性年期出让""先租后让""租让结合"三种供地方式并存的工业用地供应制度，提高工业用地节约集约利用水平，降低工业企业用地成本，保障实体经济企业用地需求。创新节约集约用地模式。探索形成了立体空间综合开发节地、高层标准厂房节地、农民高层公寓式安置节地、公共资源共享节地、新农村土地综合整治节地、城市道路节地等六种模式，被国家相关部门推广。二是完善最严格的水资源管理制度。建立覆盖省、市、县三级的用水总量、用水效

率和限制纳污能力指标体系，全面开展对市州实施最严格水资源管理制度情况考核。将万元工业增加值用水量和重要水功能区水质达标率两项指标纳入省政府对市州政府绩效评估和省全面建成小康社会推进工作考核，通过考核强化水资源的约束作用，落实"以水定城、以水定地、以水定人、以水定产"。全面推进节水型社会建设，长沙、岳阳、湘潭、株洲、郴州、常德六市建成国家级节水型城市。三是建立能源消费总量管理和节约制度。修订《湖南省实施〈节约能源法〉办法》等地方性法规，在资兴市、宜章县、汝城县、桂东县等地开展能源消费总量和强度双控红线划定，出台湖南省合同能源管理指导性意见，建立"能效领跑者"制度。同时，建立矿产资源开发利用管理制度，完善矿产资源有偿使用制度、矿业权出让制度。建立矿业权人"黑名单"，完善矿产资源节约集约开发机制。

建立了环境保护的体制机制。一是探索环境污染第三方治理。推进环保设施建设和运营专业化、产业化。整合使用财政安排的涉环资金，在城镇污水垃圾处理、农村环境整治、土壤重金属污染治理、江河湖泊治理等领域项目，引入合同环境服务、政府和社会资本合作（PPP）以及委托运营等第三方投资、建设和运营。二是率先开展企业环境信用评价，倒逼排污单位加强整改。2012年，在全国率先构建企业环境信用评价系统和工作机制，建立企业环境信用等级升降级制度，每年针对国控污染源等1500家左右重点监管企业实施动态评价。三是搭建环境权益交易平台，盘活各类环境权益资源。2011年，获批全国首批排污权交易试点，试点范围逐步从长株潭三市扩展到湘江流域八市，并从2015年1月起在全省所有工业企业全面实施，交易指标由化学需氧量、二氧化硫两项增至七项，交易（管理）机构发展到11家。制定、推行和完善全省污染物排放总量控制等法规，制定全省碳排放权交易总量设定与配额分配方案。四是推进长株潭地区重金属污染耕地修复及农作物种植结构调整试点。2014年以来，以治理受污染耕地安全利用、保障农产品质量安全为重点，将长株潭地区170万亩耕地纳入试点。推广以"淹水法"为主的水稻安全生产综合配套技术40万亩，探索形成了"VIP+n"控镉技术模式，筛选了一批安全可食用替代作物品种，有效减少了超标粮食生产。五是探索多元联动的农村环境治理模式。长沙市按照"一事一议"原则，在不增加农民负担的前提下，鼓励农民自愿投入环保基础设施。浏阳市广泛发动群众创建"幸福屋场"，每个屋场均成立理事会，制定自治章程，常态化开展日常保洁、管理维护等工作。长沙县果园镇率先在全国成立了承担农村垃圾分类处理的民办非企业组织——长沙县果园镇农村环保合作社，探索形成"户分类、村收集、乡中转、县处理"的垃圾分类处理模式。株洲市通过分级投入的方式推进城乡环境同治，探索形成了"市级统筹、财政下拨、部门支持、乡镇配套、村组自筹结合"的多元投入模式。攸县率先在全国开展城乡环境同治工作，组织各乡镇村组成立卫生协会，聘请村级保洁员，组建保洁队伍，受益农户按照每户每月5—10元的标准自筹卫生费，用于村级保洁工作，成效显著，并在全国推广。

构建了法治、市场、技术协同的湘江流域综合治理机制。湘江是湖南人民的"母亲河"，但重金属污染问题突出。湖南省将湘江保护与治理确立为省政府"一号重点工程"，探索综合治理机制，为我国区域环境共治提供了经验。一是坚持促引结合、防治并举，出台系列法律法规，强化了流域治理的法治保障。颁布《湖南省湘江保护条例》，配套制定了各重点区域污染整治实施方案、主体功能区规划、环境保护责任终身追究制度等，形成一整套江河流域保护的综合性地方性法规制度体系。二是组织产学研协同攻关，推进了重金属污染治理的技术改进。实施"湘江流域重金属污染防治技术研发与应用"等重大专项，研究并推广重金属废水生物处理、净化与回用新工艺，冶炼废渣二次利用、城市黑臭水体治理等一批关键技术，攻克了污酸治理等世界性难题。三是重视发挥市场作用，形成了政府、企业、社会协同的流域治理模式。通过集成创新河长制、产业准入与退出、流域生态补偿、环境信用评价等体制机制，先后对19个工业行业700多户企业实行落后产能淘汰，对国家"一五""二五"期间重点布局的株洲清水塘、湘潭竹埠港等老工业区进行搬迁改造，形成上下游联动、水陆联动、存量消化与增量遏制联动，政府、企业、社会协同的流域治理模式，有力地推动了重点污染片区的绿色转型。

2014年10月27日，旗滨玻璃集团烟囱全部拆除，标志着株洲旗滨玻璃生产在株洲市区全面关停

清水塘地区重金属污染治理项目——大湖治理项目（治理前）

旗滨玻璃集团关停后石峰山下焕然一新

清水塘地区重金属污染治理项目——大湖治理项目（治理后）

图 4-2　株洲清水塘治理

形成了"两型"基础制度体系。一是责任体系。率先在全国出台实施省级环境保护工作责任规定、重大环境问题（事件）责任追究办法等，以环保督察、离任审计等落实各级各部门的环保责任，以信用评价、排污许可等落实各行各业的环保责任，以行为准则、公益诉讼等落实社会各界的环保责任，形成多元共治的环保责任体系。二是评价体系。率先建立涵盖资源节约、环境友好和经济社会三大领域29项具体指标的"两型"评价体系，对市、县进行评价，发布评价标准，后根据国家统一部署，提升为发布省、市绿色发展综合评价年度报告，督促各市加快绿色化进程。三是考核体系。建立"两型"重点工作责任分工、年度绩效考核等制度，把节能、节地、环保等指标及工作完成情况纳入全省绩效考核。出台生态文明建设目标评价考核办法，对市州党委、政府生态文明建设进展情况实行年度评价、五年考核。四是法治体系。颁布实施关于保障和促进试验区工作的决定，出台《湖南省湘江保护条例》《湖南省环境保护

条例（修订）》《湖南省长株潭城市群生态绿心地区保护条例（修正）》《湖南省实施〈中华人民共和国土壤污染防治法〉办法》等关涉资源环境重点领域的地方性法规，开展大规模执法检查和多次专题检查。设立环境资源审判庭、生态环境资源检察处等专门机构，加强行政执法和刑事司法联动，切实保障公众环境权益。五是标准体系。将绿色理念、要求、方法注入经济活动、城乡建设、公共服务等领域，转换为 80 多项标准、规范、指南，统筹环保、节能、节水、循环、低碳、再生等标准，培育实施主体。同时，在国家发展改革委和国家认监委的指导和支持下开展第三方认证，政府职能部门定规则、抓监管，以政府购买服务的方式，授权具备相应能力的第三方认证机构开展自愿性认证，对通过认证的机构进行颁证授牌，研究建立认证奖励政策，在相关专项资金安排上予以倾斜，或可比照享受相关财税、金融等政策支持。通过建立"绿色标准＋认证"体系，解决了生态文明建设缺乏可量化指标、可约束手段、可追溯管理、可评价依据、可持续机制等难题，探索出了一条用标准指导实践、助推绿色发展和生态文明建设的新路子。

通过上述改革，长株潭生态环境质量显著改善。一是生态环境更加优良。天更蓝。2020年，全省 14 个市州城市环境空气质量平均优良天气比例 91.7%，连续多年超过全国平均值。长株潭城市群空气质量明显改善，优良率比例从 2013 年的 55.3% 提高到 2020 年的 85.7%。水更清。2020 年，全省 60 个国考断面水质优良率为 93.3%，比 2019 年提高 1.6 个百分点。国考断面全面消除劣 V 类水质，长江干流湖南段和湘资沅澧干流全面达到或优于 II 类水质，干流所有断面重金属浓度全面达标并持续好转。长株潭三市辖区省控水质监测断面水质综合指数变化改善程度居全省前列，长株潭地区地表水环境质量全部达到或优于 III 类，区域水环境质量同比明显改善。地更绿。2020 年，长株潭地区森林覆盖率为 56%，比全国平均水平高出 33 个百分点。三市人均公园绿地面积、绿地率、绿化覆盖率均已达到国家生态园林城市标准，分别获得国家园林城市命名。二是资源节约成效突出。2006—2020 年，长株潭地区万元GDP 能耗年均下降 5.65%，超额完成年度和中长期节能目标任务。2010 年，启动固定资产投资项目节能审查，并根据实践经验不断优化节能审查工作机制，先后梳理提出"免审"行业目录、出台区域评估办法，从源头控制能耗增长。2016—2020 年，通过节能审查累计核减能耗 16.26 万吨标准煤（当量值）、24.52 万吨标准煤（等价值）。用水效率稳步提升，2020 年全省万元 GDP 用水量下降率 30.9%，万元工业增加值用水量下降率达 38.5%，新增高效节水灌溉面积 161.33 万亩。三是重点污染防治有效推进。湘江流域水质显著改善，重金属污染有效遏制。2013 年以来，累计投入各类资金 500 多亿元，关闭流域涉重金属污染企业 1182 家，治理水土流失面积 1207 平方公里，复绿矿山 1500 多公顷。典型老工业区旧貌换新颜。株洲清水塘老工业区改造，使得湘江最大的污染源实现了"脱胎换骨"；长沙市有序推进土壤污染治理与修复，完成原坪塘蜂巢颜料化工有限公司含重金属废渣及污染土壤治理、七宝山地区庙冲尾矿库闭库及锰污染综合治理、宁乡黄材历史遗留锰渣治理等污染土壤修复工程；湘潭市对竹埠港城区老工业区改造，重点实施"退二进三"行动，打造出了"湘江第一岸"竹埠港新城。

（二）突出新旧动能转换，探索了传统重工业化城市转型的新路径

建立产业准入退出提升机制，推进传统产业绿色转型。一是严格项目准入标准。严格执行投资项目用地、节能、环保等准入门槛，倒逼企业进行低碳化、循环化、园区化改造，有色加工、陶瓷、服饰、烟花等传统产业转型升级，大力退出落后产能。二是促进产业提升机制。加强工业新兴优势产业链建设，构建产业生态。建立工业重点用能企业在线监测管理、工业清洁生产审批、合同能源管理、资源综合利用产品认证等制度，推动企业技术改造升级。长株潭 31 家企业成为国家绿色工厂，三家园区成为国家级绿色园区，50 家企业成为省"两型"制造工业企业。三是构建产业退出机制。对采用国家明令淘汰的工艺和设备的企业，以及地处饮用水源保护区的排污企业等，不予工商年检注册，不予发放生产许可证、排污许可证，不予贷款。四是强力推进老工业基地产业转型升级。对长沙坪塘、株洲清水塘、湘潭竹埠港、娄底锡矿山等老工业区实施整体搬迁改造，对长株潭范围内 67 个矿山实施"矿山复绿"。长沙坪塘老工业基地对异地重建企业优先贷款，对列入强制淘汰、强制搬迁或关闭、限期治理的企业不予信贷支持；退出企业自主开发需改变土地用途，经审核符合发展规划、产业政策和环保要求的，可直接按规划用途补办土地出让手续，出让金的 50% 可返还给企业。

专栏 1　老工业区的"脱胎换骨"之路

株洲清水塘老工业区作为国家"一五""二五"期间重点建设的 8 个老工业基地之一，从 2014 年起以壮士断腕的决心打响清水塘老工业区整体搬迁改造攻坚战，探索出了一条"土地收储 + 搬迁奖补 + 转型支持 + 就业帮扶"的清水塘老工业区搬迁新路子。到 2018 年底，261 家企业全部关停，收储自有土地企业 56 家，帮助有意愿且符合条件的 61 家企业实现了转移转型，完成了"两个百亿、两个三万"的艰巨任务（企业关停收储投资约 100 亿元、棚改征拆约 100 亿元，安置企业职工 3 万人、棚改居民 3 万人）。湘潭竹埠港化工产业实施"退二进三"，地方财政投入 5000 万元，对在 2013 年内主动关停的企业，根据关停进度、企业纳税总额进行奖励；对成长性好的化工企业，使之进入专业环保工业园；湘潭市取消对所在区的 GDP 考核；湘潭锰矿等成为国家矿山公园。娄底锡矿山矿区取缔 145 处选矿小作坊，关停 90 多家锑冶炼小企业，7500 多万吨废砷碱渣正在消失。

大力推广"两型"技术产品，用绿色技术壮大绿色经济。一是构建清洁低碳技术推广长效机制。省政府组织整合分散在各个部门的力量，围绕重金属污染治理、养殖污染治理、锅窑炉节能、餐厨废弃物资源化利用等重大技术问题，以重大工程为依托，政府、企业、研发机构合作，加强技术开发、检测认证、成果展示、融资、项目对接等公共服务，集中推介、推广一批清洁低碳技术，解决技术与信息不对称、技术与资金供求脱节、市场不规范等问题。二是首创

政府绿色采购制度。出台了《政府采购支持两型社会建设的实施方案》，在全国率先对符合资源节约、环境友好要求的产品，实行政府优先采购，通过产品标准体系建设、产品评审认定、采购程序化与法治化建立较完整的绿色产品政府采购制度体系，向社会鲜明地传递支持使用和生产绿色产品导向，推动形成绿色生产生活方式。累计开展 9 批绿色产品认定，共受理全国 1300 余家企业的 4607 个产品，认定了 668 家企业的 2373 个产品，纳入《湖南省两型产品政府采购目录》。三是积极发展绿色金融。建立健全绿色金融机制，出台《关于促进湖南省绿色金融发展的实施意见》等，积极发展绿色信贷、绿色债券、绿色基金、绿色保险等金融产品服务，发行全国第一支流域环境治理债券——重金属污染治理专项债券，建立全国第一只"两型"产业基金；试点全国首批强制环境责任保险，涉及重金属及其他高环境风险投保企业 2248 家。加大湘江治理金融支持力度，多维撬动对湘江治理的金融投入，累计投入 588.2 亿元。

推进科技创新体制改革，持续注入经济增长新动能。一是推进长株潭自创区改革创新。政府引导，印发《湖南创新型省份建设实施方案》，全省各级各部门协同推进，有效引导全省创新资源向绿色关键技术领域倾斜、向绿色产业和生态环保领域集中。政策支持，出台《关于加快构建市场导向的绿色技术创新体系的若干措施》，围绕"三区一极"战略定位（创新驱动发展引领区、科技体制改革先行区、军民融合创新示范区，中西部地区发展新的增长极），完善"省统筹、市建设、区域协同、部门协作"推进机制，扩大政策辐射范围。平台服务，着力抓好绿色科技创新平台建设、管理和利用，支持一批国家重点实验室，以及国家先进轨道交通装备创新中心、省军民融合科技创新产业园、中南大学科技园、株洲动力谷自主创新园、先进传感与信息技术创新研发平台等一批重大创新载体建设。项目示范，扎实推进"产业项目建设年""100 个重大科技创新项目"。紧扣 20 条工业新兴优势产业链，布局省科技重大专项 24 个、战略新兴产业技术攻关项目 340 个。二是推行科技计划和经费管理改革。聚焦重大发展领域，将 41 类科技计划专项整合为五大类，构建了"511"科技创新计划体系，科技计划实行"三分离"和"五统一"的管理模式，创新提出省级科研项目资金管理"二十条"（即《关于完善省级科研项目资金管理激发创新活力的若干政策措施》），实施"科技经费＋"行动，推动"科技＋教育""科技＋卫生""科技＋农业""科技重大民生＋经济"等协同创新，设立了科教、科卫联合基金，优化资源配置。三是创新激励政策加速科技成果转化。率先实行"两个 70%"的创新激励政策，不断畅通知识向财富、科技成果向现实生产力转化的渠道。选择部分高校院所开展科技成果"三权"改革试点，研究制定向省属高校和科研院所全面下放科技成果处置权、收益权、所有权的具体办法。

通过上述改革，长株潭城市群经济社会取得长足发展，成为中部崛起的重要增长极。一是经济能级不断提升。经济总量不断壮大，从 2007 年到 2020 年，长株潭三市生产总值年均增长 14.5%，占全省比重由 37.7% 上升到 41.7%，带动全省经济总量实现 11.1% 的年均增长，在 2008 年、2012 年、2016 年分别迈过 1 万亿、2 万亿、3 万亿大关，进入并保持 12 年全国前十。经济效益稳步提高，2020 年长株潭三市工业增加值占全省比重达到 44.86%，比 2000 年提高 10 个百分点；地方财政收入 1527.5 亿元，占全省的 50.77%。经济实力、发展动力、创新活力日益强劲，在长江中游城市群中的核心引领地位和作用日益凸显，成为带动区域发展的重要引擎。二是产业结构不断优化。三是产业结构逐渐从高消耗、高排放、不可持续的传统工业化发展模式向低消耗、可循环、低排放、可持续的新型工业化发展模式转型。三次产业结构由2007年的9.2：46.6：44.2调整到2020年的4.8：41.8：53.4，一产、二产比重分别比2007年下降4.4、4.8个百分点，三产比重提高9.2个百分点。三市全部工业增加值由2007年的1101亿元，增加到2020年的5546.3亿元，2007—2020年年均增长14.43%，占全省工业增加值比重达到45%。三是城乡居民生活水平大幅提升。2020年，长株潭三市城乡居民人均可支配收入分别为53149元和28809元，高于全省的11451元和12224元。其中，长沙市分别为57971元和34754元，比2007年增加41818元和28415元。长株潭三市城乡居民人均消费支出均高于全省平均水平，其中长沙市城乡居民人均消费支出分别为39133元和24427元，比2007年增加26845元和19013元。

（三）突出生态型城市群建设，形成了城市群发展的新模式

创新城市群生态绿心保护模式，构建城市群生态发展的组团式空间布局。一是强化顶层设计，把好"规划关"。2011年，《长株潭城市群生态绿心地区总体规划（2010—2030）》（2019年修改）颁布实施，并推进"绿心"总体规划、城镇规划、土地利用规划、产业发展规划"四规合一"，从根本上解决"绿心"地区规划编制主体间、专项规划间的衔接缺位问题。二是出台《湖南省长株潭城市群生态绿心地区保护条例》，把好"责任关"。明确"绿心"保护的责任主体、项目审批主体和审批权限。将"绿心"保护工作纳入政府绩效评估考核的范畴，对有关乡镇人民政府制定专门的考核评价指标体系。建立"绿心"保护目标责任制，市、县、乡三级人民政府逐年逐级签订保护目标责任状。建立省人民政府和长株潭三市定期向本级人民代表大会常务委员会报告制度。三是严格落实生态功能分区，把好"准入关"。将"绿心"528.32平方公里划分为禁止开发区、限制开发区、控制建设区三个层次，严守生态保护红线，严格功能分区定位。坚决叫停不符合"绿心"规划和条例的项目，禁止工业和其他可能造成环境污染的建设项目，使"绿心"生态功能分区真正成为刚性约束。四是实施"天眼"动态监测，把好"执法关"。开发了"天眼"卫星监控系统，每季度对"绿心"地区新增建设用地行为进行全面监测，形成"天上看、地上查、网上管"的监控模式。同时，长株潭三市组建"绿心"地区联合执法队伍，逐步形成政府统筹、部门协同、区县联动的执法合力。五是完善生态补偿机制，践行"转换关"。在前期探索基础上，2020年2月，湖南省政府出台了《关于建立长株潭城市群生态绿心地区生态补偿机制的实施意见》，进一步完善绿心地区生态补偿机制，2020年省级以上公益林补偿标准提高到每亩70元以上。

专栏2　长株潭生态"绿心"保护

生态"绿心"地处长株潭三市结合部，面积528.32平方公里，植被茂盛，郁郁

葱葱。这是三市竞相开发的区域，随着城市边界不断扩张，"绿心"一度被侵蚀蚕食。试验区获批后，湖南省将保护"绿心"作为"两型"社会建设的重要任务，从规划编制、立法保障入手，实施严格的空间管制，像保护眼睛一样保护生态"绿心"，努力将其打造成城市间绿色发展的新样板。2011年3月，习近平同志视察长株潭"两型"社会建设时指出，建立生态"绿心"，是保值增值的，是长株潭与其他城市群的一个重要区别，湖南保护好这个生态绿心，50年后将在全国、全世界都有重要影响。湖南省委、省政府坚决落实习近平同志指示，出台《绿心保护条例》和《绿心总体规划》，切实加强规划与空间管控，禁止开发区、限制开发区的面积占"绿心"总面积的88.4%。2014年以来，共否决10个以上拟建禁开区的大型项目。2017年以来，"绿心"地区中央环保督察和自查自纠的1017个问题项目全部整改退出到位，"绿心"地区工业项目全面退出。长株潭通过对生态"绿心"的严格保护，强化了城市重要生态功能区优化布局及空间动态监管，使之成为长株潭城市群之间的"绿楔子"，为长株潭提供了共同的"绿肺"和重要的生态屏障。

图4-3　2012年长株潭生态绿心

创新城市群一体化发展机制，打造城市群高质量发展范本。一是在推进机制上求创新。省委主要领导亲自部署推动，建立长株潭三市联席会议制度，建立起常态化、制度化的协调机制，长株潭三市市委书记轮值担任联席会议会长，三市市长、常务副市长、相关分管副市长和发改、交通等相关部门主要负责人为成员，三市共组秘书处统筹协调日常工作，开创了合作机制、会议制度、行动计划等合作新模式，促成了一系列项目化、清单式的合作实施。二是在规划引领上求创新。《长株潭城市群区域规划》与总体改革方案同时编制、同时获批、同时实施，使规划和改革紧密结合，发挥引领作用。省人大颁布的《长株潭城市群区域规划条例》，是全国第一个为"两型"社会建设保驾护航的地方性法规。瞄准建设长株潭现代化都市圈，2020年，省委、省政府出台《长株潭区域一体化发展规划纲要》，推动城市群高质量发展。三是在同城发展上求创新。省委、省政府多次专题研究推进长株潭一体化发展，研究部署长株潭城市群规划、产业、公共服务等工作，部署实施"三通四化"等一批重大项目。围绕打造长株潭城市群"半小时交通圈"，加快推进"三干""两轨"等交通一体化项目建设，以"四完善、两加快"为抓手放大长株潭城铁的功能作用，九条城际干道（断头路）建成通车，洞株路、潭州大道、芙蓉大道快速化改造项目竣工通车，长株潭城铁西环线开工建设，三市城区内城铁站均实现了公交线路接驳。长株潭17个园区被省委、省政府授予"特色产业园"称号，三市社保卡实现省内跨地区异地联网即时结算，三市图书馆、文化馆、博物馆等80个公共文化场馆向市民免费开放，等等。

创新联防联治联控的区域环境安全管理体系。把长株潭三市作为一个大气污染治理单元，建立完善联防联控监测网络体系，同步发布 $PM_{2.5}$ 信息。编制发布长株潭三市突发环境事件应急预案和重污染天气应急预案，统一标准、统一措施、统一要求。健全湘江水质环境自动监测网络和大气环境自动监测网络。在湘江流域干流和一级支流13个跨市界断面建设88个水质自动检测站。建立湘江湘潭段生物毒性在线监控系统，全面掌握饮用水源地水质状况。开展长株潭三市地下水常规监测，全面启动国家地下水监测工程建设。三是相互签订跨界污染应急联防联控协作框架协议，开展交叉执法检查与专项行动。

通过上述改革，长株潭城市群建设水平不断提高。一是人口资源不断集聚。到2007年，长株潭三市人口总量1309.96万，占全省19.25%，2020年总量达到1669.01万，占全省25.12%，人口总量增长了359.05万，占全省比重提高了5.87个百分点。湖南人口净流出规模长期居全国前列，但长株潭城市群的人口吸引力不断提高，于2020年全面实现人口净流入（常住人口多于户籍人口），长沙市跻身千万人口城市。二是城镇化率稳步提升。2020年，三市城镇化率达76.97%。其中，长沙市的城镇化率从2007年的60.2%上升到2020年的82.6%，高于全省平均水平23.84个百分点；株洲市的城镇化率从2007年的47.4%上升到2020年的71.26%，高于全省平均水平12.5个百分点；湘潭市的城镇化率从2007年的46.57%上升到2020年的64.37%，高于全省平均水平5.61个百分点。三是城乡人居环境不断改善。城市环境质量不断提升，2020年全省县以上生活垃圾无害化处理率达到99.81%。设市城市污水处理率97.86%，县城污水处理率96.25%。长株潭三市均成功创建全国文明城市，长沙获联合国"人居环境良好范例奖"，连续12年荣获全国最具幸福感城市，成为多处"霸屏"的"新晋网红城市"；株洲由全国十大污染城市蝶变为"中国绿水青山典范城市"，两度荣获中国人居环境范例奖。农村面源污染有效治理，全面推进饮用水水源地保护、生活垃圾、污水处理、畜禽水产

图 4-4　长沙市"两型"示范村浏阳市梅田湖村

养殖污染治理等工作，农村环境面貌明显改善，新创建美丽乡村示范村 300 个、"同心美丽乡村" 37 个，基本完成改（新）建农村户用厕所任务。

三、改革经验做法

2007 年以来，试验区始终坚持党对改革试验工作的领导，始终坚持敢闯敢试、敢为人先、以思想破冰引领改革突围，始终坚持以人民为中心的发展思想，始终坚持在全国一盘棋、全省一盘棋中更好地发挥试验区的先行示范作用和辐射带动作用，形成了若干可复制可推广的典型经验。

（一）坚持党的领导是推进综合配套改革试验的根本政治保证

党的坚强领导是发挥中央和地方两个积极性，推动国家改革部署与湖南发展实际同频共振的根本保证。试验区获批后，曾出现过一些"穷人在干富人的事""现在阶段搞'两型'社会建设会耽误湖南的发展"等短视和错误的思想。湖南省委、省政府以高度的政治责任感和大局观，坚决贯彻落实中央部署要求，第十次省党代会将"四化两型"确立为全省发展战略，将"两型"改革试验与新型工业化、信息化、城镇化、农业现代化有机结合，全省上下思想认识实现高度统一。党的十八大以来，省委、省政府坚决贯彻落实习近平生态文明思想和习近平总书记关于改革的系列重要讲话精神，明确以试验区为龙头，以生态文明体制改革统揽全省"两型"社会建设和绿色湖南建设。出台省级环境保护责任规定，明确各级党委要切实把生态环境治理当作政治责任，牢固树立"一盘棋"思想，提升大局观，真正把生态环境保护和绿色发展当成全局的事来办。在党的坚强领导下，长株潭城市群乃至全省在过去10多年的高速发展过程中克服了短期利益的种种诱惑，没有走"边污染边治理"的老路，而是走上了一条生态优先、绿色发展的可持续发展之路。

（二）国家赋予的先行先试权限是推进综合配套改革试验的关键内生动力

大胆推进改革创新，既是长株潭试验区的强大动力，也是试验区的重要目的。长株潭"两型"社会试验区所取得的全方位成效，关键得益于国家在政策上的大力支持，特别是赋予试验区的先行先试权，解放了敢为天下先的湖南人的手脚。总体布局方面，加强省级层面顶层设计，出台长株潭"两型"社会试验区改革总体方案、省级生态文明体制改革实施方案，明确提出全省"两型"社会建设和生态文明体制改革的总体要求、重点任务和保障措施，形成改革时间表、任务书和施工图，同时对必须取得突破但一时还不那么有把握的改革，采取试点探索、投石问路的方法，鼓励大胆探索，勇于开拓，先后向试验区各市部署了四批次36个生态文明改革试点。案例推广方面，注重发扬基层首创精神，在试点探索的基础上，每年开展生态文明体制改革创新案例征集评选，遴选基层探索取得的新鲜经验，累计评选典型案例81个，并对经验成熟的案例进行总结提升。国家发展改革委在全国十二个试验区中首个总结长株潭试验区改革并专文呈报国务院，从四方面梳理出11个绿色发展经验案例。制度提炼方面，注重将改革探索制度化，对成熟的改革成果和改革经验及时上升为制度规定，湘江流域生态补偿、排污权有偿使用和交易、郴州三县一市生态红线制度建设改革等，相继推广到全省并以制度形式固定下来。

（三）推进产业新旧动能转换是推进综合配套改革试验的实体经济支撑

绿色发展的关键实体支撑在于实现新旧动能转换，难点在于新旧动能转换中如何做到平稳过渡。党的十八大以来，试验区积极践行"绿水青山就是金山银山"理念，实施绿色科技创新与绿色制度创新"双轮驱动"，以湘江保护治理"一号重点工程"为突破口，大力推进老工业区、独立工矿区、采煤沉陷区改造搬迁和综合治理，大量关停"三高"企业，置换出生态产业，积极培育先进轨道交通、装配式建筑等20个新兴优势产业链，形成较完善的研发体系、标准体系、制造体系和产品体系，带来了新的发展动力，抵消了旧动能退出的阵痛，实现了新旧动能的加速转换。比如，株洲市一手抓旧动能退出，推进绿色发展，举全力实施清水塘老工业区搬迁改造，累计关停搬迁包括中国企业500强株洲冶炼厂在内的261家企业，从根本上改变"高能耗、高污染、高排放"的粗放发展模式，同步实施环境治理，让"五颜六色"的清水塘回归本"清"；另一手抓新动能培育，打造中国动力谷，轨道交通、航天航空产业集群的加速崛起，三一集团、绿地集团等中国和世界500强企业的进驻以及重大项目的开工建设，让清水塘片区成为株洲新的优势产业集聚区。近年来清水塘所在的株洲市、石峰区GDP、财政收入等指标依旧保持平稳较快增长，"有阵痛无震荡"，成为新旧动能平稳转换的样板。

（四）多方参与的治理思维是推进综合配套改革试验的强大组织保障

长株潭"两型"改革试验注重有效市场、有为政府、有机社会的统一，充分发挥市场在资源配置中的决定性作用，更好发挥政府作用，推动有效市场和有为政府更好结合。全力构建"省统筹、市为主、市场化、齐参与"的合力引导新模式，联动政府、企业、社会共同参与生态文明建设，在治理能力现代化方面作出有益的尝试。一是强化省级统筹协调。试验区获批后，省委、省政府着力构建了一个高规格、跨行政区域、跨职能部门的协调管理机构，把统筹、协调、指导作为职能定位，重点在规划、政策、法规、标准、考评等方面服务全省，依靠省直单位和各市州共同推进"两型"社会建设，在全国十二个国家综合配套改革试验区中绝无仅有。二是发挥三市主体作用。长株潭三市作为改革主战场，既协调联动，又各具特色，"争奇斗艳、各领风骚"。长沙率先探索绿色发展新模式，建成全国规模最大的餐厨垃圾无害化处理中心，获评"全球绿色城市"等。株洲突出转型升级发展，摘掉了"全国十大空气污染城市"的"黑帽子"，城乡环境同治"攸县模式"在全国推广。湘潭实施创新驱动发展战略，荣获"全国科技进步先进城市""全国污染减排与协同效应示范城市"等。三是激活市场内生动力。率先推进资源性产品价格改革、企业环境信用评价、第三方治理等重大改革试点，坚持让市场参与城镇污水垃圾处理、土壤重金属污染治理、江河湖泊治理等领域重大项目建设，探索构建运用经济杠杆进行环境治理和生态保护的市场体系，着力解决市场主体和市场体系发育滞后等问题，资源环境领域市场化建设突飞猛进，政府"两型"采购全国领先，环保产业增加值年均增长20%以上。设立"两型"产业基金，发行湘江治理债券，完善产业退出利益补偿机制，推行环境污染第三方治理，建立绿色价格机制，探索多元化生态补偿机制，充分激发出市场蕴藏的活力。四是引导社会全力参与。努力构建政府、企业、社区、学校、群众共同参与格局，激发每一个主体参与"两型"社会建设的活力。建成全球第一个"两型"主题展览馆，在村庄、社区、学校、景区、小城镇广泛开展"两型"示范创建，公益环保组织健康发展，民间河长、保护江豚等活动有声有色，绿色生活、低碳消费成为新时尚。注重从娃娃抓起，涵养文化自觉，形成了"教育一个孩子、带动一个家庭、辐射一个社区、影响整个社会"的全国经验，成功将生态优先绿色发展的战略决策变成社会共识，生态文明理念深入人心，绿色发展实现共识从少到多、动力从弱到强、阻力由大到小的转变。

第五章　重庆市统筹城乡综合配套改革试验

作为中国第四个、中西部唯一的直辖市，中央一直对重庆在国家发展大局中的地位和作用寄予厚望。直辖之初，要求重庆办好"四件大事"，努力建设成为长江上游经济中心，在实施西部大开发中走在前列。习近平总书记对重庆提出营造良好政治生态，坚持"两点"定位、"两地""两高"目标，发挥"三个作用"和推动成渝地区双城经济圈建设等重要指示要求。重庆虽然是直辖市，但面积 8.24 万平方公里，常住人口 3205 万人，有 38 个区县，具有"集大城市、大农村、大山区、大库区于一体，城乡区域发展差距较大，协调发展任务繁重"的特殊市情及中等省构架、欠发达省的特征，开展统筹城乡综合配套改革试验，不仅有利于完善直辖市体制，探索省级构架下的统筹城乡发展之路，也有利于深入推进西部大开发、促进区域协调发展。2007 年 6 月 7 日，国家发展改革委印发《关于批准重庆市和成都市设立全国统筹城乡综合配套改革试验区的通知》，批准设立重庆市全国统筹城乡综合配套改革试验区。十多年来，重庆全市上下认真贯彻落实党中央、国务院部署，按照《国务院关于推进重庆市统筹城乡改革和发展的若干意见》要求，深入推进统筹城乡综合配套改革试验区工作，持续加强重点领域和关键环节体制机制创新，主要改革任务落地见效，较好地完成了试验区改革目标，成功探索到一条消除城乡二元、促进城乡一体的现实路径，不仅为重庆市经济社会发展释放了巨大的制度红利，而且为全国层面上的改革提供了政策探索和制度储备。

一、改革实践探索

国家发展改革委印发《关于批准重庆市和成都市设立全国统筹城乡综合配套改革试验区的通知》，标志着重庆市统筹城乡综合配套改革正式开启。《国务院关于推进重庆市统筹城乡改革和发展的若干意见》进一步明确了改革的战略思路和重点任务。2007 年以来，重庆市紧紧围绕改革试验任务不断加强体制机制创新，分思路设计和制度构建、试点探索和重点突破、成果巩固和调整、深化创新拓展四个阶段渐进式推进改革探索。

（一）思路设计和制度构建阶段（2007年6月—2009年6月）

这一阶段的改革，以市级政府为主导，按照中央总体部署和要求，在开展广泛深入的调查研究基础上，"立足实际、统筹规划"进行改革制度设计，改革工作重点聚焦三个方面。

构建组织体系。成立由重庆市政府主要领导任组长、有关部门负责人为成员的重庆市统筹城乡综合配套改革领导小组，研究协调重大改革事项；在重庆市发展改革委设立统筹城乡综合配套改革办公室，负责领导小组日常工作，牵头制定并组织实施年度改革工作要点和重大专项改革方案。

设计出台改革总体思路。2007年11月26日，重庆市委印发《重庆市统筹城乡综合配套改革试验的意见》。在深入调研、广泛征求意见的基础上，2009年重庆市进一步出台《重庆市统筹城乡综合配套改革试验总体方案》，明确重庆市统筹城乡发展的总体思路：围绕城乡经济社会协调发展、城乡劳务经济健康发展、土地流转和集约利用三条主线，设计了以城带乡、以工促农、城乡规划、行政管理、社会保障、基本公共服务、生态建设和环境保护、就业培训、土地利用、金融市场、内陆开放等"十二项机制"，解决"钱从哪里来""人往哪里去""土地资源合理利用"的问题。

先行启动部分体制改革。以扩权强县为主的行政体制改革和对口帮扶为主的互动发展机制改革正式实施。围绕加强土地开发整理、促进农村土地流转和规模经营的农村土地制度改革率先启动。2008年12月，重庆市报经中央同意，正式成立农村土地交易所，启动了地票交易试点，探索城乡土地联动、高效利用的新路径。

（二）试点探索和重点突破阶段（2009年7月—2012年10月）

这一阶段，重点围绕"三条主线"，以城乡二元结构最核心的要素——"人""地""钱""房"为突破口开展先行先试，坚持"基层参与、大胆探索"，充分调动基层政府积极性，在诸多专业领域和地方区域加快统筹城乡体制机制改革探索。

开展户籍制度及其配套改革。户籍制度改革是这一阶段的核心改革工作。三年多时间内，重庆市委、市政府围绕户籍制度及其附属权益改革密集出台九个政策文件，包括直接降低城市落户门槛，畅通差异化的落户制度通道，保证转户居民农村权益并获得城市就业、社保、住房、教育、医疗等权益，一步到位获得城市居民身份及相应城市居民的福利，实现城乡居民同权，引导城乡人口合理分布。

全面开展农村土地确权颁证。2010年初，重庆市实施农村土地承包经营权确权颁证以及农村土地承包经营纠纷调解仲裁法，至2011年6月基本完成农地确权，清晰界定了农民土地权益，为土地流转提供了重要法律保障。

完善地票制度促进农村土地流转。重庆市进一步加强农村土地整治、农村建设用地复垦和地票交易，不断完善复垦验收和地票交易流程、标准等制度设计，进一步统筹城乡土地利用。同时开始探索"三权"抵押融资，推动农地流转和农业规模化经营，实现农民土地财产权益。

图 5-1　重庆市江津区孔目村宅基地复垦形成耕地

建立公租房制度及配套管理体系。推行公共租赁住房制度，探索建立了城市中低收入群体全覆盖的"市场＋保障"双轨制住房供应体系。2010 年，重庆市在全国率先启动公租房建设。重庆市政府专门设立了市公租房管理局，出台了《重庆市公共租赁住房管理暂行办法》，2011年成立了重庆市公租房建设指挥部。重庆市对公租房格局位置、在建规模、配套实施以及财务可持续性等方面作出妥善安排，截至 2021 年，累计保障住房困难群众超 145 万人。

扶持小微企业发展，促进农民工就业创业。2010 年 6 月，重庆市政府出台《关于大力发展微型企业的若干意见》，在全国率先定义微型企业的规模及组织形式。2010 年 7 月，印发《重庆市微型企业创业扶持管理办法（试行）》，首开扶持微型企业发展先河。2011 年 4月、2012 年 5 月，重庆市先后出台文件加强微型企业创业贷款担保和融资服务。与此同时，重庆市开展集中居住点建设，实现水、电、路、气、房、优美环境"六到农家"，推进学校、卫生室、养老院、文体场馆、公共服务中心等农村公共服务标准化试点探索，着力提高农村居住条件。

推进改革试点示范。2010 年，重庆市出台《关于加快推进全市统筹城乡改革试点示范工作的通知》，在全市明确了 20 个集中示范点，分别围绕城市资源下乡、农业产业化发展等 10个改革重点领域，开展改革试验，在重点领域和关键环节先行先试。2011 年，重庆市又出台《关于集中建设重庆市统筹城乡示范点的意见》，明确了集中示范点建设标准，推进打造全市统筹城乡改革的"试验田"和"示范窗"。

（三）成果巩固和调整阶段（2012 年 11 月—2016 年）

这一阶段，重庆市对统筹城乡综合配套改革重点进行了调整，主要是以农村为重点，大力开展精准脱贫攻坚，加快推进全面小康社会建设。

深化农村土地制度改革，完善农村产权交易体系。深化推进农村集体资产股份化改造，为建设城乡统一的建设用地市场奠定了基础。重庆市扩大前期农村土地流转体制改革的成果，出台 9 项政策文件，进一步加强以农村承包土地、农村宅基地和集体经济为主的农村产权界定，完善农村产权交易流转体系和监督体系，促进和规范农村财产抵押融资，激活农村沉睡资产，提高农民财产性权益。2015 年 12 月，重庆市出台《重庆市地票管理办法》，重庆市农村土地交易所的交易范围从单一地票扩展到农村产权，建立起了"市—区县—街镇"三级农村综合产权流转交易市场体系。

加强公共服务供给和社会保障，促进城乡一体化发展。公共服务方面，2013 年重庆市政府将农房改造列入民生实事，持续推进农村危房改造，农民居住条件得到较大改善；2015 年着手建立起基本公共服务标准体系和规划引导约束机制，优化政府公共服务资源配置和市场投资环境，大力推进"互联网＋公共服务"行动。同时，以公租房建设和社区管理、农业转移人口就业、完善城乡义务教育经费保障机制为重点工作，不断提高对城乡居民的社会保障水平。

加快农业新模式、新机制发展。加快以龙头企业、合作社、家庭农场、专业大户为主体的新型农业经营主体培育，形成了"基地＋合作社＋农户""合作社＋农户""龙头企业＋基地＋

农户"等多种经营模式。不断加大信息化助推农业农村发展机制探索力度，全面推动农村电子商务发展，建设网商平台，完善交通、物流配套。同时，加快一二三产业融合发展，通过食品加工业和乡村休闲旅游业带动农产品增值和农民增收。

大力开展精准脱贫攻坚，加快农村开发建设。深入贯彻落实习近平总书记关于扶贫开发的重要讲话精神，大力实施精准扶贫、精准脱贫。2015 年，重庆市出台《关于精准扶贫精准脱贫的实施意见》，进一步明确重庆市脱贫攻坚目标任务，推动政策、资金、力量向贫困区县、贫困村、贫困户聚集。重庆市狠抓"1+1+13"精准扶贫精准脱贫政策措施落实，大力实施"十大扶贫行动"和"六个一批"，形成了"市负总责、部门配合、区县落实"的工作机制，2017 年底，实现 8 个国家级和 4 个市级贫困区县"摘帽"、1742 个贫困村"销号"、168.5 万人脱贫。

加快投融资体制改革，发挥投资在城乡统筹中的作用。党的十八届三中全会后，重庆市先后出台六项政策文件，重点在开放投资领域、精简下放核准事项、推广 PPP 投融资模式、规范企业投资核准备案、协调调度解决民间投资难题、改革产业发展扶持资金的分配方式等方面进行改革，在全市 35 个试点区县持续推进农业项目财政补助资金股权化改革，鼓励村镇银行发展，推动区县设立农业担保基金和农业类担保公司，大力开展资金互助探索。

（四）深化创新拓展阶段（2017—2021 年）

2016 年底，重庆市印发《进一步深化统筹城乡综合配套改革工作方案》，标志着重庆统筹城乡综合配套改革进入深化拓展阶段。党的十九大作出坚定实施乡村振兴战略的决策部署，提出要建立健全城乡融合发展体制机制和政策体系。2019 年 4 月，习近平总书记视察重庆，明确要求重庆市加快推动城乡融合发展。《成渝地区双城经济圈建设规划纲要》专章对推动城乡融合发展提出任务要求。推动城乡融合发展，既是习近平总书记交办的重大政治任务，也是新阶段重庆深化统筹城乡综合配套改革试验的重要遵循。面对新任务新要求，重庆市全面贯彻落实党的十九大和十九届历次全会精神，深入贯彻落实习近平总书记对重庆提出的营造良好政治生态，坚持"两点"定位、"两地""两高"目标，发挥"三个作用"和推动成渝地区双城经济圈建设等重要指示要求，坚持问题导向和目标导向，立足重庆市城乡区域发展差距仍然较大、协调发展任务依旧繁重的基本市情，以城乡融合发展为主攻方向，以推动城乡"人、地、钱、技"等要素双向自由流动作为重要任务，为统筹城乡综合配套改革注入新的强大动力。

建立城乡融合发展工作机制和政策体系。建立重庆市城镇化工作暨城乡融合发展工作联席会议制度，由分管发展改革工作的市政府常务副市长担任召集人，分管城镇化、农业农村工作的市政府副市长担任副召集人，市发展改革委等 32 个市级有关部门为成员，统筹协调城乡融合发展工作。重庆市委、市政府印发《关于建立健全城乡融合发展体制机制和政策体系的实施意见》，提出一系列改革措施，着力推动要素在工农之间、城乡之间合理流动。

推进国家城乡融合发展试验区建设。2019 年 12 月，重庆西部片区（荣昌、潼南等 9 个区）获批全国城乡融合发展试验区。以"规定动作"为重点，与"自选动作"相结合的方式，重庆市编制印发《国家城乡融合发展试验区重庆西部片区实施方案》，把城乡融合发展与促进"一区两群"协调发展结合起来，在市内选择长寿、綦江—万盛、垫江、忠县、武隆、秀山等条件较好的 6 个区县开展市级城乡融合先行示范区建设，围绕各项城乡融合发展改革试验任务共同探索、互学互鉴，实现改革联动、成果共享。

畅通城乡要素双向流动的制度性通道。贯彻落实中央决策部署，重庆市印发《构建更加完善的要素市场化配置体制机制重点改革措施》，对土地、劳动力、资本、技术、数据等要素市场化配置改革作出系统部署，为破除阻碍要素自由流动的体制机制障碍，进一步激发全社会创造力和市场活力提供了政策支撑。城乡有序流动的人口迁徙制度进一步完善，初步实现城市落户"无条件"，办理落户"无梗阻"，人才入乡"有通道"，如巴南区探索城市人才入乡"同村同权"试点，确保城市人才入乡"进得来、留得住"。加快探索进城落户农民依法自愿有偿退出农村权益制度，如铜梁区引入城市资本推动农民依法自愿有偿转让退出所有农村权益，在集体经济成员总数不变的前提下，通过集体经济组织统一开展股权市场化交易，置换集体经济组织成员（股东）身份，逐步实现集体经济组织统一经营管理集体权益；巴南区开展进城落户农民农村权益自愿有偿退出与利用试点，推动整户退出农村"四权"（土地承包经营权、林地承包经营权、宅基地使用权、集体收益分配权），交由村集体通过"入股＋保底分红"方式把收回的宅基地和房屋交由社会资本开展合作经营。

加快推动城乡公共资源均衡配置。全面推进棚户区和城中村改造，综合运用拆除、加固、改扩建等多种方式分类实施，依法依规做好土地征收和群众补偿安置。截至 2020 年底，重庆市共完成城中村改造 4.25 万户、690.26 万平方米，完成投资 380 亿元。实施乡村建设行动，推动城市基础设施向乡村延伸，加大农村危旧房改造，实施农村人居环境"五沿带动、全域整治"行动，水、电、路、讯基础设施网络实现城乡全覆盖。城乡基本公共服务实现标准统一、制度并轨。发展区县域教育联合体，开展义务教育阶段教师"县管校聘"管理改革，持续实施特岗计划，推动优质教育资源城乡普惠共享；打造卫生健康共同体，区县域医共体"三通"（医通、人通、财通）建设实现全覆盖，推进行政村卫生室标准化建设，基层医疗服务能力有效提升。全面推行规划师、建筑师、工程师和艺术家"三师一家"下乡，为乡村建设提供专业人才、技术指导等服务。

聚力推动城乡产业融合发展。以打造现代农业园区、特色小镇、国家农业科技园区等城乡产业协同发展平台为载体，汇聚城乡发展要素，推动农村一二三产业融合发展。成功创建重庆柠檬、荣昌猪两个国家级农业产业集群和潼南柠檬、江津花椒两个国家现代农业产业园。潼南区建成柠檬产业研究院和成渝柠檬科技创新中心，构建柠檬全产业链和种植示范带，被纳入国家新型城镇化第三批综合试点经验成果向全国推广。江津区打造综合性国际花椒产业城，在全国率先设立"花椒银行"，以公益性冷链仓储设施为"金库"，推动花椒产品旺销淡储备，并以"花椒银行"名义向保险公司统一投保，最大程度降低市场主体经营风险。

着力打造城乡协同发展先行区。在重庆统筹城乡综合配套改革试验区选定具有一定产业基础的区域，集中资源打造一批城乡融合发展典型项目，形成示范带动效应。铜梁区高标准打造西郊乡村振兴示范片，辖区面积约 120 平方公里，推动传统农业、农产品加工业、乡村旅游产业等融合发展，发展规模以上农产品加工企业 54 家，打造西郊·花语悠游谷等精品景区。巴南区每年安排 5000 万元财政专项资金支持强镇带村行动，围绕特色产业发展、特色风貌打造、公共服务能力优化、环境综合整治等方面，打造以小城镇为中心的生活服务圈、特色风貌圈和创新创业生态圈，实现以镇带村、以村促镇。

二、改革进展成效

重庆市在推进统筹城乡综合配套改革试验中，始终致力于探索大城市带动大农村的城乡统筹发展之路，到 2021 年已基本建成统筹城乡发展的制度框架，基本形成大城市带动大农村发展的良性机制，为我国破解城乡二元结构、构建新型工农城乡关系、让农民分享现代化成果，提供了可操作性的制度安排，起到了先行先试、为全局改革探路的先导作用。

（一）健全城乡一体规划管理机制，促进城乡空间融合发展

规划在城乡统筹发展中起着重要的基础引领作用。为切实解决规划工作城乡脱节、重城市轻农村的问题，重庆市坚持城乡规划一体设计、一体管理、多规合一，着力打破城乡发展"两张皮"现象，不断促进城乡空间、产业、基础设施、公共服务融合。

1. 切实加强城乡规划立法，推进城乡规划全覆盖

结合广大农村实际，重庆市坚持"因地制宜""一村一规"，在乡村规划工作上进行了大胆的探索和创新，以立法推进村级规划全覆盖，通过法律法规固化村规划管理。2010 年 1 月 1 日，正式实施《重庆市城乡规划条例》，2018 年 3 月 1 日，对该条例进行修订完善。明确村规划以行政村为单元，以"多规合一"和"实用性"为前提，以空间布局、土地利用和乡村建设为重点内容，划定村域生态空间、农业空间、建设空间三大空间，充分考虑促进农村一二三产业融合发展、高标准农田和标准化现代特色效益农业产业基地建设、休闲农业和乡村旅游发展等需求，打好"人才网、指标池、项目库、政策包"组合拳，合理安排农村各类用地，并提出村土地利用和村规划建设的管控要求，引导村域土地合理利用和有序建设。截至 2020 年底，重庆市超过 2600 个行政村编制完成了村规划和村建设规划，其余行政村均编制完成了村域现状分析及规划指引，村规划已基本覆盖全市规划城镇建设用地范围以外的行政村。

2. 推进乡镇国土空间规划编制改革

坚持规划引领，优化市域城镇体系和空间布局，加快构建特色鲜明的城乡形态。按照中央建立"五级三类"国土空间规划要求，为指导区县高质量编制乡镇国土空间规划，以石柱县中益乡、城口县东安镇为试点，组织编制石柱县中益乡、城口县东安镇国土空间规划。深入分析乡镇本底，特别是场镇农村人口和建设用地流向趋势，了解乡镇发展实际与合理诉求，揭示永久基本农田矛盾和问题。统筹考虑生态保护红线区域人口及产业搬迁转换承接，科学提出镇区和村庄空间布局优化指引。重庆市在总结试点成果和 17 个乡村振兴重点帮扶乡镇编制经验，

深化提炼乡镇域镇村体系建立、规划分区划定、基本农田布局优化、村庄建设区划定、村庄规划指引等关键问题的基础上，制定《重庆市乡镇国土空间规划编制导则》，明确乡镇国土空间规划编制的技术规范。研究制定《重庆市乡镇国土空间规划数据库建设指南》，明确了乡镇国土空间规划数据库建立及修改的具体成果组织结构、数据库要求等。

3. 创新建立区县首席规划师制度

为深入贯彻落实习近平总书记"把全生命周期管理理念贯穿城市规划、建设、管理全过程各环节"等重要指示精神，重庆市在全国率先实施区县首席规划师制度，印发《重庆市区县首席规划师管理办法》，将国家和重庆市各规划设计院专业规划师、重庆高校教授和骨干教师定期派驻基层，通过参与区县规划委员会、专家咨询会、培训交流等方式向区县提供规划专业服务，负责指导区县城乡规划工作，并对镇村规划的制定和实施进行指导和把关，有效解决远郊区县和乡村规划管理人才短缺、规划编制水平低等问题，为完善城市功能、提升城市品质、推动乡村振兴等提供了智力支撑。

4. 推进中心城区社区规划师试点工作

为深入贯彻习近平总书记"人民城市人民建，人民城市为人民"的重要理念，重庆市针对部分社区建筑老旧破败等群众急难盼愁问题，选取搬迁拆改型等 6 种典型社区，选任高校师生团队等行业领域 13 位社区规划师，对 13 个试点社区进行"一对一"社区规划服务，围绕"摸家底、听诉求、讲规划、提建议、微改造、促共营"等方面逐步开展服务咨询，为城市更新、社区规划和治理建言献策。截至 2021 年底，重庆市试点社区规划师已开展驻地服务 100 余次，参与编制或指导、审查社区规划与更新方案近 50 个，开展社区营造活动 20 余次。在此基础上，重庆市印发《重庆市社区规划师管理办法（试行）》，在全市范围推行社区规划师制度，进一步深化社区规划师工作。

（二）深入推进户籍制度改革，推动城乡劳动力有序流动

重庆市围绕破除阻碍城乡人口双向自由流动制度壁垒积极探索，不断深化户籍制度改革，大力推动农村富余劳动力转户进城，积极探索城市人才入乡落户有效路径，城乡有序流动的人口迁徙制度加快建立。

1. 调整完善户口迁移政策

2016 年，重庆市政府办公厅印发《重庆市户口迁移登记实施办法》，并在 2020 年进行修订，按照功能区域划分和定位，差别化设置落户条件，进一步放开落户限制，推动农业转移人口和其他常住人口有序落户城镇。重庆市户口迁移政策无指标控制、积分排队，市内市外转移务工人员落户同权、租购房屋同权，只要就业达到一定年限即可直接申请办理落户。重庆市户籍制度改革实施以来，截至 2021 年底，累计新增城镇落户人口超 720 万人。引导国家城乡融合发展试验区重庆西部片区、市级城乡融合发展先行示范区探索建立城乡人口有序迁徙制度，全面放开城镇落户条件。大足区对畅通城市人才户口迁入乡村地区在全国率先进行了尝试和突破，2010 年后毕业的中高等院校学生回乡创业就业、在农村地区投资创业的企业法人代表、加入

乡村振兴的城市人才等均可申请将户口迁入乡村地区。巴南区放开城镇落户限制，除取消务工年限限制外，还将直系亲属投靠拓宽到家庭成员之间。

2. 推进户口事项办理便利化

在全国率先实行市内户口网上迁移，完善户政事项"跨省通办"。2020 年 11 月，重庆、四川两省市实现户口迁移"跨省通办"，在全国率先实现群众办理户口迁移"就近办、一地办"。重庆、四川、贵州三省市 4644 个户籍派出所全域实现全类别共 26 个户口迁移事项"跨省通办"，2021 年，全市办理跨省市户口迁移 8.8 万人次，其中迁入重庆 6.4 万人次。开展线下邮政寄递服务、"创新网上业务办理机制"试点，提高群众网上申请户口办理效率，减轻了基层负担。江北区分局开展群众网上申请户口由区县局业务部门签收、受理、审结，户籍地派出所办理的试点，已办理网上户口超 1300 件。

3. 推动居住证制度落地

2016 年 9 月 12 日，重庆市颁布《重庆市居住证实施办法》，自 2016 年 11 月 1 日起施行。在渝居住登记满半年的非本市常住户口公民，具备合法稳定就业、合法稳定住所、连续就读条件之一的，即可申请办理居住证。以市政府规章形式在教育、社保、民政、卫生健康、住房等方面，赋予持证人享有社会共治、社保共享、教育均等、便利同等、救助同权等类别共计 38 项权利事项，并建立动态增长提供机制（市内流动人口不办居住证，享有同等市民待遇），为农民工在居住地依法享有公共服务提供便利，积极促进农民工融入城镇生活，累计签发居住证超过 75 万张。

4. 建立户籍制度改革政策体系

重庆市完善城镇建设用地增加规模与吸纳农业转移人口落户数量挂钩（简称"人地挂钩"）机制，出台《关于试行"人地挂钩"土地规划计划管理的通知》《重庆市城镇建设用地增加规模同吸纳农业转移人口落户数量挂钩机制实施细则》，根据土地集约利用水平，实行差异化用地标准，有序拓展和优化建设发展空间，实现人口和建设用地依发展定位、跨区域的有序流动。深化农村产权制度改革，维护进城落户居民财产权益，积极探索集体经济组织成员身份确认办法，完善进城落户居民退地工作。将进城落户农民完全纳入城镇保障体系，在就业、养老、医疗、教育、住房保障等方面享有城镇同等待遇。就业方面，结合进城落户居民实际情况，分类开展就业创业培训，予以就业创业扶持。社保方面，城乡居民养老保险和合作医疗保险实现一体化，在全国较早实现跨区域、跨险种的衔接，基本养老、医疗保险参保率稳定在 95% 以上。教育方面，转户居民子女享受城市义务教育，就近免费入学，平等接受各阶段教育。住房方面，进城落户居民、市内外农民工同等条件申请公租房，不受户籍限制。

5. 强化农民工服务管理

重庆市成立由市政府分管领导牵头、33 个部门（单位）组成的市、区县两级农民工工作领导小组，设立各区县农民工综合服务中心，利用 1030 个街道（乡镇）就业和社会保障平台，依托 1785 名社区（村）劳动保障协管员和万名农村劳务经纪人等开展农民工服务工作，形成"上下联动、部门协作、齐抓共管"的农民工工作格局。健全劳动用工管理制度，建立和完善跨省（区、市）劳务合作机制。全力保障农民工工资支付，建立工作问责机制和问题约谈机制，所有区县均建立了农民工工资应急周转金，农民工工资保证金、农民工实名制、工资专户制、银行代发制等"一金三制"实施率达 99% 以上。重庆市开发全市农村劳动力数据监测系统，实行年报、季度报、月报制度，并在元旦春节等重点时段建立应急周报、日报制度；设立了重庆农民工信息网，农民工可以用手机登录查询就业岗位、学习政策知识。

专栏 1 扎实做好农民工返乡就业创业

重庆有庞大的农民工群体。重庆市高度重视农民工就业创业工作，始终把解决农民工问题作为统筹城乡改革的突破口，截至 2021 年底，农民工市内外就业人数分别超 481 万人、335 万人，比重已从 2012 年的 45∶55 转变为 59∶41，实现由市外为主向市内为主的历史性转变。

加强支持，建立一套扶持创业的政策体系。出台《重庆市人民政府办公厅关于引导和鼓励农民工返乡创业的意见》，鼓励外出务工能人带着信息、技术、资金、项目返乡创业。整合各类创业扶持政策，将微企补贴、创业担保贷款、"三权"抵押等多项创业扶持政策向农民工开放。在所有乡镇、街道、创业园区建设农民工综合服务中心，开设农民工返乡创业服务窗口，从创业项目、创业培训、创业指导等方面为农民工提供"保姆式"创业服务。

深入开发，拓展农民工就业渠道。大力发展重点产业，大力引进和发展"笔电"产业、汽车制造等配套企业，每年新增农民工就业岗位数十万个。大力发展农村经济，通过发展休闲农业、加工农业、农业产业化、"互联网+农产品"等产业，扩大家门口就业岗位。大力发展家庭服务业，开展家庭服务从业人员培训，培育家庭服务品牌，推动全市家庭服务业快速发展，吸纳农民工就业能力不断增强。大力开发公益性岗位，帮助困难农民工就业。

搭建平台，促进农民工返乡创业。狠抓示范区县建设，分三批建设 10 个国家级返乡创业试点区县，对前两批申报成功的 7 个示范区县给予 100 万元的经费用于开展场租、水电、社保补贴等补助政策试点。狠抓市级农民工返乡创业园区建设，截至 2021 年底，全市建设园区 60 个，累计补贴资金 4800 余万元，园区内吸纳企业数量达到 3500 余户，吸纳就业 5.5 万人，部分位于贫困区县的园区，结合脱贫攻坚工作开展，主动吸纳农村建档立卡贫困人员就业。

（三）稳步推进农村土地制度改革，探索建立城乡土地平等交易机制

重庆市把推进土地流转和集约利用作为统筹城乡发展的重要着力点，在土地制度上持续探索创新，形成了开发与保护并重、收益合理分配、规范有序的土地利用与管理制度，促进了城

乡用地结构优化和利益公平分配，保障了农民获取土地增值收益的权利。

1. 创新建立地票交易制度

从解决城乡建设用地双增长、打通农民土地财产权利实现的制度通道着手，重庆市开展了统筹城乡土地制度改革试点即地票改革，引导农民和农村集体经济组织自愿将闲置、废弃的农村建设用地复垦为耕地，形成的指标在保障农村自身发展后，节余部分以地票方式在市场公开交易形成价值反哺复垦权利人，形成"自愿复垦、公开交易、收益归农、价款直拨、依规使用"的制度体系，探索出了一条盘活农村闲置废弃建设用地、增加农民财产性收入、统筹城乡建设用地利用的路子。截至 2021 年底，重庆市累计交易地票 36.1 万亩、707.9 亿元，惠及 31 个区县 40 余万农户。坚持对建档立卡贫困户、深度贫困地区实行"优先备案、优先复垦、优先交易、优先拨款"政策，改革以来累计交易贫困区县地票 25.68 万亩、504.94 亿元，占同期交易量的 71.21%，有效支持了精准脱贫。

2. 探索农村集体经营性建设用地入市

2015 年 3 月，重庆市大足区作为全国 33 个试点县（市、区）之一，先期开展集体经营性建设用地入市改革试点。持续深化大足区农村集体经营性建设用地入市试点，围绕解决"哪些土地可以入市""谁来入市""怎么入市""入市路径""收益怎样分配"等问题积极探索，制定《农村集体经营性建设用地入市管理办法》等，完善入市交易流程链条，在全国率先实施城乡统一基准地价体系，创新收益分配机制，在农村集体经济组织内部率先实行"三分两不分"的分配办法，形成合理的收益分配机制。2021 年以来，按照国家统一部署，进一步扩大试点范围，深入探索改革经验。截至 2021 年底，重庆市农村集体经营性建设用地入市累计交易土地超 100 宗 3277 亩，总金额超 11.5 亿元。

图 5-2　2020 年 10 月底，重庆市璧山区广普镇召开土地确权颁证会议

3. 深入推进农村承包地"三权分置"改革

出台《重庆市落实农村土地集体所有权稳定承包权放活经营权实施方案》，全面完成承包地确权登记颁证工作。万州区、綦江区获评全国农村承包地确权登记颁证工作典型地区，被中央农办、农业农村部通报表扬。万州区农业经营管理站及渝北区王涛等四人分别荣获全国农村承包地确权登记颁证工作先进集体和先进个人。2021年12月1日，《重庆市实施〈中华人民共和国农村土地承包法〉办法》正式施行。截至2021年底，重庆市共流转土地1.7万亩、流转率44.1%。

4. 稳慎推进农村宅基地制度改革试点

2020年9月，重庆市永川、大足、梁平三个区获批开展新一轮宅基地制度改革试点，围绕宅基地所有权、资格权、使用权"三权分置"开展试点探索，出台了《永川区宅基地管理暂行办法》《大足区农村宅基地制度改革试点管理办法（试行）》《梁平区农村居民房屋抵押登记实施细则》等文件。永川区建立统一的宅基地要素信息系统，选择金龙镇洞子口村开展小范围试点，在保护农户宅基地资格权的前提下推进农房保权拆除152户，退出宅基地1.56万平方米。大足区在全国率先建成农村宅基地信息化管理电子政务平台，完善宅基地自愿有偿退出机制，已退出并复垦宅基地2734亩，通过转让、出租等多种方式盘活闲置宅基地2344亩。农业农村部农村合作经济指导司《农村合作经济与宅基地管理利用》全文刊发永川区推进"四个一"深化农村宅基地制度改革试点经验。

专栏2　大足区农村集体经营性建设用地入市的改革探索

2015年3月，重庆市大足区作为全国33个试点县（市、区）之一，先期开展集体经营性建设用地入市改革试点。试点以来，始终坚守"土地公有制性质不改变、耕地红线不突破、农民利益不受损"三条底线，建立了集体经营性建设用地入市交易规则、服务监管和收益分配制度，形成了可复制、可推广的试点经验。截至2021年底，大足区累计实现入市交易土地103宗3328亩，总价款11.59亿元，平均入市土地价格34.84万元/亩。

明确入市对象和范围，界定"哪些土地可以入市"。通过存量集体经营性建设用地调查，摸清全区27个镇街存量集体经营性建设用地19998亩。探索"多规合一"村规划编制，并作为发改、环保、自然资源等相关部门办理行政审批的依据。

健全入市交易规则和监管制度，破解"怎么入市"。制定入市管理办法、入市交易规则和合同示范文本，对入市流程、方式、交易方案、交易实施、合同签订等内容进行了明确。将入市交易纳入大足区公共资源综合交易服务中心，实现集体经营性建设用地和国有建设用地在同一平台交易。印发入市地块建设管理办法、入市建设项目行政审批工作通知，规范入市项目基本建设程序、压缩审批时限。

以异地调整入市为主探索多种入市渠道，回答"有哪些入市路径"。异地调整入市：将原有偏远、闲置废弃、零星分布的存量农村集体建设用地指标集中到区位优越、交通便利的产业集中区进行入市，并编制拆旧建新方案报市政府审批。"城中村"入市：对项目区土地面积小、不规则、国有土地和集体建设用地犬牙交错难以利用等城中村，将国有土地和集体建设用地进行等面积的产权调换，重新划分宗地，确定产权归属后再入市。就地入市：对依法取得的农村集体经营性建设用地，具备开发条件、明确在本村直接使用的，可以就地入市。

积极探索入市收益分配制度，回答"增值收益怎么分"。制定《农村集体经营性建设用地土地增值收益调节金征收使用管理实施办法》，根据区域经济发展水平不同，实行分镇街、分用途按照土地增值收益的 20%—50% 收取。对异地调整入市，国家提留后的剩余增值部分在复垦区与建新区分配，原则上按照剩余增值收益的 30% 返还复垦区、70% 返还建新区进行分配，体现出对复垦区转移建设用地发展权的补偿，建立了两者之间收益共享机制。

5. 深入推进农村集体产权制度改革

2015 年以来，重庆市先后四批次承担全国农村集体产权制度改革试点，2019 年 6 月，纳入全国整省试点单位。出台《关于深化农村集体产权制度改革的实施意见（试行）》等系列文件，通过分层分类开展专题培训、召开片区会议推动、实地调研督导、加强宣传引导、健全推进机制等，2020 年，整市试点工作全面完成。截至 2021 年底，重庆市共清查核实和确认集体土地 1.08 亿亩、集体资产 1089 亿元，确认集体经济组织成员 3810 万人次，全市 9049 个村 79114 个组完成集体资产股份合作制改革，量化资产 350 亿元，8991 个村级集体经济组织实现登记

图 5-3　重庆市江津区燕坝村集体资产经营管理有限公司召开第一届股东大会

赋码，占比 99.6%。新型农村集体经济加快发展，全市有经营性收入的村占比达 98%。建立农村产权流转交易市场，建立完善市、区县、乡镇农村产权流转交易市场服务体系，积极引导农村实物产权进场流转交易，依托农村产权抵押融资信息系统开展抵押融资交易鉴证服务，31 个涉农区县建立了农村产权流转交易平台，25 个区县将服务体系延伸到了乡镇。截至 2021 年底，重庆市累计成交农村实物产权 86.05 万亩、47.48 亿元。

（四）深化城乡金融体制改革，推动金融资源持续向"三农"领域倾斜

在城乡统筹发展中，推进农业转移市民化和农村基础设施建设等都需要大量资金支持，必须建立"造血"机制，重点解决农村发展"钱从哪儿来"的问题。多年来，重庆市不断推动城乡金融体制改革，积极引导涉农金融机构持续增强金融服务能力，推动金融资源持续向"三农"领域倾斜。

1. 构建农村金融政策体系

一是出台《关于加快推进农村产权抵押融资工作的意见》《关于金融服务"三农"发展的实施意见》《关于金融精准扶贫的实施意见》等系列政策文件，推动建立现代农村金融体系，合理有序配置城乡金融资源。二是出台《重庆市农村"三权"抵押融资风险补偿资金管理暂行办法》《关于全面推进金融服务乡村振兴战略的实施意见》《关于加快农业保险高质量发展工作方案》《关于金融支持新型农业经营主体发展的实施意见》等多项政策文件，推动金融机构加大涉农信贷资金投放，创新服务"三农"金融产品。

2. 完善农村金融服务体系

一是提升农村基础金融服务。截至 2021 年底，重庆市已实现行政村农村基础金融服务全覆盖，建成普惠金融基地 1110 个，覆盖农村人口 183 万人，不断提升农村金融服务效率，丰富了农村贷款、支付场景，提升了金融服务可获得性和生活便利性。二是建立重庆农村信用信息基础数据库。建立"重庆农村信用信息基础数据库"平台，收集重庆市农户、农村经济组织信息，现采集 532 万户农户、2.6 万个农业经济组织的相关信息。三是积极开展信用村镇创建工作。在 25 个区县持续开展信用村镇创建工作，评定信用村 943 个、信用乡镇 61 个。推动建立信用村镇主办行制度，指定涉农金融机构对接，推出适合的信贷产品，简化办贷手续，执行优惠利率，增加信贷投放。

3. 释放金融支农惠农效应

一是加大涉农信贷投放。推动涉农金融机构回归本源，强化支农定位，发挥支农主力军作用，不断完善服务网络，将金融资源向"三农"领域倾斜。截至 2021 年底，重庆市涉农贷款余额超 6700 亿元；累计发放脱贫人口小额信贷超 103 亿元，贷款余额超 37 亿元。二是用好再贷款、再贴现、准备金等货币政策工具。2021 年，重庆市通过再贷款、再贴现向农村"三社"融合试点、乡村产业发展等重点领域注入低成本资金 22 亿元，惠及 1 万户市场主体。三是引导银行机构不断创新涉农信贷产品。重庆市引导金融机构开发线上"助农贷""惠农 e 贷""旺农贷·渝农贷"，创新推出"烟叶贷""榨菜贷""花椒贷"等金融产品，推动重庆农商行根据

区县特色定制化开发融资服务产品，全方位满足农户融资需求。四是强化农业保险保障能力。重庆市率先在国内启动了农产品收益保险工作，创新推出"保险＋期货"模式，较好地规避了农业生产面临的市场风险，实现农业保险从"保成本"向"保价值"的转变。截至2021年底，重庆市已开发肉牛、山羊、蔬菜、辣椒等农业种植（养殖）险种50余种，全市累计提供风险保障保额2760亿元，保费收入34亿元，已决赔款24亿元。

4. 破解乡村振兴抵押担保障碍

一是持续完善农村产权抵押融资工作机制，构建权属登记、资产评估、抵押登记、资产流转处置、风险分担补偿、激励机制等六大配套体系，推进农村产权抵押融资规模稳步发展。截至2021年底，重庆市累计实现农村产权抵押融资1753.69亿元。二是依托农村产权抵押融资管理系统，开展风险补偿申报工作。重庆市制定风险补偿政策，组织300余家金融机构完成2011—2017年农村产权贷款的补偿申报，市、区县两级财政已补偿贷款损失0.48亿元。三是推动涉农担保公司加大涉农信贷服务，持续减费让利。截至2021年底，重庆市涉农担保余额238.4亿元，在保户数44.4万户。行业口径直接融资担保年化综合费率1.83%，政府性融资担保机构直接融资担保年化综合费率0.98%。

5. 助推资本市场服务"三农"

一是推动股权投资基金发起主投农业的子基金四支，规模19.95亿元，投资项目24个，投资金额超11亿元，覆盖农产品种养殖、深加工、渠道分销及流通市场全产业链。二是推动农业企业上市，动态储备恒都农业、旺峰肉业、六九畜牧三家农业企业进入"上市后备企业清单"，推动洪九果品进入重庆市证监局辅导备案。

（五）建立产业融合发展机制，促进农村产业深度融合

产业兴旺是乡村振兴的首要任务，也是增加农民收入的重要保障。重庆市拓展农业功能、培育新型业态、发展新型主体、引导产业集聚、创新融合方式，扎实推动农村一二三产业融合发展。

1. 构建农村一二三产业融合发展政策扶持体系

重庆市先后出台《关于做好2017年中央财政农业生产发展项目实施工作的通知》《关于印发重庆市2017年农村一二三产业融合发展项目实施方案的通知》等文件，拓展深化农业功能，推动农业"接二连三"，将推进农村产业融合作为深化农业供给侧结构性改革的重大举措。整合资金、人才、科技、市场等资源，逐步建立完善农村产业融合发展的政策措施和工作机制，通过发展现代山地特色高效农业、创建现代农业产业园、创建产业集群、推进农文旅融合、完善利益联结机制等举措，纵深推进一二三产业融合发展。

2. 深化农业结构调整，推动农业"接二连三"

重庆市加强统筹规划，突出各片区资源禀赋和特色优势，通过"互联网＋农业"、品牌带动提升、合作社产业升级、农业内部融合等多种形式，推进农牧结合、农林结合、农旅结合、循环发展，重点实施"十百千"工程：培育10个一二三产业综合产值达千亿元的产业集群，

创建 20 个重点现代农业产业园；扶持壮大 100 个年产值上亿元的龙头企业，做优 100 条乡村旅游精品线路；打造 1000 个"一村一品"示范村镇，创建 1000 个市级以上农民专业合作社示范社。经过持续发展，重庆市柑橘和柠檬、榨菜、生态畜牧、生态渔业、茶叶、中药材等十大特色产业面积累计超 3100 万亩，综合产值达 4500 亿元。成功创建 6 个国家级现代农业产业园，打造 20 个重点现代农业产业园建设，每个区县建设 1—2 个区县级现代农业产业园。近三年，重庆市农产品加工产值、乡村旅游综合收入、农产品网络零售额年均保持两位数增长；1000 个"一村一品"示范村和示范合作社加快创建。

3. 扩面深化农村"三变"改革试点

2017 年 12 月，重庆市委办公厅、市政府办公厅出台《关于开展农村"三变"改革试点促进农民增收产业增效生态增值的指导意见》等文件，对农村"三变"改革试点作出部署。截至 2021 年底，重庆市农村"三变"改革试点村累计达到 2234 个，重点在主体培育、项目整合、利益联结、改革集成、风险防范等方面进一步深化，累计入股耕地、林地 270 余万亩，盘活集体林地、草地、水域、四荒地 56 万亩，闲置农房等 5820 套，集体经营性资产 13.4 亿元，撬动社会资本 27.1 亿元，355 万农民当上股东。中央农办《农村要情》、农业农村部《农村改革动态》全文刊发重庆农村"三变"改革经验。中央农办、农业农村部《乡村振兴文稿》全文刊发丰都县三建乡整乡推进农村"三变"改革经验。

4. 扎实推进"三社"融合发展

2018 年，重庆市委办公厅、市政府办公厅印发《关于推进"三社"融合发展的实施意见（试行）》。重庆市通过加强基层供销社建设、促进农民合作社规范发展、实施农业社会化服务等，"三社"融合发展取得实效。截至 2021 年底，重庆市基层供销社与超 5400 家农民专业合作社开展了股份合作、生产合作、产销合作。重庆农商行累计为农民专业合作社开立结算账户超 2.8 万个，建立电子服务档案 1.76 万个，累计投放"三社"融合贷款超 164 亿元。

（六）健全公共资源均衡配置机制，促进城乡基本公共服务均等化

解决城市和农村居民之间，以及城市原住民和进城落户农民工之间的公共服务供给差距和社会福利差距，是推进统筹城乡发展必须解决的重要问题。对此，重庆市大力推进城乡基本公共服务均等化，出台《推进城乡基本公共服务资源配置机制改革方案》，印发《重庆市"十三五"基本公共服务清单》，以社会保障、教育、医疗、住房和基础设施等为重点，逐步构建了城乡一体、多档保障的公共服务政策体系。

1. 统筹城乡基本社会保险

重庆市在全国率先实现城乡、省级"两个统筹"，城乡养老保险覆盖全市 16 周岁以上人群，城乡医保覆盖所有人群，在筹资标准、参保补助、待遇水平上基本实现城乡均等，构建了"有档次之差、无身份之别、可自由转换"的城乡社会保险体系，城乡养老、城乡医保参保率均稳定在 95% 以上。建立完善城乡居民大病保险，适度提高大病保险待遇。医保支付方式改革持续深化，建立了复合型医保付费方式。积极推进医保跨省异地就医直接结算，745 家医疗机

构接入全国异地就医结算平台，实现了全市所有区县和三级医疗机构全覆盖，城乡医保参保人员全覆盖。落实社保代缴政策，全市 129 万贫困人口城乡养老保险实现应保尽保，33 万超龄贫困人员养老待遇实现应享尽享。建立完善低保标准增长机制，全市城乡低保标准提高到 620 元、496 元，城乡低保标准比缩小到 1∶0.8，农村低保标准高于国家扶贫标准。

2. 完善城乡教育公共服务体系

重庆市系统推进教育供给侧结构性改革，出台《推进新时代中小学教育高质量发展的措施》等"1+9"行动计划配套文件，扎实推动基础教育优质资源扩展、中小学综合素质提升、义务教育质量提升，创新实施集团化办学、学区制管理，国家义务教育发展基本均衡县（区）实现全覆盖，义务教育城镇大班额基本消除，义务教育巩固率、学校校舍场地达标率分别达到 95.5%、87%，高中阶段教育毛入学率达到 98.5%，主要劳动年龄人口平均受教育年限达到 11.3 年。强化乡村教师队伍建设，实施乡村教师定向培养，累计培养小学全科教师 11010 名、学前教育公费师范生 2645 名。实施义务教育教师"县管校聘"管理改革，深入推进县域内教师交流轮岗，推动城镇优秀教师、校长向乡村学校流动。落实乡村教师乡镇工作补贴、集中连片脱贫攻坚地区乡村教师生活补助政策和艰苦边远地区津贴政策，全市实施乡村教师岗位生活补助的 33 个区县，落实补助资金 4.19 亿元，补助学校 3299 所，惠及乡村教师 89450 人，人均补助 391 元 / 月。

3. 努力缩小城乡居民就医差距

重庆市促进优质医疗资源扩容，健全三级医疗卫生服务体系，加强"委市共建"、川渝合作，创建国家区域医疗中心 1 个、临床医学研究中心 1 个、国家区域中医（专科）诊疗中心 3 个，全市三甲医院增至 39 家，覆盖 63% 的区县，每个区县至少有一家二甲医院，"农村 30 分钟、城市 15 分钟"医疗服务圈基本建成。全面推开医共体"三通"建设，组建多种形式的医联体 299 个，实现区县全覆盖、二级及以上公立医院全参与；分三批在 25 个区县开展紧密型医共体"三通"建设试点，试点区县基层诊疗量同比增长 9.42%。全面实施基层卫生能力提升工程，出台《重庆市基层医疗卫生机构管理办法》，基本形成"一街一中心、一镇一院、一村一室"标准化卫生服务网络；组织 26 家三甲医院对口帮扶 14 个国家级贫困区县级医院，70 个二级医疗机构对口支援贫困区县 84 所乡镇卫生院；全市组建家庭医生团队 8455 个，签约服务 55.82% 重点人群、100% 贫困人口；县域内就诊率达 91.6%，基本实现大病不出县。

4. 加强城乡基本住房保障

健全公租房保障体系，以"有工作、无住房"即可申请的超低门槛，消除市内外、城乡户籍差别，在全国率先向城乡和外来人口开放公租房，既解决了本市住房困难群体住房问题，又解决了市外来渝工作的住房困难人员住房问题。大力推动城市公租房与聚居区内商品房无差别"混建"，共享基础设施和公共服务配套，探索公租房"小区 + 社区"的新型治理机制，打造共建共治共享的社区治理格局。截至 2021 年底，重庆市累计分配公租房超 55 万户，保障住房困难群众 150 万人，其中中心城区户籍居民占 29%，进城务工人员占 51%，外地来渝就业人员和大中专毕业新就业人员占 20%。大力推进农村危旧房改造，截至 2021 年底，累计完成建卡贫困户、农村分散供养特困人员、低保户、贫困残疾人农村危房改造 19.02 万户，其中建档立卡贫困户 9.56 万户，2019 年底，全市建档立卡贫困户危房已实现动态清零。

5. 建立城乡基础设施共建共享机制

重庆市实施乡村建设行动，推动城市基础设施向乡村延伸，水、电、路、讯基础设施网络实现城乡全覆盖，全市行政村通畅率达到 100%，农村电网供电可靠率达 99.8%，行政村 4G 网络全覆盖。实施农村人居环境"五沿带动、全域整治"行动，建制乡镇（含撤并乡镇）污水处理设施实现全覆盖，行政村生活垃圾有效治理率超过 90%，农村污水处理率达到 64%，农村卫生厕所普及率达 72.6%。全面推进棚户区和城中村改造，综合运用拆除、加固、改扩建等多种方式分类实施，发行棚改专项债券超 193 亿元，依法依规做好土地征收和群众补偿安置。截至 2020 年底，重庆市共完成城中村改造 4.25 万户、690.26 万平方米，完成投资 380 亿元。

（七）构建区域协调发展机制，促进城乡区域发展更加协调

城乡协调互动的关键问题是处理好大城市的扩散效应与虹吸效应的关系，必须加大统筹力度，充分发挥中心城市对其他区域的带动效应。重庆市坚持在区域发展中思考统筹城乡发展问题，构建"一区两群"区域协调发展机制，推动形成功能互补、协调互动的区域协调发展机制。

1. 完善"一区两群"协调发展政策体系

重庆市制定区域协调发展"1+3"文件体系，印发实施《关于建立健全"一区两群"协调发展机制的实施意见》，细化编制重庆主城都市区、渝东北三峡库区城镇群、渝东南武陵山区城镇群三个建设行动方案，系统性确定区域协调发展目标任务。建立"一区两群"区域协调发展市级统筹协调机制和分片区联席会议制度，由市委、市政府主要领导统揽，相关市领导包片联系对应片区，统筹各区域经济社会发展，按片区制定区域发展政策措施和年度工作计划，协调区域重大问题、推进重点工作。创新差异化政策调控，优化重庆主城都市区建设用地保障机制，加大土地资源配置倾斜力度，支持重点项目分期建设、分期供地；优化"两群"财税保障机制，实施地方级税收、土地出让收入和城市建设配套费全留的财政管理体制。

2. 构建协调发展空间格局

重庆主城都市区同城化发展进程提速，带动极核能级和综合竞争力显著提升，集中了全市 80% 以上的创新资源，地区生产总值突破 2 万亿元、占全市比重达 78%，六张新名片建设引领城市更新行动，"两江四岸"核心区、长江文化艺术湾区启动建设，获批国家服务业扩大开放试点、国际消费中心城市、国家营商环境创新试点，高质量发展、高品质生活态势不断巩固。渝东北三峡库区城镇群生态优先绿色发展成效明显，绿水青山"颜值"、金山银山"价值"迅速提升，国控断面水质达标率稳定在 100%，森林覆盖提升至 56.5%。渝东南武陵山区城镇群文旅融合发展机制进一步优化，武陵山文旅发展联盟、武陵文旅公司等联合开发平台组建运行，黔江濯水成功创建国家 5A 级景区，"大武陵"文旅品牌进一步做强。

3. 深入推进重点领域协调发展

互联互通水平持续提升，重庆主城都市区"一小时通勤圈"加快闭合，中心城区与主城新

区各区之间全部实现高速公路直连直通，渝蓉高速、九永高速等进出城快速通道建成通车，城市内外衔接更加顺畅；"区群"之间、"两群"之间、片区内部交通基础设施网络加快完善，渝怀二线、郑万高铁建成通车，城开高速开州段、黔江至石柱等高速公路建成通车，"两群"与"一区"间高速公路通道达到三条，"两群"间高速公路实现直连。产业联动发展持续强化，"一区"聚焦数字产业化、产业数字化，加快向全球价值链中高端迈进，国家数字经济创新发展试验区和新一代人工智能创新发展试验区启动建设，获批国内第四个、西部第一个车联网先导区；"两群"聚焦生态产业化、产业生态化，加快推进经济社会发展绿色转型，渝东北努力打响"三峡牌"，培育形成绿色建材、食品加工、电子信息等"小而精"特色产业集群，渝东南加快构建文旅融合引领的产业体系，食品加工、纺织服装、生物医药、材料能源等特色产业逐步壮大。

4. 建立对口帮扶互动发展机制

重庆市制定出台《关于优化区县对口帮扶机制的实施意见》，以"四个协同"为重点推进区县对口帮扶。一是携手推进产业协同。着力抓好产业引进、项目落地、投产见效，鼓励探索开展"飞地建园"，支持主城协同区到"两群"协同区县建设产业协作园区，支持"两群"协同区县在主城协同区设立"飞地"园区。二是携手推进城乡协同。主城协同区帮助"两群"协同区县建立以产业发展为基础的巩固脱贫攻坚长效机制，着力支持"两群"脱贫区县拓宽产品市场。把基础设施补短板作为优先事项，协力补齐基础设施短板，共建一批基础设施项目。三是携手推进创新协同。以农业科技为重点开展科研合作，探索共建科技合作平台，共同培养人才、开展技术研发、培育科技产业。加强人才交流培训，结对区县之间每年挂职交流人才3—5名，培训"两群"协同区县干部人才50名以上。四是携手推进改革协同。开展融资扶持协作，鼓励结对区县建立共同融资机制，利用主城协同区融资资信，提升"两群"协同区县平台公司融资信用。探索建立横向生态补偿机制，推动行政化、指令性的财政资金援助逐步转向市场化、多元化的横向生态补偿收益。截至2021年底，重庆市累计到位帮扶资金实物量超58亿元，实施了一大批援建工程，累计协助引进项目落地超220个、到位资金超360亿元，累计帮助就业培训逾17万人次、开展人才培训逾7.4万人次，有力推动了"两群"地区经济社会发展。

（八）构建城乡统筹行政和财政管理体制，增强区县和农村发展内生动力

政府改革配套是统筹城乡制度体系中的重要环节。重庆市充分利用直辖市扁平化管理体制优势，深化党政机构改革，加快政府职能转变，完善城乡统筹财政管理体制，切实构建起统筹城乡一体化发展的行政管理体制。

1. 着力构建统筹城乡改革发展的政府权责体系

重庆市深入推进简政放权，落实国务院决定，累计向区县和乡镇下放市级行政权力事项3415项，向重庆两江新区、重庆高新技术产业开发区、重庆经济技术开发区、中国（重庆）自由贸易试验区共下放行政权力事项872项。优化提升服务效能，出台《重庆市政务服务管理

办法》《重庆市政务服务事项管理办法》，区县全部建立行政服务中心，全覆盖建成 1030 个乡镇（街道）公共服务中心。推动"一网一门一次"改革，建成贯通全市的"渝快办"政务服务平台，累计注册用户数突破 2000 万，办件量突破 2 亿件。推进审批服务便民化改革，梳理发布"马上办、网上办、就近办、一次办"清单 1725 项，99% 的市级行政许可事项实现"最多跑一次"，推进 140 项事项"跨省通办"，210 项事项"川渝通办"。

2. 着力构建统筹城乡改革发展的机构职能体系

在中央赋予的自主权范围和机构限额内，重庆市和区县因地制宜设置大数据应用发展、招商投资促进、口岸物流等机构，体现了功能定位和地方特色。强化脱贫攻坚与乡村振兴有机衔接，市和区县党委乡村振兴工作议事协调机构、政府扶贫工作机构重组为乡村振兴机构，在保持机构队伍总体稳定的前提下均调整设置到位，确保了工作体系的平稳转换。构建简约高效的基层管理体制，出台《关于进一步优化完善乡镇机构设置的指导意见》，推动乡镇工作重心转移到加强党的基层组织建设、夯实党在农村的执政根基上来，转移到做好公共服务、公共管理、公共安全，以及为经济社会发展提供良好公共环境上来。整合优化乡镇（街道）内设机构和事业站所，归并相近职能，按"8+5+N"设立综合性办事机构和事业站所。出台《关于深入推进经济发达镇行政管理体制改革的实施意见》《关于赋予经济发达镇部分区县级经济社会管理权限的决定》，先后两批共遴选 11 个镇纳入改革范围，赋予产业发展、公共服务等 306 项行政权力，充分发挥辐射带动作用。

3. 着力构建统筹城乡改革发展的公共服务体系

促进城乡教育资源均衡配置，出台《关于贯彻中央编办、教育部、财政部统一城乡中小学教职工编制标准的实施意见》，统一城乡中小学教职工编制标准，保障农村边远地区教职工编制配备。建立区县事业编制周转制度，累计下达中小学教职工周转编制近 2500 名，满足义务教育发展需要，有效保障了城乡中小学教育一体规划、一体发展。加强医疗卫生领域人力资源保障，强化基层疾控体系建设，区县疾控事业单位平均核定事业编制 130 名左右，全部达到中央要求的编制核定标准。深化医共体"三通"改革，在万州等 25 个区县将公立医院和乡镇卫生院、社区卫生服务中心组建医共体，医共体内人员由区县医院统一招聘、统一培训、统一管理，实行"县聘乡用、乡聘村用、定向派遣"。改革后，全市基层医疗卫生机构技术人员新增 27.2%，每万人全科医生的数量从 2.01 人增至 3.15 人，增加 56.7%，乡镇卫生院病床使用率达 78.9%，有力提升了基层医疗卫生能力和水平。

4. 着力构建统筹城乡改革发展的财政体制

重庆市建立政府财力向农村基本公共服务倾斜的投入机制，实现财力下沉，市级以上公共服务预算增量的 70% 以上投向农村，构建统筹城乡发展的公共财政框架。调整完善原有市与区县收入划分体系，保持市与区县财力格局的总体稳定，促进形成了市与区县合理的分担机制，有效助推了区县均衡发展。出台《关于完善市对区县转移支付制度的方案》，将市对区县转移支付分为一般性转移支付、共同财政事权转移支付、专项转移支付等三大类，实行分类管理，明确各类转移支付的功能定位，有效加强转移支付改革与财政事权和支出责任划分改革的衔接。逐步推进市区两级财政事权和支出责任划分改革，确立市与区县 25∶75 分配格局，合理划分各级政府财政事权和支出责任。截至 2021 年底，针对中央已出台的各领域财政事权和支出责任改革方案，重庆市已全部出台对应方案。加大对"两群"财政转移支付，实现地区间财政资源从较发达的"一区"向"两群"转移。重庆市财政对渝东南 5 个民族区县一般性转移支付增幅每年不低于 15%，所有地方税收全部留在当地，库区腹心区县市级只参与营业税、个人所得税部分分成，渝东北库区县和武隆等 12 个财力相对困难区县每年实现的市级税收增量，由市财政按 100% 定向补助，用于园区基础设施建设。

三、改革经验做法

重庆市十多年渐进式推进统筹城乡综合配套改革试验，总结出一系列宝贵经验和重要启示，将在下一步拓展深化改革试验进程中坚持和发扬。

（一）必须始终坚持党的领导，确保改革沿着正确的方向推进

习近平总书记对重庆提出的营造良好政治生态，坚持"两点"定位、"两地""两高"目标，发挥"三个作用"和推动成渝地区双城经济圈建设等重要指示要求，从战略和全局高度为重庆发展"把脉定向"，为重庆全面贯彻落实中央决策部署，持续深化各项改革提供了重要遵循。党的十八大以来，重庆市始终将习近平总书记关于全面深化改革的重要论述和视察重庆重要讲话精神作为深化推进统筹城乡综合配套改革的根本遵循，领会精神实质，聚焦改革靶向，把握工作要求，科学谋划、大力推进新时期统筹城乡综合配套改革工作，探索出一条符合重庆实际的城乡统筹发展改革路径。实践证明，始终坚持党的全面领导，是推进统筹城乡综合配套改革最坚强有力的政治保障，只有加强党对全面深化改革的领导，才能确保各项改革始终沿着正确的方向推进。

（二）必须始终坚持以人民为中心，把"人民至上"理念贯穿改革各领域各环节

习近平总书记指出，人民对美好生活的向往，就是我们的奋斗目标。重庆市始终坚持把促进人的全面发展作为推进统筹城乡综合配套改革的出发点和落脚点，推出一系列改革创新举措，着力解决人民群众最关心最直接最现实的利益问题，不断提升人民群众获得感、幸福感、安全感。比如，重庆市将推进农业转移人口市民化作为核心任务，聚焦农民工及其随迁家属的实际需求，统筹推进户籍制度改革和城镇基本公共服务均等化，着力解决其就业、教育、医疗、社保、住房、养老等问题，推动长期居住和生活在城市的农业转移人口更好融入城市、共享改革发展红利。实践证明，推进统筹城乡综合配套改革必须真抓实干践行以人民为中心的发展思想，让改革成果更多更公平惠及人民群众，努力让人民群众的获得感成色更足、幸福感更可持续、安全感更有保障。

（三）必须始终坚持制度创新，为巩固深化改革成效提供持久动力

创新是一个国家、一个民族发展进步的不竭动力。随着改革向纵深推进，全面深化改革从夯基垒台、立柱架梁、全面推进、积厚成势，到了系统集成、协同高效，剩下的都是难啃的"硬骨头"，必须始终坚持"逢山开路、遇水架桥"的问题导向和创新精神，更加注重解决体制性机制性深层次矛盾和问题。统筹城乡综合配套改革试验的核心任务是打破传统城乡二元体制，逐步建立城乡统筹的体制机制，必须通过改革创新，着力破除制约城乡区域一体化发展的体制性障碍、机制性梗阻、政策性难题。十多年来，重庆市紧紧依靠创新突破，从实际出发确定改革的目标、任务、重点、步骤和措施，在建立城乡统一的建设用地市场、推进农民工户籍制度改革、建立公共租赁的住房保障体系、创新农村金融体系等方面，进行了一系列制度创新，探索走出了一条既符合自身特点又具有示范推广价值的统筹城乡发展路径。实践证明，改革的灵魂在创新、根本出路在创新，必须坚持解放思想、更新观念、敢为人先，在创新创造上下功夫，不失时机、蹄疾步稳深化重要领域和关键环节改革。

（四）必须始终坚持顶层设计与重点突破，以点上示范带动面上改革

统筹城乡发展进程也是经济社会发展过程，涉及全局、影响深远。鉴于此，重庆市始终坚持面上制度设计与局部探索示范相结合。一方面，围绕改革总体目标，建立"1+N+X"顶层制度设计体系，蹄疾步稳统筹推进各项改革。另一方面，聚焦重点领域、关键环节，选取基础条件好的区县开展试点示范，给予充分改革探索空间，通过先行先试总结积累可复制可推广经验。实践证明，改革既需要顶层制度的宏观指导，也需要基层实践创新的共同推动，必须充分尊重基层首创精神，鼓励大胆创新，及时将基层行之有效的经验做法转化为施之长远的改革政策举措，实现实践探索与政策指引的持续创新。

（五）必须始终坚持系统观念，凝聚各方合力系统集成、协同高效推进改革

随着改革试验的不断深入，改革的综合配套特点越来越突出，各项改革任务和改革政策相互影响，牵一发而动全身，特别是涉及土地、金融和社会民生等领域改革事项，需要各部门通力合作，各项改革协同推进。重庆市在推进统筹城乡综合配套改革过程中，始终坚持总体谋划、系统设计、配套推进，始终把城市与农村、农业与工业、农民与市民作为一个整体，纳入经济社会发展中通盘考虑，通过建立健全纵横联动、点面结合的推进工作机制，统筹各领域政策和资源，协同推进重点领域和关键环节体制机制改革，保障各项改革落地生根见到实效。实践证明，系统观念是改革基础性的思想和工作方法，必须坚持系统谋划、统筹推进重要领域和关键环节改革，在政策取向上相互配合、在实施过程中相互促进、在改革成效上相得益彰，不断增强改革的系统性、整体性、协同性。

第六章　成都市统筹城乡综合配套改革试验

2007 年成都市获批国家统筹城乡综合配套改革试验区以来，聚焦农村发展不充分、城乡发展不平衡主要矛盾，以重塑新型城乡关系为主线，以城乡形态塑造、城乡产业协同和城乡要素自由流动为主攻方向，统筹推进重点领域和关键环节改革，加快推进乡村振兴和农业农村现代化，初步实现了城乡要素配置市场化、居民基本权益平等化、公共服务均等化和产业发展融合化。2021 年，全市实现地区生产总值（GDP）19917 亿元，按可比价格计算，比上年增长 8.6%；农村居民人均可支配收入 29126 元，同比增长 10.2%；城乡居民人均收入比缩小到 1.81：1。

一、改革实践探索

（一）初始探索阶段（2007—2012 年）

这一阶段改革实践最根本的切入点是农村市场经济的微观基础，探索形成农村的市场价格体系，探索实践促进新型工业化、新型城镇化、农业现代化"三化联动"的统筹城乡发展新模式。成都市全面推行以"还权赋能"为核心，以建立"归属清晰、权责明确、保护严格、流转顺畅"的现代农村产权制度为目标的农村产权制度改革，落实农民对土地、房屋的财产权，推动农村资产资本化，塑造了农村市场经济的微观基础。在此基础上，深入实施"农村新型基层治理机制建设、村级公共服务和社会管理改革、农村土地综合整治、新村建设"农村工作"四大基础工程"，夯实农业农村发展基础。全面推进"城乡规划、产业发展、市场体制、基础设施、公共服务、管理体制""六个一体化"，形成城乡经济社会发展一体化新格局。在此期间探索形成农村产权"多权同确、全域确权"、农村产权"确实权、颁铁证"、农村产权交易所、耕地保护基金、乡村规划师、村民议事会制度、村级公共服务和社会管理改革、公共设施标准化建设等改革成果。

（二）创新提升阶段（2013—2016 年）

这一阶段重点围绕解决"地该怎么用、人往哪里去、钱从哪里来"的问题，针对成都市"大城市带大农村"的基本市情和"户籍分隔、产业分离、市场分割、服务分化、管理分治"的城乡二元结构特征，积极稳妥推进重点领域和关键环节改革，推动统筹城乡改革发展由点到面、由浅入深。全域推进了成都城乡统一户籍改革，取消"农业户口"和"非农业户口"性质划分，统一登记为"居民户口"，彻底打破农民向城镇转移的壁垒。深入构建城乡公共服务标准化体系建设，构建城乡一体的就业促进体系、基本养老保险制度、基本医疗保险制度、社会救助体系。探索实施农村集体资产股份化、集体土地股权化、农村集体经济组织股份合作制改造，创新农村经营机制，发展壮大农村集体经济。大力实施统筹城乡综合改革示范建设，按照"以工促农、以贸带农、以旅助农"的"全产业链"思维，加快构建"农工贸旅一体化、产加销服一条龙"的都市现代农业体系。在此期间探索形成了"农村土地集体所有权、农户承包权、土地经营权'三权分置'""农村土地承包经营权退出""土地流转履约保证保险""重要农产品目标价格保险""新型乡村治理机制"等五项改革成果。

（三）持续深化阶段（2017—2020 年）

这一阶段按照党的十九大确定的实施乡村振兴战略重大决策部署，重新审视和调整城乡关系，将改革重点转变到建立健全城乡融合的体制机制上来，把推动城乡融合发展作为实施乡村振兴战略的着力方向。成都市率先提出了实施乡村振兴战略标准体系，明确了"十二条"标准推进全市乡村振兴。在全国率先设立市县两级党委城乡社区发展治理委员会，让城乡基层治理单元成为一个整体共享共治，从改革主体的源头进行了重新谋划和设计。明确提出了实施乡村振兴战略推进城乡融合发展"十大重点工程"和"五项重点改革"，围绕实施全域乡村规划提升、特色镇（街区）建设、川西林盘保护修复、大地景观再造、农村人居环境整治、农业品牌建设、乡村人才培育集聚、农民增收促进、农村文化现代化建设、城乡社区发展治理"十大重点工程"，坚持以"百镇千村"景观化景区化为突破口，促进农业全面升级、农村全面进步、农民全面发展。围绕深化农业供给侧结构性改革、农村集体产权制度改革、农村金融服务综合改革、公共产品服务生产供给机制改革、农村行政管理体制改革"五项重点改革"，着力在用地制度、集体经济、农村行政管理"三大关键环节"取得新突破。2019 年 12 月，国家发展改革委、农业农村部、公安部等十八部门联合印发《国家城乡融合发展试验区改革方案》，批准设立四川成都西部片区国家城乡融合发展试验区。成都市主动把统筹城乡综合配套改革试验区和国家城乡融合发展试验区结合起来系统推进，聚焦城乡形态塑造、城乡产业协同发展和城乡要素自由流动，为构建新型工农城乡关系开展了新的探索。

二、改革进展成效

成都市依据《统筹城乡综合配套改革试验总体方案》，以农村产权制度改革为核心，赋予农民更多财产权利；以土地资源市场化配置为突破，促进城乡要素平等交换；以创新基层治理机制为抓手，充分调动和发挥农民群众参与改革的积极性、主动性、创造性；以户籍制度改革为重点，全面提升城乡基本公共服务。成功地探索了一条消除城乡二元对立、促进城乡融合发展的路径，多项改革经验被国家政策文件参考，上升为制度成果加以推广。

（一）农村集体产权制度改革

2008 年到 2012 年，成都市全面启动并完成了农村土地所有权、土地承包经营权、集体建设用地使用权、农村房屋所有权、林权和集体资产股权等"老六权"确权登记颁证。从 2015 年开始又深化开展了农村土地经营权、农业生产设施所有权、农村养殖水面经营权、小型水利设施所有权和经济林木（果）权等"新五权"确权登记颁证，实现农村产权"应确尽确、应登全登、应颁尽颁"。截至 2021 年，累计颁发各类农村产权证书 1000 万余本，颁证率达到 99.5%。在各类农村产权实现"应确尽确"的基础上，引导集体经济组织全面开展集体资产清产核资和股份合作制改革，股份设置以个人股为主，采取平均分配，部分地区对相对贫困人员予以了股权份额倾斜，构建形成以集体资产股权为基础的利益联结机制。扎实推进农村集体经济组织登记赋码，全市各区（市）县全面完成农村集体资产清产核资，共有 6955 个农村集体经济组织完成登记赋码。在集体产权制度改革推进过程中，大力支持集体经济组织实施"农村集体经济＋农商文旅体融合发展"试点项目，重点围绕高端绿色农产品产加销、创意农业、休闲旅游运动康养、景区化提升等方面，探索"集体经济＋""农业＋"新机制新模式，形成了"集体经济联营制"、集体经济"四合一"等多种可复制、可推广的经验做法，推动集体经济高质量发展。在全国率先成立农村产权交易所，截至 2021 年，成都农交所累计成交各类农村产权 2.44 万宗，面积 324.83 万亩，金额 1375.99 亿元，交易总规模位居全国 11 家同类交易所前列，是全国首家交易规模破千亿的农村产权交易所。

成都市的农村产权制度改革，厘清了农村财产权利，为建立城乡统一的要素市场奠定了基础，也为产权流转大幅提升农民的财产性收入创造了必要条件。同时，在农村财产权利厘清的基础上，多种多样的契约得以发育起来，推进了家庭经营、合作经营、企业化经营等多种农业经营方式的创新，政府、社区和农民共同找到解决历史遗留难题的协调机制，推动了统筹城乡综合配套改革向纵深发展。成都集体产权制度改革有关经验已上升为国家政策，2013 年《中共中央　国务院关于加快发展现代农业进一步增强农村发展活力的若干意见》明确提出，"全面开展农村土地确权登记颁证工作"。此后，成都的集体产权制度改革经验多次纳入中央 1 号文件内容。

（二）集体林权制度改革

成都市建立林地经营权流转证制度和经济林木（果）权证制度，在全市采取林权证、林地经营权流转证、经济林木（果）权证"三证并行"方式，稳步有序开展新"两证"颁证工作。深化集体林权股权化改革，将集体统一经营林地股权份额量化到户、股权证发放到户，收益根据合作社章程按股分红。积极推行并不断完善集体林地所有权、承包权、经营权"三权分置"，构建"林业共营制"，开展森林保护"山长制"试点，全面推行建立林长制，鼓励集体林权入场交易，不断盘活林业资源。探索推动社会资本投入林业模式改革，吸引金融资本和社会资本进山入林，探索创新林业龙头企业与农户、家庭林场、专业合作社等主体建立紧密的利益联结机制。积极与国家开发银行、农业发展银行等机构对接，争取储备林专项贷款，推进龙泉山城市森林公园国家储备林基地建设和东部森林建设。在龙泉山探索建立"管委会＋投资公司"运营模式，探索龙泉山城市森林公园国家储备林项目政府和社会资本合作（PPP）模式，盘活林业资源。建立林权流转风险防控机制，针对集体林权碎片化、信息不对称、流转风险较大等问题，采取事前协商、评估推介、村民委托等程序，推行林权预流转制度，实施林权流转履约保证保险，切实保护流转双方的合法权益。创新林权抵押贷款融资方式，将花卉苗木及林权纳入了成都市"农贷通"农村产权抵押融资风险资金使用范围，完善了林权权利人用林权证或不动产权证书（林权）、林地经营权流转证和经济林木（果）权证进行林权抵押融资的各环节，打通了金融资本投资林业的渠道。建立完善集体林权估价体系，市级层面出台了林权抵押、评估、担保、收储等系列指导文件，建立了全市林地林木分级评价机制和林权流转基准指导价格机制，对林地林木流转提出了分区域、分林种、分树种、分龄级的指导价格。出台了《成都市集体林森林资源资产评估咨询指导意见》，建立了《森林资源资产评估咨询服务单位和评估专家推荐名录库》。

通过深化集体林权制度改革试点，成都在生态建设、产业发展、农民增收等方面取得了显著成效，初步形成了经营"共营制"、补贴"普惠制"、交易"入场制"、风险"防控制"、承包"退出制"、融资"多元制"、保护"山长制"等为主要内容的深化林改"成都经验"。成都的集体林权制度改革得到了国家林草局的充分肯定。2014 年 11 月，成都市被中央农办、农业农村部、国家林业局等十三部委局批准为"第二批全国农村改革试验区深化集体林权制度改革试点地区"（全国 8 个）。集体林权制度改革分别被农业农村部列入 2015 年、2018 年农村改革试验区改革拓展任务，并已经顺利通过验收。

（三）土地制度改革

成都市扎实开展农村土地征收制度改革，建立了《土地征收目录》，明确公共利益的范围，理清了公益性和非公益性用地的边界，理清用地性质边界。制定了七个土地征收改革配套制度，建立了土地征收联合调查、社会稳定风险评估、民主协商、补偿安置纠纷协调等机制，将征后实施的调查步骤调整到征收报批前，从原来的九个环节精简到现在的五个，使征收程序更加精简，过程更加透明，风险降到最低。对征收时年龄未满 16 周岁的被征收农民，按照"先买后补"的原则，由区级财政对其参加城乡居民医疗保险进行全额补贴，直至年满 16 周岁，进一步创新优化保障机制，切实维护农民权益。有序推进集体经营性建设用地入市，在符合国土空间规划、用途管制和依法取得、确权登记的前提下，通过就地入市、调整入市等途径，采取出让、出租等有偿使用方式，推动集体经营性建设用地入市。探索集体经营性建设用地使用权和地上建筑物所有权房地一体、分割转让，同时出台集体经营性建设用地用途负面清单，必须在符合规划、用途管制、产业准入与监管要求、依法取得基础上进行开发建设。鼓励土地所有权人出租、出资（作价入股）取得的农村集体经营性建设用地使用权收益，集体经济组织按一定比例计提公积金或公益金，主要用于发展壮大集体经济和乡村公服设施、基础设施建设运行管理等公益性支出。积极稳妥推进宅基地制度改革，在巩固农村宅基地集体所有权，保障集体经济组织对集体土地依法享有占有、使用、收益和处分的权利，保障集体经济组织成员在宅基地规划、使用、处分等重大事项中的知情权、参与权、监督权的前提下，探索农村闲置宅基地和闲置农房盘活利用的有效途径。依托实施川西林盘保护修复，采取"集体经济组织＋国有公司""集体经济组织＋市场主体""集体经济组织＋合伙人"等组织方式，在农民自愿和符合国土空间规划的前提下，依法收回农民自愿退出的闲置宅基地，按照国土空间规划确定的经营性用途入市，重点发展民宿、旅游、文化等农商文旅体融合经济。

成都土地制度改革有关经验已上升为国家政策，2017年《中共中央 国务院关于深入推进农业供给侧结构性改革加快培育农业农村发展新动能的若干意见》明确提出，"落实农村土地集体所有权、农户承包权、土地经营权'三权分置'办法。加快农村产权交易市场建设"。此后，成都的改革经验多次被纳入中央1号文件内容。改革经验被列入《农业部关于党的十八大以来农村改革试验区改革试验成果转化情况的通报》推广。

（四）农村承包地"三权分置"制度改革

成都市在全面完成农村产权确权颁证的基础上，充分运用产权制度改革成果，探索土地承包经营权"长久不变"实现形式，引导和支持农民群众通过民主协商方式，自主、自愿、规范签订"长久不变"决议，实行土地承包经营权静态管理，确保土地承包关系稳定并长久不变。积极开展土地承包经营权退出试点试验，制定出台规范土地承包经营权退出指导意见，探索建立土地承包经营权退出机制，维护依法自愿有偿退地农户承包权益。截至2021年12月，全市实行"长久不变"的村民小组3.2万个，土地承包经营权退出试点退出承包地面积70.193亩、涉及农户98户。大力培育家庭农场、农民合作社、农业企业等新型农业经营主体，引导和鼓励土地经营权向新型农业经营主体规范有序流转。创设土地经营权证制度，对规模流转土地的经营业主颁发土地经营权证，明确经营主体对流转土地在流转期限内的占有、经营、取得相应收益和就土地经营权设定抵押的权利。加强工商资本租赁农地监管和风险防范，建立对工商资本租赁农地的资格审查和备案制度，防止耕地"非农化""非粮化"。坚持政府扶持引导、市场化运作推进农村土地流转履约保证保险。因地制宜创新农业适度规模经营方式，大力推广"农业共营制""土地预流转＋履约保证保险""大园区＋小业主"等经营方式。支持新型农业经营主体围绕农业产前、产中、产后各产业链环节，开展农业社会化服务。截至2021年12月，全市农民合作社和家庭农场发展到23407家。

成都农村承包地"三权分置"制度改革有关经验已上升为国家政策，2017年《中共中央 国务院关于深入推进农业供给侧结构性改革加快培育农业农村发展新动能的若干意见》明确提出，"鼓励地方探索土地流转履约保证保险"；明确提出，"允许地方多渠道筹集资金，按规定用于村集体对进城落户农民自愿退出承包地、宅基地的补偿"；成都土地承包经营权流转管理改革经验多次被纳入中央 1 号文件内容；成都土地承包经营权流转管理改革经验、土地承包经营权退出改革经验、建立健全新型农业经营体系改革经验被列入《农业部关于党的十八大以来农村改革试验区改革试验成果转化情况的通报》。成都耕地保护补偿机制被国家发展改革委《关于国家综合配套改革试验区评估情况的报告》列为"需要一定前提条件，可以因地施策地在符合条件地区推广的试点经验"；得到了国家相关部门以及知名专家学者的肯定和高度评价。

（五）农村金融服务综合改革

成都市改革财政投入支持方式，推行补助改股份、补助改基金、补助改购买服务、补助改担保、补助改贴息的"五补五改"模式。研究制定《成都市探索建立涉农资金统筹整合长效机制总体实施方案》，加强涉农资金统筹整合，提高涉农资金使用绩效，探索建立长效机制，集中财力支持乡村振兴。创新建立"风险分担、快捷高效、应贷尽贷"的"农贷通"融资平台，整体提升农业融资能力。截至 2021 年，"农贷通"融资平台累计放款 23147 笔，合计 366.96 亿元；入驻一级金融机构 73 家，发布金融产品 742 个。依托"农贷通"平台，深入推进涉农信用信息大数据库建设，建立了农村信用信息归集技术指标体系，制定了数据格式与入库信息技术规范等标准。目前，平台已归集包含专业合作社、家庭农场、种养大户的工商基本信息数据、成都产权交易数据 3.3 万条。各类农业奖励补贴数据和农业职业经理人数据 10 万余条，可授权查询 210 万余条农村土地经营权证数据和 165 万余条耕保基金数据。设立乡村振兴农业产业发展风险资金，专项用于支持金融机构开展产权抵押融资、担保贷款和信用保证保险贷款等业务的风险分担，分担比例最高达 70%，并根据需要修订完善风险资金管理办法，探索通过"农贷通"平台开展线上补偿申请审核。积极围绕农村资源资本化创新财产权抵（质）押融资产品，探索开展经济林木（果）权、农业生产设施所有权、养殖水面经营权、集体资产股权等近 20 种农村不动产、动产抵（质）押贷款。不断开发特色化涉农金融产品，创新以农业职业经理人凭资格证书信用贷款模式，大力开展订单、仓单质押、"农业核心企业＋中小微"等供应链金融服务新模式探索，创新推出"足值贷""信用担""兴农贷""惠农贷""冷链贷""菌乡贷"等一系列创新金融产品。在全面推行政策性农业保险的基础上，探索开展农业经营主体用工意外伤害保险、生猪价格指数保险和农产品品质保险等地方特色险种，进一步扩大农业保险范围，截至 2021 年，成都市已实施 26 个政策性农险品种，其中传统农险 12 个，特色农险 14 个。

成都市"农贷通"金融综合服务平台建设，有效破解了农村金融服务体系不健全、基础设施不完善、有效需求不充分、风险分担机制不配套等问题，适应了农业农村金融发展特点，为构建供给精准、功能完备、便捷高效的新型农村金融服务体系探索了有益的路径。成都农村金融服务综合改革经验得到国家发展改革委、农业农村部的充分肯定，多次被国家发展改革委简报、农村改革专刊总结推广。改革经验已经被农业农村部批准为 2019 年农村改革试验区拓展试验任务进行深化和探索。

（六）全域一体规划管理机制

成都坚持以精准规划引领城乡融合发展，打破城乡规划的行政藩篱，将城市与农村作为一个有机整体，构建了市、区（市）县、镇三级和总体规划、专项规划、详细规划三类全域城乡一体的国土空间规划体系，明确专项规划作为"三级三类"国土空间规划体系的重要组成部分，必须落实市级总规确定的规划目标、空间布局、结构体系、配置标准等内容，不得突破强制性内容并符合相关用地标准。同时，构建了适配公园城市国土空间规划体系的"5+25+N"技术标准，对全域范围内空间布局、产业发展、资源环境保护、基础设施和公共服务设施配置进行统筹规划。注重突破条块分割和行政壁垒，建立发改、建设、国土、工业、农业、交通、林业、环保等多个部门合作机制，将产业、社会事业、基础设施、交通、资源和环境等各领域发展统筹安排，使规划由单纯的物质空间规划转变为融合各领域发展目标、明确各层次建设标准、引领项目有效实施的"综合性规划"，形成了覆盖全域、相互衔接、城乡一体的规划体系。同时，突破传统规划编制中偏重标准化、技术性的模式，坚持综合研究、战略谋划，经济社会各部门广泛合作、协同研究成都发展中的重大战略问题，全面整合成都经济社会发展各领域规划过程，建立起多规协调的规划工作机制，将科学规划思想和主题内容融入成都各项事业发展的起点，并贯穿始终。在全国率先创建了乡村规划师制度，分区域向乡镇派驻乡村规划师，协助镇（乡）人民政府编制镇（乡）村规划，协助区（市）县规划部门对镇（乡）村规划区范围内项目的选址、方案进行审查、审批，协助进行规划督察，通过不断推行并完善乡村规划师制度，有效推动了优秀规划资源下乡，基本实现全域满覆盖。成立城乡规划督察和规划执法监督机构，形成全市"统一规划、属地管理、分级审查、强化监督"的城乡规划管理体系，确保了规划的刚性执行和基础地位。

成都市在推进覆盖城乡的一体化规划体系过程中，在全国首创建立乡村规划师制度，作为一项创新制度，弥补了农村地区规划技术力量的薄弱环节，健全了城乡规划体系，解决了农村规划实施过程中的技术问题。通过实施乡村规划师制度，成都将以人为本、可持续发展、两化互动、多规合一、规划先行等科学理念带到农村，使农村规划更具前瞻性、科学性、系统性，有效改善了规划脱离乡情、落地难、实施走样的突出矛盾，大力提升了乡村地区的规划、建设、管理水平，形成了有效的基层规划管理模式。其改革经验被《国家发展改革委关于国家综合配套改革试验区评估情况的报告》列为"较为成熟，可以上升到制度层面的经验"。得到了国家相关部门以及知名专家学者的肯定和高度评价，并多次被国家发展改革委作为改革案例发文推广肯定。

（七）乡村基层治理机制

成都市创新推进农村新型领域基层党组织建设，按照"组织建在产业链，党员聚在产业链，农民富在产业链"的思路，探索建立"454"工作模式（"四种模式"：独立型、联合型、区域型、网络型；"五个引领"：政治引领、发展引领、能力引领、人才引领、文化引领；"四项机制"：选育机制、共管机制、协调机制、保障机制），依托农民合作社、家庭农场、产业协会、龙头企业、农业园区等农村新型经营主体，创新组织设置和运行机制，着力构建领导主体明确、纵横结合、开放多样的组织设置新构架。创新完善基层民主管理机制，探索开展村级公共服务和社会管理改革，明确村（社区）民主决策组织的授权事项、方式和程序，建立健全议事会成员联系村民制度和村民议事咨询顾问或专家理事制度，建立完善了议事会成员评议机制和退出机制。在全市农村探索分级分层建立健全院落和村民小组自治组织，在充分尊重居民意愿的基础上划分院落自治单元，引导农村集中居住小区业主（居民）成立小区（院落）议事会（自管会、住委会、家委员会）、小区（院落）监督委员会、小区（院落）业主委员会等院落自治组织，实现小区（院落）自治组织全覆盖。按照"依法立约、以约治村"的原则，因地制宜完善村规民约、小组公约和小区公约，增强村民法治观念和规则意识，增强农村社会自我调节功能。全面实施农村小型公共基础设施村民自建，健全完善村民自建工作"四大体系"（实施体系、制度体系、保障体系、信息化体系），进一步提升乡村治理精准化精细化水平。

成都新型村级治理机制改革得到国家相关部门以及知名专家学者的肯定和高度评价，并多次被国家发展改革委作为改革案例发文推广肯定。其经验被国家发展改革委《关于国家综合配套改革试验区评估情况的报告》列为"较为可行，可以在更大范围推广试点经验"。2015 年，《关于深入推进农村社区建设试点工作的指导意见》吸收了成都市新型村级治理机制的成功经验。成都农民合作社、家庭农场、村转社区等农村基层党组织建设经验被列入《农业部关于党的十八大以来农村改革试验区改革试验成果转化情况的通报》；被四川省《关于牢固树立发展新理念加快推进农业现代化同步实现全面小康目标的意见》《关于进一步加强农村基层党的建设加快完善农村依法治理体系的意见》借鉴。

（八）新型城乡社区发展治理机制

成都市把加强和完善社区发展治理作为重要抓手，加快转变超大城市发展治理方式，推动社区治理机制改革，提高城市基层社会治理体系和治理能力现代化水平。在全国率先设立市、县两级党委城乡社区发展治理委员会，负责统筹指导、资源整合、协调推进、督促落实，同时建立城乡社区发展治理工作领导小组和联席会议制度，初步构建了上下联动、各负其责、协调有序的城乡社区发展治理工作格局。针对基层治理力量分散、多网并行、多头指挥、条块分离等影响和制约基层治理效能提升的顽疾问题，按照改革赋能、试点破局、系统整合、做强镇街的思路，在镇（街道）层面创新"一支队伍统管、一张网格统揽、一个平台统调、一套机制统筹"管理机制，有力提升了城市基层治理体系和治理能力现代化水平。制定出台以《关于加强和完善城乡社区治理的实施意见》为核心的"1+6+N"政策体系，明确城乡社区发展治理的总体思路、基本原则、主要目标、工作步骤，大力实施"五大行动"（老旧城区改造、背街小巷整治、特色街区创建、社区服务提升、平安社区创建），城乡社区发展治理法治化、科学化、精细化和组织化水平大幅提升。探索形成了党组织领导、议事会（代表大会）决策、居委会执行、监委会监督的新型基层治理机制。健全社区党组织、社区居民委员会及社会组织多方协调机制，真正做到多方参与，共治共享。深化村（居）民自治机制，规范议事会、监事会运行，规范村（居）委会调整备案制度，深化村（居）务公开和院落（小区）事务公开。

成都以农村社区、村民小组为单元的村民自治改革经验被《中共中央 国务院关于加强和完善城乡社区治理的意见》采纳，其经验被列入《农业部关于党的十八大以来农村改革试验区改革试验成果转化情况的通报》。成都村级公共服务和社会管理改革于 2012 年成功入围第六届地方政府创新奖，向全国推广；被《国家发展改革委关于国家综合配套改革试验区评估情况的报告》列为"较为可行，可以在更大范围推广的试点经验"。成都新型城乡社区发展治理机制得到国家相关部门以及知名专家学者的肯定和高度评价，并多次被国家发展改革委作为改革案例发文推广肯定。

（九）城乡一体化户籍制度改革

成都市在全国率先取消"农业户口"和"非农业户口"性质划分，建立条件入户和积分入户双轨并行的新型户籍政策体系，推进户籍、居住一元化管理，充分保障城乡居民在就业、社保、住房保障、社会救助、计划生育、义务教育、职业教育、政治民主权利、退役士兵安置和义务兵家庭优待等主要方面享有平等权利，彻底破除城乡居民身份差异，实现居民自由迁徙。2003 年，成都市取消了入户指标限制，以条件准入制代替"入城指标"。2004 年，取消"农业户口"和"非农业户口"性质划分，统一登记为"居民户口"。2006 年，逐步放开本市农民到城镇登记入户的政策，农村居民在城镇取得合法产权住房并实际居住的，或连续租用统一规划修建的出租房且在同一住房居住一年以上的可登记入户。2008 年，全面放开本市农民到城镇登记入户政策，农村居民在城镇租住成套私人合法产权住房可登记入户，同时，进一步放宽外来人口入户条件。2010 年，成都市出台了《关于全域成都城乡统一户籍实现居民自由迁徙的意见》，消除附着在户籍上的城乡居民就业、社保、住房保障、社会救助、计划生育、义务教育、职业教育、政治民主权利、义务兵家庭优待等九个主要方面权利、待遇的不平等。2012 年，基本实现全域成都城乡统一户籍。2014 年，按照国务院和公安部确定的改革目标和要求，结合自身实际和发展需求，确定了"总量控制、人才优先、动态平衡、双轨并行"四个原则，突出"坚持以人为本、落实国家政策、促进合理布局、推动遵纪守法、服务人才优先、倡导争先创优、引导尊老敬老"七个导向，建立起条件入户和积分入户双轨并行的新型户籍政策体系。

成都市率先在全国推进户籍登记地与实际居住地统一、随居民流动自由迁徙的户籍管理制度，从就业、社保等九方面入手，实现城乡居民享有平等基本公共服务和社会福利，其改革经验被国家发展改革委《关于国家综合配套改革试验区评估情况的报告》列为"需要一定前提条件，可以因地施策地在符合条件地区推广的试点经验"。

（十）农业水价综合改革

在全省率先启动小型水利工程确权颁证工作，对全市 123017 处小型水利工程全部完成颁发所有权证和使用权证。创新工程管理机制，在小型水利工程产权制度改革的基础上，市级财政每年落实奖励补助资金 4000 万元，对各区（市）县农田水利工程管理工作进行年度绩效考核奖补，建立"工程产权所有者筹集为主，政府绩效考核奖补为辅"的农田水利工程维修养护资金筹集模式。创新水价形成机制，按照"先建机制，后建工程"要求及分级定价原则，指导相关区（市）县以成本监审（调查、测算）为基础，合理制定各环节水价，同时基于定额内水价，区分粮油作物和经济作物、养殖业等用水类型制定不同价格，同步建立超定额累进加价制度，适度体现差异化，确保调整后的农业水价可接受、可实施。创新终端节水机制，大力推广管灌、滴灌等高效节水灌溉技术，集成发展水肥一体化、水肥药一体化技术，提高农业供水效率和效益，促进现代农业发展。创新补助奖励机制，制定了成都市农业水价综合改革精准补贴和节水奖励办法。采取与中央和省级财政专项资金项目、市级财政农田水利建设专项资金项目同步实施等办法，项目化、工程化推进农业水价综合改革落地落实。改革试点以来，全市累计启动实施农业水价综合改革面积 435.43 万亩，新发展高效节水灌溉面积 26.19 万亩。

成都改革农业补贴办法的经验上升为政策，被 2016 年财政部、农业部联合印发的《建立以绿色生态为导向的农业补贴制度改革方案》采纳。有关农业支持保护体系改革经验上升为政策，成都市的价格指数保险受到了国务院、中农办、农业部的一致好评。《农民日报》《经济日报》等专题刊登了成都市农产品价格指数保险的开展情况。其改革经验被列入《农业部关于党的十八大以来农村改革试验区改革试验成果转化情况的通报》。

此外，成都市在建立健全乡村人才发展保障机制、新型职业农民制度、城乡一体民生保障机制、城乡教育一体化发展机制、城乡文化融合发展机制、城乡一体生态保护机制、生态产品价值实现机制等方面也进行了创新性改革探索，取得了积极进展。

一是创新乡村人才发展保障机制。成都市实行城乡统筹、内外一致的普惠培训制度，对农村新成长劳动力等乡村人才开展职业培训。完善和推行职业资格证书制度，加强职业技能鉴定服务，为城乡劳动者提供初次职业技能鉴定补贴。在全国率先打造数字职业技能培训公共服务平台——成都职业培训网络学院，推广"互联网＋职业技能培训"新模式，为城乡劳动者、行业和企业提供免费线上技能培训服务。建立乡村人才需求目录，编制发布《成都市人才开发指引》，细分乡村人才供求缺口，梳理出"乡村振兴研究专员""农业科技服务专员""农艺师"等急需紧缺岗位，引导各类乡村振兴领域人才按需流动、高效配置。提高基层事业单位专业技术岗位结构比例，支持通过特设岗位引进乡村振兴急需紧缺专业技术人才。给予都市现代农业企业新引进的急需紧缺人才安家补贴、引进人才奖励和企业引才补贴。依托专家服务基地、博士后科研工作站、博士后创新实践基地、人才服务工作站等载体，围绕乡村特色优势产业及各行业领域需求，引导国务院政府特殊津贴专家、学术技术带头人及后备人选、海外留学回国人才、骨干高级教师等专家人才到基层开展智力帮扶，创新"专家＋三农热线＋农户（合作社）"模式。完善"定向评价、定向使用"的基层职称制度，坚持职称评审向基层一线倾斜，对在基层一线工作的专业技术人才，淡化或不作论文要求，适当放宽学历和任职年限要求，以职称评价拓展基层专业人才职业发展空间、引导专业人才向基层和一线流动。保障到乡村和涉农企业创新创业的事业单位科研人员在职称评审、工资福利、社会保障等方面的权益。在产业功能区设立人才服务工作站，为乡村振兴人才提供政策咨询、职称申报、项目申报、融资对接等服务。加快推进农村人才制度创新，在全国率先探索农业职业经理人制度。完善各类人才下乡机制，鼓励引导策划、规划、设计、建筑、文创、旅游、金融、营销、品牌等乡村急需人才参与乡村建设。

二是建立新型职业农民制度。选择新型农业经营主体主要从业人员、大中专毕业生、退役军人、青壮年农民、农业生产管理技能的种养能手、"土专家"以及有意投身农业事业的人员作为新型职业农民的主要培养对象。创新新型职业农民培养制度。采取理论培训与实践操作培训相结合、集中培训与灵活分散培训相配套、系统培训与分段培训协调的方式，提升新型职业农民培训质量；建立新型职业农民培训学分制管理模式，根据培训对象实际需求设置培训学时、理论和实践课程，学员可灵活选课、修课，学员修满规定学分可取得农业职业经理人和从业型新型职业农民证书；除农业产业的生产技术、经营、营销、管理等传统培训课程外，依托各类专家资源围绕规划、设计、建筑、文创、旅游、金融、互联网、营销、品牌等领域开展乡村融合型人才培训。创新新型职业农民管理制度，制定完善《成都市农业职业经理人评价管理办法》，分类明确初、中、高级农业职业经理人培训、经营规模、收入水平、带户规模等认定标准和认定程序，每年由市和区（市）县分别开展高级、优秀、"十佳"和初级、中级农业职业经理人评定或评选；积极推进新型职业农民高级和初级、中级职称评定工作；建立新型职业农民注册制度和管理考核制度，将取得农业职业经理人和从业型新型职业农民证书人员的基本信息、生产经营情况、培训考核情况等信息纳入管理；将乡村融合型人才纳入农业职业经理人管理和扶持。创新新型职业农民服务制度，成立农业职业经理人协会和服务中心，为会员提供精准的需求与信息服务和各类对接活动，帮助农业职业经理人适应市场经济变化和竞争。依托基层农业综合服务站，引导社会资金参与组建综合性农业社会化服务公司。搭建"一站式"农业社会化服务平台。为新型职业农民提供免费农业技术咨询、农业劳务、全程农业机械化、农资配送、专业育秧（苗）、病虫统治、田间运输、粮食代烘代储、粮食银行、金融服务等全程农业生产"一条龙"社会化经营性服务。创新新型职业农民扶持政策体系，对新型职业农民和农业职业经理人开展免费培训。在实施农业农村部新型职业农民培训项目的同时，成都财政每年安排资金 800 万元，用于开展农业职业经理人培训。对农业职业经理人以个人身份参加城镇职工养老保险的，给予 60% 的补贴。农业职业经理人购买政策性农业生产保险的，其自交保费部分可以减免 20%。农业职业经理人领办或新办农民合作社、家庭农场，发展农业适度规模经营的，优先推荐享受相关专项资金扶持。

三是建立城乡一体民生保障机制。将新型农村社会养老保险和城镇居民养老保障有机整合，率先在全国建立了城乡居民一体化的养老保险制度，将全市 16 周岁以上符合参保条件的城乡居民全部纳入社会养老保险体系。在全国率先制定规范统一的被征地农民社会保险办法，将 16 周岁以上被征地农民的养老、医疗、失业一并纳入企业职工社会保障制度进行安排，实施被征地农民与企业职工一体化社会保险。大胆开展医疗保障体系探索，构建起以城镇职工基本医疗保险和城乡居民基本医疗保险为主体，大病医疗互助补充保险、城乡居民大病保险和重特大疾病医疗保险为补充，医疗救助为托底的多层次医疗保障制度体系。在全国率先完成了新农合与城乡居民基本医疗保险制度的合并，建立了一体化的城乡居民基本医疗保险制度，截至2020 年，全市基本医疗保险参保人数达 1832.73 万人，其中城乡居民基本医疗保险 836.75 万人。在全国率先发布《关于促进健康保险发展完善多层次医疗保障体系的指导意见》，以社商融合发展模式，指导市场主体推出针对大病、价格为 59 元的普惠式商业健康保险"惠蓉保"，充分拓宽了商业保险的触达面，为成都市广大城乡居民参保群众提供了普惠可及的商业保险。深入开展紧密型县域医共体建设试点，制定明晰医共体协调机构、行业主管部门和医共体内部三张责任清单，按照"县乡融合、乡村一体、区块划分、特色定位"的总体思路，在县乡两级医疗卫生机构维持"四个不变"（即原有行政建制、医院性质、人员身份不变，人事关系不变，承担基本医疗和公共卫生服务的职能不变）的前提下，整合县域医疗卫生资源，构建优质高效的整合型医疗卫生服务体系。

四是城乡教育一体化发展机制。建立并完善学前教育生均公用经费标准制度及公益性幼儿园财政补助标准调整制度、义务教育生均公用经费标准每两年动态调整机制、特殊教育生均公用经费标准逐年增加制度、公办中职学校财政生均经费拨款标准及其增长制度，构建形成教育投入依法增长的长效机制，确保一般公共预算教育支出逐年只增不减，确保按在校学生数平均的一般公共预算教育支出逐年只增不减。在全国率先系统构建教育均衡化、现代化、国际化和教育质量评估标准及动态监测体系，建立区（市）县创建全国义务教育优质均衡发展县激励奖补机制，引导加快缩小区域、城乡、校际差距。探索区域教育联盟发展，按照"中心城区 + 郊区新城 + 东部新区（或简阳片区）"的方式，全市共建六个区域教育联盟，各联盟积极促进常态化交流机制共建、优质教育资源共享、全方位发展共融，并不断推进学校共同体建设。全市组建了 104 个学校发展共同体，共计 517 所学校参与联盟建设，学校共同体之间形成了常态分享、共同成长的良好局面，对扩大优质教育资源覆盖面、促进共同体学校教育品质提升起到了积极的作用。深化"县管校聘"改革，坚持按需设岗、竞聘上岗、按岗聘用、合同管理原则，实行县管教师总量、岗位结构和教师身份，学校按岗配置、使用和考核教师，变教师"单位人"为"系统人"，破除教师交流制度瓶颈，优化教师配置效益。在中小学高级职称评审和岗位竞聘时，严格落实乡村教师倾斜政策，并对在乡村学校累计工作满 30 年以上教师，实施岗位竞聘倾斜政策。深入探索区（市）县优化"新优质学校"培育方式，完善管理机制，将义务教育就近入学报到率、初中学业水平考试情况、家长及社会满意率纳入监测范围，不达标的学校不予通过评估认定，实现更高水平培育建设。

五是建立城乡文化融合发展机制。坚持物质文明和精神文明一起抓，大力弘扬"创新创造、优雅时尚、乐观包容、友善公益"的天府文化。深化乡村公民道德建设，深入践行社会主义核心价值观，把中华优秀传统文化深度融入乡村建设和居民生活，积极开展"三美""四好"示范村建设，推动文明村（镇）、文明院落、文明家庭等群众性精神文明创建，推动移风易俗，让文明乡风滋养美丽农村，增强实施乡村振兴战略的信心。积极探索天府文化的乡村表达，加大文物古迹、传统村落、传统建筑、农业遗迹、灌溉工程遗产等保护，加强戏剧、剪纸、庙会、灯会等民间民俗文化的传承发展。深入挖掘和发展古蜀文化、农耕文化、诗歌文化、红色文化等本地历史文化资源和特色产业发展项目，形成"一村一品""一村一景"的特色文化。深入探索基层公共文化设施社会化管理，更好发挥政府主导作用，激发和规范各类专业社会力量参与公共文化服务。扩大公共文化有效供给，开展"农村地区中心化"试点，推进基层综合性文化服务中心建设，推动村（社区）综合性文化服务中心、村史馆、文化长廊等服务设施提档升级，促进公共文化资源向城乡基层延伸，乡镇（街道）和村（社区）基层综合性文化服务中心覆盖率达 80% 以上。加强农村文化队伍建设，建立城乡文艺结对机制，培育基层艺术骨干，常态化开展文艺表演、家风传承、全民阅读等群众性活动，让村民真正成为乡村文化的主角，让公共文化服务惠及乡村每个角落。

六是建立城乡一体生态保护机制。完善国土空间开发保护制度，科学划定"三区三线"，积极推进多规合一，严守生态保护红线。建立"三线一单"（生态保护红线、环境质量底线、资源利用上线、生态环境准入清单）生态环境分区管控体系，通过严格落实生态环境分区管控要求，推动实现环境质量约束性考核目标，进一步增强生态服务功能。创新构建"碳惠天府"机制，在全国率先建立环保志愿服务联合会，出台生活垃圾管理条例，居民生活垃圾分类覆盖率超过 90%。在国内创新提出面向公众的"碳减排积分奖励"和面向企事业的"碳减排量开发运营"双路径激励机制，依托专业公司建设运营"碳惠天府"公益性平台，引导龙泉山城市森林公园、天府绿道、川西林盘、湖泊湿地等重大生态工程碳汇开发，通过创新消纳方式，以碳属性推动环境资源向资产转变。建立四川省首个生态环境公益诉讼与生态环境损害赔偿协作配合机制，有效强化了检察公益诉讼与生态环境损害赔偿工作的有效衔接和协作配合。构建组织领导体制完善、群众参与度高、工作标准明确、考核制度完善、资金投入多元、运营高效的农村人居环境治理和维护机制，农村厕所、农村污水、农村垃圾、村容村貌等得到有效治理。推进全域景观化景区化建设，出台《成都市天府绿道规划建设方案》，构建以"一轴两山三环七道"为主体骨架的绿道体系，推进 1275 平方公里的龙泉山城市森林公园、133 平方公里的锦城生态公园等生态文明重大工程建设，以特色镇（街区）建设和川西林盘保护修复为抓手，推进"百镇千村"景观化建设行动，以"一轴两山三环七带"为主体骨架搭建的绿网，构建生态区、绿道、公园、小游园、微绿地五级城市绿化体系。新启动 240 个川西林盘保护修复、累计保护修复 794 个。

七是探索生态产品价值实现机制。构建生态发展新格局，在全国率先构建公园城市支撑体系，成立全国首个公园城市研究院，开展"两山"发展指数研究，组建公园城市建设管理局，编制美丽宜居公园城市规划及建设导则等 30 余项技术规范，初步构建以绿色发展为导向的目标考核机制。按照"景观化、景区化、可进入、可参与"理念，构建生态区、绿道、公园、小游园、微绿地五级城市绿化体系，规划建设 1275 平方公里龙泉山城市森林公园和 1.69 万公里天府绿道，加快推进龙泉山生态保护修复暨国家储备林项目，累计建成各级绿道 4408 公里，森林覆盖率提升至 40.2%。积极发展绿色生态产业，深入实施"绿道 +""公园 +""林盘 +"策略，发展"首店经济""夜间经济""周末经济""户外经济"等新消费新业态，打造夜游锦江、沸腾小镇等场景品牌 300 余个。推动生态资源权益交易，研究提出"以土地增值收益平衡前期生态投入、以市场运营收益平衡后期维护"两个平衡机制。加快推进重点企业碳配额分配核算，鼓励全市九家重点用能单位参与全省用能权有偿使用和交易试点，率先完成全省首单用能权交易。创新提出"以公众减排积分奖励、项目减排开发运营"为两大基本路径的"碳惠天府"建设思路，印发实施《成都市关于建立"碳惠天府"机制的实施意见》，开发低碳应用场景相关方法学和技术标准，加快建设碳普惠商品兑换平台。强化生态价值实现制度保障，以川西林盘、龙泉山城市森林公园、锦城绿道等市域特色生态资源为切口，率先开展生态价值核算及实现的理论研究，形成《城市生态价值核算方法学》《川西林盘生态系统生产总值（GEP）核算技术规范》等一系列亮点成果，为摸清公园城市生态资源家底，推动"绿水青山"向"金山银山"转化提供了理论支撑。印发实施《关于健全生态保护补偿机制的实施意见》，以耕地、饮用水、湿地、公益林保护、垃圾处置、河道水质改善等领域为重点，探索创新生态补偿机制。先后设立耕地保护基金、集体公益林（地）生态保护资金、饮用水水源保护激励资金和生活垃圾跨区（市）县处理环境补偿资金。积极探索横向生态补偿机制，签署岷沱江流域横向生态补偿协议和方案，创新"园区共建、利益共享"异地开发生态保护补偿模式。注重发挥绿色金融支持体系，制定出台《成都市推动绿色金融发展实施意见》，发布《成都市绿色项目认定评价办法》和《成都市绿色企业认定评价办法》，打造新都绿色金融专业服务机构集聚区，成立西部地区首个绿色金融评估认证中心，打造"绿蓉融"绿色金融综合服务平台，加大对绿色企业和绿色项目的资金支持。截至 2021 年底，全市绿色贷款余额 4858.13 亿元，同比增长 29%，正积极申报创建国家绿色金融改革创新试验区。

三、改革经验做法

作为国家级统筹城乡综合配套改革试验区，成都市承担着为推动全国深化改革发挥示范和带动作用的重要任务。通过改革实践，成都市探索积累了可推广、可复制的经验和做法，为破解制约我国城乡统筹发展的体制性机制性问题提供了有益的参考和借鉴，主要改革经验如下。

（一）由单向实施到系统集成、由局部试点到连片推进是改革有序向纵深推进的合理路径

统筹城乡改革涉及城市和农村各个领域内容，各项改革紧密联系、相互交融，任何单项改革都会对其他领域产生影响，同时也需要其他改革密切配合。因此，统筹城乡改革需要构建一整套更完备、更稳定、更管用的制度体系，使各领域改革能够实现联动和集成，从而使改革的总体效应最大化。作为改革试验区，成都市在改革内容设计上，确立了以重建城乡居民的财产权利为起点和突破口、以赋予城乡居民平等的发展机会为关键、以实现城乡均等的居民权利为重点的整体改革思路，有机串联起城乡领域诸多环节，并寻找到各项改革间的内在关联和相互作用，以此为基础设置各项改革的推进顺序和路径。在改革内容联动上，在继续深化单项改革

的同时，成都市将相关改革进行系统集成以发挥整体效应。在改革推进路径上，坚持有序推进的同时，注重前后改革内容的衔接性，如在完成农村确权颁证工作后，重点推进城乡市场体系建设，为农村产权形式的转化和财产价值的实现提供条件，也增强了产权主体明晰并保护产权的激励，有效巩固并运用了产改成果。在城乡户籍管理制度领域，在实施城乡无差异户籍制度后，同步跟进城乡医疗、养老、教育体制改革，使户籍制度改革真正发挥作用，而不仅仅是在名义上消除居民身份差异。同样的改革思路还体现在村级公共服务和基层治理体制改革领域，在建立村议事会等基层民主制度后，设立了村公基金制度，使公共财政向村庄延伸的同时，让基层民主具有了实质内容，实现了村庄"民主"与"民生"建设的相互促进。

（二）政府引导、基层实践、农民自主的有机结合是改革良性循环的内在动力

成都市的统筹城乡改革注重了顶层制度设计与基层实践探索的相互配合，政府根据社会经济宏观背景和地区客观现实设计改革方案、统筹改革措施，激励基层在遵守改革方案确定的基本原则和思路的前提下主动探索改革路径，并及时反馈实践中出现的问题和风险，上层制度设计者根据基层反馈不断调整改革方案。通过顶层设计与基层实践的紧密互动，使改革进入自我驱动的良性循环，改革形成了持续推进和深化的内在动力。统筹城乡综合配套改革是一项覆盖城市与农村各个领域的全方位系统工程，各领域改革紧密联系、相互交融，任何一个领域的改革都会牵动其他领域，同时也需要其他领域改革密切配合，需要强有力的顶层制度设计，锚定改革目标、确定内容框架，才能降低改革成本、避免盲目推进带来的混乱与风险。在改革之初，成都市就设立了作为领导"中枢"的城乡统筹委员会来加强顶层设计，总揽改革内容。在改革推进过程中，特别是进入改革全面深化阶段，依靠强有力的顶层设计，成都市较为顺利地实现了改革各领域的联动和集成。在重视顶层制度设计的同时，成都市特别强调基层实践对于制度的反馈和矫正作用。统筹城乡改革是一项涉及所有城乡居民切身利益、深刻影响城乡关系发展趋势的经济社会结构调整，需要通过基层实践对改革内容是否合理、路径是否可行、风险是否可控进行检验。因此，成都市尤为尊重基层创新，通过政策引导和激励充分发挥基层干部和群众的能动性。

（三）紧扣同步推动农业农村发展是统筹城乡的出发点和落脚点

成都将破解"三农"问题、实现农村同步发展作为改革的重要目标，在农业经营方式、农村公共服务供给、农村基层治理等方面进行探索，构建了以农业适度规模经营模式创新为基础、以新农村综合体建设为载体、以农村公共服务和社会管理改革为突破的农业农村转型升级体制机制。首先，成都以农村产权制度改革为基础，围绕转变农业经营方式目标系统实施农村金融改革、财政支农体制改革、土地流转风险防控体系完善等全方位改革。在完成农村承包地确权颁证工作后，全市农业适度规模经营面积稳定增长，但土地流转不规范、经营者融资困难等问题阻碍了现代农业经营方式的建立。为解决新型经营主体融资问题，成都在开展农村产权担保融资的基础上，制定完善农村产权抵押融资办法，建立抵押融资风险基金。其次，为实现

村庄功能和形态的转型，成都创新性地提出了新农村综合体建设思路，改变了农民大规模集中"上楼"带来的问题和风险，又有效解决了农村公共品供给和产业发展问题，从乡村规划、产业布局、村容村貌、公共服务等方面实现农村的全面升级，探索了工业化中期以后乡村在社会功能和空间结构上的可能形式。再次，将村级公共服务和社会管理改革作为重构基层治理体系的重要突破。为解决农村公共品供给不足、责任不清和基层民主机制不完善的问题，成都协同推进了村级公共服务和社会管理改革，在通过持续增加财政预算保障资金来源的基础上，创新性地建立了以农民需求为导向、以"议事会"为组织载体的民主表达机制，为基层民主和村级自治提供了具体内容和制度保障。

（四）探索"人、地、钱"挂钩的新型城镇化建设机制是统筹城乡发展的基础保障

成都市将城镇化与农业农村发展紧密联系在一起，认识到城镇化能够为国家制定强农惠农富农政策提供重要的经济基础，为农村人口的大规模转移提供就业、居住等方面的必要条件，通过统筹城乡发展，能够有效破解"三农"问题，为农业农村发展提供新的契机。为解决城镇化进程中人地矛盾、协调人口城镇化与土地城镇化的关系，成都在土地、财政、户籍等多个领域进行制度创新，建立了以人为根本、以地为保障、以钱为支撑的新型城镇化建设体制机制。一方面，将土地与人的流动相挂钩，引导区域内人口要素和土地资源合理配置。成都推进土地制度改革的目的不仅仅是为了破解城市空间扩展的用地问题，更是为了通过构建更加自由的要素市场使土地要素能够根据产业发展需求和人口流动趋势进行优化配置，促进城镇化进程中地区之间、城乡之间人地关系协调发展。成都市意识到，传统的以征地形式挤压农村发展空间的城市化模式不具可持续性，因此，主动实施征地制度改革，探索农村集体建设用地管理和使用制度创新，不仅创立了集体建设用地公开转让的制度体系，而且鼓励和支持集体建设用地使用权持有人以自主开发、参股合作等方式利用集体土地，为农民就地城镇化创造条件。另一方面，将财政投向与人口流向相挂钩，探索建立"钱随人走"的公共财政投入机制。为了解决城市化进程中公共服务供给问题，成都市建立起以人口流向为导向的城乡财政投入机制，一方面，根据城市人口规模增加公共服务供给，为进城农民提供与城市居民均等的住房、社保、教育等服务；另一方面，尊重农民居住意愿和城乡关系客观规律，加大向小城镇、新农村综合体的财政投入，创新村级公共服务制度改革，为人口就地城镇化提供保障。如在新村建设中同步配套完善基础设施和公共服务设施，确保入住农民享受到与城市居民同等的基础设施和公共服务，提升农民生活品质。

（五）构建城乡要素自由流动和平等交换的体制机制是统筹城乡发展的关键环节

城乡要素自由流动是统筹城乡的核心问题，因此，成都将完善城乡要素自由流动的体制机制作为改革的起点和关键环节。为实现城乡要素自由流动，成都市以农村产权制度改革为切入点，有序推进了城乡土地、劳动力、资本等要素的市场化进程，通过不断引导制度创新、完善市场机制，实现城乡要素的自由流动和平等交换。在改革内容上，成都以保障要素所有者权利

为核心，推进农村产权制度改革；以资产量化、股份制改造为方向推进农村集体经济重构和发展壮大；以多级信息化平台为载体，推进农村产权交易体系建设；以"三权分置"为突破口，推进土地经营权流转；以"同地同权同价"为目标，推进集体建设用地入市；以健全城乡统一的劳动力市场为路径，促进城乡劳动力流动；以建设现代农业和社会主义新农村为指向，推进金融和农村产业结合。经过多年来的不断探索，成都市突破了经济社会发展中的诸多体制瓶颈，把城乡一体的土地、劳动力、资本等要素市场建设向纵深推进，扩展了要素流动的空间、激发了要素自身活力、提高了要素配置效率，在更大空间范围内形成了以市场为基础的城乡要素集聚和积累，为全市实现圈层融合、城乡协同发展奠定了基础。

第七章　深圳市综合配套改革试验

综合配套改革试点是我国改革向纵深推进的重大战略部署。深圳自获批成为综合配套改革试验区以来，在国家发展改革委及广东省委、省政府的关心支持和悉心指导下，全面贯彻落实习近平总书记对广东、对深圳重要讲话和重要指示批示精神，坚持以人民为中心，牢固树立新发展理念，践行高质量发展要求，改革不停顿、开放不止步，全力推进粤港澳大湾区和中国特色社会主义先行示范区建设，坚决打赢三大攻坚战，高质量全面建设小康社会，在高位过坎关键阶段战胜了一个又一个挑战，综合配套改革也取得了一个又一个突破。

一、改革实践探索

（一）系统布局，全面铺开阶段（2008—2012 年）

第一阶段，从 2008 年到 2012 年，属于萌芽探索期。以正式明确深圳为国家综合配套改革试验区和第一批实施方案任务圆满完成为标志。这一阶段，深圳的改革模式从较为单一的经济改革上升到全方位、多维度的综合改革，围绕综合配套改革系统布局、全面铺开，开启了改革开放的新篇章。

2008 年 12 月，国务院批准实施的《珠江三角洲地区改革发展规划纲要（2008—2020 年）》，正式明确深圳为国家综合配套改革试验区，拉开了深圳综合配套改革的序幕。

2009 年 5 月，《深圳市综合配套改革总体方案》获国务院正式批复，提出深圳要"争当科学发展的示范区、改革开放的先行区、自主创新的领先区、现代产业的集聚区、粤港澳合作的先导区、法治建设的模范区，强化全国经济中心城市和国家创新型城市地位，加快建设国际化城市和中国特色社会主义示范市"的目标定位。这标志着深圳自 1990 年提出建设综合性经济特区和外向型、多功能的国际性城市，1995 年提出建设社会主义现代化国际性城市，2000 年提出建设区域性经济中心城市、高科技城市、世界园林式花园城市、社会主义法制城市和现代文明城市，2005 年提出建设和谐深圳、效益深圳和国际化城市等定位后，进入了全面深化改革的新阶段。

2009 年 8 月，印发《深圳市综合配套改革三年（2009—2011 年）实施方案》，并安排了当年重点推进的 9 项改革；按照"突出重点、突破难点、统筹兼顾、扎实推进"的原则，2010 年安排了 27 项改革，2011 年安排了 32 项改革，2012 年又在《实施方案》的基础上安排了 22 项改革，对改革任务进行进一步工作细化与责任明晰。截至 2012 年，各项改革工作有序推进并取得显著成效，为第一阶段改革工作交出了一份满意的答卷。

（二）高位推动、重点突破阶段（2013—2017 年）

第二阶段，从 2013 年到 2017 年，属于全面深化期。随着综合配套改革的进一步深入，深圳在多个领域均取得了重大突破：在全国率先出台的商事登记法规《深圳经济特区商事登记若干规定》正式施行，广东自贸区前海蛇口片区正式挂牌，《深圳经济特区人才工作条例》正式施行，医药卫生体制改革顺利推进，"1+12"文件推动国企改革向纵深发展。这一阶段，深圳深入贯彻落实党的十八届三中全会重要精神，将改革工作与国家"十二五""十三五"规划紧密结合，坚持高位推动，继续大力深化综合配套改革工作，综合配套改革逐步走向成熟。

2013 年 5 月，为更好推动综合配套改革，深圳颁布了《深圳市全面深化改革总体方案（2013—2015 年）》（简称《总体方案》），以转变政府职能、健全权力运行制约和监督体系，积极打造"深圳质量"、保障和改善民生、维护社会公平正义为重点，统筹推进各领域改革实现新的突破。《总体方案》将全面深化改革与"十二五"规划各项目标任务紧密结合起来，把改革创新贯穿于持续发展经济、加快转型升级、不断改善民生全过程，是深圳明确下一步改革的路线图和项目库，为实现有质量的稳定增长、可持续的全面发展提供强大体制保障。

2014 年 2 月，出台《深圳市法院工作人员分类管理和法官职业化改革方案》，宣布正式启动法院工作人员分类管理和法官职业化改革，这标志着法官将与行政级别脱钩，并成为公务员队伍中单独职务序列。这项改革为全国司法体制改革提供"深圳经验"。

2015 年 4 月，广东自贸区前海蛇口片区正式挂牌，片区包含前海金融商务区、深圳西部港区和蛇口商务区三个功能区，承担着建设我国金融业对外开放试验示范窗口、亚太地区重要的生产性服务业中心和打造国际性枢纽港的重任。

2017 年 8 月，《深圳经济特区人才工作条例》正式实施，深圳也于当天迎来了首个法定人才日，全国首个以"人才"命名的主题公园——深圳人才公园正式开园。

（三）双区驱动、双区叠加阶段（2018—2021 年）

第三阶段，从 2018 年以后，属于战略发展期。粤港澳大湾区、深圳先行示范区两大国家战略互为支撑、互促互进，充分释放"化学反应""乘数效应"；深圳经济特区、深圳先行示范区两块"金字招牌"交相辉映，开辟了深圳发展的新境界，深圳进入了粤港澳大湾区、深圳先行示范区"双区"驱动，深圳经济特区、深圳先行示范区"双区"叠加的战略发展期。

2018 年，习近平总书记到深圳视察并发表重要讲话，赋予深圳"朝着建设中国特色社会主义先行示范区的方向前行，努力创建社会主义现代化强国的城市范例"的崇高使命，支持深圳以改革开放 40 周年为新起点，以粤港澳大湾区建设为新契机，坚定不移全面深化改革，让深圳综合配套改革有了更加明确的思想指引和更加强大的前进动力。

2019 年 8 月，中共中央、国务院发布《关于支持深圳建设中国特色社会主义先行示范区的意见》。这是习近平总书记亲自谋划、亲自部署、亲自推动的重大国家战略，是深圳改革发展进程中的重大标志性事件，对深化粤港澳大湾区建设，推动深圳开放再出发、创建社会主义现代化强国的城市范例影响深远、意义重大。

2020 年 10 月，中共中央办公厅、国务院办公厅印发《深圳建设中国特色社会主义先行示范区综合改革试点实施方案（2020—2025 年)》，赋予深圳在要素市场化配置、营商环境优化、生态环境和城市空间治理等重点领域和关键环节改革上更多自主权，支持深圳在更高起点、更高层次、更高目标上推进改革开放，努力创建社会主义现代化强国的城市范例。

二、改革进展成效

深圳按照国家改革发展的战略部署，以"四个先行先试"为基本思路，将深化行政管理体制改革、深化市场经济体制改革、推进社会领域改革、完善创新体制机制、加强对外开放与区域合作、建设生态文明城市等六大领域作为改革重点，在多个重要领域和关键环节取得新的突破，率先在全国形成科学发展的体制机制，努力为中国特色社会主义创造新鲜经验。

（一）深化行政管理体制改革，率先建成公共服务型政府

1. 积极推进机构改革，提升治理能力现代化水平

深入推进"大部制"改革。一是整合归并设置职能有机统一的大部门，机构设置更加精简高效。改革以"大行业、大系统"为核心，大力整合机构和职能，在经济贸易和信息化等十大领域推行大部门体制，并不断拓展至科技创新和产业管理等领域。经过改革，深圳市级政府部门精简为 31 个，精简幅度达 1/3，机构个数在 15 个副省级城市中最少。二是坚定市场化改革方向，实现政府职能深刻转变。大力推进政企分开、政资分开、政事分开、政府与中介分开，积极向市场和社会放权。改革期间，共取消、调整、转移 284 项职责和行政审批事项，其中取消行政审批事项 194 项，精简幅度近 1/3。三是创新决策、执行与监督间的关系，行政运行机制进一步优化。创新实行"委""局""办"归口联系机制，推行部门内部"大处制"改革，明确市、区、街道的事权划分，加强了决策统筹性，避免职能重叠与冲突，有效促进了决策与执行之间的良性制约与协调。

2. 加强法治政府建设，全方位提高依法行政水平

推进法治政府建设。一是率先建立法治政府建设指标体系。2008 年在全国率先制定《法治政府建设指标体系》，被全国其他城市广泛借鉴。2012 年底，深圳指标体系实施成果获第二届"中国法治政府奖"，位列全国大中城市项目第一名。二是推动严格规范公正文明执法。自 2009 年起，深圳陆续出台《深圳市规范行政执法裁量权若干规定》《深圳市人民政府行政执法督察办

法》等制度文件，全面规范行政处罚裁量权，加强行政执法监督。推行行政执法"三项制度"，出台《深圳市行政执法全过程记录办法》及相关配套文件，试点部署的卫生监督系统"双随机＋行政执法全过程记录"在全国卫生监督系统广泛推广。积极探索开展"市政府特邀行政执法监督员制度"，搭建行政执法主体与社会沟通的有效桥梁。2020年，在市场监督管理、卫生健康、交通运输等16个领域开展"小错免罚"包容柔性执法，获得国家发展改革委认可并在全国范围予以复制推广。三是健全政府决策公开征询机制。自2006年起陆续制定重大决策公示暂行、行政听证、重大事项社会稳定风险评估等办法，形成了一整套相对完善的行政决策公开制度体系。

专栏1 以创建"法治城市示范"为契机，提升政府依法行政能力

深圳法治建设始终与经济社会发展相伴同行、相辅相成，紧密围绕"法治城市示范"的战略定位，充分发挥法治在深圳先行示范区建设中固根本稳预期的保障作用，在改革中进行制度创新，为法治中国建设树立时代标杆，提供更多参考蓝本。

一是强化法治思维，严格规范行政决策。深圳市政府坚持常务会议"局长讲法"机制，邀请市政府工作部门主要负责人围绕各自工作领域内的法规作专题讲解。把法治教育作为各级领导干部的必修课，实现法治教育在各类党校主体班中全覆盖，918名新提任局处级干部参加任职法律知识考试，合格率99.9%。充分发挥深圳市政府法律顾问室审查行政决策、重大项目467次，审查合同362份，出具法律意见799份，为重点项目建设、重大决策、历史遗留问题和突发事件等提供法律支持，有效防控政府法律风险。

二是深化行政执法体制改革，不断提高执法水平。全面推进综合行政执法体制改革，下达行政执法专项编制2254名，街道公务员编制增加39.8%，充实了街道执法力量。统筹下放140名行政执法编制，重点加强了市场监管、生态环境等领域基层执法工作力量，实现执法重心和力量下移。打造行政执法监督信息平台，实现对全市行政执法动态监督和全面监督。落实行政执法与刑事司法"两法衔接"。2020年，"两法衔接"平台共开通授权用户880个，录入接受监督的案件信息6326条，有效防止有案不罚、以罚代刑情况。

三是加强权力监督制约，推动行政主体履职尽责。严格把好执法主体人员关口，审核公告行政执法主体178个，组织行政执法人员岗前培训考试1200人，换发行政执法证件12000余人次，从源头保障执法部门依法履职。

四是深化基层政务公开标准化规范化建设，推进政务公开工作更加规范高效。目前深圳市各区已基本建立涵盖政府信息管理、解读回应、依申请公开、公众参与、监督考核等方面制度体系，基层政务公开制度化规范化建设水平持续提升，罗湖区在广东省率先发布本级政务公开事项标准目录，龙华区在全省率先发布覆盖区、街道、社区三层级的基层政务公开事项标准目录。

不断深化行政审批制度改革。一是进一步规范行政职权事项。2012 年以来，出台涉及深圳市级部门行政职权事项调整的文件 20 余份，极大程度精简行政职权事项。目前，深圳市直各部门各类行政职权事项均在广东省政务服务网上公示。二是积极清理规范中介服务事项。完成市直部门四批中介服务事项清理规范工作，公布保留的市级行政审批中介服务事项目录并动态更新，切实降低企业制度性交易成本。三是编制出台行政事业性收费目录清单、政府性基金目录清单、实行政府定价的涉企经营服务收费目录清单等，加强社会监督，切实提高收费政策透明度。

3. 健全基层治理体系，激发城市发展新活力

不断完善基层组织管理体系。一是优化调整区级行政区划。2009 年以来先后设立坪山新区、龙华新区、大鹏新区三个功能区，并逐步转为行政区。二是优化街道管理体制。从 2015 年起陆续对全市超大型街道进行合理分设，街道由 59 个增至 74 个。2020 年，进一步深化街道体制改革，街道党政机构、事业单位分别大幅精简 24%、40.2%，街道公务员编制大幅增加 43%，初步形成了"大党建、大基层、大治理、大服务"的基层治理新格局。三是加强社区建设。全面推广社区居民议事会，有效扩大居民自治。实现社区综合服务设施全覆盖。四是完善深汕特别合作区管理体制。2017 年，广东省委、省政府明确深汕特别合作区经济社会事务由深圳全面主导，深汕特别合作区党工委、管委会调整为深圳市委、市政府派出机构，并于 2019 年开始深汕特别合作区"四镇改街"改革，助力合作区经济社会发展。

深入推进强区放权改革。一是明晰市区两级定位。进一步强化市的宏观统筹和规划决策职能，提升区的综合治理能力、强化属地管理责任。二是大幅扩大重点领域区级事权。全面下放政府投资项目管理、城市建设管理、社会管理、公共服务管理、驻区机构管理五种权力。三是加强改革配套保障措施。按照"人随事走""财随事走"的原则，将编制资源和财政事权向基层倾斜。2016 年至 2019 年分多轮共下放基层公务员、事业编制 3000 余名；将市、区总体财力格局由 59∶41 调整为 50∶50 左右，有效激发基层工作积极性。

4. 创新公务员管理制度，增强干部干事创业精气神

实施公务员分类管理。一是率先试点公务员分类管理改革。2010 年开启分类管理改革，2019 年在前期试点基础上，稳妥推行公务员职务与职级并行制度，顺利完成职级套转、职数设置、薪级工资入轨等工作。二是在全省率先完成行政执法类公务员入轨工作。在行政执法类单位试点开展执法队伍专业能力提升工程，不断优化执法专业人才梯队，提高执法效能。在生态、审计等单位研究探索建立专业技术类公务员管理制度，提升队伍专业水平、拓宽专业干部的职业成长路径。持续深化法官、检察官单独职务序列改革。

深入推进公安专业化改革。于 2006 年启动公安专业化改革，先后出台《深圳市公安系统公务员专业化试点改革方案》等 13 个制度文件，设置全新职位类别及职务序列，基本建立了警察考试录用、任职定级、职务任免与升降、转任及民警薪级工资等分类管理制度，初步打破民警晋升瓶颈，打通职级上升通道，为 2018 年全国公安机关人民警察职级序列改革作出了经验积累和有益探索。

5.深入推进事业单位改革，提升公共服务供给水平

创新公立医院、高校管理方式。2011 年以来，在深圳市属新建高校、公立医院实行人员总量控制和社会化用人。通过改革，节约大量编制资源，缓解事业编制紧缺压力；用人方式更加灵活，公益服务提供能力进一步提高。

深化法定机构试点改革。2007 年以来，借鉴中国香港、新加坡等地法定机构管理模式，先后在前海管理局等 12 家单位开展法定机构改革试点，通过地方性法规或政府规章明确其职责权限，赋予其内部管理自主权，建立以理事会为核心的法人治理结构，实现由行政主导向依法管理的转变。

创新事业单位举办方式。支持其他组织利用国有资产举办事业单位，充分吸纳社会力量兴办公益事业。2017 年出台《关于规范管理事业单位、社会团体及企业等组织利用国有资产举办事业单位的意见》，2020 年出台《深圳市事业单位、社会团体及企业等组织利用国有资产举办事业单位登记和管理办法（试行）》，建立了涵盖准入、登记、运行、监管、退出的全过程管理制度体系。

（二）深化经济体制改革，完善社会主义市场经济体制

1.推动要素市场化配置改革，促进要素有序流动

深化土地管理制度改革。一是创新产业用地供应体系。出台《深圳市土地管理制度改革总体方案（2012—2020）》，探索土地管理制度改革综合试点，开展优质产业空间供给试点，建立"遴选＋供应＋监管"的全链条管理模式。率先全面应用标定地价，创新实施"供房为主、房地并举"的一般产业项目供应模式，推动"以地招商"向"以房招商"转变。创新提出土地供应弹性年期，切实提高产业用地的利用效率。建立多渠道、多层次的产业保障房供应机制，出台《深圳市创新型产业用房管理办法（修订版）》《深圳市优质产业空间供给试点改革方案》，分别从加大建设力度和创新供给机制两个方面助力产业保障房供给。二是创新存量土地再开发模式。在全国率先开展城市更新和土地整备，有效破解了存量土地再开发难题。创设"个别征收＋行政诉讼"制度，形成完善的城市更新制度体系；创新土地多元利益共享方式，实现了"项目等空间"到"空间等项目"的根本性转变。三是创新高度城市化地区耕地和基本农田保护利用新模式。出台《深圳市基本农田保护区管理办法》等系列政策文件，严格实行永久基本农田特殊保护。

加快建立金融改革创新综合试验区。一是构建监管完善的多层次资本市场。2020 年创业板试点注册制正式启动，目前辖区内创业板公司数、注册制下创业板上市公司数，均居全国大中城市之首；沪深 300ETF 期权挂牌上市，实现深市衍生品零的突破；试点开展数字货币研究与移动支付创新等金融科技创新，推动试点使用数字人民币发放"稳企业保就业"专项资金；制定《深圳私募基金规范发展及监管协作试点意见》，探索联合评审与登记备案衔接、私募基金独立清退机制等试点工作，有效建立私募基金监管长效机制。经过系列改革，深圳已形成体量庞大的多层次资本市场。二是深化金融市场互联互通。成功在中国香港发行人民币地方政府

债券，成为全国首个在中国大陆以外发行离岸债券的地方政府。先行设立本外币合一跨境资金池业务试点；推出"深港通""跨境理财通""保险通"等金融互联互通机制；在前海合作区大力推动跨境金融创新，跨境双向人民币贷款、跨境双向股权投资、跨境资产转让、跨境金融基础设施、跨境双向发债、跨境双向本外币资金池等"六个跨境"在全国率先破冰；持续开展银行贸易融资资产跨境人民币转让业务试点，业务量全国排名第一。三是畅通中小微企业与科技企业融资渠道。设立 100 亿元的深圳天使母基金。实施金融服务实体经济"七个一"工程，切实帮助企业解决融资难、融资贵问题，推出深圳市创业创新金融服务平台为企业提供各类综合金融服务；推出支持民营经济发展"四个千亿"计划，为市场主体减税降负超过 1100 亿元；组建运营 1000 亿元民营企业平稳发展基金，决策支持 400 家民营企业 548 亿元；完成和推进担保发行债券 1010 亿元；高效运营中小微企业银行贷款风险补偿资金池。

专栏 2　高质量完成创业板改革并试点注册制

推进创业板改革并试点注册制是习近平总书记亲自研究、亲自部署的重大改革，是支持深圳发挥先行示范作用、率先建设体现高质量发展要求的现代化经济体系的重大举措。

2020 年 8 月 24 日，创业板改革并试点注册制成功落地，创业板交易特别规定顺利启用，竞价交易、协议交易、盘后定价交易、转融通、发行等业务运行政策，技术系统运行平稳，交易系统应用性能及资源使用情况符合预期。截至 2020 年底，创业板共受理 542 家企业发行上市申请，其中广东企业 120 家（含深圳企业 65 家）；正式上市 63 家、总市值超 1.2 万亿元，其中广东企业 13 家、市值 1350 亿元。同时，深圳市已将未来三年内有上市计划的企业全部纳入服务范围，提供上市专题综合培训，开展针对性政策宣讲及重点服务，建立企业共性诉求快速反应机制，支持更多企业登陆资本市场。

专栏 3　罗湖区引领数字人民币改革试点

数字人民币是我国中央银行发行的法定数字货币。2014 年，中国人民银行成立专门的研究团队，对数字人民币发行、业务运行框架、关键技术、发行流通环境、面临的法律问题等进行深入研究。按照中央部署，中国人民银行先行在深圳、苏州、雄安、成都等城市进行数字人民币内部封闭测试。

2020 年 10 月，深圳市统筹数字人民币试点及辖区"六稳六保"工作，在全国范围内率先举办"礼享罗湖数字人民币红包"试点活动。活动自 10 月 9 日 9 时启动至 10 月 18 日 24 时结束，共有 1913847 人在"i 深圳"平台预约登记，"i 深圳"平台抽取 5 万名中签个人，47573 名中签人成功下载数字人民币 APP 并领取"礼享罗湖数字人民币红包";使用红包交易 62788 笔，交易金额 876.4 万元。部分中签个人对本人数字钱包进行充值，充值消费金额 90.1 万元。

此次活动既是全球范围内首次法定数字货币面向社会工作的规模化外部可控试点，也是深圳市在疫情防控常态化期间为刺激消费、拉动内需开展的创新实践。"礼享罗湖数字人民币红包"试点活动作为模式首创，开展时间早，受国内外关注度最高，对于引导社会清晰认知数字人民币、形成积极正面舆论氛围等均具有重要意义。

稳步推进技术、劳动力、数据要素市场化配置改革。一是加快发展技术要素市场。开展科技成果权属改革，以立法形式明确赋予科技成果完成人或团队所有权或长期使用权，建立"先赋权后转化"的科技人员激励机制。推动建立知识产权和科技成果产权交易中心。二是引导劳动力要素合理畅通有序流动。优化完善户籍迁入政策，提高引进人才质量和改善人口结构。健全以居住证为载体的基本公共服务梯度赋权机制，稳步推进基本公共服务常住人口全覆盖。三是加快培育数据要素市场。在全国率先出台综合性数据法规《深圳经济特区数据条例》；加快粤港澳大湾区大数据中心项目建设，探索设立深圳数据交易所，形成《深圳数据交易所建设方案》，并起草《深圳经济特区数字经济产业促进条例》；在前海深港现代化服务业合作区先行设立"数据海关"及数据经纪人试点，探索跨境数据审批监管机制与数据流通中介服务模式；初步建成"一云、一网、一平台、一库"的政务数据共享体系，形成覆盖人口、法人、房屋、电子证照的政务服务大数据库。

2. 深化财政体制改革，完善预算管理执行体系

推进事权和支出责任划分及财政专项资金管理改革。一是对事权和支出责任明确规范。2016 年起，实施事权和支出责任划分改革，在全国率先建立权责清晰、区域协调、财力均衡、简洁规范高效、市区两个积极性有效调动的市区财政体制关系，有关经验获国务院办公厅通报推广。二是资金管理机制不断完善。2019 年，出台《关于进一步规范财政资金管理审批的若干意见》，完善资金决策、分配、使用和监管机制，规范财政权力运行；落实"一个部门一个专项"，重点改革资金投入、项目审批、预算编制、资金绩效管理和资金监管方式，资金使用更加精准规范高效。

构建更加完善的政府预算管理执行体系。一是实现市级财政全口径预算编制。2014 年，实质性启动市本级政府全口径预算编制，将政府全部收支纳入预算管理；四本预算统筹衔接，稳步提高国有资本经营预算调入一般公共预算力度。二是全面优化预算编制管理模式。以项目库管理为核心，全面编早编细编实预算，年初部门预算基本全覆盖，预算执行更加均衡科学高效。三是科学构建预算绩效管理体系。2018 年，出台《关于进一步深化预算管理改革强化预算绩效管理的意见》。目前，市区两级已初步建成具有深圳特色的全方位、全过程、全覆盖的预算绩效管理体系。

3. 深化投融资体制改革，全面优化投融资结构

一是加强对政府投资项目的管理。持续深化"放管服"改革，出台实施《深圳经济特区政府投资项目管理条例》，从政府决策、年度计划、项目实施、项目监督等全过程、全链条出发，建立了政府投资项目全生命周期管理制度。二是创新探索企业投资核准备案制改革。建立"备案为主、核准为辅"的企业投资管理体制，通过改革，社会投资项目管理核准审批减少 90%、市级核准备案权限下放 90%、备案项目占比超过 95%，有效激发市场主体创新创业活力。三是不断优化投融资结构。印发实施《深圳市政府和社会资本合作（PPP）实施细则》；有序推进基础设施 REITs 试点工作。

4. 推动国资国企与民营经济改革，激发市场主体活力

统筹推进国资国企综合改革。一是构建区域性国资国企改革体系框架。紧扣党中央关于国企改革"1+N"文件精神，出台国资国企改革"1+12"文件；按照《深圳市区域性国资国企综合改革试验实施方案》，全面实施 39 项改革举措、106 项改革任务，第一批综改试验成果被国务院国企改革领导小组向全国推广，市场化改革经验被国家发展改革委列入 47 条"深圳经验"向全国推介。二是以市场化改革释放国资国企内生动力。稳妥推进混合所有制改革，市属企业混合所有制比例达 83.5%。健全市场化选聘机制，推动国有资本面向全球市场化选聘直管企业高级管理人员。完善考核激励机制，研究出台能高能低收入分配指导意见、长效激励约束机制工作指引、薪酬总额决定机制实施办法等文件，有效释放企业活力。三是战略性优化产业布局促进国企做强做优。持续优化布局结构，推动国有资本集聚到以基础设施公用事业为主体、金融和战略性新兴产业为两翼的"一体两翼"领域；大力开展资本化运作，市属上市公司资产证券化率达 59.1%。四是坚持国企党建与公司治理同步推进。积极构建深圳国资国企加强党建若干措施等"1+N"制度体系，推动党的领导与公司治理有机融合，巩固党组织在公司法人治理结构中的法定地位；制定出台《深圳市属国有企业内部审计管理规定》，强化企业负责人离任审计和责任追究制度。五是推进集体股份合作经济改革发展。出台《深圳经济特区股份合作公司条例》，制定国企引领带动集体经济高质量发展工作方案，积极探索集体经济改革发展新模式。深圳自获批成为国资国企综合改革试验区以来，市属国资总资产、净资产、营业收入、利润总额、净利润、上缴税金连创"六个新高"。

加强对中小企业与民营经济的帮扶引导。一是系统优化民营企业发展环境。印发《关于营造更好发展环境支持民营企业改革发展的行动方案（2021—2023 年)》，从优化公平竞争的市场环境、健全平等保护的法治环境等七个方面进一步放宽民营经济市场准入标准。二是建立清理和防止拖欠民营企业中小企业账款的长效机制。印发《深圳市人民政府办公厅关于印发深圳市建立清理拖欠民营企业中小企业账款长效工作机制方案的通知》，成立深圳市清理拖欠民营企业中小企业账款工作领导小组。三是畅通民营企业与政府的沟通渠道。印发《2021 年领导干部挂点服务企业工作方案》，安排市领导、区领导及市政府相关经济部门领导带队，对企业开展挂点服务。四是精准开展企业服务。打造线上企业服务"一站式"平台，充分利用大数据、人工智能等数字技术，同步推出小程序、APP 和 Web 三端服务，接入了 2800 多项政务服务事项。

　5.**加强社会信用体系建设，深化市场监管体制改革**

　以创新监管机制为方向加强社会信用体系建设。一是统筹建设全市社会信用体系。建设全市统一的征信平台，打造"信用＋"服务实体经济新模式；建立信用约束规范化长效机制，通过约谈提醒、实施信用承诺等方式，提醒失信企业依法合规经营；印发《关于建立破产信息共享与状态公示机制的实施意见》，在全国率先建立破产信息共享和公示机制。二是推动大数据赋能创新企业监管方式。印发《深圳市市场监督管理局企业信用风险分类管理规定（试行）》，开展企业信用分级分类监管试点工作；前海合作区发布《社会信用体系建设实施方案》《信用服务综合改革若干措施》等顶层设计文件，按照信用风险等级构建"前海企业信用画像"，社会公众可对前海超过 17 万家注册企业的信用信息进行查询。三是推行第三方信用评价助力电子商务市场监管。出台"1+3"信用评价制度规范，鼓励支持第三方信用评价机构开展电子商务经营者信用评价及应用，同步建立信用评价机制；打造覆盖信用监管全流程的电子商务信用评价系统，对深圳市重点交易型网站及大型电商平台进行信用评价。

（三）积极推进社会领域改革，加快构建社会主义和谐社会

　1.**创建教育综合改革示范区，实现教育水平跨越式发展**

　多措并举全面提升教育水平。一是坚持基础教育优先发展。出台《关于推进教育高质量发展的意见》《深圳市高中学校建设方案（2020—2025 年）》等系列文件，超常规推进公办高中、公办园建设，持续加大财政教育投入。二是推进高等教育跨越式发展。试点深圳大学法人治理改革，实行全员聘任、合约管理、聘期管理，近年深圳大学综合排名稳居内地高校前 50 位、10 个学科跻身 ESI 全球前 1%。积极推动国际知名高校来深办学。三是创建职业教育高地。以学生学习成效为导向（OBE），实施"六融合"人才培养模式改革。率先实施"政府出补贴、企业出场地、校企共建共享"模式建设职业教育产教融合实训基地。支持深圳职业院校与华为、比亚迪等行业龙头企业共建特色产业学院。加快与香港职业训练局共建"粤港澳大湾区特色职业教育园区"等。四是深化教育管理体制和办学体制改革。推进公办中小学集团化办学，实施"优质校＋新（弱）校"等办学管理模式。出台《深圳市民办中小学设置标准》等一系列配套政策，建立民办学校办学经费三方共管等制度。建立公共财政对民办教育投入长效机制。出台《深圳市民办学校义务教育阶段学位补贴办法》《深圳市民办教育发展专项资金奖励和资助项目实施细则》等政策，对符合条件的非深户籍学生发放义务教育学位补贴。

　2.**推进医药卫生体制改革，提升医疗服务质量**

　加速建设更加多元的高质量现代医药服务体系。一是整合优质高效医疗服务资源。建设以"区域医疗中心＋基层医疗集团"为主体的整合型优质高效医疗服务体系，构建"预防保健、临床诊疗、健康管理"一体化、闭环管理的重大疾病防治新模式；实施"医疗卫生三名工程"；推动医院与社区健康一体化配置，推进医生在院本部、社区健康轮岗；率先出台地方性的家庭医生服务技术标准《家庭医生服务规范》，将公共卫生人员编入社区健康中心家庭医生服务团队。二是大力推进公立医院、医药、医保改革。开展公立医院管理体制改革，推进公立医院管

办分开、政事分开改革，实行所有权与经营权分离。开展药品供应保障制度改革，试行"打包收费"将医院的药品收入控制在 20% 以内，开展 GPO 统一采购改革。完善全民医疗保障制度体系，健全各类医疗保险衔接机制，实现低缴费、高保障，建立"一站式"医疗保障服务。三是提升社会办医和个性化医疗服务质量。出台《深圳市推动社会办医加快发展的若干政策措施》，率先取消医疗机构设置审批环节，突破社会办医多方面限制因素，并对社会办医疗机构提供的基本医疗服务提供财政补助；支持港澳医疗卫生服务提供主体以独资、合资或合作等方式设置医疗机构；健全全科医生培养制度，从提升薪酬待遇、发展空间、执业环境、社会地位等方面加强全科医生队伍建设。

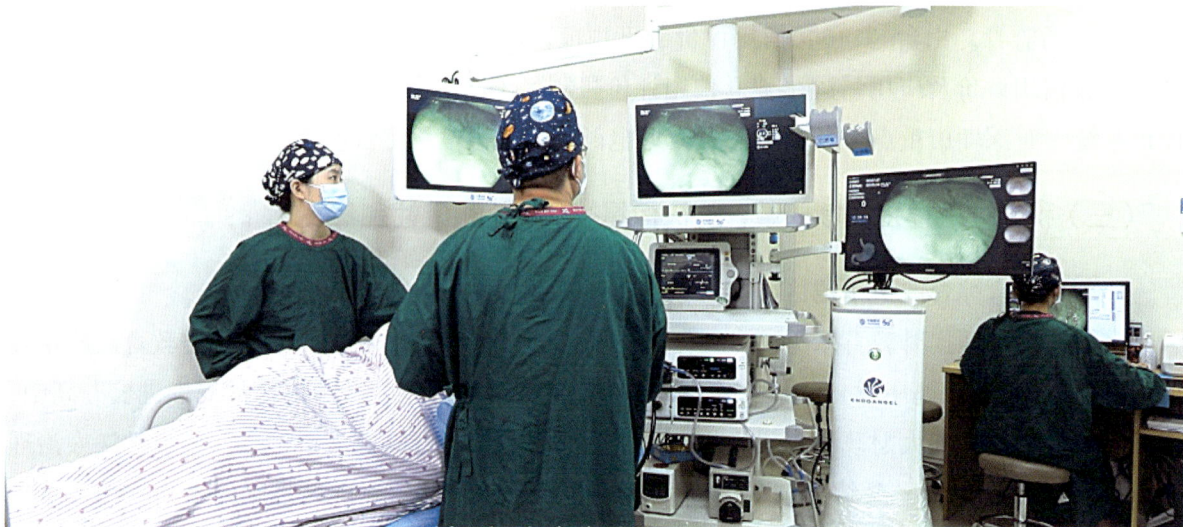

图 7-1　中山大学附属第八医院 5G 床旁会诊场景

3. 完善就业、社会保障、收入分配和住房制度

构建系统集成的就业公共服务体系。建立起市、区、街道三级管理和市、区、街道、社区四级公共就业创业服务体系，搭建起跨领域跨区域一体化业务协同的公共就业服务平台体系；建成"一园四区、多点支撑"的国家级人力资源服务产业园；修订《深圳经济特区人才市场条例》，在全国率先改革人力资源服务机构行政许可登记备案制；出台《深圳市创业担保贷款实施办法》，以创业担保贷款为企业"输血送氧"；打造"春风行动"公益线上招聘会，实施全流程"空中双选"模式；推进疫情防控期间"失业登记"等业务网上办理。

健全社会保障体系。修订《深圳经济特区社会养老保险条例》，对接国家、省统一养老保险规定；出台临时救助办法、特困人员供养办法等政策，建立市社会福利和社会救助联席会议、居民经济状况核对、价格临时补贴联动等机制；建立低收入群体救助动态调整以及临时价格补贴与物价上涨联动的机制；推出殡葬新政，在全省率先实施不分户籍五项基本殡葬服务免费；实施"来深建设者重病救助"等社会救助项目。

完善收入分配机制。一是实施差别化收入分配激励政策。出台《深圳市关于激发重点群体活力带动城乡居民增收的工作方案》，实施差别化收入分配激励政策；在全国率先探索制订新一代电子信息技术产业技能人才薪酬分配指引，试点建立基于岗位价值、能力素质、业绩贡献的工资收入分配制度。二是完善最低工资调整制度。定期调整最低工资标准，完善分行业工资指导价位制定发布机制。三是完善劳动争议调解制度。出台全国首个专业性劳动争议调解工作地方标准《深圳市劳动争议调解工作规范》；出台《深圳市劳动争议调解办案补贴管理办法（试行）》，建立劳动争议调解员"以案定补"激励机制；出台全国首个仲裁服务保障地方标准《劳动人事争议仲裁服务保障规范》，推进"标准 + 仲裁"建设；在全国率先实现市、区、街道三级仲裁机构联网使用的仲裁信息系统。

推动住房供给侧结构性改革。2018 年，在全国率先启动"二次"房改，构建"1+3+N"住房政策法规体系；系统构建市场商品住房、人才住房、安居型商品房和公共租赁住房"4+2+2+2"的住房供应与保障体系，统筹解决不同收入水平的居民、新市民和专业人才等各类群体住房问题；率先建立公租房、安居型商品房轮候库。

4. 深化文化管理体制改革，完善公共文化服务体系

创新管理体制释放文创发展活力。一是完善公共文化服务体系。2016 年，出台《关于加快构建现代公共文化服务体系的实施意见（2016—2020 年）》《深圳市基本公共文化服务实施标准（2016—2020 年）》，明确市、区、街道和社区四级公共文化服务标准。扎实建设文化服务体系基础设施，推进文化馆、图书馆总分馆机制建设。出台《深圳市加快推进重大文体设施建设规划》，重点打造深圳歌剧院、深圳改革开放展览馆等"新时代十大文化设施"。二是深化国有文化资产管理体制改革。强力推动三大集团的融合发展、转型发展、创新发展，不断提升国有文化企业集团影响力。三是构建以质量型内涵式发展为特征的现代文化产业体系。出台《关于加快文化产业创新发展的实施意见》及配套政策，助力文创产业多元发展。文博会等国家级产业服务平台逐步完善，品牌影响力和产业带动作用持续增强，成为名副其实的"中国文化产业第一展"。"深圳设计"成为继"深圳速度""深圳质量"后又一新的城市名片。

专栏 4　第十六届中国（深圳）国际文化产业博览交易会"云上"举办

2020 年 11 月 16 日至 20 日，第十六届中国（深圳）国际文化产业博览交易会（简称"云上文博会"）首次在线上成功举办。展会期间，云上文博会平台线上访问量达 1453 万人次，是上届文博会主会场参观人数的 8.5 倍。此次开先河的创举，标志着文博会正式步入数字化元年，将在全国乃至全球会展领域树立新的标杆。

新技术创造线上观展新体验。云上文博会模拟线下文博会开设十二大展馆，运用 3D 和 VR 等技术手段，让 3243 家企业和机构的 21572 件展品进入观众视野。从以往"面对面"到如今"屏对屏"，世界各地的人们足不出户就可以漫步云端，尽享动感酷炫的文化盛宴，凸显了云上文博会"文化 + 科技"的双重魅力和全新亮点，也为未来文博会线上线下深度融合和一体化发展探索了方向。

新平台创新交流交易新模式。云上文博会通过搭建云开幕、云窗口、云招商、云签约、云大数据等"五朵云"平台，创新展会服务及产业交易模式，满足多维度、大容量、全天候、低成本等各类参展需求，为文博会高质量发展探索出新路径。

新业态体现产业发展新趋势。以5G、人工智能、区块链等为技术基点的新型文化业态企业参展比例大幅提升，一大批"文化+"新型文化业态成果纷纷亮相，生动折射出中国文化企业转型升级的清晰轨迹，使文博会作为我国文化产业发展风向标、检阅台的引领带动作用得到更好体现。

5. 创新社会管理体制，培育发展社会组织

建设以党建引领、多方共同治理的基层管理模式。创新城市基层党建"标准+"，突出党的领导在基层治理中的核心地位和引领作用；统一建设社区党委，赋予其人事安排、重要事项决定、领导保障和管理监督四项权力；在全市组建形成"1+10+N"的党群服务中心平台，集中提供"一站式"、综合性、多功能的社区公共服务；建立职工之家、社区U站等服务载体，开发社区公益服务项目；建立购买社会组织服务常态化机制，制定购买事项目录和具备资质社会组织目录；出台《关于进一步促进企业社会责任建设的意见》等指导文件，督促企业履行社会责任，鼓励社区股份合作公司联合参与社区治理。

社会组织改革发展实现新跨越。进一步扩大社会组织的发展环境，在全国率先将直接登记范围由过去的工商经济类、公益慈善类、社会福利类等三类，进一步扩大到社会服务类、文娱类、科技类、体育类和生态环境类等八类；2014年，在全国率先探索培育发展社区基金会，有效推动了社区治理模式创新。"社会组织管理体制机制改革创新试点"有关经验被国家发展改革委选为经典案例向全国推介。

社会公众人才队伍建设不断加强。出台《关于提升社会工作服务水平的若干措施》，在国内率先推出建立社工从业人员动态管理体系，健全社工职级体系和薪酬保障、改革现有社工服务供给方式，建立政府购买社工服务评审机制、健全社工服务综合监管等多项改革创新举措；社工义工"双工联动"被国家发展改革委列入深圳经济特区创新举措和经验做法，全国推广借鉴；出台人口服务管理"1+2"文件，优化人才引进迁户政策，开辟居住社保积分入户渠道，实现户籍人口有质量的稳定增长。

6. 全力推进依法治市，完善司法体制建设

持续推进科学立法、民主立法。出台《深圳市政府立法工作规程》，明确符合要求的法规需向社会公开征求意见；《关于2010年7月1日前通过的深圳经济特区法规在扩大后的深圳经济特区适用的决定》通过，推动将101项原特区法规在扩大后的深圳经济特区适用。

推进司法体制和工作机制改革。一是推动司法人员分类管理。2014年在全国率先建立法官单独职务序列和单独薪酬体系，率先推动劳动合同制司法辅助人员管理制度改革。率先在全国建立检察官单独职务序列和单独薪酬体系，初步实现了检察人员分类管理。二是率先推进司法责任制改革。2012年，在全国率先探索审判长负责制改革，建立法官与合议庭独立办案机制；2016年9月，在全国率先制定《落实司法责任制工作指引》，确保"谁审谁判谁负责"；建

立检察官办案责任制，开出检察官"权力清单"；制定检察官"责任清单"，推出《检察官管理暂行办法》《检察官考核暂行办法》《检察官惩戒暂行办法》《案件质量考评暂行办法》《检察官错案追究暂行办法》等一系列配套制度。三是率先推进法院人财物管理体制改革。2010年，深圳法院在全国率先建设"鹰眼查控网"，实现财产网络查、冻、扣一体化；2015年，全市两级法院资产、预算及薪酬实现市级统管，除两级法院院长由省级统管外，其他人员实行市级统管。四是探索解决"执行难"问题。2014年在全国率先制定基本解决执行难实施标准，2015年在全国率先引入第三方对基本解决执行难工作进行评估，2018年深圳中院被最高法院确定为基本解决执行难样板法院。

完善公共法律服务体系。创新公共法律服务体制和创新公共法律服务模式，在市、区一级设立公共法律服务中心，在街道和社区分别设立公共法律服务站、服务室，为市民提供"一站式"公共法律服务；在高新企业设立公证服务中心，为企业提供"上门公证服务"；设立知识产权服务中心，为知识产权公证提供服务；在全国率先设立域外法律查明平台——深圳市蓝海法律服务发展中心，为查明境外法律提供有效途径；率先成立全国自贸区公证处——前海公证处；成立全国自贸区首批知识产权鉴定机构——公标和安证司法鉴定所。

（四）完善创新体制机制，加快建设国家创新型城市

1. 打造科技创新生态，完善创新政策体系

持续优化科技创新顶层设计和治理体系，着力提升创新体系整体效能。一是推进科技创新领域立法。2013年修订《深圳经济特区科技创新促进条例》，建立财政对科技投入的稳定增长机制；2018年颁布《深圳经济特区国家自主创新示范区条例》，把科技创新放在自主创新的核心位置；2020年颁布《深圳经济特区科技创新条例》，从立法层面首次构建"链式"科技创新保障体系，围绕基础研究、技术创新、成果转化等领域提出一揽子改革举措。二是构建完备的创新政策体系。2012年出台《关于努力建设国家自主创新示范区 实现创新驱动发展的决定》，协同其他10个文件围绕深化科技体制改革、提升科技创新能力等方面制定具体措施；2016年出台"五个文件"，从科技创新、提升企业竞争力、人才优先发展、完善人才住房和加快高等教育发展等五个方面打造有利于创新创业创造的政策"组合拳"；2019年印发《深圳市科技计划管理改革方案》，建立"一类科研资金、五大专项、二十四个类别"科技计划体系。三是积极开展科技领域综合改革试点。印发《大科学计划推进工作方案》，构建"1+3+N"大科学计划推进格局。

2. 构建开放型创新体系，引导科技合作交流

强化企业创新主体地位，构建开放协同融合的创新体系。一是引导企业开放式创新。引导企业研发布局前移，与高校、科研机构等开展产学研深度合作，形成了以企业为主体、市场为导向、产学研深度融合的技术创新体系。二是高质量推进深圳国家高新区建设。印发《深圳国家高新区扩区方案》，将南山、坪山、龙岗、宝安、龙华五个园区纳入深圳国家高新区范围，形成"一区两核多园"发展新格局。三是高标准推进广深港澳科技合作。实施深港澳科技计划项目，

加强科研资金使用与科研管理规则衔接；深圳市大型科学仪器设施共享平台上线运行，入网仪器超过 1 万台（套）；促进深港澳科技产业深度融合，支持 6 所香港高校在深设立大学研究院，开展科学研究、联合人才培养、培育高科技创业企业。四是扎实推进对外科技合作交流。鼓励企业等扩大国际合作，在全球创新资源集聚的国家和地区支持建设一批海外创新中心。

3. 促进创新资源高效配置，多层布局夯实科创基础

集中资源力量布局一批大设施、大平台、大项目。一是以主阵地作为建设综合性国家科学中心。加快建设大湾区综合性国家科学中心先行启动区，光明科学城重大科技基础设施建设全面加速；河套深港科技创新合作区首批先行先试政策进展顺利，会同中国香港制定"联合政策包"，高端科研项目加快聚集。二是打造以鹏城实验室为引领的战略科技力量。推进鹏城实验室成为国家级重大科研平台，聚焦服务国家宽带通信和新型网络战略，积极承担国家重大科技战略任务；深圳湾实验室、深圳量子科学与工程研究院建设进展迅速，被纳入国家战略科研平台建设体系。三是推动创新载体"多平台"齐发力。建成 6 家国家重点实验室，承建 4 家广东省实验室。聚焦信息技术、生物技术、新能源新材料等领域，集中布局建设深圳计算科学研究院等 12 家基础研究机构，初步形成支撑基础研究和产业发展的多领域、多层次平台支撑体系。四是探索构建关键核心技术攻关新型举国体制深圳路径。支持创新主体承担国家战略任务，与科技部联合实施国家重点研发计划；聚焦集成电路、5G 通信、高端装备、医疗器械等重点领域，实施技术攻关重点项目，鼓励产学研用协同、产业链上下游联动。

图 7-2　第四届"绽放杯"5G 应用征集大赛总决赛于福田区五洲宾馆顺利举行

4. 完善创新服务机制，促进科技成果高质量转移转化

强化科技成果转移转化的政策引导和市场化服务，着力打通成果产业化通道。一是主动承接国家科技项目成果转化。出台《深圳市承接国家重大科技项目管理办法》，支持符合深圳市科技创新及产业发展需求的国家科技项目成果开展后续研究和产业化。二是实施新型研发机构建设计划。创新产学研融合发展模式，打通"应用研究—技术开发—产业化应用—企业孵化"全链条，把科学发现、技术发明和产业发展三者有机结合起来，解决科技、经济"两张皮"的问题。三是高标准打造成果转移转化的载体和平台。加快推进国家技术转移南方中心建设，实施技术转移和成果转化项目，支持建设技术转移服务机构、创新验证中心，引导建立专职的服务工作团队或者专家顾问团队，提供市场化、规范化和专业化的技术转移服务。

5. 创新人才管理体制，释放人才创造价值

积极构筑集聚国内外优秀人才的科研创新高地。一是加强党对人才工作的领导。始终坚持党管人才，成立市人才工作领导小组，单设人才工作局作为市区党委工作部门；出台《关于进一步加强党管人才工作的实施意见》《关于加强党对新时代人才工作全面领导 进一步落实党管人才原则的意见》，对创新党管人才工作的方式方法和加强党管人才工作的保障等方面提出明确要求。二是优化重构人才政策体系。率先出台《深圳经济特区人才工作条例》，推出"促进人才优先发展 81 条""十大人才工程""鹏城孔雀计划""鹏城英才计划"等系列国内领先的人才政策，构建起顶层法规文件、综合政策措施、配套实施办法、具体操作规程等四个层次的人才政策"四梁八柱"。三是充分释放人才创新创造活力。坚持向用人主体放权，通过制定高精尖缺人才目录清单、全球悬赏揭榜寻聘、设立人才伯乐奖等方式，营造便利高效的市场化人才环境；创新高校、科研机构等编制管理方式，建立以理事会为核心的法人治理结构，赋予其在机构设置、人才评聘、定岗定薪等方面的高度自主权；创新科技项目评审办法和人才评价机制，在全国率先实行国内外同行专家主审制，赋予科研人员更大经费管理使用自主权；开展科技成果权属改革，部署开展科研人员职务科技成果所有权或长期使用权试点工作，对科技人员的激励由"先转化后奖励"调整为"先赋权后转化"。四是深化国际人才管理服务改革。获准承接科技部（国家外专局）外国高端人才确认函审发工作；制定深圳市外籍高精尖缺人才认定标准，为符合条件的外籍人才办理 R 字人才签证提供便利。成立"外国人就业居留事务服务中心"，上线运行"外国人综合服务管理平台"，为外国人在深工作居留提供"一站式""一网式"服务。五是创新人才奖励方式。设立总规模 100 亿元的市人才创新创业基金，投入 1000 亿元设立人才安居集团，全心全意解决好人才住房保障、医疗卫生、子女教育等后顾之忧；强化人才精神激励，在全国首设深圳人才日、企业家日，建成全国首个人才主题公园，设立人才星光大道，建成深圳人才使馆，彰显城市对人才的最高礼遇；鼓励和规范社会力量设奖。

6. 深化知识产权管理体制改革，完善产权管理体系

着力构建与创新驱动发展要求相匹配、与国际通行规则相接轨的知识产权综合管理体系。一是积极探索大知识产权管理体制。率先出台《深圳经济特区知识产权保护条例》，建立知识产权法庭、知识产权仲裁平台、商业秘密保护基地；开展知识产权侵权纠纷检验鉴定技术支撑体系试点、行政裁决示范试点、知识产权分级分类信用监管试点，行政裁决示范试点经验被国家知识产权局、司法部评为先进典型经验。开展《知识产权保护工作站评价规范》等地方标准研制工作，推动形成标准研制与专利布局有效衔接。二是完善知识产权预警机制。围绕人工智能产业计算机视觉领域、5G 等产业开展专利导航分析，实施战略性新兴产业知识产权分析预警；开展商标预警工作，维护创新主体商标合法权益；打造多环节联动的网络知识产权保护"鸿蒙协同云平台"，形成知识产权线上联动保护机制。三是强化公益性知识产权维权援助体系建设。打造"一站式"协同保护大平台，加强市区两级联动。整合知识产权行政保护、司法保护、行业保护等资源，实现司法调解、行政调解、人民调解"三调"联动，推动纠纷多元化解。依托国家海外知识产权纠纷应对指导中心深圳分中心，建立知识产权海外布局预警、案件监测响应、纠纷应对指导、意识能力提升、资源整合共享"五位一体"海外维权工作体系。四是创新知识产权公共服务平台。高标准建设中国（深圳）知识产权保护中心，推动国家海外知识产权纠纷应对指导中心深圳分中心、世界知识产权组织技术与创新支持中心等重要平台落地；培育专利交易、知识产权金融等知识产权服务平台，支持建设高校信息服务、云上稽查等知识产权大数据平台；鼓励和引导行业协会、商会建立知识产权保护工作站。

专栏 5　打造战略科技力量，支撑科技创新能级实现"新跃升"

深圳注重打基础、备长远，强化基础研究系统部署，加大战略科技力量培育力度，力争实现前瞻性基础研究、引领性原创成果重大突破，不断夯实科技创新的根基。

一是以主阵地作为建设大湾区综合性国家科学中心。河套深港科技创新合作区首批先行先试政策进展顺利，对接和落地了 130 多个高端科研项目；光明科学城重大科技基础设施建设全面加速，深圳湾实验室正式入驻，脑解析与脑模拟设施、合成生物研究设施等建设提速；推动科技部、教育部、广东省和深圳市共建西丽湖国际科教城。

二是打造以国家战略科技力量为引领的科研机构体系。深圳湾实验室、深圳量子科学与工程研究院建设进展迅速，被纳入国家战略科研平台建设体系；累计建设国家重点实验室 6 家、广东省实验室 4 家、基础研究机构 12 家、诺贝尔奖实验室 11 家、省级新型研发机构 40 家，各类创新载体 2751 家，努力将深圳打造成为国家重大原始创新的重要策源地。

三是建立基础研究多元稳定支持机制。深圳市级财政投入从 2017 年的近 10 亿元增加到 2020 年的 49.93 亿元，并以立法形式确立并执行每年不低于 30% 的财政科技专项资金投向基础研究和应用基础研究。积极引导社会力量支持基础科学研究，在全国率先创设规模达百亿元的天使投资引导基金，2020 年腾讯"科学探索奖"成果颁奖，支持 50 位青年科学家探索基础科学和前沿技术"无人区"。

（五）以深港紧密合作为重点，全面创新对外开放和区域合作的体制机制

1. 全面推进深港紧密合作，逐步深化两岸交流融合

建立健全合作机制，提升深港澳合作水平。一是建立合作会议机制。在粤港合作框架下建立深港合作会议机制，通过深港高层常态化沟通推进深港重点合作领域和项目建设。2017年，签署《关于港深推进落马洲河套地区共同发展的合作备忘录》。二是建设"深港合作专班"。深圳市委书记和香港行政长官亲自督促推进，一项工作配套一个专班，实现合作事项清单化项目化管理、滚动式动态化推进。三是推动深港基础设施体系对接。启动深港口岸全面对接规划建设工作。推进两地轨道交通对接。

坚持互利共赢，共同建设深港重大合作平台。一是高水平推进前海开发开放。《全面深化前海深港现代服务业合作区改革开放方案》发布，前海合作区条例、前海蛇口自贸片区条例正式施行。实施利港惠港"万千百十"工程，坚持前海1/3土地空间面向港企出让，推进"两城六区一园一场六镇双港"建设。率先打通跨境双向发债，跨境人民币业务规模全国领先。二是高标准建设河套深港科技创新合作区。制定深港联合政策包，建立深港两地科研人员、物资、实验样本等跨境流动绿色通道。三是联动中国香港谋划建设深港口岸经济带。共同谋划深港口岸经济带和香港新界北发展，探讨将深港陆路口岸接壤边界地带建设成为新的两地深度融合发展区。

推动规则衔接，促进深港要素高效便捷流动。一是提升跨境投资贸易自由便利。推出"深港通注册易"服务，实现香港企业商事登记"一网通办"。落地香港贸发局大湾区服务中心和湾区经贸通"一站式"数字平台。全面落实大湾区个人所得税优惠政策。二是持续深化与香港的法律服务领域合作。出台《关于建设粤港澳大湾区国际仲裁中心的改革方案》，挂牌成立粤港澳大湾区国际仲裁中心。试点成立粤港澳合伙联营律师事务所。前海深港合作法务区建设加

图7-3　前海深港现代服务业合作区

快落地。三是强化创新资源协同。探索科研项目财政资金跨境。建成运行面向港澳开放共享的深圳大型科学仪器设施共享平台。

深化民生合作，便利港澳居民来深发展。一是便利港澳居民在深生活。印发便利港澳居民在深发展若干措施，推动港澳居民享有深圳"市民待遇"，创业扶持政策覆盖港澳青年。二是深化医疗教育合作。出台深化教育医疗跨境衔接合作政策，开设港资医疗机构，内地首家港资独资医院落地深圳。"港澳药械通"率先实施，首批医药器械已投入临床使用。全国第一所12年一贯制港人子弟学校开学招生。三是进一步加强青少年交流。积极配合实施"大湾区青年就业计划"，建立"粤港青年创新创业基地"，开展"同心耀中华"深港澳台青年文化交流艺术季活动等。

2. 创新对外经贸发展方式，提升商贸交流效率

深化涉外经济管理体制改革，引导外贸转型增长。一是加大政策支持引导力度。出台《中国（深圳）跨境电子商务综合试验区实施方案》，完善跨境电商综试区框架。出台外贸稳增长、调结构、提质量若干措施。二是推进外贸转型升级。聚焦转型升级关键领域，支持国家外贸转型升级基地企业技术升级和资源整合，打造基地集体商标和区域性品牌，提高基地产业集中度。三是优化"单一窗口"服务。深圳市优化"单一窗口"上线国际结算、信保贴心贷、关税保证保险等跨境贸易金融服务，建设物流货物信息共享等功能模块，推出"通关+物流"定制服务。四是创新举措促进跨境电商优质发展。出台促进跨境贸易电子商务市场健康快速发展若干意见，开发电商知识产权服务平台，不断加强知识产权保护。落实"无票免税"，实现跨境电商零售出口所得税核定征收。拓宽"海陆空铁"立体式物流联运渠道，提升信息系统能级。

探索口岸管理机制体制改革。一是不断完善口岸基础设施。完成文锦渡口岸改造，广深港高铁西九龙站口岸顺利实施"一地两检"，莲塘/香园围口岸正式开通，深圳湾口岸已实施24小时货运通关。二是完善口岸管理机制，提升口岸通关效率。大幅精简优化通关流程和环节。实施"两步申报""两轮驱动""两段准入""两类通关""两区优化"，建立口岸工作部门联席会议制度。打造"智慧口岸大脑"，实现口岸5G全覆盖。

3. 积极推进区域合作，以点带面共促发展

积极发挥核心城市辐射带动作用。一是建立跨市合作机制。建立五市交通、环保、水务联席会议制度和食品安全监管合作机制。携手东莞惠州培育深圳都市圈，推进产业科创协同发展、基础设施互联互通、公共服务共建共享。二是加快建设辐射周边地区的快速综合交通运输体系。都市圈高速路里程近2500公里，路网密度全国领先，边界各类对接道路超过40条。广深港高铁、广深铁路、穗莞深城际（新塘至深圳机场段）、厦深铁路深惠汕捷运化列车开通运行，赣深高铁、深汕高铁、广汕高铁加快建设，深惠城际、深大城际先行段开工建设。三是加强与内地全方位、多层次、宽领域的经济合作。围绕对口帮扶粤东西北地区振兴发展、泛珠三角区域合作、深莞惠经济圈（"3+2"）建设、珠三角地区优化发展、与哈尔滨等重点区域协作等重点任务，探索若干可复制、可推广的经济合作（协作）模式和平台载体。

鼓励企业"走出去"。一是落实外贸战略部署。扎实推进"一带一路"等重大战略部署，深圳对外直接投资存量在全国城市排名第一。大批本土龙头企业牵头组成本土跨国公司集群，沿"一带一路"抱团出海。二是培育一批重点合作优势领域。初步形成了矿产资源、基础设施、信息通信、新能源汽车、建筑装饰、智慧城市、文化科技等多个产业的优势合作链条。三是保持对"一带一路"沿线国家投资高增长。深圳对"一带一路"沿线国家地区中方协议投资累计约占全市对外投资总额的1/10。2011年至2020年对外投资额年均增速超55%。四是承包对外工程带动产品、技术走出去。近十年，深圳企业在国际工程承包市场规模持续保持全国第一。五是发挥境外合作区投资合作平台作用。高水平建设中国—越南（深圳—海防）经济贸易合作区。"中白商贸物流园""老挝—中国现代农业科技示范园""中巴新农林产业园"等境外合作区建设成效显著。

4. 积极应对开放风险，切实保障贸易安全

形成一套应对贸易摩擦工作模式。在商务部"四体联动"应对工作机制指导下，建立涵盖预警信息通报、召开应诉协调会、案件跟踪和咨询服务、案件总结和评估、案件经验推广的工作模式。积极应对美国"337"知识产权调查和"两反一保"案件等大案，应诉率接近100%。

建立健全WTO法律服务体系。创建律师及专家库，为企业提供法律支持。设立专项研究资金，通过符合WTO补贴规则的政府购买服务的方式，支持应诉企业，增加针对公平贸易工作站项目的资助。

开展企业合规建设工作。持续推进合规公共服务，摸底重点企业、工业百强及外贸百强企业等合规管理情况，打造系列精品培训课程。依托公平贸易工作站，全方位服务企业开展合规管理。

多措并举提供海外投资风险预警信息。推出《合规风险及预警信息》栏目，定期为企业提供国内外涉及深圳企业经营和发展的重大合规领域立法及执法的提示预警信息。举办涉外商务法律服务专场活动，积极为"走出去"企业保驾护航。

（六）建立环境友好的体制机制，探索中国特色生态文明发展模式

1. 多点突破，逐步完善环境资源的综合管理机制

推行环保监测监察执法垂直管理改革。一是整合环境资源管理职能。印发《深圳市生态环境局职能配置、内设机构和人员编制规定》，进一步明确对深圳市生态环境局直属行政单位、派出机构和所属事业单位有关机构编制，优化与新机构、新体制相适应的工作机制和业务流程。二是成立深圳市生态文明体制改革专责小组。围绕国家、省、市改革工作部署，结合突出污染问题、民生关切等实际情况，谋划推进一百多项改革项目，有力支撑了污染防治攻坚。三是推行综合执法改革。组建副局级的深圳市生态环境综合执法支队，制定生态环境执法系统干部履职尽责容错纠错实施办法、生态环境综合行政执法人员人身安全保障制度，分类开展执法全过程制度体系建设。四是统一污染行业治理标准和执法标准。制定针对工业污染源、生活垃圾焚烧厂、污水处理厂等10个行业的污染治理及环境管理规范化标准和电镀、线路板等八个行业的执法检查指引，夯实执法人员对各类污染行业的现场检查知识，统一全市执法尺度，形

成规范执法长效机制。

推进环境司法制度改革。2015 年深圳成为全国首批公益诉讼试点城市，积极探索生态完善环境公益诉讼相关工作机制。一是成立环境公益诉讼工作小组。2018 年，深入开展生态环境公益诉讼，生态环境管理部门与检察机关实现行政处罚、公益诉讼和生态环境损害赔偿案件情况等信息共享，并建立互派交流学习、检察机关支持生态环境民事公益诉讼起诉等工作机制。二是完善生态环境公益诉讼法律法规。在全国率先印发实施生态环境公益诉讼地方性法规《深圳经济特区生态环境公益诉讼规定》。三是推动环境资源案件集中管辖。2020 年揭牌成立广东省首个中级人民法院环境资源审判庭和首个基层法院环境资源法庭，率先实行民事、刑事和行政案件"三合一"审判。

推进基本生态控制线精细化管理。在划定基本生态控制线的基础上，不断提升生态空间的精细化管理水平，严格管控线内建设活动，严厉查处线内违法建设行为，探索构建分级分类的管理制度。同时以社区生态用地保护改革试点为抓手，积极探索生态用地的多元保护模式，寻求以市场化方式实现生态保护与社区转型发展共赢。

2. 建立资源节约、环境友好的激励和约束机制

深入推进环境污染责任保险制度。自 2010 年以来开展环境污染责任保险试点，不断创新环境污染责任保险模式，并在全国推广。通过引入保险经纪公司和行业协会委托，优化投保模式、创新保险产品，进一步扩大环境污染责任保险覆盖面。将环境污染强制责任保险制度写入《深圳经济特区绿色金融条例》，在全国各城市中率先通过立法确立环境污染强制责任保险为强制险种。出台《深圳市环境污染强制责任保险实施办法》，正式在深圳市范围内落地环境污染强制责任保险制度。

在全国率先正式启动碳排放交易试点。一是率先完善碳排放交易法律基础。2011 年深圳开展碳排放权交易试点，充分利用特区立法权优势，在国内率先出台确立碳交易制度的法律《深圳经济特区碳排放管理若干规定》，被全球立法者联盟评为当年全球气候变化立法九大亮点之一。二是在全国率先启动碳市场。2013 年成为国家碳交易首个试点城市，交易体系覆盖 635家工业企业和 197 栋大型公共建筑。2014 年出台《深圳市碳排放权交易管理暂行办法》，确定了碳排放权交易及其管理的具体细则，并建立了深圳碳交易体系管理架构。建立碳排放权交易管控单位名单。持续开展碳排放报告及核查报告检查工作。三是建立深圳排放权交易所。先后在全国率先推出配额质押、回购、托管、与碳资产收益挂钩等碳金融产品，引导更多社会资本投入到绿色金融领域。

全面深化全市水资源管理体制改革。一是完善鼓励节水政策。强化节水政策制度保障，印发《深圳市建设中国特色社会主义先行示范区节水典范城市工作方案（2020—2025 年)》。重视节水奖励工作，2011 年颁布《深圳市节约用水奖励办法》，明确节水先进个人、节水型居民小区和节水型企业（单位）的奖励标准、程序和办法。二是持续推进水库管理模式改革。印发《关于深化我市水库管理体制机制改革的通知》，将全市大、中型水库划归市级管理。三是大力推进一级水源保护区管理工作。基本实现一级水源保护区"人防 + 物防"全覆盖隔离管理。全面加强日常巡查防控，开展全天候的巡查管理。同时市水务局加强与各相关部门的联动机制，及时发现、处置、上报违法搭建、侵占、种养殖等违法行为。

3. 多管齐下，探索适应经济增长的生态发展模式

建立探索实施生态系统服务价值（GEP）核算制度。一是明确生态环境治理体系职能分工。建立多部门协作机制，各部门协作形成合力，对接国家核算体系，推进核算工作标准化、制度化运行，全面推动绿色生产生活体制机制改革。二是建立 GEP "1+3" 核算制度体系。制定出台 GEP 核算实施方案（试行）。发布《深圳市生态系统生产总值（GEP）核算技术规范》，与联合国统计委员会环境经济核算标准（SEEA-EA）和国家 GEP 核算标准相衔接，是我国首个高度城市化地区的 GEP 核算技术规范。实施 GEP 核算统计报表制度，建立覆盖 18 个部门的 48 张核算表单，是全国首份正式批准施行的 GEP 核算统计报表。率先上线 GEP 在线自动核算平台。三是正式开展 GEP 核算制度化运行。完成全市 2020 年度深圳市 GEP 核算，印发《深圳市 2020 年度生态系统生产总值（GEP）核算报告》。

大力发展第三方治理等生态环境保护产业。一是充分发挥市场力量培育生态环境保护产业。支持环保企业通过并购重组拓展业务领域，提升企业竞争力，积极拓展业务模式培育产业新增长点。二是积极实施第三方治理和集中高效治污。印发《深圳市促进环境污染第三方治理发展实施方案》等文件，加强对小废水企业的监管执法。在深圳全市布局生态保护产业园区，完善园区生态环境基础设施建设。

建立生态环境专项资金。充分发挥政府资金的引导作用和杠杆作用，资助大量企业，通过污染治理提标改造、环境技术应用示范和环境监管能力建设等扶持方向，为助力深圳市高端制造业优化升级、完成全部电厂改造擦亮"深圳蓝"品牌、推广污染治理产品支持环保产业发展起到了积极作用。

专栏 6　打造人与自然和谐共生的美丽中国典范，城市绿色发展格局持续优化

深圳坚持以习近平生态文明思想为指引，牢固树立"绿水青山就是金山银山"的理念，不折不扣抓好落实，突出重点、攻坚克难、真抓实干，推动各项工作取得实效。

一是碳排放总量增幅持续放缓，碳排放强度稳步下降，单位 GDP 能耗和碳排放强度已降至全国平均水平的 1/3 和 1/5。积极推广"绿色制造"，2020 年新增获批国家级绿色工厂 21 家、绿色数据中心 4 个、绿色产品 16 个、绿色供应链 3 个、绿色园区 2 个、国家智能光伏试点示范项目 1 个、智能光伏试点示范企业 2 家。

二是加速推广新能源汽车，截至 2020 年底，累计推广应用新能源汽车 39.7 万辆，累计建成各类公共充电桩 9.3 万个。公交车和巡游出租车 100% 实现纯电动化。深圳市新能源物流车累计达 8.6 万辆。港口岸电设施覆盖率达 80%，使用规模居全国沿海港口首位。

三是在国内率先推行新建民用建筑100%按绿色建筑标准建设，推进绿色建筑规模化发展。在国内率先明确各类建设工程的建筑废弃物排放限额、减排与综合利用设计和验收要求。截至2020年底，深圳超高层建筑楼宇数量及建设能力居世界前列，绿色建筑总面积达1.28亿平方米，累计荣获国家绿色创新奖13项，绿色建筑、装配式建筑研发应用水平全国领先。

三、改革经验做法

深圳凭借解放思想的指导观念、敢闯敢干的突破精神、摸着石头过河的试错态度，闯出了一条举世瞩目的改革之路，把中央改革开放的战略设想变成了生动现实。

行政管理体制改革方面。坚持改革引领，以转变政府职能为核心，全面深化行政管理体制改革，切实加强政府机构职能体系建设，推进法治政府建设，不断探索创新基层管理体制，持续完善公务员管理制度，深化事业单位改革，有效释放市场社会发展活力，为深圳各项改革事业发展提供了有力保障。

经济体制改革方面。坚持以市场化改革为重心，不断探索实践制度层面改革激发市场活力，以完善土地、财税、金融等基础性经济制度为重点，更大程度地发挥市场在资源配置中的主导作用，不断完善社会主义市场经济体制，加快形成统一开放、竞争有序的市场体系，促进经济平稳增长。

社会领域改革方面。坚持以人为本，着力推进以改善民生为重点的社会领域改革。扩大和改善公共服务，形成多元化的公共服务供给模式，着力加强教育事业、医药卫生事业改革，提高民生福利供给水平和质量，稳妥有序推进基本公共服务均等化；完善社会管理制度，创新社会管理方式，培育发展社会组织，加快法治城市建设。

完善创新体制机制方面。坚持以习近平新时代中国特色社会主义思想为指导，始终坚持把创新作为城市发展主导战略，着力打造科技创新生态，构建开放型创新体系，优化配置创新资源，完善创新服务机制、人才管理体制和知识产权管理体制，构建"基础研究＋技术攻关＋成果产业化＋科技金融＋人才支撑"全过程创新生态链。

加强对外开放与区域合作方面。以深港合作为重点，大力推进对内对外开放；以新发展理念为引领，立足国家战略制定发展总体规划，依托先行先试政策创新体制机制，建立深港两地政府常态化会晤机制；以前海蛇口自贸区为战略支点先行示范，打造深港澳合作新平台和我国自由贸易试验区新标杆。

建设生态文明城市方面。围绕建设国家循环经济城市和生态文明示范城市目标，建立健全土地节约集约利用制度。在生态立法方面，突出生态文明建设地位，出台系列政策不断完善保障和促进生态文明建设的制度体系；在产业结构转型升级方面，大力发展新能源、节能环保等绿色产业链，加快推进国际低碳城建设，加大新能源汽车推广应用力度；在生态红线控制方面，率先在国内划定基本生态控制线，编制自然资源资产负债表，建立完善自然资源资产核算体系。

2021 年，国家发展改革委在深圳已复制推广经验的基础上，进一步提炼梳理了包括建立"基础研究＋技术攻关＋成果产业化＋科技金融＋人才支撑"全过程创新生态链、建立健全促进实体经济高质量发展的体制机制、构建以规则机制衔接为重点的制度型开放新格局、创新优质均衡的公共服务供给体制、创新推动城市治理体系和治理能力现代化等五个方面，合计 47 条创新举措和经验做法，鼓励各地结合实际学习借鉴。

第八章 浙江省义乌市国际贸易综合配套改革试验

浙江省义乌市拥有我国最大的小商品市场，是重要的国际贸易窗口。自 2011 年义乌国际贸易综合改革试点总体方案实施以来，义乌顺利完成了方案确定的主要任务，在多个重要领域和关键环节取得了重大突破，为全国其他地区转变外贸发展方式、推动产业转型升级和高质量发展、改革创新行政管理体制机制、促进城乡区域协调发展等提供了重要示范。

一、改革实践探索

在党中央、国务院正确领导下，各部门高度重视、真抓实干，社会各界积极参与、齐心协力，大力推进试点各项改革举措的深入实施。十年来，义乌试点的实施过程大体经历了重点突破、全面深化、跨越攀升三个阶段。

（一）重点突破阶段（2011—2014 年）

在这一阶段，试点以"探索建立市场采购新型贸易方式，形成在全球组织进口、出口和转口贸易的新渠道、新方式"为突破口，带动其他各项工作取得预期成效。

国务院批复义乌试点总体方案后，国家相关部门和浙江省委、省政府以及义乌市委、市政府快速行动，合力推动试点工作的启动实施。2011 年 5 月 6 日，国家发展改革委等 16 个国家部门领导和浙江省委、省政府主要领导在义乌市召开义乌市国际贸易综合改革试点动员大会，标志着义乌试点工作正式启动。2012 年 1 月 20 日，国务院办公厅印发《推进浙江省义乌市国际贸易综合改革试点重点工作分工方案》，对 18 个方面的 41 项具体工作进行了任务分解，明确责任分工，为推进试点工作提供了重要保障。作为义乌试点的实施主体，义乌全市广大党员干部、工商企业、人民群众勠力同心、群策群力，以探索建立市场采购新型贸易方式为主攻方向，大力推动贸易方式、业态、制度、模式等的集成创新，积极主动谋划市场采购新型贸易方式的政策框架、监管服务平台、配套支撑体系等。

为支持义乌市探索建立市场采购新型贸易方式，国家相关部门先后出台了一系列政策文件。2013 年 4 月 18 日，商务部、国家发展改革委等八部门联合发布《关于同意在浙江省义乌

图 8-1　义乌市国际贸易综合改革试点动员大会

市试行市场采购贸易方式的函》，同意在义乌试行市场采购贸易方式。2013 年 9 月 22 日，国家税务总局发文《关于浙江省义乌市市场采购贸易方式出口货物免税管理试行办法（试行）的批复》，明确义乌市场集聚区的经营户委托从事市场采购贸易经营的企业或个人，出口并纳入义乌国际贸易综合管理服务平台免税管理系统管理的货物，可享受免征增值税的优惠政策。2014 年 7 月 1 日，海关总署发布《关于市场采购贸易监管办法及其监管方式有关事宜的公告》，正式确定市场采购贸易方式海关监管代码为"1039"，并明确在"商品认定体系""联网信息平台"验收合格后，由杭州海关发布正式实施的通告。2014 年 10 月 16 日，市场采购贸易方式通过商务部、国家发展改革委等八部门验收，开始正式实施，标志着义乌试点取得突破性的重大新成就。2014 年 10 月 31 日，杭州海关发布 2014 年第 4 号公告，宣布市场采购贸易方式自 2014 年 11 月 1 日起在义乌市正式实施，海关监管代码为"1039"，从而标志着我国一种新的贸易方式正式诞生，这也是义乌试点重点突破阶段最为关键的核心成果。

　　为义乌探索建立市场采购新型贸易方式提供更为坚实的产业支撑、更加完善的开放平台、更为良好的体制环境，国务院和浙江省委、省政府对义乌持续赋能。2012 年 3 月 2 日，经国务院批准，义乌经济开发区升格为国家级经济技术开发区，定名为义乌经济技术开发区，实行现行国家级经济技术开发区的政策。2014 年 7 月 31 日，义乌航空口岸对外开放获国务院批复同意，成为义乌试点的一项重大阶段性成果，促进义乌建立更加畅通、高效、便捷的国际经贸交流合作通道，提升义乌市场的国际辐射力。浙江省委、省政府更是举全省之力推进义乌试点各项工作的实施，为义乌大胆试、大胆闯、自主改创造了优良的体制机制和改革环境。2012 年 6 月 27 日，浙江省委、省政府发布《关于加强服务保障改善发展环境　大力推进浙江舟山群岛新区建设和义乌市国际贸易综合改革试点的实施意见》，自 2012 年 7 月 1 日起向义乌市下放首批 357 项省直部门行政审批及管理事项权限。2012 年 11 月 29 日，浙江省第十一届人民代表大会常务委员会第三十六次会议审议通过了《关于保障和促进义乌市国际贸易综合改革试点工作的决定》，提出浙江省人大常委会将根据义乌试点的具体情况和实际需要，通过开展地方性法规专项清理、在地方性法规中作出特别规定、向全国人大常委会提出法律修改意见建议、组织执法检查以及听取改革试点工作专项报告等形式，依法保障和促进义乌试点工作的深入开展。2014 年 4 月，浙江省委、省政府出台《关于深化义乌市国际贸易综合改革试点的若干意见》，给予义乌改革更大的政策支持，明确除法律规定必须由设区市行使的职权外，赋予义乌与设区市同等的经济社会管理权限。这些举措有力地帮助义乌破解了开放发展中的诸多体制机制难题、设施能级限制、平台瓶颈制约等，尤其是为探索建立市场采购新型贸易方式创造了良好的外部环境和条件。

为破解试点推进过程中遇到的土地管理难题、金融约束难题，国家相关部门大力支持义乌开展土地管理制度专项改革和金融专项改革。2012 年 11 月 6 日，国土资源部下发《关于义乌市国际贸易综合改革试点土地管理制度改革专项方案的复函》，提出用三年左右的时间，建立起适应国际贸易综合改革的土地管理新机制，并明确了八项主要任务。2013 年 8 月 23 日，中国人民银行等九部门联合下发《关于印发浙江省义乌市国际贸易综合改革试点金融专项方案的通知》，提出以发展贸易金融为重点，加快形成与国际贸易综合改革相适应的金融体系，提升金融在推动国际贸易、开拓国际市场、促进外贸发展方式转变等方面的功能与作用，为促进贸易和投融资便利化提供有力支撑和保障，并明确了七大方面的任务。

为培育现代流通新方式、进一步开拓国际市场、促进内外贸一体化发展，国家相关部门赋予义乌多方面的体制机制和平台建设保障。如，2012 年 7 月 10 日，商务部批复同意义乌市商务局作为对外贸易经营者备案登记机关，使义乌成为浙江省第一个具有"对外贸易经营者备案登记管理权"的县级市。2012 年 12 月 20 日，外交部下发《关于授予浙江省义乌市外事与侨务办公室被授权单位资格》，同意自 2013 年 1 月 15 日起授予义乌市外侨办邀请外国人来华审批权限，这是外交部首次授予县级市外办拥有该项审批权限。2012 年 12 月 28 日，中国人民银行批复《浙江省个人跨境贸易人民币结算试点管理暂行办法》，同意在义乌市率先开展个人跨境人民币业务试点。海关总署支持义乌设立全国首个县级市隶属于海关并批准在义乌设立杭州海关缉私分局，2013 年 10 月 30 日，义乌海关缉私分局揭牌仪式在义乌海关举行。2014 年 1 月 29 日，海关总署、财政部、税务总局、外汇管理局联合发文，批准设立义乌保税物流中心（B 型）。2014 年 3 月 20 日，国家发展改革委、财政部、商务部等八部委联合发文，义乌成为唯一获批"创建国家电子商务示范城市"的县级市。2014 年 6 月 26 日，国家邮政局设立的全国首个县（市）级邮政管理机构——义乌邮政管理局正式揭牌成立。

为营造各国客商互惠互利、合作共赢、同治共享的良好营商环境，义乌市持续完善外国人来华邀请、出入境、就业、居留等政策。创新涉外服务模式，开国内涉外审批服务事项"一站式"办理的先河，通过整合集聚各部门涉外服务功能，成立专门的国际贸易服务中心并于

2012 年 1 月 6 日启用，为外商提供"一站式"政务、商务、生活咨询和服务。首创寓管理于服务的"外籍商友卡"，外商凭卡享受便利政务服务和生活服务，实现外籍人员基本公共服务、社会保障、日常管理等"一卡通用"，建立既方便外籍人员居留经商又能实现有效服务管理的新模式。成立"世界商人之家"，致力于增进各国商人友谊，让在义乌的外商感受到家的温暖，汇聚全球商人力量，共促义乌发展繁荣。全市所有公办学校均面向外商子女开放，费用标准和义乌本地人一样。创新"以外调外"涉外纠纷调解机制，开全国之先河，于 2013 年 5 月成立义乌市涉外纠纷人民调解委员会，聘请来自多个国家的外商为外籍调解员，组成多元化、专业化、规范化的涉外调解队伍，建立涉外纠纷多元化化解新机制。邀请外商代表旁听两会、参加义乌经济社会发展座谈会，直接向市领导建言献策。

（二）全面深化阶段（2015—2018 年）

这一阶段，试点在前期正式建立了市场采购新型贸易方式，核心与关键任务取得重大突破的基础上，着重围绕参与"一带一路"建设、培育发展进口转口贸易、促进商贸流通体系现代化、推动产业转型升级开展工作，在制度建设、平台搭建、业态创新、产业升级等方面取得了显著成果。

一是积极服务和融入"一带一路"建设。义乌大力推进"义新欧""义甬舟""网上丝绸之路"三条开放大通道建设，积极布局"一带一路"境外站，致力于打造全球知名的"一带一路"

图 8-2　2014 年 11 月"义新欧"中欧班列（义乌—马德里）首发

枢纽城市，形成中国内陆地区深度融入"一带一路"建设的新模式新路径，在我国对外开放大局中发挥重要桥梁纽带和窗口作用。坚持"规模化、市场化、可持续"发展思路和开放大通道的定位，依托自身独特的资源禀赋和民营企业机制活、开拓力强的优势，通过优化发展环境、创新服务方式等，持续推动"义新欧"中欧班列增点、拓线、提效，着力构建一条安全、高效、便捷的中欧陆上贸易大通道，大力开拓"陆上丝绸之路"。着眼陆上与海上"丝绸之路"的连通，大力推进义乌国际陆港与宁波舟山海港的关务、港务、船务、信息及管理一体化。积极探索开展多式联运，建设国内首个双层集装箱运输铁路——甬金铁路，对内打造长江经济带黄金辅道，努力成为"义甬舟"大通道西延重要支点，对外全力提升港口辐射力、港口服务力、港口资源配置力，贯通"海上丝绸之路"。积极创建并不断深化跨境电子商务创新发展示范区建设，全力争取并成功获批跨境电子商务综合试验区。此外，义乌还先后举办了一系列面向"一带一路"的国际交流活动，如中国—东盟自由贸易区联合委员会第三次会议、中国—西亚北非"未来发展愿景"对话会、第二届中国—中亚合作论坛、丝绸之路经济带城市国际论坛等，助力政策沟通、设施联通、贸易畅通、资金融通、民心相通。

二是大力培育发展进口和转口贸易。义乌积极谋划市场采购进口贸易机制改革创新工作。2015 年 4 月 17 日，义乌市召开进口贸易工作会议，分析进口面临的新形势、新机遇，动员全市上下大力发展进口贸易；同年，出台了《关于加快进口贸易发展的若干意见》，聚焦大力发展日用消费品进口、积极发展大宗商品和先进技术设备进口、扩大服务贸易进口、促进转口贸

图 8-3　义乌铁路口岸

易等。2016 年 6 月，义乌出台《促进进口贸易发展十项举措（试行）》，扩大进口规模，优化贸易结构，推动市场转型升级。此后，义乌市委、市政府多次召开进口市场培育发展工作会议，研究进口领域的体制机制改革、商业模式创新、开放平台搭建等问题，并与国家相关部门进行反复对接。2017 年 9 月 26 日，国家发展改革委体改司会同海关总署、税务总局、工商总局、质检总局、食品药品监管总局等部门组成联合调研组，到义乌调研市场采购进口机制改革创新问题。2018 年 3 月 14 日，国家发展改革委等八部门联合发布《关于进一步深化浙江省义乌市国际贸易综合改革试点工作的通知》，明确提出为进一步深化义乌市国际贸易综合改革试点，加快培育国际竞争新优势，拓展对外贸易新空间，推动形成全面开放新格局，同意义乌市开展市场采购进口贸易机制创新，实施进口贸易便利化改革举措。

三是促进商贸流通体系现代化。义乌加强市场建设、探索现代流通新方式，持续推进市场业态、功能、管理、交易方式、软硬环境的提升，促进市场从商品供应者向综合服务者转变，不断拓展市场的带动效应。2015 年 8 月 6 日，国务院办公厅发布公告，同意在义乌等全国九个城市开展国内贸易流通体制改革发展综合试点，加快推进义乌建设法治化营商环境，促进流通产业创新发展和内外贸一体化发展。义乌努力适应新的科技和产业革命、新的全球分工协作和竞争格局下国际流通渠道创新与变革的新趋势新要求，以数字化升级、国际化拓展为主要导向，加速市场迭代升级步伐。将 5G、物联网、大数据、人工智能等现代技术融入市场发展之中，改造提升实体市场的信息集散系统、交易支付系统、仓储物流系统、信用评价系统、配套服务系统。同时，义乌把电子商务作为战略性、先导性产业进行培育，致力于建设全球网货营销中心、全国网商集聚中心和跨境电子商务高地，打造国际电子商务之都。2015 年 5 月，海关总署、国家邮政局、中国邮政集团公司批复同意自该年 6 月 1 日起设立浙江义乌国际邮件互换局和交换站，这是全国首个在县级市设立的国际邮件互换局和交换站，为义乌创新外贸业态、发展跨境电子商务提供了重要支撑。2015 年 10 月 12 日，国家统计局批复同意在义乌开展县域电子商务大数据应用统计试点工作，义乌成为全国首个开展这一改革试点的县级市，为全国探索应用大数据、建立健全县域电子商务统计制度方法积累经验。2018 年 7 月 13 日，在国务院常务会议上，义乌作为唯一一个县级市，和北京、呼和浩特等城市一起获批新一批跨境电子商务综合试验区。此外，义乌把现代物流作为战略性、基础性产业，致力于打造亚太地区物流高地。2015 年 12 月 22 日，义乌铁路西站获批临时对外开放口岸，标志着义乌铁路西站成为浙江省唯一的铁路临时对外开放口岸。2016 年 5 月 23 日，国家发展改革委发布《关于做好现代物流创新发展城市试点工作的通知》，将义乌列入首批全国现代物流创新发展试点城市。

四是推动产业转型升级。义乌持续深入实施"贸工联动"战略，通过实施专利、标准、质量、品牌、信用"五创联动"，促进小商品制造向个性化、精品化、品牌化方向发展，从价格竞争转向质量、技术、品牌、标准等综合性竞争。为适应数字时代生产方式变革的内在要求，加快数字工厂、数字车间建设，创建国家级新型工业化示范基地。针对义乌市场商品周期短、款式多、更新快等特点，积极探索具有义乌特色的知识产权保护新路，集聚政务服务资源，创新纠纷解决工作机制，并联商标、专利、版权、地理标志等知识产权类别，串联知识产权创

图 8-4　义乌商贸城

造、运用、保护、管理和服务等全部环节，积极创建国家知识产权示范城市。于 2017 年在全国率先提出建设"标准城市"的构想，力求以标准推动产品、企业、产业、市场、城市全面提升，用标准规则塑造义乌经济社会发展的最佳秩序，助推全市高质量发展。坚持"质量强市"战略，争创"全国质量强市示范城市"，努力增加智能化、消费友好型的中高端商品供给。通过"义乌好货"母品牌赋能优质义乌小商品品牌，形成"义乌中国小商品城"统一品牌，着力提升义乌企业的品牌竞争力。与此同时，着力推动义乌从小商品向大制造跨越，构建商贸业与制造业更加紧密联动、互促共进的发展格局。通过资源要素改革、拓展产业发展空间，布局国家级经济技术开发区、省级工业园区和国家级产业基地，主动引入和培育先进制造业、优化产业链，打造光源科技小镇、绿色动力小镇两大产业平台。

（三）跨越攀升阶段（2019—2020 年）

这一阶段，义乌在基本完成试点总体方案各项重点任务的基础上，主要围绕推进更高水平对外开放、构建开放型经济新体制的要求和方向，与国家大力实施的自由贸易试验区战略紧密相结合，按照自由贸易试验区的高标准创新贸易发展理念、转变贸易发展方式、破解贸易发展难题，着力在推进贸易、投资、资金、运输、人员进出自由化便利化等方面进行积极的改革探索。

义乌制定先争取省级国际贸易综合改革试验区、再争取国家级自由贸易试验区的策略。2019 年 1 月 4 日，浙江省委、省政府印发《义乌国际贸易综合改革试验区框架方案》，设立义乌国际贸易综合改革试验区，以大众贸易自由化便利化和国际贸易高质量发展为方向，推动义乌向国际自由贸易港迈进。2019年2月27日，义乌国际贸易综合改革试验区管委会作为浙江省人民政府派出机构正式揭牌成立，浙江省委、省政府明确在省级权限范围内赋予义乌改革开放最大自主权，支持进行管理体制创新，标志着义乌迈入了国际贸易综合改革和开放型经济高质量发展的新阶段。2019年11月29日，浙江省第十三届人民代表大会常务委员会第十五次会议审议通过了《义乌国际贸易综合改革试验区条例》，将义乌市国际贸易综合改革试点的有关政策措施和改革成果转化为法律制度确立下来，在法治的轨道上保障和继续深化义乌国贸改革。自2020年1月1日起，随着《义乌国际贸易综合改革试验区条例》正式施行，义乌国际贸易综合改革试验区管委会行使首批135项省级经济社会管理权限目录同步公布。2020年8月30日，国务院印发了中国（浙江）自由贸易试验区扩展区域方案，义乌被正式纳入中国（浙江）自由贸易试验区扩区范围，重点支持义乌打造"世界小商品之都"，建设国际小商品自由贸易中心、数字贸易创新中心、内陆国际物流枢纽港、制造创新示范地和"一带一路"开放合作重要平台。

这一阶段，义乌的努力也得到了国家层面的多方支持。2019年2月21日，国家口岸办发文同意义乌开展"单一窗口"铁路运输项目试点工作，成为义乌市服务"一带一路"建设、深化国际贸易领域"最多跑一次"改革、进一步提升跨境贸易便利化的重要举措。2020年3月25日，国务院批复同意设立义乌综合保税区，充分发挥义乌的区位优势和政策优势，开展保税加工、保税物流、保税服务等业务，重点发展现代物流业、先进制造业、战略性新兴产业、新型保税服务业等，着力打造具有国际竞争力和创新力的海关特殊监管区域。2020年6月18日，财政部印发《关于增设口岸出境免税店等问题的通知》，正式批复同意在义乌机场设立口岸出境免税店。2020年11月3日，商务部、国家发展改革委等国家九部门联合发出《关于培育进口贸易促进创新示范区的函》，支持义乌成为全国十大进口贸易促进创新示范区之一。

二、改革进展成效

十年来，义乌试点完成了各项改革任务，在诸多领域取得了可喜成果，尤其是世界领先的国际小商品贸易中心建设取得巨大成效，搭建了内外贸一体、线上线下融合、进口出口转口互动的新型贸易体系。2021年，义乌出口额达到3659.2亿元，是2010年的19倍，超过全国19个省份，占全国货物出口总额的1/55；集贸市场年成交总额从2010年的621.1亿元增长至2021年的2172.1亿元；市场主体总量突破80万，占全省的近1/10。市场关联210万家中小微企业，涉及相关就业约3200万人；年快递业务量约占全国的1/12，居全国各城市第二位；"义新欧"中欧班列发运量约占全国的1/10。

（一）搭建国际贸易制度新架构，创造经济发展新红利

长期以来，我国对外贸易的基础设施、制度设计、配套服务等主要围绕大中型企业的交易

特点和需求展开，数量上占绝对优势的中小微企业（包括大量家庭作坊、手工艺者）乃至普通大众缺乏便利化参与国际贸易的体制机制环境和条件。义乌探索形成的市场采购贸易方式与一般贸易、加工贸易等传统贸易方式相比，通过"交易环节内贸化、物流环节外贸化"的流程转换，使广大中小微企业能够依托境内市场集聚区，以内贸的形式开展外贸，从而为不具备国际贸易知识和技能、无力自建外贸营销渠道的中小微企业提供了低门槛、低成本、便利化、共享型的贸易通道，满足了小规模贸易主体之间小批量、高频次的交易需求，成为广大中小微企业乃至普通大众参与国际贸易、分享经济全球化成果的有效途径，促进了国际贸易的普惠性发展和包容型世界经济建设。

1. 创新设立了市场采购贸易方式

针对小商品贸易参与主体多、商品种类多且更新快、多批次小批量交易、拼箱组货运输等特点，义乌探索建立了市场采购新型贸易方式，解决了中小微企业如何低门槛地参与国际贸易、单小货杂的商品如何便利化通关快速走向国际市场的难题，为全国数万家商品交易市场迈向国际化、参与国内国际双循环提供了根本性制度保障。目前，市场采购贸易方式已在全国 31 座城市复制推广，两次被写入国务院政府工作报告，并被纳入党中央、国务院《关于推进贸易高质量发展的指导意见》。在这一贸易方式的推动下，义乌与全球 233 个国家和地区建立了贸易往来关系，尤其是促进了向中东、东南亚、南亚、中南美洲、非洲等地区的出口，为浙江和全国外贸稳增长作出了重要贡献。2021 年，义乌全市 3659.2 亿元货物出口额中，市场采购贸易方式占比约为 79%；全国市场采购出口比重由 2019 年的 3.3%提高到 4.3%，成为疫情影响下国家稳外贸的有力支撑。

2. 创建了贸易管理和服务新体系

与偏重于大中型企业交易特征和需求的一般贸易、加工贸易发展框架和方式不同，义乌试点探索创建的市场采购贸易方式，通过建立"一机制五配套一平台"制度架构，为中小微企业乃至普通大众提供了规范化、便利化、低成本的贸易通道和强大的政策支撑体系，使各类主体都能高效率、规范化、便利化地参与国际贸易。其中，作为一种全新的外贸形式，内外贸一体化的机制是专业化分工在外贸领域的典型体现，是大众创业、万众创新在国际贸易领域的典型体现。商务、海关、税务、外汇、市场监管等 5 个部门联动，相继出台一系列配套政策，为提升贸易便利化、规范化作了重要支撑。在贸易监管服务方面，通过建立涵盖各方经营主体和贸易全流程的"市场采购贸易联网信息平台"，承接监管部门配套政策落地，将市场采购贸易各监管部门和各类经营主体纳入了统一的信息平台，实现了部门间数据的互联互通、共享共用，形成了有效的政府管理格局。

3. 金融领域的改革创新取得了丰硕成果

实施金融专项改革以来，义乌在探索贸易金融新模式，推动人民币跨境业务、外汇管理和民间资本管理创新，完善金融组织体系、便利化贸易金融服务体系、规范有序的金融发展环境等方面实现了重要突破，十多项义乌"金改样本"在全国范围内推广复制，基本形成了与义乌经济社会发展相适应的金融体制机制新架构。

专栏 1　义乌市围绕小商品贸易推进金融领域改革

探索贸易金融新模式。义乌市通过创新推出供应链金融、物流金融、仓储金融、互联网金融等贸易融资产品，将"单一窗口"平台大数据作为交易真实性审核依据，使义乌成为全国市场采购贸易、跨境电商等结算最便利的地区之一。2021 年，义乌存款、贷款余额分别是金融改革初期（2013 年）的 1.8 倍、2.2 倍。

构建新的金融管理体系。为了更好地激发市场主体活力，义乌通过推行"数据质押"贸易融资方案，探索形成了金融信用与地方信用信息共享的大数据治理模式。通过开展"互联网＋不动产抵押登记"，实现了信贷"最多跑一次"，小微企业首次申请款办理时间缩减至 2.57 个工作日，贷款审批通过率达 97.1%。

探索完善外汇管理机制。依托市场采购联网信息平台，通过在联网平台中嵌入业务和监管规则，实现了对市场采购新型贸易方式监管与服务的有机统一。通过在全国率先开展个人外汇管理改革，义乌市推动了《个人外汇管理办法》的调整完善；通过率先开展境外采购商开立个人结算账户，实现了境外采购商阳光化收结汇，打通了贸易结算通道。

人民币跨境业务创新大步迈进。按照市场采购贸易及跨境电商等发展特点，义乌通过率先探索以电子数据作为跨境人民币真实性审核依据，为跨境贸易新业态开辟了跨境结算新通道；通过在全国率先允许采购商个人开展跨境人民币结算货款，允许直接以人民币结算进出口贸易货款，为市场采购提供了更多的结算选择。个人跨境人民币业务先后在自贸试验区和全国全面复制推广。

（二）构建现代化流通新体系，为促进国内国际双循环注入新动力

长期以来，我国企业在参与国际贸易的过程中缺乏对国际流通渠道的掌控力和国际贸易规则标准的主导力，往往处于国际产业链、价值链的低端。试点以来，义乌通过推动线下市场与电子商务、现代物流、会展旅游等相融发展，在全国率先建成了线上线下融合化、业态结构多元化、交易手段电子化、服务功能复合化的现代新型市场。跨境电商、直播电商、社区营销、线上展会等贸易新业态新模式实现了大发展，使义乌市场从商品供应者向综合服务者转变，构建起线上线下有机互动、融合发展、辐射全球的高效贸易生态系统。

1.形成了全球开放共享的贸易大平台大通道

通过试点，义乌市场加快了规模化、国际化、现代化步伐。目前全市市场经营面积 640 余万平方米，商位 7.5 万个，市场内汇集了 26 个大类 210 多万种单品，日均客流量超过 20 万人次。义乌构建起了"市场主导、下游市场承接、各方互利共生"的蛛网式市场网络，形成了全方位、立体式、多层级的国内市场体系。义乌中国进口商品城、中国义乌进口商品博览会等进口展销平台与综合保税区、保税物流中心、进口指定口岸等有机联动，形成了"保税＋口岸＋

市场＋展会"的进口服务体系，汇集了来自100多个国家和地区的约15万种源头商品。2020年入选全国进口贸易促进创新示范区。2021年，义乌实现进口额243.9亿元，是2010年的14倍。通过探索开展"市场采购＋转口"贸易业态，成为"买全球、卖全球"的世界级贸易平台，助力中国进口企业高效对接境外优质源头货、境外中小企业高效对接中国分销渠道。由此，义乌市场的经济内涵日益丰富、功能持续提升，义乌小商品市场已不仅是义乌、浙江、中国的市场，而且是全球开放共享的市场，日渐成为全球广大经济主体共建共享的商流、物流、资金流、信息流、人员流动的大平台。

2. 形成了数字贸易创新发展的"生态圈"

试点期间，义乌相继获批国家电子商务示范城市、国家级跨境电商综试区。落地"市场采购＋跨境电商"拼箱出口模式，为跨境电商碎片化订单提供一件代发供应链服务；开展"数字清关"业务，为跨境进口非标化商品开辟了新的合法合规通道，满足国内消费者对境外商品多样化需求。直播电商等各种新业态、新服务蓬勃发展，网红直播村、淘宝村等电商集聚模式示范效应日益凸显。2021年，义乌开展网红直播带货24.0万场，完成零售额324.93亿元，同比增长56.2%。全市有电商村169个，成为全国最大的淘宝村集群，青岩刘村被李克强总理誉为"中国网店第一村"。全市建成电商园区32个，总面积200余万平方米，其中"中国小商品城·网商服务区"、陆港电商小镇被评为国家级电子商务示范基地。与阿里巴巴共建eWTP全球创新中心，探索数字贸易新规则新模式，赋能全球中小微企业和个人创业者，为小额小批量网上交易搭建了高速通道。义乌网络零售居全省各县（市、区）第一。2021年，实现电子商务交易额3715.05亿元，较2010年增长了14倍。目前，全市经工商登记的电商主体数超37万户，内外贸网商密度分列全国第一、第二位。入选全国快递示范城市，成为浙江乃至长三角地区重要的电商物流通道。

3. 形成了良好的展贸联动发展效应

试点过程中，为了促进义乌小商品市场与会展经济紧密联动，提升市场的展贸功能，义乌通过大力培育综合性、行业性的商品博览会，构建起了以"中国义乌国际小商品（标准）博览会""中国义乌文化产品交易博览会""中国国际旅游商品博览会""中国义乌国际森林产品博览会"等国家级展会为引领，以"中国义乌国际装备博览会""中国国际电子商务博览会""中国（义乌）世界电子商务大会"等国家级行业品牌展会为支撑的展贸新体系。其中，"中国义乌进口商品博览会"成为国内首个通过UFI认证的进口消费类展会。全市会展综合实力进入世界会展城市前50强行列，成为国内外知名的国际会展城市，年举办展会数超过150个，展览面积100余万平方米，吸引200万人次专业客商到义乌参展，年成交额达400亿元。市场的繁荣兴旺为义乌会展业带来了巨大的人流、信息流、资金流等；会展业的蓬勃发展，则成为义乌市场功能创新、层次提升的重要推动力。两者有机互动、互促共进，使义乌市场、外贸、产业等在国内外的影响力、辐射力实现了极大拓展和提升。

（三）营造高质量发展新环境，探索深化供给侧结构性改革新路径

长期以来，低附加值的劳动密集型产品在我国外贸出口中占有较大比例。试点过程中，义乌通过推动小商品制造向个性化、精品化、品牌化方向发展，从价格竞争转向质量、技术、品牌、标准等综合性竞争，促使出口商品的档次和附加值大幅提高。2021 年，机电产品出口额占义乌市货物出口总额的 37%，较上年增长了 18.3%。

1. 传统产业转型升级步伐不断加快

通过试点，义乌市场已具备了传导国内庞大市场需求、拓展国际市场空间的通道优势，全球最大的小商品市场所带来的规模经济效应持续发酵，传统优势产业转型升级不断加快。一方面，"小企业、大集群""小产业、大市场"的格局不断强化，涌现出了一批全国乃至世界行业"单打冠军"，如义乌饰品行业占据了全国 20% 以上的市场份额，无缝内衣行业占据了全球 30%、全国 80% 的市场份额；另一方面，国内市场消费升级传导，推动义乌传统优势产业从量的扩张向设计、品牌、标准等价值链"微笑曲线"两端延伸。通过开展"摇响拨浪鼓·同圆中国梦"工程，促使企业和市场商户深入挖掘、开发、设计包含中国优秀传统文化的产品，将社会主义核心价值观融入"中国梦"系列商品之中，远销美国、法国、俄罗斯、意大利等世界 30 多个国家和地区。不仅提升了出口产品的文化含量和附加值，更是开启了社会主义核心价值观传播的新途径。产业数字化、创新规模化效应凸显，传统行业龙头骨干企业智能化改造基本完成，智能工厂、数字化车间等智能制造新业态不断涌现。

2. 产业新旧动能加速转换

十年来，义乌高新技术产业迅猛发展。2021 年，全市规模以上数字经济核心产业制造业、高新技术产业、装备制造业、战略性新兴产业增加值分别增长 161.3%、71.9%、123.7% 和 107.2%，增速分别高于规上工业 113.9 个百分点、24.5 个百分点、76.3 个百分点和 59.8 个百分点，占规上工业的比重分别为 47.6%、75.9%、53.8% 和 60.8%，比重分别较上年提高 19.9 个百分点、16.2 个百分点、24.5 个百分点和 29.7 个百分点，产业结构持续优化，产业层次不断升级。

专栏 2　义乌市推动产业新旧动能转换

目前，义乌已相继建立了 13 个国家级产业基地，"无中生有"培育出了半导体发光、新能源光伏、汽车智造等现代产业集群。

在半导体发光领域，义乌集聚了全球第二大的 LED 芯片生产商华灿光电、国内领先的 LED 封装生产商瑞丰光电和 LED 综合制造商木林森等，形成了 LED 的全产业链条，并积极向新型显示领域升级拓展。2020 年，智能显示材料产业平台成功入选第三批浙江省"万亩千亿"新产业平台培育名单，华灿光电和木林森分别成功并购了美国美新半导体公司和全球第二大照明企业德国欧司朗照明项目，实现了义乌制造业跨国并购零的突破。

在新能源光伏领域，义乌集聚晶科能源、晶澳太阳能、天合光能、东方日升、爱旭太阳能等知名企业，光伏电池和组件的建设总规模位居全国第一。

在汽车智造领域，义乌诞生了首台中国自主知识产权世界级先进发动机、建成了全球最大的汽车动力单体厂房，义乌绿色动力小镇建成达产后，产值将达千亿元，预计形成10万台新能源整车、160万台发动机、70万台变速器的生产规模，成为全球最大的汽车动力生产基地。

3. 创新驱动特征日益凸显

试点以来，义乌通过大力推进科技创新，设立和搭建各类创新创意载体，多渠道引聚国家部委、高校、央企创新资源，集聚创新创意人才，提升产品创意设计和技术创新能力，创新体系建设取得长足进步，创新驱动发展特征日益显现。义乌引进或建设了国家日用小商品质量监督检验中心、国家小商品质量安全检测重点实验室、国家旅游商品研发中心等一批国家级研究检验机构和研发基地，建立了中国义乌工业设计中心、北京中关村异地孵化器、浙江"千人计划"义乌产业园、中科院沈阳自动化研究所义乌中心、义乌韩国设计中心、科研院校义乌技术转移中心、义乌创意园等一大批创新创意平台，引入了中国计量大学现代科技学院、中国科学院大学"一带一路"学院、复旦大学义乌研究院、北京协同创新研究院等一批高水平院校，产学融合、科教融合的区域性人才高地逐渐成形。全市有效商标量、境内商标申请量和注册量三项指标在全国县域名列首位，商标品牌综合实力连续多年位列全国县域前列。2017年3月，义乌建成"浙江制造"品牌建设功能中心，成为"浙江制造"标准永久发布地。2019年10月，建成运行浙江（义乌）国家标准技术审评中心，成为全国两个区域分中心之一。建成全国第11个、浙江省唯一的国家技术标准创新基地，获批成为全省首个拥有地方标准管理权限的县级市。

（四）建立开放型经济新体制，树立"一带一路"建设新典范

试点以来，义乌牢牢抓住体制改革这个核心，坚持内外统筹、破立结合，坚决破除一切阻碍对外开放的体制机制障碍，加快形成有利于培育新的比较优势和竞争优势的制度安排。把参与"一带一路"建设作为最大使命、最大机遇、最大平台，大力推进"义新欧""义甬舟"开放大通道建设，积极布局"一带一路"境外站，促进商品、商人、资本、平台、技术"走出去"和"引进来"。2020年，义乌对"一带一路"沿线国家货物出口额约占全国的1/37，在全国对外开放合作大局中发挥了重要桥梁纽带和窗口作用。

1. "义新欧"班列成为共建"一带一路"的早期成果

目前，"义新欧"班列已开通运营线路17条，辐射欧亚大陆50个国家和地区，到达境外站点101个；已集聚浙江、上海、安徽、江苏等15省市货源，运输上万种货物品类，班列正由单一的运输通道逐步向贸易通道、开放通道、合作通道转变。通过创新跨境电商出口专列、中国邮政运邮专列、防疫物资专列、吉利配件专列、玩具专列、中亚进口棉纱专列等模式，实

现了一般贸易、市场采购、邮（快）件、国际集拼中转等多种贸易方式和业态的全覆盖，尤其是日韩过境货物和保税中转集拼、汽车整车出口等实现了突破。2020年，新冠肺炎疫情期间，班列积极承接空运、海运转移货源，为保障国际产业链供应链稳定、服务国内国际双循环、助力国际防疫合作等作出了积极贡献。班列的发展大大丰富了沿线国家和地区商品贸易往来的运输方式，小商品既可以"借海出洋"，也可以"借陆出境"，摆脱了长期单纯依赖沿海口岸进出口的局面；提高了中欧之间商品贸易往来的运输效率，将义乌至西班牙马德里的运输时间由海运的45天左右缩短至15—20天，显著促进了沿线国家和地区之间的合作与交流。同时，全国率先开展"单一窗口"铁路运输项目试点，企业仅需在"单一窗口"一次录入数据即可完成铁路货物进出口全流程通关申报，减少场站翻箱、倒箱、移箱、吊箱等作业等待时间，推动出口作业平均时长从70小时缩减到4小时。

2."义甬舟"开放大通道连通了陆上和海上"丝绸之路"

宁波舟山港的海港功能逐步延伸至义乌，义乌国际陆港与宁波舟山港关务、船务、港务一体化发展水平不断提升，打通了向东依港出海通道。目前，已建成投用义乌集装箱管理中心、海港功能服务大厅、义乌港直通仓等，义乌港已接入宁波港EDI数据，实现了与宁波港区之间的信息联动。义乌—宁波海铁联运班列迅猛发展，相继开行马士基、中远海、地中海、达飞等铁海联运周班专列，实现了义乌签发全程提单。2021年，义乌海铁联运班列发送标箱6.82万个，同比增长100.6%。2019年10月，义乌被列入浙江"四港"（海港、陆港、空港、信息港）联盟，并成为全省唯一的"四港"联动示范城市，国际枢纽港项目（苏溪集装箱办理站）被纳入甬金铁路整体规划，为创新发展以"四港"高效联动和系统集成为依托的枢纽经济作出了重要贡献。

3.国际陆港开放能级全面提升

2013年5月1日，联合国亚洲及太平洋经济社会委员会（ESCAP）表决通过了《政府间陆港协定》，义乌作为浙江省唯一、我国首批17个陆港城市之一，被列入其中。义乌初步形成了航空口岸、铁路口岸（临时）、义乌港、保税物流中心（B型）、国际邮件互换局、综合保税区六大口岸平台，肉类、冰鲜水产品、水果等指定监管场地相继投用，构建了"海陆空、铁邮网、义新欧、义甬舟"多位一体的综合物流体系，打通了联通国际、链接全国的国内国际物流渠道。目前，义乌国际物流辐射全球230多个国家和地区。城市枢纽能级蓄势跃升，建成国内首个县级国际机场，义乌航空口岸完成4D机场扩建和临时国际货站建设，获评全国县级市首个国际卫生机场；相继开通了10条国际客货运航线，实现了与郑州、广州等机场空空转关，落地杭州萧山机场首个"异地货站"，构建起由义乌连通全球的航空货运"二环线"。义乌市国际邮件互换局和交换站于2015年实现"当年获批、当年建设、当年验收、当年运营"，覆盖全球127个国家和地区，2021年监管出境邮件1546.64万件，进口邮件21.96万件。2019年，义乌被列为商贸服务型国家物流枢纽建设城市；被商务部、工信部等八部门确定为国家供应链创新与应用试点城市。2020年，义乌被列为国际铁路枢纽场站建设城市。

4. 多国家多民族的人民在义乌实现了和谐交融、共享发展

无论是国内来义乌拓展商业版图的传统贸易商人、新兴跨境电商行业的年轻"创一代"力量、网红经济的草根创业者，还是全球蜂拥而至的外商，都能融入义乌，甚至是扎根义乌，成为"新义乌人"。不同肤色、不同国家、不同民族、不同文化、不同信仰的人在义乌和谐相处、共创家业，实现共建、共治、共享发展。世界多种民俗文化、饮食文化、宗教文化等在此交融，大街小巷遍布阿拉伯、东南亚、南亚、非洲等不同地域风格的餐馆、酒店等。约旦商人穆罕奈德，在义乌生活扎根 10 余年，开了一家中文译名为"我家"的餐厅，见证了共同发展、共赢发展和共享发展。新冠肺炎疫情发生前，义乌每年吸引 56 万人次境外客商前来采购商品，来自 100 多个国家和地区的 1.5 万多名外商常驻义乌。截至 2021 年底，全市现有各类外资主体 8000 多家，其中外商投资合伙企业近 2000 家，约占全国的 70%。义乌江东街道的鸡鸣山社区居住着来自美国、日本、澳大利亚、加拿大等 50 多个国家和地区境外人员，被形象地称为"联合国社区"，社区设有全国首家境外人员服务中心，并成立了志愿者服务队、扶贫帮困小组等，经常开展以外语、足球、环保等为主题的联谊活动，充分体现了义乌极强的开放包容性。

（五）开创跨区域协调发展新局面，为推动共同富裕作出新贡献

试点以来，义乌实现了"富民强市"目标。2021 年，全市按户籍人口计算人均 GDP 达到 20 万元，按常住人口计算人均 GDP 达到 9.2 万元，达到高收入经济体水平，城镇、农村常住居民人均可支配收入分别为 86628 元、46121 元，是全国平均水平的 1.8 倍和 2.4 倍。同时，试点极大地促进了义乌市场辐射范围的延伸，构建起联通全球的商脉网络、物流网络、资金网络、信息网络和产业协作网络。原本只能在国内流通的许多商品也能借助义乌开放共享的市场贸易平台，便利化地进入国际市场，关联全国 210 万家中小微企业发展、3200 万以上人员就业。

1. 在国家脱贫攻坚战略中发挥了重要作用

义乌贯彻落实脱贫攻坚国家战略，建立起适合先富群体帮扶带动后富群体的机制。通过发挥自身的市场、电商、外贸等优势，提供展销平台、共建产业基地、推进劳务合作等多种方式，尤其是创造性地采取"党建＋市场＋电商＋物流＋加工贸易"的模式帮扶汶川县，积极参与山海协作工程、东西部扶贫协作和三年脱贫攻坚战等省级、国家级扶贫减贫重大战略，促进农民增收，走出独具特色的"义乌模式"。

2. 义乌成为重要的产业发展共富平台

2021 年 3 月，市场调研显示义乌市场销售的商品中来自浙江省内、国内其他地区、境外的比例分别为 56.3%、39.9%、3.8%。这表明义乌不仅是浙江制造销往全国、全球的"桥头堡"，也是中国商品走向国际市场、全球商品进入中国市场的重要市场。目前，义乌市场与全国 20 多个省（区、市）的特色产业集群有机联动。浙江永康的五金、诸暨的袜类、浦江的打底裤、安吉的竹木制品、磐安的头花和织带、桐庐的笔墨用品、临海的眼镜等产业集群 60% 甚至 80% 以上的外贸销售额依托义乌市场实现，广东的玩具和电子电器、福建的服装、江西的陶

瓷、江苏的床上用品等产业集群亦借助义乌市场实现了大发展，这些产业集群背后是千千万万的普通家庭的生计。

3.义乌成为重要的就业增收共富平台

义乌市场为全国 31 个省（自治区、直辖市）的 500 多万农村富余劳动力（多为留守妇女和有劳动能力的老人）提供来料加工业务，发放来料加工费 300 多亿元，并帮助一大批来料加工经纪人在义乌或当地经商办厂，成为产业带头人。义乌来料加工联合会已与全国 60 多个县（市、区）签订战略合作协议，国内 20 多个市、县（市、区）在义乌设立了来料加工联络处，许多市、县（市、区）组团到义乌开展业务对接活动，一些经纪人直接到义乌市场设立摊位，展示来料加工能力和产品。来料加工业务满足了农村富余劳动力、低保户、残疾人、"4050"就业困难人员等的就业需求，开辟了一条农村富余劳动力转移就业的大通道。留守妇女既能在家门口就业创收，又可照顾家庭，"钱袋""后代"两不误；农民"农忙时干农活，农闲时做加工"，"务农""务工"两不误，增加了收入，从而在很大程度上解决了农村留守妇女、有劳动能力的老人和残疾人等的生产生活问题。

4.义乌成为重要的要素赋能共富平台

国际贸易综合改革试点使义乌在市场、产业、城市、外贸等领域形成了许多先行先试的改革发展经验，这些经验通过典型示范以及产品销售、物流配送、资金结算、产业协作、政务交流等往来关系，向全国许多地区输出。尤其是许多地方利用义乌"中国小商品城"这一中国驰名商标在国内外的强大影响力和美誉度，创办了大量冠名"义乌小商品（城）"的市场，促进了当地的劳动就业、民营企业家成长、群众市场意识的增强，对当地工农业生产和金融、运输、信息、咨询、餐饮等服务业的发展产生了巨大的引导和带动作用。为中西部地区和东北等老工业基地，尤其是广大农村，承接东部沿海地区的产业转移、开发自然资源、开展招商引资等创造了便利的条件。伴随义乌市场拓展过程中资本、技术、设备、管理经验等输出，有力地促进了当地产业结构的调整、优化、升级和经济发展方式的转变，为加快我国欠发达地区、农村地区的发展发挥了重要作用。

（六）构建治理现代化的新机制，成为国家综合配套改革集成的试验田

义乌持续深化和创新"义乌发展经验"，在国际贸易改革、内贸流通体制改革、农村土地制度改革、农民住房财产权抵押贷款试点等领域形成了 20 多项重大制度创新成果，并在浙江、全国复制推广。通过数字化改革转变政府职能和行政管理方式，构建起了与国际贸易综合改革试点相适应的行政管理和服务体系，治理体系和治理能力现代化水平显著提升，成为政府"有形之手"与市场"无形之手"有机结合的成功范例。"互联网＋监管"改革工作得到李克强总理批示肯定，商事登记改革受到国务院激励；义乌"一网通管"试点成为浙江统一行政执法监管平台建设蓝本；"义网通办""不动产登记""出生一件事"等四项工作向浙江全省复制推广。

1."整体智治、唯实唯先"的现代政府建设取得重大进步

通过深入实施简政放权、放管结合、优化服务等举措以及全方位推进政府数字化转型，在

精干、高效、廉洁的现代服务型政府和法治政府建设上取得了显著成效。建成市级数字驾驶舱，38家单位268个数据指标上舱，实现一舱掌控全城。全市政务服务事项100%网上可办，网上办、掌上办比例超过93%。实施数字审批改革，106项事项实现智能秒办，50个"关键小事"实现智能速办。获浙江省政务服务2.0大厅应用试点，"一窗通办"率达95%以上，义乌改革经验在全省政务服务2.0工作现场会上推广。政府机关内部跑办事流程持续优化，公务员和事业人员职业生涯17个事项全部实现内部零次跑。义乌市人民政府网站13次蝉联"中国政务网站领先奖"并连续位居区县级网站第一名，成为全国人大基层立法联系点，更好实现依法履职、规范执法、依法化解矛盾纠纷。设立近两年来，上报全国人大意见建议1500余条，其中有136条意见建议被正式出台的法律吸收采纳。行政执法体制改革实现重要进步，行政复议规范化建设、基层"一支队伍管执法"工作获评浙江省法治政府建设最佳案例。

2.便利化法治化国际化的营商环境日益完善

全国率先创建"无证明"城市，获第五届中国法治政府奖。首创"无感智办"模式，群众无需申请即可完成业务办理，如群众退休后，无需申请，通过数据匹配，部门主动服务办好，将退休金发放到市民卡。全市32个部门的1000多项监管事项被整合到一个信息化平台，使监管行为公开化、透明化，做到了"有事服务、无事不扰"。全市涉企政策被细化集成到"一网通服"平台，不同政策被精准地推送给不同需求的企业和个人，并在网上进行政策兑付，企业不用再翻文件找政策，不用再跑部门签字、盖章，部分事项甚至可以不用申请直接到账。建成了打通全市所有企业主体、自然人、政府部门以及金融机构的信用平台，以信用承诺放宽事前审批，以信用监管减少检查频率。实现自然人、法人两个全生命周期100多项关联事项应联尽联，孩子出生时可以在医院一次办结出生证、上户口等6件事，企业注册时就可以一次完成执照、社保、公章等开办事项18项。

3.土地制度改革走在了全国前列

2012年11月，国土资源部批复同意义乌市土地管理制度改革专项方案以来，义乌先后获批国家新型城镇化综合试点和农村三块地改革试点，改革工作位列全国第一。首创首提、先行先试的宅基地所有权、资格权、使用权"三权分置"改革，已上升为中央顶层制度设计。15条修法建议被《中华人民共和国土地管理法（修正案草案）》采纳；创新集体建设用地统筹利用机制，被列为全国不动产登记"综合创新示范"试点、全国首批国土空间规划编制试点。通过推进上述土地制度改革，有效提升了国际贸易综合改革试点以及城市国际化发展的空间和要素保障水平。

三、改革经验做法

试点以来，义乌在更高水平更高质量的市场发展、外贸发展、产业发展、社会发展等方面探索出了诸多成功经验，较好地完成了以习近平同志为核心的党中央赋予义乌的重大历史使命，创造发展了新的"义乌发展经验"。义乌试点围绕制约发展的中长期、结构性问题开展的改革探索和形成的经验成果，与应对经济"需求收缩、供给冲击、预期转弱"三重经济压力的政策发力点相一致。

（一）始终坚持践行习近平新时代中国特色社会主义思想，有序开展试点工作

义乌国际贸易综合改革试点是忠实践行习近平新时代中国特色社会主义思想的鲜活样本。早在 2006 年 6 月 8 日召开的学习推广"义乌发展经验"座谈会上，习近平同志指出，进一步与时俱进地丰富、发展和总结、提炼义乌的实践经验，努力创造义乌发展的新辉煌，为全省、全国大局作出新的贡献。义乌的实践证明，用习近平新时代中国特色社会主义思想武装头脑、指导实践、推动工作，是做好一切工作的前提。全国各地在推进改革发展的过程中，必须高举习近平新时代中国特色社会主义思想伟大旗帜，把学习宣传贯彻习近平新时代中国特色社会主义思想作为一项重大政治任务，学深悟透、融会贯通、真信笃行，更加深刻地把握其核心要义、精神实质、丰富内涵、实践要求，进一步增强"四个意识"、坚定"四个自信"、做到"两个维护"。要牢牢把握新发展阶段这一立足点，完整准确全面贯彻新发展理念，积极服务并深度融入新发展格局。

（二）始终坚持胸怀"国之大者"，着眼国家发展全局推进改革

习近平总书记指出，领导干部要胸怀两个大局，一个是中华民族伟大复兴战略全局，一个是世界百年未有之大变局，这是我们谋划工作的基本出发点。试点以来，面对世界之变、时代之变、历史之变，义乌全市党员干部始终立足本地实际，胸怀"国之大者"，胸怀两个大局，始终保持强烈的改革意识，坚持"改革只有进行时没有完成时"，靶向破除贸易体制机制障碍，创新金融、国土等要素流动体制机制，改革行政管理服务体制机制，系统化解改革面临的深层次矛盾，为国家试制度、探新路。

义乌的实践表明，推进国家综合配套改革试验区建设，必须始终强化"国之大者"意识，谋大事，护大局，促全局。要坚持把贯彻中央精神同本地实际紧密结合起来，在全国大局中谋划自身改革发展。要坚持把继承与创新紧密结合起来，紧扣改革发展的核心任务，一张蓝图绘到底，持续汇聚新动能，催化新模式，力促新跨越。要坚持把推进经济发展同促进社会全面进步紧密结合起来，始终秉持以人民为中心的思想，促进社会事业全面进步，不断增强人民群众对改革发展的获得感、幸福感、自豪感。要坚持把发挥政府这只"有形之手"的作用与发挥市场这只"无形之手"的作用有机结合起来，始终扭住改革这"关键一招"，通过全面深化改革，不断激发政府能力、市场活力、发展效率。要坚持把推进改革发展同实现社会和谐稳定紧密结合起来，始终统筹好改革、发展和稳定，推进国家治理体系和治理能力现代化，建设和谐社会、创业热土、美丽家园。

（三）始终坚持放权赋能，推动改革走深走实

试点以来，义乌充分发挥国家级改革"试验田"的作用，为全国探索形成了一批可复制、

可推广的制度创新经验，这主要得益于改革赋能、放权赋能。国际贸易和对外开放领域事权多在国家层面，地方承担国家级改革任务仍需自下而上层层报批，缺乏封闭试验的制度保障。在基层改革实践中，受制于部委"审批式"改革体制，在"跑部进京""上下沟通""反复论证"过程中，许多有益的探索时常被扼杀在萌芽中，改革方案经层层修改后也时常与地方实际相脱节，影响制度供给效率。

实践表明，推进全面深化改革，需要进一步加强对地方基层的制度供给、政策供给，赋予其更大的自主改革空间，通过放权赋能推动"贴身"改革、"贴地"改革。同时，适时在县市级层面开展改革试点意义重大。一方面是因为县市级处于改革一线，更能及时准确地反映基层和市场主体最为真实迫切的需求，改革举措更易落地实施；另一方面，在我国渐进式改革的架构中，县市级改革试点涉及面较小，即使出错也能快速调整，对区域和全国改革发展大局的影响较小。但要建立起中央与地方有效联动的工作机制，既要地方"自主改"，更要"国家队一起试"，从而提升改革的效率和探索的前瞻性。

（四）始终坚持创新资源要素配置，构建高水平社会主义市场经济体制

试点以来，义乌以一个县级市的资源要素配置水平，实现了大城市规模标准的服务能级和发展水平，使 186 万常住人口在此安心地经商投资、创业生活，这主要得益于资源要素配置方式的改革。国家相关部门突破行政级别限制，支持在义乌设立全国首个县级市隶属海关、首个县级市邮政管理局、首个县级市国际贸易仲裁委员会办事处和国际贸易促进委员会签证点。浙江省委、省政府更是将 800 余项省级部门行政审批及管理权限下放给义乌，充分释放了国际贸易综合改革试点和义乌经济社会发展的潜力、活力。

义乌的实践表明，构建高水平社会主义市场经济体制，需要加快建立可跨地域、跨层级调节资源要素的市场化配置机制。对于类似义乌这样行政级别不高但经济体量大、外来人口多、管理任务重的城市，可探索开展资源要素按需配置改革试点，根据客观发展需要在行政编制、公共服务配置等方面探索按需定配而非按行政级别配置，以破解公共服务资源不足难题。

（五）始终坚持建立健全监管体系，提升产业链供应链现代化水平

试点以来，义乌实体市场数字化转型、传统贸易方式数字化升级大步迈进，线下市场与电子商务、现代物流、会展旅游等相融发展，进口、出口、转口等全面拉开，成为"买全球、卖全球"的世界级贸易平台，这主要得益于监管服务上持续赋能新业态新模式。

义乌的实践表明，随着互联网和数字技术的广泛应用，新的生产方式、组织形态和商业模式不断涌现，尤其是跨境电商成为互联网时代发展最为迅速的贸易方式，极大地拓宽了企业进入国际市场特别是新兴市场的路径。同时，国际贸易日益呈现出主体线上化、订单碎片化、物流方式多样化、贸易服务平台化的特点和趋势，这对构建基于贸易数字化的跨境监管模式提出了新要求。因此，要提升产业链供应链现代化水平，就必须适应现代商贸流通变革的新趋势新特征，尤其是大数据、物联网、人工智能、5G 等新技术的应用促进商流、物流、信息流、资

金流"四流分离",要改变传统"打补丁"式的制度供给方式,超前谋划、大胆探索与数字综合保税区、保税进口市场等贸易流通新业态新模式相适应的管理服务制度。

（六）始终坚持改革系统性、协同性和整体性，发挥好配套改革的综合效应

试点以来,义乌较好地处理了单一改革和统筹推进的关系,先后承担了30多项国家级改革和40多项省级改革重任,形成了以国际贸易综合改革试点为龙头,国家农村土地制度改革试点、金融专项改革、国家新型城镇化综合试点等国家级改革试点为重点,一大批省级改革试点为特色的全方位改革矩阵,以系统集成改革破解制约发展的深层次矛盾和体制性障碍,确保义乌试点取得了预期成效。

义乌的实践表明,推进改革试点实施、试验区建设的过程中,要抓住重点,突出主要矛盾和矛盾的主要方面,以钉钉子精神推进核心和关键改革任务的落地实施,从而形成标志性的改革成果,并发挥其改革引领作用,带动其他改革事项的有效推进。同时,也要突出统筹推进、综合配套的制度设计,努力打通部门之间、区域之间的各种壁垒,形成心往一处想的改革合力,避免因为某一领域的短板而影响改革的整体效果。还要强化国家级综合配套改革试验区等改革集成地的法治保障,建立相应的立法授权机制,在全国和地方人大层面探索构建专门的涉法改革事项沟通对接机制,缩短改革与立法之间的反应时效;并研究建立超越部门、相对独立的执法司法解释机构,对改革中出现的问题作必要的统一释法。

第九章　沈阳经济区新型工业化综合配套改革试验

2010 年 4 月，经国务院同意，国家发展改革委批准设立沈阳经济区新型工业化综合配套改革试验区；2011 年 9 月，国务院批复《沈阳经济区新型工业化综合配套改革试验总体方案》。十多年来，在省委、省政府领导下，在国家有关部门的大力支持下，沈阳经济区深入贯彻习近平总书记关于东北及辽宁振兴的重要讲话、重要指示批示精神，按照《总体方案》要求，紧紧围绕主题，持续推动重点领域和关键环节改革攻坚，用足用好改革这个"关键一招"，推动更深层次改革，依靠改革应对变局、开拓新局，一批重大改革取得关键性突破。

一、改革实践探索

沈阳经济区是以沈阳为中心，涵盖沈阳、鞍山、抚顺、本溪、营口、阜新、辽阳、铁岭八个市，城镇密集、文化同源、网络互通，经济、人员往来频繁，城市化起步早，是国内特大城市、大城市高度密集的区域之一。沈阳经济区的前身为"辽宁中部城市群"，2003 年国家振兴东北老工业基地战略启动，省委、省政府提出了"推进辽宁中部城市群一体化、构建大沈阳经济体"的战略举措。2005 年，省委提出，要以沈阳为中心，辐射带动周边城市发展，形成在东北地区有较强影响力、在全国有特色的重要城市群经济隆起带，并且形成东北亚合作的关键区域，以支撑辽宁成为我国新的经济增长区域。同年 4 月 7 日，辽宁中部城市群七市市长正式签署了合作协议，以沈阳为中心辐射半径百公里的区域经济共同体建设全面启动。2008 年，辽宁中部城市群正式更名为"沈阳经济区"，并将阜新纳入其中。2010 年 4 月 6 日，沈阳经济区正式上升为国家战略，承担为国家新型工业化探索新路径的改革试验任务。大体经历了两个发展阶段。

（一）启动实施阶段（2010—2013 年）

沈阳经济区获批国家新型工业化综合配套改革试验区初期阶段，省、市各级政府作出了大量探索实践，成立了辽宁省沈阳经济区工作领导小组及其办公室，研究制定沈阳经济区重大发展战略、发展规划、政策措施和实施方案，协调省直相关部门与各市之间的联系；建立了常态化"书记市长联席会议制度";搭建起了一体化合作平台,着力推进交通、通信、工商、旅游、教育、环保等方面一体化;重点推进现代产业体系等 10 个方面体制机制创新,推动构建"一核五带十群"的空间架构,在 5 条城际连接带上规划建设了 42 个新城新镇和 63 个主导产业园区,形成了以沈阳为核心、大城市为主体、中小城镇为节点的多层次空间发展格局,沈抚同城化和产城融合发展经验已作为全国综改试验区经验进行推广。

(二)调整改革阶段(2014—2020 年)

以习近平同志为核心的党中央对东北振兴发展极为关切。2013 年 8 月 31 日,习近平总书记在辽宁视察时对沈阳经济区发展作出重要指示,沈阳经济区要着力培养连接、聚合、扩散能力,加快推进同周边城镇及产业园区的同城化、一体化发展,打造新型工业化示范区和具有较强竞争力、影响力的城市群。2014 年,习近平总书记在中办回访调研报告上作了重要批示,用两个"归根结底"一针见血指出了东北振兴问题的症结所在。2015 年 7 月 17 日,习近平总书记在长春召开东北振兴座谈会,提出了"四个着力"重要指示。2016 年,中共中央、国务院出台《关于全面振兴东北地区等老工业基地的若干意见》,对东北振兴作出系统安排和谋划。2018 年 9 月 28 日,习近平总书记在深入推进东北振兴座谈会上的重要讲话中指出,要加快推进沈阳经济区、长吉、哈大一体化发展,培育发展现代化都市圈,为沈阳经济区今后改革发展提供了根本遵循。

为深入贯彻落实习近平总书记关于东北及辽宁振兴的一系列重要讲话和指示批示精神,省委、省政府对沈阳经济区发展思路和发展方向进行了再认识、再调整、再深化。2014 年,省政府启动了"6+4"大调研工作,沈阳经济区被列为调研题目之一。调研组历时四个多月,重在发现问题、解决问题、推进工作,对沈阳经济区阶段性工作进行了全面系统梳理,提出了新常态下推进沈阳经济区发展的具体举措。2017 年,省委、省政府对沈阳经济区改革发展作出进一步调整,撤销了省沈阳经济区工作领导小组及其办公室,出台了《关于省级领导同志联系"三大区域"各市和沈抚新区工作方案》和《沈阳经济区建设发展三年攻坚计划(2018—2020 年)》,进一步强化沈阳经济区建设的组织领导和推进力度。与此同时,省委、省政府举全省之力建设沈抚改革创新示范区,作为沈阳经济区同城化、一体化发展的先导示范区,由省委、省政府直接领导,打造新型工业化综合配套改革先行区和辽宁振兴发展的新引擎。2019 年,省委办公厅、省政府办公厅印发《关于建立沈阳经济区一体化发展推进机制的通知》,建立了一体化发展工作会议制度和联席会议制度,成立了一体化发展联合办公室和专项工作组,明确了具体工作规则。

专栏 1 沈阳经济区发展历程

2005 年 4 月,沈阳联合鞍山、抚顺、本溪、营口、辽阳、铁岭等六市共同启动建设辽宁中部城市群,共同签署《辽宁中部城市群(沈阳经济区)合作协议》,建立沈阳经济区书记市长联席会议制度，成立沈阳经济区工作领导小组及办公室等协调机构。

2008年6月，辽宁中部城市群更名为"沈阳经济区"，并将阜新市纳入其中。

2010年4月，沈阳经济区获批国家新型工业化综合配套改革试验区，成为全国第8个综合配套改革试验区。

2016年5月，沈阳经济区范围调整为沈阳、鞍山、抚顺、本溪和辽阳等5个城市，去除了铁岭、阜新（辽西北开发战略领导小组成员）和营口（辽宁沿海经济带领导小组成员）。

2017年11月，《沈阳经济区建设发展三年攻坚计划（2018—2020年)》印发。

2018年1月，沈阳、鞍山、抚顺、本溪、辽阳市政府共同签署《沈阳经济区一体化发展共同行动计划（2018—2020年)》，成立沈阳经济区五市共同行动办公室，组建沈阳经济区一体化推进小组。

2018年9月，《辽中南城市群发展规划》获批，规范范围包括沈阳市、大连市、鞍山市、抚顺市、本溪市、营口市、辽阳市、铁岭市、盘锦市共9个城市。

2019年7月，沈阳经济区产业基金设立方案经辽宁省政府常务会议审议通过。

2020年11月，《中共辽宁省委关于制定辽宁省国民经济和社会发展第十四个五年规划和二〇三五年远景目标的建议》中提出，形成以沈阳、大连"双核"为牵引的"一圈一带两区"区域发展格局，以沈阳为中心，以鞍山、抚顺、本溪、阜新、辽阳、铁岭、沈抚改革创新示范区等为支撑，建设沈阳现代化都市圈。

2021年3月，《辽宁省国民经济和社会发展第十四个五年规划和二〇三五年远景目标纲要》中提出，以沈阳为中心，以鞍山、抚顺、本溪、阜新、辽阳、铁岭、沈抚改革创新示范区等为支撑，加快建设沈阳现代化都市圈。

二、改革进展成效

十多年来，沈阳经济区在中国特色新型工业化道路上进行了大胆尝试和探索，加强城市间分工协作和功能互补，积极推进区域一体化，在产业协同、创新驱动、新型城镇化建设、体制机制、要素市场等领域取得了一系列显著改革成效。

（一）新型工业化进程加快，现代工业体系建设成效显著

一是信息化与工业化融合发展稳步推进。制定《关于沈阳经济区健全先进制造业发展体制的工作方案》，提出了"两化"融合、产业集群两大发展方向，明确了相关举措。沈阳市2011年获批为国家级信息化和工业化融合试验区，众多企业被工信部认定为"两化"融合典型企业。2013年，沈阳市"两化"融合试点以全国第一名的成绩通过国家验收。2016年，沈阳市获批为国家大数据综合试验区，在制造业、航空、医疗、新媒体等重点领域开发5G应用，106个

技术场景实现应用。省里建立了工业互联网公共服务平台，支持沈阳经济区大力发展工业联网，并在沈阳成功举办了 2019、2020 全球工业互联网峰会。2017—2020 年，有 37 个项目进入各类国家级工业互联网试点示范项目，涉及 26 家企业。沈阳市铁西新区开展"两化"融合探索，注重点线面结合，着力将信息技术逐步渗透到研发生产的各个环节、应用到管理流通的全过程，促进装备制造业向高端化、成套化、集群化发展，逐步实现从"铁西制造"向"铁西创造"转变。为东北老工业基地开展"两化"深度融合服务，沈阳市探索走出了保姆式服务→信息化 4S 店→信息化 4S 超市→比特能服务发展历程，创建了新型工业化创新信息服务平台——中国工业淘堡网。

　　二是传统产业实现巨大转变。一方面，改造升级"老字号"，传统产业持续转型升级。沈鼓集团实现了百万吨乙烯压缩机和长输管线电驱压缩机组国产化，沈阳机床研发的 i5 智能机床及核心功能部件达到了世界领先水平，汽车发动机关键零部件柔性加工生产线、五轴车铣复合加工中心、龙门五轴联动加工中心，打破了国外垄断。另一方面，深度开发"原字号"，推进资源型产业向产业链价值链中高端发展。石油化工结构加速调整，抚顺石化千万吨炼油、百万吨乙烯项目建成投产，实现辽宁省石化产业的首家大型炼化一体化；辽阳芳烃基地被国家科技部认定为"辽阳国家芳烃及精细化工高新技术产业化基地"；本溪钢铁集团在汽车板、家电板、石油管线钢、集装箱用钢和不锈钢等产品的开发研制上已处于国内领先水平。

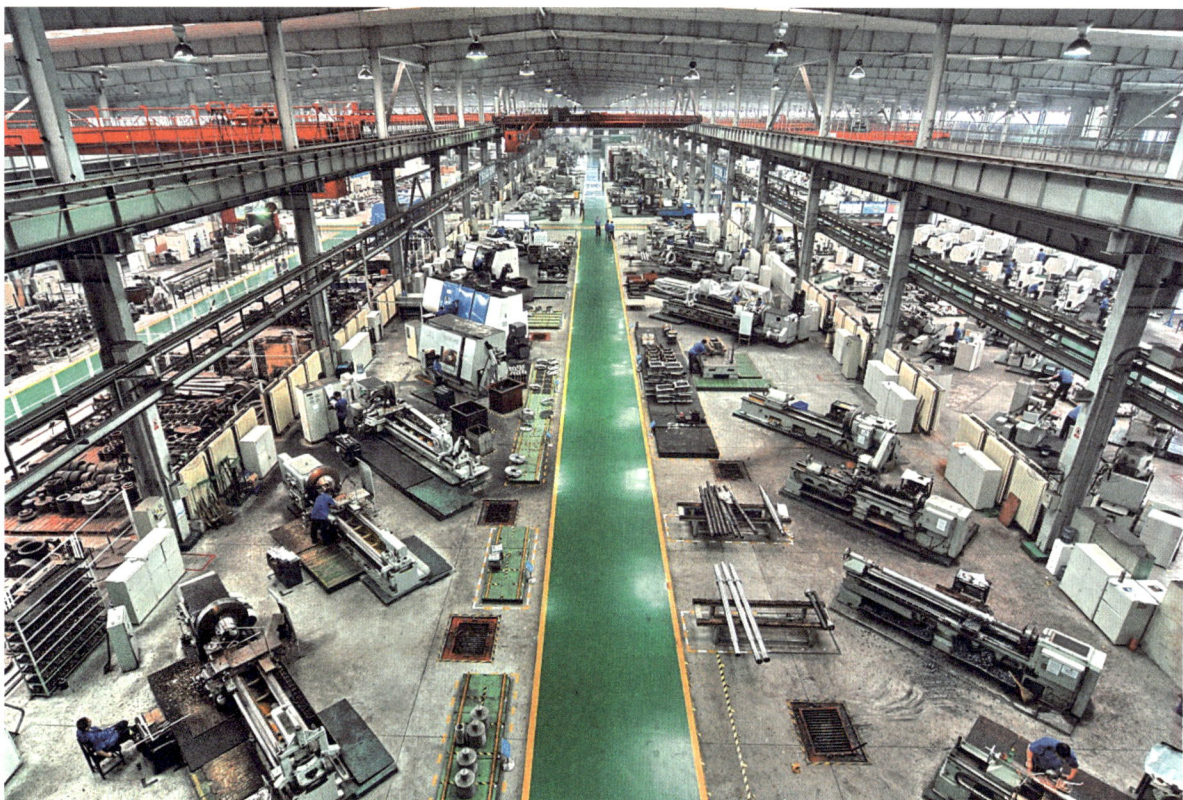

图 9-1　沈鼓集团生产车间

三是战略性新兴产业进入快速发展轨道。沈阳经济区围绕《中国制造2025辽宁行动纲要》，加快推进以高端装备、新材料、工业软件、生物医药等领域为代表的战略性新兴产业发展。2017年，沈阳市发展战略性新兴产业成效明显并获国务院通报，新兴产业集群从2010年的6个增加到2020年的10个，战略性新兴产业产值占规模以上工业总产值的比重由2016年的16%提高到2020年的25%，形成了机器人及智能制造、新一代信息技术、航空、生物医药及高性能医疗器械四大板块，涌现出一大批"瞪羚"和"隐形冠军"企业。随着网络信息技术的快速发展，数字经济日益成为经济增长新动能。2018年，省政府出台了《加快数字经济发展的实施意见》，加快推进工业、农业、服务业数字化建设。沈阳市在此基础上出台了《沈阳市加快数字经济发展行动计划（2019—2021年）》，开展八项行动、实施十项重点工程，以"数字产业化、产业数字化"为核心，加快打造东北数字经济第一城。腾讯、华为、京东先后与辽宁省政府签署战略合作协议，在数字经济方面开展全方位合作，京东云（辽宁）数字经济产业园成功落户沈抚示范区。新材料产业不断壮大，沈阳经济区"高加工度原材料基地"等重点项目进展顺利，诸多新材料技术达到国际先进水平。在智能机器人、轨道交通装备、输变电成套装备、核岛关键装备、大气污染治理装备、大型能源石化成套装备、新材料制造工艺及装备等创新方面都取得了革命性进步。

四是现代服务业发展迅速。信息、金融、物流等现代服务业已经成为经济区各市城区产业结构调整的重点，在一批重点工程和重点项目推动下，沈阳经济区现代服务业迅猛发展，不断加大促进生产性服务业推动力度，努力解决生产性服务业剥离、营改增等过程中存在的问题，推动打造公共服务平台建设，着力提升研发设计能力，加速产业资本与金融资本融合发展，生产性服务业呈现良好发展势头。其中，沈阳市铁西区作为国家服务业综合改革试点，不断进行体制机制创新，完善公共服务体系，大力推进公共服务平台建设，盘活存量，吸引增量，推动企业分离生产性服务业，取得了阶段性成果。一大批企业通过分离生产性服务业，实现了专业分工和结构升级，带动企业由单纯的产品制造商向制造服务商转变。

五是现代农业加快发展。深入实施"藏粮于地、藏粮于技"战略，粮食生产能力稳步提升。种植结构持续优化，调减了非优势区玉米种植面积，大力发展设施农业，蔬菜、食用菌、水果和花卉产量明显增加，农产品品牌建设成效显著，中国驰名商标、辽宁名牌农产品、特产之乡、地理标志农产品数量大幅增长。休闲农业、"互联网＋农业"等新业态蓬勃发展，清原、辽中、本溪县、盖州、新宾、鲅鱼圈六个县区被农业部评为"全国休闲农业和乡村旅游示范县"，本溪、清原县、桓仁县先后获得"全国电子商务进农村综合示范县"称号，鞍山海城市成为国家农产品质量安全示范县、台安县成为国家级农村产业融合发展示范园区和农业科技园区。

（二）各类市场主体活力持续释放，多种所有制经济全面发展

一是国资国企改革步伐加快。抚矿、沈煤、铁法等七家企业参与首批省属国有企业混合所有制改革试点，取得显著成效。沈阳市出台《关于沈阳市国有企业混合所有制改革的实施意见》，明确了竞争类国有企业实施混合所有制改革不设股权比例限制。东北制药通过引入民营资本方大集团控股二次混改，得到国务院国企改革督查组的充分肯定。企业历史遗留问题有序解决，厂办大集体改革顺利完成，国有"僵尸企业"处置加快完成，国有企业退休人员社会化管理全面启动。鞍山市与鞍钢集团签署《鞍钢厂办大集体改革改制企业股权划转协议》，113户实施重组改制的企业股权全部划转地方，标志着鞍钢厂办大集体改革任务基本完成，切实减轻了鞍钢负担。现代企业制度和市场化经营机制逐步完善，国有企业全部将党建工作纳入公司章程，实现党委书记、董事长"一肩挑"，将党组织讨论作为董事会、经营层决策"三重一大"事项的前置程序。

二是民营经济市场活力着力增强。沈阳经济区民营经济快速发展，已经成为创造经济繁荣、活跃市场、吸纳就业、推动创新、增加税收、催生产业的重要力量。2018 年，省委、省政府出台《关于加快民营经济发展的若干意见》，通过营造公平竞争环境、降低民营企业生产成本等多项措施，支持民营企业发展壮大。沈阳市 2016 年出台政策举措打造国际化营商环境，针对政府失信、办事难、招投标不透明、政策落地难等问题进行专项整治，全面完成民营企业中小企业拖欠账款两年清偿任务。沈阳经济区内多家民营企业成功上市，上榜中国民营企业500 强。部分企业产品被评为全国单项冠军示范产品。

（三）创新活力不断增强，创新生态体系逐步形成

一是创新高地逐步建成。自 2010 年起，沈阳经济区先后有四个城市的高新区升级为国家级高新区，分别是营口（2010 年）、辽阳（2010 年）、本溪（2012 年）、阜新（2013 年）。随着高新区数量的增加，科教资源、高层次人才得到了比较有效的聚集，科研优势得到提升，加快了高新技术产业发展进程，有力推动了新型工业化发展。2015 年，沈阳市获批国家全面创新改革试验区，聚焦科技创新、转型升级、产业金融、国企改革、人才支撑、对外开放和行政改革七大领域，扎实推进各项改革任务，累计提炼了 168 条创新改革经验做法，上报国家 52 条，形成典型案例 24 个。2016 年，沈阳高新区晋升为国家自主创新示范区，经过多年建设发展，经济发展质量明显提高，沈阳高新区研发人员、R&D 投入、技术合同成交额都实现了大幅增长，对区域经济拉动作用显著增强。2020 年，鞍山高新区获批国家科技资源支撑型创新创业特色载体。

二是创新平台建设取得成效。为深化科技体制改革，着力构建新型产业技术创新体系，支撑传统产业转型升级和战略性新兴产业培育发展，沈阳经济区先后规划建设了共性技术、产业专业技术和综合服务三类创新平台，涌现了沈阳材料科学国家研究中心、国科大机器人学院、中科院机器人与智能制造创新研究院、国家机器人创新中心等重大创新平台。企业创新主体作用得到发挥，自主创新投入增加，华为、腾讯等龙头企业在沈阳积极筹划研发机构建设，构建了"基础研究—应用研究—产业化"的创新链条。辽宁通用航空协同创新中心以产业发展为导向，集聚国内通用航空领域最强创新要素，构建了一个以共性核心技术研发和型号研制、实用型人才培养、特色学科群发展为目标，集新型成果转化、产业示范发展为一体的全产业链综合

创新平台。

三是关键技术取得突破。创新活动成果较为丰硕，科技成果质量大幅提升，产学研合作进一步深入，关键核心技术突破和应用对经济高质量发展的推动作用更加凸显。欧菲特机械成功研制出世界首台间歇式轮转印刷机。福鞍燃气轮机成为国家能源局首批创新发展示范项目。鞍钢集团清洁炼焦技术获国家科技进步一等奖。C919 大型客机垂直尾翼研制成功并交付使用。沈鼓集团研发出国内首台 10 万立方米空分压缩机组。东软数字医疗研发出国内首台 128 层螺旋 CT。辽阳石化机械设计公司开发出世界首台套超大型连续重整 60 万吨 / 年热炉炼化一体化核心技术。

专栏 2　沈阳经济区对技术转移服务体系的探索

为推进技术转移和科技成果转化，2017 年在沈阳建设东北科技大市场，经过三年发展，科技服务功能日益完善，形成了企业服务、科技金融、军民融合、孵化天地等多个板块。2019 年，辽宁省科技厅、沈阳市科技局、沈阳市浑南区人民政府共同签署了《打造升级版东北科技大市场合作框架协议》，采取共建模式，整合优势资源向科技大市场集聚。

2020 年 4 月，东北科技大市场众创空间被科技部确定为国家备案众创空间单位。辽宁省科技厅、沈阳市科技局等四方共建中科院沈阳国家技术转移中心，推动科技成果转移转化。实施《沈阳市促进科技成果转移转化行动方案》，形成促进成果转化的政策、平台、人才、服务体系。

截至 2020 年底，沈阳市各级技术示范转移机构达到 68 家，其中，国家级 6 家、省级 30 家。沈阳化工大学瞄准企业需求开展定向研发，瞄准市场需求开展定向转化，瞄准切身需要开展定向服务，打造"三定向"订单式科技创新和成果转化机制，真正实现"以产定研、以需定研、以研促产"，此项创新举措在国家层面推广。

（四）资源节约和环境保护不断加强，区域生态环境明显改善

一是节能减排工作取得显著成效。沈阳经济区各市根据《辽宁省"十三五"节能减排综合工作实施方案》制定了主要污染物年度排放工作计划，通过关闭环保不达标的企业、大力推广新能源汽车、实施集中供暖、发展循环经济等多项措施，取得显著成效。城市空气优良天数显著提高，工业废气排放量、工业废水排放量、万元生产总值综合能耗等指标都有明显下降；建立了沈阳经济区大气污染联防联控工作机制和每季度召开一次会议制度，区域大气污染联防联控工作进一步深化、细化；建立了区域突发环境事件应急合作机制，签署了《沈阳经济区突发环境事件应急合作框架协议》，编制了《沈阳经济区突发环境事件应急预案》，开展了沈阳经济区突发环境事件应急联合演练，提高了区域突发环境事件应急处置能力。

二是土地资源节约利用效率提升。2011 年，辽宁省启动了"一区一带"土地管理制度改革，编制了《辽宁省促进"一区一带"科学发展土地管理制度改革总体方案》，并获国土资源部批复。在该方案的指导下，沈阳经济区各市结合实际因地制宜开展了相关探索。沈阳市从空间用途管制、主体功能区、环境保护规划等多方面入手，制定并出台多项政策措施，筑牢国土空间开发保护制度体系基础，严格自然保护区、森林公园、风景名胜区等保护区占地情况，编制贯彻落实完善主体功能区战略和制度的实施意见，编制全域退耕还林还湿还湖还生态工程规划、农田生态环境管理制度方案，巩固退耕还林成果。鞍山市建立五级耕地保护责任体系，加大耕地补充力度，经认定的历史遗留工矿废弃地复垦形成的新增耕地结余部分，均可纳入补充耕地管理，用于占补平衡。本溪市严格控制一般住宅用地供给，积极推进特色地产建设，打造旅游、体育、文化等用地，加强地下空间开发利用管理。营口市通过实施"先租后让、弹性年限出让"的方式降低工业用地成本，减轻企业负担和资金压力。

三是资源型城市加快转型发展。沈阳经济区各资源型城市着力摆脱资源型路径依赖，以资源枯竭城市转型为突破口，深化制度改革，以经济转型为核心，统筹民生改善和生态环境的全方位转型发展取得突出成效。产业结构持续优化，接续替代产业已初见规模，沈阳经济区已形成 6 个国家级、13 个省级接续替代园区和集聚区。阜新市依托矿坑遗址和工业遗产，发展观光旅游、运动休闲产业，开发了海州露天矿国家矿山公园和百年赛道小镇，大力发展循环经济，建成固体废物综合利用示范园区，成为辽宁资源型城市转型的典范。抚顺西露天矿入选全国首批工业旅游示范点，已发展成为集自然景观和人文景观于一体的旅游景区。辽阳弓长岭区实现从传统资源城市向现代化生态旅游城市的历史跨越，先后获得"国家全域旅游示范区""中国最佳冰雪温泉旅游胜地""中国最佳健康养生休闲旅游名区"等殊荣。

（五）人力资源优势充分发挥，新型工业化人才需求得到满足

一是人才队伍建设进一步加强。沈阳经济区各市以人才队伍建设为抓手，广纳四方贤才。依托国家"千人计划"，围绕重点产业从海内外引进能够引领重点支柱产业发展的顶尖科技人才。推进高等学校高端人才队伍建设，依托高等学校重点学科领军人才海内外引进计划等重点项目，着力培养造就高素质创新型教育人才队伍和学术大师、国家重点学科带头人。各市结合实际，制定了不同层次人才队伍培养计划，为推进新型工业化进程提供了人才支撑。本溪市先后出台了《本溪市中长期人才发展规划（2011—2020 年）》《本溪市高层次人才培养工程实施意见》《关于全面推进高技能人才队伍建设的意见》，建立了衔接配套、上下贯通的人才发展规划体系，设立了人才开发专项基金。鞍山市设立专项事业编制"周转池"，为急需紧缺人才解决链式编制，出台了《钢都英才服务全面振兴三年行动计划（2018—2020 年）》《关于实施"钢都英才计划"的若干政策》，提出 36 项具体工作举措，配套了 35 项实施细则。营口市出台了《营口市引进人才评价认定工作实施细则》《营口市柔性引进人才补贴发放管理实施细则》，完善引进人才评价认定程序，落实柔性人才补贴政策。

二是区域人力资源服务能力不断提升。设立了辽宁沈抚示范区人力资源产业园。鞍山市制定《鞍山市职教城全面提升教育教学质量三年行动计划（2019—2021 年)》，吸引沈阳经济区企业和职业院校加入鞍山装备制造等 6 个职教集团，积极参与沈阳经济区 9 个职教集团工作，与辽宁医药职业学院等 5 所沈阳经济区高职院校合作，开展 11 个专业"3+2"联合办学。营口市启动职业技能提升三年行动，依托技工院校开展各类职业技能培训，搭建校企合作平台，实行校企共同招生招工、共创人才培养模式。

三是人才激励机制逐步完善。沈阳经济区各市陆续出台实施完善人才激励机制的政策文件，知识创造价值、价值创造者获得合理回报的良性循环正在形成，体现知识价值的收入分配机制初步建立，科研院所绩效工资制度逐步建立，科技成果转移转化的政策体系逐步完善，有效地激发了人才的创新活力。如，沈阳市 2015 年提出"盛京人才"战略，先后制定了《沈阳市高层次人才认定办法》《沈阳市高端外国专家年薪资助实施细则》等 22 个配套政策和实施细则；2017 年又进一步出台了"人才新政 24 条"，针对高精尖优才、海外优才、急需紧缺人才和军民融合人才、中青年英才、创新型企业家、大学生留沈、盛京工匠等不同类别、不同层次的人才给予相应的补贴、奖励和税收优惠。鞍山市 2017 年出台了"人才新政 26 条"，以产业、行业发展急需紧缺的高层次人才为重点，加大补贴补助力度。

（六）城乡区域融合协调发展程度全面提升，新型工业化与城镇化"两化"并举效应明显

一是覆盖城乡的规划管理体系加快建立。突破沈阳经济区行政区划限制，用市场化方式引导生产要素合理流动，增强产业集聚功能，从推动空间布局、产业协调发展、基础设施、生态环保、公共服务等 8 个方面指导沈阳经济区一体化发展。结合《国土空间规划》，按照沈阳经济区各地域主体功能定位，进一步优化区域城乡生产、生活、生态空间布局，强化耕地保护、生态红线、城市边界管控，着力推进城乡协调发展、融合发展，积极推进多规合一。

二是区域基础设施共建共享程度持续提升。2011 年 11 月，省直有关部门与经济区各市签订了《沈阳经济区交通一体化发展合作框架协议》，共同推进交通基础设施建设。目前，辽宁中部环线、沈康、沈吉等高速公路以及哈大、沈丹、新通、京沈（沈阳—承德段）等高铁将八市连通成网，形成了以沈阳为核心的"一小时交通圈"，城际连接带通道建设加快推进，铁路客运县县通目标胜利完成。沈阳港建设逐步展开，积极推进港区城协调联动、陆海空多式联运，资源要素流动更加便捷。沈阳经济区城际间供水排水、供气、污水和垃圾处理等基础设施规划已全面对接，能源、供水、信息网络等重要基础设施不断完善，区域网络基本形成。秦皇岛至沈阳天然气管道工程、中俄东线天然气管道工程、以沈阳为中心的盛京 500 千伏输变电、辽宁中南部环网输变电等工程的建设，使区域能源供应通道基本形成。大伙房水库一期和二期输水工程、观音阁水库输水工程等水利设施的建设，全面提升了沈阳经济区用水的保障水平。探索沈阳经济区智慧城市群建设，建设了沈阳国家大数据综合试验区、沈阳 5G 规模组网等信息网络项目，促进了沈阳经济区城市间数据互联互通。

三是农村土地制度改革不断深化。沈阳经济区完成了农村土地承包经营权确权登记颁证工

作，覆盖全部乡镇（街道）、村、承包农户，实现"应颁尽颁"。进一步规范土地流转管理，有效放活了土地承包经营权。建立健全"民间协商、乡村调解、县级仲裁、司法保障"的农村土地承包经营纠纷调解仲裁体系，农村土地产权保护制度日趋完善。积极推进农村产权制度改革，沈阳市参与改革的 1972 个农村集体经济组织，登记赋码 1943 个村，完成率达 98.5%，将沈阳农村综合产权交易市场升级为省级农村产权交易服务平台，在此基础上，积极探索推广集体建设用地使用权入股、联营、抵押等改革试点。鞍山海城市农村综合改革系列国家级试点建设取得显著成效，土地制度改革 4 项修法建议被写入《土地管理法修正案》，获得国务院奖励用地计划指标 1000 亩。特别是在农村土地制度改革、农村集体产权制度改革形成了许多特色的典型样本。开展了宅基地整村退出试点、建立东北首家农村产权交易中心等。

四是城乡公共服务体系进一步完善。沈阳经济区各城市县区以上公共就业服务机构全部实现了服务标识、服务对象、服务功能、服务准则、业务流程、用人标准、信息分析的"七统一"。县区以上公共就业服务机构在服务场所内开辟了综合服务大厅和招聘洽谈大厅，提升信息化水平，使同一服务对象在全省范围内的公共就业服务机构享受到规范、标准、快捷的公共就业服务。2014 年 7 月，新型农村社会养老保险和城镇居民社会养老保险两项制度实施合并，建立了统一的城乡居民基本养老保险制度。为解决跨统筹地区参保患者异地就医难题，打破地域、政策和体制的障碍，启动全省医疗保险异地就医信息系统项目工程，探索"沈阳经济区医疗保险一卡通"，沈阳经济区八市 16 家大型综合医院完成了与省级平台对接。

五是沈阳经济区户籍制度改革不断深化。2010 年 4 月，省公安厅印发了《沈阳经济区户籍制度管理实施意见》，统一了经济区八市户籍管理政策，放宽了户口迁移限制。沈阳经济区各市先后制定出台了《沈阳市关于进一步推进户籍制度改革的意见》《鞍山市推动非户籍人口在城市落户的若干政策》等，涉及落户及办理居住证政策、住房政策、社会保障政策、教育政策、就业政策、本市进城农民利益保障政策、人才政策等方面，其中落户及办理居住证政策取消非户籍人口迁入限制，实现外来人口"落户无门槛，迁入无障碍"。这些政策的出台，为取消落户限制，进一步放开放宽城镇落户条件，加大公共服务供给，促进经济区城乡一体化发展提供坚实基础。2020 年 4 月，沈阳市出台《关于全面取消人才落户限制进一步开放落户政策补充意见》，通过实施"三放、三降、一新增"完整的"落户政策套餐"，使沈阳落户政策在全国同类城市中基本达到了"门槛最低、限制最少、程序最优、时间最短"。

六是一体化、同城化建设成效显著。沈阳经济区城市群效应日渐显现，为经济区新型工业化、新型城镇化和八市一体化发展提供了空间、载体支撑。通过"一体化"整合资源、优化配置，在产业发展、基础设施、电信、市场监管、卫生医疗、旅游等重点领域取得了突破性进展，统领了八市开展全方位合作。在产业布局上，沈阳经济区充分利用和发挥各市域比较优势，即增量带动存量调整，实施各市域产业差别化、错位发展，沈阳市企业、资金、技术等通过城际连接带开始向抚顺、铁岭和本溪流动，实施产业融合发展，区域产业一体化已经收到显著效果。八市连接程度更加紧密，沈阳经济区基本形成了干支衔接、设施完善、安全可靠、运行高效的现代化交通运输网络。沈阳、抚顺、本溪、铁岭四市共享了"024"电话区号，每年

图9-2　沈抚铁升位并网共用"024"开通仪式

为企业和市民节约通信费用近10亿元；八市已在登记初审、名称核准、年度检验、服务对接、信用监管等方面实现互通互认；建立了沈阳经济区人力资源网和统一的沈阳经济区人力资源数据库，八市医保实现了异地就医直接结算；建立了沈阳经济区旅游集散中心，签署了《沈阳经济区旅游产业一体化合作协议》，联合打造旅游线路、开发旅游产品。沈抚改革创新示范区作为同城化先行区，在基础设施建设、产业优化布局、体制机制创新、营商环境改善等方面取得了积极成效，有力推动了沈阳经济区新型工业化综合配套改革试验。

（七）基本公共服务均等化体制机制逐步完善，社会民生事业全面进步

一是基本公共教育服务体系不断完善。义务教育资源均衡配置机制建立，并不断完善。沈阳经济区各市以农村寄宿制学校和小规模学校建设为重点，加快推进义务教育学校标准化建设，大力推进义务教育均衡发展，全部通过义务教育均衡发展国家评估验收，实现区域内义务教育均衡发展。同时，大力开展集团化办学，采取托管式、嵌入式、联盟式等多种办学形式，打破校际壁垒，以强校带弱校均衡配置教育资源，成为加快完善基本公共教育服务的新亮点。2012—2014年，开展了沈阳经济区优质普通高中跨市招生工作探索，取得良好成效。

二是基本医疗卫生服务均等化成效明显。加强医联体建设，省级层面先后组建了中国医科大学附属一院和中国医科大学附属盛京医院两个医院集团，实现了完全兼并、托管、医疗合作、资源合作等多种运行模式，集团设置董事会、监事会，充分发挥管理优势，降低运营成

本，提升运营效率，实行医疗网络一体化管理。充分利用现有卫生资源，开展医疗卫生对口支援工作，大力发展远程会诊。建立了沈阳经济区基本公共服务联动保障机制，包括120院前急救指挥平台一体化互联互通、扩大区域内综合医院和特设专科医院合作与协作的范围等。特别是新冠肺炎疫情暴发以来，沈阳市建立新冠肺炎省级救治中心，将各市确诊患者转入沈阳救治中心接受治疗，由省统筹调配全省医疗人力资源，向区域集中救治中心派驻医疗队，做到了有效防控疫情传播。

三是社会保障制度进一步完善。沈阳经济区各市完成了城乡居民医保整合，实现基本医保市级统筹，异地就医即时结算，建立了城乡一体的城乡居民基本医疗保险制度和大病保险制度，实现覆盖范围、筹资政策、保障待遇、医保目录、定点管理和基金管理的"六统一"制度；建立了城乡居民基本养老保险待遇确定和基础养老金正常调整机制，实现了城乡居民养老保险与职工基本养老保险制度相衔接。最低生活保障制度逐步完善，建立并完善了应保尽保、应退尽退的动态管理制度，创新服务模式，救助时效全面提升。沈阳经济区推进公办养老机构改革，取消养老机构设立许可，全面放开养老服务市场，形成多种方式共存、社区居家养老与集中供养相结合的便民化养老服务模式。辽阳市紧紧围绕"全国第三批居家和社区养老服务改革试点"，创新开展社会力量助老服务，整合优质资源发展养老事业和产业，其中"整合资源，提供场地和设施"经验被民政部收录至《全国居家和社区养老服务改革试点经验和典型案例汇编》，并向全国推广。

四是覆盖区域居民的基本住房保障体系初步建立。沈阳经济区各市采取以实物配租与租赁补贴相结合的方式逐步转向以租赁补贴为主的方式，推进公租房保障工作。沈阳市针对符合条件的人员进行公租房实物配租；对低收入住房困难家庭发放租赁补贴；加强公租房实物配租后续全程动态管理。同时，积极探索将城镇中等偏下收入群体纳入保障范围，特别是将符合条件的新就业大学生、稳定就业的外来务工人员和青年医生、青年老师、环卫工人、公交司机以及高层次管理人员等城市急需人才纳入租赁补贴保障范围。辽阳市在全省率先实现"互联网＋不动产登记""不动产登记＋金融服务"，实现了零跑腿，不见面审批。

（八）财税金融体制改革持续深化，充分发挥对新型工业化资金支持作用

一是财税体制改革效果显著。加快推进各级政府间的财权事权合理划分，推动省以下财税体制调整，多措并举保障财政管理体制调整向纵深推进，充分调动各级政府共抓税源建设，共同做大财政收入规模，促进区域经济和社会高质量发展。沈阳市积极落实好国家各项减税降费政策，强化企业常态化帮扶指导，落实省支持中小企业生产经营25条措施和18条支持举措，细化分解任务、明确责任，建立日常督导机制，实行台账式管理，激发市场主体活力，促进企业复工复产和快速发展。按照国家的统一部署，开展了环境税试点、资源税改革等工作，效果显著。

二是金融区域联动服务能力大幅提升。为加快推进沈阳经济区一体化、同城化发展，有关部门先后组织沈阳经济区八市签署《沈阳经济区八城市金融合作发展框架协议》、省政府印发

《关于加快推进沈阳经济区金融同城化的指导意见》，涉及多方面具体区域金融合作举措，金融一体化进程加快推进。银行业服务收费同城化取得突破性进展，2014 年，中国农业银行、中国银行、交通银行取消沈阳经济区八城市间系统内全部个人结算收费项目。此外，部分城市商业银行也都采取了各种减免相关费用的措施，启动小额贷款公司业务同城化政策。2014 年 7月 4 日，国家外汇管理局将沈阳经济区作为全国 15 个"开展外商投资企业资本金结汇管理方式改革试点"地区之一。

三是区域金融风险进一步降低。在中国人民银行的积极推动下，八市政府都牵头成立由人民银行、银监分局及政府有关部门参加的金融稳定工作协调小组，研究制定维护金融秩序和金融安全的政策措施，对于重大事项及突发事件，制订应急处置预案。同时，建立信息共享、业务协调制度，并对金融机构进行非现场风险监测，金融机构定期上报风险监管指标；对部分金融机构进行稳健性评估，提示金融机构需要关注的风险点，提高了银行对风险管理的重视程度，有效地促进其树立稳健经营、合规经营理念，维护辖内金融稳定。

（九）行政管理体制改革持续深化，政府职能转变取得新进展

一是政府职能转变持续推进。坚持把优化营商环境作为体制机制创新的基础工程，认真贯彻执行新修订的《辽宁省优化营商环境条例》，以及《诚信政府建设决定》《推进"最多跑一次"规定》。深化"放管服"改革，不断取消下放调整行政职权，统一规范各级政务服务事项。深化证照分离改革，充分利用全省一体化在线政务服务平台，全力推进政务服务"一网一门一次"改革，提高政务服务水平。开展政府失信专项整治，清理拖欠民营企业中小企业账款。

二是重点区域行政管理创新取得新突破。2016 年 9 月，省委、省政府研究部署在沈抚新城"产业区"内划出一块区域，建设发展具有国际竞争力和影响力的产业新区——沈抚新区；11 月，中编办同意辽宁省发展改革委加挂"沈抚新区管理委员会"牌子。2017 年 4 月，沈抚新区管委会开始组建，沈抚新区建设工作正式启动，明确举全省之力建设沈抚新区，赋予新区省级经济管理权限、省级行政审批权限。省委、省政府先后出台了《加快沈抚新区建设发展的意见》《关于加快落实〈沈抚改革创新示范区建设方案〉的实施意见》等一系列文件，支持沈抚新区建设发展，并提出了"三年上台阶、五年大变样、十年增长极"的目标要求。2018 年，国务院作出《关于沈抚改革创新示范区建设方案的批复》，赋予了示范区建设"东北地区改革开放的先行区、优化投资营商环境的标杆区、创新驱动发展的引领区和辽宁振兴发展的新引擎"目标定位，明确了多项建设任务，从财政和金融、创新和产业、环保和土地三方面给予一系列政策支持。沈抚示范区在管理体制上打破了传统行政管理模式，横向实行"大部门 + 大科室"内部设置，纵向实行"管委会 + 街道"两级管理，构建了横纵结合扁平化管理体制，实行了"管委会 + 公司"的市场化开发模式，凡是能市场化、企业化运作的都通过市场化、企业化运作。

三是城镇管理体制改革成效显著。2010 年，省委出台了《关于进一步完善沈阳经济区管理体制若干问题的意见》，明确了以新城新镇为载体，从四个方面推进管理体制机制创新。其

一，创新管理机构。新城新镇设立管委会，实行党政合一的领导体制，管委会为政府派出机构，行使市级或县级政府的管理权限，统筹负责区域内新城及园区的规划、开发、建设等经济管理任务，社会管理由政府有关部门和所属街道、乡镇负责，使管委会的效率优势得到充分发挥，促进了新城新镇和园区的协调发展。其二，实行大部门体制。新城新镇管委会机构编制实行总量控制和动态管理，打破机构对口设置模式，对职能相近的部门进行合并或合署办公，最大限度减少行政机构和人员重复设置，降低行政成本，提高行政效率。其三，创新选人用人机制。新城新镇管委会建立了全员聘任制，变身份、职位管理为岗位、契约合同管理，所有人员全部实行"档案封存"，即身份封存、职务封存、职称封存、级别封存，真正做到不拘一格、五湖四海选拔人才。其四，试行灵活的薪酬制度。管委会在收入分配上享有充分的自主权，实行按劳分配和按绩分配相结合的分配机制，充分调动了工作人员的积极性。

（十）对外开放新局面加快构建，开放型经济体系建设稳步发展

一是通关便利化程度持续提升。近年来，沈阳经济区以推进"三互"（信息互换、监管互认、执法互助）大通关建设为基础，创新口岸监管模式，通过对大通关业务流程的再造和重塑，将"串联"改为"并联"，实现一点接入、一次提交、一口反馈；通过充分利用现代化信息技术，实现快速、高效和低成本办理通关业务。各地结合自身实际持续推进"放管服"改革，压缩通关时间。沈阳海关对铁矿、锰矿等七类矿产品实施"先放后检"，将现场检验和实验室检测两个环节通关时间较改革前压缩了70%。同时，为沈飞工业有限公司量身制定创新监管模式，推出"飞机特殊行业加工贸易保税货物集团内部调拨"便捷监管模式，助力装备制造业发展，为全国自贸区试验区飞机行业便捷监管探索形成了较为成熟的经验做法，并进行推广复制。营口市推动形成国际绿泥石海运规则中国标准，为地方政府推动本地特色产品加入国际经贸规则探索出一条可复制、可推广的新路径。辽阳出入境检验检疫局与沈阳海关驻辽阳办事处签署新版《关检合作备忘录》，深化关检协作，便利企业出口。

二是对外开放新平台创新成果显著。2016年8月，国务院批复设立辽宁自由贸易试验区。自由贸易试验区挂牌成立以来，在体制机制创新、政府职能转变、投资领域改革、贸易便利化、金融创新改革等方面取得了丰硕成果。沈阳片区以负面清单管理为核心，不断试行投资、贸易便利化制度创新，已形成40项制度创新案例，形成一项国家级制度创新成果。营口片区不断创新服务举措，以智能选船为平台，针对集装箱班轮"班期紧、停留短、装卸快"的特点，全面实施集装箱班轮分级管理机制，在确保载运中欧班列货物船舶安全的前提下，进一步提高了船舶运行效率，实现了通关"零待时"。中德（沈阳）高端装备制造产业园成立以来，积极建设离岸创新中心，柔性引进人才、项目和资本，纵深推进对德招商，不断提高园区全球知名度和影响力，对外开放水平大幅提升。沈阳国家跨境电商综合试验区自2018年获批以来，已集聚各类跨境电商企业200余家，跨境电商公共服务平台上线运营，开通"9610"进口直购模式和"1210"保税备货模式。

三是对外开放新通道逐步建成。"一带一路"倡议提出以来，沈阳经济区各市主动融入，

积极构建对外开放新通道，组建了以营口港为起点的"营满欧"和以沈阳为中心的"沈满欧""沈连（二连浩特）欧""沈新欧"国际班列。"营满欧"班列自2007年运营以来，已开通了6条中欧直达国际班列，2014年"营满欧"国际班列被正式纳入国家中欧班列，并实现了市场化运营，是东北地区唯一被纳入中欧班列管理的出境班列线路。2017年6月，招商局集团与沈阳市签署了全面战略合作协议，共同推进沈阳港建设，打造公铁海航无缝衔接的"四位一体"多式联运综合货运中心；9月，"沈连欧"的开通运营标志着以沈阳为起点的中欧班列正式启动。截至2020年底，沈阳市中欧班列已累计开行376列，进出口总货值为16.4亿美元，居国内前九位，满载率国内领先。

三、改革经验做法

沈阳经济区经过十多年的改革探索，在重点领域和关键环节形成了一系列改革经验，为东北等老工业基地转型发展、其他区域推进新型工业化提供借鉴参考。

（一）注重把握新型工业化基本内涵

沈阳经济区以新型工业化为主题实施综合配套改革试验，牢牢把握以信息化带动工业化、以工业化促进信息化，全面推进各个领域的改革，努力解决老工业基地存在的体制机制性矛盾。沈阳经济区通过建立完善有利于自主创新和运用先进科学技术的体制机制、推动产业结构优化升级、构建与资源环境协调发展的工业化模式、处理好资本密集型产业与劳动密集型产业的关系、统筹城乡改革等举措，率先走出一条工业化与信息化并举、创新驱动引领、三次产业融合发展、绿色发展、协调互动的新型工业化道路，全力构筑了科技含量高、经济效益好、资源消耗低、环境污染少、提供就业多的现代产业体系。

（二）注重发扬改革首创精神

"先行先试"是沈阳经济区综合配套改革的一大亮点。多年来，沈阳经济区坚持改革突破，通过鼓励地方大胆试、大胆闯，发扬首创精神，总结经验，不断探索可推广、可复制的新路径。沈阳经济区以新城新镇为载体，探索"管委会＋公司"的市场化开发模式，实行大部门体制，创新选人用人机制，建立"档案封存"全员聘任制，试行灵活的薪酬制度。沈抚改革创新示范区着眼于管理体制扁平化，纵向实行"管委会＋街道"两级管理，横向实行"大部门＋大科室"内部设置，承接了省政府分两批赋予的211项行政职权，初步形成了"小政府、大社会"的高效管理架构。

（三）注重找准重点领域"小切口"

综合配套改革是一项系统工程，涉及领域广，职能部门多，这就要求在推动改革中要从重点领域入手，寻找切口，由浅入深，逐步实现关键环节突破。国有经济是沈阳经济区工业的主导，也是推进新型工业化综合配套改革的重点和难点。多年来，沈阳经济区紧紧抓住了国资国企改革这个"牛鼻子"，着力破解新型工业化发展瓶颈。围绕民生领域群众所盼，实行了户籍制度改革、土地制度改革、推进公租房保障等一系列民生改革具体举措，不断提升群众获得感、幸福感、安全感。同时，各市也都纷纷进行了探索，营口市以自由贸易试验区为载体，探索实施"多帽合一"大综合监管执法模式；阜新市积极探索实践废弃露天矿山综合治理与开发利用新路径、新模式；等等。

（四）注重持续优化营商环境

"以优化营商环境为基础，全面深化改革"是东北全面振兴、全方位振兴的首要任务，也是沈阳经济区综合配套改革的重要内容。沈阳经济区积极借鉴"放管服"改革先进经验做法，转变政府职能，不断取消下放调整行政职权，统一规范各级政务服务事项，探索总结可复制、可推广的"沈阳经验"，为新型工业化综合配套改革提供了制度保障。辽宁省出台了全国首个《优化营商环境条例》，设立营商环境监督机构，组织开展营商环境试评价，以评促改。

（五）注重把握多领域协同改革

国家综合配套改革试验区设立的核心在于综合配套，其宗旨是要改变多年形成的单纯强调经济增长的发展观，要从经济发展、社会发展、城乡关系、土地开发和环境保护等多个领域推进改革，形成相互配套的管理体制和运行机制。沈阳经济区抓住被国家批准为综合配套改革试验区的机遇，坚持重点突破与整体创新相结合、经济体制改革与其他方面改革相结合、解决当地实际问题与攻克面上共性难题相结合、产业结构调整与民生服务提升相结合，统筹经济和社会共同发展，不断拓展改革的方向，通过综合配套改革推进地区的开发开放，形成相互配套的管理体制和运行机制。

（六）注重强调以人为本

沈阳经济区新型工业化综合配套改革始终坚持工业化和城镇化"双轮驱动"发展模式，在推动产业发展的同时，也注重人民至上，不断满足人民日益增长的美好生活需要，补齐民生保障短板、解决好人民群众急难愁盼问题，让发展的成果惠及全体人民。沈阳经济区在新型工业化发展进程中，着力在提升交通设施承载功能、公用设施建设支撑功能、公共服务功能、城市环境承载功能等方面下功夫，实施了一系列改革举措，如土地制度改革、户籍制度改革、就业制度一体化、社会保险"一卡通"、社会救助一体化、职业教育和基础教育一体化等，坚定不移走出一条全体人民共同富裕、共享发展成果的道路。

第十章 厦门市深化两岸交流合作综合配套改革试验

2011 年《厦门市深化两岸交流合作综合配套改革试验总体方案》（简称《综改方案》）实施以来，厦门市积极推进各项改革试验，在构建两岸经贸交流合作最紧密区域、两岸文化交流最活跃平台、两岸直接往来最便捷通道、两岸同胞融合最温馨家园等重点领域和关键环节先行先试，取得了显著成效，为推动两岸交流合作向更广范围、更大规模、更高层次迈进，发挥了"窗口""试验田""排头兵"作用。

一、改革实践探索

（一）起步阶段（2011 年底—2012 年底）

这一阶段，随着《综改方案》获批实施，赋予厦门深化改革开放的先行先试政策措施 80 多项，支撑长远发展的平台建设 10 多个，为厦门科学发展新跨越注入了新的活力和强大的动力。东南国际航运中心、两岸区域性金融服务中心、大陆对台贸易中心等重大平台全面启动，发展后劲迅速增强。东南国际航运中心建设加快推进，厦门航运交易所、东南国际航运仲裁院、福建电子口岸等要素集聚公共平台建成运作，马士基、和记黄埔等一批世界知名航运商和码头营运商相继入驻，厦门港在全国沿海大港布局中的战略定位得到有力提升；规划建设国家批复的唯一"两岸区域性"金融服务中心，促进两岸金融行业先行先试步伐不断加快；大陆对台贸易中心规划建设工作全面启动，对台大宗商品贸易快速发展，大嶝对台小额商品交易市场全面提升。土地、财税、金融、文化等一批事关全局和重点领域的先行先试政策事项获批实施，取得重大突破，两岸交流合作更加密切。

（二）较快发展阶段（2012 年底—2016 年初）

这一阶段，两岸大交流、大合作，呈现和平发展、安定祥和的繁荣景象，有力推动厦门两岸综改试验区建设进入较快发展轨道。依托东南国际航运中心、两岸区域性金融服务中心、大陆对台贸易中心等平台载体，力推各类特色园区建设，以台湾战略支柱产业和创新型中小企业为目标，创新引进政策，打造台湾创新型中小企业集聚区，密切厦金区域协作，进一步加强与金门的休闲旅游、基础设施、配套项目等的对接合作，不断增强吸引台湾资本、技术和经验的成效。创新口岸监管方式，全面实施通关单无纸化，加强关检合作，推进台湾输大陆食品"源头管理、口岸验放"，开展"集中检验＋分拨核销放行＋逐批出证"等对台检验检疫监管模式创新，两岸往来便利化成效更为凸显。始终把争取台湾民心作为对台工作和开展对台交流合作的出发点和落脚点，支持台胞创业就业，加强台胞权益保护，促进台胞融入厦门。在全市优质小学、初中和高中三个阶段开设台生班，为台胞子女在厦上学提供优质服务；开展台资企业转型升级辅导，落实扶持台资企业生产经营的优惠政策，帮助解决台企用工、用地、融资等方面的困难；修订《厦门经济特区台湾同胞投资保障条例》，把对台胞投资保障的范围，从单纯的投资行为扩展到创业、就学、就业、居民待遇和参政议政等方面；积极稳妥地调处各类涉台纠纷案件，强化台商权益保障工作联席会议制度。发挥"五缘"优势，深化民间交流，促进两岸同胞情感融合，利用春节、元宵节、中秋节等中华民族传统佳节融合民族情感；以闽台姓氏族谱和涉台文物展暨宗亲恳亲会等两岸宗亲交流活动促进民间往来；通过举办各类民间信仰文化节或庆典活动，邀请台湾基层民众来厦参访交流联谊，让他们充分感受到两岸血浓于水的骨肉亲情。

（三）平缓发展阶段（2016年初—2021年底）

这一阶段，两岸形势逐步趋于严峻复杂，厦门两岸交流合作综合配套改革工作呈现平缓发展态势。厦门积极探索海峡两岸融合发展新路，在两岸和平发展中的战略支点作用更加凸显。集成电路产业合作试验区、两岸数字经济融合发展示范区加快建设。建成集货币清算、跨境贷款、现钞调运于一体的两岸银行货币合作平台。两岸首家合资证券公司、合资消费金融公司、大陆与台湾地区律师事务所联营办公室、海峡两岸投资基金获批落地，首家台资独资演艺经纪公司厦门市量能文化演艺经纪有限公司落户自贸试验区厦门片区。落实国务院办公厅印发的《港澳台居民居住证申领发放办法》，厦门市开放51个受理点接受台湾居民申请居住证。出台大陆首个地方版同等待遇政策"厦门60条"，通过厦门口岸往返两岸人数稳居大陆城市第一。厦金通电、通气、通桥前期工作取得积极进展。成功举办海峡论坛、文博会、旅博会、工博会、海图会等两岸交流活动，海峡论坛等重大涉台活动影响日益扩大，对台科技、文化、教育、卫生、体育等各领域交流更加密切。

二、改革进展成效

（一）创新两岸产业合作发展的体制机制

1.积极深化厦台产业合作
一是加强政策引导，出台《厦门市战略性新兴产业（制造业部分）、生产性服务业发展导向》《海峡西岸经济区先进制造业和新兴产业基地工作机制》等多项产业政策。二是设立台商转型基金，支持在厦规模以上台资企业转型升级。获批建设两岸数字经济融合发展示范区和海峡两岸集成电路产业合作试验区厦门产业园，编制《海峡两岸集成电路产业合作试验区（厦门片区）发展规划（2020—2025年)》，两岸集成电路线上线下保税交易中心入驻企业300多家。三是创新两岸招商模式，聚焦集成电路、平板显示等产业领域，通过"以商引商""驻点招商"等方式引进友达、宸鸿、联芯等台资龙头企业。制定《推进厦门同安闽台农业融合发展（种子种苗）产业园实施方案》，发挥海峡两岸农业合作试验区示范和辐射作用，打造国家级"对台农业交流合作基地"。

图 10-1　厦门两岸集成电路产业园

2. 大力推动两岸科技文化交流合作

一是获批设立两岸质检技术交流合作基地，建设质检中心或检验检疫重点实验室。厦门市产品质量监督检验院与台湾工业技术研究院进行LED单管能力比对试验，两岸紫荆智库"招才引智"平台对外发布，助力两岸人才资源共享。二是积极与台湾有关同业商会建立稳定的交流合作机制，推动工业设计、模具、水暖厨卫、印刷等行业协会与台湾同行建立技术合作关系。率先获批国家级台湾标准研究中心——台湾地区标准化（厦门）研究中心，组建台湾地区标准化研究联盟和建立两岸标准化专家库。三是开展厦门云计算服务创新发展试点示范工作。在软件园三期划出一定区域建设台湾软件园，按台湾科技园管理模式，打造"两岸云计算产业示范区"。

3. 推动两岸知识产权协同发展

一是印发《厦门市开展两岸知识产权经济发展试点工作方案（2015—2020年)》，重点围绕壮大市场主体、建强发展平台、优化支撑体系三个方面，提出了18项任务，明确了保障措施和具体责任单位，全面启动试点工作。二是支持台湾民间资本和机构参与"一带一路"知识产权运营投资基金、知识产权运营服务平台、知识产权经济协作区和知识产权新型智库等重大

图 10-2 厦门市标准化研究院台湾地区标准化（厦门）研究中心

项目建设。厦门自贸片区取得全国专利代理人资格的台湾居民可作为股东、法人在厦门自贸片区设立专利代理中介机构，推动允许注册在厦门片区的台资企业开展"知识产权管理""知识产权服务""知识产权运营"。三是厦门法院充分发挥知识产权司法职能，先后成立知识产权法庭、厦门知识产权司法协同中心，加强涉台知识产权司法保护交流，积极服务两岸融合发展示范区建设和打造台胞台企登陆第一家园"第一站"。

4. 推进两岸产业深度对接

落深落细国家"31条""26条""11条"和福建"66条""42条"惠台政策措施，出台实施厦门"60条""45条"措施细则，促进在投资和经济合作领域加快给予台资企业与大陆企业同等待遇，推动厦门与台湾经贸合作畅通，厦门已成为两岸产业对接集中区。截至2021年底，全市累计设立台资（含第三地）项目9040个，合同外资202.45亿美元，实际使用外资117.35亿美元；批准赴台投资项目56个（含增资15个、办事处13个），大陆协议投资总额2.16亿美元；全市现存台资企业5198户，注册资本总额84.74亿美元，户数是2012年底1515户的3.4倍；现存台湾个体户647户，户数是2012年底378户的1.7倍。

（二）深化两岸贸易融合发展

1. 探索两岸贸易便利化措施

一是出台《厦门片区支持跨境电商产业发展若干办法》，上线两岸跨境电商平台。厦门海关被列入海峡两岸AEO互认试点，与台湾关贸网络实现互联和数据交换，业务量居三个试点海关之首。二是出台厦台海运快件运量补贴政策，开通农副产品快速通关"绿色通道"，8 家台湾地区食品生产企业的 199 种食品采用"源头管理、口岸验放"的模式快速通关。三是加快推动厦台两地质量标准认证合作，发布两岸首个全球通行自愿性产品认证合作项目。四是推动冷链物流合作，推动源香冷链物流园、万翔冷链物流中心、中盛保税冷链物流中心、中马冷链食品物流园等多个项目落地。

2. 开展口岸相关业务试点

一是邮轮中心码头 3# 泊位获批承接同益码头对台"小三通"货运业务；《第五批试行更开放管理措施对台小额贸易点的通知》颁布，将厦门东渡港区同益码头对台小额贸易点变更至东渡港区国际邮轮中心码头。海沧、东渡获批成为全国首批进境粮食指定口岸，海沧、东渡和高崎国际机场三口岸获批成为全国首批进境食用水生动物和水果指定监管场地，东渡和高崎国际机场口岸获批成为全国首批进境植物种苗指定监管场地。二是获准实施境外旅客购物离境退税试点，截至 2021 年底，退税商店 19 户，申请退税物品销售金额 2535 万元，申请退税人数 779 人，办理退税金额 285.11 万元。三是出台大嶝对台小额商品交易市场销售台湾商品正面清单政策，获批放宽大嶝对台小额商品交易市场经营商品种类，个人单日免税额度从 3000 元人民币提高到 6000 元人民币。

3. 国际贸易单一窗口平台建设全国领先

国际贸易单一窗口平台自 2015 年上线以来，在全面对接国家标准版的同时，创新本地特色应用，累计上线特色模块应用 80 多个，直接服务企业超 9200 家，累计服务个人 17.2 万次，日均单证处理量 10 万余票。先后获评商务部自由贸易试验区首批"最佳实践案例""2019 中国改革年度优秀案例""2020 年度电子政务典型案例"；成为亚太示范电子口岸网络（APMEN）国内两个试点口岸之一；"厦门国际贸易单一窗口集成创新平台"入选"厦门经济特区 40 周年全面深化改革优秀案例"；"单一窗口 + 航空物流"模式、海运费境内外汇划转支付区块链应用场景、海事国际航行船舶疫情防控监管平台等 20 多项创新举措被评为全国首创或复制推广。

4. 两岸贸易中心建设成效显著

一是推进两岸贸易中心总部建设，搭建商品展示交易、商贸会议服务和贸易综合服务平台，并通过整合全市各主要专业交易市场的政策及服务，建设融口岸服务、商品交易、贸融服务和物流服务于一体的第四方平台。二是建成大嶝对台小额商品交易市场、对台图书进出口集散分拨中心、台湾水果销售集散中心、台湾水产品集散中心、台湾粮油食品饮料集散中心等专业对台市场。厦门成为大陆从台湾进口水果、酒类、大米、图书及声像制品最大口岸。2021 年，厦门关区进口台湾地区食品占大陆的 23.3%，进口台湾地区水果占大陆的 30.1%，对台图书进出口额占大陆的 22.3%。

（三）探索两岸金融合作体制机制

1. 开展两岸金融机构合作

台湾第一银行获准在厦门筹建分行，并配套成立一银融资租赁（厦门）有限公司，实现台资银行在厦落户"零的突破"。设立两岸合资消费金融公司、以境内台资企业作为主要投资对象的外商股权投资企业、两岸合资证券投资基金管理公司、两岸首家全牌照合资证券公司等。此外，两岸区域性金融服务中心建设成效明显，自 2017 年下半年两岸区域性金融中心片区指挥部恢复运作到 2021 年 12 月累计引进企业 7393 家，注册资本 2628.43 亿元。

2. 推动两岸金融创新先行先试

一是国务院确定福建自贸区成为两岸金融合作的开放创新试点，在扩大人民币跨境使用、资本项目可兑换、跨境投融资等方面开展金融创新试点，成熟一项、推进一项。二是支持自贸区银行开展人民币 NRA 账户主体授信和 NRA 账户结汇业务试点以及跨境人民币同业拆借试点，鼓励对台人民币双向贷款业务，并借鉴 SPV 飞机进口融资租赁项目模式，引进融资租赁公司，拓展船舶、汽车等出口融资租赁业务。三是推出两岸首张联名银联借记卡，打造"金融＋旅游"新模式，率先推出全国首张台胞专属信用卡，开展全国首笔惠台金融服务产品"薪速汇"等。华懋科技、灿坤科技、建霖家居、欣贺股份、宸展光电、厦门银行等多家厦门台企在大陆上市。

3. 推动两岸货币市场合作

建成集货币清算、跨境贷款、现钞调运于一体的两岸货币银行合作平台，实现了两岸人民币直接清算机制新突破。截至 2021 年底，来自台湾地区的 21 家银行机构在厦门地区 10 家银行机构开设 40 个人民币代理清算账户，累计清算金额达 1935.27 亿元。中国农业银行总行在厦门设立"两岸人民币清算中心"；中国人民银行总行批准厦门开展对台跨境人民币贷款试点，允许厦门地区企业从台湾地区银行机构借用跨境人民币贷款；全市多家银行开展新台币兑换业务，新台币兑换业务量居大陆各城市首位。

4. 推动两岸区域性资本市场合作

出台扶持区域性股权市场发展的政策文件，作为大陆首个以两岸金融为主题的区域性股权交易中心——厦门两岸股权交易中心获准运营。台资板自 2018 年 5 月设立以来发展迅速，台资板企业可通过两岸股交中心，获得信息展示、法规业务培训、管理咨询、财务顾问、融资中介等"一条龙"服务，截至 2021 年底，共有台资板企业 1492 家。积极搭建台湾投资黄金交易所渠道。

5. 积极推进对台投资

开展金融支持大陆赴台项目投资，截至 2021 年底，批准赴台投资项目 56 个（含增资 15 个、办事处 13 个），中方协议投资总额 2.16 亿美元。支持符合条件的台资企业与大陆企业同等依法利用海外投资保险工具降低投资风险。

6. 两岸保险合作交流不断深化

大力引进台资保险金融机构，大陆地区五家台资保险法人中两家设立在厦门。两岸多次合作举办论坛、研讨会，开展学术交流、考察访问等活动，针对巨灾损防、保险科技等保险议题开展两岸研讨交流。

（四）推动两岸文化深度交流合作

1.深化两岸闽南文化交流合作

发挥"五缘"优势，深入挖掘中华文化、民俗文化、闽南文化等传统文化资源，扩大两岸民间交流。打造海沧青礁慈济宫、海沧石室书院、厦门（集美）闽台研学旅行基地等三个国家级"海峡两岸交流基地"，江夏堂、翔安宋江阵文化研究会等四个"福建省对台交流基地"。持续举办海峡两岸闽南语原创歌曲歌手大赛、郑成功文化节、海峡两岸（厦门海沧）保生慈济文化旅游节、两岸民间艺术节等两岸文化交流活动。成功举办12届海峡论坛，持续举办工博会、两岸乐活节等两岸重大交流活动。积极推进"文化入岛"，在合作原创音乐剧、闽台地方戏等方面取得积极成效。

2.深化两岸教育交流合作

打造厦门市海峡两岸教育交流与合作基地平台，密切两岸教育交流，开展两岸中学生闽南文化夏令营、"闽南传统艺术中心培训"冬令营等教育交流活动，持续组织厦门中职教师和高校学生赴台培训和研修。加强职教合作办学，厦门市相关院校与台湾院校签订合作协议共84对。完善台生就读服务工作，在市优质初中和高中开设台生班。积极开展对台研学旅行活动，厦门（集美）闽台研学旅行基地打造了研学单元认定中心、研学课程研发中心和研学导师培训认定中心，设立各类研学课程120多个，形成了完整的对台研学管理服务体系。

3.深化两岸医药卫生交流合作

一是积极开展两岸医学人才教育交流工作，中山医院、心血管病医院等医疗机构和厦门医学院等院校持续组织专家学者、师生赴台开展医疗卫生研讨、培训和论坛。引进台湾高端医疗人才来厦执业，启动台湾医师进社区项目，凡在厦工作的台湾医师，可以通过直接认定、匹配认定的方式，取得大陆的卫生专业技术职务任职资格。二是实现在厦台胞与本市居民医保同等待遇，台胞按规定与厦门用人单位建立劳动关系的，可参加职工基本医疗保险；在厦居住一年以上的非从业台胞，可参加城乡居民基本医疗保险，在个人缴费、财政补助标准和保障程度上与本市户籍居民一致。三是启动两岸重大疾病转院、转诊试点，加强两岸医疗信息共享。设立台胞医保服务站，探索解决诊疗费用报销问题。推动药品领域交流合作，设立输台药材质量检测和认证中心。

专栏1　落实落细在厦台胞同等医保待遇

厦门市把服务台胞台企的政策举措与推进两岸融合发展相结合，不断完善保障台胞医疗福祉和享受同等待遇的政策服务体系，为台胞台企提供优质便捷的医保服务，提升台胞医疗保障获得感。

一是待遇保障"同等化"，以"同"促融。台胞按规定办理就业手续，并与厦门市用人单位建立劳动关系，便可参加职工基本医疗保险，并享受相应的职工医保待遇。允许在厦居住一年以上的非从业台胞参加厦门市城乡居民基本医疗保险，在个人缴费、财政补助标准和保障程度上实现与厦门市户籍居民一致。在厦参保台胞与厦门市参保人员医保待遇完全相同，职工医保平均报销比例达85%左右，城乡居民医保门诊和住院平均报销比例分别达50%、75%左右。

二是业务办理"便捷化"，以"优"促融。市、区7个医保经办窗口全部开设"台胞绿色通道"，方便参保台胞即时办理异地就医报备、医保健康账户共济等医保业务事项。同时，通过线上线下服务要素融合，实现线下"一窗受理、一号办结"，线上"网上办""掌上办"，为台胞提供高效便捷、精准优质的服务，提升台胞获得感。

三是健保报销"一站式"，以"惠"促融。为解决参加台湾健康保险的台胞在大陆就医医疗费用回台报销"路途远、手续杂、期限久"等困难，厦门在三级定点医疗机构设立医保服务站（台胞服务站），为在厦就医的台胞代办门诊、急诊及住院等健保核退业务，实现无需返台即可办理。指派专人入驻医保服务站，承办台胞在厦就医后的台湾健保报销相关手续，包括报销流程指导、报销材料汇总、复核及申报提交等。实现"一站式"代办报销，所有的报销费用最后将由台湾健保机构直接汇入台湾第一银行获准在厦门筹建的分行的台湾地区个人银行账户，免去台胞往返奔波的人力、时间和经济成本，不断增强在厦台胞的获得感、归属感和融入感。

（五）推动两岸直接往来便利化

1. 健全两岸人员往来的便利机制

大陆居民往来台湾方面，持续提升赴台个人游政策实施效益，持居住证人员享受与厦门本地居民同等的出入境政策。省外省内持厦门居住证人员均可在厦办理赴台证件及个人旅游签注，受惠面涉及在厦的近200万居住证办证人员。签发大陆居民往来台湾电子通行证，最大限度方便群众办理赴台证件。台湾居民来往大陆方面，自2015年7月1日起，实施台胞来往大陆免签注政策，台胞持有效《台湾居民来往大陆通行证》（简称"台胞证"，有效期五年）可经开放口岸来往大陆并在大陆停居留，无需办理签注。2015年7月6日，在全国率先试点启用电子台胞证，进一步便利台胞出入境。厦门率先实施台湾车辆临时入境行驶政策，台湾地区则开放台北港允许大陆车辆入台。

专栏2 推进台胞证便捷化，促通两岸融合

厦门市大力推进台胞证在办理和使用上的便捷，让台胞有更多获得感，助力厦门两岸融合发展示范区建设。

一是全国率先推动台胞证社会便利化使用。2018年以来，通过以点带面、多点发力、整体化推进，在推动台胞证社会化便利使用方面取得较大突破，已实现台胞证在政府公共服务，酒店住宿登记，航班、动车、轮渡，金融通信等多个领域与大陆居民

身份证的同等使用。特别是在酒店住宿登记方面，全市四星级以上酒店已全部安装台胞证阅读设备，并可实现台胞证自动识别登记。

二是全国率先推出台胞口岸办证自助填表、自助照相举措。为有效解决厦金旅客在节假日和办证高峰时段等待时间较长、可能造成现场拥堵这一瓶颈问题，2019年6月，以五通码头三期建设为契机，将科技创新与口岸签证业务紧密结合，大胆创新，开发了新型自助填表机和自助拍照机，创新实现台胞办证免填申请表、免贴照片，大大缩短了办证等候时间，基本实现了无纸化办公。

三是全国率先推出台胞证自助发证举措。在国家移民管理局的支持下，2020年9月，创新推出台胞证自助发证便民举措：优化了工作流程，申请人无需再排队取号、等候工作人员查找、发放证件，只需在自助区通过机器读取相关信息，即可自助领取证件。缩短了等候时间，通过自助发证机领证，全过程不到1分钟，比起原来人工检索发证的耗时大幅缩减。领取方式灵活，台胞可根据个人实际情况，由本人或委托台湾居民、大陆居民代为领取。

2. 健全两岸货物往来的便利机制

实现两岸口岸进出口货物门对门直接运输，台湾已批准大陆集装箱车及其货物可在大陆口岸码头通过滚装船装驳，从台北登岛将货物运输到台北港监管仓库，并带回从台湾进口到大陆的货物。创新集装箱过境运输业务，台湾商品经中欧班列输往中亚和欧洲市场已呈常态化。获批开展厦台海运快件业务，打通厦台之间更加快捷高效且最低成本的物流通道；创新设立对台海运快件快速通关通道，优先办理舱单变更、分拨及载运车辆施解封等监管手续；构建两岸跨

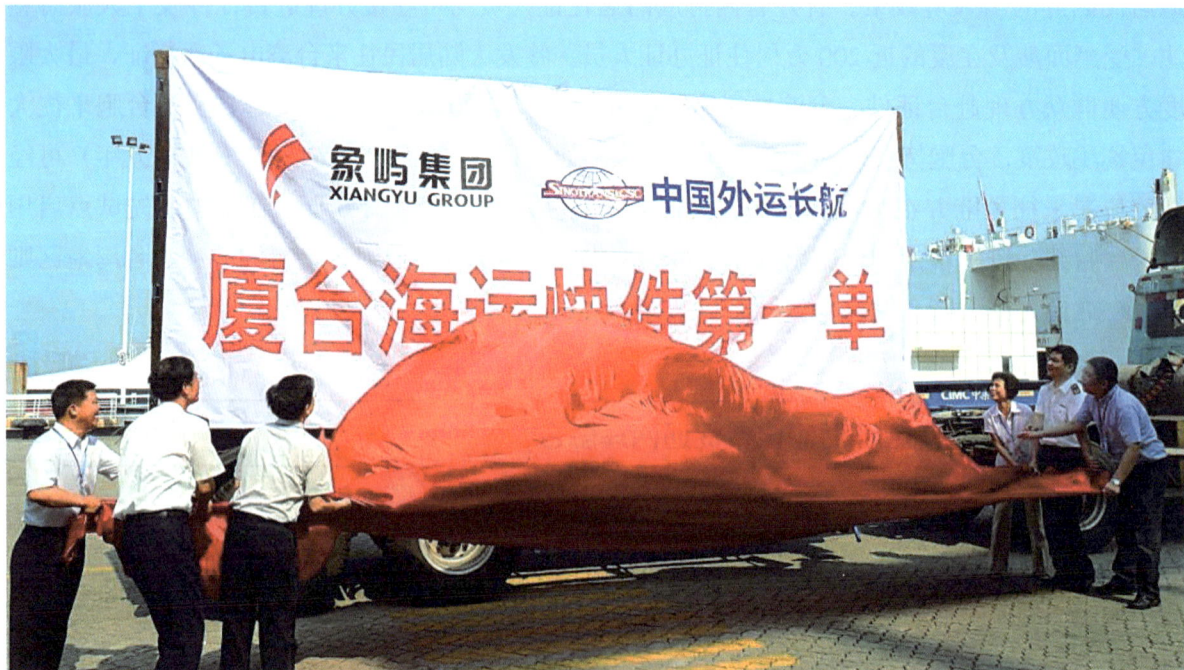

图10-3　2014年8月1日，厦台海运快件第一单抵厦

境电商供应链服务体系，经高雄—金门—厦门航线运输的散货已常态化在大嶝市场销售。

3. 完善两岸"三通"机制

以"小三通"（金门、马祖、澎湖地区与大陆地区通航）、"大三通"（海峡两岸直接通邮、通航、通商）为基础，开放航权、优化航路、增辟航线、增加航班，优化两岸海空直航运输体系。厦门至台湾共有 3 条客运航线、1 条货运航线，执飞台湾桃园、松山、高雄 3 个航点。2019 年，"中远之星"客滚轮以周班形式恢复厦门至高雄航线（现因码头靠泊问题停航）。积极争取交通运输部、国台办支持，于 2019 年 5 月 8 日至 11 日，歌诗达"大西洋号"和丽星"双子星号"邮轮实现厦门港至高雄和澎湖 3 个航次邮轮的临时恢复开通。建成"I 海台"厦金航线票务系统，实现与金门无缝对接。

（六）持续推进社会领域相关配套改革

1. 探索台胞融入社区生活的社会管理体制

支持在厦台胞参政议政和参与社区管理，推选台胞担任市政协委员、社区主任助理、居委会主任和社区居民大学校长。成立大陆首个两岸义工联盟，"两岸义工志愿行"项目获评"中国政府创新十佳经验"。创新设立厦门市台胞服务中心、台胞驿站、台胞之家、台胞同心会等涉台服务机构，做好为台商台胞服务。

2. 改革创新涉台司法工作机制

在全国率先成立涉台法庭，实行涉台刑事、民商事、行政案件"三合一"跨区域集中管辖和司法互助案件归口办理。先后受理大陆第一起认可和执行台湾地区仲裁裁决案、第一起认可台湾地区法院作出的刑事附带民事和解笔录案和福建省第一例认可台湾地区商事判决案。创新台胞参审、多元化解的涉台案件审判机制，建立诉调对接机制。依托当地台商协会设立涉台司法服务综合平台，在市台商协会挂牌设立"涉台司法服务站"。积极打造区域仲裁中心，设立大陆与台湾地区律师事务所联营办公室。

3. 支持台胞来厦就业创业

一是支持台胞来厦创业，出台系列政策支持两岸青创基地建设，全市已有两岸青创基地近30 个，各青创基地累计入驻台湾青创团队 1700 多个，吸引台湾创业青年 4000 多人。二是鼓励台胞来厦就业，全国全省首次创新职称认定机制，打通人才引进通道，让台湾人才来厦工作可以通过直接采认、匹配认定方式获得职称，享受市民待遇。进一步扩大事业单位招收台湾居民范围。扩大台湾同胞报考厦门市事业单位编内工作人员范围，吸引和推动在大陆或台湾地区获得教师资格证的台湾教师来厦幼儿园和高中任教。持续举办台湾人才对接会和两岸人才机构合作洽谈会，每年推出数千个对台招聘岗位，组织厦门台企赴台征才，入台设立 4 家"台湾人才服务驿站"。实施全国首个台湾特聘专家专才制度。

4. 深化社会治理、教育、医药卫生体制改革

一是探索建立政府主导、社会协同、公众参与相结合的社会治理体制机制，建立健全纵向到底、横向到边、纵横交互的社会治理体系；强化镇（街）社会服务职能，推动简政放权和社

区工作减负。二是深化教育综合改革，义务教育均衡发展改革国家试点成效领先，办学条件、投入、师资、质量、就学机会"五个均衡"综合推进。三是推进医药卫生体制改革，坚持医疗、医保、医药"三医联动"，构建"慢病先行、三师共管"的分级诊疗体系，率先实行医药分开，建立覆盖全民城乡一体化的医疗保障体系，率先实施药品集中采购和使用试点。

（七）创新城乡统筹发展配套机制

1. 推进岛内外一体化建设

深入实施"跨岛发展"战略，加快岛内大提升、岛外大发展步伐，切实缩小岛内与岛外、城市与农村的差距。"岛内大提升"全面铺开，城市更新改造、片区整治提升等各区域项目加快实施。"岛外大发展"加速推进，新城高质量建设、民生配套同步完善、机场地铁等重大基础设施有序推进。"十三五"期间，岛外累计完成投资8237.5亿元，占全市投资的72.9%，年均增长10.8%，高出岛内平均增速1个百分点。

2. 持续推进城乡统筹发展

创新"市、区级单位挂钩帮扶乡村振兴试点示范村"机制，编制《厦门市乡村振兴战略规划（2018—2022年）》《厦门市村庄空间布局规划（2018—2035年）》等，出台《关于实施乡村振兴战略的实施意见》《关于全面推进乡村振兴加快农业农村现代化的实施意见》等系列政策措施。高标准完成全国农村集体资产产权制度改革等试点任务，全市318个村（居）2522个小组在全省率先完成农村集体资产清查工作，确认农村集体经济组织成员91万余人，340个村和小组集体经济组织建立了股份经济合作社并登记赋码。推进农村承包地确权登记颁证，完成岛外4区22个镇（街）287个村（居）2830个村民小组93868户承包农户的权属调查、合同签订、成果验收和证书颁发等工作，全市颁证到户完成率达96%，在全省率先通过农业农村部确权登记数据库质检验收。

3. 厦金区域合作持续深化

厦金联合召开七次厦金合作对接会，定期召开厦金航线航班例会，建立闽西南五市、金门和澎湖县政府与台协的"5+2+台协"协作模式。厦金共同维护海洋生态环境，两地连续六年联合开展厦金海域增殖放流活动。打通经金门中转厦门、经金门中转台湾至国际的海运快件通道，厦门—金门—高雄台海快线持续做大。首家在台取得土地产权和酒店餐饮类资质的大陆企业陆岛酒店竣工营业。持续举办海峡春节焰火晚会、厦金海峡横渡、厦金亲子夏令营等厦金交流活动。

（八）完善区域合作配套体制机制

1. 创新基础设施共建共享工作机制

一是围绕建设国际性综合交通枢纽，强化区域综合交通枢纽功能，推动设施网络高质量发展，综合立体交通格局基本成型，海上合作战略支点城市地位不断提升，服务区域协同发展。厦门新机场建设全面推进，机场航线不断拓展，截至2021年底，厦门机场通航城市138个、航线 187 条，航空吞吐量位列全国第 22 位；国际及地区客运吞吐量 30 万人次、全国排名第 4 位；货邮运总吞吐量 29.78 万吨，其中国际级地区货邮吞吐量 15.2 万吨、国内排名第 8 位。福厦高铁加快建设，铁路通道能力持续优化提升，已形成以厦深铁路、龙厦铁路、福厦铁路、鹰厦铁路为骨干，海沧港货运专用线、东渡港货运专用线为支线的"四干两支"铁路线网格局，海西铁路枢纽基本成型。第二东通道、翔安机场高速路等通道加快建设，基本建成"两环八射"快速路骨架网，扎实推进"四好农村路"建设，全市公路通车里程达 2223 公里，"内外通达、环湾放射"的路网骨架基本形成。二是推进厦漳泉区域气象中心建设，统筹规划大都市区信息基础设施，加快推进基础通信网、无线宽带网、数字电视网等基础设施的共建共享，实现三市通信资费统一标准。目前已建成 5G 基站超 8000 个，实现了岛内密集城区、岛外核心城区和重要园区 5G 信号基本连续覆盖。

2. 建立区域产业协作工作机制

推动区域协同创新和产业合理分工、有序转移承接，联手培育优势产业集群。组建闽西南城市开发公司和发展投资基金，建立厦漳、厦泉联合招商工作机制，签署厦龙经济合作区深化合作补充协议。制定并实施闽西南协同发展区平台总体建设方案。闽西南城市协作开发集团和闽西南发展投资基金分别与相关企业签订了 12 份协同区产业合作协议，27 个涉厦重大项目完成投资 251.8 亿元。在两岸股权交易中心推出"闽西南科技板"，服务区域融资需求。厦门泉州（安溪）经济合作区成功引进 14 家企业，总投资额约 30 亿元。

3. 建立基本公共服务协同发展机制

开展科教合作交流，建立"厦漳泉科技基础资源服务平台"。完善教师交流合作机制，积极开展教育教学交流与合作，联合举办一系列中小学教师、学生赛事及社团创建研讨交流活动。开展医疗卫生合作，建立跨区域远程医疗平台，开展检验检查结果共享互认、预约诊疗、预约转诊、远程会诊、疑难病例讨论、在线继续教育等院际协作服务，推动跨区域医联体资源共享。探索建立突发公共卫生事件重大传染病疫情通报机制和监测预警信息交流机制，协调推进闽西南区域间及厦金传染病联防联控合作。开展生态环境保护合作，建立闽西南大气环境共治机制，实现大气环境污染联防联控联治。推进九龙江流域生态共保共享机制，贯彻落实九龙江流域生态补偿制度，协同推进九龙江流域山水林田湖草沙系统治理项目，推进厦门—龙岩山海协作经济区建设。开展人力资源合作，每年厦泉漳龙四地市共同组织台湾专业人才厦门对接会、校企合作对接会等，设立科技领军人才创新创业基地，建立劳动力跨区域享受职业培训、技工教育机制。开展台湾船员无限航区海船船员适任培训和履约过渡期适任培训。

（九）完善行政管理体制改革的配套机制

1. 深化行政审批制度改革

精简审批事项，推动审批流程再造，成立审批办，整建制进驻政务中心，推进"一窗受理、集成服务"，根据业务领域、部门间审批服务事项相关性、业务办理量等因素推动实现跨部门综合窗口。创新审批和监管方式，运用负面清单、豁免清单、告知承诺、容缺审批等方式简化审批，优化流程，压减时限。推进"证照分离"改革，推行"双随机一公开"监管，健全"两单两库一细则一平台"，建设厦门市事中事后监管综合执法平台及手机 APP，构建跨部门、跨区域、跨层级联合执法模式。推行信用联动监管，建成全市统一的社会信用信息共享平台，汇集 61 家单位 1.32 亿条信用信息，构建信用公示、信用共享、信用约束、社会共治"四位一体"的新型监管机制。创新信用运用机制，在劳模评比、成长型企业评定、科技资金补助等领域开展信用审查、信用评价，并将评价结果运用在财政资金补助、工程招投标等环节，实现"一处违规、处处受限"。完善"多规合一"运行机制，累计出台约 350 项规章制度，实现"一套机制"规范审批运行。

2. 创新政务服务模式

全国首创厦门"e 政务"服务新模式，聚合公安局、社保、公积金等 19 个部门 193 项高频事项业务，建立"共建共享"、"社会化建站"、"刷脸办事"、自助服务"跨省通办"等创新机制，在全市社区便利店、产业园区、大型酒店、地铁站等人流密集场所建设 430 个"e 政务"便民服务站，形成"15 分钟便民利企服务圈"，打通政务服务"最后一公里"。目前，厦门"e 政务"已聚合公安局、社保、公积金等 13 个部门 121 项高频事项业务，90% 以上的政务事项全流程办理、办理结果"立等可取"。2020 年全年办件量 168 万件，成为深化"放管服"改革、助力优化营商环境的一个亮丽品牌。

3. 推动法治政府建设

充分发挥特区立法优势，出台《厦门经济特区商事登记条例》《厦门经济特区无照无证经营查处办法》，配套制定《经营场所备案及监管规定》《商事主体登记备案办法》等 13 个规范性文件。自 2014 年开始，改"先证后照"为"先照后证"，实行主体资格与经营资格相分离，降低市场准入门槛；改注册资本实缴制为认缴制，取消注册资本行业门槛；实行住所登记与经营场所备案制度，实行经营场所分类管理模式。压紧压实各级各部门党政主要负责人履行推进法治建设第一责任人职责，全力推动法治政府建设示范创建，厦门市获评第一批"全国法治政府建设示范市"。

4. 创新社会治理机制

印发《厦门市人民政府重大行政决策若干规定》，全面推行行政规范性文件合法性审核机制，深入推进重大行政决策科学民主合法，规范重大行政决策行为。完善立法调研及立法后评估制度，健全立法征求意见采纳反馈机制。加快推进公共法律服务体系建设，建成优势互补、数据共享、协调顺畅的热线、实体、网络全业务一体化公共法律服务平台，"一村（社区）一法律顾问"示范点占比达 58%。推进多元化纠纷解决机制建设，打造特区版"枫桥经验"，率先创立"公证＋"多元调解衔接联动机制，设立全国首个市级诉非联动中心。深入推进"六五""七五"普法工作，发挥 8 个国家级、56 个省级、244 个市级"民主法治示范村（社区）"的示范引领作用，强化基层依法治理。

（十）创新全面开放的配套机制

1. 建设国际一流营商环境

2015 年在全国率先参照世行营商环境评价指标体系开展营商环境建设工作，建立了市领导挂帅的全市营商环境联席会工作推进机制、"以评促改、以评促优、边评边改"的强弱项补短板机制、任务清单滚动实施机制、第三方机构专项评估机制和营商环境绩效考评机制、巡察机制，形成了市主要领导亲自抓、发改部门统筹牵总、各指标责任单位分别负责、各相关单位配合协同推进的良好态势，跑出全国优化营商环境的"厦门速度"。根据国家发展改革委评价，厦门营商环境连续三年名列前茅，2018 年全国 22 个城市试评价居第 2 位，2019 年全国 41 个城市正式评价居第 6 位，2020 年在全国 80 个城市和 18 个国家级新区评价中居第 7 位，厦门市被列入"表现优异"等级，获评"全国标杆"，成为全国 18 个指标全部获评标杆的 6 个城市之一，其中 14 个指标进入全国前十。

2. 创新招商引资新机制

2019 年 4 月，出台《进一步加强招商引资工作的若干意见》，针对重点产业链建立"一个产业链、一个招商方案、一批目标企业、一支招商小分队"的"四个一"招商机制，开展精心精准精细招商，大力推动项目落地。实施加强招商引资和产业经济发展全要素保障服务一系列新政，有力推动了全市招大引强、创新突破。外资来源渠道拓宽，来源地逐年增加，从以港台地区为主逐渐发展到美日韩等先进国家和地区的投资者。截至 2020 年底，已有 120 多个国家和地区的外商来厦投资，累计合同利用外资 638.09 亿美元，实际利用外资 342.07 亿美元。

3. 打造新时代改革开放高地

颁布实施《厦门自贸片区重点平台三年行动方案》，构建"平台＋产业"的发展模式，打造航空维修、融资租赁等 14 个重点平台和特色产业集群，成为全国第二大进口酒口岸、全国最大的航空维修基地、全国第四大飞机租赁集聚区和第一大二手飞机融资租赁集聚区。通关时间位居沿海十大口岸前列，集装箱进出口合规成本为全国沿海主要口岸最低。国务院先后六批次向全国推广 143 项自贸试验区改革试点经验，其中厦门经验 30 项。自贸区挂牌成立以来，累计推出 498 项创新举措，全国首创 111 项。国务院自由贸易试验区工作部际联席会议办公室先后 3 批发布 43 项"最佳实践案例"，其中厦门典型案例 5 项。

4. 创新航运物流服务体系

加快国际航运中心建设，基本建成较为完善的综合集疏运网络，初步建成区域性邮轮母港。设立厦门航运交易所，为航运市场提供船舶交易全流程服务。"福建厦门"正式成为国内首批国际船舶登记船籍港，在厦门自贸试验区进行国际船舶登记不受"中方投资人出资额不得低于百分之五十"的股比限制。在全国率先实行港航综合行政执法体制创新，成立厦门港航调解中心，依托港航调解中心，构建多元化纠纷解决途径。全国首创厦门港航第三方公益性信用评价体系建设，进一步规范港航市场。推动出口集装箱"抵港直装"服务模式试点，在全省率先落地厦门海天码头，实现货物直接从工厂到装船的无缝衔接，流程时间缩至 1 小时内，比传统作业模式缩短了 1—2 天。

三、改革经验做法

（一）必须坚持新发展理念

厦门始终坚持以发展为第一要务、以经济建设为中心，坚持把产业转型升级作为主攻方向，培育形成了平板显示、计算机与通信设备等 10 条千亿产业链，发展成为东南沿海重要的高端制造业和现代服务业基地，在发展中较好保持了速度、规模与质量、效益相协调，持续扩大经济总量，夯实深化两岸交流合作经济基础。始终坚持创新引领发展，深入实施创新驱动发展战略，加快国家创新型城市、国家自主创新示范区建设，推动大众创业、万众创新，提高自主创新能力，增强产业科技含量，内生动力更加强劲。始终坚持全面协调可持续发展，统筹经济、社会、环境、城乡、区域等一体化发展，做到规划先行、投入支撑、项目带动、政策支持，推动经济、社会、城市转型发展，推动提升本岛与拓展海湾联动发展，为深化两岸交流合作创造新的有利条件。

（二）必须坚持全面深化改革开放

改革开放是经济特区始终不变的"根"和"魂"。习近平同志在厦门工作期间旗帜鲜明地强调"经济特区的任务就是改革，经济特区应改革而生，我们要承担起这个责任"。厦门牢记嘱托，当好体制改革"试验田"，围绕建立有利于科学发展和深化两岸交流合作的体制机制，先行先试 9 类 155 项重大对台政策试点，在改革创新和深化两岸交流合作方面形成一系列新的突破；当好对外开放"重要窗口"，实行更加积极主动的开放战略，逐步构建开放型经济体制，实现了从出口加工区、保税区到综改试验区、自贸试验区、金砖创新基地等多区叠加、迭代升级，实施在厦推广平潭综合试验区对台建筑业开放等政策，"对外开放之门"越开越宽阔。

（三）必须坚持对台融合发展

服务祖国统一大业是厦门经济特区与生俱来的使命。习近平同志在厦门工作期间准确把握厦门经济特区"因台而设"的战略定位，到福建省和中央工作后，多次就厦门对台工作作出重要指示、提出明确要求。厦门牢记嘱托，始终坚持在服务大局中先行先试、突破创新，积极推进以通促融，推进"大四通"（经贸合作畅通、基础设施联通、能源资源互通、行业标准共通）、"大三通"（海峡两岸直接通邮、通航、通商）、"小四通"（福建与金门马祖通水、通电、通气、通桥）、"小三通"（金门、马祖、澎湖地区与大陆地区通航），加快海峡两岸集成电路产业合作试验区等经贸平台建设，推进厦金电力联网工程相关项目，开建大嶝岛应急气源站和燃气管道。积极推进以惠促融，率先出台并落实大陆首个地方版同等待遇政策"厦门60条"，12万多台胞在厦长期居住生活。积极推进以情促融，海峡论坛成为两岸最大的民间交流盛会。始终坚持做台湾人民工作，坚持寄希望于台湾人民的方针，深化两岸在文化、教育、医疗卫生等领域的合作交流，以论坛、节庆、民俗、宗教等为载体强化闽南文化纽带联系，促进台胞深度融入大陆的经济、社会生活，千方百计增强台湾民众对祖国大陆的向心力和对中华文化的认同感。始终坚持合作共赢、共同发展，主动服务台商，切实解决投资环境、台商子女入学等问题，保障台商合法权益，努力创造两岸人员往来、货物流动和经贸文化交流的便利条件。

（四）必须坚持创新工作方法

厦门始终坚持党对综合配套改革工作的全面领导，2012 年初即成立由市委书记任组长、四套班子主要领导任副组长的领导小组，每季度对综合配套改革工作重要决策事项进行研究、协调、决策和督办。成立由市委副书记任主任，常务副市长、专项工作分管副市长任副主任的市综改办，定期召开例会，负责落实领导小组决定，协调推进、检查督办；坚持"先谋后动，谋事力成"，统筹规划，狠抓落实，先后制定两轮三年行动计划，每个年度制定重要改革事项分解方案。每项任务均明确时间表、路线图、责任人，并将其作为量化考核目标，纳入绩效评估体系，各职能部门积极出台贯彻落实《综改方案》的实施意见和改革措施，并以文件形式主动向社会公开。

第十一章　山西省资源型经济转型综合配套改革试验

建设国家资源型经济转型综合配套改革试验区是党中央赋予山西的重大使命。自批准设立以来，山西省全面贯彻习近平新时代中国特色社会主义思想，落实习近平总书记视察山西省重要讲话和指示精神，执行党中央、国务院关于资源型经济转型发展的决策部署，接续奋斗、久久为功，经济转型综合配套改革效果不断显现，转型发展呈现强劲态势，为山西全方位推动高质量发展奠定了坚实基础。

一、改革实践探索

习近平总书记亲切关怀、亲自推动山西省国家资源型经济转型综合配套改革试验区（简称"山西资源型经济转型综合配套改革试验区"）建设。2009 年 5 月，习近平同志在山西省调研时就提出，推进资源型经济转型发展这一时代课题。2010 年 12 月，国务院批准设立"山西省国家资源型经济转型综合配套改革试验区"，赋予山西"先行先试"的改革试验权，山西成为全国第一个全省域、全方位、系统性的国家级综合配套改革试验区。

2012 年 8 月，国家发展改革委发出《关于印发山西省国家资源型经济转型综合配套改革试验总体方案的通知》，批复了山西资源型经济转型综合配套改革试验总体方案。方案批复后，山西省围绕四大转型任务和十个领域综合配套改革进行了不断探索，转型综合配套改革试验的总体方案在继承中发展、在创新中提升，不断完善，转型综合配套改革试验的战略定位明显提升、推进力度不断加大。

2017 年 6 月，习近平总书记视察山西省时，要求山西横下一条心，加快推动经济转型发展，实现产业结构全面升级，发展动力深度转换，真正走出一条产业优、质量高、效益好、可持续的发展新路。同年 9 月，国务院印发《关于支持山西省进一步深化改革促进资源型经济转型发展的意见》，赋予山西综改试验区新的改革任务。

2019 年 5 月，习近平总书记主持召开中央深改委会议，会议审议通过了《关于在山西开展能源革命综合改革试点的意见》，支持山西通过能源革命综合改革试点，努力在提高能源供给体系质量效益、构建清洁低碳用能模式、推进能源科技创新、深化能源体制改革、扩大能源对外合作等方面取得新突破，支持山西争当全国能源革命的排头兵。

2020年5月，习近平总书记再次亲临山西省视察时作出重要指示，要求山西在转型发展上率先蹚出一条新路来，为山西转型发展进一步指明了前进方向，提供了根本遵循，对山西转型发展和现代化道路作出宏伟擘画，极大增强了全省上下将转型综合配套改革试验进行到底的信心和决心。

2021年3月，在习近平总书记的亲自主持下，国家发布了"十四五"规划和2035年远景目标纲要，将"深入推进山西国家资源型经济转型综合配套改革试验区建设和能源革命综合改革试点"列入其中，进一步明确了山西在国家发展大格局中的重要地位。

二、改革进展成效

认真贯彻新发展理念，围绕创新发展、协调发展、绿色发展、开放发展、共享发展，用好改革"关键一招"，用足先行先试政策，扎实推进一批重点领域改革取得积极成效，一批关键领域改革取得重大突破，为全方位推动高质量发展提供了动力支撑。

（一）改革做法

1.突出制度建设，强化转型综合配套改革试验顶层设计

山西省把转型综合配套改革试验制度建设与贯彻落实习近平总书记视察山西重要讲话和重要指示精神，与贯彻落实党中央、国务院关于资源型经济转型发展重大决策，与山西全方位推动高质量发展的决策部署相结合，一体谋划、整体设计。转型综合配套改革试验区总体方案批复后，先后出台了《山西省国家资源型经济转型综合配套改革试验实施方案（2013—2015年)》《山西省国家资源型经济转型综合配套改革试验实施方案（2016—2020年)》及年度行动计划，部署了一批重大改革、重大事项、重大项目、重大课题。国务院《关于支持山西省进一步深化改革促进资源型经济转型发展的意见》印发后，山西省狠抓落实，制定出台了《贯彻落实国务院支持山西省进一步深化改革促进资源型经济转型发展意见行动计划》，提出了74项任务234条推进举措，推动各项改革任务有序落实。国家"十四五"规划和2035年远景目标纲要发布后，山西省结合实际，制定出台了《山西省"十四五"转型综合配套改革试验区重大改革规划》，提出了23项重大改革任务，分年度细化了时间表和路线图，确保条条落实、件件落地、事事见效。同时，将"深改"和"综改"一体部署，整体推进，每年制定年度重大改革任务及转型综合配套改革试验先行先试清单，确保综改有监督、能落地。在转型综合配套改革试验总体设计的基础上，山西省围绕经济、文化、社会、生态等重点领域、关键环节，形成了一批重大改革制度性成果，逐步搭建起推进转型综合配套改革试验的制度体系和政策框架。

2.强化领导挂帅，建立转型综合配套改革试验责任体系

认真贯彻落实习近平总书记关于党政主要负责人亲力亲为抓改革、扑下身子抓落实的重要论述，建立了各级党政主要负责同志亲力亲为抓改革机制和省领导分工负责制，全力推动转型综合配套改革试验。山西省委主要领导担任省综改委主任，严格落实抓改革"第一责任人"制度，亲自部署、亲自过问、亲自协调、亲自督办重大改革任务，全面统筹转型综合配套改革试验工作。省政府主要领导负责专题研究、具体安排、督促推动转型综合配套改革试验工作。同时，各级党政主要负责同志每年亲自抓一批重大改革任务。近年来，省委书记、省长平均每年抓六项具有重大标志性、牵引性的改革，其他省领导每年领办一批重大改革任务。在省委、省政府的带领下，各市市委书记、市长每年抓一批重大改革任务，省直部门主要负责同志每年抓一批重大改革任务，各县县委书记、县长直接认领抓具体改革任务，形成了各级党政主要负责同志以上率下、层层推动、真抓实干、上下合力的改革长效机制。

3. 创新工作机制，夯实转型综合配套改革试验工作基础

山西省认真贯彻落实习近平总书记关于全面深化改革科学方法论，创新改革推进举措，探索创新改革工作机制。一是完善综改协调机构，山西省推动实现了中共山西省委政策研究室、中共山西省委全面深化改革委员会办公室、中共山西省转型综合配套改革试验区工作委员会办公室"三合一"机构整合，将省转型综合配套改革试验领导小组与省委深改领导小组合并，将省转型综合配套改革试验领导小组改为转型综合配套改革试验区工作委员会。二是建立综合配套改革工作规范。山西省不断完善省综改委（深改委）工作规则，建立了政策创设、政策解读、改革信息、改革动态、改革管理等工作制度，形成转型综合配套改革试验工作制度规范。三是建设信息管理平台。为有效推动综合配套改革工作，山西省建立了改革信息管理平台，从总书记亲切关怀、省委总体要求、山西改革特色和亮点、山西改革态势四个维度立体展示山西改革进展和成效，设立了中央精神、山西部署、改革台账、转型综合配套改革试验、督察评估、信息共享、工作交流、"三个清单"、动态省情九个子平台，促进改革统筹、协调、督促、检查、验收等工作提质增效，改革信息化建设走在全国第一方阵。四是建立方案审议机制。为提高改革工作的科学性，山西省建立了改革方案会议审议机制，制定改革方案年度计划报审制度，实行报审方案动态管理，确保方案成熟一个、审议一个、出台一个。在审议过程中，对拟请省综改委审议的改革方案，严格把关，认真审核，提出意见，督促完善，确保质量。五是建立改革台账管理制度。围绕重大改革任务和改革试点，山西省编制改革台账，明确谋划、推动、落实各环节相关事项、具体任务、责任单位、完成时间、预计成果，形成改革项目化管理"施工图"，通过建账、管账、对账、销账对改革任务落实进行全流程精细管理。六是建立改革协调联络员制度。根据年度改革任务，明确改革办和责任单位的具体联络人员，形成及时有效的日常沟通机制。七是建立综改督查机制。整合省委、省政府督查机构，成立山西省委督查委员会。设立"13710"信息督办系统，跟踪督办省委、省政府重大改革的推进落实情况。八是建立考核评价体系。针对各市、各部门共性改革任务和重点改革任务，山西省制定考核指标体系，完善考核评分办法，发挥考核"指挥棒"作用，推动改革取得实效。

4. 坚持先行先试，用好转型综合配套改革试验制胜"法宝"

山西省坚持把"先行先试"作为国家赋予山西的政策优势，聚焦改革试验点，找准改革突破口，大胆探索、开展试点，以点带面、全面推进。一是谋划开展创新性改革。山西省实施了

"承诺制＋标准地＋全代办"改革，全力打造市场化法治化国际化营商环境，扎实开展市县转型综合配套改革试验牵引性集成改革试点，深入推进能源革命综合改革试点，探索建立以管资本为主的国资监管体制，深入推进"两山七河一流域"生态保护和修复，深化县域医疗一体化改革，形成了一批标准质量高、示范带动强、可复制推广的改革典型经验。其中，企业投资项目承诺制改革经验入选中组部编写的《贯彻落实习近平新时代中国特色社会主义思想、在改革发展稳定中攻坚克难案例》，争当能源革命排头兵、施工图审查制度改革、证明事项告知承诺制改革、国资监管体制改革、长治市基础教育改革、晋城市点供用地双平衡试点、交城县医药卫生体制改革、晋中市深化义务教育综合改革经验等在国家层面推广。资源型经济转型综合配套改革试验成效、企业投资项目承诺制改革经验在《国家发展改革委经济体制改革信息》上刊发。二是有效拓展试点类改革。山西省紧紧抓住重点领域和关键环节全力推动中央及山西省部署的改革试点，先行先试、攻坚破冰，积极推动改革试点取得成功，并以点带面推动改革实现更大进展。截至2021年，国家部署的117项改革试点任务和省委、省政府部署的116项改革试点任务按时间进度有序推进。三是复制借鉴先进改革经验。对标全国典型，结合山西实际，在推动开发区改革创新过程中，复制借鉴全国自由贸易试验区86项改革经验，分两批复制借鉴深圳前海蛇口片区178项制度经验，开发区综合转型发展的主战场作用得到进一步发挥。

5. 强化各方保障，凝聚转型综合配套改革试验强大合力

山西全省上下齐心协力、团结奋斗，为扎实推进转型综合配套改革试验提供了坚强保障。一是加强人大立法保障。各级人大及其常委会不断提高立法质量，先后制定出台开发区条例、企业投资项目承诺制规定、促进科技成果转化条例、优化营商环境条例、创新驱动高质量发展条例、大数据发展应用促进条例等一批法律法规，为转型综合配套改革试验提供法治保障。二是各级政府积极参与。各级政府按照中央及省委部署，聚焦改革任务，完善改革制度，强化改革举措，打出转型综合配套改革试验"组合拳"，扎实落实转型综合配套改革试验各项任务。各级政协把握人民政协新使命，发挥联系广泛、人才荟萃、智力密集的独特优势，凝聚转型综合配套改革试验的共识和智慧力量。三是发挥纪检监察作用。各级纪委监委忠实履行监督执纪问责和督查调查处置职责，一体推进不敢腐、不能腐、不想腐的机制，持续推进风清气正政治生态建设，率先开展国家监察体制改革试点并形成山西经验，为综改发挥"探路者"和"护航者"作用。四是发挥组织部门作用。各级组织部门旗帜鲜明地树立能者上、优者奖、庸者下、劣者汰的正确导向，大力培养选拔优秀干部，全面改革干部考核评价办法，营造以结果论英雄的浓厚氛围。五是司法部门积极作为。各级政法机关全面推进司法体制改革，推动扫黑除恶专项斗争，打击各种违法犯罪，为转型综合配套改革试验保驾护航。六是宣传部门大力宣传。各级宣传部门和新闻媒体对转型发展主战场上的先进事迹、模范人物、典型经验进行宣传报道，形成全社会支持、参与、投身转型事业的浓厚氛围。七是统战部门积极参与。各级统战部门巩固和发展最广泛爱国统一战线，积极团结调动社会各界，不断壮大为转型发展共同奋斗的力量。八是各界组织广泛行动。各级工青妇等群团组织、人民团体、社会组织，坚持"强三性去四化"深化改革，发挥桥梁纽带作用，团结凝聚社会各界。全省上下围绕中心、服务大局，形成了万众一心促转型发展的强大正能量。

6. 注重基层首创，激发转型综合配套改革试验活力、动力

山西省认真贯彻落实习近平总书记关于激发基层改革创新活力的重要论述，大力鼓励倡导基层创新，对各地探索尝试的一些新生事物，只要符合改革方向、符合发展规律、符合群众需求，坚决给予支持，鼓励试、大胆改，推动各地结合实际探索创新，形成各有特色的改革亮点。太原市实施绿化和开发"二八政策"，创造了践行"两山"理论的"西山模式"，探索了一条资源型地区生态修复治理的新路径。大同市率先开展以高端制造业为核心，以航空运营为牵引的通航示范市建设。朔州市推进全国工业固废综合利用示范基地建设，利用量、利用水平全省领先。忻州市实施整村搬迁，破解深度贫困脱贫难题，受到国务院督查办通报表扬。阳泉市推行"党建引领、三治融合、全民共建"村（社）权力运行模式，推进基层治理体系创新和治理能力提升。吕梁市创新生态扶贫机制，实现脱贫增收和生态建设双赢。晋中市率先在全省开展中小学校长职级制改革，大批学校和教育干部完成去行政化。长治市推出基础教育改革十大举措，全面补齐基础教育短板、厚植教育资源优势。晋城市在全省率先成立县级行政审批局，实现了"一颗印章管审批"，大大提高了审批效率。临汾市推动形成"人人创新、全员创客"的华翔经验，打造双创升级版，并在全省复制推广。运城市坚持产业先导、"五治"并举、绿色发展、底线思维，创新机制推动乡村振兴战略深入实施。

（二）改革成效

在习近平总书记的关心推动下，在党中央、国务院的坚强领导下，在国家发展改革委及有关部委的大力支持下，山西省资源型经济转型综合配套改革试验区建设取得积极成效，带动经济从一度遭遇断崖式下滑，到转型发展态势良好，再到全方位推动高质量发展，各项事业持续向好。

专栏 1　山西转型发展主要指标变化

2021 年的主要指标与 2012 年总体方案批复时以及其他重要时间节点进行对比分析：

速度和总量方面，转型发展稳健性逐步增强，实现连年进位。2021 年，全省 GDP 为 22590.2 亿元，排全国第三。全省经济总量在全国的位次发生了很大变化，从 2016 年的第 24 位前移到 2021 年的第 20 位。

结构和比例方面，第三产业占比稳步提升，产业结构不断优化升级。2012—2021年，一二三产业比例由 5.5∶55.9∶38.6 调整为 5.7∶49.6∶44.7。2012—2020 年，非煤工业增加值年均增长 5.5%，其中装备制造业年均增长 11.8%，快于规模以上工业增速 6.8 个百分点。

从动能和后劲方面，创新动力明显增强，可持续发展能力有效提升。"十三五"

期间，战略性新兴产业增加值年均增长 7.8%，成为全方位推动高质量发展的重要支撑。新产业、新业态、新模式加快成长，数字化、网络化、智能化水平不断提升。转型项目建设取得明显成效，固定资产投资增长逐年提高，2021 年达到 8.7%，比全国高 3.8 个百分点。

环境和主体方面，营商环境持续改善，市场主体活力不断增强。"放管服"改革不断深化，"承诺制＋标准地＋全代办"有效集成，营商环境的市场化法治化国际化程度逐步提升。市场主体数量大幅增长。

1. 围绕创新发展深化改革，经济发展动能持续增强

山西省把产业转型作为经济高质量发展的重中之重，把创新驱动放在现代化建设的核心位置，改造提升传统产业，发展壮大新兴产业，协同发展现代服务业，具有山西特色的现代产业体系逐步完善。

一是产业转型升级促进机制更加完善。山西省把产业转型作为经济高质量发展的重中之重，以增强生存力、发展力为方向，改造提升传统优势产业，以加快集群化、规模化为方向，大力推动战略性新兴产业引领转型，实施了千亿产业培育、全产业链培育、高成长性企业培育、未来产业培育等系列工程，2021 年工业战略性新兴产业增加值增长 19.5%，快于规模以上工业企业 6.8 个百分点。山西探索实施战略性新兴产业终端电价优惠政策，实施每度 0.3 元电价等一系列优惠政策。大力推动传统优势产业率先转型，促进智能化、绿色化、服务化发展。开展智能制造试点示范，国家级、省级智能制造试点示范企业不断增加，山西省省级制造业创新中心评价指标体系基本建立，技改资金投入持续加大。大力推动服务业提质转型，加快发展生产性服务业、生活性服务业、非营利性服务业，物流降本增效综合改革试点取得显著成效。文旅融合持续深化，公共文化服务富有成效，文化遗产保护利用有力加强，全域旅游示范区创建工作有序推进，山西文化旅游美誉度和影响力持续提升。大力发展数字经济，着力推进新技术、新模式、新业态与实体经济深度融合。推进"宽带山西""智慧山西"一体化大数据中心建设，在用数据中心设计机架数年均增长率远高于全国平均水平，国科晋云、吕梁天河二号等超算中心的计算能力全国领先，云中 e 谷、大同秦淮等超大型数据中心服务器规模跻身全国前列，百度云计算（阳泉）中心在数据存储规模、计算能力等方面都处于亚洲一流水平。

二是创新生态持续优化，创新动力不断增强。山西省加快推进"111""1331""136"三大创新工程。积极创建国家实验室、大科学装置和超算中心等创新平台，国家重点实验室、国家企业技术中心分别达到 5 个和 31 个，院士工作站 114 个、省重点实验室 120 个、工程技术研究中心 131 个。"手撕钢"、高端碳纤维、高铁轮轴、新一代半导体等一批关键技术和产品取得突破，规模以上工业企业研发活动实现全覆盖。实施科技奖励由推荐制改提名制，在原推荐制的组织机构、相关部门推荐的基础上，全面实行专家学者提名，并进一步扩大了提名专家范围，取消了单位提名的指标限制，要求提名者基于自身对相关学科、行业领域的了解和评判，主动、独立地提名项目和人选，奖励总额度由 500 万元大幅增加至近 6000 万元。重建科技管理运行机制和工作流程，再造科技厅内部管理体系，对省应用基础研究计划自然科学基金重点项目试行"包干制"改革试点。启动引进人才战略行动，年度引进博士人数破千。山西印发了《关于深化省校合作的实施方案》，与高校共建"十二大基地"，推动山西与全国高校全方位合作，目前已有30余所省外知名高校领导来晋回访，省政府与55所高校达成战略合作协议，全方位培养、引进、用好人才，省校合作常态化机制初步形成。深化知识产权保护制度改革，制定《山西省知识产权保护条例》，成立中国（山西）知识产权保护中心，成为中部地区第一家可面向全省服务的知识产权保护中心。

三是深化能源综合改革试点，推动能源绿色变革。山西省把推进能耗双控工作，作为深化能源革命综合改革试点的核心内容，作为如期实现碳达峰碳中和的必由之路和全方位推进高质量发展的重要支撑，坚决把能耗强度降下来，把能耗总量控制在合理水平。为此，山西省召开了全省深化能源革命综合改革试点暨能耗双控工作推进大会，严格执行保供稳价政策。2021年以长协价完成16个省（区、市）4356万吨电煤保供任务，为国家稳定宏观经济大盘作出贡献。同时，山西省坚定不移去产能，"十三五"时期退出煤炭过剩产能1.57亿吨，退出总量居全国第一，使先进产能占比达到68%。在优化传统能源的同时，加快发展清洁能源和新能源产业，新能源发电装机容量占全省装机容量的31.6%，其中风、光发电装机容量进入全国前列，光伏领跑基地装机规模达到400万千瓦，位居全国前列。山西扎实推进电力体制改革，源网荷储一体化扎实推进，垣曲、浑源抽水蓄能电站建设加快推动，电力现货市场启动双边现货市场不间断运行。深入推进煤层气体制改革，完全承接国家授予山西的省境内部分煤层气探矿权、占用储量中型以下采矿权、煤层气试采审批权以及日常监管权，组织出让煤层气区块35宗，增加面积0.57万平方公里，煤层气产量逐年提升。

四是加快通用航空发展示范省建设，完善物流体系。山西省制定了《山西省通用航空业发展规划（2018—2035年）》，着力推动山西建设成为国内领先的通用航空业发展示范区。加强通航基础设施建设，芮城通用机场开工建设，开展灵丘机场、屯留沙家庄机场升级改造，推动万荣、河曲、阳高等10余个市县加快推进通用机场建设前期工作。加快培育通航市场主体，山西通用航空集团有限公司挂牌成立，中航货运航空有限公司落地大同，大同轻型飞机制造有限公司获得民航局颁发的生产许可证。加快通航产业园区建设，大同、长治、太原等通航产业园区加快建设。开通短途运输航线，实现全省域4条短途航线首飞和3个低空旅游项目同步开飞。

五是深入推进国资国企改革，激发国企活力。山西省聚焦迈过"生存线"，达到"发展线"，在深化国企改革中加快推进国企"赶考""补考"，强化成本管控和精益管理，实行分类核算和分类考核，培育塑造优秀企业文化，持续增强国有企业核心竞争力。制定实施《国企改革三年行动方案（2020—2022年）》，深化国资监管体制改革，扎实推进省属企业专业化战略重组，省属企业从28家优化调整至18家，在数字信息、现代物流、生态环保、通用航空等领域组建和重组了一批"旗舰劲旅"。深化混合所有制改革，集团层面混合所有制改革实现"破冰"，太重、文旅、大地等企业被列入全国试点名单；开展国有企业"六定"改革，省属企业集团总部机构、员额分别压减40%和72%，"三供一业"分离移交任务和厂办大集体改革基本完成；实施企业管理提升工程，全面提升国有企业精细化、数智化、证券化水平。

六是优化民营经济发展环境，激发民企活力。山西省不断强化政策保障，制定支持民营经济发展"30条""23条"及相关配套措施，形成了更完善、更有效的制度体系。疫情防控期间，及时出台《关于应对疫情支持中小企业共渡难关的若干措施》，全力帮助民营企业复工复产。同时，加强维护公平竞争，清理一批妨碍统一市场和公平竞争的文件，甄别纠正一批社会反映强烈的产权纠纷案件。为进一步激发民营企业活力，山西省出台了全国首部促进民营经济发展的省级政府规章《山西省促进民营经济发展办法》，实施了市场主体倍增计划，加快"双创"提档升级，推动中小微企业和个体工商户持续成长，"四上"企业不断壮大。到2021年，全省市场主体达到315.6万户。

七是深入开展文旅融合发展，挖掘服务业发展潜力。山西省深入挖掘山西文化"富矿"，统筹推进以文化人、以文惠民、以文兴业。研究建立山西省社会主义核心价值观入法入规协调机制，推动社会主义核心价值观融入法治山西建设。不断完善文明提升机制，积极建设新时代文明实践中心，全省新时代文明实践中心、实践所、实践站覆盖率分别达到100%、97.41%、89.63%。推进全国文明城市创建常态化工作，县级以上文明村、文明乡镇占比达到50%。不断完善文旅融合发展机制，成功获批国家全域旅游示范区，深度挖掘山西特色文化，精心打造山西旅游品牌。不断完善旅游基础设施和公共服务体系，黄河、长城、太行三个"一号旅游公路"累计建成4087公里。成功举办旅游发展大会、平遥国际摄影大展、平遥国际电影展等，让更多人了解山西、走进山西，山西文化旅游美誉度和影响力持续提升。不断完善文化遗产保护利用机制，高起点高标准高品位抓好云冈石窟、五台山、平遥古城三大世界文化遗产的保护和利用，设立了大同大学云冈学院，成功挂牌云冈研究院。不断深化省属文化企业改革，理顺山西日报报社管理体制，推进山西文博集团重组改革，先后组建成立一批省属文化企业。

八是稳步推进要素市场化配置改革，激发市场活力。山西省持续推进财税体制改革，推出增值税小规模纳税人"六税两费"减免措施，开展资源税从价计征改革，实施修订后的个人所得税法及实施条例，纳税人获得感逐步增强。加快推进地方金融改革，改制农信社为农商行，成立山西银行，着力防范金融风险。扎实推进土地管理体制改革，实施最严格的耕地保护制度，完善城乡建设用地"增存挂钩"机制，开展晋城"点供"用地双平衡试点，在综改示范区、省级以上开发区全面实施"标准地"改革，完成太原市建设用地使用权转让、出租、抵押二级市场试点并按照国家要求在全省范围推广。逐步形成数据资源共享共用格局，依托区块链、智能认证等新技术，构建权责明确、流向清晰、全省统一的数据共享交换平台，为全省数据资源共享提供坚实支撑。

2.围绕协调发展深化改革，城乡发展协同性逐步提升

山西省加快培育发展山西中部城市群，打造太忻经济区、山西综改示范区南北引擎，辐射带动晋北、晋南、晋东南城镇圈协同发展，城乡区域发展新格局加快形成。

一是"一群两区三圈"的城乡区域发展新布局更加完善。山西中部城市群发展进入国家规划，太原国家区域中心城市影响力不断提升，晋中、忻州、吕梁、阳泉城市群发展加速推进。一方面高质量建设山西资源型经济转型综合配套改革试验示范区，持续强化山西中部城市群发展的南引擎。目前，综改示范区由太原、晋中 8 个国家级、省级开发区整合而成，形成了"五个一"可复制推广的改革成果，排头兵作用充分发挥。武宿综保区进出口值在全国综合保税区的排名从 2019 年的全国倒数第一进入全国第一方阵。另一方面，为加快打造山西中部城市群发展的北引擎，山西重点建设太忻经济区，使之成为山西省融入京津冀和服务雄安新区的重要走廊、全国知名的新材料产业集群、世界级旅游康养目的地。同时，山西在晋北、晋南、晋东南建设高质量城镇圈，依托各自区位优势，向内凝聚力不断提升，向外影响力不断拓展。

二是以人为核心的新型城镇化建设扎实推进。山西省着力发展各具特色的县域经济，县域经济综合竞争力不断提升。一方面有序开展城市更新行动，稳步调整行政区划，"一市一区""城郊矿区"问题逐步解决，城市形象大幅提升，国家卫生城市逐年增加，城镇老旧小区改造成效显著，基础设施逐步补齐，小区环境明显改善，居民生活更加便利；另一方面，持续推行城市生活垃圾分类和减量化处理、资源化利用，简约适度、绿色低碳的生活方式加速形成。

三是农业农村改革持续深化，乡村振兴全面实施。山西省深入实施农业"特""优"战略，雁门关农牧交错带产业结构日趋合理，"南果中粮北肉东药材西干果"五大平台初见成效，农产品精深加工十大产业集群扎实推进，一批特色现代农业产业园区初具规模，为现代特色农业发展奠定了坚实基础。山西坚持把有机旱作农业打造成全国重要品牌，推动 4 市 15 县(市、区)有机旱作农业示范区建设，落实"藏粮于地、藏粮于技"战略，着力改善农业基础设施条件，累计建成高标准农田 1628 万亩，粮食总产量连续 5 年超过 1350 万吨，2021 年粮食总产量达到 1421.2 万吨。山西省发布了"山西药茶"省级区域公用品牌，推动"山西药茶"品牌成为中国第七大茶系。深化农村综合改革，巩固完善农村基本经营制度，引导农村承包土地经营权规范有序流转，全省所有县、93%的乡镇建立了农村产权流转交易市场。深化集体产权制度改革，基本完成农村承包地确权登记颁证。在全国率先颁布农业生产托管服务规范、服务指南、绩效评价办法。高水平推进晋中国家农高区（山西农谷）建设，抓住山西农谷上升为国家战略的历史机遇，全力打造国内一流的现代农业创新高地、产业高地、人才高地、开放高地，实现良好开局。实施农大农科院合署改革，探索"院办校""大部制"办学新模式。深入推进乡村振兴，加强对乡村振兴先行示范县、整体推进县、重点帮扶县的分类指导，推动巩固拓展脱贫攻坚成果同乡村振兴有效衔接。乡村治理体系逐步完善，村集体经济"破零"基本实现。2021年，农村居民人均可支配收入 15308 元，同比增长 10.3%；农村居民人均消费支出 11410 元，同比增长 10.9%，增速持续快于城镇居民。

3. 围绕绿色发展深化改革，生态环境质量明显改善

山西省深入贯彻落实习近平生态文明思想，全面践行"绿水青山就是金山银山"理念，深入推进生态文明建设，全面推动黄河流域生态保护和高质量发展，一体推进治山、治水、治气、治城，美丽山西建设取得积极成效。

一是生态环境保护修复全面加强。山西省坚持山水林田湖草系统治理，全方位、全地域、全过程开展生态环境保护与修复。大力实施"两山七河一流域"生态修复治理。扎实推进以汾河流域为重点的"七河"（汾河、桑干河、滹沱河、漳河、沁河、涑水河、大清河七大河流）流域生态保护和修复工程，开启生态化、全流域、系统性治理的新探索。汾河流域13个国考断面水质全部退出劣Ⅴ类，以汾河谷地为中心的地下水位已连续多年持续回升，汾河两岸生态景观更加秀美，习近平总书记用"沧桑巨变"点赞汾河治理成效。稳步推进太行山、吕梁山重大生态修复工程，开展国土绿化彩化财化行动，实施营造林2300万亩，森林覆盖率由20.5%增长到23.57%，历史性超过全国平均水平。全面深化河湖长制，构建"河湖长＋河湖长助理＋巡河湖员"工作模式，如期完成河湖长履职、组织管理、运行机制、监督保障等改革任务。全面推行林长制，促进绿化彩化财化同步推进，增绿增景增收有机统一。全面实施水源、水权、水利、水工、水务"五水综改"，坚持"以水定城、以水定地、以水定人、以水定产"，逐步理顺水资源管理体制机制，优化构建供水网络，建立完善市场化治水机制。

二是生态文明制度体系更加健全。成立省委书记、省长担任双主任的山西省生态环境保护委员会，形成以例行环保督察为主，专项督察和"回头看"督察为辅的环保督察体系，生态环境保护责任制度更加严明。出台《山西省加快构建现代环境治理体系实施方案》，形成导向清晰、决策科学、执行有力、激励有效、多元参与、良性互动的现代环境治理体系。完善生态补偿机制，健全生态产品价值实现机制，推行排污权、用能权、用水权、碳排放权市场化交易试点。开展生态环境损害赔偿制度改革，在全国率先成立了省级环境污染损害司法鉴定机构。创新开展排污权交易试点，成立了全国首家省级排污权独立交易中心。强化国土空间规划和用途管控，编制完成生态保护红线、环境质量底线、资源利用上线和环境准入清单，生态环境管控预防体系初步建立；落实《中共中央　国务院关于建立国土空间规划体系并监督实施的若干意见》，将主体功能区规划、土地利用规划、城乡规划等空间规划融合为统一的国土空间规划。

三是生态环境污染治理成效显著。山西围绕坚决打好污染防治攻坚战，着力解决突出生态环境问题。抓好中央环保督察反馈问题整改，在全国率先启动省级环保督察和督察"回头看"，逐步形成以例行环保督察为主，专项督察和"回头看"督察为辅的全方位、多层次、系统化环保督察体系。建立铁腕治污常态化工作机制，完善省市县三级党政领导领办、包办重点环保工程和重点环保问题责任制。综合整治"散乱污"企业，加快推进工业固废综合利用。因地制宜实施清洁取暖工程，全省清洁取暖覆盖率达到80%以上。建立生态环境综合执法、公安、检察、审判机关信息共享、案情通报、案件移送制度。持续开展蓝天、碧水、净土三大保卫战，优良天数比例创历史新高，重污染天数比例降至0.5%，设区市建成区黑臭水体全部消除。"十三五"期间，单位能耗累计较2015年下降15.3%。

四是绿色发展促进机制不断完善。山西省着力构建绿色制造体系，近年来每年制定印发《山西省绿色制造年度行动计划》，推动一批企业、产品、园区、供应链被工信部分别列为绿色工厂示范、绿色设计产品、绿色园区、绿色供应链。深化资源节约集约利用，实施能源消耗总量和强度双控，坚决遏制"两高"项目，用能结构不断优化。全面启动自然资源统一确权登记。倡导绿色生活方式，开展节约型机关、绿色家庭、绿色学校、绿色社区、绿色出行、绿色商场、绿色建筑七大创建行动，简约适度、绿色低碳、文明健康的生活理念和生活方式渐成风尚。

4. 围绕开放发展深化改革，内陆高水平开放体制不断完善

山西省不断发挥承东启西、连接南北、毗邻京津冀的区位优势，主动融入国家重大区域发展战略，加快推进制度型开放，在更大范围、更宽领域、更深层次走出去、引进来。

一是内陆地区对外开放新高地加快构建。山西省积极主动实施中部地区高质量发展战略，出台了《关于新时代推动山西在中部地区高质量发展中争先崛起的行动方案》，推动省际协作和交界地区协同发展，发展中部先进制造业基地。山西省委、省政府印发了《山西省黄河流域生态保护和高质量发展规划》，全力实施黄河流域生态保护和高质量发展战略，召开工作部署会，全力打造生态优先、绿色发展的重要试验区。同时，山西积极融入京津冀协同发展战略，主动对接长三角、粤港澳大湾区建设，精准对接"一带一路"沿线国家，中欧（亚）班列运行质量效益显著提升，开行 9 条中欧（中亚）班列常态化国际线路，形成了辐射"一带一路"沿线 12 个国家 27 个城市的对外贸易新格局。太原国际邮件互换局建成投运，国际互联网数据专用通道开通运营。山西持续拓展开放平台，建成 5 个国家级外贸转型升级基地、20 个国家级食品农产品质量安全示范区、16 个省级示范区、2 个国家级出口工业品质量安全示范区，外贸竞争新优势逐步显现。同时，山西不断加强国际友好城市建设，加快国际产业合作园区建设，打造晋非经贸合作区的高端现代金融服务业园区，"一带一路"（祁县）中小企业特色产业合作区，扎实推进跨境电子商务综合试验区建设，开放型经济水平明显提升。

二是"承诺制＋标准地＋全代办"改革成效明显。山西省有效集成企业投资项目承诺制改革、项目供地标准化改革、投资项目建设领办代办改革，加快形成改革集成效应，持续释放改革红利，走出了持续优化营商环境的山西新路径。通过改革，项目落地时间大幅缩短，项目从立项到开工时间平均缩短一半以上。同时，企业办理成本显著下降，"全代办"改革将原本由企业承担的 14 项政府统一服务事项的费用纳入同级财政预算，减轻企业负担。"标准地"改革保证了企业拿地时的平整度以及水、电、气、暖、路、网等要素配置需求，大大便利了企业用地需求。

三是"放管服"改革持续释放红利。山西省实行政府统一服务、企业信用承诺、监管有效约束、统一清单告知、统一平台办理、统一信息共享、统一收费管理，变先批后建为先建后验，变部门审批把关为企业信用约束，强化事中事后监管，企业办理手续缩减 80%，项目报建审批时间缩短一半以上，企业投资项目承诺制改革成为综改典范。通过实施工程建设项目审批制度改革，各市平均划转审批事项 285 项，各县（市、区）平均划转审批事项 210 项，平均压减审批事项 20% 以上，审批时限压缩 30% 以上，审批环节压减 51% 以上，申报材料减少近55%，审批事项和申报材料大幅缩减，山西长城"智能云"工厂从开工到投产用时不到 4 个月。通过持续深化商事制度改革，实施"多证合一"、压缩企业开办时间、"证照分离"和注销便利化改革等一系列措施，简化申请材料，优化办事流程，有效激发市场活力和社会创造力。与此同时，山西数字政府建设步伐加快，"一朵云扩容提质、一张网多网联通、一平台全量汇聚、一系统架构创新、一城墙一体防护"基础架构初具规模，一体化在线政务服务平台、"三晋通"等助力政务服务全程网办、全省通办、跨省通办。为客观评价改革成效，山西省在全国率先开展省域营商环境评价，发布首个《山西省营商环境整体评估报告》，建立了以评促改、以评促优跟踪督办机制。

四是开发区改革创新成效突出。山西省不断加大开发区综合改革，开发区空间布局更加优化，全省省级及以上开发区数量由 2016 年的 25 个增加到 2021 年的 88 个。通过持续推进"三化三制"改革，建立起以"岗位、绩效"为核心的管理体制机制，逐步完善法治化管理机制，出台《山西省开发区条例》，将全省开发区建设发展中积累的好经验、好做法用法规固定下来。印发实施了《加快推进向开发区赋权实施方案》，分别明确省级、市级向开发区赋权事项 58 项和 1377 项。经过改革，开发区考核评估机制更加健全，出台《山西省开发区考核办法》，实行"有进有出、有升有降"的动态管理，将考核结果与干部管理、绩效工资挂钩，激发了开发区领导干部干事热情。同时，全面推动全省开发区行政和社会管理职能剥离，划归属地管理，实行开发区在地统计，理顺开发区财税管理体制，建立与市、区政府合理的投入和收益分配制度。滚动开展全省开发区项目建设"三个一批"活动，截至 2021 年开工项目 1607 个，完成投资 745.3 亿元。经过改革，开发区主战场作用明显增强。

五是国家标准化综合改革试点成效显著。山西省作为国家标准化综合改革试点省份，积极推进地方标准制修订工作，发布了《山西省标准化条例》，出台了《地方标准管理办法》等 10 项制度措施，建立了考核考评、督查督办、财政保障、人才培养、服务支撑、科技融合、表彰奖励、宣传引导、市场运作等 9 方面标准化工作机制。在全国率先发布了智能煤矿建设规范，制定了文化旅游、现代物流、养老服务等标准体系，推进有机旱作、高端装备制造、营商环境、生态保护、安全生产、社会治理、公共服务七大标准体系建设。特别是在助力新冠肺炎疫情防控工作中，率先发布了新冠肺炎疫情防控消毒技术指南 7 项系列地方标准。山西省标准化改革得到国家肯定，2020 年世界标准日主题活动首次走出北京在太原举办，其间成立了中国标准化研究院转型发展研究中心（山西），并在中北大学、太原科技大学开设标准化本科学历教育，标准化本科人才培养工作走在全国前列。

5. 围绕共享发展深化改革，民生保障短板进一步补齐

山西省始终践行以人民为中心的发展思想，在更高标准、更深层次和更宽领域加强公共服务供给，坚持和完善就业、教育、社保、健康等民生保障制度，人民群众获得感、幸福感、安全感不断提升。

一是脱贫攻坚取得全面胜利。山西省强化军令状、交总账意识，压实扶贫主体责任聚力"六个帮扶"，创新产业扶贫机制延伸"到村、到户"，创新生态扶贫模式实现生态改善和扶贫脱贫"互促双赢"，完善工作机制推进整村搬迁，建立长效机制防止返贫致贫，深化社会保障改革实现"政策兜底"，现行标准下 329 万农村贫困人口全部脱贫，58 个贫困县全部摘帽，7993 个贫困村全部退出，书写了减贫奇迹的山西精彩篇章。

二是就业领域改革成效明显。山西着力抓好高校毕业生、农民工、就业困难人员等重点群体就业，做好援企稳岗工作，实现零就业家庭动态清零。通过实施技能社会建设，把技能提升作为促进创业创新、带动就业增收的关键举措，大力提升全省就业人员技能水平和就业水平。通过开展订单式、菜单式和项目制培训，打造一支知识型、技能型、创新型劳动者队伍。2018年该项措施实施以来，已累计培训 350 万人次，192 万农村劳动力实现转移就业。通过建立三级联动省外劳务服务体系，开拓"一带一路"沿线国家劳务市场。2021 年，城乡居民人均可支配收入同比分别增长 7.6% 和 10.3%。

三是教育领域综合改革不断深化。在学前教育改革方面，山西省坚持公益普惠原则，推进学前教育改革发展国家试验区建设，采取新（改、扩）建公办园、落实小区配建园、扶持普惠性民办园、建设农村园等多种措施，扩大普惠性幼儿园覆盖面，2021 年认定 433 所普惠性幼儿园。在义务教育改革方面，山西严格落实"双减"政策，学科类校外培训机构压减率达到 93.21%，学生作业负担和校外培训负担明显减少。同时，山西省不断深化教育评价改革，制定了《山西省深化新时代教育评价改革工作措施》及配套文件。在改革中，山西坚持城镇乡村统筹、扩优扶弱同步、软件硬件并重、资源机会共享，顺利通过国家义务教育基本均衡发展评估认定。2020 年全国基础教育综合改革暨教学工作会议在长治市召开，深化义务教育综合改革的"晋中模式"入选中央深改办十大改革典型案例。在特殊教育改革方面，初步形成"以普通学校附设特殊教育班和随班就读为主体、以特殊教育学校为骨干"的办学格局，山西每年投入 500 万元特殊教育专项经费推进特殊教育发展。在职业教育改革方面，设立山西工程职业大学，成为山西第一所省属公办本科职业大学；合并组建新的山西艺术职业学院，"院团合一"重组改革为全国首创，为职业教育资源优化整合探索山西经验。山西通用航空职业技术学院、朔州陶瓷职业技术学院和长治幼儿师范高等专科学校获批设立，运城职业技术学院经教育部批准升格为本科层次职业学校，18 个国家级现代学徒制试点有序推进。在高等教育改革方面，支持山西大学、太原理工大学、中北大学率先发展，"双一流"高校建设实现重大突破，2020年山西大学获得国家自然科学二等奖、国家科技进步二等奖。

四是社会保障制度更加公平和可持续。在城乡医保方面，城镇医保和新农合制度实现并轨提质。稳步推进基本医保省内和跨省异地就医住院费用直接结算、"一站式"结算等便民服务，全省异地就医各市医保系统实现互联互通，并接入全国异地就医直接结算系统，基本医疗保障水平逐年提高。在工伤保险方面，推动工伤基金省级统筹，建立工伤保险劳动能力网上再鉴定服务平台，实现劳动能力再次鉴定的申请、受理、缴费和结论送达"零跑腿"。在城乡养老保险方面，建立统一的城乡居民基本养老保险制度，基本养老保险覆盖率超过 95%。同时，推进机关事业单位养老保险制度改革，建立了社会统筹和个人账户相结合、以职业年金为补充的机关事业单位养老保险制度，企业退休人员基本养老金"十六连涨"，并率先纳入全国个人统筹信息系统。山西在全国率先建立城乡居民补充养老保险制度，通过个人自觉缴费、加大政府补贴、鼓励集体补助等举措，有效提升养老保险待遇水平。此外，山西省还试点开展主要农产品价格保险、灾害保险和未转移就业保险试点，有效降低主要农产品种植主体生产经营风险，保障农民收入稳定。

五是医药卫生体制改革持续深化。山西深入开展县域医疗卫生一体化改革，改革经验得到国家层面重视和推广，2017 年被评为全国十大医改举措之一，2018 年全国县域综合医改现场会在山西省运城市召开，2019 年国家卫生健康委员会、国家中医药管理局确定山西和浙江两省为紧密型县域医共体建设试点省。全面推开公立医院综合改革，着眼建立健全现代医院管理制度，总体以外部治理为主，落实政府办医责任，围绕管理体制、补偿机制、价格机制、人事编制、收入分配、医疗监管等重点领域和关键环节进行积极探索，医疗服务收入占比由改革前的 22%上升到 27%，药品收入占比从改革前的 40%以上降至 30%以下，医务人员的劳动价值有效体现。有序推进区域医疗中心试点建设，山西白求恩医院、省肿瘤医院、中医药大学附属医院 3 个国家区域医疗中心试点建设取得明显成效。出台中医药强省七大工程方案，提前一年实现中医馆建设项目全覆盖。重塑性构建公共卫生体系，应对重大突发公共卫生事件的能力不断增强。不断完善重大疫情防控体制机制，抗击新冠肺炎疫情取得重大战略成果。初步建立起新冠病毒免疫屏障，为全国疫情防控作出山西贡献。

六是社会综合治理机制不断完善。山西省坚决贯彻总体国家安全观，落实"两工程一机制"，社会安全形势良好。集中治理重复信访、化解信访积案，中央信访联席办交办的重复信访事项化解率达 91.7%。扎实开展安全稳定风险隐患排查化解，化解整治率达 98.99%。扎实推进市域社会治理现代化试点，在全省推开"全科网格"建设，全省 117 个县（市、区）实现全覆盖。开展社会治安、经济民生、农业农村三大领域 15 个专项行动，常态化推进扫黑除恶斗争，构建打防管控立体化的社会治安防控体系。稳妥推进乡镇机构改革，出台改革方案，着力构建科学规范、运行高效、权责一致的乡镇（街道）机构职能体系。

三、改革经验做法

山西资源型经济转型综合配套改革试验区建设的成功实践，从一个区域证明，以习近平同志为核心的党中央作出的资源型地区经济转型发展的战略决策是完全正确的。在这一过程中，山西坚决贯彻党中央决策部署，紧密联系自身实际，深化理论探索和实践创新，取得了一些重要经验。

（一）以习近平总书记系列讲话精神为指引，坚持正确方向

山西资源型经济转型综合配套改革试验是习近平总书记亲自关怀、亲自擘画、亲自推动的伟大变革。山西资源型经济转型综合配套改革试验取得的显著成绩，根本在于以习近平同志为核心的党中央的英明领导，根本在于习近平新时代中国特色社会主义思想的科学指导。特别是习近平总书记三年时间两次视察山西，作出重要指示，为转型综合配套改革试验指明了前进方向，提供了根本遵循。习近平总书记 2017 年视察时，要求山西真正走出一条产业优、质量高、效益好、可持续的发展新路；2020 年再次亲临山西视察时，要求山西在转型发展上率先蹚出一

条新路来。近年来，山西深入贯彻落实习近平总书记视察山西重要讲话重要指示精神，不断强化工作举措，扎实推进综合配套改革工作，持续推进在转型发展上率先蹚出一条新路的重大使命。

（二）以服务广大人民群众根本需求为宗旨，坚持人民立场

满足人民日益增长的美好生活需要是高质量发展的最终目的，也是转型综合配套改革试验的最终目的。山西坚持人民立场，推出了一批有特色、实惠多的改革举措，切实增强了群众的获得感幸福感，转型综合配套改革试验才能得到全省上下的支持，并从中激发改革动力。大力开展技能社会建设，推出"人人持证、技能社会"改革举措，有效提升了人民群众的劳动技能。在全国率先建立城乡居民补充养老保险制度，有效提升养老保险待遇水平。在就业、教育、医疗、养老等方面，结合山西实际推出了一批民生改革，让人民群众从改革中获得了真正实惠，使转型综合配套改革试验成为全省上下的共识共为和自觉行动，推动改革成果更多更公平惠及人民群众。

（三）以全面改革和创新为根本动力，坚持解放思想

资源型经济转型发展是世界性难题。正是因为山西不断创新思路，勇于攻坚克难，善于化危为机，转型综合配套改革试验才能逐步破除陈旧观念，扎实有序推进。山西主动谋划创新性改革，在先后推出承诺制改革、标准地改革、全代办改革的基础上，探索推出"承诺制＋标准地＋全代办"改革，让各项改革相互融合，更好地发挥集成效应。探索建立以管资本为主的国资监管体制，逐步实现从管企业到管资本的转变，大大激发了国有资本活力。

（四）以山西面临实际和困难为改革方向，坚持实事求是

作决策、抓工作都要遵循客观规律。山西从亟须破解的问题出发，从山西需要赶考和补考的任务出发，谋划推动落实改革，转型综合配套改革试验的历史欠账才能逐步还清，并赶上前进步伐。比如，山西过去因煤炭开采产生了一些生态环境问题，给经济社会带来一定影响。针对这些问题，山西推出"两山七河一流域"生态修复、"五水综改"等系列改革，生态环境的历史欠账逐步还清。习近平总书记视察山西时充分肯定了山西工作，用"沧桑巨变"点赞汾河治理成效。

（五）以系统观、全局观为改革根本宗旨，坚持系统推进

山西资源型经济转型综合配套改革试验区是全省域、全方位、系统性的试验区，涉及经济社会各个方面、各个层次、各个要素。山西坚持"摸着石头过河"和顶层设计相结合，坚持问题导向和目标导向相统一，坚持试点先行和全面推进相促进，着力增强改革的系统性、整体性、协调性，转型综合配套改革试验向纵深推进。山西在大力推动省级层面转型综合配套改革试验工作的同时，专门针对市县层面的综合配套改革工作进行了部署，推出市县转型综合配套

改革试验牵引性集成改革试点，在全省选择改革基础较好的县进行试点，争取在城乡融合发展、现代乡村产业、开发区运营管理、生态产业化和产业生态化、基层平安建设等方面形成集成经验。

（六）以改革切实取得实效为最终目标，坚持久久为功

转型综合配套改革试验是一场攻坚战、接力赛。山西脚踏实地，不断付出艰辛努力，转型发展才能呈现出良好态势。山西锚定转型发展不松懈，一棒接着一棒跑、一任接着一任干，转型综合配套改革试验才能不断取得新成绩。

第十二章　黑龙江省"两大平原"现代农业
综合配套改革试验

黑龙江省松嫩平原、三江平原两大平原，是黑龙江农业的核心区，覆盖 11 个市的 51 个县（市、区）和原黑龙江农垦总局 9 个管理局的 113 个农场。该试验区农业资源富集，耕地面积达 1.62 亿亩，占全省总耕地面积的 67.78% 以上，粮食产量占全省的 90% 以上。党中央、国务院对黑龙江省"三农"工作一直高度重视，习近平总书记多次亲临黑龙江省视察，听取"两大平原"改革进展汇报。国务院专题会议多次就改革试验进行研究部署，国家部委对"两大平原"改革试验工作给予大力支持和具体指导，有力推动改革顺利开展。黑龙江省委、省政府始终把"两大平原"改革作为全省重要改革任务，认真落实《黑龙江省"两大平原"现代农业综合配套改革试验总体方案》确定的各项改革任务，扎实有序推进各项改革。

一、改革实践探索

黑龙江省"两大平原"现代农业综合配套改革试验共分两个阶段推进：第一阶段是 2013—2015 年，"两大平原"现代农业综合配套改革试验取得重大进展，形成物质装备先进、组织方式优化、产业体系完善、服务保障有力、城乡协调发展的新格局。第二阶段是 2016—2020 年，"两大平原"现代农业综合配套改革全面深化，形成以种养大户、家庭农场、农民合作社为主体的先进组织形式，以规模化、标准化生产和产业化经营为主导的现代产业体系，以资源节约、环境优化为主要特征的科学发展方式。

（一）"两大平原"现代农业综合配套改革试验启动并取得重大进展阶段（2013—2015 年）

2013 年 6 月，国务院批复《总体方案》，"两大平原"改革正式上升为国家战略，成为十二个国家级改革试验区之一。2013 年 12 月，省委、省政府印发《总体方案》，确定了十一大方面 36 项重点改革试验任务，明确了改革试验的目标是通过改革试验，在"两大平原"初步建立适应现代农业发展的体制机制和以工促农、以城带乡的长效机制。

2014 年 3 月，黑龙江省委设立了现代农业综合配套改革专项小组，由省委和省政府分管领导任正副组长，标志着"两大平原"改革正式进入推进阶段。2014 年，试验区主要进行了 6

个方面改革：围绕培育新型农业经营主体，制定出台《关于鼓励和扶持新型农业经营主体发展的意见》等政策文件 11 项；围绕农村土地管理制度改革，转发和下发《关于支持黑龙江"两大平原"现代农业综合配套改革试验土地管理制度改革的意见》等政策文件 4 项；围绕农村金融保险服务创新，印发实施《"两大平原"现代农业综合配套改革试验金融改革方案》等政策文件 7 项；围绕支农保护政策创新，制定出台《"两大平原"现代农业综合配套改革试验涉农资金整合方案》等政策文件 3 项；围绕大豆目标价格改革，制定出台《大豆目标价格改革实施方案》；围绕城乡一体化发展，制定出台《关于加快发展养老服务业的实施意见》等政策文件 10 项，现代农业综合配套改革政策框架体系初步形成。主要开展了 5 个方面 15 项试点：克山县农民合作社以土地分配为主、国家投资收益平均分配、公积金记在个人账户等同投资、未分配盈余始终"为零"和合作社没有"无主"财产的农民合作社运行机制试点取得成功，在全省推广。方正县等地形成土地确权登记试点经验，制定了全省农村土地承包经营权确权登记试点工作操作规程，试点地区由 10 个扩大到 42 个，农村土地承包经营权流转交易平台试点在肇东市、富锦市展开。穆棱、克山、肇东、宝清等县（市）开展了农民合作社资金互助业务、农村合作金融公司、农业租赁金融公司、村镇银行试点，桦川、抚远等 8 个县（市）开展了扩大抵押担保物范围试点。富锦、肇东、五常、克山等县（市）启动了农业互助合作保险试点。每个市（地）至少选择了两个县（市、区）开展了创新农业社会化服务体系试点。依安县、安达市开展了小型农田水利产权制度改革试点。此外，还开展了以土地等生产要素入股龙头企业、农村集体产权制度改革等试点。各项试点进展顺利，为改革全面推开积累了经验。

2015 年，试验区共承担改革任务 25 项（包括承接中央改革任务 13 项，省委部署任务 12 项），当年完成 22 项，有 2 项"制定关于建立农村产权交易市场管理暂行办法（承接中央改革任务）"和"制定落实国家关于土地承包关系长久不变意见的实施办法（承接中央改革任务）"等待国家有关意见出台，安达市启动国家农村集体经营性建设用地流转试点工作。

（二）"两大平原"现代农业综合配套改革全面深化阶段（2016—2020 年）

2016 年，试验区共承担改革任务 23 项（包括承接中央改革任务 8 项，省委规划任务 11 项，省政府工作报告中提出的任务 2 项，结转任务 2 项），已落实 18 项，还有 5 项正在等待国家出台相关政策文件或列为试点。其中包括承接中央改革任务 1 项，"落实国家关于土地流转市场运行规范办法"；省委规划任务 4 项，包括"落实国家关于进一步保障农民工同工同酬的意见"，"落实国家关于进一步保障农民工同工同酬的意见"，"落实国家关于完善城镇低效用地再开发的政策"，"制定农村产权交易市场管理暂行办法"。

2017 年，试验区共实施 6 项改革任务，包括出台农业供给侧改革意见、出台绿色生态为导向的农业补贴方案、出台支持农业经营主体发展的意见、出台经济发达镇意见、出台产权制度改革意见。一是加快推进农业"粮食生产适度规模化、农民合作社发展规范化、生产过程现代化、生产服务社会化、粮田建设标准化、粮食加工销售市场化、种粮收益保障法制化"工作。二是开展农村产权制度改革，推进农村土地承包经营权确权登记。出台《关于完善农村土地所有权承包权经营权分置办法的实施意见》《黑龙江省农村土地承包经营权确权登记颁证工作方案》。阿城区农村土地确权工作经验得到农业部高度认可并在全国推广。方正县作为国家第一批集体资产股份权能改革试点单位，做法得到农业部充分肯定。在全国率先出台《关于稳步推进农村产权制度改革的实施意见》，配套制定《黑龙江省农村产权制度改革试点工作方案》。三是实施涉农资金整合使用，制定涉农资金整合方案和资金使用管理办法等，改革农业补贴方式。把良种补贴、粮食直补、农资综合补贴等三项农业补贴合并成农业支持保护补贴。

2018 年，试验区改革试验持续创新，着力转变农业发展方式，不断增强农村经济发展动能，促进农民持续增收。一是持续深化农业供给侧结构性改革，粮食综合生产能力稳步提升。粮食总产量实现"十五连丰"，凸显了国家粮食安全压舱石作用。二是着力推进农业高质量发展，强化黑土地保护。推进农业"三减"，创新耕地轮作制度，绿色、有机食品认证面积达 8046 万亩，食品和农副产品精深加工业向全省第一支柱产业迈进。三是创新新型农业经营主体和"三农"投入方式。全省新型农业经营主体总数突破 20 万个。全省改制农商行 48 家，占全部 80 家法人经营机构的 60%，全省种植业政策性保险承保面积达 1.2 亿亩。四是扎实推进农村集体产权制度改革。完成了两批 5 个国家级试点县和 115 个省级试点村改革任务。全省农村土地确权登记颁证基本完成，县级确权单位均达合格标准，成为全国通过全部质检的 2 个省份之一。继续推进安达市土地制度改革试点，统筹农村集体建设性用地"入市"改革、公共利益"征地"改革、宅基地制度改革。五是加快建设农业科技创新和技术推广服务体系。共 19 个县开展农业生产托管服务改革试点，在全国率先建设农业大数据平台，共 5135 个益农信息社开通电商服务，累计实现交易额 2879 万元。

2019 年，试验区改革成效显著。一是系统推进克山县土地规模经营制度改革和以政府购买农业公益性服务机制创新为主的农业综合改革试验。建立了县级土地流转服务大厅，村级土地流转服务平台全覆盖。二是积极开展农村集体资产股份权能改革国家级试点工作，方正县 67 个村集体全部完成股权改革，组建了股份经济合作社，其中 63 个合作社实现盈余 1302.37 万元。三是扎实开展安达市"三块地"（"土地征收""经营性建设用地入市""宅基地"）改革试验。同时，农垦、森工、供销社改革协同开展，按照"垦区集团化、农场企业化"方向，大力推动农垦管理体制改革，森工改革有序推进，推进国有林场政事分开，供销社综合改革稳步推进，创新省级联社对企业的管理机制。

2020 年，试验区作为目前国内唯一涉及农业生产力和生产关系重大变革和调整的省级试验区，改革试验顺利收官，完成了 67 项试点工作，形成了 113 项制度性成果。2020 年，全省粮食总产量 1508.2 亿斤，比 2012 年增产 188.5 亿斤，农村居民人均可支配收入达到 14982 元，比 2012 年增加 7564 元。

二、改革进展成效

2013 年以来，黑龙江试验区坚持以当好维护国家粮食安全"压舱石"为己任，以农业供给侧结构性改革为主线，以争当现代化农业建设排头兵为目标，着力在构建现代农业产业体系、深化农村土地管理制度改革、释放农产品市场流通活力、完善农产品质量安全体系、完善农业支持保护政策等方面开展改革试验，探索形成了一批可复制、可推广的经验，为农业现代化建设提供了"龙江模式"。

（一）以推进农业供给侧结构性改革为重点，加快构建现代农业产业体系

黑龙江试验区按照国务院部署，从供需矛盾最为突出的玉米入手，取消玉米临时收储政策，调整为市场化收购加补贴新机制。

一是建立改革协调机制。建立行政首长负总责、分管领导直接抓、有关部门协调配合的工作机制，加大补贴落实、产销对接、资金保障、运输协调、政策宣传力度，完成农产品价格形成机制重大转变，实现了粮食产能稳、农民收入增、农业结构优、供给质量好的目标。

二是优化农业种植结构。调整优化种植结构，调减玉米种植面积，通过良种、良机、良法、良田深度融合，提高水利化、农机化、科技化、标准化水平，维护国家粮食安全"压舱石"的地位更加稳固。同时，逐年扩大蔬菜等特色作物种植面积，截至 2021 年，蔬菜种植面积发展到 515.6 万亩，黑龙江省已成为京津、长三角、珠三角地区夏淡季蔬菜供应的主要省份。

三是提高农产品供给质量。推动黑龙江由大粮仓变成绿色粮仓、绿色菜园、绿色厨房，尽快实现农业由总量扩张到质量提升的转变，2021 年玉米、大豆、水稻专品种种植率分别达 100%、90% 和 95%。大力发展绿色、有机食品，2021 年全省绿色、有机食品认证面积占全省播种面积近 40%，居全国之首。

四是提升农产品市场化程度。通过参展会、建渠道、打品牌、育电商、搞众筹、办大赛，开拓个性化订制、直播带货等营销新渠道，连续举办三届黑龙江国际大米节，让优质农产品走出销区、走出国门，有效解决了农产品"提篮小卖"的问题，极大提升了农产品的知名度和影响力，实现了"种得好"向"卖得好"转变。

五是加速推进产业融合发展。加快构建现代畜牧产业体系，深入实施"两牛一猪"工程。2013—2016 年，全省新建 182 个现代示范奶牛场和 146 个 300 头以上标准化规模奶牛场，改变了传统散养养殖方式。引进双汇、金锣、雨润等大型屠宰加工企业，形成哈尔滨、齐齐哈尔、大庆、绥化、佳木斯鹤岗等"五大"生猪产业集群。制定"两头两尾"的"1+18"方案，推进水稻、玉米、乳、肉 4 个千亿级产业发展，着力打造农业和农产品加工业万亿级产业集群。

（二）以"三权分置"改革为重点，农村土地管理制度改革不断深入

黑龙江试验区按照"统一规划、依法管理、市场配置、科学调控"的原则，创新土地管理制度，优化城乡用地结构，促进土地节约集约利用。实行支持现代农业发展的差别化用地管理政策，完善节约集约用地管理制度，依法有序推进农村土地流转，创新耕地保护机制，进一步明晰农村土地所有权、承包经营权，为农村产业发展提供了更多用地选择，保障了农民的合法权益。

一是全面完成农村土地承包经营权确权。历时三年时间，于2018年底完成试点任务，确权率达99.2%，颁证率达96.7%，促进了土地"三权"分置，给农民吃下了"定心丸"。同时，运用土地确权登记颁证成果，完善家庭承包合同426万余份，解决历史遗留问题5500余件，调处因确权引发的矛盾纠纷7600多件，确权经验在全国会议上进行交流。

二是率先完成农村集体产权制度改革。黑龙江试验区是全国首个出台《稳步推进农村集体产权制度改革的实施意见》、制定颁布《农村集体经济组织条例》的省份。2019年底，试验区基本完成改革任务，比国家规定时限提前两年，全省99.8%的集体经济组织组建了股份经济合作社或经济合作社，建立农村产权交易市场73个，累计交易额28.4亿元。通过开展以清理合同、化解债务和新增资源收费为重点的"清化收"工作，化解村级债务33亿元，增加集体积累9.1亿元。

三是稳步推动三项试点改革工作。围绕农村土地制度改革的三项试点工作全部完成，共形成制度性成果27项。全省共开展集体经营性建设用地入市交易26宗，共征收土地46.3公顷，落实征地补偿款2092万元。安达市作为全国试点市县之一，探索形成"房地打捆"出让交易、"一减三增""农民公寓"撬动"多点融合"机制等一系列先进经验，宅基地确权登记比例达70%。

四是创新实施耕地保护制度改革。成立省委、省政府分管领导牵头的黑土耕地保护推进落实工作小组，统筹组织黑土耕地保护利用工作，出台的《黑龙江省耕地保护条例》是全国第一部耕地保护地方性法规。全省共划定永久基本农田1.67亿亩，其中黑土区永久基本农田1.14亿亩，占比达68.3%。制定《黑龙江省黑土地保护治理"十三五"规划》《黑龙江省黑土耕地保护三年行动计划（2018—2020年）》，落实耕地地力补贴政策，利用高标准农田建设等项目资金加大耕地保护投入。加强耕作制度体系建设，建立以深松整地、耕地轮作、深埋还田、碎混还田、全覆盖保护性耕作为主的黑土耕地保护耕作制度。加强耕地质量监测体系建设，建成覆盖全部耕地类型、全部粮食作物的耕地质量监测网。"两大平原"95%以上耕地达国家一级环境质量标准，全省耕地质量等级高出东北黑土区耕地质量0.13个等级。

五是深入推进高标准农田建设。坚持以工程建设为重点，黑龙江省编制印发《黑龙江省亿亩生态高产标准农田建设规划（2013—2020年）》，围绕土地平整、提升地力、灌排设施、田间道路、生态建设、输配电等，大力推进高标准农田建设，改善提升黑土耕地生产条件，增强土地产出能力和抵御自然灾害能力。创新制定《黑龙江省农田建设项目管理实施办法（试行）》《黑龙江省农田建设项目工程质量飞检实施办法（试行）》，强化工程质量，及时开展绩效评价。2019—2021年，国家共下达高标准农田建设任务1634万亩，计划总投资192.34亿元，实际完成建设1669.9万亩，完成投资196.58亿元，连续两年受到国务院督查激励。高标准农田建成后，项目区耕地质量提升1到2个等级，粮食产能平均提高10%到20%，亩均粮食产量提高100斤。

（三）以提高支撑服务能力为重点，农业科技创新推广水平不断提升

黑龙江试验区创新农业科技服务模式，以组织科研项目、推进园区建设、实施科技特派员

行动为抓手，创新农业科技攻关机制、突出农业科技创新重点、创新农业科技推广体系，积极推动农业科技创新和应用水平提升，促进农业科技成果向现实生产力转化。2021 年，全省发布区域性、引领性农业主推技术 20 项，农业主推技术到位率稳定在 95% 以上。

一是创新农业科技攻关机制。通过整合农业科技创新资源，支持重点产业领域联合攻关、协同攻关，攻克共性关键核心技术难题。2013—2021 年，全省共组织实施农业科技领域省级科技项目 190 项，争取国家项目 107 项，其中 2013 年重大研发项目"玉米育苗机械滤水移栽技术装备研究与示范"成果达到国内领先水平。推动产学研协同创新，采取择优竞争机制确定项目承担单位，在省"百千万"工程科技重大专项申报中，鼓励以企业为主体，联合相关优势单位进行申报，促进创新要素向产业和企业集聚。

二是狠抓农业科技创新重点。2013—2021 年，全省共转化农业科技成果 670 项，建立国家产业技术创新战略联盟 4 家、省级产业技术创新战略联盟 24 家，支持农业科技成果转化项目 27 项，国家级农业科技园区入驻高新技术企业 49 家。加强种质资源创新与新品种选育，创新农业生物技术，省级农业科技园区遴选推介优质绿色高效技术 80 余项。在种植养殖技术方面启动重大项目和研发项目 30 余项，其中"提高大豆单产关键技术及配套技术模式研究"项目累计示范推广 2500 余万亩，增加经济效益 18 亿元以上。创新农业装备技术，实施"水稻高效轻简化钵苗移栽装备和相关技术的研究"等研发项目，为打造百亿级农机装备产业集群提供科技支撑。创新农业加工技术，"速冻鲜玉米产业化"等项目推动食品加工产业向高附加值医药、精细化工、生物质能源领域延伸，"生物加工功能脂质高值化利用关键技术研究及应用"项目成果打破了相关领域长期由跨国企业垄断的格局。

三是完善农业科技推广体系。构建了"专家 + 农技人员 + 示范基地 + 示范主体 + 辐射带动户"的链式服务模式，建设玉米、水稻等 16 个产业技术协同创新推广体系，集聚科研和推广专家 480 名，推动了省市县三级纵向协同、"政产学研推用"六方横向协同，全面打通了科技成果转化渠道。深入实施科技特派员专项行动，2014—2021 年，共选派"三区"人才 3058 人次，直接服务面积 4000 余万亩。加强农民科技培训，以现代青年农场主、新型农业经营主体带头人、农业产业精准扶贫对象为重点，开展全过程、全产业链培训，累计培训各类新型职业农民 9.3 万人次。

四是加强智能化农业体系建设。实施"基于多尺度遥感的农情综合监测技术研究与应用"等项目，推进遥感技术、数字技术在农业生产领域的应用。实施国家首批农业物联网应用示范项目，建成七星农场物联网综合服务信息平台、数字农服平台。开展全国首轮农业全过程无人耕作试验，实现现代农业精准管理。加强气象服务体系建设，研发"黑龙江省生态与农业气象省市县三级产品制作和发布一体化平台"，广泛应用水稻低温冷害监测、预警、评估多元方法与关键技术、农业干旱诊断预估及定量评价技术，在农村气象灾害防御方面发挥了重要作用。加强生物预警体系建设，基本实现全省农区病虫监测全覆盖，初步构建了全省"第三方实验室 + 疫控系统"动物疫病监测网络体系。

（四）以构建现代流通体系为重点，农产品市场流通活力不断释放

黑龙江试验区完善农产品市场体系，加强农产品品牌培育和农产品产地市场建设，加快建立现代流通体系，创新流通方式和流通业态，形成以大市场带动大流通、大流通带动大生产的良性互动格局。

一是完善农产品市场体系。以中心城市农产品批发市场为主，以产地批发市场和集配中心为辅，形成专业市场与综合市场优势互补的全省性农产品市场网络，农产品批发市场充分发挥了保证冬春淡季蔬果市场供应的重要功能。哈尔滨市、齐齐哈尔市入选国家城乡高效配送首批试点，工作经验在全国推广，还出台了《关于推进电子商务健康快速发展的指导意见》。

二是建设农产品现代物流网络。围绕京哈线等四条跨省粮食铁路物流通道及省内通六条重点通道，新建、改（扩）建了一批粮食仓储物流项目。讷河市拉哈粮库有限公司等 49 个粮食物流节点已达到规划发运能力。仓储物流设施建设稳步推进，实施"危仓老库"维修改造工程，散粮铁路入关试点顺利实施，原粮铁路出省"四散化"率达 62.3%。截至 2021 年，食品生产、流通、经销行业拥有冷库约 600 座，库容总量约 480 万吨，机械制冷汽车约 1500 辆，为生鲜农产品保值增值提供重要支撑。

三是加强农业综合信息服务。统筹推进数字农业农村建设，建设省级农业大数据管理中心，形成"1 个数据中心 +2 个支撑环境 +17 个云平台"的农业大数据综合服务平台，截至 2021 年累计整合数据量达 80.25T。开展信息进村入户整省推进工程，运营益农信息社，全省共建设村级益农信息社 8857 个，探索开展公益服务、便民服务、电商服务和信息员培训 4 项服务，实现全省行政村基本全覆盖。全面推进全省供销社系统农资连锁网络建设，系统内销售化肥的市场占有率达 66.4%。

四是培育农产品知名品牌。通过制订标准、加强宣传、举办大赛、组织评比等举措，有效引导经营主体和广大农民提升品牌意识，树立龙江绿色农产品品牌形象。全省经国家知识产权局认定的驰名商标达 103 件，地理标志商标达 100 件。推进 CCTV 国家品牌计划——品质龙江行动，在央视集中宣传龙江知名农产品品牌。在 2017 年最受消费者喜爱的中国农产品区域公用品牌评选活动中，全国粮食油料类获奖品牌黑龙江省占 11 个，"北大荒"品牌成为中国农业第一品牌。在"2020 中国品牌价值评价信息发布"活动中，绥化鲜食玉米等 7 个品牌进入"区域品牌"榜单，"五常大米"品牌价值位列初级农产品类品牌价值第 1 位。

（五）以全程质量控制为重点，农产品质量安全体系不断健全

黑龙江试验区建立农产品质量安全保障体系、农产品检验检测体系、农产品质量安全监管体系，加强农业综合执法改革，实现从农田到餐桌全程质量控制，构建农产品质量安全监管新格局。

一是健全质量标准体系。以产地环境、动植物疫病防控、生产设施设备等为重点，加强标准制修订力度。2013—2021 年，共制定"两大平原"现代农业建设标准 880 项，全省基本形成了农业生产产前、产中、产后全过程标准体系。2015—2021 年，共创建国家农产品质量安

全县 11 个、省级农产品质量安全县 17 个。

二是健全产品检测监测体系。2009—2021 年，陆续下达的市县两级检测机构建设项目已建设完成 56 家，部分市县将区域内检测资源进行整合。依托农业农村部谷物及制品监督检验测试中心，对全省水稻、玉米、大豆等粮食作物开展年度风险评估，科学判断并掌握农产品质量安全动态、风险和趋势。印发《农产品质量安全例行监测（风险监测）工作方案》，对蔬菜、水果、畜禽产品、水产品开展例行监测，监测范围逐步扩大到全省，2015—2021 年，例行监测总体合格率稳定在 98% 以上。

三是健全法规制度体系。修订《黑龙江省食品安全条例》，并于 2019 年 10 月正式施行。推行食用农产品合格证制度，把食用农产品合格证作为产地准出与市场准入衔接的关键点。建立健全应对农产品质量安全突发事件工作机制，积极预防、应对可能出现的农产品质量安全突发事件。

四是健全监管责任体系。2018 年 3 月，印发《黑龙江省人民政府办公厅关于进一步加强农产品质量安全监管工作的意见》，加大对"菜篮子"产品、水稻等大宗农产品监测力度，构建覆盖规模以上生产基地、涵盖收储运环节的监测网络。强化市县农产品质量安全监管机构建设，完善乡（镇）监管工作服务体系，在重点村设立协管员，把农产品质量安全执法纳入农业综合执法范围。加强日常巡查，开展专项整治，有效解决违法违规使用农业投入品、制假售假等问题。完善"检打联动"机制，加强行政执法与刑事司法衔接。2014 年开发建设省级追溯平台，融合政府监管、主体生产、消费服务"三位一体"功能，免费为全省农产品生产企业和合作社提供服务，2020 年顺利与国家农产品质量安全追溯平台完成对接，在"黑龙江农业信息网"首页上设立"农产品安全"版块，及时发布相关政策法规信息等。

五是健全社会信用体系。加强信用体系和平台建设，编制《黑龙江社会信用体系建设十三五规划》，印发《关于加快我省农村信用体系建设的指导意见》，统筹规划信用信息共享平台建设与政务服务一体化平台建设，全省 13 个市地全部建成市级平台，并与省级平台实现联通对接，形成"上下贯通、统分结合、职责明确"的信息化格局，被评为全国信用信息共享平台和信用网站一体化建设标准化平台网站。截至 2021 年，平台归集全省 254 万户市场主体、1.2 万个社会组织、638.4 万名重点领域职业人员信用信息等共 1.85 亿余条信息。2020 年，印发《黑龙江省信用信息共享平台信用信息归集目录》。

（六）坚持农业农村优先发展，农业支持保护制度不断完善

黑龙江试验区把农业农村作为财政优先保障领域，财政投资继续向农业农村倾斜，农业支持保护制度不断完善。

一是开展涉农资金整合试点。全省开展了两个阶段、为期五年的涉农资金省级层面整合试点工作。2013—2015 年，将中央财政 77 项资金纳入整合范围，并按性质分为农业生产发展、农村社会发展和扶贫开发三大类。2016—2017 年，将 77 项资金整合归并为 41 项，并采取"大专项 + 工作清单 + 集中下达"管理。按照"钱随事走、集中力量、形成能力、解决问题"原则，

突破专项资金和部门分割界线，确定年度资金使用方向和支持重点，采取完全整合、部门间整合、部门内部整合等方式，对于确定支持的重点项目，财政扶持资金能够当年一次性全部投入到位的，全部安排到位，不搞分年度平均安排。转变"撒芝麻盐式"理念，不搞平均主义，适当集中投入，2013—2017年共整合涉农资金1469.2亿元，解决了制约农业核心生产能力和农村社会事业发展的瓶颈问题，提高了涉农资金投入的精准性。

二是实现集中财力办大事。2018年，出台《黑龙江省人民政府关于探索建立涉农资金统筹整合长效机制的实施意见》，探索实行"大专项＋工作清单＋集中下达"整合模式，形成了一揽子规章制度，打破专项资金分口管理、分散使用的管理模式，将14个专项资金整合归并，设立省级农业生产发展资金、省级农业资源及生态保护补助资金等6个大专项，其中涉农基建投资领域，设立高标准农田建设土地整治、农村民生工程2个大专项，将分属多个部门管理的资金，根据资金性质和投向统筹安排、集中投入。

三、改革经验做法

黑龙江省"两大平原"现代农业综合配套改革试验的成效是显著的，其主要经验可以总结为如下六方面。

（一）探索农机合作社建设运营模式，加快构建新型农业经营主体

2013—2021年，黑龙江省农机合作社先进农业机械经营规模从小到大、经营实力从弱到强，实现了由单一配备整地装备向耕、种、收和田间管理等全程机械化作业方向转变，由单一旱田粮食作物种植向水田、畜牧和经济作物并重方向转变，由种植业向烘干、仓储、加工等环节综合服务转变，成为引领全省现代农业发展的重要力量。全省新组建现代农机合作社724个，财政补助农机装备25.3亿元，农民自筹17亿元，配备大型先进农机装备2.9万台（套）。截至2021年底，全省建设现代农机合作社总数达到1411个。

第一，粮食生产实现了跨越式发展，劳动力实现多渠道增收。农机合作社优化了机械、技术、人才等生产要素配置，推动良种、良法、良田和良机深度融合与先进技术的组装配套，通过农机合作社的示范带动，农业生产水平得到较大提高，2013—2021年，全省粮食总产量增长超300亿斤。组织化、规模化农业生产解放了大批农村剩余劳动力，使农民在种植业增收的同时，能够发展其他产业或外出务工，实现了多渠道增收。

第二，农业机械化信息化加快推进，农业现代化水平大幅提升。通过组建农机合作社，装备了一大批农业生产急需、当今世界先进的现代化农机具，开展深松整地、秸秆还田、精准播种、精准施药和高效收获作业，确保了种子播在丰产期和全程机械化生产，极大地降低了农民的劳动强度，促进了农业现代化发展。2021年，全省100马力以上拖拉机保有量达到7.7万台，农作物耕种收机械化程度达到98%以上。试验区在农业机械应用卫星定位技术上开展了积极探索，为农机合作社的农业机械安装配备了应用北斗和GPS定位导航系统的双模智能终端，

图 12-1　2019 年 10 月，黑龙江省黑河市爱辉区嘉兴现代农机专业合作社玉米地里的收割场景

图 12-2　2016 年 10 月，黑龙江省哈尔滨市双城区东官现代农业农机专业合作社的玉米"直收"现场

图12-3 2020年4月，黑龙江省铧镒农机专业合作社联合社的拖拉机在哈尔滨市双城区播种玉米

并在全国得到了广泛应用。大量选购进口的180马力以上拖拉机及配套农具，国内农机生产企业为抢占大型农机装备市场，积极组织大马力拖拉机及配套农具的生产研发，2020年已经开始大量生产200马力以上拖拉机及配套农具。

第三，小农户与现代农业实现有效衔接，农业产业链不断延伸。农机合作社将分散农户零散的土地通过带地入社或委托经营组织起来，发展合作化生产，推动了农业经营由小机械生产向大机械作业、小规模生产向大规模经营转变。从而克服了分散农民生产组织化程度低的弊端，使小农户分享到了先进的农机和农艺技术，带动了农业种植结构调整、统一品种品质和实行轮耕轮作。生产经营逐步由种植业向养殖、加工业等环节延伸，推动了农村一二三产业融合发展，涌现出克山县新兴、孙吴县桦林等农机合作社种养加销发展、培育壮大优质农产品品牌的典型。

第四，农业投入品和农业资源利用率提升，实现农业高质量发展。农机合作社的高标准喷药机和高效施肥机减少了农药化肥的使用量，为开展测土配方施肥、实施农业"三减"、控制面源污染和发展绿色农业等提供了技术支撑和装备保障。2021年，全省水稻侧深施肥插秧机耕作的稻田比普通方法种植的稻田亩节肥10%，亩增产约5%。农机合作社在应用先进农机农艺技术提高粮食产量的同时，在旱田上应用大型撒肥机提高农家肥施用面积，在水田上通过种植"鸭稻""蟹稻"或水稻机械覆膜插秧，促进农产品达到有机或绿色标志。

（二）整省推进农业生产托管服务，创新农业社会化服务体系

试验区于2018年开始推进农业生产托管，在试点示范带动下，全省农业生产托管呈现出

良好发展态势，形成了以绥化市兰西县、哈尔滨市巴彦县、齐齐哈尔市龙江县等地为代表的农业生产托管服务成熟经验，真正实现了小农户与现代农业有机衔接，是解决"谁来种地""如何种地"的新探索，实现了生产经营方式的新变革。

第一，抓住政策机遇，黑龙江试验区成为全国整省推进试点工作的省份之一。2017 年以来，国家相继出台了《关于大力推进农业生产托管的指导意见》《关于加快发展农业生产性服务业的指导意见》。黑龙江省确定了以兰西、巴彦、龙江为代表的一批示范县。2019 年，中共中央办公厅、国务院办公厅印发《关于促进小农户和现代农业发展有机衔接的意见》，在总结兰西经验基础上，黑龙江整省推进农业生产托管。2021 年，全省农业生产托管服务面积已达 1.16 亿亩次。

第二，抓典型、推创新，生产托管展示出旺盛的生命力。远大镇侧重培养"村党组织＋合作社＋农户"典型，临江镇侧重培养"合作社＋农户"典型，兰河乡侧重培养"企业家＋生产要素资源＋农户"典型。针对农户开发了免抵押、在线审批、年息最低的"农业生产托管贷"，针对服务组织开发了"地押云贷"。省建设银行创设"托管贷"APP，让农民不受疫情影响，在异地就能办理贷款手续。兰西县与多家保险公司合作，打造"基本政策保险＋大灾保险＋互助基金"三重保障体系，为生产托管保驾护航。2018—2021 年，兰西县全程托管从 1 万多亩增至 5.8 万亩，单环节托管每年达 1.5 万—2.0 万亩。

图 12-4　2020 年 12 月，兰西县农民孙涛用手机下单耕地托管服务

（三）探索农垦改革"五分开"制度，为全国农垦改革提供借鉴

为贯彻落实《中共中央　国务院关于进一步推进农垦改革发展的意见》，黑龙江试验区以垦区集团化、农场企业化为主线，建设现代农业大基地、大企业、大产业，成立了省农垦体制

改革专项小组，全面完成农垦体制改革各项任务。

第一，全面完成政府行政职能移交。试验区围绕"交什么、怎么交、交完垦区职能怎么履行"，出台了《黑龙江省农垦政府行政职能移交及办社会职能改革实施方案》，按照"系统推进、属地移交、人随职能走"原则，推动农垦总局与省直 37 个厅局、12 个市级政府签订行政职能移交框架协议 389 份，农垦总局层面 3036 项、原管理局层面 26586 项以及延伸到农（牧）场的行政权力事项，全部移交属地政府。撤销了 9 个农垦管理局及其内设机构和建三江、九三、共青 3 个管委会，农垦总局管理局机关撤销及移交 293 个承担行政执法监察等行政职能的事业单位。适时开展"回头看"、全面组织自查验收、专项专题督办，推动农垦企业政府行政职能属地移交后工作平稳有序衔接，属地政府在农垦区域行使行政职能全覆盖。

第二，全面完成办社会职能改革。试验区围绕"改什么、怎么改、改后公共服务怎么办"，全力推动办社会职能改革，让企业轻装上阵。对与企业生产经营活动无关，由政府单一提供经费保障的社会管理和公共服务职能全部移交属地管理。对具有公益属性、可由多元市场主体承办的社会化服务职能，接受属地政府行业监管，与地方企业享受同等政策待遇。对暂不具备移交条件的城市环卫管理和市政设施管理职能，先由企业集团负责实行"内部分开、管办分离"，纳入地方经济社会发展规划，接受属地政府行政管理和行业指导，具备移交条件时移交属地。对街道社区、社保经办服务等有关办社会职能，按照"先移交、再理顺"原则，推动相关职能稳步移交。对属地承接社区职能无机构、缺人员，偏远地区行政职能履职难的实际，根据需要可在垦区依法设置街道办事处，县级政府根据需要可设置社区管委会。

第三，全面完成涉改干部职工安置。试验区围绕"安置谁、谁来安置、身份如何确认、待遇如何保障"，出台《黑龙江省农垦和森工重点国有林区改革相关人员待遇政策》等政策文件，对政府行政职能及办社会职能移交后各类人员进行分类安置。特别是对长期按公务员管理但未进行公务员登记、长期混岗混编、手续不全等问题，分别提出认定条件。同时，对符合条件的农垦企业失业人员及时进行失业登记，对符合就业困难人员条件的农垦企业人员，按规定纳入就业援助。

第四，全面完成垦区集团化农场企业化改革。试验区围绕"完善现代企业制度、建设大型现代农业企业集团"，加快集团公司转制改革步伐，将黑龙江北大荒农垦集团总公司改制为北大荒农垦集团哈尔滨有限公司，建立完善管理人员能上能下的目标考核制度和以劳动合同制为核心的市场化用工制度等 128 项内控制度，实现了集团化公司化运行。同步推进直属企业改制，构建三级国资监管组织体系。全面开展含土地在内的国有资产清查工作，依法设立北大荒资产管理公司，提升国有资本运行效率和效益。

第五，全面推进农垦现代农业发展。试验区围绕"加快建设现代农业大基地、大企业、大产业，更好发挥农垦在现代农业建设中的骨干作用"，创新农业经营模式，坚持和完善以家庭农场为基础、大农场统筹小农场的统分结合双层经营体制。通过土地托管、代耕代种代收、股份合作、成立合作社、模拟股份制、统供统管等新模式，建成了一批国家大型商品粮和优质奶源基地。截至 2021 年底，黑龙江省已具备超过 450 亿斤的粮食综合生产能力和 400 亿斤的商品粮保障能力。大力发展冷链物流、电子商务、连锁经营等农产品加工流通业，开展农业物联网等信息技术集成应用和试验示范推广。

（四）健全黑土地保护利用机制，夯实国家粮食安全基础

黑龙江省位于东北黑土区的核心区，全省黑土耕地面积 2.39 亿亩，占东北黑土区面积的 50.6%。近年来，黑龙江省采取工程、农艺、生物等多种措施，调动农民积极性，扎实做好黑土地保护利用这篇文章。因地制宜探索总结了秸秆翻埋、碎混和覆盖还田，有机肥深混培肥土壤，合理轮作及保护性耕作等保护模式，"龙江模式""三江模式"被纳入《国家黑土地保护工程实施方案（2021—2025 年）》。

第一，坚持试点先行，有序有力推进黑土地保护工作。2015—2021 年，先后在 20 个县（市、区、场）共 522.6 万亩土地上开展东北黑土地保护利用试点工作。建立起稳定的黑土地保护投入机制，2016—2021 年，全省累计投入黑土地保护资金 615.9 亿元，2021 年投入金额是 2016年的近 2 倍，年均增长 18%。

第二，坚持因地制宜，采取综合措施保护好黑土地。加快高标准农田建设，高标准农田平均质量提升一个等级，每亩平均增加粮食产量 100 斤。积极推广以打破犁底层为前提的深松耕作技术，因地制宜推行翻埋、碎混、覆盖三种秸秆还田技术，提高土壤有机质含量。2021 年度利用周期，全省玉米秸秆翻埋（碎混）还田作业完成 2339.6 万亩，保护性耕作面积达 1330

图 12-5　2020 年 11 月，黑龙江省黑土地保护利用玉米秸秆翻埋现场

图 12-6　2020 年 3 月，黑龙江垦区友谊农场开展黑土地田间平整地作业

万亩。推动农药化肥减量增效、秸秆还田利用和增施有机粪肥，测土配方施肥技术覆盖率达 90.4%，化肥利用率达 42%，农药利用率达 45%，秸秆还田利用率和畜禽粪污资源化利用率分别达 65% 和 80.1%。

第三，突出标本兼治，建立长效机制保护好黑土地。建立省、市、县、乡、村和网格、户"5+2"七级田长责任制，实施黑土保护利用模式攻关"揭榜挂帅"机制，成立黑龙江省黑土地保护利用专家组，深入开展黑土地保护技术培训。出台《黑龙江省耕地保护条例》《黑龙江省水土保持条例》，严格规范土地利用和耕地质量保护行为。

（五）探索加快新型职业农民培育工作体系，为现代农业发展提供人才支撑

黑龙江试验区聚焦乡村振兴和现代农业发展人才需求，加大力度培育新型职业农民，通过教育培训、认定管理、政策扶持"三位一体"，培养和造就一支有别于传统农耕经济下的，能够积极适应现代农业产业化、市场化、信息化、规模化、专业化的高技能、高素质、高收入的职业农民队伍。2016—2021 年，累计开展高素质农民培育 10 万人次，为推动农业高质量发展提供了坚实的人力保障。

第一，培训层次由"单一平面"向"立体育人"转变。通过探索省、市、县分级，"业务委托＋购买服务＋因素分解"分类协作的立体式培育模式，试验区按照精准办班、合理布局，公开申报、综合评定，创新模式、精细管理的原则，分区域、分类别、分模块开展高素质农民

培育。2021 年，采取委托形式，依托省农科院、省妇联培训专业女农民、专业技能型高素质农民 3125 人，通过政府公开采购方式培训 17688 人。省级采购计划覆盖全省 13 个市（地）优势特色产业布局区域及 28 个脱贫县，市县两级采取"因素法"，按照全省乡村人口数量、农民合作社数量等因素分解至全省各市（县），培训新型经营主体带头人、现代创业创新青年。

第二，学员遴选由"层层摊派"向"靶向精准"转变。改变过去市级、县级领任务，乡镇、村屯压任务的局面，运用全面摸底、精准对接、学员动员相结合的手段，提高培训针对性和有效性。采取向各乡（镇）、村主要领导发送招生短信，在广播、电视、报刊、网络发布工作信息，在公共场所醒目位置公示培育机构、参训学员口口相传等多种形式，开展广泛宣传、精准对接。

第三，培训对象由"普通农民"向"职业精英"转变。改变"撒芝麻盐""摊大饼式"培训方式，立足特色优势产业，2019 年，首次遴选 90 名农民合作社理事长、领班人开展高端职业经理人培训。聘请金融、品牌营销、融资担保、法律、数字农业、农产品质量安全等方面的高级教师，围绕合作社经营管理、品牌创建、金融贷款业务、经理人能力培养、"互联网 + 农业"等内容开展全方位培训。

第四，培训方式由"被动灌输"向"多元互动"转变。改变过去"满堂灌"的教学方式，实现课堂讲授、现场教学、研讨路演、线上培训、跟踪服务有机结合，形成了一套与产业发展相衔接、与创新驱动相适应、与农民需求相一致的农民培训模式。强化农民田间学校主体作用，按照有依托主体、有产业基础、有实训场所、有设施设备、有管理团队、有专家服务团的"六有"标准，对遴选的首批 50 个省级田间学校组织授牌仪式，规范命名、编号和标牌样式，提升农民培训效果。2019 年，开展"6 天理论培训、5 天实践实训、4 天线上培训相结合"线上线下融合培训试点，充分利用云平台开展在线学习。2020 年，继续实施"线上 + 实训"培育形式，依托云上智农手机 APP、新浪、抖音、快手、腾讯会议等线上平台，聘请省内外专家教授以授课、案例教学、讨论交流的形式开展培训。通过"惠农助手"APP，掌握地方资讯、优质品种推介、市场监测、农情服务、农技知识、农业资讯等信息，鼓励农民学习应用新技能。

（六）统筹推进农村集体产权制度改革，创新打造"龙江样板"

2019 年底，黑龙江试验区高质量完成了全国农村集体产权制度改革试点任务，被全国农村集体产权制度改革督查组赞誉为"龙江样板"。通过农村集体产权制度改革，理顺了农民与集体的关系，完善了集体经济运营机制，健全了基层治理体系和治理结构，维护了农村稳定。截至 2021 年，全省已有 9986 个集体经济组织组建了股份经济合作社或经济合作社，占集体经济组织总数的 99.9%，省级成立了黑龙江农村产权交易中心，76 个县（市、区）建立了农村产权交易市场。

第一，强化组织领导、压实推进责任，改革进程不断加速。2017 年 4 月，省委、省政府印发《关于稳步推进农村集体产权制度改革的实施意见》，这是全国第一个省级农村集体产权制度改革意见。全省13个市（地）、142个县（市、区）都成立了由党政主要领导任组长，相关部门主要领导为成员的农村集体产权制度改革工作领导小组。试验区于2018年完成全省集体资产清产核资工作任务，比国家要求的提前一年。于2019年完成成员身份认定、劳龄登记工作，全面完成了股份合作制改革，比国家要求提前两年。于2020年组织开展"回头看"，使改革质量得到进一步提升。全省10008个集体经济组织完成换届，圆满完成换届工作，实现了健全组织机构、优化带头人队伍、夯实党在农村执政基础的目标，有效解决了长期低价发包集体资产资源损害集体经济组织利益合同处理难题，形成了农村集体"三资"管理突出问题整治的长效机制。

第二，突出试点引领、探索经验路径，实现改革全覆盖。试验区按照国家、省、市、县四级不同类型的试点，分三批次开展了哈尔滨等2个整市和方正县等12个县（市、区）国家级试点，通过"县级申报、市地审核、省级审定"的程序，选定115个村开展省级层面试点，各地自行选择了157个村开展了市、县级试点，试点范围覆盖了全省118个涉农县（市、区）。同时，以现场推进会、组织参观交流、印发工作指南等方式，推广试点经验，发挥试点引带作用。在全省推广了方正县创造的"先行先试、流程操作、压茬进行、梯次跟进"、阿城区创造的"流水作业清产核资、层级民主确认成员、权益平衡设置股份、分割蛋糕量化股权、导向分类成立组织"和北安创造的"五个明确、六个机制"等成功经验。明确把所有的集体经济组织全部纳入集体产权制度改革范围，消除改革死角，不留"尾巴"。

第三，完善配套制度、创新破解难题，助推农村集体经济健康发展。试验区把农村集体产权制度改革作为关系农民切身利益、关乎农村长治久安的重大制度建设来对待。在清产核资和产权界定方面，印发了《农村集体资产清产核资工作的通知》，明确将暂时不能解决的争议土地列为待界定资源，政府拨款减免税费形成的资产和农村中小学的校产归农村集体经济组织所有。在股份合作制主体改革方面，2020年8月，颁布了《黑龙江省农村集体经济组织条例》，还出台了《黑龙江省人民政府关于加强农村集体经济组织管理的意见》等一系列配套制度，进一步规范了农村集体经济管理和发展，集体经济连续两年保持高速增长。

专栏1　同江市创建物权中心　推动农业农村综合改革向纵深发展

搭建服务平台，推进农村集体产权制度改革载体建设。一是建设"农村物权资产服务中心"。引进黑龙江省创新物权公司，投资3000万元建设农村物权资产服务中心，开展农村物权资产评估和交易业务，将农村集体资产纳入公共平台公开交流、公开举牌、公开竞价，通过资产评估、价格鉴定、交易流程，构建农业资源资产管理平台、交易平台、金融服务平台。二是建设"农村产权交易服务中心"。在佳木斯市率先成立农村产权交易服务中心，设立专人负责，对农村集体产权交易进行规范、监督和指导。采取"政府搭台、企业唱戏"方式，为物权公司、金融机构和村集体三方搭建产权交易服务平台。三是创新农村金融服务新模式。"两个服务中心"以保险叠加期货方式，对预期收益进行评估，以金融调控和监管平台建立保障机制，全方位解决贷款方必须拥有实际资产和抵押资产方可贷款难题，有效降低贷款成本，激发农村金融流通的新动能。截至 2021 年底，"两中心"已成功办理三村镇、银川乡共 3698 亩土地贷款 197 万元，运用创新金融方式将千家万户的小农经济对接到千变万化的大市场，为乡村振兴注入了新活力。

强化科技赋能，推动农业数字化改革建设。一是打造数字农业指挥终端。利用大数据、地理信息与人工智能等技术，实现对同江市乡村物权资产的可视化大屏呈现。创新农业物权服务中心运用"4.0 产业服务平台"完成了已确权二轮承包土地和国有土地的全部系统录入，逐步完善林权、水权、草权等农村资产数据信息，实现农业气象信息、生产监测、农事服务等全程数字化、信息化、智能化。二是打造线上服务终端。定制开发专属 APP"喜农淘"，运用政务版本、商户版本、公众版本等多个版本，提供政务服务、社会化服务、物权融资服务，截至 2021 年底，该 APP 已服务全省 62 家新型农业经营主体，贷款金额达 1.48 亿元。三是打造线下服务终端。运用同江市创新物权融资服务中心，依托乡镇网格化协调指挥中心和乡级服务站，建立市乡村三级服务队伍，为农业信息化服务提供人力资源保障。

拓宽服务领域，推动农业经营体制改革质效并举。一是创新服务模式。综合运用"生资服务、农机服务、农技服务、订单服务、保险服务、金融服务、数据服务、托管服务、仓储服务、监管服务"十项服务，推动农业经营体制改革取得新进展、新突破，为农业农村持续发展打造新的支撑。二是构建服务架构。以土地托管经营体制构建起"农民—乡村组织—托管机构"三位一体运行框架，农户将土地全权托管给农业合作社，从农资选购到农机维修，从贷款服务到耕种细节，由合作社进行全程管理。三村镇新富村富丰大豆农民专业合作社引进 3 台套进口播种机和拖拉机，以先进的机械设备和农场化管理模式为 72 户农户托管土地 13255 亩，充分释放土地效益，使农户得到真正实惠。三是提升服务能力。以"十项服务"打造系统完整的需求流、数据流、资金流，构架起新型农业综合服务系统，在整合细碎化土地经营管理过程中不断提升服务能力。在农事服务方面，全市出动 136 台无人机进行高效喷洒作业，36 家承接全程托管任务服务组织，为 31.91 万亩土地提供精准服务，惠及农户 1840 户。

专栏 2　嫩江市深化供销合作社综合改革　打造服务"三农"发展的生力军

转思路，束缚供销社发展难题得到破解。牢固树立"重视供销合作社就是重视农业、扶持供销合作社就是扶持农民"的理念，积极破解供销社改革发展中的难题。坚持高位推动，出台《嫩江市全面深化供销合作社综合改革实施方案》，成立供销社综合改革领导小组，负责研究供销社综合改革的相关政策措施，协调解决供销联社参公

管理、监事会定编定岗等具体问题。建立联席会议制度，定期研究政策措施，及时解决了企业土地确权和基层社登记注册等问题，同时将供销社综合改革工作纳入相关部门年终目标考核，积极加大人力、物力、财力投入，全力保障工作有序推进。

活细胞，基层组织服务网络实现全域覆盖。一是建好"根据地"。在恢复重建乡镇供销社的过程中，全面实施服务立社、产业兴社、经营强社、联合合作发展战略，按科学规划、分步实施、因地制宜、分类指导的原则，以日用消费品连锁直营和农资商品供应为主要业务，以为"三农"服务为宗旨，搭建起为农民生产生活服务综合平台，做好服务网络体系建设，恢复新建基层供销社。二是形成"服务网"。通过调查摸底以社村联办、社民联办、社企联办、网点改办、供销社自办的形式，坚持合作制的原则，建立赢利为民、让利于民、返利于民的机制，按照合作制或者股份制的要求，建成县级联合社＋基层供销社（中心社）＋新型合作经济组织（专业合作社、专业经济协会、村级综合服务组织等）＋专业大户及其他经济组织的新型合作经济组织体系，全面改造和重组乡镇基层供销社 14 个、村级供销综合服务社 133 个。新建的基层社和村级为农服务中心经营服务领域已覆盖全市 100% 的乡镇。三是当好"领头羊"。引导和鼓励村两委成员、合作社法人等新型经营主体负责人入社，走出一条"基层社＋农民专业合作社＋村'两委'"的融合发展之路。截至 2021 年底，以领办和出资入股的形式创办了 32 家带动力强、管理规范、示范效应好的合作社。

延手臂，新兴业态服务功能不断扩展。开展全方位、宽领域、多层次服务。一是大力开展土地托管服务。组织前进镇合作企业维民专业种植合作社供销为农服务公司、临江乡供销社、双山镇供销社等基层组织开展土地托管，从实验性托管经营到几百亩规模托管经营，通过"让专业的人做专业的事"，让农民得到了实惠，土地经营收入比往年增加 10% 以上。二是开展飞防服务。积极与国家总社供销集团农服公司创立"无人机大联盟"合作，成立"嫩江无人机飞防大队"。截至 2021 年底，共有无人机 23 架，利用全国飞防植保"共享大数据"为当地区域和全国各地的农作物进行飞防植保服务。为全市各类农业经营主体提供推广无人机植保高效、节能的先进技术，作业面积达到 20 万亩，全面开启嫩江现代农业服务新进程。三是积极发展电子商务。将"互联网＋供销社"作为转型升级的重大举措，主动适应电子商务迅猛发展、农村消费转型升级的新形势，组建嫩维诺农业科技发展有限公司，建立供销电子商务线上平台，让嫩江农特产品在供销社实现线上交易并成功与"宜起购""苏宁易购""供销e家""京东"等电子商务平台实现对接，切实解决农产品进城、日用品进村入户"最后一公里"问题。

第十三章　试验区特别呈现

一、上海浦东新区：张江高科技园区的创新发展探索与实践

上海浦东新区综合配套改革试验区坚持以习近平经济思想为指导，推动张江高科技园区立足主导产业创新发展，坚持问题导向，针对生物医药在研发创新、临床转化、项目落地等方面的短板和不足，大胆推动体制机制改革，以制度改革创新不断提升产业发展水平。通过率先推出药品上市许可持有人制度、医疗器械注册人制度、创新药物及医疗器械审评审批改革、专利审查"绿色通道"、生物医药试验用研发材料便捷通关等多项制度创新，持续完善企业全生命周期服务机制，培育新型产业集群组织，最终探索出"风险投资＋知识产权＋合同外包＋质量监管"的"VIC+Q"新型医药研发模式，激发了市场主体的创新活力。

张江科学城（原张江高科技园区）作为国家级重点高新技术开发区、国家新型工业化产业示范基地（生物医药），从建园以来把生物医药确立为重点发展的高科技产业。张江生物医药产业覆盖区域近 20 平方公里，约占张江规划面积的 1/5。全球前十大生物医药企业有 7 家在张江设立了区域总部或研发中心，中国医药工业百强中有 12 家在张江设立了研发中心或运营中心。2021 年张江生产一类新药 5 个，占全国 1/5。坚持"摸着石头过河"和加强顶层设计相结合，不断深化供给侧结构性改革，着力破除束缚生产力发展的体制机制障碍，以更加积极有为的行动，加快提升生物医药产业研发能力，推动生物医药产业向高端化、智能化、国际化发展，打造一批自主创新能力强、比肩国际一流水平的先进产品，将张江打造成为我国生物医药产业的引领者和探路者。

（一）破瓶颈：采取先行先试改革举措，营造良好环境

坚持科技创新和制度创新"双轮驱动"，以问题为导向，以需求为牵引，潜心探索和研究，大胆推动体制机制改革，在实践载体、制度安排、政策保障、环境营造上下功夫，采取了一系列先行先试的改革举措。

药品上市许可持有人制度取得突破。根据我国药品管理法，过去一直实行的是药品上市许可与生产许可相捆绑的管理制度，只有药品生产企业才可以申请注册药品，导致中小创新企

业的新药要想上市需自建厂房，费时费力且资源浪费极大，不利于药物研发创新。经过张江生物医药企业多年的呼吁，2015年，国家正式推出药品上市许可持有人制度（MAH）试点。试点启动后，研发企业可以将新药外包给专业的代工基地生产，这不仅有利于新药快速进入市场，还解决了产业化的"最后一公里"问题。同时，实现经营收益后，可再重新投入研发，有利于形成良性循环，避免了在研发环节被动"卖青苗"，极大提高了企业研发新药的积极性。2018年9月，由和记黄埔研发的呋喹替尼正式获批上市，这不仅是通过MAH试点上市的第一个一类创新药，也是主流抗肿瘤药物中首个从发现到新药上市申报均在中国完成的创新药。

积极推进医疗器械注册人制度试点。在MAH试点的基础上，国家药监局2017年底批复同意在上海市范围内实施医疗器械注册人制度试点。这有利于提高研发主导型企业的创新发展活力，提升转化效率，同时也避免行业的低水平重复建设，实现上下游协同共赢，在更大程度上推动了生物医药产业体制机制创新。远心医疗公司的单道心电记录仪成为首个试点医疗器械注册人制度后获批上市的产品，上市时间比法定时间缩短了82%。该试点已复制推广到上海全市及广东、天津等省市。

（二）强支撑：创新研发孵化模式，推动技术创新与风险投资协同互动

孕育充满活力的"VIC+Q"新药孵化模式。从生物医药行业看，新药研发过程耗资大、耗时长、风险高众所周知。在我国，一个新药从立项到上市，平均耗资数十亿元，历经10—13年时间。为打破一直以来新药研发的传统模式，即自行建立实验室、投入巨额仪器设备、招募大量科研人员的做法，降低药品研发成本和周期，同时又做到质量管理和品质可控，探索出适合张江的新药研发创新模式"VIC+Q"。V指知名风险投资；I指完善的知识产权保护方案与规划；C指医药合同外包服务，具体涉及合同研发组织（CRO）、合同生产组织（CMO/CDMO）、合同销售组织（CSO）等；Q则是最为关键的质量监管和保障体系，相当于"联合舰队"的"总指挥"。V、I、C和Q四者有机结合，帮助张江生物医药产业针对新药研发的难点热点，推进高质量新药候选药物的发现，重点孵化临床急需的、市场潜力大的项目。在"VIC+Q"模式下，项目立项后每一块内容交给相应的平台去完成，从而促进生物医药研发与市场紧密结合，显著降低新药研发成本，有效加快新药创制进程。比如，华领医药2010年创办、2018年港交所上市，在这期间没有自建一间实验室，也没有自购一台实验设备，所有的项目都是跟园区内的合作者联合运作，合作伙伴超过30家，参与研发人员不下200人。

风险资本驱动独角兽企业加速成长。张江以"金字塔尖科学家＋原跨国药企高管团队＋全球化技术研发团队＋顶级风投"的高起点创业群体，吸引了全球一线风险资本大举进入。除了本地设立的通和毓承资本、张科领弋外，还有Arch风投、文洛克（Venrock）、红杉（Sequoia）、富达亚洲（Fidelity）、晨兴（Morningside）、奥博资本（OrbiMed）等一批知名风险投资，风险投资强度在亚洲保持领先，培育了再鼎医药、华领医药、君实生物、维亚生物、复宏汉霖生物、健能隆、天境生物等一批估值10亿美元以上的独角兽企业。

（三）优集聚：提升创新效率，打造源创新基地

强化产业创新策源能力。研发是生物医药产业的创新源头和立身之本。近年来，张江对标国际一流水平，加快对前沿技术的前瞻性研发布局。一方面，做好推进创新的"三个一批"。以建设张江综合性国家科学中心及国家实验室为契机，加快建设上海光源、蛋白质设施、上海超级计算机、软 X 射线自由电子激光实验装置、转化医学设施、活细胞结构与功能成像等一批生物医药研发重大基础设施。聚焦大数据、云计算、人工智能与生物医药产业交叉融合等热点方向，布局实施一批重大项目和重大专项。支持一批创新主体，在新靶点新机制药物研制、细胞治疗、高端医疗器械、智能诊疗设备等方面，研发一批重大创新产品，力争在部分领域达到国际先进水平。另一方面，注重高起点切入全球创新链。从一开始便以国际专利、全球平台为起点，通过高水平创新确立研发优势。比如，由多名海归科学家创立的鹍远基因致力于新一代基因测序技术的研发和临床应用，已经掌握了多项国际领先的高通量测序技术和自主专利。再鼎医药坚持自主创新与合作开发相结合，建立了自己的大分子新药研发平台，并主动与国内外新药研发机构合作，在全球同步推进多个创新药品的临床研究，显著提高了新药研发效率。

加大高端医药制造领域的核心关键共性技术研发。充分发挥张江在生物制药领域的优势，精准化聚焦高端制造领域，整合创新资源，不断完善对基础性、战略性、前沿性的核心关键共性技术研究的支持，同时积极支持企业、科研机构、高校和用户等建立以利益为纽带、更紧密合作的产业创新联盟，开展协同攻关。如在生物制品领域，重点推动免疫检查点抑制剂、抗体偶联药物、新型疫苗、蛋白及多肽类生物药等产品的开发，带动上海生物制药产业快速发展。在化学药物领域，围绕肿瘤、心脑血管、糖尿病等，积极推进靶向抗肿瘤创新药物的产业化，鼓励企业通过兼并重组布局原料药生产基地。在医疗器械领域，聚焦创新性强、附加值高的数字医学影像设备、高端治疗设备等产品，扶植国产高端医疗器械生产。

推动张江药谷高端制造扩容升级。为进一步推进创新成果转化，体现显示度、集聚度，张江在已有生物医药产业园区的基础上进一步提质扩容，新规划 3 个产业基地，总面积近 10 平方公里。其中张江创新药产业基地（张江南区）面积约 3 平方公里，定位为创新药物、医疗技术产业化基地及 CMO/CDMO 委托生产基地，重点承接创新药物科技成果转化及高端制造。张江医疗器械产业基地（张江东区）面积约 4 平方公里，定位为高端医疗器械研发生产，聚焦体外诊断、影像诊断、微创介入与植入医疗器械等细分领域。张江总部园面积约 2 平方公里，定位为研发中心及企业总部，承担创新药械企业的研发中心和总部功能。

大力集聚高层次创新人才。上海坚持全球视野、国际标准，先后制定上海"人才 20 条""人才 30 条"和人才高峰工程行动方案，建立与国际接轨的人才引进政策，率先探索海外人才永久居留的市场化认定标准和便利服务措施，吸引更多高级人才加入本土创新药企。同时坚持"放权松绑"的核心理念，大力推进人才发展体制机制改革，把权和利真正放到市场主体手中，为用人主体和人才增动力、添活力。以立法形式出台《上海市促进科技成果转化条例》，将科

技成果的使用权、处置权、收益权下放科研团队，明确科技成果转移转化扣除直接费用后净收入的 70% 以上可用于奖励个人和团队，这些举措极大激发了科技人员的活力，涌现出一大批科技成果转化的成功案例。

（四）增服务：多元化科技服务，提升产业活力

2015 年 12 月，习近平总书记在中央经济工作会议上的讲话中强调，要坚持创新驱动，推动产学研结合和技术成果转化，强化对创新的激励和创新成果应用，加大对新动力的扶持，培育良好的创新环境。为进一步解决张江在创新服务环境方面的问题，打通科技创新服务链条，真正做到培育创新、激励创新、扶持创新，近年来，张江紧紧围绕园区企业和研发机构的需求，借鉴国际生物医药园区先进经验，多维度构建生物医药科技服务体系，着力提升产业核心竞争力。

构建完善高效的公共服务平台体系。围绕生物医药全产业链需求，着力打造从新药探索、药物筛选、药理评估、临床研究、中试放大、注册认证到量产上的完整公共服务平台体系。截至 2021 年，市区以上科技公共服务平台超过 200 家，有效满足了张江大批医药企业特别是中小创新企业的需求，显著降低了新药研发成本，有效加快新药创制进程。这些服务平台已经成为提升张江生物医药创新集群核心竞争力的重要载体。

充分整合利用外部创新资源。一方面，以上海光源、超级计算中心、蛋白质科学中心以及活细胞成像平台等大科学设施的研发服务资源为依托，促进科学技术研究和技术成果开发，推动科技和经济紧密结合，让科研院所更好地服务于产业发展，使张江成为创新经济的策源地。比如，新冠肺炎疫情期间，上海光源、蛋白质科学中心专门开辟了绿色通道"超长待机"。上海率先解析新冠病毒第一个蛋白晶体结构，为全球开展药物筛选和疫苗研发作出重要贡献。另一方面，健全生物医药学术交流及全球对接服务，积极引入全球生命科学领域的交流、论坛、展示等，举办张江–ChinaBio 合作论坛，加强与海外园区和行业组织的交流，为企业拓展市场做好国际化支持。

定制化提供高效研发配套服务。针对生物医药研发用料对通关时限、货物查验、存放条件等的较高要求，经过深入研究，海关总署、质检总局在张江率先开展"研发外包企业便捷通关"等措施。在平台方面，张江联合海关、质检等部门设立"张江跨境科创监管服务中心"，针对研发企业货物特点和特殊服务需求，打造关检联合查验平台和跨境研发的"绿色通道"。在流程方面，实现"三个一"，即一次申报、一次查验、一次放行；实行 365 天 ×24 小时不间断运行操作，针对生物特殊材料等冷冻、冷藏、恒温货物提供个性化服务。货物整体通关时间（从航班落地到海关放行）从 2—3 天缩短到 6—10 小时。针对专利申请授权周期过长的问题，2017 年 7 月，成立中国（浦东）知识产权保护中心，为浦东新区生物医药、集成电路等 8 个领域的专利申请开启专利快速审查"绿色通道"，可实现发明专利授权周期从 3 年缩短到 3 个月、实用新型专利授权周期从 1 年缩短到 20 天、外观设计专利授权周期从半年缩短到 1 周的目标，极大地压缩了企业专利申请的授权周期。

二、天津滨海新区：政务服务改革永不停步

天津滨海新区加大"一制三化"改革力度，提升政务服务效能，积极开展行政审批等政务服务领域的改革。2014 年滨海新区在全国率先破解"公章围城"顽疾，行政审批局的挂牌成立，实行"一颗印章管审批"，取得政务服务制度改革领域的重大突破。八年来，这场改革从成功破冰，到风生水起、逐浪推进，引来各方学习借鉴，成为滨海新区打造良好营商环境的重要突破口。随着改革继续推进，天津市滨海新区人民政府政务服务办公室正式揭牌，作为滨海新区政府组成部门，同时加挂天津市滨海新区行政审批局、天津市滨海新区营商环境办公室牌子。

除原来区行政审批局的行政许可职能外，滨海新区人民政府政务服务办公室又增加了政务服务其他领域的职能，从原先的标准化审批向更有温度的政务服务过渡，更好地为广大市民和企业提供优质服务。通过改革倒逼政府部门职能转变，破解体制机制性障碍，建立起了决策、审批、监管既相互制约又相互协调的运行机制，激发了经济社会发展活力。

（一）十年一剑，为全国行政审批改革提供"滨海样板"

2004 年 7 月 1 日《中华人民共和国行政许可法》正式施行，这是中国政府为适应社会经济发展而进行的行政审批制度改革。当时，天津市组建了行政审批管理办公室，筹建天津市行政许可服务中心，并于 2004 年 11 月 1 日投入运行。

2013 年 5 月 14 日至 15 日，习近平总书记在视察天津时强调，保持我国经济社会发展良好势头，实现"两个一百年"奋斗目标，都需要进一步深化改革，下大气力解决体制机制弊端。天津要充分利用滨海新区平台，先行先试重大改革措施，努力为全国改革发展积累经验。

2013 年底，天津滨海新区行政审批局筹建工作拉开序幕。总体方案出来后，做了 12 个细化方案，确保一炮打响，万无一失。2014 年 5 月 20 日，天津市滨海新区行政审批局正式挂牌成立。

天津滨海新区行政审批局成功运行 4 个月后，2014 年 9 月 11 日，国务院主要负责同志来到滨海新区行政审批局办事大厅考察调研，对滨海新区行政审批改革给予了极高的评价：109 枚章变一枚章，是政府自我革命的大动作，要让不必要的审批成为历史。在李克强总理的见证下，109 枚印章被永久封存在一个长方形的箱子里成为历史。在天津滨海新区行政审批局的服务大厅，工作人员合上了装满废弃公章的小箱子，并在上面郑重贴上了一张封条。整个过程虽然只有几十秒，但却是历史性的场景。

2016 年，中国行政体制改革研究会在组织专家全面评估后，给予天津滨海新区行政审批改革明确肯定和高度评价。2018 年，滨海新区"一颗印章管审批"的经验做法被写入国务院《关于深入推进审批服务便民化的指导意见》。2018 年 11 月，"伟大的变革——庆祝改革开放40 周年大型展览"在国家博物馆举办，来自滨海新区的"109 枚封存审批公章"作为重要文物，成为建设人民满意的服务型政府的历史见证。

（二）成效显著，行政审批改革初露锋芒

2014年滨海新区行政审批局成立后，将滨海新区发展改革委、经济信息委、商务委、建设交通局、教育局、科委、财政局、民政局、司法局、人力社保局、环保市容局、农业局、卫生局、安全监管局、文化广播局、档案局、民族宗教侨务办、编办等18个部门的216项审批职责全部划转到滨海新区行政审批局，由审批局直接实施审批事项，启用行政审批专用章，从而实现"一颗印章管审批"。在体制上建立了"一颗印章管审批"的集中审批和现场审批；在机制上建立了"一个窗口流转"审批方式、便捷的审批备案制度和健全的信用管理制度。

滨海新区行政审批局挂牌运行之后，对新设立的企业，实现从正式受理企业申请开始，可在一个工作日内完成营业执照、机构代码证、税务登记证和刻制公章等事项，比原先的三天办结"四证一章"又减少了两天时间，展现出"滨海速度"。通过减少审批、整合职能、优化流程等改革，所有必要的审批都集中到一起，只需盖一个章，对新注册企业十分便利，拉动了新注册企业的快速增长，创造了大量就业岗位。仅滨海新区行政审批局挂牌运行的前四个月(122天)，共完成接件51330件，办结50579件，办结率达98.5%。投资项目、企业设立、单办事项审批用时分别不超过原来的1/2、1/3和1/4。

（三）大胆尝试，坚持改革不停步

滨海新区行政审批局成立后，成效好，样板效应强，也为新区的综合配套改革注入了新的活力。怎么把这项改革的成果保持好，滨海新区政务服务改革从未停步，做了"三次升级、一次改造"。

实行审批规范化操作。审批局成立之初，组织审批业务处室，统一制作完成了审批事项标准化操作规程（SOP），对审批要件和审批流程、审查标准、审批时限进行了规范和细化，杜绝审批自由裁量权，推进依法依规审批。

实行"单一窗口"全项受理。按照《行政许可法》第二十六条关于"行政许可需要行政机关内设的多个机构办理的，该行政机关应当确定一个机构统一受理行政许可申请，统一送达行政许可决定"的规定，设立了审批局受理中心，统一受理审批局办理的全部事项，实现多类别的"单项窗口"向全项受理的"单一窗口"转变，使申请人办事更加便利。

实行"团队化"专业审查。天津滨海新区根据各审批事项的专业化属性，将审批局内设机构的职能和人员进行了适当调整，实现"单岗单员"审查向"团队化"专业审查的转变，进一步提高审批能力和水平，保证审批质量。

"一次改造"：推动实施"受理、审查、批准"的"三分立"审批模式。在审批运行机制"三次升级"的基础上，实施"受理、审查、批准"分设，形成单一窗口、全项受理，专业审查、团队支撑，严格把控、终身负责的审批运行模式，把审批权力关进制度的笼子里，实现了审批行为规范、协调、透明、高效。

在"审管分离"后实施了审管联动的"四项机制"。

一是建立审管互动信息交流制度。在行政审批系统中建设了审批与监管信息交换平台，审批局将审批结果（含要件）信息，按部门分类通过平台及时告知监管部门。同时，监管部门将监管中实施行政处罚的情况，通过平台反馈给审批局。

二是建立重点方面专项会商制度。对涉及国家安全、生态安全和公共安全，以及重大生产力布局、战略性资源开发和重大公共利益，且具有直接关联性的重大项目，组织行业主管部门会商，充分听取意见，共同研究确定审批事项。

三是建立审查员制度。设立审查员库，从市级审批部门和有关领域的专家库名单中聘请，组织若干审查专家组，根据需要组织审查员参与审批事项进行审查，保证审批的科学公正。

四是建立观察员制度。对一些与监管直接相关的事项，按照工作需要，滨海新区审批局提前商请有关监管部门派出观察员，参与审核工作，充分听取观察员意见，加强工作衔接，形成部门合力。

（四）完善设计，筑牢政务服务改革根基

天津滨海新区政务服务改革，以体制机制改革为突破口，推动简政放权、放管结合，转变政府职能、打破利益固化藩篱，破除体制机制束缚，激发社会活力，不断丰富着行政审批改革的"滨海样本"。

实现单一窗口全项受理。推行"一口受理、接办分离"改革。建立统一的受理中心，集中受理行政审批局办理的全部事项，变多类别分设的单项窗口为全项受理的综合窗口。推行企业设立"一窗登记、一号受理、一网通办"，落实"五证合一""一照一码一章一票一备案"一天办结，再造建设项目联合审批流程，实现全链条、闭合式、整体性"车间式流水线"审批，大幅提高审批服务效率，平均办结时间仅为改革前的1/4。

实现行政审批标准化。以操作规程总则为指导，按照"一事项一标准、一流程一规范"原则，全面推进行政审批标准化，将审批标准固化在审批流程中，让审批行为留痕在固定轨道上，推进依法依规审批。组建帮办服务队伍，通过政府买单、无偿帮办的方式，全程、全面、全时高效为企业设立和项目审批提供方便快捷服务。

实现行政审批便利化。聚焦改革试点优势，全面推行建设项目"差别化"管理、容缺后补、承诺审批制和证照分离改革，让信用承诺、容缺后补、以函代证等措施成为办事常态。如，实行建设项目"差别化"管理，对 8 个行业 50 类环境影响轻微建设项目，不需编制环评，不需办理环保审批手续，同时免于环保"三同时"管理，审批时限由 5 天压缩到 1 天。推进"证照分离"改革，重点是"照后减证"，能取消审批的予以取消，有些可改为备案、告知承诺；对暂时不具备条件取消的，通过"多证合一"等方式不断优化。

实现审管联动"四项机制"。积极探索构建审批与监管协调运行审管互动信息交流、重点方面专项会商、审查员审核、观察员参与踏勘四项制度，实现了审批与监管即时衔接。建立"对应职能、即时推送、短信提醒、定期公告"的行政审批信息及结果推送制度，将办结审批事项及时发送至相应监管部门，审批结果接受行政主管部门实时监督，同时推动主管部门实施

同步监督。建立企业信用等级库，实行一张审批表、一份承诺书，让守信者一路畅通、失信者处处受限。

全力打造阳光政务。依托政府内网建立全过程留痕电子监察系统，开通服务对象外网跟踪查询功能，确保审批行为规范、协调、透明、高效。利用"制度＋科技"固化审批流程，确保从受理、审核到办结、发证全过程公开透明，避免权力寻租，实现信息可追溯，强化了后台监督。加强纪检派驻监督，开通服务热线，实行全天候 24 小时值守，无偿为企业提供业务咨询、项目审批和投诉建议等服务，接受社会监督。建立公告制度，通过门户网站和微信公众号"新政服"向社会及时公告。

提升审批服务智能化水平。2018 年 4 月，天津滨海新区在天津市首批发放和应用国家市场监督管理总局手机版电子营业执照。智慧审批加快应用，正力争实现更多生活服务事项"动动手指"就办好，企业和群众办事"零跑动"，全面提升滨海新区审批服务智能化水平，全力打造滨海新区行政审批改革升级版。

（五）保持先进，后续改革亮点纷呈

开展"一企一证"综合改革。2019 年 12 月，天津市滨海新区率先在酒吧、便利店、游泳馆、宾馆、饭店、小餐饮、咖啡店、药店、幼儿园、医疗机构等 10 个行业推行"一企一证"综合改革，并于当年 12 月 16 日正式发放了全国首批"一企一证"行政许可证。2020 年，持续推动更多的行业推行改革。2021 年"一企一证"综合改革覆盖行业已增至 49 个，实现高频民生行业的全覆盖。"一企一证"综合改革也得到了社会广泛关注，先后被人民网、改革网、北方网等媒体多次重点报道。2021 年 1 月 4 日，国务院主要负责同志主持召开国务院常务会议时特别指出，要推广"一业一证""一企一证""证照联办"等创新举措。推进工程建设项目审批制度改革。以社会投资小型低风险项目为突破口，以满足开工条件为基础，采取"承诺审批""以函代证""容缺受理"等便利化措施，推行"拿地即开工"模式。按照承诺事项清单进行信用承诺审批分级管理。对信用良好的适用完全承诺审批，只需提交一张申请表和一份承诺书即可当场获得许可证照和批文。推出社会投资小型低风险项目滨海新区"拿地即开工"审批服务模式。实行"一套材料"办审批。制定《滨海新区投资项目"一套材料"办审批改革实施方案》，实现了"一站式、一个审批环节、一个工作日"即可开工建设的目标。

开创信用承诺审批分级管理模式。天津滨海新区在全国首先颁布《滨海新区信用承诺审批分级管理暂行办法》。此项改革依托之前的"一企一证"综合改革，《办法》的出台进一步简化了办事流程，特别是在全球疫情形势的影响下，为诚信企业开辟绿色通道，极大降低了企业经营风险。将信用评价结果分为完全信用承诺、一般信用承诺和不实施承诺三类。完全信用承诺企业即红名单企业，这些企业有着高信誉度，他们在申请审批事项时按照让守信者"一路绿灯"的原则采用完全承诺制，仅仅提交一张申请表、一份承诺书就可以批准行政许可。对于一般信用承诺企业，可以先发行政许可证，其他要件在 60 个工作日内补齐。不实施承诺的企业就是失信企业，将依法依规严格审批。看似简单的流程背后，依托的是事前预防、事中控制、事后

治理及实施保障的有机闭环。

（六）优化营商环境，助力新区高质量发展

通过一系列坚实有效的政务服务改革，滨海新区的营商环境得到了很大的提升。从机构运行效果看，一是审批机构和人员大幅减少。由 18 个部门近 600 人掌管的 109 枚印章，减少到 1 个部门 109 人，实行"一颗印章管审批"。二是行政审批事项大幅减少。将重复、交叉的审批事项进行有效梳理，先从 216 项减少到 173 项，再从 173 项减少到 151 项，减幅达 30%。三是行政运行成本大幅减少。审批机构和审批人员的减少，促使行政运行成本降低，政府将减少的行政成本回馈社会，减少了 14 项行政事业性收费项目，年减少收费近 6000 万元。四是审批效率大幅提升。投资项目、企业设立、单办事项审批用时分别不超过原来的 1/2、1/3、1/4，50 项审批立等可取，实现了全国审批效率领先。

推出"一制三化"审批制度改革后，滨海新区"五减四办"成效更加明显。减少区级行政许可事项申请材料 650 件，减少证照 58 个，取消环节 70 项，缩短办理时间 60% 以上，取消 66 项公共服务证明；许可事项"网上可办"达到 96.7%；"马上办"63 项，达到 29%；"就近办"115 项，达到 53%；"一次办"212 项，达到 97.6%。

滨海新区在全区范围开展营商环境大讨论活动，全面兴起营商环境创建热潮。流程上做减法，服务上做加法，滨海新区持续创优营商环境，全面落实"津八条""滨海 50 条"，让企业放心投资、安心创业、静心发展。2019 年天津市向滨海新区下放市级权力事项 625 项，其中 152 项行政许可事项中，滨海新区行政审批局具体承接 120 项。此次放权赋能事项中涵盖了提高发展质量效益、加快开发开放、完善社会治理、保障改善民生等各方面需求，对全面深化改革开放创新，争做高质量发展引领者，实现新区事新区办，提升新区的城市功能和内涵，加快建设繁荣宜居智慧的现代化海滨城市都具有重要的现实意义。

在落实滨海新区优化营商环境三年实施意见过程中，新区高质量完成了近 200 条具体举措，企业办事便利度和获得感进一步提升。在推动京津冀协同发展进程中，京津冀 300 个高频政务服务事项实现"跨省通办"，153 个事项"同事同标"，京津通办自助服务厅内 379 个事项 24 小时自助办，企业异地办事告别"往返跑""折返跑"，满意度更高，获得感不断提升。

优化营商环境永远在路上，滨海新区将坚持目标导向，打造市场化、法治化、国际化的一流营商环境；坚持结果导向，不断提高市场主体和老百姓的获得感和满意度；坚持问题导向，着力破解当前突出矛盾问题，用啃"硬骨头"的精神和改革创新办法，以点带面、点面结合、标本兼治，主动服务京津冀协同发展，为美丽"滨城"建设提供坚强保障。

八年来，通过改革，天津滨海新区政务服务效率展现出新高度，实现了政务权力"清单化"、审批流程"科学化"、审批标准"规范化"、帮办服务"周到化"，滨海新区的政务服务相比改革之前更有温度。八年来，天津滨海新区政务服务改革一路风雨兼程，一路澎湃前行。改革只有进行时，没有休止符，站在新时代的新起点上，天津滨海新区将继续深化改革，努力开拓创新，全面建设生态、智慧、港产城融合的宜居宜业美丽滨海新城。

三、武汉城市圈："两型"试验"破题"交出精彩答卷

2007 年，武汉正式被国家批准为"两型社会改革试验区"，承担为国家探索"两型"之路的使命。

我国经过 40 多年的飞速增长，以资源短缺、环境污染、生态失衡为代价的增长方式，已成为经济发展"不可承受之重"，一条资源节约型、环境友好型的"两型"新道路，亟待被发现。

正是在这一背景下，武汉成为大国两型"探路者"，为国家探索宝贵的改革经验，而它所走的，并不是一条简单粗放的传统老路，而是一条转变经济增长方式的生态新路。

武汉制定了 2010—2020 年城市总体规划，确定了"1 个主城区 +6 个新城区"的空间布局，避免"摊大饼"，主城区控制在三环线以内，重点沿"两江四岸"轴向发展，与 6 个功能完善的新城之间用地铁联结。这一规划获得了国际城市与规划师学会的"全球杰出贡献奖"。

作为传统重工业基地，武汉正转变经济结构，发展循环经济和绿色经济。

武汉在钢铁、化工、建材、农业等领域，建设循环经济试验区，废弃资源在相关企业间的循环利用，节约宝贵的资源。2011 年，武钢投产了矿渣项目，把 120 万吨过去没用的矿渣磨细，变成绿色建材。成立了城市矿产交易所、循环经济研究院，推动废纸、废钢等大宗"城市矿产"的规模化应用。

"半城山水半城湖"，生态向来是武汉的优势。在城市总体规划中，武汉将城市一半以上的面积，都划为基本生态控制线，既要大发展，又要大生态。武汉出台了基本生态控制线规划、环境保护条例、湖泊保护条例等一系列政策，划定生态底线。

在体制机制创新方面，武汉多次在全国"第一个吃螃蟹"：第一个建立了湿地生态补偿制度，成立了全国第一个农村产权交易所，建立了中部第一个碳交易中心，释放市场的"无形之手"，解决过去用行政"有形之手"无法解决的问题。

建设"两型"社会，需要全民参与。武汉建立了覆盖全市的废旧电池回收体系，向市民倡导"两型"生活方式，并组织"爱我百湖""呵护江城"等志愿活动。

武汉已探索出一条特大城市生态发展之路。在"两型"这场考试中，向国家交上了一份精彩的答卷。

（一）17 万农户拿上"土地租金"，农村产权改革"武汉经验"写入三中全会《决定》

江夏，劳四村，这里是一片丘陵地带，6000 多亩土地上整齐地竖起了大棚，种植葡萄、桃子、樱花，以及各种蔬菜。

"这些本来都是农民不种的零散山岗地，农民现在有了打工收入，对种地不那么上心，土地抛荒比较厉害。"湖北丛霖农业公司相关负责人李宗保表示。他指着对面的山岗，那边茅草已过人高。

丛霖公司的土地是通过农村产权交易流转而来。成立于 2009 年的武汉农村产权交易所，是武汉探索农村产权改革的"探路"之举，也是"两型"试验中浓墨重彩的一笔。

"随着城镇化进程,农村人口迁出,大片土地抛荒。"农交所总经理孙晓燕介绍,"土地流转,既可以盘活农村闲置资产,使农民财产商品化、货币化,增加收入,又可以促进农业规模化和产业化。"

运行 5 年时间,农交所已组织各类农村产权交易 2062 宗,金额达 120 亿元,涉及农村土地面积 110.89 万亩,像劳四村村民一样拿到"土地租金"的农户达 17 万户。

除了土地经营承包权之外,还有农村房屋所有权、闲置宅基地使用权、二手农机所有权等十余类。

"农交所在每个区都有工作站,如果哪个地方有土地要进入市场,我们要进行严格的审查,每一个农民都必须签字同意。进入农业领域的工商企业,也要进行严格的资质审查,防止圈地。"

据悉,丛霖公司以 550 元 / 亩的"租金",从 20 多个生产队、2000 多户农民手上流转土地,三年一签,"我们一家一户地去做沟通,每家都按了手印。"

价格由市场形成,不同地域、不同品质的土地,价格不同。"我们定期对外发布价格指数,就像发布房价一样,给投资者和农民提供参考。"孙晓燕介绍。

《土地承包法》《担保法》《物权法》等法律规定,耕地、宅基地、自留地、自留山等集体所有土地使用权不得抵押。武汉创造性地把农村土地所有权、承包权、经营权"三权分置",集体享受所有权,农民享受承包权,企业享有经营权,从而规避了法律风险,这在全国属于首次。

对农业企业而言,只有拿到鉴证,长期流转,才敢大规模投资,否则不确定性太大。丛霖公司负责人表示,为脚下这块土地,他们已经投入了接近 2 亿元。"包括沟、路、渠这些基础设施,地下埋藏的灌溉水管,地上的大棚设施,都是全新的。公司运营 3 年仍未盈利。"

丛霖公司以土地经营权为抵押,向银行融来一笔资金。"除了交易中介之外,我们还提供融资中介等服务,健全服务体系。"孙晓燕介绍。

这种"交易—鉴证—融资"的武汉模式,在国内独树一帜,为多个省市所学习借鉴,并受到习近平总书记肯定。"赋予农民对集体资产股份占有、收益、有偿退出及抵押、担保、继承权"这一说法,一字未动地出现在了党的十八届三中全会《决定》的正文中。

(二)年交易总量过亿,城市矿产交易发现"破烂"的价值

家里的废旧电子电器、废旧金属以及报废汽车等,含有色金属、贵金属、钢铁、塑料、橡胶等,堪称"城市矿山",是放错了地方的战略资源。

2010 年,武汉成立了全国第一家城市矿产交易所,专门做"破烂"生意。

"我们这个平台有信息发布、交易服务、交易鉴证、融资咨询服务等四大功能。"武汉城市矿产交易所总经理孟宪良介绍,"客户有供给或者需求,在我们的平台上挂出信息、竞价成交,再通过我们进行第三方支付。"

孟宪良表示,只有当一种资源在市场上竞价时,才能发现它的价值。"破烂价格贵了,卖

的人就不会胡乱处置，污染环境，而买的人也会倍加珍惜，充分利用。"

资料显示，目前武汉市每年固体废弃物产生量超过1000万吨，废旧物资回收总量550余万吨，其中废旧钢铁200万吨、造纸原料120余万吨、废玻璃80余万吨、废有色金属20余万吨、报废汽车1.1万辆。据不完全统计，仅在武汉，这一市场容量就超过300亿元。

孟宪良介绍，武汉市超过九成的企业废弃物收购均由"马路游击队"完成，许多交易是在"地下"进行的。"地下市场是一个信息闭塞、非竞争性、不规范的市场，废弃物难以得到合理定价，导致废弃物回收规模受限，影响产业的发展，也容易形成二次污染。"

开业之初，这家位于青山火炬大厦的交易所生意惨淡，交易量很小。"地下交易本来就有多年沉淀下来的交易体系，没有动力转入地上，并且阳光化后的第一个难点就是要交税。"孟宪良表示。

为了提高进场交易的积极性，整合现有资源，规范交易市场，矿交所的控股股东经历了调整。2013年10月，武汉市供销社正式控股，并接管矿交所。利用供销社体系的资源，再积极地跑客户，2014年，矿交所交易额已突破1.6亿元，超过前三年总额的10倍，呈现"爆炸式增长"。

"废弃物就近就地处理，是最环保最有效率的。城市矿产交易大有可为。"孟宪良表示。

（三）农民养鱼不多投饵可得政府补贴，武汉为湿地生态补偿逾千万元

以往每到冬天，在龙雁湖从事水产养殖的黄少华无处诉苦。

"鸬鹚、苍鹭吃池塘里的鱼，大雁、野鸭、灰鹤吃稻谷、油菜等青苗作物，损失严重。"

这些鸟类都不能打，连麻雀都是省级保护鸟类。过去，"人鸟争地、人鸟争食"的情况很严重，每年，湿地保护区内养殖户直接损失在1219万元左右。

2013年9月，武汉在全国第一个推出"生态补偿机制"，改堵、控为疏、导，用激励机制引导农民调整产业结构。

"每个农民都跟政府签协议，除了不打鸟外，种田不过度使用化肥农药，养鱼也不过分投肥、投饵，政府对他们因此损失的那一部分进行补偿。"市林业局野生动植物保护处负责人介绍，"未来，湿地核心区人口要全部迁出。"

据悉，武汉是我国三条候鸟南迁的线路之一，每年有20万只候鸟在湿地栖息、觅食，有293种脊椎野生动物，其中有东方白鹳、白头鹤、中华秋沙鸭等国家一级保护动物，在湿地中，还生长着408种微管束高等植物，包括野菱、野大豆等国家二级保护野生植物，有着优良的生态和自然禀赋。

武汉先后划建了蔡甸沉湖、江夏上涉湖、黄陂草湖、汉南武湖等5个湿地自然保护区，涉及17个乡镇、3.85万农民。目前补偿额已经超过1000万元。

生态补偿是一项制度创新，通过调整相关各方的利益分配关系，促进生态环保在不同城市、地区和群体之间的协调。武汉在全国首次将其应用于湿地保护中。

武汉的探索，引来重庆、黑龙江等多个省市学习、模仿，武汉也将把生态补偿制度推向城市垃圾处理、水源地保护等方面。

（四）投入近 2 亿元进行生态修复，垃圾填埋场上将建起生态园

原金口生活垃圾填埋场，2015 年 9 月将成为林木幽幽、花谷茶坡的山体景观，并成为武汉园博会主景区。

第十届中国（武汉）国际园林博览会 2015 年 9 月至 2016 年 4 月在武汉举办，规划总用地 213 公顷，位于张公堤公园的核心区。其中，金口垃圾场占了总面积的 1/4。在生活垃圾填埋场上建园，这在历届园博会中尚属首次。

金口生活垃圾填埋场是 1998 年为解决汉口地区的垃圾出路而兴建，当时只是个简易的垃圾填埋场，填埋库区面积 24.26 公顷，日处理垃圾 2000 余吨，承担着江汉、硚口、东西湖三个区生活垃圾处理任务，常年恶臭熏天，2005 年因严重影响周边居民生活被关闭后，变成一片杂草绿地。

"我和同事们第一次来到现场时，就被这里恶劣的环境震惊了。"第十届园博会筹备工作领导小组办公室综合管理部部长助理江建祥表示，"变废地为宝地"是本届园博会的真正用意。申报园博会时，正是这一"两型"创意，打动了所有评委，最终一致同意把第十届园博会定在武汉举办。

据悉，园博园总体规划突出生态、科技、人文、民生、地域等特色，结合现状地形、地貌，以"北掇山、南理水、中织补"和"山水连枝，双轴两区"为整体园区规划结构。

垃圾填埋场生态修复工程之地建起"荆山景区"，将是全园制高点。"荆山景区"以"一脉一谷两坡三峰"的布局错落展开"梅岭叠彩""古道寻茶"等荆山八景。

垃圾场如何变成生态景区？市园博会筹备工作领导小组办公室有关负责人介绍，根据前期调研结果，金口生活垃圾填埋场生态修复工程将采用好氧修复、封场处理的综合治理技术，不开挖任何垃圾堆体，垃圾场封场后，场地上方严禁设封闭建筑物；垃圾场治理安全与景观并重，因地就势打造优美自然的坡地景观。

武汉园博园是武汉建设环境友好型城市的一个缩影。近年来，武汉大力推进生态绿化，2006 年，武汉市获评"国家园林城市"，截至 2013 年底，武汉市建成区绿地率 33.49%，人均公园绿地 10.54 平方米，建成区绿化覆盖率 38.85%。2012 年，武汉获评"国家森林城市"，截至 2013 年，武汉全市森林面积达到 223 万亩，森林覆盖率为 27.41%。已完成 97 公里绿道建设，计划用 10 年时间建成 2200 公里绿道。

（五）市民志愿"爱我百湖"，武汉"清水入湖"初见成效

"武汉的湖泊是大自然的馈赠，我们应该珍惜。"从事平面设计工作的柯志强，因为爱湖，自发成为一名公益人士，发起了"爱我百湖"等志愿行动。

他招募了 2000 余名环保志愿者，最小的只有 4 岁，最年长的有七八十岁。这群普通市民成功制止了破坏塔子湖、龙阳湖、鲩子湖等湖泊的违规行为。

柯志强还花了 2 个月的时间整理东湖调查记录及图片资料，编写完成了《东湖大调查

报告》。

柯志强介绍，武汉市中心城区40多个湖，每个湖都有志愿者当民间"湖长"。只要发现湖泊有污染或者违规现象，就会拍下来，向环保局举报。

武汉建设"两型"社会，特别是在保护湖泊生态方面，有众多像柯志强一样的民间力量参与，政府也在行动。

武汉市出台了《湖泊管理条例》，按照"锁定岸线，全面截污，还湖于民，一湖一景，江湖连通"20字方针，全面实施水环境综合整治工程，启动实施了总投资158亿元的大东湖生态水网构建工程。推行"湖长制"，推进沿湖"三线一路"建设。实施湖湖连通、江湖相济的汉阳六湖连通等工程，建成19座污水处理厂，开展湖泊截污。

"全市中心城区40个湖泊基本实现截污，中心城区16个湖泊水质提档升级，初步扭转武汉市湖泊水质恶化趋势。"据悉，"清水入湖"工程已初见成效。东湖水质连升两级，由劣五类上升到四类，第十三届世界湖泊大会在武汉召开。

截至2014年底，武汉市已建成汉口、武昌、汉阳、青山等江滩公园，形成长37.6公里、面积340万平方米的亲水景观带，增添城市水文化魅力。水生态系统保护与修复试点工作通过国家验收，武汉成为全国唯一节水型城市、节水型社会建设"双试点"城市。

四、长株潭城市群：一个老工业基地"脱胎""换骨"之路

湖南省株洲市是典型的老工业基地，因工业而兴，也因工业而困，长期沿袭的"高耗能、高污染、高排放"粗放型发展模式，给城市带来严重污染。"天上灰蒙蒙，地下满地尘"，这曾是很多人对株洲这座工业重镇的初始印象，烟囱林立，光城区就有烟囱500多根，酸雨频率高达79%，2003年、2004年连续两年被戴上"全国十大污染城市"的帽子，市民反映强烈。

2007年，国务院批准设立长株潭城市群为资源节约和环境友好型社会建设综合配套改革试验区，要求加快形成节约资源和保护环境的空间格局、产业结构、生产方式、生活方式。资源节约型和环境友好型社会建设是生态文明体制改革的重要内容。株洲市以"两型"社会建设为契机，推动发展循环经济，开展清洁生产和就地技术改造，虽取得一些成效，但并未遏制环境继续恶化的趋势。

2013年11月，习近平总书记在湖南考察时指出，要以长株潭试验区为龙头，抓好以湘江流域为重点的重金属污染治理、以大城市为重点的大气污染防治、以畜禽及渔业养殖为重点的农村面源污染治理，加快完善节能减排体制机制，严格控制高耗能、高污染、高排放行业，谱写建设美丽中国湖南新篇章，为长株潭试验区绿色发展指明了方向，为推进湘江流域综合治理按下了"快捷键"。株洲市认真贯彻落实习近平总书记的重要指示，以推进供给侧结构性改革为主线，在发展改革委等国务院有关部门指导下，深化"两型"综合配套改革试验，积极推进长株潭地区土壤重金属污染修复试点，开展国家城区老工业区搬迁改造试点，凝聚合力、下定决心对湘江流域最大的环境敏感区和最大的难点堵点区域——清水塘老工业区进行整体关停转

型，从根本上改变"高耗能、高污染、高排放"的粗放型发展模式。

2018 年 12 月 30 日，随着中国五矿株洲冶炼集团股份有限公司在清水塘地区的最后一座运行中的冶炼炉——基夫赛特炉正式熄火关停，标志着清水塘老工业区 261 家企业全部关停退出，彻底斩断了污染源头，完成了老工业城市转型的扛鼎之作。株洲完成了一场具有里程碑式意义的"退出"，把清水塘恢复成了一张白纸，在白纸上再来描绘崭新的未来，为清水塘重新正名，为株洲城市形象重新定位。2018 年，株洲市入选改革开放 40 周年经济发展最成功的 40 个城市，成功创建全国文明城市、国家卫生城市、国家园林城市、国家森林城市。可以说，经过多年的努力实践，株洲市交了一份符合党中央期待和要求的满意答卷。

（一）"脱胎"：壮士断腕实施清水塘老工业区搬迁改造

老工业区、重污染区——这是株洲清水塘曾经的两个"身份"。这片 15.15 平方公里的土地上汇集了 261 家重化工业企业，其中不乏五矿株冶、中盐株化这样的大型央企，年产值 300 多亿元，累计上缴近 500 亿元税收，创造了 160 多项全国第一。光鲜的背后，是粗放式发展带来的环境污染，这里的"三废"排放量曾一度占全市的 2/3，是株洲市最大的污染源和湘江流域最大的"环境敏感区"。

进入新时代，清水塘老工业区虽曾肩负荣光，却处境尴尬。在不改变现状条件下推动绿色转型，成效不大，但短期内仍保有一定财政收入；整体搬迁虽能"刮骨疗毒"，但成本很大，短期内财政损失。何去何从？成为株洲市建设"两型"社会，推进高质量发展无法迈过去的"坎"。面对选择难题，决策却未陷入困境。对粗放型发展模式有切肤之痛的株洲市用行动给出答案——搬迁改造、淘汰落后、生态优先、绿色转型。

从 2014 年起，株洲市以壮士断腕的决心打响了清水塘老工业区搬迁改造攻坚战，创新手段治沉疴，探索出了一条"土地收储＋搬迁奖补＋转型支持＋就业帮扶"的清水塘老工业区搬迁新路子。截至 2018 年底，区域内所有的 261 家企业全部关停退出，职工成功安置，创造了全国老工业区搬迁改造的"株洲样本"。

清水塘老工业区搬迁改造是整个株洲市走"两型"之路，绿色转型的硬骨头，也是考验株洲市委、市政府是否真正落实生态文明体制改革要求，落实习近平总书记要求的硬骨头。作为清水塘地区生产规模、占地面积最大的五矿株冶，其关停搬迁是清水塘老工业区搬迁改造的重头戏，事关整个老工业区搬迁改造的成败。五矿株冶集团，其前身为国家"一五"期间建设的 156 项重点工程之一的株洲冶炼厂，是我国最大的铅锌冶炼企业，也是占地面积最大、污染较大的企业。株冶占地总面积 2000 多亩，拥有职工 6000 多人，年营业收入 130 多亿元，年铅锌金属产量 65 万吨，带动相关就业 10 万人，对地方 GDP 累计贡献达到 1050 亿元以上，"三废"排放量占清水塘地区的 3/5。"既要金山银山，又要绿水青山；若毁绿水青山，宁弃金山银山"。

株洲市义无反顾地决定关停搬迁株冶，但"钱从哪里来，人往哪里去，企业怎么搬"这些问题，清水塘搬迁改造绕不开、躲不过，也拖不起——这是一副重担，更是一块硬骨头。钱的筹集分为 3 个渠道，一是国家财政对环境治理、工业区搬迁的相关支持；二是用活金融政策，如政策性银行贷款、世行贷款等；三是立足于经营清水塘地区，创新土地资产处置模式，按 80 万元/亩的标准收储关停企业土地，按照企业关停搬迁时间节点给予 10 万—15 万元/亩的奖补，既调动企业关停搬迁的积极性，又合理控制土地成本，"用时间换空间"。株冶的搬迁，走的正是"经营"路线，收储 2000 多亩土地，以此为抵押，从银行融资，以解搬迁补偿款难题。人的安置，一部分跟随原有产业走，一部分提前退休，还有一部分人须跟着清水塘后续产业走，即"政策安置一批、转移就业一批、转型就业一批、移交管理一批"。企业的搬迁，通过就近安排进园区、支持搬迁到外地、鼓励应用新技术新装备新工艺等，引导区域内企业转移转型发展。株冶在清水塘老工业区退出历史舞台的同时，一个绿色智能化的大型有色冶炼基地在衡阳水口山崛起。刚刚投料生产的株冶锌项目，引进了 100 多项新技术、新工艺，拥有 4 个世界或国内领先的核心技术。基地全部建成后，铅锌冶炼产能将缩减一半，年营业收入增加 3 倍，工业废水实现零排放，二氧化硫削减 18 倍，重金属削减 1.5 倍。株冶既减掉了落后产能，更加出了新工艺、新产品，成为株洲市践行新发展理念，推进产业转型升级的一个缩影。

清水塘老工业区光搬迁企业还不够，污染了的环境还需治理，脆弱的生态还需修复，腾退的土地上还需开发建设新城。环境治理的难点和重点是霞湾港，这一清水塘老工业区工业废水流向湘江的主要通道，是湖南省最大的排污口。几十年间，饱含镉、铅、汞、砷等重金属的工业废水都集中在这里排放，底泥中重金属含量惊人。因为这些工业污水都会随着排放主体不同，经常出现不同的颜色，所以人们把霞湾港叫作"五彩河"。全长 4.06 公里的霞湾港重金属污染治理工程需投入 2 亿多元，每公里治理投入达 5000 多万元，相当于在平原地区修建高速公路的造价。为此，株洲市在治理霞湾港上试水，探索创新"重金属土壤修复＋土地流转"的治理模式，一方面，科学引导社会资金投入，发行债券、争取政策性银行贷款；另一方面，引入第三方治理企业，利用企业资金和技术治理污染，让参与方从土地增值收益中获取回报，霞湾港 2 亿多元的治理资金一下就有了保证。自此以后，株洲市的污染治理项目都采用了这种模式，共筹集污染治理资金 200 多亿元。通过实施排污口整治、港水截留清淤、底泥处置、施工废水处理及河堤生态修复，霞湾港变成了清澈的水渠，"水清岸绿、鱼翔浅底"的霞湾港又回来了。自 2016 年以来，湘江霞湾断面水质稳中向好，持续保持在地表水二类及以上水质标准，成为国内河道重金属污染治理成功典范。与此同时，株洲市将与社会资本合作的第三方治理模式也运用到新城建设中，由株洲市市级平台公司城发集团与株洲循环集团共同出资成立清水塘新城投资集团，吸引清华启迪控股、中交第三航务工程局有限公司等战略合作伙伴，以 PPP 模式，按照全面退出重化工、替代发展先进制造业和现代服务业的思路正在大力推进新城建设。

（二）"换骨"：破旧立新全力打造"中国动力谷"

断腕阵痛之后，还得谋求新生。为避免因旧动能腾退而出现产业空地、就业流失的问题，株洲迫切需要拓展新动能。"北郑州，南株洲"，这座"火车拖来的城市"，拥有"中国电力机车的摇篮""中小型航空发动机特色产业基地""新能源汽车制造基地"三大标志性名片，中国第一台航空发动机、第一枚空对空导弹、第一辆电动机车、第一台航空发动机等 223 个中国工业史上的第一都诞生在株洲，集火车动力、飞机动力、汽车动力于一身，产业带动和辐射效应巨大。为此，株洲市强化拓展自身三大动力优势，集聚人才、技术和资本等要素资源，全力打造"中国动力谷"，构建由轨道交通、航空动力、先进硬质材料三大优势产业，电子信息、新能源、高分子新材料三大新兴产业，陶瓷、服饰、烟花爆竹等一批传统产业和功率半导体、永磁动力、生物医药、人工智能与大数据、通用航空、新型功能玻璃、5G 应用、深海装备、北斗应用、算力基础设施等一批新兴和未来产业构成的"3+3+2"现代产业体系，这是株洲转换新旧动能坚定的回答。

确定转型发展方向后，享有"动力之都"美誉的株洲不能仅仅坐享原有辉煌与荣耀，而要将其打造成推动经济发展和拉动城乡居民收入提高的新动力。对此，株洲市以推进协同创新培育核心技术，强化企业在技术创新中的主体地位。创新，企业是主战场，关键在于掌握核心技术。株洲以协同创新为突破口，通过联合开展科技攻关、共同建立研发平台、联合培养创新人才、构建产业技术创新战略联盟等方式，全面推进产学研深度融合，形成了与清华大学、中南大学、湖南大学等 15 所高校的共建模式。为引导企业创新，每年安排 5800 万元科技专项资金，为科技成果转化提供最高 200 万元的引导资金。

IGBT 芯片是能源变换与传输的核心器件，被称为中国高铁"心脏"，这项技术一直被德国和日本把控，特别是在高级 IGBT 器件上，以前更没有中国人的一席之地。在 IGBT 技术面前的缺位，等于将掌控高铁心脏心率的命脉交给了别人。面对这种情况，中车株洲所下定决心要实现 IGBT 技术和产业的突破，为支持企业创新，株洲从市级财政中拿出 15 亿元专门用于支持 IGBT 技术的研发。2014 年 6 月，中车株洲所国内首条 8 英寸 IGBT 芯片线的投产，标志着我国在电能芯片领域打破了国外 30 多年的技术垄断，从一无所有到无出其右，中车株洲所只用了不到 10 年的时间。这只是企业自主创新的一个个案，这样的企业创新行为近年来在株洲不断涌现。

鼓励创新、支持创新，直接的效果就是创新成果的涌现。世界首列中低速磁悬浮列车成功投入运行，全球首条智能轨道示范线正式运行，全球首个生物医药多肽库、世界最大尺寸超高阻尼橡胶隔震支座等一批重大科技成果在株洲问世，"复兴号"高铁、AG600 大型水陆两栖飞机、港珠澳大桥等大国重器无不闪耀着株洲元素。截至 2021 年底，全市技术创新平台达到 619 家，其中国家级 52 家，省级 297 家，R&D 比重达到 3.27%。

战略性新兴产业是新动能发展的重要支撑。株洲在加快发展动力产业的同时，聚焦 15 个工业新兴优势产业链条，实施链长责任制，绘制产业链条全景图，明确强链、补链、延链重点环节，精心培育与动力产业高度配套的电子信息、新材料、新能源、节能环保产业、生物医药与食品产业，战略性新兴产业加速集群。阿里巴巴株洲产业带、湖南微软创新中心、中国移动（湖南株洲）数据中心、中航动力航空零部件制造、"两机"专项等一大批战略性新兴产业大项目落地生根、开花结果，其中，电子信息产业聚集 50 多家上下游企业，为株洲迅速培育新的经济增长点，赢得未来先机，原来的 4 个传统支柱产业有 3 个已被新兴产业取代。

让沉睡的传统优势产业重新焕发活力，是株洲加快推动新旧动能转换开出的又一剂良方。株洲硬质合金、陶瓷、服饰等传统产业基础雄厚。近年来，在不断做强动力产业和培育新经济的同时，不忘引导硬质合金、陶瓷、服饰等传统产业运用新工艺、新技术、新装备技改扩能、转型发展，使其进一步走向"高端"、强化"特色"。株洲醴陵陶瓷产业绵延千年，是全国三大"瓷都"之一，是世界釉下五彩、世界电瓷发源地。为促进陶瓷产业升级发展，株洲探索出了一条"标准引领＋会展经济＋清洁改造"的陶瓷产业转型发展模式。制定了全国首个釉下五彩标准，建成标准化泥釉模配制中心，填补了国内泥、釉、模三大陶瓷原料标准化生产空白，生产效率提高了6—7倍，三废排放几乎为零。如今，醴陵陶瓷产品中，不仅日用及艺术彩瓷依然占领全球市场1/10的份额，电瓷绝缘子及军工陶瓷新材料等打破了欧美技术垄断，基本建成一条集陶瓷材料、制造、机械、颜料、商务"五位一体"的完整产业链，醴陵陶瓷成为株洲传统产业转型发展的一个样本。目前，株洲硬质合金集团已经成为世界行业两强之一；醴陵陶瓷产业年产值逾740亿元；芦淞服饰市场成为中南地区最大服饰产业基地，年销售额突破300亿元，传统产业重新焕发出新的活力。

加快新旧动能转换，企业要换思路、换方向，政府部门更要解放思想，实现职能脱胎换骨嬗变。株洲坚持把改革作为破解发展掣肘、转变政府职能、营造良好营商环境的关键，以刀刃向内自我革命的决心和勇气，深入推进政府管理体制改革。群众事无小事。株洲坚持"办好群众眼中一件事"，大力简化审批流程、推进网上审批，企业投资项目审批最多50个工作日、政府投资项目审批最多70个工作日，实现了开办企业"三天即办结"、工业项目"拿地即开工"、新购房子"交房即交证"，九成以上事项实现"最多跑一次"，群众的获得感、幸福感不断提升。同时，株洲下决心转变招商理念，以"高门槛"选商代替"一揽子"招商，把高科技含量、高附加值、低能耗、低污染项目作为招商首选，对高耗能、高污染、资源型的"两高一资"项目坚决说"不"。近年来，一口气将不符合产业发展定位的近30个招商大项目拒之门外。一舍一得之间，舍弃的是高耗能、高污染的隐患，换来的是工业发展的绿色转型"轻装上阵"。

动能及时转换，发展稳步向前。当人们还在因大批企业关停为株洲发展捏把汗时，株洲却交出了令人瞩目的成绩单：稳增长、传统产业升级、战略新兴产业培育等工作成效突出，连续第四次获得国务院通报表彰，入选"中国大陆最佳地级城市30强"，创新竞争力、产业竞争力多项评估均入围全国百强。事非经过不知难，得之点滴却艰辛。"一边开刀，一边跟别人以差不多的速度在跑"。产业转型静悄悄，发展质量却已攀上高水平。就在这看似不经意间，株洲产业结构从重化工为主，平稳地转到以中国动力谷实体经济为支撑的现代化产业体系。

（三）"生机"：形成绿色发展方式和生活方式

株洲市坚持以习近平新时代中国特色社会主义思想为指导，践行新发展理念，努力实现经济社会发展和生态环境保护协同共进，为人民群众创造良好生产生活环境，伤筋动骨换来了脱胎换骨，转型升级带来了勃勃生机，迈上了一条生态环境优美、产业结构更优化、新动能更强劲、绿色发展理念深入人心的高质量发展之路。

清水塘成为株洲市现代工业的起点，也是资源节约型、环境友好型社会建设的关键点，更是株洲市工业过去和未来的连接点。新城建设正在紧锣密鼓地进行着，位于清水塘的株洲铜塘湾保税物流中心已竣工验收并投入使用，湿地公园建设已基本完成。株洲市还计划在清水塘原址修建一座工业遗产博物馆，向来往的人们静静诉说清水塘的前世今生——从"清"到"不清"，再从"不清"到"清"。

2013 年以来的绿色发展实践，使株洲市天变蓝了、水变清了、地变绿了。2021 年空气质量优良天数达 310 天，比 2013 年增加了 3 月，优良率达 84.9%，居长株潭地区第一。城市生活污水集中处理率为 97.7%，比 2013 年提高了 6.8 个百分点；工业企业废水实现 100% 达标排放；湘江水质从国家Ⅲ类标准提升到Ⅱ类。城市建成区绿化覆盖率达 40%，全市森林覆盖率达 62.11%，所辖 4 个县市均为国家级卫生县城。

经济社会发展质量稳步提升。2021 年，株洲市三次产业结构由 2013 年的 8：60：32 调整为 7.6：47.6：44.8。高新技术产业增加值达 1016 亿元，占 GDP 比重近 30%。科技创新对经济发展贡献率达到 65%，年均提升 1 个百分点。在转型升级、绿色发展中有阵痛，但没有出现动荡，反而实现逆风向阳，2021 年主要经济指标增速高于全省、全国平均水平，综合实力稳居全省第二，人均 GDP 超过 1 万美元。

城乡居民的生活水平提升了，生活方式变低碳了。2021 年，城镇居民人均可支配收入、农民人均可支配收入分别达到 52399 元、25657 元，分别比 2013 年提高了 49%、54%。《中国城市全面建成小康社会监测报告 2018》显示：株洲在全国地级市排名第 48 位。茶陵、炎陵两个国贫县宣布脱贫摘帽，全市 166 个贫困村全部退出。株洲比全国提前三年实现整体脱贫、同步全面小康，正式告别几千年的绝对贫困，在株洲发展史上留下了浓墨重彩的一笔。绿色发展理念更加深入人心，市民低碳出行比例占城市交通的 60% 以上，社会公众对"两型"社会建设的满意度逐年提升，2017 年已达 87.53%，"两型"成为一种行为理念、一种价值取向、一种文化自觉、一种生活习惯。

五、重庆市：地票制度改革探索实践

重庆市集大城市、大农村、大库区、大山区于一体，是一个城乡、区域发展差异较大的直辖市。2007 年，国家批准重庆为全国统筹城乡综合配套改革试验区，围绕资源要素的城乡互动、统筹协调，重庆市开展了一系列制度创新，为全国面上改革探索了路径方法。地票就是其中一张富有特色的改革名片。

2009 年 1 月，国务院印发《关于推进重庆市统筹城乡改革和发展的若干意见》，明确"设立重庆农村土地交易所，开展土地实物交易和指标（即地票）交易试验"，正式拉开了重庆地票改革试验帷幕。地票改革以"耕地占补平衡"和"城乡建设用地增减挂钩"为制度基础，引导农户等权利人自愿将闲置废弃的建设用地复垦为耕地等农用地，腾出的建设用地指标形成地票，经重庆农村土地交易所公开交易后用于新增经营性用地办理农用地转用，从而实现全市城乡建设用地指标远距离、大范围置换。

党的十八大以来，重庆市不断深化完善地票改革，累计交易地票 36.23 万亩、711 亿元，惠及 31 个区县、40 余万户农民。改革成效得到国家充分肯定和认可，2018 年入选全国改革开放 40 年地方改革创新 40 案例，2019 年纳入中组部"新发展理念案例"丛书，2020 年入选全国首批生态产品价值实现十大典型案例。

（一）助力农民增收，激发缩小城乡收入差距的"新动能"

谈到贫富差距、收入差距，城乡之间的差距是核心。我国从 2006 年开始，城乡之间的贫富差距呈逐渐拉大趋势，城乡二元管理体制未得到根本性的改变，农业增效难、农民增收难、农村社会进步慢的问题未能得到根本性的解决。如果改革不到位，尽管农民收入会增加，但城乡收入差距还会逐步扩大。反哺农村、让农民切实享受到经济发展和改革开放的成果，缩小乃至消除城乡收入差距，根本的途径还是彻底改革城乡二元管理体制。

重庆是直辖市体制、中等省体量，辖区内山地占总面积的 75.9%，直辖之初有集中连片贫困地区，广大农村地区经济发展水平滞后，城乡差距和矛盾更加突出。同全国其他省市一样，重庆市在城镇化、工业化快速发展过程中，出现了农村建设用地闲置废弃、进城落户农民"两头占地"和城乡建设用地双增长等现象，土地要素在城乡之间流动缺乏有效的制度安排，在一定程度上制约了重庆市推动城乡融合、促进共同富裕的高质量发展道路。

在这一背景下，重庆市积极推进土地管理制度改革，于 2008 年探索建立地票制度，着眼于解决城乡二元管理体制下城乡建设用地双增长冲击耕地红线的现实困局，依托重庆农村土地交易所通过市场化交易方式显化农村资产价值，激励农村闲置废弃建设用地复垦产生指标，创新城镇新增经营性用地使用指标模式，从而建立城镇建设用地增加与农村建设用地减少协调机制，成为城市反哺农村、支持脱贫攻坚的重要制度通道。十余年来，地票为农村输送反哺资金 700 余亿元，促进了农民收入增长。在脱贫攻坚工作中，重庆市对建卡贫困户、深度贫困地区的地票交易实行"优先备案、优先复垦、优先交易、优先拨款"政策，实现贫困地区和贫困户地票成交率 100%，贫困地区成交量约占全市交易地票总量的七成，帮助贫困户增加财产性收入、改善居住条件，成功脱掉了贫困帽子，为脱贫攻坚注入了充足动力。

重庆市涪陵区马武镇农民石本均一家，过去居住在石朝门村的破旧木屋里，一到雨季总会面临"屋外下大雨，屋内滴小雨"的尴尬，出门交通也极不方便。宅基地进行复垦后，石本均一家获得 13 万元"地票"收益，加上易地扶贫搬迁的 3.8 万元购房补助，自己只添了 2 万元，便在集中居民点购置了新房，成功"以旧换新"。"老房子拆掉复垦后，我们家也住上了楼房。二层用来居住，一层用来经营做点小生意，让家里多了笔收入。"石本均一家的生活变迁，只是地票制度给重庆农民带来实惠的诸多案例之一。从 2008 年实行地票制度开始，重庆市"地票"交易始终坚持"收益归农"的原则，交易价款扣除成本后的净收益，由农户与农村集体经济组织按照 85∶15 的比例进行分配。重庆市农民户均宅基地约为 0.7 亩，复垦宅基地的农户在"地票"交易中能一次性获得 10 万元左右的净收益；宅基地复垦后形成的耕地，使用权不变，仍由原农户继续耕种，每年有几百元到上千元的经营收入。

地票改革让农民成为农村土地市场的主体，引导农民逐步树立起土地财产价值观念，农民对于农村宅基地及附属设施用地的利用和管理观念发生了很大变化，更加重视权证办理，更加珍惜农村土地房屋财产，更加注重对集体内其他成员使用宅基地的监督。地票制度的创新，为农民自愿有偿退出宅基地开辟了一个制度通道，为破解我国的"土地困局"提供了一条新路径。

（二）盘活土地资源，探索推动区域协调发展的"新路径"

习近平总书记多次指出，我国经济发展的空间结构正在发生深刻变化，中心城市和城市群正在成为承载发展要素的主要空间形式。2019 年 4 月，习近平总书记视察重庆时明确要求，要推动区域协调发展，促进各片区发挥优势、彰显特色、协同发展。

在地票制度设计上，重庆市尝试建立了符合重庆市情的地票区域平衡制度。价格上，地票实行"一价制"。为最大程度显化远郊区县的闲置废弃宅基地等农村建设用地价值，在地票定价上实行全市各个区域统一价格，即无论地票来源于全市任何区域，都执行统一、无差别的地票交易最低保护价格、地票交易起始价格等价格政策。使用上，各区域保持统一。为保证政策执行公平性，重庆在全市范围内执行统一的地票使用政策，无论处于全市哪个区县，凡属于新增经营性建设用地办理农用地转用手续的，都应按规定使用地票。在区域协调中，根据区县经济发展水平，采取差异化使用地票制度，即对经济发展条件好的重庆中心城区按新增建设用地面积 100% 购买地票，对经济条件相对欠发达的各区县，按使用地票规模补配一定的规划计划指标，促进这些区县使用地票。

按照习近平总书记提出的"必须更加注重改革的系统性、整体性、协同性"要求，重庆高度重视改革方法的与时俱进。围绕推进新型城镇化、新型工业化、农业现代化，地票制度改革注重与户籍制度改革、新农村建设等工作统筹推进，注重与城乡建设用地增减挂钩及节余指标跨省域调剂、农村"三块地"改革的协同联动，并有机融入全市土地管理工作，体现了统筹城乡、统筹区域、统筹增量与存量、统筹计划与市场配置的土地管理理念，大大增强了改革综合效应。党的十九大以来，重庆市提出加快构建"一区两群"城镇空间格局，推动形成优势互补、高质量发展的区域经济布局。地票在促进全市区域协调发展中扮演了重要的角色，地票 70%以上来源于渝东北城镇群、渝东南城镇群，有效推动了"两群"地区生态优先绿色发展，促进绿水青山变成金山银山，加快实现生态美、产业兴、百姓富；90%以上地票使用落在主城都市区，为建成高质量发展高品质生活新范例、建设国际化绿色化智能化人文现代化大都市，奠定了坚实的发展空间基础。

地票制度契合了新型城镇化人地协同的要求，实现"远距离、大范围"的城乡建设用地空间统筹，为农村腾出更多生态空间，相应增加城市发展空间，有效优化了城乡建设用地布局，促进了城乡各美其美、美美与共。地票通过市场化方式，盘活了农村闲置、低效利用的空间资源，发现了"千里之外"的资源资产价值，实现了人、地、财在城乡之间动态匹配，成为城市资金反哺农村的重要渠道，做到在城乡建设总规模不增加前提下，支持有需求的区域通过市场化方式增大发展空间，保障城镇化、工业化的用地需求，提高了土地节约集约用地水平。

（三）坚持科学复垦，创建恪守耕地红线的"新模式"

土地制度改革是百年大计，而土地流转问题是其中的焦点。怎么确保耕地红线不突破，甚至还能增加农耕地？重庆地票改革探索了一种可行的解决方案，即以耕地保护为目标建立市场化复垦激励机制，作为有偿取得的建设用地指标，地票可在重庆全域城乡规划建设范围内使用，主要用于保障新增经营性建设用地，用地主体在指标取得时就先行履行了耕地占补平衡义务，可更好地落实耕地保护要求。

重庆市在地票改革中采取多项措施来确保复垦质量：一是严格确定复垦范围确保复垦真实性。以 1∶10000 土地利用现状图图斑面积为控制、合法房地产权证为依据、1∶500 实测为施工导引，确定复垦地块范围，杜绝违法用地复垦和虚假复垦。二是严把复垦验收关口确保质量。明确全市统一的复垦验收标准，如耕地有效土层厚度不低于 40 厘米，砾石及瓦砾含量不超过 15%，耕地平均台面坡度不超过 15 度等。实行施工单位自验、项目业主初验、区县综合验收、市规划自然资源部门抽查复核的"三验一核"验收把关。三是严格审核流程。具体复垦管理中，市、区县、乡镇、村组各司其职，建立了复垦资格认定"三审查六到场"、复垦面积确定"两审查两公示"、项目立项"四审"和项目验收"三验一核"的制度流程，确保了复垦合法合规进行。

为防止"占优补劣"，重庆市还严格设置农村建设用地复垦条件，坡度大于 25 度的不得纳入复垦，要求复垦地块必须与周边耕地相连。复垦产生的耕地占验收面积的 90% 以上，而地票落地使用时耕地仅占农转用土地的 60% 左右，地票落地平均多补 30% 左右的耕地。截至目前，重庆市地票落地补充耕地 25.26 万亩，实际占用耕地 15.46 万亩，更好地落实了耕地占补平衡制度，恪守了"耕地红线不突破"的底线。

（四）拓展地票功能，承载生态环境保护的"新使命"

习近平总书记提出"绿水青山就是金山银山""山水林田湖草是生命共同体"等生态文明思想，要求处理好人类活动与生态保护之间的关系。重庆地票制度也必须按照生态文明建设要求与时俱进、不断创新。

在地票制度渐进式改革过程中，根据地票支持易地扶贫搬迁贫农户宅基地复垦工作实际，为避免一些高山、偏远地区搬迁户退出宅基地后，简单"一刀切"复垦为耕地可能出现部分新增耕地撂荒的问题，及时完善相关制度，不断创新拓展"地票"生态功能。2018 年，重庆市制定《关于拓展"地票"生态功能促进生态修复的意见》，明确在保护耕地目标基础上，按照"生态优先、实事求是、农户自愿、宜耕则耕、宜林则林、宜草则草"的原则实施复垦，无论宅基地复垦形成耕地或形成宜林宜草地，在验收合格后均可申请"地票"交易。2019 年，为进一步推动矿山生态修复，重庆市出台了历史遗留废弃矿山复垦指标交易办法，明确符合复垦条件的历史遗留废弃矿山，经生态修复后形成的减少建设用地指标，可作为"地票"进行交易。2020 年，重庆市首个历史遗留废弃矿山——渝北区曹家山煤矿土地复垦项目完成指标交易，交易价款 277 万余元。按照规定，曹家山煤矿复垦交易后扣除成本，将净收益的 15% 划归村集体所有，用于发展壮大村集体经济组织；剩余收益由财政统筹，优先用于矿山生态修复和解决矿山历史遗留问题。矿山复垦成林地的项目，5 年后还可形成"林票"进行二次交易。通过实行宅基地复垦、矿山修复指标市场化交易，既有效解决了农村宅基地闲置和城镇化建设用地缺口的问题，也吸引了社会资本参与重庆生态修复，可谓一举多得。

由此，地票制度从此前的补充耕地导向开始向生态修复导向转变，今后还将进一步丰富"生态修复地票"种类，系统考虑拓展地票生态功能与生态修复治理工作，探索"生态修复 + 地票"改革机制：一是"历史遗留废弃矿山治理 + 地票"。参照增减挂钩制度统筹解决历史遗留废弃矿山的做法，明确历史遗留废弃矿山复垦指标可参照地票申请交易，解决困扰历史遗留废弃矿山治理工作中的筹资难、进展慢问题。二是"自然保护区整治 + 地票"。在自然保护区综合整治中，将自然保护区核心区、缓冲区范围内生态搬迁腾退出的建设用地复垦为林地，在地票交易中筹措搬迁资金、加大生态保护投入力度。三是"长江沿岸生态修复 + 地票"。支持长江及主要支流 10 公里范围内废弃露天矿山生态修复，以及长江沿岸生态红线区的建设用地以地票方式退出，助力长江经济带生态保护。四是"山区林地草地复垦 + 地票"。结合山水林田湖草系统治理和国土综合整治，系统考虑破碎地块修复、耕地质量提升、土壤改良、产业发展等在点上结合，按照"宜林则林、宜草则草、宜耕则耕"原则，因地制宜推进山区复垦，以市场机制引导山区退建还林还草，实现生态增值。

重庆市在改革中把握我国发展要求和时代潮流，与时俱进回答时代之问。地票生态功能的及时拓展，是立足生态文明新时代，对接乡村振兴新要求，围绕建设生态宜居美丽乡村的深入实践，减少了低效的建设占用，增加了生态空间和生态产品，还自然以宁静、和谐、美丽，努力做到生态效益、经济效益、社会效益的有机统一。

六、成都市：从"传统经营"到"农业共营制"的转型升级

近年来，四川省崇州市探索构建"土地股份合作社 + 农业职业经理人 + 农业综合服务"三位一体的"农业共营制"新型农业经营体系，有效破解农业谁来经营、农村谁来种地、生产谁来服务难题，融合发展路径，推动现代农业发展取得新成效。"农业共营制"写入四川省委 1 号文件，农业职业经理人培养写入中央 1 号文件。2017 年入选中央改革办《改革案例选编》，2018 年入选《四川改革四十年案例》。《农民日报》评其为 2017 年中国"三农"十大创新榜样。

（一）问题倒逼：传统经营面临问题与挑战

崇州市是四川省成都市下辖的县级市，位于成都平原西部，农业资源条件优越，素有"西蜀粮仓"美誉。随着工业化与城镇化深入推进、农村土地与劳动力快速流动，崇州农业经营同全国其他地方一样，"弱者种地""差地种粮"等问题越来越突出，传统农业经营体系已难以继

续有效推动现代农业发展，面临着日益严峻的问题和挑战。

土地细碎、服务缺失问题——全市户均耕地 3.5 亩左右，平均分散 5—7 块，最大田块面积不超过 2 亩，经营规模小、土地细碎等难以适应现代农业发展，一家一户的传统分散经营，很难实现规模集约经营，极大制约了农业现代装备水平的提高和新技术的推广。

无农愿耕、种粮断代问题——农村劳动力大规模流出，给农村经济特别是种植业的持续发展带来重大影响。崇州市农业人口 46.2 万人，转移就业 13.6 万人，占 29.4%。"70 后"不愿种地，"80 后"不会种地，"90 后"不谈种地，农村务农大多都是 60 岁以上的"高龄农民"。农村谁来种地、农业谁来经营、生产谁来服务等问题日益突出，特别是无农愿耕、种粮断代问题更为严峻。

传统经营、"懒人"农业问题——农业兼业化、劳动力弱质化、农业副业化、生产非粮化的趋势日益明显，尤其是农民举家进城居住、放弃种田，精耕细作逐渐被"懒人"农业所取代。过去种田绿肥铺底，农家肥当家，如今绿肥不见，省时省力的化肥当了家，土地越来越瘦。农业劳动力素质、农业经营规模等已不能满足现代农业发展的基本要求。

产业单一、效益低下问题——就农业说农业，就种粮说种粮现象普遍存在，传统农业功能单一、产品档次不高，农业"接二连三"全产业链发展不充分，农业效益低下问题突出，农民收入持续增长面临后劲不足。泥土里一串串深层问号亟待求解。

（二）路径探索：农业适度规模经营的初步尝试

围绕农业生产经营中"地碎、人少、钱散、缺服务"四个制约和谁来经营、谁来种地、谁来服务难题，崇州市进行了多种形式的探索实践，但成效都不是很理想。

土地流转——1998 年，鼓励生产大户进行农地流转，由于生产大户缺乏资金、信息、服务等要素，流转进程缓慢。后来通过引进农业龙头企业租赁农地，进行粮食规模化经营，由于缺乏生产技术和管理经验，利益联结不紧密，经营发展步履艰难，有的农业企业向"非粮化""非农化"转型，甚至发生了租地企业毁约退租，农户不愿收回被退承包地，转而要求政府承担责任的现象。

订单农业——2003 年，引进农业企业发展"农业企业 + 生产基地 + 农户"的订单种植模式，由于市场价格、生产成本等因素制约，当市场价格高于订单价格时，农业企业面临收不到加工原料的尴尬局面；而市场价格低于订单价格时，常常出现农民排长队销售农产品，企业出现压级压价甚至毁约退出的情况，最后农业企业和农户之间相互不信任。

农民专业合作社——2005 年，探索实践发展农民专业合作社，由于缺乏紧密的利益联结机制，各个农户有着各自的利益诉求和行为选择，理事会和监事会无法统一社员的生产经营管理，农户仍然在自己的土地上耕作，各自为政，形不成规模经济，合作社的组织化程度仍然偏低。

（三）改革突破：构建"农业共营制"新型经营体系

2010 年 5 月，崇州市隆兴镇黎坝村 15 组的 30 户农民以 101.27 亩土地承包地经营权入股，成立土地承包经营权股份合作社，聘请职业经理人负责合作社土地的生产经营管理，当年探索实践取得成功。从2011年起，土地股份合作社在全市迅速推广，并带动了农业职业经理人和农业综合服务的迅猛发展。通过实践探索，崇州市逐步形成了"农业共营制"的新型农业经营体系。

推进土地股份合作，破解"谁来经营"难题——崇州市坚持和完善农村基本经营制度，运用农村土地承包经营权确权颁证成果，率先在全国探索成立农村土地经营权股份合作社。一是以自愿为前提，确保农民愿意干。按照"入社自愿、退社自由和利益共享、风险共担"原则，引导农户以土地经营权作价折资、折股，工商注册成立土地经营权股份合作社，按照章程选举理事会、监事会，产生理事长、监事长，建立健全合作社各项规章制度。二是以社员为主体，确保农民说了算。借鉴现代企业治理制度，公开竞聘农业职业经理人，形成"理事会＋农业职业经理人＋监事会"运行机制。理事会代表入社社员决策"种什么"，农业职业经理人负责"怎样种""如何种"，监事会负责监督合作社财务收支执行情况。三是以利益联结为保障，确保大家有钱赚。本着经营收益多方共享、分配方式灵活多样的原则，由农业职业经理人与入社社员共同协商确定，采取按经营纯收入1∶2∶7（即10%作为公积金、20%作为农业职业经理人佣金、70%作为社员土地入股分红），辅以超产分成或二次分红等方式，保障入社社员收益。

推进农业职业经理人种田，破解"谁来种地"难题——主动适应农业规模经营所形成的专业化需求，紧扣"因需而培、培而有为、为而有效"，开展以农业职业经理人为重点的新型职业农民培育。一是建立选育机制。主动适应新型经营主体发展需求，开展以农业职业经理人为重点的新型职业农民培育，选择有志于农业经营管理的大中专毕业生、种养能手、返乡农民工、外出经商人员等作为培育对象，通过建立专家学者、农技推广人员互为补充的教学师资队伍，培训生产经营型、专业技能型、社会服务型人才，构建形成"农业职业经理人＋新型职业农民"专业化生产经营管理团队。联合科研院校专家、基层农业技术人员，建立农业职业经理人导师制度，对农业职业经理人开展一对一"保姆式"教学指导和跟踪服务，让农业职业经理人在学中干、干中学。二是健全管理机制。成立农业职业经理人评价委员会，建立农业职业经理人初、中、高级"三级贯通"的评定制度、管理制度、考核制度等，对符合条件的颁发相应等级证书。每两年对农业职业经理人的职业素养、业绩、诚信等情况进行考核，根据考核结果给予维持、提升或降低等级。评定初、中、高级分别为761人、377人、76人。三是构建激励机制。制定出台农业职业经理人享受城镇职工养老保险补贴、信用贷款贴息扶持等办法，健全农业职业经理人产业、科技、金融等"全生命周期"扶持政策体系，成为全国首批新型职业农民培育工程示范市。如农业职业经理人以个体身份参加城镇职工养老保险，以上一年度全省在岗职工月平均工资的60%为缴费基数，缴费费率为20%，其中：个人缴费8%、财政补贴12%。

推进农业服务社会化，破解"谁来服务"难题——采取政府引导、市场参与、多元合作方式，构建农业科技、品牌、金融、营销和社会化相结合的农业综合服务体系。一是搭建农业科技服务平台。联合中国农科院、四川农业大学、四川省农科院、西南大学等五院三校共建创新共同体、发展共同体和利益共同体，建成川农大"两化"科技总部3000亩、成都市农林科学院科研基地 700 亩、长江上游优质粮油中试熟化基地 1000 亩等，筛选出川种优 3877 等 59 个优质品种全省推广，推广工厂化育秧、稻田综合种养等技术 40 余项，成为国家现代农业专家服务基地。二是搭建农村社会化服务平台。引进中化农业集聚中粮集团、瑞士先正达、中种集团、荃银高科等上下游、左右岸企业，建成中化农业四川农村社会化服务总部，以"种出好品质，卖出好价钱"为核心理念，帮助用粮企业制定产品标准、帮助经营主体制定技术方案，提供选种、配肥、植保、检测、收储等优质粮油"7+3"全产业链服务，服务川渝 14 个市州 100 万亩优质粮油基地。聚焦"全程机械化＋综合农事"，联合大疆、吉峰等农机制造企业，搭建"农机智慧云仓"平台；联合北斗卫星、中国气象，建成集农场管理、精准种植、数字运营、品控溯源等为一体的中化 MAP"空天地"智慧农业系统；引进农业大数据独角兽企业北京农信互联，建成集数据中心、交易结算中心、金融服务中心等"五大中心"为一体的西南总部。三是搭建农村金融服务平台。整合银、政、保、担、企资源，搭建"1+3+7"（农村金融信用体系，农村产权抵押担保和收储平台、"农贷通"平台、"互联网＋农村金融"平台，农村产权流转交易、价值评估、信息信用、融资保障、风险分担、担保收储、政策扶持服务体系）农村金融综合服务体系。全市开展农村产权抵押贷款 28.7 亿元，畅通金融资本注入农业全产业链发展通道。四是搭建农产品营销服务平台。引进华川集团，联合京东、苏宁、红旗连锁等线上线下平台，携手西昌、宣汉、五常等地粮油企业，组建"天府好米运营联盟"，创建"崇耕"农产品公共品牌，培育"小亭米""稻虾藕遇""天健君"等特色粮油品牌，实施"崇耕公共品牌＋企业自主品牌"双品牌战略，推进崇州优质农产品上京东、卖苏宁、进红旗。隆兴大米获评国家农产品地理标志。

推进农业赋能延链，破解"融合发展"路径——以田园为本底，延伸拓展农业功能，同高标准农田同步规划、设计、建设，开展"整田、护林、理水、改院"，探索形成规划统筹、资金统筹、建设统筹、农民主体"三统筹一主体"高标准农田投建模式，实现"稻田变湿地、农田变景观、田园变公园、产品变旅品"。以示范建设为抓手，从建设 10 万亩粮食高产稳产高效综合示范基地起步，一体规划实施、逐步提质扩面，建成 4 个 10 万亩粮油片区，实现优质粮油现代农业园区全域覆盖，实现从市级园区到省级园区再到国家级现代农业园区建设的跃升。以优质粮油产业全链条融合、全过程服务为重点，采取"科技＋服务""农机＋服务""互联网＋服务""农资＋服务""产品＋电商"等方式，开展良种推广、机播机收、统防统治、烘干仓储、加工营销、数字农业等专业化服务，实现从"单一生产"到"全链融合"发展，实现农商文旅深度融合发展。

（四）改革成果：共建、共营、共享、多赢

通过改革创新，崇州市"农业共营制"构建了集约化、专业化、组织化、社会化相结合的新型农业经营体系，实现了经营主体的"共建共营"、经营收益的"共营共享"、经营目标的"共营多赢"。

粮食安全得到巩固加强。"农业共营制"有效解决了当前农业发展面临的突出问题，促进

了农业适度规模经营，提高了粮食安全保障水平。2021 年，全市土地适度规模经营率达 76%以上，粮食适度规模经营率达 90%以上；水稻、小麦单产分别达 544 公斤、312 公斤，分别比 2010 年增加 13 公斤、15 公斤。连续五年实现种粮面积和粮食产量"双增长"。

新型经营主体得到发展。"农业共营制"不仅提高了农业生产经营效率，而且培育了新型农业经营主体与新型职业农民，促进了农业专业化服务组织发展壮大，创造了新的农业生产力。全市培育成都市级以上农业产业化龙头企业 26 家、农民专业合作社 747 家、家庭农场 1030 家，带动农户面达 98%以上。培育农业社会化服务组织 160 个，服务新型农业经营主体和小农户分别达 100%、98%。培育新型职业农民 34151 人，其中农业职业经理人 2461 人。

新业态新经济蓬勃发展。"农业共营制"以"大农业"为本底、"合作社"为载体、"小农户"为细胞，建成天府国际慢城等 4 个 4A 级景区、幸福里等 8 个 3A 级林盘景区，催生了一批以集体经济组织为引领的休闲农业公园、林盘景区，推动农商文旅融合发展。成为四川省休闲农业重点市、全国农村产业融合发展示范市、国家全域旅游示范区。2021 年实现休闲农业和乡村旅游收入 67.4 亿元。

农业现代化建设加快。"农业共营制"以粮食规模经营为前提，通过土地股份化、田型标准化、生产机械化、农民职业化、管理智能化、服务专业化，推动农业高质量发展步入快车道。2021 年，全市高标准农田占比达 68%、粮油良种率达 100%、农机化率达 93.9%、信息化水平达 90.5%、优质粮油标准化占比达 96%，成为国家农业综合标准化示范市。

农民收入实现持续增收。"农业共营制"构建起了有效的利益分配机制，土地经营权入股获得农村产权收入，农业职业经理人通过创业增收，专业化服务组织通过服务增收，产业融合发展分享全产业链发展带来的好处。2021 年全市农村居民人均可支配收入 28322 元，2016—2020 年平均增长 12.4%，城乡居民人均可支配收入比由 2015 年的 1.69：1 缩小到 1.59：1。

七、深圳市："一号改革工程"：优化营商环境

2020 年，面对新冠肺炎疫情和国际形势变化的双重冲击，深圳商事主体登记数量不降反升，累计商事主体超过 350 万户，增长 9.3%，创业密度继续位居全国大中城市首位；民间投资增长 14.5%，新设立外商投资企业超 4000 家，实际使用外资增长 11.8%。2021 年，深圳经济发展更上层楼，GDP 总量 3.06 万亿元，增长 6.7%，成为全国第三个 GDP 达到 3 万亿元的城市。固定资产投资同比增长 3.7%，社会消费品零售总额同比增长 9.6%，进出口总额同比增长 16.2%。截至 2021 年 12 月底，全市累计共有商事主体 380.4 万户，同比增长 6.1%，其中企业 241 万户，同比增长 6.5%；个体户 139.4 万户，同比增长 5.3%。按深圳市统计局公布的深圳市常住人口 1763.38 万人计算，全市每千人拥有商事主体 215.7 户，拥有企业 136.7 户。在粤港澳大湾区研究院、21 世纪经济研究院联合发布的《2020 年中国 296 个地级及以上城市营商环境报告》中，深圳营商环境总水平位居第一。

（一）持续发力优化营商环境体制机制

1. 高位推进引领全域同频共振

"领导小组＋专项小组＋工作专班＋咨询监督委员会"的多层次改革工作机制确保了改革始终保持昂扬姿态挺进。在全市统筹层面，成立由深圳市委书记任组长，市长任常务副组长的深圳市优化营商环境改革工作领导小组，全面加强全市营商环境改革工作的组织领导和统筹协调。在指标改革层面，设置由分管市领导牵头的16个评价指标领域专项小组，持续深化各指标领域优化提升。在工作实施层面，组建市级优化营商环境改革工作专班，由分管营商环境工作的副市长任组长，各指标领域明确专人负责、专人对接。在社会共治层面，成立由专业人士、中小企业家组成的营商环境咨询监督委员会，充分发挥"咨询＋监督"功能，调动社会各界参与营商环境建设的积极性、主动性。

2. 持续"升级迭代"适应市场创新发展

筑牢筑强优化营商环境法治保障和政策支撑，是解决市场主体关心关切、发挥改革乘数效应的重点。2018年，以市政府1号文件出台"营商环境20条"（营商环境1.0改革）。2019年，广东省委全面深化改革委员会审议通过并印发《深圳市建设国际一流营商环境改革创新试验区行动方案》，印发《深圳市2019年优化营商环境改革工作要点》（营商环境2.0改革）。2020年，发布《深圳市2020年优化营商环境改革重点任务清单》及增补清单（营商环境3.0改革），出台落实《优化营商环境条例》工作方案，结合深圳实际制定实施《深圳经济特区优化营商环境条例》。2021年，印发实施《深圳市2021年深化"放管服"优化营商环境改革重点任务清单》《深圳市2021年推进四个"十大"改革措施 持续打造国际一流营商环境工作方案》《深圳市贯彻〈深圳经济特区优化营商环境条例〉实施方案》（营商环境4.0改革），入选国家首批营商环境创新试点城市。2022年1月，印发《深圳市建设营商环境创新试点城市实施方案》，步入5.0改革的新阶段。1.0"搭框架"、2.0"夯基础"、3.0"补短板"、4.0"促提升"、5.0"抓试点"，不断深化的深圳市营商环境改革、稳步落实的700余项改革任务有效解决了一批制约市场主体投资兴业的突出问题，纵深推进的200余条改革举措有力稳定了市场主体预期信心。持续优化的营商环境，让投资创业热度不断提升，市场主体活力进一步增强，为经济社会高质量发展提供了有力支撑。

3. 精准服务推动营商环境"优上加优"

完善全市统筹的市、区、街道、社区企业服务体系，建立企业服务专员和重点企业联络员制度，及时响应企业诉求。依托累计注册个人用户超过115万人的"深i企"市场主体培育和服务平台，为企业提供"一站式"服务。对用工、金融、税务、科创、社保、出口、关税、商贸、通关、招商等企业生产经营相关的诉求进行梳理分类，预设诉求类型、问题内容等选项，企业只需根据自身问题进行选择即可简易、快速完成诉求提交，系统通过识别企业诉求关键字进行自动派单，由市相应职能部门第一时间对诉求进行研究并快速解答。同时，根据企业的类别、规模，精准推送企业可享受的优惠政策，试点推出中小微企业稳岗返还补贴等"免申即享"

惠企政策，符合条件的企业即可免予申报、直接享受政策支持。"来深创业、扎根发展的原因就是深圳营商环境优越——市场环境规范透明，政府服务贴心便捷，制度性交易成本低，企业只需一门心思搞创新、搞发展"已成为许多深圳企业家共同的心声。

（二）持续推动重点领域优化提升

通过聚焦营商环境重点领域、关键环节和痛点堵点难点问题，深圳打好服务市场的"组合拳"，充分释放市场活力、实现"六个提升"。

1. 提升市场准入能级

一是推动对不同所有制企业"一视同仁"。建立完善公平竞争审查制度，搭建全市统一公平竞争审查公示平台。出台关于支持民营企业积极参与国有资金投资工程建设的若干措施，支持招标人采取国有和民营分类的方式进行入围淘汰，原则上民营企业入围数量占比不低于1/3。二是实现企业开办"一天办结"。搭建"开办企业一窗通"平台，加快登记营业。加快推进开办企业便利化改革，打通市场监管、税务、社保、公安、公积金等数据接口，只需登陆一个平台即可同步办理多项业务，将企业开办环节由5个压减为1个、1天办结所有业务。三是实现注销"一网服务"。推行一般注销全流程网上办理，便利有序退出。持续扩大简易注销范围，推出除名制、依职权注销制度，大幅简化社保、商务、海关等注销手续。打造集电子档案系统、破产微法庭等于一体的破产办理联动云平台，实现注销"一网"办理。通过平台完成办理查询债权人、通知申报债权和发出审核结果等流程，将债权申报耗时从22天压缩到最长7天。四是实现跨境"一站办理"。推出"深港通注册易""深澳通注册易"跨境商事登记服务。中国香港、中国澳门投资者可委托合作的银行或其他机构，足不出港澳，"一站式"办理深圳的商事登记、开通基本账户、验资、刻制公章等业务。

2. 提升市场主体发展韧力

"深圳惠企16条""稳增长66条""六稳六保54条"……面对新冠肺炎疫情冲击，深圳瞄准企业堵点痛点，精准、及时实行惠企政策，通过"返""补""降""免""延""保"等措施全面降低企业生产经营成本，助力企业复工复产。2020年全年为企业减负约1100亿元。中央下达深圳直达资金152.3亿元，支出进度99.8%，惠及受疫情冲击较大行业企业4.3万家、人员310万人。一是"返""补"受惠广。快速推进失业保险稳岗返还，实施"零到场""免申请"自动核定发放稳岗返还金，压缩稳岗返还公示时限至3天，向53.9万户次企业返还资金58.6亿元，惠及职工1134万人次，发放金额、惠及企业数居全国前列。全额返还受疫情影响企业6个月的城镇污水处理费，补贴金额3.3亿元。二是"免""降"力度大。免除全市工商企业疫情初期基本电费支出，阶段性降低工商企业用电和用气价格至原水平的95%和70%，全面清理规范转供电环节不合理加价，降低工商业用户用电用气成本超20亿元。持续降低社会保险费率，实际减免企业社保费475.83亿元，为38.27万家单位办理延缴社保费，缓解企业现金流超92.36亿元。三是"保""延"效果好。扩大创业担保贷款基金规模至17亿元，贷款适用范围扩大至所有在深创业劳动者，个人贷款额度提高至60万元。继续执行阶段性降低失业、工伤保险费率政策至 2022 年 4 月 30 日，预计可为全市企业减负 14.46 亿元。继续执行失业补助金政策，2021 年 1—3 月累计新增发放失业补助金 1.06 亿元，惠及 4.31 万人，有效巩固企业发展信心。

3. 提升市场主体办事创业便利度

作为数字经济、数字社会领域多方面核心资源的配置者、动员者、驱动者，数字政府是驱动全领域的数字化的关键线。以数字政府为牵引的深圳市，围绕"数字政府"科技赋能高质量政务服务，进一步简化办事流程，进一步延伸拓展政务服务功能，在提升智慧政务服务上跑出了"深圳速度"。一是全面推进政务服务便利化。推出全市统一政务服务 APP"i 深圳"，上线服务事项超过 8200 项。在"秒批"事项 300 项、"秒报"事项 324 项的基础上，创新推出"秒报秒批一体化"事项 118 项，减少审批中的人工干预，实现"即报即批、即批即得"。大力推行"马上办""免证办"，99.92%的政务服务事项实现最多跑一次，99.22%的行政许可事项实现零跑动办理，393 项电子证照可替代实体证照。在全国网上政务服务能力第三方评估中，深圳连续三年蝉联重点城市首位。二是全面推进政务决策、政务服务智慧化。深圳市发展改革委 2018 年率先在全国启动了"智慧发改"项目，为提升经济形势分析水平、开展投资项目全流程管理、推进产业发展提供有力支撑。全国"190 万 +"政策数据库实现政策推送"千企千面"、精准招商匹配准确率 90% 等。三是深化工程建设项目审批制度改革。优化审批流程，取消施工图审查，施行"技审分离、技术先行"，将政府投资房建类项目的审批时限压缩至 41 个工作日，小型低风险社会投资工程审批时限压缩至 9 个工作日。四是优化水电气报装流程。实现小型工程水电气接入零成本，对于小型市政公共服务接入工程的行政许可事项实行告知承诺制。实行不动产过户与水电气开（过）户一网集中办理。五是提升跨境贸易便利化水平。出台促进跨境贸易便利化 36 条举措，进出口环节核验证件从 86 种精减至 44 种。推广"提前申报""两步申报"改革，试点进口货物"船边直提"和出口货物"抵港直装"。六是优化纳税服务。实现"智能填表"，电子税务局自动提取企业数据，实现高频字段统一填写、申报表自动生成、多税种一表申报，网上申报率超过 99.8%。推广"智能办税"，精简资料 279 项，优化流程 96 项，通过线上预约、线上预审，实现申请人到办税服务厅后"无需等待，即办即走"。试点"AI 审批"，将符合条件的增值税发票申请、增值税留抵退税申请、企业所得税汇算清缴退抵税申请由 AI 智能审批，自动"秒办"。七是深化"一件事一次办"改革。从群众办事需求的角度设计政务服务场景和服务产品，推出"我要"系列主题服务，围绕申请人办成"一件事"，对相关政府部门的服务事项进行打包组合，实现申请人办一件事，只需一份指南、一次申报、一套材料，实行一口受理、一口出证，已推出 1935 项"一件事一次办"服务。

4. 提升市场主体融资能力

实体经济是金融的根基，金融是实体经济的血脉，深圳坚持稳字当头、力保稳中求进，在需求收缩、供给冲击、预期转弱的三重影响下，多措并举、精准发力，增强金融服务实体经济能力，帮助企业纾解融资难题。截至 2020 年底，深圳市普惠小微贷款余额较年初增长 43.4%。一是推出"金融方舟"扶持计划。加大中小微企业金融支持力度，积极推行投贷联动、投保联动等模式，扩大担保增信、贷款贴息覆盖范围，服务中小企业近 4.7 万家，贷款 3530.9 亿元。二是支持知识产权质押融资。拓宽科技企业融资渠道，探索实施质押融资，建立坏账补偿机制及风险补偿基金，累计专利质押登记 337 件，总额 96.7 亿元。疫情期间，发行全国首只服务"战疫"知识产权证券化产品，发行金额达 9.75 亿元，惠及 51 家"战疫"一线企业。三是不断拓宽直接融资渠道。设立千亿规模市政府投资引导基金、300 亿元优质上市企业共济基金和 1000 亿元规模的民营企业平稳发展基金。实施"千亿发债计划"，通过担保、贴息、减免债券发行费用等方式支持民营企业发债，累计完成民企债券发行 624.18 亿元。四是完善企业融资增信和风险分担机制。设立 50 亿元的风险补偿资金池，涵盖全市中小微企业 11 万家，撬动贷款 307.62 亿元。对疫情期间新增的中小微企业贷款业务，免收再担保保费，提升再担保风险分担比例。

5. 提升市场主体创新创造活力

强化智慧监管、信用监管，将管理模式从事前审批转向事中事后监管，加快构建权责明确、公平公正、公开透明、简约高效的监管体系。一是深入推进信用监管。归集全市 73 家单位、578 万家商事主体的 7.6 亿条信用信息。推进企业信用风险分级分类管理试点，构建企业信用风险管理指标体系和风险监测预警模型。在 2020 年商事主体登记事项和公示信息抽查工作中，按照"A+、A、B、C、D"五个风险等级，以 A+ 等级 2%、A 等级 13%、B 等级 20%、C 等级 30%、D 等级 45% 的比例进行抽查，同时在 C、D 等级的相对高风险企业中，建立"空壳公司"逻辑模型，识别出 17766 家疑似"空壳公司"进行定向抽查。二是大力开展"互联网 + 监管"。全市 34 个执法部门、近 3000 多项监管执法事项全部纳入"双随机、一公开"监管平台，有效避免多个部门重复检查。推广移动执法，推动全市各级行政执法单位强化移动执法装备配置，通过现场证据固定、视频回传、线上流程审批及文书打印等实现案件全流程闭环管理。三是探索包容审慎监管机制。制定发布《深圳市市场监管轻微违法行为不予处罚及减轻处罚清单》，在商标维权、消费维权、广告监管、直销监管、网络监管等方面实行"容错"管理，对未及时登记企业有关信息、未悬挂营业执照等 57 项轻微违法行为不予处罚，对 6 项轻微违法行为减轻处罚。

6. 提升市场主体合法权益保障

法治是最好的营商环境，深圳始终坚持"以法治引领改革，以改革促进法治"，以高质量立法持续推进营商环境优化提升，用足用好特区立法权，出台营商环境综合性地方法规，建立最严格的知识产权保护制度，在国内率先进行个人破产立法探索，依法保护市场主体合法权益。一是积极推进营商环境立法。出台《深圳经济特区优化营商环境条例》，立足深圳先行示范、对标国际先进水平进行一系列制度设计，如取消预选供应商名录，鼓励社会第三方机构参与公平竞争审查，实施市场主体依法除名和依职权注销制度，探索建立重整识别、预重整等破产拯救机制，明确水电气红线外新增配套设施建设"零成本"等。二是实施最严格的知识产权保护。修订《深圳经济特区知识产权保护条例》，实施惩罚性赔偿制度，明确从重确定惩罚性赔偿的六种侵权情形。设立深圳知识产权法庭，完善"速裁 + 快审 + 精审"三梯次审判工作模式，率先探索"先行判决＋诉讼禁令"裁判方式。强化知识产权境外维权服务，建立"一站式"保护平台和海外维权援助机制，建设国家海外知识产权纠纷应对指导中心深圳分中心。三是深化破产制度改革。出台《深圳经济特区个人破产条例》，填补个人层面市场主体救治和退出的制度空白。在全国率先成立破产事务行政管理部门，建立"法院裁判、机构管理、管理人执行、公众监督"四位一体的破产办理体系，持续规范个人破产程序，合理调整债务人、债权人以及其他利害关系人的权利义务关系，促进诚信债务人经济再生。四是加强"一站式"多元调解机制建设。全面推行先行调解制度，建设诉调对接中心，实现民商事案件一审、二审的全流程调解覆盖，60％的民商事案件在诉讼前端解决。五是进一步规范监管执法行为。出台实施《关于优化营商环境规范涉企行政检查、行政处罚和行政强制的指导意见》，上线行政执法信息系统和综合管理监督信息系统，全面公开执法部门涉企检查权责清单，建立行政处罚裁量权执行体系。

八、浙江义乌：中小微市场主体便利化走向国际市场之路

习近平同志在浙江工作期间，亲自部署总结推广"义乌发展经验"，指出义乌的发展是"莫名其妙、无中生有、点石成金"的发展。2011 年 3 月，国务院批准义乌开展国际贸易综合改革试点，将义乌纳入国家改革开放总体布局。2015 年 12 月，习近平总书记在中非领导人与工商界代表高层对话会暨第五届中非企业家大会闭幕式讲话时专门提到："在我曾经工作过的浙江省，有个小城叫义乌，号称世界'小商品之都'，现在有几千名非洲商人常驻那里，从事中非贸易。"自此，高质量高水平建成世界"小商品之都"成为义乌奋斗的方向。

试点获批以来，义乌以提高对外开放水平为重点，在外贸管理和服务、现代商贸流通体系、开放型经济体系等方面成效显著，以小商品撬动全球大市场，以小企业带动产业大集群，以小体量激活区域协同大发展，从"点"上先行先试带动全国"面"上改革突破，为地方融入"一带一路"建设、服务国家改革开放大局作出了重要示范。

（一）国际贸易"发新芽"：从"穿不合脚的鞋走路"到量身定制贸易方式

改革开放以来，我国开展对外贸易的主体基本上是大中型公司或工商企业，国家贸易政策也主要针对它们的特点和需要而设置。义乌小商品市场及其所联系的 200 多万家中小微企业和数十万名经营户所开展的国际贸易呈现出区别于传统模式的诸多特征，如客商从专业市场这一流通环节而非上游的生产环节采购货物出口；经营户与外商（或其委托的外贸公司、货代公司）主要采取现货、现金交易的方式，一般贸易方式下资金、货物等跨境转移变为在境内完成；数量众多的个体经营户和小微企业，大多属于小规模纳税人，未建立完善的财务制度，难以提供外贸出口所需的整套单据；义乌小商品国际贸易呈现主体多、单笔规模小、产品更新快、中介环节多、交易频繁等特点，与一般贸易、加工贸易等差异明显。

当时，我国实行的对外贸易监管体制，主要是针对大宗商品、成套设备。义乌小商品出口只能暂时以"旅游购物"方式申报，以"章"为单位简化归类，不结汇核销不退税，一定程度

上缓解了提高通关效率与实施有效监管的矛盾，但仍难以适应义乌国际贸易快速发展的要求。义乌许多商品出口都是经营性质，与"旅游购物"名不副实，且"旅游购物"监管方式对出口商品货值设定了限额，制约了出口贸易规模化发展，没有从根本上解决制度障碍。可以说，义乌"穿着不合脚的鞋"走过了一段很长的贸易发展之路。

"一个出口集装箱当时申报大概要填 100 多个商品税号，一个个填税号很麻烦，有时候弄不清楚还会填错，时间和经济成本都很高。"21 世纪初，在义乌做小商品出口生意的企业往往遭遇这样的烦恼，为此，"量身定制"贸易方式成为义乌试点的首要任务。2013 年 4 月，商务部、国家发改委等八部委同意在义乌试行市场采购贸易方式，标志着义乌试点取得了重大突破性进展。

市场采购贸易方式实现"交易环节内贸化、物流环节外贸化"的流程转换。采购商在境内与市场经营户以"内贸"的形式完成交易，将各类散货集中整理后，全权委托国际货代公司办理所有出口手续，而货代公司则按现行外贸管理要求，用外贸公司的名义以"外贸"的形式将货物代理出口。这样一来市场经营户专心寻找交易机会，繁杂的外贸流程交给专业的外贸公司和货代公司。自此，不具备国际贸易知识和技能、无力自建外贸营销渠道的中小微企业有了低门槛、低成本、便利化、共享型的贸易通道，满足了小规模贸易主体之间小批量、高频次的交易需求。

针对出口申报繁杂、无检验合格证、出口涉税风险、外汇结算困难等问题，海关、税务、外汇以及属地商务部门出台了一系列提升贸易便利化、规范化的配套政策。海关实施小商品出口简化申报，8000 多个小商品税号则简化到了 98 个。实施出口分类通关改革，80% 以上的出口货物得到快速放行，通关无纸化率达到 99%，审放时间最快仅需 1 分钟，实现 24 小时通关。实施小额小批量法检商品出口便利化措施，从企业申报到出证花费时长最长不超过 10 分钟。义乌扬翔国际货代公司负责人列出一组数据，"以前抽中检验需要 1—2 天，现在不到两个小时就能拿到通关单。4—7 天便可完成商品收货到出港的过程"。税务部门简化税收征管机制，以市场采购贸易方式出口的货物实行增值税"免税不退"政策，防范、杜绝了出口配票、出口骗税的风险。外汇部门开展个人贸易外汇管理改革，对货物贸易"谁出口、谁收汇"的原则进行了创新，允许"企业出口，多种主体收汇"，个人贸易货款结汇不再需要提供纸质出口货物报关单。商务部门建立涵盖贸易全流程的"市场采购贸易联网信息平台"，承接监管部门配套政策落地，将各监管部门和各类经营主体纳入统一信息平台，并实现部门间数据互联互通、共享共用，形成事前防控、事中监管、事后追溯的市场采购贸易综合管理机制。

在完成"基本动作"基础上，义乌围绕市场采购贸易链，推出了一系列管理服务新举措。一是市场采购组货人管理机制。以国际货代企业为代表的组货人处于"市场交易—组货运输—报关出口"贸易链条的枢纽环节，向前直连交易环节商户、采购商、采购代理等主体，向后决定跨境运输、出口报关等主体，掌握了真实货物来源和去向。鉴于此，义乌抓实组货人这一"牛鼻子"。要求全市所有市场采购贸易都要经在商务部门备案的组货人组货出口，关汇税等部门也通过组货人实现贸易追溯监管，破解了实际主体"看不见、难管理"的监管难题。二是市场采购出口信用险统保模式。针对传统短期出口信用险投保模式难以匹配市场采购贸易的情况，创新"交强险＋商业险"保费机制。基础性保障（类似交强险）由政府统一买单，对义乌外贸主体以市场采购贸易方式出口订单进行一定限度的保险保障，超出部分由市场主体自行买单，自付费率0.1‰—0.2‰水平（全国信用险最低费率）。该模式允许个体工商户作为实际保险受益人，由外贸公司（名义被保险人）代办相关手续，保险机构直接向实际受益人赔付。三是市场采购供应链金融产品。现有市场采购贸易70%为欠款贸易，外商选品采购完成后大多支付不超过30%的订金，甚至不支付订金，且尾款支付要求15—90天，拖欠货款、骗货、逃匿失联等情况时有发生。针对上述问题，创新"货款宝"贸易尾款保障产品。市场经营户可在线下单，待货进入指定仓库后，即可收到货物尾款的60%，同时可享受出口信用保险、货运险、正品险等保障以及海外仓15天免仓租服务。四是签发市场采购"双抬头"原产地证。改革前，"单一抬头"原产地证上仅能填写代理公司名称，而非委托方（实际出口商），原产地货物溯源困难。"一证双抬头"原产地证上出口商一栏同时出现代理公司（须有原产地证申办资格）和出口委托方，解决了市场采购贸易下进口国清关申报抬头与实际出口商不一致的难题，还原了贸易事实，实现原产地货物跨越国界有效溯源。

"减的是工序、加的是便捷、乘的是效应、除的是障碍"。从"旅游购物"监管方式到市场采购贸易方式，背后承载着众多市场主体的获得感。市场采购贸易方式两次被写入国务院工作报告，已在全国31个市场复制推广。2020年义乌出口达到3006亿元（其中市场采购占74%），是2010年的15倍，超过全国18个省份，占全国出口总额的1/60。全国市场采购出口增长了25.2%，成为新冠肺炎疫情冲击下重要的外贸"稳定器"。

（二）商贸流通"增活水"：从传统市场带动到数字市场"触网"升级

义乌市场经营面积640余万平方米，经营商位7.5万个，汇集26个大类210多万种商品。如果在义乌国际商贸城每个商位前逗留3分钟，按每天8小时计算，需要一年半才能逛完。打造"义乌中国进口商品城""进口商品孵化区"等日用消费品进口平台，引进100多个国家和地区的15万种境外商品。随着对外拓展和辐射功能不断增强，义乌小商品市场已不仅是义乌、浙江、中国的市场，更是全球的市场，成为全球生产贸易企业及广大客商共享的商流、物流、资金流、信息流大平台。2014年11月，李克强总理莅临义乌视察并发表了重要讲话，称赞义乌小商品市场是中国名片，义乌商贸城堪称当代"义乌上河图"。

随着市场规模的不断扩张，商品种类的日益增多，采购商要在较短时间内从市场中寻找到所需商品越来越困难。而电子商务提供的无地域和时间限制的交易方式，可以保证采购商在任何地点、任何时间快速寻找和采购所需商品，对市场范围和交易频率产生成倍扩张效应。同时，义乌实体市场良好的产业基础和分销渠道、强大的商品展示功能和成熟的仓储物流体系以及品牌效应和政策优势也为电子商务发展创造了有利条件。近年来，义乌坚持数字赋能线上线下联动，努力打造数字贸易创新发展生态圈，助力市场"再次腾飞"。

义乌成为全国电商发展最快、最好的城市之一，相继获批国家电子商务示范城市、国家级跨境电商综试区。2010—2020 年，义乌电子商务交易额实现了 12 倍的增长，内外贸网商密度分列全国第一、第二，从 2017 年开始，网络零售额就一直位居浙江首位（其中，跨境网络零售额占全省 50%），推动快递量居全国城市第二，相当于 1 个江苏或 2 个上海。"我们每年开发自有品牌新品约 1 万个，其中 70% 是依托义乌市场实现的。"优阃（义乌）商贸有限公司是亚马逊前十大卖家之一的 Juvo+ 公司在义乌设立的全资子公司，公司相关负责人介绍，"2020年上半年已实现跨境电商收入 1.1 亿美元"。

义乌聚焦贸易新业态新模式融合发展，创新实施"市场采购＋跨境电商＋快船"出口新模式。针对跨境电商货物频次高、单次重量较低、无法适用传统贸易整柜模式的难点，建设数字化物流履约平台并配套建设集货仓，为货运企业开展集中收货、组货装箱提供便利，高效服务线上货和线下货的拼箱组货需求。跨境电商货物可借助市场采购方式由原来的单个申报变为批量申报出口。同时，"快船"这一新型物流方式较传统海运，到达美国洛杉矶长滩时间缩短了 7—10 天，重新打通了疫情期间外贸订单的出国通道。义乌赤道供应链公司负责人解释说："我们先把跨境电商小包裹分类装好箱，通过'市场采购'贸易方式出关，用'快船'运到美国，清完关后交到快递公司拆箱，派送给客户。这解决了我们的包裹滞留国内的问题，成本也更低。"义乌盈和物流公司通过该模式，2020 年出口逆势同比增长 510%。

浙江中国小商品城集团作为义乌市场运营方，立足贸易数字化转型风口，上线数字贸易综合服务平台（www.chinagoods.com），开启市场数字化发展新篇章。平台将线下市场全部资源搬上网，形成了主体和商品的"集"，高密度的集聚带来的是运行效率的提升。平台能够高效对接供需双方在生产设计、展示交易、市场管理、物流仓储、金融信贷等环节的需求，提供线上交易、直播带货、共享云仓、报关代理、风险赔付等服务，让贸易更简单。据了解，一名来自东南亚的客商通过平台定制了一批具有特定元素的玩具，收货时间比原先预期提早了半个月。

（三）对外开放"拓平台"：从国内物流"一张网"到国际运输双向"两通道"

义乌建有全国最大的零担货物配载中心，已形成覆盖至全国 31 个省（自治区、直辖市）的 1502 个县级以上网点，构建了以小商品市场为集散中心的巨大物流网络，社会物流综合成本低于全国平均水平。

义乌始终坚持并不断深入践行开放发展理念，把参与"一带一路"建设作为最大使命、最大机遇、最大平台，与全球 233 个国家和地区发展贸易，先后列入国际陆港城市、国家物流枢纽城市、国际铁路枢纽场站建设城市，对"一带一路"沿线出口占全国近 1/40，在全国对外开放合作中发挥了重要桥梁和窗口作用。

向西依路出境，打造"义新欧"高能级开放平台，成为联通中国与欧洲国家的"钢铁驼队"。2014 年 9 月 26 日，国家主席习近平在会见西班牙首相拉霍伊时指出，"当前，中欧货运班列发展势头良好，'义新欧'铁路计划从浙江义乌出发，抵达终点马德里，中方欢迎西方积极参与建设和运营，共同提升两国经贸合作水平。"短短的 52 天后，首趟"义乌—马德里"中欧班列从义乌发车，铁路路程长达 13052 公里，横跨 8 个国家，是我国运输线路最长、经过国家最多、换轨次数最多的铁路国际集装箱班列，被习近平总书记称为"共建'一带一路'的早期收获"。义乌某跨境电商企业负责人表示，"'义新欧'开通之前，义乌 90% 以上的商品通过宁波、上海等沿海港口出口；开通运行 1000 多天后，义乌开往马德里单程只需 16 天，运费下降 30%，往来货物品类、货值不断增长，旺季的时候甚至还需要预订仓位。"

截至 2020 年 12 月 31 日，"义新欧"班列先后开通 14 条运营线路，国内服务浙江、上海、江苏等 15 个省市，沿线设立 4 个分支机构、5 个物流分拨中心，辐射欧亚大陆 49 个国家和地区，到达境外站点 101 个，2020 年发运量位列全国第四。开展"义新欧"铁路多式联运提单物权化改革，赋予铁路运单物权凭证属性。贸易企业以提单为凭据，在当天班列开行前，获得银行贸易融资服务，助力更多中小外贸企业实现资金融通和贸易畅通。

向东依港出海，畅通"义甬（宁波）舟（舟山）"开放大通道，成为链接"世界超市"与世界级海港的内陆枢纽。在义乌和宁波舟山港之间画一条线，西连"丝绸之路经济带"，东接"21 世纪海上丝绸之路"，就是义甬舟开放大通道。义甬舟开放大通道是浙江省重大战略平台之一，也是浙江融入长江经济带的重要平台。每天数不清的集装箱卡车和海铁联运班列在义乌、宁波舟山港两地往返穿梭，宁波舟山港每 7 个重箱中，就有 1 个来自义乌。义乌国际陆港与宁波舟山港一体化发展，集装箱进入义乌国际陆港，视同进入宁波舟山港，实现"一次申报、一次查验、一次放行"。

从多家船公司拼列到一家船公司专列、从港口到内地，航运巨头纷纷直接来义乌设点组货，并签发义乌至目的港的全程提单，打破以往海铁联运铁路段与海运段各自准备单据而不能通用的问题，具有重要意义。在国际贸易惯例中，谁拥有了船公司签发的海运提单，谁就拥有了船公司所承运的货物所有权，之后所有港口业务也从这一张海运提单延伸出去，也可作为凭据办理提单质押、流通转让等金融服务。"义乌"出现在船公司签发的提单上，标志着义乌在一定意义上成为业内认可的港口城市。目前已有中远海、达飞、马士基等 5 家航运巨头在义乌签发全程提单，货物实现"一次委托、一口报价、一单到底、一票结算"。"原来需要在义乌海关和宁波海关分别办理通关手续，现在只需要在义乌海关一次办理就可以了，每个查验集装箱可节约 12 个小时，如遇查验还能节省查验代理费等费用 300—400 元。"某外贸企业负责人表示，时间和费用都节省了，最重要的是不用担心赶不上船期。

九、沈阳经济区：中德（沈阳）高端装备制造产业园以制度创新引领高质量发展

全球化时代，新一轮科技产业变革正在发生。2014 年 3 月，习近平主席与默克尔总理开启"德国质量"与"中国速度"合作之路。2015 年 12 月 17 日，国务院印发《关于中德（沈阳）高端装备制造产业园建设方案的批复》，让地处沈阳老工业基地腹地的 48 平方公里土地成为我国迄今为止唯一一个以中德高端装备制造产业合作为主题的战略性平台。

彼时，那里企业寥寥，生产生活配套匮乏。如今，这块战略之地上"长"出了绵延排布、蔚为壮观的现代化厂房，"长"出了纵横交错的路网，设施完备的企业服务中心、创新基地、五星级酒店、国际学校、国际医院和大片的绿地、水系；大批国内外知名智造企业、高科技企业链式集聚，全球工业互联网大会永久会址落户于此，园区全域覆盖5G网络再领全国之先。

究其根本，是中德园始终坚持以习近平新时代中国特色社会主义思想为指导，特别是贯彻落实习近平总书记关于东北、辽宁振兴发展的重要讲话和指示精神，坚定完整、准确、全面贯彻新发展理念，持续以制度创新促进技术创新，通过协同发力推动创新这一"关键变量"变为"最大增量"，为区域高质量发展源源不断注入强劲动力。

（一）垒基筑台，成长势头清晰呈现

对于产业园区建设来讲，六年时间并不算长，却极为关键。整个园区的发展理念、目标规划、路径模式需在此阶段完成，垒基筑台、立梁架柱的同时，成长势头也应清晰呈现。

一是理顺发展思路，加快创新步伐。中德园作为辽宁自贸区沈阳片区协同区，不仅要搞负面清单化，更要追求项目高端化，走高质量发展之路；作为产业园区，不仅关注产业发展，更要关注人的发展和环境的打造，走绿色低碳生态发展之路；作为国家级开发区，不仅要追求经济增长率，更要肩负国家使命，走改革之路、创新之路、开放之路，打造具有全球影响力的高端装备制造业基地。

二是科学编制规划，引领高质量发展。结合国土空间规划编制，统筹生产、生活、生态布局，从专注园区产业发展向专注产城融合、关注人的发展和环境打造转变。高起点、高标准编制总体规划、控详规划及城市设计，统筹产业布局、完善功能配套。构建"有基础、可衡量、能实现"的指标体系，形成五大类六十小类发展指标，实现目标指标化、指标空间化。以科学规划为引领，中德园不负众望，园区经济总量跨越式增长，5年翻一番。2021年，园区规模以上工业总产值逾950亿元，年均增长19%；全口径税收收入完成122.3亿元，年均增长16%；固定资产投资141.9亿元，年均增长29%；进出口总额翻了一番之多、达到160亿元，年均增长23%。相继获得"中德智能制造合作试点示范园区""绿色工业园区""国家国际科技合作基地""产业转型升级示范园区"等荣誉称号。

三是推进产业集聚，新业态不断涌现。抛开喜人的两位数增速，中德园的发展质量、发展成色更加抢眼夺目。截至2021年底，园区围绕汽车制造、智能制造、高端装备、工业服务、战略性新兴等五大主导产业，引进华晨宝马第三工厂、北方生物医药谷、微控飞轮储能等高质量项目489个，总投资3379亿元；引进采埃孚、本特勒、慕贝尔等外资项目177个，占比达36%。近40家宝马配套商落户园区，形成了一个总投资80亿欧元的汽车产业集群。这些数字不仅说明，在复杂的国际经济环境下，中德园仍是外资青睐的投资热土，更为重要的是，纷至沓来的智能制造项目和高新技术企业为支撑带动沈阳、辽宁乃至更大区域产业结构调整升级蓄积了力量、奠定了基础。

四是坚持项目引领，打造发展引擎。目前包括博斯、安通林、布克哈德远大压缩机等200

余个新引进项目投产运营；聚集高新技术企业 81 家，其中省级"专精特新"企业 12 家、瞪羚企业 3 家，园区研发投入强度从 2.06% 增长到 5.2%。实体经济发展"底盘"愈加稳固、创新"源头活水"愈加丰沛。同时，中德园工业项目投资强度达到 403 万元 / 亩、税收强度达到 46 万元 / 亩，分别高于沈阳市控制指标均值的 35% 和 85%。这意味着，集约化发展为附加值更高、产业链地位更高、科学技术含量更高的企业腾出了更为广阔的空间，这片土地的发展"含金量"正在持续提升，区域高质量发展有了更加坚强有力的支撑和保障。

（二）深化改革，内生动力蓄强壮大

习近平总书记就深入推进东北振兴提出 6 个方面要求，第一就是以优化营商环境为基础，全面深化改革。中德园要完成国家赋予的发展使命，建设沈阳转型发展新引擎、中国制造与德国工业 4.0 合作试验区、开放型经济新体制探索区、国际先进装备制造业发展示范区、创新驱动和绿色集约发展引领区，迫切需要全面深化改革。园区始终把改革创新作为激发园区内生动力的核心举措，坚持向改革要活力、增动力、释放红利。

一是破除思维定式，实现改革突围。组建中德园开发建设集团有限公司（简称"中德开"）、中德（沈阳）国际产业投资发展集团有限公司（简称"中德发"）两家平台公司，构建"管委会 + 平台公司"的管理模式和开发模式。中德开 76.8 亿元的 PPP 基础设施工程有序建设，工业互联网创新大厦、中德应用技术学院等 12 个重点项目如期竣工。中德发累计引进签约项目 108 个，总投资突破 200 亿元。组建沈阳中德控股集团有限公司，引入社会资本 106 亿元，园区市场化开发建设水平大幅提升。进一步深化园区机构改革，构建市场化选人用人机制，五湖四海广纳英才，目前，园区内"985""211"等重点院校全日制硕士研究生、博士生占比达 44%，干部知识结构、专业结构、年龄结构得到充分优化。

二是提升服务水平，优化营商环境。中德园以市场化、法治化、国际化为目标，着力打造办事方便、法治良好、成本竞争力强、生态宜居的营商环境，把麻烦留给自己、把方便让给企业和群众。从供给侧、需求侧两端发力，通过"一个平台、五大体系"（"一站式"企业综合服务平台；双元制职业教育体系、知识产权体系、工业互联网服务体系、金融服务体系、技术提升服务体系）建设，中德园从知识产权、"双元制"人才培养、工业互联网、金融服务、技术提升服务等多维度、全方位入手，不断优化园区产业生态，持续提升综合服务水平，打造一流的国际化营商环境。

三是构建"一站式"中心，服务提质增效。构建集政务服务、企业服务和社会服务于一体的"一站式"企业服务中心。中心设立承诺制审批、企业服务、人力资源、知识产权、法律、财务、外企管家等窗口，为企业提供全生命周期、全过程、全链条、线上线下的"一站式"服务。承诺制审批改革入选全国审批改革百佳案例，89 个项目完成承诺制审批。承接市级土地出让权限，35 天即可完成土地交易，累计出让土地 900 余公顷。

四是创新教育模式，打通人才通道。持续支撑制造业升级和企业发展的核心要素在于人，中德园着眼长远，围绕产业方向和企业需求，大胆创新借鉴德国"双元制"教育模式，构建了

"1+1+X"现代双元人才培育体系，即建设 1 所中德学院、1 个跨企业实训中心及 X 个企业实训中心，为园区企业发展提供持续的人才支撑。与国内外 98 所高校和职业院校开展职业教育合作，组建中德园产教联盟，中德班 2019 年 9 月在轨道交通学院开学，中德应用技术学院（跨企业实训中心）、600 个工位的华晨宝马培训中心已投入使用，构建起工厂化培养、市场化办学教育体系，打通技术工人职业教育和就业通道，为园区企业源源不断地输送人才。

五是保护知识产权，深耕创新土壤。作为国家九部委授予的知识产权环境建设先导区，中德园围绕"一院、一平台、一中心"，依托知识产权仲裁、知识产权援助工作站、法官工作室、中德知识产权学院等载体和平台，建设辽宁知识产权国际交流合作基地。在工业互联网大厦，设立了 1000 平方米的知识产权仲裁院，与欧盟商会、德国商会合作，聘请全国首个外籍仲裁员。截至 2020 年底，受理仲裁案件 51 件，开庭审理 73 次，为打造国际化营商环境提供法律服务、保驾护航。

（三）砥砺创新，发展活力竞相迸发

一直以来，园区坚持走创新路，坚持制度创新与科技创新"双轮驱动"协同发力，以良好的创新生态为发展赋能，发展活力竞相迸发、充分涌流。

一是建设工业互联网服务体系。以中德园 5G 示范园区建设为突破，构建工业互联网平台体系。中国工业互联网研究院辽宁分院、中国工业互联网大数据中心辽宁分中心、全球工业互联网大会永久会址已经落户中德园，在重点实验室和测试平台建设、产业集聚、产业赋能和人才培养等方面提供服务。辽宁省工业互联网安全态势感知平台在中德园内扎根落地，为省内上云工业企业提供安全态势感知服务。SAP 东北创新中心、腾讯数字产业基地、紫光中德等一批平台项目相继落户中德园，为中小企业上云和产品赋能提供强大的技术支撑。全力推进"星火·链网"超级节点、骨干节点、二级标识解析节点以及沈阳国际互联网数据专用通道建设。进一步丰富"5G+工业互联网"融合应用场景，加快辽宁省 5G 标杆示范园区建设，伴随着中德园向数字化、网络化、智能化转型的步伐，也必将催生新模式、新业态、新产业。

二是搭建市场化金融服务体系。以实体经济需求为导向，充分发挥产业、创业基金在企业发展和高科技项目孵化中的重要作用，建立适应园区发展的国际化、市场化、法治化金融服务体系。通过引进和组建的方式，在股权融资环境构建领域持续发力，形成基金聚集效应，组建辽宁中德产业股权投资等 9 支基金，总规模 60 亿元，发挥基金的"杠杆"作用，让更多金融"活水"流向创新现场、浇灌发展一线，搭建覆盖企业发展"全生命周期"的金融服务体系。出台《铁西区（经开区、中德园）促进金融业高质量发展若干政策》，提升金融服务实体经济能力，完善金融政策供给。

三是构建技术提升服务体系。聘请中国工业互联网研究院对园区 372 家企业进行数字化转型评估诊断。委托中国科学院沈阳应用生态研究所，针对企业绿色低碳发展开展诊断。组建中德（沈阳）高端装备制造创新委员会，搭建智库咨询、对外合作、学习分享、解决实施、产业发展平台，全力推动装备制造业转型升级和创新发展。现有中德双方工业 4.0 等专家成员单位

81 家，被纳入中德两国副部长磋商机制。建设德国海德堡、瑞典斯德哥尔摩、深圳离岸创新中心，柔性引进人才、项目和资本，打造跨国协同合作开放平台。六年来，与 300 多家德国及欧洲机构、协会、企业建立良好联系，累计开展"德国铁西日""德企沈阳行"等经贸交流活动 128 场，使更高层次开放型经济为园区发展助力，不断提高园区全球知名度和影响力。依托中德（沈阳）高端装备制造创新委员会、弗朗霍夫研究院、SAP、紫光云平台等国内外知名研发机构对园区近百家企业开展技术诊断。从园区管理运营、新进项目、现有企业三个层面进行技术提升服务，加快推进产业转型升级，2020 年 7 月被国家发展改革委等五部委授予"产业转型升级示范园区"称号。

六年来，中德园紧紧围绕国务院批复方案，在全力构建"一个平台、五大体系"服务生态基础上，全面推进园区基础设施和公共服务配套建设。截至目前，共修建道路 44 条，总长度 74.83 公里，大堤路快速路建成通车，地铁 3 号线加速建设，"四横八纵"的快速路网全面形成。新增综合管廊 14.8 公里，220 千伏、66 千伏变电站各一座。新增、提升绿化面积 368.4 万平方米，浑河、细河生态河道治理 30 余公里。青年公寓、专家公寓、国际社区，可满足不同阶层外籍人士需求。万科中德国际小镇罗腾堡德式风情街将璀璨启幕，东方银座、万丽酒店等国际酒店满足商务旅游需求。盎碧玺曼詹外籍人员子女学校于 2018 年 10 月正式开学，宝马员工的德籍孩子在此享受与德国同质的教育。已建成的积水潭国际医院与德国医疗保险体系对接，保证外籍员工就医需求。同时正在积极引进一家高端全科国际医院，努力为中德园居民创造高品质健康生活环境。一个富有国际化元素、生态宜居的绿色产业新城加快形成。

"十四五"时期是我国开启全面建设社会主义现代化国家新征程、向第二个百年奋斗目标进军的第一个五年，也是中德园全面完成 2025 年国家使命任务的关键五年。展望未来，任务艰巨，使命光荣。中德园将坚定不移贯彻新发展理念，坚定不移走改革之路、创新之路、开放之路，以创新赋能高质量，以开放扩大新格局，全力打造中国制造与德国工业 4.0 战略合作试验区。

十、厦门市：多领域探索两岸融合发展新路径

自国务院批准实施《厦门市深化两岸交流合作综合配套改革试验总体方案》以来，厦门市在重点领域和关键环节先行先试，努力探索海峡两岸融合发展新路，特别是在交通、金融、文化等领域逐步探索出两岸交流合作的新模式、新途径，为推动两岸交流合作向更广范围、更大规模、更高层次迈进，发挥了"窗口""试验田""排头兵"作用。

（一）打造海上便捷通道，密切两岸交流往来

优化两岸人员往来通道。成立全国厦金旅游集散联盟、厦金全域旅游联盟，支持自贸区内台商投资旅行社试点经营福建省居民赴台旅游业务。首创厦金游艇"自由行"，游客可以自发包租游艇由厦门至金门直航。整合完善航线资源，形成厦门至金门"海空联运"航线，交通成

本节省约 50% 以上。2019 年，厦门五通码头投用人脸识别、人证对照系统和自助办理系统，年旅客吞吐能力可达 500 万人次以上。厦门已成为大陆对台政策齐全、运行高效、台胞入出境人数最多的口岸。

拓展两岸货物往来渠道。实现两岸口岸进出口货物门对门直接运输，台湾已批准大陆集装箱车及其货物可在大陆口岸码头通过滚装船装驳，从台北登岛将货物运输到台北港监管仓库，并带回从台湾进口到大陆的货物。开通中欧（厦门）班列 3 条国际线路，通达 12 个国家，初步形成海铁联运物流双向新通道，台湾货物通过该班列到欧洲比海运省一半时间，成本为空运的 1/7。2014 年 2 月，获批开展厦台海运快件业务，厦门成为大陆首个获准经营两岸海运快件业务的城市。构建两岸跨境电商供应链服务体系，经高雄—金门—厦门航线运输的散货已常态化在大嶝市场销售。

完善两岸"三通"机制。以"小三通""大三通"为基础，开放航权、优化航路、增辟航线、增加航班，优化两岸海空直航运输体系。厦门至台湾共有 3 条航线直飞台湾桃园、松山、高雄 3 个航点。两岸第一艘定期客滚班轮——"中远之星"客滚轮以周班形式开辟厦门至高雄航线。"大西洋号"和"双子星号"邮轮开设厦门港至高雄和澎湖的 3 个邮轮行程。建成"I海台"厦金航线票务系统，实现与金门无缝对接。

（二）推动金融合作创新，完善金融生态体系

加快两岸金融中心建设。厦门两岸金融中心是 2011 年国务院批准设立的"两岸"区域性金融服务中心。两岸区域性金融服务中心总占地面积 22.8 平方公里，片区组织实施项目 86 个，总投资 813 亿元。中金资本、京东金融、中国人寿、今日头条等 1301 个金融机构及项目已落户片区，总注册资金达千亿。2012 年 4 月 19 日，厦门银行与台北富邦银行签订人民币代理清算协议，结束了绕道第三地（香港清算行）历史，实现了两岸人民币直接清算机制新突破。中国人民银行总行批准厦门开展对台跨境人民币贷款试点，允许厦门地区企业从台湾地区银行机构借用跨境人民币贷款，累计办理了 4.88 亿元对台跨境人民币贷款，有力支持台湾人民币离岸市场资金回流。对台跨境人民币货物贸易项下累计结算量 1330.95 亿元，占厦门跨境人民币货物贸易项下结算量的 23.23%。大陆首个以两岸金融为主题的区域性股权交易中心——厦门两岸股权交易中心获准运营。两岸股权交易中心设立"台资板"，已有 699 家台企挂牌展示。

开展两岸金融机构合作。台湾第一银行获准在厦门筹建分行，并配套成立一银租赁（厦门）有限公司，实现台资银行在厦落户"零的突破"。厦门金圆集团联合台湾中国信托商业银行率先发起设立两岸合资消费金融公司。以境内台资企业作为主要投资对象的外商股权投资企业——厦门赛富厦元股权投资合伙企业获批以外汇资本金结汇用于境内股权投资。海西两岸合资证券投资基金管理公司——圆信永丰基金管理有限公司获批设立运行。两岸全牌照合资证券公司——金圆统一证券有限公司获批设立。台商基金落地厦门，成立基金管理公司开展募资工作。

推动两岸金融先行先试。国务院确定福建自贸区成为两岸金融合作的开放创新试点，在扩大人民币跨境使用、资本项目可兑换、跨境投融资等方面开展金融创新试点，成熟一项、推进一项：支持保税监管区企业开展人民币 NRA 账户授信、对台人民币双向贷款业务，并借鉴 SPV 飞机进口融资租赁项目模式，引进融资租赁公司，拓展船舶、汽车等出口融资租赁业务。金圆融资租赁有限公司成为厦门率先实现融资租赁、商业保理和贸易"三合一"混业经营企业。厦门银行与台湾昇恒昌合作推出两岸首张联名银联借记卡，与台湾雄狮旅游集团联手打造"金融＋旅游"新模式。华懋科技、灿坤科技、建霖家居、欣贺股份、宸展光电、厦门银行等多家厦门台企在大陆上市。国家开发银行厦门分行授信支持两笔陆资赴台投资项目，开创了金融支持大陆赴台项目投资先河。中国进出口银行厦门分行向厦门市三安光电科技有限公司发放 2 亿元人民币境外投资贷款，用于支持其收购台湾璨圆光电股份有限公司股权，率先在两岸 LED 行业投资合作。

（三）挖掘两岸闽南文化，增添两岸合作信心

深化两岸文化交流合作。依托"五缘"优势，深入挖掘中华文化、民俗文化、闽南文化等传统文化资源，扩大两岸民间交流。打造海沧青礁慈济宫、海沧石室书院、厦门（集美）闽台研学旅行基地等 3 个国家级"海峡两岸交流基地"，江夏堂、翔安宋江阵文化研究会等 4 个"福建省对台交流基地"。持续举办海峡两岸闽南语原创歌曲歌手大赛、郑成功文化节、两岸民间艺术节等两岸文化交流活动。成功举办 11 届海峡论坛，累计吸引约 11 万名台湾各界人士广泛参与；持续举办工博会、两岸乐活节等重大两岸交流活动，品牌和实效不断提升。发布《加强厦门市闽南文化生态保护试验区建设工作实施方案》，两岸客家青年文化交流中心、海西工业设计中心、联发华美空间文创园、海峡建筑设计园等项目投入运营，海峡交流文化中心在厦揭牌。积极推进"文化入岛"，厦台合作原创音乐剧《微·信》、闽南经典剧目《阿搭嫂》入岛商演，"乡音之旅"赴金门举办。

促进两岸教育交流合作。打造厦门市海峡两岸教育交流与合作基地平台，密切两岸教育交流。举办 12 届两岸百名中小学校长论坛、3 届厦台学前教育学术研讨会，开展 9 届海峡两岸中学生闽南文化夏令营、3 期"闽南传统艺术中心培训"冬令营和 6 届厦台中学生手拉手交流营等教育交流活动。加强职教合作办学，厦门市相关院校与台湾院校签订合作协议共 84 对。厦门理工学院与 17 所台湾高校开展"3+1"联合办学，联合台湾铭传大学成立海峡商贸学院，联合台湾交通大学与台企联芯电子成立微电子学院，联合台企宸鸿科技开办宸鸿新干班，联合台湾中华大学在台企冠捷科技、友达光电等开展人才培养。大陆首个对台船员培训项目——"台湾船员无限航区海船船员适任培训和履约过渡期适任培训"项目获准落户厦门。

推动两岸医药卫生交流合作。持续举办两岸中医药发展与合作研讨会、两岸医药卫生交流与合作会议、两岸佛医论坛等交流活动。中山医院、心血管病医院等医疗机构和厦门医学院等院校持续组织专家学者、师生赴台开展医疗卫生研讨、培训和论坛。厦门医学院与台湾阳明大学牙医学院、台北护理健康大学等开展医疗卫生合作。厦门长庚医院获批成为大陆首家台资

"三甲"医院。凡在厦工作的台湾医师，可以通过直接认定、匹配认定的方式，取得大陆的卫生专业技术职务任职资格。实现在厦台胞与本市居民医保同等待遇，台胞按规定与厦门用人单位建立劳动关系的，可参加职工基本医疗保险；在厦居住一年以上的非从业台胞，可参加城乡居民基本医疗保险，在个人缴费、财政补助标准和保障程度上与厦门市户籍居民一致。启动两岸重大疾病转院、转诊试点，加强两岸医疗信息共享和互认。设立台胞医保服务站，探索解决诊疗费用报销问题。推动药品领域交流合作，设立输台药材质量检测和认证中心，与台湾药技中心等建立常态化交流机制。

未来厦门将根据两岸资源禀赋条件，深化以通促融、以惠促融、以情促融，探索新形势下两岸融合发展新模式、新途径、新领域，把厦门建设成为两岸融合发展的示范区和战略支点城市。

十一、山西省：扛起能源革命综合改革试点重大使命

十余载转型发展看山西，新时代能源革命看山西。能源革命综合改革试点是党中央、国务院赋予山西的重大使命。自 2019 年中共中央办公厅、国务院办公厅印发《关于在山西开展能源革命综合改革试点的意见》以来，山西省委、省政府深入贯彻落实习近平总书记"四个革命、一个合作"能源安全新战略，以建设能源革命综合改革试点先行区为战略定位，以实现碳达峰碳中和为目标牵引，坚决当好全国能源革命排头兵，着力推动能源结构持续优化，加快推进能源低碳绿色转型，全力保障国家能源安全，为全国深化能源革命、加速低碳进程探路领跑。

（一）能源革命工作要求持续提高

试点获批以来，全省上下凝心聚力、接续奋斗，改革创新、先行探索，形成强大工作合力。坚持高位推动。2019 年 9 月，省委召开全省能源革命综合改革试点动员部署大会，全面部署试点工作。2021 年 9 月，省委召开全省深化能源革命综合改革试点暨能耗双控工作推进大会，扎实推进能源革命进入聚焦重点、全力攻坚、纵深推进新阶段。完善顶层设计。精准对标中央试点意见，省委、省政府出台行动方案，逐年制订行动计划，不断完善工作思路，聚焦工作重点，特别是去年以来明确以碳达峰碳中和战略牵引深化能源革命，并将相关要求贯穿到试点工作全过程全领域。健全工作机制。成立了由省委书记、省长担任双组长的能源革命综合改革试点工作领导小组，2021 年将试点工作领导小组纳入省推进碳达峰碳中和工作领导小组，实行"两个机构、一套人马"，进一步强化了组织领导和工作力量。成立专项基金。聚焦低碳能源替代和产业提质、资源循环利用、能效技术提升、绿色智能制造、绿色交通与物流等领域，成立了总规模 50 亿元的能源转型发展基金。发行碳中和债，助力碳达峰碳中和。通过一系列工作举措，为能源革命综合改革试点顺利推进提供了有力保障，奠定了坚实基础。

（二）能源供给质量持续提升

持续深化煤炭行业供给侧结构性改革，在能源保供中统筹做好绿色低碳转型。稳产保供工作全面完成。坚决贯彻落实国家决策部署，充分发挥能源大省的使命担当，采取一系列有效措施加强能源供应保障，克服困难全力做好 16 个省区市煤炭保供工作，发送电煤 4356 万吨，圆满完成国家下达的保供任务，为国家能源安全贡献了"山西力量"。煤炭去产能任务圆满完成。"十三五"期间累计化解煤炭过剩产能 15685 万吨，圆满完成"十三五"煤炭去产能任务。全省煤矿先进产能占比由不足 30% 提高到 75%，全省 55 座煤矿进行绿色开采探索实践，10 座首批国家智能化示范煤矿全部建成。清洁能源和新能源快速发展。风电、光电规模不断提升，氢能、甲醇、地热能、生物质能发展有序推进，抽水蓄能和新型储能建设步伐加快，氢燃料电池重卡车型实现批量化生产。"十三五"期间，全省非化石能源电源发展明显加快，风电装机年均增长 24.16%、光伏装机年均增长 63.21%。2021 年，风电装机 2119 万千瓦（全国第四），光伏发电 1457 万千瓦（全国第七），风光装机占比达 32%。运城 100 万千瓦、晋中 100 万千瓦风光项目列入国家第一批大型风电光伏基地建设项目清单。煤炭清洁高效利用水平稳步提高。坚持"高端化、多元化、低碳化"发展方向，中国电科（山西）碳化硅材料产业基地碳化硅衬底项目、阳泉市煤层气制备金刚石项目均走到国内前列。中科潞安钻基费托合成关键技术处于国际领先水平。

（三）能源消费结构持续改善

有效落实国家政策，大力抑制不合理消费，有效推进能源消费结构优化调整。"能耗"双控有序推进。坚决遏制"两高"项目盲目发展，出台《山西省坚决遏制"两高"项目盲目发展行动方案》，得到国家碳达峰碳中和领导小组办公室充分肯定。建成全省能耗在线监测系统，新建项目单位产品能耗均达限额指标，高耗能行业达到国内先进水平，"十三五"期间全省单位 GDP 能耗累计下降 15.3%。煤炭等量减量替代工程成效明显。严控煤炭消费增量，压减煤炭消费存量，开展散煤替代行动，推进全省能源高质量发展，全面完成城市"散煤"清零任务，稳步推进煤改气（电）工程，"煤改气"、"煤改电"和集中供热清洁取暖改造任务取得显著成效。绿色交通绿色建筑走在全国前列。加强交通运输节能，11 个设区市城市建成区公交车、巡游出租车全部为新能源或清洁能源汽车，城市公交车、出租车电动化比分别达80.8%（全国第六）、45.8%（全国第二）。提升新建建筑能效水平，太原被命名为"国家公交都市建设示范城市"。大同装配式绿色建筑集成产业基地等 4 家被评为国家级装配式建筑产业园区、产业基地。

（四）能源技术创新持续强化

瞄准重大科技领域，选择重大科技项目，加大自主创新力度，推动能源技术革命。绿色低碳技术科技攻关和推广应用取得积极进展。煤层气勘探开发、储能等领域新立项 34 个"卡脖子"关键共性技术攻关项目积极推进。国家超级计算中心（太原）、省部共建煤基能源清洁高效利用国家重点实验室等获科技部批准建设，中国首台氢燃料电池混合动力机车在大同下线，合成气 / 蒸汽联产炉（晋华炉）成果荣获第 16 届首尔国际发明展金奖，"低渗煤层煤层气分段压裂水平井增产技术研究""煤基石墨烯及其复合材料批量化制备技术开发"等重大专项取得积极进展。积极开展 CO_2 捕集利用封存技术攻关示范，设立"碳达峰碳中和关键技术研究和示范"重点专项，启动减碳、零碳、负碳技术集中攻关。煤炭开发利用技术创新成效明显。全行业加快自主创新步伐，将 5G、大数据运用于煤炭产业，潞安新元等 6 座煤矿实现了 5G 入井，填补了 5G 煤矿井下应用空白，各大煤炭集团已开展不同场景下机器人的研发应用。电力产业创新应用加快发展。构建全省电动汽车（储能）调峰系统，探索需求响应的市场机制。晋能清洁能源风、光发电装机领跑省属企业，异质结技术领跑全球，大力推动山西省新能源装备制造业发展。阳泉阳光电厂与中国移动合作建设全国第一个"火力发电厂 5G 联合创新实验室"。煤层气开发技术取得突破。华新燃气集团煤层气上游勘探开发形成了以多分段水平井为基础，包含地质分析、井位设计、钻井压裂工艺在内的一整套全新开发体系，拥有了具备自主知识产权的连续油管压裂技术和装备，在深部煤层气开发领域取得突破。

（五）能源体制改革持续深化

着力完善体制机制，充分发挥市场配置资源的决定性作用和更好发挥政府作用。电力体制改革扎实推进。深入推进电力建设运营体制变革，着力提升清洁电力发展水平，探索推动电价机制、电力交易、电网投资、电力融合等关键领域改革取得重大成效，在国网范围内第一个完成交易机构改革，中长期电力直接交易规模和放开范围居全国前列，增量配电网改革工作列入全国第一梯队，电力现货市场启动双边现货市场不间断运行，为全国电力体制改革提供山西实践。不断完善战略性新兴产业市场化电价机制，推出战略性新兴产业 0.3 元 / 千瓦时电价政策，切实降低企业生产经营成本，提升综合竞争力，有效促进战略性新兴产业集聚发展。积极推进能源跨省跨区交易新机制，有序推进蒙西—晋中、"西电东送"改接工作，积极对接华北、华东、华中等外省电力市场，规划建设新的外送电通道，着力提高晋电外送能力。煤层气管理体制改革深入推进。完全承接国家授予山西的省境内部分煤层气探矿权、占用储量中型以下采矿权、煤层气试采审批权以及日常监管权，煤层气产量逐年提升，2020 年达到 81.46 亿立方米，占全国煤层气总产量的 85%。2021 年完成非常规天然气 102 亿立方米。扎实开展"三气"综合开采试点，逐步实现将"三气"矿业权赋予同一主体。

（六）能源对外合作持续扩大

积极参与国际能源合作，深度融入国家区域重大战略。加强与国际能源巨头、研究机构的全面合作，大力推动能源装备、技术和服务"走出去"和"引进来"。成功引进外资成立了中外合资企业晋能清洁能源科技股份公司。引进美国空气产品公司，在山西省投资空气产品临汾和晋城 2 家独资企业，以及空气产品潞安（长治）有限公司 1 家合资企业。此外，与法国、德国等国家和地区的能源企业签署了一大批合作协议。不断优化外资发展环境，建立完善外资企业投诉工作机制，加强外资企业及其投资者合法权益保护。成功举办 4 届太原能源低碳论坛，把握新发展阶段、贯彻新发展理念、构建新发展格局，坚持开拓、创新、务实、高效的办会理念，强化国家级、国际性、专业化特色，逐步成为能源领域具有国际影响力的高端对话平台、科技成果发布平台、国际合作对接平台。

十二、黑龙江省：农村集体产权制度改革推动集体经济加速发展

自 2015 年开始，黑龙江省方正县被确定为全国农村集体资产股份权能改革试点县，全县上下紧紧围绕健全"归属清晰、权能完整、流转顺畅、保护严格"的农村集体产权制度，采取先行先试、流程操作、压茬进行、梯次跟进的工作方式，坚持问题导向，注重民主程序，狠抓关键环节，实现还权赋能，圆满完成了改革任务。截至 2017 年底，全县 67 个村全部组建了股份经济合作社，28 个合作社共分红 756.1 万元（集体分红 228.44 万元，个人分红 527.66 万元），35 个合作社经民主决议将 546.27 万元盈余用于偿还债务、扩大生产和发展公益事业。方正县推进农村集体产权制度改革的经验做法被国家有关部门向全国推广。

（一）抓清产核资，摸清集体家底

坚持把清产核资作为产权改革的重要环节，通过"三保证"，将清产核资工作做实做细，为深入推进改革打好基础。一是保证量准。对资源性资产清查，充分利用土地确权成果，采用 RTK 精密仪器加基站等测绘系统，由村"五老"人员参与，精准测量村集体资产资源，并分别建立台账，做到"三榜"公示，确保精准无误、群众认账。二是保证核准。对资产清查，包括账内资产资金、债权债务和村级资源等，采取以账找物、以物对账、账物相符的办法，做到了账目清、资产清、类别清，确保了账据、账账、账款、账表、账实"五相符"。同时，对于村集体资源、资产、资金，按照经营类和非经营类进行划分，实行分类登记、分册管理。三是保证评准。县级成立资产评估领导小组，依托县农村经营管理部门开展村级资产评估，公布清产核资结果，主动接受群众监督；对有异议的及时复查更正，保证不重、不漏、不差，实现了资源、资产、资金、债权债务"四清"。截至 2017 年底，全县共清查集体经营性资源 34.3 万亩，清查各类资产 1.2 亿元，清理资金 4451 万元，核实债权 5916 万元、债务 6092 万元，全县评估集体经营性资产总额达到 7 亿元。

（二）抓成员确认，明确成员边界

本着"有法依法、无法依规、无规依民"原则，做到"三定"。一是依法定条件。按照尊重历史、照顾现实、宜宽不宜严的原则，综合考虑户籍关系、土地承包关系和集体经济组织利益关系等因素，全县统一确定成员身份和劳龄登记的条件、登记时点和成员认定须履行的民主程序等政策框架。全县以 2016 年 2 月 25 日零时为人员登记时间节点，劳龄计算日期原则上自 1956 年 1 月 1 日起至 2004 年 12 月 31 日止且年龄在 16—60 周岁之间，为个人劳龄有效

期。二是民主定成员。以村为单位，以户籍为基础，进行分类登记，由村"两委"进行资格初审，交村民代表大会讨论通过后张榜公示；对有异议的，由村民代表大会研究决定。对嫁出嫁入、国外定居、双重身份、空挂户等特殊群体，坚持依法依规，集体讨论、逐一排除，民主投票确认。三是酌情定身份。坚持"三明确、三议、三公开"，即：明确原则、明确条件、明确方式；村委会评议、党支部审议、村民代表大会决议；全体村民公开、评议结果公开、决议结果公开。对外出人口、户口迁出人员和跨国婚姻、双重身份等特殊人员，坚持以人为本，尽可能将其确认为集体经济组织成员，保证其正常生活。全县共确认集体经济组织成员 13.3 万人。

（三）抓股权设置，理顺分配机制

立足县情实际，坚持群众路线，科学设置股权，进一步理顺了集体和成员之间的利益关系。一是确定集体和个人之间的分配原则。针对村级基础设施建设任务多、化解村级债务难等实际情况，出台了《方正县试点村集体经济组织资产股份量化指导方案》，在股权设置上，分为集体股和个人股，其中集体股不得高于 30%。集体股的收益经集体经济组织成员大会讨论同意后，可用于村级基础设施建设、公益事业开支、化解村级债务等。二是明确成员股类型及构成。结合村情实际，坚持因地制宜、民主确定，实行一村一策。按人口户籍和土地承包关系等因素设置个人基本股，为了使股权分配更加公平合理，统一设立了劳龄股。由各村屯民主决定计划生育奖励股、贡献股、优先股和扶贫股等其他股权怎么设置，设置多少。三是强化股权管理。个人股权确定后，统一颁发股权证，对股权实施静态管理，做到增人不增股、减人不减股。全县设置总股数 531.4 万股，其中集体股 159.4 万股、个人股 372 万股，共颁发股金证 2.5 万份，初步建立了农村集体资产股权台账管理制度。为了加强信息化管理，在土地确权信息化建设基础上，健全完善了"8+1"农村经济信息化管理服务平台，将股权内容统一纳入平台管理。

（四）抓股份合作，建立合作组织

围绕实现集体和成员持续增收的目标，考虑各村之间的资源资产禀赋条件，组建了三种不同类型的集体合作经济组织。第一种是对于资金多、资源少，有一定积累的城中村、城郊村，组建股份经济合作社，实现资金变股金，让集体和成员获得更多财产性收益。如方正镇兴方村将集体资金 1800 万元进行折股量化，成立股份经济合作社，用 1800 万元购买保本理财产品，并开展集体成员资金互助贷款业务，集体和股民分别增收 16.5 万元和 38.5 万元。第二种是对于集体资源多、资金少的村，在成员自愿的前提下，以集体土地为主，吸纳集体成员承包地，组建土地股份合作社，实行统一经营、统一管理、统一核算、统一分配。如会发镇联滨村有集体土地资源 8000 多亩，发展药材种植产业，年收益 42 万元，其中集体分红 12.6 万元，股民分红 29.4 万元。第三种是对于不愿独立经营或"三资"少的村，以合作社为基础，鼓励相互联合或与企业合作，组建股份经济联合社。通过创新经营模式，赋予了农村集体经济组织市场主体地位，促进了多种经济体和集体经济组织共同发展。通过这种组织形式，实现集体增收 350 万元。

（五）抓"清化收"，清除发展障碍

针对不良合同多、村级债务和陈欠多，严重影响集体经济发展的实际，大力开展以清理合同、化解债务、收缴新增资源承包费和陈欠为主要内容的"清化收"工作。一是部门联动清理合同。以村为单位，以分类清、处置清为目标，组成由乡镇党委、政府牵头，农业、林业、国土、法院等部门参加的联合工作组，共清理合同 6532 件，其中认定有效合同 5676 件、违约合同 37 件、争议合同 444 件、无效合同 375 件。有效合同按照约定继续履行，违约合同视情况依法收回或补充条款，争议合同通过仲裁或法院依法依规处置，对无效合同下达认定通知书，由村集体依法收回、竞价处置。通过认真清理、重新发包，实现集体增收 380 万元。二是多措并举化解债务。坚持因地、因事、因人制宜的原则，采取剥离、抵顶等方式，全力化解债务。将走死逃亡人员的债务剥离出来，按照财务规定履行民主程序进行核销；将乡镇政府和部门往来挂到村级的债务剥离出来，该谁还就由谁还；在本经济组织内，依据自愿原则，采取顶账、抵账方式化债；利用集体资产发展多种经营，用集体股收益还债；加强村级财务管理，有效节约开支，防止发生新债。全县共化解债务 2157 万元。三是全力以赴收缴陈欠。从村"两委"成员和党员做起，主动偿还陈欠，发挥表率作用。对相关部门、种养大户、农业企业所欠款项依法收缴；对占有集体固定资产的人员，进行作价收缴；对相关部门事先承诺，因政策性支出项目而由村集体经济组织所垫付的款项，由县清欠办会同相关部门统一催缴。对上述拒绝配合、逾期不缴款的，收回资源、资产重新竞价发包，并依法依规追究责任。全县共收缴陈欠 435.5 万元。

（六）抓要素配置，壮大集体经济

在农村集体产权制度改革中，方正县将改革与发展一体谋划、同步推进，始终把发展壮大集体经济作为改革的首要目标，采取多种形式发展壮大了集体经济实力。一是实施新增地源收费。出台了《关于进一步规范全县农村集体新增地源管理的实施意见》，按照依法处置、民主决策的原则，强化新增土地资源的管理。对当初"分地"时用于地类调补的"调等地"，以及分给农民的"磨牛地、地边地、树影地"等"胀出地"，确权给农民，由村集体登记备案，不收费。对农民私自开垦的"开荒地"，确权给村集体，纳入"三资"管理，以村屯为单位，民主决策是否收费和收费标准，增加村级集体收益。全县新增地源收费面积 19.8 万亩，收费金额达 1350 万元。二是创新发展方式。明确新组建的村股份经济合作社作为独立市场经济主体，全面承担起集体资产管理、运营和维护的职能，采取入股、租赁、合作和联营等方式，通过发展农家乐、生态园、采摘园、垂钓园等特色产业项目和购买理财产品等，拓宽了村级增收渠道。2017 年底，全县有积累的村达到 31 个，比 2015 年改革前增加 11 个；负债村减少至 25 个，比 2015 年减少 13 个；全县村级集体年收入达到 1850 万元，比 2015 年增长 2.7 倍。三是优化发展环境。依托产权交易管理平台，通过严格流程、高效服务，有效规范了农村产权发包、租赁、抵押、拍卖、转让等管理和交易行为。创新开办"土地经营权 + 股权""股权 +N"的抵押担保业务，办理抵押贷款 3.55 亿元，有效解决了农民融资难问题。

经 验 篇

JINGYANPIAN

自 2005 年国家综合配套改革试验区设立特别是党的十八大以来，各试验区探索形成一批在全国具有较大影响的改革经验。据不完全统计，各试验区累计探索形成了 300 多项重要制度成果，为国家和地方完善各方面体制机制提供了重要借鉴和有益经验。为进一步发挥改革试验段示范引领作用，围绕创新驱动发展、市场化法治化国际化营商环境、统筹城乡发展、经济社会全面绿色转型等六个方面，本部分总结提炼了一批经实践证明行之有效、各地区可资借鉴的典型经验和创新举措，便于有关方面因地制宜、联系实际开展创新性转化和差别化借鉴探索。

第一章　科技创新和科研管理

围绕推动创新驱动发展，在推动科研项目全生命周期管理、科研成果第三方评价、科技成果转化、创新人才工作居留便利等方面探索形成 40 多项重要制度成果。具有代表性的如下：

1. 实行科研项目"悬赏制"和核心技术攻关项目全生命周期管理制度

围绕重点产业链关键核心环节"卡脖子"问题，深圳市构建项目谋划、落地、考核全生命周期管理制度，"揭榜挂帅"遴选全球顶尖攻关团队，"赛马淘汰"平行资助多个技术路线项目竞争淘汰，"项目经理人＋技术顾问"实施项目全生命周期管理和全流程智力支持，"里程碑式"依托项目关键节点任务目标考核引入需求方和用户进行成果评估，紧推项目攻关，力保产业关键核心环节自主可控。该事项经国家发展改革委《关于推广借鉴深圳经济特区创新举措和经验做法的通知》在全国推广。

2. 探索"新型研发组织化"制度

深圳市积极培育集科学发展、技术发明、产业发展于一体的新型研发机构，推进科研与技术融合发展，创新教育与人才培养、技术转化模式，采用市场化运作方式，坚持自主经营、自负盈亏，允许不受编制限制自主组建科研团队，自主选择科研方向和开展研发活动。

3. 探索"科技成果第三方评价"制度

深圳市探索制定科研机构创新绩效分类评价办法，将科研机构分为科技事业单位、科技型民办非企业单位、研发服务企业和国内外高等院校深圳研究院等四类进行分类考核，考核指标由创新投入和创新产出两大类共 18 个指标组成，委托第三方机构通过自评估、材料审核、同行专家现场考察和综合评议等方式开展评估。强化评估结果在科研机构领导人员调整、任期目标考核、学科方向调整、平台建设、财政资助等方面的应用。

4. 实施"全创新链金融资助"制度体系

深圳市实施"科技金融计划"，建立从实验研究、技术开发、产品中试到规模生产的科技创新融资模式。建立包括天使投资等在内的创业投资体系，为企业从种子期、初创期、成长期、扩张期等全生命周期提供融资渠道。

5. 实行持续稳定支持基础研究的多元投入机制

2020 年，深圳市出台全国首部覆盖科技创新全生态链的地方性法规《深圳经济特区科技创新条例》，明确市级科技研发资金的 30% 以上投入基础研究和应用基础研究，成立支持基础研究和应用基础研究的自然科学基金。引导支持企业及其他社会力量通过设立基金、捐赠等方式，加大投入力度，对企业用于资助基础研究和应用基础研究的捐赠支出参照公益捐赠享受优惠待遇。该事项经国家发展改革委《关于推广借鉴深圳经济特区创新举措和经验做法的通知》在全国推广。

6. 推出"三首"创新激励机制

深圳市编制重大技术装备首台（套）、新材料首批次、软件首版次推广应用指导目录，主要面向研发生产企业加大创新产品推广力度，同时将产品自主化率作为纳入创新产品的评价指标，鼓励企业加强自主创新。

7. 构建知识产权保护、转移、价值实现机制

围绕实施最严格的知识产权保护，深圳市推出建立合规性承诺制度、设立行政执法技术调查官、发布行政临时禁令、构建信用惩戒机制等措施。探索建立惩罚性赔偿制度，明确故意侵犯知识产权情节严重依法适用惩罚性赔偿，对重复侵权等情形从重确定惩罚性赔偿数额。下放科技成果的使用、处置和收益权，培育专业技术转移机构，提高职务发明转让收益奖励比例。搭建创业创新金融服务平台，面向科技型中小微企业发行以小额贷款债权为基础资产类型的证券化产品，推动形成"政企联动、银保联动、投贷联动"的科技金融生态圈。

8. 完善创新风险共担机制

深圳市聚焦高新技术企业在技术研发和成果转化方面的需求，引导保险机构开发知识产权保险、首台(套)产品保险、产品研发责任险、关键研发设备险、成果转化险等创新保险产品，支持保险机构与银行、小额贷款公司等合作开发信用贷款保险、企业债保险、小额贷款保证保险等为高新技术企业融资服务的新险种。

9. 推动重大科技基础设施成果高效转化

依托合成生物重大科技基础设施，深圳市设立工程生物产业创新中心，构建"楼上楼下创新创业综合体"，楼上科研人员利用大设施开展原始创新活动，楼下创业人员对设施原创发现进行工程技术开发和中试转化，推动重要科研成果就地转化，并通过孵化器帮助创业者创立企业，开展技术成果商业化应用，缩短设施原始创新到成果转化再到产业化的时间周期，形成"科研—转化—产业"的全链条企业培育模式。

10. 创新大型科研仪器设备和重大科技基础设施开放共享

深圳市创新仪器和设施开放共享管理体系，建立健全评估监督体系和奖惩机制，搭建大型科学仪器共享平台，要求市内高校、科研院所、企业等管理大型科学仪器设施的单位在满足自身使用需求外，将完全或主要利用财政资金或国有资本出资购置建设、单台（套）原值在 30 万元以上的科学仪器设备、设施等纳入共享平台，对基因库等重大科研资源制定运行监管和绩效考核体系，促进开放共享。

11. 完善知识产权保护综合管理体制

围绕深化知识产权综合管理改革，浦东新区在国内率先建立专利、商标、版权、原产地地

理标志"四合一",兼具行政管理和综合执法职能的知识产权局,形成高效的知识产权综合管理体制。推动设立中国(浦东)知识产权保护中心,探索建立了集快速授权、快速确权、快速维权为一体的协调联动机制,构建起司法保护、行政保护、调解仲裁、社会监督"四轮驱动"保护模式。在国内首创知识产权纠纷人民调解委员会,建立了人民调解、商事调解、行业调解、行政调解等知识产权纠纷多元调解工作体系。该事项经国家发展改革委《关于推广借鉴上海浦东新区有关创新举措和经验做法的通知》在全国推广。

12. 探索"知识产权质押融资"制度

浦东新区探索开展知识产权质押融资,由政府设立专项资金,作为科技企业向银行贷款的风险保证金,推动银行开展知识产权质押融资。建立知识产权投贷联动基金,以贷后投、投贷额度匹配、可转债、认股权等形式,降低具有核心知识产权企业的贷款和投资门槛。搭建知识产权金融服务平台,引导金融机构联合担保公司等积极探索中小企业融资新模式,合作开展多层次质押担保融资、质押保险融资和直接质押融资等服务。建立融保互通互认的知识产权评价体系,开展知识产权质押融资战略合作,加强金融机构与重点企业的对接,推出知识产权标准化债券融资产品。

13. 推出知识产权保险和证券化机制

浦东新区引导保险机构推出知识产权复合险、知识产权综合运营险,联合保险公司对科创板拟上市企业的专利进行投保,组成"IP保险共保体",为相关企业提供了高达 350 万元的保额。引入律师事务所等第三方机构,在涉诉期间,由律师事务所直接向保险公司在投保额度内提出索赔,实现对企业的全面保障。首轮发行的浦东新区证券化项目全部以专利,尤其是发明专利的许可收益作为核心资产,优先级发行利率 3.49%,规模 0.67 亿元。

14. 探索完善国际知识产权服务

浦东新区不断探索完善国际知识产权服务,设立上海国际知识产权枢纽港,为创新主体提供知识产权创造、保护、运用、交易等核心服务;设立世界知识产权组织仲裁与调解上海中心,在中国境内开展涉外知识产权争议案件的仲裁与调解业务;成立上海国际知识产权运营联盟,加强国际运营平台知识产权交易数据监测,吸引 60 多家国际机构加入,促进国际知识产权服务机构和人才集聚浦东。

15. 探索股权激励递延纳税

2016 年,浦东新区制定《张江国家自主创新示范区企业股权和分红激励办法》及实施细则,明确企业股权和分红激励范围、激励对象、激励方式和操作步骤等,对高新技术企业和科技型中小企业转化科技成果给予个人的股权奖励,递延至取得股权分红或转让股权时缴纳相关税费。同时,设立代持股专项资金,为资金缺乏的激励对象提供部分资金垫付和股权代持服务。

16. 建立长三角资本市场服务网络体系

浦东新区设立长三角资本市场服务基地,吸收 120 多家金融、投资、专业服务等行业头部机构成为基地联盟成员,对接国家知识产权运营公共服务平台、上海股权托管交易中心等功能性平台。通过战略合作签约、设立基地分中心等方式,建立覆盖南京、杭州、合肥等 28 座长三角主要城市的服务网络。融合线上线下运营，线下强化发现培育、审核支持、投资对接等功能；线上建设信息系统，构建上市企业储备库、科技金融精准对接平台、预审核和在线评价系统等三大功能模块，以信息化应用促进服务能级提升。

17. 试点跨境研发用品便利化通关制度

针对张江区域内大量生物医药和集成电路企业研发用材频次密、价值高、产品结构特殊、通关时限要求高等特点，浦东新区探索建设张江跨境科创监管服务中心，由海关等部门设立专门监管区域，将机场货站和监管仓库功能延伸至张江。货物到达空港后即可直接监管运输至张江跨境科创监管服务中心进行分拨理货，企业可在张江跨境科创监管服务中心内"一站式"完成抽单、报关、查验、提货等通关手续。该事项作为自由贸易试验区第三批改革试点经验由商务部、交通运输部、工商总局、质检总局、外汇局等部门在全国推广。

18. 探索离岸孵化模式

浦东新区建设海外创新创业联络站、离岸孵化基地，与多个国家联合建立跨国孵化器，加强孵化网络全球布局。推动国际知名孵化器和国际知名高校构建全球合作渠道，实现孵化要素与成果的跨境交流。举办海外人才创业汇大型对接交流活动。建设跨国企业联合孵化平台，鼓励跨国企业联合本土孵化器共建创新中心，帮助本土初创企业对接全球创新创业资源。

19. 推出外国人来华工作居留审批"单一窗口"和"一网通办"服务

为更好实现招才引智，便利外籍人才就业创业，浦东新区设立全国首个海外人才局，建设浦东国际人才港，推出外国人来华工作居留审批"单一窗口"和"一网通办"服务平台，把多部门串联审批改为并联审批，实行多系统一网办理、申请表多表合一，引入人工智能技术实现申请端智能化填报、审批端智能化审核，审批时限从 12 个工作日压减至 5 个自然日。事项经国家发展改革委《关于推广借鉴上海浦东新区有关创新举措和经验做法的通知》在全国推广。

20. 创新外国人才居留和出入境制度

浦东新区建立外国高层次人才申办永久居留"直通车"制度，发放自贸区推荐永居证，支持在自贸区内承担国家、市重大项目的顶尖科研团队自主推荐申办永居证，支持在自贸区工作满四年外籍华人直接申办永居证，放宽人才口岸签证申请范围，允许自贸区用人单位聘雇或邀请的外籍人才持相关证明向口岸签证机关申请人才签证，入境后按规定办理居留许可。

21. 创新外国人才工作许可制度

浦东新区允许外国人才兼职创新创业，发放自贸区兼职类居留许可证。针对硕士以下学历外国应届毕业生无法就业问题，放宽境外知名高校优秀外国毕业生自贸区就业限制，颁发本科学历外国人工作许可证。放宽高科技领域外国创业人才、专业技术人才、技能型人才等工作许可年龄、学历条件，累计引进相关人才 700 多名。

22. 探索"创新券"服务企业创新创业模式

浦东新区以区内科技型中小企业为资助对象，每家企业每年度可申请 10 万元的创新券额度，用于企业在创新服务信息平台上采购经新区备案的相关服务，服务合同经审核并完成服务后，可按不高于合同金额 40%享受创新券资助，降低科技企业创新创业成本。

23. 探索知识价值信用贷款机制

重庆市不断探索知识价值信用贷款机制，推动"商业大数据应用＋专利软件化评估"，建立以知识产权为核心，研发投入、科技人才、创新产品、创新服务等上下游创新要素共同参与评价的科技型企业知识价值信用评价体系。探索设立科技型企业知识价值信用贷款风险补偿基金和相应的管理运行机制，为科技型企业融资提供增信，对银行贷款损失进行风险补偿。建立科技型企业信息管理系统，集结知识价值信用评价体系所需的各项数据和信息。建立知识价值信用贷款申报线上平台。该事项已收入商务部印发的自由贸易试验区第三批 31 个最佳实践案例，在全国推广。

24. 构建"环大学创新生态圈"发展机制

为推动产学研一体化发展，重庆市构建多方联动机制，整合市级部门优势资源，推进重庆大学、重庆理工大学等六个环大学创新生态圈建设。搭建载体平台，孵化培育创新主体，构建多层次、多元化的创新平台，打通"研发＋孵化＋产业化"全链条。

25. 探索建立科技资源配置快速响应机制

重庆市积极探索建立"一企（人）一策"支持机制，设立博士后"直通车"项目。对接国家创新平台重大部署，结合优势领域快速统筹谋划，依托引进资源对接国家"直通车"渠道，形成集聚高层次人才团队、高水平科研平台、大科学装置等的链式发展模式。

26. 实施引进科技创新资源行动

近年来，重庆市先后出台《重庆市与知名院校开展技术创新合作专项行动方案（2017—2020 年）》《重庆市引进科技创新资源行动计划（2019—2022 年）》，通过共建高水平研发机构、集聚高层次人才团队、实施成果转化项目、孵化科技型企业，累计签约引进 101 家国内外知名高校、科研院所、企业和科学家团队，组织引进各类研发机构与成渝地区高校企业院所签署结对共建书 100 余份，其中包括 14 项项目合作协议。

27. 建立市场导向的人才分类评价激励体系

重庆市实施"鸿雁计划"，对企业引进人才，按照企业类型和市场化年薪标准认定人才等次，政府给予定额奖励。建立以企业为主体的人才评价机制，合理界定和下放人才评价权限，推动具备条件的高校、科研院所、医院、文化机构、大型企业、国家实验室、新型研发机构及其他人才智力密集单位自主开展评价聘用工作。实施岗位聘用考核试点，由用人单位根据需要自主制定评聘标准，自主开展评聘工作。

28. 创新"海外人才之家"服务模式

厦门市立足于产业园区，创新服务举措，开设外国人才工作、居留许可"一件事联办窗口"，建立外籍人才专业技术、技能评价机制；建立海外人才创新创业"一站式"服务平台，打造海外人才沟通交流、技术合作、资源共享的驿站以及宣传本土文化和产业、招商、人才政策的窗口，确保优秀外籍人才"来得了""留得住"。

29. 创建跨区域科技文献共享服务平台

厦门市推动面向厦漳泉三地社会公众提供免费科技文献共享服务，涵盖中外文期刊、硕博士论文、会议论文等。平台服务范围拓宽至闽西南地区，服务面向机关、事业单位、科研院所、高校、职业院校、中小学、企业和包含台湾同胞在内的社会公众等。平台建立以来，文献检索与文献下载量稳定增长，有效推动科技资源共享。

30.建立智能制造共享服务平台

厦门市依托闽西南智能制造共享服务平台，完成智能工厂主要产线布局及其相关产品工艺研发、生产流程梳理及运行，并结合闽西南行业特点，完成i5体验中心、区域联合检测中心及可持续制造中心的建设，目前已逐步对外开展服务。项目总体目标是依托工业云和智能机床共享工厂，实现个性化、小批量、集约化定制生产，满足闽西南地区机械加工类企业转型升级、降低生产成本的需求。

31."厂易贷"金融业务及其配套政策

厦门市创新"厂易贷"金融业务及其配套政策，设立风险补偿金与担保机构或银行共担风险，针对抵押贷款通常在评估价七成以内等痛点，为工业企业厂房抵押贷款增贷增信（担保公司确保贷款企业获得高于厂房评估价七成的银行贷款，在贷款出现逾期或欠息时对协议约定代偿范围内尚欠的贷款本息予以代偿），并给予贴息和补助担保费。

32.推行科技计划和经费管理改革

长株潭聚焦重大发展领域，将41类科技计划专项整合为五大类，构建了"511"科技创新计划体系，科技计划实行"三分离"和"五统一"的管理模式，创新提出省级科研项目资金管理"二十条"，实施"科技经费+"行动，推动"科技+教育""科技+卫生""科技+农业""科技+重大民生+经济"等协同创新，设立了科教、科卫联合基金，优化资源配置。

33.优化科技管理体制机制

近年来，山西省不断优化科技管理体制机制，改革省级科技主管单位内部管理体系，重构科技决策体制、管理职能和运行机制。建立链接科技前沿与企业创新需求的项目征集机制、科技战略分析研判专家咨询论证机制、产学研用一体化贯通机制、利用"揭榜挂帅"撬动全社会创新资源机制、重大项目全过程跟踪服务和动态调整机制、以科技成果转化为导向评价机制等六大机制。

34.实施科技奖励由推荐制改提名制

山西省探索实施科技奖励由推荐制改提名制，在原推荐制的组织机构、相关部门推荐的基础上，全面实行专家学者提名，并进一步扩大了提名专家范围，取消了单位提名的指标限制，要求提名者基于自身对相关学科、行业领域的了解和评判，主动、独立地提名项目和人选，奖励总额度由500万元大幅增加至近6000万元。

35.搭建省校合作常态化机制

围绕搭建省校合作常态化机制，山西省以建设大学生实习实训基地、大学生就业创业基地、高校科研平台延伸基地、高校科技成果转化基地、智库合作基地、高校优质生源基地、大学生联合培养基地、技能服务人才培养基地等为载体，推动省校在人才培养、引进、使用等方面开展深度战略合作。

36. 探索科技奖励提名制

山西省将推荐制改为专家学者、组织机构、各市人民政府、省直有关部门提名的制度。取消单位提名的指标限制。要求提名者基于对相关学科、行业领域的了解和评判,采取网络提名加书面提名的方式,提名项目和人选,奖励总额度由 500 万元大幅增加至近 6000 万元。

37. 推进科技金融模式创新

武汉城市圈以东湖国家自主创新示范区为主体:设立科技金融专营服务机构;建立科技金融专营机制;推广科技金融专项产品,针对科技型企业轻资产、重技术的特点,推广科保贷、纳税信用贷、碳排放质押贷、投贷联动等信贷产品;搭建科技金融信息信用专业平台;引入科技金融直接融资专项措施,设立创投引导基金、长江经济带产业基金和省级股权投资引导基金,推动科技型企业通过银行间债券市场发行债务融资工具进行直接融资;构建科技金融专门监管机制,建立武汉城市圈科技金融专项统计制度,构建"科技金融指数",形成科技金融"东湖模式"。

38. 探索优化创新创业支撑体系

武汉城市圈积极探索打造全链条企业孵化成长平台、为企业提供从"育种—拔节—成林"全周期全方位服务,举办"光谷青桐汇""东湖创客汇""楚才回家"等品牌活动,激发创新创业活力。探索"老房子+双创""城中村改造+双创""社区+双创""院校+双创""楼宇+双创"等五种双创模式,搭建公共技术平台、双创促进服务平台、政策集中发布平台等三类服务平台,提供政府引导基金、财政补贴、融资担保三种财政支持,培育各类双创主体。

39. 探索成立科技成果转化机构

为更好服务科技成果转化,武汉市成立科技成果转化局,实行"虚拟机构、实体运作",挂靠武汉市科技局,不新增人员编制,工作人员从武汉市科技局现有职能处室及局属事业单位中调整,专门承担高校和科研院所科技成果转化的统筹协调、服务对接和监督落实工作。

40. 推进职务科技成果"三权"改革

武汉市赋予高校及科研机构科技成果自主处置权,除涉及国家安全、国家利益和重大社会公共利益外,单位可自主决定采取多种方式开展转移转化活动;科技成果转化所得净收益,按照不低于 70% 的比例归参与研发的科技人员及团队所有;允许高校及科研机构与科研人员共享科技成果所有权,若高校拟放弃所有权及相关知识产权,提前一个月通知发明人,发明人有意受让的,协助其有偿或无偿获得产权。

41. 探索"三定向"订单式科技创新机制

沈阳支持高校以人才为依托,瞄准企业需求开展定向研发,瞄准市场需求开展定向转化,瞄准切身需要开展定向服务,打造"定向研发、定向转化、定向服务"的"三定向"订单式科技创新和成果转化机制,实现以产定研、以需定研、以研促产。

42. 实行"创新创业通票"制度

天津滨海新区设计发行"创新创业通票",作为一种针对特定科技服务的定额有价电子编码,可通过互联网管理系统实现流转与兑现,将现行政策资金兑现的财政后补贴方式改为先由第三方机构垫付再由合作银行兑现。借助"互联网＋政府服务"模式，由政府向第三方机构购买服务的方式，免费向创新创业者提供高新技术企业服务包、知识产权服务包、分析测试服务包、新三板挂牌服务包、初创服务包等，满足企业多种创新创业活动需求，破解企业融资难和政策兑现难两大难题。

43. 探索"专业众创空间"专业孵化载体模式

厦门市火炬高新区探索完善创业创新生态，实行"专业众创空间"认定，探索"一个公共技术服务平台＋一个专业孵化器＋一个产业园＋一个产业投资基金＋一个产业研究院"的"五个一"全方位专业服务模式，引导众创空间聚焦人工智能、大数据、新材料、智能制造、物联网等重点产业领域，打造专业化孵化载体。

44. 推动"两岸众创空间"孵化模式创新

厦门市火炬高新区率先实行"两岸众创空间"认定，探索两岸孵化模式创新。以项目和人才为重点，结合人力、资本、技术等特点开展"在台预孵化"，结合"在厦深培育"，开展对台孵化，打造两岸孵化特色。强化"以台引台"对台孵化模式，支持民营对台孵化载体建设，通过线上平台、线下空间并轨的孵化模式向台湾创业团队提供注册、运营、综合服务、市场对接及融资等创业孵化服务。支持台湾团队入驻高新区，为园区众创空间和台湾创业青年等提供创业孵化服务，搭建两岸协同创新新通道。相关经验举措已在《国务院办公厅关于对 2020 年落实有关重大政策措施真抓实干成效明显地方予以督查激励的通报》中进行总结推广。

第二章　政府管理体制改革和激发市场主体活力

围绕优化营商环境，在推动建设市场化法治化国际化营商环境、探索原创性"放管服"改革、激发市场主体活力等方面探索形成 90 多项重要制度成果。具有代表性的如下：

45. 建立"六个双"政府综合监管机制

浦东新区建立"双告知、双反馈、双跟踪"和"双随机、双评估、双公示"等"六个双"政府综合监管机制，通过"双告知、双反馈、双跟踪"实现证照办理信息共享和部门协同联动，通过"双随机、双评估、双公示"，对企业信用风险评估进行精准画像，实施分级分类和协同监管。实现市场经济领域全行业覆盖，事中事后综合监管平台全链条贯通，对市场主体行为实现全生命周期跟踪。事项经国家发展改革委《关于推广借鉴上海浦东新区有关创新举措和经验做法的通知》在全国推广。

46. 创新经济、社会、城市"三大治理"整合模式

浦东新区按照"同一类对象管理向一个应用场景集成"原则，按照经济、社会、城市三方面全面梳理管理要素，形成要素字典。建立要素管理标准，整合集成经济运行 104 个场景、城市管理 50 个场景和社会治理 11 个全领域场景，形成十大类 57 个整合场景。建立包括"推送、接收、处置、完成"四个主要环节的工作流程，基本实现场景覆盖全领域、整合梳理全要素、流程再造全闭环、管理对象全周期、各方主体全参与，实现"一屏观天下，一网管全城"。

47. 探索"城市大脑"城市治理机制

浦东新区综合运用大数据、云计算、人工智能等现代技术，打造"城市大脑"综合信息指挥平台，推进城市运行"一网统管"建设，实现"一屏观天下，一网管全城"。在组织体系上，整合城管、公安、生态环境等城市管理力量，贯通新区、街镇、村居三级管理体系；在应用场景上，形成覆盖设施、运维、环境、交通、安全、执法等领域的城市运行智能管理场景，并提取核心管理要素实现实时监测；在系统集成上，通过共享浦东各区域的监控视频，接入市级部门和区级单位的业务系统，部署物联网感知设备，实现视觉、听觉、嗅觉一体化感知。事项经国家发展改革委《关于推广借鉴上海浦东新区有关创新举措和经验做法的通知》在全国推广。

48. 创新"综合监管清单"制度

依托行业综合监管应用场景，浦东新区创新建设政府清单化监管机制，形成覆盖所有监管

行业的行业监管主管部门清单、监管制度清单、协同部门清单、支撑数据清单和智能化需求清单等"五张清单"，强化全行业覆盖，厘清各部门权责边界。事项经国家发展改革委《关于推广借鉴上海浦东新区有关创新举措和经验做法的通知》在全国推广。

49. 创新企业市场准入和退出机制

为便利企业市场准入和有序退出，浦东新区推出"开办企业一窗通"平台，实现企业开办"一网一次一日一窗零费用零跑动"；持续扩大简易注销范围，实行一般注销全流程网上办理，设立除名制、依职权注销和企业"休眠"等制度；健全破产事务"府院联动"机制，搭建电子档案系统、破产微法庭、区块链事务办理系统等组成的破产办理联动云平台。

50. 率先开展"证照分离"改革

2015 年 12 月，国务院常务会议审议通过《关于上海市开展证照分离改革试点总体方案》，决定在浦东新区率先开展"证照分离"改革。改革主要针对市场主体开业前需要办理的各类许可证，以"减证"促"简政"，实行涉企经营许可事项全覆盖清单管理，逐个事项通过取消审批、审批改备案、实施告知承诺、优化审批服务等方式进行改革，最大限度地减少审批事项、优化审批流程，创新和加强事中事后监管，有效激发了市场主体活力和社会创造力。事项经国家发展改革委《关于推广借鉴上海浦东新区有关创新举措和经验做法的通知》在全国推广。

51. 探索"一业一证"改革

浦东新区启动"一业一证"改革，把过去一个行业的多个审批事项进行整合，实现审批指引一键导航、审批条件一单告知、审批申报一表申请、审核程序一标核准，将行业准入涉及的多张许可证归并整合为一张行业综合许可证，企业只要一张许可证就能开门营业，平均每个行业实现审批事项压减 76%，审批时限压减 88%，申请材料压减 67%。

52. 开展"一照多址"备案改革

2017 年起，浦东新区在上海市市场监管局支持下，探索在自贸区范围内开展"一照多址"改革试点。企业开设经营范围不超出母体经营范围且不涉及行政许可的分支机构，无需办理设立登记，只需办理营业场所备案，各部门对备案场所的管理参照分支机构进行，经营活动涉及后置审批事项的，凭经营场所备案证明代替营业执照办理许可审批，从而大幅简化企业分支机构设立登记程序。事项经国家发展改革委《关于推广借鉴上海浦东新区有关创新举措和经验做法的通知》在全国推广。

53. 深化企业名称登记改革

2016 年 11 月，浦东新区率先启动企业名称登记改革试点，建立企业名称负面清单；制定企业名称登记审查规范；推广完善可选用名称库；推行企业名称网上自主申报；加大对企业名称保护和支持力度；简化企业名称登记程序。申请人通过名称库进行快捷名称申报可实现当天申报、当天核准。事项经国家发展改革委《关于推广借鉴上海浦东新区有关创新举措和经验做法的通知》在全国推广。

54. 探索优化企业登记注册制度

浦东新区允许从事不扰民、不影响周边环境和公共安全经营项目的企业在镇政府、开发区管委会指定的场所内进行集中登记，完善集中登记相关服务措施和流程，支持小微创业企业在集中登记地落户。允许自贸试验区内律师事务所将其办公场所作为企业住所登记。

55. 实施"窗口无否决权"机制

浦东新区推出"窗口无否决权"机制改革，企业办事、提交申请、反映诉求，接待窗口必须做到"三个不"：对不属于本部门的事项，不设障碍设路标，引导企业找对路；对不符合申请条件的事项，不打回票打清单，告知企业怎么办；对法律法规不明确的事项，不给否决给路径，与企业一起研究解决问题的办法。事项经国家发展改革委《关于推广借鉴上海浦东新区有关创新举措和经验做法的通知》在全国推广。

56. 优化不动产登记流程和审批机制

围绕优化不动产登记流程和审批机制，浦东新区积极打造不动产交易、税收、登记"三合一"单一受理窗口，解决老百姓多次取号、多次排队、多次提交资料的实际问题，同时兼顾群众和企业不动产登记的特点，分别设置个人业务受理窗口和企业业务受理窗口。通过"一口受理、内部流转、并联审批"等流程再造，减少审批环节，大幅缩短办理时限，实现"当日、4个工作日办结"。事项经国家发展改革委《关于推广借鉴上海浦东新区有关创新举措和经验做法的通知》在全国推广。

57. 优化建设项目全流程审批机制

近年来，浦东新区不断优化建设项目全流程审批机制，全面推进"多规合一、多评合一、多图联审、多测合一、多验合一"，开通"浦东企业投资建设项目一网办理平台"，推动各部门施工图全面审核、施工图审查备案、建设工程规划许可审批同步受理，依次发证，一次办成。以提升企业感受度为出发点，对标先进经济体和世界银行营商环境评价指标要求，在全国率先提出工程建设项目审批领域的"24、80"自然日改革目标：对符合条件的工程建设项目，带方案的从取得土地到获取施工许可在24个自然日内完成、未带方案的在80个自然日内完成，综合竣工验收在15个自然日内完成。

58. 实行快速响应群众反馈的"找茬"机制

浦东新区探索建立"找茬"机制，鼓励企业和市民一起来找问题，帮助政府改革、理顺流程、打通堵点、提升效率。完善线上线下意见征询机制，为做好企业、群众办事的后续跟踪和保障服务，线上推出"我要找茬"板块，线下开通"找茬专窗"，主动对接企业及市民需求，专供办事人纠错提意见，根据群众意见改进工作。聘请曾经提出"找茬"意见的市民担任"啄木鸟"专员，为浦东新区政务服务改革"挑刺"，从社会、市场和企业的视角探讨深化政府改革和提高服务质量的具体措施和优化路径。事项经国家发展改革委《关于推广借鉴上海浦东新区有关创新举措和经验做法的通知》在全国推广。

59. 探索重大工程项目资源性指标"五票"统筹机制

浦东新区创新新增建设用地"地票"、征收安置房源"房票"、水系占补平衡"水票"、林地占补平衡"林票"、绿地占补平衡"绿票"等资源性指标，实现"五票"统筹，推动资源性指标高效科学配置，实现重大工程项目"当年储备、当年立项、当年获批、当年开工"。制定政府投资项目资源性指标统筹配置实施办法及操作细则，实现全区统票、协同供票、联动出票。

60. 建立产业用地全生命周期管理机制

浦东新区积极建立产业用地全生命周期共同监管平台，构建"监管—评价—处置"闭环管理机制，对关键环节进行监管评价处置，实现对产业用地全覆盖、全流程、全要素的共同监管。建立基础数据采集子平台，构建集成数据库，打通相关单位数据，调整优化平台内部逻辑关系，实现产业用地全生命周期数据精准入库。构建业务审核子平台，完善智能抓取、智能发现、智能推送功能，及时推送相关出让合同信息、开竣工时间、投达产率等工作事项给各相关单位，针对未开工、开工后又停工、竣工延期、投达产不达标等问题对症下药，提升项目效率。

61. 探索提升土地空间利用率机制

为进一步提升土地空间利用率，浦东新区推进产业用地"标准地"出让，科学构建"标准地"出让指标体系，纳入土地出让合同或监管协议，实现按标准审批、按标准监管。推进优质企业增产扩容，对满足一定条件的存量产业用地，按照"先调后办"原则，完成规划参数调整。探索产业用地高效复合利用，鼓励功能用途互利、环境要求兼容的产业用地混合布置、空间设施共享。

62. 推动区域管理权限统筹平衡

围绕推动区域管理权限统筹平衡，浦东新区不断强化区级层面对全区经济社会发展的统筹规划和综合平衡，把镇一级的区域规划、招商引资、基本建设等核心发展权统筹到区层面；强化街镇公共服务、公共管理和公共安全职能，把综合管理、绿化市容、房屋管理等管理权下沉到镇一级，赋予镇在人事考核、规划参与、重大决策建议、法治建设等方面的权力；健全财力保障机制、调整人员编制和机构、优化镇考核指标体系、规范事权下沉准入、建立重要协调事项基层约请制度。事项经国家发展改革委《关于推广借鉴上海浦东新区有关创新举措和经验做法的通知》在全国推广。

63. 实行远程身份核验服务

浦东新区依托微信小程序，创新推出线上"远程身份核验"功能，在企业登记注册环节率先采用人脸识别、信息共享等技术，明确各相关部门应当对以电子形式存储的身份认证数据予以认可，对通过远程身份核验能够实现身份认证的政务服务对象，可以不再要求其或者相关人员到场确认。实现远程身份核验范围、事项、人员的"三个全覆盖"。

64. 探索"一网通办"政务服务机制

深圳市依托"一网通办"总门户，以"一次办成"为目标，促进线上线下政务服务融合发展，推进涉企审批事项线上 100% 全程网办，线下 100% 单窗通办。在线上提供企业、群众办事统一认证、统一受理、统一反馈、统一监督等功能和相关服务；线下建立"一窗受理、分类审批、一口发证"综合服务模式，把各部门单独的审批受理窗口统一整合为综合窗口，变"一门式服务"为"一窗式服务"。

65. 实施"秒批""秒报"政务服务审批机制

2019年1月，深圳市正式推出"i深圳"政务服务平台，目前已上线政务服务事项8200余项。平台充分运用人工智能、大数据、区块链等前沿信息技术手段提升政务服务效能，以数据共享实现实时核验申请信息自动审批；"无感申报"减轻办事负担，申请人通过刷脸或其他合规方式，授权系统读取个人或企业电子证照或相关后台数据，实现办事过程表单信息自动填充；"主题服务"整合关联事项，对相关政府部门的服务事项进行打包组合，实现"即报即批、即批即得"。该事项经国家发展改革委《关于推广借鉴深圳经济特区创新举措和经验做法的通知》在全国推广。

66. 推进群众办事"一件事一次办"改革

从群众办事需求的实际出发，深圳市不断推进群众办事"一件事一次办"改革，设计政务服务场景和服务产品，推出"我要"系列主题服务，围绕申请人办成"一件事"，对相关政府部门服务事项进行打包组合和流程再造。申请人只需一份指南、一次申报、一套材料，实现"一口受理、一口出证"。该事项已纳入优化营商环境条例在全国推广。

67. 建立"金融方舟"企业扶持机制

深圳市加强政府、银行、企业合作，加强中小微企业金融支持机制，为入舟企业安排专项融资额度、给予综合利率优惠等扶持措施，组织政银保等各类金融机构为入舟企业提供咨询、诊断、融资支持(银行贷款、债券、股权融资等)一体化金融服务。方舟名单实行动态化调整，截至2021年底，共服务中小企业约4.1万家，累计贷款约2476亿元。

68. 构建涉企联合包容审慎执法机制

深圳市建立事项联合、计划联合、对象联合、时间联合、信用联合的"五大联合"执法方式，全面公开执法部门涉企检查权责清单，筛除重复检查对象，解决执法扰民问题。制定轻微违法行为不予处罚清单，对清单内的轻微违法行为不予处罚，不纳入联合惩戒黑名单，减少对企业正常申请补贴、银行贷款授信等方面影响。实施重大行政处罚案件负责人集体讨论制度，确保"一案一议"处罚稳慎，对重点企业或因特殊原因处罚、数额较大、影响较大的处罚案例，实行"一企一议""一企一策"。

69. 建立个人破产清退制度

2020年8月，深圳市出台全国首部个人破产法规《深圳经济特区个人破产条例》，同时设立全国首家专门破产法庭，上线全国首个个人破产信息化综合应用系统，设立独立运作的破产事务管理署，建立"法院裁判、机构管理、管理人执行、公众监督"四位一体的破产办理体系，创新破产办理规则，简化破产程序，降低破产成本。与香港特别行政区破产程序互认互助，实现破产管理人跨境执业。

70. 创新企业跨区域转移的 GDP 分成机制

深圳市建立跨区经营企业增加值核算机制，建立以法人单位为主、产业活动单位为补充的统计报表制度，创新从市外引进企业统计机制，有效调动各区协同发展积极性，鼓励各区从市外引进优质企业，引导企业在全市合理谋篇布局。

71. 创新完善飞地管理体制机制

深圳市不断优化完善飞地管理体制机制，明确深汕特别合作区深圳全面主导、汕尾积极配合的合作模式，厘清合作主体权责利关系，明确 GDP、财税等分成机制，实现经济建设和社会事务管理统一，充分释放主体作用和主观能动性。增强合作区管理机构主体"刚性"，提高合作区管委会主导和决策权，做到信息互通、充分决策、高效管理。

72. 畅通港澳人士来深创业就业渠道

为便利港澳人士来深就业创业，深圳市推出"深港通注册易"和"深澳通注册易"，依托港澳商业银行、投资促进服务机构等，为港澳投资者提供商事登记、咨询、注册、备案、开户等服务，将深圳政务服务延伸至境外，港澳投资者无需亲临深圳即可注册企业。以快速备案、执业登记等形式放宽金融、税务、建筑、规划、文化旅游、医疗卫生、律师、会计、海事、安全生产、教育等 11 个领域专业人才来深执业要求（如：香港工程建设领域专业机构、专业人士经备案后可在深直接提供勘察、设计、监理、造价等相关服务）。优化外国人来华工作许可和工作类居留许可审批流程，审批时限压缩至 7 个工作日，实现"一套材料、一张表单、一次申请、一窗受理、一网通办、一次办结"。

73. 实行"一颗印章管审批"

2014 年 5 月，天津滨海新区设立行政审批局，将区级部门审批职能剥离划转，使碎片化的审批职能集中到一个部门，启用行政审批专用章，实行"一颗印章管审批"。实行审批规范化操作和"单一窗口"全项受理。通过"互联网＋审批、管理、监督、服务"等信息化手段，突破固有审批运行模式，研发行政审批与绩效管理系统，采取网上留痕、电子监察，实现信息可追溯，实行"受理、审查、批准"三分设，解决"推而不受、受而不理、审查无规、批不担责"等问题。该事项已纳入优化营商环境条例在全国推广。

74. 推进开发区法定机构改革

天津滨海新区坚持区域整合重组和优化产业定位相结合、经济职能和社会职能相分离，全面实施开发区法定机构改革。修订开发区条例或管理规定，为法定机构改革提供法律支持和保障。推行全员竞聘、企业化管理，形成"能上能下""能进能出"的管理机制。紧紧围绕经济发展优化变革部门设置和岗位设置。实施社会职能有序剥离。聚焦经济发展主责主业进行绩效考核，着力引导开发区聚集发展、错位发展、协同发展。实行差异化考核，实行薪酬与业绩挂钩，激发干事创业活力。

75. 探索"三考合一"绩效考核机制

为提高绩效考核科学性、有效性，天津滨海新区实施"三考合一"改革，实行"一张清单考一次"，采取"133"清单管理模式，即 1 套考核清单，法定机构系列、区级部门及直属单位系列、街镇系列 3 类主体，班子考核、业绩考核、督查考核 3 方面工作。考核指标设定以业绩指标为主，兼顾评价指标和督查指标，实现"一张清单定任务，一支力量抓督查，一套标准考业绩，一把尺子评奖惩"。

76. 开展"一企一证"综合改革

天津滨海新区把一个市场主体开展多种行业经营涉及的多项行政许可事项，整合为一张载有相关行政许可信息的行政许可证。将企业准营涉及的多部门串联审批变为并联审批，合并减少审批材料，压缩审批时限，破解企业准营多头审批等问题，实现 48 个高频行业全覆盖。

77. 推进工程建设项目承诺审批制

天津滨海新区不断推进工程建设项目审批制度改革，以社会投资小型低风险项目为突破口，以满足开工条件为基础，采取"承诺审批""以函代证""容缺受理"等便利化措施，推行"拿地即开工"模式。按照承诺事项清单进行信用承诺审批分级管理。对信用良好的适用完全承诺审批，只需提交一张申请表和一张承诺书即可当场获得许可证照和批文。对无失信记录、未被列入黑名单库的适用一般承诺审批。对存在违法失信记录、列入黑名单库的不适用承诺审批。

78. 实行政务服务"跨省通办"

依托天津网上办事大厅和国家政务服务平台，天津滨海新区推行法人事项和个人事项跨省通办。建立京津自贸区政务服务通办联动机制，推动涉企便民高频政务服务事项在天津滨海新区和北京通州"跨自贸区通办"。简化对承接北京非首都功能企业的审批手续，实行"见证发证"。成立京津穗开发区政务服务改革创新合作联盟，启动三地国家级经开区部分政务服务事项"跨省通办"。该事项已纳入优化营商环境条例在全国推广。

79. 实行"街镇吹哨、部门报到"基层社会治理机制

围绕创新基层社会治理，天津滨海新区建立"街镇吹哨、部门报到"工作机制。发挥街镇、社区（村）等城乡基层党组织的轴心作用，推动基层治理权责、资源、力量向一线下沉，在街镇有民计民生、城市管理、城市建设、环境治理等需要多部门联动解决的问题时，形成"问题排查、研判分类、街镇吹哨、区级受理、部门报到、监督考核"的工作流程，高效实现"受理、执行、督办、考核"闭环管理，破解"最后一公里"治理难题。

80. 开展信用承诺审批分级管理

天津滨海新区按照承诺事项清单进行信用承诺审批分级管理。对信用良好的适用完全承诺审批，只需提交一张申请表和一张承诺书即可当场获得许可证照和批文。对无失信记录、未被列入黑名单库的适用一般承诺审批。对存在违法失信记录、列入黑名单库的不适用承诺审批。该事项经国务院《关于做好自由贸易试验区第五批改革试点经验复制推广工作的通知》在全国推广。

81. 探索智慧城市治理模式创新

天津滨海新区坚持"统筹规划，统筹建设，统筹管理，统筹运维"，实现各部门数据、职能、资源整合，有效避免重复建设和数据壁垒的问题，城市管理设施使用效率大幅提高。形成"一条主线"，即"1+3+N"，其中"1"是指城市"大脑"，由运营中心、数据中心和安全中心组成；"3"是指设施物联、数据汇聚和用户认证 3 个平台；"N"是指建设 N 个服务于群众、企业和政府的智慧模块。

82. 推动智慧社区基层社会治理模式创新

天津滨海新区充分应用互联网、大数据、人工智能等现代信息技术，创新"五色网格"，由红色党建网格、绿色城管网格、蓝色社工网格、黄色楼宇网格和橙色企业网格组成，依托城市大脑 IOC，重塑管理流程，通过"多网合一、一网多格、一格多员、一员多能"模式，实现社会治理"全科网格"化，推进城市精细化管理和精致化服务。

83. 创新政府投资项目"平面审批"模式

重庆市发挥政府投资对全社会投资的先导性、引领性、基础性作用，出台《关于加快市级政府投资项目前期工作的通知》及 6 个配套文件，创新制定政府投资项目前期工作规程，通过"早、快、保、减、统"五大举措，推动要件要素化、审批平面化、流程电子化，全力推动政府投资项目加速抵达"起跑线"，一般项目前期论证总时间提速 2 个月以上。

84. 探索招投标统一监管体制

重庆市不断优化招投标统一监管体制，整合相关单位工程建设项目招投标的监督、管理、执法职责，对工程建设项目招投标活动进行直接监管，各行业主管部门负责招标后的合同履约监管。推动统一监管体制、统一制度规则、统一平台交易、统一服务标准、统一信息管理，加强监管协同，以统一监管体制为突破，以统一交易平台为基础，促进统一制度能落地、信息共享更充分、服务标准更优化、协同监管更有力，实现招投标工作同频共振，围标串标得到有效遏制。

85. 推进跨省通办政务服务模式创新

依托全国一体化政务服务平台，连通重庆"渝快办"和四川"天府通办"政务服务平台，重庆市创新推进跨省通办政务服务新模式，统一身份认证体系，开设"川渝通办"线上政务服务专区作为总入口，紧扣企业和群众异地办事实际需求，发布两批共 210 项"川渝通办"高频政务服务事项。川渝黔滇藏五省区市，建立省级协作机制、市县互信机制、统一政务服务标准、推进线上"一网通办"、推行线下异地办理、加强数据共享等机制深化推进"跨省通办"。该事项已纳入优化营商环境条例在全国推广。

86. 探索公平竞争审查省际交叉互评

重庆市实施公平竞争审查工作第三方评估，先后对 10 个市级部门、5 个区县公平竞争审查制度总体落实情况开展全面评估，发现妨碍公平竞争的规范性文件及政策措施 45 件。积极探索成渝地区双城经济圈市场协同监管，在全国范围内率先开展省际公平竞争审查制度，落实第三方交叉互评。

87. 探索便利化涉企信息查询机制

重庆市运用大数据、二维码、"互联网 +"等主流技术，以信息归集共享为基础、信息公示为手段、信用监管为核心、惠民助企为目的，改变必须知晓企业名称或统一社会信用代码才能查询涉企信息方式，打破经营户、消费者、实体管理方、监管人员沟通障碍，通过移动互联终端解决各方所需，实现"一键扫码、一码明信、一体监管"。

88.探索以信用为基础的新型监管机制

重庆市以加强信用监管为着力点,细化106项涉企经营许可事项和证明事项告知承诺制清单。搭建市级统一的地方征信平台,在全国率先探索公共信用信息平台与金融基础数据库市场化融合应用。全面开展信用惠民便企工作"信易+"工程,围绕税务、交通、旅游、政府招投标等多个领域开发"信易+"应用场景。举办"信用应用场景创投大赛",推动"信易付""信易聘""信易签""信易售""信易批"等多类型应用,为经济社会赋能。

89.探索网络社区团购合规经营制度

针对网络社区团购中的问题和"乱象",重庆市制定网络社区团购合规经营指南,对网络社区团购从准入、经营到退出全过程、全链条进行规范。专门就经营行为作出禁止性规定,全面规定了滥用自主定价权、垄断、不正当竞争、欺诈消费者、大数据"杀熟"等违法行为"不能做",多项规定属全国首创。

90.探索上下贯通的政务服务平台

为实现政务服务"一网通办",重庆市不断深化放管服改革,积极推进一体化在线政务服务平台建设,融合全市60多个市级部门政务数据资源,联通38个区县、4个开发区和1027个乡镇(街道)11080个村(社区),并对接国家政务服务平台,基本实现国家、市、区县、乡镇(街道)、村(社区)五级纵向贯通。该事项已纳入优化营商环境条例在全国推广。

91.创新破产领域公共事务智能化服务

围绕优化破产公共事务智能化服务,厦门市不断推进智慧破产体系建设,构建司法链智能合约场景,实现破产财产调查、案件审判、财产处置、资金监管、招募重整投资人等破产事务一网通办;优化市场资源配置体系建设,整合工商联、国资委等资源优势,通过企业融资、信托支持、提供战略投资方、成立专案不良资产处置基金等方式扶助危困民营企业;推进破产领域纠纷化解体系建设,推广预重整适用,开展破产立案前溯源治理、破产程序中和破产终结后的公共事务协调,提升破产领域社会治理效能。

92.探索"智能运维+用电保险"服务机制

厦门市积极探索"智能运维+用电保险"服务机制,在用户用电设备加装传感和监测装置,通过"线上监测+线下维护",实现用户设备状态在控、隐患监控、环境调控的全景可视化管控;对投保的用户设备故障,由保险机构负责维修、更换,快速复电,解决用户电力抢修经验不足、抢修成本高等难题。对于用户用电设备而言,"智能运维"是"实时体检","用电保险"则是"医疗保险",两者融合为用户提供双重保障,打造跨界"电管家",实现用电无忧。

93.提供港澳台侨等"一站式"入学报名服务

为便利港澳台侨子女入学,厦门市优化调整台湾学生入学办法,简化申请就学需要提供的材料,通过"厦门市台联"微信公众号"就学备案"入口申报相关信息,经市台港澳办审核后,由教育主管部门统筹安排到居住地所在行政区内小学就读。

94.构建跨部门、跨层级、跨区域的政务服务终端体系

厦门市建立"e政务"自助办平台,整合公安、社保、公积金等18部门180项高频事项,

对接国家、省、市 20 个政务平台，在全国率先构建跨部门、跨层级、跨区域的一体化自助服务终端体系，聚焦群众和企业异地办事难问题，构建福建、海南、广西三省区"e 政务"自助服务"跨省通办"平台，集成"刷脸"认证、电子印章、移动支付、实体卡擦写、扫描打印等多项功能，打通省际政务数据壁垒。

95.探索应急还贷服务机制

厦门市探索推出应急还贷服务机制，为服务对象的生产经营贷款续贷提供"无偿、短期"应急还贷服务，通过扩大适用业务品种、合作机构，并将服务对象扩大到企业、小微企业主、个体工商户等措施，进一步拓宽政策覆盖面；以简化申请材料、线上审批等方式提高审批效率，3 个工作日内即可完成审批放款，全方位实现扩量提质增效。

96.探索"信用 +"港口管理模式

厦门市以信用体系建设为核心，探索"信用 +"港口管理模式，按照信用评价结果实施守信激励、失信惩戒，建立信用承诺制度，形成分级分类管理的市场监管新机制，打造港航第三方公益性信用评价体系。同时与全国信易贷平台合作，探索"信用 + 科技 + 普惠金融"模式，创设"港航信易贷"线上金融产品，有效解决港航中小企业融资难题。

97.创新工程建设项目全流程审批制度

依托"一张蓝图"基底和"多规合一"平台，厦门市做实做细要素保障，推出"清单制 +告知承诺制""多批合一"等举措简化审批，推动审批证照电子化，精简办事流程与压缩审批时限；按照"最低且必要"的原则精简合并各类测绘内容，实现"一次委托、联合测绘、成果共享"，电子证照共享互认，提升群众办事便利度；进一步强化批后监管，提升监管服务，强化信用认定，形成管理闭环。

98.设立厦门市台湾中小学生奖助学金

为促进两岸文化交流融合，增强在厦中小学就读的台湾学生对祖国认同感，厦门市首创设立"厦门市台湾中小学生奖学金"，由厦门市政府出资，用于奖励在厦门市中小学就读的特别优秀的台湾学生。三年以来共有 398 名在厦就读的台湾中小学生获得奖励，累计发放奖学金近60 万元，占在厦就读的台湾中小学生人数的 10%。

99.探索全流程医保现代化治理模式

围绕支付、药采、监管开展系统集成创新改革，厦门市逐步建立"三位一体"医保现代化治理模式，实现以较低征缴保障较高待遇。率先建立医保大数据智能监管体系，建立智能身份认证系统和视频监控系统，创新药品包装处置方法，有效破解了冒卡、空刷、倒卖等监管难题。率先启动国家组织药品集中带量采购试点工作，通过系统集成、畅通渠道、全程留痕等创新机制，开出全国第一张集采"处方"。

100.创新开发"i 海台"两岸航线旅客信息互认机制

厦门市创新开发"i 海台"客运电子票务平台，票务平台覆盖厦金航线、泉金航线及"中远之星"轮对台客滚航线，并逐步开通个人购票、移动购票、电子发票、民宿预订、船票改签、动态查询等多项功能，两岸居民使用同一平台购票，实现信息共享、数据传输，成为厦金两地航商、旅行社、旅客的"连接器",建立健全两岸航线旅客信息互认机制。

101. 探索涉税事项"限办改即办"

围绕变更税务登记、纳税人跨县(区)迁移、增值税专用发票最高开票限额申请等 22 项涉税事项,沈阳市进一步优化办税流程,探索取消涉税申请事项中间环节,限办改即办,实现"窗口受理、'一站式'办结、窗口出件"。对注销税务登记、增值税专用发票最高开票限额申请、车辆购置税退税申请等 35 项涉税事项办结时限全部统一、公开,一站办理。

102. 实行大综合监管执法模式

沈阳经济区将自贸区营口片区原来由 16 个执法部门行使的行政执法权限集中整合到 1 个部门行使,将权限清单整合为 1469 项,将执法流程整合为 70 条,将各部门法律文书整合为 66 种,统一自由裁量权、执法证件、执法制服等事项,形成大执法体系。在"双随机、一公开"的基础上,将检查事项内容列入随机抽取范围,试行"三随机、三公开"监管新模式。建立企业风险评估和信用评估的"双评估"体系,对风险低、诚信高的企业实行"不诉不查"制度,对非主观故意、危害性不大的轻微违法行为实行"包容免罚"监管。构建"互联网 + 云智能研判"金融监管体系,通过数据对接建立云研判模型,对金融企业进行监控,实现"撒网式监管"向"精准监管"转变。

103. 创新船舶安全检查智能选船机制

沈阳市创新实施船舶安全检查智能选船机制,将船舶按照安全管理风险进行分类分级,实行集装箱班轮监管"白名单"机制,用一份"白名单",实现了通关"零待时";结合营口片区特色矿产绿泥石生产企业需求,主动对标国际经贸准则,促成国际会议审议通过《国际海运固体散装货物规则》绿泥石运输标准,大幅降低绿泥石出口成本,提升出口便利化。

104. 创新外贸风险快速预警机制

为有效防范对外贸易风险,义乌市建立采购商数据库、供货商数据库、货代公司数据库,涵盖贸易各环节主体信息。国际贸易主体信用互评互查,每半月发布失信采购商名单,每月发布市场外贸形势分析,定期将失信外商情况向外国驻华使领馆通报。

105. 实行"以外调外"涉外纠纷调解机制

义乌市不断探索深化"以外调外"调解新机制,成立全国首家涉外纠纷人民调解委员会,建立了一支由多个国家、数十名外籍调解员组成的涉外调解队伍,1 名以上律师免费联系 1 名外籍调解员,随时为他们提供法律咨询。建立涉外纠纷人民调解联席会议制度,由法院、检察、公安、司法、外事等单位组成。在调解完成后,给境外人员发放英文版法律知识手册,实现调解与普法双管齐下。

106. 创新"数据质押"信用贷

借力"大数据 + 创新服务",义乌市针对电商企业开发第三方大数据金融服务平台,将电商数据收录后进行融合转化为动态信用数据,作为银行业金融机构授信主要依据,破解信用数据银电信息不对称问题。优质电商企业无需固定资产抵押,仅凭服务平台提供的信用数据,即可进行"数据质押"贷款。

107. 探索电子商务大数据应用统计机制

推动电子商务大数据应用统计，义乌市开发电子商务大数据统计应用平台，制定电商大数据自有分类与国家标准转换办法。按统一分类标准整理海量交易数据，形成行业归类交易数据库。建立电子商务监测指标体系和大数据统计调查制度、电子商务应用状况抽样调查制度、电子商务统计数据评估制度。

108. 实行"六合一"出生联办和退休无感智办便民服务体系

义乌市不断深化便民政务服务，将产科医院的出生医学证明、基层医院预防接种、公安户口申报、医保参保、社保办理等窗口整合为"出生联办"办证窗口，将原来的六份表格整合为一张表，新生儿出生事项办理时间由15天缩短到3天。开发"退休无感智办平台"系统，关联养老金核发、医保缴费、公积金领取等事项，参保人"零材料"申报，即可在退休次月领取到养老金和公积金。

109. 推动建设"无证明"城市

探索深入推进行政审批和公共服务机制改革，义乌市通过直接取消、个人承诺、部门核查和信息共享等方式精简270项证明材料，创新信用体系、数据共享、风险评估、作风建设等配套制度，推动群众和企业在行政审批和公共服务办事中无需提供任何证明材料。相关经验举措已于国家发展改革委等部门印发的《关于推广"十三五"时期产业转型升级示范区典型经验做法的通知》中进行总结推广。

110. 探索知识产权刑事司法保护合作制

义乌市检察院联合法院、公安局、司法局、市场监督管理局、义乌海关等部门，设立知识产权刑事司法保护中心，跨部门串联知识产权民事保护、行政保护和刑事保护职能，实现知识产权权利人的"一次维权"在"民—调—行—刑"领域间的有序流转。

111. 打造"归集＋评价＋闭环管理"信用机制

义乌市全面整合归集公共信用、金融信用、商务信用数据，形成覆盖市场主体、自然人、社会组织、政府机构和事业单位等总量超过5.4亿条的信用数据库。建成覆盖所有主体的信用评价体系，按照五类主体评价分布设置加减分项，系统自动比对生成信用评价报告。加强信用评价信息在市场、社会、民生等领域应用，推出近百项信用应用场景，将信用作为享受政策服务、财政支持、融资信贷的重要条件。重塑审批流程，对于信用优良的申请人，对部分行政许可事项实施信用承诺制。

112. 探索公积金贷款"刷脸办"

上线"义乌公积金贷款"小程序，通过小程序端在线申请的公积金贷款，系统自动获取公安、民政、住建、不动产、央行、金融办等8个部门77项数据。自动生成贷款相关资料和个人数据信息，实现公积金贷款业务从申请到贷款发放"全程网办"、零材料"刷脸办"、"随时随地办"。

113. 创新"互联网＋不动产登记"模式

义乌市建立信息数据互通共享机制，开发不动产登记在线缴税软件、改造一手商品房网签备案系统、法院执行系统。升级不动产登记平台与系统，搭建动态监测系统，网上办理所有类型不动产登记业务，最大限度实现"一证通办、刷脸通办"。

114. 创新行政复议机制

义乌市建立行政复议局，归并30余个上级部门和6个本级部门的复议机关职能，构建行政复议云平台、案件管理系统、案件智慧数据库信息化运行模式。根据行政复议信息化平台"智能提示"，使没有法律专业背景的群众也能快速撰写出行政复议申请。

115. 实行区域"环评"+"能评"制度

在区域环评方面，义乌市环保审批不再作为项目立项前置，实行"承诺＋备案"制、由"串联"审批转为"并联"审批，实行一窗受理。区域能评方面，根据产业导向、用能总量、用能强度、煤炭消费总量等建立节能审查负面清单，清单内项目严格实施项目能评，清单外项目全面推行承诺备案制。建立能源指标有偿使用和交易制度。

116. 深化企业投资项目承诺制改革

山西省实行政府统一服务、企业信用承诺、监管有效约束、统一清单告知、统一平台办理、统一信息共享、统一收费管理，变先批后建为先建后验，变事前审批为事中事后服务监管，变部门审批把关为企业信用约束。

117. "取消施工图审查"改革

山西省探索取消房屋建筑和市政基础设施工程的社会中介机构施工图审查环节，实行勘察设计质量承诺制，重要工程按照规定实行专家论证，建设、勘察、设计单位和有关责任人员对经办的建筑工程勘察设计终身负责，加强"双随机、一公开"监督执法检查。改革后，一般工程完成施工图编制即可申请建筑工程规划许可证，为施工许可证申领平均节约32天。

118. 推行"承诺制＋标准地＋全代办"改革

山西省实施集中签约一批、开工一批、投产一批"三个一批"项目推进机制，将企业投资项目承诺制改革、项目供地标准化改革、投资项目建设领办代办改革集成为"承诺制＋标准地＋全代办"改革。在项目引入阶段即提供"全代办"服务，企业注册等手续办理后，为企业提供"标准地"，企业按照具体项目标准作出具有法律效力的书面承诺，公开公示后即可开展设计施工。项目从立项到开工时间平均缩短一半以上，大大降低了企业成本。

119. 探索开展"点供"用地双平衡制度

为大力推动乡村振兴，山西省在城镇开发边界以外，按照建（构）筑物占地面积等点状布局，按建多少、转多少、征（占用）多少原则点状报批，按规划用地性质和土地用途灵活点状供应。阳城县探索"国有建设用地点供""集体建设用地点供"两种点供类型，每种类型又通过两种模式来运用，分别为工商资本单独使用和"工商资本＋村集体"联合使用，村集体自己使用和"村集体＋工商资本"联合使用。建设项目需占用耕地的，通过就地复垦凋敝宅基地或闲置的村集体建设用地来解决用地指标和耕地占补平衡指标的难题，按照建多少复垦多少的原则，实现了建设用地不增加、耕地不减少的平衡目标。占用林地建设的，采用点状报批、点状供应、片状复绿的方式来解决林地指标，根据项目占用林地的总面积，选择适合复垦成林地的凋敝宅基地进行成片复绿，实现了建设用地不增加、林地不减少的平衡目标。

120. 深化相对集中行政许可权改革

山西省出台《山西省相对集中行政许可权办法》《山西省一枚印章管审批条例》，在全省所有市、县及开发区，将同级人民政府有关部门的行政审批事项对应的行政审批职权相对集中到行政审批服务管理局，并统一使用一枚行政审批专用印章开展行政审批活动，审批事项、审批环节较改革前大幅减少，群众获得感明显增强。该项改革已得到推广。有关举措已纳入优化营商环境条例在全国推广。

121. 推行开发区"三化三制"改革创新

山西省探索开发区管运分离改革，出台了《山西省开发区条例》，在省级及以上开发区全面推行专业化、市场化、国际化和领导班子任期制、全员岗位聘任制、绩效工资制"三化三制"改革，建立起以"岗位、绩效"为核心的管理体制机制。

122. 推进政务服务工作"四办"改革

以马上办、网上办、就近办、一次办的"四办"改革为主线，武汉市不断深化政务服务改革，每年聚焦一个主题，重点突破、逐年提升，全市通办事项138项，"一张身份证办成事"事项77项。建立市、区、街道三级联动的24小时自助政务服务体系，便利化水平不断提升。有关举措已纳入优化营商环境条例在全国推广。

123. 探索企业投资项目审批"先建后验"

黄石市对符合准入条件和相关要求的企业投资项目实行"承诺预办"制，企业承诺在规定期限内办完相关手续，即可依法依规自主开展项目设计和施工，边建设边完善手续，竣工后接受验收。同步推进"一张清单"实现审批瘦身，"一份承诺"强化企业信用，"一条龙帮办"建立帮办队伍，"一网覆盖"在线服务，"一体化"联合验收，推行由一家单位牵头，组织联合踏勘，推动项目早落地、达产。相关经验举措已于国家发展改革委等部门印发的《关于推广"十三五"时期产业转型升级示范区典型经验做法的通知》中进行总结推广。

124. 探索数字化联合图审制

武汉市明确施工图审查采用政府购买服务的方式进行，将消防设计审核等并入施工图设计文件审查，建成施工图数字化审查信息化平台。取消部分施工图审查，不再把施工图审查作为行政审批的前置条件，工业建设项目审批时间压缩至19—45个工作日。

125. 推进税收退库"即办、即退、即到账"

鄂州市畅通电子税务局网上申请退税受理渠道，整合金税三期系统退税审批流程，实行网上受理、集中审核、快速办理。上线国库会计数据集中系统（TCBS），将线下流转5个工作日的办理时间缩短至网上"即传即办"，税收电子退库和退税资金"秒到账"。

126. 推行破产债权争议诉讼收费"百元包干"

黄冈市参照有关规定，明确进入破产程序之后的涉及破产债权争议诉讼不再按照债权标的额大小收费，参照《诉讼费用交纳办法》第十三条中其他非财产案件标准收费，每件收取100元，大幅减轻了破产企业的经济负担，提高了破产管理人办理案件的积极性。

127. 打造"四个一"政企服务平台

鄂州市将企业需要服务都集中在"一张网"上，通过政策标签和企业信息个性化定制，做好政策与企业的精准匹配，做到政策精准导航，实现企业需求网上申报、政策"一键直达"。整合涉企诉求到一个平台上，通过分办、转办、联办、督办等方式，实现企业诉求"一口"受理。该项改革已得到推广，有关举措已纳入优化营商环境条例。

128. 探索退税资金"秒到账"机制

武汉城市圈构建起"税务发起、全程网办、一键确认、快速办结"的退税工作机制，率先试行"无申请"退税，变"被动受理"为"主动办理"，将四类多缴税金纳入"无申请"退税范围，由税务机关筛选数据，发起退税；变"纸质报批"为"网上确认"，纳税人无需提供任何资料，仅需在网上对多缴税款的金额、银行账户信息进行"一键确认"，即可退税到账，最快29分钟办结；通过税务"大数据"系统分析比对，自动提取纳税人多缴税款信息，由系统推送至纳税人，让多缴税款不再因纳税人迟报漏报疏忽而沦为沉淀资金。

129. 实施项目代办帮办服务

咸宁高新区帮助落地企业解决实际问题，推出"1个项目对应1个服务专班、建立1个微信群、1个包保特派员、提供N种量身定制服务"服务体系，企业在获得土地使用权后，可向政务服务局提出项目"先建后验"申请，实现证照办理和项目建设同时跑。

130. 实行职业技能证书"一市两标"制度

厦门市推动实施"一市两标"，逐渐实现大陆标准与台湾地区标准在厦门包容共存，台湾同胞在台湾地区取得专业服务领域职业资格的，持台湾地区相关机构颁发的台湾技术士证书，可享受厦门市相对应技能人才同等待遇，吸引台湾技能人才到厦门创业就业。

131. 探索两岸同胞医保待遇"同等化"

为实现在厦台胞与本市居民同等医保待遇水平，厦门市探索完善两岸人员交流生活便利机制，构建服务两岸融合发展的医保体系。台胞按规定办理就业手续，并与本市用人单位建立劳动关系，便可参加职工基本医疗保险，并享受相应的职工医保待遇。允许在厦居住一年以上的非从业台胞参加城乡居民基本医疗保险，在个人缴费、财政补助标准和保障程度上实现了与户籍居民一致。在厦参保台胞与本市参保人员医保待遇完全相同，职工医保平均报销比例达85%左右，城乡居民医保门诊和住院平均报销比例分别达50%、75%左右。

132. 实行厦金航线出入境数据融合与自动比对系统

通过出入境数据融合与自动比对系统，将多道安全网闸对出境码头登船数据、入境代理申报数据和边检系统查验数据进行三方跨网融合，厦门市实现"实时、即时、随时"的自动甄别、检索、比对和核查，在最短时间内核查出境码头登船数据、入境代理申报数据和边检系统查验数据是否完全匹配，有效解决了目前厦金航线航班连续通关中码头、船方、边检三方数据实时核对管理的难点问题，对保障厦金航班连续通关模式下船班准点离泊起到了积极作用。

133. 建立空港旅客预检分析支援系统

为进一步优化出入境旅客后台预检分析流程，厦门市准确把握出入境旅客动向，为后台预检分析和前台通关验放提供更多数据信息支持，紧密围绕空港口岸业务需求，设计研发集后台计算、智能建模、预检预查、前台推送、统计分析为一体的预检分析支援系统，该系统大幅提升了旅检现场后台预检分析和前台查验支援能力，有效提高旅客通关效率。

134. 创新港池统一维护机制

厦门市采用港池统一维护模式，将原先的单个码头企业独立委托施工单位维护自有港池，优化调整为联合择优委托一家施工单位对港区码头前沿港池进行统一维护，实现厦门港海沧、东渡、翔安港区的17家码头企业港池水域统一设计、统一招标、统一施工和统一管理。

135. 打造港口信息资源集成平台

聚焦传统船舶作业信息沟通存在的流转环节烦琐、信息交互不及时、处理效率低下等弊端，厦门市创新大数据深度融合、多部门管理协同，打通部门间、企业间信息壁垒，打造厦门港引航船舶信息可视化平台及厦门港口收费无纸化结算平台。厦门港引航船舶信息可视化平台突破传统电话沟通的作业模式，实现船舶进港作业各环节无缝衔接，实时在线展示船舶与作业信息。

136. 探索"小政府、大社会"扁平化管理体制

沈抚改革创新示范区构建扁平化管理体制，纵向实行"管委会＋街道"两级管理，横向实行"大部门＋大科室"内部设置，设立示范区纪检监察、公安等工作机构，形成了"小政府、大社会"的高效扁平化管理体系，统筹编制资源，科学破解"编制困局"，实现了适应"大部制"扁平化运转的人员力量配备，充分激发了干事创业活力。

137. 推进传统老工业基地国有企业创新创业"增量型"业务混合所有制改革

沈阳市积极发挥统筹协调作用，针对主业处于重要行业和关键领域的国有企业，大力推动创新创业，针对"双创"开拓出的新的业务增长点引入社会资本，进行混合所有制改革，采用市场化债转股模式、限制性股权激励模式、新注册引入社会资本的混合所有制下属公司模式等，形成"双创"衍生的"增量型"业务混合所有制模式。相关经验举措已于《国务院办公厅关于推广第三批支持创新相关改革举措的通知》中进行总结推广。

138. 探索基于要素价值分享模式的国有企业"内创业"模式

沈阳机床集团通过"员工创业、模式创新"及"资源共享、价值分享"，开创了基于全要素价值分享模式的国有企业"内创业"模式。通过智能化与工业化"两化融合"，国资国企改革与沈阳片区"放管服"改革"内外联动"，为推动实现国有企业"瘦身健体"、推进混合所有制改革、探索新型工业化道路开辟了一条新路。该项改革已纳入商务部自由贸易试验区第三批31个最佳实践案例进行推广。

第三章　城乡要素统筹优化配置

围绕城乡统筹发展，以促进资源合理配置、自由流动、高效利用为主线，探索构建新型城乡关系的有效路径，在完善现代农村产权制度体系、推动城乡要素流动、发展现代农业产业体系等方面率先形成50多项制度成果。具有代表性的如下：

139. 全面深化农村产权"确权"制度

成都市率先开展以"还权赋能"为核心，以推进生产要素在城乡之间自由流动为目标的农村产权制度改革，实现农村产权"应确尽确、多权同确、全域确权"，真正做到"确实权、颁铁证"。在农村产权确权登记颁证的过程中，同步启动了农村产权长久不变改革，不断丰富"长久不变"实现形式，实现农村各类产权的"长久不变"。有关改革举措已纳入《中共中央　国务院关于加快发展现代农业进一步增强农村发展活力的若干意见》。

140. 建立农村产权交易机制

成都市在全国率先挂牌成立成都农村产权交易所，形成市、县、乡"三级交易平台、四级服务"体系。实施交易规则、交易监管办法、纠纷调处办法和风险防范机制，实现从入场交易到权证办理、公证仲裁、抵押融资的全流程、"一站式"综合服务。通过农村产权的规范、公开交易，促进农村生产要素自由流动，形成了完备的农村产权交易体系，不断实现农村资源资产价值。有关改革举措已纳入《国务院办公厅关于引导农村产权流转交易市场健康发展的意见》。

141. 探索土地承包经营权退出有效方式

成都市制定进城落户农民退出土地承包经营权相应的条件审核、退地程序、补偿标准、资金筹措等办法，探索采取集体经济组织自筹、金融机构担保融资、承接业主支付租金、乡镇财政借支、县级财政补助等多种途径相结合的方式，建立农村权益退出收储资金。

142. 探索"一核三治"新型基层治理机制

成都市探索建立在党组织领导下，自治、法治、德治相融合，即"一核三治、共建共治共享"的基层治理体系。设立市、县两级党委城乡社区发展治理委员会，建立党建引领城乡社区发展治理机制，构建了上下联动、各负其责、协调有序的城乡社区发展治理工作格局。明确政府、村级自治组织、市场的责任，建立持续的财政投入机制，构建基层民主管理的长效机制。

143. 实行村民"议事会"制度

成都市探索基层治理新机制，在村、组两个层面成立村民议事会，创建新型农村社区议事会民主协商机制，推动集体经济组织与村委会剥离，以扩大公共服务推进村级治理改革，引导社会组织参与村级治理。

144. 实行"乡村规划师"制度

按照"一镇一师"配备原则，成都市面向社会公开招募和选聘专业规划技术人员，推动优秀规划资源下乡，为乡镇政府承担的规划管理职能提供业务指导和技术支持，弥补农村地区规划技术力量的薄弱环节，提升乡村整体规划水平。

145. 深化农村集体经济联营制

彭州市龙门山镇对各村集体经营性资产清理核实、确认登记，折合股份量化到每个成员，按照现代企业制度建立镇、村、项目公司三级投资架构，引进社会资本合作推进项目建设，收益实行镇、村集体、村民三级分配，推动农村资源变资产、资金变股金、农民变股东。

146. 探索特大城市户籍制度改革有效路径

深化特大城市户籍制度改革，成都市推进全域城乡统一户籍改革，取消"农业户口"和"非农业户口"性质划分，统一登记为"居民户口"。构建城乡公共服务标准化体系，构建城乡一体的就业促进体系、基本养老保险制度、基本医疗保险制度、社会救助体系，实现全域成都城乡统一户籍。有关改革举措已纳入《国务院关于进一步推进户籍制度改革的意见》。

147. 创新互联网农业供应链金融和普惠金融服务模式

成都市探索创新互联网农业供应链金融模式，提升线上线下金融综合服务站市场化建设。逐步建立起以"农贷通"平台为核心的互联网普惠金融服务模式，为各领域各层级的金融机构下乡提供渠道，有效破解金融下乡难、成本高、难度大、服务单一的难题。

148. 探索深化集体林地"三权分置"改革

围绕深化集体林地"三权分置"改革，成都市探索林地承包经营权有偿退出机制，创新林权抵质押贷款及林权收储担保融资方式，探索实践"林地股份合作社 + 林业职业经理人 + 林业综合服务"三位一体"林业共营制"，完善集体林地"三权分置"运行机制。相关经验举措已于《国家林业和草原局办公室关于印发〈集体林业综合改革试验典型案例〉（第一批）的通知》中进行总结推广。

149. 探索"农业共营制"新型农业经营体系

成都市推进农村土地"三权分置"，探索构建"土地股份合作社 + 农业职业经理人 + 农业综合服务"三位一体的"农业共营制"新型农业经营体系，有效破解农业"谁来经营"、农村"谁来种地"、生产"谁来服务"难题，促进了经营主体共建共营、经营收益共营共享、经营目标共赢多赢。

150. 探索土地流转履约保证保险机制

通过引入商业性保险机构，成都市设立土地流转履约保证保险产品，对农户和业主履行土地流转合同行为进行保险，有效防范土地流转过程中因失约带来的经济损失风险。有关改革举措已纳入《农村土地经营权流转管理办法》。

151. 健全"地票"交易和农民增收分享机制

重庆市通过引导农民和农村集体经济组织自愿将闲置、废弃的农村建设用地复垦为耕地，形成的指标节余部分以地票方式在市场公开交易，反哺复垦权利人。结合贫困地区实际，将地票制度与农村危旧房改造、高山生态移民搬迁和地质灾害避险搬迁相结合，实行"优先复垦、优先质押、优先交易、优先支付价款"，增加农民财产性收入。

152. 推进户口网上转移及跨省"一站式"办理

重庆市建设"互联网 + 重庆公安政务服务平台"，印发《重庆市户籍管理领域政务公开标准指引》，编制《重庆市户籍管理领域基层政务公开标准目录》，不设落户指标控制、积分排队条件，重庆市内户口迁移在全国率先实行网上迁移，与四川省同步实现全域派出所户口迁移在迁入地"一站式"办理，在全国率先实现跨省（市）迁移户口的"异地办、就近办、一次办"。

153. 探索乡村旅游标准化运营机制

重庆市铜梁区制定乡村民宿等级划分与评定办法、旅游民宿扶持办法，建立统一宣传营销、统一登记分配、统一服务标准、统一收费结账"四统一"标准化管理运营机制，引导国有企业独资、集体经济合股、社会资本租赁、农民群众改建等模式多元投入，成为乡村旅游的新业态和新亮点。

154. 稳步探索农村集体经营性建设用地入市

重庆市大足区统筹推进宅基地制度改革和建立农村权益退出制度，制定"1 个总体方案 +3 个子方案（人口迁移、农村集体经营性建设用地入市、宅基地改革等）"政策体系。推进城乡统一土地级别和基准地价编制，建立城乡统一基准地价体系，为集体经营性建设用地宗地评估和上市交易提供价格参考。制定土地增值收益调节金征收使用、集体收益分配、入市交易规则等 6 项制度，政府主要通过征收土地增值收益调节金参与收益分配。有关改革举措已纳入《中共中央 国务院关于全面推进乡村振兴加快农业农村现代化的意见》。

155. 建立公租房向非户籍人员开放机制

为解决"夹心层"问题，重庆市允许城区内外户籍人口在同一低门槛条件下申请公租房，重点满足进城农民工、新毕业大学生、城市住房困难的原住居民等群体的住房需求。

156. 探索农村"三变 +"改革模式

重庆市将农村"三变"改革与农业供给侧结构性改革相结合，对内加快实施产权改革，对外引入经营主体实施"合股联营"。探索出"三变 + 特色产业""三变 + 集体经济、乡村旅游、康养休闲、田园综合体、精准扶贫"等改革模式，在股权形式上，探索出"土地股""民房股""基建股""景观股""管理股""技术技艺股"等股权形式。有关改革举措已纳入《中共中央 国务院关于深入推进农业供给侧结构性改革加快培育农业农村发展新动能的若干意见》。

157. 创新农村财务信息化管理机制

重庆市全面建立农村集体资产年度清查制度和定期报告制度，全面确认农村集体经济组织成员身份。在尊重农民意愿的前提下，将农村集体经营性资产和可转化经营利用的闲置非经营性资产折股量化到本集体经济组织成员，有力推动股份合作发展。用活农村集体资产清产核资管理系统、集体经济组织登记赋码系统和集体"三资"监管平台，不断提高农村财务信息化管理水平。

158. 探索未来城市场景建设生态和智能化基层治理模式

深圳市积极探索未来城市建设区域模式，构建起"载体＋制度＋服务＋机制"的未来城市场景建设生态。开展未来城市场景试验，构建八大主题场景，成立未来城市场景专业化运作公司及专项产业投资资金；率先探索建立"数据账户"，开创全国首个数据账户应用平台，实现"一个应用总览所有信息"。构建"党建＋科技＋治理"基层治理模式，编织涵盖城市管理、特殊群体照料等广泛覆盖的智慧"感知网"；构建"防疫大脑"高效一体化防疫体系，坚持"大平台、厚服务、强应用"的智能系统建设，实现"区块链＋精准防疫"。

159. 探索"总部＋基地"产业振兴攻坚模式

围绕强化产业转移，深圳市构建政府搭台、企业主导，探索"总部＋基地"模式，引导产业按照市场规律向外拓展；强化产业平台攻坚，累计共建或支持建设 86 个产业园，推动 253 个超亿项目落地，投资额超 1500 亿元；强化乡村产业发展，深入开展"一村一品"产业推进行动，推动 2126 个养殖等产业项目丰产丰收，打造赣南脐橙等知名品牌；强化科技支撑，实施科技特派员行动，利用区块链技术建立农产品产、供、销信息溯源平台，打造集"政、企、农、银、保、研"等于一体的产业振兴攻坚平台。

160. 探索旧城改造可持续发展路径

以世界眼光、国际标准加快推进旧城改造，深圳市面向全球顶级机构开展城市设计国际招标评标，组织开展新秀片区城市设计国际竞赛，以"绣花功夫"建设宜居小尺度街区，推动空间利用向集约紧凑、功能复合、低碳高效转变，释放优质发展空间；通过有机更新实现历史文化的挖掘、活化和利用，提升城区环境品质。

161. 建立"家门口"服务体系

浦东新区把全区所有村居委办公场所改造成"家门口"服务站，通过区级机关下沉行政服务资源、区域化党建整合社会资源、社区挖掘自身资源，为居民就近提供党群、政务、生活、法律、健康、文化、社区管理等七大类基本服务，努力实现"生活小事不出村居、服务群众就在身边"。相关经验举措已于《国家发展改革委关于推广借鉴上海浦东新区有关创新举措和经验做法的通知》中进行总结推广。

162. 建设社会事业"15 分钟服务圈"

浦东新区推进"15 分钟服务圈"改革，"以社区为圆心，城市化地区步行 15 分钟、远郊地区骑行 15 分钟，即可享受教育、卫生、养老、文化、体育等公共服务"。搭建可视化信息平台，对公共设施空间布局进行优化分析，实行项目清单化管理，对缺配项目做到挂图作战、逐一销项。该项改革已于《国家发展改革委关于推广借鉴上海浦东新区有关创新举措和经验做法的通知》中进行总结推广。

163. 建立村居联勤联动站

浦东新区在村居建立联勤联动站，由村居党组织书记担任站长，社区民警担任常务副站长，城管队员担任副站长，推动公安、城管等一线力量进入，建立健全联合指挥、联防预警、联勤发现、联动处置、联考评价"五联机制"，构建融会贯通的数据共享体系和精准高效的风险防控体系。相关经验举措已于《国家发展改革委关于推广借鉴上海浦东新区有关创新举措和经验做法的通知》中进行总结推广。

164. 探索医疗联合体模式

为统筹区域医疗资源，实现优势互补，浦东新区引导二、三级医院，社区卫生服务中心纵向整合医疗资源，根据一定的地理区域划分，由所在区域内的公立二、三级综合性医院及周边若干社区卫生服务中心共同组建，为辖区范围内居民提供基本医疗和公共卫生服务。

165. 创新街面秩序智能管理模式

浦东新区以大数据、物联网重塑城管执法手段和理念，浦东新区编织城市街面神经元感知网络，实现对跨门类经营、乱设摊等各类街面常见违法行为的全天候、智能化、闭环化监管。首创沿街商户"颜色管理"机制，按照"红色商户每日查、黄色商户每周查、绿色商户每月查"原则实施日常城管执法检查。首创"骑手"交通违法记分管理办法，通过行业自治、制度首创、科技助力，建立健全了对外卖快递骑手在源头、过程和处罚的闭环管理。该项改革已于《国家发展改革委关于推广借鉴上海浦东新区有关创新举措和经验做法的通知》中进行总结推广。

166. 探索乡村人才公寓模式

为统筹落实人才引领和乡村振兴战略，浦东新区在紧邻张江科学城的镇率先探索将农村闲置宅基地房屋改造成为乡村人才公寓。优化配套服务保障，完善绿地公园、爱心菜地、篮球场、共享单车、停车场等设施，快速接轨邻近地铁站点；以党团组织共建为核心，推动年轻人成为乡村振兴的内生动力。相关经验举措已于《国家发展改革委关于推广借鉴上海浦东新区有关创新举措和经验做法的通知》中进行总结推广。

167. 探索新时代楼宇党建新实践

针对面广量大、规模不一、隶属关系复杂的各类楼宇，浦东新区通过建立楼宇独立党组织、跨楼宇联合党组织等多种形式，推广"支部建在楼上"模式。开发金融城"业界共治"线上平台——"楼小二"，搭建长三角楼宇党建工作交流平台，实行"楼长制"，成立"楼事会"，把党的政治优势组织优势，转化为楼宇和区域的发展优势、治理优势。

168. 创新"自治金""参与式"社区民主实践模式

浦东新区率先探索通过项目化运作方式，通过提出立项"方向"、汇集立项"需求"清单、形成正式立项"议题"的"三步法"立项，最大范围汇集民意、倾听民需、聚焦热点难点问题；引入第三方开展项目完善和项目评审，对自治项目提出指导性意见和优化方案；注重培养居委会、项目小组、居民等自治骨干。

169. 探索"1+1+X"农村基层治理新模式

通过村级事务民主管理、民主决策、民主监督等制度建设，浦东新区形成"村情民知、村策民决、村财民理、村绩民评、村利民享"的村级治理机制。"1+1+X"的第一个"1"即党组织的领导，第二个"1"即村民自治章程；"X"指的是由村民会议或村民代表会议讨论表决通过的若干细则。

170. 探索"一村一企一联合体"乡村产业发展模式

在原"镇农投公司 + 家庭农场""农民合作社 + 家庭农场（农户）"等发展模式基础上，浦东新区进一步探索"一村一企一联合体"乡村产业发展模式，打造农产品生产加工销售完整产业链。通过抓品牌引领、产销对接、主体联合、精深加工，建立利益联结机制，将乡村资源转化为产业兴旺和农民增收的优势。

171. 探索嵌入式、互助式城乡养老模式

通过在城区重点发展嵌入式养老，浦东新区利用存量房屋资源建设社区养老设施，在郊区重点发展互助式养老，建设社区综合为老服务中心和农村睦邻点。打造长者照护之家、日间照护中心、老年人助餐点等叠加设置的多功能枢纽型社区养老服务综合体，成立浦东新区养老机构服务管理中心，组建一批国资养老公司，形成"政府主导、企业主营、社会参与、多元服务"的养老服务格局。

172. 创新"美丽庭院"乡村建设推进机制

浦东新区采用"家庭全参与、队组全覆盖、村级全推动"方式，动员和发动乡村群众积极参与美丽庭院建设、优化提升人居环境，营造"家庭全参与、队组全覆盖、村级全推动"的创建氛围，以美丽庭院定星评级活动带动美丽乡村示范村创建。

173. 探索学区化、集团化办学模式

浦东新区按照地理位置相对就近原则，在品牌学校的牵头组织下，通过学区化集团化的组织形式，成片统筹区域内的义务教育学校，优先将资源相对薄弱的学校纳入办学。推进优质师资流动、课程资源共享、管理经验辐射、场地资源共用，缩小校际办学水平差距，有力推进基础教育均衡优质发展。

174. 推进全科医生家庭责任制

浦东新区以全科医师为责任主体，以社区卫生服务中心、服务站点及村卫生室为平台，以服务团队为支撑，建立包括全科医师、公卫医师、乡村医生、社区护士等人员组成的社区团队，以老年人、孕产妇、儿童、残障人士及慢性病患者等为重点人群，为社区居民提供预约门诊、双向转诊、健康评估、健康教育、电话咨询等基本卫生服务和健康管理。有关改革举措已纳入《关于规范家庭医生签约服务管理的指导意见》。

175. 实行"多规合一"实用性村庄规划编制

厦门市以全市村庄空间布局规划为统筹，构建"市、区、村"规划管控传导体系，形成全维度管控编制体系。分类推进全市村庄规划编制，将全市村庄分为自然生态型、特色产业型、文化保护型、宜居建设型四种类型，分类编制村庄规划。主动探索多村联编的编制模式，明晰各村庄的发展定位，凸显发展重点和特色。

176. 探索土地成片综合开发模式创新

厦门市通过提升策划规划水平、导入优质产业资源等方式，引入市场主体出资并参与旧村旧城旧厂改造，减轻市财政投资压力；通过"选商"引入具备较强产业导入净地成片混合开发和轨道交通综合开发，打造高质量完整社区，促进片区产业升级，实现产城深度融合。

177. 建立城乡一体化的水务管理体制

厦门市从截污、分流、提标、扩容、清淤、监管等六个方面入手，全链条对生活污水治理进行精准施治、综合施策。理顺管理体制，实现涉水行政事务一体化管理。创新管理机制，推动污水处理设施建设工作逐步从"投资建设为主"向"投资建设与运维管理并重"转变，避免正本清源改造后再次出现混接、错接、偷排等问题。

178. 探索农村公共基础设施管护体制改革

通过建立健全农村公共基础设施管护清单制度和管护机制，厦门市构建了政府购买服务、建管一体、城乡一体化、自管、使用者付费等管护长效机制和产权管理制度，推进农村公共基础设施管护体制改革创新，构建适应经济社会发展阶段、符合农业农村特点的农村公共基础设施管护体系。

179. 开展课后延时服务

厦门市建立市、区、校三级管理机制，形成青少年宫代收支费用体系，建立入校机构审核制度，丰富课后服务项目，提供多元化服务形式，扩大学校覆盖面和提高课后服务质量，缓解家长接送孩子时间不一致而产生学生放学后无人看护等问题，解决学生家长后顾之忧。相关经验举措已于《教育部办公厅关于推广部分地方义务教育课后服务有关创新举措和典型经验的通知》中进行总结推广。

180. 探索社区公共养老服务规范化专业化制度

厦门市推行社区助老员制度，通过政府购买服务的方式，为每个村（居）配备1—2名助老员。推行标准化管理，制订社区助老员标准化服务规范，对助老员行为准则、工作职责、培训、绩效等进行规范考核。推行社区养老便民服务，实现养老有事拨打热线电话"一号通"、办理民政涉老业务"一窗办"，鼓励企业和社会组织为老年人提供助餐、助洁、助医、助行、助浴、助急护等服务。

181. 探索农机合作社建设运营模式

黑龙江省探索以土地入社为核心、以现代农机为载体、以生产合作为纽带的生产经营方式，在种植业合作社基础上，以政府投入为引导（政府农机补贴资金折股量化到合作社社员），实行合作社经营收益的60%以上用于按入社土地份额分配，40%以下用于按入社资金份额分配，吸引农民、企业和金融等社会资本共同建设农机合作社。

182. 整省推进农业生产托管服务

黑龙江省深入推进农业生产托管服务，以整合为统领，以机制为保障，政府引导规范，发挥市场主体作用。出台全省农业生产托管服务整省推进试点方案，实施整省推进试点。建立省级农业社会化服务联席会议机制，组织农业生产托管专题业务培训，联合省建设银行、省农村信用社、省邮储银行等金融机构在农业生产托管服务贷款上给予大力支持。加强农业社会化服务项目管理，用"社会化服务项目资金"培育托管服务主体和市场。建设农业生产托管服务示范县 20 个、示范乡（镇）100 个，通过示范创建引领全省农业生产托管服务全面推开。

183. 探索农垦改革"五分开"制度

通过梳理整合国有农（牧）场办社会职能与生产经营实行机构、人员、资产、债务、财务核算"五分开"，黑龙江省妥善解决其机构设置、人员配置等问题，确保工作有序衔接、职能履行到位。"五分开"实现由行政管理向企业管理转变，加快推进农（牧）场政企社企分开，为农（牧）场公司化改造奠定基础。

184. 健全黑土地保护制度

黑龙江省出台《黑龙江省耕地保护条例》，探索实施"田长制"，依法依规严格加强黑土耕地保护。建立科技支撑，成立黑龙江省黑土地保护利用专家组，组织开展黑土地保护利用"龙江模式"创新和试验示范，组建黑龙江省黑土保护利用研究院，集中开展黑土地保护利用基础理论研究和实用技术攻关。

185. 探索加快新型职业农民培育工作体系

依托新型职业农民培育工程，黑龙江省引导农民由生产型向生产经营型转变，农产品由"种得好"向"卖得好"转变，打造适应现代农业产业发展需要的新型职业农民队伍。推进教育培训、认定管理和政策扶持"三位一体"，生产经营型、专业技能型和专业服务型协同，初、中、高级贯通的新型职业农民培育制度体系。

186. 创新农产品营销体系

义乌市建设中国（义乌）助农帮扶展销中心，打造面向全国集贫困地区、欠发达地区的农产品展示展销、品牌发布、营销推广、消费体验、大数据分析与应用、直播孵化等功能于一体的永不落幕的"农产品博览会"。形成"多店联动、百群共推、千人直播"的农产品营销和农业产业对接体系。

187. 推进智慧医保标准化

义乌市建立服务提供标准体系，推动城乡居民线上参保缴费、线上就医管理备案、医疗费用"一站式"联网结算、多部门事项"一件事"联办，实行定点医药机构协议管理线上申请、定点医药机构费用线上结算、待遇支付联网直接结算，建立服务提供标准 41 条，覆盖参保人、病人、定点医药机构三类服务对象的经办服务需求。

188. 创新宅基地使用权转让制度

义乌市制定宅基地使用权流转办法，明确流转的标准和条件，允许宅基地有条件转让，转让方必须持有不动产权证，并保证人均建筑面积不少于 15 平方米的合法住宅；已完成更新改造的村，允许在本市跨集体经济组织转让，使用年限最高为 70 年，并按宅基地基准地价的 20% 向村集体缴纳土地所有权收益；未实施或正在实施更新改造的村，允许在本集体经济组织内部转让。

189.创新宅基地跨村跨镇街安置

在宅基地所有权、宅基地资格权不变和"一户一宅"的前提下,义乌市实行村集体将安置剩余的宅基地委托授权给所在镇街农村土地整备公司,以公开竞价有偿选位方式安置给本市范围内有宅基地资格权的农户。农户中标取得宅基地后,不改变其原有集体经济组织成员身份,允许将户口迁入落地村。除村集体收益外的其余收益和宅基地跨村安置地价差收入归镇街整备公司统筹,用于公共事业建设,让镇街全体农村农民共享改革收益。

190.构建新型农民合作经济组织和服务体系

通过整合农业、林业、水务、供销等部门的为农服务职能、人员、编制和资金,义乌市成立农合联执委会统一行使农业公共服务职能,培育各类合作社、家庭农场。建立农创园和5G直播大楼,创新信用合作服务,建立供销双线运行机制,实现供销联社机关与企业经营分离。

191.开展农业"标准地"改革

义乌市编制全市农业生产力布局规划,绘制全市集成"美丽田园"分布图,将以往低小散乱的耕地,精心打造成"粮食、蔬菜、水果、茶叶、中药材、食用菌"等六大"美丽田园"。实施农业"标准地"数字化改革,依托义乌"数字三农"信息系统,推动农业"标准地"上图入库和信息管理,实现管理智能化、信息化、精准化,对经评估合格的"美丽田园"项目,给予相应财政资金奖励。

192.实施县乡医疗机构一体化改革

山西省组建县级医疗集团,实行行政、人员、资金、业务、绩效、药械"六统一"管理,推进医疗牵动、医保协同、医药跟进"三医联动",提升医疗信息化服务水平,促进优质医疗资源持续下沉,重构县域医疗卫生服务新体系和分级诊疗新格局,推动卫生健康服务均等化、同质化、一体化。2018年9月27日,国家卫生健康委在山西运城召开全国县域综合医改现场会上推广山西省有关改革举措。

193.深化城乡义务教育一体化改革

围绕城乡教育发展不平衡不充分的问题,山西省坚持城镇乡村统筹、扩优扶弱同步、软件硬件并重、资源机会共享,重点从保障学位供给、配置教师资源、提升教育质量、促进教育公平四个方面加快城乡义务教育一体化改革,全省所有县(市、区)推行教育联盟、集团化办学,建立"以优扶弱、填谷追峰"发展机制,统筹推进校长职级制、教师县管校聘、教学模式和教育评价方式等基础教育改革。

194.建立城乡居民补充养老保险制度

山西省实施全省统一的城乡居民基本养老保险制度,按照标准适度、能兜住底、可承受、可持续的原则,并行建立补充养老保险制度。已参加城乡居民基本养老保险的人员,均可在基本养老保险关系所在地参加补充养老保险。凡参加补充养老保险的城乡居民,年满65周岁、累计缴费满15年且已享受山西省城乡居民基本养老保险的,都可以按月领取补充养老保险金。

195.创新"虾稻连作""虾稻共作"土地流转模式

熊口镇作为潜江市虾稻特色小镇,开展土地流转、"三权分置",依托龙头企业,实施"反租倒包""迁村腾地"，探索形成"企业＋合作社＋农户"模式。将分散的土地集中、连片，每块虾稻田划分成 15—20 亩大小，不愿种田的村民，可将土地流转，流转金参照每平方米 1 元的标准，由农户间协商确定和以组为单位，探索形成"按户连片"模式。将土地流转给种养大户，形成"大户种养"模式。通过土地流转模式创新，实现过半土地流转发展虾稻。

196. 实施区域通关一体化

仙桃市整合原武汉海关驻仙桃办事处和原仙桃出入境检验检疫局的业务和职能，成立仙桃海关，按授权负责仙桃、天门、潜江的进出口通关、监管、企业管理、加工贸易、减免税管理、保税物流、稽查、检验检疫等业务。同时建设仙桃港、仙桃保税物流中心，加快区域通关一体化建设。

第四章 绿色生产方式和生活方式

围绕经济社会发展全面绿色转型，完善绿色低碳制度体系，探索建立绿色生产生活发展新模式，在绿色生产生活创建、完善生态补偿机制、加强流域保护和治理、推动低碳循环发展等方面率先形成近30项制度成果。具有代表性的如下：

197. 全民参与"绿色生活创建"机制

长株潭试验区构建以资源节约、环境友好为重点的绿色生活创建工作，实施机关、企业、社区"示范创建"，范围涵盖生产、生活、消费各领域，对象覆盖工人、农民、社区居民、学生等广大群体；从教育入手，在全国率先编制小学生《两型读本》，从娃娃抓起，从小事做起，推动"两型"进课堂、进家庭、进社区等，深入传播绿色文化理念。

198. 探索市场、技术、法治协同的流域综合治理机制

长株潭试验区创新产业准入与退出、流域生态补偿、环境信用评价等体制机制，制定江河流域保护的综合性地方法规体系，探索政府、企业、社会共同参与的流域治理模式，初步形成法治、市场、技术协同的流域污染防治机制，有效推动湘江流域重金属污染治理等流域生态综合治理。

199. 探索长株潭生态"绿心"保护机制

长株潭试验区在长株潭三市之间划定528.32平方公里生态"绿心"，将保护"绿心"作为"两型"社会建设的重要任务，从规划编制、立法保障入手，实施严格的空间管制，规划建设长株潭绿心中央公园，将其打造成城市间"生态客厅"。强化顶层设计，规划建设长株潭绿心中央公园，出台"绿心"保护条例，严格落实生态功能分区，实施"天眼"动态监测，完善生态保护机制。

200. 探索完善绿色标准认证体系

长株潭试验区探索构建绿色发展制度体系，从标准认证找突破口，点面结合，从产业、企业、园区，到机关、学校、社区、家庭，到县、镇、村，推动探索制定绿色标准，形成80多项绿色标准、规范、指南。在工业领域，制定产业、企业、园区等经济活动绿色标准；在城镇建设领域，制定县、镇、村庄、建筑、交通等城乡建设绿色标准；在社会生态文明领域，制定机关、学校、医院、社区、家庭、旅游景区等绿色标准。通过第三方标准认证的企业和单位可享受有关奖励政策。

201.建立绿色产品政府优先采购制度

建立较完整的绿色产品政府采购制度体系，长株潭试验区率先在全国对绿色产品采用政府优先采购制度，规范产品申报评审认定程序，绿色产品采购实行"三优先""两不歧视"政策，有效发挥了财政资金引导作用，向社会鲜明地传递支持使用和生产绿色产品导向，促进了产业结构调整升级，推动形成了绿色生产生活方式。

202.激励惩戒联动的环保信用评价制度

长株潭试验区将环保信用评价作为社会信用体系建设的重要环节。按照及时、准确、规范、全面的原则，建立环境信用信息统一管理平台，拟订了一整套的环保信用评价制度，将排污单位、工业园区、环境服务机构及其从业人员全部纳入环保信用评价范围实施信用记录，并实行守信激励和失信惩戒联动机制，提高各环保责任主体的自律和诚信意识。

203.探索开展农村环保合作社建设

首创农村环保合作社机制，长株潭试验区将环保合作社作为农村垃圾分类减量的运营主体，乡镇设总社，各村设分社。政府负责建立垃圾收运体系，每年安排运行补贴。环保合作社对垃圾实施有偿回购，对不可降解和有害垃圾进行无害化处理，有效破解了农村环境治理成本高、处理效果差、易反复等难题。

204.推行农村畜禽养殖废弃物第三方治理模式

长株潭试验区以市场化、专业化、产业化为导向，推动建立农村环境污染第三方治理新机制，明确将畜禽规模养殖区域划分为禁养区、限养区和适养区，做到养殖规模化、管理专业化、产品绿色化、环境无害化，提高养殖污染治理技术，推广合同环境服务，通过引入专业环境服务公司，对畜禽养殖污染进行集中式、专业化治理，实现了环境效益、经济效益和社会效益多赢。

205.建立环境综合整治与减量化腾出地块全周期管理利用机制

浦东新区统筹推进土地规划与乡村振兴、美丽家园、家门口服务等相关工作，契合周边自然生态、原有业态和建筑风格风貌，巩固对各类违法行为的动态发现和及时处置机制，将拆后土地打造成绿色生态空间、优质农业空间、品质生活空间和经济增长空间，加强土地减量化腾出地块的管理利用，构建"拆建管美用"的完整闭环，提升城市品质和高效集约利用土地。

206.建立生活垃圾全程分类体系

浦东新区建立生活垃圾"大分流、小分类"机制和分类收运体系，提升生活垃圾无害化、资源化利用水平。优化源头分类，深化"定时定点"投放制度，促进湿垃圾"源头减量"。提升干湿垃圾分类转运能力，推进生活垃圾分类转运中心建设，提高生活垃圾分类转运站运行标准，解决转运站渗滤液处理难题。加快无害化处理，推进生活垃圾分类末端处置设施建设。打造可回收物资源利用网络，培育回收优势主体企业，优化低价值可回收物补贴政策，加强信息化智能化建设。

207. 探索跨省流域治理保护工作协调合作机制

黑龙江省与吉林省、内蒙古自治区以各自河长制办公室为平台，建立跨省流域治理保护工作协调合作机制。建立流域治理保护信息共享机制，共享河道治理信息、河道采砂信息、岸线管理信息、水污染防治信息等。实施省际合作会商机制，并在市、县（市、区）层面，河（湖）长制办公室建立对口联络平台，不定期召开会商，就合作中的重点难点问题进行会商交流。推进联合巡查执法，明确责任主体，落实人员、设备和经费，联合巡查执法、联合排查，打击非法排污等犯罪行为，预防化解跨行政区域涉河湖水事纠纷。

208. 率先探索绿色低碳财政金融服务联盟

厦门市成立全国首个绿色低碳财政金融服务联盟，建立平台将信贷、股权投资、担保、信托、产权交易等多种支持绿色产业的财政金融政策连接起来。以基金等财政金融产品为媒介，统筹协调金融资源，集中力量解决问题，探索财政金融综合服务在绿色低碳领域的创新应用，为绿色低碳企业提供更精准有效的财政金融支持。

209. 探索废弃露天矿山治理开发新模式

辽宁省阜新市积极探索实践废弃露天矿山综合治理与开发利用新路径、新模式，统筹推进废弃矿山治理修复，将废弃矿坑生态修复、区域资源综合利用与城市产业结构优化升级进行整体谋划。引入先进环保理念和环保技术，成立专家工作站，编制环境治理修复规划方案，用"赛事经济链"替代"煤炭产业链"，优化产业结构，加速产业升级。

210. 探索环境公益诉讼法制化保障机制

深圳市出台全国首部生态环境公益诉讼地方性法规，针对生态环境公益诉讼范围、诉讼主体、诉讼及执行过程的信息公开和公众参与、生态环境公益基金设立等，加强系统化制度设计，提升社会治理效能，筑牢生态环境保护司法屏障。

211. 建立生态系统生产总值核算制度体系

深圳市在全国率先建立以 GEP 核算实施方案为统领，技术规范、统计报表制度和自动核算平台为支撑的 GEP 核算制度体系。出台 GEP 核算实施方案，构建 GEP 核算工作制度化运行的总施工图。发布全国首个高度城市化地区的地方标准，确立 GEP 核算两级指标体系以及每项指标的技术参数和核算方法；批准实施全国首个 GEP 核算统计报表制度，将 200 余项核算数据分解为生态系统监测、环境与气象监测、社会经济活动与定价、地理信息 4 类数据，全面规范数据来源和填报要求；上线全球首个 GEP 在线自动核算平台，建立部门数据报送、一键自动计算、任意范围圈图核算、结果展示分析等功能模块，提高核算效率和准确性。

212. 创新"全流域全要素全联动"水污染治理机制

深圳市在全国首创成立城市流域管理机构，统筹"厂、网、河"等涉水全要素，联合调度水质净化厂、管网、泵站、水闸等设施。统筹打包流域内河流综合整治等治水项目，实行"地方政府 + 大企业"EPC 治水模式。推行市、区、街道、社区主要领导挂帅四级河湖长制。制定地方排水条例，将"排水户分类管理""排水管理进小区"等先进排水精细化管理改革经验予以固化，打通排水管网管养的"最后 100 米"，将全市排水户、排水管网、集水井等信息全部纳入 GIS 信息化管理系统。相关经验举措已在《国家发展改革委关于推广借鉴深圳经济特区创新举措和经验做法的通知》中进行总结推广。

213. 开展生态环境损害赔偿制度改革

山西省在全国率先成立了省级环境污染损害司法鉴定机构，明确生态环境损害赔偿范围、责任主体、索赔主体和损害赔偿解决途径，形成相应的鉴定评估管理与技术体系、资金保障及运行机制。

214. 开展排污权交易试点

山西省成立了全国首家全省域排污权交易中心，在各市设立排污权交易业务受理窗口，并通过"山西省排污权交易平台"受理排污权交易业务，实现了排污权交易"全指标、全行业、全省域"三个全覆盖。

215. 探索碳排放权交易及配套机制

武汉城市圈探索设计碳市场机制，出台碳排放权管理和交易、碳排放权配额分配、碳排放配额投放和回购管理等规章制度；开展碳金融创新，推出碳金融授信、碳基金、碳质押贷款等碳金融创新业务；创新碳市场"精准扶贫"，探索"政府引导、机构参与、农民受益"的生态补偿机制，开展"竹子造林"碳汇项目，推动使用省内脱贫地区国家核证自愿减排量（CCER）进行履约抵消，为脱贫地区增收；搭建自愿碳交易体系推广绿色低碳生活，在绿色出行领域推进战略合作，推广低碳生活理念。

216. 探索城市矿产交易制度

武汉市成立从事城市矿产交易的产权机构——武汉城市矿产交易所，规模以上产废利废企业基本全部纳入线上交易平台，实现了再生资源商品线上挂牌、协商交易、交割结算及交易鉴证，配套制定了交易规则，重点包括：定位交易所功能，确定交易品种，发展交易主体，开发设计城市矿产交易系统，发布城市矿产资源"武汉指数"，等等。

217. 建立跨区断面水质考核奖惩和生态补偿制度

武汉对市域内各区长江断面水质进行严格的常态化、信息化监测，以所属区的长江断面水质为考核依据，提出年终真兑现、真奖罚的总体要求。明确将长江武汉段水质按区分段监测、考核，每单月组织实施专项监测，每双月通报武汉市各辖区内长江武汉段水质状况，推动各区及时解决问题，不断提升环境治理水平和生态环境质量。

218. 建立合同能源管理绿色金融模式

武汉城市圈将合同能源管理收益权质押作为深化绿色金融改革的突破口，引导各银行业金融机构从合同能源管理入手，严格控制高污染、高耗能的资源性行业和产能过剩行业的信贷投放，对节能环保行业加大支持力度，建立绿色审批渠道，实行利率优惠政策，精准对接企业需求，加大绿色信贷投放。银行对绿色金融项目给予 FTP 定价优惠，支持减排技术应用和绿色能源项目开发。

219. 探索基本生态控制线管理锁定城市增长边界

武汉市制定城市总体规划确定全市生态框架结构，通过划定基本生态控制线，确立城市空间发展战略格局。整合市域山体、河流、湖泊、湿地、森林、城市绿地、农田、风景区等生态要素，构建城市生态框架格局。生态框架规划作为城市总体规划的有机组成部分，成为实现未来城市空间集约有序、长期健康可持续发展的关键内容，先后制定实施《武汉市基本生态控制线管理规定》《关于加强武汉市基本生态控制线规划实施的决定》《武汉市基本生态控制线管理条例》等法规政策。

220. 探索生态循环农业发展新模式

安陆市探索生态循环农业发展新模式，引导企业采用工业化理念推进畜禽粪污集约化处理、资源化利用，将畜禽粪污制作生物有机肥，实现变废为宝；引导养殖企业配套建设沼气池，对畜禽养殖粪污进行有效处理，沼液沼渣还田，沼气自用或供给周边住户；以实现废弃物资源化、无害化、效益化利用为目标，支持和鼓励企业结合产业实际探索粪污全封闭处理模式；采取"政府主导、市场运作、财政补贴、保险联动"的办法，先后投入资金建成市级无害化处理中心；大力推行秸秆综合利用产业化、市场化，引进大型龙头企业和高新技术企业开展秸秆关联产品的深度研发，推进秸秆肥料化、基料化、燃料化利用。

221. 推进再生资源综合利用改革

黄冈市黄州区建立再生资源信息呼叫平台，确立一批农村和社区再生资源回收示范点，配备专门的"绿马甲"队伍，形成功能完善的静脉产业示范区。推行"五个一"工作机制：确立一个回收窗口，在重点村组设立一个回收站；完善一个回收体系，建立由垃圾桶、垃圾池、垃圾转运车辆、垃圾处理场及保洁员等组成的垃圾转运体系；规范一套回收流程，统一回收物品、回收方法、回收价格等；安排一笔回收资金，每个回收点安排周转资金5000元，同时根据季节安排农用物资用于以物换物；落实一套回收政策，明确收购最低保护价政策，实行专项奖补和税收返还。

第五章 产业转型升级和管理

围绕推进产业转型升级，在探索新旧动能转换新路径、推动国资监管和国有资本投资运营体制改革、完善现代农业产业体系等方面率先形成 20 多项制度成果。具有代表性的如下：

222. 探索煤层气资源市场化竞争出让和退出制度

山西省启动煤层气矿业权审批制度改革，以招标方式公开竞争出让煤层气勘查区块，实现市场化配置煤层气资源。实行协议出让制度，建立严格的区块退出机制，对新出让煤层气勘查区块实行合同制管理，勘查期满未完成勘查承诺投入的，按照未完成比例依法核减其相应勘查面积，未达到承诺投入 30％的注销其探矿权。

223. 实行国有资产"直接授权经营体制"改革

山西省组建省国有资本投资运营公司，将国资委监管的省属企业股权一次性注入。制定出资人监管权力和责任清单，精减监管事项，提升企业经营自主权。推进国有资产监管机构职能转变，按照"分级授权、厘清职责、品字架构"的改革思路，探索形成国资委专司监管、国有资本运营公司履行出资人管资本职责、各自对省委和省政府负责的重要改革路径。

224. 探索国家通用航空业运行新模式

山西省以建设我国"面向华北、服务全国、连接海外"的通航产业先行先试平台为目标，创建适应通用航空发展的运行管理模式，完善地面通航网络和航空运输网络两大基础，开通省内短途运输网络，发展黄河、长城、太行三大旅游板块及省内重点游客集聚地低空旅游，发展航空原材料和航空零配件产业，成立山西通用航空职业技术学院，组建通航集团公司，建设太原、大同、长治通航产业园区，举办尧城（太原）国际通用航空飞行大会、世界无人机锦标赛等高水平航空展会。

225. 探索战略性新兴产业终端电价机制

山西省创新电力交易机制，对符合条件的战略性新兴产业用户，实施终端电价 0.3 元 / 千瓦时电价政策，推动电价机制运行规范化、市场化、可持续，探索把山西的煤炭优势转换为电价优势。

226. 探索深化国家标准化综合改革

出台《山西省标准化条例》。建立考核考评、督查督办、财政保障、人才培养、服务支撑、科技融合、表彰奖励、宣传引导、市场运作等工作机制，在全国率先发布智能煤矿建设规范，制定文化旅游、现代物流、养老服务等标准体系，推进有机旱作、高端装备制造、营商环境、生态保护、安全生产、社会治理、公共服务等标准体系建设。

227. 实行监管仓和保税仓"两仓联动"

浦东新区在张江跨境中心设立公用保税仓库，对监管仓和保税仓的物理空间、操作流程由上海科创海关统一监管，实现两仓联动。推行 7×24 小时服务，海关授权"分送集报"功能，张江区域内货物可实现随要随到，大幅度加快企业研发进程。按照产业特殊需求，建设冷冻库、冷藏库、恒温库，满足集成电路、生物医药企业货物存放特殊要求；通过 GSP 认证，有效避免药物研发供应链风险。实行高效信息化管理，利用唯一识别码管理货物，海关可实现全程动态监管。

228. 支持新零售混合业态发展

浦东新区颁发全国第一张"互联网＋生鲜超市体验店"食品经营许可证，针对集食品销售、餐饮服务功能于一体，同一食品经营者在同一经营地址需要办理多张许可证、通过互联网经营食品等问题，在满足企业实际需求的同时，创新审批和监管方式，审慎包容新业态发展。相关经验举措已在《国家发展改革委关于推广借鉴上海浦东新区有关创新举措和经验做法的通知》中进行总结推广。

229. 探索药品上市许可持有人制度

浦东新区将生物医药生产许可和上市许可两证分离，打破以往我国药品注册与生产两大环节被"捆绑"的模式，避免了研发企业在技术转让后，造成的研发和生产乃至后期的质量监管相脱节的现象，促进了生物医药研发成果产业化。

230. 创新综保区内租赁退租飞机异地委托监管

上海浦东国际机场海关主动对接广州白云机场海关，允许注册在浦东机场综保区的国银飞机租赁（上海）有限公司出租给中国南方航空公司的飞机，在租期届满退租需要出境时，可以在广州当地完成相关具体流程，并直接从广州出境，实现全国首架综保区内租赁飞机异地委托监管，使得上海融资租赁公司首次在异地走通全流程"进租转出"各环节。相关经验举措已在《国家发展改革委关于推广借鉴上海浦东新区有关创新举措和经验做法的通知》中进行总结推广。

231. 实行医疗器械注册人制度

允许医疗器械注册人直接委托上海市医疗器械生产企业生产产品和样品；允许注册人多点委托生产；允许上海市受托生产企业提交委托方持有的医疗器械注册证申请生产许可；允许住所或生产地址位于自贸试验区内的医疗器械生产企业参照《试点工作实施方案》的要求，申请参加委托生产试点工作。相关经验举措已在《国务院关于做好自由贸易试验区第六批改革试点经验复制推广工作的通知》中进行总结推广。

232. 创新集成电路产业链保税监管

浦东新区将集成电路设计企业视同为生产型企业，允许其开展加工贸易业务、领用加工贸易手册。设计企业用加工贸易手册保税进口晶圆；晶圆保税发至封装测试企业加工；封装测试完成的成品芯片返回设计企业出口或补税内销。此项试点解决了集成电路设计企业进口晶圆增值税占用资金的问题。

233. 构建离岸转手买卖产业服务体系

浦东新区建设离岸转手买卖产业服务中心，推动离岸转手买卖常态化、规范化、规模化发展，为区内中外资企业提供离岸转手买卖支付汇兑便利支持；建设离岸转手买卖服务信息系统，为离岸转手买卖真实性审核提供全流程数据支撑。

234. 探索"钱随事走""多钱一用"涉农资金整合制度

黑龙江省开展涉农资金整合试点，按照"钱随事走、集中力量、形成能力、解决问题"的原则，探索实行"大专项＋工作清单＋集中下达"的整合模式，将中央财政安排的数十项涉农资金纳入整合目录，打破专项资金和部门界限，集中解决制约农业核心生产能力和农村社会事业发展瓶颈问题和薄弱环节，提高了涉农资金投入的针对性和精准性，有效解决涉农资金管理"散、小、杂"问题，实现钱随事走、集中财力办大事，为农业农村基础设施重大工程和关键项目提供了财力保障。

235. 推动大数据智能化技术赋能制造业转型升级

重庆市打造"芯屏器核网"全产业链新模式。"芯"方面，构建芯片设计、晶圆制造、封装测试全链条，12 英寸电源管理芯片、硅基光电子成套工艺在国内率先实现突破。"屏"方面，打通玻璃基板、液晶面板、显示模组、显示终端全流程，发展 AMOLED 面板、Micro LED 面板、激光电视等新技术产品。"器"方面，支持微型计算机、手机等整机发展，培育核心部件，形成"生产＋检测＋供应链服务"产业体系。"核"方面，基于 MEMS 技术的智能化传感器实现工程化、产业化应用。"网"方面，引进知名软件企业。促进智能制造和工业互联网发展，三年累计推动实施 3485 个智能化改造项目，建设 105 个智能工厂和 574 个数字化车间，示范项目生产效率平均提升 59.8%。

236. 探索汽车产学研自主创新链体系

重庆市加快推进汽车行业高端研发机构的落地，推动产业协同创新及成果转化。积极引导重庆大学等高等院校不断加强汽车、电子、人工智能相关专业学科建设、产研投入、科研成果转化，围绕科技自立自强战略要求，以国家汽车产业独立自主发展需求为导向，聚焦解决中国汽车软件"卡脖子"问题。打造检验及测试评价能力全国领先的国家级汽车行业质量检测机构，为重庆市成为国家汽车行业产品开发、试验研究、质量检测的重要基地提供技术支持。

237. 探索建立现代农业产业园一体化管理机制

重庆市建立现代农业产业园建设、管理、绩效评价制度，在全国率先形成"创建管"一体化工作管理制度。全市陆续创建潼南、涪陵、江津、奉节、丰都、万州等 6 个国家级产业园；区县分别创建 1—2 个区县级产业园，初步形成了以"国家级为龙头、市级为骨干、区县级为基础"的三级联创格局。

238. 探索新型工业化创新信息服务机制

沈阳市探索以新兴市场主体打造新型工业化综合服务平台。依托高新技术企业，走出了一条保姆式服务→信息化 4S 店→信息化 4S 超市→比特能服务发展路径，创建以产学研一体化为基础的新型工业化创新信息服务平台，拥有 20 万余户企业会员，已经为 400 余户大型企业建立企业知识中心；为 2400 余户创新型中小企业建立企业宝；为 3300 余户中小企业建设了商情中心，为 1 万余户中小微企业建网络商城，完成了 6.7 万余款产品信息的收集和展示。

239. 创新"直通放行"查检新模式

沈阳海关创新"直通放行"查检新模式，在辖区内企业内部设立监管场地，实现了海关对货物零距离实时监管，进口零部件通关零等待，缩短查检时间，提高查检效率。建立信息互动机制。即时向高级认证企业通报查检最新动态信息，推送查检的有关法律、法规和相关政策，针对企业不同需求，提供有针对性的业务咨询。对高级认证企业货物实行"进口直通、出口直放"。强化与口岸的联系与配合，实现属地检验、口岸审核，减少通关环节、缩短通关时限、提高通关效率、降低通关成本。

240. 探索中小微企业信用信息应用服务机制

中国人民银行沈阳分行整合应用试验区内企业信用信息，采集域内企业水电、税收、环保等非银行信息，平台将零散的、碎片化的各种相关信用信息进行整合，以直观、专业化的方式展现给融资供求双方，同时为政府发布相关引导政策提供窗口，为政府决策提供统计分析参考依据，让金融机构全面了解企业经营状况和融资需求，引导相关扶持政策和金融资源向自贸试验区诚信企业倾斜。

241. 创新服务产业链升级发展机制

深圳市推动产业链"全链条、矩阵式、集群化"发展，出台《深圳市重点产业链"链长制"工作方案》等文件，市领导牵头挂帅担任产业链"链长"，分级分类做好"链式服务"，以精准化方式推进"强链、补链、连链、延链"。"一链一图"分析梳理产业链，为进一步促进重点产业链各环节协同发展夯实基础、打通路径。"一链一制"结合产业链特点，建立全方位、常态化、多维度企业服务机制。"一链一策"强化重点产业链，围绕重点产业链上下游强弱环节，定制化出台专项行动计划、专项扶持政策，加大全链条个性化扶持。"全链联网"实现实时动态更新，对重点产业链推进工作施行全方位全链条管理。

242. 探索工业用地供给稳定机制

深圳市建立产业空间"三位一体"保障体系，探索"低成本开发＋高质量建设＋准成本提供"模式，以"总成本＋微利"保障企业绿色化、智能化、特色化的产业空间需求。划定"工业红线"，严守 270 平方公里工业区块控制线，控制线范围内严控"工改居""工改商"，加大"工改工"支持力度，推广"工业上楼"，有效稳定工业用地总规模，为制造业和实体经济高质量发展创造空间。相关经验举措已在《国家发展改革委关于推广借鉴深圳经济特区创新举措和经验做法的通知》中进行总结推广。

243. 实施"5G + 工业互联网"新基建模式

深圳市制定工业互联网发展行动计划、制定实现 5G 基础设施全覆盖及促进 5G 产业发展等政策，推动 5G 产业发展和基础设施建设，在全国率先实现 5G 独立组网全覆盖，建立面向产业集群的工业互联网平台，政府联动企业建立产业互联网实验室，在信息通信、电子制造、机械装备、新动力、精密制造、医药生产、服装等领域率先"5G + 工业互联网"创新应用。创新打造"熄灯工厂"等一批"5G + 智能工厂"应用场景，促进制造业企业数字化、智能化转型。相关经验举措已在《国家发展改革委关于推广借鉴深圳经济特区创新举措和经验做法的通知》中进行总结推广。

244. 推动全链条推广新能源汽车发展

深圳市以公共交通领域为突破口，在全国范围内率先实现公交车和巡游出租车全面纯电动化以及环卫车、牵引车等纯电动重卡规模化和商业化推广；通过政策引导、使用补贴、指标调控、路权通行等支持政策，鼓励引导私人购买新能源汽车；完善整车、零部件及维修保养、检测等安全标准体系，为汽车全面电动化提供坚实保障。相关经验举措已在《国家发展改革委关于推广借鉴深圳经济特区创新举措和经验做法的通知》中进行总结推广。

第六章　规则规制等开放和创新外贸发展方式

围绕建设高水平开放型经济新体制，推动规则规制管理标准等制度开放，探索完善贸易和投资自由化便利化法律和规则体系，在扩大市场开放、创新外贸发展模式等方面率先形成 30 多项制度性成果。具有代表性的如下：

245. 率先建设国际贸易"单一窗口"

浦东新区在全国率先探索建设国际贸易"单一窗口"，实现"一个平台、一次提交、结果反馈、数据共享"，涵盖货物进出口、运输工具、贸易许可与资质、支付结算、自贸专区、人员申报、快件与物品、信息共享、政府公开等九大功能板块，涉及 23 个口岸和贸易监管部门，联通口岸通关的申报、查验、支付、放行、提离 / 运抵物流作业等各环节，实现与国家"单一窗口"标准版全面融合对接，口岸货物申报和船舶申报 100% 通过"单一窗口"办理。相关经验举措已在《国务院办公厅关于对国务院第三次大督查发现的典型经验做法给予表扬的通报》中进行总结推广。

246. 探索涉外商事纠纷"一站式"解决机制

浦东新区法院探索建立涉外商事纠纷"一站式"解决机制，成立涉外商事纠纷"诉讼、调解、仲裁"的"一站式"解决工作室，集合三方人力和资源集中开展纠纷化解和日常联络协调工作，形成软、硬件专门化、统一化的"一站式"纠纷解决工作平台。通过建立诉讼和仲裁衔接转换快速通道、提供争议解决机构名册、完善外国法查明和翻译服务等审判辅助性机制，形成纠纷化解合力，回应中外市场主体高效解决涉外商业争议的需求。

247. 探索检验检测认证国际合作机制创新

浦东新区建立"一带一路"技术交流国际合作中心和"一带一路"技术贸易措施企业服务中心，在沿线国家建设第三方企业质量安全、信用等级评级中心；开展技术法规、产品标准、优惠原产地规则等领域的国内、国际交流与合作等；为浦东企业提供包括计量、标准和检验检测、认证认可等方面的"一站式"服务等。目前，"一带一路"技术交流国际合作中心东南亚分中心揭牌运营，中国质量认证中心上海分中心开始承接全国范围内出口沙特产品认证业务。

248. 探索货物状态分类监管

为适应企业需求、减轻企业负担，海关等部门在浦东新区率先试行货物状态分类监管制度，通过信息技术、诚信管理等支持，对区内处在不同状态的货物的"进、出、转、存"进行实时掌控和动态核查，允许非保税货物入区储存，与保税货物一同参与集拼、分拨，根据国内外采购订单最终确定货物实际离境出口或返回境内区外，实现同仓存储、分类监管、同步运作。

249. 探索首次进口非特殊用途化妆品备案

浦东新区实行凡从上海市浦东新区口岸进口，且境内责任人注册地在浦东的首次进口非特殊用途化妆品，由现行审批管理调整为备案管理，用户注册由在华申报责任人变为境内责任人，将行政许可审批中的资料审查改为备案资料监督检查，申报资料传递方式由提交纸质资料改为电子版资料通过备案系统上传，授权上海市食品药品监管部门负责备案和备案资料监督检查工作，浦东市场监管局承担备案工作。改革后，审批时间从改革前的 3—6 个月缩短至 5 日，实现了海内外几乎同步上市。

250. 探索更加高效的口岸通关便利化制度安排

浦东新区率先探索"一线放开、二线管住、区内自由"便利化监管模式，先后推出"先进区、后报关""十检十放"等一系列创新举措，浦东区域进、出境时间较全关水平分别缩短 78.5% 和 31.7%，企业物流成本平均降低约 10%。探索口岸无纸化通关，搭建集装箱设备无纸化平台和集卡预约平台，实行设备交接单全程电子化，结束了 30 余年的纸质单据流转，大幅节约制单和流转成本，提高车队运营效率，提升场站作业效率。

251. 探索资本项目收入结汇支付便利化

浦东新区符合条件的诚信优质企业办理资本项目收入结汇支付时，可以仅凭《资本项目外汇账户资金支付命令函》直接在银行办理，无需事前、逐笔提交证明交易真实性的单证材料，办理银行对企业资金真实性审核由事前转为事中事后。相关经验举措已在《国家外汇管理局关于优化外汇管理支持涉外业务发展的通知》中进行总结推广。

252. 打造金融领域对外开放先行区

浦东新区在全国率先允许外资 PE 和 VC 等以"股权投资管理企业"身份进行合法登记注册；率先试点开放外资资产管理业务；开展合格境外有限合伙人（QFLP）试点和合格境内有限合伙人（QDLP）试点。

253. 探索全方位境外投资服务体系

浦东新区优化境外投资服务平台功能，拓展"一带一路"专区板块业务，以"线上 + 线下""标准化 + 个性化"服务体系为全球范围内的项目方、资金方、服务机构等搭建集信息、交易、服务、社交于一体的在线 / 离线（O2O）项目资本信息对接，为企业提供事前、事中、事后"一站式"服务。

254. 创新市场采购贸易方式

义乌市探索新型市场采购贸易方式，建立义乌市场集聚区的电子围网，供货商、代理商、采购商实行备案登记，实行"集中仓储、联网申报、前移检验、有效监管"的新型检验检疫监管模式，形成贸易流程管理服务、信用评价管理、出口商品质量管理、国际贸易风险预警防控、违法违规案件追溯查处等综合管理体系。有关改革举措已纳入《国务院办公厅关于促进进出口稳定增长的若干意见》。

255.实施"一单制"多式联运机制

义乌市探索实行一次托运、一次收费、一票到底、全程负责的"一条龙"全程无缝运输服务，畅通商品流通环节的物流体系。海关与口岸对应部门建立协作备忘机制，实施"出口直放、进口直通"，逐步建立统一规范、责任明晰、衔接有序的一体化作业流程。有关改革举措已纳入《交通运输部办公厅关于印发深入推进长江经济带多式联运发展三年行动计划的通知》。

256.探索"市场采购＋海外仓＋跨境供应链服务"开放新模式

义乌市支持企业到"一带一路"沿线国家布局"海外仓"，实现市场前移和海外本土化服务。通过市场采购贸易出口至海外仓，海外仓实行"整进散出、即售即提、售后服务"的模式，更好满足了海外采购商"快速收货、节约资金、售后有保障"的采购需求，帮助出口商降低物流成本、保障收款、提升竞争力。

257.探索"义新欧"市场化常态化运行机制

义乌市建立中欧班列进口直通机制，优化跨关区通关、转关操作流程，与口岸海关建立联系配合机制，探索进口贸易简化申报，推动通关便利化。探索试点"单一窗口"铁路运输项目，开通"义新欧"吉利号、eWTP菜鸟号、温州号、诸暨号等定制班列，实施"线下市场采购＋线上跨境电商＋铁路运输通关"融合机制。推进沿线海外分市场、海外物流中心和海外仓建设，拓展班列融资、通关、退税、保险等综合服务机制。

258.实行"商友卡"外籍人员管理服务制度

义乌市以"商友卡"为载体，将涉外管理服务功能和"市民卡"公共服务功能集成到一张卡片。外籍人员凭卡享受公共交通、图书借阅等公共服务，符合条件的可享受基本养老、子女教育等社会保障。卡片集成人力社保、公安、商务、市场监管、中国人民银行等部门相关涉外管理服务功能，实现信息共享与联动监管，为涉外管理与服务模式创新提供有效保障。

259.创新市场采购贸易货款保障模式

义乌市依托义乌商城国际物流平台，联合入驻平台的优质专线公司，开发市场采购贸易"货款宝"产品。符合准入的经营户或外贸公司，在环球义达平台下单后，货物入义乌集货仓通过核验，即可由商城集团先行垫付应收货款的60%，剩余货款由环球义达平台入驻的专线公司代为收取。若产生货款风险，由义乌人保提供出口信用保险、货物运输保险，对货物运输途中发生的风险及应收货款风险提供保险赔付，其中应收货款理赔款优先赔付给商城集团。通过环球义达数字化履约能力，打造贸易流、物流、资金流闭环，构建物贸一体的安全保障平台。

260.探索出口商品原产地证签发监管新模式

义乌市创新全过程原产地监管模式。事前建立相关原产地证签发的敏感产品清单。事中实现企业申报"即报即签"，对敏感产品清单以外的市场采购商品申报原产地证书免于实地调查，对数据和单证核查无误后直接签证。事后做好风险防控，建立原产地证书信息需与报关单信息一致的事后抽查制度。在新冠肺炎疫情防控期间，海关推出信用签证便利措施，企业可以预领取一个月用量的空白原产地证书，海关审核企业提交的电子信息后，自行在家打印，无需到海关窗口面签。

261. 探索出口信用险统保模式

义乌市创新"交强险＋商业险"保费机制。基础性保障由政府出资为义乌所有市场采购贸易方式出口订单进行一定限度（损失货款 30%）的保险保障；升级保障（类似商业险）主要是将赔付比提升到 45%、60% 两档，由市场主体自行买单（除去政府买单部分的费用），自付费率在 0.1‰ 至 0.2‰ 水平。允许市场商户等个体工商户作为实际保险受益人，由其将外贸订单信息在保险平台进行申报，再由外贸公司（名义被保险人）将外贸订单与出口关单进行关联，订单申报后默认视为受理投保。由外贸公司（名义被保险人）向保险机构报案、提交理赔资料，理赔资料齐全后 1 个月内保险机构向实际受益人赔付。

262. 探索"互联网＋"结汇模式

义乌市建立以政府平台、自证方式、信用管理为基础的跨境电商主体收结汇方式。卖家在义乌跨境电商服务平台完成注册后，自行在平台上传标准化订单明细，作为银行提供收结汇服务的重要参考。银行通过建立主体管理制度、主体承诺制度、事中事后管理机制、信息采集标准化管理等手段落实尽职调查，对主体风险等级进行动态调整。政府平台负责统一归集数据，政府主管部门、银行等对异常情况进行筛查，并对不良情况采取相应惩戒措施。开发外汇管理系统，通过信息共享审核贸易真实性，实现结汇全程网办。

263. 创新"跨境电商＋空运"空空转关模式

跨境电商货物经义乌海关监管，在义乌机场完成安检、装箱、组板等作业后，通过国内航班将出口货物转关至实际出境机场，到达出境机场后不需要进行二次拆板、拼装处理，在货站出港中转货暂存区直接等待衔接航班或在飞机间转运至目的地机场，满足企业对高端物流的时效需求。

264. 创新发展航空物流"异地货站"模式

义乌机场与杭州、宁波国际机场签约互为"异地货站"。货物经义乌海关监管，在义乌机场完成收运、安检、报关等系列手续后，以海关监管车作为飞机的延伸工具，用陆运方式驳运至出境机场，到达出境机场后直接装机运抵至目的地机场。借力枢纽机场的航线资源扩大义乌航空物流的辐射面，缓解义乌作为货物集散地与义乌国际航线较为单一的矛盾，帮助义乌本地货主在家门口实现异地（远程）货物交运服务。

265. 创新海铁联运全程提单业务模式

针对传统海铁联运运输过程复杂，途中往往涉及多方承运人和多级转运，业务效率低，联运单据的层层流转，导致其真实性和唯一性的验证难度较大等痛点堵点问题，马士基、中远海、达飞、地中海等船公司在义乌铁路口岸以全程提单（CCA）模式开行海铁联运专列。货物在义乌铁路口岸装车后即签发国际多式联运全程提单。船公司有机整合铁路和海运两种不同的运输方式，对承运货物的"铁路＋海运"全程负责，实现海铁联运货物"一次委托、一口报价、一单到底、一票结算"。同时，国际多式联运全程提单具备物权属性，可以办理提单质押、流通转让等金融服务。

266. 推动与国际法律制度对接联通

深圳市率先制定适用《联合国国际贸易法委员会仲裁规则》的程序指引，推出"选择性复裁程序"。完善域外法律查明与适用体系，制定《域外法查明办法》《适用域外法裁判指引》等系列制度。成立全国首家按法定机构模式治理的深圳国际仲裁院，建立全国首个以国际化理事会为中心的法人治理机构。引入境外高端法律专业人才参与法治建设，建立"专业法官＋香港地区陪审员＋国际专家咨询委员会"涉外涉港澳台商事审判机制，建设集调解、仲裁、诉讼等功能于一体的"一带一路"国际商事诉调对接中心，联动香港打造国际商事争议解决中心，建立国际化专家咨询委员会。相关经验举措已在《国家发展改革委关于推广借鉴深圳经济特区创新举措和经验做法的通知》中进行总结推广。

267. 创设"全球中心仓"监管模式

深圳市实施保税与非保税货物同仓存储、进口与出口同仓调拨、小额交易与大宗贸易同仓交割、内贸与外贸同仓一体，将原需存储于多个地区、多个仓库的多种贸易形态货物整合在同一中心仓内，实现海外仓、保税仓、普通仓"三仓合一"，有效降低外贸企业成本。

268. 推进粤港澳大湾区标准协同

深圳市以市场化方式发起成立粤港澳大湾区标准创新联盟，率先探索生命和生物技术、工业互联网、智慧物流标准体系，联合开展国际标准和湾区团体标准研制，以市场和创新为导向开展重点领域大湾区标准研制，促进"同一个湾区，同一个标准"。相关经验举措已在《国家发展改革委关于推广借鉴深圳经济特区创新举措和经验做法的通知》中进行总结推广。

269. 推动口岸通关协作提升通道便利化

压缩重庆口岸整体通关时间，优化物流组织模式，提升跨境贸易便利化水平。开行"沪渝直达快线"，将重庆出口货物下水时间控制在 10 天、进口货物上水时间控制在 12 天，与西部陆海新通道沿线 15 地签署《区域海关共同支持西部陆海新通道合作备忘录》，加强中欧班列及西部陆海新通道沿线关区之间通关协作。依托属地园区智慧网络，上线申办模块，提供非工作时段预约查验、通知查询等窗口服务，进出口整体通关时间分别压缩 65%、85%，查验效率提升 30%，企业办事效率提升 50%。

270. 推进川渝自由贸易试验区协同开放

重庆市实施政策项目"双清单"管理，培育壮大开放型经济主体。成立全国首家覆盖全域、专门化的自贸试验区法院，组建商事仲裁中心和知识产权法庭，设立调解、公证、涉外法律服务等机构，设立西部唯一的商标审查协作中心。共同打造开放型产业体系和国际开放物流枢纽，加快打造引领内陆高质量发展、高水平开放的动力源，打造川渝协同开放新样板。

271. 推进中新（重庆）战略性互联互通

重庆市开通国际陆海贸易新通道，中新两国政府共同推动通道国际合作、扩容增效、提档升级。开通中新（重庆）国际互联网数据专用通道，签署《关于共建中新（重庆）国际互联网专用通道战略合作备忘录》，共同设立了应用推广和政策创新2个工作组，并推动通道接入重庆7个产业园区。开通中新金融跨境融资通道，帮助西部地区企业解决融资难、融资贵难题。开通重庆和新加坡空中通道，开辟了"渝新快线"，搭建了便捷的空中走廊。开通渝新人才培训交流通道，渝新签署领导能力建设合作协议。

272. 打造"一座港"开放口岸体系

通过建设以仙桃港为核心的开放口岸体系，补齐了武汉城市圈西翼重要开放平台、基础设施不足的短板，开辟全新的仙桃港集装箱码头大通关、集疏运模式，为仙桃、天门、潜江、汉川、监利、洪湖等江汉平原地区企业出口产品提供了一条新的高效、便捷、低成本绿色通道。该举措大大缩短了通关流程，提高了通关效率，直接为外贸企业降低物流成本25%左右。

273. 武汉海关探索货物贸易"一保多用"管理模式

武汉海关探索构建以企业为单位的海关担保信息化管理模式，实现企业一份担保文本在不同业务领域、不同业务场景、不同担保事项间通用，担保额度自动核扣、返还以及担保风险智能防控。相关经验举措已在《国务院关于做好自由贸易试验区第六批改革试点经验复制推广工作的通知》中进行总结推广。

274. 探索"园区共建、收益共享"协同开放新机制

武汉经济技术开发区为发展空间不足等问题，突破行政与地理界限，发展"飞地经济"。先后与汉阳区、洪湖市等地共建产业园，承接武汉经开区产业配套项目和产业转移项目。按照"园区共建、收益共享"的机制，成立共建园区管委会及开发投资公司负责经济社会事务管理及开发建设融资，促进优势互补、风险共担、收益共享、合作共赢。

275. 探索"融资租赁 + 汽车出口"业务创新

天津滨海新区支持以融资租赁方式开展汽车出口业务，在商务部汽车出口许可证申请系统中增设相应贸易方式选项，并按照企业实际需求采用合适的许可证签发方式，便利企业回款。

276. 滨海新区创新货物贸易"一保多用"管理模式

天津滨海新区整合进口货物风险类、税款类担保的管理流程和模式，构建以企业为单元的海关担保信息化管理模式，实现企业一份担保文本在不同业务领域、不同业务现场、不同担保事项间通用，担保额度自动核扣、返还以及担保风险智能防控，进一步降低企业资金成本，提升海关担保业务管理效能。相关经验举措已在《国务院关于做好自由贸易试验区第六批改革试点经验复制推广工作的通知》中进行总结推广。

案 例 篇

ANLIPIAN

第一章　上海浦东新区综合配套改革试验区典型案例

围绕"一流城市要有一流治理"要求，浦东新区围绕市场主体全生命周期、人民群众办事全链条等，综合运用大数据、云计算、人工智能等现代技术，不断创新行政管理体制改革，打造具有对群众需求和城市治理问题感知能力"城市大脑"等治理机制，让城市治理变得更精细更智能更智慧。

一、探索"城市大脑"城市治理机制

围绕"一流城市要有一流治理"要求，浦东新区综合运用大数据、云计算、人工智能等现代技术，打造具有对群众需求和城市治理问题感知能力、对城市运行趋势和问题演化研判能力、对城市各类事件和疑难问题处置能力的浦东新区"城市大脑"综合信息指挥平台，让城市管理变得更精细更智能更智慧。

2018 年 1 月，浦东新区率先探索以智能化应用场景为支撑的城市治理新模式，打造浦东新区"城市大脑"。2018 年 11 月 6 日，习近平总书记考察区城运中心，对浦东新区城市"绣花式"智能管理的探索和实践给予了肯定，并提出了"一流城市要有一流治理"的新要求。2018 年 12 月，浦东新区贯彻习近平总书记重要指示精神，启动浦东新区"城市大脑"智能化迭代升级工作。2019 年，浦东新区紧扣"一屏观天下、一网管全城"的目标定位，全面推进城市运行"一网统管"建设。2020 年，以"人民城市人民建、人民城市为人民"为重要理念，牢牢抓住智能化的牛鼻子，浦东新区"城市大脑"进一步实现迭代升级。

主要做法是通过各种管理方法和技术方式创新应用实现城市全方位"感、传、知、控"，以技防辅助人防，构建"组织成体系、发现智能化、管理可闭环"模式，形成对城市治理的即时感知、全域思考、预警研判、统筹指挥等功能。一是组织体系上，浦东新区"城市大脑"横向集中所有城市运行管理事务，以入驻或派驻方式，整合城管、公安、应急、环保、市场监管等部门，将分属不同业务条线"单一兵种"在区域内进行汇集，形成指挥统一、协同配合、集团作战的战区"大脑"。纵向上形成"区城运中心、36 个街镇城运分中心、1323 个村居工作站"三级管理体系，利用视频会商系统和覆盖全部村居的 4G 高清智能单兵系统，实现人员一键连线、资源一键调动、会商组网指挥、单兵随机指令综合扁平指挥。二是应用场景上，围绕常态、应急、专项三种状态，形成了覆盖设施、运维、环境、交通、安全、执法等领域的城市运行智能管理场景，把审批、管理、执法数据关联起来，进行管理流程再造。同时，以"更安全、更有序、更干净"三个维度，提取核心管理要素，作为城市运行重要体征，由区城运中心平台实时监测，打造全域感知的浦东新区"城市大脑"。三是系统集成上，融视觉、听觉、嗅觉和触觉的一体化感知，与公安等部门共享遍布浦东新区各区域的监控视频让"城市大脑"目明；"浦东新区 E 家园""浦东新区智理"等"互联网＋"APP 倾听市民呼声让"城市大脑"耳聪；接入市级部门、区级单位业务系统综合形成城市体征让"城市大脑"鼻灵；部署近 4 万个物联网感知设备让"城市大脑"触敏。此外，浦东新区"城市大脑"集成 110、119、120、12345 市民服务热线等各类信息资源，强化全面、精准、定量的数据存储、加工和分析能力，为预警预报、科学决策、精准施策提供有力支撑。

浦东新区"城市大脑"坚持体系建设与场景应用相结合、部门管理与系统治理相结合、智能发现与闭环管理相结合、体制内资源与体制外资源相结合，让管理更高效、生活更便捷。未来，将继续全面推进"城市大脑"不断迭代、不断提升。一是以资源整合、要素联通为核心，持续深化应用场景建设。秉持系统治理、综合治理、智能治理理念，推动专业领域治理要素再梳理、再细化，应用场景再整合、再深化。二是以全面覆盖、协同高效为关键，持续强化场景实战应用。坚持在实战中强化应用、在创新中提升效能，打造治理效能最优的"城市大脑"，切实提高群众满意度、获得感。三是以智慧赋能、开放联建为支撑，持续推动整体迭代领先。创新应用最新前沿技术，着力从"智能化"向"智慧化"升级上下功夫，全面塑造浦东新区在城市治理领域的标杆地位、高地优势、领先态势。

二、"证照分离"改革

"证照分离"改革试点是党中央、国务院交给上海，在浦东新区实施的重大改革任务，通过改革有效破解了"办证难""准入不准营"难题，推动了政府职能转变和营商环境优化，激发了市场主体活力和社会创造力。

2015 年 12 月，国务院批复同意在浦东新区对 116 项企业市场准入审批事项按五种改革方式实施改革，揭开了"证照分离"改革序幕，启动改革 1.0 版。2017 年 9 月，国务院常务会议决定在全国其他 10 个自贸试验区和具备条件的国家级开发区，复制推广浦东新区"证照分离"改革试点经验。2018 年 1 月，国务院常务会议决定进一步在上海市浦东新区对 10 个领域 47 项审批事项进行改革试点，同时浦东新区选取了企业关注度较高、审批频次较高的 35 项审批事项实行"自主"改革，持续推进"照后减证"，启动改革 2.0 版。2018 年 9 月，国务院常务会议部署在全国有序推开"证照分离"改革。2019 年 8 月，国务院常务会议决定在全国自贸试验区开展"证照分离"改革全覆盖试点，启动改革 3.0 版。

主要做法是针对市场主体开业前需要办理的各类许可证，通过取消审批、审批改备案、实施告知承诺、优化审批服务"四扇门"方式，最大限度减少审批事项、优化审批流程。一是对直接取消审批的事项，重构行业管理模式。对市场竞争机制能够有效调节、行业组织或中介机构能够有效实现行业自律管理的事项，取消行政审批，允许企业直接开展相关经营活动。对取消审批的事项，根据所涉行业特点，通过完善市场调节机制、制定标准规范等措施，重构行业管理制度，确保监管衔接到位。二是对审批改为备案的事项，完善备案管理方式。对行政许可事项实行备案管理。根据规定的备案条件，企业将相关材料报送主管部门后，即可开展相关经营活动；监管部门发现企业有违法违规行为，通过加强事中事后监管，予以纠正或处罚。三是对实行告知承诺的事项，规范实施程序。对暂时不能取消审批，但通过事中事后监管能够纠正不符合审批条件的行为且不会产生严重后果的行政许可事项，实行告知承诺制。对实行告知承诺的行政许可事项，由行政审批机关制作告知承诺书，一次性告知企业审批条件和需要提交的材料，企业承诺符合审批条件并提交有关材料，即可当场办理相关行政许可事项。四是对优化审批服务的事项，推动快办好办。对关系国家安全、公共安全、金融安全、生态安全和公众健康等重大公共利益的行政审批事项，保留审批，但从方便企业的角度，通过精减材料、减少环节、合并审批、提高标准化等方式优化审批服务。

"证照分离"改革的基本经验有如下方面：一是围绕企业主体，破解痛点难点。坚持"问需于企""问策于企""问效于企"，针对企业痛点研究确定改革方式，坚持全面了解企业感受度和满意度，确保改革成果真正惠及市场主体和人民群众。二是坚持系统集成，夯实顶层设计。在"管"的方面，推动以动态、信用、风险、分类为特征的监管方式转变。在"服"的方面，完善改革配套措施，再造审批服务流程，打造集成服务、智能便捷的"互联网+政务服务"体系。三是坚持法治引领，保障制度创新。积极推进涉及"证照分离"改革的政策法规暂时调整，积极将实践中已经相对成熟的改革经验和措施及时上升为法规。四是坚持信用支撑，打通关键环节。持续深化"信用浦东"建设，通过完善信用制度、夯实信用基础、拓展信用应用，让信用体系建设更好地服务经济高质量发展。

三、"一业一证"改革

2019年7月，浦东新区率先实施"一业一证"改革，创新行业综合许可制度，从"政府侧"和"企业侧"双向发力，闯出了一条"照后减证"的新路径，是实现市场准入领域管理理念转变、审批流程再造、监管体系重塑、服务方式提升的一项重大改革创新。

"一业一证"改革是"证照分离"改革的深化和延续，目标就是从"以部门为中心"的政府侧单个事项改革，转向"以企业为中心"办成"一件事"的业务流程革命性再造，把一个行业准入在政府侧涉及的多个审批事项整合为企业侧的"一张许可证"，努力从根本上破解企业"准入不准营"难题。2019年6月，上海市委、市政府出台《关于支持浦东新区改革开放再出发实现新时代高质量发展的若干意见》，明确浦东新区率先实施"一业一证"改革试点。

主要做法：一是再造业务流程，建立行业综合许可制度。（1）行业管理架构上实现"一帽牵头"。明确各行业牵头和协同部门，建立清单管理制度，在推进改革、强化监管、优化服务等方面，探索一个行业由一个部门牵头、多个部门协同的企业全生命周期"政府一口服务"机制。（2）审批指引方式上实现"一键导航"。围绕企业便捷高效办成"一个行业准入"，重构审批事项指引方式。由部门审批事项目录索引，转为以行业小类为基础的交互式精准匹配。（3）行业审批条件上实现"一单告知"。以企业市场准入涉及的场所、设备、资金、人员和制度等审批要素为基本单元，对一个行业涉及多个许可证的审批条件进行标准化集成。由"以事项为中心"的审批条件，转为"以要素为中心"的审批条件，形成一张准确、清晰、易懂的告知单。（4）审批申报方式上实现"一表申请"。在对审批条件分类集成的基础上，将一个行业涉及的多张审批申请表合并集成为一张申请表。建设智能化系统，从申请材料中抓取数据自动填写申请表，将申请人角色由"填表人"转为"审核人"。（5）许可审核程序上实现"一标核准"。在"一单告知"和"一表申请"的基础上，按照提前服务、材料审核、现场检查等环节再造审批审核程序，变"串联"为"并联"，实现一个行业一套统一的审核程序。（6）行业准入方式上实现"一证准营"。在"企业侧"对一个行业准入涉及的多张许可证"归并整合"为一张"行业综合许可证"，集成有关行业许可证信息，综合许可的行政复议和行政诉讼主体仍为原审批部门。二是注重协同高效，强化"放管服"改革系统集成。建立与行业综合许可相适应的行业综合监管制度。对涉及多个监管部门的行业，明确由一个部门履行综合监管牵头和风险防范兜底职责，形成市场主体自律、业界自治、社会监督和政府监管"四位一体"的监管格局。同时，推进部门行政审批系统与"一业一证"模块实时对接，全面推进网上办、单窗办。三是坚持法治引领，护航改革措施有效落实。制定出台《浦东新区人民代表大会常务委员会关于进一步优化营商环境探索"一业一证"改革的决定》，有效解决了改革创新措施的合法性问题，为支撑"一业一证"改革试点先行迈出关键一步。

2020 年 12 月，国务院批复同意上海市浦东新区开展"一业一证"改革试点，2021 年 4 月，"一业一证"改革在全市复制推广，截至 2021 年底，已发放 2200 余张行业综合许可证。

四、新零售混合业态发展

在盒马鲜生的海鲜区选一条石斑鱼，称重付完钱拿到旁边的海鲜岛加工，然后在后厨下锅，最后端上用餐区的餐桌。食材新鲜看得见，吃起来也更放心。如今上海人司空见惯的盒马鲜生，诞生之初却是货真价实的"新业态"。"准生证"从何而来？这得益于浦东新区市场监管的制度创新，使"新零售"混合业态不仅顺利"出生"，还得以茁壮成长。

2016 年 2 月 3 日，上海盒马网络科技有限公司在浦东新区建立了全国首家"互联网＋生鲜超市体验店"——"盒马鲜生"，集食品销售、餐饮服务功能为一体，实现线上线下相互融合，为消费者提供生鲜食品深度体验服务。盒马公司通过"盒马鲜生"这一品牌推出了生鲜超市体验店"卖服务"的消费新理念。消费者进入"盒马鲜生"体验店后，可以在购物区挑选食材，由大厨现场烹饪，然后在店内就餐。不想出门的消费者也可以在该店五公里范围内，通过

APP 手机订货。

主要做法：一是为盒马新零售混合业态提供制度保障。面对"盒马鲜生"集食品销售（即标准超市）、餐饮服务（即中型饭店）功能为一体，同一食品经营者在同一经营地址需要办理多张许可证的问题，浦东新区以《食品经营许可管理办法》《食品经营许可审查通则（试行）》为依据，结合尚在施行的《上海市餐饮服务许可管理办法》，将《餐饮服务许可证》和《食品流通许可证》"两证合一"，向盒马核发新版《食品经营许可证》。通过食品经营审批制度创新，有效破解了食品流通、餐饮服务两个环节界限划分不清难题，满足了食品经营企业实际需求，实现了食品经营由分段监管、分品种监管向多业态混合经营、全程无缝监管的转变。二是全面优化企业服务水平，体现浦东速度和温度。为企业提供贴身服务，先期指导。项目前期的购物区和就餐区布局设计、中期供餐安全措施、后期申报办证资料进行及时沟通服务，为企业申办《营业执照》《食品经营许可证》提供全程保障，确保项目在浦东新区顺利落地。从企业孕育研究新业态怎么做，到顺利拿到《食品经营许可证》，前后只用了三个月不到的时间。

经过三年的发展，"盒马鲜生"已在浦东新区开设了八家门店。此后，盒马（中国）有限公司、盒马供应链有限公司又相继落户浦东新区，将建设更先进的物流中心和加工中心，为消费者提供安全的生鲜食品。以"盒马鲜生"为起点，浦东新区在有效破解"办证难"问题的同时，还逐步形成了以"企业主体、协同联动、系统集成、法治引领、信用支撑"为特征的"放管服"改革浦东样板。

五、药品上市许可持有人制度改革

药品医疗器械质量安全和创新发展，是建设健康中国的重要保障。浦东新区积极发挥自贸区制度创新优势，率先探索药品上市许可持有人制度，激发医药产业创新发展活力。

药品上市许可持有人制度（MAH）试点前，医药生产行业施行生产许可和上市许可两证捆绑模式，客观上制约了医药生产企业特别是具备研发能力企业的积极性和活跃度。浦东新区积极回应企业诉求，对药品上市许可持有人制度试点可行性进行调研，形成报告并上报上海市相关职能部门，通过部市合作推进机制，共同争取国家部委支持。2015 年 8 月 13 日，国务院发布《关于改革药品医疗器械审评审批制度的意见》。2015 年 11 月 4 日，全国人大常委会通过决定，授权国务院在北京、上海等 10 个省、直辖市开展药品上市许可持有人制度试点。2016 年 7 月 25 日，上海市政府办公厅正式印发《上海市开展药品上市许可持有人制度试点工作实施方案》。浦东新区作为上海试点工作的主要承载区率先启动改革。

主要做法：通过改革为药品注册与生产两大环节解绑，并强化药品安全监管，落实药品全生命周期主体责任，浦东新区着力推进五方面举措，不断扩大试点效应。一是搭建药品上市许可持有人制度交流平台，做好试点宣传推广。在该平台、"中国上海"政府网站等多个网站设立专栏，为企业提供便捷信息服务。二是组织编制专业指南，落实企业质量管控责任。组织多部门力量研究编制专业指南，指导试点企业明确质量管控责任。三是研究制定配套制度，加强事中事后监管。制定《上海市药品上市许可持有人申请办事指南》《上海市药品上市许可持有人事中事后监督管理规定》《江浙沪药品上市许可持有人制度跨省监管规定》等配套制度。四是创新风险救济模式，提升企业履责能力。印发《张江高新区核心园药品上市许可持有人制度合同生产试点风险保障资金实施意见》，安排 5000 万元资金用于试点企业保费补贴。五是组建药品审评核查中心，为企业提供高效服务。上海药品审评核查中心在张江药谷挂牌成立，为药品创新研发、加强事中事后监管提供全方位的技术支撑。

截至 2019 年 11 月 4 日试点工作结束，浦东新区共有 44 家申请人申报 99 个品种，其中 30 个为 I 类创新药，分别占全市的 74.4% 和 96.8%。浦东新区率先展开了多项探索，率先自主研发了肿瘤免疫治疗药物 PD—1 单抗，率先探索以合同生产模式申请上市创新生物药；上海市首个试点品种、创新药品落地浦东新区。药品上市许可持有人制度已被纳入新修订的《药品管理法》，正式确立为我国药品基本管理制度之一。

六、构建离岸转手买卖产业服务体系

随着经济贸易形势的发展，越来越多的浦东新区企业产生开展离岸贸易的业务需求。主要原因：一是跨国公司地区总部、营运中心全球调配资金和货物的需要；二是随着浦东新区商务成本的上升，企业的加工制造环节向东南亚等地迁移的趋势明显，但销售和贸易结算功能仍在浦东新区，必然产生离岸贸易的需求。特别是中美贸易摩擦以来，不少企业考虑将产品转由第三国（地）生产，通过改变原产地规避高关税，也亟须开展离岸贸易。由于我国货物贸易的外汇管理要求货物流与资金流一致，因此企业开展离岸贸易的难点在于资金结算。此外，税收问题也是一大瓶颈。2019 年，保税区管理局设立"中国（上海）自由贸易试验区离岸转手买卖产业服务中心"，启动"离岸转手买卖先行示范区"建设，加快推动离岸转手买卖发展。

主要做法：一是加强监管部门联动，在创新试点、扩大范围等方面持续推进。一方面，中国人民银行上海分行和上海市商务委于 2018 年 9 月联合印发《关于明确自由贸易账户支持上海发展货物转手买卖贸易有关事项的通知》，2019 年推出首批"白名单"企业，并持续扩大范围。截至 2021 年 10 月，全市"白名单"企业共 499 家，其中浦东新区 379 家，占全市 76%。2020 年 9 月又印发《关于明确自由贸易账户支持上海发展离岸经贸业务有关事项的通知》，进一步扩展了对企业离岸业务的支持范围。另一方面，国家外汇管理局上海市分局通过集审备案的方式，支持有真实贸易背景的企业开展离岸贸易。2020 年 8 月，国家外汇管理局印发《经常项目外汇业务指引（2020 年版）》，支持银行遵循实质重于形式原则，为真实合法的离岸业务提供金融服务，不再通过个案集体审议形式给予支持。二是加大企业服务力度。精准对接，帮助有需求的企业及时对接监管部门，顺利开展离岸业务。优化措施，通过走访、座谈等方式持续跟踪试点企业业务开展情况，及时向监管部门反映试点中存在的问题，推动中国人民银行跨境部取消试点中关于账户要求的限制。示范带动，"产业服务中心"为企业提供政策咨询、培训宣讲、项目协调、金融法律等各类服务，发挥试点区域、试点企业示范带动作用。三是形成产业政策支持。2020年12月，浦东新区财政局、商务委、保税区管理局联合出台《中国（上海）自由贸易试验区专项发展资金支持离岸转手买卖业务发展实施细则》，按照从优不重复原则予以支持。

七、建设国际贸易"单一窗口"

建设国际贸易"单一窗口"，是实现口岸管理部门信息互换、监管互认、执法互助的重要措施，是上海自贸试验区贸易监管制度创新和促进口岸通关安全便利的重要内容，是借鉴国际先进经验、遵循国际通行规则、降低企业成本费用、提高贸易便利化的重要途径。

国际贸易"单一窗口"，使外贸企业能够实现一个入口一次性提交国际贸易通关相关单证数据并接收结果。近年来，联合国及世界贸易组织均就建设国际贸易"单一窗口"促进贸易便利化发出倡议并提出标准建议。从全球发展趋势来看，美国、新加坡、韩国等40多个国家和经济体已经实行"单一窗口"。建成符合国际标准的"单一窗口"，既是我国加入WTO时的承诺，也是我国进一步融入经济全球化、提升经济社会发展能级和水平的现实需要。

主要做法：一是分步推进，实现口岸通关监管环节全覆盖。从2014年2月启动试点至2021年，共有三版先后上线运行。截至2021年底，设有10个功能板块共计54项特色应用功能，覆盖业务办理、一二线监管、贸易监管、物流仓储等口岸通关各环节，基本实现所有上海口岸船舶申报手续企业普遍通过"单一窗口"办理。二是简化流程，推动企业通关便利化水平大幅提升。建立进口货物申报一张大表，简化申报数据，避免重复录入。货物申报数据由135项合并为103项，每票报关单申报时间缩减至1—2分钟，通关办理时间由1天压缩到半小时。实现出口退税数据自动导入，每年为企业减少手工录入约2.4亿项填报要素。自建出口退税管理服务平台，向出口企业提供增值办税服务。三是部门联动，构建智能高效便捷的营商环境。建立数据跨部门流通，船舶离港办理时限压缩至以秒计时。同时，实现海关等多部门联合登临、一次性查验，提升船舶通关效率，压缩船舶企业成本。通过"单一窗口"形成通关便捷码，实现邮轮旅客刷码快捷通关。同时，边检、海关、海事、公安等部门通过信息共享，实现多条邮轮共享一个通道，节约了50%空间和50%执法人力。

上海国际贸易"单一窗口"通过模式、业务和技术创新，大幅提升贸易便利化水平。如今，上海国际贸易"单一窗口"支撑起了全国近1/3贸易量和上海4000万/年集装箱吞吐量的数据处理，对接22个部门，服务企业超过40万家，是全球数据处理规模最大的"单一窗口"，相关经验已复制推广至全国。

八、首次进口非特殊用途化妆品备案

为企业提供更为高效便捷的服务一直是我国"放管服"改革的出发点和落脚点。作为"证照分离"改革的重点内容，首次进口非特殊用途化妆品备案试点改革于2017年3月1日在浦东新区率先启动，并积极探索形成可复制可推广经验，为我国"放管服"改革提供了可参照的创新样本。

在中国，进口化妆品分为特殊用途和非特殊用途，除了具有育发、染发、烫发、脱毛、美乳、健美、除臭、祛斑（美白）、防晒等9类特殊功效的化妆品以外，都属于非特殊类化妆品，占据化妆品市场90%以上的份额。过去，首次进口非特殊用途化妆品取得的凭证，名称虽然为"备案凭证"，但实际走的是许可的流程。企业需携带备案产品的纸质资料及样品至北京的国家食药监总局受理中心提出申请，经形式审查通过后，纸质资料转由专家进行审评，通过后再至总局受理中心去取备案凭证后，方可办理相关进口通关手续。从申请到备案最快需要两个月才能完成，加上补充资料等环节，企业完成产品备案的时间通常在3—6个月之间。

主要做法：一是再造审批流程，化妆品进口更加便捷。改革后，进口非特殊用途化妆品市场准入在三个方面更加便利：（1）准入方式由审批改为备案，将样品资料审查从前置改为后置，办理速度更快。（2）受理窗口由总局改为浦东，企业可就近完成申请，商务成本明显降低。（3）深化信息化手段运行，实现资料上传、形式审查、备案凭证全程网办，效率更高。二是坚持放管结合，事中事后监管同步加强。将原有的重准入审批调整为重事中事后监管，一方面，倒逼企业强化主体责任，促使企业主动加强对产品的质量把关、安全管理，推动市场主体自律自治；另一方面，加大政府部门监管力度，建立事中事后监管制度，通过加强产品全流程追溯、信息公开、监督抽验、不良反应监测、信用管理等措施，切实防控化妆品安全风险、维护消费者健康安全。三是多方联动，保障试点工作顺利推进。浦东新区在筹备、实施首次进口非特殊用途化妆品备案管理试点过程中，通过多方联动凝聚了强大工作合力，为试点工作顺利开展提供了坚实保障。

新政策受到了进口化妆品企业的普遍欢迎，备案的数量和效能均呈快速增长态势，进口高端消费品的产业集聚效应已经显现。由于产品进入中国市场的时限大大缩短，越来越多应季"限量版"的化妆品映入消费者的眼帘。试点工作的成功经验已经向全国十个自贸区复制、推广，改革取得阶段性成效。

第二章　天津滨海新区综合配套改革试验区典型案例

天津滨海新区积极贯彻落实党中央、国务院关于深化改革的重大决策部署，从天津滨海新区的实际出发，先行试验一些重大的改革开放措施，形成了一些亮点案例，为全国其他地区的综合改革起示范作用。

一、"创新创业通票"制度

"创通票"制度是一种针对特定科技服务的定额有价电子编码，可通过互联网管理系统实现流转与兑现，将现行政策资金兑现的财政后补贴方式改为先由第三方机构垫付，再由合作银行兑现的方式。"创通票"由天津滨海高新区会同相关行业专家和企业设计发行，是为了支持创新创业而设计发行的一种针对科技服务的定额有价电子编码，通过"创通票互联网管理系统"实现创通票的可流转、可兑现。高新区已汇集了来自天津、北京、上海、山东等地30多家机构为企业提供服务，并在创通票启动的第一年拟投资2亿元针对五大服务包进行建设和完善。符合条件的创业者和企业只需通过创通票编码就可以在网站上在线申请服务包，将过去需要一年左右才能落地的政策变为即时申请、即时享受。真正做到让创业者和企业享受到"一票在手、创业无忧""到自创区创业、全程免费"的改革成果。高新区提供价值几万元到上百万元不等的五大服务包，其中包括"初创服务包""高企服务包""知识产权服务包""分析测试服务包""新三板挂牌服务包"。这些服务包是针对某种创新创业行为所提供的专项服务，由政府向能够提供专项服务的第三方机构购买，免费提供给创新者和创业者。申请创通票的企业需同时满足以下条件：在高新区内注册，具有独立法人资格，有创新创业的行为特征，正常经营，管理规范，无不良信用记录。而有意愿加入创通票中介服务的机构须登录系统提出申请，同意接受相应管理，承诺遵守创通票制度的规定。经审核，符合相关标准的机构纳入系统数据库，并配置唯一的身份识别码。

"创通票"制度借助"互联网＋政府服务"的新模式，倒逼政府服务体制改革，推进政府职能转变，实现创业者在高新区"一票在手、创业无忧"，重点破解了困扰企业的融资难和政策兑现难两大难题。这项制度创新与产业创新、政策创新一并成为引领高新区发展的"三驾马车"，力争形成可复制、可推广的标准化模式，成为继天津市简政放权"十个一"之后的又一个"一"，通过"一张通票管创业"进而辐射带动全市 21 个创新型园区分园的建设。天津滨海新区已经成立了创通票工作领导小组，并出台了《天津国家自主创新示范区创新创业通票管理办法》。创通票制度辐射到一区五园，已有 300 多家企业申请了创通票。

二、"一颗印章管审批"创新实践

2014 年 5 月 20 日，全国第一家依法设立的行政审批局在天津滨海新区正式挂牌成立，"一颗印章管审批"就此揭开序幕。改革的突出亮点是成立行政审批局，将滨海新区发展改革委、经济信息委、商务委、建设交通局、教育局、科委、财政局、民政局、司法局、人力社保局、环保市容局、农业局、卫生局、安全监管局、文化广播局、档案局、民族宗教侨务办、编办等 18 个部门的 216 项审批职责全部划转到滨海新区行政审批局，由审批局直接实施审批事项，启用行政审批专用章，从而实现"一颗印章管审批"。在体制上建立了"一颗印章管审批"的集中审批和现场审批，在机制上建立了"一个窗口流转"审批方式、便捷的审批备案制度和健全的信用管理制度。"一颗印章管审批"通过在体制上自我革命，倒逼政府部门职能转变，破解体制机制性障碍，让审批和监管分离开来，建立起决策、审批、监管既相互制约又相互协调的运行机制，在激发高效率、高质量专业审批的同时，又通过壮大基层执法力量强化市场监管，有效规范了市场秩序，激发了经济社会发展活力。

天津滨海新区"一颗印章管审批"推行以来，取得明显成效。一是审批机构和人员大幅减少。由 18 个部门近 600 人掌管的 109 枚印章，减少到 1 个部门 109 人，实行"一颗印章管审批"。二是行政审批事项大幅减少。将重复、交叉的审批事项进行有效梳理，先从 216 项减少到 173 项，再从 173 项减少到 151 项，减幅达 30%。三是行政运行成本大幅减少。审批机构和审批人员的减少，促使行政运行成本降低，政府将减少的行政成本回馈社会，减少了 14 项行政事业性收费项目，年减少收费近 6000 万元。四是审批效率大幅提升。投资项目、企业设立、单办事项审批用时分别不超过原来的 1/2、1/3、1/4，50 项审批立等可取，实现了全国审批效率领先。

三、"一企一证"综合改革

2019 年以来，为解决市场主体"准入不准营"难题，天津市滨海新区探索推进"一企一证"综合改革，聚焦准营环节企业面临"多头审批"等堵点，把一个市场主体开展多种行业经营涉及的多项行政许可事项，整合为一张载有相关行政许可信息的新型行政许可证，通过行政审批流程再造和行政许可证制度创新，减少审批材料，压缩审批时限，进一步推动了"照后减证""多证合一"，实现一证覆盖、企业拿证即开业。

一是单个部门牵头，统一行政许可办理。天津滨海新区利用行政许可权相对集中的优势，由区行政审批局牵头，统一负责行政许可证办理，统一受理市场主体申请，统一组织联合踏勘，统一颁发新型行政许可证。新型行政许可证由天津市政务服务办统一设计制发，证面载明企业名称、社会信用代码、许可证编号、经营地址、法定代表（负责）人、经营范围、许可机关和制证日期等内容，证书加载的二维码显示企业准营各单项许可的详细信息。企业从事不同行业经营只需取得一张许可证。

二是再造审批流程，实现全链条流程管理。从服务市场主体的角度出发，确定市场主体"准入即准营"流程再造目标；梳理特定应用场景下，企业经营所需办理的各种许可类别和数量；分析各类行政审批事项要件清单，针对单个市场主体开展多种行业经营可能涉及的多项行政许可事项，分类集成审批条件，合并精简要件、合并踏勘、合并许可证；开发"一企一证"智能审批模块，实现后台各部门系统对接，打通数据库。经过流程分析诊断和整体性设计，实现一窗受理、一单告知、一表申请、一次踏勘、一证覆盖、一企一检的全链条流程管理，为企业办事减材料、减环节、减时限、减证照。

三是明确证照法律效力，获证即准营。新型行政许可证是"一企一证"综合改革试点行业经营涉及的多项行政许可的载体和效力集成，与相应的单项行政许可证书具有同等证明力，是确认市场主体已经取得相关行政许可并据以获得试点行业准营资格的证明。市场主体只要在经营场所公示行政许可证，即被视为满足各监管部门的亮证要求。各监管部门和公共服务部门不得以市场主体未提供单项行政许可证书为由对其进行处罚或不提供相关公共服务。

四是创新监管方式，实施事中事后联合监管。滨海新区市场监管局作为"一企一证"综合改革事中事后监管工作的牵头部门，负责建立与改革相适应的部门联合"双随机、一公开"监管机制，统筹组织各监管部门按计划开展部门联合"双随机、一公开"检查。各行业主管部门负责落实行业监管责任，配合市场监管局开展联合监管。

五是强化法治保障，推动改革在法治轨道内运行。"一企一证"综合改革是滨海新区深化相对集中行政许可权改革的"二次创业"，是"一颗印章管审批"后的再次创新。2019年12月，天津滨海新区通过《关于探索"一企一证"综合改革的决定》，对改革法律依据、行政许可证法律效力、市场主体经营活动权利义务、政府及组成部门各项职责分工等进行了明确规定，为推进改革提供了坚强法治保障。

截至2021年底，"一企一证"综合改革累计合并精简表格132个，精简率73.3%，减少要件446项，减少61.3%，合并踏勘85次，合并率67.8%，合并许可证132个，合并率73.3%。"一企一证"综合改革企业准营涉及的串联审批变为并联审批，极大减少审批材料，大幅压缩审批时限，最大限度为市场主体提供了便利，有效破解了企业准营多头审批的问题。"一企一证"综合改革得到了社会广泛关注，先后被人民网、改革网、北方网等媒体多次重点报道。2021年1月4日，国务院常务会议特别指出，要推广"一业一证""一企一证""证照联办"等创新举措。

第三章　武汉城市圈"两型"社会建设
综合配套改革试验区典型案例

武汉城市圈以改革的理念和办法加快"两型"社会建设，将典型示范作为推动改革试验区建设的重大举措之一，推进重点领域和关键环节先行先试，改革创新不断深入，改革成果不断显现，取得一批先行先试典型经验并形成制度性成果，特别是在支撑创新创业、推动科技成果转化、生态补偿、行政审批中介服务、税收退税服务、破产债权争议诉讼等方面，为全省乃至全国转型升级和高质量发展探索了新路。

一、优化创新创业支撑体系

武汉东湖新技术开发区（"光谷"）深入贯彻落实国家关于科技自立自强、创业带动就业等相关要求，积极探索优化创新创业支撑体系，打造全链条企业孵化成长平台，为企业提供从"育种"到"拔节"到"成林"全周期全方位服务。

（一）加速构建多层次人才队伍，着力壮大创新创业主体

武汉东湖新技术开发区出台"光谷人才 11 条"，升级"3551 光谷人才计划"，设立光谷合伙人投资引导基金，全国首创人才注册制、人才动态评价积分制，打造政府引导、市场驱动、社会力量广泛参与的人才生态协同格局。累计集聚 4 名诺奖得主、70 名中外院士、81 名国家级高层次人才。

2015 年，光谷设立人才基金，在保留原有对高层次人才无偿资助的基础上，新增股权投资，提升对人才企业的长效支持力度。武汉瀚海新酶生物科技有限公司创始人杨广宇就是"光谷人才基金"的受益者之一。他毕业于加拿大不列颠哥伦比亚大学，之后回国创业。在 2015 年入选第八批"3551 光谷人才计划"后，杨广宇获得了 100 万元股权投资和 100 万元政府补助，在厂房租赁、法律服务等方面，也减少了许多后顾之忧。

为打造"天下谷"，引"天下才"，让留学归国人员留得住、留得好，光谷已先后建设武汉留创园、硅谷小镇等多个创业孵化载体。截至 2021 年底，武汉留创园共吸引了来自全球 20 余

个国家和地区的创业海归近 2000 人，累计孵化留学生企业 800 余家。2021 年 11 月 16 日，在华创会"光谷科创新机遇"专场活动上，6 个海归创业项目正式签约落地光谷；"基于磁控软体机器人技术的植入式人工膀胱""高附加值化合物的低成本绿色生物制造""氢燃料电池应用整体解决方案"3 个项目进行了现场路演。

（二）建设升级双创支撑平台，优化创新创业"助推器"

武汉东湖新技术开发区加快升级"众创空间—孵化器—创新园区 / 街区"，建有国家大学科技园 5 家、科技企业孵化器 70 家（国家级 24 家）、众创空间 110 家（国家级 41 家）。创业街、关山大道、大学园路、光谷大道形成集聚创新创业资源的创新街区。光谷青桐汇 9 年来已举办 111 期，推介项目近 2000 例，成为国内最具品牌影响力的创业资本对接分享平台之一，模式被复制到全国多个城市。

在美国辛辛那提大学获得电子工程博士学位的全珽，是"氢燃料电池应用解决方案"的项目负责人。在华尔街工作期间，全珽对全球新能源领域进行了 5 年的专业研究，同时，他也时刻关注着国内新能源行业尤其是氢能行业的发展情况。4 年前，全珽回国创立武汉海亿新能源科技有限公司，投入氢能技术产业化创业。谈及自己回到故乡创业的原因，他表示自己更看重的还是地区的产业、创新与人才环境。光谷高校与科研院所众多，企业可以拥有优质的人才储备，不断壮大研发团队。同时，这里还有大批拥有留学背景的创业团队，"校友力量"也会带来强劲助力。

二、推进职务科技成果"三权"改革

湖北工业大学按照湖北省委、省政府的部署，坚决扛起科技自立自强使命，把改革工作列为"一把手"工程，建立了校内协同推进机制，及时将改革举措上升为学校制度，形成了《湖北工业大学科技成果转化实施细则》《湖北工业大学专利管理办法》《湖北工业大学高价值专利培育办法》等文件，同时强化技术转移机构建设，选聘专业技术经理人加强技术转移服务力量。该校在成果转化体制机制方面进行大胆改革，从根本上激发科研人员服务产业一线的积极性，在全省率先开展职务成果赋权改革，从职务成果转化的赋权方式、收益分配、国资处置、转移模式等四个方面进行创新。

（一）改革赋权模式，实行职务科技成果统一赋权

按照科技部指导意见，职务科技成果由科研人员申请后方可讨论是否赋权，需采取一事一议方式。湖北工业大学采取统一赋权模式，即凡非负面清单范围内的职务科技成果，明确规定成果完成人（团队）与学校共同拥有所有权和长期使用权。同时规定，成果完成人可自主确定成果转化方式（现金交易或作价入股）、转化价格、转化对象等，放开了科研人员自主转化职务成果的手脚，解决了"不愿转"问题。

（二）固定收益分配比例，落实以增加知识价值为导向的分配政策

国家规定科研人员转化收益不低于 70%。该校明确，以成采转让（许可）方式取得现金收益的项目，学校仅提取收益的 4%；以作价投资入股进行转化的项目，学校仅持有 10% 的对应股权，其他归完成人和参与贡献各方所有，极大让利科研人员，解决了科研人员主动转化成果积极性不高的问题。

（三）优化国有资产管理方式，采取市场定价的不评估模式

按国家试点方案规定，对于职务科技成果转移给国有企业，可以不评估；转给非国有企业，由单位自主决定是否进行资产评估。该校做法是，职务科技成果无论转给国有还是非国有公司（关联公司除外）均无需进行资产评估，完全交由市场定价。职务科技成果进行转移转化，由学校科技管理部门完成审批、公示并备案，无需报国资、财务等部门审批。同时，建立健全尽职免责机制，解决了"不敢转""转不快"的问题。

（四）探索试行"先转化后收益"模式

以科技型中小企业为主要对象，在成果转化取得实质性经济效益之前，学校和科研人员暂缓收取成果转让收益，缓解了科技型中小企业因资金困难无力承接的问题。2021 年，该校共有 10 项职务成果按此模式实现了转化。

经过不断探索实践，湖北工业大学职务科技成果赋权改革取得了明显成效，建立了较为完善、操作性强的职务成果转化制度体系，科研人员主动转化职务成果的积极性极大提升，成果创造与转化对接渠道明显畅通，成果转化服务能力显著增强，形成了教学、科研和成果转化三者良性互动、相互促进的局面。2021 年，湖北工业大学共签订横向合同 810 项，合同总金额 20647.7 万元，到账金额 16456.47 万元（其中与武汉市企业签订合同 414 项，合同总金额 1.2 亿元，到账金额 6200 余万元），同比增长 80%；转让（许可）知识产权 65 个，合同总金额 2270.2 万元，同比增长 409%。2020—2021 年，学校专利转化数量是前 10 年总和的 4 倍。2022 年第一季度，该校共签订横向合同 107 项，同比大幅提升。据湖北技术交易所统计，近 5 年来，学校与湖北企业合作数量和技术交易额一直居省属高校首位。

三、建立跨区断面水质考核奖惩和生态补偿制度

为贯彻落实长江经济带"不搞大开发、共抓大保护"发展战略，进一步加强长江武汉段生态保护和绿色发展，武汉明确提出，实施安澜长江、清洁长江、绿色长江、美丽长江、文明长江等"五大行动"。

2017 年 12 月 23 日，武汉市政府办公厅印发《长江武汉段跨区断面水质考核奖惩和生态补偿办法（试行）》（简称《办法》），明确在长江武汉段左右岸共设置 13 个跨区监测断面进行

水质考核，建立奖罚分明的跨区断面水质考核奖惩和生态补偿机制，确保一江清水向东流。

武汉市作为长江经济带特大城市，在长江武汉段水质优良的情况下，全国率先建立市域内跨区断面水质考核奖惩和生态补偿机制，通过强化生态保护责任，调动各区保水治水积极性，形成共抓长江大保护的长效机制，对探索大江大河生态保护及生态补偿有效机制有着积极示范作用。

为科学落实各区权责，形成上下游合力保护的协作与激励机制，武汉市委、市政府适时提出了"探索推行生态补偿，试行建立奖罚分明的生态补偿机制，对市域内各区长江断面水质进行严格的常态化、信息化监测，以所属区的长江断面水质为考核依据，年终真兑现、真奖罚"的总体要求。

《办法》明确规定把长江武汉段水质按区分段监测、考核，每双月通报武汉市各辖区内长江武汉段水质状况，推动各区及时解决问题，不断提高环境治理水平和生态环境质量。以所属区的长江断面水质为考核依据，设置简明的考核指标，实行"水质改善的奖励""水质下降的扣缴"并与干部绩效挂钩，推动建立"成本共担、效益共享、合作共治"的生态补偿机制。

《办法》规定，跨区断面水质考核指标主要为化学需氧量、高锰酸盐指数、氨氮和总磷，根据以上四项主要污染物浓度计算综合污染指数，作为跨区断面水质生态补偿奖惩依据。通过比较跨区考核断面与上游入境对照断面水质的综合污染指数，确定跨区考核断面水质改善或下降比例，实行水质"改善奖励""下降扣缴"的生态补偿奖惩措施。跨区考核断面水质与入境对照断面水质相比，综合污染指数持平或下降比例不超过 10% 的奖励 50 万元，综合污染指数下降（水质改善）比例超过 10% 的奖励 100 万元；跨区考核断面水质与入境对照断面水质相比，综合污染指数上升（水质下降）比例不超过 10% 的扣缴 100 万元，综合污染指数上升比例超过 10% 的扣缴 200 万元。

2021 年 1—9 月，长江武汉段 11 个考核断面中，5 个断面综合污染指数较上游对照断面下降（水质改善），共计预奖励 550 万元；而 6 个断面综合污染指数较上游对照断面上升（水质变差），共计预罚款 900 万元。汉江武汉段 4 个考核断面中，3 个断面水质改善，共计预奖励 250 万元；1 个断面水质变差，预罚款 150 万元。

生态环境监测数据显示，2019 年长江、汉江武汉段 15 个跨区考核断面综合污染指数较 2018 年全部同比下降，即水质全部同比好转，长江武汉段 2 个国考断面和汉江 1 个国考断面水质全面达到 II 类，优于国家考核目标。2020—2021 年以来，长江水质稳定达到 II 类，确保了一江清水向东流。

四、"网上中介超市"破解服务企业"中梗阻"

2017 年以来，大冶市以工业项目行政审批中介服务为切入点，依托"互联网+"建立"网上中介超市"，破解政务服务在中介服务上的"中梗阻"。截至 2021 年，共为 300 多个工业项目提供 1400 多项中介服务，直接为企业减负 8000 多万元，平均为单个项目节约中介服务时间 140 天，相关经验先后受到中共湖北省委办公厅、湖北省深改办的通报表扬，并作为湖北省优化营商环境典型经验进行全省推广。

（一）先行先试实行无门槛入驻，中介机构实现由少到多的转变

按照"非禁即入"的原则，中介机构在湖北省统一身份认证平台注册后即可入驻网上中介超市，由各行业主管部门通过行业监管平台对中介机构的资质信息、信用信息实行网上核查，网上中介超市管理部门在网上对各部门的审核行为进行监管。目前，已有 174 家中介机构实行网上入驻，外地中介机构占比 50.94%，有效解决了原来独家垄断，找中介服务需要排队的问题。

（二）以政府资金项目为切入点，选取方式实现由暗到明的转变

一是对中介服务实行动态清单化管理。对照全市各部门 4647 项行政权力进行全面梳理，形成 153 项行政权力中介服务事项清单，实现中介服务事项监管全覆盖。二是政府部门带头在网上中介超市公开发布需求信息，出台《大冶市打造网上中介超市先行区行动方案》《中介超市发布需求指南》。

（三）规范中介服务标准，服务效率实现由低到高的转变

一是出台《大冶市工业项目行政审批中介服务机构管理办法》《大冶市"中介超市"运行管理办法实施细则》，将项目涉及 8 个审批部门的 27 项中介服务内容进行打包整合，如原来涉及国土、规划的五次测量整合成一次。同时，对 13 项行政审批中介服务制定服务基准价，14 项行政审批中介服务实行网上竞价，中介服务时间和中介收费在国标的基础上下降了 2/3 以上，将涉及业主提供资料的中介服务材料从 111 项压减到 56 项。二是对涉及发改、环保、应急、自然资源等部门的 12 项行政审批中介服务的送审成果进行统一规范，要求各审批部门对中介服务机构提交的送审成果实行一次性告知，对送审成果提出的修改意见不得超过两次，使得中介机构的送审通过率达 80%。

（四）建立信用监管体系，服务监管实现由宽到严的转变

建立服务评价反馈机制、投诉受理惩戒机制和验收评价制度，加强中介机构服务过程规范化管理。为明确各部门对中介机构的监管职责，刻制了七枚行政审批中介服务专用章，要求各部门业务股室对中介机构每次提交的中介服务成果进行验收评价。同时，建立行业监管清单，要求 17 个中介服务资质（资格）的行业主管部门对中介服务机构的 97 种资质进行在线监管，定期对入驻中介机构进行核查，如发现报告质量差、合同违约、被相关部门通报处理的，立即将信息报送中介超市管理机构，实现部门之间联合监管。目前，已将 6 家严重失信的中介机构清退出中介超市，通过在线评价将 4 家被投诉中介机构列入网上失信惩戒名单，暂停参与中介服务报名的资格，业主满意率为 98.12%。

五、税收退库高效化便利化改革

鄂州市税务局围绕"创新方式激活力、问题导向准发力、协调联动聚合力"的工作思路，聚焦税收退库办理中的难点、痛点、堵点，与各级国库通力协作，通过减资料、简流程、优系统、强监控，不断缩减税收退库办理时间，纳税人从提交退税申请到税款到账最快仅需 25 分钟，退库"加速度"进一步优化了税收营商环境，极大地提升了纳税人的满意度和获得感。

（一）退库受理"减并简"

一是"减资料"。凡通过税收核心征管软件可以查询到的资料，不再需要纳税人提供，减少了纳税人退税申请资料数量。二是"并表单"。通过与市人民银行沟通联系，对减免退库、出口退税、留抵退税、汇缴退库、先征后退、误收退税等不同类型退税申请表单进行了梳理合并，归并统一了表单格式。三是"简审核"。税务部门受理个人所得税退税申请后，系统可自动核实申请人身份、自动检测是否应存在其他未办事项、自动计算应退税金额，以冲刺速度完成退税办理第一环节的起跑。

（二）退库办理网上跑

一是创新模式。市税务局通过整合内部各税费种管理部门力量，集中受理、集中审核、集中办理，打造"网上受理、内部流转、限时办结、电子到账"全程网上办退库新模式。二是升级系统。全力配合市人民银行完成全市代理支库系统升级，优化整合税收核心征管系统审核审批权限，实现税收退库即时受理、即时审批、即时退税、即时到账。

（三）退库进度全程控

建立退税监控分析平台，全流程、全方位，实时监控全市退税办理状况，及时推送办理信息，监控各环节办理时间，确保应退尽退、应退快退。一是监控政策落实情况。通过平台提取应享未享纳税人信息，利用电子税务局及时告知纳税人，并反馈至主管税务机关及具体人员。二是监控各个环节时限。明确退税申请、受理、审核、数据传递等各环节办理时限，系统记录办结时长，不定期推送办理提醒。三是评估退税办理效果。监控平台分环节按月生成统计数据，税务部门根据统计数据全面分析退税过程中的问题和不足，进一步优化相关流程，补齐短板，提高质效。

（四）退库款项"秒到账"

随着退库流程的不断优化，退税时限也在不断突破新高。鄂州市恒鼎房地产开发有限公司 10：43 申请的增值税留抵退税 1037.9 万元，当天 14：35 就到了账，从受理到办结仅用了 3.8 小时。湖北宇拓新型墙材有限公司 8：47 发起退税申请，当日 9：21 收到退税款 28736.6 元，全程用时仅 44 分钟。鄂州市冠兴贸易有限公司 15：53 发起退税，当天 16：22，201.76 元退税款就打进了公司账户，全程仅耗时 29 分钟。越来越快的退库速度，让纳税人频发感叹："不到 1 个小时的退税，让我们不禁佩服税务的速度，从速度中我们看到的更是税务不断优化营商环境的坚持与真心实意帮助企业发展的热心，这也让我们更能心无旁骛地发展生产。"

六、破产债权争议诉讼收费制度改革

为深入贯彻习近平总书记关于"法治是最好的营商环境"的重要指示精神，认真落实党中央和省委、市委关于优化法治化营商环境的部署要求，黄冈两级法院紧盯市场主体反映最强烈、影响发展最迫切的问题，立足职能、锐意改革，创新推行破产债权争议诉讼收费100元，全面降低破产程序成本，让市场主体的司法获得感更加真切、更加实在。该项举措被纳入湖北省优化营商环境第二批复制推广典型经验，在全省复制推广。

（一）改革举措

在破产程序中，破产债权通常是得不到足额清偿的，甚至可能得不到清偿。部分债权人未能得到破产管理人确认后，往往会通过诉讼途径由人民法院予以判决确认。但对进入破产程序之后的破产债权争议诉讼法院如何收费，各地标准并不统一，大部分案件是按照申报债权的标的额大小予以收费，该标准可能造成诉讼费数额超过债权人得到的破产财产分配额的结果，加重债权人和破产管理人的负担。

为切实减轻债权人、破产企业、破产管理人的经济负担，提高破产管理人参与办理破产案件的积极性，提升破产案件审理质效，黄冈中院强化责任担当、打破传统模式，在充分论证、广泛听取各方意见的基础上，参照《全国法院民商事审判工作会议纪要》理解与适用第110条之规定，于2020年9月向全市两级法院下发通知，明确对于进入破产程序之后的涉及破产债权争议诉讼不再按照债权标的额大小收费，而参照《诉讼费用交纳办法》第13条中其他非财产案件标准收费，每件收取100元。

（二）改革成效

一是为市场主体减负。自2020年9月下发该举措通知以来，黄冈两级法院共受理513起破产债权确认之诉，为债权人和破产企业管理人减轻负担1200余万元。其中，在审理黄冈市内有较大影响的湖北太子奶公司破产一案中，为申请确认破产债权的花旗银行（中国）有限公司、146名经销商、49名职工实际减负380余万元。二是为破产审判增效。随着破产管理人积极性的提高，破产案件审判质效大幅提升，黄冈全市范围内破产案件2年以上未结案件由56件减少到18件，平均审理期限缩短6个月，为黄冈地区"僵尸企业"出清，实现资源有效利用，发挥了积极作用。三是为全省推广树标。继该项举措被纳入湖北省优化营商环境第二批复制推广典型经验后，2021年3月，湖北省营商办将该举措纳入湖北省2021年优化营商环境先行区改革示范项目之一，黄冈中院推荐浠水法院作为先行区改革示范申报点，并顺利获得省、市营商办考核验收，获得债权人、破产管理人以及政府有关部门的一致好评。

第四章 长株潭城市群"两型"社会建设综合配套改革试验区典型案例

长株潭试验区在全国率先贯彻生态文明理念，坚持经济社会发展全面绿色转型，把湘江流域治理、生产生活绿色标准建设等作为"两型"社会建设的重要标志性工程，形成了一批在全国具有影响的典型经验和案例。

一、市场、技术、法治协同的流域综合治理

湘江是湖南人民的母亲河，却长期遭受严重的重金属污染。长株潭试验区坚持把湘江流域污染治理作为"两型"社会建设的重要标志性工程，2008 年开始实施"千里湘江碧水行动"，2011 年全面启动湘江流域重金属污染治理，2013 年把湘江保护和治理列为"省政府一号重点工程"，连续实施三个"三年行动计划"。通过政府、企业、社会联动，长株潭试验区走出了市场、技术、法治协同的流域治理新路子。

坚定推进产业结构调整是污染防治的关键。为切断主要污染源，政府通过促引结合，推动株洲清水塘、湘潭竹埠港等湘江两岸老工业基地重化工污染企业搬迁改造退出。出台长株潭三市湘江沿线项目准入制度，湘江干流两岸各 20 公里范围内不得新建高污染项目。关停小化工、小冶炼、小造纸、小电镀、小皮革等高污染、高能耗企业，鼓励成长性较好的企业技术升级改造，政府提供信贷支持异地重建，优先安排进入专业环保工业园。对严重污染、不按期淘汰退出的企业，有关部门不予颁发生产许可证、不予发放排污许可证、不予办理出口退税，金融机构不予信贷支持。2014 年，湘潭竹埠港 28 家重化工企业全部关停；2018 年，清水塘老工业区 261 家以冶炼、化工为主的企业全部退出，湘江流域污染治理最大的"硬骨头"被啃下。

技术创新是污染防治的支撑。在污染企业退出后，地方政府与企业采取 PPP 模式共同组建重金属污染治理公司，引入第三方治理企业，以"重金属土壤修复 + 土地流转"形式，利用企业资金和技术治理污染土壤，并让参与各方从土地增值收益中获得回报。针对技术瓶颈，组织产学研协同攻关，中南大学牵头，株洲清水塘作为治理主体，联合实施湘江流域重金属冶炼废物减排关键技术攻关，开发了深度净化不同种类重金属冶炼废水的生物制剂产业化技术，攻克了污酸治理的世界性难题。一些矿区实施生物修复法，采用种植桑树修复镉、硫、锰污染

耕地，逐步恢复地表植被和耕地质量。

公众参与监督是污染防治的重要力量。通过向社会公开招募，实施"民间河长"制，调动社会力量参与流域治理。在市县设立河长行动中心，每周六为行动日，由"民间河长"组织有关团队和志愿者开展巡河行动，监督湘江沿岸排污企业和污染排放行为，对水质进行检测，并对周边群众破坏环境行为进行劝导，每月将巡河情况通过APP、微信公众号向当地"官方河长"反馈。对"官方河长"进行监督，对暴露的重大环境问题的处置情况实行跟踪反馈。"民间河长"成为保护湘江的"绿色卫士"，是河长制的重要补充。

法治是污染防治的重要保障。出台全国首部江河流域保护的综合性地方性法规——《湘江保护条例》，对水资源管理与保护、水污染防治、水域岸线保护、生态保护等作出了法律规定。根据不同的污染成因和治理重点，构建属地政府负责、省直对口部门牵头、多部门配合督导支持的多方协同机制。

湘江流域污染治理是一项系统工程，湖南省调动各方力量，多管齐下，打破了以往单兵突进的局面，突出上下游联动、水陆空联动、存量消化与增量遏制联动，同步实施跨区域重金属污染治理、流域截污治污、城市洁净、农村面源污染治理等工程。目前，湘江水质全面好转，干流39个省控断面全部达到Ⅱ类标准，2020年流域157个地表水考核评价断面水质优良率达到99.4%，比2012年提高约11个百分点，重点行业重金属排放量比2013年下降12%以上。

二、绿色产品政府优先采购

政府实施绿色采购制度是引导和促进绿色生产方式和生活方式的有效手段。长株潭试验区率先在全国对绿色产品采用政府优先采购制度，创新探索建立集财政改革、"两型"改革和科技改革于一体的"两型"（绿色）产品优先采购制度，有效发挥了财政资金引导作用，向社会鲜明传递支持使用和生产绿色产品的导向，促进了产业结构调整升级，推动形成了绿色生产生活方式。

绿色产品采购首先在于规范产品申报评审认定程序。政府通过制定绿色采购认定办法，规范申报受理、认定发布等工作流程。绿色产品每年认定一批，参评企业按照指南发布明确的年度申报重点及绿色产品申报条件、受理时间等进行申报。相关主管部门根据产品申报数量、质量及专家评价，分行业领域划定分数线，确定年度拟入选绿色产品名单并向社会公示，公示期满无异议的产品纳入绿色产品政府采购目录，通过政府采购网站等平台向社会公布。绿色产品有效期为两年，到期自动失效，再次纳入需重新申请认定。

绿色产品采购实行"三优先""两不歧视"。凡列入政府绿色采购目录的产品，优先安排采购预算，优先选用收购和竞争性谈判等非公开招标方式采购，评审时可享受一定比例的价格扣除或加分优惠，灵活采用首购、订购、预留份额等手段。不歧视中小企业产品，绿色产品的评审优惠可以和政府采购支持中小企业的评审优惠重复享受；不歧视省外产品，鼓励省外产品申报，并享受同等的优惠待遇，确保公平公正公开，不增加市场壁垒。

长株潭试验区绿色产品政府采购制度增加了绿色产品供给，引导社会扩大了绿色产品消费需求。通过湖南卫视、《湖南日报》、《中国政府采购报》等媒体进行不间断宣传报道，"两型"采购政策影响力不断扩大，逐渐深入人心。采购政策实施以后，迄今已发布《湖南省两型产品政府采购目录》共11批，总计320家企业1237个产品。据抽样调查统计，企业和消费者的采购偏好转向绿色产品，加快了绿色消费模式的形成。一些企业绿色产品中标率超过70%，明显高于一般产品。经对77家企业调研统计，其2018—2020年通过政府采购销售收入102亿元，带动产品销售收入达390亿元。

三、绿色标准认证

长株潭试验区在全国率先探索将生态文明建设的理念、要求、方法具象化为系列地方标准，逐步构建起了较为完善的绿色标准认证制度体系。从产业、企业、园区，到机关、学校、社区、家庭，再到县、镇、村，形成了面向全社会各行业各领域的70多项绿色标准、规范、指南，对产业转型升级、政府绿色采购、绿色示范创建等提供了有效指导。

在工业领域，从建立产业准入、退出、提升机制，带动新能源、节能环保等产业发展入手，制定产业、企业、园区等经济活动绿色标准，引导企业在设计、生产、销售等环节全面体现资源节约、环境友好，形成绿色生产方式。在城镇建设领域，从明确不同区域在资源环境方面应达到的绿色水平入手，制定县、镇的建筑、交通等绿色标准，引导各类项目在规划、设计、建设、运行中充分体现"两型"要求。在农业现代化领域，制定了"两型"村庄、生猪生态养殖、"两型"农村合作社等地方标准。在社会生态文明领域，从规范相关社会组成单元的行为入手，制定机关、学校、医院、社区、家庭、旅游景区等绿色标准，明确用能标准，强调垃圾减量、无纸化办公、使用节能节水器具等元素。信息化方面，突出资源环保监管信息化、城市管理信息化、互联网能源建设等标准建设。

贯标是标准落地的关键。绿色标准贯标采取政府购买服务、第三方机构认证的方式，做到"统一认证目录、统一认证标准、统一认证标志"。每一类绿色标准包括资源节约、环境友好等系列指标，每一指标应达到相应分值的80%才能通过认证。通过绿色标准认证的企业和单位可享受相关奖励政策，或可得到专项资金、财税、金融等政策支持。

伴随着"两型"标准和指南的出台，一场席卷三湘的"两型"示范创建活动也如火如荼地展开。机关、企业、家庭、城镇、乡村、社区、学校、景区等纷纷加入，"两型"技术产品、"两型"生产生活方式、"两型"服务设施、"两型"优美生态环境、"两型"文化等"两型"要素进入各个创建单位。全省创建省级"两型"示范单位（项目）1000多个，建立4个省级"两型"宣教基地，千家万户被发动起来，每一个"社会细胞"被动员起来，"两型"社会建设从盆景走向花园，"处处皆两型、人人可两型"的理念深入人心。

长株潭试验区通过建立"绿色标准＋认证"体系，解决了生态文明建设缺乏可量化指标、可约束手段、可追溯管理、可评价依据、可持续机制等难题，探索出了一条用标准指导实践、助推绿色发展和生态文明建设的新路子。

四、城市环境多主体综合治理

湖南省株洲市是典型的老工业基地，2003 年、2004 年连续两年被戴上"全国十大污染城市"的帽子。获批"两型"试验区后，株洲市委、市政府加强大环保统筹，建立了一套"权责一致、市场运作、大数据支撑、市民有效监督"的城市环境综合治理机制，城市面貌发生翻天覆地的变化。2018 年，株洲市入选改革开放 40 周年经济发展最成功的 40 个城市，成功创建全国文明城市、国家卫生城市、国家园林城市、国家森林城市。

一是建立大环保格局。成立市级环境保护委员会，建立环保"党政同责、一岗双责"机制，规定县（市、区）和市直部门的环境保护工作职责，将环境保护工作列入市委、市政府绩效考核内容，加大考核权重，县（市、区）环境保护指标考核分值由 60 分提高到 95 分。建立环境案件环保、公安、检察联动机制，公安部门、检察院在市级、县（市、区）级分别设立驻环保工作联络室，实现市区县全覆盖。率先建立市级人民政府向人民代表大会报告环保工作机制，将环保工作情况和政府工作报告一同报告、一同审议、一同表决。二是下移事权管理重心。将环卫清扫保洁、园林绿化管养、治违拆违等管理事项下放到城市各区，明确区级政府在城市管理中的主体地位，合理界定市、区、街道和社区四级管理职责及各级的事权、财权和行政许可权，激发区级政府、街道积极性，构建"两级政府、三级管理、四级网络"的城市管理新格局。三是实行数字化网格化管理。建立"属地管理、分级覆盖、责任到人"的网格化监管体制，形成统一队伍、统一保障、分开考核工作模式。建立覆盖全市的数字城市管理系统，集成信息采集员、GPS 系统、视频探头等实时数据，发现问题，立即通过数字城管系统处置，实现数字化网格化精细化管理。四是引入市场主体参与城市环境治理。将城中村改造、城市公园绿地建设、生活垃圾处置等包装成项目，采取 PPP、BOT、债券、上市融资等多种方式，鼓励和引导社会资金参与城市治理。如以城区餐厨垃圾无害化处理项目建设和运营管理特许经营权为标的，面向社会公开招标，中标方负责项目投资建设和运营管理，市财政对餐厨垃圾收运给予每吨 125 元补贴，政府用少量资金就可撬动市场力量，实现全市餐厨垃圾资源化、无害化处理。五是引导市民全程监督城市管理。聘请各界市民代表担任考评委员或考评监督员。将城市管理纳入"电视问政"栏目内容，市政府及部门领导接受社会质询。设置城市管理信息举报平台，鼓励群众发现身边与城市管理相关的问题，经核实可得到 5 元或 10 元电话费奖励，费用由相关责任单位承担。聘用社会监督员，实行实时教育引导。

五、农村环保合作社

为破解农村环境治理成本高、处理效果差、易反复的难题，长株潭试验区首创农村环保合作社，充分发挥农民在生活垃圾分类处理过程中的主体作用，激发了农村环境综合整治持久动力。

环保合作社是农村垃圾分类减量的运营主体，乡镇设总社，各村设分社。总社实行理事会制，理事会成员由各村（社区）推选，镇党委认可，下设财务委员会、监督委员会。每个村由村民提名，村委会决定，明确一名专职保洁员，归口环保合作社管理。保洁员负责本区域垃圾分类处置，指导督促村民将生活垃圾分为可堆肥有机垃圾、可回收垃圾和不可降解有害垃圾三类，定期逐户收集，将回收垃圾进行二次分类。环保合作社有偿回购保洁员收集的垃圾，对不可降解和有害垃圾进行无害化处理。政府负责建立垃圾收运体系，每年安排运行补贴。村级将合作社账务纳入村级账务管理，对环保合作社日常运营给予一定补贴。保洁员的工资大部分由政府财政补助，少部分通过自愿协商，向受益农户每户每月收取一定金额保洁费自筹。

率先探索农村环保合作社模式的长沙县，农村地区147个村（社区）全部建成生活垃圾分类减量村，在不增加农民负担的前提下，按照"一事一议"政策规定，农民自发筹资筹劳开展农村环境综合整治，探索农户自治收费维持保洁运转模式，形成分类投放、分类收集、分类转运、分类处理的新格局。

长株潭试验区探索形成的"农户—村组保洁员—环保合作社"环保自治体系，将环保纳入"村规民约"，建立利益引导机制，调动村民参与环保的积极性和主动性，鼓励农民自愿投入建设环保基础设施，实现了农村污染从"有人怨、无人理"到"自我约束、村民自治"的跨越。农民环保意识普遍增强，农村人居环境得到明显改善，生活垃圾无害化处理率由原来的60%提高到100%，农民对环境改善的满意度直线上升。

六、"四分"模式处理农村垃圾

长株潭试验区将彻底改变农村环境面貌作为推进"两型"社会建设的突破口，建立农村垃圾分区包干、分类减量处理、分级投入、分类考核的"四分"模式，探索形成了农村环境治理的长效机制。

一是分区包干。村级卫生区域划分为公共区和农户责任区。村主干道、主水沟渠、集中活动场所和集贸市场等公共区由村集体出资，聘请专人进行保洁维护，农户房前屋后各自责任区实行"三包"——包卫生、包秩序、包绿化。二是分类减量处理。对生活垃圾分类，通过"堆肥、焚烧、回收、填埋"等方法进行减量处理，做到"五个一点"："卖一点"，指导农户将可回收利用废品进行整理，卖给保洁员或废品回收公司；"埋一点"，煤渣、炉灰、石块等无害化垃圾，就近铺路填坑；"沤一点"，将可堆肥垃圾，进行集中堆沤，或倒入沼气池，发酵成有机肥；"烧一点"，秸秆、稻草、竹屑类等入焚烧炉烧毁；"运一点"，最后不能处理的固体垃圾，由保洁员统一收集送镇中转站处理。三是分级投入。实行"市级统筹、财政下拨、部门支持、乡镇配套、村组自筹结合"的分级投入模式，根据"一镇一站、一村一池、一户一桶"建设要求，市级层面给予每个乡镇每年30万—50万元不等的建设资金，每村每年1.2万元的运行资金。县级财政按照1∶1的比例给予相应资金配套。乡镇一级根据实际情况，配给一定的工作经费。鼓励村民自发筹资筹劳参与农村环境综合整治。四是分类考核。市考核县（市、区），奖优惩劣，对连续两次排末名的县（市、区）主要领导进行约谈；对干部推行绩酬挂钩，将县、乡、村三级干部40%的工作津贴切块用于城乡环境同治挂钩；对农户推行"大评小奖"，按清洁、较清洁和不清洁评定等次，评比结果张贴到户，或分组公示，对清洁户给予毛巾、牙膏、雨伞等价值10—20元的小额物质奖励；对参与农村环保的市场主体进行量化考核。

"四分"模式通过明确责任、精细处置、自愿参与、科学考核，有效地破解了农村环境治理责任不清、监督不力等问题，实现了乡、村垃圾收集处理体系全覆盖。通过分类处理，农村垃圾量明显减少，减量率高达90%，仅长沙市每年减少生活垃圾丢弃120万吨以上，经济社会效益显著。农村环境治理不仅改变了村民的居住环境，更改善了村民的生活状况，助推了休闲农业与乡村旅游的蓬勃发展，成为长株潭新的增长点。

七、农村畜禽养殖废弃物第三方治理模式

畜禽养殖污染是造成农村污染的源头之一。长株潭以市场化、专业化、产业化为导向，推动建立农村畜禽养殖污染第三方治理新机制，实现生态效益、经济效益和社会效益多赢。

一是规范"三区""四化"管理，为实施第三方治理创造市场空间。明确将畜禽规模养殖区域划分为禁养区、限养区和适养区等"三区"。其中，城区、饮用水源一级保护区为禁养区，禁养区内不得新建、改建和扩建畜禽养殖场，已有的限期关闭或搬迁；对限养区畜禽养殖场（户）强化污染治理，严格执行达标排放，不再新改扩建养殖场（户）；对适养区新建养殖场开展环境影响评价，实施环保"三同时"保证金制度。引导建设标准化养殖场，做到"四化"：养殖规模化、管理专业化、产品绿色化、环境无害化。建立农业环境监测制度，重点监控农业、化肥、农膜、畜禽粪便等造成的农业面源污染。二是推广"三改两分三利用"技术，为实施第三方治理提供技术指引。"三改"即改造传统养殖为标准化养殖、改人畜混居为楼舍分离、改直接排放为处理后排放或零排放；"两分"即清污分流、干湿分离；"三利用"即利用粪污产沼气、种果林、加工有机肥。组建"畜禽养殖污染控制与资源化技术国家工程实验室"，构筑有力技术支撑。每年安排畜禽养殖污染治理专项经费预算，加强畜禽养殖废弃物处理和资源化等治理技术推广应用。三是采用公开招标方式，引入第三方专业环境服务公司，以乡镇为单位签订全域畜禽污染整治合同，对畜禽养殖污染进行集中式、专业化治理。第三方负责提供畜禽污染治理系统解决方案及运营服务，通过利用粪污制取沼气、发电，种养平衡等多种途径获得持续的经济效益并补贴运营成本。同时，政府整合农村环境综合治理资金，安排畜禽养殖污染治理专项经费预算，每年对完成污染治理的养殖场给予财政补助资金奖励。支持成立清洁能源公司，统一建设沼气池、统一实施定期配送、统一收费标准、统一规范管理，使无养殖户也能使用清洁能源。

长株潭试验区以规划、资金和政策激励为引导，利用第三方治理等市场化手段，探索了规模化养殖污染治理、区域联户养殖污染治理、散户养殖污染治理等畜禽养殖的合同环境服务模

式，实现了治理手段和治理技术的科学化，有效减少了农村面源污染，规模化养殖场污染治理全面完成，基本实现了"户户治理、场场达标"，同时有力促进了环保产业发展。

八、激励惩戒联动的环保信用评价制度改革

长株潭试验区将环保信用评价作为社会信用体系建设的重要环节。按照及时、准确、规范、全面的原则，建立了一整套的环保信用评价制度，将排污单位、工业园区、环境服务机构及其从业人员全部纳入环保信用评价范围实施信用记录，并实行守信激励和失信惩戒联动机制，提高各环保责任主体的自律和诚信意识。

一是创立环境信用信息统一管理平台。主管部门依托现有环保业务信息系统，整合环境信用信息资源，在全国率先建设了统一的环境信用信息管理平台。省、市、县三级环境信用信息系统互联互通，并实现与环保部门、省级信用信息共享交换。二是制定环保信用评价办法。在全国率先制定了企业环境信用评价管理办法，确立省市分级评价模式，规定各级环保部门职责分工，明确参评企业范围、评价标准、评价方法、工作程序和成果运用等，评价过程中充分征求社会公众和评价对象意见，逐一核实问题。同时，设置企业环境信用等级升降级制度和"黑名单"制度。三是实行守信激励和失信惩戒联动机制。强化环境行政管理全过程信用监管，实行事前信用承诺、事中分类监管、事后奖惩联动的机制。对诚信市场主体优先推介，实行行政审批"绿色通道"，优先提供公共服务便利。对环境失信联合惩戒，限制或者禁止环境失信主体的市场准入和行政许可，停止执行享受的优惠政策，在经营业绩考核、综合评价、评优表彰、刑事司法、绿色信贷等工作中，对环境失信主体及相关负责人予以限制。四是强化保障措施。建立了省、市、县三级环境信用体系建设的组织领导体系和部门联席会议制度，制定规章制度。树立环境诚信典型，加大对守信行为的表彰和宣传力度。省社会信用体系建设领导小组定期督查和考评相关部门环境守信激励、失信惩戒联动工作落实情况，县级以上政府定期对各行政机关进行检查和评估，并作为年度考核重要内容。

第五章　重庆市统筹城乡综合配套改革试验区典型案例

重庆市统筹城乡综合配套改革试验区积极贯彻落实党中央、国务院关于深化改革的重大决策部署，坚持向改革要动力，在城乡建设用地、基础设施投融资、知识价值信用贷款、农村"三变"、户籍制度、公租房、教育资源供给等方面形成了诸多综合配套改革试验亮点案例。

一、地票制度改革

针对城镇化、工业化快速发展过程中出现的农村建设用地闲置废弃、进城落户农民"两头占地"和城乡建设用地双增长、土地要素在城乡之间流动缺乏有效制度安排等普遍现象，重庆市于 2008 年创新建立地票制度，应用城乡建设用地增减挂钩制度原理，在恪守土地公有制性质不改变、耕地红线不突破、农民利益不受损"三条底线"前提下，引导农民自愿将闲置、废弃的农村建设用地复垦为耕地，形成的指标在保障农村自身发展后，节余部分以地票方式在市场公开交易形成价值反哺复垦权利人，探索出一条盘活农村闲置废弃建设用地、增加农民财产性收入、统筹城乡建设用地利用的路子。

（一）改革举措

地票是指农户等权利人自愿将闲置废弃的建设用地复垦为耕地等农用地，腾出的建设用地指标经公开交易后形成地票，用于新增经营性用地办理农用地转用。经过 12 年实践探索，重庆市形成了以"自愿复垦、公开交易、收益归农、价款直拨、依规使用"为核心内容的地票制度体系，并颁布实施《重庆市地票管理办法》，巩固拓展改革成效。一是因地制宜实施复垦，逐步规范复垦管理。按照"宜耕则耕、宜林则林"的原则实施复垦，累计完成复垦 40 余万亩。把握农村建设用地复垦工作节奏，优化复垦项目流程，理顺管理体制。二是划定范围稳定交易规模，严格落实规划管控要求。明确新增经营性建设用地"持票准用"，确保了年均 2.5 万亩左右的市场空间。地票复垦区必须在城镇规划建设用地范围之外，地票落地使用则须位于规划确定的建设范围之内。三是加强农民权益保护，强化全过程监管。制定地票最低保护价，明确农户、集体经济组织收益不低于 12 万元 / 亩、2.1 万元 / 亩。推行阳光操作，畅通电话和网上咨询、投诉、举报渠道，接受各方面特别是复垦农民的全程监督。将农村建设用地复垦及地票交易纳入监督检查的重要工作内容，及时配合有关部门查办案件，防止坑农、伤农事件发生。四是建设交易信息系统，加强规范化管理。顺应产权改革对农村土地管理精细化和国土信息"一张图"管理的要求，大力推进地票信息化建设，依托地票信息管理系统，对地票申请、交易、价款缴纳、价款拨付环节实行全流程信息化管理。地票信息管理系统与重庆市农村土地整治项目管理系统、新增建设用地审批系统一起，实现地票生产、交易、使用三大环节的数据信息关联，达到了上图入库、规范管理的要求。五是加强"占优补优"衔接，防止"占优补劣"。严格农村建设用地复垦条件，坡度大于 25 度的不纳入复垦，要求复垦地块必须与周边耕地相连。积极衔接"占优补优"工作要求，结合耕地质量评价与监测等工作，探索开展耕地占补平衡指标交易，增加复垦耕地质量等评定程序，并在建设用地整理合格证上增加了复垦片块耕地质量等信息。

（二）改革成效

一是探索破解"土地困局"路径，推进耕地有效保护。通过地票制度创新，为农民自愿有偿退出宅基地开辟了一个制度通道，推动城镇化中城乡建设空间有序转换，促进城乡建设用地统一市场的建设，为破解我国的"土地困局"提供了一条路径。地票落地占补平衡平均省出 30% 左右的耕地，实现了耕地多补少占，守住了耕地红线。以复垦相对平整的农村建设用地替代开发荒山荒坡补充耕地的方式，更好地保护了生态环境。二是实现级差地租价值化，大幅提高了农民收入。在房屋实物交易价值低的情况下，转户居民可选择退出宅基地形成地票交易，纯收益按 85∶15 的比例分配给农户和集体经济组织，比在传统模式下宅基地使用权流转获得的收益多出数倍，这样既减少了农村建设用地，又增加了转户居民进城落户的资本，从而破解了户籍制度改革中政府资金压力巨大的问题，在实践中促进了农民增收、农村发展、农业人口转移。此外，地票作为有价证券，可用作融资质押物，为农房贷款的资产抵押评估提供现实参照系。三是开辟了城市反哺农村制度通道，有效支持精准脱贫。地票交易推动了远距离、大范围的城乡统筹，使边远山区农村建设用地以指标方式分享到城市周边土地的级差收益，建立了真正意义上的城市反哺农村、发达地区支持落后地区的市场化机制。在地票实施过程中，重庆市对贫困地区和其他地区按贫困人口单独包装的复垦项目实行"优先复垦、优先质押、优先交易、优先支付价款"。截至 2021 年底，重庆市累计交易贫困区县地票 25.68 万亩、504.94 亿元，占同期交易量的 71.21%。

地票制度改革得到了国家相关部门充分肯定。2018 年入选全国改革开放 40 年地方创新 40 案例。2019 年纳入中组部"新发展理念案例"丛书。2020 年入选全国首批生态产品价值实现十大典型案例。

二、创新基础设施建设投融资模式

为加快推进重点领域改革，用改革创新举措规范解决基础设施项目在投融资体制方面存在的突出问题，重庆市积极创新基础设施建设投融资模式，建立重大项目滚动实施机制，实施"技审分离、平面审批"改革，完善项目池、资金池、资源要素池"三协同"机制，多措并举强化有效投资接续，切实稳住全市固定资产投资基本盘。

（一）拓展多元化投融资渠道，增强资金来源"广度"

以投融资模式创新为主要着力点，积极争取债券资金和中央预算内资金，加快构建市场化的多元融资渠道，稳步推动基础设施存量资产盘活工作，推动建立适应高质量发展的新型投融资体制。一是拓宽市场化融资渠道。以项目安排地方政府专项债券，积极引导金融和社会资本参与，吸引低利率、长周期的政策性金融资源，多渠道筹集项目资本金，丰富资本进入渠道，全力保障全市重大项目建设。二是积极开展存量资产盘活工作。抢抓首批 REITs 试点项目申报机遇期，积极创造条件争取国家支持、纳入试点，在全国较早建立 REITs 项目库。三是协同推进国有投资平台转型升级。积极推动交通开投集团、市地产集团等，作为市场主体参与建设、自担风险。加强统筹各类资源，开展城市道路收费特许经营权等创新方式，进一步提高项目增值能力。

（二）建立"五年储备、三年滚动、年度实施"推进机制，提高有效投资"精度"

坚持项目化、任务化落实国家重大战略和"十四五"规划，在全国率先发布省级规划纲要明确的 532 个重大项目清单，对进展较快、条件成熟的重大项目，及时纳入年度重大项目计划实施，尽快从"规划图"转化为"施工图"。一是做实五年项目储备。532 个重大项目逐一制定五年工作计划，打表推进、压茬实施。做好市级专项衔接，争取国家相关规划支持。进一步深化项目内容，明确工作要求，落实牵头单位。二是加快三年滚动接续。政府投资的重大项目统筹纳入政府投资三年滚动规划，确保在三年内滚动落地。市级牵头单位加快办理审批手续，及时组织编制投融资方案，提高服务效能和水平。三是提速年度投资任务。结合规划中重大项目建设进度，及时纳入重大建设项目名单或年度重大前期项目名单。纳入政府投资年度计划的政府投资重大项目，按建设进度及时安排资金。重大项目年度用地需求纳入用地供应保障计划，优先保障项目用地指标。

（三）实施"技审分离、平面审批"改革，加快前期工作"速度"

改变原来项目立项后启动技术论证，部分审批互为前置、周期较长等做法，创新制定市级政府投资项目前期工作规程，加快审批流程。一是提早启动前期工作。提早启动前期技术准备、空间协同论证和管线迁改论证等相关工作。在项目纳入三年滚动规划后，立即提前开展地勘、设计、环评等 10 余项技术论证，前期技术准备时间压减 2 个月以上。指导项目法人带图

392 - 中国国家综合配套改革试验区（2005—2021年）

申报，提前开展管线迁改论证，力争在开工前完成。推动各审批部门将审批文件解构为技术审查要素，主动加快审查服务。二是减少审批环节手续。减少用地相关手续办理、初步设计和概算审批以及施工准备环节事项。对部分投资较小的项目取消初步设计和概算审批。利用投资基础平台，加快形成跨部门审查"最大公约数"。打通投资审批系统和"多规合一"平台，各部门在"一个技术平面"上协同审查，以"技术审查函"平行推进各项审批手续，一般项目从立项到施工许可审批时间在 65 个工作日内。三是统筹优化保障机制。强化计划统筹、审批统筹和建设统筹，加强前期工作经费保障、建设用地保障和信息化技术手段保障。设立前期工作专项经费，按项目总投资的 5%—8% 予以调度保障。统筹绿地占补平衡及手续办理，批量报审。对符合先行用地办理规定的市级以上重大项目，积极支持项目先行用地，按程序完善相关手续办理。

（四）创新项目池、资金池、资源要素池"三协同"，提高资源保障"力度"

调整以往分行业安排资金用地方式，由发展改革、财政、规划和自然资源等部门按项目重要性和成熟度，精准匹配财政资金和土地资源，在市级层面实现项目、资金、资源要素的全集中、大统筹。一是建立健全管理机制。以规范政府投资项目管理为重点，聚焦项目管理全过程中的规划、前期、建设、保障、执行等关键环节，通过统筹一般预算内收入、地方政府债券、政府性基金预算等各类财政性资金，打破行业基数，把分散的资金统筹整合，探索建立"六个统筹"的政府投资项目管理机制，即统筹项目规划、统筹要素保障、统筹项目立项、统筹资金平衡、统筹组织实施、统筹调度督办。二是抓好项目策划实施。按照"战略定规划、规划定项目、项目定资金"的原则，凡列入三年滚动规划和年度投资计划的项目，符合国家战略部署、全市五年规划纲要、重点专项规划和市委、市政府工作安排，重点支持乡村振兴、城市提升、生态环保、社会事业等领域重点项目实施。三是发挥技术支撑作用。强化"互联网＋政务服务"，加强基础储备、要素保障、资金管理等信息化建设，依托大数据手段，助推项目实施。推进投资项目基础数据库建设，以国家重大建设项目库为依托，延展建立全市投资项目基础数据库，所有入库项目均赋予项目唯一代码。推进多规合一平台建设，建立包括城市规划、土地规划、生态保护红线等在内的底层数据库，提前规避禁建区域。加强财政资金绩效管理平台建设，统筹整合预算管理、集中支付、绩效管理等功能，强化预算指标、进度拨付、绩效管理、调整调度等环节管理，进一步提高资金使用效益。

（五）加强典型案例复制推广应用，优化同类项目"匹配度"

坚持服务区县、服务基层，以"案例总结促进示范推广、负面清单防控债务风险"为主题，以具体项目为载体，研讨投融资模式，帮助提升各区县投融资能力。一是探索多领域试点推广。结合全国投融资改革进程、东部地区先进经验，探索建立联系区县投融资工作机制，深度挖掘各区县在交通、水利、能源、市政基础设施、生态环保、民生等重大工程项目投融资方面经验做法，推动典型案例推广应用。二是严格督促坚守底线。围绕融资平台发展过程和政府债务风险，拓展现行财政体制下国有平台合规融资渠道，帮助区县强化政府债务红线意识，避免在创新过程中增加地方政府债务风险。三是积极探索模式创新。以"统筹项目、统筹还款来源、统筹信用结构"三个统筹为主线，推动长江经济带、城市更新、乡村振兴等领域投融资模式创新，帮助区县加强项目策划，对接政策性金融资源。

重庆市扩大有效投资等工作获得国务院主要负责同志肯定性批示和国务院办公厅全国表彰，加强政府投资"六个统筹"管理、建立"项目池"与"资金池"平衡对接机制等做法获得国务院大督查通报表扬并全国推广。

三、知识价值信用贷款改革

2017 年 7 月，重庆市在全国率先推出科技型企业知识价值信用贷款改革试点，通过建立知识价值信用评价体系、设立风险补偿基金、细化配套措施，探索建立起科技型企业轻资化、信用化、便利化的债权融资新模式，有效缓解了科技型企业尤其是民营中小科技型企业的融资难题。该项改革经验获得国务院第六次大督查通报表扬并全国推广。

（一）建立知识价值信用评价体系，缓解科技型企业"贷款难"

科技型企业之所以获得银行贷款非常困难，主要原因是普遍缺乏作为抵押物的重资产，其拥有的知识产权作为轻资产难以进行专业权威量化评估，短期财务指标又没有明显优势，银行对其还贷能力难以准确判断。为破解这一普遍性难题，重庆市借鉴成熟的个人信用贷款原理，在对重庆企业资产状况、融资需求与还款信用调查分析基础上，挖掘科技型企业的人才、技术、文化、商业模式、治理结构等表外资产，依靠"商业大数据应用 + 专利软件化评估"，建立以知识产权为核心，并由其上下游创新要素（包括研发投入、科技人才、创新产品、创新服务等）共同参与评价的科技型企业知识价值信用评价体系。对企业科技研发能力和经营管理能力进行相应指标赋值后，通过加权与加分两种评价方法，由软件系统自动计算生成科技型企业知识价值的 A、B、C、D、E 五个特定信用等级，分别给予 500 万元、400 万元、300 万元、160 万元和 80 万元的特定授信额度，合作银行根据推荐授信额度，按照中国人民银行同期贷款基准利率，向科技型企业提供无抵押、无担保、无保证金的纯信用贷款。在实际运行过程中根据各方反馈信息，从创新能力和成长潜力等多维度动态完善评价体系，对企业填报虚假数据情况纳入科技信用记录，对信用不良企业取消政府科技创新关联项目政策和资金支持，确保信用评价体系的活力和准确性。

（二）设立风险补偿基金，确保银行"愿意贷"

科技型企业未来发展具有较大风险和不确定性，又普遍缺乏重资产类抵押物，银行"不敢贷""不愿贷"。为解除银行的后顾之忧，重庆市探索设立科技型企业知识价值信用贷款风险补偿基金和相应的管理运行机制，为科技型企业融资提供增信，对银行贷款损失进行风险补偿。

一是实行专户管理。基金由市、区（县）两级财政资金按4:6共同出资设立，授权重庆科技融资担保有限公司建立专户进行统一管理，对合作银行在科技型企业知识价值信用评价额度范围内发放的"知识价值信用贷款"进行风险补偿。合作银行配备专门对接基金的信贷团队，建立专门针对科技型企业的授信体系、审贷流程和快速审批通道。二是建立风险分担机制。各区县按建立风险补偿基金财政出资比例分担本辖区企业造成的贷款损失，加上市级分担部分共同构成对银行的补偿额度。补偿比例为贷款本金损失的80%，银行承担20%的风险敞口。贷款企业法定代表人、实际控制人提供无限连带责任保证，贷款前对企业及个人信用作出承诺。三是建立3%警戒、5%熔断的风险防范机制。当单家银行在单个区域累计代偿率达到3%时，风险补偿基金立即提出风险警示；达到5%时，风险补偿基金暂停受理该银行在该区域的新增业务，并对前期运行效果予以全面评估，再根据评估结果决定是否重启受理该区域的工作。四是采取先行代偿终身追偿模式。当贷款企业本金逾期，银行正常催收后仍未收回，在逾期三个月内由风险补偿基金先行代偿，避免增大银行不良贷款指标，重庆科技融资担保有限公司再会同银行向贷款逾期企业终身追偿。

（三）细化优化配套措施，确保改革试点"能推广"

为推动知识价值信用贷款改革试点发展完善，重庆市建立了相应的配套措施和支撑体系。一是建立科技型企业信息管理系统。将科技型企业分散的"信息孤岛"进行优化整合，集结知识价值信用评价体系所需的各项数据和信息，并通过大数据分析及预测，强化政府引导激励作用和金融机构风险控制能力。二是建立知识价值信用贷款申报线上平台。企业足不出户即可实现贷款网上申请、网上审核、网上管理，贷款信息线上流转、实时共享，从申请到放款仅需两周，较传统商业贷款缩短近70%，同时为进一步完善考核评价、信用管理、统计分析等功能奠定了基础。

四、深化"三变"改革，助力脱贫攻坚

开展农村"三变"改革（资源变资产、资金变股金、农民变股东）是党中央作出的重大决策部署。2017年12月以来，重庆市在涉农区县选取38个村开展"三变"改革试点，取得了重大进展，石柱县华溪村就是其中的典型代表。华溪村过去主要种植玉米、土豆等传统作物，产量低、效益差，农民致富无门，村集体无钱办事，60%以上劳动力外出务工，近60%的农村承包地被弃耕撂荒，是集支柱产业"空白村"、集体经济"空壳村"、老人妇女儿童"留守村"于一体的典型。在"三变"改革中，华溪村着力建立"明晰规范产权、优选产业项目、培育经营主体、注重权益保障、防范管控风险"的基层经济治理新机制，助力脱贫攻坚。2019年4月，华溪村通过国家考评，摘掉了贫困村帽子；10月，全国脱贫攻坚总结表彰大会授予石柱县组织创新奖。

（一）培育农村新型经营主体

推进"三变"改革，培育市场经营主体是关键。华溪村探索建立"1+1+N"（1 个村集体经济组织、1 个公司、N 个合作经营项目）市场主体架构（见下图），承接"三变"改革。一是建立村集体经济组织。成立华溪村股份经济联合社，承接华溪村所有经营性资产和扶贫开发资金，负责管理集体资产、开发集体资源、发展集体经济、服务集体成员等经营管理事务。实行"村社合一"，合作社领导成员全部由村"两委"班子兼任，便于落实村"两委"安排部署，协调解决产业发展中的土地、人力、政策扶持等困难。加强政策宣传，让农民全面了解集体经济组织的入股形式、操作办法、经营状况、利益分配方式等，确保农民知情权、参与权、监督权和收益权。二是成立股份有限公司。为充分调动村民积极性和解决发展初期资金短缺问题，并为未来社会资本参与"三变"改革留下空间，由村股份经济联合社出资 468 万元、占93.6%，16 位有积极性、有富余资金的村集体经济组织成员出资 32 万元、占 6.4%，合股成立中益旅游开发有限公司，按照市场规则协商入股各方的权利义务和利益分配，平等保护各方合法利益。公司董事长由村支书兼任，便于加强党的领导以及统筹协调全村产业发展。由于贫困村缺乏懂技术、善经营、能管理、会财务的专业人才，公司向社会聘请了总经理、会计、出纳专业人才三人。公司主要开展旅游开发、中药材种植和销售、中蜂养殖、农副产品加工等业务，打造自主经营、自负盈亏、自我约束、自我发展的市场主体。三是探索项目合作经营。中益旅游开发有限公司按照《公司法》《合同法》等与其他企业或个人开展规范性的业务合作，

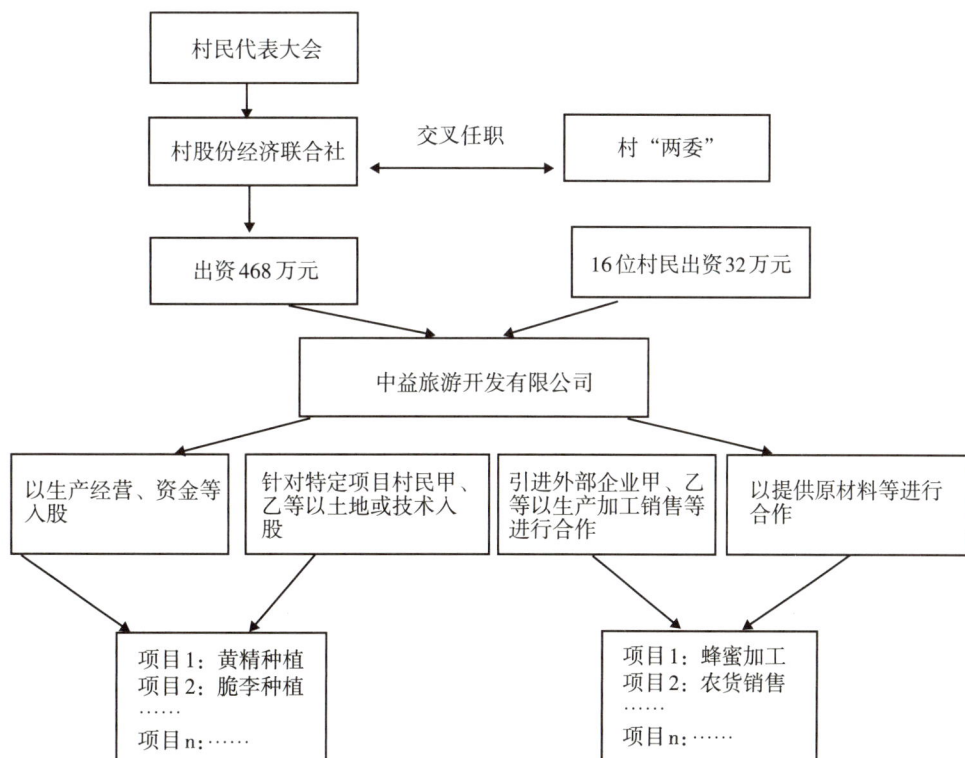

华溪村"三变"改革产业平台架构

既可以引进龙头企业，也可以培育家庭农场、合作社等新型经营主体。近年来，先后与重庆市六边形蜂业有限公司开展蜜蜂养殖、蜂蜜生产加工等项目合作；在充分尊重农民意愿基础上，与农户开展项目制合股联营，种植脆桃、脆李、西瓜等水果，黄精、吴茱萸等中药材，辣椒等特色经济作物。在专家充分论证基础上，2018 年，中益旅游开发有限公司选择 200 亩土地进行黄精种植，并将土地返包给 45 户农户耕种，农户获得"管护工资 2000 元 / 亩 /3 年 + 管护地块产业收益 20% 分红"，返包农户每三年收益 40000 元 / 亩左右，既提升土地利用率，又激活农户内生动力。

（二）创新农村资源资产评估确权确股机制

拓展农村资源内涵，让贫瘠村变富有村。过去，评价农村资源往往集中在土地、森林、水力、矿产等资源，忽略了旅游风光、民俗文化这些也是可以变资产的资源。华溪村在开展资源变资产的过程中，通过清理，全村新增溶洞、天坑、溪流、奇峰、缺门山、蛮王寨等旅游景点 10 处和古树 15 棵、古庙遗址一处、古桥一座等文化旅游资源。华溪村是土家族世代居住生活的场所，土家风情、民俗文化作为旅游资源，可以通过"三变"改革开发利用，为村民增收奠定基础。一是整合资金入股，增强产业平台的资本实力。过去涉农资金、扶贫资金投入分散、效益较低，与农民利益联结不紧密。华溪村以股份合作为核心，整合各类涉农资金，集中到统一的产业平台上，通过资金股份化激活和放大资金使用效益，变"一次性"投入为"持续性"增收。具体做法是，将原市农业综合开发办公室、市水利局等市级部门专项资金以及山东省淄博市对口扶持、中国农业银行重庆分行党费捐赠、其他社会捐赠资金共 468 万元整合，由村股份经济联合社组织代表村民持股，入股中益旅游开发有限公司，增强公司的资本实力。二是兼顾各方利益确股，最大限度减少改革阻力。过去，由于缺乏上位法依据，对户籍已迁走的大学生、服刑人员，以及户口已迁走但仍保留承包地的村民等是否认定为本农村集体经济组织成员，相应享有产业平台的股份，一直是困扰许多地方的难题。华溪村按照尊重历史、兼顾现实、程序规范、群众认可的原则，统筹考虑户籍关系、农村土地承包关系、对集体积累的贡献等因素，经村民代表大会民主讨论后确定：截至 2018 年 11 月 30 日 24 时是本村的农业户籍人员；转为城镇居民，但未退出农村承包土地的人员；原户籍在本集体经济组织的解放军、武警部队的现役义务兵和一、二级士官；本集体经济组织征地农转非的人员；本集体经济组织宅基地复垦的人员；本集体经济组织农转非的老复员军人；原户籍在本集体经济组织，户口已迁入就读中小学校、中等职业学校和全日制大中专院校的学生，在读期间保留其集体经济组织成员身份；原户籍在本集体经济组织的服刑人员，共计 1280 人具有股权人资格。并将集体经营性资产及资金量化到人，配置股份 1280 股，集体经济组织成员一人一股，不设集体股，最大限度兼顾了各方利益，减少了改革阻力。

（三）做好"三变"改革后半篇文章

找准优势特色选准产业项目，以"三变"改革支撑农业供给侧结构性改革。一是推动农旅融合。华溪村山清水秀，村民有养殖中华蜜蜂的传统，但过去缺乏规划引导和产业项目载体，蜜蜂产业、旅游产业始终都没有发展起来。在"三变"改革中，华溪村提出建设"中华蜜蜂第一小镇"的思路，大力发展具备"增收、观赏、蜜源"等功能的经济林木和木本药材，规划建设中坪脆桃观光采摘园、王子坪脆李生态采摘园，发展五倍子、吴茱萸、皱皮木瓜等蜜源型经济作物 1800 余亩；以中华蜜蜂产业综合开发为主导，规划建设中华蜜蜂产业园，养殖中华蜜蜂 1200 群；依托山水特色资源，融合土家民俗文化，打造以"中华蜜蜂谷"为品牌的特色生态旅游目的地，发展品牌民宿"黄水人家""森林人家" 18 家。二是延伸农业产业链条。注册"华溪村""蛮王寨""龙庄溪"商标，新建"华溪农旅融合展示中心"，建成中益旅游开发有限公司电商平台，建成扶贫加工车间 2700 平方米。引进太极集团、希尔安等龙头企业，定向采购黄精、皱皮木瓜、吴茱萸等特色农产品。

（四）多措并举防范风险，保驾"三变"改革

农村改革经不起折腾，农民的事情来不得马虎。"三变"改革初期，农村产业平台承受自然风险、法律风险和金融风险的能力较弱。一是建立自然灾害防范制度。制定产业技术服务规划，聘请市级科技特派员 1 名、农艺师 3 名，成立负责管护技术培训、病虫害防治等日常管理的产业技术服务小分队 5 个，实现 1 名技术人员指导 1 个产业、1 名驻村干部服务 1 个产业，用科技的力量降低病虫害等带来的生产风险。投入 10 万元购买黄精产业自然灾害保险，对冲自然灾害对农业生产的影响。二是建立农产品滞销防范制度。引进顺德农业专业合作社、泰尔森公司、泽泰合作社等市场主体，实行订单收购，探索"远山结亲""田间天猫"等电商扶贫模式，线上拿订单，线下组织生产，畅通农产品销售渠道，实现"卖得出、卖得远"。三是健全法律风险防控制度。聘用本村走出去的法律人才为"三变"改革法律顾问，规范"三变"改革流程，完善土地承包经营权入股合同，发放股东权证，帮助企业完善合同协议等各类手续，减少法律纠纷风险。投入 2.7 万元购买劳动力人身意外伤害保险，降低企业赔偿风险。

（五）立足脱贫着眼致富，建立"三变"改革红利分享制度

一是建立贫困农户与新型农业经营主体的利益共享机制。在土地入股、合作社分红等领域优先照顾贫困人口，如 293 户土地入股村民中，有贫困户 73 户，入股土地 302 亩，占入股总土地的 27.8%。2018 年华溪村有 77 户 284 人实现脱贫，脱贫人数占贫困人口的 94.4%，2019年其余贫困人口全部脱贫。二是建立脱贫攻坚与乡村振兴有机衔接机制。积极探索建立兼顾股东、困难群众、村集体利益共享机制，华溪村股份经济联合社收入的 60% 为全体社员分红，30% 作为村扶贫济困基金用于为困难家庭开发公益性岗位和临时救济，10% 作为村集体公益金。293 户村民将 1088 亩土地流转给中益旅游开发有限公司，每户村民可按照地力情况（田 500元 / 亩、地 400 元 / 亩、撂荒地 300 元 / 亩）每年享受保底分红。让村民在分享改革红利中奔富裕，让乡村在"三变"改革中获振兴。

华溪村"三变"改革实践是重庆市应用改革思维、改革手段推动农村发展、脱贫攻坚的一

个缩影。其改革经验获得中央改革办《改革工作简报》刊载。

五、户籍制度改革

重庆市具有典型的"大城市带大农村"特点，城乡二元结构明显，在农民工户籍制度改革开始前的 2009 年，全市户籍总人口 3276 万人，其中农村居民 2327 万人，外出务工经商的农村人口达到 814 万人。解决好农民工户籍问题，是重庆市统筹城乡综合配套改革的突破口。2010 年 8 月，重庆市在全国率先启动了农民工户籍制度改革，按照分阶段推进、分群体实施、分区域布局的"三分"思路，以实现城乡户籍制度一体化为目标，以农民自愿为前提，以保障转户居民利益为核心，以政策配套衔接为支撑，形成了完善的户籍制度改革政策体系，探索了一条"合理保护转户居民的农村既有权益，一次性赋予转户居民所有城市保障"的户籍制度改革之路。

（一）改革举措

按照"三分"的思路推进改革探索。一是分阶段推进。2010 年 8 月到 2011 年底，集中解决本市存量的 300 多万符合条件的进城农民工及新生代落户和户籍遗留问题，2012 年进入常态化。建立完善土地、住房、社保、就业、教育、卫生支撑保障机制，进一步放宽城镇落户条件，形成合理流动、权益公平、城乡一体的制度体系。2015 年，按照国家关于进一步推进户籍制度改革的统一部署，创新人口管理制度，继续推动有能力在城镇稳定就业和生活的农民工等其他常住人口有序落户。二是分群体实施。把存量的 300 多万人，分成符合条件的农民工及新生代、各类历史遗留问题两个大类七个群体（第一类：农民工及新生代，包括主城区务工经商 5 年、区县城务工经商 3 年的农民工，农村籍大中专学生，农村退役士兵。第二类：历史遗留户籍问题，包括已用地未转非人员、大中型水利水电工程建设失地未转非人员、城中村和农村集中供养的"五保"对象），明确各个群体的落户条件和程序，有针对性地解决实际问题。三是分区域布局。以"适度放宽主城、进一步放开区县城、全面放开中心镇"为原则，科学设置落户条件（主城务工经商 5 年、区县城 3 年，全面放开小城镇），避免落户人群过分集中在主城，合理布局城镇人口。

改革中始终注意把握五个关键环节。一是坚持就业前提自愿进城落户。只要在主城区、区县城工作达到一定年限就可在合法稳定住所迁移入户。进城落户充分尊重农民工意愿，其农村的土地承包经营权和宅基地使用权是否退出、怎样退出，完全由进城落户居民自主决定。二是坚持城镇待遇一步到位。农民一旦落户进城，就可以平等得到城市居民应有的全部福利待遇。三是保留进城落户居民在农村的相关权益。坚持按照自愿依法有偿原则，允许进城落户农民工处置宅基地和承包地。农村居民进城落户后，在退出土地前，可以继续享受与土地相关的种粮直补等 9 项待遇。同时在规定期限内予以保留与农民身份相关的农村生育政策等 26 项待遇。四是保障自愿退地者的相关权益。进城落户居民可以自愿退出农村土地。对自愿退出的宅基地，通过"地票"形成收益，净收益的 85% 归农民所有。对自愿退出的承包地，或流转给亲戚朋友，或流转给经营大户、专业合作组织，确保不闲置、不撂荒。五是合理分担改革成本。政府主要承担城镇化过程中基础设施和公共服务的投入；用工企业依法承担落户农民工参加城镇职工养老保险和医疗保险的新增缴费部分；农民工承担个人缴费部分；房地产商等社会主体承担退出宅基地所需成本。通过地票交易市场化机制实现平衡，改革成本总体可控。

持续深化完善户改配套措施。一是立足重点群体，进一步放宽落户准入。出台并修订完善《重庆市户口迁移登记实施办法》，差别化设置落户条件，进一步放开落户限制。重庆市户口迁移政策无指标控制、积分排队，市内市外转移务工人员落户同权、租购房屋同权，只要就业达到一定年限即可直接申请办理落户。二是创新人口管理，夯实新型户籍制度基础。取消农业户口与非农业户口性质区分，统一登记为居民户口。全面实施居住证管理制度，赋予持证人享有38 项权利事项。三是强化政策配套，切实维护农业转移人口权益。完善城镇建设用地增加规模与吸纳农业转移人口落户数量挂钩机制，实现人口和建设用地依发展定位、跨区域的有序流动。维护进城落户居民财产权益，探索制定集体经济组织成员身份确认办法，完善进城落户居民退地工作。将进城落户农民完全纳入城镇保障体系，推动转移人口服务均等化。四是加强服务管理，推进户口事项办理便利化。开展线下邮政寄递服务、"创新网上业务办理机制"试点。南川区率先在全区推行线下户口事项邮政寄递服务，江北区开展群众网上申请户口户籍地派出所办理试点。完善户政事项"跨省通办"。2021 年 6 月，在重庆、四川、贵州三省市 4644 个户籍派出所全域实现全类别共 26 个户口迁移事项"跨省通办"。2021 年，全市办理跨省市户口迁移 8.8 万人次，其中迁入重庆 6.4 万人次。

（二）改革成效

一是破除了农村居民进城落户制度藩篱。前期以农民工户为主体的户籍制度改革中，彻底改变了农村居民之前只能通过购房、升学、参军、征地等方式转为城镇居民的情况，为农民工等其他农业转移人口进城落户开辟了新的通道。同时，完全坚持自愿原则，农民工可以自行确定进城落户的时间和方式，选择更加多样化。按照国家统一部署，后期深化户籍制度改革中，统一了城乡户籍登记，消除了农村居民的身份烙印，为农村居民落户进城进一步破除了制度藩篱。二是促进了社会公平和谐。进城落户居民和城市居民实现五个一体化，同等享有就业、养老、医疗、住房、教育以及就业帮扶、创业资助等各种待遇，同权同体系同待遇。特别是一大批留守儿童和空巢老人随农民工迁入城市共享天伦，彻底解决了城乡分离、两地分居状态，促进了社会和谐稳定。三是增强了经济发展内生动力。平均来算，重庆市城乡消费差距人均每年约 1 万元。600 多万农业转移人口进城落户，每年直接增加生活消费的同时，拉动了公共服务、购房需求等投资，增强经济发展内生动力，促进了自主协调发展。另一方面，农业转移人口进城落户，稳定劳动力资源，避免了沿海地区"钟摆式"转移，改善和促进了生产力。四是促进了城乡要素合理流动。改革启动以来，通过"地票"制度，大量闲置废弃宅基地复垦为耕地，实现地票交易，地票价款净收益全部反哺"三农"，既为城市建设提供了大量建设用地，又较好地保护了耕地红线，增加了农民财产性收入，实现城乡互动，城市支持和带动了农村发展。进城落户居民还可以通过农村产权抵押融资，流转承包地和林地，获得财产性收益，同时促进了农村土地适度规模化经营。

截至2021年底，重庆市户籍制度改革以来累计新增城镇落户人口超720万人。户籍制度改革在维护农民权益、实现城乡基本公共服务均等化、缩小城乡和区域间消费和收入差距、推动城乡一体化要素市场发展等方面，发挥了重要的牵引和协同作用。一些重要的制度创新也为全国其他地区探索城乡统筹的户籍制度改革提供了重要的借鉴和启示。2015年11月，公安部主要负责同志调研重庆工作时，对重庆市户籍制度改革给予"破壳"的肯定。在2016年1月召开的全国公安机关推进户籍制度改革会议、2017年3月召开的全国农民工工作会议上，重庆市对户籍制度改革工作作了经验介绍。在2016年国务院第三次大督查、公安部组织的户籍制度改革专项督查中，有关来渝督察组均对重庆市户籍制度改革作出肯定。此外，新华社、《人民日报》、中央电视台、中央人民广播电台等重要媒体也多次进行专题采访报道。

六、公租房制度及配套管理体系创新实践

公共租赁住房是由政府主导、限定套型面积、收取优惠租金的保障性住房。公租房收益率低、回收周期长，运营管理难度大，筹资和建设任务尤为艰巨。重庆市以建成高质量发展、高品质生活新范例为统领，从2009年开始探索保障性住房改革，将公租房作为以城带乡的"助推器"，切实做好"规划建设、分配使用、管理服务"三篇文章，着力解决以新生代城市居民、大学毕业生、外来工作人员这"三类人群"为主的中低收入群体住房困难问题，在解决"夹心层"家庭住房困难、推进农民工融入城市和拉动内需等方面发挥了积极的综合效应，为全国公租房建设和管理提供了借鉴。

（一）改革举措

一是做好规划建设文章，引导城乡人口合理流动。坚持"均衡布局、交通方便、配套完善、环境宜居"原则，合理规划布局全市公租房项目。中心城区公租房选址在21个大型聚居区内临近轨道或公共交通站点的区域，与交通规划建设相衔接，确保居民便捷出行。还按1：3比例与周边商品房实施"插花式"分布，与产业园区"有机式"融合，助推全市新型城镇化建设。按照"保基本、保必需"开展水电气讯、道路、排污、公交车首末站、垃圾转运站等"大配套"建设。按照总建筑面积6‰—10‰配备管理服务用房，完善党群服务站、便民服务中心、新时代文明实践站、幼儿园、球场、健身步道等"小配套"建设。按照总建筑面积10%—15%配建商业房屋设置农贸市场、超市、电影院等商业设施，形成基本生活便利和出行成本较低的公租房社区商业服务空间环境，确保公租房小区品质与周边商品房小区品质基本一致。二是做好分配使用文章，保障城乡人口住有所居。重庆市在公租房保障体系设计中，先行先试不设户籍门槛，消除市内外、城乡户籍差别，将常住人口全部纳入保障覆盖范围，既解决了本市住房困

难群体住房问题，又解决了市外来渝工作的住房困难人员住房问题，有效落实了中央提出的保障外来人口等新市民住房问题的要求。重点保障三类人群：在中心城区有稳定工作和收入来源的住房困难家庭、大中专院校毕业新就业的无住房人员、进城务工或外地来渝工作的无住房人员，其中中心城区户籍居民占 29%，进城务工人员占 51%，外地来渝就业人员和大中专毕业新就业人员占 20%。同时，向青年人才定向提供公租房 6 万套，面向发展汽摩、电子、装备制造、新材料等主导产业的 200 余家企业提供集体租赁房，为企业员工配租公租房 19.2 万套，就近解决园区企业职工居住难题。三是做好管理服务文章，促进城乡人口和谐共融。重点构建公租房新时代文明实践工作体系，开展"文化乐淘淘"等十大文明实践活动，建成 27 个新时代文明实践站，开展各类培训和服务 1600 余期，让新时代文明实践在公租房小区走深走实，加速农民市民化、市民文明化。发展志愿者队伍 192 支，志愿者 8 万多名，培育"幸福来敲门"等特色志愿服务项目 170 多个，5 个公租房社区荣获全国"最美志愿服务社区"，2 个社区志愿者服务组织荣获全国"最美志愿组织"。每年举办"爱在公租房"社区邻里节，开展文艺会演、趣味运动会等群众性文体活动超 1900 场次，吸引 60 万居民走出小家、融入大家、服务社区。开展就业创业促进计划，明确公租房居民享受与本地户籍人员同等的就业扶持政策，打造"就业超市""巧手梦工厂""创业大市场"等平台，帮助 8 万余名入住公租房居民实现就业创业。实施养老服务促进计划，实现公租房社区养老服务机构全覆盖，为 6000 余户独居老人建立动态健康档案，有效满足老年人多样化服务需求。实施少年儿童成长促进计划，投用小学、幼儿园 74 所，常年举办"梦想课堂"等 20 余个公益性活动，解决 5 万余名承租户子女入学教育问题。实施特殊重点人群扶助促进计划，对社区矫正、刑满释放等特殊重点人群实行台账式、精准化动态管理服务，切实兜住困难群众基本生活和安全稳定"两个底"。

（二）改革成效

截至 2021 年底，重庆市累计分配公租房超 55 万户，保障住房困难群众超 150 万人，在推进统筹城乡综合配套改革中发挥了积极作用，彰显了良好的民生、社会价值。一是逐步解决"夹心层"的住房困难问题。重点解决了外来工作人员、新生代城市居民和大学毕业生等"有房住""住得起房"的问题。二是推动农民工融入城市的市民化进程。重庆主城区公租房位置优越，采取"小集中、大分散"的方式与周边商品房"混建"，确保公租房入住群体共同分享城市公共服务和生活环境，为农村居民转户提供了一颗"定心丸"，增强了融入城市生活的信心和意愿。三是发挥拉动内需、促进增长的重要作用。重庆市公租房建设带来了大量直接投资，并充分发挥对相关产业的拉动能力，为建筑业创造了大量劳动岗位。另外，公租房减轻了群众租房和购房的压力，有利于刺激居民的当期和长远消费需求。四是构建了社区治理共建共治共享新格局。公租房社区规模大，人口聚集度高，人员结构多元，社区治理工作任重道远。重庆市坚持以社区党建统揽社区治理的工作思路，坚持自治、法治、德治三治合一的治理路径，大力实施服务型基层组织、和谐文化、互助社区、平安四大工程建设，取得了良好的社会效果。

新华社、《人民日报》等中央媒体先后 540 余次对重庆公租房的经验做法予以宣传报道。重庆市公租房系统相继获得全国"社区宣传思想文化工作示范点""重庆市和谐示范社区"等国家级、市级荣誉 272 项。

七、农村集体经营性建设用地入市的改革

2015 年 3 月，重庆市大足区作为全国 33 个试点县（市、区）之一，先期开展集体经营性建设用地入市改革试点。试点以来，始终坚守"土地公有制性质不改变、耕地红线不突破、农民利益不受损"三条底线，建立了集体经营性建设用地入市交易规则、服务监管和收益分配制度，形成了可复制、可推广的试点经验，为修法提供了实践支撑。

（一）改革举措

一是明确入市对象和范围，界定"哪些土地可以入市"。通过存量集体经营性建设用地调查，摸清全区 27 个镇街存量集体经营性建设用地 19998 亩。探索"多规合一"村规划编制，并作为发改、环保、规划和自然资源等相关部门办理行政审批的依据。二是将农村集体经济组织作为入市主体，明确"谁来入市"。针对西部地区农村集体经济组织未进行股份化改革，以及资产量小、社会经济发展实力相对较弱的实际，确定入市主体为原老社；对少部分属于村集体和镇集体的建设用地，由相应的村、镇级集体经济组织行使所有权。三是健全入市交易规则和监管制度，破解"怎么入市"。制定入市管理办法、入市交易规则和合同示范文本，对入市流程、方式、交易方案、交易实施、合同签订等内容进行了明确。将入市交易纳入大足区公共资源综合交易服务中心，实现集体经营性建设用地和国有建设用地在同一平台交易。印发入市地块建设管理办法、入市建设项目行政审批工作通知，规范入市项目基本建设程序、压缩审批时限。四是以异地调整入市为主探索多种入市渠道，回答"有哪些入市路径"。大力开展异地调整入市，将原有偏远、闲置废弃、零星分布的存量农村集体建设用地指标集中到区位优越、交通便利的产业集中区进行入市，并编制拆旧建新方案报市政府审批。积极探索城中村入市，对项目区土地面积小、不规则、国有土地和集体建设用地犬牙交错难以利用等城中村，将国有土地和集体建设用地进行等面积的产权调换，重新划分宗地，确定产权归属后再入市。因地制宜推进就地入市，对依法取得的农村集体经营性建设用地，具备开发条件、明确在本村直接使用的，可以就地入市。五是完善城乡建设用地价格形成机制，回答"入市底价怎么算"。出台《城乡统一建设用地使用权基准地价评估技术规范》，率先实现城乡全覆盖、一体化土地级别和基准地价体系，为入市交易底价评估提供依据。明晰了入市成本构成。就地入市成本由集体土地取得成本、开发支出两部分构成，异地调整入市成本由集体土地取得成本、开发支出、复垦成本或地票成本三部分构成。探索形成"集体经济组织确定入市底价—市场评估作参考—地价委员会以基准地价作为核定底价进行审查—集体经济组织确认入市底价"入市价格确定机制。六是积极探索入市收益分配制度，回答"增值收益怎么分"。建立调节金制度，制定《农村集

体经营性建设用地土地增值收益调节金征收使用管理实施办法》，根据区域经济发展水平不同，实行分镇街、分用途按照土地增值收益的 20%—50% 收取。保障集体收益，对于异地调整入市，国家提留后的剩余增值部分在复垦区与建新区分配，原则上按照剩余增值收益的 30% 返还复垦区、70% 返还建新区的比例进行分配，体现出对复垦区转移建设用地发展权的补偿，建立了两者之间收益共享机制。建立"三分两不分"分配机制，集体经济组织留存的收益比例不低于纯收益的 30%，剩余部分在集体经济组织成员内部按照"三分两不分"的分配办法公平合理分配。

（二）改革成效

一是破解了乡村振兴用地瓶颈，促进了农村产业融合发展。试点中允许集体经营性建设用地与国有建设用地同等入市，在传统征地方式之外，为农产品加工、乡村旅游等农村一二三产业融合发展提供了新的用地途径。如拾万镇长虹村农旅融合产业项目，通过集体经营性建设用地入市，结合农村土地流转，打造出集乡村旅游、生态餐厅、农业科研、科普展馆于一体的农村新产业新业态，有力助推了乡村振兴。二是盘活了农村闲置低效土地，显化了农村土地资产价值。通过将偏远、闲置废弃、零星分布的存量集体建设用地指标置换到集中区入市，共计盘活闲置农村建设用地 2344 亩，打通了农村土地资源要素流动的渠道，提升了土地利用效率。同时，为破解集体建设用地抵押融资难题，出台了《关于做好农村集体经营性建设用地入市改革试点金融服务工作的指导意见》，现已完成办理抵押融资 2 宗、贷款金额 1348 万元，集体建设用地抵押融资功能得以激活，缓解了用地企业资金压力。三是充分保障了农民土地权益，增强了农民群众获得感。坚持从群众利益出发谋划改革，充分体现农民和农村集体经济组织的入市主体地位，建立了由集体经济组织决定入市方式、价格等事项的民主决策程序，探索形成了"三分两不分"的土地增值收益分配规则，建立了兼顾国家、集体和个人的利益分配机制，合理提高个人分配比例，让老百姓充分共享改革红利。

八、创新教师资源供给方式

近年来，重庆市深入贯彻落实党中央关于推进城乡一体化发展和基本公共服务均等化精神，以义务教育领域体制改革为抓手，统一城乡编制配备标准，统筹城乡教育资源配置，加强农村教育编制保障，推动城乡办学一体化、公平化，切实推动城乡教育均衡化发展。

（一）统一城乡中小学教职工编制标准，促进城乡教育资源均衡配置

为解决城乡二元结构下城乡中小学教职工编制比例不均衡问题，2016 年重庆市出台《关于贯彻中央编办、教育部、财政部统一城乡中小学教职工编制标准的实施意见》，在机构编制总量调控的前提下，按照统一城乡中小学教职工编制标准，核定区县中小学教职工编制总额，由区县教育主管部门在总额内统筹分配各校教职工编制，并根据学校布局结构调整、城乡区域

人口流动、各学段学生规模变化等情况，及时调整编制配置。同时，重点保障农村边远地区教职工编制配备，对学生规模较小的村小、教学点和艰苦边远地区农村学校，统筹考虑教职工、班级与学生数配比，保证体育、音乐、美术、科学技术、心理健康教育等课程教师配备，保障乡村素质教育全面实施。截至 2021 年底，重庆市核定中小学教职工编制 25.6 万多名，超过了国家统一的基本编制配备标准。

（二）创新周转编制制度，加大区县教育编制资源供给保障力度

为破解区县教育领域结构性缺编问题，2018 年重庆市出台《区县（自治县）事业编制周转制度实施方案》，在严格实行机构编制总量控制制度的前提下，打破行政区划壁垒，由市级统筹分散闲置的编制资源，建立存量编制使用权区县一体、余编调剂的周转制度，主要解决区县义务教育、学前教育等领域事业发展与编制供给之间的矛盾，专门用于全日制中小学、公办幼儿园等专业技术岗位。区县根据人口流动、社会事业发展等实际情况，测算本地义务教育、学前教育用编计划，对于缺口较大、自主调剂后仍不能满足编制需求的，可申请周转编制。截至 2021 年底，重庆市已累计下达中小学教职工周转编制近 2500 名，充分满足了义务教育发展需要，有效保障了城乡中小学教育一体谋划、一体发展。如，周转编制制度实行以来，为两江新区、重庆高新区下达中小学教职工周转编制 1029 名，有效解决进城务工人员随迁子女入学问题，让农村孩子享受同等优质教育资源。

（三）深化"县管校聘"改革，推动优质教师资源向基层一线流动

为解决基层优质教师资源流动性大、总量不足的问题，重庆市 2020 年出台《全面推行义务教育阶段教师"县管校聘"管理改革的指导意见（试行）》，通过优化义务教育教师队伍统筹管理机制和岗位设置动态管理机制，完善教师公开招聘制度、职称评聘制度、交流轮岗制度，健全教职工退出机制和激励保障机制、师资城乡一体化配置机制，以区县域内的师资优质均衡配置，扩大优质师资覆盖面，引导教师向基层一线流动，推动实现义务教育优质均衡发展，让边远乡村的孩子也能享受到与城区学校同样的公共教育服务。全市中小学教师交流约占符合条件人员的 20%，其中优质教师占比达 30%。如，黔江区出台《教育系统人才流动暂行管理办法》，通过强化农村学校编制保障、创新农村教师流动机制、提高农村教师薪资待遇、保障职称评审评优评先等措施，为农村教育注入新的活力，有效提升了农村教育能力和水平。

第六章 成都市统筹城乡综合配套改革试验区典型案例

成都市在开展城乡综合配套改革试验区建设过程中，进行了大胆探索实践，呈现出许多具有创新价值和推广意义的典型案例，特别是在推行全域覆盖的农村产权制度改革、建立农村产权交易机制、深化农村集体经济联营制、探索"农业共营制"新型农业经营体系、探索土地承包经营权退出有效方式、推进集体林地"三权分置"改革、建立乡村规划师制度、探索"民事民议"的村（居）民议事会制度等领域的成功实践，为全国范围内推进城乡统筹发展积累了经验、提供了示范。

一、"应确尽确、全域覆盖"的农村产权制度改革

成都市以市场化为导向，以"还权赋能""农民自主"为核心，以建立健全归属清晰、权责明确、保护严格、流转顺畅的现代农村产权制度，推进生产要素在城乡之间自由流动为目标，开展了覆盖全域的农村产权制度改革。

其主要做法和突出亮点是：一是"据实测量、多权同确"。成都市从 2008 年开始，利用第二次国土调查遥感图像数据，结合专业测绘和人工丈量，开展了承包地到农户、到地块的实测工作，并据此制作地块分布示意图和台账，在土地调查数据库进行统一登记管理并进行动态调整。在开展承包地确权的过程中，针对村民们反映的农村的宅基地、房屋等产权关系同样存在模糊不清的问题，成都市随即同步将农村产权确权的范围拓展到包括集体土地所有权、集体建设用地使用权（含宅基地）、农村土地承包经营权、农村房屋所有权、林权、股权、土地经营权、农村养殖水面经营权、农业生产设施所有权、小型水利工程所有权和林木（果）权等在内的多种产权。按照"能确权到户的确权到户，不能确权到户的股份量化到户"的原则，已全面完成农村产权确权。二是"确实权、颁铁证"。创新形成"五个一致、应确尽确、程序规范、群众满意"的确权工作标准和要求，确保改革不走过场、不留死角，做到"确实权、颁铁证"。"五个一致"即确权颁证要做到"土地、台账、证书、合同、耕保基金"一一对应、账（证）实相符；"应确尽确"即只要是农村集体土地及集体土地上的构建筑物，除违法违规占用的土地和建设的构建筑物外，都应进行确权、登记、颁证，保证改革不留"死角"；"程序规范"即

严格执行"组织动员、调查测绘、方案议决、结果公示、确权颁证、耕保基金发放"的农村产权制度改革工作程序，关键步骤不能省，基本环节不能少；"群众满意"即通过建立第三方调查评估机制，国家统计局成都调查队等单位对农村产权制度改革作第三方调查评估，进行群众满意度测评，建立纠纷调处机制，化解矛盾问题，做到改革让群众满意。截至2021年12月，全市累计颁发各类产权证书近1000万余本。三是"确长权、确户权"。成都市在农村产权确权登记颁证的过程中，同步启动了农村产权长久不变改革，不断丰富"长久不变"实现形式，实现农村各类产权的"长久不变"。通过召开集体经济组织成员会议、形成决议内容并公示、表决及签署决议、决议的生效、送达决议书复印件等步骤，由农民群众通过集体经济组织成员会议议决，自主、自愿、规范签订农村产权长久不变决议，实现了土地承包经营权长久不变；通过"确权到户、户内共享"获得集体资产权益和成员身份，解决农村集体经济组织成员家庭的新增人口问题；通过分离身份权和财产权，解决集体资产股权继承问题。

成都市的农村产权制度改革，厘清了农村财产权利，为建立城乡统一的要素市场奠定了基础，也为产权流转大幅提升农民的财产性收入创造了必要条件。同时，在农村财产权利厘清的基础上，多种多样的契约得以发育起来，推进了家庭经营、合作经营、企业化经营等多种农业经营方式的创新，政府、社区和农民共同找到解决历史遗留难题的协调机制，推动了统筹城乡综合配套改革向纵深发展。

二、建立农村产权交易机制

在农村产权确权颁证的基础上，成都市牢牢抓住农村产权流转交易这个核心环节，在全国率先挂牌成立成都农村产权交易所，形成了完备的农村产权交易体系，通过农村产权的规范、公开交易，促进农村生产要素自由流动，不断实现农村资源资产价值。截至2021年12月，已累计实现资源、资产、知识产权和投融资服务等四大类21项农村产权的流转交易2.44万宗，面积324.83万亩，金额1375.99亿元。

其主要做法和突出亮点是：一是创新拓展"四大类"21项交易品种。成都市制定了《成都市农村产权流转交易目录》和鼓励引导各类农村产权入场流转交易的政策措施，开展农村土地综合整治腾退出的集体建设用地指标、占补平衡指标的交易和农村土地承包经营权、林权、农村房屋所有权、集体建设用地使用权、农村集体经济组织股权、农业类知识产权等农村产权的流转，将资源类、资产类、知识产权类和投融资服务类四大类21项农村产权交易品种纳入流转交易范围。尤其是近年首创"数字农交"看地模式，将航拍、VR、互联网等现代化技术运用到农村产权交易中，让意向投资者随时随地就能看到现场实景，极大地拓展了农村产权交易的内涵和外延。二是统筹建立"一个平台、四级服务"全市全域覆盖农村产权交易体系。成都市统筹构建了成都农村产权交易所、16个涉农区（市）县农交所分公司、子公司、镇村级农村产权交易服务站（点）全市全域覆盖的农村产权交易体系，市、县、乡、村四级服务体系通过建立规范有效的交易规则、交易监管办法、纠纷调处办法和风险防范机制，优化交易流程，实行"统一交易制度、统一交易后台、统一清算结算、统一产品规划、统一市场管理"的"五统一"管理模式,鼓励和引导各类农村产权入场交易,形成了全市"一个交易平台、四级服务体系"和"政府鼓励引导、市县分级交易、乡村宣传初核、社会支持配合"的良好格局。三是统筹搭建农村产权交易"一站式"综合服务体系。成都市在成都农交所搭建农村产权流转交易"一站式"综合服务大厅,设置农村产权权证代办服务窗口,引导评估、担保、保险、银行、公证、仲裁等机构开展综合服务,形成了从入场交易到权证办理、公证仲裁、抵押融资的全流程、"一站式"综合服务,建成"一个屋顶下、多个服务窗口、多品种产权交易"的农村产权交易综合服务平台,并在区(市)县农交所分公司(子公司)优化整合服务,打造集"不动产登记分中心、农村产权交易服务中心、农村金融服务中心、农村电商服务中心"于一体的农村要素市场,进一步方便广大农户、集体经济组织和涉农企业,极大提升了服务"三农"的综合能力和规范化水平。四是全国首创建立都市圈农村产权有形交易市场。成都市发挥首位城市的主干作用,依托成都农交所通过农村产权交易机构统筹、服务体系统筹、平台系统统筹、鉴证应用统筹、资金结算统筹"五个统筹"举措,在全国首创建立都市圈农村产权有形交易市场,先后在德阳市、眉山市、资阳市、宜宾市、乐山市以"合资共建"方式设立子公司,以成都农交所为"主干",以德阳、眉山、资阳、宜宾、乐山等分支机构为支点的全省农村产权资源要素市场大格局已经形成,覆盖全省的农村产权交易市场体系基本形成。

成都市农村产权交易始终坚持服务"三农"、造福百姓的根本宗旨,以创新为手段,以市场为导向,在制度创新、模式构建、品种设计、市场拓展等方面积极探索,促进了适度规模经营,实现了农村资产增值和农民增收,有效缓解了农村资金不足问题,为农村产权所有人带来了实实在在的收益。

三、深化农村集体经济联营制

发展新型农村集体经济,增加农民财产性收入,让广大农民分享改革发展成果,是农村集体产权制度改革的出发点和落脚点,也是推动乡村振兴的重要抓手。为破解集体经济发展不平衡、不充分的困境,成都市坚持先行先试、典型引路的办法,在彭州市龙门山镇因地制宜探索农村集体经济联营制,探索出一条实践操作性强的集体经济发展新路子,有效激活了乡村发展动能。

其主要做法和突出亮点是:一是厘清权属关系,创新联合运营模式,破解集体经济发展过程中资源要素分散、组织化程度不高难题。全面推进农村集体资产股份化改革,各村(社区)成立股份经济合作联合社,对集体资产逐一清理核实、确认登记,将其折合为股份,按"人口股"占80%、"农龄股"占20%的比例,量化到每个村集体经济组织成员,将村民转变为持有集体股份的股东,构建起村民与集体经济组织的密切利益关联。按镇、村、项目公司三级,建立"1+10+N"三级投资架构。"1"是使用集体建设用地指标出让资金3000万元,组建小鱼洞乡村旅游联合社有限公司(简称"镇联合社公司"),重建镇集体经济组织实体,镇片区的10

个村级集体经济组织为股东；"10"是镇片区各村（社区）的村级集体经济组织，即 10 个村股份经济合作联合社；"N"是镇、村两级集体经济组织投资组建的项目公司。二是引入现代化项目管理运营机制，破解集体经济发展过程中资源利用效率低下、市场适应程度不足难题。镇党委成立镇集体资产监督指导委员会，承担指导和监督服务职能，制定集体经济发展的"路线图"，定期研究集体经济发展重大事项。镇联合社公司成立董事会、监事会，董事会作为镇联合社公司的执行机构，负责公司日常事务、决策和管理，对股东负责。村（社区）集体经济组织以生产小组为推选单位，推选成员代表，村（社区）党组织书记通过选举成为本级集体经济组织负责人。项目公司成立董事会，董事会成员中至少有 1 名非项目所在村（社区）集体经济组织负责人，监事由镇联合社公司派驻。镇联合社公司实行流程化项目管理，镇、村两级集体经济组织不直接从事生产经营，主要负责项目选择和收益分配，项目公司具有独立法人资格，负责项目的具体运营和资产的保值增值，充分享有经营自主权。三是创新增值收益分配模式，破解集体经济发展过程中利益联结松散、参与主体积极性不高难题。项目收益实行按资按股分配，确保镇、村集体经济组织和村民三级主体共享权益。第一级分配是由各投资主体进行初分配，第二级分配是镇、村集体经济组织进行再分配，第三级分配是各村集体经济组织进行内部分配。10 个村（社区）集体经济组织达成"三次分红"协议，即项目所在村集体经济组织可以在同一项目获得三次分红收入：第一次是根据在项目公司持股比例，取得分红收入；第二次是根据占用村资源和村干部参与项目经营管理的情况，将镇集体经济组织应得的分红收入，让渡一定比例给项目所在村集体经济组织；第三次是镇联合社公司获得收益后，村集体经济组织按照在镇联合社公司中的持股比例，再次获取分红或增加股东权益。依托项目公司，通过自营、合营等多种方式，集体经济组织参与经营景区、民宿、餐饮、文化、物业等项目近 10 个，从根本上消除了"空壳村"。

成都市积极探索以农村集体资产股份量化、镇村集体经济组织股权合作、多方利益分配激励为主要内容的农村集体经济联营制，打通资源整合、市场对接、利益联结等关键环节，有效破解了乡村独自发展启动资金欠缺、发展空间不足等难题，有效释放了经济发展活力。2016—2020 年，龙门山镇农村集体经济资产总量从 1.8 亿元增长到 6 亿元，集体经济经营性资产从 120 万元增长到 9910 万元，集体直接经营年收入从 20 万元增长到 1120 万元，乡村游客突破 330 万人次，实现旅游综合收入 10.5 亿元。

四、探索"农业共营制"新型农业经营体系

随着新型城镇化的深入推进、农村土地与劳动力的快速流动，农业经营格局正在发生重大变化，农业发展不仅要面对"谁来种田"的现实问题，更要应对"种怎样的田"和"怎样种田"的难题。成都市创新农业经营方式，探索推广以"土地股份合作社＋农业职业经理人＋农业综合服务体系"为核心的"农业共营制"，有效破解了农业生产经营中"地碎、人少、钱散、缺服务"四个制约和"谁来经营""谁来种地""谁来服务"三个难题。

其主要做法和突出亮点是：一是建立土地股份合作社，破解农业"谁来经营"难题。充分运用农村产权制度改革成果，尊重农民意愿，按照"入股自愿、退股自由、利益共享、风险共担"原则，引导农民以土地承包经营权作价入股，工商注册成立土地股份合作社，选举产生理事会、监事会和理事长、监事长。借鉴现代企业管理制度，公开竞聘农业职业经理人，构建"理事会＋农业职业经理人＋监事会"运行机制。理事会代表社员决策"种什么"，监事会负责监督合作社财务收支执行情况，农业职业经理人负责"怎样种""如何种"，统一组织生产管理，实行科学种田。探索"优先股＋二次返利"、股份分红等多种形式的利益分配方式，一般按经营纯收入 1∶2∶7 分配（即 10% 作为公积金、20% 作为农业职业经理人佣金、70% 作为社员土地入股分红）。通过推进土地股份合作社，当地农民收入比过去增长 10%，粮食产量比过去增加 15%—20%。二是培育农业职业经理人，破解农村"谁来种地"难题。选择有志于农业的大学毕业生、返乡农民工、农机农技能手等为培育对象，构建教育培训、认定管理、政策扶持"三位一体"的培育体系，开展生产经营型、专业技能型、社会服务型"三类协同"分类培训，培育了一批爱农业、懂技术、善经营的新型职业农民。建立农业职业经理人初、中、高"三级贯通"的晋升评定制度、管理制度、考核制度等，对符合条件的颁发证书，实行准入及退出动态管理，构建"农业职业经理人＋职业农民"的专业化农业生产经营管理团队，累计培训持证农业职业经理人 1.8 万人，新型职业农民 10 万人以上。三是推进农业服务社会化，破解生产"谁来服务"难题。采取政府补贴、有偿服务等方式组建农业专家团队，共建农业专家大院，形成"专家团队＋科技推广团队＋农业职业经理人团队"上下互通的农业科技服务体系。引导社会资金参与，依托基层农业综合服务站，搭建农业服务超市"一站式"社会化服务平台，开展产前、产中、产后"一条龙"农业专业化服务，满足适度规模经营对耕、种、管、收、卖等环节多样化服务。强化农业品牌建设，引导土地股份合作社对接农业产业化龙头企业，建设农产品加工专用原材料基地，形成"品牌企业＋农业基地"的利益联结机制。发挥财政资金对金融资本的引导和杠杆作用，撬动金融资金和社会资金加大对农业的投入，灵活运用贴息、担保、优惠政策等方式，开展各类农村产权抵押贷款。通过社会化服务，解决了农业农村服务"最后一公里"难题。

成都市探索形成的"农业共营制"，有效解决了当前农业发展面临的突出问题，促进了农业适度规模经营，构建了集约化、专业化、组织化、社会化相结合的新型农业经营体系，实现了经营主体的"共建共营"、经营收益的"共营共享"、经营目标的"共营多赢"。

五、探索土地承包经营权退出有效方式

随着城乡经济的统筹发展，农村部分地区承包地由于较为分散，村民农业生产意愿减退，出现了耕作和田间管理松散，甚至撂荒的现象。成都市充分考虑各地的资源禀赋和经济社会发展差异，始终坚持农村土地集体所有，大胆改革，深入探索，全市土地承包经营权退出试点退出承包地面积 70.193 亩、涉及农户 98 户，形成了灵活多样的土地承包经营权退出方式。

其主要做法和突出亮点是：一是完善相关配套制度。为推进土地承包经营权退出试点工作，成都市研究出台了《成都市农村土地承包经营权登记管理办法》《成都市农村土地承包经营权退出价格评估办法（试行）》《成都市规范农村土地承包经营权退出的指导意见（试行）》等十余个政策文件，基本形成了农村土地承包经营权退出的制度体系，确保改革有序推进。二是创新土地承包经营权退出方式。（1）"村民全体退出、集体统一经营"退出方式。由于土地征占、基础设施、新农村建设等原因，造成耕地较少且分散零碎，不利于耕种和农业产业发展。通过整村或整组农户将承包地全部退还给村、组集体经济组织，由村、组集体经济组织统一经营退还的承包地，并建立合理的经营收益分配机制，实现分散细碎耕地的统一耕种与农业产业发展。（2）结合灾后重建和新农村建设有偿退出方式。结合灾后重建和新农村聚居点建设，对聚居点占用的农户的承包地，采取货币的形式进行补偿，补偿标准为该土地 20 年经营收益，补偿资金由入住聚居点农户按新住房面积分摊支付。同时，对入住农户老宅基地进行复垦还耕，确保耕地面积不减少、耕地质量不下降。（3）集体经济组织内部有偿退出方式。在承包地确权颁证、实施"长久不变"的基础上，集体经济组织内部无条件或无能力耕种土地农户，将承包地通过有偿的方式退出给集体，并由集体以有偿的形式发包给本组织内部农户，其流程是：确定退出条件—农户自愿申请—组织审查审定—组织有偿发包—变更承包关系。三是探索建立产权收储机制。由成都市现代农业发展投资有限公司、成都农村产权交易所有限责任公司及国有成都鼎立资产经营管理有限公司共同发起设立农村产权收储公司，注册资本 1 亿元，将很快投入运营。农村产权收储公司将对农村集体建设用地使用权、农村土地承包经营权、农村房屋和集体林权等农村产权进行作价收购，并通过拍挂、出租、入股、委托经营、资产重组等方式进行再处置。

成都市坚持和完善农村基本经营制度，以市场化为导向，以确权赋能为核心，充分尊重农户依法取得的农村土地承包经营权，建立健全农村土地承包经营权退出程序，切实保障农民的财产权益，增加农民财产性收入，促进土地要素合理流动，推进新型城镇化，不断提高统筹城乡发展水平。

六、推进集体林地"三权分置"改革

随着集体林权制度改革的深入，过分细碎的林地承包关系限制了规模经营，农民"守着青山过穷日""望着'金山'在感叹"的现实矛盾日益突出，大部分地区的集体林权流转过程中，不管是租赁、入股，还是林地的直接流转，业主都无法获得"经营权"的相关凭证，仅凭相关合同，在融资等方面受到了极大的限制，影响了社会资本投入林业的积极性。成都市针对集体林业发展中的重点难点问题，探索开展集体林地"三权分置"改革，走出了一条推进林业高质量发展的新路。

其主要做法和突出亮点是：一是认真组织开展集体林改"回头看"，持续夯实深化林改基础。为稳步推进集体林地"三权分置"改革，成都市要求所有参与集体林改的区（市）县、镇

（街道）和村（社区），都要全面开展"回头看"活动，完善分类区划后林权证林种变更注记工作，重点针对林权证核发、林权流转、纠纷调处、林权档案管理等环节存在的问题进行排查和整改，确保林权工作质量。为强化林权管理，开发了"成都市林权登记管理系统"，实现了全市林权基础数据信息的动态更新、互联共享。全市已纠错林权 44846 宗 35887 亩，调处林权纠纷 546 件 63977 亩。结合林权类不动产统一登记新要求，全面落实林权类不动产登记工作，保护多元主体经营权益。推动地方林权管理系统或不动产登记系统与国家林权综合监管系统有机融合，实现林权登记和日常管理无缝对接及信息化管理。建立了林地经营权流转证制度，全市已颁发林地经营权流转证 576 本 24.65 万亩。二是不断完善集体林地所有权、承包权、经营权"三权分置"运行机制，促进林地经营权流转。探索林地承包经营权有偿退出，推进龙泉山生态绿化建设。以生态移民为导向、以自愿流转为前提，探索建立农民林地承包经营权有偿退出机制，全市退出农户 9716 户，退出承包林地 50507 亩，有力推动了生态扶贫、国土绿化，初步实现了绿山富民。围绕"谁来生产、谁来经营、谁来服务"，积极培育林地股份合作社，探索实践"林地股份合作社 + 林业职业经理人 + 林业综合服务"三位一体"林业共营制"。建立了提升职业经理人经营积极性和保障林农增收的利益联结机制，切实保障了农民既不失地又不失利。全市培育林地股份合作社 55 个，培训林业职业经理人 1000 人，认定职业经理人 260 人。三是创新林权抵押贷款融资方式，积极协调金融机构加大支持林业力度。与市地方金融监管局联合修订完善了《成都市林权抵押贷款管理办法》，积极协调成都农商银行、成都银行、邮储银行等金融机构，针对林业特点，推行"一次核定、随用随贷、余额控制、动态调整"的农户便捷信贷新模式。2014 年以来，全市林权抵押贷款累计发放额 19.4 亿元，目前余额 3.2 亿元。

成都市探索的集体林地"三权分置"改革，在依法保护集体林地所有权和农户承包权的前提下，平等保护林地经营权，并建立林地经营权融资担保、入股从事林业产业化经营的相关制度，使"承包权"和"经营权"处于同等地位，对于保护农民的利益，优化资源配置，推动林业可持续发展，意义重大。

七、建立乡村规划师制度

为解决农村规划建设人才匮乏、标准缺失、管理薄弱等突出问题，成都市首创乡村规划师制度，面向社会公开招募和选聘专业规划技术人员，按照"一镇一师"配备，负责从专业的角度为乡镇政府承担规划管理职能提供业务指导和技术支持。乡村规划师制度，有效推动了优秀规划资源下乡，弥补了农村地区规划技术力量的薄弱环节，解决了农村规划实施过程中的技术等问题，提升了乡村整体规划水平。

其主要做法和突出亮点是：一是明确乡村规划师职责。乡村规划师通过对镇、村、产业园区进行深入实地调查，充分掌握新农村建设产业发展、基础设施、公共服务设施、农村土地综合治理、土地确权等基本情况，负责组织并全过程参与乡镇规划编制，将新的规划理念和方法，全面贯彻到规划过程中，使规划编制成果更具科学性和可操作性，更符合农村发展的客观需要，提升了政府"规划先行"和按规划建设的意识。同时乡村规划师为项目提供现场服务，为乡村建设按照科学规划实施提供更多的指导和保障。二是构建"属地管理、市县联动"机制。市规划和自然资源局负责乡村规划师归口管理，区（市）县政府负责本区（市）县乡村规划师选拔、任免、考核等方面的统筹管理。建立乡村规划师工作标准和培训制度，促进了乡村规划师进一步提升基层管理水平和综合素质。形成了一套与农村规划管理相衔接的乡村规划师工作流程和初审把关制度；建立起乡村规划师与区（市）县规划委员会、规划局、乡镇政府、基层规划所和规划设计单位之间的协调沟通机制。三是建立专项经费保障机制。为保障乡村规划师制度的落实，市级财政每年拨付专项经费，主要用于乡村规划师社会招聘人员年薪补贴、乡村规划师及全市基层规划工作人员培训、重要规划编制经费的补贴、市级规划设计专家审查和咨询费用、优秀乡镇规划设计成果的评选和奖励等。市级乡村规划专项经费纳入市级财政预算，专款专用，由市规划局管理，市财政局监督。

成都市通过实施乡村规划师制度，将以人为本、可持续发展、两化互动、多规合一、规划先行等科学理念带到农村，使农村规划更具前瞻性、科学性、系统性，有效改善了规划脱离乡情、落地难、实施走样的突出矛盾，大力提升了乡村地区的规划、建设、管理水平，形成了有效的基层规划管理模式。截至 2021 年 12 月，全市共招聘乡村规划师 510 人次，基本实现全域满覆盖。

八、探索"民事民议"的村（居）民议事会制度

随着我国城镇化快速推进，人口、土地、资金等生产要素在城乡间的快速流动，对农村基层治理提出了前所未有的挑战，原有村党支部领导下村委会自治的方式已难以适应日益复杂的多元化利益诉求。成都市积极适应农村生产方式和社会结构的深刻变化，针对"村（居）民大会难召集、村（居）民代表大会难议决、村级事务群众难参与、村'两委'难监督"等问题，率先探索了村（居）民议事制度，得到了基层党员干部和广大群众的认同和支持。

其主要做法和突出亮点是：一是首创村（居）民议事会。在村（涉农社区）、组两个层面成立村（居）民议事会，作为常设议事决策机构，受村（居）民（代表）会议委托，其主要职责是研究决定村级发展计划、集体资产管理、经济社会发展项目、村级社会管理和公共服务项目、财务收支项目等日常事项，对村（居）委会执行情况进行监督。村（居）民小组议事会成员由村（居）民直接选举产生，村（居）民议事会成员从村（居）民小组议事会成员中选举产生，由党组织书记兼任村（居）民议事会召集人和主持人。村（居）民小组议事会一般不少于 5 人，村（居）民议事会一般不少于 21 人，每个村（居）民小组有 2 名以上村议事会成员。为防止基层"两委"干部权力垄断，村（涉农社区）、组干部不得超过议事会成员的 50%，并从村（居）民议事会成员中选举 5—7 人组成村务监督委员会，主任由党员议事会成员担任。这既避免了村（居）民大会不易召开的现实困境，又具有足够的代表性和公信力。二是建立村务公开公示制度。为规范议事会运行，全面接受民主监督，建立了村务公开制度，规范化、标准化、制度

化地推进村务公开公示，将议事会每一环节真实全面公开公示出来，让群众明白，请群众监督，改善干群关系。各村每年度分两次按时在固定公开栏上公开年度项目议决情况、项目实施情况、资金使用情况、议事会成员履职情况等；在村民小组，聚居院落全部设立小黑板（临时公开栏），适时公开项目议决执行情况、议事会召开信息等；同时通过微信群、微博等新媒体及时公开议事会议决情况，充分调动了群众参与的热情和积极性，实现了干群之间的互动和交流，大大改善了党群、干群关系。三是分离集体经济组织与村（居）委会职权。各地因地制宜设立了资产管理委员会、农业经合组织或股份合作社、股份有限公司等集体经济组织形式，将集体经济组织逐步从村委会中剥离出来，成为独立的市场主体。固化集体经济组织成员资格，无论其搬入新社区居住，还是进城定居，都保留其在集体经济组织享有的财产权利。调整和规范了村委会的职能，不再干预集体经济组织的运行，村（居）委会主要办理政府委托的公共事务和本村的公益、纠纷调解、治安维护等自治事务，确保村（居）民的财产权利能够真正独立于行政命令的干预。

成都市创新性开展的议事会制度，将决策权与执行权分离、社会职能与经济职能分离、政府职能与自治职能分离，使村（居）民议事会恰当地融入原有的以村（居）"两委"为核心的村庄治理架构中，使党组织领导方式发生了根本转变，即从包办型转向核心型、从指令型转向引导型。从根本上打破了党组织、议事会、村（居）委会一体化运行，村级事务由村（居）"两委"几个人说了算，村级组织涣散的状况，杜绝了村干部腐败问题，也使得村级组织权力配置得到合理调整，保证和加强了党的领导，实现了各种权力监督和制衡。

第七章　深圳市综合配套改革试验区典型案例

随着综合配套改革试验全面铺开、纵深推进，深圳始终牢记习近平总书记的殷殷嘱托，深刻领会党中央的战略意图，切实担负起建设中国特色社会主义先行示范区的新时代历史使命，充分发挥粤港澳大湾区、深圳先行示范区"双区"驱动，深圳经济特区、深圳先行示范区"双区"叠加效应，在科技创新、政务服务、跨境合作、旧城改造等多个重大领域率先取得巨大突破，形成了一批彰显"敢闯敢试、敢为人先、埋头苦干"特区精神的典型案例。

一、科研项目"悬赏制"和核心技术攻关项目全生命周期管理

为进一步加大核心技术攻关支持力度，加快实现科技自立自强，深圳市科技创新委按照"需求出发、目标导向，精准发力、主动布局"的总体思路，围绕项目遴选、落地、考核、全生命周期管理等方面，制定了《深圳市技术攻关专项管理办法》及相关实施方案。

（一）从产业链需求出发主动布局

坚持市场化与专业化相结合，采用企业提出需求和专家遴选评议相结合的方式确定项目选题。聚焦重要领域及重点产业链，选择产业链缺失环节中的关键核心技术和最有基础、条件的科技方向作为突破口，通过专题研讨、课题调研等方式，面向重点企业、高等院校、科研机构、行业协会等单位征集重点重大项目课题。项目成果对标国际产品先进水平，项目指南的指标参数要求达到甚至超过对标国际产品的参数规格。

（二）试行"揭榜挂帅"，鼓励联合创新

对属于行业共性需求、有明确的需求来源和有具体应用场景的课题建议，采取"揭榜挂帅"方式对外张榜。"揭榜挂帅"项目鼓励牵头单位联合国内（含港澳）具有研究开发能力和法人资格的高校、科研机构、科技型企业组建创新联合体，通过产业链上下游合作、产学研用协同等方式组团揭榜攻关。

（三）"咨询专家 + 监理服务"提供智力支持

组建咨询专家组，并委托咨询专家组对技术攻关重大项目的课题方向和技术路线提供决策咨询，对重大项目课题建议进行论证，对编制课题指南建议书提供指导。部分科技计划项目委托第三方机构开展监理和服务，包括监理研发进展、项目负责人（主要成员）在岗、财政资助资金使用等；组织开展政策辅导与培训、协助科研成果转化以及其他有助于项目完成、人才提升和项目单位发展的增值服务。

（四）实施"里程碑式"阶段性考核

技术攻关重点项目设置"里程碑式"阶段性考核，考核内容包括项目技术方案、初步研究成果、阶段性评测报告和资金财务情况等。以实际应用效果为导向，项目申请验收前，揭榜方需获得应用评价单位出具的用户评价报告，作为项目验收考核的重要参考。

二、持续稳定支持基础研究的多元投入机制

坚持创新驱动、基础先行的理念，完善基础研究原始创新能力体系的顶层设计和布局，建立健全基础研究多元投入机制，鼓励高等院校、科研机构、企业和社会力量多渠道加大对基础研究的投入，全面提升前沿基础研究与应用研究的水平，不断提高原始创新能力。

（一）打好稳定支持基础研究规划政策组合拳

出台《深圳市关于加强基础科学研究的实施办法》，在科学问题、科研环境、学术平台、高端人才和国际化等 5 个方面提出 23 条举措，成体系支持基础研究。以特区立法形式确立不低于 30% 的市级科技研发资金投向基础研究和应用基础研究，市财政投入从 2017 年的近 10 亿元增长到 2020 年的 49.93 亿元，占比达 42.68%。积极参与并组织实施粤联、粤深基金，开展多渠道、多层次、多方式的基础研究协同合作。

（二）引导社会力量加大基础研究投入

支持腾讯率先发起设立"科学探索奖"，首批 50 位青年科学家获 1.5 亿元奖励。2021 年 8 月 1 日，由南方科技大学、腾讯公司共同主办的首届"青年科学家 50² 论坛"在深圳举办，论坛发布了由 100 位"科学探索奖"获奖者投票选出的"十大科学技术问题"，涵盖人类意识、人机通讯、量子计算实用化、地外行星居住等热点领域。

（三）实施高校稳定支持计划

出台《深圳市高等院校稳定支持计划管理办法》及配套文件，遵循继承优化、自主选题、突出绩效原则，面向深圳 11 所高等院校，设置高等院校稳定支持计划，支持高等院校自主布

局、自由选题，开展创新性研究。2021 年首次实施高等院校稳定支持计划，推动获得稳定支持的 11 所高等院校完成校级项目管理办法、过程管理与验收管理办法等配套文件的制定，共下达立项资金 2.17 亿元。

三、创新风险共担机制

（一）组建天使投资母基金

深圳天使母基金于 2018 年 5 月正式运营，截至 2021 年 11 月，已主动接洽 500 余家国内外顶级及优秀投资机构，并按年均 22 支的投决量完成 60 余支子基金的设立，子基金设立的速度、质量、规模远超同行业早先设立的重庆天使基金、杭州天使基金和上海天使基金。截至 2021 年 11 月，已通过子基金投资近 400 个初创项目，涌现出 32 个估值超过 1 亿美元的"潜在独角兽"企业，深圳天使创新的"母抗体"已有效激活。预计至 2025 年，深圳天使母基金将累计投资近 2000 个天使项目。成立三年来，深圳市天使母基金共获得近百个行业重要奖项，于 2020 年 11 月 20 日荣获国务院第七次大督查通报表扬。2021 年 7 月 21 日，国家发展改革委公布《关于推广借鉴深圳经济特区创新举措和经验做法的通知》，推广党的十八大以来深圳经济特区的创新举措和经验做法，第 4 条为"发挥政府投资杠杆作用组建早期创业投资引导基金"。截至 2021 年 10 月底，天使母基金累计投资初创项目 430 个、培育"潜在独角兽"企业 53 个。

（二）开展小额贷款保证保险试点工作

2019 年 12 月，深圳市市场监督管理局在全国率先推动发行了以小额贷款债权为基础资产类型的知识产权证券化产品，首期规模 1.24 亿元。深圳市小额贷款保证保险试点工作在缓解小微企业融资难、融资贵方面发挥了积极作用。截至 2020 年底，从业务规模看，小额贷款保证保险累计授信规模 62.72 亿元，放款金额 40.87 亿元，支持符合深圳市产业发展政策导向的支柱产业、战略性新兴产业和未来产业的小微企业近 3000 家，其中，约 70% 企业通过试点首次获得银行信贷，解决企业融资难问题成效显著；从贷款利率看，保证保险项下小额贷款的平均利率水平呈逐年稳步下降态势，2020 年平均利率约 4.5%，2019 年的约 5.81%，2018 年的约 6.18%，比试点前下降 1.68%，有效缓解了企业融资贵问题。

四、推动重大科技基础设施成果高效转化

巩固拓展深圳既有的产学研融合发展创新优势，依托综合性国家科学中心先行启动区布局建设一批重大科技基础设施，构建"楼上楼下"创新创业综合体，"楼上"科研人员利用大设施开展原始创新活动，"楼下"创业人员对原始创新进行工程技术开发与中试转化，打通从原创发现到工程技术开发到中试转化再到产业化的通道，推动更多科技成果沿途转化。

（一）依托新型研发机构形成"楼上科研、楼下转化"模式

依托中国科学院深圳先进技术研究院，构建楼上楼下创新创业综合体——光明工程生物产业创新中心，搭建了"科研—转化—产业"的合成生物全链条企业培育平台。一方面，吸引了一批优质且具备核心竞争力的初创企业入驻综合体。截至 2021 年 11 月，已遴选三批次 23 家企业入驻，部分企业已有序开展研究与产业初步转化工作。另一方面，打造了开放共享的设备平台，并引入专业平台管理团队。已建设生物分析与制备平台、材料分析平台、化学分析平台、基础支撑平台等共性技术开发平台，包括总价 4600 万的上百台共享设备。此外，创新中心形成了较完善的运营管理机制，出台包括企业遴选办法、运营管理办法、企业遴选委员会章程等在内的创新中心制度体系。

（二）依托大科学装置打造"沿途下蛋、就地转化"模式

依托综合性国家科学中心和重大科技基础设施建设，形成了以大科学装置平台为起点，以产业化平台为终点的科技创新和产业孵化"双环耦合"的全过程创新体系。一环是依托政府有形之手，搭建了"平台、专项、研究、教育、产业"五位一体的科技创新体系。以大科学装置为逻辑起点，积极主动承担国家重点研发计划等科技专项，形成部市联动机制，引导产、学、研等创新主体协同开展技术攻关。一环是发挥市场无形之手作用，建立了"平台、智库、路演、资本、产业"五位一体的产业孵化体系。围绕科技基础设施关联产业，打造致力产业洞察的智库机构、服务项目路演的产业大会、提供创新资本的天使基金，共促企业孵化，共助产业培育。

五、实施"秒批""秒报"政务服务审批机制

近年来，深圳政务服务以"一体化政务服务平台"为基础，深入推进"秒批"改革。"秒批"即无人工干预自动审批，申请人提交的申请信息由系统按照既定规则，通过数据共享实时比对核验申请信息，自动作出审批决定，实现即报即批、即批即得。为进一步释放改革红利，打造更主动、智能、精准的智慧政务服务，深圳市推出了"秒报秒批一体化"政务服务新模式，即在数据互信互认互用的基础上，依托"i 深圳"、广东政务服务网等一体化政务服务平台，在业务申报环节实行"秒报"，在受理审批环节实行"秒批"。

主要做法：一是推行事项标准化，实现事项要素与数据源精准匹配。出台了《深圳市政府部门权责清单管理办法》，在对政务服务事项的名称、类型、时限等实现统一标准的基础上，着重对政务服务事项的申报表单要素和申请材料要求进行标准规范。全面梳理各事项要素的数据源，封装数据接口，在权责清单内打上标签，实现表单要素和申请材料与相应数据源自动关联，保障自动匹配和自动调取。二是优化业务流程，建立适应"秒报秒批"的业务流程。根据"秒报秒批一体化"业务特点，建立表单要素全自动填充或引导式半无感申报流程，明确每个

环节的操作要点和数据标准，取消不必要的审核环节和确认环节，实现即报即批、即批即得。三是建设大数据湖，推进数据跨部门、跨层级共享互认。建设深圳市政务信息资源共享平台，连通全市10个区和68个部门，汇聚人口、法人、房屋、电子证照、公共信用等数据资源超过285亿条，形成了超2000万人口、360万法人、1400万间房屋、1900万张电子证照等数据的大数据湖，日均数据交换量超过2000万条。四是实行审批监管一体化，建立业务闭环，加强风险管控。为管控"秒报"自动填充数据过时和数据不准的问题，加强事中申请人自我核查和事后业务抽查，检查和修改结果反馈至数据源，基于人工智能分析，对数据源进行动态修复。

"企业投资项目延期"推行"秒报秒批一体化"后，一是为减材料提供了新思路，改革前需提交"项目申请报告"，改革后无需提交。二是实现表单信息自动填充，改革前申请人需手动填写输入28个数据项，包括"项目名称""项目属性"等信息，改革后系统可自动关联信息，自动完成表单所需信息的填充，申请人只需填写"延期理由"一项内容即可完成申报，以数据自动化代替了人工手动化。如发放高龄老人津贴，改革前申请人需要交"居民身份证""户口簿""存折或银行卡"，现在只需要上传"存折或银行卡"，电子证照实现自动关联，倒逼电子证照发证，实现用证—发证的良性循环。三是改革前的审批时长需要7个工作日，现在通过数据共享实时比对核验后，自动就可以作出审批，减时限的同时打破了搭车审批、利益附加等传统利益格局，消除了人为干预和自由裁量，做到公平公正，24小时在线规范审批阳光操作。

截至2021年11月，深圳市累计实现"秒批"改革事项336项，已实现含发放高龄老人津贴、公共场所卫生许可（补办）等583项无感申办事项，全市网上申办量为492652件，实现含企业投资项目延期、深圳经济特区居住证申领等165个"秒报秒批一体化"事项，全市网上申办量为449960件。

六、个人破产清退制度

（一）破冰个人破产制度，鼓励诚信债务人经济再生

着眼破产法律制度体系完善，坚持鼓励创新、宽容失败的破产理念，着眼完善市场主体退出机制，全力推动个人破产制度落地生根。一是推动个人破产立法突破。深入研究论证，向深圳市人大常委会提出个人破产立法建议，全程参与个人破产特区立法起草工作。2020年8月26日，深圳市人大常委会正式通过《深圳经济特区个人破产条例》，在全国率先为个人破产制度进行地方性立法。二是在全国率先上线个人破产综合信息系统。2021年3月1日，《个人破产条例》施行之日，上线自主开发的个人破产综合信息系统——"深破茧"系统，打造PC端、小程序双入口，实现个人破产案件全信息数据采集、全流程在线审理，程序参与人、破产管理人、法官掌上办案，有力提升破产审判和办理监督质效。三是稳妥有序推进个人破产实施。遵循"先行先试、稳中求进、先易后难"原则，积极推进实施工作，健全试点配套机制，建立一整套材料审核、面谈辅导等环节分流识别标准。截至2021年11月，收到个人破产申请838

件，其中审核不通过退回申请 313 份，面谈辅导申请人 368 人次；正式立案审查 55 件，已听证调查 30 宗，不予受理 11 宗，启动破产程序 20 宗。四是顺利办结一批个人破产案件。7 月 16 日，正式裁定审结首宗个人重整案件，后陆续审结张某个人破产和解案、魏某委托和解案。2021 年 11 月 8 日，依法宣告全国首位债务人呼勇晖破产并进入免责考察，实现《个人破产条例》的全面适用，真正让"诚实但不幸"的债务人获得经济再生机会。通过普及诚实免责破产理念，保护创新创业活力，有力凝聚改革共识，赢得公众广泛认同。

（二）推动跨境破产协作，服务粤港澳协同发展

2021 年 5 月 14 日，最高人民法院与中国香港特区政府在深圳签署《关于内地与香港特别行政区法院相互认可和协助破产程序的会谈纪要》，明确深圳中院作为跨境破产协作试点单位。深圳中院加快跨境破产审判工作布局，扩大深圳跨境破产协作的区域和国际影响力。一是积极推进中国香港破产协助案件审理。加强与中国香港特区法院系统合作，努力推动构建深港跨境破产制度框架。2021 年 7 月 20 日，中国香港高等法院向深圳中院发出跨境破产协助请求信，请求认可中国香港破产清盘程序以及清盘人。这是内地受理的首宗与中国香港跨境破产认可与协助案件，目前正在加快审理中。二是率先实现跨境破产裁定境外认可。积极推动跨境破产裁判互认和事务协作。2020 年 5 月 26 日，中国香港高等法院裁定认可深圳年富案破产清算程序并予以协助，系全国首例破产管理人获准代表母公司对香港子公司全面行使权力的案件。三是在全国首创破产财产跨境网拍模式。成功吸引境外投资人，拍卖 3 架波音 747 货运飞机，在全球率先完成跨境大宗破产财产的网拍交付。协助中国香港清盘人利用内地网络平台处置香港车牌，获得国际社会高度赞誉。

七、旧城改造可持续发展路径

2009 年，在广东省"三旧"改造政策的指引下，深圳市出台了《深圳市城市更新办法》，在全国率先提出"城市更新"概念，全面建立了城市更新工作的机制架构，并在全国首次明确了拆除重建、综合整治等更新模式并予以大力推进。经过多年实践，城市更新政策日益完善，成为优化城市功能结构、完善公共配套设施、提高城市综合服务水平的重要手段之一，在保障各类建设用地供给，持续改善城市环境品质，促进产业转型升级等方面发挥了重要作用，取得了较为显著的成效。

近年来，为严格落实习近平总书记更多采用微改造"绣花"功夫的重要指示精神，更好保护历史文化、传承历史文脉、保留低成本居住空间和生产空间，深圳市出台了《深圳经济特区城市更新条例》《关于深入推进城市更新工作促进城市高质量发展的若干措施》等相关法规、政策文件，积极推进绿色有机更新，严禁大拆大建，让城市留下记忆，让人们记住乡愁。一方面，结合深圳城中村实际情况，通过城市更新五年专项规划，对城中村用地实施分区分类管理，划定综合整治分区，拓展城中村综合整治内涵。2019 年，出台了《深圳市城中村（旧村）

综合整治总体规划（2019—2025)》，将55平方公里现状居住为主的城中村划入综合整治分区，明确规定不得进行大拆大建，鼓励开展以完善公共配套、改善居住环境、消除安全隐患为主的综合整治模式。截至2020年底，已对1536个城中村实施了综合治理，城中村蝶变成为安全、干净、有序、和谐的文明新村和幸福家园。积极推进南头古城、观澜古墟、清平古墟等7个城中村有机更新试点。南头古城文化遗产得到保护和活化，古城面貌焕然一新，已成为展现岭南文化的重要载体，清平古墟、甘坑客家小镇等试点项目有机更新也已初见成效。另一方面，积极推进旧工业区综合整治工作，在全市城市更新"十四五"规划中将约100平方公里建设形态好、建筑质量高、占地规模较大的工业集中区域纳入保留提升区进行长期锁定，保留提升区内用地鼓励运用综合整治、产业用地容积提升等方式予以转型升级，全面保障对深圳具有战略性、支撑性意义的实体产业空间需求。"十三五"期间，已对建筑面积600多万平方米的旧工业区进行了综合整治。

通过持续不断的绿色有机更新，一批历史建筑、传统世居和工业遗存得到了有效保护，不少旧区经过规划和修缮，有的成了油画村、版画村等艺术村落，有的成了民宿客栈集中的特色小镇，有的成了创意园、珠宝街等产业集聚区，还有的甚至成为国际性"深港城市/建筑双城双年展"的展场，城市建设的个性化和人性化得以充分体现。

第八章　浙江省义乌市国际贸易综合配套改革试验区典型案例

按照《浙江省义乌市国际贸易综合改革试点总体方案》确立的目标，围绕探索建立新型贸易方式、优化出口产品结构、加强义乌市场建设、探索现代流通新方式、推动产业转型升级、进一步开拓国际市场、加快"走出去"步伐、推动内外贸一体化发展、妥善应对国际贸易摩擦和壁垒等重点任务，义乌大力推进试点各项改革举措的深入实施，一些领域改革成效明显，亮点突出。

一、市场采购新型贸易方式

义乌拥有全球最大的小商品市场，市场外向度达到 65% 以上。针对小商品出口具有"多品种、多批次、小批量、拼箱组货、融合内外贸"等特点，与传统出口贸易监管机制存在不相适应的问题，义乌市探索创设了市场采购新型贸易方式。2013 年 4 月，商务部等八部委印发《关于同意在浙江省义乌市试行市场采购贸易方式的函》，同意在义乌市试行市场采购贸易方式。市场采购贸易方式的确立，从根本上解决传统贸易监管方式不适应小商品出口的问题，为全国以专业市场为平台开展国际贸易探索了新路径。

创新内外贸一体化的管理服务机制。市场采购贸易是采购商和市场经营户直接交易后，委托货代公司等中介代理国际物流的贸易业态，具有"交易环节内贸化、物流环节外贸化"的特点。为适应这一内外贸一体化的贸易业态，义乌市建立"一划定、三备案、一联网"认定体系，推进管理服务创新。其中，"一划定"即建立义乌市场集聚区的电子围网，把集聚区范围之外的经营主体排除在市场采购贸易联网信息平台之外。"三备案"即供货商备案、代理商备案、采购商备案。供货商备案：市场集聚区的供货商户经备案后，获得一个"市场采购号"，每批货物出口时都对应唯一的代码；代理商备案：对从事市场采购贸易的对外贸易经营者实行备案登记；采购商备案：采购商必须将相关信息留存代理商处备案。"一联网"即将市场采购贸易主体备案、拼箱组货、检验检疫、辅助报关、免税管理、结汇管理等贸易信息纳入市场采购贸易联网信息平台，对市场采购贸易全流程溯源管理。

创新配套监管机制。通关方面：海关启用市场采购贸易方式海关监管代码"1039"，小商品出口申报以"章"为单位简化归类。建立"集中仓储、联网申报、前移检验、有效监管"的新型检验检疫监管模式，对企业实施备案管理、信用管理和分类管理，对商品实施风险管理、质量管理和溯源管理。全国首创小额小批量商品检验监管措施，对货值不超过 1000 美元或数量不超过 40 件（箱）或重量不超过 50 公斤的市场采购出口商品实施自动审放。外汇方面：在全国率先开展个人贸易外汇管理改革试点，针对代理出口模式下货物流和资金流分离的情况，创新货物与外汇的对应机制，允许委托出口的小微企业、个体工商户、外商投资合伙企业、境外采购商等多种主体收汇。税收方面：简化税收管理机制，以市场采购贸易方式出口的货物实行增值税"免征不退"。

健全属地综合管理。依托市场采购贸易联网信息平台，建立贸易流程管理服务、信用评价管理、出口商品质量管理、国际贸易风险预警防控、违法违规案件追溯查处等综合管理体系。

市场采购贸易方式由于其内外贸融合、配套监管机制简易化便利化的特点，为全国没有能力自建外贸体系的广大中小微企业提供了对接国际市场的便利通道，扩大了中国小商品的国际市场覆盖面。义乌商品出口到全球 233 个国家和地区，与"一带一路"沿线国家的贸易额约占全市外贸的 50%。2021 年，义乌外贸出口 3659.2 亿元，较 2010 年增长 18 倍，占浙江省的 1/8，占全国出口的 1/55。其中市场采购贸易方式出口 2901.6 亿元，占出口总额的 79%，成为义乌主要出口通道。市场采购贸易方式作为全国外贸稳增长举措之一，两次被写入国务院政府工作报告，已在全国 31 个市场复制推广。

二、"互联网 +"自助结汇模式

2014 年 7 月，义乌市在全国率先开展个人贸易外汇管理改革试点，并向全国复制推广。随着市场采购贸易新业态发展，原有模式无法满足市场主体多元化的结算需求。为进一步促进贸易畅通、优化资金融通，义乌市探索依托国际贸易综合信息服务平台（简称"联网平台"）大数据，开发了"市场采购贸易外汇管理系统"，创新开展"互联网 +"自助结汇业务，通过信息共享实现贸易真实性审核，使市场主体办理贸易结汇时全程网上办、一次都不跑，大大提高了结算效率，促进了市场采购贸易发展。

大数据电子验证代替审核纸质单证。按照现行个人贸易政策规定，结汇人必须凭合同、物流运输单据等纸质商业凭证到银行窗口现场办理结汇业务。义乌外汇管理部门允许银行在实现与联网平台对接后，以"海关出口报关单编号 + 集装箱编号或提单编号"等联网平台数据信息，作为个人贸易结汇真实性审核的基础依据，通过信息共享方式实现了个人贸易结汇管理简便化。

网上自主选择结汇时点。结汇人登录市场采购贸易外汇管理系统，在网上与出口代理企业建立委托代理协议后，录入出口代理企业提供的出口信息，如与联网平台中的信息完全匹配，即可向银行线上申请办理结汇业务。结汇人可自主选择结汇银行和结汇时点，足不出户即可实现资金瞬时到账。

"三重认证"防控金融风险。一是身份认证。所有市场采购贸易主体都在联网平台注册并且与通过市场监管实名认证的信息一致，确保市场主体真实。二是数据认证。企业对录入数据信息的真实性负责，并留存相关单证备查，相关部门可对真实性开展监管。同时，每日均与海关结关信息对碰，确保出口报关数据真实。三是关联认证。结汇人必须与代理出口企业签订委托代理协议，并承诺贸易真实，双方明确权责后才可以建立关联。另外，按货物贸易外汇管理分类等级及海关、税务、商务等监管分类，对企业设定不同的审慎监管政策系数，防范异常资金跨境流入。

"互联网+"自助结汇数据联网透明公开，结汇人通过选择结汇时机合理规避汇率波动风险，提升资金使用效益，实现贸易结汇7×24小时全程网上办、一次都不跑；银行实时进行贸易背景的真实性审核，实施精准管理，有效防范异常资金以贸易为名流入。据测算，每办理1笔"互联网+"自助结汇业务，就可为客户和银行分别节约大概1小时（含路上时间）和10分钟时间，在实现自由便利结算的同时，还节约了社会资源，促进贸易发展。2021年，自助结汇498.3亿美元，同比增长76.86%，已占义乌个人外汇结汇比例99%。

三、国际贸易服务"一站通办"

义乌市作为高度开放的国际化城市，拥有数量庞大的涉外经济主体和外商，其中各类涉外经济主体8000多家，每年来义采购外商超过50万人次，常住外商1.5万名。为营造更加开放高效的国际贸易服务环境，义乌市于2012年成立国际贸易服务中心，将涉外行政审批、涉外公共服务、涉外中介服务、国际交流和信息交流整合到统一的综合涉外服务平台，实现国际贸易服务"一站通办"。

国际贸易服务"一站通办"。在国际贸易服务中心统一进驻了公安局出入境管理局、人力社保局、商务局、外侨办、市场监管局、国安局、税务局、财政局、海关、外汇管理局、司法局等12个部门，共设置涉外办事窗口52个，可办理各类涉外审批和服务事项125项，基本实现了义乌市域内各部门涉外事项的集中办理。其中，外贸经营环节证照可实现"一窗通办"，通过整合市场监管、商务、海关、中国人民银行等4个部门6个事项，实现"企业注册、外贸经营者备案、开户许可、原产地企业登记"等事项"一事一窗一次"办理。

"集成化"政府涉外公共服务。设置若干功能分区，提供集成化涉外公共服务：包括涉外服务超市区，商务局涉外服务中心整体入驻，为企业和在义外商提供业务帮办代办、政策信息咨询服务；司法服务区，设有涉外纠纷调解委员会、涉外普法宣传区，提供涉外纠纷调解、涉外法律咨询和法律宣传等服务；世界商人之家活动区，为外商休闲、交流和活动成果展示提供专门场所。

"全方位"涉外中介服务。引进涉外中介机构入驻，服务内容包括企业登记代理、商标注册服务、知识产权咨询、报关报检代理、税务、会计事务、翻译、航空票务等，方便办事企业和外商自主选择社会化服务。

国际贸易服务中心创新涉外政务服务模式，开创了国内涉外审批服务事项"一站通办"的先河。通过不断整合集聚各部门涉外服务内容，让外商在一个平台可享受"一条龙"服务，并获取丰富的专业涉外服务资源，大大提升了办事体验度，营造了良好的国际交流和外商投资环境。2017 年，获第二届全国行政服务中心大厅典型案例展示"创新性优秀"称号。2018 年，《义乌市国际贸易服务事项"只进一扇门"》作为国务院全国 28 个优化营商环境案例之一获通报表彰。

四、外贸风险预警防控机制

随着义乌市场国际贸易的快速发展，各类外贸诈骗、涉外案件、贸易纠纷也呈多发趋势，而案发后往往很难挽回损失。如何提早发现、有效预防经济案件发生，减少企业和群众损失，成为义乌乃至全国市场参与国际贸易的一个难题。义乌市以搭建外贸风险快速预警综合平台为切入点，构建了较为全面的外贸风险预警防控机制。外贸风险快速预警综合平台集成了国际贸易信息采集、信息核查处置、信用评价、风险预警和综合信息服务五大模块功能。

网络互动采集可疑信息。预警平台开设了"可疑采购信息填报、我要投诉采购商、我要投诉供货商、我要投诉贷代公司、我要举报假冒伪劣、我要举报经济犯罪"等栏目，国际贸易参与主体发现合作方存在可疑情况、认为交易存在风险或首单交易，均可随时将信息通过预警平台发送至经侦部门。预警平台还通过客服群、经侦微博、律师在线、在线评论、在线投诉等多个即时互动渠道，在各职能部门广泛收集信息，实时掌握动态。

多部门联合核查防控。负责预警平台运行的公安经侦部门在收到用户填报的信息后，立即开展分析、研判及实地核查，在三个工作日内查明公司企业注册情况、业主身份、出入境记录、违法犯罪记录等信息，发现有诈骗或者拖欠货款逃匿嫌疑的，立即在预警平台上发布预警信息进行提醒防范，对构成犯罪的及时予以查处打击。同时，公安与市场监管、海关、商务、商城集团等单位建立"信息互通、快速反应、优势互补、协同处置"的司法、行政协作新机制，进一步拓展平台预警功能。

外贸主体信用评价使用机制。依托信息采集与实地核查，预警平台后台建立了采购商数据库、供货商数据库、货代公司数据库。社会公众可在预警平台查询合作对象的信用情况或进行信用评价，如发现合作对象在平台上有不良评价或记录，可中止合作或采取严密的防范措施。

失信行为通报机制。预警平台开设了失信采购商通报、失信供应商通报、经济案件在侦在逃人员通报等栏目，每半月发布一期失信采购商名单通报，每个月发布一期市场外贸形势分析，并通过经侦微博、微信公众号、APP 软件等渠道予以同步发布。建立涉外经济主体信用通报机制，定期由外侨办将失信外商情况向外国驻华使领馆通报。

以预警平台为核心的外贸风险预警防控机制，构筑了义乌国际贸易防火墙，维护了义乌市场外贸安全。义乌市外贸领域违法案件发生率大幅降低。截至 2021 年底，平台访问人员涉及 90 多个国家和地区，日均访问量超 1 万多人次，日最大访问量超 7 万人次，直接为市场经营户挽回损失超 3.2 亿余元。得到了公安部领导批示肯定和社会公众的广泛认可。

五、"以外调外"涉外纠纷调解机制

义乌市作为一座境外客商集聚的城市，各种涉外民间交往活动频繁，涉外矛盾纠纷也随之增加，并日益呈现出复杂性、多样性、专业性、面广量大等特点。为有效处置涉外纠纷，义乌市开创"以外调外"涉外纠纷调解机制，于 2013 年成立全国首家县级涉外纠纷人民调解委员会（简称"外调委"），聘请外籍人士参与涉外纠纷调解。已建立了一支由 11 个国家、12 名外籍调解员参与的多元化、专业化、规范化的涉外调解队伍。

"以外调外"增加调解亲和力。为解决涉外主体语言沟通不畅和法律关系复杂的难题，义乌市聘请外籍人士为涉外纠纷人民调解员，这些外籍调解员在义乌市经商多年，精通多种语言，较为了解对外贸易环节，善于化解对外贸易中产生的一些纠纷。这种"以外调外"的模式，更能取得外商的信任，增加调解亲和力。同时，建立"1+1"法律服务结对机制，由 1 名以上律师免费联系 1 名外籍调解员，随时提供法律咨询。

"1+X"部门协调联动机制。建立涉外纠纷人民调解联席会议制度，由法院、检察、公安、司法、外事、市场业主等单位组成，帮助解决调解过程中的实际困难，分析研判涉外纠纷动态，增强排查化解的针对性和有效性。涉外纠纷人民调解委员会与司法部门建立涉外案件检调衔接、诉调衔接和治调衔接机制，提升调解效率。需要调解的涉外案件，法院可委托涉外纠纷人民调解委员会进行诉前调解，利用外籍调解员的语言和国籍优势，节约司法资源。

"1+N"调解结果应用机制。一方面，为有关部门提供决策参考。对于调解过程中发现的一些苗头性、倾向性信息，外调委及时组织开展专题调研，剖析深层原因，形成对策建议，并交由相关涉外部门作为决策参考。另一方面，为商户防范经营风险。外调委的调解员们肩负"涉外调解员"和"涉外普法志愿者"双重重任。在调解过程中，对当事人开展相关法律法规知识学习活动。在调解完成后，给境外人员发放英文版法律知识手册，实现调解与普法双管齐下。

"以外调外"调解模式既有利于预防和减少涉外矛盾，高效化解涉外纠纷，为社会和谐稳定、增加经贸往来提供良好的法治保障；也有利于调动和发挥多元主体参与社会自我管理、自我服务的积极性和创造性。

截至 2021 年底，外调委共调处涉外纠纷约 1100 起，涉案金额超 1 亿元人民币，调解成功率达 96%。义乌"以外调外"调解模式在央视《新闻联播》栏目两次播出，被美国《新闻周刊》、日本《读卖新闻》、韩国联合通讯社、法国法兰西 24 电视台、德国广播协会、新加坡《联合早报》、阿拉伯半岛电视台等 20 多家境外媒体关注报道。

六、外籍人员"商友卡"管理服务模式

随着义乌市国际化程度提高，对外商吸引力不断增加，据统计，义乌市每年吸引 200 多个国家和地区、50 多万人次外商来义采购，常住外籍人员 1.5 万多名。义乌市针对在义外商开发了外籍人员"商友卡"，建立既方便外国人居留经商又能实施有效管理的新模式。

涉外管理"一卡互联"。外籍人员商友卡由人力社保部门负责发放，由公安部门牵头开展对在义外国人日常管理。人力社保、公安、商务、市场监管、中国人民银行等部门，根据自身职责，将相关涉外管理服务功能集成到卡上。各部门以商友卡为载体，实现信息共享与联动监管，为涉外管理与服务模式创新提供有效保障。如外汇部门依托商友卡大胆改革创新，允许外商持商友卡经市场监管、商务部门备案登记后，向义乌外汇部门申请开立境外个人外汇结算账户。

信息轨迹"一卡集成"。外籍人员商友卡具有与护照类似的身份证明功能，背面印有外籍人员姓名、国籍、护照号、宗教信仰、照片等信息，以及存储个人基本信息、活动信息的二维码，通过扫描二维码即可读取相关信息。外商在义乌办事，可以持外籍人员商友卡作为证件使用，减少护照丢失带来的麻烦。依托外籍人员商友卡，可以实现对外商在中国境内日常活动轨迹的追踪，形成数据沉淀，为建立外商信用体系提供信息数据来源。

公共服务"一卡通用"。外籍人员商友卡集成了义乌市民卡的所有成果，外商凭卡享受当地市民同等待遇，明显提升了外商日常生活便利度。外商可以凭卡实现日常生活基本公共服务需求，包括基本养老、子女教育等社会保障，乘坐公交、租赁公共自行车、图书馆借阅图书等公共服务，还可凭卡实现小额存储、日常支付。

外籍人员商友卡管理服务模式是一种寓管理于服务的"良策"，既实现了涉外管理的信息共享和联动监管，又切实方便了外商日常所需，增强了外商的归属感，受到外商、各类涉外服务机构的欢迎认可。截至 2021 年底，共发放外籍人员商友卡超 23 万张。

七、陆港海港联动发展机制

义乌市作为内陆城市，80%以上进出口货物需通过宁波舟山海港出入境，传统内陆港口发展模式难以承载开放型经济和现代商贸物流的需求。近年来，义乌市积极实施陆港海港联动发展机制，深入推进义乌港与宁波舟山港一体化发展，进一步打通了义乌参与国际贸易的物流通道，提升了国际陆港城市能级。

实现陆海港口管理运营一体化。在浙江省委、省政府推动下，义乌港（属义乌市陆港集团）与宁波舟山港（属浙江省海港集团）实现主体整合，义乌港资产整合并入浙江省海港集团，成为浙江省海港集团全资子公司。通过全面整合，做到了资本、业务、管理、运营一体化，实现港口规划、建设、管理"一盘棋"，港航交通、物流、信息"一张网"。

建立陆海港口功能一体化运作机制。全面延伸宁波舟山港海港功能至义乌港，启用义乌港

海港功能服务大厅，提供港口、货代、船代、运输等"一站式"码头服务，实现以义乌港为始发港的全程运输模式。

推动陆海物流服务一体化。推进陆运、海运等交通基础设施互联互通，建设国内首条运输双层集装箱的铁路——金甬铁路，发展义乌—宁波铁海联运班列，不断促进班列增量提效，相继开行了马士基、中远海、地中海等知名船公司的义乌—宁波铁海联运专列。

建立通关合作机制。义乌市所属的杭州海关与宁波海关不断深化健全合作机制，推进口岸监管一体化和口岸服务便利化，推进在工作机制上实现"关关"无缝对接。建立义乌—宁波口岸"进出口直通"渠道，实施出口直放货物重点监管清单和进口直放货物重点监管清单制度，除负面清单外所有进出口货物均可直通放行。

义乌港与宁波舟山港一体化发展格局的构建，实现了沿海港口向腹地有效拓展，加快由沿海开放带动内陆开放，形成陆上"丝绸之路"与海上"丝绸之路"的交汇节点。2021 年，义乌—宁波铁海联运班列发送标箱 6.82 万个，同比增长 100.6%，辐射带动皖、赣、闽、湘、鄂等内陆地区更便利地开展国际贸易。

八、知识产权纠纷诉讼调解对接机制

随着知识产权法制建设进程加快，全社会知识产权保护意识普遍提高，涉及知识产权诉讼纠纷日渐增多。为高效化解知识产权民事纠纷，建立适应义乌市场发展的知识产权保护机制，义乌市按照"司法推动、社会参与、多元并举、法治保障"的现代纠纷解决理念，创新知识产权纠纷诉讼调解对接机制，建立了司法、行政、社会（人民调解）"三位一体"的综合体系。

建立第三方专业调解。义乌市法院、公安、检察院、市场监管局、义乌海关、司法局、中国互联网协会、律师协会、商场集团等单位于 2015 年共同发起成立了义乌市知识产权诉调对接中心和义乌市知识产权纠纷人民调解委员会，从行政主管部门、行业专家、资深律师中遴选出一批具有丰富知识产权从业经验的专业调解员。诉调对接中心对知识产权纠纷双方当事人进行调解，并从中立第三方的角度，客观公正地为纠纷双方当事人提出和解方案。诉调对接中心作为公开、透明、独立的专业第三方调解平台，克服了原先由法院单方设立调解组织进驻法院参与案件调解模式中存在的对接分散、机制不畅、行政色彩相对浓厚、缺乏透明度等问题。

建立专业规范的调解制度。知识产权纠纷当事人可直接到诉调对接中心请求调解，也可诉至法院后，法院根据案件情况，在征得当事人同意后移送至诉调对接中心组织调解。对诉调对接中心诉前主持调解达成的人民调解协议，双方当事人可申请法院进行司法确认。法院依法审查后，对合法有效的调解协议及时予以确认，赋予强制执行力，并免收诉讼费用。对调解中心调解不成进入诉讼程序的案件，法院事先向调解中心了解前期调解情况，或由其派员继续参与诉讼调解。

延伸多元化司法服务。诉调对接中心已发展成为集知识产权保护、宣传、指导、建议等多项职责于一体的综合服务平台。建立诉调对接工作联席会议制度，加强司法与行政相关部门间的业务交流和协作，引导行政执法部门在调查取证、证据审查、侵权判定等方面向司法标准看齐，发挥知识产权司法保护的主导作用。开设法律咨询窗口，为各类人士和企事业单位提供免费的知识产权法律指导。同时定期编撰工作通报、案例汇编，开展调研，分析梳理义乌市知识产权状况。

义乌市通过知识产权诉调对接机制改革，提高了知识产权纠纷处理效率，明显降低了维权成本，推动了知识产权保护工作。2021 年，诉调对接中心共受理知识产权调解案件 2372 件，标的总额 40706.2 万元，调解成功率 52.57%，调解成功率处于领先水平。

第九章　沈阳经济区新型工业化综合配套改革试验区典型案例

沈阳经济区积极贯彻落实党中央、国务院关于深化改革的重大决策部署，坚持向改革要动力，进一步发挥好试验区在全面深化改革中的示范、突破、带动作用，形成了诸多综合配套改革试验亮点案例。

一、打造前沿技术产业链股份制联盟

面向重大战略新兴产业，为打通商业化成熟产业链技术难关，沈阳市政府推动战略领域内科技主体与产业主体，以股权为纽带，建立"股份制"战略技术攻关联盟，推动全产业链上不同环节技术优势单位强强联合，交互持股，打造"血缘"型技术创新合作网络关系和利益共同体，共同制定规划、共同申报项目、联合技术攻关、共享创新成果、共同开拓市场，形成"共建、共享、共智"的科技力量组织机制。

"共建"紧密合作关系。联盟由辽沈地区从事 IC 装备技术研究、整机产品研发、零部件制造以及 IC 装备应用等相关的产学研用近 20 家单位组成，其中联盟骨干成员均交互参股，上下游明确分工，技术和产品上相互配套，合作更加紧密，且有效地避免内部恶性竞争。"共享"优质资源。联盟成员可共享客户、信用、技术、人才、平台、经验等优质资源，有效地提升了效率，解决了融资难问题，形成了集群优势，在产品研发、产业化、标准化、人才引进及管理等方面得到共同提升。"共智"联合研发创新。围绕国家 02 专项的方向与政策，联盟充分利用集聚优势，发挥各自技术优势，联合申报承担重大专项，联合开展关键技术攻关与研发合作，突破了一批重大关键技术瓶颈，掌握了一批核心技术成果，拥有了一批重大自主知识产权，有效推进了产品研发和产业化，形成了具有高度创新活力的企业集群。

联盟建立后，相继培育了一大批分布于 IC 装备产业链各个环节、极富创新活力的 IC 装备骨干企业，推动 IC 骨干企业共同争取国家 02 科技重大专项 18 项，突破了一批制约我国 IC 装备产业发展的"卡脖子"技术，开发一批填补国内空白、市场前景广阔的 IC 装备整机和关键单元部件产品，实现进口替代，在集成电路领域形成批量应用，市场前景广阔。从 IC 制造装备细分领域看，已形成北京、上海和沈阳三家独大形势。IC 联盟骨干企业在国内集成电路产业崭露头角，逐步成长为新兴半导体装备行业的代表性和龙头企业。2020 年底，沈阳 IC 装备及相关产业实现产值 25 亿元、同比增长近 20%。

二、创新"直通放行"查检新模式

为深入贯彻习近平总书记在推进东北振兴座谈会上的讲话精神，加快落实辽宁自由贸易试验区重点任务，大力发展装备制造业，持续推进"放管服"改革，促进地方经济发展。结合海关总署"查验合一"工作要求，沈阳海关推出创新查检"直通放行"新模式，实行"进口直通、出口直放""降低抽批率""集报集检""合格假定评定程序"等措施，充分释放高级认证企业的政策红利。

针对关区内海关高级认证企业提供"直通放行"查验工作模式，在企业自律自控自检的基础上，通过事中事后监管，充分赋予企业更大政策红利。监管场地设在厂区内。为支持高级认证企业发展，沈阳海关在辖区内高级认证企业——华晨宝马汽车有限公司（简称"华晨宝马"）厂区内设立监管场地，实现了海关对货物零距离实时监管，进口零部件通关零等待，缩短查检时间，提高查检效率。建立信息互动机制。通过建立"信息热线"微信群，即时向高级认证企业通报查检最新动态信息，推送查检的有关法律、法规和相关政策，针对企业不同需求，提供有针对性的业务咨询。实行"进口直通、出口直放"。对高级认证企业货物实行"进口直通、出口直放"，强化与口岸的联系与配合，实现属地检验、口岸审核，减少通关环节、缩短通关时限、提高通关效率、降低通关成本。实行"降低抽批率"。对高级认证企业实施降低抽批率的优惠政策，优化检验监管环节，依据商品的不同检验要求，降低抽批率，通过风险数据分析，强化"过程中监管"，提高检验和放行效率，降低企业经营成本，加大检验检疫促进外贸和扶持企业的力度，确保企业生产物流链的有效运行。实行"集报集检"。对带有木质包装的进口货物，到货后允许高级认证企业对包装物集中申报、集中检疫，加快企业的通关速度，为企业生产赢得了时间。实行"合格假定评定程序"。对于高级认证企业的大型成套设备、进口原材料和零部件等货物，在质量安全风险评估的基础上，对上述货物实施以实行合格假定为前提的合格评定程序。

沈阳海关在企业内设立监管场地，提供"一站式"服务，实现了让"信息多跑路、群众少跑腿"的新工作模式；实现了企业零库存，货物即到即用、随到随报、随验随放，扩大了对高级认证企业的服务范围，在有效监管的前提下，保障企业生产物流链的高效运行，降低企业物流成本，减少企业库存压力。

三、探索中小微企业信用信息应用服务机制

中国人民银行沈阳分行营业管理部和沈阳市发展改革委，经过近两年的域内调研和域外考察，在掌握了大量银行和企业市场需求信息的基础上，共同为沈阳市中小微企业和金融机构量

身打造了智慧金融服务系统——沈阳市中小微企业信用信息应用服务平台（简称"平台"），为银政企三方提供多维度的精准服务。

这一平台包括沈阳市中小微企业信用信息数据库、沈阳市中小微企业融资对接平台、"信用中国（辽宁沈阳）"网站三个部分。平台与沈阳市自贸试验区信用信息应用平台实时对接，整合应用自贸试验区内企业信用信息，采集域内企业水电、税收、环保等非银行信息，让金融机构全面了解企业经营状况和融资需求，引导相关扶持政策和金融资源向自贸试验区诚信企业倾斜，积极支持自贸试验区金融服务工作，为构建良好的区域信用环境提供强大的信息服务。

平台将零散的、碎片化的各种相关信用信息进行整合，以直观、专业化的方式展现给融资供求双方，同时为政府发布相关引导政策提供窗口，为政府决策提供统计分析参考依据。便利银企对接，提高融资效率，降低企业成本。按照传统方式，沈阳市金融机构通过各自营业网点、官网及各大媒体发布其融资产品，通过各自资源渠道打探沈阳市优质中小微企业融资需求，沈阳市中小微企业需了解每个在沈金融机构融资产品，碰运式地获得融资支持。现在，通过平台，金融机构可以发布融资产品并提供联络方式，中小微企业可以发布融资需求和自身简介。银企双方通过平台可以直接了解所有融资信息，大幅度减少人工成本和时间成本。全方位的企业信用信息描述，提高金融机构风险识别能力。按照传统方式，金融机构做贷前、贷中、贷后调查，需耗费大量人力、物力、财力，通过各类渠道收集企业相关信息，判别风险等级。现在，通过平台，金融机构可以轻松获取大量企业信用信息，清晰查看到企业信用形象描述，判别金融风险。大数据智慧分析，为政府决策提供有力支持。按照传统方式，需通过大量调查，简单了解融资相关情况。现在，通过平台智慧分析融资需求和融资实际情况，为政府制定政策导向提供有力依据。

四、招投标"信用保函"试点

为全力支持和稳定市场主体，降低企业成本，扶持中小微企业应对新冠肺炎疫情纾困发展，沈阳市发展改革委积极推动制度创新，不断深化公共资源交易领域改革，先后推出了远程异地评标、不见面开标、电子保函等创新举措，招标投标工作在国家发展改革委营商环境评价中取得优异成绩，被列为2020年全国标杆。2021年，沈阳市进一步加大改革力度，探索建立了招投标"信用保函"试点企业清单，并于6月21日开具了全国首张投标保证金"信用保函"，标志着沈阳市在招标投标领域又一全国率先改革举措落地。

沈阳市创新推出的"信用保函"，是以试点企业自身信用作为缴纳投标保证金担保，无需以现金、电子保函方式缴纳保证金，由政府以购买服务模式出资并出具的保函。"信用保函"以信用为核心，采取"清单制"闭环管理。一是"进"，企业可向相关行业主管部门提出申请，由市发展改革委负责会同行业主管部门对申请单位进行评估，信用良好的企业即可列入"清单"，"清单"在市公共资源交易平台公示，同步至市信用共享平台，相关企业就可以享受"信用保函"的政策；二是"管"，相关行业主管部门、市信用办、市信息中心（市信用中心）对"清单"中的企业进行日常信用管理，及时记录企业履约情况和失信情况并作为考核企业的重要凭证；三是"诺"，"清单"中企业应积极配合相关行业主管部门管理，承诺认真履行自身职责，遵守公平、公正、公开和诚实守信的原则参与投标活动；四是"惩"，"清单"中企业一旦发生失信行为，失信违诺情况将纳入沈阳市信用信息共享平台，并通过"信用中国（辽宁沈阳）"网站公示，同步在沈阳市公共资源交易平台公示，同时接受相关行业主管部门重点约谈，及时纠正失信行为，履行相关责任，消除不良影响；五是"出"，对发生严重失信行为的企业，取消其"信用保函"使用资格，企业将被从"清单"中移出，不再纳入"清单"。

沈阳市在公共资源交易领域推出"信用保函"，进一步减轻了企业在新冠肺炎疫情冲击下的资金压力、降低交易成本，使企业投资更有信心、更有动力，极大提高了企业参与招投标的积极性，促进交易活动更加活跃，同时倒逼企业维护自身信用，促进沈阳市形成良好的信用氛围，为沈阳市打造国际化营商环境提供强劲动力。

五、推进"一个平台、五大体系"建设

2015年12月17日，经国务院批复同意，中德（沈阳）高端装备制造产业园成立。中德园管委会深入贯彻落实国务院批复要求，扎实践行新发展理念，坚持制度创新、体制创新，对标德国工业4.0先进地区和天津滨海新区等国内先进园区经验，从供给侧、需求侧两端发力，创新企业服务体系，推进"一个平台、五大体系"建设，不断优化园区产业生态，持续提升综合服务水平，打造一流的国际化营商环境。

高水平建设"一站式"企业服务平台。构建集政务服务、企业服务和社会服务于一体的"一站式"企业服务中心。中心设立了海关、商检、工商、承诺制审批、企业服务、人力资源、知识产权、法律、财务、外企管家等窗口，为企业提供全生命周期、全过程、全链条、线上线下的"一站式"服务。创新性探索双元制职业教育体系。围绕中德园产业发展方向和企业需求，充分发挥政府引导作用，整合职业教育资源，大胆探索体制机制创新，通过引进德国双元制教育模式，构建了"1+1+X"现代双元人才培育体系：建设中德学院、跨企业实训中心及X个企业实训中心，为园区企业发展提供持续的人才支撑。打造国际化水平的知识产权保护体系。围绕"一院、一平台、一中心"，依托知识产权仲裁、知识产权援助工作站、法官工作室、中德知识产权学院等载体和平台，搭建了国际化知识产权保护体系。高标准建设工业互联网服务体系。以中德园5G示范园区建设为突破，加快园区5G网络基础设施、紫光中德工业互联网二级标识解析节点、大数据中心等项目建设，构建工业互联网平台体系。搭建全生命周期的金融服务体系。以实体经济需求为导向，以金融制度创新为手段，充分发挥产业、创业基金在企业发展和高科技项目孵化中的重要作用，建立适应园区发展的市场化法治化国际化的金融服务体系。构建全球视野的技术提升服务体系。以中德（沈阳）高端装备制造创新委员会为依托，从

园区管理运营、新进驻项目、现有企业三个层面进行技术提升服务。

中德园通过制度创新，构建了"一个平台、五大体系"产业服务生态，破解发展难题，厚植发展优势，经济实力不断增强，主导产业高质量发展，体制改革活力迸发，创新发展动力澎湃，对外开放持续深化，营商环境不断优化。

第十章 厦门市深化两岸交流合作综合配套改革试验区典型案例

厦门市积极推进各项改革试验，在构建两岸经贸交流合作最紧密区域、两岸文化交流最活跃平台、两岸直接往来最便捷通道、两岸同胞融合最温馨家园等重点领域和关键环节先行先试，取得了显著成效，推动两岸交流合作向更广范围、更大规模、更高层次迈进。

一、"海外人才之家"服务模式

近年来，厦门市不断创新外籍人才引进机制，持续优化外籍人才服务管理举措，全力构筑开放包容的外籍人才集聚高地，厦门被确定为全国首批外国高端人才服务"一卡通"和外国人才薪酬购付汇试点城市，多次入选"外籍人才眼中最具吸引力和潜力的中国城市"。

主要做法：一是创设"一站式"联动服务平台。将"一站式"平台、"一件事"改革作为优化外籍人才服务的重要突破口，在产业园区设立"外国人才服务站"和"移民事务服务站"二合一的联动服务平台，在国际社区设立社区外籍人才服务分站，编发《外籍人才来厦工作生活指导手册》，推出"爱门通"小程序，将外籍人才评价、工作、居留许可等多项业务整合为"一件事"套餐，通过流程再造、数据共享、联合会商、行政协助等措施，做到"一窗受理、一站办结"。二是创新"一人一报告"评价机制。针对重点产业领域的引才需求，率先对符合厦门重点产业紧缺人才引进指导目录的外籍专业技术人才和技能型人才开展专业技术、技能水平评价试点。引入大数据平台机构参与评定，构建人才—企业—技术—产业关系图谱，并对外籍人才与聘用岗位的适应性、创新性、稀缺性等进行综合分析，形成"一人一报告"的多维度人才画像；人才评价认定结果可作为申请来华工作许可的重要依据，打破学历、来华工作时间等限制。三是创优"一流服务"打造温馨家园。联合中外志愿者编写《外籍人才来厦工作生活指导手册》，通过"Amoyer爱门通"小程序和宣传折页形式，在机场、火车站、服务站等平台广泛发布，成为外籍人才在厦工作生活的"百科全书"。新冠肺炎疫情发生以来，编制《外籍人才应对疫情指导手册》《对来厦工作外籍人士的温馨提示》等，及时提供防疫、生活、就业等实用资讯；组织在厦外籍人才新冠疫苗接种专场，有效提供健康保障，彰显城市服务人才的"温度"。

经过创新实践，成效亮点较为突出，"创设、创新、创优"等系列举措带动效应显著。"一站式"服务平台成立一年多来，已为近 400 名外籍人才办理工作、居留手续，举办政策解读、业务咨询、文化沙龙等 45 场主题活动。系列举措被《科技日报》《厦门日报》《福建日报》《经济日报》《中国企业报》及人民网、新华网、"学习强国"平台和省、市电视台等主流媒体报道近百次，并在科技部"十三五"科技创新成就展中展出。

二、创建跨区域科技文献共享服务平台

为加强科技基础条件平台建设，整合现有资源构建惠及面最广的科技文献共享服务，使公众能免费获取科技文献资源，推动跨区域科技创新，创建厦漳泉科技文献共享服务平台。目前平台服务范围已辐射厦漳泉及闽西南地区，服务对象包括机关单位、事业单位、科研院所、高校、职业院校、中小学、企业和包括台湾同胞的普通大众等。

主要做法：一是整合硬件资源，构建云架构管理体系。通过 VMware 和 VSphere 技术对服务器及应用系统的整合，构建起基于"云架构"的"云计算"服务器管理体系，将原来的应用系统整合为一台台虚拟机，实现动态地分配每台虚拟主机的资源（CPU、内存、硬盘等），动态地为虚拟机分配不同网段；当单台服务器发生故障时，虚拟机可以自动地 VMotion（在线迁移）到其他服务器上，提高整个信息系统的高可用性、容错性、稳定性、安全性、易维护性及易迁移性等。建立一整套日常巡检、备份、应急处理制度，从制度上保障信息系统的安全。二是整合文献资源，构建统一检索平台。构建起统一的科技文献检索平台，用户只需通过一个检索入口就可以检索科技文献方面的所有数据。同时，构建面向厦漳泉三地公众的文献共享服务，通过文献传递、文献云传递等模式，实现用户对上述文献资源的免费获取，充分体现财政资金公共服务的特性。三是整合专题资源，构建专业领域信息增值服务。建设专题库、地方资源特色库，构建平台增值服务体系，为用户提供针对性的专业领域信息增值服务，这不仅为内部检索查询信息提供方便，也提供给外部用户访问，实现面向社会公众的信息共享。已建成厦门市科技计划项目特色库、厦门市科技政策法律法规特色库等。

自 2014 年正式运行以来，平台总体情况良好，注册量、访问量、文献下载量逐年上升，用户反映情况良好，较好满足厦漳泉三地公众对科技文献的需求，能很好地推动跨区域科技创新与科技发展。

三、"厂易贷"金融服务模式创新

为满足园区工业企业贷款额暨贷款成数的需求，创新金融服务实体经济新模式。2020 年厦门依托火炬金融服务平台推出"厂易贷"，设立风险补偿资金、引入担保机构，为工业企业厂房抵押贷款增贷增信，提供配套扶持政策，给予贴息和补助担保费，试行免企业申报模式，企业非申即享。有效缓解园区中小微企业金融服务面临的"信息获取难""操作难""议价难""申

报难""匹配难"等痛点、难点问题。

主要做法：一是提供政策支持。印发《厦门火炬高新区关于应对新冠肺炎疫情支持园区企业共渡难关的若干措施》《厦门火炬高新区关于支持中小企业厂房抵押贷款的管理办法》等系列文件，推出"厂易贷"金融业务，设立风险补偿专项资金 3000 万元，助力高新区企业利用自有厂房增贷增信。二是完善风险防控体系。设立风险共担机制，设置风险补偿专项资金，专门用于担保公司代偿本息的补偿。高新区财政分担 50%，其余 50% 由担保公司与银行协商承担。设立风险监控机制，确保总贷款不良率控制在 5%（含）以内，当累计贷款不良率超过 5%，管委会暂停该业务。给予贷款企业贴息和担保费补助，并采用免企业申报模式，贷款企业无需申请，由担保公司发函给高新区管委会，审核后可直接报批。

改革成效：一是"厂易贷"创新模式优势明显。既保留普通抵押贷款特点，又具融资增信，提高了信用贷款额度或抵押成数，期限较长可三年期，综合实际利率较低、用款方便灵活、免过桥，企业可获得高于厂房评估价七成的银行贷款（最高可达银行常规贷款额度的两倍）。二是加速高新区中小微企业融资便利化。高新区打造"互联网 + 政务服务"新场景，依托火炬金融服务平台推动"厂易贷"，企业可在平台注册和授权平台开展信用评价。同时，平台创新推出"竞价撮合"融资机制，通过信用"大数据 + 园区特色数据"，为企业精准画像，当企业发起融资需求，平台通过大数据、人工智能算法等技术手段，将企业的需求精准化匹配到三家金融机构的产品，金融机构再竞价反馈给企业，由企业自主选择，有效提高企业融资的效率和精准度。三是金融机构及产品服务在平台集聚发展。平台整合上架了 165 项金融产品服务，聚集私募基金及产业引导基金 58 家，银行、担保、保险、融资租赁等多层次金融机构 39 家，为企业提供多层次的债权和股权融资服务。

四、"破产公共事务"智能化服务体系

厦门中院破产法庭以"公正、高效、透明、便利"为目标，主动对接构建新发展格局提出的司法需求，搭建全国首个破产事务线上线下"一站式"服务的"易破"平台，持续提升厦门破产领域解纷能力，社会矛盾风险防控成效显著。

主要做法：一是载体创新，创新破产领域府院协同治理机制。平台以"一体双翼"为基本架构：以"府院协同"为主体，建立企业破产资产接管与处置综合保障机制，就破产涉税办理、重整企业信用修复、股权处置、职工权益保护等形成破产事务协同联动机制；以"智慧破产"系统为线上之翼，上线全国首个系统化、个性化破产案件辅助系统，实现所有破产事务"一网通办"；以"厦门破产公共事务中心"为线下依托，成立全国首个破产公共事务中心，推动破产领域诉源治理，推广预重整运用，优化破产审判治理效能。二是模式创新，搭建个性化智慧破产工作平台。运用司法链智能合约场景技术，建立全面覆盖法官、管理人、债权人、债务人、金融机构、战略投资人等多角色综合应用的"破产案件辅助系统"，打造"一站

式"无纸化、集约化、个性化在线办理平台和面向债权人、投资人、社会公众的一体化信息公示系统,实现破产程序"零"费用、沟通反馈"零"时差、信息公开"零"死角。三是服务创新,建立破产公共事务"一站式"服务中心。下设"厦门市公共法律服务破产事务分中心"和"民营企业援助中心",同步上线"厦门破产公共事务中心"线上平台。集聚行政机关、行业协会和社会组织等各方资源,合力推进破产诉源治理工作。开展危困民营企业预重整引导,提供预重整咨询指导、需求发布、项目推广和预重整对接洽商平台等服务,与金融服务机构签署战略合作协议,为具有重整价值的危困企业提供多样化金融服务,推广预重整,从"治沉疴"到"疗初病"。

在 2020 年全国营商环境评价中,厦门成为全省唯一"办理破产"的"全国标杆城市"。平台经验得到最高法院、省法院、厦门市委、厦门市委政法委领导的批示肯定,多地省市法院学习、复制、推广厦门经验。依托平台系统共办结破产案件 800 件,同比增幅 100.5%,盘活资产 46.05 亿元,平均办理时间为全国平均值的 1/4。

五、两岸创客项目孵化模式创新

2015 年,火炬高新区率先探索两岸孵化模式创新,聚焦特色化,开展两岸众创空间认定,支持众创空间孵化台湾创客项目,构建"国有育成""民营载体""离岸孵化""台青基地"四位一体的两岸孵化模式,不断壮大台湾创业团队规模。

主要做法:一是以项目和人才为重点开展在台预孵化。创新对台孵化模式,由原先的在厦单方面吸引项目,升级为"在台预孵化 + 在厦深培育"双向结合的模式。支持园区企业、科研机构在台设立离岸孵化器,或与在台的科研机构及孵化基地合作,充分利用当地的人力、资本、技术等优势开展在台项目培育,做好项目储备,并向大陆输送孵化项目。二是"以台引台"搭建台胞台企登陆新通道。强化"以台引台"的对台孵化招商方式,搭建两岸协同创新新通道,不断壮大台湾创业团队规模。支持民营对台孵化载体建设,通过线上平台、线下空间并轨的孵化模式向台湾创业团队提供注册、运营、综合服务、市场对接及融资等创业孵化服务。支持台湾团队入驻高新区,为园区的众创空间和台湾创业青年等提供创业孵化服务。三是精准服务培育高质量台资创新主体。创新企业培育方式,通过政策支持两岸众创空间高质量发展、支持台湾青年来厦就业创业。成立"火炬众创之家",为两岸众创空间和台湾创客提供众创空间和政府之间以及各众创空间之间的合作交流平台,并通过线上线下针对性辅导等方式,在创客服务、创业投融资、品牌建设、企业培育等方面,为两岸众创空间成长提供全链条服务。对台湾青创基地评定、高新技术企业培育等方面进行专项辅导和帮助,推进台资创新创业主体高质量发展。

已集聚对台特色孵化载体 40 余个,吸引超 500 位台青在高新区创业就业。国台办挂牌台青基地 2 家、省级台青基地 2 家、"火炬两岸众创空间"6 家。2021 年,火炬高新区规上台资企业贡献产值超 1300 亿元。

六、全流程医保现代化治理模式

厦门市围绕支付、药采、监管开展系统集成改革创新，逐步建立起"三位一体"医保现代化治理模式，有效破解了基金难配置、药价虚高及基金安全隐患三大难题，实现了以较低征缴保障较高待遇。

主要做法：一是支付创新。建立"总额预算下点数法"支付机制，通过一个涵盖 4473 种疾病组群的病种目录库、一套医疗行为可量化比较的分值付费标准、一套正向引导医院强化技术创新和成本管控的考核评价体系以及一个涵盖 11 个专业领域 1089 人的专家库，创新打造"四个一"治理路径，确保医保基金配置客观、精准、高效。二是药采创新。率先出台 7 项配套政策，全国首创"国家组织药品集中采购和使用监管平台"，有效解决药品供应使用环节多、监管难、回款周期长、使用不合理等问题，为集采政策落地提供厦门经验。三是监管创新。全国率先建立医保大数据监管系统，依托智能身份认证和智能视频监控，创新药品包装处置方法，有效破解冒卡、空刷、倒卖等骗保难题。

通过探索实践，取得积极成效。遏制医疗费用过快增长，综合施策每年节约和挽回医保基金近 10 亿元；2015—2019 年，年度全市医保定点医药机构的医保支出增幅由年增近 20% 锐减至 0.04%。减轻参保人员就医负担，平均缴费费率省内最低，2019—2021 年，累计为企业减负少征医保费近 82 亿元；集采药械保质降价，中选产品价格平均降幅超 50%，累计减轻百姓药械支出负担 7.58 亿元。医院、医生主动提升服务能力及质量，控制医疗费用不合理增长，走内涵式发展道路，减轻群众就医负担。改革后，全市职工、居民就医现金自费的比例分别下降 3.12%、4.02%。

七、职业技能证书"一市两标"制度

近年来，随着两岸经济文化交流的不断深入，到大陆发展的台湾技能人才呈逐年上升趋势。为使在厦就业创业的台湾技能人才享受与大陆技能人才同等待遇，需要对台湾技术士证书与大陆职业资格证书等级进行比对。2018 年 8 月，厦门市出台《关于台湾技术士证书匹配规范的通知》，标志着台湾技能人才的技能水平可对应厦门技能人才技能等级，享受与厦门技能人才同等的待遇。

主要做法：一是适用对象。持有台湾居民身份证（或台胞证），年满十六周岁，在厦就业，依法参加各项社会保险，并持有台湾技术士证书的台湾同胞可享受这一政策。二是实施方式。实施台湾技术士证书与大陆职业资格证书包容共存的"一区两标"制度，并按以下方式对应：台湾技术士证书丙级对应职业资格中级工（四级），台湾技术士证书乙级对应职业资格高级工（三级），台湾技术士证书甲级对应职业资格技师（二级）；取得台湾技术士证书甲级并在厦从事本职业工作满 5 年，对应职业资格高级技师（一级）。三是待遇享受。台湾同胞可按照国家职业标准申报条件，参加《国家职业资格目录》技能人员相应职业技能鉴定。台湾同胞可按照规定参加职业技能培训，享受厦门市各类职业培训补贴政策，最高补贴 3940 元 / 人。台湾同胞可按照申报条件申报厦门市技能大师工作室、厦门市高技能人才表彰评审和参加各类职业技能竞赛。企业按照职业资格兑现薪资待遇的，招收台湾同胞可按照技术士对应职业资格兑现薪资待遇。四是实施成效。通过实施职业技能证书"一市两标"制度，让台湾技能人才来厦工作可以通过直接采认、匹配认定方式获得职称，享受市民待遇，吸引台湾技能人才到厦门创业就业。2018—2021 年，累计共有 57 名台胞享受厦门职业技能培训，发放相关补贴 44112 元。

第十一章 山西省资源型经济转型综合配套改革试验区典型案例

山西省围绕创新发展、协调发展、绿色发展、开放发展、共享发展，用好改革关键一招，用足先行先试政策，扎实推进一批重点领域改革取得积极成效。

一、煤层气资源市场化竞争出让和退出制度改革

山西省是我国煤层气资源富集程度最高、开发潜力最大的省份之一，已探明煤层气地质储量 1.06 万亿立方米，约占全国的 89.83％；2020 年产量 81.46 亿立方米，占全国煤层气总产量的 85％。但在煤层气开发方面，仍存在市场活力不足、资源配置不合理等问题。为加快探索煤层气开发权市场化形成机制，2016 年 4 月，印发《国土资源部关于委托山西省国土资源厅在山西省行政区域内实施部分煤层气勘查开采审批登记的决定》，明确将山西省境内部分煤层气探矿权、占用储量中型以下采矿权、煤层气试采审批权以及日常监管权，正式委托山西行使。

自启动煤层气矿业权审批改革试点以来，山西深入推进改革试点工作，发挥市场配置资源的决定性作用，规范资源配置，连续推出多项重大创新政策。一是建立竞争出让制度。发布《关于煤层气矿业权审批和监管的实施意见》《山西省煤层气勘查开采管理办法》，明确招标、挂牌方式，竞争出让，严格限制协议出让，严格退出制度。2020 年 5 月开始，允许在我国境内注册的外资企业竞争矿业权，并率先细化了出让收益制度。二是坚持生态保护优先。适应国家生态文明建设要求，对拟出让区块范围内各类保护地进行全面核查，有具体坐标则扣除，无具体坐标则开列保护清单，并制定发布《煤层气勘查开采涉及生态及文物保护政策一览表》，指导矿业权人主动避让、分类保护。三是坚持多种方式出让。针对煤层气公益性地质勘查工作较少、后续勘查风险较大的区块，采取招标方式出让；对煤层气公益性地质勘查工作较多，且有试采井证明可采性的区块和面积较小的抽采试验区块，采取挂牌方式出让。煤层气矿业权出让方案接受省公共资源交易中心全程监督。四是坚持严格监督管理。为限制专家自由裁量权、保障评标公平公正，制定了评标细则，作为招标文件一起发放，接受监督。2018 年起，率先对进入勘查开采异常名录的企业、其他部门确定的"失信者"，实施煤层气探矿权市场禁入。2019 年起，采取"前期资格审查＋后期线上竞价"方式，分自由竞价与限时竞价两个阶段，

实施挂牌出让。

2017 年以来，共陆续出让煤层气区块 35 宗。终结了企业无偿取得的历史，批准晋煤集团、阳煤集团 7 宗煤炭矿业权增列煤层气矿业权，促进了采气采煤一体化发展。山西在全国率先挂牌出让 3 个煤炭废弃矿井煤层气抽采试验区块，打响了关闭煤矿剩余资源再利用的"第一枪"。

二、战略性新兴产业终端电价交易机制改革

山西省把推进煤电资源优势向竞争优势转化，作为打造电价"洼地"和战略性新兴产业发展"高地"的重大举措。2020 年 10 月，制定出台了《战略性新兴产业电价机制实施方案》，创新电力交易机制，组织在电力交易平台注册的战略性新兴产业企业开展常规交易，降低战略性新兴产业终端电价。

一是坚持市场方向，建立专场交易机制。山西按照现行电力市场规则体系，在常规交易品种基础上，新增针对战略性新兴产业企业的专场交易。专场交易以用电侧挂牌（电量和电价）、发电侧摘牌的交易方式组织开展，实行市场充分竞争交易。所有省调发电企业均可自愿参与，自主确定专场交易电量。战略性新兴产业企业不受电压等级和电量限制，享受"一站式"交易咨询、交易绑定、交易申报等服务。二是完善规则制度，发挥省属煤电企业保底作用。在交易过程中若用户挂出的电量未全部成交，则根据战略性新兴产业用电规模，按照煤电一体化基础好、燃煤成本低、发电效率高的原则，由省国资运营公司协调省属保底煤电企业摘牌，确保用户挂牌电量全部成交。三是强化售电监管，确保改革红利全部传导至用电企业。公开择优遴选一批技术服务优、综合实力强的售电公司，提供战略性新兴产业专场交易售电服务，用户自主确定合作的售电公司。加强售电公司监管，售电公司以批发价格零差价传导至零售用户，同时承担一定的交易偏差考核费用，确保发电企业的交易电价红利传导至战略性新兴产业用电企业。四是加大政策支持，保障电力交易可持续性。围绕实现战略性新兴产业终端电价 0.3 元 / 千瓦时的目标，由已公告产能核增的煤矿，按比例向参与战略性新兴产业用电交易的发电企业供应平价电煤，进一步将煤炭优势转化为电价优势。

战略性新兴产业用电交易政策实施以来，战略性新兴产业用户享受到了政策红利。截至 2021 年 10 月底，用户市场交易电量 176.67 亿千瓦时，累计可降低用户用电成本超过 36 亿元，部分战略性新兴产业用户享受用电政策支持后，在行业内市场竞争力大幅提升，市场占有率不断扩大。

三、企业投资项目承诺制改革

试行企业投资项目承诺制是山西加快行政审批制度改革、营造"六最"（审批最少、流程最优、体制最顺、机制最活、效率最高、服务最好）营商环境、解决企业投资项目审批落地难的重要举措。2017 年底，经国家发展改革委批复，山西成为全国唯一的企业投资项目承诺制

改革试点省。

通过试点，山西省探索形成了政府统一服务、企业信用承诺、监管有效约束，统一清单告知、统一平台办理、统一信息共享、统一收费管理，对企业承诺的事项，政府不再事前审批的投资项目管理新模式。一是坚持高位推动和基层创新相结合，系统构建承诺制改革路径和制度框架。山西按照党中央、国务院关于优化营商环境的重大决策部署，立足实际，先后出台一系列政策性文件，构建了"1+10+N"的制度框架，形成了"1234"的改革思路和路径，即聚焦一个目标，真正确立企业的投资主体地位；把握两个关键，政府定标准、企业作承诺；推动三方分责，政府、企业、中介三方各负其责；加快四个转变：变企业办为政府办，变审批办为承诺办，变部门审批把关为企业信用约束，变企业跑腿为信息跑路。二是坚持政府服务和有效监管并重，用政府的"辛苦指数"换取企业的"幸福指数"。变企业办为政府办，要求 14 项政府统一服务事项，部门在供地前全部完成。变部门审批把关为企业信用约束，倒逼企业自觉遵守相关技术标准要求，部门加强服务监管。变企业跑腿为信息跑路，依托投资项目在线审批监管平台，实现一窗受理、并联办理、信息共享。三是坚持技术审查和行政审批分离，着力强化企业信用承诺。变审批办为承诺办，将对环境影响评价等 8 项事项列为企业承诺事项，企业承诺即拿批复。逐步简化取消图审环节，实现"四图联审"，探索取消施工图设计审查，实行设计人员终身负责制。四是坚持精简合并和并联办理相结合，着力优化保留审批流程。对土地、规划许可等必须予以保留审批的事项优化办理流程。精简审批环节，取消选址意见书 1 项，对用地规划等 7 项环节予以简化。变串联办为并联办，整合各阶段事项，以 30 个工作日为限，完成并联审批。实行"一费制"清单管理，财政部门对投资项目竣工前涉及行政事业性收费和基金统一公布收费项目、收费依据、收费标准。五是坚持改革创新和于法有据相统一，让改革始终在法治轨道上进行。遵循法律法规实质精神，确保承诺制改革在现有法律法规框架内运行，改变了政府部门的审查方式，为企业省环节、省时间。为适应推进承诺制的需要，积极推进修订相关地方性法规及部门规章，出台了《山西省企业投资项目承诺制规定》，实现改革于法有据、规范运行。

经过试点实践，企业投资项目自行办理事项比原来缩减约 80%，项目从立项到开工时间平均缩短一半以上，企业投资项目审批成本显著下降。山西承诺制改革思路和试点实践，得到了国家层面高度认可，受到国务院通报表扬，并列入国家层面"贯彻落实习近平新时代中国特色社会主义思想在改革发展稳定中攻坚克难"投融资领域的唯一典型案例。

四、"取消施工图审查"改革

加快工程建设项目审批制度改革是党中央、国务院在新形势下作出的重大决策，是推进政府职能转变和深化"放管服"改革、优化营商环境的重要内容。山西省按照党中央、国务院决策部署，扎实推进施工图审查制度改革，从 2019 年 7 月起取消现行的房屋建筑和市政基础设施工程社会中介机构施工图审查环节，为全国工程建设项目审批制度改革提供了山西经验。

一是强化顶层设计。山西省出台了《深化企业投资项目承诺制改革行动方案》，将"取消施工图审查、实行告知承诺制和设计人员终身负责制"作为重点任务统筹推动，印发了《关于进一步深化施工图审查制度改革　加强勘察设计质量管理的意见（试行）》，从操作层面明确了"取消施工图审查"的具体事项，保证改革有序推进。二是明确实施范围。明确全省房屋建筑和市政基础设施工程项目申领建筑工程施工许可证时，只需要提交建设、勘察设计单位勘察设计质量承诺书，但国家和省级重大建设项目中的房屋建筑和市政基础设施工程等重要工程，施工图设计文件仍需要通过专家论证。三是明确承诺内容。明确要求建设单位承诺严格履行基本建设程序，按照施工图设计文件组织施工等；勘察设计单位承诺严格按照国家规定的资质等级要求承接勘察设计业务，施工图文件按规定上传至"山西省住建厅建设工程施工图数字化管理信息平台"等。四是规范论证程序。建设单位按照属地原则，重要工程由县级以上住建部门或其委托的事业单位在 15 个工作日内组织专家论证，经专家组组长审核签字同意后方可使用，并及时上传至"山西省住建厅建筑工程施工图数字化管理信息平台"。五是强化终身责任。严格落实质量终身责任制，建设、勘察设计单位和有关责任人员按照各自职责，对经办的建筑工程勘察设计，在国家法律法规、行业标准规范规定或双方合同约定的建设工程设计使用年限内，依法依规对勘察设计质量终身负责。六是加强行业监管。各级住建部门加强"双随机、一公开"监督执法检查，加大检查频次，提高检查覆盖率。重点检查施工图设计文件执行工程建设强制性标准情况，重要工程施工图专家论证制落实情况等。对检查中发现的问题，依法依规给予相应处罚，并将处罚情况纳入建筑市场信用管理。

自 2019 年 7 月取消施工图审查环节起，至 2021 年底，已有 527 个项目实行了勘察设计质量承诺制，32 个重要工程实施重要工程专家论证制，一般工程完成施工图编制，即可申请建筑工程规划许可证，需要进行专家论证的也可在 15 日内完成，大幅提高工程项目审批效率，得到了社会各方好评。经测算，为企业施工许可证申领平均节约 32 天，有效降低了企业成本。

五、"承诺制＋标准地＋全代办"改革

近年来，山西省坚决贯彻国家深化"放管服"改革要求，坚持把项目作为第一支撑，开发区作为第一阵地，营商环境作为第一保障，先后推出企业投资项目承诺制改革、项目供地标准化改革、投资项目建设领办代办改革，以改革硬举措营造良好软环境。为进一步形成改革"组合拳"，形成改革集成效应，2021 年 4 月，山西提出在全省开发区大力推行"承诺制＋标准地＋全代办"改革，努力走出持续优化营商环境的山西新路径。

一是在全国率先开展企业投资项目承诺制改革。县级以上人民政府对省人民政府确定的目录范围内的企业投资项目，实行政府统一服务、企业信用承诺、监管有效约束，统一清单告知、统一平台办理、统一信息共享、统一收费管理，对企业承诺的事项，政府不再事前审批。二是实施"标准地"改革。在城镇开发边界内具备供地条件的区域，对新建工业项目先行完成区域评价、先行设定控制指标，并实现可出让的国有建设用地具备项目动工所必需的通水、通

电、通路、土地平整等基本条件。三是实施投资项目建设"全代办"改革。全省开发区管委会为园区内所有招商引资项目、区内企业，符合国家产业政策及开发区产业发展规划的各类项目，无偿提供从立项到施工许可证发放的所有行政审批事项的领办代办服务。

从全省来看，通过承诺制改革，项目从立项到开工时间平均缩短一半以上。其中，14项政府统一服务事项省去了企业编制报告方案、提交部门审查、完成行政批复等环节，至少可节60天左右；8项企业承诺事项并联办理，也为企业项目开工建设省去了编报评批的大量时间；通过为企业提供"全代办"服务，企业极大地节省了办理审批备案等事项的人力、物力、财力、精力；通过"标准地"建设，保证了企业拿地时的平整度及水、电、气、暖、路、网等用地要素，既为企业节省了时间又节省了费用。仅2021年1—10月，全省标准地共出让238宗，面积1286.2公顷；全省开发区共出让标准地217宗，面积1204.2公顷。

六、县乡医疗机构一体化改革

习近平总书记在全国卫生与健康大会上指出，没有全民健康，就没有全面小康。2009年新医改实施以来，我国医改领域改革全力推进，成效显著，但县域基层医疗卫生机构和县级公立医院综合改革各自为政、利益相争，看病难、看病贵仍然困扰群众。为进一步提高基层卫生服务能力，盘活基层医疗卫生资源，方便群众就医，山西省立足实际推行"县域医疗卫生一体化改革"，走出了新形势下整合型县域医疗卫生体系的"山西路径"。

一是改革开路，制度先行，系统性构建新型县域医疗卫生服务体系。山西建立主要领导"一把手"层层抓医改的领导机制，打破县域医疗卫生机构各自为政旧格局，整合县域内公立医疗卫生机构为一个独立法人的医疗集团，实行行政、人员、资金、业务、绩效、药械"六统一"管理。抓住紧密型县域医共体试点省有利机遇，加强分类指导，进一步深化一体化改革，推动医改提质增效。2020年11月，山西省人民代表大会颁布实施《山西省保障和促进县域医疗卫生一体化办法》，为依法推动县域综合医改提供坚强法治保障，成为全国医共体建设首部地方性法规。二是重心下移，资源下沉，大力度提高基层综合医疗水平。做好对口帮扶，建设纵向医联体，由三甲综合医院对口帮扶县级医疗集团；建设托管式医联体，由省级医院整体托管技术水平较为薄弱的县级医疗集团；建立特色医联体，跨区域组建专科联盟，开展远程医疗协作，破解基层优质医疗资源不足难题。推动医共体内部实现检查检验结果互认、医护资源共用，有效解决医疗过程中重复检查、重复诊疗的问题。开展乡村医疗卫生机构标准化建设，消灭了乡村医疗卫生机构"空白点"。三是"三医"联动，保障惠民，多渠道解决看病难、看病贵问题。深入开展家庭医生签约服务，定期上门为患者提供健康指导和基本诊疗服务。普及基层中医馆建设，发挥中医药治未病优势。创新医保管理，推动落实医保总额预算管理、统一打包拨付，试点按人头将不少于缴费总额60%的医保基金统一打包拨付医疗集团，采取结余留用、合理超支分担方式，提高医疗机构控制费用主动性。探索基层药品供应保障新机制，支持县级医疗集团在内部开展带量采购、二次议价，同时将省级集中招标药品和其他挂网基本药物议价降低部分 50% 直接让利患者、50% 用于提高医务人员待遇，提升医疗集团开展药品议价积极性。四是多方协同，综合监管，全方位护卫医疗服务质量和安全。将提高人民群众健康水平、增加老百姓实实在在获得感、提高医务人员收入，作为衡量医改成效的重要标准，把医改工作纳入目标责任考核体系。推行临床路径管理和临床药师制度，健全药品遴选、处方审核调剂、临床应用评价等标准，制定《县级医疗集团"六统一"管理规范》，全面推进标准化建设，坚决守住医疗服务监管重大责任底线。会同医保等部门开展医保领域突出问题专项整治，加强对医疗保险经办、基金管理和使用等环节监管。开展医疗行为、用药合理性等监控和评价，定期公布医疗服务费用监测指标排名，倒逼医疗集团从严管理医务人员诊疗行为。

经过几年的改革实践，山西省构建起了"管理一体、医疗同质、医防融合、能力提升、便捷高效"的县域医疗卫生服务新体系，县级医疗集团全部挂牌运行，围绕分级诊疗制度建设重点发力，有效缓解了群众看病难、看病贵问题。2020 年 5 月，习近平总书记在山西视察时指出："你们率先实施县乡医疗机构一体化改革，提升基层医疗和公共卫生服务能力，这个做法很好。"值得一提的是，新冠肺炎疫情发生后，县级医疗集团充分发挥紧密型组织优势、集成式业务优势、一体化管理优势，快速转化成疫情防控合成部队，实现了医疗防护物资、基础设施和感染控制力量高效统筹调度，助力全省实现了确诊病人零病亡、医护人员零感染的"双零目标"，得到国务院领导充分肯定。

七、生态环境损害赔偿制度改革

生态环境损害是指因污染环境、破坏生态造成大气、地表水、地下水、土壤、森林等环境要素和植物、动物、微生物等生物要素的不利改变以及上述要素构成的生态系统功能退化。环境资源有其生态功能价值，损害生态环境是有代价的。但目前实际发生的许多环境污染事件，公共生态环境损害大多未能得到足额赔偿，受损的生态环境未能得到及时修复。因此，建立生态环境损害赔偿制度，就是要破解"企业污染、群众受害、政府买单"的困局，由造成生态环境损害的责任主体承担赔偿责任，修复受损的生态环境。

按照党中央、国务院决策部署，山西省围绕生态补偿制度建设积极探索，取得显著成效。一是强化制度建设。印发《山西省生态环境损害赔偿制度改革实施方案》，逐步建立生态环境损害的修复和赔偿制度。制定了《山西省生态环境损害赔偿资金管理办法》《山西省生态环境损害赔偿磋商办法（试行）》《山西省生态环境损害赔偿信息公开和公众参与办法（试行）》《山西省生态环境损害赔偿事件报告及调查办法（试行）》《山西省生态环境损害修复评估管理办法（试行）》等 5 个配套文件，出台《关于办理生态环境损害赔偿协议司法确认案件的若干意见（试行）》，在全国率先成立了第一家省级环境类司法鉴定机构，从司法层面确认了生态环境损害赔偿制度改革。二是强化案例实践。为推动生态环境损害赔偿案例实践，提出生态环境损害赔偿案件"533"原则。"5 个不拘泥"：不拘泥于程序、不拘泥于事件大小、不拘泥于赔偿金额多少、不拘泥于生态环境部门、不拘泥于必须司法鉴定；"3 个确定"：确定生态修复工作已着手开展，确定明确的生态修复责任人，确定被损害的生态环境已修复；"3个结合"：结合日常生态环境执法工作，结合各类生态环境督察督办案件，结合本区域重大生态环境工作部署，对各类案件线索进行拉网式筛查，有效扩充案源。三是强化能力提升。积极开展生态环境损害鉴定评估能力建设，探索建立鉴定评估管理与技术体系及运行机制，形成了《环境污染纠纷（侵权）案件中损害鉴定评估技术指南》《环境信访中环境污染纠纷案件处理培训教材》《山西省环境污染损害司法鉴定现状研究》《生态系统服务功能损害鉴定评估指标体系和评估方法研究》《山西省生态环境损害赔偿典型案例研究报告》《大气污染物溯源技术方法探究》以及《土炼油类危险废物快速鉴定方法的研究报告》等研究成果，为提高改革实施能力提供科学支撑。

山西以典型案例为抓手，狠抓大案要案，带动全省办案率提升，对此生态环境部在2020年的《关于表扬生态环境损害赔偿磋商典型案例办案单位的函》中，对山西进行通报表扬。

八、排污权交易试点

企业排污必须付出经济代价。将排污权作为特殊商品，进行有偿交易，优化配置环境资源，以价格机制刺激企业节能减排，是对污染物开展总量控制的最有效手段。2010年，山西获批成为国家排污权交易试点省，并将其作为转型综改的一项重大改革事项予以高位推进。2012年，山西省排污权交易中心投入运行，正式开展排污权交易，并将排污权交易纳入环境保护和污染减排常态化管理。

经过近十几年的实践探索，山西在开展排污权交易过程中，摸索出了一套科学合理、便于操作的有效做法。一是积极组建机构，健全制度体系。组建了"山西省排污权交易中心"，从事排污权交易管理，具体负责为排污权交易提供场所、平台、信息等服务，履行交易鉴证职能。建立排污权储备账户，开展排污权的政府储备和储备排污权的使用。完善排污权交易配套政策，陆续出台相关文件，明确了排污权交易基准价、排污权交易管理费标准，建立健全规章制度，使排污权交易做到有章可循。各市设立排污权业务受理窗口，统一在"山西省排污权交易平台"上完成交易工作。二是创新交易方式，优化资源配置。2018年，在建立排污权交易机制和全省统一电子化"排污权交易平台"的基础上，山西重点开展排污权自主定价交易机制建设，建立排污权自主价格形成机制，实现由环境资源稀缺程度主导排污权市场交易价格高低，真正发挥市场优化配置环境资源的作用。三是围绕企业诉求，激发企业动力。山西省排污权交易之所以推进速度快，关键是制度设计始终围绕企业进行，把利益尽量让给企业，激发企业的积极性。山西省排污权交易涉及二氧化硫、氮氧化物、烟尘、工业粉尘、化学需氧量以及氨氮等6项。2012年1月之前，企业可免费获取，2012年1月之后，所有新建项目都有偿使用。对于排污权初始配额，政府一律不保留指标，全部分配给企业。政府的排污权储备主要来自因违法排污被关停的企业，避免了政府垄断排污权交易，一级市场和二级市场可以同时发展。四是科学测算成本，严格明码标价。为了让减排更有效益，山西省核定了主要污染物排污权交易基准价，采取"一次性补偿"的办法分类核定，严格明码标价，排污权交易价格不得低于排污权交易基准价。基准价制定主要依据某一污染物在多个行业的每吨平均治理成本，测算时综合考虑减排设备购置费用、设备日常运行和维护费用、设备使用年限、设备折旧、材料投入、人工费用以及当地社会物价上涨趋势等因素，有效补贴企业减排成本，避免在竞价过程中出现人为抬高或压低价格的现象，既保证正常的交易秩序，又体现对企业减排的约束。

经过不断的探索努力，山西省已建立了一套较为完善的排污权交易政策和制度体系，开发应用了全省统一的电子化"山西省排污权交易管理平台"，基本形成了全省域范围统一的排污权交易市场，实现了排污权交易"全指标、全行业、全省域"三个全覆盖。截至 2021 年 10 月，山西省累计完成排污权交易 3921 笔，交易金额达 36.95 亿元。

第十二章 黑龙江省"两大平原"现代农业综合配套改革试验区典型案例

在黑龙江省"两大平原"现代农业综合配套改革实践中，各试点地区（单位）不断涌现出特点鲜明的模式和案例，在推进农村集体资产股份权能改革、土地确权登记颁证工作、乡村治理体系建设等方面总结出一批先进模式。

一、集体资产股份权能改革

方正县 2015 年被确定为全国农村集体资产股份权能改革试点县，围绕健全"归属清晰、权能完整、流转顺畅、保护严格"的农村集体产权制度，狠抓关键环节，实现还权赋能，全县 67 个村全部完成股权改革各环节的工作，并组建了股份经济合作社，开展资产运营，发展壮大集体经济。

一是建立三级组织。成立由县委书记任组长，农业副书记、副县长为副组长，相关部门为成员的领导小组；乡镇由党委书记牵头组建农改办；村由支部书记牵头，吸纳"两委"及有关人员组成工作队，构筑了一把手负总责、县乡村纵向贯通、相关单位横向联动的组织体系。

二是落实三项机制。三级包保机制即采取县级领导包乡镇、县直部门包村、乡镇包屯的方式，指导开展相关工作。部门联动机制即分别设置了信息咨询、综合协调、矛盾调处、技术指导等专项工作组，分工协作、形成合力。矛盾化解机制即信访、法制、司法、法院、纪检等部门做好信访接待，消除分歧、化解矛盾。

三是实现三个前提。首先是做到"量、核、评"三保证，实现了资源清、资产清、资金清、债权债务清"四清"。截至 2017 年底，全县共清查集体经营性资源 34.3 万亩，清理资金 4496.9 万元，核实债权 6007.7 万元、债务 5695.9 万元。其次是用好"清、化、收"三板斧，有效解决农村集体资产"产权虚置、分配不公"等历史遗留难题。最后是做到"三定"。定条件，对集体经济组织成员的条件作出了基本限定。定成员，以村为单位，以户籍为基础，进行分类登记。定身份，实现"三明确、三议、三公开"：明确原则、明确条件、明确方式，村委会评议、党支部审议、村民代表大会决议，全体村民公开、评议结果公开、决议结果公开。

四是合理配置管理股权。首先是指导股份配置，暂时保留了 30% 的集体股，其收益可用于村级基础设施建设、公益事业开支、化解村级债务。其次是强化股权管理。股权确定后，按股份金额颁发股金证，实施静态管理，做到增人不增股、减人不减股。

五是创新股份合作模式。对有一定积累的城中村、城郊村，组建股份经济合作社，实现资产变资本、农民变股民。对集体资源较多的村，组建土地股份合作社，统一经营、统一管理、统一核算、统一分配生产要素。鼓励支持能力强、威望高的村支部书记、村委会主任领办合作社，面向社会公开选聘职业经理人负责经营管理。制定了《方正县试点乡村农村集体资产股权质押贷款管理试行办法》，哈尔滨银行、邮储银行、信用联社开办"土地经营权＋股权""股权＋N"抵押担保业务。对新增资源收费按照集体、个人"三七开"比例进行分红或投入产业项目。

二、土地确权登记颁证

桦南县通过采取"三清、三解、四到位"，有序开展农村土地确权登记工作。截至 2021 年，全县 192 个行政村全面完成外业实测，完成外业实测面积 273.7 万亩，超出 1998 年台账面积 47.3 万亩。

一是"三清"，掌握实际情况，奠定实测基础。摸清历史底数。主要是摸清农户土地经营面积，包括 1998 年应分土地及后期未入账的开荒地等所有经营土地，将农户承包经营的土地地块、面积、四至、空间位置等信息登记入表。摸清人口信息。重点是摸清每家每户人口数、居住地、年龄等信息，将 1998 年至今家庭成员的人口变化详细情况进行统计，做到不重、不落，确保人口信息全面准确。摸清土地现状。坚持以 1998 年二轮土地承包应分土地面积为依据，对农村土地承包情况进行了清查。依照《农村土地承包经营权登记簿》彻底核清土地权属、面积、等级、地类、四至和地块名称等，查清承包地发包方、承包方代表、承包经营权共有人、合同、方式和期限等，摸准流转土地转出方、转入方、面积、方式和合同等情况，及时填写包方调查表、承包方调查表、承包地块调查表。

二是"三解"，解决现实问题，清除实测障碍。解决群众认识问题。召开了全县大会、乡镇大会，由"两委"成员、村民代表及"五老"人员参加村民代表大会。以《致农民朋友一封信》的形式印发宣传单，张贴标语、横幅，做到了家喻户晓，人人皆知。通过新闻媒体进行宣传，对会议、专题讲座进行专题报道，全面扩大宣传效果。实行现场答疑，组织业务人员面对面进行交流，现场解答农民提出的相关问题。解决农户土地界限不清的问题。多年来，由于农民的耕作经营，加之地貌、参照物变化，部分土地界线很难弄清。为解决这一问题，该县充分发挥村干部及村"五老"作用，凭借他们在村里的地位及当年土地承包到户时的状况，指明界线，化解界线不清的矛盾。解决人员不在家的问题。近年来，大量农民外出务工，很多户人走家搬，甚至失去联系，给确权工作带来了严重障碍。为解决人不在家无法认界确权、无法登记等实际问题，该县采取授权委托的方式，由土地承包经营权户授权在家亲属或朋友，代理进行确权事宜。由于工作量较大，村委会主动采取多种方式联系外出农户，确保了土地确权工作有序开展。截至 2021 年，全县共联系外出人员 5400 余人，收回外出确权授权手续 1600 多份。

三是"四到位"，强化组织指导，保证实测有序开展。组织到位。成立了全县农村土地确权登记工作领导小组，组建了县级领导牵头的 10 个督导组，深入所包乡镇，实地督促检查指导工作。农业局、林业局、国土局、经管总站等相关单位通力协作、合力推进土地确权工作。各村也相应成立了组织机构，组织"五老"及有能力、有文化的青年参与到实测工作之中。经费保障到位。县财政在中央补助资金未到位的情况下，垫付给测绘公司项目经费 306 万元，拨付县、乡、村工作经费 259 万元，提供资金保障。培训到位。邀请专业经管人员授课，对县农业局、经管总站等相关单位人员、乡镇机关干部、村委会成员、参加测量的内外业人员进行培训，带领受训人员到田间地头，边实践边学习。沟通协调到位。建立"桦南县土地确权微信工作群"，政策法规及时发布，测量数据每日传递，工作进度随时掌握。建立会商协调机制，定期召开县、乡、村确权办公室和测绘公司联席会议。

三、农村集体经营性建设用地入市改革

2015 年 3 月底，安达市被选定为全国 33 个农村土地制度改革试点县市之一，承担农村集体经营性建设用地入市试点改革任务。该市围绕集体经营性建设用地入市范围、入市主体、入市模式、收益分配等方面进行了积极探索。

一是在集体经营性建设用地入市范围上进行探索。面对存量集体经营性建设用地不足且布局分散的现状，安达市将用途为公益事业的村委会、村小学等空闲地块，经过规划调整变为经营性建设用地。以安达市卧里屯首例入市宗地为例，卧里屯镇共有符合入市条件的集体经营性建设用地 22 宗，面积 13 公顷，安达市首先选择 2 宗比较成熟的村小学校舍用地地块先行实践，通过调整城乡建设规划，将一宗地调整为工业用地，另一宗地调整为商业用地进行入市操作。其中，卧里屯镇保国村小学校用地入市后取得了明显的经济效益和社会效益，入市收益达157.79 万元。入市的 23 家企业中，7 家已初具规模。

二是在集体经营性建设用地入市主体上进行探索。安达市将村民委员会作为入市主体，村民委员会代表村集体拟定入市方案、提交入市申请，行使农村集体经营性建设用地所有者权利。尝试建立"委托代办制"，由安达市国土资源局作为代办机构，协助村委会行使入市主体的入市价格评估、签订入市合同等部分交易职权，并按入市流程履行相关手续。

三是在集体经营性建设用地入市模式上进行探索。安达市重点对就地入市和集中入市两种模式开展探索。在探索集中入市的过程中，遇到了地块复垦资金的瓶颈，安达市参照国有建设用地地价标准，聘请专业机构对集体建设用地地价进行了测算，根据区域和基础设施条件以及市场需求，将集体经营性建设用地定为商业三个级别、工业两个级别，按照商业最高价格 123元计算，剩余增值收益很少。相对而言，就地入市经实践检验更符合实际情况，目前已入市的13 宗地全部采用就地入市模式。

四是在集体经营性建设用地入市收益分配上进行探索。2015 年底，安达市明确以出让方

式入市的政府调节金为出让总价款的 15%，以租赁方式入市的不收取政府调节金，所得入市收益全部返给村集体，按成交价款 5% 征收的契税由受让人缴纳。政府从集体经营性建设用地入市中取得的收益，主要用于农业土地开发、农村基础设施建设、农民社会保障以及其他支农活动等。

四、创新农村"清化收"机制

近年来，齐齐哈尔市认真贯彻落实党中央、国务院和省委、省政府的决策部署，依托农村集体产权制度改革成果，深入开展了"清化收"工作，采取有力措施，进一步增加了村集体经济积累，提高了村集体经济组织成员收入水平。

一是建立治理专班。市委、市政府成立了以政法委书记为组长、分管农业农村主要副县（市）区长为副组长的"三资"乱象治理专班，出台《全市开展扫黑除恶专项斗争农村集体"三资"乱象治理行动工作方案》。全面清理发包合同，对二轮土地家庭承包合同之外的村集体签订的所有经济合同进一步进行清理和规范。有效化解债权债务，针对村集体经济组织和成员及外部单位、成员和成员之间的债权债务关系，采取现金还债、拉拽抵债、剥离减债、股权分红顶债等方式化解债务。整体开展资源收费，对新增资源情况进行摸排分类，制定新增耕地管理办法，由股东（成员）大会或股东（成员）代表大会讨论通过，在乡（镇、街道）人民政府备案后实施。

二是强化监管能力。搭建"三资"监管平台，在全省率先利用农村土地确权登记颁证系统中的"三资"监督管理功能，实行村级"三资"网络化管理。搭建农村产权交易平台，各县（市）区都组建了农村产权交易平台，规范了农村产权交易行为。搭建土地流转平台。全市建立了县、乡、村三级流转平台，实现了县有服务大厅、乡镇有服务中心和村级有服务站的土地流转服务体系，土地流转行为更加规范。

三是创新运营方式。对于新增、闲置和合同到期的资产资源，可以通过自主经营、入股参与新型经营主体等方式，提高资产资源利用率，增加村集体和农户收益。吸引有领导、管理能力优秀人才返乡创业，助力乡村经济发展。设置新增耕地股，按照村集体股和成员股的股份比例进行分红，增加村集体经济积累和提高村集体经济组织成员收入水平。2021 年，全市集体经济总收入达到 16.5 亿元，股民分红最多达到 880 元，农民人均收入达到 18057 元。

五、破解涉农贷款难题

桦川县把全面深化农村金融改革作为加快现代农业发展的重要举措，坚持以引进金融机构为依托，以创新金融信贷产品为举措，以提升金融服务环境为保障，有效破解涉农贷款难、贷款贵等问题，促进了农业增效、农民增收。

一是在破解农贷机构不足上出实招。支持新进金融机构开展农贷业务，开展了"金融机构招引"行动，以县人民银行为主，以各部门分工协作为辅，全程式地为新引进的金融机构提供直通车服务，一对一地制定新引进金融机构的行政许可、行政审批"绿色通道"。推动原有金融机构拓展涉农业务。大力引导并支持现有商业银行开展涉农信贷业务，县农发行、农业银行和邮储银行等金融机构陆续拓展业务，开展涉农贷款业务，重点金融机构全县乡镇覆盖率已经达到了100%。搭建金融服务平台实现互联互通，制定了银企对接会制度，组织各金融机构和相关企业共同参加，切实搭建起了便捷高效的连接平台。充分发挥县乡村三级土地流转平台优势，在平台软件上开设了金融服务功能，县信用社、村镇银行、农业银行、农发行和邮储银行等5家金融机构全部进入平台，依托平台开展涉农信贷业务。同时，积极推动金融服务平台升级成为县"互联网＋"农业指挥中心十大数据平台之一，提高了信贷资金使用的针对性和使用效率。

二是在破解农贷模式不新上出实招。积极推进金融产品创新，先后探索并试行了16个信贷品种。重点推行了"企保农贷"、农户土地经营权抵押、农户动产抵押、粮食预期收益抵押和粮食补贴放大10倍抵押等5种信贷产品。探索出由中国人民银行再贷款支持、金融机构为企业受信、企业为合作农户担保，合作农户为企业提供标准化粮食原料供给的"企保农贷"模式。多家金融机构开办土地承包经营权抵押贷款业务。先行推出了以大型农机具和农业设备为抵押物的农户动产抵押贷款模式、以农作物预期产量为抵押物的粮食预期收益抵押贷款模式和以粮食补贴"一卡通"为抵押物的粮食补贴抵押贷款模式。

三是在破解农贷服务不优上出实招。降低门槛简化农贷手续，银行核准企业提供的贷款农户明细单后，3个工作日内贷款即可发放到户。形成了农贷市场竞争机制，低利率的信贷产品相继推出。制定了《清收不良贷款实施方案》，成立了由县党政"一把手"任组长的专项清收机构，严格执行联席会议制度，组织公检法、金融机构和乡镇政府等相关部门，奋力打击恶意逃废债行为，严厉打击逃贷、骗贷等不法行为。

六、打造特色乡村善治样板

作为全国乡村治理体系建设试点县，桦南县以管住"微权力"为切口，健全"三清单、一平台、一体系"，科学确权、规范用权、阳光晒权，全面构建村级小微权力闭环运行监督机制，全力打造特色乡村善治改革样板。2019年3月，桦南县在全省率先实施村级小微权力规范化运行改革试点，同年10月改革全面铺开。

一是"权""责"科学理顺。重点围绕组织、制度、保障等5个方面，将村党支部工作清单由15项调整到50项。重点围绕工程建设、三资管理、公共服务等8个方面，将村委会权力服务清单由50项调整到70项，绘制权力运行流程图70张。重点围绕组织管理、民情民意、监督履责等6个方面，重新编制村监委正负清单30项。

二是"晒""督"双管齐下。健全村务信息公开公示平台，开发建设"互联网＋村级小微权力"监督平台和"惠民资金监督网"，设计二维码、手机APP，通过"线上＋线下"相结合，实行权力清单、规章制度、运行流程、运行过程、运行结果"五公开"。结合村"两委"换届配齐配强村监委，主要对各村的"四议两公开"情况开展全方位监督。建立县乡村三级联动、全程立体、多维实时的监督体系，县纪委监委成立监督管理办和实时监控中心，乡镇充分发挥指导、管理、考核、监督作用，各行政村设置监督电话和举报信箱，设立"民情恳谈日"，开展"村民说事"，织密基层"廉政防护网"。

三是"利""好"惠及全民。依托全省唯一一家县级行政审批局、12 个乡镇社会服务中心、20 个片区村级服务站，截至 2021 年累计办结事项 14.2 万件，为群众减轻负担 830 万元，打造"农村 15 分钟就近办事圈"，实现了"公共服务全覆盖、群众办事不出村"。改革做法被编入《全国加强乡镇政府服务能力建设辅导读本》。2021 年，农村上访量和人数同比分别下降 25%、26%，79 个村实现"零上访"，被评为"全国新时代文明实践试点县""全省首批培育和践行社会主义核心价值观示范县"。

七、"两权"抵押贷款改革试点

全国"两权"抵押贷款试点工作开展以来，中国人民银行哈尔滨中心支行积极发挥牵头单位作用，紧抓贷款规模扩面增量、配套措施健全完善、金融产品和服务方式创新、抵押物妥善处置四大方面，不断激发"两权"抵押融资功能，试点地区贷款余额稳步增长，相关做法及成效在《人民日报》《光明日报》等主流媒体上刊载宣传，处置模式及法律建议的相关报告得到中国人民银行总行采用。

一是抵押标的价值实现和有效处置的突破，增强了"两权"抵押贷款参与银行机构信贷投放的积极性。积极探索土地经营权抵押贷款处置办法，总结了金融服务公司保证金、第三方公司代偿、借助交易平台流转抵押物以及成立土地仲裁机构仲裁纠纷等四种主要的处置模式，相关工作成效得到全国试点工作领导小组的充分肯定。上述四种模式共同构建起多层次抵押物处置体系，使银行机构的信贷资金安全得到有效保障。

二是"两权"抵押贷款便利度提高和利率走低，有效解决了试点地区农民融资难、融资贵难题。"两权"抵押贷款业务以农民土地和住房两种农村优质资产作为抵押品，解决了以往农民联保贷款"联合不保""联而难保"的问题，降低了银行机构贷款风险，推动贷款利率不断下降。同时，总结并推广了"135 模式"：一次授信、三年循环使用、五个工作日内贷款资金到账，极大地提高了贷款效率，简化了放贷流程，降低了农民"脚底成本"。

三是"两权"抵押贷款业务规模稳步扩大，为农业现代化发展提供强有力的金融支撑。积极利用"两权"抵押贷款为"三农"提供信贷支持，截至 2018 年底，全省试点地区"两权"抵押贷款余额达 62.8 亿元，较试点前增长 15.4%，其中农村承包土地的经营权抵押贷款余额为 58.8 亿元，较试点前增长 21.4%。试点地区"两权"抵押贷款余额占涉农贷款余额比重为 6.1%，较试点前增长 0.5%。农村土地抵押融资潜力不断开发，已抵押耕地面积占全部耕地面积的 18%，较非试点地区高出 3.6 个百分点。

上海浦东新区综合配套改革试验区

国务院会议决定事项通知

（国秘通〔2005〕18 号）

发展改革委、教育部、科技部、财政部、劳动保障部、国土资源部、建设部、交通部、水利部、农业部、商务部、文化部、卫生部、人民银行、国资委、海关总署、税务总局、工商总局、法制办、国研室、银监会、证监会、保监会，上海市政府：

2005 年 6 月 21 日上午，温家宝总理主持召开国务院第 96 次常务会议。

会议听取了发展改革委马凯关于上海浦东新区进行综合配套改革试点的汇报。会议认为，我国改革正处于攻坚阶段，在继续做好有关专项改革试点的同时，选择具备条件的地区，进行完善社会主义市场经济体制综合配套改革试点，提供相关经验，对于实现党的十六届三中全会提出的改革目标，具有重要意义。会议批准上海浦东新区进行综合配套改革试点。会议要求，上海浦东综合配套改革试点要着力转变政府职能，着力转变经济运行方式，着力改变二元经济与社会结构。要把改革和发展有机结合起来，把解决本地实际问题与攻克面上共性难题结合起来，把实现重点突破与整体创新结合起来，把经济体制改革与其他方面改革结合起来，率先建立起完善的社会主义市场经济体制，为推动全国改革起示范作用。

国务院办公厅秘书局

2005 年 6 月 27 日

浦东综合配套改革试点总体方案

为贯彻落实国务院常务会议关于批准上海浦东综合配套改革试点的决定，全面有效推进综合配套改革试点，特制定本总体方案。

第一节　战略意义

纵观全局，我国的改革和发展正处在一个新的阶段。随着社会主义市场经济体制初步建立，整个改革进入攻坚的关键时期。无论是解决经济运行中的深层次矛盾，转变经济增长方式，还是解决社会发展中的深层次矛盾，促进社会稳定和全面进步，都迫切需要进一步深化改革。"对影响面较大的改革措施，坚持先行试点，积累有关经验"，这是我国20多年改革开放的重要经验。在改革攻坚的新形势下，选择具备条件的地方进行系统的综合配套改革试点，对于突破体制瓶颈，提供相关经验，加快推进改革，实现十六届三中全会提出的各项改革任务，全面完善社会主义市场经济体制，具有十分重要的战略意义。

浦东开发开放是国家战略。20世纪90年代以来上海的大发展，得益于抓住了浦东开发开放的历史性机遇。当前，上海正处于经济体制转轨、经济结构提升、社会结构转型、城市功能转换的历史关口，面临着一系列的新挑战。党中央、国务院对上海和浦东的进一步发展寄予厚望。胡锦涛总书记明确指出："要继续搞好浦东开发开放，加快体制创新，不断提高外向型经济层次，努力在更高的起点上实现快速发展。"在新的发展时期，上海要实现新的发展目标，关键在于继续发扬敢为天下先的精神，继续发挥好浦东的先行先试作用，进行综合性制度创新。只有这样，上海才能顺利跨越新的发展阶段，从而以领先的制度创新优势，更好地服务全国。

从改革全局看，与经济发展一样，在完善市场经济体制方面，也必然存在着区域不平衡性。这就需要发挥条件较好、开放程度较高地区的综合性试验价值，率先建立符合社会主义市场经济要求、与国际通行做法相衔接的经济运行规则体系和制度环境。通过综合配套改革试点，发挥改革先行地区的示范带动作用，有利于加快和深化全国的改革开放。浦东作为我国改革开放的先行地区和经济发展水平较高地区之一，具有高度开放的经济环境、雄厚的综合实力，在全国有着特殊的战略地位和重要影响。浦东是上海建设"四个中心"的重要载体，有着完整的经济社会形态，具有比较完整的综合改革试验空间。推进浦东综合配套改革试点，将对全国体制创新和现代化建设起到重要的示范作用。

在新的历史条件下，中央批准上海浦东进行综合配套改革试点，这是国家新一轮改革开放的重大战略部署。温家宝总理指出："上海浦东新区进行综合配套改革试点，是改革开放以后，创办经济特区、推进浦东开发开放进入一个新阶段的新的部署。"推进浦东综合配套改革试点，全面实现综合性制度创新，不仅是上海和浦东在更高起点上实现新的跨越式发展的重大历史性机遇，而且也将对全国实施新一轮深化改革、扩大开放，实现系统的体制和制度创新产生重大而深远的影响。

第二节　总体要求与指导方针

一、总体要求

浦东综合配套改革试点是国家战略部署。整个改革试点要以邓小平理论和"三个代表"重要思想为指导，以科学发展观统领全局，深入贯彻党的十六届三中、四中、五中全会和市委八届五次全会精神。要从国家要求和上海浦东实际出发，围绕加快推进"四个中心"的国家战略，实施科教兴市主战略，构建社会主义和谐社会，全面推进改革试点。要紧紧把握机遇、立足创新、大胆探索、精心设计、周密安排，着力突破政府管理体制、经济运行方式、城乡二元经济与社会结构等深层次体制性障碍，全方位推进和深化改革。要力争率先建立完善的社会主义市场经济体制和全方位、宽领域、多层次的开放型经济体系，把浦东建设成为改革开放先行先试区、自主创新示范引领区、现代服务业核心集聚区，实现上海和浦东"两个率先"提供有力的制度保障，为全国深化改革开放积累经验。

二、指导方针

在推进浦东综合配套改革试点中，要全面把握"四个结合"：把改革和发展有机结合起来，把解决本地实际问题与攻克面上共性难题有机结合起来，把实现重点突破和整体创新有机结合起来，把经济体制改革和社会其他方面改革有机结合起来。具体要求是：

——注重综合性制度创新。要全面贯穿"创新"精神。通过制度创新，坚决突破不合时宜的规则和政策。既要坚决打破和废除一切阻碍发展的旧体制，更要大胆构建符合发展要求的新体制；既要大胆借鉴国际通行做法，更要大胆推动植根于上海和浦东实际的具有原创性的体制建设。

——注重发挥市场的基础性作用。要突出推进政府转型。着力解决过多依赖行政配置资源问题，着力突破阻碍市场机制发挥作用的体制机制瓶颈，在更大程度、更大范围内发挥市场的基础性作用，提高资源配置市场化的深度和广度。

——注重先行先试和按照国际通行做法办事。要充分发挥敢为天下先的精神；大胆探索，敢闯敢试，率先进行试验性改革。同时，坚持国际惯例，保持体制与制度设计的先进性，创造性地建设符合经济全球化、竞争国际化要求的现代市场经济体制。

——注重统筹协调与整体设计。要高度重视改革方案的整体性系统设计、论证与评估。坚持正确处理改革发展稳定的关系，有计划、有步骤地系统推进改革。既要整体推进改革，体现综合性、配套性和系统性，发挥整体制度创新的领先效应；又要注重对难点的改革攻坚，体现重点攻坚的先发效应。

——注重体现示范作用。要立足全局，树立"东西联动"、服务全国的理念，为全国改革攻坚积累经验、提供示范，为解决上海发展中的体制瓶颈创新突破，把浦东综合配套改革试点作为服务全国的重要载体。

第三节　基本目标和主要任务

一、基本目标

根据党的十六届三中全会确定的完善社会主义市场经济体制的总体目标和"先行先试"的本质要求，浦东综合配套改革试点的基本目标是：按照十六届三中、五中全会确定的改革总体目标，经过 5 到 10 年坚持不懈的努力，逐步形成贯彻科学发展观和构建社会主义和谐社会的制度体系，力争在全国率先建立制度比较完备、运行比较高效的社会主义市场经济体制。

主要标志是"五个基本形成"：

——基本形成比较完善的社会主义市场经济体制。坚持市场化改革取向，全面深化政府、企业、中介组织、公共部门与市场体系等方面的基础性改革。政府转型取得重大突破性进展，政府、企业、中介组织、公共部门与市场之间的相互关系得到基本理顺，从而逐步形成符合市场经济和经济中心城市特点的现代政府行政体系、企业体系、中介组织体系、公共部门体系和现代市场体系。

——基本形成充分激发自主创新活力的有效机制。认真贯彻"科学技术是第一生产力，人才是第一资源"的重要思想。通过有效的制度安排和制度创新，形成富集创新资源，激发创新潜力，促进自主创新、二次创新、集成创新的制度环境，形成具有国际水准的区域创新体系和人力资源开发体系，实现经济增长和城市发展模式的根本性转变。

——基本形成有利于实现统筹协调发展、构建和谐社会的制度环境。全面贯彻"五个统筹"思想，进一步理顺整个社会的分配关系，着力消除城乡二元结构和区域发展分割的制度性障碍。有效突破经济社会发展的体制瓶颈制约，逐步形成比较完善的社会保障体系、城乡统筹发展体系和具有现代市场经济本质特征的开放型经济发展体系。

——基本形成与经济全球化趋势和开放经济相适应的经济运行规则体系。率先建立起符合社会主义市场经济要求、与国际通行做法相衔接的经济运行环境，更加有效地参与国际经济大循环。通过引进吸收和创新，全面增强制度性优势，全面适应经济全球化、信息化、知识化的发展环境，实现一般比较优势逐步转变为国际竞争优势。

——基本形成制度创新和扩大开放的示范引领优势。积极通过自费改革、自觉改革和制度创新，使浦东成为经济体制转轨、经济增长方式转变、城市发展模式转型的重要示范基地，成为上海服务全国的重要平台，实现由政策优势逐步转变为制度示范引领优势。

二、主要任务

浦东综合配套改革试点要体现"三个着力"：着力转变政府职能，构建从事经济调节、市场监管、社会管理和公共服务的责任政府，注重制度环境建设和改造的服务政府，依法行政的法治政府；着力转变经济运行方式，构建符合社会主义市场经济要求、与国际通行做法相衔接的经济运行法规体系和体制环境；着力改变城乡二元经济与社会结构，构建社会主义和谐社会。

根据完善社会主义市场经济体制的要求，充分体现"三个着力"和"四个结合"，整个综合配套改革试点要完成十项任务。第一，推动政府转型，建立公共服务型政府管理体制。第二，推动要素市场发展和金融创新，完善现代市场体系。第三，探索混合所有制的实现形式，增强微观经济主体活力。第四，大力培育和发展中介组织，提高经济运行的组织化程度。第五，加快推进公共部门改革，促进经济社会协调发展。第六，加快科技体制创新，增强自主创新能力。第七，探索建立人力资本优先积累机制，全面有效地推进人力资源开发。第八，加快破除城乡二元结构的制度障碍，推进城乡统筹发展。第九，建立科学的调节机制，完善与经济社会发展水平相适应的收入分配与社会保障体系。第十，扩大对外开放，形成适应国际通行做法的市场运行环境。

第四节　政府体制

——推动政府转型，建立公共服务型政府管理体制

一、基本思路和取向

政府管理体制改革是整个经济体制改革的重要环节。要以深化政府管理体制改革和转变政府职能为重点，推动政府转型，加快建立公共服务型政府。要深化政府机构改革，推进政府组织创新，实行行政职能整合互补管理。全面实行政企、政资、政事和政社分开，加快推进公共财政体制改革，把政府职能转到经济调节、市场监管、社会管理和公共服务上来。探索实行决策、执行、监督相协调的体制，提高政府科学决策水平、依法行政能力和行政运作效率。通过改革，逐步形成体现服务政府、责任政府、法治政府理念的现代政府体系。

二、重点改革内容

（一）推进政府行政管理体制改革。按照"经济调节、市场监管、社会管理、公共服务"的要求，创新政府组织架构。建立决策、执行、监督相协调的体制，建立科学的决策程序、高效的执行系统、强有力的监管体系。推进政府职能转变，实行政企分开、政资分开、政事分开以及政府与市场中介组织分开。积极推进司法体制改革。按照中纪委、监察部对浦东新区开展依法监察试点的要求，健全行政监督机制，推进依法行政。相对集中市场经济监管领域的行政检查权和行政处罚权，试行经济检查官制度。建立科学的政府绩效评估指标体系，使政府行政部门的绩效考核最终体现在落实科学发展观上。与此同时，争取中央有关部门在浦东推进行政管理体制改革试点。建议海关、检验检疫、质量技监、金融等中央管理部门把浦东作为行政管理改革的试点区域，创造适应国际通行规则的经济运行环境。

（二）进一步完善市、新区两级管理体制。理顺市与浦东新区的关系，赋予浦东新区更大的自主发展权。探索建立条块互补、职能整合的行政管理体制，形成市、新区、功能区域、街镇职能互补的结构。进一步明确功能区域的定位，逐步完善功能区域职能和事权，做实功能区域，实施扁平化管理。深化市、新区两级财税体制改革，按照事权与财权相统一的要求，进一步理顺和完善"税收属地征管、地方税收分享"的市、新区财税体制。进一步完善地方分税制，重点是科学界定事权划分，完善转移支付，增强浦东新区政府财政实力。优化公共支出投向，进一步扩大对"三农"和社会事业、社会保障、公共安全、生态环境、基础设施等关键领域的财政投入，建立对农业、科技、教育、文化、卫生、社会保障等公共领域随经济发展水平合理增长的公共财政体制。建立政府向市场购买服务的公共财政支出机制，建立健全公共财政管理的组织体系。同时，争取开展从生产型增值税转为消费型增值税的试点。

（三）推进管办分离和加快电子政务建设。全面推进政事分开、管办分离，理顺政府部门与行政执法类、社会公益类、经营服务类事业单位的关系，将一部分专业行政管理部门和事业单位转为提供公共服务的社会组织，率先在浦东实现政府部门同所属的市场中介机构、行业协

会、事业单位脱钩。推进政府办公网络化和信息化建设，逐步建立政府与公众之间的互动回应机制。进一步推进政务信息公开，推进政府信息网上公布制度化。探索推进政府行政程序简单化、统一化改革，推进政府业务网络化，通过电子化渠道实现政府内部的相互沟通，提高政府内部运作效率。

（四）深化行政审批制度和投资体制改革。深化行政审批制度改革，减少和规范行政审批，进一步清理和调整行政审批事项，推行行政审批格式化操作，按照相对集中行政审批权的要求，完善综合审批、综合执法工作机制，建立以行政审批电子监察为核心的网上行政审批和管理应用系统，扩大和推进告知承诺工作，实施以申报制为重点的年检制度改革。同时，在浦东地区先行先试，建立和完善新型的投资管理体制。加快推进企业投资项目核准制和备案制，落实企业投资自主权。规范政府投资行为，试行政府投资项目公示制，推行政府投资项目"代建制"，建立投资决策责任追究制度。在部分领域，争取国家对非限制类且不使用中央财力投资项目管理权限的下放。

（五）健全社区自治组织。深化乡镇机构和街镇行政管理体制改革，推进街道办事处职能转变，健全由居民和介入社区事务的社会服务机构等构成的社区自治组织。实行社区建设实体化和管理网格化，优化行政组织的社会管理和服务功能，加强对民间组织服务和专业社会工作队伍的培育和管理。推进社区信息化建设，合理配置和整合行政、社会资源，实现网格内各类资源共享、工作协同，构建反应灵敏、处置有方、管理高效、服务优质、保障有力的工作机制。

第五节　市场体制

——推动要素市场发展和金融创新，完善现代市场体系

一、基本思路和取向

现代市场经济最本质的特征，就是社会经济的高度市场化。要以陆家嘴金融贸易区为载体，以深化金融体制改革和制度创新为重点，加快要素市场发展，全面提升要素市场的能级。特别是要深化金融机构的改革，扩大金融领域对外开放，提高浦东新区金融集聚能力，加快金融产品创新，推动金融中心建设。同时，全面拓展市场功能，健全市场结构，加快资本、货币、产权、人才、技术、土地、航运等各类要素市场的发展。通过改革，消除壁垒，畅通环节，在更大程度上发挥市场配置资源的基础性作用，逐步具有经济中心城市特点和统一、开放、竞争、有序的现代市场体系。

二、重点改革内容

（一）推进金融机构改革创新和金融资源集聚。争取中国银监会、中国保监会、中国证监会等部门在上海设立第二总部，继续做好中国人民银行上海总部落户浦东后的服务工作。抓住国有商业银行股份制改造的机遇，努力吸引国有商业银行第二总部、股份制商业银行法人机构落户浦东；继续吸引基金公司，资产管理公司，保险、再保险机构以及外资金融法人机构或地区总部落户浦东。推动设立新型金融机构，允许注册在浦东的银行类法人机构设置基金管理

公司；在浦东新区范围，试点设立中小企业投资公司、证券融资公司、货币经纪公司等新型机构，发展为中小企业服务的银行和区域性股份制商业银行。有效整合上海地方金融资源。

（二）扩大金融业对外开放试点。争取国家在外汇管理领域放松管制的有关改革在浦东先行先试。开展离岸金融业务试点，在洋山深水港区和外高桥保税区开展离岸金融结算业务。鼓励境外资本参股和投资金融领域，在履行入世承诺的基础上，对在浦东注册的金融机构逐步放宽境外资本持股限制。允许建立中外合资的综合类券商。争取试点发行境外投资的货币基金。

（三）推动金融产品创新、加快提升要素市场能级。大力发展债券市场，积极发展企业债券、金融债券、企业短期融资券等固定收益类金融产品。推动银行间债券市场和交易所债券市场的互联互通，提高市场整体运行效率。积极争取各类资产证券化试点，推动浦发银行信贷资产证券化。积极推动外汇期货、股指期货、国债期货、铜期权等金融衍生产品创新；发展非标准化的场外金融衍生产品，形成完善的金融衍生产品市场。加快商品期货市场发展，争取推出钢材期货、原油期货、黄金期货等商品期货。开发电子化票据，探索建立区域性票据市场。积极发展信贷二级市场，在浦东形成包括银行、保险、信托和财务公司等多方机构投资者参与的信贷二级中心交易市场。组建再保险公司，推动再保险经纪机构发展，努力形成区域性再保险市场；在浦东新区率先开展公众责任险试点工作；努力拓宽保险资金投资渠道。积极发展产业基金。争取试点发行境外投资的外币基金。争取推出非上市公司股权交易的柜台交易市场，在上海产权市场现有的基础上，依托"科教兴市"科创投融资平台，整合上海创业投资体系的资源，提高现有产权交易的流动性和转让效率，推动丰富产权交易主体。

（四）建立推进金融创新工作机制。建立国家发展改革委、中国人民银行、中国银监会、中国证监会、中国保监会和上海市政府共同参加的金融创新协调工作机制，定期或不定期就浦东金融改革开放方面的重大问题进行研究、论证和协调。建立上海市促进金融发展的推进工作机制，负责加强与金融监管部门、金融机构等方面的联系沟通，推进金融产品创新。改革现行金融产品创新审批方式，争取在沪各类交易所实施金融产品创新试运行机制试点，实行金融产品创新监管备案制。在上海期货交易所产品创新方面先行试点。

第六节　企业体制

——探索混合所有制的实现形式，增强微观经济主体活力

一、基本思路和取向

在现代市场经济中，企业是最重要的市场主体。要全面贯彻"两个毫不动摇"思想，以深化国资国企改革和发展非公有制经济为重点，深化企业体制改革。继续推进国有经济战略性调整、国有企业战略性重组，在分离职能的基础上，推进国有企业分类改革，在经营性领域从关注国有企业转向关注国有资本。按照"开放领域、平等待遇、引导产业、调整结构、创新服务"的思路，鼓励、支持和引导非公有制经济发展。全面深化产权制度改革，创新国有资产监管体制，推动发展混合所有制经济。通过改革，逐步形成以现代产权制度为基础、符合现代市场经济要求的现代企业体系。

二、重点改革内容

（一）深化国有集团公司改革和发展非公有制经济。按照"分离职能，分类改革"的思路，推进陆家嘴、金桥、张江、外高桥、浦发等五大集团公司的改革，全面理顺政企关系，完成承担政府开发职能的政策性公司与资本经营职能的经营性公司的分设，推进经营性公司投资主体多元化改革。落实本市国有控股上市公司股权分置的指导意见，引导浦东国有上市公司积极制定方案，尽早试点。同时，大力发展非公有制经济，在放宽市场准入、加大对非公有制经济的财政支持、建立健全信用担保体系、拓宽融资渠道、增强政府服务能力等五方面出台具体的推进政策。

（二）推动企业组织制度创新。在浦东新区开展农民专业合作社试点，依据加入自愿、退出自由、民主管理、盈余返还的原则，建立共同生产、经营和服务活动的互助性经济组织。积极推进农村股份制企业试点，加快推进村级集体经济组织市场化改制，加快集体资产法人化、经营主体企业化、资产经营市场化、资产监管规范化、产权多元化进程。在一些经营性公用事业和社会事业单位中积极推进股份制改革，鼓励吸纳民营资本。积极探索有限合伙制，制定高新技术园区实施有限合伙制办法。

（三）推进国资监管体制创新。按照"统一所有，分级管理"的原则，建立包括国有企业分类考核制度、信息披露制度、资本预算编制制度、国有资产评估复核制度等一整套比较完整的国有资产监管制度，完善战略管理、预算管理、契约管理、财务监管、产权管理等监管方式和手段。探索建立市场化、契约化和社会信托等国资代理体制，在经营性领域从关注国有企业转向关注国有资本。积极探索以分类监管为核心的社会事业资产管理制度。

第七节 中介组织体制

——大力培育和发展中介组织，提高经济运行的组织化程度

一、基本思路和取向

解决中介组织的发育滞后问题，是深化经济体制改革面临的紧迫任务。要以中介组织体制创新和扩大开放为重点，按照民间化组建、市场化运作、法制化管理的原则，加快各类市场和社会中介组织（包括市场中介组织、行业协会、商会等自律性组织）的培育和发展，提高经济活动的组织化程度，有效降低市场交易和社会运行成本。特别是要推动浦东率先对外开放有关市场中介服务行业，加快培育和增强上海中介服务机构参与国际竞争的能力。推动行业协会制度创新，探索有效机制，不断优化行业协会发展的整体环境，全面实行开放政策，引导国内外行业协会向浦东集聚。同时，加快社会信用体系的建设，创造良好的社会信用环境。通过改革，逐步建立符合现代市场经济要求且具有经济中心特点的现代中介组织体系。

二、重点改革内容

（一）推动非营利性社会组织的改革和发展。积极探索稳步发展非营利性社会组织，积极培育公益性、服务性社会团体，建立科学的治理结构和运行模式。特别是要推动浦东行业协会体制创新。吸引区域级、国家级行业协会进入浦东，推进入驻浦东行业协会面向长三角开放的

试点。推进引入经国家合法登记的经济性、行业性国际组织或分支机构入驻浦东的试点。将浦东新区列为本市行业协会发展改革的试点区，加快推进政会分开，促进行业协会规范运作，制定行业协会内部运作的规则导向，引导行业协会健全和完善内部管理和运行规则。

（二）扩大市场中介服务对外开放。按照 WTO 过渡期协议，争取在浦东范围内外资以合资合作方式提前进入已承诺逐步开放的会计、审计、管理咨询等中介服务行业，允许部分中介服务行业开展放宽和取消外资投入比例限制的试点。深化沪港在 CEPA 中介服务领域的合作，推动香港中介服务机构入驻浦东，开展业务合作和竞争。

（三）推进信用环境建设。推进信用制度建设，扩大相关政府部门、个人和企业的信用信息提供、共享，加强信息资源开发利用。建立有效的失信惩戒和守信受益机制，做好政府代建项目、政府采购、公共财政招投标等环节信用产品使用的制度安排，引导社会主体主动使用信用产品。鼓励联合征信、信用调查、资信评估、信用担保、信用保险等信用服务机构在区域内的发展，开展诚信创建活动，营造良好的诚信环境，促进社会主体诚信自律。

第八节　公共部门体制

——加快推进公共部门改革，促进经济社会协调发展

一、基本思路和取向

进入改革攻坚阶段，加快公共部门部分领域的社会化、市场化改革已刻不容缓。要以教育、文化、卫生等领域的综合改革为重点，以社会事业单位分类改革为突破口，整体规划，系统设计，先易后难，精心操作，全面推进公共部门改革。要理顺公共部门体制关系，推进垄断领域的改革，全面引入竞争机制，扩大对内对外开放，积极探索建立现代事业法人制度。深化社会事业领域投融资体制改革，依托市场机制，吸引国内外资本参与社会事业的改革和发展，不断提高公共部门的社会化水平和综合服务能力。按照政事分开的原则，基本形成公益目标明确、监督机制完善、治理机构规范、微观运行高效的现代事业管理体制和运行机制。通过改革，在全国率先形成与社会主义市场经济体制相协调、充满活力的现代公共部门体系。

二、重点改革内容

（一）率先进行社会事业单位分类改革。按照社会事业单位分类改革的基本框架思路，率先突破制度瓶颈，实施社会保险、人事、财税等方面的配套改革。对承担公益性任务的事业单位，条件具备的，可以通过政府购买服务等方式，引入市场运行机制。选择若干领域，创新政府提供公共服务的模式，推进公共服务机制建设。

（二）深化教育体制改革和推进教育领域开放。按照国家教育综合改革试验的要求，大力推进基础教育课程和考试改革，积极探索素质教育的新模式。加快招生考试制度改革，积极推进高中阶段的自行测试与综合评价相结合等改革。支持探索"管、办、评"联动机制，探索通过政府购买专业教育服务。通过市场机制和社会多元投入，允许国外知名教育机构以多种形式在沪设立相对独立的教育和培训机构。争取中央有关部门下放中外合作办学、设立国际学校的审批权限。

（三）深化文化管理体制改革和推动文化产业领域开放。在国家批准的文化体制改革试点的总体框架下，允许多元资本投资或参股经营出版物印刷发行、广播电视的非新闻类的节目制造、电影制作发行放映、演出场所、博物馆和展览馆、文化娱乐、书报刊与音像制品分销、体育等。在国家宏观指导下，争取中央有关部门下放部分涉及文化产业的审批权限，包括图书出版机构的设立，境外演出机构、文化艺术展览的审批，营业性出访演出项目的审批，电视剧制作，全国互联网文化单位的设立，中外合作或全国性音像制作连锁经营批发企业的设立等。在现代服务业集聚区试点引进国际知名的国际娱乐传媒或娱乐设施。以陆家嘴沿江和花木行政中心文化娱乐带、张江动漫创意创作基地为载体，推进创意文化产业的发展。

（四）深化医疗卫生医药联动综合改革试点和推进医疗领域开放。强化基本医疗服务，探索社区卫生服务中心运行机制改革，在确保公共卫生和基本医疗的基础上，选择社区卫生服务中心进行收支两条线管理、医保费用预付管理等综合改革试点。对符合一定条件的公共场所的卫生许可，试行告知承诺制，简化审批手续，并加强事后监管。加快医疗机构改革，选择若干家转制公立医疗机构和民办医疗机构进行深化改革试点，在转制公立医疗机构的职工养老保险待遇、营利性民办医疗机构的税收、非营利性民办医疗机构的投资回报等方面进行配套改革。扩大医疗机构对外开放，鼓励具备条件的三级医院与国际著名品牌医疗机构合作开办具有国际服务标准的合资医院。进一步扩大对国际医疗机构办医的开放度，在中央卫生主管部门的宏观指导下，允许在浦东范围内试点设立外资独资或控股的医疗机构；在总体规划的基础上，争取下放合资办医的审批权。

第九节　科技创新体制

——加快科技体制创新，增强自主创新能力

一、基本思路和取向

创新与创新体系是区域竞争力的重要源泉。要以推进科技体制改革和提升自主创新能力为重点，着力突破束缚创新潜力释放的体制瓶颈，全面贯彻和落实科教兴市主战略。要建立市场引导、政策推动、企业运作的机制，推进产学研战略联盟建设，实现主导产业、重大项目、重点学科、科技研发的互动融合。整合社会资源，完善研发创新公共设施，构筑全社会共享的公共服务平台，加快知识产权创造、转化、运用、管理和保护。特别是要继续实施"聚焦张江"战略，积极推动科技园区体制创新，促进形成产业集群发展新格局。通过改革，逐步建立有利于创新萌芽蓬勃发展的制度环境，形成以企业为主体、开放互动和充满活力的区域（科技）创新体系。

二、重点改革内容

（一）全面实施"张江战略"，构建区域创新体系。整合现有科技园区资源，充分利用"聚焦张江"政策，发挥张江品牌效应，构建区域创新体系。同时，在张江高科技园区进行吸引国际人才、技术和资本集聚等方面的综合性制度创新试点，推动张江建设成为国家级自主创新基地。探索建立风险投资退出机制，推进创业投资体制建设综合改革，依托上海产权市场，在张江高科技园区搭建科技企业产权和股权流动平台，开展风险投资退出机制的试点。

（二）推进科技综合改革试点。加强与国家发展改革委、科技部、中科院等中央有关部门的紧密合作，推进科技综合配套改革，促进国家高技术产业基地的建立和发展，成为国家自主创新试验区。加强科技领域的国际交流与合作，探索符合国际高技术创新模式的管理运作机制，形成国际研发机构和研发外包服务的集聚地。率先探索以大企业知名品牌为龙头整合创新资源的办法，建立以企业为主体的技术创新体系。探索将主要从事公益性科技服务，投资者不以营利为目的，通过服务取得政府、社会资助的科研和科技服务机构登记为非营利机构，并予以享有税收优惠等政策。鼓励大学和科研院所的研究人员进行技术创新、转移科研成果、从事开发经营活动、创立科技产业。制定支持研发中心科研创新的政策，鼓励优化整合技术创新资源，加强科技原始性创新、集成创新、技术引进的消化吸收和二次创新。对企业在研发设备的加速折旧、研发投资额税前扣除、准许企业建立开发准备金等方面给予政策支持。

（三）开展知识产权保护制度创新试点。根据国家保护知识产权的法律法规，争取浦东在保护知识产权方面先行试点。在浦东设立知识产权巡回法庭，对跨地区知识产权侵权案件依法审理，加大地区性知识产权保护力度。试行突破无形资产（主要是知识产权）在企业中的占股比例限制。允许境外知识产权代理机构试行开展业务。加快培育和发展无形资产（主要是知识产权）评估、知识产权交易、知识产权保护、专利代理等中介机构，规范知识产权有序交易，加大对侵犯知识产权行为的惩戒力度。

第十节　人力资源开发体制

——探索建立人力资本优先积累机制，全面有效地推进人力资源开发

一、基本思路和取向

要以探索建立人力资本优先积累机制和人才队伍建设为重点，创造良好的人力资源开发的制度环境。特别是要采取系统的政策措施，鼓励全社会增加对人力资本的投入，不断提高浦东新区的人力资本存量水平。针对浦东特点，加快完善国民教育体系，推动人力资本迅速积累。同时，按照人才开发国际化、市场化的要求，提高人才配置效率。建立人才激励机制，探索知识、技术、专利、管理等要素参与分配的机制。建立科学的人才选拔体制，促使优秀人才脱颖而出。优化人力资源市场化配置环境，实现人才结构与产业发展匹配、与科技创新紧密衔接。通过改革，逐步形成以实现创新为发展导向的人力资源开发体系。

二、重点改革内容

（一）完善终身教育体系和推进人才激励制度改革试点。强化全社会人力资源开放，建立人才培育机制，推进职业教育社会化，积极发展各类职业教育和培训机构，打破职业教育和职业培训的行业分割和部门分割，整合职业教育资源，率先构建多层次的终身教育体系。同时，制定知识、技术、管理等要素参与分配的具体实施办法。完善技术作价入股、科技成果参与分配等产权激励制度，建立向高层次、高技能人才倾斜的分配机制。建立以政府奖励为导向、用人单位和社会奖励为主体的人才奖励体系。建立重要人才和特殊人才的补充保险和政府投保制

度。探索对高科技人才的个人所得税优惠试点，增加应纳所得税抵扣项目。

（二）推进"国际人才港"建设。建立和完善人才柔性流动机制，消除区外、境外人才集聚浦东的制度障碍。完善人才信息的区域和国际共享交流机制，实施海外留学人才集聚计划，建立统一的海外人才信息库，引进国际先进的科研和管理团队，吸引海内外优秀人才在浦东创业和发展。

（三）探索建立职业经理人制度。建立职业经理人市场，完善各类人才的社会化管理体系和分类管理制度，加强专业型、复合型人才和科技领军人才的社会储备。在国有企业和事业单位探索建立将任期目标、职责边界、权力空间和薪酬激励等责权利相结合的机制，推动产权代表和职业经理人市场化配置。逐步取消国有企业产权代表的行政级别。规范人力资源市场秩序，建立市场化配置人才的公共服务体系。

第十一节　城乡统筹发展体制

——加快破除城乡二元结构的制度障碍，推进城乡统筹发展

一、基本思路和取向

要以推进农村综合改革、突破城乡分割的制度障碍为重点，全面统筹城乡发展。特别是要深化农村土地征用制度改革，建立促进农民增收的长效机制。完善利益机制，加快推进"三个集中"。深化农村社会保障制度改革，完善城乡保障体制。探索"区镇联动"体制改革，统筹城乡管理和开发机制。优化社会资源布局，统筹城乡社会事业发展。推进农村富余劳动力向非农产业转移，完善城乡就业体制。通过改革，逐步消除城乡分割的制度性障碍，力争在全国率先建立新型的城乡统筹发展体系。

二、重点改革内容

（一）深化农村体制改革和加快村镇体系建设。按照村镇体系建设的总体规划，积极探索农村综合改革，在村镇体系建设方面先行先试。加大统筹城乡产业发展的力度，破除"三个集中"的制度障碍，以推进农业组织化为重点，发展高科技、专业化、生态型农业，实现农业向规模经营集中；以整合郊区工业园区为切入点，实现工业向园区集中；以深化宅基地置换和复垦工作为抓手，实现农民居住向城镇集中的新突破。努力探索新型农村经济组织和社会自治组织。争取农用地征地的指标单列。推进土地处置、社会保障和户籍"三联动"。

（二）构建"区镇联动"新体制。加强统筹协调，建立六大功能区域，促进功能开发和资源整合，实施区镇联动体制，条件成熟时，试行区镇合一管理模式。理顺新区、功能区域、街镇之间的财权与事权关系，强化区域性公共资源配置和管理，建立功能区域市政设施统一规划、建设、管理和维护的体制。加速功能区域内开发区与周边街镇的融合，逐步推进撤村建居试点，实施规划定点，理顺城乡就业、社保、物业等管理体制。

（三）统筹城乡公共服务资源。整合城乡教育、文化、卫生资源，加大对郊区社会事业投入的比重。统筹城乡教育发展，推进城乡教育联动发展。通过整合郊区教育资源，完善农民职业技术教育体系；鼓励郊区创办职业技术学校，为农民子女接受正规职业技术教育提供机会。

统筹城乡文化事业发展，鼓励社会力量资助文化建设，兴办郊区文化设施。统筹城乡卫生事业发展，推进镇卫生院向社区卫生服务中心转变，探索城乡医疗卫生机构的管理体制和运行机制并轨。进一步强化农村公共服务体系建设，确保农民在文化、教育、卫生、社会服务等方面享有与市民同等待遇。

（四）建立确保农民增收的长效机制。深化农村土地征收、征用制度改革，完善征地程序和补偿机制，确保形成农民利益增长与浦东开发成果挂钩的机制。探索建立农民集体所有建设用地使用权流转机制，给集体经济组织和农民更多的发展权和收益权。探索农村集体经济组织创新，稳步推进实施农村集体征地留用地制度，增加农民财产性收入。规范村集体资产量化行为，搭建村集体资产量化的股权流转平台，强化村股份集体监管。巩固农村税费改革成果，完善农民负担监督管理长效机制。

第十二节　社会保障体制

——建立合理的调节机制，完善与经济社会发展水平相适应的收入分配与社会保障体系

一、基本思路和取向

要以深化就业体制、收入分配和社会保障体制改革为重点，逐步建立激励与引导相结合的就业引导机制，公平与效率相统一的收入分配制度，基本保险和补充保障相结合的社会保障体制。实行积极的就业政策，更大程度地发挥市场调节就业的作用，完善就业援助体系。建立合理的收入分配调节机制，推进收入分配制度改革，完善按劳分配为主、多种分配形式并存的分配制度。完善养老、医疗、失业、住房保障制度。通过改革，逐步形成与经济社会发展水平相适应的收入分配与社会保障体系。

二、重点改革内容

（一）推进收入分配制度改革试点。协助中央有关部门推动垄断行业收入分配改革，探索市场化的、各类企业平等的工资管理方式，稳步推行企业工资集体协商制度。对国有企业、行政事业单位职务消费推行透明化、货币化改革。促进形成激励慈善捐赠的社会氛围，积极争取国家试点，提高企业和个人捐赠的税收扣除比例。

（二）健全以公众创业带动就业的机制。降低创业门槛，倡导公众创业。加强对失业人员和农村富余劳动力的职业技能培训，创新职业培训运行机制，采取政府购买服务的方式，向社会职业技能培训机构购买服务。充分依托郊区劳动综合服务中心，为农村富余劳动力非农转移提供培训；充分发挥农民远程教育网的作用，为向专业农民提供农业实用技术培训创造条件。构建城乡统一，公平、公开、公正的劳动力市场体系。进一步加强对特殊困难群体的就业扶持，在政府购买服务中优先考虑安置残疾人和农村富余劳动力等就业的企业。研究促进农民创业、就业的资金、场地等相关扶持政策。争取解决个人独资企业缴纳企业所得税和个人所得税的双重税收问题。

（三）统筹城乡社会保障制度。完善农保制度，提升管理层次，拓宽筹集渠道，规范养老金增长机制，不断提高老年农民的生活保障水平。推进农保、镇保和城保的制度衔接，建立城

乡统一、具有弹性的社会保障制度。探索城保、镇保医疗保险和农村合作医疗相衔接的新型农村医疗保障制度。在浦东率先实施社会保障的改革试点，发展多层次的社会保障体系，推动商业健康险发展。加强来沪务工人员的保障，扩大来沪务工人员综合保险和子女义务教育的覆盖面。建立多层次、多形式和全覆盖的社会救助体系，探索以政府投入为主，社会和个人投入为辅的救助资金投入机制，健全社会救助管理和组织网络，完善独居老人关爱、居家养老和机构养老的多层次养老服务方式。

第十三节　涉外经济体制

——扩大对外开放，形成适应国际通行做法的市场运行环境

一、基本思路和取向

要根据经济循环国际化的总体思路，进一步扩大对外开放，全面提高对外开放水平。以深化涉外经济体制改革为重点，坚持"请进来"和"走出去"并举，充分发挥"两种资源、两种市场"的作用，积极参与国际经济循环。特别是要在市场主体制度、市场交易制度等方面，加快形成适应国际通行做法的经济运行规则，建立高效灵活、稳定透明、法律健全的涉外经济管理体制和运行机制。围绕国际贸易和航运中心建设，深化外贸体制和口岸体制改革，加快保税物流园区建设，扩大服务贸易开放先行先试。完善利用外资的政策，健全对外贸易的法规，加快实施"走出去"战略，提高外向型经济层次。通过改革，逐步形成有利于增强国际竞争优势和适应国际通行做法的开放型经济体系。

二、重点改革内容

（一）探索构建适应国际通行做法的经济运行机制。按照 WTO 的总要求，在市场交易的契约、价格、认证评估等制度，规范市场秩序的诚信、产权、信息披露等基础性制度方面，构建适应国际通行做法的经济运行机制，创建与国际通行做法相适应的制度。进一步梳理现有各类地方性法规和政策，改革与国际通行做法不适应的有关政策和规章。

（二）推动服务外包和发展服务贸易、扩大服务业开放的试点。大力推动浦东发展服务外包业务，确定服务外包业务定位，对现行影响服务外包的政策进行梳理，搞好市场准入和市场监管方面的政策协调，开展服务外包试点。制定激励政策，鼓励各类企业开展服务外包出口。扩大对外开放，重点在金融、电信、物流、咨询等服务贸易领域，探索扩大和放宽市场准入方面的先行先试。研究实施"走出去"战略政策，改进管理体制，减少审批程序，简化审批内容，提高信息服务水平，推进服务业"走出去"。

（三）深化口岸管理体制改革，完善"大通关"制度建设。配合中央有关部门在上海探索海关管理体制改革创新，改善服务贸易监管模式，进行综合贸易通关管理模式改革试点。加快"电子口岸"建设进程，推动外高桥港区与洋山深水港区联动发展，探索试行"一单两报"和海运进口集装箱提货单电子化。积极创造条件，探索推进长三角通关一体化运作模式。

（四）推进保税物流园区建设。扩大外高桥保税物流园区试点范围，充分发挥其国际采购、国际中转、国际配送和国际转口贸易四大功能，并不断拓展相关功能。推进浦东国际机场二期

工程建设，建立浦东空港保税物流园区，进一步优化上海空港区域的国际中转货物和旅客的查验流程和国际客货中转边检、海关、检验检疫等方面的配套政策。发挥保税物流园区的基地作用，强化多式联运。

（五）完善吸引跨国公司地区总部集聚浦东的管理制度。通过借鉴国际通行做法，加强跨国公司地区总部的集聚。开展金融、外汇管理改革试点，争取中央有关部门给予跨国公司地区总部更大的资金调度能力，允许跨国公司地区总部对其所控股企业的资金（包括外汇）进行统一调配、结算、管理，推动跨国公司"资金池"操作试点。积极探索改革外汇管理和信贷政策，建议外汇管理按投资额大小实行中央、地方分级管理。

第十四节　分类推进各项改革任务

一、改革任务的分类

根据浦东综合配套改革的总体要求，"十项任务"明确的重点改革内容，改革任务大致可以分为三类：

一是条件已成熟，近期可以开展的。主要是目前已经开始着手或准备着手开展的改革事项，包括国资国企改革、促进非公经济发展、深化教育体制改革、深化文化管理体制改革、统筹推进"三个集中"、优化城乡社会资源布局、健全以公众创业带动就业的机制等方面的改革。这部分改革关键是做好进一步深化和完善工作。

二是需要与中央有关部门沟通，积极争取的。主要涉及金融体制、涉外体制等方面的重大改革和创新。具体分为三种情况：一为中央有关部门已经确定改革内容，正着手选择试点地区的改革事项，浦东要积极争取成为试点地区；二为中央有关部门明确提出要在浦东开展试点的改革事项，浦东要积极做好配合工作；三为根据改革实际，浦东自己提出需要突破的改革事项。

三是需要进一步深化研究制定改革方案，适时推出的。主要是目前的改革难点，涉及深层次体制矛盾，还需要进一步深化研究，进一步论证改革方案。包括深化政府管理体制改革、破除城乡二元制度障碍、推进社会事业分类改革、推进收入分配制度改革试点等方面的改革事项。

二、制定浦东综合配套改革三年行动计划

按照总体方案的部署，根据事项的成熟程度和出台的时机，制定 2005 年至 2007 年浦东综合配套改革三年行动计划。行动计划根据分类推进的工作安排，明确具体改革事项、重点改革内容、工作目标、工作进度和责任主体等，以确保各项改革任务落到实处。各有关部门要按照各自的职能，全力支持和配合浦东落实行动计划。具体内容及具体工作任务分解表，详见《2005 年—2007 年浦东综合配套改革试点三年行动计划框架》。《框架》将根据每年的实际情况，作滚动式修改和完善。

三、加强专项方案的研究

"十项任务"中明确的重点改革内容，在具体实施中还需要作进一步的细化，形成专项实施方案。同时，对浦东综合配套改革试点涉及的一些难度比较大的重点改革事项，要组织力量展开调研，尽快形成具体实施方案。经充分论证后，选择适当时机组织实施。

第十五节　组织领导与工作机制

国务院常务会议明确要求："浦东新区综合配套改革试点由上海市委、市政府组织实施，具体工作机制由上海市委、市政府决定；中央有关部委要按照相关职责积极支持试点工作；涉及体制与政策问题需要研究、论证与协调的，由国家发展改革委牵头；涉及全局的重大问题，由国务院审定。"按照国务院常务会议的要求，在市委、市政府的领导下，做好推进浦东综合配套改革试点的组织实施工作。

一、加强组织领导，成立市试点工作推进领导小组及其办公室

在市委统一领导下，成立上海市推进浦东综合配套改革试点领导小组（以下简称"领导小组"），负责向国家发展改革委汇报涉及需要国务院决定的重大问题和中央有关部门协调解决的问题；向市委汇报综合配套改革试点推进中的重大问题决策；综合协调综合配套改革试点重大事项。

领导小组下设办公室（对外称"市试点工作推进办公室"），由市发展改革委和浦东新区有关人员组成。办公室是具体推进试点的工作机构，负责完善综合配套改革试点的整体性试点方案；设计具体改革事项推进方案；组织研究、论证和推动实施专项重点改革方案；组织跟踪和评估总体试点进展情况及重大改革事项；具体推进事务性工作；向领导小组报告试点情况。

二、明确分工，落实责任

在领导小组的领导下，整个改革试点工作要明确分工，落实责任单位和部门。浦东新区是具体推进试点工作的实施主体，市有关部门要积极支持和配合浦东新区做好相关改革专项的落实工作。要充分尊重浦东新区自主改革的创新精神，注重发挥浦东新区先行先试的积极性。

三、加强市与中央有关部门的沟通协调，建立部市合作机制

浦东综合配套改革试点的推进工作要紧紧依靠中央有关部门。凡中央有关部门确定的改革试点，都要争取放在浦东；凡涉及需要中央有关部门协调的政策，以及制度创新方面的改革事项，都要主动争取中央有关部门的支持。

要进一步加强与中央有关部门的沟通协调。成立由国家发展改革委和上海市主要领导牵头的部市合作机制，部市合作实行双组长制。同时，根据会议议题，建议请中央相关部门参加，主要对浦东综合配套改革试点工作中涉及的重大问题进行沟通和协调。建议部市每年联合召开一至两次工作会议，会议地点为北京和上海。

四、注重学习借鉴国外和兄弟省市经验，坚持按照国际通行做法办事

要学习借鉴国际先进经验和兄弟省市在改革方面的有益做法。根据综合配套改革试点的行动计划，加强改革实施过程的跟踪调研和监督检查，及时了解和分析改革进程中出现的新情况、新问题。在实施改革事项，完成阶段性任务后，市政府组织有关部门并邀请专家对一些改革事项的实施效果进行评估。同时，可建立专家咨询组，发挥专家的力量，对一些需要重点突破的重大改革进行研究、论证。

天津滨海新区综合配套改革试验区

国务院关于推进天津滨海新区开发开放有关问题的意见

（国发〔2006〕20 号）

各省、自治区、直辖市人民政府，国务院各部委、各直属机构：

推进天津滨海新区开发开放，是在新世纪新阶段，党中央、国务院从我国经济社会发展全局出发作出的重要战略部署。为了更好地推进天津滨海新区开发开放，现就有关问题提出以下意见。

一、推进天津滨海新区开发开放的重大意义

天津滨海新区包括塘沽区、汉沽区、大港区三个行政区和天津经济技术开发区、天津港保税区、天津港区以及东丽区、津南区的部分区域，规划面积 2270 平方公里。经过十多年的开发建设，天津滨海新区已经具备了进一步加快发展的条件和基础。

推进天津滨海新区开发开放，有利于提升京津冀及环渤海地区的国际竞争力。天津滨海新区位于环渤海地区的中心位置，内陆腹地广阔，区位优势明显，产业基础雄厚，增长潜力巨大，是我国参与经济全球化和区域经济一体化的重要窗口。推进天津滨海新区的开发开放，促进这一地区加快发展，可以有效地提升京津冀和环渤海地区的对外开放水平，使这一地区更好地融入国际经济，释放潜能，增强竞争力。

推进天津滨海新区开发开放，有利于实施全国区域协调发展总体战略。经过十多年的发展，天津滨海新区的综合实力不断增强，服务功能进一步完善，是继深圳经济特区、浦东新区之后，又一带动区域发展的新的经济增长极。天津滨海新区的开发开放，有利于促进我国东部地区率先实现现代化，从而带动中西部地区，特别是"三北"地区发展，形成东中西互动、优势互补、相互促进、共同发展的区域协调发展格局。

推进天津滨海新区开发开放，有利于探索新时期区域发展的新模式。在经济全球化和区域经济一体化进程加快，我国全面建设小康社会和构建社会主义和谐社会的新形势下，把握国际国内形势的变化特点，用新的思路和发展模式推进天津滨海新区的开发开放，有利于全面落实科学发展观，实现人与自然和谐相处，走出一条区域创新发展的路子。

二、推进天津滨海新区开发开放的指导思想和主要任务

推进天津滨海新区开发开放的指导思想是：以邓小平理论和"三个代表"重要思想为指导，全面落实科学发展观，进一步解放思想，进一步改革开放，进一步发挥优势，坚持高起点、宽视野，注重科技创新和自主创新，突出发展特色，改善发展环境，用新思路、新体制、新机制推动新区不断提高综合实力、创新能力、服务能力和国际竞争力，在带动天津发展、推进京津冀和环渤海区域经济振兴、促进东中西互动和全国经济协调发展中发挥更大的作用。

推进天津滨海新区开发开放要把握好以下原则：坚持以科学发展观统领经济社会发展全局，走科学发展之路；坚持突出发展特色，充分发挥比较优势；坚持推进改革开放，用改革开放促开发建设；坚持科技创新和自主创新，加强创新能力建设；坚持增强服务功能，带动和促进区域经济发展；坚持节约集约用地，切实发挥土地对经济建设的引导和调控作用；坚持可持续发展，建设资源节约型和环境友好型新区；坚持以人为本，推进和谐社会建设与全面发展。

天津滨海新区的功能定位是：依托京津冀、服务环渤海、辐射"三北"、面向东北亚，努力建设成为我国北方对外开放的门户、高水平的现代制造业和研发转化基地、北方国际航运中心和国际物流中心，逐步成为经济繁荣、社会和谐、环境优美的宜居生态型新城区。

推进天津滨海新区开发开放的主要任务是：以建立综合配套改革试验区为契机，探索新的区域发展模式，为全国发展改革提供经验和示范。走新型工业化道路，把增强自主创新能力作为中心环节，进一步完善研发转化体系，提升整体技术水平和综合竞争力。充分发挥区位、资源、产业等综合优势，加快基础设施建设，积极发展高新技术产业和现代服务业，努力提高综合竞争力和区域服务能力，提高对区域经济的带动作用。统一规划，综合协调，建设若干特色鲜明的功能区，构建合理的空间布局，采取有力措施，节约用水、集约用地、降低能耗，努力提高单位面积的投资强度和产出效率。搞好环境综合整治，维护生态平衡，大力发展循环经济，实现人与自然、经济社会与生态环境相和谐。推进管理创新，建立统一、协调、精简、高效、廉洁的管理体制。

三、切实发挥综合配套改革试验区的示范和带动作用

批准天津滨海新区为全国综合配套改革试验区。要按照党中央、国务院的部署并从天津滨海新区的实际出发，先行试验一些重大的改革开放措施。要坚持重点突破与整体创新相结合、经济体制改革与其他方面改革相结合、解决当地实际问题与攻克面上共性难题相结合，不断拓展改革的领域，通过综合配套改革推进天津滨海新区的开发开放。近期工作重点是：

——鼓励天津滨海新区进行金融改革和创新。在金融企业、金融业务、金融市场和金融开放等方面的重大改革，原则上可安排在天津滨海新区先行先试。本着科学、审慎、风险可控的原则，可在产业投资基金、创业风险投资、金融业综合经营、多种所有制金融企业、外汇管理政策、离岸金融业务等方面进行改革试验。

——支持天津滨海新区进行土地管理改革。在有利于土地节约利用和提高土地利用效率的前提下，优化土地利用结构，创新土地管理方式，加大土地管理改革力度。开展农村集体建设用地流转及土地收益分配、增强政府对土地供应调控能力等方面的改革试验。

——推动天津滨海新区进一步扩大开放，设立天津东疆保税港区。为适应天津建设北方国际航运中心和国际物流中心的需要，按照统筹规划、合理布局、创新体制、分步实施的原则，借鉴国际通行做法，在天津港东疆港区设立保税港区，重点发展国际中转、国际配送、国际采购、国际转口贸易和出口加工等业务，积极探索海关特殊监管区域管理制度的创新，以点带面，推进区域整合。

——给予天津滨海新区一定的财政税收政策扶持。对天津滨海新区所辖规定范围内、符合条件的高新技术企业，减按15%的税率征收企业所得税；比照东北等老工业基地的所得税优惠政策，对天津滨海新区的内资企业予以提高计税工资标准的优惠，对企业固定资产和无形资产予以加速折旧的优惠；中央财政在维持现行财政体制的基础上，在一定时期内对天津滨海新区的开发建设予以专项补助。

四、认真做好推进天津滨海新区开发开放的各项工作

推进天津滨海新区开发开放，主要靠天津自身的力量和加强区域合作，国务院有关部门也要采取有力措施给予支持和帮助。有关方面要加强对推进天津滨海新区开发开放工作的宏观指导和协调，研究建立必要的协调和协作机制。天津市人民政府要充分认识推进天津滨海新区开发开放工作的长期性和艰巨性，全面分析有利条件和面临的挑战，精心筹划，周密部署，通力协作，使天津滨海新区的开发开放顺利有序推进，并为促进区域协调发展提供更加有效的服务。要进一步研究、细化完善综合配套改革试点总体方案和金融、土地改革等专项方案，并按照有关工作程序报批后实施。国务院有关部门要根据本《意见》的精神，认真做好贯彻落实工作，结合天津滨海新区的实际情况，抓紧研究出台具体的政策措施。要认真研究解决天津滨海新区开发开放过程中出现的新问题，提出相应的对策。

推进天津滨海新区开发开放，是贯彻落实党的十六届五中全会精神和国民经济和社会发展第十一个五年规划纲要的重大举措，是实施国家区域协调发展战略的重要步骤，是一项涉及诸多方面的系统工程，各有关方面要牢固树立全国一盘棋的思想，统一认识，同心协力，勇于创新，扎实工作，努力开创天津滨海新区开发开放的新局面。

国务院

2006 年 5 月 26 日

天津滨海新区综合配套改革试验总体方案

推进天津滨海新区开发开放，是党中央、国务院从我国经济社会发展全局出发作出的重大战略部署。《国务院关于推进天津滨海新区开发开放有关问题的意见》（国发〔2006〕20 号）明确了推进天津滨海新区开发开放的重大意义、指导思想、功能定位和主要任务，批准天津滨海新区为全国综合配套改革试验区。按照党中央、国务院的部署，结合天津滨海新区的实际，制定《天津滨海新区综合配套改革试验总体方案》。

一、综合配套改革试验的指导思想、目标和主要任务

（一）指导思想和目标

综合配套改革试验的指导思想：要以邓小平理论和"三个代表"重要思想为指导，按照深入贯彻落实科学发展观和构建社会主义和谐社会的要求，进一步解放思想、改革开放，围绕转变政府职能、完善基本经济制度、健全现代市场体系和公共服务体系，着力消除制约经济社会发展的体制性障碍，创新科学发展、和谐发展、率先发展的体制机制，推动滨海新区不断提高综合实力、创新能力、服务能力和国际竞争力，带动和促进区域经济发展。

综合配套改革试验要坚持重点突破与整体创新相结合，坚持经济体制改革与其他方面改革相结合，坚持解决本地实际问题与攻克面上共性难题相结合，坚持统筹兼顾、协调好改革进程中的各种利益关系。

综合配套改革试验的目标：根据党中央、国务院的部署和天津滨海新区的实际，先行试验一些重大改革开放措施，用5至10年的时间，率先基本建立以自主能动的市场主体、统一开放的市场体系、精简高效的行政体制、科学有效的调控机制、公平普惠的保障体系、完备规范的法制环境为主要特征的完善的社会主义市场经济体制。为把滨海新区建设成为北方对外开放的门户、高水平的现代制造业和研发转化基地、北方国际航运中心和国际物流中心、宜居生态型新城区提供强大动力和体制保障，为全国改革与发展积累经验。

（二）主要任务

在党中央、国务院领导和国家有关部门的指导下，由天津市组织实施，举全市之力，借全国之势，推进滨海新区综合配套改革试验。综合配套改革试验的根本任务是，适应经济社会发展要求，坚持社会主义市场经济改革方向，探索新的区域发展模式，加快构建落实科学发展观和建设社会主义和谐社会的体制保障。深化企业、科技等体制改革，提高自主创新能力，加快转变经济发展方式，建设高水平制造业和研发转化基地。深化涉外经济体制改革，形成与国际通行做法相衔接的管理体制和运行机制，加快北方国际航运中心、国际物流中心建设，成为我国北方对外开放的门户。深化金融体制改革，建设现代金融服务体系和全国金融改革创新基地。改革土地管理制度，形成节约集约用地新格局。深化城乡规划和农村体制改革，促进城乡一体化发展。推进社会领域改革，创新公共服务管理体制，构建覆盖城乡的基本公共服务体系。推进资源节约型和环境友好型社会建设，建设人与自然、经济社会与生态环境相和谐的新城区。推动行政管理体制改革，加快建立统一、协调、精简、高效、廉洁的管理体制。

二、综合配套改革试验的重点内容

（一）深化企业改革，发展混合所有制经济，建立并完善社会主义市场经济的微观基础

基本思路：以发展现代制造业、现代服务业为核心，以国有经济战略性调整为重点，深化国有企业产权制度改革，加快建立现代企业制度，创新企业发展模式，优化企业发展环境，增强企业活力和竞争力。

重点改革内容：

1. 大力推进政企分开。政府及其派出机构与所属企业逐步推进政企分开，规范对企业的行

政管理方式，使企业成为真正的市场竞争主体。进一步完善公司法人治理结构，建立适应现代企业制度要求的选人用人和激励约束机制。建立职业经理人市场，推进企业经理人员职业化、市场化。

2. 加快调整国有经济布局和结构。按照有进有退、合理流动的原则，推进国有资本向重点领域和优势产业集中，发展混合所有制经济。深化垄断行业改革。推进国有企业股份制改革，吸引外资、民资和其他社会资本参与国有企业的重组和股权多元化改革，基本完成国有中小企业产权制度改革。

3. 建立健全国有资产监督管理体制。健全国有资产授权经营、国有资本经营预算、经营业绩考核制度和薪酬管理制度，完善国有企业经营者激励约束机制，确保国有资产保值增值。建立滨海新区统一的国有资产监管体制。

4. 大力发展非公有制经济。支持非公有制经济进入金融服务、公用事业和基础设施等领域。改进对非公有制经济的工商行政管理。引导和支持个体私营经济到滨海新区投资创业。实施中小企业成长工程。

5. 加快大企业调整重组。以优势产业、龙头企业为依托，培育若干个主业突出、自主研发能力和竞争力强、在国内同行业中位居前列的大企业集团。推进集团公司整体改制上市或主营业务整体上市，支持有条件的企业做强做大。按照建立决策、研发、营运、财务、人力资源"五个中心"的要求，做实集团控股公司。

6. 创造有利于企业竞争与发展的环境。营造公平竞争的市场环境。发展中小企业投资公司，创新中小企业融资模式。办好天津产权交易中心，促进国有及国有控股企业产权的流通。设立环渤海区域综合性中小企业公共服务平台。

（二）深化科技体制改革，增强自主创新能力，建设高水平的研发转化基地

基本思路：以加速科技成果转化和技术商品化为重点，完善以企业为主体、市场为导向的自主创新的体制架构，提高整体创新能力，加大财政对滨海新区的科技投入，到 2010 年滨海新区 R&D 投入达到 GDP 的 3%，成为创新型城市的先导区。

重点改革内容：

1. 创新高新区开发与管理模式，建设具有国际水平的研发转化基地。加快天津高新技术产业园区建设，由天津市人民政府与科技部共建，相关企业联合开发滨海高新技术产业区。支持国家有关部门、科研院所、高等院校建设"国家生物医药国际创新园""留学生创业园""发明专利产业园"等一批国家级高新技术的原创地和产业化基地，建立电子信息、生物医药、海水淡化、纳米技术、新型材料等重大科技专项研发转化平台。探索联合开发、利益分享的新机制。加强京津冀科技合作，实现与北京中关村园区互动发展。

2. 强化企业技术创新主体地位，构建一流技术创新体系。依托高校和科研院所，建立多种模式的产学研合作创新组织。依托支柱产业、大型企业集团和创新型企业，通过实施重大科技项目，鼓励高新技术产业化，加强企业技术中心、工程实验室建设，构建国际一流的技术创新体系。建立国有及国有控股企业技术创新业绩考核机制，对经营者和科技人员实行自主创新激

励分配制度。鼓励外资企业和民营企业建立研发中心。

3.完善科技投融资体系，促进科技成果商品化。以财政专项资金为基础，设立创业投资引导基金。鼓励发展专业性的创业投资基金。创建滨海科技创业投融资服务平台，形成创业投资退出机制。大力发展技术交易市场，促进技术流动和转移。

4.创新人才流动机制，实施知识产权和技术标准战略。实行人才全球招聘制度，对高层次人才可实行协议工资、项目工资等灵活多样的分配办法。试行高级人才双聘制度，探索新型人才管理模式。建立天津滨海国际人才市场，探索与国际通行做法相衔接的人才评价方法。加大知识产权保护力度，实施知识产权和技术标准战略，实行专利、商标、版权三合一的知识产权管理体制。

（三）深化涉外经济体制改革，充分发挥对外开放门户作用，逐步把天津建成我国北方国际贸易中心

基本思路：以建设东疆保税港区为重点，加快建设北方国际航运中心和国际物流中心，推进国际化市场体系建设，加强与东北亚国家地区的经贸合作，积极参与经济全球化和区域经济一体化，建立符合市场经济和世贸组织规则要求的涉外经济管理体制和运行机制。

重点改革内容：

1.加快建设东疆保税港区。借鉴国际通行做法，在东疆保税港区重点发展国际中转、国际配送、国际采购、国际转口贸易和出口加工等业务。建立以天津电子口岸港航信息子系统为依托，"一个窗口"对外、高效便捷的口岸管理与通关体制。以东疆保税港区建设为龙头，推进保税区、出口加工区和保税物流园区等海关特殊监管区域和场所功能整合、政策叠加，完善与周边地区和内陆腹地的保税物流体系。建设辐射并带动"三北"地区、对内对外开放、全面连接东北亚经济圈的国际物流运营中心。条件成熟时，进行建立自由贸易港区的改革探索。

2.深化口岸管理体制改革。推进地方电子口岸建设，加快建成具有通关、物流、商务等应用功能的大通关信息平台。加强跨区域口岸合作，逐步扩大天津口岸与内陆省份区域通关适用范围。进行口岸管理体制改革试点，探索海关、检验检疫、边检、海事等制度创新，建立依法把关、监管有效、方便进出、服务优良、管理科学、收费合理、国际一流的口岸管理体制。

3.深化外贸、外资等体制改革。加快转变对外贸易增长方式。扩大先进技术、关键设备的进口，加快国内企业技术更新，加强对引进技术设备的消化吸收和再创新。促进高技术产品、机电产品和高附加值劳动密集型产品出口。大力承接国际离岸服务外包，建立全国服务外包人才培训中心，把滨海新区建成具有国际竞争力的服务外包示范基地。鼓励企业更好地履行社会责任。提高利用外资的质量，引导外资更多地投向高技术产业、高端制造环节和现代服务业，并推动中资企业参与投资入股。鼓励支持更多国外知名企业到滨海新区设立中国地区总部和研发中心。促进利用外资方式多样化。积极实施"走出去"战略，建设企业"走出去"服务平台，鼓励和规范企业对外投资合作，培育符合条件的企业向跨国公司发展。

4.加快现代市场体系建设。充分发挥北方对外开放门户的作用，按照把天津建成北方国际贸易中心的要求，加快石油化工、煤炭、钢材、棉花、粮食等大型商品交易市场建设，进行商

品远期合约交易业务的探索。发展国际贸易，吸引跨国公司在滨海新区建立采购、物流配送和商品交易中心等，建设国际物流中心。建立解决贸易摩擦和争端的应急处理机制。大力发展专业化市场中介服务机构，规范发展行业协会、商会等自律性组织。开展企业信用评级。

5.创新东北亚区域合作新模式。推进滨海新区与我国北方和日本、韩国等东北亚各国享有对外开放特殊政策的地区（如保税区、开发区等）建立更加紧密的经贸合作机制，深化和提升东北亚区域合作。建立统一的东北亚城市经济合作论坛。支持滨海新区发展与周边国家的金融合作，创造条件设立中日韩若干城市投资基金，继续探讨设立东北亚银行的可行性。

（四）推进金融改革创新，创建与社会主义市场经济体制相适应的现代金融服务体系

基本思路：按照科学审慎和风险可控的原则，以扩大直接融资和增强金融企业综合服务功能为重点，积极推进金融综合配套改革，建设与北方经济中心和滨海新区开发开放相适应的现代金融服务体系，办好全国金融改革创新基地，建立更具活力、更加开放的金融体制，增强对区域经济的金融服务功能。

重点改革内容：

1.拓宽直接融资渠道，改善社会资金结构，提高社会资金使用效率。在搞好渤海产业投资基金试点基础上，发展各类产业投资基金、创业投资基金，发展各类资金信托业务，把天津逐步建成我国产业投资基金发行、管理、交易、信息和人才培训中心。在完善市场运作手段和控制风险条件下，积极推进企业（公司）债券发行制度改革创新。在风险可控的前提下，开展保险资金投资基础设施试点。

2.开展金融业综合经营试点，增强金融企业服务功能。允许有条件的金融企业，经批准可在天津进行综合经营试点，创新金融产品，提高金融机构的服务水平和国际竞争力。整合天津市现有各类地方金融企业的股权，设立金融控股公司，控股参股银行、保险、证券等各类金融企业。

3.创新和完善金融机构体系。重组中德住房储蓄银行，在政府扶持和调控下，为中低收入者购买中小户型住房提供稳定、优质的金融服务。设立为先进制造业和交通运输业发展服务的金融租赁公司等金融服务机构。进行保险公司分设农业保险、责任保险和科技保险等专业保险公司的试点。支持国际保理公司进行业务创新。

4.改革外汇管理制度。根据国务院关于外汇改革的总体要求，以及对天津滨海新区的功能定位，在滨海新区进行外汇管理体制改革试点。当前主要改革内容是：进一步推进经常项目外汇管理改革，简化服务贸易外汇收支的凭证和手续，积极改进进出口核销制度；推进投资便利化，便利滨海新区企业集团外汇资金集中管理和运作，支持滨海新区企业对外投资；改进滨海新区外商投资企业外债管理方式；在天津注册并在滨海新区经营的银行、农村合作金融机构的总行（部）及外资银行分行实行结售汇综合头寸正负区间管理试点。适应外汇管理体制改革不断深化的需要，经批准后可在滨海新区扩大外汇管理政策先行先试的范围和内容。

5.积极支持在天津滨海新区设立全国性非上市公众公司股权交易市场。积极支持在天津滨海新区设立全国统一、依法治理、有效监管和规范运作的非上市公众公司股权交易市场，作为

多层次资本市场和场外交易市场的重要组成部分。逐步探索产业基金、创业投资基金等产品上柜交易。

6.优化金融环境。规划建设金融服务区，建立国内外大型金融企业后台服务中心。加快社会信用体系建设，发挥国家公共征信系统和天津地方信用系统两个积极性，实现信用信息的共享。组建国际金融仲裁中心，受理相关的金融民事纠纷。筹建国际金融培训中心，搭建国际金融人才教育培训平台。

（五）改革土地管理制度，创新土地管理方式，增强政府对土地供应调控能力

基本思路：按照"统一规划、依法管理、市场配置、政府调控"的原则，优化土地利用结构，创新土地管理方式，形成耕地资源得到切实保护、土地资产效益得到切实发挥的节约集约用地新格局。

重点改革内容：

1.创新土地利用规划计划管理和耕地保护模式。按照国家确定的原则，编制滨海新区土地利用总体规划，由天津市人民政府审批并组织实施。依据总体规划，开展城镇建设用地规模扩大与农村建设用地减少挂钩试点。在国家批准的年度土地利用计划中，天津市将滨海新区有关计划指标单列。在滨海新区开展耕地分类分级保护和有偿保护试点，探索实现耕地占补平衡的各种途径和方式，实现数量和质量并重的耕地保护制度。

2.改革农用地转用和土地征收审批制度。天津市人民政府依据土地利用总体规划和土地利用年度计划，组织拟订滨海新区农用地转用方案，一次报国务院批准后组织实施。对滨海新区土地利用总体规划确定为建设用地的集体土地，合理确定征收范围，由天津市人民政府批准组织征收。

3.建立征地补偿和被征地农民安置新机制。将保障农民"生活水平不因征地而降低"和"长远生计有保障"作为土地价格形成因素，把被征地农民社会保障费用纳入征地区片综合地价。建立征地补偿安置争议协调裁决制度。开展留地安置、集体建设用地使用权入股、土地股份合作等多种征地安置模式试点。

4.改革集体建设用地土地使用制度。完成集体土地登记发证，明确集体建设用地规模、比例，界定集体建设用地权益。改革集体建设用地使用权取得和流转制度，将集体建设用地纳入统一土地市场，完善配置方式，实行交易许可。建立健全集体建设用地流转中的土地收益分配机制，维护集体的土地收益权。在保障农民土地权益的前提下，开展迁村并镇建设。

5.改革土地收益分配使用管理制度。完善土地收益基金专项管理制度，优化土地收益的支出使用结构。按照土地储备管理办法等有关规定，完善土地储备制度和市场调控机制，增强政府对土地市场的调控能力。

（六）推进城乡规划管理体制改革，促进滨海新区与市区和谐发展，建设生态型新城区

基本思路：以落实天津城市总体规划和滨海新区城市总体规划为重点，改革城乡规划管理体制，强化规划实施的监督管理，强化对生态环境资源的保护，建设人与自然、经济社会与生

态环境和谐发展的生态型新城区。

重点改革内容：

1.实行城乡规划集中、统一管理。统筹城乡发展，完善城乡规划体系，建立健全城乡规划三级管理体制，实行城乡规划一体化管理。健全规划决策机制，建立规划委员会制度，完善专家咨询制度。健全城乡规划编制审批、实施和监督检查的管理机制，完善城乡规划许可制度，规范许可行为，建立城乡规划管理动态监测机制。

2.建设城乡一体化生态新城。按照人与人和谐共处、人与经济活动和谐共处、人与环境和谐共处的原则，通过国际合作，利用盐碱荒地，建设城乡一体化生态新城区，把滨海新区建成宜居生态城区，把天津建成生态城市。

3.健全规划监察制度。建立派驻规划督察员制度，依据法律、法规和经批准的规划对规划实施进行事前、事中监督，及时发现、制止违法违规行为。

4.建立城乡规划公示制度。建立城市规划的制定、实施管理、监督检查等方面的公示制度。加快城乡规划电子政务建设，畅通公众监督渠道，完善城乡规划政务公开制度。

（七）深化农村体制改革，建设社会主义新农村，推进城乡一体化发展

基本思路：以深化农村综合改革、突破城乡分割的制度障碍为重点，统筹城乡发展，推进城乡在管理体制、政策支持、产业布局和公共服务等方面的接轨，加快城市化进程，成为城乡一体化发展的示范区。

重点改革内容：

1.统筹城乡发展。统筹城乡产业发展，调整结构、优化布局。统筹城乡公共服务，实现城乡教育、卫生、文化、体育、基础设施等一体化发展。改进城乡居民户籍管理制度，建立城乡统一的劳动力市场和城乡统筹的社会保障制度。

2.推进农村集体产权制度改革。按照现代产权制度的要求，在充分尊重农民意愿的基础上，按照法定程序，本着公开、公正、公平的原则，发展股份合作组织、有限责任公司或股份公司，创新经营机制，构建新型农村集体产权制度和运营机制。积极发展大宗农副产品合作深加工企业，将工业利润按一定比例返还农民，增加农民收入。

3.推进小城镇和农村市场体系建设。按照国务院批准的天津市城市总体规划，规划建设天津新城和重点小城镇。在符合规划并在依法取得建设用地范围内建设小城镇，实施农民宅基地换房试点。通过小城镇建设带动农村市场体系建设。选择1至2个城镇作为综合配套改革试验示范镇。

4.推进生态建设体制改革。落实天津市生态村镇建设规划，建立生态效益补偿机制，实现造林主体和投资主体多元化。深化林业产权制度改革，明晰林地使用权和林木所有权，放活经营权，落实处置权，保障收益权。

5.深化乡镇机构改革。加大对乡镇机构改革的政策支持，切实转变乡镇职能，重点加强为农村经济发展创造环境、为农民提供更多公共服务、为农村构建和谐社会创造条件三个方面的职能。创新乡镇事业站所管理机制，构建新型农业服务体系，搞好为农服务。

（八）推进社会领域改革，创新公共服务管理体制，构建覆盖城乡的基本公共服务体系

基本思路：创新公共服务治理机制和监管制度，更加注重社会公平，切实解决人民群众最关心、最直接、最现实的利益问题，增加公共服务供给，加快建立能够满足境内外人员需求的、合理适度的社会保障和覆盖城乡的基本公共服务体系。

重点改革内容：

1.建立就业促进机制。建立发展经济扩大就业、市场导向自主择业、公平准入鼓励创业和城乡统筹就业制度。加强就业服务体系建设。把劳动力成本优势转化为素质和技能优势。发挥市场配置劳动力资源的基础性作用，解决劳动就业制度性问题和市场供求结构性矛盾，实现就业机制转换。

2.规范劳动用工制度。全面实行劳动合同制度，实现劳动用工管理的规范化、法制化。推行集体协商、集体合同制度，保障职工民主参与企业管理的权利。强化政府在劳动用工备案和劳动合同管理中的市场监督和公共服务职能。加强对劳动争议的调解与仲裁工作，依法保护劳动者合法权益。

3.改革收入分配制度。坚持各种生产要素按贡献参与分配。建立健全收入分配的激励和约束机制。大力推行企业工资集体协商制度，从制度上解决企业拖欠职工薪资等问题。建立恶意欠薪企业进入市场的限制和法定代表人责任追究制度。加强垄断行业收入监管。逐步提高最低工资标准，提高中低收入群体收入水平。

4.健全社会保障体系。健全基本养老、基本医疗、失业、工伤和生育保险制度，基本实现城镇各类就业人员平等享有社会保障。按照"较低费率、广泛覆盖、可以转移、社会共济"的原则，建立适合农民工特点的养老保险制度，将农民工纳入医疗保险和工伤保险。完善被征地农民社会保险制度。建立以大病统筹为主的城镇居民医疗保险。全面实行新型农村合作医疗制度。建立农民社会养老保险制度。逐步实现城乡最低生活保障制度并轨。发挥商业保险在社会保障体系中的重要作用。

5.推进教育体制改革。实施城乡基础教育一体化改革，缩小城乡教育差距，高水平、高质量普及基础教育，探索建立管、办、评机制。建设国家职业教育改革试验区，深化职业教育体制改革，大力推进工学结合、校企合作、半工半读的技能人才培养模式，建立以提高学生实践技能为目的的顶岗实习制度。鼓励企业建立和完善现代企业职工教育培训制度。建立以职业能力为基础、以工作业绩为重点的高技能人才评价体系。实施高等学校本科教学质量与教学改革工程，加大高等院校培养创新型复合型人才的改革力度。积极发展中外合作办学。

6.深化医药卫生体制改革。进行卫生综合配套改革试验，建立滨海新区卫生工作协调联席会议制度，适时建立健康管理机构。按照国家深化医药卫生体制改革的部署，先行试验关系全局性的医药卫生体制改革重大政策措施，为全国医药卫生体制改革提供经验。调整滨海新区卫生资源布局，建立公共卫生和基本医疗保障机制。深化公立医疗机构改革。鼓励引导发展民办医疗机构和中外合资合作医疗机构。开展基本卫生保健制度试点。

7.积极推进文化体制改革。利用债券、股票等多种方式筹集发展文化产业的资金。逐步探

索建立经营性文化事业单位国有资产授权经营制度。建设国家级滨海新区文化产业示范园区，整合、开发天津市乃至环渤海地区文化资源，使之成为新兴文化产业发展的策源地和示范区。坚持"两手抓、两加强"，推动公益性文化事业和经营性文化产业协调发展。

8.大力推进和谐社区、和谐村镇建设。创新基层社会管理体制，加强基层自治组织建设。健全社区服务体系，在滨海新区中心区建立政务服务中心，加强和改善公共服务。稳妥推进居（村）委会改革，完善居（村）委会自治机制，建立健全居（村）民代表会议、听证会、议事会制度，保障社区居民群众的选举权、知情权、参与权、监督权。扶持和培育社区民间组织。完善人民调解、社区矛盾排查调处等机制。建立与政务服务中心相对接的、统一的社区服务管理信息网络。完善社会公共安全管理网络，深化基层治安、消防管理等体制改革。进行人口宏观调控改革试验。

（九）改革资源节约和环境保护等管理制度，发展循环经济，建设资源节约型和环境友好型社会

基本思路：实施《天津生态市建设规划纲要》，以环境优化经济增长为核心，以建设生态型新城区为目标，以节能、节水、节材、节地、资源综合利用为重点，大力发展循环经济，推动经济布局和产业、产品结构优化升级，把滨海新区建成全国资源节约型和环境友好型社会示范区。

重点改革内容：

1.建立环境优化经济增长的机制。以资源禀赋和环境容量为依据，划定优先开发、重点开发、限制开发和禁止开发区域。健全环评和环境准入机制，实施固定资产投资项目节能评估和审查、节能目标评价考核制度。完善主要污染物排放总量控制机制，建立清洁发展机制和排放权交易市场。健全环境质量评价指标体系，强化环境保护参与决策机制。

2.建立资源节约和环境治理的市场机制。完善政府、企业和社会多元化的投融资机制。健全有关法规标准体系，发挥法律手段和价格、税收、信贷等经济手段及必要的行政手段对资源节约和环境管理的作用。培育专业化的环保设施建设与运营体系。按照"谁污染谁付费，谁治理谁受益"的原则，加强排污费征收使用管理。探索环境容量有偿使用制度，运用市场手段科学合理配置资源。建立海河流域和渤海湾污染防治协调机制。

3.加快推进循环经济发展。把天津经济技术开发区建设成为国家级循环经济示范区。建设天津经济技术开发区生态工业示范区，大港石化、北疆电厂循环经济项目、海河下游现代冶金循环经济示范区和若干循环经济产业链。建立循环经济评估体系。试行生产者责任延伸制度。健全固体废物管理和交换机制。实行环境标识、环境认证和绿色采购等制度。

4.创新环保监管和绩效评估体制。建立先进的环境监测预警体系、执法监督体系和应急综合指挥系统。实行公告、公示、奖励举报制度，完善公众参与和社会监督机制。将资源环境核算纳入科学发展评价体系，实行目标责任制和资源环境问责制。

（十）推进行政管理体制改革，转变政府职能，建立既集中统一领导又发挥各方优势、充满生机与活力的管理体制

基本思路：以建立统一、协调、精简、高效、廉洁的管理体制为目标，加快滨海新区内行

政区和功能区职能整合。现阶段，成立加快滨海新区开发开放领导小组，由滨海新区管委会履行领导小组办公室职能，初步形成统筹协调、发挥各方优势的运行机制；按照"一个加强，两个延伸，一个完善"的思路，理顺行政区和功能区的利益关系、职责权限。在此基础上，深入调查研究，进一步完善滨海新区行政管理体制。

重点改革内容：

1.加强滨海新区管委会的组织领导职能。加强滨海新区管委会统筹发展规划、统筹基础设施建设、统筹产业布局、统筹功能区开发、统筹政策规定、统筹土地管理、统筹使用建设资金、统筹解决重大问题等方面的组织领导职能，调动各个行政区、经济功能区的积极性、主动性、创造性。建立完善市人民政府各部门与滨海新区条块互补、职能整合的工作机制。

2.延伸经济功能区的开发建设功能。天津经济技术开发区、天津港保税区管委会继续保持开发建设国家级经济功能区的管理职能。新建的产业功能区，本着精简、高效的原则，明确管理主体，完善职能和事权。促进经济功能区的开发建设向行政区延伸，采取多种开发方式，进入行政区内与行政区共同发展经济。

3.延伸行政区的社会管理和公共服务职能。按照属地管理的原则，加强各行政区人民政府对辖区内经济功能区的社会管理与公共服务职能，进行建立统一的社会管理和公共服务体系试点。

4.建立有利于发挥滨海新区整体优势和共同发展的管理制度。全面实行政企、政资、政事、政府与市场中介组织分开，转变政府职能，精简机构和人员，减少层级，提高效率。健全科学决策程序，增强政府工作透明度，保障滨海新区公民、企业对政府工作的知情权、参与权和监督权。完善公共财政体制，建立滨海新区开发资金，理顺现行财政收入分配关系，为各个行政区向经济功能区延伸社会管理和公共服务功能提供财政保障。建立健全滨海新区法规体系，修改完善《天津滨海新区条例》等地方法规，研究制定《滨海新区规划管理与实施办法》《滨海新区管理委员会议事规则》《滨海新区统一执法规定》等规章制度。在滨海新区实行统一的城市规划建设、土地管理、环境保护等综合执法试点。

三、综合配套改革试验的组织实施

（一）加强组织领导

经国务院批准，请国家发展改革委牵头，指导综合配套改革试验工作，研究并解决重大问题，协调国务院相关部门先行试验的改革措施，对综合配套改革试验进行评估和督促检查。

天津市成立由主要领导同志任组长、市有关部门负责同志参加的天津滨海新区综合配套改革试验工作领导小组，推动天津滨海新区综合配套改革试验工作，研究并解决重要问题，审定专项改革方案。日常工作由天津市发展改革委负责。

（二）统筹安排，协调推进

滨海新区综合配套改革试验要与实施天津市城市总体发展规划、天津市"十一五"发展规划相衔接。通过全市改革发展，为滨海新区先行改革试验创造条件；通过综合配套改革试验，带动和促进全市的改革发展，建立区域间相互促进、优势互补的合作机制，带动区域协调发展。

（三）突出重点，分步实施

上述十项改革重点内容从现在起全面启动，"十一五"期间要取得明显进展，特别是在企业和科技改革、东疆保税港建设、金融改革创新、行政管理体制改革等方面要取得突破。要制定专项改革方案和实施计划。

（四）依法进行改革试验

滨海新区综合配套改革试验要遵守国家法律、法规，符合国家产业政策的要求。综合配套改革试验内容超出国家有关规定的，由天津市人民政府依法定程序报请审批；法律、法规没有规定的，由天津市人大常委会制定法规或者由天津市人民政府制定规章，予以规范。

武汉城市圈"两型"社会建设综合配套改革试验区

国家发展改革委关于批准武汉城市圈和长株潭城市群为全国资源
节约型和环境友好型社会建设综合配套改革试验区的通知

（发改经体〔2007〕3428 号）

湖北省人民政府、湖南省人民政府：

　　报来《湖北省人民政府关于恳请以构建中部崛起重要战略支点为目标将武汉城市圈列为国家新型城市化综合配套改革试点的函》（鄂政函〔2007〕129 号）和《湖南省人民政府关于请以推进新型城市化为标志将长株潭城市群列为国家综合配套改革试点的函》（湘政函〔2007〕74 号）收悉。经报请国务院同意，批准武汉城市圈和长沙、株洲、湘潭（简称长株潭）城市群为全国资源节约型和环境友好型社会建设综合配套改革试验区。

　　推进武汉城市圈和长株潭城市群综合配套改革，要深入贯彻落实科学发展观，从各自实际出发，根据资源节约型和环境友好型社会建设的要求，全面推进各个领域的改革，在重点领域和关键环节率先突破，大胆创新，尽快形成有利于能源资源节约和生态环境保护的体制机制，加快转变经济发展方式，推进经济又好又快发展，促进经济社会发展与人口、资源、环境相协调，切实走出一条有别于传统模式的工业化、城市化发展新路，为推动全国体制改革、实现科学发展与社会和谐发挥示范和带动作用。请你们抓紧组织研究制定实施方案，尽快将方案报送我委，经国务院批准后实施。

国家发展改革委

2007 年 12 月 14 日

武汉城市圈资源节约型和环境友好型社会建设综合配套改革试验总体方案

　　武汉城市圈是以武汉市为中心，由武汉及周边 100 公里范围内的黄石、鄂州、孝感、黄冈、咸宁、仙桃、天门、潜江 9 市构成的区域经济联合体，是湖北省产业和生产要素最密集、最具活力的地区，是湖北省经济发展的核心区域。2007 年，经国务院同意，国家发展和改革委员会印发了《关于批准武汉城市圈和长株潭城市群为全国资源节约型和环境友好型社会建设综合配套改革试验区的通知》（发改经体〔2007〕3428 号，以下简称《通知》）。这是落实节约资源和保护环境基本国策，推进新型工业化、城市化，实现经济社会可持续发展的重要改革探索和部署，有利于加快构建促进中部地区崛起的重要战略支点，推动东中西部地区协调发展。根据《通知》要求，结合武汉城市圈实际，制定《武汉城市圈资源节约型和环境友好型社会建设综合配套改革试验总体方案》（以下将资源节约型和环境友好型简称为"两型"）。

一、"两型"社会建设综合配套改革试验的总体要求

（一）指导思想和基本原则

1.指导思想。以党的十七大精神为指导，深入贯彻落实科学发展观，围绕"两型"社会建设，以转变经济发展方式为核心，以改革开放为动力，以推进基础设施、产业布局、区域市场、城乡建设、环境保护与生态建设"五个一体化"为抓手，率先在优化结构、节能减排、自主创新等重要领域和关键环节实现新突破，率先在推动科学发展、和谐发展上取得新进展，为构建促进中部地区崛起的重要战略支点提供有力支撑。

2.基本原则。坚持解放思想，先行先试；坚持因地制宜，突出特色；坚持市场导向，政府推动；坚持扩大开放，互利共赢；坚持规划先行，有序推进。

（二）主要目标和任务

1.主要目标。按照党中央、国务院关于"两型"社会建设的总体战略部署，创新体制机制，增强可持续发展能力，实现区域经济一体化，把武汉城市圈建设成为全国宜居的生态城市圈，重要的先进制造业基地、高新技术产业基地、优质农产品生产加工基地、现代服务业中心和综合交通运输枢纽，成为与沿海三大城市群相呼应、与周边城市群相对接的充满活力的区域性经济中心，成为全国"两型"社会建设的典型示范区。

经过 5 年努力，到 2012 年，初步构建资源节约和环境友好的制度保障体系，初步建立比较完善的社会主义市场经济体制，形成比较健全的市场体系、自主创新体系、社会保障体系，市场化程度不断提高，基本经济制度不断完善，政府公共服务职能不断加强，初步形成"五个一体化"格局。单位地区生产总值能耗降低 23%，化学需氧量、二氧化硫排放量分别下降 10%、12%，集中式饮用水源地水质达标率达到 99% 以上，主要河流、湖泊水库 III 类功能区水质达标率达到 90%，主要城市环境空气质量达到国家二级标准要求，优良天数达到 310 天以上。服务业比重增加 3 个百分点以上，城镇化率达到 55% 以上，城乡居民收入和生活质量显著提高，努力使武汉城市圈在科学发展、改革创新、扩大开放、保护环境和改善民生等方面走在中西部前列，武汉市的集聚、辐射、服务功能和综合承载能力进一步增强，成为更大范围的区域性经济中心城市。

力争到 2020 年，率先建立比较完善的落实科学发展观与构建和谐社会的体制机制。市场体系比较完善，市场配置资源的基础性作用得到充分发挥；科技创新体系比较健全，自主创新能力显著提高，科技进步对经济增长的贡献率大幅上升；覆盖城乡居民的社会保障体系和公共服务体系比较完善。基本形成节约资源和保护环境的产业结构、增长方式、消费模式，基本实现人口资源环境与经济社会协调发展，单位地区生产总值能耗、主要污染物排放指标进入全国先进行列，构建良好的自然生态、高效的经济生态、文明的社会生态。

2. 主要任务。围绕"两型"社会建设的要求，综合配套改革试验的根本任务集中体现"三个着力"：着力转变经济发展方式，增强区域综合实力和可持续发展能力；着力推进综合性制度创新，构建促进资源节约和环境友好的体制机制；着力推进城乡协调发展，走新型工业化、城市化发展道路。重点推进资源节约、环境保护、科技、产业结构优化升级、统筹城乡发展和节约集约用地等六个方面的体制机制创新，配套推进财税金融、对内对外开放和行政管理等三个方面的体制机制创新，为"两型"社会建设提供有效的支撑平台和制度保障。

二、"两型"社会建设综合配套改革试验的重点内容

（一）创新资源节约的体制机制

以加快发展循环经济为重点，探索节能减排的激励约束机制，完善促进资源节约的市场机制，深化资源价格改革，建立促进资源节约的体制机制。

1. 探索节能减排的激励约束机制。建立健全新建项目准入机制，提高节能环保市场准入门槛。建立落后产能退出机制，安排专项资金并积极争取中央财政通过增加"以奖代补"专项转移支付支持淘汰落后产能。建立政府引导、企业为主体的节能减排投入机制，综合运用价格、收费、税收、财政、金融等经济杠杆，有效引导社会、企业节约资源。进一步落实和完善节能减排指标体系、监测体系和考核体系。

2. 完善促进资源节约的市场机制。改革资源产权制度，形成统一、开放、有序的资源初始产权配置机制和二级市场交易体系。完善资源有偿使用制度，推进资源要素价格等相关改革，建立反映市场供求关系、资源稀缺程度、环境损害成本的资源价格形成机制。完善差别化能源价格制度，建立绿色电价机制。建立节约用水机制，推进城市水业改革。居民生活用水实行阶梯型水价，非居民用水实行超计划、超定额加价收费制度。

3. 加快循环经济发展。重点推进东西湖区、青山区等国家级循环经济示范区建设，整合青山、阳逻等地钢铁、化工、电力、建材等产业资源，设立循环经济发展基金，拓展建设大循环经济示范区。支持各地按照资源禀赋和产业特色建设循环经济产业园区、生态工业园区、循环农业示范区，扩大循环经济试点。积极推进圈域内资源枯竭城市转型，建立可持续发展长效机制。建立完善清洁发展机制，大力推行清洁生产和废物"零排放"，加强余热余压和废弃物综合利用，构建循环经济产业链。建设汽车零部件、铁道机车等再制造示范工程，发展再制造产业。

4. 探索资源综合利用新途径。全面推进节能、节水、节地、节材和资源综合利用，推行绿色产品标准体系。逐步建立生产者责任延伸制度和工业废弃物处理认证制度。推广应用建筑节能省地环保新技术，建设一批示范工程。支持有利于提高资源利用效率的关键技术开发和重大项目建设，重点推进太阳能、地热能、沼气、生物质能利用以及可再生能源与建筑一体化的科研、开发和建设。建立区域性再生资源回收利用体系，加快再生资源产业发展。

（二）创新环境保护的体制机制

以水环境生态治理和修复为重点，完善环境保护的市场机制，建立生态补偿机制，努力实现环境保护与生态建设一体化，建设生态景观和谐、人居环境优美的生态城市圈。

1.健全生态建设和环境保护管理体制。编制实施武汉城市圈生态建设规划，加强环境保护分类管理，加大地质灾害防治力度。严格控制能源消耗强度和污染排放总量，落实节能减排目标责任和"一票否决"制度。建立圈域内环保督查中心，完善协同监控管理体系，建设环境监控信息共享平台，实行城乡生态建设和环境保护一体化管理。完善环境保护的地方性法规体系。健全梁子湖、沉湖等水域管理机构。以创建环境保护模范城市、生态市等为抓手，统筹推进圈域内环境友好型社会建设。

2.完善环境保护的市场机制。加快实施排污许可证制度，探索建立主要污染物排放总量初始权有偿分配、排放权交易等制度，探索建立圈域污染物排放权交易市场，推进污染治理市场化运营。创新排污费征收使用管理模式。改革和完善城市污水和固体废弃物处理费征管办法。探索建立垃圾分类、收集、运输、处理体系。

3.探索建立生态环境补偿的长效机制。按照"谁开发谁保护、谁受益谁补偿"的原则，探索建立多类型的生态补偿机制，制定出台地方性法规，建立制度化、规范化、市场化的生态环境补偿体系。以汉江中下游水生态修复为重点，开展生态环境补偿试点。加快建立科学的生态环境评估体系。

4.完善水环境保护的体制机制。深化水资源管理体制改革，推进水资源的合理开发、优化配置、高效利用和有效保护，探索城乡涉水行政事务一体化管理体制。以完善大东湖水生态保护的体制机制为重点，加强水系、水域治理与管理。综合防治水土流失，有效保护饮用水源地安全和区域水域资源。加强湖泊等湿地保护与恢复，积极推进自然保护区和生态功能保护区建设。修复和保护河流生态和地下水，增强湖泊的生态功能和防洪抗旱、蓄水调节功能。加强中水利用，加强入河排污口管理和水质监测，对工业污染源、生活污染源、农业污染源进行全面治理。加强饮用水卫生监督检查，推进农村安全饮水工程。实施乡村清洁工程，推广节水节肥节药技术。

5.探索生态环保建设新途径。探索发行水专项债券，设立圈域生态环境保护基金，加强融资平台建设，鼓励风险投资和民间资本进入环保产业领域，完善生态环保建设的多元化投融资机制。进一步开发应用新型环保技术，发展环保制造业。鼓励企业将自主创新与引进国外先进技术、装备相结合，加速环保技术装备国产化进程。

（三）创新科技引领和支撑"两型"社会建设的体制机制

以增强自主创新能力为重点，加大科技创新力度，引领和支撑"两型"社会建设。深化科技体制改革，培育科技创新主体，构筑共建、共享的公共创新平台，探索建立科研成果转化的助推机制，创新人才一体化建设的体制机制，促进科技与经济融合，建设创新型城市圈。

1.探索建立提升自主创新能力的体制机制。推进开发类科研机构改制改革，开展公益类科研机构分类改革和建立现代管理制度试点。深化科技企业的产权和分配制度改革，探索建立股权激励机制。支持和引导科研机构、研究人员围绕"两型"社会建设中的共性技术、关键技术进行研究开发。政策采购优先支持自主创新产品。支持企业引进技术消化吸收和再创新。完善企业技术创新激励机制，引导企业加大科技投入，扶持科技型中小企业开展技术创新。在光电子、生物技术等优势领域，推动强强联合，提升整体创新能力。

2.完善区域创新体系。以大企业为龙头整合企业创新主体资源，鼓励各类企业建立或与科研院所、高校联合组建研发中心，形成以企业为主体、产学研相结合的创新体系，争取在圈域内建设一批国家重点实验室及各种国家级研发中心和企业技术中心。探索建立圈域内科技创新协调机制，加强科技供需对接，加快建立开放、共享、共建的公共服务平台。探索共享武汉科教资源的有效途径，按国家有关规定建立大学科技园区，吸引人才和技术，发挥武汉优势资源的辐射作用。

3.完善科技成果转化助推机制。建立以武汉东湖新技术开发区创业园为中心、各市科技企业孵化器为依托的区域孵化网络。加强知识产权保护，建设有利于知识产权创造和运用的制度环境。健全技术市场体系，发展规范科技中介组织，完善科技公共服务体系。设立、引进创业投资基金，完善科技投融资体系。加快科技成果转化基地建设，壮大电子信息、生物技术与新医药、新材料、光机电一体化、先进环保与新能源等高新技术产业。

4.创新产业园区互动发展机制。发挥高新区的集聚、引领和辐射作用，以武汉经济技术开发区、东湖新技术开发区两个国家级开发区为龙头，探索与圈域内其他省级开发园区合作互动、快速发展的模式，形成一批以现代制造业、高新技术产业为主要特色的开发区。选择圈域内条件较好的省级开发区作为产业转移示范园区，比照享受国家级经济技术开发区的政策措施，促进形成有特色的产业集群。努力把国家级开发区建设成为世界一流的产业园区。探索开发区与圈域外开发区合作互动的新途径。

5.创新人才开发与配置的体制机制。促进人力资源服务行业发展，完善人力资源市场体系，建立统一的人才信息公共服务平台，支持武汉人才市场发挥国家级人才市场的作用，形成高效的人才配置机制。试行高级人才双聘制度，探索新型人才管理模式。创新圈域内高校一体化招生与就业政策。破除影响人才自由流动的体制性障碍，实现人才资质互认，探索养老、医疗保险等异地享受新途径。

6.加强人才队伍建设。深入开展中东（西）部地区公务员对口培训，加强公务员培训基地建设。积极开展高层次创新型人才选拔培养工作，在国务院政府特殊津贴人员选拔、新世纪百千万人才工程国家级人才选拔、博士后科研流动站和工作站建设、专业技术人员继续教育以及留学人员科技交流等方面给予政策倾斜。

（四）创新产业结构优化升级的体制机制

以创新发展先进制造业和现代服务业的体制机制为重点，整合圈域内产业资源，推动产业合理布局，构建现代产业体系。深化国有企业改革，以培育新的经济增长点，探索信息化和工业化融合的新路子，推进新型工业化，加快工业强省步伐。

1.建立优化区域产业布局的引导机制。探索建立企业和项目在圈域内转移的利益协调和补偿机制，引导生产要素的合理流动。延伸产业链，发展产业集群，增强产业集聚功能，探索各类工业园区发展新模式。大力发展先进制造业，改造提升传统优势产业；以发展现代农业为重点，促进传统农业升级；以发展生产性服务业为重点，加快壮大现代服务业，促进三次产业协同带动发展。争取国家布局处于产业链上中游的重大产业项目，争取更多国内外大型企业的总部以及生产、研发基地落户圈域内。

2. 深化国有企业改革。加快国有经济战略性调整，促进国有资本从一般竞争性领域向公共服务领域和优势产业集中，充分发挥国有资本在推进"两型"社会建设中的主导作用。深化国有企业公司制股份制改革，推动优势企业改制重组，发展一批具有自主知识产权、环保技术先进、带动性强的大型企业集团。建立健全国有资产监督管理体制机制。争取国家老工业基地改造政策支持。

3. 探索建立产业发展的激励约束机制。对符合"两型"社会建设要求的产业，在产业税收、用地、信贷等方面完善政策支持措施。综合运用经济、法律、行政等手段，淘汰落后产能和技术。创新财政激励机制，采用补贴、奖励等方式对淘汰落后产能给予财政支持。

4. 营造非公有制经济发展的体制环境。加快发展非公有制经济，降低准入门槛，拓宽投资领域，改进服务管理，促进创业带动就业。完善鼓励创业的体制机制，积极推动全民创业。营造良好的法制、政策和信用环境，为企业公平竞争创造有利条件。探索建立区域性中小企业融资担保公司。积极争取开展国家级服务业综合改革试点。建立职业经理人市场，推进企业经理人职业化、市场化。

（五）创新统筹城乡发展的体制机制

以消除城乡二元结构、改善民生为重点，突破城乡分割的制度障碍和行政区划壁垒，促进生产要素自由流动，构建城乡互动、区域协调、共同繁荣的新型城乡关系。统筹公共服务资源，探索建立城乡一体化的公共服务体系，促进公共服务均等化，加快社会与经济协调发展，建设和谐城市圈。

1. 建立健全城乡统筹规划和管理的体制机制。按照统筹城乡的理念完善城乡规划体系，依据国土规划，优化城乡空间布局，统筹安排城乡基础设施和公共服务设施。建立健全圈域内规划协调机制，建立城乡统筹的规划实施和监管体制，完善城乡规划许可、公开公示和监督检查制度。

2. 建立健全发展现代农业的体制机制。健全农业支持补贴制度，建立促进现代农业建设的投入保障机制，充分调动农民生产积极性。加强粮食主产区建设，构建供给稳定的粮食安全保障体系。以发展循环农业、生态农业为重点，优化农业结构。加强禽畜产品和水产品等特色农产品基地建设，培育农业产业化龙头企业，壮大农业产业集群。促进乡镇企业转型发展。

3. 建立推进新农村建设的体制机制。深化农村综合改革。推进集体林权制度和农村集体资产产权制度改革，深化国有农场改革。实施村庄整治，开展农村生态文明建设试点，发展农村沼气，推进乡村清洁工程建设，加强农村改水改厕工作，改善农村环境卫生。培育农民专业合作经济组织，引导和支持城乡各类社会服务组织和机构为现代农业提供社会化服务，引导和鼓励城市人才、技术、资金投入新农村建设。推进农村信息化建设。完善农村劳动力转移培训体系。试办农民工返乡创业园区，支持农民工返乡创业。

4.加快城市公用事业改革。积极推进城市公共交通、供电、供水、供气、园林绿化、污水和垃圾处理等公用事业改革，创新经营机制，提高管理水平。支持城市供水等公用设施向周边农村延伸。开展城际交通公交化试点，支持武汉市有实力的公用企事业单位向圈域内其他城市发展。统筹规划和建设城乡供水、排水设施，支持相邻城市共建供水、污水处理、垃圾处理等基础设施。完善公共产品价格形成机制、财政投入机制、政府监管机制、应急处理机制，保证公共利益和公共安全。

5.创新基础设施共建共享的体制机制。改革城乡基础设施建设投融资体制机制，构建共建共享投融资平台，提高区域基础设施建设一体化水平。开放基础设施投资领域。争取开展大交通改革试点，构建高效协调发展的综合交通体系，提升武汉城市圈在全国交通大格局中的枢纽地位。加快城际轨道交通、武汉航运中心建设。继续搞好武汉航空运输综合改革试点，以构建国家公共航空运输体系的重要支柱为目标，加快武汉航空枢纽建设。创新交通运输方式和交通建设、设计模式，推进交通运输的组织化、信息化。建立交通能耗的标准和监测体系。

6.建立和完善覆盖城乡的公共财政体系。优化财政支出结构，逐步退出竞争性领域，加大对"三农"、就业和社会保障、卫生、扶贫开发、生态环保等关系民生领域的投入。建立以竞争方式安排乡村产业及建设资金的制度，加大涉农资金整合力度。推行购买公共服务，完善"以钱养事"机制。完善财政"省直管县"和"乡财县管乡用"体制。规范和完善转移支付制度，增强基层政府提供公共服务的能力。

7.统筹城乡公共服务体系建设。积极探索户籍制度改革的有效途径，建立布局合理的农村劳动力转移培训基地，引导农民向城镇有序转移。推进建设城乡统一的人力资源市场，形成城乡劳动者平等就业制度。建立健全公共就业服务体系，建立统筹城乡的社会保障体系，基本建成资源共享的就业服务和社会保障网络系统。发挥武汉教育优势，争取开展国家级教育综合改革试验。加快建立个人缴费、集体补助、政府补贴相结合，基础养老金与个人账户相结合的新型农村社会养老保险制度。加快建设覆盖城乡居民的医疗保障体系、公共卫生服务体系、医疗服务体系和药品供应保障体系，加大血吸虫病等地方流行病的防治力度，探索共享中心城市医疗卫生资源的新途径。建设覆盖城乡的公共文化服务体系、社会救助体系。建立灾害应急救援系统。

（六）创新节约集约用地的体制机制

以创新土地管理方式为重点，统筹安排圈域内土地资源。优化土地利用结构，形成耕地资源得到切实保护、土地资产效益得到充分发挥的节约集约用地新格局，探索节约集约用地的新型城市化发展模式。

1.完善国土资源规划体系。结合主体功能区划分，编制实施武汉城市圈国土规划，加强国土规划和土地利用总体规划的整体控制作用。实施土地整理、矿山环境恢复治理，推进土地集约利用和市场化配置。积极稳妥开展城镇建设用地规模增加与农村建设用地减少挂钩试点。

2.大力推进土地节约集约利用。完善建设用地指标体系，实施集约用地评价考核办法，评价结果与建设用地计划指标奖惩挂钩。进一步完善存量土地管理制度，降低土地流转成本。重点治理工业污染严重的土地，合理调整土地用途。建立建设用地指标交易和储备制度。建立集约用地激励机制，调整和实施工业用地最低价标准，探索建立工业集中发展区和工业用地预申请制度。

3.健全城市土地市场运行机制。探索完善城市土地储备制度，编制土地储备计划，建立土地储备基金，改变土地储备模式，增强政府对土地市场的调控能力。推行城市土地投资强度分级分类管理方式，整合圈域内土地有形市场，规范土地一级市场、二级市场运作。

4.创新农村集体土地管理方式。建立圈域内耕地有偿保护和占补平衡机制，确保耕地占补的数量和质量"双平衡"。改革农村集体建设用地使用权流转制度，建立流转交易平台，探索建立集体建设用地合理流转的新机制。按照依法自愿有偿的原则，健全农村土地承包经营权流转市场，探索承包经营权合理退出机制，促进农村土地规模经营。建立健全流转中的土地收益分配机制，保障集体的土地收益权。稳步推进合理的迁村并镇建设试点。探索农村宅基地科学管理方式，建立宅基地退出机制。

5.完善被征地农民补偿制度。合理提高征地补偿标准和水平，完善被征地农民社会保障制度，探索建立被征地农民社会保障体系，做到即征即保，应保尽保。建立征地补偿安置争议协调裁决制度。开展留地安置、集体建设用地使用权入股、土地股份合作等多种征地安置模式试点，探索多种行之有效的方式，安排好失地农民的生产和生活。

（七）创新促进"两型"社会建设的财税金融体制机制

充分发挥财税金融服务"两型"社会建设的重要功能，积极推进财税金融改革和制度创新，逐步形成有利于科学发展的财税制度，逐步形成金融资源高度集聚、金融体系基本完备、经营机制灵活高效的金融市场，构建区域性金融中心。

1.深化财税体制改革。改革完善省以下财税体制，理顺省以下政府间财政分配关系，逐步建立激励与约束并举的财政分配机制，推进产业合理布局。积极贯彻落实国家关于节能减排技术研发、节能、环保、资源综合利用及可再生能源的税收优惠政策。研究完善农产品加工税收政策。对圈域内的国有企业改革、高新技术发展、基础设施建设等，争取比照执行振兴东北等老工业基地政策。改革资源税制度，探索开展环境税试点。

2.推进武汉城市圈金融一体化。搭建银企合作平台，加快实现信贷一体化。改进支付结算服务，依托现代化支付系统提升资金清算服务水平。发展商业汇票，加快实现票据市场一体化。支持全国统一的企业和个人信用信息基础数据库建设，促进金融业信息整合共享，促进社会征信机构发展。开展金融生态建设试点，推进中小企业和农村信用体系建设，形成逃废金融债务惩戒机制。

3.推进金融主体建设。支持汉口银行逐步发展成为区域性商业银行。推动组建光谷科技银行。发展小型金融机构，完善中小企业信贷体系。整合金融资源，推动组建大型金融控股集团。争取开展金融业综合经营试点。创造条件设立汽车金融公司、金融租赁公司等非银行金融机构。支持信托公司、财务公司等非银行金融机构开展业务创新，促进其科学发展。积极引进、设立法人金融机构，引导和支持国内外金融机构在武汉设立区域总部或分支机构。鼓励股份制商业银行和城市商业银行在武汉城市圈域内其他城市设立分支机构，按照法律法规和规定程序审批后可在武汉城市圈域内实施同城化管理。

4. 完善金融市场体系。推动符合条件的企业上市，加快上市公司整合步伐，提升再融资能力。引导企业积极参与银行间债券市场，提高直接融资能力，扩大企业（公司）债发行规模。争取设立促进"两型"社会建设的高新技术产业投资基金。推动武汉光谷联合产权交易所成为覆盖多种经济成分、多功能、多层次的综合性产权交易机构，加快向圈域内其他城市延伸设立分支机构。推动东湖新技术开发区进入代办股份转让系统，开展非上市股份公司股份报价转让试点。依托武汉国家稻米交易中心，争取建立全国性的稻米等大宗农产品现货交易中心。创新保险产品，开发环境污染责任险等各种新型保险业务。

5. 推进农村金融改革。继续深化农村信用社改革，培育和发展村镇银行、贷款公司等新型农村金融机构，积极扩大小额农贷规模和覆盖面。探索建立农业贷款贴息制度，鼓励和引导各类金融机构扩大农村金融服务。创新农村信贷产品，探索多种金融服务新模式。创新农民抵押担保方式，探索试行农村集体建设用地使用权、林权抵押融资服务，探索建立财政和保险共同参与、符合农村特点的担保机制。开展新农村建设政策性金融试点。扩大政策性农业保险试点范围，建立农业大灾风险分散机制。

（八）创新对内对外开放的体制机制

坚持开放先导战略，以承接产业转移为重点推进对内对外开放。深化涉外经济体制改革，营造有利于承接资源节约型、环境友好型产业转移的体制环境，探索走出一条外源性与内生性相结合的发展新路子，将武汉城市圈建成我国中部对外开放的门户。

1. 深化涉外经济体制改革。转变外贸发展方式，优化利用外资结构。完善服务贸易和服务外包产业发展的政策法规，重点发展 IT 服务、金融后台服务、研发设计等服务外包产业，建设全国性金融外包服务中心。加强对外投资促进和服务体系建设，培育跨国公司。改进外汇管理与服务，推动对外贸易便利化。争取开展国家级服务贸易综合试验。

2. 营造承接资本技术和产业转移的体制环境。加快园区建设，增强配套能力，改善物流环境，降低商务成本，增强承接产业和资本转移的吸引力，重点吸引技术水平高、附加值高的加工制造企业和研发机构。探索建立中部地区承接东部地区产业转移的联动机制。

3. 完善"大通关"制度。加快地方电子口岸建设进程，率先在大通关平台上实现通关、物流等信息资源的共享。全面推行通关单联网联查。完善圈域内"属地申报、口岸验放"模式，创新通关便利运行机制。根据需要并按程序批准在相关城市设立海关机构。

4. 加快海关特殊监管区域建设。推动武汉出口加工区扩展保税物流功能。推动加工贸易监管改革，扩大加工贸易联网监管范围，实现特殊监管区域和保税物流场所的整体联运。推动设立武汉保税物流中心和保税港区，适当增设出口加工区。

5. 推进区域市场一体化。深化流通体制改革，以商品市场为基础，要素市场为重点，建立统一开放、竞争有序的区域市场体系。合理布局、统筹考虑大型商业设施建设。逐步统一市场准入政策、市场执法标准和市场法制环境，促进商品和生产要素自由流动，提高资源利用效率。

（九）创新行政管理体制和运行机制

以建设服务型政府为目标，以转变政府职能为核心，深化行政管理体制改革，理顺关系、优化结构、提高效能，加快建立权责一致、分工合理、决策科学、执行顺畅、监督有力的行政管理体制，为"两型"社会提供制度保障。

1. 加快转变政府职能。加快推进政企分开、政资分开、政事分开、政府与市场中介组织分开，把公共服务和社会管理放在更加重要的位置，努力建设服务型政府。按照大部门体制的思路调整政府组织机构，加大机构整合力度，精简和规范各类议事协调机构及其办事机构，着力解决机构重叠、职责交叉、政出多门问题。推进事业单位改革，加强公共服务部门建设，完善公共服务监管体系。建立科学的政府绩效评价考核指标体系。

2. 深化行政审批制度改革。清理、取消一批行政审批事项，规范审批行为，减少政府对微观经济运行的干预，为各类市场主体营造良好的发展环境。创新政府服务方式，优化审批流程，探索建立统一的行政审批服务平台，扩大和深化并联审批、网上审批，提高行政效能。

3. 建立健全武汉城市圈政府间高效协调机制。建立健全多层次联席会议等协调机制。围绕"五个一体化"建设，打破行政壁垒，统筹区域规划、产业布局和财政投入，优化资源配置，项目联动，共建共享，创新行政运行机制，实现政府间的高效协同推进。

4. 推进电子政务建设。整合现有政务网络资源，建设统一的电子政务网络，建立协同办公、资源共享、科学管理的运行机制，提高电子政务应用水平。推进政务信息公开，完善公开办事制度，扩大政务信息公开的范围和内容。以电子政务建设为突破口，推动圈域和全省信息化进程。

三、"两型"社会建设综合配套改革试验的组织保障和工作机制

为有效推进综合配套改革试验工作，在国家有关部委的指导下，通过加强组织领导，统筹规划，协调推进，切实完成好改革试验的各项任务。

（一）加强组织领导

湖北省人民政府成立推进武汉城市圈全国资源节约型和环境友好型社会建设综合配套改革试验区建设领导小组，全面负责改革试验工作。领导小组组长由省长担任。领导小组办公室设在省发展改革委，具体承办日常工作。武汉城市圈 9 市相应加强组织领导。

（二）明确分工负责

在总体方案的指导下，省直有关部门配套制定和实施武汉城市圈空间规划、产业发展规划、交通规划、生态建设规划和社会事业发展规划等 5 个专项规划、重大项目建设规划和若干专项改革方案。国家拟放在湖北省试点或拟开展省级试点的改革项目，可以在武汉城市圈进行的，原则上优先安排。总体方案的实施实行省市联动、各负其责。武汉城市圈 9 市作为改革试验主体，要按照总体方案的要求，相应制定具体实施方案，负责组织实施。武汉市是城市圈龙头和改革试验的核心区域，要在建立资源节约和环境友好的体制机制上率先突破。其他 8 市要选择重点领域和关键环节，主动改革，大胆试验，做好与武汉市的衔接互动。

（三）突出重点，分步推进

按照总体方案的要求，九项改革试验重点内容从 2008 年起在 9 市各有侧重地全面启动，5 年内要取得明显进展。在国家有关部委的支持下，率先在资源节约、环境保护、节约集约用地等方面进行改革试验，力求在拓展建设青山、阳逻大循环经济示范区，大东湖水生态专项治理等重点领域和重大项目建设上取得突破。9 市和省直有关部门要制定专项改革方案和实施计划，分步推进，在重点领域和关键环节先行试点。

（四）加强改革试验项目管理

对重点改革事项实行项目管理。制定改革试验项目管理办法，完善项目管理程序，提高改革试验的科学性、可行性，防范和减少风险。对武汉城市圈 9 市和省直有关部门研究提出的具体实施方案、专项规划和专项改革方案，要及时上报领导小组办公室备案，根据需要可由领导小组办公室组织有关方面进行论证和协调，拟申报的国家和省级改革试点，重大事项需报领导小组审定，一般事项报领导小组办公室备案。设立武汉城市圈综合配套改革试验专项资金，支持 9 市和省直有关部门大胆试验。

（五）做好综合评价

对综合性和重大改革试点的改革成效，领导小组办公室适时组织有关方面和专家进行综合评估。建立统计监测评价指标体系。对综合配套改革试验工作实行目标管理，纳入 9 市和省直有关部门工作目标考核体系，定期督促检查。建立改革年度报告制度。采取多种有效形式及时总结改革经验。加强横向交流。

（六）营造改革良好氛围

采取多种形式，加强宣传引导，努力营造上下齐心、各界努力、人人参与的改革氛围。在全社会倡导节约、环保、文明的生产方式和消费方式，让节约资源、保护环境成为每个社会成员的自觉行动，将"两型"社会建设真正落实到产业、园区、企业、社区、学校、机关单位和家庭。

（七）建立部省合作机制

紧紧依靠国家有关部门推进改革试验工作。争取国家有关部门在武汉城市圈开展各项改革试点，争取国家有关部门协调支持重大改革事项和政策。建立由国家发展改革委和省政府领导牵头的部省合作机制，对武汉城市圈综合配套改革试验工作中的重大问题进行沟通协调。

长株潭城市群"两型"社会建设
综合配套改革试验区

国务院关于长株潭城市群资源节约型和环境友好型
社会建设综合配套改革试验总体方案的批复

（国函〔2008〕123号）

湖南省人民政府：

你省报来的《长株潭城市群资源节约型和环境友好型社会建设综合配套改革试验总体方案》及附件《长株潭城市群区域规划 2008—2020 年》（以下统称《方案》）收悉。现批复如下：

一、原则同意《方案》，请认真组织实施。

二、《方案》实施要以邓小平理论和"三个代表"重要思想为指导，深入贯彻落实科学发展观，根据建设资源节约型和环境友好型社会的要求，进一步解放思想，加大力度推进重点领域和关键环节的改革试验，推进经济结构调整和发展方式转变，在长株潭城市群形成有利于能源资源节约和生态环境保护的体制机制，不断增强区域综合势力和可持续发展能力，使长株潭城市群在促进中部地区崛起和区域协调发展中发挥更大的作用，为全国深化体制改革、推动科学发展和促进社会和谐提供经验和示范。

三、湖南省人民政府要加强对长株潭城市群综合配套改革试验的组织领导，做好城市群区域规划与改革方案的衔接，着力推进长株潭城市群一体化建设。要以创新资源节约、环境保护、产业优化升级、科技和人才管理、土地管理的体制机制为重点，配套推进投融资、对外经济、财税、统筹城乡及行政管理等体制机制改革创新。要根据《方案》制订相应的专项方案和专项规划，其中涉及财税、土地、金融等重要专项改革要按程序另行报批后实施。对改革试验中出现的新情况、新问题，要及时统筹研究，妥善提出相应对策。

四、国务院有关部门要按照职责分工，积极支持和指导长株潭城市群开展有关专项改革，关注改革的进展情况，先行试验一些重大的改革开放措施。与建设资源节约型和环境友好型社会主题相关的改革事项，要优先在长株潭城市群等改革试验区先行先试。发展改革部门要加强对改革试验工作的指导，健全试验工作管理与协调推进机制，建立改革风险预防控制和纠偏机制，保障改革试验工作平稳有序推进。

各有关方面要充分认识推进长株潭城市群资源节约型和环境友好型社会建设综合配套改革试验工作的重要意义，统一思想，勇于创新，扎实工作，积极推进《方案》的实施和各项改革措施的落实，努力开创长株潭城市群改革发展的新局面。

国务院

2008 年 12 月 22 日

长株潭城市群资源节约型和环境友好型社会建设综合配套改革试验总体方案

在长株潭城市群设立全国资源节约型和环境友好型社会建设综合配套改革试验区，是国家落实科学发展观、建设资源节约型和环境友好型社会、转变经济发展方式的重大战略部署，是促进区域协调发展、构建中部崛起重要支点的重大战略布局。根据国家发展改革委《关于批准武汉城市圈和长株潭城市群为全国资源节约型和环境友好型社会建设综合配套改革试验区的通知》（发改经体〔2007〕3428 号）要求，结合湖南和长沙、株洲、湘潭实际，制定《长株潭城市群资源节约型和环境友好型社会建设综合配套改革试验总体方案》（以下将"资源节约型和环境友好型"简称为"两型"）。

一、综合配套改革试验的总体要求

（一）指导思想和基本原则

1. 指导思想。以邓小平理论、"三个代表"重要思想和党的十七大、十七届三中全会精神为指导，深入贯彻落实科学发展观，围绕长株潭城市群"两型"社会建设，进一步解放思想，大胆创新，全面推进各个领域改革，在重点领域和关键环节率先突破，尽快形成有利于资源节约和生态环境保护的体制机制，加快转变经济发展方式，促进经济社会发展与人口资源环境相协调，率先走出一条有别于传统模式的新型工业化、城市化发展新路，带动和促进全省又好又快发展，为推动全国的体制改革、科学发展积累经验。

2. 基本原则。坚持改革创新、先行先试；坚持全面统筹、协调发展；坚持因地制宜、区域特色；坚持政府引导、市场推动。

（二）目标任务

1. 主要目标。按照党中央、国务院关于"两型"社会建设的总体战略部署，综合配套改革试验要率先形成有利于资源节约、环境友好的新机制，率先积累传统工业化成功转型的新经验，率先形成城市群发展的新模式，为把长株潭城市群建设成为全国"两型"社会建设的示范区、中部崛起的重要增长极、全省新型工业化、新型城市化和新农村建设的引领区、具有国际品质的现代化生态型城市群提供动力支持和体制保障。

综合配套改革试验分"三个阶段"推进：

第一阶段，2008—2010 年，全面启动各项改革，初步建立支撑"两型"社会建设的政策法律体系和体制机制框架，基本健全城市群协调发展机制和公共服务体系，初步形成城市群共建共享的综合基础设施框架体系，以湘江为重点的流域综合治理和保护模式基本建立，以株洲清水塘、湘潭竹埠港为重点的循环经济发展初见成效。初步形成长株潭与周边岳阳、衡阳、常德、益阳、娄底等市协调发展的区域经济一体化格局。

第二阶段，2011—2015 年，纵深推进各项改革，进一步发挥市场配置资源的基础性作用，在资源节约、环境友好、产业优化、科技创新和土地管理等体制改革方面取得显著成效，形成比较完善的"两型"社会建设制度保障体系和新型工业化、新型城市化促进机制，基本完成城市群基础设施建设和重点环保综合治理项目，科技进步对经济发展的贡献率大幅上升，初步形成节约资源和保护环境的产业结构、增长方式和消费模式。到 2015 年，单位地区生产总值能耗比 2007 年降低 35%，城市空气质量达标率为 93%以上，饮用水源达标率为 98%、水功能区水质达标率为 95%，化学需氧量、二氧化硫排放量分别比 2007 年削减 23%和 12%，城市化率达到 70%以上。

第三阶段，2015—2020 年，完成"两型"社会建设综合配套改革的主要任务，形成有利于资源节约和生态环境保护的体制机制，率先建立完善的社会主义市场经济体制。形成符合国情和区域特色的新型工业化、城市化发展模式，单位地区生产总值能耗和主要污染物排放指标低于全国平均水平，实现发展方式转变和经济社会发展与人口资源环境协调发展。

2. 主要任务。以资源节约、环境保护、产业优化、科技创新、土地管理五个方面的体制机制创新为重点，紧扣"两型"社会建设主题率先突破；配套推进投融资、对外开放、财税、城乡统筹及行政管理等体制机制创新，为"两型"社会建设提供支撑平台和配套措施。通过以上"十大体制机制创新"，探索走出"六条新路子"：新型城市化规划与发展的新路子，新型工业化的新路子，资源节约和环境友好的新路子，综合基础设施建设的新路子，城乡统筹发展的新路子，体制机制创新的新路子。

二、综合配套改革试验的主要内容

（一）创新资源节约体制机制

1. 构建城市群循环经济体系。加快株洲清水塘循环经济工业区建设，促进湘潭竹埠港、下摄司和长沙坪塘等深度污染区循环经济改造，支持各市按照资源禀赋和产业特色建设循环经济产业园区和循环农业示范区，构建以有色、冶金、化工、建材等产业为重点的循环经济产业体系。探索建立生产者责任延伸和工业废弃物处理认证等制度，完善循环经济政策支撑体系。将长株潭城市群整体纳入国家循环经济试点，探索城市群循环经济发展新模式。

2. 探索建立和完善资源产权制度。健全和完善资源有偿使用制度，探索建立统一、开放、有序的资源初始产权有偿取得机制。健全资源产权交易市场，规范探矿权、采矿权市场，培育水权、林权等产权交易市场。

3. 推进资源性产品价格改革。完善差别化能源价格制度，理顺能源、矿产品价格，逐步建立体现资源稀缺程度、市场供求关系和环境恢复成本的资源价格形成机制。建立绿色电价机制。推行分质供水和阶梯式水价制度，对居民生活用水实行阶梯式水价，对非居民用水实行超计划、超定额累进加价收费。

4.完善节能减排激励约束机制。完善政府引导、企业为主体的节能减排投入机制，综合运用价格、税收、财政、金融等经济杠杆，有效促进社会、企业节约能源资源。安排专项资金并积极争取中央财政通过增加"以奖代补"专项转移支付支持淘汰落后产能。建立健全新建项目能效评价制度，提高高耗能项目市场准入标准。建立完善节能减排指标体系、监测体系和考核体系，健全节能减排监督管理机制。

5.创新资源开发管理机制。制定并实施促进资源节约、发展循环经济的地方性法规。编制实施专项节能规划，制定水资源综合利用规划，建立城市群统一的能源、水、矿产、森林等重要资源规划管理体制。合理确定各类生态资源的功能定位，集约、限额建设征占林地、湿地、绿地资源。加强水功能区管理，实行区域总量控制和定额管理相结合的用水管理制度。

（二）创新生态环境保护体制机制

1.建立湘江流域综合治理体制机制。将湘江流域纳入国家长江中下游污染治理规划，加大国家对重大项目支持力度。以控制沿江沿湖地区项目准入和开发强度为重点，加强水系、水域环境污染联防联治和流域生态修复与保护，有效保护饮用水源地安全，探索建立跨区域的流域综合整治和保护机制新模式。发行湘江流域综合治理项目收益债券，创新投融资模式。

2.建立区域性生态环境补偿机制。建立并实施污染物排放总量初始权有偿分配、排污许可证、排污权交易等制度，在长株潭设立排污权交易市场，开展排污权交易试点，推进环境保护和污染治理市场化运营。改革城市污水和固体废弃物处理费征管办法，创新排污费征收使用管理模式。在湘江流域开展国家生态补偿试点，设立生态补偿专项资金，重点是建立湘江流域水源保护区、长株潭"绿心"保护区等区域的生态补偿与污染赔偿机制和部分重金属污染河段的治理修复补偿机制。

3.建立城市群环境治理一体化体制机制。制定城市群统一的环境保护和生态补偿地方性法规，完善污染物排放标准体系。编制实施城市群生态建设规划，按照区域功能实行分类管理，探索一体化的规划环评机制、项目布局协商机制。建立城市群环境监控信息共享平台和环保督察中心，实行环境保护目标责任制和"一票否决"制，完善协同监控管理体系。提高产业发展的环保准入门槛，实行强制清洁生产审核和生产全过程污染控制。制定绿色产品标准体系，推行绿色产品认证和消费扶持等制度。建立企业环保诚信档案。建立城市群一体化的垃圾分类、收集、运输、处理体系。

（三）创新产业结构优化升级的体制机制

1.建立优化产业布局的协调促进机制。探索建立企业、项目在城市群内转移的利益协调和补偿机制，引导生产要素合理流动，增强产业集聚功能。国家支持资源节约和环境保护领域的重大产业项目布局长株潭。选择城市群内条件较好的省级开发区，比照享受国家级经济技术开发区的政策措施，积极推行园区法人资格制度，探索开发区发展新模式。

2.建立分类引导的产业发展导向机制。按照"两型"社会建设要求，编制城市群产业发展指导目录，明确产业分类标准，实施分类引导。围绕建设先进制造业基地、高新技术产业基地、优质农产品生产加工基地、中西部地区现代物流中心、综合性文化产业基地、世界知名的旅游目的地，综合运用经济、行政、法律等手段，对鼓励类产业，在项目核准、土地供应、资金筹措、技术创新等方面，予以重点支持；对限制类产业，严格控制其规模扩张，限期进行工艺技术改造；建立淘汰产业退出机制，强制高能耗、高排放的企业逐步退出，采用补贴、奖励等方式对淘汰落后产能给予财政支持，在城市群开展全国产业退出补偿试点。

3.促进国有经济战略性调整。推动国有资本向公共服务领域和优势产业集中。深化垄断行业改革。推进国有企业股份制改造，发展一批具有自主知识产权、节能环保技术先进、带动性强的大型企业集团。国家加大对老工业基地改造的政策支持。健全国有资产监督管理体制机制。

4.改善非公有制经济发展的体制环境。营造有利于企业公平竞争的法制、政策环境。建立完善社会化服务体系和区域性中小企业融资担保体系。

（四）创新科技和人才管理体制机制

1.建设产学研结合的自主创新体系。推进科研机构分类改革，深化公益类科研院所分配制度改革，加快推进转制类科研院所产权制度改革。加强科研院所、高校和企业现有各类重点实验室、工程中心和企业技术中心建设，新建一批国家级或省级创新基地和研发中心。支持和引导科研院所、高校和企业围绕"两型"社会建设中的关键技术、共性技术进行研究开发，建立优势产业领域的技术创新战略联盟。

2.完善区域创新体系。支持湘潭高新技术产业开发区升格为国家高新技术产业开发区，依托长沙、株洲、湘潭等高新技术产业开发区，构建长株潭创新创业试验区。探索科教资源整合共享机制，以岳麓山大学城为重点，建设一批大学科技园区。建立城市群科技创新协调管理机制，加快构建面向特色产业和中小企业的公共创新平台，探索多种模式的合作创新组织。

3.创新科技成果转化机制。加快科技成果转化基地建设，建立以高新技术园区为中心、科技企业孵化器为依托的区域孵化网络，以长株潭综合性国家高技术产业基地为龙头，壮大信息、生物、新材料、新能源、航空航天等高技术产业，大力推进长株潭湘江沿岸高技术产业带建设。健全技术市场，规范发展科技中介组织，支持湖南省技术产权交易所在中部地区开展高新技术企业股份转让柜台交易试点。推动长沙、株洲国家级高新技术产业开发区进入代办股份转让系统，开展非上市公司股份报价转让试点。探索产学研联合开发、利益分享的新机制，形成技术创新、产业培育和产业基地协调发展的"链式"发展模式。扩大创业投资引导资金规模，鼓励发展各类创业投资基金。

4.创新人才开发与配置的体制机制。整合省内人才资源，健全高层次、高技能创新型人才选拔培养机制。探索保障各类人才养老、医疗保险等异地享受新模式，破除影响人才流动的体制性障碍，加快建设统一规范的人力资源市场。大力发展人力资源服务业，促进各类人才交流与合作，广泛吸引海内外人才到长株潭地区就业和提供智力服务。探索建立新型人才评价方法和人力资源开发利用制度，健全人才激励机制。

（五）创新土地管理体制机制

1.创新节约集约用地管理制度。实行城市土地投资强度分级分类控制，调整和实施工业用地最低价标准，探索建立工业园区和工业用地预申请制度。探索城镇建设用地增加与农村建设用地减少相挂钩的实施机制和管理制度。探索实施国家机关用地、基础设施以及各类社会事业用地有偿使用。开展土地立体开发等多种节约集约用地模式试点。实施"城中村"改造。健全土地利用动态监测体系，完善执法监察机制。将单位生产总值和固定资产投资的新增建设用地消耗纳入政府考核内容，考核评价结果与建设用地计划指标奖惩挂钩。对株洲清水塘、湘潭竹埠港等湘江沿线严重污染地区的耕地，在确保规划确定的耕地保有量不减少的前提下，依法变更土地地类。

2. 创新耕地保护模式。制定耕地和基本农田分区保护规划，开展农用地分类保护和耕地有偿保护试点，探索建立耕地保护有偿调剂制度。在确保省内耕地总量和质量动态平衡的前提下，探索建立省域内跨区域耕地占补平衡机制。完善耕地开发整理复垦制度，探索建立财政投入与社会投入相结合的土地开发整理多元投入机制，设立耕地保护资金。统筹实施耕地整理和农村建设用地整理，推进田水路林村的综合整治。

3. 完善征地用地制度。对长株潭土地利用专项规划确定为建设用地范围内的集体用地，依据法定程序办理农用地转用、土地征收批准手续，纳入政府土地储备。试行统一的征地区片综合地价，探索建立征地协议制度。在确保"原有生活水平不降低、长远生计有保障"的前提下，先安置后拆迁，采取公寓式安置、集体建设用地土地使用权入股、土地股份合作等多种形式妥善安置被征地农民，建立完善被征地农民的就业培训和社会保障体系。

4. 创新土地市场机制。建立长株潭城市群统一的土地市场信息平台，加快建立区域统一、城乡统筹的土地市场体系和土地价格体系。建立集体建设用地交易许可制度，建立流转交易平台，加强收益分配管理，探索建立集体建设用地使用权出让（出租）、划拨、转让、抵押等制度，引导和规范农村集体建设用地进入市场。探索土地粮食生产能力的定级分类办法，开展土地生产当量配额交易，推动土地资源的最佳使用。建立农村宅基地科学管理方式，建立宅基地退出机制。扩大"迁村腾地"的试点范围，稳步推进合理的迁村并镇工作。

（六）创新投融资体制机制

1. 推进投融资主体建设。组建国有建设性投融资集团。在做大做强城市群城市商业银行的基础上，通过重组设立区域性商业银行，并积极推动上市。整合金融资源，组建大型金融控股集团。设立金融租赁公司、汽车金融公司等非银行金融机构。积极引进、设立保险机构。实行长株潭城市群金融机构同城化管理，鼓励三市金融机构互设分支机构。

2. 完善金融市场体系。支持设立促进"两型"社会建设的产业投资基金。推动企业改制上市，提高上市公司再融资能力。支持发行服务"两型"社会建设的项目收益债券，扩大企业债券发行规模。整合全省产权交易市场，组建联合产权交易机构。加快发展期货业，在长株潭设立稻米、生猪、有色金属等大宗优势产品交割库。支持保险资金参与"两型"社会建设，开展环境污染责任保险等新型保险业务的试点。

3. 改善金融生态环境。规划建设长株潭金融服务区，制定设立金融机构的优惠政策，吸引境内外各类金融机构在长株潭设立分支机构、总行（总部）、后台服务基地，促进金融机构集聚发展。搭建银企合作平台，积极开展银行产品和服务创新，扩大"绿色信贷"规模，重点扶持符合"两型"要求的企业和项目。开展金融生态建设试点，加快社会信用体系建设，培育和扶持信用服务中介机构，推进中小企业和农村信用体系建设，形成逃废金融债务惩戒机制。

4.推进农村金融改革。以农村信用社为基础，组建区域性农村合作银行或农村商业银行，培育发展村镇银行、贷款公司、农村资金互助社等新型农村金融机构，扩大农贷规模和覆盖面。探索建立涉农贷款贴息制度，鼓励和引导金融机构扩大农村金融服务范围。创新农村信贷产品，探索多种农村金融服务新模式。创新抵押担保方式，探索开展农村集体建设用地使用权、林权抵押融资服务，探索建立财政和保险共同参与的担保机制。开展新农村建设政策性金融试点。扩大农业政策性保险试点范围，建立农业大灾风险转移分散机制。

5.深化投资体制改革。放宽行业准入标准，扩大民营资本投资领域，推进基础设施和公用事业领域市场化改革，鼓励社会资本以多种方式参与"两型"社会建设。规范审批权限和程序。加强政府投资项目管理，全面推行"代建制"。

（七）创新对外经济体制机制

1.转变外资外贸发展方式。建立城市群对外招商统一平台和协调机制，降低商务成本，增强配套能力，积极引进战略投资者，引导海内外资金、技术、人才等要素参与"两型"社会建设。转变外贸增长方式，扩大先进技术、关键设备的进口，支持企业技术更新。大力促进资源节约、环境友好的产品出口。建设科技兴贸创新基地。积极实施"走出去"战略，加快建设对外投资促进和服务体系，培育跨国公司。

2.完善"大通关"体系。加快湖南电子口岸建设，构建大通关信息平台，实现通关、物流等信息资源共享。大力推广"江海联运""铁海联运""陆空联运"，加快建设覆盖城市群的立体口岸开放体系。创新通关便利运行机制，全面推行通关单联网联查，完善城市群内"属地申报、口岸验放"模式。加强跨区域合作，建立与"长三角""珠三角"等区域口岸合作协调机制。

3.营造承接产业转移和发展服务外包的体制环境。支持长株潭城市群成为国家加工贸易梯度转移重点承接地，重点承接国际、沿海技术水平高、增值含量大的加工贸易产业转移。探索建立长株潭三市承接东部地区产业转移的联动机制。完善长株潭城市群服务外包产业发展的政策法规，培育服务外包企业，促进形成服务外包产业集群。

4.探索内陆地区发展空港经济的新模式。扩建长沙黄花国际机场，拓展国际航空货运业务和国际航线航班。充分利用空港交通的便利优势，重点发展现代物流、总部经济、航空工业和航空商务，力争建设成为中西部最具竞争力的空港经济区。批准长沙金霞保税物流中心封关运行。根据外贸发展总量，适时增设出口加工区。

5.加强湘台两岸产业合作。加强湘台经贸合作交流，积极推动湘台两地在农业、环保产业、金融业等领域开展多种形式的合作。支持将长沙列为两岸直航城市，促进湖南与台湾经贸往来。

（八）创新财税体制机制

1.创新城市群财税管理体制。创新省与长株潭城市群以及城市群三市之间的财政分配关系，建立城市群财税利益协调机制，着力消除城市群在统筹基础设施、产业布局、公共服务、城乡建设、生态环境保护等发展方面的财税体制障碍，探索建立支撑城市群协同发展的新型财政分配体制。完善省以下财政转移支付体系，探索建立横向财政转移支付机制，推进优化开发区、重点开发区向限制开发区、禁止开发区，生态环境受益地区向环境治理保护地区补偿的新模式。改革资源税制度，探索开展环境税试点。

2. 构筑"两型"社会建设的财政支持体系。设立"两型"社会建设的专项资金，国家对城市群"两型"社会建设改革试验给予财力支持。发挥财政资金的杠杆作用，综合运用债券、担保等政策工具，引导社会资金投向"两型"社会建设。完善节能减排、农业生产和农产品深加工企业的税收优惠政策。

3. 完善政府"绿色采购"制度。对符合"两型"社会要求、自主创新的产品，实行政府首购和优先采购，争取国家将此类产品和相关生产企业纳入重大工程采购定点企业和产品目录。

（九）创新统筹城乡发展体制机制

1. 建立健全区域统筹规划和管理体制机制。编制城市群区域规划体系，理顺各类各级规划部门之间的管理关系，健全城市群规划协调机制，建立城乡衔接、统一协调的规划管理体系。探索建立经济社会发展规划、主体功能区规划、区域规划、国土规划、土地利用规划和城乡规划有机结合的规划编制和管理体制。开展长株潭城市群国土规划试点。

2. 建立支持"三农"的体制机制。建立农业投入保障机制，提高财政支农资金绩效。优化农业结构，重点发展循环农业、生态农业，培育农业产业化龙头企业，加强商品粮基地和优势特色农产品基地建设，加大农业基础设施建设力度，提高农业综合生产能力。健全农村土地承包经营权流转市场，探索承包经营权合理退出机制，促进农村土地规模经营。全面推进农村集体产权制度改革。创办农民工返乡创业园区，支持农民工返乡创业。

3. 探索建立基础设施共建共享机制。探索城市群基础设施建设的新模式，统筹交通、能源、通信、供水、污水和垃圾处理等基础设施建设。改革城乡基础设施投融资体制，构建城市群共建共享投融资平台，开放投资领域。探索大交通体制改革，创新交通管理模式，构建高效协调发展的区域综合交通体系，统筹城际轨道交通、高速公路、黄花航空枢纽、湘江航运等重大项目建设，提升长株潭在全国交通格局中的枢纽地位。积极推进城市公用事业改革，大力促进城乡基础设施对接，重点完善农村水、电、路等基础设施，沼气、垃圾和污水处理等生活设施。

4. 完善覆盖城乡的公共服务体系。以义务教育、公共卫生和基本医疗服务等为重点，探索建立城市群统一的基本公共服务标准和制度。合理划分各级政府提供基本公共服务的责任范围，建立投入保障机制和多元参与机制，逐步提高城市群基本公共服务水平。健全完善公共产品价格形成机制、政府监管机制、应急处理机制，保证公共利益和公共安全。

5. 深化户籍制度改革。统一城市群落户标准，统一长株潭户口迁移条件，推行网上户口迁移，逐步建立城乡统一、以具有合法固定住所为迁移条件、实行居民身份证管理的户籍管理制度，逐步改革依附于户籍管理制度上的有城乡差别的相关政策，推进城乡人口合理有序流动。

6. 完善就业促进制度。推行积极的就业政策，建立健全覆盖城乡的平等就业制度、职业教育和培训制度、就业服务和援助制度，健全公共就业服务体系。进一步健全创业服务体系，建立促进高校毕业生和返乡农民工就业的长效机制，鼓励以创业带动就业，实现城市群城乡劳动力充分就业。

7. 建立覆盖城乡社会保障体系。加快实现城镇社会保险全覆盖。探索建立新型农村养老保险制度，进一步完善城乡医疗救助制度。建立和完善资助救助对象参合参保、门诊医疗救助、住院医疗救助、临时医疗救助和慈善医疗援助"五位一体"的医疗救助制度。完善被征地农民社会保障制度，全面实施农民工养老保险制度，推动农民工参加养老、工伤保险。提高各项社会保险基金统筹层次，在实现规范的市级统筹的基础上，逐步实现三市和全省统筹。建立覆盖城乡的社会保障信息网络，逐步实现社会保障"一卡通"。

（十）创新行政管理体制机制

1. 加快转变政府职能。加快推进政事分开、政资分开、事企分开、政府与市场中介组织管办分离，在加强政府经济调节、市场监管职能的同时，更加突出公共服务、社会管理。简化行政审批，推进依法行政，提高行政效能和公务活动透明度。加强公共服务机构能力建设，完善公共服务监管体系。将城市群作为实施《湖南省行政程序规定》的示范区，推进政府管理创新，努力建设服务型政府。

2. 建立城市群高效协调机制。建立长株潭城市群改革试验区高层次领导协调机构及执行机构，健全省市之间、市与市之间的多层次协调机制，强化城市群区域规划立法保障和实施监督，统筹区域规划、产业布局和财政投入，优化资源配置，项目联动，共建共享，创新行政运行机制，探索区域公共资源一体化管理，实现政府间高效协同推进。

3. 建立符合科学发展观的政绩考核体系和干部考核制度。把体现"两型"社会要求的指标作为考核城市群经济社会发展的核心指标，加大生态环保、节能降耗、耕地保护、公共服务等指标考核权重，引导城市群各级政府把工作重点转移到为市场主体营造环境和改善服务上来。

三、保障措施

（一）加强组织领导

湖南省人民政府成立长株潭城市群综合配套改革试验区领导协调委员会，全面负责改革试验工作。领导协调委员会负责组织实施改革试验总体方案，审批专项改革方案，协调改革试验中的重大问题；负责按照审批权限决策重大项目的布局和实施。改革的进展情况和改革中遇到的重大问题，领导协调委员会要及时向国家发展改革委和国务院有关部门报告。领导协调委员会主任由省长担任。领导协调委员会下设办公室，作为常设机构，归省发展改革委管理，负责组织编制改革试验总体方案、协调编制专项方案，制定三年行动计划，组织重大改革试验项目的立项、论证、审批（或备案）、评估和验收等工作。建立由国家发展改革委和省政府领导牵头的部省合作机制，对长株潭城市群综合配套改革试验工作中的重大问题进行沟通协调。

（二）明确职责分工

在总体方案的指导下，省直有关部门配套制定和实施长株潭城市群区域规划、产业发展规划、交通规划、生态建设规划等专项规划、重大项目建设规划和若干专项改革方案。总体方案实行省统筹、市为主实施，改革任务分解落实到相关部门、相关市，省市联动，各负其责，长株潭三市作为改革实验主体，相应制定具体的实施方案，负责组织实施。周边地区要围绕"两型"社会建设改革试验的主要内容，结合本地实际，选择重点领域和关键环节，主动改革，大胆试验，做好与长株潭的衔接互动。

（三）加强法律法规和政策保障

根据湖南省人大常委会颁布的《关于保障和促进长株潭城市群资源节约型和环境友好型社会建设综合配套改革试验区工作的决定》，修订相关地方性法规，支持和保障综合配套改革顺利推进。根据国家批准的总体方案，湖南省人民政府出台相关政策措施，建立长株潭城市群综合配套改革试验专项资金，支持试验区综合配套改革试验工作。

（四）加强改革试验项目管理

对重点改革事项实行项目管理，完善项目管理程序，提高改革试验的科学性，防范和减少风险。建立改革综合评估制度和"两型"社会建设统计监测评价指标体系，每年对改革进展进行总结，每个阶段组织进行综合评估，及时将改革试验中出现的问题、形成的经验、呈现的典型上报国家发展改革委。

（五）推进试点示范

在长株潭城市群选择大河西、云龙、昭山、天易、滨湖等 5 个先导示范区，先行先试、率先突破，积累经验、逐步推开。国家拟放在湖南省试点或拟开展省级试点的改革项目，原则上优先安排在 5 个先导示范区率先推进。同时，在各专项改革领域，选择一批单项试点单位或区域，进行改革试验，及时总结经验，切实做好全面推广工作。

重庆市统筹城乡综合配套改革试验区

国务院关于推进重庆市统筹城乡改革和发展的若干意见

（国发〔2009〕3号）

各省、自治区、直辖市人民政府，国务院各部委、各直属机构：

重庆市是中西部地区唯一的直辖市，是全国统筹城乡综合配套改革试验区，在促进区域协调发展和推进改革开放大局中具有重要的战略地位。设立直辖市以来，重庆市坚决贯彻中央的决策部署，努力实施西部大开发战略，经济社会发展取得重要成就，已经站在新的历史起点上。重庆市集大城市、大农村、大库区、大山区和民族地区于一体，城乡二元结构矛盾突出，老工业基地改造振兴任务繁重，统筹城乡发展任重道远。在新形势下，党中央、国务院对重庆市改革发展提出更高要求，赋予重庆市新的使命。加快重庆市统筹城乡改革和发展，是深入实施西部大开发战略的需要，是为全国统筹城乡改革提供示范的需要，是形成沿海与内陆联动开发开放新格局的需要，是保障长江流域生态环境安全的需要。在当前应对金融危机的关键时期，尤其要把保持经济平稳较快增长作为首要任务，将解决当前困难与谋求长期发展结合起来，不断增强发展活力，着力解决劳动就业、社会保障、教育公平、医疗卫生、居民住房、库区移民、扶贫开发等重要民生问题，切实维护社会稳定。要站在全局和战略的高度，充分认识加快重庆市改革开放和经济社会发展的重大意义，努力把重庆市改革发展推向新阶段。为此，提出以下意见：

一、推进重庆市统筹城乡改革和发展的总体要求

（一）指导思想。

高举中国特色社会主义伟大旗帜，深入贯彻落实科学发展观，深入实施西部大开发战略，进一步解放思想，锐意进取，加快推进统筹城乡综合配套改革，着力解决"三农"问题；加快推进结构调整和自主创新，着力发展内陆开放型经济；加快推进基础设施和公共服务设施建设，着力改善城乡人居环境；加快推进环境保护和资源节约，着力构建长江上游生态屏障；加快推进社会事业发展，着力做好库区移民和扶贫开发工作，形成有利于科学发展与社会和谐的新体制，促进经济社会又好又快发展，努力把重庆建设成为西部地区的重要增长极、长江上游地区的经济中心和城乡统筹发展的直辖市，在西部地区率先实现全面建设小康社会的目标。

（二）基本原则。

——坚持城乡统筹，促进城乡协调发展。始终把解决好"三农"问题作为全部工作的重中之重，加大以工促农、以城带乡力度，把基础设施建设和社会事业发展的重点放在农村，促进城乡经济社会一体化发展。

——坚持科学发展，着力转变发展方式。加快推进产业结构优化升级，提高自主创新能力，形成产业新格局和竞争新优势。把节约资源和保护环境放在突出位置，实现经济社会发展与人口资源环境相协调。

——坚持以人为本，推进和谐社会建设。把改善人民生活作为一切工作的出发点和落脚点，解决好群众最关心、最直接、最现实的利益问题。大力发展社会事业，促进基本公共服务均等化，保障社会公平正义。

——坚持改革开放，推进体制机制创新。以统筹城乡综合配套改革试验为工作抓手，在重要领域和关键环节率先突破，破除制约经济社会发展的体制机制障碍。全面提高对内对外开放水平，加快建立内陆开放型经济体系。

（三）战略任务。

——实施"一圈两翼"开发战略。着力打造以重庆主城区为核心、一小时通勤距离为半径的经济圈（"一圈"），加快建设以万州为中心、三峡库区为主体的渝东北地区和以黔江为中心、少数民族聚居的渝东南贫困山区（"两翼"），形成优势互补的区域协调发展新格局。

——实施扩大内陆开放战略。以开放促改革促发展，积极探索内陆地区发展开放型经济的新路子。以重庆北部新区及保税港区为龙头和平台，把重庆建设成为长江上游地区综合交通枢纽和国际贸易大通道，成为内陆出口商品加工基地和扩大对外开放的先行区。

——实施产业优化升级战略。加快推进老工业基地改造和振兴，建设国家重要的现代制造业基地。优先发展高新技术产业，大力发展现代服务业，加快发展现代农业，实现一、二、三次产业协调发展，形成城乡分工合理、区域特色鲜明、资源要素优势充分发挥的产业体系。

——实施科教兴渝支撑战略。大力推进基础教育、职业教育和高等教育改革发展，创新人力资源开发模式，加快培养和引进多层次、高素质和实用型人才。充分发挥企业自主创新的主体作用，推进产、学、研相结合的科技创新体系建设，加快建设长江上游的科技创新中心和科研成果产业化基地。

——实施资源环境保障战略。树立生态立市和环境优先的理念，创新节约资源和保护环境的发展模式，发展循环经济和低碳经济，建设森林城市。保护好三峡库区和长江、嘉陵江、乌江流域的水体和生态环境，建设长江上游生态文明示范区。

（四）主要目标。

——到 2012 年，重要领域和关键环节改革取得重大进展，统筹城乡发展的制度框架基本形成。人均地区生产总值达到全国平均水平；城乡居民收入达到西部地区较高水平，收入差距逐步缩小；基本公共服务能力达到全国平均水平；单位地区生产总值能耗比 2007 年下降 20%；环境保护和生态建设取得积极进展，三峡库区长江干流水质达到 II 类。

——到 2020 年，各项改革全面深化，形成统筹城乡发展的制度体系，在西部地区率先实现全面建设小康社会的目标。人均地区生产总值超过全国平均水平；城乡居民收入达到全国平均水平，收入差距明显缩小；基本公共服务能力高于全国平均水平；单位地区生产总值能耗进一步显著下降；生态环境质量明显改善，森林覆盖率达到 45%，三峡库区长江干流水质稳定保持 II 类。

二、促进移民安稳致富，确保库区和谐发展

（五）落实移民扶持政策。移民搬迁安置任务完成后，要适时将工作重点转向促进移民安稳致富，建立促进库区稳定发展的长效机制。加大移民后期扶持力度，逐步增加移民后期扶持资金，切实解决移民长远生计问题。完善移民就业扶持体系，加大职业教育、技能培训、市场信息、创业引导和就业援助工作力度，提高移民就业再就业能力。加快库区产业开发和基础设施建设，继续对库区移民就业再就业实施资金和政策倾斜，提供更多本地就业岗位。以基本养老、医疗和失业保险为重点，将农村进城镇安置移民、城镇占地移民、生态屏障区及地质灾害避让移民纳入社会保障体系。对移民搬迁安置的遗留问题要做细致工作，帮助移民解决生产生活中的实际困难和问题，建设和谐稳定新库区。抓紧编制实施三峡库区和移民安置区基础设施建设和经济社会发展规划，统筹解决库区当前突出矛盾和长远发展问题。

（六）支持库区产业发展。积极发展适合库区特点的优势特色产业，是实现移民搬得出、稳得住、逐步能致富的主要途径。加强对库区产业发展的指导和支持，制定产业政策、区域发展规划和审批项目，都要对库区给予优先支持。积极发展能源及矿产资源深加工、石油天然气化工和盐化工、机械制造、纺织服装、现代中药及生物医药等重点产业，支持库区城镇移民生态工业园建设，增加对园区基础设施建设投入补助。鼓励优质产业向综合条件较好的万州、涪陵等库区城镇布局，探索创新产业园区多元共建和异地投资利益分享新机制。严格执行库区生态环境保护要求，严禁高污染行业企业落户。认真落实全国对口支援三峡库区移民工作五年规划纲要，鼓励更多的省市、企业向重庆提供人才、资金和项目援助，探索更加有效的对口支援方式，增强库区的造血功能和发展后劲。继续发挥库区产业发展基金的扶持作用。依法开征三峡电站水资源费。尽快编制并报批三峡库区后续工作规划，统筹考虑三峡库区后续工作资金需求，抓紧研究制定国家重大水利工程建设基金政策出台后的分配方案和管理办法。

（七）加强库区生态环境建设。健全库区生态环境保护体系，把三峡库区建成长江流域的重要生态屏障，维护长江健康生命，确保三峡工程正常运转。强化库区工业污染源治理，搞好农业面源污染防治，禁止水库网箱养鱼，加大水库清漂力度，解决支流"水华"等影响水质的突出问题。抓紧完善并实施三峡库区绿化带建设规划和水土保持规划，强化生物治理措施，加大水土流失治理力度。根据库区生态承载能力，稳步推进生态移民，在水库周边建设生态屏障区和生态保护带。尽快制定落实消落区治理方案和相关措施，加强三峡库区生态环境监测系统建设。加快推进三峡库区三期地质灾害防治工程，研究建立三峡库区地质灾害防治长效机制，落实库区防灾减灾保安措施。加强三峡工程蓄水后的生态变化规律和长江流域可持续发展战略研究。

三、发展现代农业，推进新农村建设

（八）优化农业结构和布局。加快农业结构战略性调整，构建现代农业产业体系。统筹规划农业布局，科学确定"一圈两翼"农业发展重点，打造"一圈"城郊都市型农业示范区、"渝东北翼"库区生态农业走廊和"渝东南翼"山地特色农业基地。稳定基本农田和粮食播种面积，提高单产水平，继续实施良种补贴等支持政策，确保粮食产量不低于 1100 万吨。推进大中型农业灌区工程建设，加快实施小型农田水利工程，大力发展旱作节水农业和节水灌溉。鼓励和支持农民开展各种小型农业基础设施建设。加强山区综合开发，加快林业产业发展。推进柑橘优势产业带建设，继续实施柑橘种苗补贴政策。支持重庆现代畜牧业示范区建设，加大对规模化养殖小区、良种繁育体系、动物疫病防控体系建设的扶持力度，加强畜牧业发展和养殖废弃物无害化处理和综合利用。加强农业标准化建设，确保农产品质量安全。支持重庆建设全国农业机械化综合示范基地，继续实施农机具购置补贴政策，认真落实农业机械化各项税费优惠政策。

（九）改善农村生产生活条件。扎实推进社会主义新农村建设，加快农村基础设施建设和社会事业发展步伐，着力解决农民生产生活中的突出问题。统筹城乡建设规划，将基础设施建设和公共服务的投入重点放在农村。在重庆开展"通村公路"建设试点，支持具备条件的建制村水泥（沥青）路建设，将已撤并乡镇的公路改造纳入"通村公路"工程统筹安排。增加农村饮水安全工程建设投入，加快解决农村饮水安全问题。大力推进农村沼气建设，发展集中沼气。实施农村生态环境综合治理，改善小城镇和村庄人居环境。加快农村电网改造后续工程建设。继续推进"村村通"电话工程，加强农村地区互联网接入能力建设和面向"三农"的信息服务平台建设。健全农村公共设施维护机制，提高综合利用效能。增加公共财政对农村教育、文化、卫生、体育、就业服务和社会保障等基本公共服务的投入，加强农村社会事业专业技术人才队伍建设，促进城乡基本公共服务均等化。

（十）加快渝东南等地区扶贫开发。坚持开发式扶贫、开放式扶贫和救济式扶贫有机结合，创新扶贫开发模式，促进产业发展，重点加快渝东南武陵山区各族群众脱贫致富步伐。支持特色产业发展，每个扶贫开发工作重点县集中扶持 2—3 个特色产业，提高农村贫困人口自我发展能力。完善整村推进扶贫规划，加大以工代赈实施力度，扩大深山峡谷和高寒山区扶贫移民搬迁工程实施范围。实行新的扶贫标准，对农村低收入人口全面实施扶贫政策，把尽快稳定解决扶贫对象温饱并实现脱贫致富作为新阶段扶贫开发的首要任务，让更多的农村贫困人口共享改革发展成果。促进农村最低生活保障制度和扶贫开发政策有效衔接。建立贫困农民创业基金，开展贫困农民创业试点工作。积极发展村级扶贫互助资金组织，健全和完善管理机制。完善协作扶贫机制，加大对口和定点扶贫工作力度。积极引导各类社会资源投入扶贫事业。逐步取消国家扶贫开发工作重点县的中央投资项目地方配套资金。支持重庆制定扶贫法规，将扶贫开发纳入法制化轨道。协调渝鄂湘黔四省市毗邻地区成立"武陵山经济协作区"，组织编制区域发展规划，促进经济协作和功能互补，加快老少边穷地区经济社会发展。

四、加快老工业基地改造，大力发展现代服务业

（十一）加快国有企业改革和非公有制经济发展。充分利用国家支持政策，发挥重庆产业门类齐全、专业人才集聚的优势，积极探索新机制和新模式，推进老工业基地改造。加快国有经济布局和结构的战略性调整，促进国有资本逐步向关系国家安全、国民经济命脉的重点领域集中，加快形成一批拥有自主知识产权和国际知名品牌、国际竞争力较强的优势企业。对参与老工业基地改造、符合国家产业政策的项目，在项目审核、土地利用、贷款融资、技术开发、市场准入等方面给予支持。建立健全国有资本经营预算制度，推动国有资本经营收益投入基础设施建设和公共服务领域。深化国有企业公司制股份制改革，鼓励和引导个体、私营等各种所有制经济参与国有企业改造。创造促进非公有制经济加快发展的公平竞争环境，落实中央在融资、财税、市场准入等方面的各项政策，促进中小企业向"专、新、特、精"方向发展。加快南桐、松藻、天府等采煤沉陷区综合治理，推进资源枯竭地区经济转型。加快采煤沉陷区棚户区和城镇危旧房改造。

（十二）着力构建特色优势产业集群。充分发挥现有工业基础优势，培育发展新兴产业，增强主导产业的优势和活力。发展壮大汽车摩托车、装备制造、石油天然气化工、材料工业和电子信息五大支柱产业，形成实力雄厚、关联性强的优势产业集群。做强做大汽车摩托车产业，发展小排量、混合动力等节能环保型汽车、柴油车，推进零部件产业的优化升级，建设有利于自主开发的汽车综合试验场，增设国家摩托车质量检测中心，加快建成中国汽车名城和摩托车之都。振兴装备制造业，支持重庆发展风力发电和轨道交通配套装备。鼓励发展重型铸锻件、齿轮箱、大型柴油机配件等基础零部件产业。建设柴油机关键零部件、传动部件生产基地，创建西部特种船舶、高压输变电设备制造基地。高水平发展石油天然气化工产业，拓展产业规模和产业链。优化提升材料工业，做好重钢环保搬迁和产品结构升级改造。增加氧化铝有效供应，提高精加工的水平。加强国家高新技术产业基地建设，大力发展高新技术产业，提高其在经济总量中的比重。

（十三）积极发展生产生活性服务业。发挥西部地区特大中心城市优势，进一步健全现代服务业发展体制，促进生产性和生活性服务业全面发展。完善金融市场体系，提升金融服务水平，促进金融产业健康快速发展，建设长江上游地区金融中心，增强重庆的金融集聚辐射能力。支持重庆大中型农产品批发市场、重要商品储备基地、三峡库区中药材集散地、粮食流通体系和农业科技贸易城建设，构建现代物流基地。打造长江上游地区的"会展之都""购物之都"和"美食之都"，形成区域商贸会展中心，促进实现流通现代化。加快重庆主食加工配送中心建设。鼓励国内外知名品牌和有实力的商贸流通企业到重庆投资落户。加快完善旅游公共服务设施，发挥集散地枢纽功能。加强旅游资源保护和旅游景区基础设施建设。综合开发现代旅游产品，积极发展渝东南地区民族特色手工业和民俗生态旅游，培育一批功能齐全的特色旅游景点。依托三峡工程、三峡文化和三峡生态长廊，构建长江三峡国际黄金旅游带。

（十四）促进科技进步和自主创新。加快科技创新中心建设，设立重庆统筹城乡科技改革与创新综合试验区。国家在重点研发基地布局、支持军民融合技术创新基地建设、科技和创新

综合改革试验等方面给予重点支持，加快研究开发、资源共享和成果转化科技平台建设，提升自主创新能力。加强产业技术升级、新兴产业培育、节能减排、资源利用保护等方面关键技术的研究开发和技术标准的研制。逐步建立服务业科技创新体系，用现代信息技术提升服务业发展水平。认真落实国家重点扶持的高新技术企业的所得税优惠政策和激励自主创新的财政、税收、政府采购等各项政策。探索建立比较完备的科技投融资体系，开展科技保险试点，健全科技创业风险投资机制和技术创新激励机制。深化科技体制改革，积极营造集聚人才、激励企业技术创新和促进产、学、研合作的政策环境。

（十五）增强"一圈"的辐射带动作用。建立区域产业协同发展新机制，推进"一圈两翼"统筹协调发展。着力在"一圈"构建大型产业基地，发展产业集群，提升综合实力和竞争力。发展适宜在"两翼"布局的相对优势产业。鼓励主机成套企业将零部件生产转移到"两翼"。支持"两翼"的农副产品、特色矿产、原材料及粗加工产品拓展市场空间。创新园区共建和资源共享机制，支持"两翼"特色工业园区和公共服务平台建设，提升承接产业转移的能力。依托"一圈"的资金、人才和技术等优势，扶持"两翼"发展特色加工业、现代农业、旅游业和各类服务业。完善"一圈"对口帮扶"两翼"机制，推进异地办园、协助引进项目、援建标准厂房、对口扶持企业等工作。探索建立要素和收益共享的"一圈两翼"互利共赢发展新机制。推动大、中、小城市和小城镇协调发展，完善城镇功能，增强产业带动和就业吸纳能力，减轻"两翼"的人口、资源和环境压力。

五、大力提高开放水平，发展内陆开放型经济

（十六）加快北部新区和保税港区建设。设立重庆北部新区内陆开放型经济示范区，形成高新技术产业研发、制造及现代服务业聚集区。支持北部新区在土地、财税、金融、投资、外经外贸、科技创新、管理体制等领域先行先试。继续发挥北部新区内各类国家级园区的特色和辐射带动作用，形成一区多园、良性互动、错位发展的格局。加快重庆两路寸滩保税港区建设，保税港区功能和有关税收政策比照洋山保税港区的相关规定执行。合理配置海关、出入境检验检疫人员和监管设施，确保有效监管。认真研究设立"两江新区"问题。

（十七）进一步扩大对外开放。认真落实国家鼓励出口的各项政策，调整出口产品结构，挖掘出口市场潜力，努力保持出口稳定增长。充分利用两个市场、两种资源，加快转变贸易发展方式，大力发展机电产品、高新技术产品出口，发展服务贸易，承接国际服务外包和加工贸易的转移。积极吸收国外资金、技术和人才，注重与外资企业开展形式多样的投资贸易合作。支持具备条件的企业走出去设立生产和研发基地，购并高新技术企业和研发机构。

（十八）积极开展区域经济合作。构建区域经济合作新机制，充分利用各种区域合作平台，加强同周边省市、长江沿线、沿海地区全方位、多层次、宽领域合作。深化周边合作，促进基础设施互联互通、资源共同开发、产业分工协作。尽快完成成渝经济区规划编制，推进成渝经济区产业协作，加强渝黔、渝陕资源开发合作。推动沿江合作，建立沿江省市产业协作联动机制，打造沿江产业带。强化东西合作，引导西部企业利用重庆内陆开放型经济平台，承接沿海发达地区产业转移，打造东西部合作示范基地。

（十九）改善内陆开放的政策环境。建立健全发展内陆开放型经济的政策体系，营造与国内外市场接轨的制度环境。加快完善涉外公共管理和服务体系，改善产业配套条件。积极探索沿长江建立大通关模式，推进区域通关改革，充分发挥长江黄金水道的优势，推进江海直达，实现长江水运通关便利化，推进电子口岸建设，解决内陆地区对外开放瓶颈制约。逐步扩大基础设施和重点行业的市场准入，建立适应对内对外开放的投资体制和激励机制。加快改善三峡库区和贫困山区的开放开发环境，对农、林、牧、渔业项目，国家重点扶持的公共基础设施项目，符合条件的环境保护、节能节水项目等优先给予相应的税收减免。创新人才引进与激励机制，加快培养和引进开放型经济管理人才。

六、加快基础设施建设，增强城乡发展能力

（二十）加强水利设施建设。按照解决工程性缺水和提高水资源利用效率并重的原则，提高城乡水利设施建设能力和水资源利用水平与保障能力。继续支持"泽渝"一期工程建设，优化"泽渝"二期工程规模，因地制宜地建设一批中小型水源工程。开工建设大足玉滩水库，开展巴南观景口、南川金佛山等大型水库前期工作。加快城镇供水工程、沿江沿河县城及重点集镇防洪护岸工程和病险水库除险加固工程建设，提高城乡居民饮水、农业灌溉用水、防洪减灾的安全保障水平。加快水价机制改革，提高水资源管理水平，保障水利良性发展。

（二十一）加快综合交通运输枢纽建设。加快对外通道建设，优化运输衔接，完善综合交通运输体系，尽快建成长江上游地区综合交通枢纽。加快建设襄渝复线、宜万、兰渝、渝利铁路和遂渝复线，尽快开工建设渝怀复线、重庆至贵阳铁路、重庆至万州铁路、成渝客运专线、黔江—张家界—常德铁路，规划建设郑渝昆等铁路，形成以重庆铁路枢纽为中心，多条便捷化、大能力对外通道为骨干的铁路网布局，推进团结村铁路枢纽与保税港区物流联动。加快重庆辖区国家高速公路网络建设，稳步开展地方高速公路建设，加快建成"一环两射一联"市内高速公路骨架，国家和省级干线公路达到三级及以上标准，实现"四小时重庆"和"八小时邻省"的公路通达目标。推动长江上游航运中心建设，统筹规划岸线资源和港口布局，重点建设主城、万州、涪陵三个港区，以及长江、嘉陵江、乌江高等级航道。实施改扩建工程，提升江北国际机场枢纽功能。加快发展支线航空，尽快建成黔江机场，开展巫山机场前期工作。尽快完成近期建设规划修编，加快城市轨道交通发展。合理规划地下管网，有效利用地下空间。加强港口、铁路、公路、机场、城市道路的衔接，构建一体化交通换乘系统。支持重庆进行综合交通体制改革试点。加快综合信息基础设施建设，优先考虑在重庆开展"三网融合"试点，支持建设直达国际的专用高速通信通道。

（二十二）加强能源开发建设。以电力为中心、煤炭为基础、天然气为补充，资源开发与区域合作并举，加快建设能源保障体系。加强电力建设，抓紧研究重庆电厂、九龙电厂环保搬迁有关问题，积极推进奉节、石柱电厂项目的建设。稳步提高重庆能源结构中清洁能源、可再生能源和新能源的比重，积极开展小南海水电工程前期工作，抓紧论证布局大型清洁能源项目和炼化项目。有序开发小水电资源，按规划稳步推进水电农村电气化县和小水电代燃料工程建设。加强电网建设和农村电网改造工作。适当加大煤炭资源勘探开发力度，强化煤矿瓦斯利用和安全生产管理。大力开发天然气和煤层气资源，适当增加对重庆的天然气供应，支持天然气就地加工。扩大跨省能源交易。

（二十三）提高基础设施规划、建设和管理水平。统筹城乡建设规划，逐步实现水利、交通、能源等基础设施建设规划一体化。坚持先规划、后建设，发挥规划对城镇化的引导作用，优化城乡基础设施功能和布局。创新基础设施建设投融资体制，优化政府投资结构，继续加大对农村基础设施建设投入。加强城乡大型防灾骨干工程和信息系统建设。加快推进政府非经营性投资项目代建制，创新基础设施建设和公共服务提供模式。完善社会资本投资激励机制，采取建设—经营—转让（BOT）、项目收益债券、业主招标等方法，推进投资主体多元化。加强对政府投资项目的监督管理，规范各类投资主体的投资行为。健全城乡基础设施管理体制，将城乡基础设施纳入统一管理体系，促进城乡基础设施衔接互补、联网共享。增强管理部门之间的协调性，提高基础设施综合利用效能。探索建立市政基础设施的政府监管体系和社会监督机制，维护公众利益和公共安全。

七、加强资源节约和环境保护，加快转变发展方式

（二十四）大力推进节能减排。优化能源结构，提高环境保护标准，减少污染物排放和能源消耗。建立多部门联动的减排工作机制，实行环境准入制度。加快淘汰落后生产能力，遏制"两高一资"行业增长，严格控制新的污染。大力实施节能减排重点工程，加快节能减排能力建设。推进节能减排和发展循环经济的关键技术开发和推广。强化节能减排目标责任制，完善节能减排统计监测和考核实施办法。积极开展循环经济试点，做好工业园区循环经济发展规划，把重庆建成中西部地区发展循环经济的示范区。完善资源价格形成机制，探索建立环境资源有偿使用的市场调节机制，建立和完善重污染企业退出机制、绿色信贷、环境保险等环境经济政策，加快形成节约环保型的生产、流通和消费方式。

（二十五）加强城乡污染综合治理。以确保城乡集中式饮用水源地和三峡库区水质安全为重点，加强对城乡污染的综合防治。实施三峡库区及其上游水污染防治规划，对纳入规划的污水和垃圾处理、重点工业污染源治理、次级河流污染整治等项目，中央财政继续给予补助。加快落实污水、垃圾处理费征收政策，合理确定收费标准，确保治污设施正常运营。加大农村环境保护力度，强化畜禽养殖污染防治，实施有机肥推广示范工程，促进养殖废弃物向有机肥料的转化、推广和应用。加强污染治理技术研发，力求在"水华"控制、消落区整治、小城镇污水垃圾处理、面源污染防治等关键领域取得技术突破。

（二十六）积极建设长江上游生态文明区。完善相关政策，加快生态建设，促进可持续发展。在确保基本农田和耕地总量的前提下，根据国务院有关部门制定的退耕还林工程规划，逐步将重点区域25度以上陡坡耕地退耕还林。将重庆天然林保护工程区内国家重点公益林的新造林纳入中央财政生态效益补偿基金补偿范围，通过多种资金渠道扶持低效林改造。加强重庆长江流域防护林体系建设工程，保护好缙云山、中梁山、铜锣山、明月山等生态走廊。继续实施生态示范创建工程，有序推进生态文明村建设。加快实施石漠化综合治理、小流域综合治理、水土保持等生态环境工程。研究建立多层次的生态补偿机制。加强生物多样性和生物安全

管理，提高自然保护区管护水平。

八、大力发展社会事业，提高公共服务水平

（二十七）优先发展教育事业。加快教育体制改革，形成城乡教育一体化发展机制，支持重庆建设国家统筹城乡教育综合改革试验区。推进义务教育均衡发展，改善农村中小学办学条件，城乡普通中小学和学前教育师资配置逐步达到统一标准，推进农村中小学现代远程教育发展，加大寄宿制学校建设力度。将农民工随迁子女接受义务教育纳入公共教育体系。加快普及农村高中阶段教育，重点发展农村中等职业教育。探索职业教育发展新机制，加强职业教育基础能力建设，大力完善职业教育与培训体系，重点推动职业教育集团化办学模式改革，健全协作培养、分段培养等技能人才培养方式。继续对重庆高校招生计划适度倾斜，扩大库区、贫困地区和少数民族地区招生比重。支持重庆高等教育发展和重点学科建设。提高普通高等学校生均综合定额，尽快达到部属高校水平。积极发展幼儿教育、特殊教育和民族教育。

（二十八）完善城乡医疗卫生体系。深化医药卫生体制改革，加快建立覆盖城乡居民的基本医疗卫生制度，在西部地区率先实现人人享有基本医疗卫生服务的目标。支持重点市级医院现代化建设，加强县级医疗机构基础设施建设和乡村、社区卫生服务机构标准化、规范化建设。加大对基层医疗机构和公共卫生的投入，加强疾病预防控制、卫生监督、妇幼保健、精神卫生等公共卫生机构建设，提高公共服务水平、应急救治能力，以及重大传染病、慢性病和地方病的预防控制能力。扶持中医药发展。加强城乡基本公共卫生服务，逐步实现公共卫生服务均等化。建立基本药物制度，完善基本药品和医疗服务定价政策。健全计划生育奖励扶助制度，加强农村基层计划生育技术服务体系建设，稳定低生育水平。完善人口管理与决策信息系统，建立快速、科学的人口信息采集和监测机制。

（二十九）加强文化体育事业建设。加快文化体制改革步伐，推动文化事业健康快速发展，在西部地区率先建成覆盖城乡的公共文化服务体系和文化产业发展机制。推进国家文化和自然遗产地保护、历史文化名城保护、抢救性文物保护、文化信息资源共享工程、乡镇综合文化站、广播电视村村通工程、农村电影放映工程等项目建设。开展城市社区文化活动中心和村文化室建设。开展建立公共文化服务体系财政保障机制试点，对基层公共文化机构日常运行经费及博物馆免费开放给予补助。创建多元投资机制，开发特色文化资源，推进文化产业基地和文化市场建设，促进文化产业发展。加快体育体制改革和大众体育事业发展。大力推进公共体育设施建设，完善全民健身服务体系，提升竞技运动水平，提高大型体育赛事的举办能力和组织水平。积极开发健身休闲和体育竞赛市场，推动体育产业发展。

（三十）健全社会保障制度。进一步加大中央财政支持力度，加快建立健全覆盖城乡居民的社会保障制度。积极稳妥推进事业单位养老保险改革试点。支持重庆率先探索建立农村养老保险制度。完善基本医疗保障制度，支持开展城乡统筹基本医疗保险试点，不断提高新型农村合作医疗的保障水平，逐步实现基本医疗保险市级统筹。统筹解决关闭破产国有企业（包括中央在渝企业）退休人员参加基本医疗保险问题。完善被征地农民社会保障政策，做到即征即保和应保尽保。完善城乡居民最低生活保障制度。加强对困难群众的社会救助。加强城市养老服务机构建设，继续实施"农村五保供养服务设施建设霞光计划"，对农村敬老院建设予以倾斜支持。完善城镇住房保障制度，增加保障性住房供给，加大廉租房和经济适用房建设力度。逐步将进城稳定就业人员纳入廉租房和经济适用房供应范围。

九、积极推进改革试验，建立统筹城乡发展体制

（三十一）建立以城带乡、以工促农的长效机制。调整国民收入分配格局，加大对农业和农村发展的支持力度，构建新型工农关系和城乡关系。完善农业支持保护制度，扩大公共财政覆盖农村范围，确保各级财政支农投入总量和比重逐年增加，建立健全促进城乡基本公共服务均等化的政府投入机制。提高政府土地出让收益用于农业土地开发和农村基础设施建设的比重。拓宽支农资金渠道，强化支农资金整合运用。推进强农惠农政策的规范化和制度化，不断加大强农惠农政策力度。加大对农民专业合作社的财政金融扶持，加快构建新型农业社会化服务体系，完善相关支持政策。统筹市区、城镇与乡村发展，加快小城镇建设，积极发展农村非农产业，壮大县域经济，发挥工业化、城镇化及大中城市对农业农村发展的辐射带动作用。支持重庆构建城乡一体的基层公共科技服务体系，引导科技要素向农业和农村转移。创新农工商合作、联营、一体化经营体制，发展农业产业化经营，扶持壮大龙头企业，鼓励龙头企业与农民建立紧密型利益联结机制。

（三十二）建立统筹城乡的土地利用制度。稳定和完善农村基本经营制度，赋予农民更加充分而有保障的土地承包经营权，现有土地承包经营关系要长久不变。继续推进集体林权制度改革。合理安排和调控城乡用地布局，实行最严格的耕地保护制度和最严格的节约用地制度，严格执行耕地占补平衡制度。尽快划定永久性基本农田，建立保护补偿机制，确保基本农田总量不减少、用途不改变、质量有提高。加强土地整理工作，支持和指导重庆创新土地整理复垦开发模式。按照依法自愿有偿原则，允许农民以转包、出租、互换、转让、股份合作等形式流转土地承包经营权。规范承包方之间以土地承包经营权入股，开展"发展农民专业合作社"试验项目。严格农村宅基地管理，保障农户宅基地用益物权。稳步开展城乡建设用地增减挂钩试点。设立重庆农村土地交易所，开展土地实物交易和指标交易试验，逐步建立城乡统一的建设用地市场，通过统一有形的土地市场、以公开规范的方式转让土地使用权，率先探索完善配套政策法规。加快重庆土地利用总体规划修编，按照"前期适当集中，后期相应调减"的原则，在近期新增建设用地总规模不变的前提下，试行近两年增加土地利用年度指标、后几年相应减少年度指标的管理方式。积极推进征地制度改革。

（三十三）建立统筹城乡的金融体制。推进金融体制改革，健全金融市场体系，改善城乡金融服务。加快发展多层次的资本市场，适时将重庆纳入全国场外交易市场体系，支持符合条件的企业上市融资。推进企业债券、公司债券发行及机制建设，探索发行用于市政基础建设的项目收益债券。研究设立产业投资基金，探索设立中外合资产业基金管理公司。设立保险业创新发展试验区，开展保险资金投资基础设施等试点。开展外汇管理体制改革试点，允许1—2家符合相关条件的重庆非金融企业进入银行间外汇市场。加快研究重庆大企业集团开展外汇资金集中运营管理有关方案。依托全国金融市场中心建设整体布局，待时机成熟后，优先考虑在

重庆设立全国性电子票据交易中心。支持期货交易所在重庆设立当地优势品种的商品期货交割仓库，支持在重庆设立以生猪等畜产品为主要交易品种的远期交易市场。建立现代农村金融制度，规范发展多种形式的新型农村金融机构和以服务农村为主的地区性中小银行，支持开展商业性小额贷款公司试点，大力推进农村金融产品和服务创新。建立农村信贷担保机制，探索建立农业贷款贴息制度。提高农村地区支付结算业务的便利程度，加快农村信用体系建设。积极推进"三农"保险，扩大政策性农业保险覆盖面。支持重庆与国际金融组织加强合作，探索并推进统筹城乡改革与发展示范项目。

（三十四）建立城乡统一的劳动就业制度。把统筹解决农民工问题作为重庆统筹城乡改革发展的突破口。按照劳动者自主择业、市场引导就业和政府促进就业的原则，建立健全覆盖城乡的就业服务体系，打造功能完善、平等竞争、城乡统一的人力资源市场，形成城乡劳动者平等就业制度，稳定和增加就业机会。建设符合产业发展要求的专业化职业培训、实训基地和职业技能鉴定示范基地。继续实施"阳光工程"，加大农村劳动力就业创业培训力度，推动农村劳动力转移就业。加强劳务品牌建设，促进劳务经济由数量型向质量型转变。积极支持就业、再就业工作，完善自主创业、自谋职业的政策支持体系和面向城乡就业困难人员的就业援助制度，对返乡创业农民工给予政策支持。规范发展就业服务机构和劳务经纪人。健全劳动用工管理制度，建立和完善跨省（区、市）劳务合作机制和劳动者权益保护机制，维护城乡劳动者合法权益。

（三十五）建立城乡统一的社会管理体制。加快转变政府职能，建设服务型政府，探索建立有利于统筹城乡发展的行政管理体制，推进城乡社会管理一体化。增加政府公共服务支出，转变公共服务提供方式，全面推行政府投资项目代建制，推广政府购买服务模式，引导社会资金投资公益性社会事业。健全社会组织建设和管理，加快推进事业单位分类改革，促进政事分开、管办分开、公益性和营利性分开。积极培育各类服务性民间组织，发挥其提供服务、反映诉求、规范行为的作用。支持建设安全保障型城市示范区。健全社会治安防控体系，深入开展平安重庆创建活动。健全党和政府主导的维护群众权益机制，拓宽社情民意表达渠道。扎实推进城乡社区建设，完善综合服务功能，健全基层党组织领导的社区民主管理和村民自治制度，努力把城乡社区建设成为服务完善、管理有序、文明祥和的社会生活共同体。

十、加强组织领导，落实各项任务

（三十六）切实加强指导协调。国务院各有关部门要根据自身职能，抓紧研究制定并认真落实支持重庆市改革发展的细化方案和具体措施，加强工作指导和统筹协调。各有关部门要指导重庆编制实施重点领域的改革发展规划和重大项目建设方案，保障专项规划与全国规划相衔接，做好重大项目的前期工作。各有关部门要把重庆市纳入本部门已启动或拟开展的改革试点范围，推进实施部市共建协议。着眼于增强西部地区自我发展能力，促进重庆市统筹城乡发展，把中央财政对重庆市建市补助列入中央对重庆的体制补助基数，进一步加大中央财政转移支付、中央预算内专项资金和中央预算内投资以及其他中央专项资金对重庆的投入力度，提高重庆市的财力水平。在政策实施过程中，各有关部门要加强调查研究和督促检查，及时总结经验，帮助重庆市解决改革发展中的困难和问题。中央国家机关、企事业单位和沿海经济发达地区要加大对重庆市的对口帮扶力度。

（三十七）健全改革试验推进机制。重庆市要加强统筹城乡综合配套改革试验区建设，坚持统筹兼顾、科学规划、突出重点、分步实施，允许先行先试，推动改革试验尽快取得进展。要抓紧制定并组织实施统筹城乡综合配套改革试验总体方案，建立健全改革创新的程序性规范及推进机制。对具有突破性的改革试验实行项目化管理，建立目标责任制度和纠错机制，落实风险防控措施，及时总结正反两方面的经验，引导改革试验积极稳妥推进。由发展改革部门牵头，会同各有关部门协调和指导重庆统筹城乡综合配套改革试验区工作，定期检查工作进展情况，协商解决重大政策问题，及时向国务院报告有关情况。

（三十八）全面落实各项任务。重庆市要切实加强组织领导，承担起国家赋予的历史使命，认真完成各项重大战略任务。要按照改革发展目标任务，制定阶段性行动计划，尽快细化完善相关政策。要把各项任务分解到有关地方和部门，明确目标任务和工作责任，完善监督考核机制，切实把改革发展的各项政策落到实处。要定期总结经验，重大问题及时向国务院报告，确保改革发展各项工作有序开展。

统筹城乡改革和发展是一项长期艰巨的战略任务，使命光荣，责任重大。重庆市要紧紧抓住历史机遇，进一步解放思想，开拓创新，扎扎实实做好各方面工作，努力开创科学发展与社会和谐的新局面。

国务院

2009 年 1 月 26 日

国家发展改革委关于批准重庆市和成都市设立
全国统筹城乡综合配套改革试验区的通知

（发改经体〔2007〕1248 号）

重庆市人民政府、四川省人民政府：

报来的《重庆市人民政府关于申请将重庆设立为国家级统筹城乡综合改革试验区的函》（渝府函〔2007〕23 号）和《四川省人民政府关于申请将成都市设立为国家综合配套改革试验区的函》（川府函〔2007〕53 号）收悉。经报请国务院同意，批准设立重庆市和成都市全国统筹城乡综合配套改革试验区。

重庆市和成都市要从两市实际出发，根据统筹城乡综合配套改革试验的要求，全面推进各个领域的体制改革，并在重点领域和关键环节率先突破，大胆创新，尽快形成统筹城乡发展的体制机制，促进两市城乡经济社会协调发展，也为推动全国深化改革，实现科学发展与和谐发展，发挥示范和带动作用。请你们抓紧研究制定具体实施方案，尽快将方案报送我委，经国务院审批后实施。

国家发展改革委

2007 年 6 月 7 日

国务院办公厅关于重庆市统筹城乡综合配套改革试验总体方案的复函

（国办函〔2009〕47号）

重庆市人民政府：

你市报来的《重庆市统筹城乡综合配套改革试验总体方案》收悉。经国务院同意，现函复如下：

一、原则同意《重庆市统筹城乡综合配套改革试验总体方案》（以下简称《方案》），请认真组织实施。

二、《方案》实施要以邓小平理论和"三个代表"重要思想为指导，深入贯彻科学发展观，认真落实党的十七大、十七届三中全会和《国务院关于推进重庆市统筹城乡改革和发展的若干意见》（国发〔2009〕3号）精神，根据统筹城乡综合配套改革试验的要求，加强重点领域和关键环节的先行先试，加快建立统筹城乡发展的体制机制，尽快在城乡规划、产业布局、基础设施建设、公共服务一体化等方面取得突破，促进公共资源在城乡之间均衡配置，生产要素在城乡之间自由流动，推动城乡经济社会发展融合，为全国深化体制改革、推动科学发展和促进社会和谐提供经验和借鉴。在当前应对国际金融危机的形势下，要把保持经济平稳较快增长作为首要任务，将解决当前问题与建立长远机制结合起来，坚持改革开放，增强发展活力，切实维护社会稳定。

三、重庆市人民政府要加强对《方案》实施的组织领导。要围绕推进城乡经济社会协调发展、城乡劳务经济健康发展、土地流转和节约集约利用三条主线，探索建立以城带乡、以工促农的长效机制，积极推进城乡规划、行政管理、社会保障、基本公共服务、生态建设和环境保护的体制改革创新，加快就业培训、土地利用、金融市场和内陆开放的改革发展步伐。要根据《方案》制定相应的专项改革方案，对具有突破性的改革试验要实行项目化管理，涉及土地、金融等重要改革事项要按程序报批后实施。对推进综合配套改革试验中出现的新情况新问题，要及时统筹研究，妥善提出相应对策。

四、国务院有关部门要按照职责分工，积极支持在重庆市开展有关专项改革，先行试验一些重大的改革开放措施，特别是拟推出的与统筹城乡发展主题相关的改革事项，要优先放在重庆市等改革试验区先行先试。发展改革委要加强对重庆市综合配套改革试验的指导和协调推进工作，做好《方案》与各专项方案的衔接，组织开展对《方案》实施的督促检查与评估，确保《方案》中的各项改革措施落到实处。

各有关方面要充分认识推进重庆市统筹城乡综合配套改革试验工作的重要意义，统一思想，勇于创新，扎实工作，积极推进《方案》的实施和各项改革措施的落实，努力开创重庆市改革发展的新局面。

国务院办公厅

2009年4月28日

重庆市统筹城乡综合配套改革试验总体方案

设立重庆统筹城乡综合配套改革试验区，是国家进一步深化改革开放和发挥重庆西部大开发战略支点作用的重大举措。设立直辖市以来，重庆市经济社会发展取得了重大成就，但城乡二元结构特征仍很突出，集大城市、大农村、大库区、大山区和民族地区于一体的基本市情尚未根本改变，当前又面临应对国际金融危机的新挑战。新形势下，国家对重庆统筹城乡改革和发展赋予了新的使命。近期，专门出台了《国务院关于推进重庆市统筹城乡改革和发展的若干意见》（国发〔2009〕3 号，以下简称《意见》）。为做好《意见》的贯彻落实工作，根据《国家发展改革委关于批准重庆市和成都市设立全国统筹城乡综合配套改革试验区的通知》（发改经体〔2007〕1248 号）要求，结合重庆市实际，制订本方案。

一、改革试验的总体思路

（一）指导思想。

以中国特色社会主义理论体系为指导，深入贯彻落实科学发展观，以解放思想、深化改革、扩大开放为动力，以推进新型工业化、城镇化为支撑，遵循"统筹兼顾、科学规划、突出重点、分步实施"的原则，积极稳妥地推进改革试验。着力调整国民收入分配格局，构建以工促农、以城带乡、城乡差距不断缩小的长效机制；着力探索富有西部特色的工业化、城镇化和农业现代化模式，推进自主创新，构建大城市带动大农村、促进城乡经济社会逐步一体化的良性机制；着力推进三峡库区移民安稳致富和生态环境保护，构建资源节约、环境友好、发展持续、社会和谐的科学发展新机制，全面加强经济、政治、文化、社会建设，加快把重庆建设成为西部地区的重要增长极、长江上游地区的经济中心和城乡统筹发展的直辖市，在西部地区率先实现全面建设小康社会的目标，努力为全国统筹城乡发展探索新路子。

（二）基本措施。

统筹城乡综合配套改革试验是长期而艰巨的历史任务，近期重点围绕三条主线推进改革试验，探索建立统筹城乡发展的 12 项新机制。同时，着力改善市场经济环境，探索内陆开放型经济发展模式，深入推进西部大开发，进一步完善社会主义市场经济体制，力争在改革和发展上有新的突破。

——推进城乡经济社会协调发展。以主城为核心、一小时车程为半径的经济圈（简称"一圈"）和以万州为中心、重庆三峡库区为主体的渝东北地区，以黔江为中心、少数民族聚居的渝东南贫困山区（简称"两翼"）是重庆二元结构在区域上的表现形态。要加快把"一圈"建成西部地区重要增长极的核心区域、长江上游经济中心的主要载体、城乡统筹发展直辖市的重要平台，把渝东北地区建成长江上游特色经济走廊和重要生态屏障，把渝东南地区建成扶贫开发示范区，促进"一圈两翼"协调发展，实现大城市带大农村、推进城乡经济社会一体化发展。一是建立产业合理布局与有序发展的导向机制，落实主体功能定位，促进人口资源环境协调发展；二是建立政府财力向公共服务特别是农村基本公共服务倾斜的投入机制，构建合理的公共财政体制框架；三是构建区域对口帮扶、互动发展机制，建立和完善"一圈"在产业布局和社会事业发展、扶贫开发等方面帮扶"两翼"的合作方式；四是建立适应社会主义市场经济健康运行要求的政府服务机制，不断深化行政管理体制改革。

——推进城乡劳务经济健康发展。发展劳务经济是加快工业化、城镇化的需要，对于一个农业人口比重很高的直辖市特别重要。要把统筹解决农民工问题作为重庆统筹城乡发展的突破口。一是建立提升劳动力素质和引导其就业创业的新机制，进一步加强城乡教育事业和劳动力培训；二是建立覆盖城乡、有序转接的社会保障新机制，健全城乡社会保障体系；三是建立引导城乡人口合理分布的新机制，不断完善城乡户籍管理制度；四是建立促进和谐的现代社会管理新机制，保障和维护农民工合法权益。

——推进土地流转和集约利用。遵循依法、自愿、有偿原则，有序引导土地流转和集约化经营。一是探索农村土地流转和征地补偿新机制，促进农村人口有序向城镇转移，提高土地利用效率；二是探索农业现代化的新模式、新机制，建立农村土地流转和现代农业服务体系；三是建立基础设施和公共服务网络加快向乡村延伸的新机制，加强农村生态环境建设；四是建立招投标方式配置扶农资源的新机制，落实集约节约用地制度。

（三）实现目标。

到 2012 年，重点领域和关键环节改革取得重大进展，统筹城乡发展的制度框架基本形成，经济实力、人民生活和城乡统筹发展水平迈上新台阶。人均地区生产总值达到全国平均水平，城乡居民收入达到西部地区较高水平，基本公共服务能力达到全国平均水平，单位地区生产总值能耗比 2007 年下降 20%，三峡库区长江干流水质达到 II 类。一是基本形成大城市带大农村发展的良性机制，"一圈"与"两翼"人均 GDP 之比、城乡居民收入比分别缩小到 2.2：1 和 3.15：1，农民人均纯收入年均增长率不低于 11%；二是基本形成开发与保护并重、收益合理分配、规范有序的土地流转和利用制度，农村土地规模经营比例超过 25%；三是基本形成农民工稳定就业、有序迁居城镇的政策制度，非农产业就业比重超过 65%，城镇化率达到 55% 以上；四是基本形成城乡社会保障制度框架，扩大最低生活保障覆盖面，并建立城乡低保标准联动调整机制；五是基本形成保障公共服务城乡均衡的公共财政框架，加快农村社会事业发展，全市新增社会事业投入主要用于农村；六是基本形成城乡统筹的行政管理体制，政府与市场的关系进一步理顺。

到 2020 年，各项改革全面深化，形成统筹城乡发展的制度体系，支撑经济发展质量提升、结构优化、人民生活水平稳步提高，统筹城乡发展水平在西部领先，长江上游地区经济中心、西部地区重要增长极的功能形成，在西部率先实现全面建设小康社会的目标，取得科学发展、社会和谐的明显成效。人均地区生产总值超过全国平均水平；城乡居民收入达到全国平均水平，收入差距缩小至 2.5：1，城镇化率达到 70%；基本公共服务能力高于全国平均水平；单位地区生产总值能耗进一步显著下降；生态环境质量明显改善，森林覆盖率达到 45%，三峡库区长江干流水质稳定保持 II 类。

二、改革试验的重点任务

按照改革试验的总体思路和分阶段目标，加快推进社会管理和公共服务向农村延伸，社会事业和社会保障向农村延伸，市场机制和市场要素向农村延伸；着力攻克农村土地制度创新、农民工转移就业和安居扶持机制创新、城乡社会保障制度建设、公共财政制度改革、行政管理体制改革等五大难点。主要实施以下重点改革任务：

（一）加快形成市域主体功能区布局。加快推进全市主体功能区规划编制，充分考虑人口空间分布的影响，明确区域主体功能，合理确定区域开发强度。引导区县错位发展，营造与资源要素流动和产业发展要求相衔接的政策环境。贯彻实施重庆市城乡总体规划、土地利用总体规划，推进城乡一体规划建设，促进城乡生产、生活、生态空间相协调。完善市、区县、乡镇、村规划体系，按照本地主体功能定位，统筹编制国民经济和社会发展、土地利用、城乡建设、生态环保规划，分区域确定产业结构、人口密度、建设用地标准、投入产出强度、环境保护要求，建立各类规划统筹协调的新机制。

（二）构建城乡统筹公共财政框架。优化公共财政投向，财政性资金逐步退出竞争性领域，加大对"三农"、就业和社会保障、社会事业、基础设施、生态环保、公共安全等民生投入。以财政支出结构调整引导国民收入分配结构优化，促进建立向农村倾斜的投入机制，逐步提升财政对公共服务特别是农村基本公共服务的保障水平。着眼于增强重庆自我发展能力和提高统筹城乡的财力水平，进一步加大中央财政转移支付、中央预算内专项资金和中央预算内投资以及其他中央专项资金对重庆市的投入力度。用好各类专项补助和项目资金，加快城乡公共服务均等化进程。投入生产领域的财政性资金，优先支持节能减排、自主研发、循环经济等符合科学发展要求的项目。完善财政管理体制，提高市对区县一般性转移支付比例，加强预算管理和监督。继续完善"乡财县管"体制，提前清偿乡镇债务。

（三）建立城乡经济互动发展机制。以"一圈"和区域性中心城市为重点，加快技术创新推动产业升级，引导产业向城镇和园区集聚，建设现代产业基地。加大"两翼"地质勘探和资源调查力度，大力发展特色优势产业，实施林业发展和特色农业发展战略，建设现代畜牧业示范区。创新扶贫机制，实行新的扶贫标准，加大扶贫开发力度，实施整村推进扶贫。建立"一圈"对口帮扶"两翼"的机制，着力在园区发展、公共资源共享和对口扶贫方面创新，通过经济发展提供更多的人口转移就业岗位，减轻三峡库区、少数民族地区的人口资源环境压力，促进"两翼"地区可持续发展，缩小区域差距。土地开发整理项目和资金向"两翼"倾斜，主城区产业园区建设占用耕地主要通过在"两翼"地区定向开发整理土地予以平衡和补偿，创新产业园区多元共建和异地投资利益分享新机制。探索建立区域横向转移支付机制，促进"一圈两翼"公共资源共享。进一步加大对"两翼"区县的政策扶持和对口帮扶力度，落实全国对口支援三峡库区移民工作五年规划纲要，探索更有效的对口支援方式。尽快编制报批三峡库区后续工作规划，在研究制定重大水利工程建设基金管理办法和分配方案时统筹考虑三峡库区后续资金需求，争取尽快依法开征三峡电站水资源费，支持库区移民安稳致富、社会保障制度建设、地灾防治、生态建设、环境保护和提高水库管理能力。

（四）构建统筹城乡行政管理体系。巩固直辖市行政管理体制优势，加快政府职能转变和机构调整，实现政府管理和服务对农村工作的全覆盖。合理划分市、区县、乡镇三级政府管理权限，增强区县统筹管理能力。认真实施"农村基层人才队伍建设计划"，2008—2012年选派32000名大学生到乡镇和村"两委"工作，完善乡镇综合服务和社会管理职能。整合行政资源，将可由社会承担的职能逐步转移到行业协会和中介组织，探索实行职能有机统一的大部门体制。改革行政绩效考核机制，将符合主体功能定位和部门职责定位，体现统筹城乡发展的内容纳入对区县和部门的考核，形成科学的分类考核制度。

（五）健全城乡就业创业培训机制。建立统筹城乡的就业服务体系，加大农村劳动力就业创业培训力度，实现劳务经济由数量型转向质量型。对新生劳动力和长年务工者实行区别化培训，促使部分农民工转向中高端就业，加速向新型产业工人转化。支持职业培训社会化、市场化，鼓励用人单位加大对农民工在岗培训和技能培训的投入，完善政府购买劳务培训的办法。优化职业教育资源配置，逐步把农村新生劳动力纳入系统化职业教育培训体系。完善农村劳动力资源调查和信息共享制度，形成市、区县、镇乡、村互联互通的劳务信息体系。规范发展劳务中介组织和劳务经纪人，加大劳务品牌建设投入，提升劳务附加值。鼓励农民经商办企业，增强劳动者创业意识，支持农民工返乡创业，改进工商、税务、融资、用地、用工等服务。

（六）建立城乡社会保障体系。进一步加大财政支持力度，加快建设覆盖城乡的社会保障体系。扩大农民工基本养老保险覆盖面，推进农民工养老保险关系灵活转续。完善农民工大病医疗保险、工伤保险和意外伤害保险制度。构建和完善农村社会保障体系，探索建立农村养老保险制度，实现农村社会救助对象全覆盖，关心关爱农村留守儿童、留守老人。探索最低生活保障标准与经济发展水平挂钩、城乡最低生活保障标准联动调整机制，缩小城乡低保差距。着力研究解决城镇养老保险、医疗保险遗留问题，将被征地农转非人员纳入城镇社会保险体系。完善城乡医疗保险和救助制度，实现城乡居民医疗保险接轨，不断提高城乡合作医疗保障水平。提高对生活困难人员的医疗救助水平。建立健全覆盖城乡的社会保障信息网络。

（七）均衡城乡基本公共服务。深化教育体制改革，支持重庆建设国家统筹城乡教育综合改革试验区。在"普九"全覆盖基础上推进"双高普九"，2012年全市基本普及高中阶段教育。扩大高校招生计划，加快职业教育发展。健全城乡基本医疗服务，完善覆盖城乡居民的公共卫生服务体系。建设与重庆城市定位相匹配的医学中心体系。深化研究计生奖励扶助政策，促进城乡优生优育。统筹城乡文化建设。推进国家文化和自然遗产地保护、历史文化名城保护、抢救性文物保护、文化信息资源共享工程、乡镇综合文化站、广播电视村村通工程、农村电影放映工程建设。加大政府投入支持，促进公共资源向农村社会事业倾斜，鼓励引导社会资金投入，扶持农村社会事业及相关产业发展。实施农村义务教育、村级基础医疗、乡村文化室等标准化工程，逐步从硬件上缩小城乡基本公共服务差距。加快建立有利于城乡社会事业一体化发展的体制机制，加强对以改善民生为重点的社会建设的绩效评价考核。加强对农村教师、卫生等专业技术人员培养培训，改善基层公共服务人才待遇，引进人才，稳定队伍，提高素质。

（八）深化户籍制度改革。改革完善户籍管理制度，引导人口随就业在各级城镇合理、有序流动。实行积极的产业政策，引导人口合理布局。以县城和小城镇为重点，放宽入户条件，完善农村土地承包经营权与宅基地使用权的流转机制，鼓励在城镇稳定就业的农民工家庭自愿退出宅基地使用权、土地承包经营权，进入城镇安家落户，享有城镇居民社会保障和公共服务。增加县城和中心镇基础设施及公共服务投入，结合农村危旧房改造和宅基地整理复垦，在小城镇规划建设农村外出务工人员新居工程，不断增强县城和小城镇对农村劳动力转移吸纳的承载能力。结合农民工迁居城镇，加快"城中村"、城镇危旧房、工矿成片棚户区改造步伐，探索在"城中村"改造中留出适量土地由转为市民的当地居民组织经济实体进行开发。按照属地化管理原则，逐步建立起以常住人口为基础的社会管理、财政投入、转移支付和考核评价制度体系。

（九）加强农民工服务与管理。严格执行劳动合同制度，构建农民工工资支付保障和工资合理增长调控机制，维护农民工合法权益。方便农民工子女在城镇就近入学，确保农民工子女依法接受义务教育。完善农民工聚居区医疗设施和服务体系，保障农民工按居住地享有国家规定的免费公共卫生服务和计划生育服务。建设必要的文体设施，组织流动影视、图书站、新市民学校等服务，丰富农民工精神文化生活。规划管理好农民工进城居住区，鼓励为农民工提供集体宿舍、务工公寓和低租住房，改善农民工在务工地的居住条件。保障农民工政治权利，在社区居住满半年的农民工依法享有居委会选举权和被选举权。吸纳流动人口参与社区管理和服务，加强城市社区居民与农民工迁居家庭的融合，促进城镇新老市民和谐共处。关注和保障少数民族流动人口权益。推进"城中村"、城乡结合部、新型农村居民点等综合治理，适时推进"村改居"，完善服务和管理。

（十）促进农村土地规模化集约化经营。强化耕地保护和粮食安全意识，确保全市耕地保有量按照国务院确定的面积一亩不减，粮食年产量不低于 1100 万吨。从稳定数量和提升质量两个方面加强耕地保护，推进土地整理、移土培肥、土壤改良等工作，稳步提高耕地质量。实行农用地分类保护，制定耕地和基本农田分区保护规划，尽快完成耕地和基本农田划定工作，并落实到具体地块。鼓励采取转包、转让、出租、互换、股份合作等多种流转形式，加快农村土地承包经营权流转步伐，促进土地规模经营，大幅度提高农业劳动生产率，为现代农业发展创造条件。建立区县、乡镇、村三级农村土地流转服务体系，充分发挥各类土地流转服务机构作用，规范土地承包经营权流转秩序，建立农地流转价格评估和风险防范机制。引导农用地集约化经营，财政性支农资金重点支持经营大户和规模农业发展。鼓励社会资本、人才、管理等要素参与农业长期开发，把现代市场经济理念和组织方式引入农业。建设规模化粮食、蔬果、肉类、水产等生产基地，实现市域内主要农副产品基本自给。推进农村土地资源市场化配置和林权制度改革，探索农民分享承包地、林地流转后增值收益的长效机制，切实保护投资者合法权益。

（十一）建立新型土地利用和耕地占补平衡制度。在确保耕地保有量不减少、质量不降低的前提下，在市域内探索补充耕地数量、质量按等级折算占补平衡制度，健全城乡建设用地置换和跨区域耕地占补平衡市场化机制。在国家指导下开展集体建设用地有偿使用制度改革，稳步开展农村集体经营性建设用地使用权流转和城乡建设用地增减挂钩试点。规范开展农村土地交易所土地实物交易和指标交易试验，争取条件成熟时发展成为城乡一体化的土地交易市场。

引导城乡建设集约用地，鼓励节地型产业发展。对不同行业、不同区域项目实行差异化供地政策，引导产业结构调整升级和优化布局。规范和严格管理农村宅基地，盘活和高效利用宅基地，推广节地型住宅标准，鼓励农村居民自愿联建住宅和相对集中居住。巩固完善城镇土地储备制度，加强城镇土地招拍挂工作。改革征地制度，探索开展农用地转用、土地征收审批和实施分离改革试点，建立征地补偿安置标准适时增长机制及与社会保障制度的联动机制。创新国土规划计划管理制度，开展国土规划编制试点，在新增建设用地总规模不变的前提下推行年度用地指标的弹性管理。

（十二）统筹城乡生态建设和环境保护。健全节能减排工作机制，强化节能减排目标责任制，完善统计监测和考核实施办法，把重庆建成中西部地区发展循环经济的示范区。加强城乡污染综合治理，防止污染企业向农村转移。全面加强城镇生活污染防治及垃圾处理和再利用力度，加大水污染防治、环境质量整治和环保执法力度，形成政府监督、企业自律、公众参与的环保监督机制。以改水改厕、垃圾集中处理、养殖业废弃物无污染治理、农村沼气建设、减少化肥农药使用等为重点，强化农业面源污染防治。加快实施三峡库区及其上游水污染防治规划，保护好长江、嘉陵江流域水体和生态环境，保护好中梁山、铜锣山、明月山等生态走廊。加快纳入规划的污水和垃圾处理、重点工业污染源治理、次级河流污染整治等项目建设，用好中央财政补助资金。加强长江流域重庆段防护林体系建设，稳步实施 25 度以上陡坡耕地退耕还林，加强天然林保护，力争森林覆盖率每年提升 1 个百分点，2020 年达到 45%。探索建立区域生态补偿机制。

（十三）完善农村综合服务体系。健全农村生产生活服务体系，推进城镇公共设施网络和服务向乡村延伸，加强农村水利、交通通信、能源等基础设施建设，实施山水田林路气综合整治。加快建设"泽渝"等大中型水利工程和小型水源工程，实施蔬菜、柑橘、烟叶基地水利配套工程，增强城乡居民饮水、农业灌溉用水、防洪减灾安全保障。加快实施公路乡村通达工程，促进城乡公共交通一体化发展，改善农村居民出行条件。构筑稳定、经济、清洁的能源保障体系，在推进重大能源项目建设的同时，加快农村沼气及配套服务体系建设，合理开发利用生物质能源。加强城乡大型防灾骨干工程和信息系统建设，提高农村灾害监测预警和防御水平。积极开展农民专业合作社试验，提高农民组织化程度。完善农产品质量技术服务，支持农产品品牌建设，提高农业机械化水平及种养殖业技术服务覆盖面。完善农村流通体系，提高生产资料和生活资料保障水平。加快农村金融机构改革，积极开展村镇银行、贷款公司、农村资金互助社等新型农村金融机构试点。探索开展农村集体建设用地使用权、乡村房屋产权抵押融资服务。建立多层次农业农村保险与再保险体系，扩大政策性农业保险覆盖面，逐步形成农业灾害风险转移分摊机制。

（十四）推进建立高效的"三农"投入机制。提高财政资金投入"三农"的绩效，建立以竞争方式安排乡村产业及建设类财政资金的制度，加快支农资金、扶贫资金整合运用，集中资金保障重点领域、重点区域、关键环节的投入。统筹乡村建设资金，引导农民新村建设与土地集约化经营、易地扶贫、生态移民、减灾救灾等相结合，鼓励相对集中居住。加强市场体系建设，支持生产要素和市场机制向乡村延伸，培植各类市场主体，加快农村市场化进程。推进农村集体资产产权制度改革，提升集体经济自我发展能力，壮大集体经济实力。加大税收优惠、财政贴息等政策运用，进一步开放乡村经营性公共服务领域，扩大财政购买乡村公共服务的范围，加快社会资本进入"三农"发展，逐步建立多元化的乡村投入机制。

（十五）着力改善市场经济环境。努力消除制约经济又好又快发展的体制机制障碍，更好地发挥市场配置资源的基础性作用。深化审批制度改革，逐步形成准入宽松、监管严格、惩处及时的管理新体制。壮大行业竞争力强的大企业集团，发展就业吸纳能力强的中小企业，落实中小企业和个体工商户发展扶持政策，贯彻实施西部开发税收优惠政策。落实国家重点产业调整和振兴规划，抓好重点产业、优势企业的兼并重组和技术改造，通过体制创新和机制转换形成一批市场竞争力强的优势产业集群。健全宏观调控机制，综合运用政策调控手段，激励自主创新，促进资源节约，加强环境保护，转变生产方式，推进产业向园区集中。加快老工业基地调整改造，推进国有经济布局与结构的战略性调整，增强国有经济活力、控制力、影响力。深化国有企业公司制股份制改革，健全现代企业制度，完善法人治理结构。大力发展非公有制经济。深化垄断行业改革，支持非公经济进入金融、经营性基础设施、公共服务、公用事业等领域。大力发展资本、产权、技术等要素市场，完善有利于资源节约和环境友好的资源要素价格形成机制。加快发展多层次的资本市场，适时把重庆纳入全国场外交易市场体系。支持期货交易所在渝设立本地优势品种商品的期货交割仓库，创造条件设立以生猪等畜产品为主要交易品种的远期交易市场。待时机成熟后，优先考虑在重庆设立全国性电子票据交易中心。扩大直接融资和中小企业担保规模，引导金融企业实施金融创新，开发更多适合中小市场主体的金融产品。设立保险业创新发展试验区，开展保险资金投资基础设施等试点。稳步开展外汇管理体制改革试点。

（十六）探索内陆开放型经济发展模式。加快建设畅通重庆、森林重庆、健康重庆、宜居重庆、平安重庆，着力完善长江上游地区综合交通枢纽和物流中心功能，改善发展环境，进一步增强重庆对内对外开放能力，以大开放促大改革。开放投资领域，改进产业配套条件，完善物流配送、公共研发、人才培训、企业融资、污染治理、质量标准等公共服务平台，吸引世界500强和中国500强企业投资兴业。与世界银行等国际金融组织合作推进统筹城乡改革和发展示范项目。创新涉外经济体制，建设内陆商贸、旅游、物流集散地和出口基地。建设西部地区服务外包基地，大力承接沿海地区加工贸易和产业转移，为企业"走出去"创造条件。以北部新区为基础，研究设立"两江新区"问题。加快建设两路寸滩保税港区，借鉴国内外经验做法，开展国际配送、国际采购、国际转口贸易和出口加工等业务。建设电子口岸，充分发挥长江黄金水道的优势，推进江海直达，将重庆打造成为长江上游的航运中心，辐射带动长江上游和西南地区先进制造业、现代物流业发展迈上新台阶。构建区域经济合作新机制，促进重庆与周边地区基础设施互联互通、资源共同开发、产业分工协作。加快成渝经济区建设，加强与沿江省市的产业协作联动，着力建设东西部合作示范基地。加强旅游资源保护和旅游景区基础设施建设，加快旅游业发展。

三、改革试验的组织保障

（一）积极营造改革试验的环境。由国家发展改革委牵头，会同有关部门指导协调改革试验工作，建立健全改革创新的程序性规范及推进机制，定期与重庆市政府共同召开联席会议，及时总结经验教训，帮助研究解决重大问题。有关部门要按照职能分工，积极支持重庆市开展有关专项改革，先行试验一些重大的改革开放措施。

（二）加强组织领导。重庆市成立由市政府主要领导任组长、有关部门负责人参加的统筹城乡综合配套改革领导小组，研究协调重大改革事项。综合配套改革办公室负责领导小组日常工作，牵头拟订并组织实施年度改革工作要点和重大专项改革方案。根据本方案，抓紧制定完善统筹城乡的就业和社会保障、社会事业改革发展、土地利用改革、财政管理体制改革、金融改革、农业发展、内陆开放型经济发展等重点专项方案，分阶段制定改革行动计划及年度工作要点，积极组织实施。

（三）形成改革合力。重庆市要建立改革试验推进考核管理和激励约束机制，加强对改革试验工作的督促考核，调动各方面参与改革试验的积极性。充分发挥人民群众的主体作用，尊重群众改革意愿。引导改革试验坚守耕地保护、粮食生产、生态环保等基本底线，保护群众合法权益，控制改革风险。发挥各类媒体、主流网络的宣传作用，努力营造良好的舆论氛围。

成都市统筹城乡综合配套改革试验区

国务院关于成都市统筹城乡综合配套改革试验总体方案的批复

（国函〔2009〕55号）

四川省人民政府：

你省报来的《成都市统筹城乡综合配套改革试验总体方案》收悉。现批复如下：

一、原则同意《成都市统筹城乡综合配套改革试验总体方案》（以下简称《方案》）。请认真组织实施。

二、《方案》实施要以邓小平理论和"三个代表"重要思想为指导，深入贯彻科学发展观，认真落实党的十七大、十七届三中全会精神，根据统筹城乡综合配套改革试验的要求，加强重点领域和关键环节的先行先试，加快建立统筹城乡发展的体制机制，尽快在城乡规划、产业布局、基础设施建设、公共服务一体化等方面取得突破，促进公共资源在城乡之间均衡配置，生产要素在城乡之间自由流动，推动城乡经济社会发展融合，为全国深化体制改革、推动科学发展和促进社会和谐提供经验和示范。在当前应对国际金融危机的形势下和推进灾后恢复重建的关键时期，要把保持经济平稳较快增长和早日恢复灾区正常的生产生活秩序作为首要任务，将解决当前问题与建立长远机制结合起来，坚持改革开放，增强发展活力，切实维护社会稳定。

三、四川省人民政府要加强对《方案》实施的组织领导。要以创新三次产业互动发展、构建新型城乡形态、创新城乡管理体制、加强耕地保护和土地节约集约利用、引导农村劳动力转移、健全城乡就业和社会保障体系、实现基本公共服务均等化为重点，配套推进财税金融和生态文明建设的体制改革创新。要根据《方案》制定相应的专项改革方案，对具有突破性的改革试验要实行项目化管理，涉及土地、金融等重要改革事项要按程序报批后实施。对推进综合配套改革试验中出现的新情况新问题，要及时统筹研究，妥善提出相应对策。

四、国务院有关部门要按照职责分工，积极支持在成都市开展有关专项改革，先行试验一些重大的改革开放措施，特别是拟推出的与统筹城乡发展主题相关的改革事项，要优先放在成都市等改革试验区先行先试。发展改革委要加强对成都市综合配套改革试验的指导和协调推进工作，做好《方案》与各专项方案的衔接，组织开展对《方案》实施的督促检查和评估，确保

《方案》中的各项改革措施落到实处。

各有关方面要充分认识推进成都市统筹城乡综合配套改革试验工作的重要意义，统一思想，勇于创新，扎实工作，积极推进《方案》的实施和各项改革措施的落实，努力开创成都市改革发展的新局面。

国务院

2009 年 4 月 28 日

成都市统筹城乡综合配套改革试验总体方案

在成都市设立全国统筹城乡综合配套改革试验区（以下简称成都试验区），是国家从解决"三农"问题、构建和谐社会、实现科学发展的全局和加快推进西部大开发的战略高度作出的一项重大决策，是国家赋予成都的一项光荣而艰巨的历史任务，是成都全面建设小康社会和实现现代化的重大战略机遇。根据《国家发展改革委关于批准重庆市和成都市设立全国统筹城乡综合配套改革试验区的通知》（发改经体〔2007〕1248 号）要求，结合成都实际，制定本方案。

一、改革试验的总体思路

（一）指导思想。深入贯彻落实科学发展观，把解决"三农"问题作为重中之重，坚持统筹城乡发展的基本方略，努力建立并不断完善城乡公共资源均衡配置、各类生产要素自由流动的体制机制，大力推进中国特色的新型工业化、新型城镇化和农业现代化，探索统筹城乡协调发展的新路子，加快建设社会主义新农村，形成城乡经济社会发展一体化新格局，开创科学发展、社会和谐的新局面。

（二）主要目标。努力把成都试验区建设成为全国深化改革、统筹城乡发展的先行样板、构建和谐社会的示范窗口和推进灾后重建的成功典范，带动四川全面发展，促进成渝经济区、中西部地区协调发展，圆满完成试验区建设任务。把成都建设成为西南物流和商贸中心、金融中心、科技中心及交通枢纽、通信枢纽；把成都建设成为中国重要的高新技术产业基地、现代制造业基地、现代服务业基地和现代农业基地。

力争到 2012 年，全面完成灾后恢复重建任务，全市经济社会发展水平比震前有明显提高。统筹城乡、科学发展的体制机制基本建立，"三个集中"取得显著成效，城乡差距逐步缩小，经济社会实现较快发展，转变经济发展方式取得明显进展。人均地区生产总值达到 5 万元以上，工业集中度达到 73%，城市化率达到 60%（按户籍人口计），城乡居民收入比缩小到 2.4∶1，城乡实现比较充分就业，城乡义务教育、医疗卫生、计划生育、文化、社会保障、环境保护等公共服务实现基本均衡。

力争到 2020 年，统筹城乡、科学发展的体制机制基本完善，"三个集中"达到较高水平，城乡差距显著缩小，"三农"问题得到基本解决，经济社会实现跨越发展，基本实现经济发展方式的转变。人均地区生产总值达到 10 万元以上，工业集中度达到 80%，城市化率达到 70%

（按户籍人口计），城乡居民收入比缩小到2∶1，城乡实现充分就业，城乡义务教育、医疗卫生、文化、社会保障、环境保护等公共服务实现均衡化发展，现代城市和现代农村和谐交融的新型城乡形态基本形成。

（三）基本思路。着眼于解决"三农"问题，坚定不移地推进城乡统筹、"四位一体"科学发展的战略，在重点领域和关键环节率先突破，全面提升城乡一体化水平。

统筹推进"三个集中"。推进工业集中集约集群发展，在充分尊重群众意愿的基础上，引导农民向城镇转移和集中居住，推进土地适度集中和规模经营，促进三次产业互动，城乡经济相融，新型工业化、城镇化和农业现代化协调发展。

按照"全域成都"的理念统筹城乡建设。以县城和区域中心镇为重点，统筹推进城乡基础设施和公共服务设施建设，增强城镇产业集聚功能和辐射带动周边地区农村发展的能力，改善农村发展环境，构建新型城乡形态。

推进农村市场化改革。落实农民对土地的使用权和房屋、林木等资产的所有权，促进农村资源向资本转变，实现城乡生产要素自由流动，建立农村多元化投入机制，增强农业和农村发展的内生动力。

构建城乡一体的管理体制。深化规范化服务型政府建设和基层民主建设，创新行政管理、公共财政、公共服务、社会保障的体制机制，实施村镇综合改革，全面推进城乡经济社会发展一体化。

二、改革试验的主要任务

（一）建立三次产业互动的发展机制。建立产业合理布局与有序发展的导向机制，统筹推进"三个集中"，促进三次产业协调发展，提高自主创新能力，夯实统筹城乡发展的经济基础。

1.推进工业集中集约集群发展。坚持工业发展与城镇体系建设和吸纳农村劳动力就业相协调，进一步整合工业集中发展区的产业集聚功能，以21个工业集中发展区为主要载体，按照"一区一主业"的要求，培育企业集团，延长产业链条，促进工业集约集群发展。拓展成都国家级高新技术产业开发区、国家级经济技术开发区发展空间，建设成都统筹城乡产业发展内陆开放型经济示范区。加快海关特殊监管区域整合，在整合的基础上研究设立成都综合保税区和双流空港空运保税物流中心、成都国际集装箱保税物流中心，促进成都保税物流业务发展。对不适宜大规模发展工业的县城和乡镇，鼓励到工业集中发展区兴办飞地工业和联办工业，积极探索利益共享的财税分成机制。

2.促进服务业均衡发展。联动推进服务业发展与农民向城镇转移和集中居住，形成城乡一体的服务业发展格局。中心城区着力鼓励和引导现代服务业集聚，提升传统服务业档次，大力发展总部经济、创意产业、文化产业、体育产业；统筹规划，配套建设，推广和提升"五朵金花"等发展模式，发展绿色休闲产业。近郊区以县城和区域中心镇为载体，大力发展与工业配套的房地产、商贸、会展、物流、休闲观光、公共交通等服务业。远郊区以农民集中居住区为依托，积极发展人文生态旅游、特色餐饮、休闲度假等服务业。

3.加快现代农业发展。充分尊重农民意愿，协调推进农民向二、三产业转移和土地集中规模经营，积极发展农村新型集体经济和专业合作经济组织，提高农业集约经营和农村组织化程度。围绕粮油、畜禽、花卉苗木、茶叶等优势农林产品，大力提升农业设施装备水平。按照依法自愿有偿原则，推进农用地规模流转，加快建设跨区域集中连片的优势农产品产业化基地。引导科技资源和要素向农业农村转移，加快农业科技创新。优化农业产业布局，近郊区大力发展以都市农业为重点的现代农业，发展休闲农业和乡村旅游，促进一、三产业联动发展，拓宽农民就业渠道；中远郊区以优势农产品规模生产、加工和物流业为重点，拓展现代农业多领域的就业空间，促进农民转移就业。

（二）构建新型城乡形态。按照优化布局、突出重点、循序渐进、集约发展的要求，统筹城乡基础设施建设，实现城镇功能向农村延伸和覆盖，促进城镇化健康发展，构建一体化的新型城乡形态。

1.统筹"一区两带六走廊"发展。依托中心城区和近郊区（县）"一区"范围内城市发展的良好基础，大力推进"三个集中"，快速聚集生产要素，集中打造产业密集区，全面提升综合实力和竞争力，使之成为带动全市经济发展的龙头和建设"全域成都"的战略支撑。统筹实施龙门山和龙泉山脉"两带"区域的整体开发，大力发展旅游业、服务业和现代农业，增强县域经济实力。统筹规划、集约发展"六走廊"区域，接受中心城区产业和城市功能辐射，建设产业和城镇集聚发展的"走廊"。逐步形成由主城区、区（市）县和区域中心城镇构成的市域城镇体系。

2.统筹城乡基础设施和公共服务设施建设。以县城和区域中心镇为重点，建设道路交通、电力、电信、供气、供水、垃圾处理、排水和污水处理、医疗卫生、计划生育、文化教育体育等设施，增强承载能力，完善公共服务，聚集人口和二、三产业，培育优势和特色，逐步将县城和中心镇建设成为带动周边农村发展的区域中心。实施新农村建设规划，在城镇市政公用设施向农村延伸服务和覆盖的基础上，以2000个农村新型社区为重点，建设完善农村自来水、污水、垃圾收运处理等生活服务设施；建立加强农田水利基本建设和农村生态环境保护的长效机制；推进新农村市政公用设施建设，促进城乡公共服务硬件设施均衡配置，改善农村生产生活环境。

3.构建覆盖城乡的交通物流服务体系。优化铁路、公路、航空等交通方式与城市交通的衔接，加强成都外出铁路、航空、高速公路等交通运输基础设施建设。以"三轨九路"建设为重点，形成抗灾能力强、应急交通网络完善、综合服务水平高的市域路网体系。大力发展现代农业物流，加快农村货物快速配送服务体系建设，培育为"三农"服务的物流配送运输企业，满足农业农村发展、方便农民生活的物流配送需求。在实现全市客运"村村通"的基础上，完成乡镇村客运站建设；推进农村客运公交化，实现"镇镇通公交""村村通公交"。

（三）创新统筹城乡的管理体制。深化规范化服务型政府建设，强化政府社会管理和公共服务职能，促进政府服务向基层和农村覆盖，完善乡村治理结构，构建统筹城乡发展的管理体制。

1.推进规划管理体制改革。改革城乡规划分离的管理制度，着眼于成都经济区、成渝经济区的发展，科学编制和完善城乡一体的规划体系，实现市域范围内各类规划全覆盖。强化规划的执行和监督，完善市、县、乡三级规划监督管理体制机制，建立健全听证、公示等公众参与规划编制、评估和监督的制度体系。探索提高规划局部调整工作效率的程序和方法，积极探索建立土地利用总体规划和城乡总体规划实施动态评价机制，根据规划实施评价情况，依法对土地利用总体规划和城乡总体规划适时进行调整，以适应统筹城乡发展的实际需要。

2. 推进行政管理体制改革。调整市域范围内行政区划，推进撤县（市）设区工作。进一步深化市、县两级政府机构改革，继续完善职能有机统一的大部门体制，在机构限额和各层级行政编制总数内，结合实际确定成都市及所属县（市、区）的机构设置、职能配置和人员编制，将执行、服务、监管等职责的重心下移到县（市、区）。深化乡镇机构改革，进一步明确县级人民政府和乡（镇）人民政府的事权和各自应承担的责任，依法探索将部分县级行政管理职能和社会管理权限向乡镇延伸，强化社会管理和公共服务的职能。根据城乡统筹发展和灾后重建需要，科学调整乡（镇）、村行政区划。深入推进行政监察管理体制改革，推行分片监管，实现监察主体和责任主体分离，充分发挥社会监督的作用，推行事前、事中、事后相结合的全过程监督。

3. 建立覆盖城乡的公共财政体系。明确市、县、乡三级的事权和财权的责任，健全市、县、乡财力与事权相匹配的体制。探索建立保障农村基础设施建设和公共服务开支稳定来源的机制和办法。加大市级财政对农村基础设施和基本公共服务的直接支出和转移支付力度，形成统一、规范、透明的转移支付制度，提高一般性转移支付规模和比例。整合财政支农资金，搭建现代农业投资、小城镇建设等投融资平台，引导社会资本进入农业农村。采取财政贴息、适当补贴等手段，引导社会资金投向公共产品和服务领域。

4. 开展村级综合改革试验。在有条件的地区，分离村级事务管理服务职能与村级集体资产经营管理职能，村委会履行基层自治职能，管理基层社会公共事务，集体经济组织经营和管理好集体经济资产。在城市近郊和有条件的场镇区域，推动村级事务管理向城镇社区管理转变。健全村级服务体系，制定服务标准，大力推进实施服务标准化综合试点工作，建设村级综合服务中心，探索面向社会聘任村级社会服务专职工作者的办法，完善城乡统筹的基层便民服务机制。

5. 推进基层民主建设。探索乡（镇、街道）长（主任）公推直选制度，建立和完善质询、罢免、目标考核等约束和激励制度。积极推行县（市、区）级部门、乡（镇、街道）、村（社区）决策听证制度。全面推行评人与评事相结合的社会评价办法，健全民主监督制度。完善乡（镇、街道）政务公开、村（居）务公开制度和公益事业单位的办事公开制度。

（四）探索耕地保护和土地节约集约利用的新机制。在严格保护耕地和农民利益的基础上，探索农村产权制度改革，建立集约化、规范化的土地利用制度，促进农业发展、农民增收。

1. 创新耕地保护机制。严格按规划保护耕地，确保全市耕地总量不减少、质量不降低。按耕地质量和综合生产能力对耕地进行等级划分，实行耕地的分级保护。探索耕地按等级补充的占补平衡机制以及独立选址等重大项目在省内跨区域实现耕地占补平衡的办法。建立耕地保护补偿机制，提高耕地生产能力，对承担耕地保护责任的农民给予补贴。

2. 规范土地承包经营权流转。健全市、县、乡三级土地承包经营权流转市场，建立成都土地承包经营权流转信息平台，支持采取转包、出租、互换、转让或者法律允许的其他方式流转土地承包经营权，在保障农民土地承包权益和基本收入的前提下，允许农户以股份合作的方式流转承包经营权，组建农民专业合作社等农村新型集体经济组织，实现规模化经营。探索农村土地承包经营权长期不变的机制和办法。

3. 推进集体林权制度改革。在保持集体林地所有权不变的前提下，实行集体林地承包经营制度，确立农民作为集体林地使用权和林木所有权的主体地位，明晰集体林地的使用权和林木的所有权，放活经营权，落实处置权，保障收益权，推进相关配套改革，以龙门山、龙泉山脉生态保护重要区域为重点，探索建立林农承担生态保护任务的补偿机制。

4. 开展征地制度改革试验。界定公益性和经营性建设用地，逐步缩小征地范围，完善征地补偿机制。按照同地同价原则，对被征地集体经济组织和农民给予及时足额合理补偿。改革征地补偿安置办法，体现农民的财产权益。探索建立多种补偿安置渠道，解决好被征地农民就业、住房和社会保障。

5. 开展农村集体建设用地使用权流转试验。在明确农村集体土地所有权和集体建设用地使用权、宅基地使用权的基础上，探索建立城乡统一的土地市场。在符合土地利用总体规划和城乡规划的前提下，允许依法取得的集体经营性建设用地使用权通过出让、转让、出租、作价入股、联营、抵押等形式进行流转。集体建设用地不得用于商品住宅等房地产开发。在地震灾区开展农村集体建设用地引入社会资金重建住房的试验。探索农村房屋产权流转的办法和途径。

6. 稳妥开展城镇建设用地增加与农村建设用地减少"挂钩"试验。按照有关规定在全市范围内统筹设置城乡建设用地增加挂钩项目区，优化城乡建设用地布局，提高土地节约集约利用水平，确保建设用地不增加，耕地面积不减少、质量有提高。

7. 开展农用地转用、土地征收审批和实施分离试验。按照"集中下达、一次审批、分期实施"的原则，依据土地利用总体规划，将成都市主城区一定时期内城镇建设涉及的农用地转用和土地征收总规模，集中上报国务院审批；将成都市非主城区一定时期内城镇建设涉及的农用地转用总规模，集中上报省、市政府审批，涉及的土地征收总规模集中报省政府审批，超越省政府审批权限的报国务院审批。成都市按照国务院和省政府审批的农用地转用和土地征收总规模，根据统筹城乡发展和灾后重建的需要，以及年度土地利用计划指标，分期分批组织实施。

（五）探索农民向城镇转移的办法和途径。消除体制机制障碍，引导农民向城镇和非农产业转移，促进农村居民转变为城镇居民，加快和提高城镇化进程和水平。

1. 提高农民就业技能。加快成都技师学院县（市、区）分院、县（市、区）就业技能培训中心建设，以订单培训和定向培训为重点，大力开展农民就业培训，提高农民就业技能。依托各级技术院校建设实训基地，为农民工提供实际操作培训。鼓励企业培养农民工成为技术工人，实行企业技能培训和技能鉴定补贴制度，对农民工取得职业资格给予奖励。对失业的农民工提供再就业培训。

2.支持农民进城居住。探索将农民工纳入城镇住房保障体系，支持农民工在城镇定居。在工业集中发展区等用人单位集中的区域，建设农民工租赁性集体公寓和公共廉租住房，鼓励农民通过租赁房屋解决进城居住问题。建立农民工住房公积金制度。为农民工提供同等的社保、教育、卫生、计划生育、文化体育等公共服务，让农民享受城市居民同质化生活待遇，促使其真正转变为市民。

3.着力消除农民向城镇转移的体制机制障碍。完善城乡统一的户籍管理制度和相关配套措施，准许具有合法固定住所的农民工本人及其配偶和未成年子女将常住户口迁入现住地。制定集体经济组织成员身份认定的办法，对转移为城镇居民的农民，在享有城镇居民社会保障和公共服务的前提下，探索其享受村集体经济组织利益分配的途径和办法。按照产权明晰和利益共享的原则，探索农村集体经济股份制改造，将集体经营性资产折股量化给农民，让农民持股进城。

4.引导地震受灾农民向城镇转移。在重灾区建立国家级开发园区，发展劳动力密集型中小企业，安排受灾农民和移民就业。建立震后灾害移民和生态移民的住房保障制度和就（创）业鼓励扶持制度。对住房灾毁农户进入城镇居住的，可以保留原宅基地使用权和农用地承包经营权等权益。

（六）健全城乡金融服务体系。建立健全服务"三农"的金融体系，促进生产要素的自由流动，充分发挥市场配置资源的基础性作用，增强城乡发展活力。

1.大力发展农村金融服务体系。支持各类金融组织向农村延伸网点和机构，支持发展村镇银行、贷款公司和农村资金互助社和小额贷款公司等新型农村金融机构。推进农村信用社改革，经监管部门批准后，组建成都农村商业银行。完善农业担保体系，鼓励各类担保机构到农村开展担保业务，建立农业发展和农村产权流转担保体系，积极探索扩大农村担保物范围，促进农村生产要素流转。探索建立农业保险体系和农业灾害风险转移分摊机制，支持农业保险体系的发展。开展农村信用体系建设，建立和完善农户电子信用档案与农户信用评价，进一步扩大企业和个人信用信息基础数据库在农村地区的覆盖范围。

2.积极拓宽直接融资渠道。支持各类具备条件的企业和公司通过规范改制上市、发行债券等方式从资本市场直接融资。通过设立和引进股权投资基金，支持重建城乡基础设施、振兴旅游经济。建立成都市创业投资引导基金，发展商业性创业风险投资，引导社会资金投入高新技术企业和中小企业。设立国企改制重组基金，支持成都市域内国有企业做大做强。支持成都市在银行间优先发行中小企业短期融资券、房地产信托基金等创新产品。

3.加快推进区域金融中心建设。建立西部林地和林木产权、矿权及特许经营权交易市场；吸引国内外金融机构集聚成都，建立金融集中集聚区和金融后台服务中心集中发展区。探索区域性保险业创新发展，鼓励和支持在成都设立保险机构。鼓励金融企业开展综合经营试点，发展金融控股公司等金融机构；支持成都银行在经营指标达到监管部门的评级和监管要求后，逐步实行跨区域经营和上市融资；规范发展合伙投资、互助基金、民间（商业）信用等金融业务。

（七）健全城乡一体的就业和社会保障体系。加强面向农民的就业服务和社会保障体系建设，并逐步实现与城市接轨，努力实现城乡居民安居乐业，促进社会公平和稳定。

1. 完善覆盖城乡的就业促进体系。建立健全城乡就业"实名制"和城乡就业服务"网格化"管理机制，完善市、县两级人力资源中心建设，全面完成乡（镇、街道）劳动保障所、村（社区）劳动保障服务平台标准化建设，形成市、县（市、区）、乡（镇、街道）、村（社区）四级就业服务网络，为城乡居民提供就业服务。扩大就业再就业政策的扶持范围，完善面向就业困难群众的就业援助制度。建立农民工失业待遇保障机制。健全维护进城务工农民权益保障机制，保障其与城镇职工一样依法享有的各种权益。

2. 建立和完善新型农民养老保险制度。在"广覆盖、多层次、保基本、可持续"基础上，结合成都市耕地保护制度的建立，全面推行农民养老保险，并对农村独生子女和双女父母予以优先优待，力争到 2012 年，基本实现全市农村居民养老保险全覆盖，并逐步提高农民养老保险水平。

3. 完善覆盖城乡居民的基本医疗保障制度。提高新型农村合作医疗的补助标准和水平，逐步缩小与城镇居民基本医疗保险的保障差距。完善城镇居民基本医疗保险制度和城镇职工基本医疗保险制度，扩大覆盖面，逐步提高保障水平。力争到 2010 年，实现全市城乡居民人人享有医疗保障。

4. 推进城乡社会保险制度全面接轨。探索建立农民工综合社会保险、农民养老保险、城镇居民社会保险、城镇职工社会保险的衔接机制，推进城乡社会保险制度全面接轨。

5. 完善城乡一体的社会救助体系。完善城乡居民最低生活保障制度，逐步建立城乡一体的社会救助体系。立足现行社会保障制度，通过财政补助、社会捐助和民政部门使用的彩票公益金等多渠道筹集资金，保障地震中受灾的孤儿、孤老、孤残的基本生活。构建全社会参与的志愿服务体系，鼓励社会力量和个人捐赠、资助和参与社会救助事业，切实保障困难群体在"吃、穿、住、行、医、学"等方面的最基本需求。

（八）努力实现城乡基本公共服务均等化。推进政府公共服务向"三农"覆盖，建立城乡均等化的公共服务体系，让农村居民享受与城镇居民同质化的基本公共服务。

1. 推进城乡教育协调发展。建立确保城乡教育事业发展的公共财政投入保障机制。加快灾后学校重建，全面消除学校危房，努力完成城乡中小学校标准化建设，努力实现城乡学校办学条件基本均衡。进一步加强资源配置制度性建设，逐步缩小县（市、区）域内中小学的生均公用经费和教师待遇差距，努力实现义务教育协调发展。探索教师县管校用的机制，促进教师区域内合理流动，全面提升薄弱学校的教育质量和办学水平。加快普及高中阶段教育和农村中等职业教育，并逐步实施免费。加强对新生代农民的培训，探索对义务教育阶段后和高中毕业后未升学的农民子女实行延长一年的职业教育。改革人才培养模式，健全区域内职业教育培训网络，加快培养各类技能型人才和农村实用人才。

2. 加快建立覆盖城乡的公共卫生和基本医疗服务制度。加快公共卫生服务和农村基层计划生育服务体系建设，促进基本公共卫生服务均等化。加快灾后医疗机构和计划生育服务机构重建，加强城镇社区卫生服务机构和县级妇幼保健机构建设，全面完成农村乡镇卫生院、村卫生站标准化建设，提高乡村医生公共卫生服务补助标准。加强食品药品监管和公共卫生监督，初步建立基本药物制度。深化公立医疗机构管理体制、运行机制和政府投入机制改革，加强城乡卫生人才队伍建设，促进医务人员和医疗技术的城乡交流，实现城乡公共卫生服务水平和基本医疗服务水平基本一致。

3.构建城乡公共文化服务体系。实施农村公共文化设施、广播电视基础设施、文化信息资源共享、文化遗产保护等工程建设，到 2010 年，全面完成乡（镇、街道）综合文化站及村（社区）文化室、农家书屋标准化建设，文化共享工程服务实现"村村通"。加快农民体育健身工程建设。到 2012 年，广播电视户通率达 100%。推行公共文化场馆免费开放制度、经营性文化场馆优惠服务制度、文化义工服务制度，完善公共文化服务方式和机制。探索传媒、文化旅游、演艺娱乐、数字娱乐和特色文化产业发展新机制，促进城乡文化产品和服务供给。加快成都国家体育产业基地建设。

（九）建立促进城乡生态文明建设的体制机制。实施灾后生态环境重建工程，创新有利于节约资源和保护环境的制度，加强城乡污染防治和生态保护，全面改善城乡人居环境。

1.统筹城乡生态环境保护。发挥市场机制的作用，综合运用价格、财税、金融、产业和贸易等手段，探索科学合理的资源环境补偿、投入、产权和使用权交易、污染治理责任保险等机制。完善城乡一体的环境保护与建设管理体制，形成全覆盖、网络化的环境保护市、县、乡、村四级监管体系。严格执行建设项目环评和"三同时"规定，加快推进规划环评。着力推进农村环境保护工作，加强大气和水环境综合整治，全面完成主要污染物总量减排目标，环境质量全面达标。

2.统筹城乡生态环境建设。创新建立生态补偿机制，多层次、多渠道、全方位筹措生态建设资金，着力推进以灾后生态恢复、城乡环境综合整治、饮用水源保护、垃圾及污水集中处理、水土流失综合治理、土壤污染防治为重点的城乡生态环境建设。深化水资源管理体制改革，完善城乡水务一体化管理体制。加强城乡能源供应、污水处理、水资源利用与保护设施、防洪设施等的整体协调，推进城乡之间、区域之间基础设施共建共享，形成城乡一体的生态环境综合保护与建设格局。根据地震灾后生态恢复建设的需要，在确保基本农田和耕地总量的前提下，根据国务院制定的有关政策，继续实施退耕还林工程。

3.统筹城乡资源节约与循环经济发展。建立循环经济发展园区，加强节能减排和节水、节地与资源综合利用，促进循环经济发展。编制循环经济规划，探索建立促进循环经济发展的标准体系，加强节水、节地、节能等资源节约标准化工作，推进循环经济标准化试点，科学引导环保产业集约化发展。建立健全污染治理机制，全面推行、依法开展清洁生产审核。完善自然资源有偿使用机制，改革资源性产品的价格形成机制，探索建立全面反映市场供求关系、资源稀缺程度、环境损害成本的资源价格体系。

三、改革试验的保障措施

（一）加强组织领导。在国家发展改革委的指导下，建立成都统筹城乡综合配套改革试验区建设省、市联席会议制度，研究解决改革试验推进中的重大问题。成立成都试验区建设工作领导小组，负责综合配套改革的决策和协调，解决改革试验中出现的困难和问题。领导小组下设办公室，统筹协调推进试验区各项改革。

（二）积极推进实施。依照本《方案》，编制完善国土、劳动保障、金融、行政管理体制（规范化服务型政府建设）、基层民主政治建设、社会事业统筹发展、教育、卫生、环保、农业等重点专项方案。按照2009—2012年和2013—2020年两个阶段，分阶段制定改革行动计划和年度工作计划，有序组织实施。

（三）强化管理考核。建立全市推进统筹城乡综合配套改革试验区建设绩效考核管理办法，实行目标责任制，将统筹城乡经济社会发展目标分解到各级各部门，分年度进行考核，实行定期、不定期的督促检查。建立成都市统筹城乡发展评价指标体系和统计制度，对市和县（市、区）实施过程中出现的问题进行分析研究，对改革试验的效果进行跟踪评估。

（四）建立协调机制。建立部、省、市改革试验协调机制，将国家有关部门的城乡统筹重大改革试验放在成都先行先试。加强与省内周边地区、重庆市以及其他省（市、区）的合作，建立区域互动、优势互补的联动机制，促进成都经济区和成渝经济区的发展。

（五）形成推进合力。发挥人民群众的主体作用，充分尊重群众意愿，切实维护人民群众利益。发挥人大作用，加强立法工作，依法推进试验区建设。发挥政协和专家作用，成立试验区建设专家咨询委员会，对试验区开展的各项改革，开展咨询论证和跟踪评估。发挥各类媒体、主流网络的宣传作用，营造推进试验区建设的良好氛围。

深圳市综合配套改革试验区

深圳市综合配套改革总体方案

为深入贯彻党的十七大精神，认真落实《珠江三角洲地区改革发展规划纲要（2008—2020年)》，在新形势下继续发挥经济特区改革开放的引领作用，推动深圳市实现科学发展，特制定本方案。

一、综合配套改革的总体要求

综合配套改革的指导思想是：高举中国特色社会主义伟大旗帜，以邓小平理论和"三个代表"重要思想为指导，深入贯彻落实科学发展观，充分发挥经济特区的"窗口""试验田""排头兵"和示范区作用，继续解放思想，坚持改革开放，勇于自主创新，推动科学发展，促进社会和谐。统筹规划，重点突破，全面推进综合配套改革，争当科学发展的示范区、改革开放的先行区、自主创新的领先区、现代产业的集聚区、粤港澳合作的先导区、法治建设的模范区，强化全国经济中心城市和国家创新型城市地位，加快建设国际化城市和中国特色社会主义示范市。

综合配套改革的基本思路是：过去已进行的改革要继续深化，当前中央已作出部署的改革要率先推进，符合未来发展方向的改革要积极探索。按照国家改革发展的战略部署，做到"四个先行先试"：一是对国家深化改革、扩大开放的重大举措先行先试；二是对符合国际惯例和通行规则，符合我国未来发展方向，需要试点探索的制度设计先行先试；三是对深圳经济社会发展有重要影响，对全国具有重大示范带动作用的体制创新先行先试；四是对国家加强内地与香港经济合作的重要事项先行先试。力争在重要领域和关键环节取得新的突破，在全国率先形成科学发展的体制机制，为发展中国特色社会主义创造新鲜经验。

二、深化行政管理体制改革，率先建成公共服务型政府

基本思路：

以转变政府职能为核心，全面创新行政管理体制，实现政府职能向创造良好发展环境、提供优质公共服务、维护社会公平正义转变，实现政府组织机构及人员编制向科学化、规范化、法制化转变，实现行政运行机制和政府管理方式向规范有序、公开透明、廉洁高效转变，努力建设人民满意的服务型政府。

改革重点：

（一）转变政府职能，完善管理体制。按照职能有机统一的原则，优化政务流程，整合政府机构，完善大部门管理体制，实现政府职能、机构与人员的合理配置。建立健全决策、执行、监督既相互制约又相互协调的权力结构和运行机制。实现决策相对集中，执行专业高效，监督有力到位。

（二）严格依法行政，建设法治政府。探索建设法治政府的有效途径，建立法治政府建设指标体系，加强程序设计和程序保证，严格规范行政执法行为，规范行政处罚权的实施机制。完善行政复议制度和政府责任体系，建立行政问责制。继续深化行政审批制度改革，减少和规范行政审批。进一步健全政府决策的公开征询机制，拓宽民意渠道，坚持民主决策，切实加强社会公众对政府的监督。完善政府信息发布制度，提高政府工作透明度和公信力。

（三）探索城市行政区划及管理体制改革。适当调整行政区划，推进精简行政层级改革试点，缩短管理链条，提高行政效率，实现一级政府三级管理，创新现代城市管理模式，提高城市精细化管理水平。

（四）创新公务员管理制度。实施公务员职位分类管理，建立健全公务员职位说明书制度，对公务员中专业性较强的职位和辅助性职位实行聘用制。探索实行公务员能进能出、能上能下的管理体制。进一步深化公安专业化改革，完善相关配套政策。

（五）深化事业单位改革。在事业单位分类改革的基础上，进一步推进政事分开、管办分开，规范政府提供公共服务的领域、标准和方式，深化事业单位人事制度、社会保障制度和收入分配制度改革，创新事业单位内部管理制度和运行机制，开展事业单位法定机构改革试点。

三、全面深化经济体制改革，率先建立完善的社会主义市场经济体制

基本思路：

坚持社会主义市场经济改革方向，深化经济体制改革，进一步完善土地、财税、金融等基础性经济制度，更大程度地发挥市场在资源配置中的作用，加快形成统一开放、竞争有序的市场体系，率先建立完善的社会主义市场经济体制。

改革重点：

（一）完善要素配置的体制机制。强化市场在资源配置中的基础性作用，探索政府产业政策与市场机制有机结合的新途径，提高政府财政性资金和各类生产要素配置的透明度，综合运用财政、金融、价格、土地、环保等手段，形成转变经济发展方式的长效机制。

（二）深化财政体制和税制改革。按照实现基本公共服务均等化的要求，抓紧改革财政体制和运行机制，加快建立公共财政体系，促进特区内外协调发展。深化预算制度改革，实现公共产品供给均衡化。加强行政机关资金使用责任审计，强化预算管理和监督，切实降低行政成本。开展地方税制综合改革试点。

（三）深化投融资体制改革。加强对政府投资项目的管理，加快推行代建制。建立和完善社会投资项目核准备案制度，减少社会投资项目核准事项，进一步放开社会投资领域。深化城

市公用事业改革，建立多元化的投资机制和规范高效的运营机制，逐步放开公用事业的建设和运营市场。创新公用事业监管模式，构建政府、公众和社会三方共同参与、有机结合的监管评价体系。

（四）建立金融改革创新综合试验区。进一步发挥深圳证交所的作用，发展壮大中小企业板市场，积极支持在深圳设立创业板市场和场外交易市场，加快构建多层次资本市场。探索在深圳设立本外币债券市场，大力发展期货交易，整合规范发展各类产权市场。支持银行、证券、保险、基金、期货等机构在符合有关法律法规及行业监管要求的基础上，创新金融品种和经营模式，积极探索房地产、高速公路、码头、电力等资产证券化。加快发展金融后台服务产业，建设辐射亚太地区的金融后台服务基地。积极探索发展创业投资引导基金、股权投资基金，发展小额贷款公司和民营中小银行，完善中小企业融资服务体系。探索建立加强金融监管的有效模式，防范和化解金融风险。

（五）深化土地管理制度改革。深化土地资源的市场化配置，建立全方位的土地资产市场，促进土地资源有效流转和优化配置，加快包括工业楼宇在内的房地产流转。创新产业用地模式，合理控制土地开发强度，实行产业用地出让年期弹性化，探索产业用地租售并举的多元化供应方式。立法保护生态用地和基本农田，探索建立保护补偿机制。加快解决土地房产历史遗留问题，努力探索现代都市农业发展和农村城市化地区发展的新途径、新方法。严格规范土地征收征用制度，完善利益补偿机制。

（六）继续推进企业改革。加快国有经济战略性调整，完善国有产权制度，创新国有资产运营和管理模式，健全法人治理结构。深化国企内部改革，完善国企管理人才市场化、国际化的选拔管理机制，规范薪酬体系，完善投资项目的绩效考核和奖惩机制，强化国有企业负责人的离任审计和责任追究制度。加快推进集体股份合作经济改革与发展。进一步放宽中小企业、非公经济的市场准入，合理引导中小企业、非公经济进入金融服务、公用事业、基础设施建设等领域。按照平等保护物权的原则，形成各种所有制经济公平竞争、共同发展的新格局。

（七）深化市场监管体制改革。进一步强化市场监管，形成开放有序的市场经营环境。支持建立完善行业信用信息系统，加快建立统一的信用信息共享平台，培育和发展社会信用服务机构，推进社会信用体系建设。建立政府采购、产业政策等与企业的信用等级挂钩制度，建立失信惩戒和守信激励机制。

四、积极推进社会领域改革，加快构建社会主义和谐社会

基本思路：

坚持以人为本，着力推进以改善民生为重点的社会领域改革；完善社会管理制度，创新社会管理方式，扩大和改善公共服务，形成多元化的公共服务供给模式，尽快实现基本公共服务均等化，提升民生净福利水平；培育发展社会组织，加快法治城市建设，努力建设社会主义和谐社会。

改革重点：

（一）争创国家教育综合改革示范区。积极进行教育综合改革试点。探索并完善教育管理体制和办学体制。合理配置义务教育办学资源，推进义务教育均衡发展，逐步解决常住人口子女平等接受义务教育问题。加大对深圳大学的支持力度，进一步扩大办学自主权，推进治理模式改革，创新内部管理体制和运行机制，努力把深圳大学办成高水平、有特色的一流大学，为高等教育跨越式发展探索新途径、新方式。加强与港澳和国外教育特别是高等教育合作，引进港澳和国外知名学校来深圳合作办学，提升教育国际化水平。以加快中等职业教育为重点，大力发展职业教育，探索各级各类教育沟通衔接的有效机制。科学规划并办好外籍人员子女学校和港澳人士子弟学校。深化办学体制改革，支持民办教育健康发展。

（二）推进医药卫生体制改革。实行政事分开、管办分开、医药分开、营利性和非营利性分开。开展公立医疗机构和药品流通体制改革试点，完善社区卫生服务，规范基本医疗服务的范围、标准和提供方式。完善医疗保险制度。进一步放开医疗市场，引进境外资本发展医疗卫生事业，积极促进非公医疗卫生机构的发展，形成投资主体多样化的办医体制，加强对社会医疗机构的支持和监督。有效增加基本医疗服务供给，逐步形成由政府提供公益性基本医疗服务、市场提供个性化和高端医疗服务的格局。建立健全医师资质管理和个人执业制度。鼓励推进中医临床研究和中医管理体制改革，发展和弘扬中医事业。完善公共卫生服务体系，提供安全、有效、方便、价廉的基本医疗卫生服务。

（三）深化就业、社会保障、收入分配和住房制度改革。统一规范人力资源市场，加快建立健全就业公共服务体系，实施创业带动就业工程，完善困难群众的就业援助制度，促进充分就业。健全劳动关系调整机制和欠薪保障机制，依法维护劳动者权益和社会稳定。深化社会保障体系改革。按照国家规定探索社保基金保值增值的有效机制。加强社会保险经办机构、社会救助与社会福利综合服务体系等公共服务设施建设。深化收入分配制度改革，逐步提高劳动报酬在初次分配中的比重，切实增加和维护居民的财产性收入，逐步提高居民收入在国民收入分配中的比重。深化住房制度改革，完善以廉租房、公共租赁住房和经济适用住房为主体的住房保障体系，建立健全住房公积金制度。

（四）深化文化管理体制改革和完善公共文化服务体系。以增强文化发展活力为重点，完善扶持公益性文化事业、鼓励文化创新的政策措施，全面提升文化软实力。稳步推进文化市场的开放，鼓励社会力量积极参与公益性文化建设。积极探索政府主导与发挥市场作用有机统一的文化事业和文化产业发展机制，深化国有文化资产管理体制改革，进一步增强国有文化企业集团的影响力。条件成熟时按程序设立文化产业投资基金，建立文化产权交易中心。培育文化产业骨干企业和新的文化业态，打造一批在国内外有重要影响的文化品牌，提高"文博会"的国际化、专业化水平，使深圳成为中国文化"走出去"的重要基地。加快设计之都建设，把深圳建成有国际影响力的文化创意中心。营造创新文化氛围，不断增强文化的竞争力、吸引力和凝聚力，在全社会形成面向世界、面向未来、具有鲜明特色的社会主义先进文化。

（五）创新社会管理体制，大力培育发展社会组织。推进基层社会管理体制改革，加强基层民主建设，增强基层自治功能。健全社区管理体制，扩大并规范社区居民参与社区管理的方式和渠道，构建社区公共资源共享机制和综合治理机制。结合行政管理体制改革，充分发挥社会组织作用，将各部门可由社会组织承担的事项，交由社会组织承担，加快建立和完善政府向社会组织购买服务的制度。推进社会组织登记管理制度改革，进一步完善对社会组织的管理，形成政府与社会组织功能互补、相互协调的社会管理网络。加强社会工作人才队伍建设，率先探索建立现代社工制度。统筹人口规划和人口政策，创新人口管理方式和手段，全面推行"居住证"制度。改革和调整户口迁移政策，创新流动人口管理机制，优化人口结构，为全国流动人口管理和户籍制度改革探索新路。完善信访维稳工作机制和突发事件应急管理机制，健全城市公共安全和社会治安防控体系。

（六）积极推进依法治市，率先建成社会主义法治城市。整合立法资源，实行政府规章的集中起草，坚持科学立法、民主立法。积极研究将经济特区范围延伸至深圳全市，解决"一市两法"问题。在中央统一领导下积极稳妥地推进司法体制和工作机制改革，抓住影响司法公正、制约司法能力的关键环节，进一步解决体制性、机制性、保障性障碍，优化司法职权配置，规范司法行为，加强权力监督制约，维护社会稳定，促进社会和谐。

五、完善自主创新体制机制，加快建设国家创新型城市

基本思路：

把自主创新作为城市发展的主导战略，完善自主创新的体制机制和政策环境，优化配置创新资源，提高创新能力，推进核心技术的自主创新，实现电子信息、生物、新材料、新能源、航空航天、环保、海洋等产业技术的跨越式发展，打造国际化高技术产业基地，率先建成国家创新型城市，成为有国际影响力的创新中心。

改革重点：

（一）构建开放型创新体系。加强区域合作与国际合作，广聚境内外创新资源，引导创新要素向企业集聚，构建以市场为导向、企业为主体、产学研结合的城市创新体系。推动深圳国家高新技术产业园区转型升级，努力建设世界一流高科技园区。支持企业与高等院校、科研院所共建高水平的技术研发机构和产学研基地。鼓励企业扩大国际合作，设立境外研发机构，鼓励企业申请并合法使用境内外知识产权。强化深港科技合作，构建深港创新圈，建设深港技术创新合作基地和香港高校深圳产学研基地，促进两地在科技、产业等方面的深度合作与融合。积极开展多边和双边国际科技合作，承接跨国公司研发中心转移。

（二）促进创新资源高效配置。在深圳布局建设一批具有国际先进水平、对我经济社会发展具有显著作用的重大科技基础设施、重要科研机构和重大创新能力建设项目。加快建设华南超级计算中心、深圳国家高技术产业创新中心、深圳产业创新研究院。建设一批国家重点实验室、工程（技术）中心、工程实验室等区域创新支撑平台。支持产学研合作和区域联合承担国家重大科技专项，强化知识产权工作机制。建设一批国家高技术产业化示范工程。

（三）完善创新服务体制。优化整合财政资源，加大财政资金投入，重点支持国家战略性重大科技研发项目、竞争前技术、共性技术的研究和公共平台建设，扶持一批面向产业和服务社会的新型公共研发机构、创新服务机构和成果转化机构。大力培育和发展技术评估、技术转移、产权交易等各类中介服务机构，引导其向专业化、规模化和规范化方向发展。发挥政府和中介组织在促进科技成果交易中的作用，将深圳发展为国际化科技成果交易中心。完善创新创业融资环境，鼓励发展创业投资。加大自主创新产品的政府采购力度。

（四）创新人才管理体制。整合人才管理职能，创新人才引进、培养、评价、任用、激励和服务保障机制，彻底打破人才身份限制，促进人才合理有序自由流动。开展外国专家工作许可证审批发放和组织涉外培训工作。改革科技奖励制度，突出政府科技奖励的重点，鼓励和规范社会力量设奖。营造吸引全球创新人才的制度环境。

（五）深化知识产权管理体制改革。积极探索大知识产权管理体制，强化知识产权保护，完善知识产权行政执法与司法保护机制。建立知识产权交易中心。支持开展行业、国家和国际标准的制定工作，加快创新成果的知识产权化。建立和完善知识产权人才评价体系。建立知识产权预警机制，开展知识产权维权援助工作，创新知识产权公共服务平台。

六、以深港紧密合作为重点，全面创新对外开放和区域合作的体制机制

基本思路：

坚持以开放促改革、促发展。以深港合作为重点，大力推进对内对外开放；推动区域间要素流动便利、城市功能互补，积极主动参与国际分工；创新对外经贸发展方式，率先建立全方位、多层次、宽领域、高水平的开放型经济新格局，形成与国际接轨、有中国特色的开放型体制机制。

改革重点：

（一）全面推进深港紧密合作。在粤港澳合作的框架下，进一步巩固合作基础，拓宽合作领域，创新合作方式，完善合作机制。通过全面推进深港紧密合作、融合发展，提升城市功能，优化生产力布局，增强辐射带动能力，在粤港澳共同打造亚太地区最具活力和国际竞争力的城市群中发挥主力军作用，为粤港澳成为全球最具核心竞争力的大都市圈之一提供强有力的支撑。与香港功能互补，错位发展，推动形成全球性的物流中心、贸易中心、创新中心和国际文化创意中心。积极开展粤港澳货物贸易人民币结算试点。加强金融合作，巩固和提升深港在全球金融竞争中的地位。加强海空港航运合作，加快深港机场合作进程，进一步加强深港在高端航运服务领域的合作与融合，打造世界级的港口群，支持建设具有全球资源配置功能的物流枢纽、亚太地区最重要的多式联运中心和供应链管理中心。加强深港商贸合作，创新商业模式，共同打造具有商业贸易、展示推广、旅游休闲等功能的国际商贸中心。加强深港社会、文化、科技、教育、卫生等领域的合作，加快推进深港城市规划和交通、信息、能源等重大基础设施的对接和建设，实现资金、货物、信息等要素流动更加便捷和安全有序，加快实施深圳居民往来香港的便利措施。更加注重借鉴港澳办事规则和运行机制，不断探索合作的新途径、新形式、新载体。加快推进前后海地区的规划建设和体制创新，作为加强与港澳合作和参与东盟自由贸易区合作的重要载体。健全深港澳打击走私合作机制，促进经济健康发展。

（二）创新对外经贸发展方式。进一步深化涉外经济管理体制改革，实现涉外经济管理与国际惯例对接，促进贸易和投资便利化。深化口岸管理体制改革，探索海关、检验检疫、边检等口岸查验方式创新，实施单一窗口或"一站式"通关模式，规范口岸物流、客流管理，加大口岸基础设施建设力度，加快"大通关"进程。整合口岸信息资源，推进"电子口岸"建设。加快外贸增长方式转变，积极培育自主出口品牌，鼓励高技术含量、高附加值产品出口。大力扶持和培育本土跨国公司。率先实现出口加工制造业的优化升级。探索完善服务贸易统计和监管体系。积极承接国际离岸服务外包，建设具有国际竞争力的服务外包基地城市。创新招商引资机制，鼓励支持跨国公司在深圳设立区域性总部。加快前海湾保税港区建设，充分发挥保税区等海关特殊监管区域的功能作用，提高运行质量和效益。

（三）积极推进区域合作。充分发挥深圳作为全国经济中心城市的辐射带动作用，积极推进"深莞惠"紧密合作，全面提升珠江口东岸地区整体竞争能力。探索支持城市群发展的相关政策，加快建设辐射周边地区的快速综合交通运输体系，加强与省内城市之间的分工协作和优势互补。立足国内拓展发展新空间，加强与内地全方位、多层次、宽领域的经济合作。大力实施"走出去"战略，支持企业到境外设立研发、生产基地，开展跨国并购，探索建立境外经贸合作园区，进一步扩大与东盟的合作。

（四）积极主动应对开放风险。加强外贸运行预警体系建设，健全贸易摩擦应对机制。建立产业安全监测系统，引导和规范外资并购健康发展，确保国家经济安全。健全"走出去"应急保障机制，支持企业建立海外投资风险防范制度，规避跨国经营风险，实现对外开放的规范、有序、可控。

七、建立资源节约环境友好的体制机制，加快建设国家生态文明示范城市

基本思路：

以建设国家循环经济城市和生态文明示范城市为目标，建立健全土地节约集约利用制度，形成有利于节约资源能源和保护生态环境的产业结构、增长方式、消费模式，完善促进资源节约、环境友好的体制机制，探索中国特色生态文明发展模式。

改革重点：

（一）探索建立环境资源的综合管理机制。推进环境资源管理体制改革，按照环境资源保护的整体性特征和一体化要求，整合环境资源的管理职能，构建职能有机统一的大部门环境资源管理体制，建立环境保护和资源利用的统筹协调机制，实现统一规划、统一建设、统一标准，优化环境资源配置。

（二）建立资源节约、环境友好的激励和约束机制。充分利用市场化手段推进节能减排，探索建立反映市场供求状况、资源稀缺程度和环境损害成本的资源价格形成机制，健全资源有偿使用制度和生态环境补偿机制，完善节约水、电、煤、油、气等的价格激励机制。积极发展低碳经济，推动实施"绿色信贷""绿色贸易"和"绿色保险"等环保经济政策。积极深化水资源管理体制改革，加强水资源保护，完善鼓励节水政策。探索建立排污权交易制度和环境权益交易服务中心，形成有利于循环经济发展的体制机制。完善节约集约用地评价指标体系，建立节约集约利用土地的长效机制。

（三）探索适应经济增长的生态发展模式。充分发挥财政资金在资源节约型和环境友好型社会建设中的引导作用，建立政府、企业和社会的多元化投入机制，吸引和鼓励社会资本及外资参与环境基础设施建设。加快环境基础设施建设和运营的市场化改革。完善政府绿色采购制度，促进环保技术创新和绿色经济发展。

八、组织实施

（一）加强组织领导。综合配套改革是一项复杂的系统工程，为了加强统筹协调，成立深圳市综合配套改革领导小组，负责组织实施本方案。建立国家发展改革委等相关部门和广东省人民政府指导深圳综合配套改革的工作机制，研究解决重大问题，对综合配套改革进行评估和督促检查。

（二）积极稳妥推进。要继续解放思想，弘扬敢闯敢试、敢为人先的特区精神，积极营造鼓励探索、大胆创新的宽松环境，要根据统筹规划、全面推进、分步实施、重点突破的原则，抓紧制定综合配套改革的具体实施方案，全面推进各个领域的体制改革，率先在重点领域和关键环节取得突破。

（三）依法规范实施。综合配套改革要遵守国家法律、法规，符合国家产业政策的要求。综合配套改革的有关内容超出国家有关规定的，由深圳市人民政府依法定程序报请审批。法律、法规没有规定的，由深圳市人大常委会依照特区立法授权制定法规或者由深圳市人民政府制定规章，予以规范。

浙江省义乌市国际贸易综合配套改革试验区

国务院关于浙江省义乌市国际贸易综合改革试点总体方案的批复

（国函〔2011〕22 号）

浙江省人民政府、发展改革委：

你们关于浙江省义乌市国际贸易综合改革试点总体方案的请示收悉。现批复如下：

一、同意在义乌市开展国际贸易综合改革试点。原则同意《浙江省义乌市国际贸易综合改革试点总体方案》（以下简称《方案》），请认真组织实施。

二、要以邓小平理论和"三个代表"重要思想为指导，深入贯彻科学发展观，在国际贸易重点领域和关键环节深化改革、先行先试，探索建立新型贸易体制机制，尽快在贸易管理和服务、现代商贸流通体系建设、开放型经济体系建设、政府职能转变等方面取得突破，促进出口产品结构优化和产业转型升级，推动区域经济社会协调发展。

三、浙江省人民政府要加强对《方案》实施的组织领导。要根据《方案》研究制定相关专项改革方案，对具有突破性的改革试点实行项目化管理。涉及土地、金融等重要改革事项，要按程序另行报批。对综合改革试点中出现的新情况新问题，要及时研究、妥善处理。

四、国务院有关部门要按照职责分工，积极支持义乌市开展相关专项改革，先行试验一些重大的改革开放措施。特别是拟推出的与国际贸易相关的改革事项，要优先放在义乌市先行试验。发展改革委要会同商务部、海关总署等部门加强对义乌市国际贸易综合改革试点的指导和协调推进，做好《方案》与各专项方案的衔接，组织开展对《方案》实施的督促检查和评估，确保《方案》各项改革措施落到实处。

附件：浙江省义乌市国际贸易综合改革试点总体方案

国务院

2011 年 3 月 4 日

浙江省义乌市国际贸易综合改革试点总体方案

浙江省义乌市拥有我国最大的小商品市场，是重要的国际贸易窗口。改革开放以来，义乌市积极探索对外贸易新模式，在扩大出口、增加就业、带动中小企业发展等方面取得显著成效。为继续发挥义乌市在开展国际贸易、开拓国际市场等方面的优势和作用，现提出如下国际贸易综合改革试点总体方案。

一、总体要求

（一）指导思想。高举中国特色社会主义伟大旗帜，以邓小平理论和"三个代表"重要思想为指导，以科学发展为主题，以加快转变经济发展方式为主线，以提高对外开放水平为重点，进一步解放思想、深化改革、扩大开放，充分发挥市场在资源配置中的基础性作用，充分发挥义乌市场在全球分工体系中的独特作用，大胆探索、先行先试，加快转变外贸发展方式，推动内外贸协调发展，形成经济全球化条件下参与国际经济合作和竞争新优势。

（二）基本原则。立足于实现国际贸易由规模数量向质量效益转变，推进国际贸易发展、市场带动和产业促进等体制改革，构建国际贸易发展环境优良、市场带动能力增强、促进产业转型升级的体制机制；立足于拓展市场的广度和深度，优化进出口商品结构，推动进出口平衡发展，增强比较优势，增强国际市场竞争力；立足于实现要素驱动向创新驱动转变，形成产业、市场等方面集聚、辐射和带动作用，强化内生动力，提升产业层次；立足于政府管理向公共服务转变，寓管理于服务之中，推进贸易便利化，推进金融支持、区域合作、管理体制创新，完善政策环境，为转变外贸发展方式提供有效的支持平台和制度保障。

（三）发展目标。到 2015 年，基本形成有利于科学发展的新型贸易体制框架，国际贸易管理和促进体制等改革取得重大突破，实现与国际接轨；先进展示交易平台和便捷国际贸易通道基本形成，贸易便利化、信息化水平显著提升；义乌市场集聚、辐射、服务功能明显增强，区域合作和产业联动加速发展；进口、转口贸易和服务贸易比重比 2010 年翻一番，具有知识产权、品牌和高附加值的产品出口比重比 2010 年翻一番，带动国内就业 2000 万人以上。

到 2020 年，率先实现外贸发展方式转变。贸易效率达到世界先进水平，形成比较完善的现代商贸流通体系和便利化的国际贸易体制；现代市场体系基本构筑，国际贸易的主体结构、商品结构、贸易方式等明显优化；区域合作和产业联动发展新机制基本建立，义乌市场带动效应更加凸显，提升义乌在国际贸易中的战略地位，使义乌成为转变外贸发展方式的示范区、带动产业转型升级的重要基地、世界领先的国际小商品贸易中心和宜商宜游宜居的国际商贸名城。

二、主要任务

（四）探索建立新型贸易方式。针对小商品生产种类多、更新快、非标准化、产品质量保障体系有待完善等问题和特点，以及小商品交易单笔规模较小、贸易主体众多、交易活动频繁等特征，适应小商品采购出口、进口贸易和转口贸易的需要，研究设立"市场采购"等新型贸易方式，形成在全球组织进口、出口和转口贸易的新渠道和新方式。探索实施与"市场采购"

等贸易方式相适应的海关、检验检疫、税务、外汇、工商、互联网等一系列监管措施和办法。支持义乌市在条件成熟时按程序申请设立适合小商品贸易特点的海关特殊监管区域。

（五）优化出口产品结构。进一步提升出口产品的技术和文化含量，提高出口商品的档次和附加值。推动贸易商品结构从一般小商品向拥有技术、知识产权和品牌的高端商品及相关服务等方面拓展。进一步提高出口产品的安全技术水平，使之符合国际通用标准及销售目的地国标准。探索贸易品种、市场业态、贸易方式、商品形态结构调整优化的路径，着眼于创造品牌、创造标准、创造商业新模式、创造高端产业链和价值链，全面提升国际贸易发展质量和水平。培育和集聚小商品制造领军企业，培育一批在国内外具有较高知名度和认同度的中介推广机构，提升新技术、新创意的开发利用水平。

（六）加强义乌市场建设。加强规划、政策和资金引导支持，加快结算、授信、信用信息、培训和法律等平台建设，提升义乌市场的软实力，推动义乌市场由单纯的商品供应者向具有综合服务功能的提供商转变。构建地方政府牵头，商务、海关、工商、质检、外汇等相关部门共同参与的监管服务工作机制，建立完善集质量安全、公共预警、知识产权保护等于一体的市场综合服务平台，促进和规范义乌小商品市场及出口健康发展。完善"义乌·中国小商品指数"指标体系，及时反映市场供需等情况变化，发出公共预警，防止重复投资和产能过剩。构建中小企业公共技术平台，探索设立国家级小商品研发中心、国家级小商品质量检测中心等服务机构，加强中小企业急需的关键技术、共性技术的研发。推进义乌市场信息化建设，扩大互联网应用范围，完善商户信用监测、监督和评价体系，提高信息化应用水平、管理水平和安全水平。全面提高知识产权保护意识，加强知识产权执法，明确市场开办者和经营者的责任，探索建立适应义乌市场商品周期短、款式多、更新快等特点的知识产权保护机制。

（七）探索现代流通新方式。利用现代流通技术，建立共享式市场平台，推动流通现代化，加快形成具有示范效应、辐射能力强、可复制、可推广的物联网、互联网应用示范区。创新电子商务发展管理模式，加强第三代移动通信和物联网技术应用，建设第三方电子商务服务平台，完善信用、交易、支付、登记、安全认证、投融资等支撑体系，促进无形市场与有形市场融合发展。培育具有先进、高效运作能力的商贸流通大企业，推动连锁经营、物流配送等现代流通方式发展。

（八）推动产业转型升级。充分发挥贸易流通对经济的先导作用，稳定传统优势产品出口，加快发展"绿色贸易"，带动相关制造业的转型升级。根据全球化产业链分工，依托市场商品信息和采购需求高度集聚的优势，着力推动和带动制造业技术创新、管理创新和产业集群创新，形成现代服务业和先进制造业双轮驱动，生产性服务业与制造业联动发展的格局。大力发展产业集群，积极扶持建设中小企业公共服务平台。探索建立义乌市场与特色产业集群的合作机制，提供市场实时动态信息，降低企业的商务成本。探索按省市或集群特色分区集中展示等模式，通过义乌市场创建一批区域产业集群品牌，推动制造业转型升级，建设产业特色鲜明、综合配套能力强的现代制造业集聚区。积极创造条件，支持义乌市现有省级经济开发区升格为国家级经济技术开发区，推动众多服务市场的中小企业和传统制造业转型升级。支持科技兴贸基地建设，制定优惠政策，集聚和培育创意设计产业发展的要素资源，整合提升创意设计产品展、行业流行趋势发布会、技术专利交易会，探索制造企业向"创""造"并举转型升级的有效途径。

（九）进一步开拓国际市场。加快建设国家级小商品国际贸易区，拓宽更多中小企业走向世界的渠道，为其他专业市场发展国际贸易提供示范。积极开拓非洲、拉美、中东欧、中亚、中东等新兴市场，支持在义乌建设"非洲产品展销中心"等进口商品展贸专区，发展进口、转口贸易。鼓励企业以专业市场为纽带，以"抱团"形式开拓国际市场。支持发展"中国义乌国际小商品博览会"等特色品牌展会，培育具有国际竞争力的大型展览集团，探索会展产业化发展道路，创新展贸联动发展机制，全面提升义乌在商品贸易、投资合作、服务贸易、文化交流等方面的影响力，把义乌打造成重要的国家级会展平台。

（十）加快"走出去"步伐。加快到国内外重要市场建设中国小商品展示交易平台的步伐，支持义乌在全球范围复制和输出专业市场管理模式、运营模式和营销服务模式。鼓励通过发挥"母市场"效应带动一批产业链和产业集群，完善中国小商品海外营销渠道。健全引导和规范企业对外投资合作的机制，制定举办境外展会和市场的专项扶持办法，将中小企业境外展销平台建设列入国家相关专项规划。按照"政府扶持，企业化运作"模式，分阶段创办境外中国商品展示中心以及订单服务中心、仓储物流配送中心，搭建中小企业集群式"走出去"平台。支持建立海外市场营销网络体系、营销中心和售后服务中心，探索通过连锁配送、建设市场分销渠道等形式，发展国际营销网络。

（十一）推动内外贸一体化发展。强化市场准入、标准设定、信息引导等公共服务职能，完善内外贸促进体系，研究出台推进企业经营内外贸的便利化措施，形成有利于内外贸协调健康发展的环境。依托义乌市场辐射优势和高度聚集的行业协会、商会等民间组织，进一步强化对周边省市小商品生产流通领域的辐射带动作用。支持义乌建设长江三角洲物流重要节点城市，完善综合交通运输体系，将义乌纳入国家交通总体战略通盘考虑。支持义乌依托交通和市场优势，进一步降低区域内物流成本，为上海港、宁波—舟山港等重要港口提供稳定可持续增长的"实物流"，在更高层次参与国际经济合作和竞争。探索建立统一、协调的内外贸监管体制和工作机制，健全内外贸协调的统计、监测、预警、分析和调控体系。加强社会信用体系建设，健全规范和维护市场秩序的长效机制。

（十二）妥善应对国际贸易摩擦和壁垒。鼓励企业运用技术性措施，主动参与国际标准的制订，积极参与国际贸易竞争和行业自律、企业自律，主动破解和应对国际贸易壁垒。充分发挥海关等部门的统计资源优势，加强贸易预警体系建设，建立政府、行业协会、中介机构和企业"四位一体"的进出口贸易监测预警机制，加强对重点国别的贸易和政策预警。探索建立国际贸易互信机制，健全贸易摩擦应对机制，提高中小企业应对国际贸易摩擦和壁垒的话语权和谈判能力，积极通过国别预警磋商机制化解贸易摩擦。

三、保障措施

（十三）优化国际贸易发展环境。大力推进贸易便利化，创新国际贸易管理和服务体制，降低商务运行成本，提高国际贸易效率，营造高度开放、高效便利的国际贸易发展环境。强化出口小商品检验检疫监管，不断完善出口小商品质量保障体系，加强与进口国政府质量安全监管部门的合作，促进和规范义乌小商品市场及国际贸易发展。深入推进"跨关区快速通关"及"属地申报、口岸验放"和"分类通关"等模式改革，大幅提高通关效率。健全客商便利化出入境管理机制，深化外事审批、出入境业务管理等制度改革，强化诚信化信息管理，创新外事、公安协调配合模式。创造条件实现航空口岸开放等，建立便利国际进出的渠道，进一步促进人员往来、居留便利化，扩大对外交流和合作。推广现代信息技术，全面提升综合贸易试点信息化水平。

（十四）健全金融机构体系。完善金融布局规划、服务设施和政策体系，支持更多内外资银行、证券、保险等各类金融机构的地区总部、分公司在义乌集聚发展。着力发展各类产业投资基金、创业投资基金、股权投资基金，搭建民间资本服务平台，拓宽民间资本进入实体经济通道。鼓励发展村镇银行、贷款公司、金融租赁公司、企业财务公司等金融机构，完善地方金融组织体系。完善金融、保险市场中介服务机构体系，依托上海国际金融中心建设，积极引进和培育资信、会计、审计、信息发布和咨询等金融相关服务行业。

（十五）提升金融服务能力。创新为市场交易服务的信贷、结算、兑换等现代金融服务产品，支持发展多种形式的直接融资方式，提高金融机构的市场效率和服务能力。加快发展投资管理、金融顾问、信用担保和业务咨询等金融中介服务，积极发展金融服务外包业务。审慎扩大出口信用保险的覆盖面。探索开展专业货币兑换、货币经纪等业务，使义乌成为区域性货币兑换和跨境贸易人民币结算中心。坚持有效监管，稳妥有序扩大开放，适当放宽人民币资本项目可兑换政策限制，落实人民币结算出口退税等政策，引导更多企业使用人民币作为进出口和转口贸易支付手段，重点推动人民币成为亚非拉国家和地区的结算、投资货币。

（十六）改善金融生态环境。强化金融执法，积极预防和严厉打击各种经济犯罪和逃废金融债务行为，依法审查和推进金融纠纷案件的审理和执行，探索依法保护金融资产安全和有效维护金融秩序的新模式。在加强有效监管、促进规范经营、防范金融风险的前提下，合理引导和规范发展民间金融，既要充分利用民间资金充裕的优势，又要防范乱集资和高风险套利等问题。加强金融知识教育，提高居民金融意识，完善企业和个人信用信息基础数据库，建立健全社会信用的激励和惩戒机制。创建金融人才服务平台，优化以人为本的金融人才环境。

（十七）构筑区域合作优势。充分发挥义乌独特的市场优势和现代流通的先导作用，加强市场、资源、资本、技术等方面的互补合作，加快浙西南区域内各城市的交通、信息等网络化建设，实现商流、物流、资金流、信息流的高效流通和区域资源最优配置，形成区域发展新优势。积极主动接受上海国际金融中心、国际航运中心的辐射，更好地学习借鉴上海浦东综合配套改革的成功经验和创新做法，融入长江三角洲整体发展。支持中西部地区和东北等老工业基地企业利用义乌市场平台，有序承接沿海发达地区产业转移，打造东中西部合作示范基地。充分利用义乌市场的窗口优势，深化东中西部在产业技术交流、劳动力转移、商品信息共享等领域合作，拓展合作分工的产业链条，构建优势互补的区域协作体系，为东中西部企业提高国际竞争力和影响力搭建更大平台。

（十八）构建新型公共服务体系。适应国际贸易、市场创新以及产业转型升级等需要，创新政府管理模式，全面推进依法行政，把公众参与、专家论证、风险评估、合法性审查和集体讨论决定作为重大决策的必经程序，形成科学化、民主化的行政决策机制和制度，不断提高政府公信力和执行力。加强与国际贸易和国际化城市相适应的仲裁、边防、消防、港务、金融等机构监管服务能力建设，优化机构设置和行政资源，在机构、人员编制上向口岸查验等涉外机构倾斜。加快发展与国际贸易相适应的社会事业，形成城乡一体的户籍、教育、就业、医疗、文化、社会保障等制度体系，探索建立基本公共服务、志愿互助服务、商业性便民利民服务相衔接的社区管理服务体制。改进人才工作管理体制，创新人才工作机制，支持发展职业教育，鼓励相关院校在义乌设立国际贸易类学生实习实训基地，加快培养国际贸易急需的各类人才。创新流动人口服务管理方式，探索建立既方便外国人居留经商又能实施有效管理的新型模式。加大城市基础设施建设力度，实行数字化城市管理模式，推进节约型园林绿化建设，努力改善城市人居环境。以国际化理念引领城市建设，建立开放型城市的综合服务体系。依托现代信息技术，强化海关、检验检疫、商务、交通运输等部门的协调配合，加快口岸信息化平台建设，探索建立对外贸易的单一窗口。支持建设现代物流和集疏运平台，使"义乌港"成为综合功能完备的"始发港"和"目的港"。

四、组织实施

（十九）加强组织领导。进一步加强组织领导，完善工作机制，将改革试点纳入部委与浙江省合作机制，定期会商研究改革过程中出现的新情况和新问题，实现部—省—市联动，协调推进相关改革试点工作。建立改革试点分阶段推进和年度报告制度，定期总结经验，确保改革试点各项工作有序开展。

（二十）抓好组织实施。根据本方案，制定支持改革试点具体政策措施和任务分工，指导开展改革试点。按照改革试点确定的主要目标，抓紧组织编制重点领域的改革计划和重大项目建设方案，明确重点改革任务和工作责任。制定阶段性行动计划，落实承担单位和完成时限，把各项任务和进度安排分解落实到有关地方和部门。

沈阳经济区新型工业化综合配套改革试验区

国务院关于沈阳经济区新型工业化综合配套改革试验总体方案的批复

（国函〔2011〕102 号）

辽宁省人民政府、发展改革委：

发展改革委《关于审批沈阳经济区新型工业化综合配套改革试验总体方案（送审稿）的请示》（发改经体〔2011〕233 号）收悉。现批复如下：

一、同意《沈阳经济区新型工业化综合配套改革试验总体方案》（以下简称《方案》），请认真组织实施。

二、《方案》实施要以邓小平理论和"三个代表"重要思想为指导，深入贯彻落实科学发展观，以加快转变经济发展方式为主线，以深化改革开放为动力，坚持走中国特色新型工业化道路，切实加强体制机制创新，积极稳妥解决老工业基地存在的突出矛盾和问题，着力构建结构优化、技术先进、清洁安全、附加值高、吸纳就业能力强的现代产业体系，推进区域一体化发展，增强沈阳经济区整体竞争力，为全面贯彻实施东北地区等老工业基地振兴战略、促进我国经济长期平稳较快发展和社会和谐提供经验与示范。

三、辽宁省人民政府要加强对沈阳经济区新型工业化综合配套改革试验的组织领导和统筹协调，明确分工，落实责任，确保综合配套改革试验取得实效。要大力推进重点领域和关键环节的改革试验，加强体制机制创新，扎实做好发展现代产业体系、建立现代企业制度、增强科技创新能力、加大资源节约和环境保护力度、统筹城乡发展、推进基本公共服务均等化、创新财税金融体制、完善行政管理体制、提高对外开放水平等方面的工作。要根据《方案》要求，科学制定相应的专项改革方案，对具有突破性的改革试验实行项目化管理，其中涉及土地、金融等重要改革事项要按规定程序报批后实施。对改革试验中出现的新情况、新问题，要及时统筹研究，妥善提出对策。

四、国务院有关部门要按照职能分工，积极支持和指导沈阳经济区开展新型工业化综合配套改革试验，拟推出的促进新型工业化等相关改革事项，优先在沈阳经济区先行先试。发展改革委要加强对改革试验的指导和协调，进一步健全部门协同、上下联动的工作机制，组织开展对《方案》实施的督促检查和分析评估，建立改革风险防控和纠偏机制，保障改革试验平稳有序推进。

各有关方面要充分认识开展沈阳经济区新型工业化综合配套改革试验的重要意义，统一思想，开拓创新，扎实工作，积极推进《方案》的实施和各项改革措施的落实，努力开创沈阳经济区改革发展的新局面。

国务院

2011 年 9 月 16 日

国家发展改革委关于印发沈阳经济区新型工业化综合配套改革试验总体方案的通知

（发改经体〔2011〕2094 号）

辽宁省人民政府，国务院有关部门、直属机构：

根据《国务院关于沈阳经济区新型工业化综合配套改革试验总体方案的批复》（国函〔2011〕102 号）精神，现将《沈阳经济区新型工业化综合配套改革试验总体方案》印发你们，请根据部门职责分工，抓好政策落实，加大支持力度，努力推动沈阳经济区经济社会又好又快发展。

附件：沈阳经济区新型工业化综合配套改革试验总体方案

国家发展改革委

2011 年 9 月 27 日

沈阳经济区新型工业化综合配套改革试验总体方案

沈阳经济区以沈阳为中心，由沈阳、鞍山、抚顺、本溪、营口、阜新、辽阳、铁岭八市构成，是国家重要装备制造业基地和优化开发区域，是东北地区重要的工业城市群和辽宁省经济发展的核心区域。2010 年 4 月，国务院批准在沈阳经济区开展国家新型工业化综合配套改革试验，对于沈阳经济区进一步贯彻落实科学发展观，加快转变经济发展方式和调整经济结构，坚持走有中国特色新型工业化道路，推进东北地区等老工业基地全面振兴，促进东中西部地区协调发展，具有重要意义。为此，制定《沈阳经济区新型工业化综合配套改革试验总体方案》。

一、新型工业化综合配套改革试验的总体要求

（一）指导思想

以邓小平理论和"三个代表"重要思想为指导，深入贯彻落实科学发展观，以加快转变经济

发展方式为主线，以深化改革开放为动力，切实加强体制机制创新，推进重点领域和关键环节的改革试验，着力解决老工业基地存在的突出矛盾和问题，着力构建结构优化、技术先进、清洁安全、附加值高、吸纳就业能力强的现代产业体系，着力推进区域一体化发展，在创新现代产业体系、促进各类市场主体发展、提高科技创新能力、加强资源节约和环境保护、统筹城乡发展、实现城市群一体化等重点领域和关键环节实现新突破，实现沈阳经济区又好又快发展，推进东北地区等老工业基地全面振兴，为我国经济长期平稳较快发展和社会和谐提供经验与示范。

（二）基本原则

坚持解放思想，先行先试；坚持全面统筹，协调配套；坚持顶层设计，有序推进；坚持因地制宜，突出特色；坚持市场导向，政府推动；坚持以点促面，示范带动。

（三）主要目标和任务

1.主要目标。按照党中央、国务院关于走中国特色新型工业化道路的要求，创新体制机制，构建现代产业体系，加强城市间的分工协作和功能互补，促进区域经济一体化，把沈阳经济区建设成为具有国际竞争力的先进装备制造业基地、重要原材料和高新技术产业基地，成为充满活力的区域性经济中心和全国新型工业化典型示范区。

经过5年努力，到2015年，初步形成推进新型工业化的制度保障体系，政府公共服务职能不断增强，市场主体产权结构和组织结构更趋完善，现代产业体系建设取得突破，产业结构进一步优化升级，产业布局调整和分工协作进一步合理，沈阳经济区的集聚、辐射、服务功能和综合承载力进一步增强，初步形成区域经济一体化格局。研究与试验发展经费支出占地区生产总值比重达到2.7%，高新技术产业增加值占规模以上工业增加值比重提高到30%以上，服务业增加值占地区生产总值的比重达到42%以上，单位地区生产总值能耗、水耗和主要污染物排放显著下降，城镇化率达到75%以上。

到2020年，建立较为完善的新型工业化制度保障体系，形成结构优化、技术先进、清洁安全、附加值高、吸纳就业能力强的现代产业体系，现代企业制度、市场体系和城乡公共服务与社会管理体系基本完善。科技创新体系健全，单位地区生产总值能耗、水耗和主要污染物排放指标低于全国平均水平，吸纳就业能力和城镇化水平显著提高，基本实现区域经济一体化，努力使沈阳经济区发展成为东北亚地区重要的经济中心。

2.主要任务。围绕走中国特色新型工业化道路的要求，综合配套改革试验的主要任务集中体现在"五个着力"：一是着力构建现代产业体系，推动产业结构优化升级和布局调整，提升产业竞争力和经济效益；二是着力完善科技创新体系，充分运用现代信息技术改造传统产业，促进工业化和信息化深度融合；三是着力构建资源节约、环境友好的生产方式和消费模式，大力推进节能减排，增强可持续发展能力；四是着力处理好资本技术密集型与劳动密集型产业的关系，发挥人力资源优势，实现提高劳动生产率与扩大就业的有机统一；五是着力推进统筹城乡改革，加快区域一体化进程，实现工业化与城镇化、农业现代化相互促进、协调发展。重点推进现代产业体系、企业制度、科技创新、资源节约与环境保护、人力资源、统筹城乡发展、公共服务、财税金融、行政管理和对外开放等十个方面的体制机制创新。

二、新型工业化综合配套改革试验的主要内容

（一）创新现代产业体系建设的体制机制

以促进产业结构升级和优化调整为重点，创新推进先进制造业、战略性新兴产业、现代服务业和现代农业发展的体制机制，建立工业化与信息化深度融合的激励引导机制，完善沈阳经济区产业集聚与布局优化协调机制，切实提高产业核心竞争力和经济效益。

1.健全先进制造业发展体制。加强利用信息技术等高新技术和先进适用技术改造提升传统产业，大力推进工业软件研发及应用，加快信息网络技术的普及应用，大力推进制造业信息化。加快构建网络化、协同化工业研发设计体系，推动生产过程智能化和生产装备数字化，打造具有较强国际竞争力的装备制造业基地、高加工度原材料工业基地，提高产品的科技含量和附加值，率先实现制造业由大变强。健全工业化与信息化深度融合的激励引导机制，进一步催生新产品、新领域和新业态。适时将沈阳列入国家工业化与信息化融合的试点城市。重点建设沈阳集成电路装备产业园、沈北光电信息产业园、东软国家级高技术产业基地、沈阳方大半导体照明产业园、沈阳国家级动漫产业基地、营口富士康科技园、阜新电子工业园、阜新液压装备制造产业园、辽阳电子信息材料产业园。重点发展沈阳机床、沈阳电气、沈阳现代建筑、沈阳汽车零部件、沈阳航空制造、鞍山达道湾钢铁深加工、营口仙人岛石化、铁岭专用车、辽阳芳烃及化纤原料等先进制造业产业集群。

2.健全战略性新兴产业发展体制。抓住世界范围内产业结构调整的机遇，充分利用沈阳经济区现有产业基础优势，加快创新有利于培育发展战略性新兴产业的体制机制。通过完善要素市场、创新项目机制、扶持龙头企业及创新型中小企业等改革措施，重点培育发展高端装备制造业、新能源、新材料、新医药、信息技术、节能环保、海洋产业、生物育种、高技术服务业等九大新兴产业，形成新的经济增长点，将沈阳经济区建设成为重要的战略性新兴产业示范基地。重点发展壮大沈阳光电信息、沈阳生物制药、抚顺新材料和先进能源装备、本溪生物医药等产业集群。适时将沈阳经济区列为全国智能电网建设的先行先试区。

3.健全现代服务业发展体制。发挥沈阳经济区城市集群优势，加快推进服务领域各项改革，促进工业化和现代服务业的有机融合、互动发展。以开展国家服务业综合改革试点为契机，创新机制，拓展服务业新领域，发展新业态，培育新热点，推进服务业规模化、品牌化、网络化经营。优先发展生产性服务业，依托综合交通枢纽地位构建辐射东北、通达全国、面向东北亚的现代物流基地；依托产业优势，构筑工业物流、商贸物流和农产品物流三大专业物流体系，鼓励和支持发展第三方物流。形成以沈阳为中心，鞍山、抚顺、本溪、营口、阜新、辽阳、铁岭为支撑，连接国内外城市及口岸的物流大通道。重点建设沈阳鞍山钢铁物流园、阜新北方国际物流园、铁岭东北物流园，打造区域商贸会展中心，发展总部经济，建设沈北新区文化创意产业园、辽宁现代传媒产业园等文化创意产业基地。

4.健全现代农业发展体制。加强现代农业产业体系建设，优化农业生产力布局。加强国家现代农业示范区建设，在促进多种形式适度规模经营发展、统筹整合强农惠农资金、发展农业专业合作组织、推动农业综合机械化、创新农业产业化经营机制、完善金融支持手段等方面，

探索实践行之有效的措施方法。开展农业综合开发项目"民办公助、先建后补"试点，中央财政根据项目执行情况，制定补助标准并拨付补助资金。健全农产品市场体系，发展农产品深加工，延长产业链，提高农业的附加值和经济效益。多渠道培养适应现代农业发展的经营主体，发展种养业大户、农民专业合作组织和农业产业化龙头企业。大力推进农业科技体制机制创新，深化现代农业产业技术体系建设，加强农业科技创新，不断提升能力、增强活力。重点发展铁岭、沈阳、抚顺、阜新、辽阳等市的粮食生产、畜牧业、绿色农业、特色林产品优势区，培育壮大一批大型农产品深加工龙头企业，重点建设沈阳辉山农业高新技术开发区、阜新制革示范基地和农林产品深加工基地，形成优势突出和特色鲜明的农产品产业带。

5. 建立优化区域产业布局的协调促进机制。探索建立企业、项目在经济区内转移的利益协调和补偿机制，突破行政区划限制，引导生产要素合理流动，增强产业集聚功能，构建布局合理、分工协作的特色优势产业集群。创新机制，争取国家新型工业化重大产业项目优先在沈阳经济区布局。建立分类引导的产业发展导向机制，编制经济区产业发展指导目录，明确产业分类标准。对符合新型工业化要求的鼓励类产业，在项目核准、土地利用、资金筹措、技术创新、市场准入等方面给予重点支持。建立落后产能淘汰退出机制，强制高耗能、高耗水、高排放的企业逐步退出，实施新增低消耗、低污染的先进产能与淘汰落后产能"等量置换"或"减量置换"，采用补贴、奖励等方式对淘汰落后产能予以适当财政支持，在沈阳经济区开展落后产能退出补偿试点。积极推动国家新型工业化产业示范基地的建设和发展。

6. 建立工业化与城镇化协调发展机制。发挥沈阳的核心带动和辐射作用，建设"一核""五带"，即沈阳核心区和沈阳—抚顺、沈阳—本溪、沈阳—阜新、沈阳—辽阳—鞍山—营口、沈阳—铁岭五条城际连接带，整合发展空间，拓展城市功能，完普城镇布局和形态。优化沈阳经济区内各城市的功能定位和产业布局，依托现有城镇的区位优势和资源条件，充分发挥城际连接带促进工业化、城镇化和城乡一体化的重要作用，按照城乡规划重点建设 37 个新城新镇，依托现有产业园区重点推进 56 个主导产业园区发展，形成阶梯式发展格局。

（二）创新促进各类市场主体发展的体制机制

优化沈阳经济区国有经济布局和结构，健全国有资产监督管理体制，加快推进现代企业制度建设，积极营造各种所有制经济依法平等使用生产要素、公平参与市场竞争、同等受到法律保护的体制环境，进一步激发各类市场主体的活力与动力。大力推进企业社会责任建设，不断增强企业综合竞争力。

1. 推进国有经济战略性调整。加快推进国有经济战略性调整，完善国有资本有进有退、合理流动机制，推动国有资本向关系国家安全、国民经济命脉的行业以及高新技术等产业的重要骨干企业集中，推进钢铁、石化、装备制造等重点行业和重点企业战略性重组，发展一批具有自主知识产权、知名品牌和较强国际竞争力的大型企业集团。充分发挥国有大型企业在推进新型工业化中的主导和带动作用。

2. 深化国有企业改革。加快推进国有企业公司制改革，通过境内外整体上市、增资扩股、出让产权等方式，实现投资主体多元化。规范企业国有产权交易和股权转让程序，防止国有资产流失。加快解决厂办大集体、企业办社会和"壳企业"等历史遗留问题。推进现代企业制度建设，完善公司治理结构，建立健全市场化选人用人和激励约束机制，取消国有企业经营管理者的行政级别。

3.完善非公有制经济发展体制。进一步拓宽民间投资的领域和范围，公平开放市场准入，鼓励和引导民间资本进入法律法规未明确禁止准入的行业和领域。鼓励和引导民营资本重组联合和参与国有企业调整重组，促进产权合理流动，支持有条件的民营企业发展成为特色突出、市场竞争力强的集团化公司。落实国家在融资、财税、金融等方面对民间资本的扶持优惠政策。加快推进中小企业服务体系建设和中小企业信用担保体系建设，组建沈阳经济区中小企业服务联盟，加快中小企业公共服务平台和小企业创业基地建设。

（三）创新科技引领的体制机制

发挥科技创新在新型工业化中的支撑引领作用，运用高新技术加快促进传统产业升级和重点产业振兴。激发创新主体活力，集中力量攻克一批核心关键技术。深化科技体制改革，营造良好的创新环境，从根本上破除科技成果向现实生产力转化的体制机制障碍，促进科技与工业化的融合。

1.推进区域创新体系建设。以大企业为龙头整合创新资源，激发中小企业创新活力，鼓励各类企业建立或与科研院所、高校联合组建研发中心，不断加大公共研究经费投入，形成以企业为主体、市场为导向、产学研相结合的技术创新体系。争取在区域内建设一批国家重点实验室及各种国家级研发中心和企业技术中心。深入实施技术创新工程，培养一批拥有自主知识产权和较强国际竞争力的创新型企业，构建一批产业技术创新战略联盟，打造一批技术创新服务平台。明确方向，突出重点，支持和引导科研机构和企业集中力量攻关突破核心技术，高端产品、关键装备和成套设备。增强原始创新、集成创新和引进消化吸收再创新能力。深化科技型企业的产权和分配制度改革，探索建立股权激励机制。加强省（市）级财政对经济区内高校各类创新基地的支持，建设一批重点实验室、工程研究中心和大学科技园。支持沈阳开展国家创新型城市试点。

2.建立科技资源统筹协调机制。调整优化经济区内科技力量布局，统筹科技资源，提高科技资源的使用效率，形成科技工作的会商机制和沟通协调机制。推动基础性、前沿性技术和共性技术研究平台建设，推进重大科技基础设施建设和开放共享。推进科研机构、高等院校资源共享，建立成果转换和技术转移新机制。加快科技管理体制改革，探索建立新型科技管理体系，提高科技管理水平，加强法制化建设。

3.建立科技成果转化和产业化推进机制。加快科技成果转化基地建设，形成以沈阳高新技术开发区、沈阳铁西经济技术开发区为中心，以各市科技企业孵化器为依托的区域孵化体系。完善科技中介服务体系，加快科技咨询、评估、服务机构的发展，推动科技中介服务活动的市场化、社会化。建立沈阳经济区创新服务平台，加强生产力促进中心，技术市场的建设。进一步改善创新创业投融资环境，积极发展科技保险，合理设置创业投资引导资金规模，鼓励发展各类创业风险投资基金，支持初创型中小企业的发展。加强知识产权保护和管理，营造有利于知识产权创造和运用的制度环境。进一步完善科技评价和奖励等政策措施，健全促进技术转移、成果转化的激励机制。

4.创新产业园区互动发展机制。发挥高新区的集聚、引领和辐射作用，以沈阳高新技术开发区、辉山农业高新区、本溪生物医药高新区、沈阳铁西和营口经济技术开发区等国家级开发区为示范，探索产业园区分工合作、资源节约、要素集聚、技术创新等方面的协调互动发展机制。选择经济区内具有一定优势的省级开发区作为承接国内外产业转移示范区，探索与新兴主导产业园区合作互动的新途径。

（四）创新资源节约和环境保护的体制机制

更加注重发挥市场机制作用，加快形成符合新型工业化要求的生产方式和消费模式，提高沈阳经济区综合承载力，增强沈阳经济区可持续发展能力。

1.完善促进资源节约的市场机制。完善矿产等资源有偿使用制度，理顺资源收益分配关系。完善反映市场供求关系、资源稀缺程度和环境损害成本的生产要素和资源价格形成机制。合理开发和高效利用水资源，建立最严格的水资源管理制度，发展节水工业、节水农业，建设节水型社会，争取在沈阳市开展国家"城市水环境改善"和"饮用水安全保障"示范城市建设。

2.强化节能减排激励约束机制。强化节能减排目标责任制，完善节能减排指标体系，监测体系和考核体系，健全节能减排监督管理机制。严格实施固定资产投资项目节能评估审查，从源头上抑制高耗能行业过快增长。建立多部门联动的减排工作机制，完善环境准入制度。在沈阳经济区实行严于国家标准的工业企业大气污染物特别排放限值，建立新上项目审批核准与减排完成进度相结合的机制，实行主要污染物总量指标控制。在沈阳、鞍山等市开展低碳经济试点，加大淘汰落后产能力度。积极推进经济区内燃气、热、电、冷等能源系统建设，探索煤炭消费总量控制，积极创造条件开展城市热电联产集中供热节能减排试点。大力推进建筑节能，加快供热计量改革，实行按用热量收费。加强机动车污染防治，加快淘汰高排放黄标车，推行车用燃油清洁化进程，促进绿色交通建设。

3.构建循环经济体系。科学编制工业园区循环经济发展规划，积极探索发展循环经济新模式，打造多种类型循环经济工业示范园区和生态工业示范园区；将循环经济指标纳入正在开展的新型工业化统计监测评价指标体系，完善循环经济发展促进机制。重点抓好沈阳、抚顺、阜新等国家循环经济试点市和海城、南芬、灯塔、调兵山、大石桥5个循环经济试点县区建设，探索城市发展循环经济新模式。重点抓好沈阳静脉产业园、本溪南芬矿产资源、阜新新邱再生资源综合利用等一批循环经济示范园区建设，以及鞍本钢铁集团、抚顺矿业集团、铁岭煤业集团、沈阳煤业集团、抚顺新钢铁等24个循环经济典型示范企业建设，构建冶金、石油化工、煤炭、电力、建材和镁硼等6条循环经济产业链。鼓励绿色生产、倡导绿色消费、建设绿色矿山、发展绿色矿业，实现废弃物减量化、资源化和无害化利用。探索建立生产者责任延伸制度，完善循环经济政策支撑体系。加大资源循环利用产业的投入比重，鼓励按照资源禀赋和产业特色建设循环经济产业园区和循环农业示范区，构建以有色、冶金、化工、建材等产业为重点的循环经济产业体系。

4.完善土地节约集约利用机制。按照土地利用总体规划确定的建设用地规模和布局，严格控制新增建设用地，积极盘活存量建设用地，加强城镇闲散用地整合，科学开展低效用地增容改造和有序开发，充分利用城镇地上地下空间。认真落实国家有关产业政策和供地政策，严格执行土地利用年度计划，从严制定和执行节约用地指标标准，创新节地机制和技术，探索土地供需双向调节、差别化管理改革，坚持最严格的耕地保护制度，强化政府和相关部门的责任，落实耕地占补平衡，探索完善耕地保护补偿机制。

5.完善环境保护的市场机制，完善排污许可证制度，大力发展排污权交易市场。全面落实污染者付费原则，改革排污费征收方式，提高征缴率。改革垃圾处理费征收方式，适度提高垃圾处理费标准和财政补贴水平。完善污水处理费制度，合理提高污水处理收费标准和征缴率。积极推进环境保护和污染治理市场化运营。

6.探索区域性生态补偿机制。结合主体功能区建设，加大对生态脆弱地区和生态区位重要地区的均衡性转移支付力度。探索建立大伙房水库、浑江水库、汤河水库等重要水源涵养区的生态补偿机制，积极探索市场化生态补偿机制。推行资源型企业可持续发展准备金制度，加强矿山资源再利用，提高植被覆盖度。

7.健全环境保护与生态建设治理机制。编制实施沈阳经济区一体化环境保护与生态建设规划，合理规划、建设、利用区域重大环境保护基础设施。积极开展水土流失综合治理，采取有效措施遏制科尔沁沙地南侵及西北部土地沙化趋势。加强辽河、浑河、太子河环境污染防治和流域生态修复与保护，强化水功能区和入河排污总量监管，争取将辽河保护区治理及生态恢复列为国家级试点，加强城市和区域大气污染物防治工作，建立区域大气污染联防联控机制。加强矿山地质灾害综合治理，推进在抚顺、阜新开展矿山地质灾害综合治理试点。多形式开辟资金渠道。对废弃矿山进行生态修复，加强环境质量联合监控，实现区域生态建设、环境保护、污染监测一体化。建立沈阳经济区环境监控信息共享平台，落实环境保护目标责任制和"一票否决"制，实行强制清洁生产审核和生产全过程污染控制。

（五）创新人力资源优势得到充分发挥的体制机制

按照资本技术密集与劳动密集有机统一的要求，以充分发挥人力资源优势提升产业竞争力和增强产业吸纳就业能力为立足点，加快建立并完善统一、规范、活跃的人力资源市场，形成发挥人力资源优势与扩大就业良性互动的长效机制。

1.加快人力资源市场建设。加快整合人才市场和劳动力市场，健全覆盖城乡的区域公共就业人才服务体系，重点加强农村和资源枯竭城市的公共就业人才服务机构建设。大力发展人力资源服务业，规范市场秩序，加强市场监测和信息发布，推进诚信体系和人力资源服务标准化建设，充分发挥市场机制在人力资源配置中的基础性作用。根据沈阳经济区产业结构优化升级的需要，以提高劳动者就业能力为目标，建立政府购买职业培训服务的机制，建立培训补贴基本标准制度，探索实行对职业培训服务企业进行直接补贴的有效办法。依托职业院校和职业培训机构开展多层次、多形式的职业技能培训，突出培训的针对性、实用性和有效性。到2020年依托现有资源建成30—50个职业教育实训基地，实现年培养5万人、培训10万人次高质量紧缺技能型人才的发展目标。加大国家装备制造业职业教育沈阳试验区改革创新力度。加强农村职业培训服务，重点支持建成40—50所面向农村地区的多功能县级职教中心，组织实施"百万农村青年技能培训工程"。

2.加快创新人才队伍建设。制定中长期科技人才发展规划和重点领域高层次创新人才专项规划，引进海外高层次人才，组织实施"创新人才推进计划"，培养、引进一批领军人才和高水平团队。加强面向生产一线的实用工程人才、卓越工程师和技能人才的培养。增加财政对人才开发的投入，健全人才投入增长机制。鼓励和支持企业、社会组织建立人才发展基金。鼓励高等学校科学定位、优化结构、办出特色，加快培养产业转型和科技创新急需的专门人才。

3.完善人才激励保障机制。建立健全与工作业绩紧密联系、充分体现人才价值、维护人才合法权益的激励保障机制。建立产权激励制度，制定技术、信息、管理等生产要素按贡献参与分配的办法，健全国有企业人才激励机制，推行股权、期权等中长期激励办法，重点向创新创业人才倾斜。破除影响人才自由流动的体制性障碍，实现人才资质互认。

（六）创新统筹城乡发展的体制机制

围绕以工促农，以城带乡、工业化与城镇化相互促进，以破除城乡二元体制为重点，促进生产要素在城乡之间自由流动、公共资源在城乡之间均衡配置，形成城乡一体化发展格局。

1.建立覆盖城乡的规划管理体系。完善规划编制管理制度，以区城一体、覆盖城乡、资源共享、协调发展为原则，编制城乡统一的发展规划，促进城乡生产、生活、生态空间相协调。各类产业园区、新城新镇的范围和规模要符合当地城市总体规划，严格纳入城市的统一规划和管理。按照沈阳经济区主体功能定位，统筹编制国民经济和社会发展规划、土地利用规划、城乡规划、生态环保规划，建立"统一规划、责权明晰、属地管理、分级审查、强化监督"的规划管理体系。

2.建立区域基础设施共建共享机制。创新沈阳经济区内城乡基础设施投融资体制机制，加强交通、铁路、能源、通信、供水排水、供气、污水和垃圾处理等基础设施的统筹规划建设，提高区域基础设施建设一体化水平。按照构建综合交通体系的要求，以哈大客运专线、沈丹客运专线、京沈客运专线等快速路网干线为骨架，加快建设沈阳经济区城际铁路及相关产业园区的集疏铁路，强化沈阳新客站等综合交通枢纽功能，完善客货运输系统，形成各种交通方式紧密衔接的现代化运输体系。完善城际道路网络体系，逐步实现沈阳经济区交通同城化管理。

3.深化农村土地制度改革。编创沈阳经济区土地利用总体规划和城乡规划，建立城乡统筹、区域一体化的土地市场管理体系。全面完成农村集体土地所有权、土地承包经营权、宅基地使用权、集体建设用地使用权和房屋所有权的确权、登记、领证工作，赋予农民更加充分而有保障的土地财产权利。按照依法自愿有偿的原则，建立健全土地承包经营权流转市场，促进多种形式适度规模经营。逐步建立城乡统一的建设用地市场，凡符合土地利用总体规划、依法取得并已经确权为经营性的集体建设用地，可以采取出让、转让等多种方式有偿使用和流转。在土地利用总体规划确定的城镇建设用地范围外，经批准占用农村集体土地建设非公益性项目，允许农民依法通过多种方式参与开发经营并保障农民合法权益。切实做好农村土地整治工作，严格规范城乡建设用地增减挂钩试点。完善宅基地管理机制，探索宅基地使用权退出机制。不得违背农民意愿，强制收回承包地和宅基地。不得强制要求以承包地换社保、以宅基地换户口。

4.统筹城乡公共服务体系建设。优化公共财政投向，财政性资金逐步退出竞争性领域，加大对"三农"、就业和社会保障、社会事业、基础设施、生态环保、公共安全等民生领域的投入。推动形成城乡劳动者平等就业制度，建立统筹城乡的就业服务体系，加大农村劳动力转移就业和创业培训力度。进一步加大财政支持力度，加快建设覆盖城乡的社会保障体系。努力扩大农民工参加社会保险的覆盖面。

5.建立促进农民工市民化的体制机制。深化户籍管理制，引导农业人口随就业在各级城镇合理、有序流动。结合沈阳经济区内产业结构升级和布局调整，积极有序地将有稳定劳动就业关系并在城镇居住一定年限的农民工逐步转为城镇居民。对实现稳定就业但暂未达到落户条件的农民工，有计划有步骤地在随迁子女教育、社会保障、就业服务、住房保障等方面逐步缩小与城镇居民的差距。

（七）创新基本公共服务均等化的体制机制

按照加快建立健全符合国情、比较完整、覆盖城乡、可持续的基本公共服务体系的要求，以促进基本公共服务均等化为重点，完善政府投入保障和问责机制，建立与经济区内可支配财力相适应的基本公共服务标准体系。

1.加快完善基本公共教育服务体系。建立义务教育资源均衡配置机制，加快推进义务教育学校标准化建设，建立城乡学校之间、优质学校与薄弱学校之间的资源共建共享与对口交流支援制度，建立区域义务教育学校定期师资交流、校长交流、优质课交流机制。加大对家庭经济困难学生资助力度，扩大覆盖面。切实保障农民工等流动人口子女平等受教育权利。在有条件的地方开展社区教育改革试点。扎实推进职业教育综合改革等国家教育体制改革试点。

2.积极推进基本医疗卫生服务均等化。建立和完善沈阳经济区基本公共卫生服务保障机制，稳步扩大服务范围，合理提高服务标准。发挥中心城市辐射带动作用，推进医疗资源纵向整合，促进城市医疗卫生资源向县医院、乡镇卫生所延伸，实现医疗资源共享。合理布局农村医疗机构，积极推进乡镇卫生院向中心镇集中。加快公立医院改革，探索建立有效的法人治理结构，建立健全以服务收费、政府补助为主的补偿机制和公益性导向的绩效考核制度。支持三级甲等公立医院异地办院，力争在五年左右形成 5—10 家具有一定规模的区域性公立医院集团。鼓励社会力量举办医疗机构，形成多元办医、有序竞争的医疗服务市场。

3.完善社会保障制度。加快推进新型农村社会养老保险试点建设，力争早日实现新农保的全覆盖，实施并完善城镇职工和居民基本养老保险制度，推进不同养老保险制度之间的衔接。整合城镇居民基本医疗保险和新型农村合作医疗制度，实现缴费标准、医疗保险待遇、医疗救助水平、经办管理和信息系统的"五统一"。建立基本医疗保险异地就医结算平台，推进医疗保障待遇互认。完善城乡最低生活保障制度。

4.建立覆盖区域居民的基本住房保障体系。完善城镇基本住房保障制度体系，改革经济适用房制度，大力发展公共租赁房，健全以廉租住房、公共租赁住房为主的住房保障体系。加快实现低收入群体、新毕业大学生、新就业职工及进城稳定就业人员基本住房保障全覆盖。建立稳定的住房保障投入机制和管理运行机制，多渠道筹措资金，加快保障性住房建设，重点解决资资源枯竭城市、采煤沉陷区的危旧房改造。统一沈阳经济区基本住房保障标准，构建统一的住房保障信息管理平台，建立住房保障对象资格异地互认机制。实现住房货币补贴异地流转。建立住房货币补贴随工资按月发放的机制，各地互认住房货币分配资格，住房货币补贴可以随人员流动而转移。

（八）创新促进新型工业化的财税金融体制

充分发挥财税金融服务新型工业化的功能，积极构建有利于加快转变经济发展方式的财税体制，加强金融组织体系、金融主体、金融市场创新，建设东北区域金融中心。

1. 深化财税体制改革。合理划分各级政府间的财权事权，完善省以下财税体制。围绕推进基本公共服务均等化和主体功能区建设，完善财政转移支付制度。贯彻落实国家振兴东北等老工业基地的财税优惠政策。按照国家的统一部署，推进房地产税改革，探索开展环境税试点，规范资源收费制度，推进资源税改革。

2. 完善金融市场体系。支持符合条件的企业在主板、中小板和创业板市场上市，推动上市公司联合重组。拓宽直接融资渠道，积极支持符合条件的企业发行企业（公司）债、短期融资券、中期票据等债务融资工具。鼓励设立促进新型工业化的产业投资基金。

3. 推进金融综合改革。鼓励沈阳经济区符合条件的市场主体积极参与国家在金融企业、金融业务、金融市场和金融开放等方面的重大改革。加快区域金融中心建设，提升金融对经济发展的服务能力。加快沈阳金融商贸开发区发展，在金融市场、金融机构、金融产品、金融管理体制等方面开展优化金融生态综合试验，促进东北地区金融生态环境优化和金融服务业多元化发展。引导和鼓励国内外金融机构在沈阳设立区域总部或分支机构，建立金融集中集聚区，把沈阳建设成为东北地区金融中心。鼓励股份制商业银行和城市商业银行在沈阳经济区内其他城市设立分支机构。积极培育壮大区域性金融机构，加快发展中小型金融机构，鼓励金融机构进行业务创新，提高服务质量，满足经济发展需求。

（九）创新行政管理体制

以转变政府职能为核心，按照建设服务政府、责任政府、法治政府和廉洁政府的要求，着力建立与区域经济一体化发展相适应的政府管理体制和运行机制，理顺关系，提高效能，更加有力地保障推进新型工业化。

1. 加快政府职能转变。将政府工作重点放在创造良好发展环境上，减少对微观经济活动的干预，更多地运用经济手段、法律手段调节经济活动，从制度上更好地发挥市场在资源配置中的基础性作用。按照大部门体制思路，加大机构整合力度。强化服务型政府建设，清理、取消一批行政审批事项，简化审批流程，减少审批环节，建立"一站式"行政审批服务窗口，创新政府服务方式，提高政府行政效能。更加注重履行公共服务和社会管理职能，理顺市场监管体制。全面推进电子政务，完善政务公开制度，扩大政府信息公开的范围和内容。完善经济社会发展综合评价体系，建立科学合理的政府绩效评价指标体系和评估机制。

2. 探索行政区划体制创新。按照进一步优化沈阳经济区城镇体系布局和城区行政区划结构，增强城镇综合承载能力的要求，根据有关规定科学合理调整行政区划；按照减少行政层次、提高行政效率、统筹城乡发展的要求，积极探索省直接管理县（市）体制改革，稳妥开展城市内部行政区划体制、县城镇管理体制改革创新试点。

3. 推进城镇管理体制创新。打破传统的行政管理模式，机构编制实行总量控制和动态管理，实行灵活的选人用人机制和薪酬制度，提高行政级别，下放管理权限，强化社会管理和公共服务职能。

4. 建立区域统筹协调机制。适应区域经济一体化的要求，建立沈阳经济区综合配套改革试验的统筹规划机制、目标管理机制、考核评估机制、示范推进机制，统筹研究解决区域基础设施建设、产业布局、功能区开发、政策制定、土地管理等方面的重大问题，建立区域联席会议协商、决策机制，开展多领域对接与合作。

（十）创新对外开开放的体制机制

统筹国内国外两个市场、两种资源，形成有利于符合新型工业化要求的企业"引进来"和"走出去"的体制环境，加快转变外贸发展方式，提升区内产业在国际产业链中的地位，将沈阳经济区建成我国东北地区对外开放的重要平台。

1. 建立区域一体化的对外开放体制。按新型工业化要求，加强与辽宁沿海经济带互动发展制定沈阳经济区统一招商引资、信息共享的开放政策，构建互动共享的开放平台。

2. 推进涉外经济体制改革。完善"大通关"制度，推行"属地申报、口岸验放"通关模式，优化通关作业流程，提高口岸通关效率。加快地方电子口岸平台建设，进一步推动联网报关、网上支付、加工贸易联网监管系统的推广应用，促进辽宁省各部门间和沈阳经济区各城市间的信息共享，推进沈阳经济区保税物流和保税加工业发展。深化服务贸易改革，搞好市场准入和市场监管方面的政策协调，推动沈阳市服务外包产业快速发展，积极承接国际服务外包，着力提高服务外包产业国际竞争力。支持开发区按规定程序申请扩区、升级、调整区位工作，促进开发区、重点产业园区互动发展，并积极创造有利条件，支持沈阳经济区符合条件的地区按程序申请海关特殊监管区域。

3. 完善扩大开放优惠政策。在符合国家外商投资产业政策的前提下，鼓励外资参与国有企业改革改组改造，鼓励外商投资现代农业、装备制造业、生物医药业、石化工业、高新技术产业、农产品加工业、有色金属深加工业、现代服务业等重点发展行业。鼓励跨国公司在沈阳经济区设立区域总部和研发、采购机构。鼓励外资在资源枯竭城市发展接续替代产业，促进产业升级和技术创新。

4. 健全对外投资政策和服务体系。探索建立"政府引导、企业为主、银行融资"三位一体的"走出去"模式。完善鼓励企业开展对外投资、工程承包和劳务合作的信贷、保险等政策体系。鼓励有条件的企业到海外投资办厂、设立分支机构或进行并购重组，鼓励企业在境外建立研发、生产、销售和资源供应基地。支持并规范符合条件的企业在境外上市融资。允许海外投资企业设立外汇专用账户用于企业境外采购，培育有实力的投资主体，探索在新兴市场国家建立境外经贸合作区。

三、新型工业化综合配套改革试验的保障措施

（一）加强组织领导，完善工作机制

辽宁省设立沈阳经济区新型工业化综合配套改革试验区建设领导小组，加强经济区政府间的协调机制，坚持和完善各种联席会议制度，全面推进改革试验工作。在国家发展改革委等有关部门的指导与支持下，建立部省合作、省市联动、各司其职、各负其责、相互配合的工作机制。

（二）统筹推进实施，抓好方案落实

沈阳经济区八市作为改革试验主体，要按照总体方案的要求，制定本市的改革试验总体方案和具体实施方案；协调各项改革措施的实施、督促、监察和考核工作。在总体方案指导下，省相关部门要抓紧制定有关专项改革试验方案，研究提出争取国家支持的省部对口合作协议框架方案。积极推进沈抚、沈本、沈铁、沈辽鞍营和沈阜城际连接带发展专项规划的实施，加强对规划落实的指导和督促检查。

（三）健全考核机制，明确工作责任

辽宁省实行沈阳经济区独立统计制度，建立以沈阳经济区一体化发展为标准的统计指标体系。制定领导班子推进一体化发展的绩效考评制度，建立一体化发展考评指标和目标责任制度，作为省对市绩效考评的重要组成部分。

（四）及时总结评估，加强动态管理

对重点改革事项实行项目动态跟踪，完善项目管理程序，提高改革试验的科学性、规范性，防范和降低风险。建立改革评估制度和新型工业化进程统计监测评价指标体系，每年对改革进程进行总结，每个阶段进行综合评估，及时总结经验、发现问题。组建专家咨询顾问委员会，对综合配套改革试验方案的实施提出建议意见，对实施过程中出现的问题及时分析研究，协调解决，对试验的效果进行跟踪评估。

（五）加强舆论宣传，营造改革氛围

采取多种形式，广泛宣传沈阳经济区综合配套改革进展情况，积极营造全社会支持改革、推动改革的良好氛围。坚持改革的市场化导向，着眼于建立完善的社会主义市场经济体制推进改革，发挥好政府组织实施和政策推动作用，尊重群众首创精神，广泛调动各方面的改革积极性。

厦门市深化两岸交流合作综合配套改革试验区

国务院关于厦门市深化两岸交流合作综合配套改革试验总体方案的批复

（国函〔2011〕157号）

福建省人民政府、发展改革委：

发展改革委《关于审批厦门市深化两岸交流合作综合配套改革试验总体方案的请示》（发改经体〔2011〕2419号）收悉。现批复如下：

一、原则同意《厦门市深化两岸交流合作综合配套改革试验总体方案》（以下简称《方案》），请认真组织实施。

二、《方案》实施要以邓小平理论和"三个代表"重要思想为指导，深入贯彻落实科学发展观，以加快转变经济发展方式为主线，以深化改革开放为动力，全面深化两岸交流合作，努力构建两岸经贸合作最紧密区域、两岸文化交流最活跃平台、两岸直接往来最便捷通道、两岸同胞融合最温馨家园。要充分利用厦门市对台交流合作的有利条件，进一步发挥厦门市在海峡西岸经济区改革发展中的龙头作用，通过综合配套改革试验再创经济特区新优势，为全国贯彻落实科学发展观、深化改革开放和完善社会主义市场经济体制发挥示范带动作用。

三、福建省和厦门市人民政府要加强对深化两岸交流合作综合配套改革试验的组织领导和统筹协调，明确分工，落实责任，确保取得实效。要大力推进重点领域和关键环节的改革试验，加强体制机制创新，努力深化两岸产业、贸易、金融、文化等合作，创新两岸直接往来的便利化机制，配套推进社会管理、城乡统筹、区域合作、行政管理、全面开放等方面的改革工作。要根据《方案》要求，科学制定相应的专项改革方案，对具有突破性的改革试验实行项目化管理，其中涉及财税、土地、金融等重要改革事项要按规定程序报批后实施。对改革试验中出现的新情况、新问题，要及时统筹研究，妥善提出对策。

四、国务院有关部门要按照职能分工，积极支持和指导厦门市开展深化两岸交流合作综合配套改革试验，拟推出的促进两岸交流合作的相关改革事项，厦门具备条件的优先在厦门市先行先试。发展改革委要加强对改革试验的指导和协调，进一步健全部门协同、上下联动的工作机制，组织开展对《方案》实施的督促检查和分析评估，建立改革风险防控和纠偏机制，保障改革试验平稳有序推进。

各有关方面要充分认识开展厦门市深化两岸交流合作综合配套改革试验的重要意义，统一思想，开拓创新，扎实工作，积极推进《方案》的实施和各项改革措施的落实，努力开创厦门市改革发展的新局面。

国务院

2011 年 12 月 14 日

国家发展改革委关于印发厦门市深化两岸交流合作综合配套改革试验总体方案的通知

发改经体〔2011〕3010 号

福建省人民政府、厦门市人民政府、国务院有关部门、直属机构：

根据《国务院关于厦门市深化两岸交流合作综合配套改革试验总体方案的批复》（国函〔2011〕157 号）精神，现将《厦门市深化两岸交流合作综合配套改革试验总体方案》（以下简称《方案》）印发你们。请认真落实《方案》提出的各项改革措施，积极推进厦门市深化两岸交流合作综合配套改革试验，更好地发挥厦门市在海峡西岸经济区改革发展中的龙头作用，促进两岸关系和平发展，为全国贯彻落实科学发展观和完善社会主义市场经济体制提供经验与示范。

附件：厦门市深化两岸交流合作综合配套改革试验总体方案

国家发展改革委

2011 年 12 月 21 日

厦门市深化两岸交流合作综合配套改革试验总体方案

根据《国务院关于支持福建省加快建设海峡西岸经济区的若干意见》（国发〔2009〕24 号）和国务院批准的《海峡西岸经济区发展规划》有关要求，为全面推进厦门市深化两岸交流合作综合配套改革试验区建设，制定本方案。

一、总体要求

（一）指导思想。高举中国特色社会主义伟大旗帜，以邓小平理论和"三个代表"重要思想为指导，深入贯彻落实科学发展观，坚持解放思想，深化改革，扩大开放，以转变发展方式为主线，以深化改革开放为动力，进一步发挥国家赋予厦门经济特区在改革开放和两岸交流合作中的"窗口""试验田"和"排头兵"作用，为推动两岸交流合作向更广范围、更大规模、更高层次迈进提供有力的制度保障，为全国深化改革开放和完善社会主义市场经济体制发挥积极的示范带动作用。

（二）基本原则。坚持解放思想，先行先试。围绕建立有利于科学发展和深化两岸交流合作的体制机制，先行试验一些重大改革措施，国家拟出台的涉台政策，厦门具备条件的优先在厦门先行先试，力求改革创新和深化两岸交流合作有新突破。

坚持因地制宜，突出优势。立足厦门独特优势，探索深化两岸交流合作新模式、新途径和新领域，力求服务两岸关系和平发展大局有新局面。

坚持全面统筹，协调发展。统筹经济社会、环境、城乡、区域等一体化发展，力求深化两岸交流合作的基础条件有新提升。

坚持规划先行，有序推进。围绕总体方案的改革试验内容，分解任务，明确阶段目标，落实保障措施，力求综合配套改革试验有新进展。

（三）主要目标。按照党中央、国务院推动两岸交流合作、推动两岸关系和平发展的总体战略部署，在推动科学发展和深化两岸交流合作的重点领域和关键环节率先试验，创新体制机制，以配套推进区域合作、行政管理、对外开放等支撑体系建设为基础，构建两岸交流合作先行区。通过促进两岸产业深度对接，促进生产要素进一步融合，形成两岸经贸合作最紧密区域；通过推动文化以及科技、教育、卫生、体育等全方位、多层次的交流合作，形成两岸文化交流最活跃平台；通过完善两岸直接"三通"（通商、通航、通邮）基础条件，提升对台开放合作整体功能，形成两岸直接往来最便捷通道；通过完善新型高效的社会管理体系，优化保护和服务台胞正当权益的法制政策环境，形成两岸同胞融合最温馨家园。

到2015年，初步建立适应科学发展、深化两岸交流合作的体制机制。两岸产业对接和经贸合作进步深化，经济转型升级初显成效，厦门岛内外一体化和基本公共服务均等化体系基本建立，厦漳泉大都市区同城化框架基本形成，对外开放的窗口作用更加显现，政府行政管理水平进一步提高，对台交流合作的前沿平台功能更加凸显。

到2020年，建立充满活力、富有效率、更加开放，有利于科学发展和密切两岸交流合作的体制机制，形成两岸新兴产业高端服务业深度合作集聚区，城乡一体化、基本公共服务均等化、厦漳泉大都市区同城化、经济国际化水平全面提升，形成完善的服务型政府行政管理体制，两岸交流合作不断加强，形成两岸共同发展的新格局。

（四）工作思路。围绕深化两岸交流合作的要求，综合配套改革试验的总体考虑集中体现"三个着力"：着力推进两岸交流合作，促进两岸互利共赢；着力转变经济发展方式和增强自主创新能力，提高经济发展质量和水平；着力统筹经济、社会、城乡、区域等协调发展，形成人民群众安居乐业的和谐区域。重点推进两岸产业合作、贸易合作、金融服务合作、文化交流合作、直接往来等方面的体制机制创新，配套推进社会、城乡、区域、行政管理、全面开放等方面体制机制创新，为深化对台交流合作提供有效的支撑平台和制度保障。

二、主要任务

（一）创新两岸产业合作发展的体制机制。根据两岸资源禀赋条件，按照同等优先、适当放宽、优势互补的原则，进一步拓宽合作渠道，创新合作模式，建立有利于厦台两地产业深度合作的体制机制。

将厦门建设成为海峡西岸先进制造业和新兴产业基地，支持厦门与台湾在新一代信息技术、汽车零部件、生物医药、新材料、新能源、海洋等产业领域深度合作，依托台商投资区和重点产业园区，共同建设两岸产业对接专业园区，着力应用高新技术和先进适用技术提升传统优势产业，鼓励向产业链高端延伸，推进资源利用的减量化、再利用和资源化，淘汰落后产能，加强环境保护和生态建设。发挥对台农业交流合作基地的窗口示范和辐射作用，促进对台农业资金、技术、良种、设备等生产要素的引进与合作。率先在金融、物流、教育、文体、医疗、旅游、会展、中介服务等领域开展合作。大力发展服务外包产业，建设国家服务外包示范城市。支持台资企业在厦门设立地区总部、营运中心研发中心、配套基地、采购中心和物流中心。支持厦门各类行业协会与台湾行业协会、同业公会建立长期稳定的交流协作机制。支持在厦门设立两岸产业投资基金，投资服务两岸的基础设施项目和涉台重点产业项目。支持厦门与台湾在闽南特色旅游、旅游装备制造业和旅游信息化建设等领域优先开展合作，积极探索和建立旅游产业合作的模式和机制，为推动两岸旅游产业化合作发挥示范引领作用。

在法律法规允许的条件下，优先对台放宽现代服务业市场准入，允许台商在厦门以独资或控股方式，投资环境服务、与健康相关的服务和社会服务、工业设计、建筑设计、资产评估、会计、审计和簿记服务等服务业，积极推动离岸呼叫中心业务试点。支持厦门开展云计算服务创新发展试点示范工作，在国家的法律法规框架内，优先考虑在厦门开展对电信增值业务开放外资股比限制的试点。

创新两岸产学研合作机制，加强两岸科技交流合作平台建设，鼓励两岸科研机构、高等院校、企业共同设立两岸合作研发机构，联合建设重点实验室，开展基础研究、前沿技术和共性关键技术研究，联手培养研发团队和技术人才。推动两岸科技要素自由流动，支持台湾高科技创新人才、台湾学生在厦门创业。鼓励和支持台商在有关部门指导下，按照台湾科技园区管理模式，在厦门自主开发建设产业园区，吸引台湾具有先进技术的创新型中小企业落户。允许符合资质条件的台港澳资企业申报国家科技计划等国家重大科技专项。成立厦台知识产权联盟，探索建立两岸知识产权同业保护、服务、协调和预警应急机制。

采取税收优惠等政策措施支持厦门加快发展，鼓励开展现代服务业创新服务，促进产业升级和对外深度合作。经认定的技术先进型服务企业，减按15%的优惠税率征收企业所得税；经认定的技术先进型服务企业发生的企业职工教育经费支出，不超过工资薪金总额8%的部分，准予在计算应纳税所得额时扣除，超过部分，准予在以后纳税年度结转扣除；厦门经济特区范围内（集美、海沧、同安、翔安4区除外）经认定的新办国家高新技术企业，享受"两免三减半"的企业所得税优惠政策。

（二）创新两岸贸易合作的体制机制。按照两岸贸易投资便利化的要求，创新贸易管理和服务体制，实行更加开放的对台贸易政策，扩大对台贸易。

在厦门划定特定区域建设两岸新兴产业和现代服务业合作示范区，探索实施鼓励其发展的税收优惠政策，适当放宽台湾企业在合作示范区从事现代服务业的资格限制，降低市场准入条件，鼓励开展现代服务业创新服务，积极稳妥推进有利于两岸投资、贸易、航运、物流等领域便利化的相关措施。加快在厦门建设"大陆对台贸易中心"。支持大嶝对台小额商品交易市场等载体建设，适当放宽台湾商品免税额度限制，在一定的商品范围内和现有每人每天 3000 元人民币的基础上，适当提高进入大嶝市场人员每人每天免税携带台湾商品的额度，促进厦台商贸业交流合作。探索现代商贸流通方式，创新电子商务发展管理模式。

积极探索两岸通关便利化措施。深入推进"属地申报，口岸验放"通关模式。探索建立两岸共同研究制定标准的渠道和机制，在 ECFA 的框架下，根据两岸对口业务部门的合作部署，推进厦台两地海关、检验检疫、食品安全、质量标准认证的合作，实现监管互认、执法互助、信息互换，以及检测结果的比对。

（三）建设两岸区域性金融服务中心。根据国家金融业对外开放的总体部署，推动金融体制创新、产品创新和管理创新，扩大金融服务范围，加快建设辐射海西、服务两岸的区域性金融服务中心。大陆对台金融合作的重大金融改革创新项目，厦门具备条件的优先安排在厦门先行先试。

以集聚金融资源为重点逐步完善区域性金融服务体系。鼓励内外资银行、证券、保险等各类金融机构和股权投资机构在厦门设立总部、资金营运中心、研发中心、外包中心或后台服务机构。支持符合规定条件的台湾金融机构，按照现行政策和法律法规来厦门设立法人机构、分支机构或代表处。允许台湾金融保险机构在厦门开展对台金融服务。参照 CEPA 相关政策规定，支持港澳地区的金融机构在厦门设立分支机构或参股当地金融机构。重点支持新设综合类证券、证券投资基金、产业基金等紧缺型金融项目。支持厦门引进外资网络保险专业中介机构。

以先行先试为重点逐步形成区域性金融要素市场。随着"两岸区域性金融服务中心"的建设发展，根据厦门市与台湾地区的特殊地理位置关系，进一步研究在厦门建设现代化支付系统的城市处理中心。进一步开展对台贸易人民币结算业务，扩大跨境贸易人民币结算规模。建立和完善适应离岸投资贸易发展的宽松可控的存贷款制度、税收制度、外债管理制度和外汇资金结算便利制度，逐步形成对台离岸金融市场。支持厦门市国家级高新技术园区内的非上市股份有限公司进入全国性场外股权交易市场开展股份公开转让，探索建立服务非上市公众公司特别是台资企业的股份交易市场，推动多层次资本市场体系的建设。大力发展期货市场，推动与期货交易配套业务发展。

以金融改革创新为重点提升金融服务经济发展的水平。支持金融机构积极拓展航运金融、科技金融等新领域。支持银行、证券、保险、基金等机构创新金融品种和经营模式，特别是开展适合台资企业的金融服务产品，完善对大陆台资企业的金融服务体系。加强厦台两地金融专业人才的培训、业务交流和创新合作。研究持有台湾金融专业证照的人员在厦门从事金融服务业的支持政策。简化台湾金融业从业人员在厦门申请从业人员资格和取得执业资格的相关程序。

（四）创新两岸文化交流合作的体制机制。以闽南文化为纽带，坚持民间推动与市场运作并举，创新交流合作的方式方法，全面提升两岸文化、教育、卫生交流合作的层次和水平。

发挥闽南文化生态保护试验区的示范带动作用，建设一批两岸文化交流合作平台和文化产业基地。推动闽南民间艺术展演交流和互访商演，广泛开展寻根祭祖、宗亲联谊等多形式的民间文化交流活动。积极开展厦台体育交流合作，扩大厦门国际马拉松赛、海峡两岸帆船赛、厦金海峡横渡等赛事品牌影响力。健全厦台文化交流的市场化运作机制，加强与台湾旅游业机构和文化中介经纪机构的合作。积极研究赋予厦门市对台文化交流省级审批管理权限。

深化两岸教育交流合作，鼓励厦门市在教育管理体制改革、办学体制改革等方面先行先试。创新两岸合作办学模式，拓展厦台各级各类学校对口交流和校际协作。推动两岸学历和技能人员职业资格互认，促进两岸人才互相流动。探索建立两岸人才培训合作机制，鼓励台湾优质职业教育机构以多种方式在厦门与内地合作举办职业院校和职业技能培训机构，创建职业院校与台企合作示范性实训基地，推动厦门与台湾院校合作培训专业人才。支持厦门按规定设立对台湾船员的培训机构，开展对台湾船员的培训工作。

开展两岸医疗卫生领域交流，建立两岸卫生合作对接平台，鼓励台资来厦门设立非营利性医院或高端医疗服务机构，建立两岸病患制度化转院程序与对接机制。允许台湾服务提供者在厦门设立独资医院，台湾服务提供者在厦门设立合资、合作医院的，对其投资总额不作要求。支持台资（含合资、合作）医疗机构按照批准的执业范围、服务人口数量等，合理配置大型医用设备。制定台湾地区医师在厦门执业注册便利化措施。支持和指导厦门相关部门完善药品监督管理能力，提高药品检验检测水平，保证台湾进口大陆中药材、中成药等产品的质量，保障药品安全。支持厦门成为台湾中药材、中成药进入大陆的指定口岸。推动两岸中药材认证工作，支持厦门建设输台药材质量检测和认证中心。支持厦门成为台湾保健食品进入大陆的主要口岸之一。加强两岸医疗卫生服务机构在医疗服务监管、医疗质量和医疗安全改进、医院评价等方面的合作交流，提高医疗服务水平和管理能力。

（五）创新便利两岸直接往来的体制机制。按照简化、便捷的要求，创新口岸管理体制机制，率先试行便利两岸直接往来的措施，提高两岸人员往来和货物流通的效率和水平，使厦门成为两岸直接往来的综合枢纽。

健全两岸人员往来的管理机制，实施更加便捷的两岸人员往来政策和管理办法。探索赋予厦门在对台人员交流交往方面更多的审批权限。扩大厦门办理《大陆居民往来台湾通行证》"一年有效、多次赴台签注"的适用范围和对象。支持厦门在两岸旅游交流合作中先行先试，重点做好厦门赴台湾个人旅游试点工作和赴金马澎地区个人旅游，积极推动两地人员往来便利化政策的实施。

完善两岸"三通"机制，建立更加便捷的两岸交通体系。利用厦金通道，适时增加航班、增投运力，实现无缝对接，吸引更多大陆居民和台湾民众循厦门至金门中转台湾本岛航线往来两岸。拓展海空客货运直航、海上客货运滚装业务，积极推动两岸经厦门口岸客货滚装运输陆海联运。支持开辟两岸海上邮轮航线。支持两岸旅游服务机构联合深度开发包括邮轮旅游在内的"一程多站"旅游产品，策划推出一批双向旅游精品线路，积极开展联合宣传推广，提升"海峡旅游"品牌的知名度和吸引力。进一步开放航权、优化航路、增辟新航线、增加航班，做优做强两岸海、空直航运输体系。加大对厦门港口公共航道项目建设的支持力度。加快推进对台邮件中转地建设，建设对台邮包交换中心，打造两岸邮件往来的主要中转地和集散地。

三、配套推进其他重要领域改革试验

（一）推进社会领域改革先行先试，构建两岸同胞融合最温馨家园。建立新型高效的社会管理体制，为台胞在厦门投资兴业、交往交流和生活居住提供更加良好的社会服务和更加优化的制度环境。

大力培育发展有利于两岸交流合作的社会团体、行业组织、社会中介组织、志愿组织慈善机构等各类社会组织，探索社会组织孵化培育新机制，推动政府部门向社会组织转移职能，建立和完善政府向社会组织购买服务的制度安排，加强社会组织人才队伍建设，形成社会管理和服务合力。推进社会组织登记管理改革，完善登记管理、经费支持、功能拓展、监督评估等整套办法及法律法规。

推进社区建设改革，构建社区公共资源共享机制和综合治理机制，鼓励和创新城乡社区自治。探索行政管理和社区自治机制有机结合的共治机制，建立和完善网格化的联动管理机制。建立健全社区居民会议制度、协商议事制度、听证会制度和工作经费保障机制。

深化教育、文化、医药卫生体制改革，为扩大两岸交流合作营造良好的社会环境。加强社会事业体制顶层设计，探索现代事业制度建设，确立事业法人地位，建立法人治理结构和运行机制，全面推行"管办评"联动机制改革，配套推进人事制度、薪酬制度改革，健全服务监管机构与机制。进一步拓宽两岸合作办学、办医、办文化和养老服务的渠道及形式。

探索台胞融入社区生活的社会管理体制。制定完善相关措施，进一步为台胞在厦门置产置业、就学、就业、就医、居住生活提供便利。支持在厦门投资工作、生活的台胞依法担任政协委员等基层参政议政组织，以个人名义参加有关民间团体。支持国家有关部门、两岸相关团体在厦门设立办事机构，以便利两岸沟通、协商。允许台湾地区县、市在厦门市设立办事处。支持以厦门为基地积极开展两岸民间互动、基层组织交流以及青少年交流交往。

（二）创新城乡统筹发展的体制机制，加快推进厦门市岛内外一体化。按照"规划一体化、基础设施一体化、基本公共服务一体化"的总体要求，以"全域厦门"理念和"高起点、高标准、高层次、高水平"的原则，全面拓展岛外空间，优化提升岛内空间，形成岛内外一体化新格局，率先建立统筹城乡一体化的体制机制。

创新城乡一体化的公共服务体制机制，按照构建岛内外一体化交通体系的要求，加快厦门市轨道交通和进出岛新通道建设，完善连接岛内外之间的交通体系，打造市域内"半小时交通圈"。促进城市公共服务设施向岛外农村地区延伸，将农村地区纳入城市建设体系，形成城乡一体化的公共服务保障机制。实行最严格的水资源管理制度，建立城乡一体化的水务管理体制，统筹城乡防洪、供水、排水、污水处理及回用，形成城乡一体的涉水服务体系，适时推进向金门供水工程建设。加强两岸防灾减灾交流合作，完善防灾减灾体系。

　　建立有利于岛内优质公共服务资源向岛外和农村拓展的体制机制。率先实现基本公共服务均等化，均衡配置城乡教育、医疗卫生、文化体育等公共服务资源，实现基本养老保险、基本医疗保险、社会福利社会救助等社会保障体系岛内外一体化。

　　完善城乡统一的户籍管理制度和相关配套政策，岛内外城乡统一按厦门市居民登记管理。推进流动人口服务与管理创新，建立实有人口属地化管理机制，按实有人口进行社会管理服务机构和人员配置。

　　依法开展集体建设用地流转试点。开展农村集体土地产权制度改革，探索农村集体建设用地尤其是城镇建设规划圈内农村宅基地使用权证和房屋所有权证两证合一。

　　积极稳妥推进农村集体经济组织产权制度改革，发展农村社区股份合作经济制度。以新型合作组织引导农民共同发展，形成农民增收长效机制。探索建立农村宅基地整理和利用新机制，实施小城镇改革试点，严格规范开展城乡建设用地增减挂钩试点。探索农村社区基层治理机制改革，探索农村社区事务管理与集体资产经营管理职能的分离。

　　（三）创新区域合作体制机制，推进厦漳泉大都市区同城化。创新基础设施共建共享、区域产业分工协作、基本公共服务协同发展的体制机制，组织实施厦漳泉大都市区同城化发展规划，促进要素在区域内高效配置，增强区域整体竞争力，构建两岸交流合作前沿平台。

　　建立综合交通网络对接机制，推进厦漳泉大都市区城际和城市轨道交通、高速公路、国省道、机场快速通道、市政主干道的规划建设和有机衔接。推进港口资源整合，健全完善港口一体化管理体制机制，形成港口群间布局优化、分工合理、联动发展格局。统筹规划大都市区信息基础设施，加快推进基础通信网、无线宽带网、数字电视网等基础设施的共建共享。建立区域生态环境协同保护机制，实现环境基础设施资源共建共享。

　　创新产业合作发展机制。支持设立由政府主导市场化运作的厦漳泉区域合作产业投资基金，用于优化制造业布局，整合服务业资源，促进三市产业分工合作。建立项目联合招商机制，统一招商优惠政策，做大做强优势产业集群，提升整体竞争力。对厦漳泉金融领域同城化的可行性进行研究。

　　完善各类社会保险转移接续制度，建立社会保险参保信息共享机制和同城结算机制，实现区域参保人员医疗保险费用实时结算。加强医疗服务和公共卫生合作，建立并完善突发公共卫生事件协同处理和重大传染疾病联防联控工作机制。共建教育教学资源库，实现教育教学资源共享。建立优质医疗卫生资源共享机制。共建共享公共体育设施，联合举办体育赛事。

　　探索建立促进金融资源合理流动的市场机制，银行业金融机构在风险可控和商业可持续的原则下，为重大同城化项目建设提供良好的金融服务。建立大都市区科技信息、专家库等基础性科技教育资源的联网共享机制，联合推动重大通用技术和应用技术创新。完善产学研合作机制，支持共建工程技术研究中心、企业技术中心等技术创新平台和公共服务平台。建立统一的就业信息平台，实现人力资源信息共享；建立劳动力跨区域享受职业培训、技工教育、就业服务的协作机制，促进劳动力合理有序流动。

　　（四）深化行政管理体制改革，营造良好的发展软环境。以法治政府和服务型政府建设为目标，推进职能整合，支持对职能相近部门进行整合，探索标准化、扁平化行政管理，建立精简高效的行政管理体制，构建"小政府、大社会、大服务"的简洁高效行政体制，为参与国际、国内和密切两岸交流合作营造优越的政府服务环境。

创新政府管理体制。精简审批事项，全面推行电子政务，加快推动行政权力全流程网上运行、审批和监察。深化事业单位改革，创新政府公共服务管理体制机制。按照公务员法的要求，创新公务员管理制度，探索分类管理改革，在规定的行政编制限额内，对专业性较强的职位和辅助性职位探索实行聘任制。完善政府绩效评估制度，建立具有特区特色的干部考核评价机制，强化行政问责。

深化公共资源配置市场化改革，完善大宗货物政府采购制度。探索市场机制、工商管理技术和社会化手段在基础设施建设、公共服务供给体系、社区服务等领域的应用，降低政府行政成本，提高政府治理能力和效率。在推进地方税制改革的进程中，结合相关改革的实际情况，积极研究厦门先行试点的要求。

按照厦门岛内外规划、基础设施和基本公共服务一体化的要求，探索建立建设用地总量控制、双向调节、差别化管理的内容和措施。经评估后适时按程序调整土地利用总体规划和城市总体规划，合理安排建设用地规模结构和布局，拓展产业发展空间，增强辐射带动能力。在建设用地计划指标上予以支持，促进重大台资项目落地。探索鼓励盘活城市存量土地的政策措施。深化征地制度改革和审批制度改革。支持福建在全省基本农田保护面积不减少的前提下，在省域范围内调整基本农田布局，厦门的建设项目用地可通过易地有偿方式在福建省域范围内进行占补平衡，厦门可经依法批准适当核减基本农田。

（五）创新全面开放的体制机制，拓展对外交流合作的综合平台。充分发挥特区对外开放的窗口作用，紧紧抓住特区改革开放新的历史使命和战略机遇，坚持以大开放促大发展，加快建设服务于开放型经济的现代化基础设施和对外通道，建立和完善更加适应发展开放型经济要求的体制机制。

支持厦门加快东南国际航运中心建设，创新航运物流服务，大力发展航运金融、保险、租赁、信息咨询、口岸通关、航运代理、海运结算、航运人才培养与后勤补给、海事支持等多种服务功能于一体的航运物流服务体系。在统筹考虑扩大启运港退税政策试点范围的过程中，积极研究将厦门港列为启运港退税政策试点。支持设立厦门航运交易所，打造两岸航运交易共享信息平台。经批准允许境外大型邮轮公司从事国内港口多点挂靠业务。根据国家区域发展战略和地区定位，在今后研究出台相关政策、扩大试点范围时，结合厦门实际情况和特点，积极研究对注册在厦门保税港区内的仓储、物流等服务企业从事货物运输、仓储装卸、搬运业务取得的收入，免征营业税；对注册在厦门的保险企业为注册在厦门保税港区内的企业提供国际航运保险业务取得的收入，免征营业税等相关优惠政策。允许大型船舶制造企业在厦门参与组建金融租赁公司，鼓励金融租赁公司进入银行间市场拆借资金和发行债券。探索符合条件的航运企业在厦门设立专业性航运保险机构。支持整合海沧保税港区、象屿保税区、象屿保税物流园区、厦门火炬（翔安）保税物流中心等海关特殊监管区域和保税监管场所，统一管理体制，统筹规划政策功能。

加快建设厦门翔安机场，打造东南沿海重要的国际干线机场和区域性航空枢纽港。加快龙厦、厦深铁路及其站场枢纽建设，规划建设对台和对外区域通道，全面融入海峡西岸交通网络。规划建设厦漳泉城际轨道交通和厦门城市轨道交通，打造东南沿海铁路交通枢纽。加快高速公路、国省道建设，按照"零距离换乘、无缝化衔接"的要求，推进厦门全国性综合交通枢纽建设。

创新市场开拓机制，积极培育自主出口品牌，鼓励高技术含量、高附加值产品出口，提升出口产品结构。积极拓展进口，支持厦门成为能源、原材料等大宗物资进口的集散地和分拨地，构建海峡西岸重要的进口口岸。加快加工贸易转型升级，引导加工贸易向产业链高端发展。积极实施"走出去"战略，加快建设对外投资促进和服务体系，鼓励和支持企业到境外建立生产、营销和服务网络，拓展新的发展空间。

创新招商引资机制，建立健全双向投资促进机制。以优化产业结构和增强竞争力为核心，着力引进一批高质量的先进制造业和现代服务业项目、引进一批产业链龙头项目和配套项目，提升招商引资质量和利用外资水平。加强内联工作，重点吸引中央企业、省属企业和知名民营企业来厦投资鼓励市属企业与中央企业、省属企业合作经营，壮大内源型经济。深化与港澳地区经济合作，拓展与海外华侨华人的联谊交流，大力吸引海外侨胞来厦投资。

探索建立旅游、文化、教育科技、卫生等领域的国际深度合作机制，提升城市国际化水平。建立吸引全球专业化机构参与医院学校等集团化、品牌化管理运营的机制，加快完善吸引领军人才的政策体系，构建国际人才聚集高地。

四、保障措施和工作机制

为有效推进综合配套改革试验工作，在发展改革委、台办等国家有关部门的指导和福建省委、省政府的领导下，通过加强组织领导，统筹规划，协调推进，切实完成好改革试验的各项任务。

（一）加强组织领导。在发展改革委等有关部门的指导下，建立厦门市深化两岸交流合作综合配套改革试验区建设省、市联席会议制度，研究解决改革试验推进中的重大问题。福建省要加强对改革试验的指导和协调，厦门市要成立深化两岸交流合作综合配套改革试验区建设工作领导小组，负责组织实施改革试验总体方案，协调改革试验中的重大问题，按时分解督促落实改革试验总体方案的各项任务、协调制定专项方案，编制三年行动计划和年度工作计划，组织重大改革试验项目的立项、论证、审批（或备案）、评估和验收等工作。

（二）积极推进实施。依照本方案，编制完善国土、金融等重点专项方案和其他具体实施方案。分阶段制定三年行动计划和年度工作计划，有序组织实施。加大对厦门市深化两岸交流合作综合配套改革试验的支持力度，保障改革试验工作顺利推进。

（三）强化管理考核。对重点改革事项实行项目管理，完善项目管理程序，提高改革试验的科学性，防范和减少风险。建立改革综合评估制度，对综合性和重大改革试点的改革成效，领导小组办公室适时组织有关方面和专家进行综合评估。对综合配套改革试验工作实行目标管理，纳入有关部门工作目标考核体系，定期督促检查。建立改革年度报告制度。及时将改革试验中出现的问题、积累的经验、形成的典型上报发展改革委。

（四）健全法制保障。健全厦门市涉台法规、规章，依法保障台胞合法权益。制定鼓励企业到台湾投资的政策法规，推动两岸经济共同发展。综合配套改革中涉及国家法律法规未明确规定的事项，按照立法法和全国人大授权立法的有关要求，由厦门市人大及其常委会依照特区立法授权制定法规或由厦门市人民政府遵照相关规定制定规章，予以规范。

（五）建立协调机制。建立部、省、市改革试验协调机制，支持国家有关部门在厦门开展各项改革试点，实施重大改革事项和政策。支持厦门加强与漳州、泉州及海西经济区其他城市的协调合作，建立区域互动、优势互补的联动机制，促进厦漳泉大都市区和海西经济区的发展。

（六）形成推进合力。改革试验要充分尊重人民群众的意愿，切实维护人民群众的权益，有效发挥人民群众的主体作用。加强立法工作，依法推进试验区建设。发挥政协的参政议政作用，成立试验区建设专家咨询委员会，对试验区开展的各项改革，开展事前咨询论证和事后跟踪评估。积极发挥新闻媒体和网络的作用加强舆论引导，努力营造推进试验区建设的良好氛围。

山西省资源型经济转型综合配套改革试验区

国家发展改革委关于设立山西省国家资源型
经济转型综合配套改革试验区的通知

（发改经体〔2010〕2836号）

山西省人民政府：

报来《山西省人民政府关于将山西设为国家资源型经济转型发展综合配套改革试验区的请示》（晋政函〔2010〕25号）收悉。经报请国务院同意，现批复如下：

一、同意设立山西省国家资源型经济转型综合配套改革试验区。

二、开展资源型经济转型综合配套改革试验，要以邓小平理论和"三个代表"重要思想为指导，深入贯彻落实科学发展观，按照资源型经济转型的内在要求，处理好转型、发展与改革的关系。

三、要秉持先行先试的精神，抓住与资源型经济转型密切相关的重点领域和关键环节，推进改革，率先突破。着力调整优化产业结构，推动工业化与信息化深度融合，提升发展的质量和产业竞争能力；着力推动技术创新，形成并完善有利于自主创新和运用最新科学技术的体制机制，促进经济增长向主要依靠科学技术进步、劳动者素质提高、管理创新转变；着力深化改革，完善宏观调控，充分发挥市场配置资源的基础性作用，建立健全资源要素价格形成机制和要素市场体系，推进产权多元化、竞争公平化和现代企业制度建设；着力推进资源节约型、环境友好型社会建设，树立绿色、低碳发展理念，加快构建资源节约、环境友好的体制机制；着力构建城乡统筹发展机制，促进工业化、城镇化和农业现代化协调发展，加快社会主义新农村建设。

四、你省要通过改革试验，率先走出一条在更大范围内实现资源型经济转型发展的新路子，为全国其他地区加快资源经济转型和经济发展方式转变，实现科学发展和社会和谐发挥示范带动作用。

五、请你省加强对综合配套改革试验的组织领导，建立改革试验推进机制，进一步明确改革试验的指导思想和目标任务，并以《山西省资源型经济转型综合配套改革试验框架方案》为基础，抓紧研究制定综合配套改革试验总体方案，并尽快报送我委。

国家发展改革委

2010 年 12 月 1 日

国务院关于山西省国家资源型经济转型综合配套改革试验总体方案的批复

（国函〔2012〕98 号）

山西省人民政府、发展改革委：

发展改革委《关于报送山西省国家资源型经济转型综合配套改革试验总体方案（送审稿）的请示》（发改经体〔2012〕1661 号）收悉。现批复如下：

一、原则同意《山西省国家资源型经济转型综合配套改革试验总体方案》（以下简称《方案》），请认真组织实施。

二、《方案》实施要以邓小平理论和"三个代表"重要思想为指导，深入贯彻落实科学发展观，以科学发展为主题，以加快转变经济发展方式为主线，进一步深化改革开放，大力推进科技创新，围绕产业转型、生态修复、城乡统筹、民生改善，探索建立促进资源型经济转型的体制机制，为全国其他资源型地区加快转变经济发展方式、实现科学发展发挥示范作用。

三、山西省人民政府要加强对改革试验的组织领导和统筹协调，明确分工，落实责任，确保《方案》全面实施。要围绕转型发展这一中心任务，着力探索三次产业协调发展机制，全面推进产业优化升级；加快健全环境保护和生态修复治理体制机制，严格保护耕地特别是基本农田，努力提高可持续发展能力；坚持市场化改革方向，发挥市场配置资源的基础性作用；配套推进城乡统筹、社会管理、对外开放等工作，着力深化改革，努力构建与转型发展相适应的制度体系，力争在重点领域和关键环节取得突破。要根据《方案》要求，科学制定相应的专项改革方案，具有突破性的重大改革试验事项要按规定程序报批后实施。对改革试验中出现的新情况、新问题，要及时研究，妥善提出对策。

四、国务院有关部门要按照职能分工，积极支持和指导山西省开展国家资源型经济转型综合配套改革试验，拟推出的资源型经济转型相关改革事项，山西省具备条件的优先在山西试行。发展改革委要加强对改革试验的指导和协调，进一步健全部门协同、上下联动的工作机制，组织开展对《方案》实施的督促检查和分析评估，建立改革风险防控和纠偏机制，保障改革试验平稳有序推进。

各有关方面要充分认识开展国家资源型经济转型综合配套改革试验的重要意义，统一思想，开拓创新，扎实工作，积极推进《方案》的实施和各项改革措施的落实，努力开创山西省改革发展新局面。

国务院

2012 年 8 月 7 日

国家发展改革委关于印发山西省国家资源型经济转型综合配套改革试验总体方案的通知

（发改经体〔2012〕2558号）

山西省人民政府，国务院有关部门、直属机构：

根据《国务院关于山西省国家资源型经济转型综合配套改革试验总体方案的批复》（国函〔2012〕98号）精神，现将《山西省国家资源型经济转型综合配套改革试验总体方案》（以下简称《方案》）印发你们。请按照国务院批复要求，认真落实《方案》提出的各项改革措施，积极推进山西省国家资源型经济转型综合配套改革试验，加快建立促进资源型经济转型的体制机制，为全国资源型地区加快转交经济发展方式、实现科学发展发挥示范带动作用。

附件：山西省国家资源型经济转型综合配套改革试验总体方案

国家发展改革委
2012年8月20日

山西省国家资源型经济转型综合配套改革试验总体方案

山西省是我国典型的资源型地区，是我国重要的能源和原材料供应基地，长期以来为国家能源供应和现代化建设作出了突出贡献，但由于过分依赖煤炭等资源开发，发展方式粗放，导致产业结构单一、生态环境恶化、资源浪费严重、生产事故频发等一系列矛盾和问题，亟须通过深化改革和体制机制创新，探索资源型经济转型发展的新路子。2010年11月，国务院批准山西省作为国家资源型经济转型综合配套改革试验区（以下简称"试验区"），对于推动山西省经济结构战略性调整，破解长期积累的深层次矛盾，促进经济发展方式转变具有重要意义。为全面推进试验区建设，特制定本方案。

一、总体要求

（一）指导思想

高举中国特色社会主义伟大旗帜，以邓小平理论和"三个代表"重要思想为指导，深入贯彻落实科学发展观，以科学发展为主题，以加快转变经济发展方式为主线，进一步深化改革开放，大力推进科技创新，围绕产业转型、生态修复、城乡统筹、民生改善，探索建立促进资源型经济转型的体制机制，为全国其他资源型地区加快转变经济发展方式、实现科学发展发挥示范作用。

（二）主要目标

第一阶段。通过实施山西省"十二五"规划，到2015年，初步形成"以煤为基、多元发展"的产业体系，资源型产业改造提升取得明显成效，接续替代产业和服务业比重显著提高，经济对煤炭资源的依赖明显降低，促进资源型经济转型的体制机制初步建立，把山西建设成为国家新型能源基地、全国重要的现代制造业基地、中西部现代物流中心和生产性服务业大省、中西部经济强省和文化强省。

第二阶段。到 2020 年，山西省资源型经济转型综合配套改革取得重大进展，支撑资源型经济转型的政策体系和体制机制基本建立，产业结构调整取得重大进展、生态环境显著改善、城乡区域发展协调性不断提高，以民生改善为重点的社会建设明显加强；综合经济竞争力和城乡居民收入达到全国中等偏上水平，生态破坏、环境污染、安全事故、能源消耗问题明显改观，基本实现全面建设小康社会目标。

力争通过 20—30 年的努力，综合配套改革效应持续显现，结构合理、新型多元、竞争力强的现代产业体系全面建立，综合经济竞争力、人民生活水平和可持续发展能力达到全国上游水平，呈现经济发达、人民富裕、生态良好、社会和谐的崭新面貌。

（三）基本原则

坚持改革创新，先行先试。解放思想、实事求是，大胆破除阻碍经济转型、科学发展的观念和体制机制束缚，鼓励探索试验有利于资源有效利用、产业结构调整和经济发展方式转变的做法。

坚持政府主导，市场运作。既要充分发挥政府在制定规划政策、保护资源环境、促进社会和谐等方面的主导性作用，又要充分发挥市场在资源配置中的基础性作用。

坚持着眼长远，立足当前。深刻认识资源型经济转型的长期性、复杂性、艰巨性、紧迫性，既要做好长期奋斗的准备，从战略高度进行谋划部署；又要抓住起步阶段的关键几年，从解决当前突出问题入手，只争朝夕、扎实推进，为全面实现经济转型打下坚实基础。

二、资源型经济转型主要任务

推进试验区建设，"十二五"时期是关键阶段，要集中部署推进产业转型、生态修复、城乡统筹等方面的转型主要任务，努力实现试验区建设良好开局。

（一）以循环经济和技术进步为基本路径，全面推进产业优化升级

1. 提高煤炭资源开采回采率、就地转化率和综合利用率。切实用好宝贵的煤炭资源，用最少的资源消耗实现最大的社会产出。全面实现煤矿综合机械化开采，提高煤炭开采回采率。加强对原煤洗选的监督管理，提高原煤入选率。根据环境承载能力，推进煤炭资源就地转化，发展坑口电站、变输煤为输煤和输电相结合，高水平实施现代煤化工升级示范工程，发展市场前景好、污染排放低、技术水平先进的现代煤化工产业，延长煤—电—铝、煤—焦—化、煤—气—化、煤—电—材等资源循环产业链。加强铝矾土、白云石等优势资源就地转化，提升加工利用技术水平。加强共伴生矿、工业"三废"和再生资源的综合开采高效利用，推进低热值煤发电和粉煤灰等工业固体废弃物加工转化利用，支持高炉煤气、焦炉煤气等废气发电和化工应用。加快山西大同塔山特厚煤层等矿产资源综合利用示范基地建设，积极发挥示范引导作用。按照"先采气后采煤，先抽后采"的原则，加快煤层气（煤矿瓦斯）开发和综合利用；对于过去已经批准的同一区域内煤层气和煤炭矿业权分属不同矿业权人的项目，通过协商解决先抽后

采问题；新开发项目应先采气后采煤，实行先抽后采。

2. 继续推进煤炭资源整合和企业兼并重组。坚持依法行政，遵循市场原则，全面落实矿产资源规划，按照一个规划区块范围内原则上只设一个勘查开发主体的原则，进一步推进煤炭资源整合和煤矿企业兼并重组，提高煤炭回采率和安全生产、清洁生产水平，减少生态破坏、加快生态修复。推进焦化、冶金、电力等行业的产业整合和兼并重组。打破产业边界，加快推进煤炭、冶金、焦化、电力、建材等上下游关联产业的联合兼并重组整合，促进资源型企业跨行业、一体化发展。

3. 改造提升资源型产业。坚持以循环经济为主要抓手，以"多联产、全循环、高端化"为基本模式，加大技术改造投资力度，用先进适用技术改造提升煤炭、焦化、冶金、电力等资源型产业，使多数资源型企业的主要工艺水平达到国内先进水平。全面提升煤炭产业规模化、机械化和信息化水平，加快建设晋北、晋中、晋东三大煤炭基地和晋北、晋中、晋东南三大煤电基地，加强晋电外送能力。严格控制焦化产能，推进焦炭企业技术进步和升级换代。优化冶金行业产品结构，控制总量扩张。全方位推进煤炭资源和其他矿产资源清洁利用，大力推进节能减排和资源综合利用，实施重点节能工程。加大淘汰落后产能、"关小上大"等量或减量替换力度。积极探索高碳产业实现低碳发展的新模式，在电力、冶金、焦化等高耗能、高排放行业，推进碳捕捉、碳封存、碳利用的技术研发示范和产业化。

4. 培育壮大接续替代产业。坚持低污染、低消耗、高附加值、高技术含量的产业技术标准，强化政策引导，推进接续替代产业跨越式发展，显著提高其对经济增长的贡献率。大力发展煤矿机械、铁路装备、重型机械、重型汽车、不锈钢和铝镁深加工等山西有产业基础和市场潜力的产业。发挥后发优势，重点发展资源深加工类新材料、高成长性新材料和高精尖新材料产业，创造条件发展新能源、节能环保、生物医药、高端装备制造、新能源汽车等战略性新兴产业。通过 10 年努力，使接续替代产业成长为支柱性主导产业，主要工艺达到国内一流水平。

5. 大力发展现代服务业。把推动服务业大发展作为产业结构优化升级的战略重点，努力使服务业增加值比重 5 年提高到 40% 以上、10 年提高到 50% 左右。充分发挥山西作为中华文明重要发祥地、中国古代建筑"博物馆"等的历史文化优势，利用好晋商大院、关公故里、佛教圣地等得天独厚的旅游资源，把旅游业打造成重要的支柱产业。推动电信网、广播电视网、互联网"三网融合"。推进物联网技术的研发与应用。依托丰富的物流资源，完善城乡现代物流体系，支持发展煤炭、冶金、化工等基础能源原材料专业物流，推进综合物流枢纽和大型现代物流园区建设，着力提高物流服务效率和专业化、信息化水平。把中国（太原）煤炭交易中心建设成为立足山西、服务全国、面向世界的高水平、现代化的交易中心。着力促进科技信息、会展商务、节能减排等生产性服务业向规模化、专业化、现代化发展。积极发展商贸流通、住宿餐饮、家庭服务、健康服务、体育产业等生活性服务业。

6. 促进循环经济发展。全力推进循环经济试点省建设。推广煤炭、电力、冶金、化工等行业循环经济发展典型模式。大力发展循环经济园区和生态工业园区，用循环经济理念和模式对各类园区进行再规划、再改造。加快推进朔州市开展国家工业固体废弃物综合利用基地建设试点工作，带动建设一批资源综合利用基地，提高工业固体废弃物综合利用水平。在切实加强污染防治的基础上，建立工业废弃物、废旧汽车、废旧家电回收利用体系，促进废弃物资源化利用。

7.加快推进产业集聚区发展。把国家级经济技术开发区和国家级高新技术产业开发区等产业集聚区作为产业转型的主要载体，推动重大项目相对集中布局。创新产业园区发展模式，加大规划、建设和改造力度，提升各类园区承载力和发展水平。启动建设太（原）榆（次）科技创新产业集聚区。支持太原经济技术开发区和太原高新技术产业开发区加快发展。推动资源型城市建设科技创新园区和循环经济园区。

（二）以生态环境保护和治理修复为主要抓手，着力提高可持续发展能力

1.加快生态治理修复。以汾河流域和大同矿区生态修复为龙头，对全省11条重点河流和国家规划的18个重点矿区的采煤沉陷区、采空区、水土流失区、煤矸石山，全面推进实施生态环境修复工程。全面推进尾矿库安全治理与闭库。加大煤田灭火力度，保护资源，防止对生态环境新的破坏。开展生态建设示范区和生态文明试点工作。

2.全面推进污染治理。实施污染治理工程，加大执法力度，淘汰落后产能，推进工艺改造，加强工业生产全过程污染防治，严格控制新增污染物排放量，确保二氧化硫、化学需氧量、氮氧化物、氨氮排放控制在国家确定的约束指标之内，烟尘、工业粉尘排放得到严格控制。"十二五"期间，单位地区生产总值能耗降低16%，单位地区生产总值二氧化碳排放降低17%。

3.大力开展造林绿化。实施太行山、吕梁山和荒山、荒沟、矿山、道路、城乡重点区域绿化工程，形成点、线、面相结合的城乡绿色生态体系。集中建设晋北和晋西北防风固沙林区、吕梁山黄土高原水土保持林区、太行山土石山水源涵养林区、中南部盆地防护经济林区四大生态屏障。加强自然保护区建设管理。

4.加强水资源开发利用和节约保护。完善引黄配套供水体系，改造提升提黄能力，推进提黄灌溉工程建设。提高供水保障能力，积极推进大中小型水库建设，完善地表水利用配套工程，做好山西大水网规划和实施工作。大力开展水生态系统保护与修复试点工作，加强汾河、海河流域城镇生活和工业污水处理能力建设，提高城市中水循环利用效率。进一步加大矿井水、工业废水资源化利用。严格地下水管理和保护，逐步实现采补平衡。加快建设节水型社会，提高水资源利用效率和效益，构建节水制度体系，倡导节水生产生活方式。

（三）以城乡统筹为基本方略，协调推进城镇发展和社会主义新农村建设

1.提升城镇化质量和水平。把城镇化作为资源型经济转型的重要内容，坚持严格保护耕地特别是基本农田，努力使城镇化水平5年提高到55%、10年提高到60%以上。实施太原都市圈战略，以太原都市区为核心，以太原、晋中同城化为重点，以阳泉、忻州、吕梁为支撑，把太原都市圈打造成为中部崛起新的增长极。推进太原都市圈内产业发展规划、土地利用规划、城乡规划、生态环境保护规划之间的相互衔接和协调。发展晋北、晋南、晋东南三大城镇群，建立都市圈与城镇群高效协同机制，形成"一核一圈三群"协调发展的城镇体系。加快重点镇

建设，打造一批各具特色的转型强县。加快大同、阳泉等资源型城市转型，促进矿区和城区融合发展。适时研究将符合条件的资源型城市列入国家资源枯竭城市转移支付政策支持范围。加强历史文化名城、名镇、名村保护。稳步推进农业转移人口转为城镇居民。加强农民工权益保护，使在城镇稳定就业的农民工及其子女在教育、医疗、社保、就业、住房等方面公平享有基本公共服务。

2.加快社会主义新农村建设。建立以城带乡、以工补农的长效机制。加快农村饮水、生活污水和垃圾处理、公路、供电、沼气等基础设施建设和教育、卫生、文化等社会事业发展。拓宽支农资金渠道，强化支农资金整合运用。加大农村扶贫开发力度，对革命老区和集中连片特殊困难地区给予重点扶持，在全省范围内经济发达地区与贫困地区之间开展结对帮扶，加大偏远农村移民工作力度，5年内使全省现有贫困人口减少50%。加强农村环境保护，开展农村环境综合整治，提高农村环境质量。

3.统筹城乡基础设施建设。统筹建设交通、能源、水利、信息、物流等重大基础设施，推进城乡基础设施一体化，促进都市圈、城市群、城乡间有机融合、联动发展。建设以普通公路为基础，以铁路、高速公路为骨干，与其他运输方式共同组成的综合交通网络，总体适应区域经济社会发展需要。着力提升太原机场的国际化、现代化水平，促进对外开放。

4.加快发展现代农业。不断加大农业基础设施建设投入，通过产业转型资金支持现代农业发展。完善现代农业产业体系，培育壮大现代农业示范区，发展高产、优质、高效、生态、安全农业，加快建设特色农产品大省。加快建设农田水利基础设施，大规模建设旱涝保收高标准基本农田，着力提高粮食综合生产能力。大力发展设施农业、有机农业、观光农业，优化种养业结构。积极发展农民专业合作组织，健全农业社会化服务体系，推进农业产业化经营。加快发展农产品加工转化，做大做强特色食品产业。

5.优化国土空间开发格局。着眼于资源集中开发利用和产业转型，科学划分各类主体功能区，科学规划城市空间、产业空间、生态空间，规范空间开发秩序。实施不同主体功能区分类管理的区域政策。探索建立各有侧重的绩效评价机制。

（四）以改善民生为重点，努力构建和谐社会

1.积极促进就业。实施更加积极的就业政策，大力发展劳动密集型产业、服务业和小型微型企业。加大对就业和创业的支持力度，促进以创业带动就业。强化并落实好政府促进就业的责任。建立健全促进高校毕业生就业和农业富余劳动力转移就业的机制。突出抓好资源枯竭城市和老工矿区职工及其子女的就业工作。强化公共就业和人才服务。全面开展职业技能培训。

2.合理调节收入分配。努力实现居民收入增长和经济发展同步、劳动报酬增长和劳动生产率提高同步，提高中低收入者收入水平，培育壮大中等收入群体，有效调节过高收入，大力扭转城乡、区域、行业和社会成员之间收入差距扩大趋势。

3.推进基本公共服务均等化。加快建立覆盖城乡的义务教育经费保障体系、医疗卫生服务体系、社会保障和救助体系、公共文化服务体系。实施好教育、卫生等领域的重大民生工程。"十二五"期间，全面完成棚户区改造任务和煤矿采煤沉陷区危房搬迁改造，实现城镇低收入

住房困难家庭廉租住房全覆盖，积极推进农村危房改造。

4.建立完善安全发展长效机制。把安全发展作为科学发展的基本要求，进一步强化安全发展理念，大力实施安全发展战略，建立健全安全生产制度，全面落实企业安全生产主体责任和政府安全监管主体责任，不断创新安全生产管理体制和机制，突出抓好以煤矿为主的工矿企业和交通运输领域的安全生产。进一步加强和完善公共安全体系，健全食品药品安全监管机制，完善社会治安防控体系和应急管理体制。

5.加强和创新社会管理。推进社会管理理念、体制、机制、方法创新。大力推进企业社会责任建设。推动管理模式网络化、管理手段信息化、公众参与制度化，提高决策民主化、科学化水平。强化城乡社区自治和服务功能。加强社会组织建设。完善社会舆情汇集和分析机制。建立健全重大项目建设和重大政策制定的社会稳定风险评估机制。

三、资源型经济转型综合配套改革主要措施

针对制约资源型经济转型的体制机制障碍，充分借鉴其他综合配套改革试验区的成功经验和有益做法，从山西实际出发，大力推进改革创新，进行创造性探索。

（一）创新完善产业转型促进机制

1.理顺煤炭等资源开发利用的体制机制。完善煤炭等矿产资源矿业权按市场原则有偿取得制度，矿业权价款收益地方留成部分除用于资源勘查、保护和管理支出外，主要用于支持资源所在地转型发展、改善民生和分离国有煤矿企业办社会职能。提高煤炭等资源开采准入标准。巩固完善煤炭工业可持续发展试点政策。建立衰退产业援助机制，保障资源枯竭企业平稳退出。

2.建立资源型产业与非资源型产业均衡发展机制。进一步理顺煤炭等资源产业收益分配体制。建立健全接续替代产业尤其是高新技术产业和鼓励类服务业发展援助机制。强化国有资本经营预算产业调控机制，重点支持非资源型产业发展。充分发挥市场机制作用，积极引导非国有煤炭企业将利润的一定比例投向非资源型产业。统筹煤炭市场和电力市场建设，积极探索推进煤电体制改革有关试点工作。

3.健全接续替代产业发展推进机制。建立完善各类资源型经济转型专项资金统筹使用制度，加大转型发展的投入力度。健全促进产业结构调整和支持企业技术改造的长效机制和评价体系，改造提升传统产业。建设大（同）运（城）经济带承接产业转移示范区。创新战略性新兴产业发展促进机制。把山西物流业纳入国家服务业综合改革试点。启动山西旅游产业改革发展试点。

4.完善促进循环经济发展机制。坚持把符合循环经济要求作为产业准入的基本条件。完善政策引导和资金扶持机制，加大循环经济发展支持力度。加快建立循环经济技术创新体系。实行生产者责任延伸制度，探索建立工业废弃物处理认证等制度。建立完善循环经济统计评价制度，开展对市县循环经济发展成效的评估。制定完善循环经济标准体系和产品资源消耗标识制度。

5.优化企业所有制结构。加大国有企业改革力度。推动地方企业与中央企业联合重组，培

育具有较强竞争力的大企业集团。完善国有资本有进有退、合理流动机制。大力发展非公有制经济，落实放宽市场准入的各项政策，鼓励民间资本进入基础设施、公用事业、金融服务和社会事业等领域。鼓励和引导民营企业通过参股、控股、并购等多种形式，参与国有企业改制重组。

（二）深化财税体制改革

1. 完善资源环境税收制度。按照"清费立税"的原则，加快推进煤炭等资源税改革，将煤炭资源税由从量计征改为从价定率计征。统筹推进各类矿产资源税费制度综合改革，促进资源高效节约利用和生态保护。落实有利于资源综合利用和促进循环经济发展的税收政策。

2. 加大对转型的财政支持。中央财政对山西水源保护和生态恢复给予支持，加大对社会保障、基础教育、公共卫生等民生项目的转移支付力度，逐步提高中央财政对山西的转移支付水平。

（三）改革完善土地管理制度

1. 节约集约利用土地。坚持最严格的耕地保护制度和最严格的节约用地制度。建立节约集约用地奖惩考核机制，实行单位地区生产总值新增建设用地考核制度。开展采矿业土地整理，推进朔同地区成片盐碱地改造利用，组织实施国家级重大土地整治工程。建立财政投入与社会投入相结合的土地开发整治多元投入机制。

2. 推进用地制度改革。以太原城市圈及其他设区市为单元，深化城乡建设用地增减挂钩试点。探索适合矿业特点的差别化土地管理政策。开展工矿废弃地复垦利用试点，选择部分有条件的市、县，对煤矸石占地、沉陷区、工矿废弃地等存量建设用地的复垦与建设用地调整利用相挂钩，通过复垦的土地可以调整使用，优先用于转型项目。复垦应坚持山、水、田、林、路综合整治，具备条件的，应首先复垦为耕地。探索露天采矿用地方式改革，积极稳妥地在所批准的矿区范围内开展试点。探索推进土地审批、耕地占补平衡、重点转型项目用地保障、未利用地审批等改革。推进农村土地管理制度改革，加快推进农村集体土地确权登记发证，逐步建立城乡统一的建设用地市场，规范开展农村集体经营性建设用地流转试点，完善和创新宅基地管理机制。

（四）健全科技创新体制机制

1. 大幅增加研发投入。建立政府引导、市场驱动、企业投入为主体，多元化、多层次、多渠道的新型科技投融资体系。发展创业投资，推进科技与金融结合。山西省设立政府科技创新引导基金，切实增加研发投入，创建全省科技创新投融资服务平台，更好发挥创业投资支持创业创新的作用。开展知识产权质押贷款、科技保险等业务。"十二五"末，地方政府研发投入、全社会研发投入占地区生产总值比重均进入中西部地区前列。

2. 加大对技术创新的扶持力度。实施科技创新跨越工程。推进实施科技重大专项。支持创新要素向企业集聚，使企业真正成为技术创新主体。组建产业技术创新战略联盟。加强与国家重点高校、科研院所的合作。建设一批工程中心、工程实验室、企业技术中心。发展科技中介组织，健全技术市场体系。加快科技成果转化，力争率先在循环经济及煤炭清洁生产利用、现代煤化工、装备制造、新能源、新材料等领域取得关键技术的突破。加大对中小型企业和微型企业技术创新的支持力度，健全服务体系，拓宽融资渠道，落实税收优惠政策，营造良好创新环境，充分激发企业创新活力。

3.强化创新人才支撑。建设与资源型经济转型相适应的人才教育、培养和引进体系。优化人才培养结构，着力培养创新型、应用型、复合型人才。推进省重点大学进入中西部地区高等教育振兴计划，建设一批对资源型经济转型具有重要支撑作用的特色重点学科，全面改善一批职业院校办学条件。充分发挥企业家和科技领军人才，特别是创新团队在技术创新中的重要作用，突出加强人才的引进和培养。

（五）加强金融创新和改革

1.打造金融创新高地。加快构建与资源型经济转型相适应的金融体系。鼓励创新金融产品，加大对重点产业和重点领域的信贷支持，改善中小企业金融服务。推动符合条件的企业上市。积极参与全国性证券场外市场。支持符合条件的企业发行企业（公司）债券、短期融资券、中期票据等债务融资工具。山西省设立创业投资引导基金，扶持发展创业投资；规范发展各类股权投资企业（基金）。研究在太原增设焦炭期货交割仓库。不断扩大责任保险、农业保险覆盖面。支持山西保险业改革创新发展。探索组建有利于促进资源型经济转型的地方政府引导基金。

2.发展"晋商金融"。做大做强晋商银行；支持国内外各类银行在山西设立分支机构和营业网点；引导和鼓励银行业金融机构创新为小型微型企业服务的金融制度、业务和产品，加大对有市场、有效益、有前景的小微企业信贷支持力度。探索建立农业贷款保险制度。加快推进农村信用社股份制改造，培育发展村镇银行、贷款公司、农村资金互助社等新型农村金融机构，继续完善农户小额信贷制度。探索完善小额贷款公司设立审批制度，有序发展小额贷款公司。有序发展证券、期货、保险、信托、金融租赁、财务公司等金融机构以及融资性担保、典当等机构。鼓励金融机构进行业务创新。

（六）完善资源、能源节约和生态环境保护修复机制

1.探索建立生态环境产权制度。科学核定环境容量，实施主要污染物排放总量控制。开展主要污染物排污权有偿使用和交易试点，发展排污权交易市场。按照有关规定，研究设立太原污染物排放权交易所。建立污染者付全费制度。加强环境容量管理，构建科学的环境监测监控评估体系。

2.建立完善矿山环境保护与恢复治理责任机制和补偿机制。实行矿产资源开采、地质环境恢复治理、土地复垦与生态修复同步规划、同步实施机制。严格落实矿产资源规划中关于禁止、限制开采区的管理要求。进一步完善煤炭开采生态环境综合补偿机制，将其推广至非煤矿山企业，建立相应的生态环境恢复评估制度和矿山环境恢复治理保证金制度。加大对生态环境综合治理的投入力度。加强国家重点生态功能区的生态监测、评价与考核。探索实施生态受益地区对生态损耗地区的生态补偿制度。

3.健全资源节约机制。理顺资源型产品价格形成机制，按照国家统一的会计制度对资源型

产品进行成本核算，全面、规范地把矿业权取得、资源开采、环境治理、生态修复、安全投入、基础设施建设、企业退出和转产等费用列入资源性产品的成本构成，实现资源开发外部成本的内部化。建立健全节约用水和水资源保护机制，完善水价形成机制，实行最严格水资源管理制度，确立用水总量控制、用水效率控制和水功能区限制纳污控制"三条红线"。严格水资源开发利用，加强水资源节约和保护，加快用水方式转变。加快水权转换和交易制度建设，开展跨行政区域水权交易试点。

4. 创新完善节能降耗、减排治污机制。通过强化管理、提升技术、优化结构，逐步建立节能降耗、减排治污的长效机制。健全固定资产投资项目节能评估审查制度。开展冶金、焦炭、电力、化工、建材等高耗能产业的能效对标管理。推行合同能源管理。建立能效"领跑者"制度。发展绿色建筑、低碳交通，降低公共机构能耗水平，倡导绿色消费，扩大可再生能源应用。进一步健全节能减排统计、监测和考核体系。

（七）改革创新城乡统筹体制机制

1. 建立健全城乡发展一体化制度。促进城乡基础设施、公共服务、社会管理一体化。加快形成城乡劳动者平等就业制度。完善城乡平等的要素交换关系，促进土地增值收益和农村存款主要用于农业农村。规范征地管理，深化农村土地使用制度改革，适时调整提高征地补偿水平，确保农民在土地增值中的收益权。促进公共资源在城乡之间的均衡配置，推动生产要素在城乡之间的自由流动。

2. 加快形成有利于城乡统筹的户籍制度。因地制宜、积极稳妥地把在城镇有稳定职业和稳定住所的农民工及其家属逐步转为城镇居民。对暂不具备在城镇落户条件的农民工，要改善公共服务，加强权益保护。

（八）加快社会体制改革

1. 加快完善覆盖城乡的社会保障制度。进一步完善城乡基本养老、基本医疗保险和最低生活保障制度。完善跨地区养老保险关系转移接续办法、异地就医协作机制，推进城乡社会保险制度全覆盖和城乡统筹。探索建立工伤预防、补偿、康复相结合的工伤保险体系，按规定将国有煤炭企业已退休职工中的老工伤人员纳入工伤保险统筹管理。

2. 改革公共服务供给制度。在基本公共服务领域，引入竞争机制，推进政府购买服务等提供方式改革，实现提供主体和提供方式多元化。在非基本公共服务领域，放宽市场准入，推进市场化改革，增强多层次供给能力。深化教育体制改革、医疗卫生体制改革、文化体制改革。积极稳妥推进事业单位分类改革。

（九）推进行政管理和投资体制改革

1. 优化行政管理体制。提升行政效率，合理调整完善行政区划。实施扩权强县，加快探索和推进实行由省直接管理县的体制。完善市辖区空间布局，扩展城市核心区服务范围。建立高效协同的跨区域行政协调机制，促进经济区域一体化管理。加快转变政府职能，大力推进依法行政。建立健全政府绩效管理和行政问责制度。提高政府执行力和公信力。

2. 完善转型项目审批机制。在强化投资项目科学管理的同时，规范前置审批程序，减少审批环节，加快审批进度。建立转型项目储备库，推进转型项目储备、签约、落地、建设一体化管理。

（十）加大开放力度

1.“引进来”"走出去"并举。积极引进国内外有实力的企业参与山西资源型经济转型。推进与中央企业的全方位、多领域、深层次战略合作。鼓励煤炭、冶金等行业的优势企业到境外开展投资合作。

2.积极推进贸易便利化。加快内陆口岸建设，支持山西省条件成熟的地区按程序申请设立综合保税区等海关特殊监管区域。支持开发区和重点加工贸易企业设立保税仓库。加强跨区域口岸合作，建立陆港航一体化大通关链条，提高口岸服务功能。

3.深化国内区域合作。密切与京津冀的协作发展，积极融入环渤海经济圈。探索积极承接长三角、珠三角地区产业转移的统筹协调机制。加强与沿海地区合作，建设出海通道、临港产业和物流基地。开展黄河金三角区域协调发展试点。扩大山西与中西部各省（区）经济、文化等领域的合作交流，形成优势互补、分工协作的区域合作机制。

四、工作保障措施

（一）加强组织领导

成立山西省国家资源型经济转型综合配套改革试验区工作领导组，全面组织领导改革试验工作，领导组办公室负责具体协调推进试验区各项工作。各市县成立相应的组织和工作机构，统筹协调当地各项改革试验工作。

（二）明确职责分工

山西省各市县、各部门要结合实际，提出本区域、本领域的实施意见、行动计划和配套措施。尽快将转型综改任务分解到位，加强省市县联动，各司其职，各负其责，相互配合，确保改革试验工作有序进行。

（三）密切部省合作

建立发展改革委等国务院有关部门与山西省人民政府之间的部省合作机制，形成推进转型综合配套改革试验的合力。发展改革委要加强改革试验方案与相关规划的衔接，跟踪分析方案实施情况，重大问题及时向国务院报告。

（四）实施考核评价

山西省要制定实施目标责任制度和绩效考评制度，加强日常督促检查，对工作成效进行跟踪评价，确保各项改革试验任务的顺利完成。

国务院关于支持山西省进一步深化改革促进资源型经济转型发展的意见

（国发〔2017〕42号）

各省、自治区、直辖市人民政府，国务院各部委、各直属机构：

山西省是我国重要的能源基地和老工业基地，是国家资源型经济转型综合配套改革试验区，在推进资源型经济转型改革和发展中具有重要地位。当前，我国经济发展进入新常态，对资源型经济转型发展提出了新的更高要求。为加快破解制约资源型经济转型的深层次体制机制障碍和结构性矛盾，走出一条转型升级、创新驱动发展的新路，努力把山西省改革发展推向更加深入的新阶段，为其他资源型地区经济转型提供可复制、可推广的制度性经验，现提出以下意见。

一、总体要求

（一）指导思想。全面贯彻党的十八大和十八届三中、四中、五中、六中全会精神，深入贯彻习近平总书记系列重要讲话精神和治国理政新理念新思想新战略，认真落实党中央、国务院决策部署，统筹推进"五位一体"总体布局和协调推进"四个全面"战略布局，牢固树立和贯彻落实新发展理念，坚持以提高发展质量和效益为中心，以推进供给侧结构性改革为主线，深入实施创新驱动发展战略，推动能源供给、消费、技术、体制革命和国际合作，打造能源革命排头兵，促进产业转型升级，扩大对内对外开放，改善生态环境质量，实现资源型经济转型实质性突破，将山西省建设成为创新创业活力充分释放、经济发展内生动力不断增强、新旧动能转换成效显著的资源型经济转型发展示范区。

（二）基本原则。坚持改革引领。坚持解放思想、实事求是，以推进供给侧结构性改革为主线，大胆破除阻碍经济转型的观念理念和体制机制束缚，率先复制、推广全国各类体制机制创新经验，先行布局重大改革试点试验。

聚焦产业转型。以能源供给结构转型为重点，以产业延伸、更新和多元化发展为路径，建设安全、绿色、集约、高效的清洁能源供应体系和现代产业体系。

突出生态优先。大力推进生态保护和环境治理，加快构建生态文明制度体系，形成生产发展、生活富裕、生态良好的新局面。

加强协同联动。强化山西省主体责任，加强与京津冀地区互动合作，加大国家层面指导和支持力度，协同推进资源型经济转型。

（三）主要目标。到2020年，重点领域供给侧结构性改革取得阶段性成果，能源革命总体效果不断显现，支撑资源型经济转型的体制机制基本建立。煤炭开采和粗加工占工业增加值比重显著降低，煤炭先进产能占比逐步提高到2/3，煤炭清洁高效开发利用水平大幅提高、供应能力不断增强，打造清洁能源供应升级版。战略性新兴产业增加值占地区生产总值比重达到全国平均水平，研究与试验发展经费投入占地区生产总值比重争取达到全国平均水平，初步建成国家新型能源基地、煤基科技创新成果转化基地、全国重要的现代制造业基地、国家全域旅游示范区，转型发展成果惠及城乡居民，确保与全国同步进入全面小康社会。

到2030年，多点产业支撑、多元优势互补、多极市场承载、内在竞争充分的产业体系基本形成，清洁、安全、高效的现代能源体系基本建成，资源型经济转型任务基本完成，形成一批可复制、可推广的制度性经验，经济综合竞争力、人民生活水平和可持续发展能力再上一个新台阶。

二、健全产业转型升级促进机制，打造能源革命排头兵

（四）推动能源供给革命。引导退出过剩产能、发展优质产能，推进煤炭产能减量置换和减量重组。全面实施燃煤机组超低排放与节能改造，适当控制火电规模，实施能源生产和利用设施智能化改造。优化能源产业结构，重点布局煤炭深加工、煤层气转化等高端项目和新能源发电基地。研究布局煤炭储配基地。鼓励煤矸石、矿井水、煤矿瓦斯等煤矿资源综合利用。结合电力市场需求变化，适时研究规划建设新外送通道的可行性，提高晋电外送能力。布局太阳能薄膜等移动能源产业，打造移动能源领跑者。在新建工业园区和具备条件的既有工业园区，积极实施多能互补集成优化示范工程，推进能源综合梯次利用。以企业为主体，建设煤炭开采及清洁高效利用境外产能合作示范基地。

（五）推动能源消费革命。支持山西省开展煤炭消费等量、减量替代行动，扩大天然气、电能等清洁能源和可再生能源替代试点范围，因地制宜发展地热能、太阳能等可再生能源。加强对"煤改电"、农村电网改造升级的资金补贴支持，提高省内电力消纳能力。加快推进煤炭清洁高效利用，推动焦化、煤化工等重点领域实施清洁生产技术改造。在农村居民用煤等重点替代领域，实施一批电能替代工程。加快实施民用、工业"煤改气"工程。

（六）深化能源体制改革。坚持煤电结合、煤运结合、煤化结合，鼓励煤炭、电力、运输、煤化工等产业链上下游企业进行重组或交叉持股，打造全产业链竞争优势。鼓励有条件的煤炭和电力企业通过资本注入、股权置换、兼并重组、股权划转等方式，着力推进煤矿和电站联营。鼓励山西省探索建立能源清洁高效利用综合补偿机制，支持新兴能源产业及相关产业发展和生态修复。鼓励山西省引导社会资本建立能源转型发展基金。积极推进电力体制改革综合试点和吕梁等地增量配电业务试点。全面实现矿业权竞争性出让。建立煤层气勘查区块退出机制和公开竞争出让制度。鼓励煤炭矿业权人和煤层气矿业权人合资合作，支持符合条件的企业与山西省煤层气开采企业合作。将煤层气对外合作开发项目审批制改为备案制，将煤炭采矿权范围内的地面煤层气开发项目备案下放至山西省管理。落实煤层气发电价格政策，进一步调动发电企业和电网企业积极性，加快煤层气资源开发利用。

（七）实施产业转型升级行动。深入实施"中国制造2025"，加快信息化与工业化两化深度融合，推进两化融合管理体系贯标试点。支持山西省开展国家智能制造试点示范。重点发展新一代信息技术、轨道交通、新能源汽车、新材料、航空航天、生物医药、文化旅游等新兴产业和先进产品。支持开展传统产业绿色改造，构建绿色制造体系，培育发展一批绿色产品、绿色工厂、绿色园区和绿色产业链。支持山西省开展大数据创新应用，推动大数据产业发展。支持运城市建设铝镁合金产业基地。加快推进航空测绘、通用航空、航空仪表等航空航天产业发展。积极推进全域旅游示范区建设，推动文化旅游融合发展，打造文化旅游支柱产业，支持有条件的市县创建国家级旅游业改革创新先行区。建设省域国家级文化生态保护试验区。支持大同市建设综合康养产业区。

（八）建立新兴产业培育扶持机制。国家在重大生产力布局特别是战略性新兴产业布局时给予山西省重点倾斜。支持山西省老工业城市创新创业能力建设，加快新旧动能转换。支持山西省创建智能制造创新中心和铝镁合金、碳纤维等新材料创新中心。支持山西省主动对接京津冀等东部省市，探索建立合作机制，开展互派干部挂职交流和定向培训，学习东部地区培育发展新兴产业的先进经验和做法。

（九）完善传统产业转型升级政策体系。依托山西省要素资源优势，实施现代煤化工升级示范工程。开展"煤—电—铝—材"一体化改革试点，推动铝工业转型升级。积极支持山西省军民深度融合创新发展工作。鼓励山西省探索创新国防科技成果就地转移转化管理办法及利益分配政策机制。推进农业供给侧结构性改革，发展特色、精品农业，打造山西"农谷"综合性、专业性科创中心，鼓励山西杂粮生产大县争创特色农产品优势区。完善和推广有机旱作农业，将有机旱作农业打造成现代农业的重要品牌。建设优质杂粮产地交易市场和中药材交易中心。

三、深入实施创新驱动发展战略，促进新旧动能接续转换

（十）增强协同创新能力。实施国家技术创新工程，加快推进能源技术革命。通过国家自然科学基金、国家科技重大专项、中央财政引导地方科技发展资金等现有资金渠道支持山西省科技创新。在大科学装置等重大创新基础设施布局上给予山西省重点倾斜，推动在山西省布局科技创新基地，提升科技创新服务转型发展的能力。鼓励山西省实施企业技术创新重点项目计划，开展区域骨干企业创新转型试点，创建国家科技成果转移转化示范区。推动太原国家创新型城市建设，支持具有较好基础的城市创建创新型城市。支持企业和产业技术创新战略联盟构建专利池，推动形成标准必要专利。推行科技创新券、鼓励开展知识产权质押融资，促进科技和金融结合，发展一批主营业务突出、竞争力强、成长性好、专注于细分市场的专业化"小巨人"企业。培育壮大天使投资、创业投资和私募股权投资，满足不同发展阶段和特点的创新型企业融资需求。

（十一）培育打造创新创业平台。支持山西省国家双创示范基地建设。鼓励山西省探索高职院校与企业合作办学，开展现代学徒制试点。支持开展产教融合型城市、行业、企业建设试点，支持山西省地方院校开展高水平应用型本科高等学校建设试点。扶持地方科研院所和高校加快发展，继续通过中西部高校综合实力提升工程支持山西大学建设与发展。支持中科院与山西省深化"院地合作"，推进科技创新成果在山西省落地转化。

（十二）统筹推进开发区创新发展。根据开发区总体发展规划和省内不同地区经济发展需要，稳步有序推进开发区设立、扩区和升级工作，支持发展较好的省级开发区升级为国家级开发区，不断提高发展质量和水平。支持以符合条件的开发区为载体，创建战略性新兴产业集聚区、国家高（新）技术产业（化）基地、国家新型工业化产业示范基地。创新开发区建设运营模式，实行管理机构与开发运营企业分离，引导社会资本参与开发区建设，支持以不同所有制企业为主体投资建设、运营、托管开发区，以及在现有开发区中投资建设、运营特色产业园。支持山西省整合太原市及周边各类开发区，高起点、高标准建设转型综合改革示范区，在科技创新重大平台建设、科技金融结合、政府治理体系和治理能力现代化等方面开展探索示范。在山西转型综合改革示范区及国家级开发区落实中关村国家自主创新示范区先行先试的科技成果使用处置和收益管理改革等政策。

（十三）实施人才强省战略。完善吸引人才的政策环境，为人才跨地区、跨行业、跨体制流动提供便利条件。探索人才双向流动机制，允许科技创新人才在高校、科研院所与企业间双向兼职。强化人才激励机制，支持山西省相关单位开展以增加知识价值为导向的分配政策试点。深化干部人事制度改革，探索在专业性较强的政府机构和国有企事业单位设置高端特聘岗位，实行聘期管理和协议工资。

四、全面深化国有企业改革，激发市场主体活力

（十四）实施国有企业改革振兴计划。抓紧出台山西省国有企业专项改革实施方案，按照创新发展一批、重组整合一批、清理退出一批的要求，促进国有资本向战略性关键性领域、优势产业集聚。在煤炭、焦炭、冶金、电力等领域，加大国有经济布局结构调整力度，提高产业集中度。支持中央企业参与地方国有企业改革，并购重组山西省国有企业。开展国有资本投资、运营公司试点，推动若干重大企业联合重组。推行国有企业高管人员外部招聘和契约化管理制度，建立国有企业外部董事、监事、职业经理人人才库。

（十五）更大程度更广范围推行混合所有制改革。制定出台山西省国有企业混合所有制改革工作方案，率先选择30家左右国有企业开展混合所有制改革试点。在系统总结试点经验基础上，深入推进全省国有企业混合所有制改革，除极少数涉及国家安全的国有企业外，鼓励符合条件的国有企业通过整体上市、并购重组、发行可转债等方式，逐步调整国有股权比例。支持中央企业与山西省煤炭、电力企业通过相互参股、持股以及签订长期协议等合作方式，形成市场互补和上下游协同效应。引导民营企业参与山西省国有企业混合所有制改革，鼓励发展非公有资本控股的混合所有制企业。积极引入有效战略投资者，规范企业法人治理结构，实行市场导向的选人用人和激励约束机制。通过试点探索混合所有制企业员工持股的可行方式。

（十六）加快解决历史遗留问题。允许山西省国有企业划出部分股权转让收益以及地方政府出让部分国有企业股权，专项解决厂办大集体、棚户区改造和企业办社会等历史遗留问题。中央财政对厂办大集体改革继续给予补助和奖励，山西省可结合实际情况，将自筹资金和中央财政补助资金统筹用于接续职工社会保险关系、解除劳动关系经济补偿等改革支出。全面深入推进国有企业职工家属区"三供一业"分离移交。对于中央下放企业职工家属区"三供一业"分离移交中央财政补助资金，在确保完成工作任务基础上，可按规定统筹用于地方国有企业职工家属区"三供一业"分离移交工作。

（十七）促进民营经济健康发展。坚持权利平等、机会平等、规则平等，废除对非公有制经济各种形式的不合理规定。在山西省开展民营经济发展改革示范，重点培育有利于民营经济发展的政策环境、市场环境、金融环境、创新环境、法治环境等。着力构建"亲""清"新型政商关系，打造良好营商环境，不断提振民营经济发展信心。打破基础设施、市政公用设施、公共服务等领域的行业垄断和市场壁垒，切实降低准入门槛，支持民间投资应入尽入。遴选一批有较好盈利预期、适合民间资本特点的优质项目，鼓励民间资本组建联合体投标，推进政府和社会资本合作。完善产权保护制度，甄别纠正一批社会反映强烈的产权纠纷申诉案件。

五、加快推进重点领域改革，增强内生发展动力

（十八）深化"放管服"改革。全面对标国内先进地区，健全精简高效的权责清单和负面清单制度，统一规范各类审批、监管、服务事项。支持市县级政府设立统一行使行政审批权的机构，推广"一个窗口受理、一站式办理、一条龙服务"，逐步推进政务服务全程网上办理。推进"证照分离"改革试点，全面清理和大幅压减工业产品生产许可证，探索改进产品认证管理制度，加快推进认证机构与政府部门彻底脱钩。试点企业投资项目承诺制，探索建立以信用为核心的监管模式。调整优化行政区划，按程序调整大同市、阳泉市城区、郊区、矿区设置，解决设区的市"一市一区"等规模结构不合理问题。完善政府守信践诺机制，建立健全政府失信责任追究制度及责任倒查机制。

（十九）创新财政金融支持转型升级方式。对山西省主导产业衰退严重的城市，比照实施资源枯竭城市财力转移支付政策。中央预算内投资在山西省农村旅游公路建设、生态建设、扶贫开发和社会事业等方面比照西部地区补助标准执行。支持山西省推进完善地方政府专项债券管理，着力发展项目收益与融资自求平衡的专项债券品种，保障重点领域项目建设融资需求。支持山西省开展水资源税改革试点和环境污染强制责任保险试点。在去产能过程中，通过综合运用债务重组、破产重整或破产清算等手段，妥善处置企业债务和银行不良资产，加快不良贷款核销和批量转让，做到应核尽核，依法维护金融债权。鼓励金融机构与发展前景良好但遇到暂时困难的优质企业有效对接，开展市场化法治化债转股。支持山西省在符合条件的情况下设立民营银行。支持企业开展大型设备、成套设备等融资租赁业务。在依法审慎合规的前提下，鼓励金融机构设立绿色金融专营机构，大力开展绿色金融业务。研究建立大同国家级绿色金融改革创新试验区。

（二十）改革完善土地管理制度。坚持最严格的耕地保护制度，严格划定永久基本农田，实行特殊保护。积极创造条件，在山西省推广国家综合配套改革试验区土地管理制度改革经验，在确权登记颁证基础上，推进农村承包土地经营权、农民住房财产权等农村产权规范流转。实施工业用地市场化配置改革。优化开发区土地利用政策，适应产业转型升级需要，适当增加生产性服务业、公共配套服务、基础设施建设等用地供给，探索适合开发区特点的土地资源开发利用方式。大力推进土地整治，支持城区老工业区和独立工矿区开展城镇低效用地再开发，积极开展工矿废弃地复垦利用试点和中低产田改造。加快推进采煤沉陷区土地复垦利用，对复垦为耕地的建设用地，经验收合格后按程序纳入城乡建设用地增减挂钩试点范围，相关土地由治理主体优先使用。允许集中连片特困地区、国家和省级扶贫开发工作重点县的城乡建设用地增减挂钩节余指标在全省范围内流转使用。试点建立"以奖代补、以补代投"激励机制，充分发挥财政资金撬动作用，吸引社会资金投入，大规模开展高标准农田建设。

（二十一）推动城乡一体化发展。加快资源型城市特别是资源枯竭城市转型，促进城矿协调发展，推进产城融合。支持长治市创建国家老工业城市和资源型城市产业转型升级示范区。加快发展中小城市和特色小城镇，实现城镇基本公共服务常住人口全覆盖，推动具备条件的县和特大镇有序设市。深入推进社会主义新农村建设，抓好传统村落保护，推动基本公共服务向

农村延伸，全面改善农村生产生活条件，建设幸福家园和美丽宜居乡村。

（二十二）集中力量打赢脱贫攻坚战。以吕梁山、燕山—太行山两个集中连片特困地区为重点，聚焦深度贫困难题，坚持精准扶贫、精准脱贫基本方略，推进脱贫攻坚与生态治理有机结合，统筹易地扶贫搬迁与煤炭采空区治理、国土综合整治，因地制宜实施整村搬迁，同步建设安置点基础设施、公共服务设施，发展相关配套产业，确保贫困群众搬得出、稳得住、能致富。强化特色产业扶贫与深度贫困人口增收有机结合，建立有效化解因病致贫返贫和支出型贫困的长效机制。

六、深度融入国家重大战略，拓展转型升级新空间

（二十三）构建连接"一带一路"大通道。完善物流基地、城市配送中心布局，打造一批具有多式联运功能的大型综合物流基地。支持在物流基地建设具有海关、检验检疫等功能的铁路口岸。支持太原、大同建设全国性综合交通枢纽，有序推进太原至绥德、保定至忻州、大同至集宁、运城至三门峡等铁路前期工作。中央预算内投资、车辆购置税资金、民航发展基金等对符合条件的山西省交通基础设施项目予以支持。将山西省列入普通公路重载交通建设试点。支持山西(阳泉)智能物联网应用基地试点建设。推动大同、运城、五台山机场航空口岸开放，加快太原、大同、临汾无水港建设。支持在符合条件的地区设立海关特殊监管区域。积极支持山西省复制推广自由贸易试验区等成熟改革试点经验。

（二十四）加强与京津冀协同发展战略衔接。支持山西省与京津冀地区建立合作机制，实现联动发展。构筑京津冀生态屏障，完善区域环境污染联防联控机制，利用现有资金渠道对山西省符合条件的生态环保项目予以支持。增加山西省向京津冀地区的清洁能源供应。支持山西省参与京津冀电力市场化交易。支持京津冀等地企业与山西省电力企业开展合作，扩大电力外送规模。鼓励山西省与京津冀地区探索跨区域共建园区的投资开发和运营管理模式。加强山西省与京津冀地区基础设施互联互通。鼓励北京、天津两地高水平大学以委托管理、联合办学等方式加强与山西省高校合作。

七、深化生态文明体制改革，建设美丽山西

（二十五）加强资源开发地区生态保护修复治理。加快推进国土综合整治，实施太行山、吕梁山生态保护修复工程，推进山水林田湖生态保护工程试点。积极引入社会资本参与生态修复建设，创新市场化生态修复机制。加大中央预算内采煤沉陷区综合治理专项支持力度，研究逐步将山西省矛盾突出、财政困难的重点采煤沉陷区纳入资源枯竭城市财力转移支付范围。

（二十六）加大生态环境保护力度。落实最严格水资源管理制度，严格水资源开发利用控制、用水效率控制、水功能区限制纳污"三条红线"管理。加强水功能区和入河湖排污口监督管理，加大娘子关泉、辛安泉等水源地保护力度。全面落实河长制，创新河湖管护体制机制，加快推进汾河等流域生态修复和系统治理。加强黄土高原地区沟壑区固沟保塬工作，开展吕梁山、太行山等水土流失综合治理，推动重要水源地生态清洁小流域建设。加快水权交易市场建设，探索滹沱河、桑干河等跨省流域横向生态保护补偿机制。实施大规模植树造林，推进天然林资源保护，将符合条件的公益林纳入国家级公益林范围，享受森林生态效益补偿政策。改革

创新园区规划环评工作，探索园区式、链条式环评模式。

（二十七）强化资源节约集约利用。实施能源消耗总量和强度双控行动，强化对山西省各级政府和重点用能单位的节能目标责任考核，组织实施节能重点工程，发展节能环保产业。全面推进节水型社会建设，实施水资源消耗总量和强度双控行动，提高水资源利用效率和效益。坚持以水定城、以水定产，严格执行水资源论证和取水许可制度，强化水资源承载能力刚性约束，促进经济发展方式和用水方式转变。大力推进重点领域节水，把农业节水作为主攻方向，实施重大农业节水工程，推进农业水价综合改革。加大工业和城镇节水力度。实施水效领跑者引领行动，开展合同节水管理试点示范工程。积极开展节水宣传教育，增强全社会节水、护水意识。推动山西省建立健全碳排放权交易机制。在确保环境质量稳定达标前提下，允许山西省在省域内科学合理配置环境容量。实行生产者责任延伸制度，逐步提高电器电子产品、汽车产品、铅酸蓄电池等重点品种的废弃产品规范回收与循环利用率。支持山西省大力发展循环经济，对产业园区进行循环化改造。落实固废利用产品税收优惠政策，推进煤矸石等大宗固体废物综合利用，有效防控炼焦、煤化工等行业危险废物的环境风险。加快推进朔州工业固废综合利用示范基地建设。

八、加强组织领导，完善工作保障措施

（二十八）落实主体责任。山西省要深刻认识资源型经济转型发展的紧迫性、艰巨性、长期性，增强思想自觉和行动自觉，切实承担主体责任，加强组织领导，制定实施方案，强化省内协同，建立激励机制和考核机制，发扬钉钉子精神，持续推动资源型经济转型发展。

（二十九）加大支持力度。国务院有关部门要结合自身职能，对本意见涉及的重大事项抓紧制定细化方案和具体措施，逐条抓好落实。对一些关系全局、综合性强的改革发展举措，要建立健全工作机制，加强系统研究、整体设计、联合攻关。因地制宜将山西省纳入有关部门已启动或拟开展的重大改革试点范围，加大政策支持力度，及时解决资源型经济转型发展中的困难和问题。

（三十）强化指导协调。国家发展改革委要加强对山西省资源型经济转型发展的宏观指导、综合协调、督促推进和检查评估，适时总结并推广重大关键性、标志性改革经验，重大改革进展情况和问题及时报告国务院。有关部门和山西省要加强舆论引导，积极营造支持山西省进一步深化改革、促进资源型经济转型发展的良好氛围。

国务院

2017年9月1日

黑龙江省"两大平原"现代农业综合配套改革试验区

国务院关于黑龙江省"两大平原"现代农业
综合配套改革试验总体方案的批复

（国函〔2013〕70号）

黑龙江省人民政府、发展改革委：

发展改革委《关于报送黑龙江省"两大平原"现代农业综合配套改革试验总体方案（修改稿）的请示》（发改农经〔2013〕898号）收悉。现批复如下：

一、原则同意《黑龙江省"两大平原"现代农业综合配套改革试验总体方案》（以下简称《方案》），请认真组织实施。

二、《方案》实施要以转变农业发展方式为主线，以提高农业综合生产能力和农民收入为目标，发挥垦区引领作用，着力在创新农业生产经营体制、建立现代农业产业体系、创新农村金融服务、完善农业社会化服务体系、统筹城乡发展等方面开展改革试验，着力破解制约现代农业发展的体制机制问题和深层次矛盾，促进黑土资源永续利用、水资源科学开发和高效利用，努力把"两大平原"建成国家商品粮基地核心区、绿色食品生产样板区、高效生态农业先行区和统筹城乡发展先导区，为全国粮食主产区实现"四化同步"发挥示范引领作用。要加强改革试验的统筹规划，做好与经济社会发展重大规划、政策的衔接，把保护生态环境摆在突出位置，坚持农村基本经营制度，尊重农民意愿和基层首创精神，切实保障农民合法权益。

三、黑龙江省人民政府要切实加强对《方案》实施的组织领导，抓紧制定配套实施方案，进一步细化改革试验内容，认真落实各项具体措施。对于具有突破性的重大改革试验事项，要按规定程序报批后实施，做到封闭运行、风险可控。对于改革试验过程中出现的新情况、新问题，要及时统筹研究，妥善提出对策。

四、国务院有关部门要按照职责分工，积极指导和支持黑龙江省开展"两大平原"现代农业综合配套改革试验，拟推出的与现代农业发展相关的改革事项，要优先在"两大平原"先行先试。发展改革委要将"两大平原"现代农业综合配套改革试验纳入全国综合配套改革试验区管理，牵头建立省部际协调机制，加强指导和协调，有序推进改革试验工作。

国务院

2013 年 6 月 13 日

国家发展改革委关于印发黑龙江省"两大平原"现代农业综合配套改革试验总体方案的通知

（发改农经〔2013〕1322 号）

黑龙江省人民政府，农业部、水利部、财政部、人力资源社会保障部、国土资源部、工业和信息化部、公安部、人民银行、银监会、证监会、保监会：

《黑龙江省"两大平原"现代农业综合配套改革试验总体方案》（以下简称《方案》）已经国务院批准。根据《国务院关于黑龙江省"两大平原"现代农业综合配套改革试验总体方案的批复》（国函〔2013〕70 号）精神，现将《方案》印发你们，请认真组织实施，并就有关事项通知如下：

一、黑龙江省"两大平原"地区是我国重要的粮食主产区和商品粮生产基地。在该地区开展现代农业综合配套改革试验，既是进一步释放农业发展潜力，保障国家粮食安全的现实需要；也是巩固和完善农村基本经营制度，探索农业现代化与工业化、信息化、城镇化协调发展的重大举措，具有十分重要的意义。黑龙江省人民政府和国务院有关部门要认真贯彻落实国务院批复要求，以转变农业发展方式为主线，以提高农业综合生产能力和农民收入为目标，发挥垦区引领作用，着力在创新农业生产经营体制、建立现代农业产业体系、创新农村金融服务、完善农业社会化服务体系、统筹城乡发展等方面开展改革试验，着力破解制约现代农业发展的体制机制问题和深层次矛盾，促进黑土资源永续利用、水资源科学开发和高效利用，努力把"两大平原"建成国家商品粮基地核心区、绿色食品生产样板区、高效生态农业先行区和统筹城乡发展先导区，为全国粮食主产区实现"四化同步"发挥示范引领作用。要加强改革试验的统筹规划，做好与经济社会发展重大规划、政策的衔接，把保护生态环境摆在突出位置，坚持农村基本经营制度，尊重农民意愿和基层首创精神，切实保障农民合法权益。

二、黑龙江省人民政府要切实加强对《方案》实施的组织领导，抓紧制定配套实施方案，进一步细化改革试验内容，认真落实各项具体措施。对于具有突破性的重大改革试验事项，要按规定程序报批后实施，做到封闭运行、风险可控。对于改革试验过程中出现的新情况、新问题，要及时统筹研究，妥善提出对策。

三、请国务院有关部门按照职责分工，积极指导和支持黑龙江省开展"两大平原"现代农业综合配套改革试验，拟推出的与现代农业发展相关的改革事项，要优先在"两大平原"先行先试。我委将按照国务院要求，把"两大平原"现代农业综合配套改革试验纳入全国综合配套改革试验区管理，尽快建立省部际协调机制，加强沟通和协调，有序推进改革试验工作。

附件：黑龙江省"两大平原"现代农业综合配套改革试验总体方案

国家发展改革委
2013 年 7 月 8 日

黑龙江省"两大平原"现代农业综合配套改革试验总体方案

黑龙江省松嫩平原、三江平原（以下简称"两大平原"）是我国黑土资源的主要分布地区，位于黑龙江省腹地，包括 11 个市的 51 个县（市、区）和黑龙江农垦总局 9 个管理局的 114 个农场，面积 28.9 万平方公里，人口 2367 万人。该区域农业资源富集，耕地面积 1.62 亿亩，占全省（2 亿亩）的 80% 以上；2012 年粮食产量 1043 亿斤，占全省（1152 亿斤）的 90% 以上，占全国（11791 亿斤）的 8.8%，是我国重要的粮食主产区和商品粮生产基地。

在"两大平原"开展现代农业综合配套改革试验，既是进一步释放农业发展潜力，保障国家粮食安全的现实需要；也是巩固和完善农村基本经营制度，探索农业现代化与工业化、信息化、城镇化协调发展的重大举措，具有十分重大的意义。结合"两大平原"实际，特制定本方案。

一、总体思路

（一）指导思想

全面贯彻党的十八大精神，以邓小平理论、"三个代表"重要思想、科学发展观为指导，以转变农业发展方式为主线，以提高农业综合生产能力和农民收入为目标，发挥垦区引领作用，着力在创新农业生产经营体制、建立现代农业产业体系、创新农村金融服务、完善农业社会化服务体系、统筹城乡发展等方面开展改革试验，着力破解制约现代农业发展的体制机制问题和深层次矛盾，促进黑土资源永续利用、水资源科学开发和高效利用，努力把"两大平原"建成国家商品粮基地核心区、绿色食品生产样板区、高效生态农业先行区和统筹城乡发展先导区，为全国粮食主产区实现"四化同步"发挥示范引领作用。

（二）基本原则

综合配套，协调推进。加强改革试验的统筹规划，做好与经济社会发展重大规划、政策的衔接，有序推进重点领域配套改革，形成相互协调、相互促进的改革试验局面。

尊重民意，广泛参与。坚持农村基本经营制度不动摇，切实保障农民合法权益。充分发挥农民的主体作用，尊重农民意愿和基层首创精神，营造全社会广泛参与的良好环境和氛围。

先行先试，规范运行。对改革试验的重点难点问题，赋予先行先试政策，封闭运行，风险可控，积累经验，逐步推开。

保护环境，合理开发。把保护生态环境摆在突出位置，综合考虑资源和环境承载能力，科学确定发展目标和改革措施，大力发展低碳农业和循环农业，促进农业可持续发展。

（三）阶段目标

通过开展十个方面的改革试验，在"两大平原"初步建立适应现代农业发展的体制机制和以工促农、以城带乡的长效机制。分两个阶段推进：

第一阶段：2013—2015 年，"两大平原"现代农业综合配套改革试验取得重大进展，形成物质装备先进、组织方式优化、产业体系完善、服务保障有力、城乡协调发展的新格局。粮食综合生产能力继续提高；农民人均纯收入年均增长 12% 以上；土地适度规模经营较快发展，参与合作经营的农户比例明显提高；耕地质量平均提高 1 个等级以上；农田灌溉水有效利用系数达到 0.58 左右，水土流失治理加快推进；城镇化率达到 60% 以上，城乡居民收入差距小于全省平均水平，基本公共服务均等化全面推进，农村社会保障和社会管理体系不断完善，人居和生态环境明显改善，可持续发展能力进一步增强。

第二阶段：2016—2020 年，"两大平原"现代农业综合配套改革全面深化，形成以种养大户、家庭农场、农民合作社为主体的先进组织形式，以规模化、标准化生产和产业化经营为主导的现代产业体系，以资源节约、环境友好为主要特征的科学发展方式。粮食综合生产能力进一步提高；农民人均纯收入年均增长 10% 以上；土地适度规模经营面积达到一半以上；耕地质量平均提高 1.5 个等级以上；农田灌溉水有效利用系数达到 0.6 左右，水土流失治理面积累计达到 9800 万亩；城镇化率达到 70% 以上，城乡居民收入差距进一步缩小，构建起城乡统一的基本公共服务和社会保障体系，走上生产与生态平衡发展、人与自然和谐统一的发展道路。

二、主要任务

（一）创新农业生产经营体制

基本思路：

按照经济规律和市场机制，培育新型农业经营主体，优化资源配置和要素组合，提高农业生产经营组织化程度和农民参与市场竞争的能力，持续稳定增加农民收入。

重点内容：

——培育壮大新型农业经营主体。通过财政投入、信贷支持等政策扶持，引导土地流转，培育壮大股份合作社、专业合作社、龙头企业、家庭农场、专业大户等新型生产经营主体，发展多种形式的适度规模经营。加大农机补贴力度，创新补贴方式，支持发展现代农机专业合作社，促进现代大型农机广泛应用。引导和规范农民以土地承包经营权量化为股份加入合作社，大力发展股份合作制农业。鼓励和支持农民用水合作组织、农作物病虫害专业化统防统治组织、畜牧规模化养殖合作组织、农产品加工和营销服务合作组织等社会化服务组织发展。

——促进农民合作社规范发展。建立部门联合评定工作机制，开展示范社建设，推动农民合作社由数量增长向数量质量并重转变。建立区域性农民合作社综合配套服务平台，提供市场信息、产品营销、农资购买、农机作业、农技推广等服务。进一步明确国家投入在合作社社员中的量化和盈余分配方式，使国家扶持政策惠及更多农民。

——提升新型农业经营主体市场竞争力。引导支持以产品和产业为纽带的合作社开展联合与合作，提高专业化、集约化发展水平。做大做强农民合作社品牌，支持合作社参加农产品展示展销活动，积极推动合作社与批发市场、大型连锁超市、城市社区等建立稳定的产销关系。推动农民合作社与国家涉农项目广泛、有效对接，积极支持具备条件的合作社承担和实施各类涉农项目。

（二）建立现代农业产业体系

基本思路：

坚持市场导向，优化农业结构和布局，加快推进农业产业化经营，延长产业链条，提高产品附加值，探索建立高效农业发展和农民全产业链增收长效机制。

重点内容：

——优化农业结构和布局。稳步提高粮食综合生产能力，积极发展玉米，稳定发展大豆，合理发展粳稻，加强基地建设，提高单产水平，不断增强对国家粮食安全的保障能力。引导和扶持蔬菜、甜菜等高效经济作物生产，打造各具特色的优势产业带。支持发展外向型农业，促进沿边地区农业开发开放升级。大力发展肉牛、奶牛、生猪、水产等标准化规模养殖，提高养殖业质量和效益。积极拓展农业多种功能，发展观光休闲农业。鼓励和支持农村二、三产业发展，多渠道增加农民收入。

——完善农业产业化经营体制机制。鼓励和引导龙头企业采取兼并、重组、参股、收购等形式，组建大型企业集团，大力发展农产品精深加工。鼓励和支持龙头企业加大科技投入，承担相关科技创新和推广项目。引导和扶持种养大户、家庭农场、农民合作社自办或参股仓储、物流、销售、加工等龙头企业。引导和规范龙头企业与农民股份合作社建立紧密型利益联结机制，通过相互参股、"二次分红"等方式，将农产品加工、销售环节的部分利润转让给农户。

——促进产业集聚发展。创新支持绿色食品产业园区基础设施和公共服务平台建设方式，推动绿色食品产业规模扩张、集群发展。引导龙头企业向园区集中，推动企业集群集聚，培育壮大区域主导产业。将域内重点绿色食品产业园区纳入全国承接产业转移示范工程。支持高端农机装备制造业园区建设，加强大马力农机装备研发和制造，力争实现大型农机动力和配套作业装备关键技术和共性技术的突破，提升国内新型农机装备制造产业的整体实力和竞争力。

（三）深化土地管理制度改革

基本思路：

按照"统一规划、依法管理、市场配置、科学调控"的原则，创新土地管理制度，优化城乡用地结构，促进土地节约集约利用。进一步明晰农村土地所有权、承包经营权，有序推进土地流转，保障农民合法权益。

重点内容：

——实行支持现代农业发展的差别化用地管理政策。规范开展土地利用总体规划评估调整工作。完善农村土地利用规划管理办法，统筹安排农村建设用地计划。省在分解下达年度市、县土地利用计划时，将"两大平原"农村建设用地计划指标单列，保证农村建设必要的用地。对于已通过用地预审、项目批准立项并完成初步设计的国家重点建设项目，属于控制工期的单体工程，以及因工期紧或受季节影响确需动工建设的其他工程，可向国土资源部门申请办理先行用地。规范推进集体经营性建设用地流转，逐步建立统一的城乡建设用地市场。晾晒场、农机具停放场等农业生产附属设施建设用地情况特殊、确需突破规定标准的，可以向国土资源部门申请调整。优先安排交通、水利、能源、环保等重点基础设施项目用地。

——完善节约集约用地管理制度。严格农村集体土地征收管理，切实保障农民合法权益。稳妥推进乡村适度合并，合理撤并自然屯、建设中心村，在有条件的地方引导农民适度集中居住，鼓励农民向城镇搬迁，提高农村建设用地利用效率。完善农村宅基地管理方式，探索建立农村宅基地有序退出机制，鼓励在城镇稳定就业和居住的农民家庭自愿、有偿退出宅基地使用权。在"两大平原"选择有条件的地区按程序规范开展低丘缓坡荒滩等未利用地综合开发利用试点。

——依法有序推进农村土地流转。在完成土地承包经营权确权、登记、颁证、建档的基础上，通过建立省、市、县、乡、村五级土地承包经营权流转网络平台和县、乡、村三级土地流转服务组织，完善土地承包经营权流转交易市场。鼓励和引导农民以转包、出租、互换、转让、股份合作等形式流转土地承包经营权，探索建立促进土地适度规模经营的长效机制。

——创新耕地保护机制。完善耕地分类分区保护和节约用地制度。探索区域内耕地保护与建设用地供求总量平衡新机制，实现区域内耕地占补平衡。探索建立耕地保护补偿机制，将区域内优质耕地划入基本农田实行永久保护，严格控制建设占用。加强耕地质量建设与管理，综合采取行政、工程、技术等措施，提升耕地持续增产保障能力。继续实施土地整治重大工程，加大高标准农田建设力度，加强耕地质量等级调查评价和监测。加强黑土地水土流失综合治理，建立黑土耕地质量和水土保持监测预警系统，实行省级政府水土保持目标责任制和考核奖惩制度。建立科学轮作制度，全面推广应用测土配方施肥技术，支持发展保护性耕作，推广大机械深松整地。实施土壤有机质提升补助项目，对施用有机肥、生物肥、农家肥和秸秆还田加大补贴力度，建立耕地质量保护激励机制。

（四）创新农村金融服务

基本思路：

建立健全农村金融体系，创新农村金融产品和服务，引导更多的信贷资金和社会资金投向"两大平原"，有效满足金融服务需求。加强农村金融监管，有效防范风险。

重点内容：

——建立农业信贷投入稳定增长机制。引导金融机构不断优化信贷结构，加大对"三农"领域的信贷支持力度，根据金融机构扩大涉农信贷投放的合理需求，加大支农再贷款支持力度。继续实施和完善县域金融机构涉农贷款增量奖励政策，鼓励和支持金融机构增加涉农贷款投放。对符合条件的地方，根据农田水利项目的特点和性质，积极给予建设贷款贴息支持。

——健全完善农村金融组织体系。支持各类金融机构在县域设立分支机构。在保持县市法人地位总体稳定的前提下，支持符合条件的农村信用社改制为农村商业银行。鼓励符合条件的商业银行发起设立村镇银行，鼓励民间资本按照有关规定参与村镇银行的发起设立或增资扩股。允许符合条件的小额贷款公司转制为村镇银行。探索建立农村中小企业信用担保基金、农业产业发展基金、农业投资公司、农业创业投资与股权投资基金等投资实体。引进有实力的农业投资机构设立分支机构。规范农民合作社开展信用合作，规范发展农民资金互助组织。组建民间资本登记服务中心、民间资产管理公司，鼓励现有融资租赁公司积极开展大型农机具购置、畜牧规模化养殖等相关租赁业务。

——创新农村金融产品和服务方式。积极发展与订单、保单相结合的金融产品，开展"银行机构＋担保公司＋农民合作社"等特色贷款模式试点，创新农村金融风险分担模式。加大对农业技术转让和成果转化的信贷支持。围绕农业支柱产业、特色产业及其龙头企业、产业集群，开发产业链信贷产品。根据农业生产的周期性特点合理调整贷款期限。积极扩大小额信用贷款和联保贷款覆盖面，探索与银行卡授信相结合的小额信贷产品。支持符合条件的农业产业化龙头企业和现代农业企业在交易所市场上市和发行债券，引导暂不具备发行条件的成长型、创新型涉农企业依托全国中小企业股份转让系统加快发展，鼓励中小微涉农企业积极参与区域性股权转让市场，通过多层次资本市场筹集发展资金。大力改善农村支付服务环境，推广非现金支付工具，满足农民群众小额取款、转账汇款等需要。

——建立涉农贷款抵押担保新机制。健全农村融资担保体系，采取多种方式提升融资性担保机构服务能力。财政支持的担保公司业务在该区域实现全覆盖，支持担保机构吸收战略投资和民间股东入股，发展混合所有制的融资性担保机构。开展扩大担保物范围试点，在城镇化和产业化程度高的地区，探索开展土地承包经营权、拟购置农机具等抵押担保贷款试点，逐步扩大农村各类产权担保范围和规模，探索以股权、债权贷款抵押担保新模式。探索开展农业科技专利质押融资业务。

——构建新型农业保险体系。完善农业保险保费补贴政策，扩大农业保险险种和覆盖面，探索开展经济作物、农作物种业、设施农业、农机、农房等涉农地方特色保险。保险机构经营农业保险业务，依法享受税收优惠。完善农业再保险保障体系，逐步探索建立农业大灾风险转移分散机制。鼓励保险机构与银行机构开展合作，探索开展涉农贷款保证保险业务。

——探索加强农村金融监管的有效办法。坚持农村金融创新与监管相协调的发展理念，健全农村金融机构内部风险防范机制，进一步完善业务流程。深化农村金融机构产权改革，加快化解历史包袱。完善农村信用社治理机制，加强可持续发展能力建设。加强涉农信贷风险管理，探索差别化农村金融监管制度。加强对小额贷款公司、融资性担保公司等非吸收存款类金融市场主体的监督管理。完善"三农"保险业务和农村保险组织的监管制度，探索健全基层保险监管体系。健全农村金融风险预警体系和处置体系，建立起地方"一行三局"参与的金融监管工作协调机制，增强监管合力。大力推进农村信用体系建设，改善金融生态，防范金融风险。

（五）完善农业科技创新和服务体系

基本思路：

创新农业科技发展方式和服务模式，推动良种良法配套和农机农艺结合，加快农技推广服务合作化、社会化进程，促进农业科技成果向现实生产力转化。

重点内容：

——提高农业科技创新能力。增加农业科技投入，支持农业科研院所、大专院校围绕农产品和食品加工及原料需求、黑土地资源保护等开展基础性和应用性技术研究与开发。支持国家级工程实验室、重点实验室、工程（技术）研究中心、区域种质改良创新中心等科技资源共享平台建设，开展前沿性农业科技研究，积极推进现代信息技术在农业领域的应用。积极引导和鼓励农民合作社、涉农企业等市场主体，金融信贷、创业投资等非农资本参与农业科技创新创业。扶持一批育、繁、推一体的大型农牧渔种业集团，促进研发资源向企业集聚，培育具有自主知识产权、满足现代农业发展需求的高产、优质品种。

——创新农技推广方式。建立以公益性农技推广机构为骨干，合作化、社会化服务机构为补充的农技推广体系。支持大专院校、科研院所、合作经济组织承担农技推广项目，开展科技特派员农村科技创新创业行动计划。扶持公益性农技推广机构以外的单位和科技人员以技术承包服务、技术入股等多种形式开展农业技术服务。开展科工贸一体化农业科技服务试点，由政府购买公共服务。实施农技推广服务特设岗位计划，鼓励农业科技人员和农科大学生到乡镇、合作经济组织从事农技推广工作。吸引社会资本和社会组织参与农业科技推广。深化兽医体制改革，加快防疫机构公益性职能和经营性服务的分离，完善官方兽医和执业兽医相结合的兽医管理体制。

——完善农民培训体系。适应现代农业发展需求，增加农民教育培训投入，加大新型农民职业培训力度。依托现有的职业院校和技能实训基地，开展农民技能培训。建设基层公共就业服务平台，推行"订单"式培训，有序转移农业富余劳动力。强化农民合作社管理人才培养，建立合作社带头人人才库和培训基地。鼓励大中专毕业生到农业生产一线就业创业。

（六）创新农产品流通方式和流通业态

基本思路：

完善农产品市场体系，创新流通方式和流通业态，加快建立现代流通体系，形成以大市场带动大流通、大流通带动大生产的良性互动格局。

重点内容：

——完善农产品市场体系。进一步完善和提升黑龙江粮食交易市场等批发市场功能，建立黑龙江粮食交易平台。加强生产基地、大中城市等区域性农产品批发市场建设，确立在东北亚地区农产品交易和物流平台的核心地位。扶持重点农产品市场建设和改造升级，加强电子交易市场建设，发挥农产品流通服务平台作用。整合现有信息资源，建立主要农产品、重要生产资料市场监测和成本价格等综合性信息系统和服务平台。

——建设现代农产品物流网络。支持和鼓励发展散粮运输、集装箱或集装袋运输等物流方式。以粮食储备骨干企业和稻米加工园区为重点，规划建设散粮和集装箱中转集散基地。加快建设一批大型控制性综合农产品物流园区，整合、扩建、新建一批大型粮食物流集散中心、战略装车点。支持水稻和大豆主产区骨干企业进驻主销区大型粮食集散地，建立优质品牌粮油产品市场。加强农产品储备、商品化处理和冷藏储存设施建设，打造具有集中采购、跨区域配送能力的现代化物流配送网络。

——创新农产品交易方式。采取贷款贴息、储存费用补贴等方式，扩大"粮食银行"流通模式试点，增强粮食集并、存储、融资、交易和运输等环节联动功能，缓解粮食一季生产、集中上市的压力。积极推动期货交易所开展具有黑龙江优势的农林产品期货交易。研究建立大宗农产品期货配套交割仓库。引导和支持涉农企业、农民合作社合理利用期货市场规避价格风险。

——加强农产品质量安全监管。加快构建农产品质量安全监管体系，完善投入品登记、生产、经营、使用和市场监督等管理制度。推进农业标准化生产，扩大绿色、有机食品生产规模。全面推行农产品市场准入制度，对农产品实行全程质量监管。建立农产品标识、质量追溯制度，加大农产品注册商标和地理标志保护力度。

（七）推进水利建设与管理体制改革

基本思路：

创新水利建设管理体制和运行机制，建立健全基层水利服务体系，加强城乡水资源统一管理，实现水资源的优化配置、节约利用和有效保护。

重点内容：

——完善水资源管理体制。完善流域管理与区域管理相结合的水资源管理体制，加强城乡水资源统一管理，统筹实施城乡供水、水资源综合利用、水环境治理和防洪排涝等工程。加强河湖管理，完善水政监察体系。实行最严格的水资源管理制度，切实落实用水总量控制、用水效率控制、水功能区限制纳污三条红线，加强相关规划和项目建设布局水资源论证工作。合理配置水资源，鼓励利用地表水，严格控制开发地下水。加快地表水灌区置换井灌区步伐，回补与恢复地下水。大力发展节水灌溉，提高农业用水效率。协调上下游水资源利用关系，建立区域间运转协调的水资源管理机制。明晰水权，规范流转，建立健全用水水权转换机制。严格水功能区监督管理，加强水资源保护，强化城乡饮用水水源地保护，保障河湖及重要湿地基本生态用水需求，推进农村和农业面源污染综合防治。

——积极推进农业水价改革。完善水价形成机制，充分运用水价的杠杆作用，推进节约用水。对农业用水和非农业用水价格实行分类定价。完善农业用水计量设施和办法，实施计量收费。探索实行农业和农村生活定额内用水享受优惠水价、超定额用水累进加价的办法，促进节约用水。

——深化水利建设体制改革。加大中央财政转移支付和中央预算内投资支持力度，合理规划和建设一批重点水利工程，加快改善域内水利基础设施薄弱状况。进一步放开水利工程建设领域，规范设置行业准入标准，创造公平竞争、平等准入、公开透明的市场环境，鼓励和引导国有企业、私营企业、外资企业、个人等各类符合条件的投资主体，以合资、独资、承包租赁、特许经营、BOT 等形式参与项目建设。加强对水利建设的金融支持，鼓励符合条件的地方政府融资平台通过直接、间接方式融资，拓宽水利投融资渠道。允许以水利、水电、供排水资产等作为水利建设项目的贷款抵押担保物和还款来源，探索以与水利建设项目收益相关的权利作为担保财产的可行性。

——深化水利工程管理体制改革。区分水利工程性质，分类推进改革，健全良性运行机制。深化国有水利工程管理体制改革，落实好水管单位基本支出和维修养护费，普遍推行"管养分离"。深化小型水利工程产权制度和管理体制改革，明确所有权和使用权，明确管护主体和责任，确保工程安全运行，对于公益性小型水利工程管护经费给予补助，探索群众管理和专业管理相结合的多种水利工程管理模式。将具备自收自支条件的水管单位划转为企业，全面推行市场化运作，构建有效的法人治理结构，做到自主经营、自我约束、自负盈亏、自我发展。

（八）完善粮食主产区利益补偿机制

基本思路：

建立完善粮食主产区利益和生态补偿机制等支持保护政策体系，进一步巩固提高粮食生产能力，调动政府抓粮和农民发展粮食生产的积极性，保障国家粮食安全。

重点内容：

——建立农业投入增长机制。国家相关涉农项目资金的安排，要加大对"两大平原"的倾斜和支持力度，增加中央财政对粮食大县的奖励资金，完善国家对粮食主产区利益补偿机制，新增农业补贴要向主产区和优势产区集中。加大产粮大省奖励力度，在进一步完善粮食统计制度的基础上，研究奖励资金与粮食调出量挂钩办法。逐步取消与粮食生产直接相关的涉农项目的县级以下（含县级）地方配套要求。改革乡级财政管理体制，进一步理顺乡镇财权和事权，明确县乡两级责任，按照区别对待、分类指导的原则，进一步完善乡镇财政管理体制和管理方式，建立乡镇基本支出需求保障机制，不断提升乡镇政府提供基本公共服务的能力。

——建立健全生态补偿机制。支持黑土资源保护。建立防护林建设投入机制。将退牧还草工程实施范围逐步扩大到"两大平原"所有牧区半牧区县。明确湿地生态系统的公益属性和责任主体，加大湿地保护补助力度，建立生态用水保障机制。加强农业污染防治力度，探索将河湖生态环境保护、水土保持纳入生态补偿范围。健全农业、农村污染防治监管考核体系。

——创新粮食产业发展保护机制。综合考虑粮食成本收益、供求情况、市场价格、宏观调控等因素，稳步提高粳稻最低收购价格，完善玉米、大豆价格保护机制，确保粮食生产的成本收益率达到较高水平。建立健全水稻、玉米、大豆等主要粮食品种加工产业发展资金投入等支持政策，提高粮食加工转化能力和综合效益。

（九）创新涉农资金管理使用的体制机制

基本思路：

加大涉农专项资金整合力度，提高资金使用效率。创新农村小型基础设施建设、管理和运行机制，充分发挥工程效益和作用。

重点内容：

——加大涉农资金整合力度。梳理中央财政涉农专项转移支付项目，减少、合并中央对地方涉农专项转移支付项目，增加一般性转移支付规模和比例。对用途相同、性质相近的涉农专项资金进行归并整合。推动涉农项目审批权限下放，对符合条件的涉农专项资金，在确保资金数量、比例稳步增长和投向不变的基础上，切块下达到省，集中起来由试验区地方政府统筹安排使用。中央各部门要保证对"两大平原"的支持力度不减弱，并加强对专项资金使用情况的监管，建立完善涉农资金考核评价和监督检查制度。

——健全完善涉农资金统筹安排的协调机制。省级政府要建立协调机制，进一步明确各涉农部门职责，以规划为指导，以主导产业、优势区域和重大项目为平台，统筹安排使用国家各项涉农资金，确保资金不得用于非农领域，确保完成国家有关专项规划确定的建设目标和任务。规范涉农资金下达方式，减少中间环节，加强资金监管，确保资金安全。逐步建立完善中央、省、市、县各级上下联动，相关部门协调配合的涉农资金整合统筹工作机制，提高资金使用效率。

——创新农村小型基础设施建设机制。完善和改进由国家补助投资的农村小型基础设施项目建设和管理制度。按照"民办公助"的原则，采取以奖代补、先干后补等方式，引导农民对直接受益的小型基础设施建设投工投劳。推行农民全过程参与的建设模式，调动群众参与决策、筹资、建设、管护的积极性。探索建立农村小型基础设施建设项目民选、民建、民管和政府监管服务的新机制。

——转换农村小型基础设施运行和管理机制。明晰由国家补助投资或金融投资建设的农村小型基础设施所有权。以农户自用为主的小微型设施，产权归个人所有；跨村、跨乡的农村小型基础设施，按照受益范围组建农民合作组织，产权归合作组织所有。所有权明晰的农村小型基础设施，由所有者管理，或者由所有者委托专业机构进行市场化管理。其他农村小型基础设施，根据工程性质和特点，采取承包、租赁、股份合作、拍卖等方式，搞活经营权，落实管理权。在确保农村小型基础设施安全的前提下，鼓励多种经营主体参与农村小型基础设施运行和管理，充分调动工程管理者的积极性。加强政府服务和监管，工程改制所回收的资金按原比例分配，国家和集体投入回收部分专项用于当地农村小型基础设施建设。

（十）加快城乡一体化发展

基本思路：

按照以工促农、以城带乡、城乡联动、协调发展的总体要求，完善城乡经济社会发展一体化规划和政策体系，加大公共服务设施和社会保障体系建设投入，突破分割城乡的体制机制障碍，探索城乡统筹发展的路子。

重点内容：

——探索城镇化与新农村建设协调发展的新模式。在总结双峰农场与裴德镇、鹤山农场与双山镇"场镇一体化"、沿乌苏里江四县（市）率先实现城镇化、响水区域以产业化带动城镇化建设等试点建设经验的基础上，按照"规划一体、管理一体、社会事业一体、组织推进一体、政策趋向一体"的总体思路，探索垦区、林区、矿区、油区、景区等带动城镇化建设的新途径。完善小城镇规划布局和功能定位，因地制宜发展主导产业，加大基础设施投入，着力打造"工业重镇""商贸大镇""边贸强镇""旅游名镇"等新型小城镇体系，提高承载和辐射能力。编制和完善新农村建设规划，注重保护农业文明和农村文化特色，强化规划实施的权威性，全力推进"近郊城市化、远郊城镇化、中心村社区化"步伐，打造特色村庄和新型农村社区。

——完善城乡基本公共服务制度。深化户籍管理制度改革，逐步实行城乡统一的户口登记管理。实行居住证制度，在城镇实际居住又不愿意或不够条件落户的持证农民可保留集体土地承包经营权等权益，并逐步享受与城镇居民同等的教育、医疗等基本公共服务待遇。建立确保城乡义务教育事业发展的公共财政投入保障机制，促进教育资源均衡配置。加快建立覆盖城乡的公共卫生和基本医疗服务制度，促进医务人员和医疗技术城乡交流。加强农村文化公共服务体系建设，提高城乡文化产品和服务供给能力。

——探索建立城乡平等的就业制度。全面落实对劳动者的免费公共就业服务、对就业困难人员的就业援助和对特定群体的专项服务。落实农民工进城务工扶持政策，落实和完善农民工创业贷款发放、税费减免、工商登记、信息咨询等扶持政策。加快建立农民工享受城镇基本公共服务制度的政策体系和工作机制，推动解决农民工平等享受基本公共服务。积极推动农民工参加社会保险，依法保障其享受社会保险待遇。

——健全城乡社会保障体系。逐步提高各项社会保险基金统筹层次，提高社会保障待遇水平。在城镇化建设中征收农村集体所有土地，要足额安排被征地农民社会保障费用。农林牧渔"四场"职工、离土转为城镇居民的农民可根据国家有关规定参加相应的养老保险。逐步将城镇居民基本医疗保险、新型农村合作医疗整合为统一的城乡居民基本医疗保险制度，实现城乡一体化管理。探索建立农村留守儿童、留守妇女、留守老人等弱势群体帮扶救助新机制。完善社会救助和保障标准与物价上涨挂钩联动机制。建立覆盖城乡的社会保障信息网络，逐步实现社会保障"一卡通"。

三、保障措施

（一）加强组织领导

改革试验的主体是地方政府，成立由黑龙江省政府主要领导为组长，省直有关部门参加的领导小组，研究解决改革试验的重要事项，切实做好改革试验方案的组织实施工作。发展改革委会同相关部门和黑龙江省政府，按程序申报建立省部际联席会议制度，研究改革试验中的重大问题，加强对"两大平原"改革试验工作的指导。各相关部门要积极支持，本着允许先行先试的原则，指导黑龙江省抓紧制定具体的配套实施方案，进一步细化各项改革试验的具体内容，认真落实推进改革试验的具体措施。对于改革试验过程中出现的新情况、新问题，由省部际联席会议研究解决，请国务院领导予以协调。

（二）完善工作机制

黑龙江省政府和各有关部门要密切配合、协作推进，按照分阶段工作目标，有序组织实施，确保各项改革试验取得预期成果。建立政府与科研院所、专家学者间的咨询顾问机制，不断提高改革试验的科学决策水平。建立适度超前的改革试验机制，在维护农民利益的前提下，进行大胆尝试和探索。对于需要突破国家现行法规政策、超出地方事权范围的改革试验内容，应按照有关规定报批后再开展试验，做到封闭运行、风险可控，不能随意扩大试验区域。

（三）加强绩效考核

黑龙江省要树立上下一盘棋思想，密切配合，形成推进改革试验的合力。要制定改革试验绩效考核管理办法，实行动态管理和目标责任制，将相关改革任务分解落实到各地、各部门，分年度进行考核，加强监测评估，定期或不定期进行督促检查，确保各项改革试验措施有效落实，及时总结推广改革试验过程中的好经验、好做法。

公司成立于2007年，总部位于重庆，是国家高新技术企业，建有国家企业技术中心，于2015年1月在上交所主板挂牌上市，股票代码603601。公司以"干净空气"为使命，以超细纤维、膜材以及吸音绝热材料等新材料为基石，围绕"干净空气"的事前、事中、事后的全部过程进行创新研发和应用探索，实施强有力的工业互联策略，为工业与民用、医疗、电子、农牧业、室内公共空间、军工、航空航天等领域提供"干净空气"和"高效节能"应用产品及解决方案，建有重庆、东莞、苏州、四川四大生产中心，品质规模国际领先。

重庆再升科技股份有限公司

科研设备

再升科技配备国际一线检验检测设备，公司不断提升实验室检测水平、检测范围、检测精度，提供国际标准"干净空气"和"高效节能"产品与设备的检测服务，不断优化产品品质的同时布局多种新产品开发。

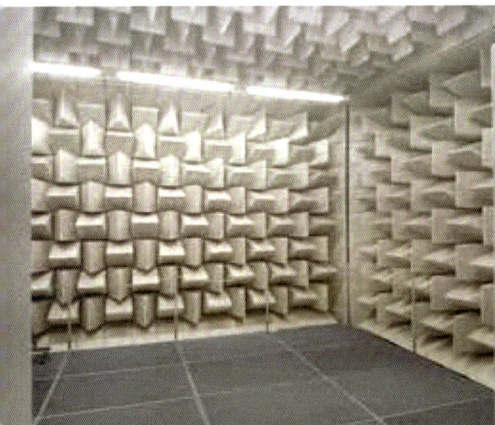

家居舒适无尘空调

01 内气流分布——恒温、恒湿、柔风感

低速送风，使室内温度均匀，无风感，水平温差不超过1℃；湿度维持在40%-60%；夏不潮湿，冬不干燥。

02 室内空气含氧量——合理送氧，在家也能"森"呼吸

24小时新鲜空气入户，全屋无死角空气循环，每小时室内换气6—8次。

03 HEPA高效空气过滤器

HEPA是目前国际公认最好的高效过滤器，对于0.1微米和0.3微米的有效率达到99.7%。

04 舒适声环境——无噪音

室内无风机。

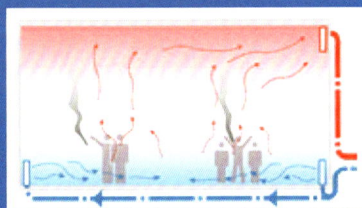

05 分户控温——智能、节能

简单易操作的用户界面。

06 室内卫生环境——风口内机无细菌滋生、无异味

无冷凝水烦恼。冷水管路不经过吊顶空间，可以避免冷冻水、冷凝水滴漏污染吊顶。

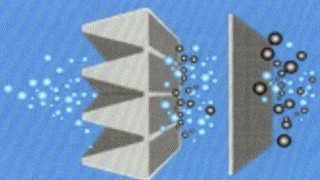
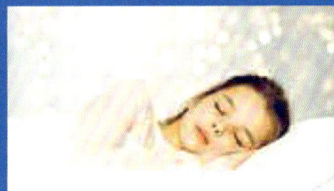

07 与装饰装修完美契合

无内机、不用考虑用吊顶来隐藏风机盘管。

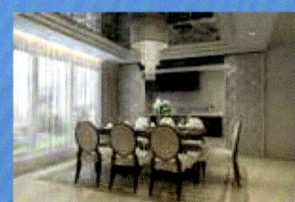

震兑工业智能科技有限公司

公司简介
Company profile

    震兑工业智能科技有限公司（简称"震兑"）成立于2019年9月，系国家第四批混合所有制改革试点单位。公司作为行业原生型工业互联网平台企业，立足"海洋、绿色、智能"主战场，在涉海领域与工业园区应用领域，以智能综合控制为特征的旗云OS中控系统、支持分布式企业数据服务为目标的旗云工业互联网开放应用服务平台为基础，提供面向装备自主化的智能产品与面向用户定制化服务需求的智能服务，形成了"产品+服务+平台"的工业互联网体系能力，支持涉海领域智能化转型发展。

    公司具有在复杂工业装备领域长期开展工业系统智能化研制与应用的技术积淀，形成了以CPS体系架构为核心的技术体系，具备在工业设备端和企业运营端为用户提供以数据驱动为核心的技术赋能能力。公司作为参编单位参与了CPS、制造业数字化转型、工业互联网等相关国家标准和书籍编制，技术能力行业领先。

    震兑是国内在涉海智能化领域率先形成完整"研究、研发、研制、验证、生态整合"能力的企业之一，先后承担多项国家级科研专项。是世界首艘得到国际船级社认证智能船舶智能系统研制单位，目前已发展成为世界首个可以面向所有船型提供全谱系智能产品的涉海智能公司，智能产品应用与数据服务市场占有率保持领先地位。并成为英国劳氏船级社向全球推荐AI供应商中唯一中国企业。

    秉承"成为用户信赖的智能系统提供商和数据服务商"的愿景，震兑始终以技术进步作为企业发展的根本动力，全力打造技术核心竞争力，并发起涉海领域上下游产业链多项合作，推动国家造船强国战略布局，致力于为实现中国船舶国产替代而努力奋斗。

震兑四大能力中心为用户提供优质产品与服务

羽林服务中心　　　　　虎贲管控中心　　　　　体系效能评估中心　　　　　天录阁知识中心

产品介绍
Product introduction

01 震兑虎贲—船舶自主化解决方案

震兑虎贲产品系列面向船舶航行、运行、维护、任务四大应用场景，通过领先的智能技术促进船舶从人智—辅智—混智—机智（智能船舶L0—L4级别）自主化能力的提升和演变。面向以集装箱船、油轮、散货船为代表的主力运输船，以疏浚船、海洋工程支持船为代表的海工装备，以执法船为代表的的公务特种船，提供涵盖功能应用级、全船系统集成级、整装级应用，典型产品包括智能航行、智能机舱、智能能效、智能货物、智能安防、船队管理、资产管理、碳排放管理等。

智能能效管理系统

智能航行管理系统

02 震兑羽林—涉海企业数据服务

面向船东、船管、船舶租赁、海事监管部门、第三方服务机构等，以提升企业精益管理为目标，为船舶产业链企业管理者提供基于装备瞬时数据的多形态分析服务，实现驾驶舱到董事会的管理链接，助力企业数字化转型升级，应用场景涵盖：商务决策、智慧经营、管理赋能、区块链平台等。

03 震兑旗云船舶开放应用服务平台

震兑旗云船舶开放应用服务平台包含分布式管控平台与船舶工业互联网服务平台两部分。分布式管控平台以信息与控制为核心，通过多源数据采集、轻量化传输、智能化应用等多项功能，建立全船设备互联、互通、互操作的全船计算环境，实现船岸之间无缝信息交流和协同管理，提升船舶配套向高端化转移，支持国家造船强国战略目标。船舶工业互联网服务平台以数据服务为纽带，建立"端—边—云"的船舶智能服务体系

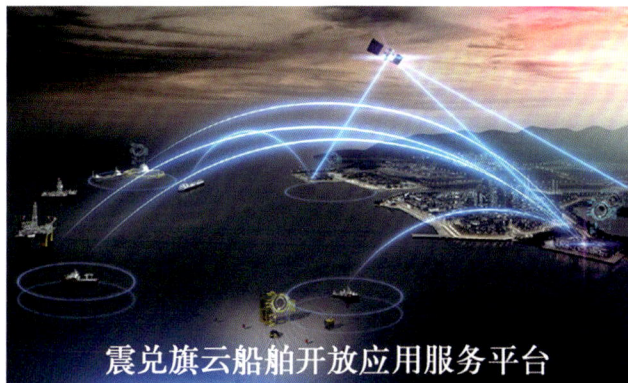

震兑旗云船舶开放应用服务平台

面向涉海企业运营、商务等企业经营场景，提供基于装备实时数据的辅助管理决策，挖掘管理潜力，提升用户管理水平与管理效率，促进形成船舶产业链上下游集成协作体系，助力船舶工业高质量发展。

持续深化改革 促进共同富裕

——重庆市深化地票改革探索实践

地票是经国务院授权，由自然资源部指导开展的重要土地制度改革。2009年1月，国务院发布《关于推进重庆市统筹城乡改革和发展的若干意见》（国发〔2009〕3号），明确"设立重庆农村土地交易所，开展土地实物交易和指标（即地票）交易试验"，地票改革正式拉开帷幕。

党的十八大以来，重庆认真学习领会习近平新时代中国特色社会主义思想，把握稳中求进工作总基调，地票改革围绕助力脱贫攻坚、乡村振兴、区域协调、生态文明建设等中央重大决策部署，坚持以国土空间规划为龙头、以惠农政策为导向，持续完善城乡土地要素市场化配置路径。截至2021年底，累计交易地票36万亩，为近200万农民增收700多亿元，改革成效得到国家充分肯定和认可。2014年时任国务院副总理汪洋同志调研重庆时，评价地票"不碰红线、创造红利"；2018年入选全国改革开放40年地方改革创新40案例；2019年纳入中组部"新发展理念案例"丛书；2020年入选全国首批生态产品价值实现十大典型案例。

一、改革主要做法

重庆着眼于解决城乡二元管理体制下城乡建设用地双增长冲击耕地红线的现实困局，以国家"耕地占补平衡"和"城乡建设用地增减挂钩"为制度基础，引导农户等权利人自愿将闲置废弃的建设用地复垦为耕地等农用地，腾出的建设用地指标形成地票，经土交所公开交易后用于新增经营性用地办理农用地转用，从而实现全市城乡建设用地指标远距离、大范围置换，成为城市反哺农村、缩小城乡区域差距的重要制度通道。

（一）全面确权颁证，夯实交易基础。2010—2012年，重庆市全面推进农村土地房屋登记发证，做到集体土地所有权证、宅基地使用权证和农村住房所有权证应发尽发，为农村建设用地复垦和地票交易创造了条件。合理量化农村土地所有权、使用权财产价值，地票价款扣除3.7万元/亩的复垦成本后，净收益全部归农民和农村集体经济组织所有，其中复垦宅基地及附属设施用地形成地票的收益，由农户与农村集体经济组织按85:15比例分配；属农村集体经济组织使用的建设用地，复垦交易后的地票收益全部归集体经济组织所有。形成的耕地或其他农用地，其所有权和使用权人不变。

（二）坚持农户自愿，有序开展复垦。重庆高度重视农民在处置农村土地房屋财产上的主动性、自愿性和参与性，严格实行农户等土地权利人在住有所居的前提下自愿申请复垦，对于复垦不下指标、不搞大拆大建。为加强复垦质量管理，专门出台复垦标准体系、组建国土整治中心，建立市、区县、乡镇三级分工明确、严格监管的复垦工作格局，确保地票来源真实可靠、先补后占、占少补多，复垦形成的耕地大体比占有耕地多出约1/3。按照实事求是"宜耕则耕、宜林则林"原则，在尽可能复垦为耕地的情况下，引导重点生态功能区内的建设用地还林复绿，累计形成生态类地票4123亩、7.68亿元。为避免市场培育前期农户扎堆复垦难以及时获得交易价款，建立入库一批、实施一批、验收交易一批、储备一批的项目工作机制，有序引导复垦节奏，促进地票供需总体平衡。

（三）注重建章立制，切实防范改革风险。重庆坚持守底线、定边界、建规则，按"于法有据"要求规范推进改革，不断完善地票运行机制。2015年12月，以《重庆市地票管理办法》（渝府令第295号）颁布为标志，基本形成以地票管理办法为总领，涵盖复垦—交易—使用各环节的"1+10"地票制度体系。严格维护规划权威性，规定地票使用必须符合国土空间规划，并与土地征转用及建设用地招拍挂等制度充分衔接。考虑到重庆仍处于欠发展阶段，创新实行市场价值高、承受力强的新增经营性用地先行使用地票模式，形成城镇和经济发达地区主要购买地票、农村和落后地区主要生产地票格局，有效促进了新型城镇化下"地随人走"、耕地相应增加。

（四）**公开规范交易，切实保障群众权益。**在交易实践中不断完善地票市场运行规律和调节机制，逐步建立供需协同的量价调控机制。供给端，为保护农户、集体权益不受损，实行地票最低保护价，并根据发展阶段适时调整提高。目前地票最低保护价为17.8万元/亩，其中农户复垦宅基地获得收益不低于12万元/亩，农村集体经济组织获得的收益不低于2.1万元/亩。需求端，由土交所公开发布交易信息，公正组织交易活动，对交易主体不作限制，实行挂牌和拍卖两种交易方式，充分撬动市场发现价值、提升价值的力量。

（五）**创新管理，阳光操作。**积极推动实现电子化交易，开发地票交易管理系统，逐步实现申请交易、竞价报名、成交确认、价款结算、直拨到户等功能，让"数据多跑路、群众少跑腿"。联动交易价款拨付银行，实现"线上开存单拨款"，复垦农户可全网点就近领款。按照国家对耕地在线监管、上图入库要求，推进地票生产、交易、使用各环节数据关联，实现地票来源可溯、去向可查。利用门户网站、微信公众号、小程序等提供多渠道交易查询、政策咨询等公众服务，促进交易阳光公开运行，保障农民群众的政策知情权。

二、改革重要启示

遵照习近平总书记提出的"改革既要摸着石头过河，又要加强顶层设计"要求，重庆地票改革聚焦新型城镇化过程中耕地减少难题，以引导农村"人离地退"增加耕地为着力点，在不突破现行土地法规的前提下，采用市场化方式在全市范围内优化城乡土地资源配置，对新时代推进共同富裕有着重要启示。

（一）**紧抓主要矛盾深化改革。**习近平总书记指出，我国社会主要矛盾已经转化为人民日益增长的美好生活需要和不平衡不充分的发展之间的矛盾。地票改革遵循"以人民为中心"发展思想，从发展不充分的"三农"薄弱环节、发展不协调的区域格局入手，探索盘活农村闲置低效建设用地，助推实现农民土地财产权和发展权，有效缩小了城乡居民收入差距。党的十九大提出要"建立健全城乡融合发展体制机制和政策体系"，融合发展的关键在于城乡生产要素自由流动。地票制度以市场化方式，打破城乡土地二元"隔离"状态，实现人、地、财在城乡之间动态匹配，契合了城乡融合发展要求。

（二）**遵循社会主义市场经济基本原理深化改革。**习近平总书记指出，"促进共同富裕，最艰巨最繁重的任务在农村"。农村的落后，很大程度上在于市场化落后。土地资源作为农村的最大财富，地票改革有效激活农村资源资产资本活力，是社会主义市场经济运用的典范。一方面，应用科斯定理进行产权制度设计，将农村建设用地的产权以指标形式界定给农民和集体经济组织，同时规定新增经营性建设用地使用必须购买地票，从而搭建起统筹城乡建设用地的供、需市场，通过市场化发现农村巨量资源价值。另一方面，重庆根据市场形势，实施跨周期和逆周期调控，有效维持了地票市场平稳运行。

（三）**围绕"系统性整体性协同性"深化改革。**重庆高度重视改革方法论，认真落实习近平总书记提出的"必须更加注重改革的系统性、整体性、协同性"要求，在新型城镇化、新型工业化、农业现代化大背景下，强化地票改革与脱贫攻坚、户籍制度改革、乡村振兴等工作统筹推进，地票为进城落户居民提供市场化的农村财产自愿处置路径，实现带着财产进城。同时，注重与耕地占补平衡、城乡建设用地增减挂钩及节余指标跨省域调剂、农村"三块地"改革的协同联动，成为支持和配合相关改革的重要政策工具，有效增强了改革综合效应。

（四）**坚守底线、积极稳妥推进改革。**土地是财富之母，土地制度是国家的基础性制度，农村土地制度改革事关我国经济社会发展全局。推进农村土地制度创新，必须恪守中央规定的"土地公有制性质不改变、耕地红线不突破、农民利益不受损"三条底线，这是重庆地票制度设计和实践的基本准绳。复垦充分尊重农民意愿，不搞强迫命令；设定最低交易保护价，保障农民收益权；落实集体所有制收益权，保障集体土地所有"不变性"；严格土地用途管制，规定地票的产生、使用都必须符合规划要求，复垦形成的耕地必须经过严格验收，守住耕地红线。

（五）**立足时代之问与时俱进深化改革。**全面深化改革，必须深刻把握我国发展要求和时代潮流，与时俱进回答时代之问。重庆立足生态文明新时代，遵循"人与自然和谐共生""绿水青山就是金山银山""山水林田湖草是生命共同体"等重要理念，及时拓展地票生态功能，对农村低效闲置建设用地复垦实行宜耕则耕、宜林则林、宜草则草，引导生态功能区因地制宜复垦为林地，为农村腾出更多生态空间，相应增加城市发展空间，有效促进了城乡各美其美、美美与共。

北碚缙云人文科技城

单位简介
Company Profile

　　北碚缙云人文科技城(新城公司)位于缙云山、中梁山两大生态屏障之间,地处北碚中心城区。北碚区是重庆市21个大型聚居区之一,空气环境质量已连续13年居重庆主城首位,II级以上优良空气质量天数长期保持在338天以上,城区绿化覆盖率超过45%。在这里,千年古刹、百里温泉等历史自然遗迹以及四世同堂纪念馆、雅舍、卢作孚纪念馆、张自忠烈士陵园、复旦大学旧址等抗战与"陪都"遗址星罗棋布,温润的源水潺潺流淌,自缙云山而下,缓慢氤氲着遥远而古老的故事,将这座城市人杰地灵的蕴脉娓娓道来。是一座融合天赐青黛山水和深厚人文底蕴的新兴城区。北碚缙云人文科技城以北碚组团为主体,依托以天生科创街区、朝阳文创大道为核心的环西南大学创新创业生态圈、国家大学科技园等人文、科技、人才资源,构建缙云人文科技城,辐射带动天生、朝阳、龙凤街道全域,以及北温泉、东阳街道部分区域。产业发展转型,招商引资硕果累累。历年来累计完成招商引资约820亿元,成功引进世界、中国500强企业及全国知名房地产企业数十家,万达广场如期开业,亿达创智广场即将建成,吾悦广场顺利推进;一批优质总部和平台企业先后进驻,产业发展已逐步向楼宇经济、总部经济等方面转型;文创科创招商初见成效,绵阳壹贰陆、北京极地加、航天科创、北仓文创等企业落户。增强创新发展,产业转型升级步伐加快。一方面创新平台逐步完善。科创板块形成以西大(重庆)产研院、大科园等为载体的全链条孵化体系;文创板块以滨江片区为主线,串联126文创园、极地加、南京路文化街区、北滨文创园,辐射金刚碑历史文化街区,延展至东阳片区,形成有机统一、错位发展的文化创意带。另一方面创新主体稳步增长。以北碚国家大学科技园、产研院为主的科创平台入驻企业430家,其中科技型企业117家,高新技术企业8家;朝阳文创园加快推进,北宾文创园建成开园,100余家文创企业注册园区。完善功能配套,城市形象品质显著提升。自然博物馆全面开馆。北碚第一个二星绿建项目——朝阳中学城南校区落成投用,缙云小学、状元小学顺利建成投用。建成滨江休闲带一期,"北碚客厅"形象初显,建设效果受到市民充分肯定。完成南京路片区风貌改造工程,且荣获"2019年中国城市更新和既有建筑改造优秀案例"。体育运动公园提档升级,提升老城公共服务设施。缙云山登山步道被评为"重庆最美步道"。完成嘉陵风情步行街提档升级。滨江二期有序推进,卢作孚纪念馆集群规划建设全面启动。建成北碚滨江休闲公园和北碚滨江带状公园大小型景观公园10余个,占地约3000余亩。完成龙凤大道、碚南大道等城市主次干道100余公里。累计铺设排污、供水供电、通信等综合管网380余公里,建成11个停车场。建成安置小区16处共约50万平方米,妥善安置群众约1.4万人,提升老百姓幸福感、获得感。

北宾文创园

滨江二期路段

重庆市北碚国家大学科技园

北碚神驰一期

安礼路智慧停车楼

交通区位
Traffic Location

　　距重庆市中心车程约25分钟、江北国际机场车程约15分钟;嘉陵江黄金水道纵贯南北;襄渝、遂渝、兰渝铁路横穿东西,渝武高速、二环高速、轻轨6号线与正在修建的一横线(蔡北干道)、即将修建的一纵线(北碚段)穿境而过,阡陌交通、四通八达;规划建设的椿萱大道、轨道交通7号线丰富着北碚缙云人文科技城未来立体交通图景。

推动国有企业转型升级　跨越发展实现凤凰涅槃

重庆市江津区华信资产经营（集团）有限公司改革发展纪实

◆ ◆ ◆

国企的发展壮大，一直是支撑中国经济腾飞的主要力量，也是中国经济版图的重要组成部分。党的十八大以来，习近平总书记强调，国有企业不能抱残守缺、不思进取，要在深化改革中通过自我完善，在凤凰涅槃中浴火重生。近年来，华信公司始终坚持党建引领、深化改革、市场导向锻造核心竞争力，以咬定青山不放松的战略定力和抓铁有痕踏石留印的决心全力推动国企转型升级。自2018年以来，用4年时间让公司资产从199.92亿元到553.06亿元，人员从30余人到5000余人，从单一业务到多元经营，实现了公司跨越式发展。

江津全景

公司形象连廊

江洲湾项目区位分布图

黄庄示范片项目实景图

01 坚持党建引领，筑牢发展基石

习近平总书记指出，坚持党的领导、加强党的建设是国有企业的"根"和"魂"，是我国国有企业的独特优势。进入新发展阶段，面对新形势新任务新要求，华信公司党委在企业发展中始终发挥政治核心作用，让党建工作的"软实力"变成企业发展的"硬支撑"。一是完善组织建设，提供组织保障。目前，华信公司党委下设8个党支部、1个党总支，党员171人，确保了企业发展到哪里、党的建设就跟进到哪里、党支部的战斗堡垒作用就体现在哪里。公司党委牢固树立"抓好党建是本职、不抓党建是失职"意识，严格落实党委的党建主体责任和监督责任，形成了一级抓一级、层层抓落实的党建工作格局。二是强化干部理论武装，着力解决好"总开关"问题。加强对子公司党组织书记思想引领，让大家牢固树立抓党建就是促发展的思想，定期听取党建工作汇报，每年组织党组织书记抓基层党建述职测评，注重传统学习方式和现代信息技术相结合，努力营造政治上讲规矩、思想上求进步、工作上勇担当的良好氛围。三是加强纪律建设，营造良好政治生态。华信公司党委坚持把党风廉政建设和反腐败工作纳入公司的中心工作和重要议事日程，始终把规矩和纪律挺在前面，并将廉政建设延伸到干部职工家庭，打造"家规"严、"家风"正、"家味"浓的"干部之家"。

02 深化国企改革，提升发展效率

华信公司始终坚持贯彻新发展理念，不断创新工作思路。特别是在面临国企改革三年行动、国企薪酬体系改革等新形势新要求下，公司上下迅速响应、凝心聚力、勇于担当、敢于争先，积极加快改革步伐，不断优化体制机制，各项国有企业改革工作走在江津区前列，全面增强集团公司发展新动力。一是建章立制，夯实管理基础。按照区属重点国企内控建设要求，结合公司运行实际，完善修订了60余项内部管理制度，有力保证了公司各项重大决策的正确开展和高效实施，进一步提升公司内部管理水平。二是注重人才培养，加强队伍建设。集团公司根据"三定"方案，通过开展全员竞聘，真正让岗位"动"起来、"活"起来，让更多优秀的人才留得住、发展好，为集团公司的高质量发展提供强大的发展动力和源源不断的人才保证，营造出强烈的爱岗敬业、尽职尽责、钻研业务、提升经营水平的良好氛围。三是深化薪酬改革。薪酬改革是国有企业改革中最敏感、与职工切身利益最为息息相关的一环，华信公司聚焦薪酬及绩效改革，建立配套考核管理制度，重塑绩效管理体系，切实打破"大锅饭"局面，形成以绩效管理为导向的薪酬制度，充分调动员工工作动能，推动企业转型发展。

03 坚持市场导向，创新发展模式

2018年以来，华信公司按照区委、区政府统一部署，坚持以改革重组、转型发展、理顺体制、完善机制为抓手，充分发挥"火车头"作用，积极推进集团公司市场化改革，努力催化企业发展活力和内生动力，由单一业务构建多元经营的新发展格局，极力提升抗风险能力和市场竞争力。改革转型期间，华信集团在持续做大资产规模、优化实体经营、维护AA+资信、拓展融资渠道的同时，着力推进片区开发暨相关重大项目建设，并借此契机大力探索市场化经营转型方式和路径，完善自身市场化体制建设，助推全区经济社会发展。一是扎实推进项目建设。目前，华信公司承接项目59个，在建项目31个。其中，重大项目包括江洲湾项目、江津蓝城•鼎山智慧康养度假小镇项目、先锋食品特色产业园项目、乡村振兴黄庄示范片项目。二是巩固实体经济，持续盘活用好资产。主要涵盖市场竞争类业务、公共资源交易服务、担保金融业务、公益性项目代建、资产运营、股权投资等。三是积极推动区长江经济带发展暨城乡融合建设。该项目以推动江津区长江经济带发展和长江大保护为政策背景，包括长江流域区域生态环境治理与保护、人口和产业集聚区基础设施及公共服务配套设施建设、高质量发展产业园区配套设施建设三大板块共8个领域36个子项，总投资78.86亿元。2018年，华信公司与国家开发银行深度合作，创新"打造符合市场化运作的建设运营主体、构造与国家战略高度契合的项目、构建符合政策规定"的商业模式，最终获批授信63亿元，期限20年。该模式为全国首创，一度被国开行总行称为"江津模式"，成为中央党校金融创新领域的教学范例。四是深入推进混改。多方引入社会资本，参股实体经营企业，推进混改尝试，有效推动多个利益主体形成利益共同体。先后与蕙家农业开发有限公司联合出资成立华蕙旅游公司，与四川开元集团联合出资成立开鼎建材公司。目前，两家合资企业运营正常，为国资混改提供了有益经验。

为者常成，行者常至。华信公司将继续紧紧围绕区委、区政府制定的"产城融合发展"目标，加快实施重大项目规划建设，加强主体信用体系建设与维护，提升企业创新能力和核心竞争力，努力成为江津经济发展的"动力源"，在江津高质量发展中担当新使命，实现新作为。

天津银龙预应力材料股份有限公司

公司 简介 COMPANY PROFILE

　　银龙股份是具有四十五年发展历史的沪市主板上市公司，秉承创新工匠精神，专注于高强预应力材料，应用于轨道交通、新能源领域；专注于轨道交通、新能源领域预应力混凝土构件、自动化装备、精密金属大型构件研发制造，服务于国内外铁路、公路、水利、新能源、建筑领域。

　　银龙股份亦参与投资精密刀具、氢燃料电池、新能源发电项目。

　　银龙具有预应力金属制品全产业链和混凝土制品全产业链，包括全系列高强预应力材料、桥梁缆索钢丝、轨道交通用混凝土预制件、自动化装备、精密模具、新能源材料和装备产业、铁路工程信息化及智能化监测系统。

资质 荣誉 QUALIFICATION HONOR

| 中国认证 | 澳大利亚认证 | 德国认证 | 韩国认证 | 日本认证 | 瑞典认证 | 英国认证 |

  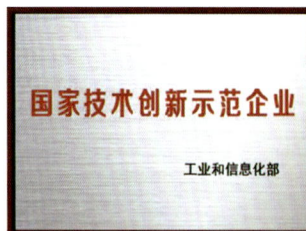 

| 国家级企业技术中心 | 国家级实验室 | 国家级技术创新示范企业 | 国家级高新技术企业 |

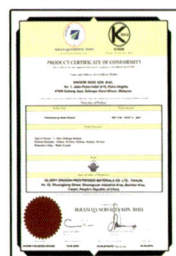      

| 马来西亚认证 | 波黑认证 | 西班牙认证 | 挪威认证 | 印尼认证 | 俄罗斯认证 | 泰国认证 |

高性能预应力材料

银龙发明螺旋拉拔模具和螺旋肋预应力钢丝，改写世界预应力混凝土制品历史，极大提升预应力混凝土制品性能和经济性。45年来在预应力材料领域积淀深厚技术研发、质量控制和经营管理经验和持续创新基因。

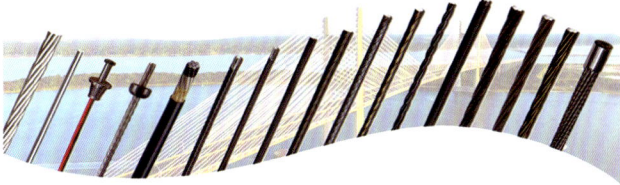

银龙预应力产品：预应力螺旋肋钢丝、光圆钢丝、刻痕钢丝、PCCP管道用钢丝、钢棒、钢绞线、无粘结钢绞线、镀锌(铝)缆索钢丝和钢绞线、预应力混凝土轨道板用系统钢材等，广泛应用于国内外高铁、普铁、地铁、高速公路、水利系统之轨道板、轨枕、桥梁、缆索、输水管道、机场及装配式建筑、风力发电塔、核电站、液化天然气储罐等领域。公司在全国各地布局15个生产基地，在研发能力、规格品种、产能规模、国际资信等方面均居于世界前列。

核电站安全壳用高强钢绞线

15.7mm系列1860MPa高强度核电站安全壳用钢绞线，用于预应力结构核电站混凝土安全壳，能够有效改善壳体结构的受力性能，满足安全运行的结构刚度、内力分布、位移和裂缝控制，保证安全壳整体性能满足核级要求。

超低温LNG／LPG用高强耐候钢绞线

15.7mm系列1860MPa高强耐候钢绞线，应用于液化气体(LNG/LPG)储备项目。零下162℃液化气体泄漏会导致混凝土罐壁直接暴露在超低温环境，温度应力和变形对罐体用钢绞线有极高性能要求，银龙持续保持着优良应用业绩。

镀锌桥梁缆索钢丝及钢绞线

银龙股份宝泽龙公司具有绿色环保、技术先进、极具效率的桥索钢丝生产线，主要生产5mm系列、6mm系列1670MPa、1770MPa、1860MPa、2000MPa的高强度悬索桥主缆镀锌、镀锌铝钢丝；7mm系列1670MPa、1770MPa、1860MPa、2000MPa的高强度斜拉桥主缆镀锌、镀锌铝钢丝及镀锌铝钢绞线，用于制作斜拉桥及悬索桥的索股，产品性能保持国际领先水平。

柔性预应力光伏支架镀锌钢绞线及系统配件

生产12.7mm、15.2mm、15.7mm、17.8mm、21.6mm系列1860MPa、1960MPa的大跨度柔性光伏支架（无粘结）预应力热镀锌（铝合金）钢绞线和锚夹具、镀锌支架、拉杆配件，形成光伏支架系统，实现10—100m大间距，满足农光、渔光、牧光等光伏发电项目。

风电混塔用无粘结预应力钢绞线

生产15.7mm、15.2mm、12.7mm系列1860MPa无粘结预应力钢绞线及端头锚夹具，用于风电混凝土塔筒内部，连接塔筒内钢混结合部位与塔底承台施加应力，能够改善筒体受力结构，使其具有足够的强度和刚度来抵抗风机工作震动荷载和风荷载，满足风机工作效能对工作环境的要求。

新 能 源 产 业

氢燃料电池

氢燃料电池是一种高效、清洁的将燃料和氧化剂的化学能连续地转化为电能的装置。氢燃料电池以化学方式实现能量转换，不受热发动机卡诺循环的限制，具有较高的转换效率，能量转化率可高达 90%。

氢燃料电池具有清洁污染小、无振动、噪音低、环境友好性与高度可靠性等优点。

轨道用混凝土预制件 产业

随着国家高铁及城市轨道交通建设飞速发展，公司抢抓机遇向预应力材料下游发展，以高铁轨道板、地铁轨道板为代表的预应力混凝土制品成为公司的重要产业，银龙股份是具有国际领先水平的CRTSIII 型轨道板主要研发单位 由银龙系各基地提供的高铁线路用轨道板超过2000公里，居行业第一。

银龙持续自主开发出地铁轨道板、地铁浮置板、道口板、地震带轨道板、装配式车站构件、车辆段轨道板等装配式轨道构件。

高级减震地铁轨道板

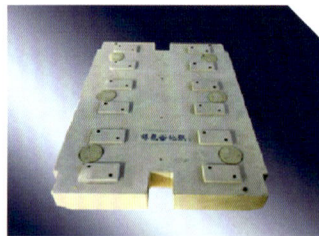
钢弹簧浮置板

宽枕板

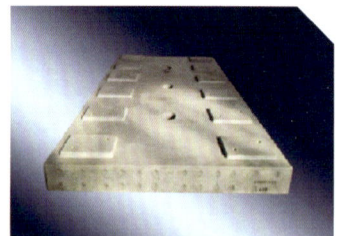
地铁轨道板

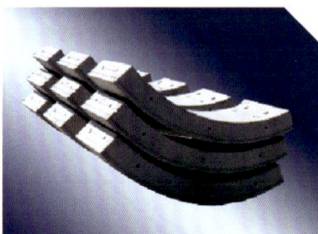
盾构管片

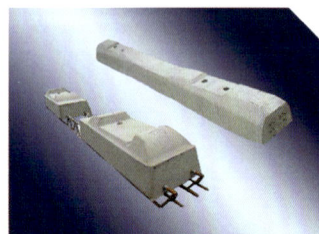
铁路轨枕

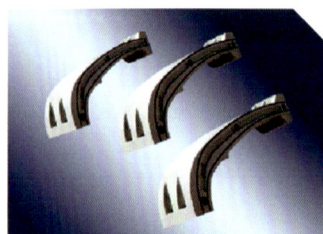
装配式车站构件

风电混凝土塔筒

自动化装备

为高质量高效率生产轨道混凝土构件，致力于自动化、智能化生产，银龙采用自主研发和与诸多科研院校合作模式，相继研发成功高铁轨道板自动化生产线、盾构管片自动化生产线、轨道板运输AGV、轨道板3D检测系统、轨道板高精度模具、盾构管片模具等一系列高精装备。在保障银龙自身轨道混凝土构件产业发展同时，向国内多家同行业输出，并出口国外。

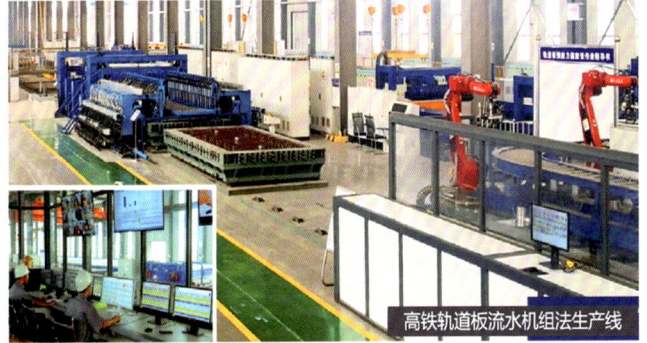
高铁轨道板流水机组法生产线

自动清理模具机器人

自动喷洒脱模剂机器人

自动安装预埋套管机器人

自动安装张拉杆机器人

自动放张

自动脱模

精密钢模

精密金属构件

轨道工程信息化与智能监测

公司向产业升级积极进取，响应中国智造2025发展规划，相继研发并推广轨道工程三维位移智能监测系统、无缝线路钢轨爬行监测系统、铁路无缝线路应力放散及锁定施工管理系统、轨道交通混凝土制品生产信息化系列技术和系统。

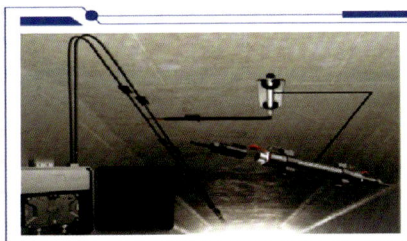
铁路工程三维位移智能监测系统

铁路无缝线路应力放散锁定施工管理系统

高速铁路轨道板流水机组法信息化管理系统

总体定位

2019年8月，国务院发布《中国（上海）自由贸易试验区临港新片区总体方案》，明确"建立洋山特殊综合保税区，作为对标国际公认、竞争力最强自由贸易园区的重要载体，在全面实施综合保税区政策的基础上，取消不必要的贸易监管、许可和程序要求，实施更高水平的贸易自由化便利化政策和制度"。

海关监管制度创新

海关总署按照"选择国家战略需要、国际市场需求大、对开放度要求高但其他地区尚不具备实施条件的重点领域，实施具有较强国际市场竞争力的开放政策和制度，加大开放型经济的风险压力测试"的要求，大力开展改革创新，出台了《中华人民共和国海关对洋山特殊综合保税区监管办法》，明确实施"六特"监管创新。

1. 申报模式

除法律法规要求必须进行申报的外，"一线"对于不涉证、不涉检的货物，采用径予放行，企业如实声明可以直接提货、发货；"二线"由以往区内外企业双侧申报制度，改为区外企业单侧申报制度。

2. 贸易管制

除涉及国际公约、条约、协定或涉及安全准入管理的货物，确需在"一线"验核监管证件外，其余在"二线"验核。对依法实施检疫的货物，原则上在口岸完成。对入境检验的货物，原则上在"二线"实施。对涉证、涉检货物在"一线"或"二线"只验核一次，不重复验核。

3. 区内管理

海关取消账册管理，不要求区内企业单独设立海关账册，免于手（账）册核销、单耗管理等海关常规监管，对区内企业实行企业自律管理，海关不干预企业正常经营活动。企业可依法开展中转、集拼、存储、加工、制造、交易、展示、研发、再制造、检测维修、分销和配送等业务。货物在洋山特殊综合保税区内不设存储期限。

4. 统计制度

改变原有实时、逐票统计的方式，将统计数据采集手段前伸至洋山特殊综合保税区管理机构建立的公共信息服务平台，自动汇总。

5. 信息化管理

依托临港新片区管理委员会开发建设的一体化信息管理服务平台，搭建统一规范、真实可靠的信息底账库，实现信息互联互通、数据可溯、责任可究。

6. 协同管理

建立企业信用、重大事件、年报披露等信息主动公示制度，体现共管共治。

营商环境

　　围绕总体方案对洋山特殊综合保税区的目标定位，重点聚焦投资自由、贸易自由、运输自由、资金自由、人员从业自由、数据便捷连通等各领域制度创新，营造一流营商环境。

　　1. 聚焦临港新片区总体方案和浦东引领区实施方案，加快重点领域创新突破。搭建保税船供公共服务平台，推动国内首家外资海员外派公司、首个LNG双燃料船培训机构、首单跨境船舶租赁业务、首单境外新造船跨境融资租赁项目、首单国产客运飞机租赁项目以及全国首单国际铜保税标准仓单质押融资业务落地。

　　2. 服务国家大飞机战略，首创"一司两地"监管模式。首次实现区内、区外企业信息系统一体化、监管主体和监管模式一体化。

　　3. 试点开展国际航行船舶保税燃料油、保税液化天然气（LNG）加注业务。出台国际航行船舶保税LNG加注实施细则，完成国内首单船对船保税LNG加注业务落地。

　　4. 推动船籍港建设取得突破。推动《临港新片区国际船舶登记管理规定》出台，突破中方登记主体股比限制，实施"不停航办证"等便利化措施；推动船舶批量登记注册。

　　5. 推动外资班轮船公司沿海捎带政策落地。2022年5月，马士基航运成为首家试点开展沿海捎带运输业务的外资船公司。

　　6. 推动国际中转集拼新模式落地。完成国内首单跨关区国际中转集拼业务试单；推出国际中转集拼公共服务平台，面向市场主体提供一站式解决方案；推出东北亚空箱交换中心，吸引船公司在洋山港设立空箱集散中心，缓解国内空箱短缺。

上海南港堆场

辅助作业区

规划布局

　　洋山特殊综合保税区规划面积25.31平方千米，由芦潮港区域（包括原洋山保税港区陆域区块6.83平方千米以及上海南港区块1.16平方千米）、小洋山岛区域（包括洋山深水港区1—3期7.80平方千米以及洋山深水港区四期1.66平方千米）、浦东机场南部区域（面积7.86平方千米）共3个区域、5个区块组成。

园区鸟瞰图

产业布局

浦东机场南部区域鸟瞰效果图

　　洋山特殊综合保税区产业布局总体目标定位是：以"五个重要"为统领，打造"新型贸易示范区、全球航运新枢纽、创新业态承载地"，成为最具国际竞争力的自由贸易园区。

　　芦潮港区域：集聚航运物流、新型贸易等特色产业，聚焦保税加工制造、保税维修检测、保税展示交易、跨境电商等创新业态，培育经济发展新动能。

　　小洋山岛区域：码头作业区，聚焦航运物流、港口服务、国际转口贸易等相关产业，着力打造具有全球竞争力的国际航运服务开放先行区。

　　浦东机场南部区域：以国际航空中转集拼和大飞机供应链为核心，大力发展航空制造、航空维修、航材分拨及航空中转集拼等相关产业。

重庆村头科技发展有限公司

一大山里的科技之星

重庆村头科技发展有限公司是由秀山县人民政府投资的国有全资科技型企业。公司立足于乡村振兴战略，以物联网技术为核心，着力打造新一代农村电子商务平台——"村头平台"，运用平台资源和智慧农业相关技术为中国农村提供产业振兴系统解决方案。

◆ 秀山农村电商大数据平台

秀山农村电商大数据平台以"武陵生活馆"为基础，建立了乡村数据采集点200余个，结合农产品溯源体系按日、月、季、年实时采集、梯次汇总，形成了秀山农业资源数据源；以重庆村头科技发展有限公司"村头平台（重庆市消费帮扶馆）"为基础形成了秀山电商数据源；通过ERP体系集成驻秀电商企业经营店铺形成了秀山网络零售与批发数据源，并整合秀山县现代物流园区"智慧物流云系统"商贸物流数据源。

◆ 村头直播（乡村直播团）

"村头直播"是采用视频直销技术与物联网应用新手段相结合，开展多维度、多场景、多元素直播的直播专业团队，已有近6年的直播经验。"村头直播"将自主直播平台与第三方流量直播平台有机结合，利用专业的直播技术、设备，经过不懈努力成为了农村电商行业极具专业素质的直播品牌。"乡村直播团"是由秀山县电商办发起，县农委、县文旅委、县乡村振兴办指导支持，重庆村头科技发展有限公司承办组建的新型直播电商团队，旨在通过手机看秀山，传递秀山民俗文化，营销秀山农特产品。

◆ 农产品溯源

为适应电商产业的发展，实施"好产品，秀山造"的品牌发展战略，村头公司为秀山县电商网货构建了一整套以追踪农产品（包括食品、生产资料等）进入市场各个阶段（从生产到流通的全过程）的农产品溯源体系。客观地反映农产品产地、加工、运输、批发及销售等多个环节的生态状况，有助于质量控制和在必要时召回产品，保证终端用户购买到放心产品，防止假冒伪劣农产品进入市场，为政府背书提供依据。

◆ 村头商城

"村头"是专注于中国农村电子商务的新一代电商平台，该平台在传统电子商务技术基础上，采用"云计算"技术、物联网技术、移动视频传输技术，打造了农产品溯源体系、物流追踪体系、仓储分发体系、双向可视化营销体系、智能化电子结算体系、商业信誉保障体系，是"互联网+"农产品生产流通消费新体系的迭代成果，是智慧农业的新尝试。

◆ 村哥货的

"村哥货的"是一个智慧物流共享平台，利用物联网技术进行智能化分析，实现低价格、高效率的物流配送，从根本上解决农村电商物流"最后一公里"问题，更有效地降低物流成本的一个信息搓合与资源共享工作平台。"村哥货的"是推动电商、物流产业发展的新利器，是解决县域农村电商物流"最后一公里"难题的又一次创新与探索，是县域物流快递规范化、高效化、成熟化发展的重要标志，将有效推进智慧物流建设，使得农村电商再上新台阶。

◆ 重庆市消费帮扶馆

重庆市消费帮扶馆（www.cqxffp.net）是在国务院乡村振兴局、市乡村振兴局的指导和关心下，结合地方实际，由重庆村头科技发展有限公司利用其自身农村电商平台（村头商城）升级优化而成。在脱贫攻坚时期成为重庆市贫困地区帮扶产品和贫困户自产产品线上展销、物流跟踪、在线支付、数据统计、监测评价等一站式综合服务平台，业务覆盖十余省市、百余区县，注册用户突破350万人，入驻商家2000余家，上架产品40000余款，累计销售约5亿元，如今在乡村振兴的道路上依旧是我市消费帮扶工作的主平台。

◆ 村头卖家通

"村头卖家通"是一款操作简单便捷，拥有多个创新型功能，真正适合于农村电商也适合于农民使用的客户软件。"商品一键上传"功能，让农民不再为美工和P图发难；同时还拥有"双向可视化功能"且可以连接蓝牙，通过视频技术不仅做到可看，而且做到了可查、可追溯的放心化购买。"村头卖家通"的上线是农村电商发展中的突破与创新，将进一步加快农村电商的发展，真正实现一部手机管理万千商品，一部手机即一个移动店铺，为广大农民走上电商脱贫致富道路提供了便捷的途径。

了解更多企业信息可扫描公众号二维码

黑山谷

国家5A级旅游景区

黑山谷景区全长13公里，森林覆盖率达97%，这里保存着地球上同纬度为数不多的亚热带和温带完好的自然生态景观，还有以黑叶猴、琪桐为代表的国家一级保护动植物，被专家誉为"渝黔生物基因库"，是目前重庆地区最大的、原始生态保护最为完好的自然生态景区。

峡谷集"山水泉林洞"于一体，融"奇险峻秀幽"于一身，"一岛、三谷、五峡、七区、十二峰、三十六桥、九十九瀑、一百零八潭"等景观中以秀瀑、浮桥、渝黔大裂谷最为著名。荟萃了渝黔喀斯特地貌风光之精华，被誉为"渝南九寨沟""地质大观园"。谷内负氧离子含量最高可达12000个/立方厘米，使景区如同一个天然大氧吧，赢得了"中国最美养生峡谷"的美誉，是人们观光、休闲、避暑、养生的旅游胜地。

石林形成于4.70亿—4.58亿年前，距万盛城区20公里，以地表石林、地下溶洞等景观为主，是西南地区发育最典型、形态最丰富的喀斯特地貌景观。是中国至今发现的唯一发育于最古老基岩上的石林景观，被誉为"中国最古老的石林""石林之祖"。

景区集"山、水、林、石、洞"于一体，既有造型各异的地表石林又有神秘璀璨的地下溶洞，石若瀚海，纹如龙鳞，古生物化石清晰可见，是"国家地质公园"。并先后被评为"巴渝新十二景""重庆十大风景名胜区"。

亿万年的沧海桑田，无数可歌可泣的爱情故事。让你亲身感受"海枯石不烂，等你六亿年"的忠贞誓言！

万盛石林

国家5A级旅游景区

让电安全、澎湃的"小巨人"

广东福德电子有限公司

"福泽民生、德行天下"是广东福德电子有限公司的经营理念，也是流淌在每一名福德人血液里的精神，每一名福德人都以身作则，奋斗不息，创新不止，为中华民族的崛起贡献一份力量，汇流成川，铸国兴邦。

广东福德电子有限公司成立于2006年6月13日，位于广东省东莞市虎门镇，全资子公司株洲轨道交通研究院有限公司位于湖南省株洲市轨道交通产业园，湖南福德电气有限公司位于湖南益阳。

公司主要从事智能制动系统研发、生产和销售，产品覆盖特高压、数据中心、轨道交通、新能源四大新基建领域。主营业务为特高压电阻器，数据中心检测系统、轨道交通制动系统、新能源动力电池充放电检测系统等各类新型智能制动系统，现已成为国家电网、南方电网、中国移动、中国联通、中船重工、中国中车、美国GE、德国西门子、日本日立等企业的战略合作供应商。

公司先后获得"国家高新技术企业""东莞市上市后备企业""东莞市工程技术研究中心""广东省工程技术研究中心""东莞市院士专家工作站"等荣誉，2021年，公司被工信部认定为国家级专精特新小巨人企业。

公司自主研发的特高压电阻器被广泛应用于全球各大特高压输电工程，该产品在交直流电压超过阈值时，耗能装置投切将耗能电阻角接入三相线路中，通过能耗方式降低交直流母线电压，防止系统出现过电压，实现输电系统的故障穿越，是特高压输电过程中的"保"器。

2014年，公司响应国家"一带一路"的政策号召，放弃了能稳定盈利的传统电容产品贸易业务，开启了自主转型升级之路，先后组织了百余位特高压电阻领域的技术专家，投入了近亿元的研发费用，成功研制出具有完全自主知识产权的特高压电阻器，围绕该产品累计申请发明专利94件，实用新型专利238件，真正做到用创新驱动发展、用知识产权护城。

• 总部—广东福德电子有限公司

• 株洲福德轨道交通研究院有限公司

• 湖南福德电气有限公司

专利证书

• 发明专利申请115件　　• 实用新型专利313件　　• 外观专利10件　　• 软件著作权23件

高压特种电源助力中国"聚变能源梦"

EAST是由中国独立设计制造的世界首个全超导核聚变实验装置，2007年3月通过国家验收，并在近年来取得了一系列实验成果。其科学目标是为ITER计划和我国未来独立设计建设运行核聚变堆奠定坚实的科学和技术基础。

正在建设中的国际热核反应实验堆（International Thermonuclear Experimental Reactor，ITER）和我国正在规划建设中的中国核聚变工程实验堆（China Fusion Engineering Test Reactor，CFETR）等面向未来的大型聚变装置的基本目标都达到点火条件并实现稳态运行，以开展燃烧等离子体物理和工程技术实验研究。

采用基于射频离子源的负离子中性束（Negative-ion-based Neutral Beam Injectors，N-NBI）系统成为现阶段唯一选择。

NBI系统主要包括束线系统、电源系统、控制系统和诊断系统等。加速器高压电源作为NBI系统的不可或缺的组成部分，直接决定着NBI系统对等离子体的加热能力和效果，是NBI系统的核心组成部分之一，对于实现聚变点火有重要的意义。

ITER装置作为目前世界上在建的最大托卡马克装置，代表着当前聚变工程技术的最高水平。ITER装置采用1MeV/46A/3600s的N-NBI作为主要的辅助加热手段，其加速器高压电源设计参数达到1000kV/60A，触及了当前电气工程领域的技术极限。CFETR装置拟选用500keV-1MeV稳态运行的N-NBI装置作为主要的辅助加热手段，需要500kV-1MV的直流高压电源为其加速器供电。

在此前，国内没有类似高压电源的研发经验，相关技术也成为制约该领域发展的瓶颈，公司特种电源团队经过3年的技术攻关，联合国内多所院校的科研力量，经过数十次的实验验证与型式试验论证，研制出具有自主知识产权的磁约束聚变与等离子体加速器高压电源，即将在我国全超导托卡马克核聚变实验装置（EAST，也称中国"人造太阳"）上实现应用。

中低压特种电源助力能源互联网

2019年，公司整合了原有的技术优势与业务资源，紧扣时代发展趋势，引进了一支高层次的特种电源研发团队，成立了特种电源事业部，特种电源系列产品在推向市场后取得了良好的市场反响，产品销量在两年内突破了亿元大关，并先后参与了国内外多个特种电源重大示范项目，初步奠定在特种电源领域的行业地位，多元化的发展也为公司带来新的利润增长点。

随着全球节能需求不断提高、数字技术不断进步、分体式电源结构日益增加，为电源管理技术发展提供了原动力。去年3月中央财经会议研究了实现碳达峰、碳中和的基本思路和主要举措，其中，能源系统是实现碳达峰、碳中和目标的主战场，电力系统则是其中的主力军。深化电力体制改革，构建以新能源为主体的新型电力系统则是符合国家能源战略的重大措施。

以新能源为主体的新型电力系统，将推动电源侧清洁化、电网侧智能化、用户侧电气化，加快以电力为中心的清洁低碳高效、数字智能互动的能源体系建设。与现有电力系统相比，新型电力系统将通过广泛互联互通推动电网向能源互联网演进，现代数字技术与传统电力技术深度融合将使得电力系统发输配用等各领域、各环节整体智能化、互动化，电力调度和源网荷储互动更加灵活智能，安全智能可控的技术手段成为交流电网与直流电网、电网和电源协调发展的关键保障。

公司研制的特种电源系统进一步提高了传统电源质量、能量密度及效率，彻底实现了电源系统数字化管理，用户可对电源系统内所有节点的电源质量、健康状态、生命周期等参数实现全方位跟踪与监控，真正实现了能源网络的智能化、节能化管理。

• 定制化低压高精度集成电源　　• 探测器电源　　• 固态直流断路器

用创新驱动发展，助攻"双碳"目标

2020年，以特高压工程等七大核心领域组成的新基建计划被纳入国家"十四五"规划，特高压作为电能输送领域的排头兵，伴随着2021年中国"双碳"目标的神助攻，可以高效输送清洁能源的特高压工程将迎来30年的高速增长期，随之带来的全国电能消耗的大幅提升，势必需要大幅提升电网侧积极消纳、友好互动、长距离传输、大网架组网的能力，推动特高压工程设备技术改革升级迫在眉睫，如何高效、安全可靠地保障电力输送成为当务之急。

福德电气紧乘行业东风，与时间赛跑，在国内率先研发了±500kV交直流输电滤波器电阻器、±500kV柔性直流交直流启动电阻器和110kV交直流耗能电阻器，这些积攒下来的丰富的变电站配套用电阻器设计和制造经验，经过多年不间断的技术创新，为公司研制特高压电阻器提供了宝贵的经验。

特高压输电工程用的电阻器需要耐受的电压等级高达1100kV、容量极大，福德电气在最初的技术研发上出现了一系列的问题，为了攻克技术难关，公司进行了大量的研究性试验，采用了行业内先进的电磁场、抗震分析及热仿真技术，攻克了技术瓶颈，在2016年3月，成功研制出±1100kV特高压电阻器，全面掌握特高压电阻器完整的系统研究和测试方法，并建立了完备的试验环境，在研究设计、生产制造、试验验证等特高压电阻器产品全生命周期过程中均具有完全自主解决能力和自主知识产权，并通过了中国机械联合会组织的新产品鉴定，该产品被鉴定为具有国际先进水平的新产品，福德电气借此成功敲开了特高压工程的大门!

公司凭借该产品参与了世界首个柔性直流电网"张北柔性直流电网试验示范工程"、世界首个特高压混合直流工程"昆柳龙直流工程"、"内蒙古扎鲁特—山东青州±800kV特高压直流工程扎鲁特换流站工程"、"国家电网有限公司青海—河南、陕北—武汉±800kV特高压直流"、"青海—河南±800kV特高压直流工程"、"白鹤滩—江苏±800千伏特高压直流输电工程"等多个国内特高压重点示范工程。

• 乌东德特高压工程

• 白鹤滩—江苏输电工程

• 国家电网扎鲁特—青州特高压建设工程

• 张北柔性直流电网试验示范工程

金圆集团

厦门金圆投资集团有限公司（简称"金圆集团"）成立于2011年7月，是厦门市委、市政府组建，市财政局作为唯一出资人的市属国有金融控股集团。金圆集团秉承"融合两岸、服务实体、普惠民生"三重使命，履行"经济责任、政治责任、社会责任"三重责任，积极融入和主动服务新发展格局，发挥资本招商和产业投资合作的重要载体功能，助推区域产业转型升级。集团业务领域涵盖金融服务、产业投资、片区开发等板块，连续7年获AAA信用评级，拥有银行、信托、证券、基金等14张各类金融牌照和13个市级平台，已形成200多种涵盖企业全生命周期的金融服务产品，正致力打造成为全国一流的综合性金融服务商。

持牌情况

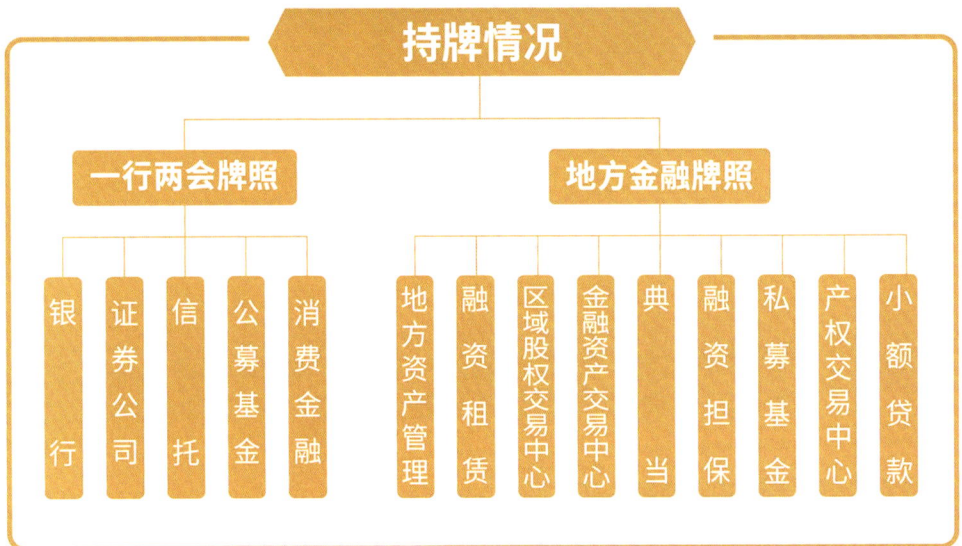

一行两会牌照
- 银行
- 证券公司
- 信托
- 公募基金
- 消费金融

地方金融牌照
- 地方资产管理
- 融资租赁
- 区域股权交易中心
- 金融资产交易中心
- 典当
- 融资担保
- 私募基金
- 产权交易中心
- 小额贷款

—— 坚定落实国有企业政治责任和社会责任 ——

受托管理13个市级服务平台

市级战略产业投后管理人
出资引进厦门天马、厦门联芯、中创新航等项目，带动厦门平板显示、集成电路、新能源三大产业聚集发展

增信基金管理人
被财政部选为创新案例上报中办、国办
2021年金融服务中小微企业优秀案例

技术创新基金管理人
规模100亿元，全国2021年金融服务中小微企业优秀案例

中小企业服务平台
打造"信易贷"厦门样板，厦门市信易贷平台获全国中小企业融资综合信用服务平台评比第二名

市产业投资基金管理人
汇聚产业、汇聚税源、汇聚资本、汇聚人才
中国最佳政府引导基金(市级)TOP3

城市建设投资基金管理人
市投融资顶层设计，中期规模1000亿元，引入各类社会资本服务城市建设

应急还贷管理人
提供无偿、短期应急还贷资金超300亿元

纾困基金管理人
支持上市公司化解风险、稳定股价

金融智库和人才培训平台
设立厦门金圆金融研究院和厦门鹭江金融科技研究院，举办行业论坛提升影响力

政策性担保平台
全省最大政策性担保平台，为厦门中小企业提供金融服务超700亿元

要素配置平台
打造"1+N"产权要素大市场，租赁权交易全国第四，碳中和实现八项"全国第一"

区域股权交易平台
深化建设上交所、深交所、北交所厦门基地，加快上市培育中心建设

二手房交易资金监管平台
保障40万人房产交易资金安全，担保金额超400亿元

打造全国一流的综合性金融服务商

天津泰达投资控股有限公司

C公司简介
Company Profile

天津泰达投资控股有限公司（简称"泰达控股"）成立于1984年12月，作为市属国有骨干企业，38年来勇挑改革重担、履行社会责任，在全市改革开放和现代化建设历程中发挥了主力军和排头兵的作用，在推进"一带一路"、京津冀协同发展、滨海新区开发开放等重大国家战略方面承担着重要职责使命。公司主体信用评级AAA，拥有二级企业55家，其中6家为上市公司。截至2022年一季度末，泰达控股资产总额4327亿元。公司位列2021中国企业500强第252位、中国服务业企业500强第100位、天津市企业100强第2位。

38年前，迎着改革开放的春风，泰达的建设者们凭着一腔创业热情，以敢闯敢试的精神，怀着建设开发区、投身改革开放伟大实践的理想，来到茫茫的盐碱荒滩，把青春和汗水、热血和智慧洒在了这片希望的土地上，夜以继日，忘我工作，在简陋的条件下开启了开发建设的艰苦历程。

从深耕滨海新区，到服务天津经济社会发展，从争当"京津冀协同发展"担当者，到争做"一带一路"倡议的践行者，泰达控股勇挑重担，在重大项目建设、深化国企改革、区域投资环境建设和构建健康稳定的区域金融环境等方面作出了突出的贡献，弘扬泰达精神、凝聚泰达力量、树立泰达自信、坚守泰达道路，夯实了高质量发展的基石。

市委、市政府批复的《关于进一步深化改革推动天津泰达投资控股有限公司高质量发展实施方案》，将泰达控股改组为国有资本投资公司，全面开启了泰达控股高质量发展新篇章。站在"两个一百年"奋斗目标的历史交汇点，新一代泰达人将擘画发展新蓝图、重整行装再起航，奋力谱写泰达控股高质量发展的壮丽篇章。

"十四五"期间，泰达控股将以打造一流跨境国有资本投资公司为目标，聚焦城市综合开发、金融、实业三大主业，强化资本运作和资产管理两大功能，服务重大国家战略、助力天津产业发展、推动产融城深度结合。

城市综合开发主业，包括大型基础设施建设、土地房产开发、保障性住房和城市更新等细分产业。泰达控股牢记"国之大者"，做好天津和滨海新区城市建设和开发开放主力军，实现企业发展与城市脉动同频共振、同向而行。

金融主业拥有银行、保险、信托、证券、公募基金等牌照，基本完成了金融全牌照布局。先后筹建了渤海银行、渤海财险、恒安标准人寿、泰达宏利基金等金融机构，并积极参与渤海证券、北方信托、天津银行、滨海农商行的改革发展，金融资产占全市的三分之二。

实业主业包括生态环保（含公用事业）、医药健康、制造业、现代服务及食品加工等细分产业。公司参股、控股企业中有以泰达股份、泰达绿化为代表的生态环保产业，以天津医药集团、力生制药、泰达洁净材料等企业为基础的医药健康产业，以天津食品集团为核心的食品全产业链，以生产轻工日用消费品为主业的渤海轻工等。

泰达控股让"中国智造"走向世界，使"泰达芯"享誉全球，新冠肺炎疫情期间，作为国内第一个防护口罩及防护服技术标准的制定者，泰达洁净材料有限公司为全国乃至世界提供口罩核心滤材，荣获"全国抗击新冠肺炎疫情先进集体"荣誉称号。

泰达控股将以习近平新时代中国特色社会主义思想为指导，深入贯彻党的十九大及十九届历次全会精神，在市委、市政府的坚强领导和市国资委的正确指导下，以主力军定位、排头兵要求，坚定产融城结合战略发展方向，聚焦城市综合开发、金融、实业三大主业，优化资产和人力两大核心资源，强劲开启高质量发展新征程，服务国家战略，融入区域开发，为天津"一基地三区"功能定位和"津城""滨城"双城发展格局的形成作出新贡献。